THEODOR FONTANE

WERKE, SCHRIFTEN
UND BRIEFE

ABTEILUNG III

CARL HANSER VERLAG
MÜNCHEN

THEODOR FONTANE

ERINNERUNGEN, AUSGEWÄHLTE SCHRIFTEN UND KRITIKEN

FÜNFTER BAND

ZUR DEUTSCHEN GESCHICHTE, KUNST UND KUNSTGESCHICHTE

CARL HANSER VERLAG
MÜNCHEN

Theodor Fontane
Werke, Schriften und Briefe

Herausgegeben von Walter Keitel
und Helmuth Nürnberger

Herausgeber des vorliegenden Bandes:
Helmuth Nürnberger
unter Mitwirkung von Christian Andree
und Heide Streiter-Buscher

ISBN 3-446-11833-0 LN
ISBN 3-446-11834-9 LD
Alle Rechte vorbehalten
© 1986 Carl Hanser Verlag München Wien
Satz: Fotosatz Otto Gutfreund, Darmstadt
Druck und Bindung: Kösel, Kempten
Printed in Germany

INHALTSÜBERSICHT

ZUR DEUTSCHEN GESCHICHTE

DER SCHLESWIG-HOLSTEINSCHE KRIEG
IM JAHRE 1864

Schleswig, Holstein.

Im Norden Mittel-Europas, wo die Elbe das Meer erreicht, streckt das deutsche Festland, als erhöb' es seinen Arm gen Norden, einen Halbinsel-Damm in das Meer hinaus; dieser Damm heißt die cimbrische Halbinsel. Er teilt die Wassermasse, welche die deutschen Küsten bespült, in zwei Hälften, in eine Ost- und eine Westsee, gemeinhin Nordsee geheißen. Der Damm trennt zwar die Meere, aber zugleich ist er die Brücke zwischen Deutschland und Skandinavien. Seine südliche Hälfte ist Schleswig-Holstein.

Schleswig-Holstein, trotzdem wir es einen Damm nannten, hat den Charakter der norddeutschen Ebene, von der es ein bloßer Ausläufer ist. Es ist ein Flachland. Wie aber allerorten Hebungen des Bodens unsre norddeutschen Küstenländer durchziehn, so auch hier. Eine solche Hebung läuft rückgratartig von Nord nach Süd und teilt die Südhälfte der cimbrischen Halbinsel (wie übrigens auch die Nordhälfte derselben, Jütland) in einen zwanzig Meilen langen Ost- und West-Streifen, zwischen denen sie selbst als Mittelstreifen sich hinzieht. Alle drei sind von einander sehr verschieden, so verschieden, daß die klimatischen Abweichungen, namentlich aber die Verschiedenartigkeiten des Bodens, *mehr in der Linie von West nach Ost* als in der Linie von Nord nach Süd hervortreten.

Der Mittelstreifen (der Höhenzug) gilt als der unfruchtbarste Teil des Landes. Hier sind die Heiden und Moore, die sich bis zur Nordspitze Jütlands hinauf fortsetzen. Die Eisenbahnen zwischen Altona und Flensburg passieren vorzugsweise diese öden Gegenden. Sie sind übrigens landschaftlich wie wirtschaftlich besser als ihr Ruf. Die Einkoppelung der Heiden, die vor ungefähr 20 Jahren angeordnet wurde, hat den Wirtschaftsstand dieser Gegenden sehr wesentlich verbessert. Sumpf und Sand (wie bei uns in der Mark) haben einander aushelfen müssen und haben neue Kulturen geschaffen. Weite Distrikte liegen jetzt unterm Pflug, was aber von Öde und Einsamkeit geblieben, das leiht mehr poetischen Reiz als es nimmt. Diese Heiden sind der Schlachtengrund des Landes; hier wurden, durch fast ein Jahrtausend hin, die Schlachten zwischen Nord und Süd geschlagen; hier baute König Waldemar die Waldemars-Mauer und Königin Margarethe den Mar-

garethen-Wall; hier liegen Bornhöved und die Lohheide, hier
endlich Idstedt, wo sich 1850, auf unheilvolle 14 Jahre hin, die
Geschicke des Landes entschieden.

Der Oststreifen – jene Landschaften, die, von dem Mittel-
rücken her, in leiser Senkung nach der *Ostsee* hin abfallen, –
dieser Oststreifen ist der wichtigste Teil des Landes, der wichtigste und zugleich der landschaftlich schönste. Hügel folgt auf
Hügel, dazwischen in Holstein kesselartige Vertiefungen, welche zahlreiche Seen bilden. Überall Fruchtbarkeit und Kultur.
Die Art der Bebauung, das Koppelsystem, schafft eigentümliche Landschaftsbilder. Statt weiter Feldflächen wie bei uns, die,
im Winter kahl und traurig, bis zum Horizonte sich hin dehnen, begegnet man ausschließlich eingefriedigten Parzellen,
nicht größer als ein Stück Gartenland, den sogenannten Koppeln, deren Umfassung aus einem zehn Fuß hohen, hoch mit
Strauchwerk besetzten Erdwall besteht. Dies sind die vielgenannten »Knicks«. Über ihren Wert für die Landwirtschaft ist
oft gestritten worden. Für Schleswig-Holstein sind sie höchst
wahrscheinlich unerläßlich; die Seewinde, die hier unaufhör-
lich wehn, werden durch diese hohen Mauern gebrochen und
die Saaten vor dem Frost, wie die Felder selbst – wenigstens in
der Nähe der Strand-Dünen – vor der Versandung geschützt.
Ebenso wirkt der Graben, der die Knickwand umgibt, als Ab-
zugskanal für das Wasser. Was an Bodenfläche verloren geht
(ein Punkt, der vorzugsweise betont worden ist), so darf dem
gegenüber nicht vergessen werden, daß die Knicks selber wieder, mehr oder weniger direkt, der Landwirtschaft dienstbar
gemacht werden. Die Wände außen und innen stehen dicht in
Gras und das hohe Strauchwerk auf der Krone des Erdwalls,
ersetzt diesen holzarmen Gegenden, wo die alten Wälder, der
Sachsen-Wald, der dänische Wald (»dänisch Wohld«) nur noch
im Namen fortleben, das Quantum Holz, dessen der Landwirt
nicht entbehren kann. Wie wirtschaftlich die Ansichten über
den Wert der Knicks auseinandergehn, so auch landschaftlich.
Es ist wahr, sie beschränken den Blick ins Freie oder verbieten
ihn auch wohl ganz, aber wenn dadurch einerseits die Möglichkeit verloren geht, in jedem Augenblick ein weites Landschaftsbild vor sich ausgebreitet zu sehn, so erweist sich dies
Bild doch um so schöner, wo eine Hügelkuppe, irgend eine hoch
gelegene Stelle des Weges, von Zeit zu Zeit Gelegenheit gibt,
über den grünen, viel hundertfach quadrierten Teppich dieses

Knick- und Koppel-Landes hinzublicken. Wer die Landschaft Angeln an schönen Maitagen passiert hat, wenn abwechselnd Sonnenglanz und leise Nebel über die grünen Felder hinziehn, wird nicht länger zweifeln auch an den *landschaftlichen* Vorzügen dieser viel bevorzugten Gegenden.

Die größte Schönheit des Ostens sind seine tiefen Buchten, die Fjorde oder Förden, die, an der ganzen Küste entlang, die Ostsee bis tief in die Mitte des Landes hinein sendet. Diese Buchten, wie sie den besondern landschaftlichen Reiz dieser Gegenden bilden, bilden auch die besondre Bedeutung derselben. An diesen Buchten liegen die Städte, hier blühten, so weit die Geschichte in die Jahrhunderte zurückzusteigen vermag, Handel und Wandel, hier residierten die Fürsten, hier war das geistige Leben und das politische dazu. All diese Buchten, sieben an der Zahl, nehmen die Richtung von Ost nach West, nur der Kieler Meerbusen macht eine Ausnahme und dringt von Nord nach Süd in das Land ein. Die Namen der sieben Buchten oder Förden aber, in der Reihenfolge von Süd nach Nord, sind folgende: die Neustädter Bucht, der Kieler Meerbusen, der Meerbusen von Eckernförde, die Schlei, der Flensburger Meerbusen, die Apenradner und die Hadersleber Förde. Drei derselben, der Kieler, der Eckernförder und der Flensburger Meerbusen gelten als vorzügliche Häfen, von denen wiederum der erste und letzte noch große landschaftliche Schönheit zu ihren praktischen Vorzügen gesellen. In dem Wettstreit, der entstanden, scheint der Kieler Hafen berufen, den Preis davon zu tragen. Von Nord nach Süd tief ins Land eindringend, ist er gegen die Ost- und West-Stürme, die an diesen Küsten heimisch sind, geschützter als die andern, auch wohl, um eben dieser Lage willen, gesicherter vor Versandung. Dieser Hafen ist berufen, dem Osten Schleswig-Holsteins eine *neue*, gesteigerte Bedeutung zu leihn.

Der Weststreifen des Landes ist in eminentem Sinne ein Flachland. Es sind dies die sogenannten Marschen. Viele derselben liegen *unter* dem Niveau des Meeres, und werden nur durch Dämme und Deiche vor Überschwemmung geschützt. Viele Quadratmeilen dieser Marschen sind innerhalb historischer Zeit entstandenes Land, entstanden entweder durch Wachsen des Landes mittels Anschwemmung (Alluvion) oder durch Fallen des Meeres, vielleicht durch beides. Um anzudeuten wie es hier etwa zur Zeit der hohenstaufischen Kaiser war, nur folgendes: Ripen, Tondern, Meldorf, Itzehoe, Ortschaften die jetzt eine Meile weit landeinwärts liegen, lagen damals hart am Meere und Hoyer, Garding, Lunden, Hemmingstedt waren Inseln, die sich wie jetzt Nordstrand, Pellworm und die Halligen neben der damaligen Küste hinzogen. Der Weststreifen des Landes, ohnehin schmal, war vor sechs- oder achthundert Jahren noch um vieles schmaler und wo jetzt Husum liegt, wie auch an andern Stellen, schnitt die Westsee, in ähnlicher Weise wie die Ostsee, buchtenartig tief ins Land hinein. Die am tiefsten einschneidende Bucht, die Hewer, drang bis nahe an die Schlei vor, so daß die Stadt Schleswig wie auf einer Erdbrücke lag, zwischen Schlei und Hewer, die kaum mehr als die Breite einer Meile hatte. Die Dörfer Groß- und Klein-Rheide (Rhede) bezeichnen noch heute die Punkte, bis wohin, freilich zu einer nicht näher zu bestimmenden Epoche, die Schiffe von Westen her vordrangen.

Dieser Weststreifen des Landes ist der unscheinbarste, aber der reichste. Der Boden hat hier einen höhern Wert, wie vielleicht irgendwo in Deutschland und es ist nichts Ungewöhnliches, daß für einen Morgen altes Weideland 2000 bis 3000 Mark, also 1000 bis 1500 Tlr. gezahlt werden. Wenige sogenannte *Geest*-Strecken abgerechnet, die etwa dem »Höheboden« unsrer Bruchgegenden entsprechen, ist alles Marschland, fett, üppig, zum Getreidebau wie zur Viehzucht gleich vorzüglich geeignet. Marsch ist ein Bodensatz von Tonerde (Klei genannt, das englische *clay*) mit mehr oder weniger Sand gemischt. Nach dem Maß dieser Beimischung unterscheidet man schweren und leichten Marschboden.

Reicher noch als der Osten, entbehrt der Westen andrerseits all der landschaftlichen Schönheiten, die jener aufweist. Nicht Tal nicht Hügel durchziehen das Land, keine Seen, von Buchenwald eingefaßt, erfreuen den Blick, eine ununterbrochene Ebene, so zieht sich das Marschland hin, von Deichen eingefaßt, von unzähligen Wassergräben durchschnitten. Nur um die Sommerzeit leiht die Üppigkeit der Vegetation auch diesen Gegenden einen landschaftlichen Zauber.

Die Küstenmarsch des Herzogtums Schleswig wird in eine nordschleswigsche und eine südschleswigsche Marsch geteilt, zwischen welche sich ein fast zwei Meilen breiter Sandgürtel (bei Hoyer) hineinschiebt; in Holstein aber begegnen wir neben den Marschen an der Elbe (Kremper und Wilster Marsch) vor allem dem Dithmarschenland; eben so berühmt durch seine Wohlhabenheit, wie durch den Unabhängigkeitssinn seiner Bewohner.

Über die Inseln (namentlich Sylt und Föhr), die sich an der schleswigschen Westküste hinziehn, sprechen wir an andrer Stelle. Nur das noch sei hier bemerkt, daß die berühmten Austernbänke, die uns die fälschlich sogenannten »*Holsteiner* Austern« liefern, sämtlich an der *schleswigschen* Westküste (bei Husum) anzutreffen sind. Die holsteinsche Küste hat keine Austern.

So viel über die Boden- und Terrain-Verhältnisse.

Noch einige allgemeine Betrachtungen mögen hier Platz finden. Die Lage Schleswig-Holsteins zwischen zwei Meeren hat ihm von früh her eine besondere Bedeutung geliehen. Es ist der Teil des deutschen Gebietes, welcher am meisten an dem Verkehr und den Interessen des *Meeres* Anteil gehabt hat. Nur die Mündungen des Rheins und die benachbarten holländischen Küsten sind in dieser Beziehung zeitweise voran gewesen. Wenn diese zunächst die Aufforderung hatten, die deutschen Lande mit den *fremden Weltteilen* in Verbindung zu setzen, so fand dagegen der Verkehr des nördlichen *Europa* auf jener Halbinsel, deren südliche Hälfte eben Schleswig-Holstein ist, seinen natürlichen Mittelpunkt; man schiffte von hier nach den gegenüberliegenden Küsten der Nord- und der Ostsee; ihre Schiffe, ihre Produkte begegneten sich in den Stapelplätzen, die hier errichtet waren. Lübeck und Hamburg sind nur die Höhenpunkte einer Entwickelung, die hier, mit der ältesten Zeit der Geschichte, ihren Anfang genommen hat.

Es sind auf diesen Wegen aber auch andere Resultate erzielt worden. Wie diese Lande, in den Anfängen der neu-europäischen Geschichte, der *britischen* Insel ihre deutsche Bevölkerung gaben, so sind später die fernen Gestade der Ostsee, *Livland* und *Kurland*, zum großen Teil von hier aus kolonisiert und in den Kreis des deutschen Lebens hineingezogen worden.

Darüber ist kein Zweifel, daß eine Erhebung Deutschlands zur See wesentlich von diesen Landen abhängt. Seine größte Handelsstadt (Hamburg) liegt auf holsteinschem Gebiete; nur hier finden sich Kriegshäfen; nur hier ist eine Verbindung der beiden deutschen Meere ohne fremden Einfluß möglich.

Weil so wichtig, waren diese Lande auch von jeher ein Zankapfel. Oft litt die Bevölkerung unter diesen Kämpfen. Dazu

gab das Meer nie ganz sein altes Anrecht an diese Küsten auf;
Überschwemmungen verheerten das Land. Was aber zeitweise
die materielle Wohlfahrt gefährdete, das weckte und stärkte
andrerseits die Kraft. Wenn ein Teil der Bevölkerung auf den
Ackerbau eine lohnende Tätigkeit verwandte, so gab einem anderen Schiffahrt und Handel eine Beschäftigung, die den Blick
erweiterte und oft zugleich reichen Ertrag gewährte. Zu der
Regsamkeit und Tüchtigkeit ihres Charakters trug es nur bei,
daß sie nie ganz gleichartig in den verschiedenen Teilen des
Landes war und daß historische Verhältnisse im Laufe der Zeiten größere Gegensätze zu Wege brachten.

Die Bevölkerung war niemals gleichartig, so sagten wir, und
sie ist es nicht bis auf den heutigen Tag. Die Bewohner Schleswig-Holsteins, die uns zunächst eine provinzielle Einheit repräsentieren, weisen untereinander wieder eben so viele Stam-
mes- oder doch mindestens Clan-Verschiedenheiten auf, wie
etwa die Westfalen, die Brandenburger, die Ostpreußen.

Wie sich Mindner und Münsterländer, Priegnitzer und
Oderbrücher, trotz provinzieller Zusammengehörigkeit, doch
wieder eigenartig einander gegenüberstehn, ebenso ist es mit
den Stämmen, deren Gesamtheit wir uns als »Schleswig-Holsteiner« zu bezeichnen gewöhnt haben. Die nach Sprache und
Abstammung skandinavischen Elemente, die den Norden
Schleswigs bewohnen, ungerechnet, haben wir, ohne uns auf
feinere Nuancierungen einlassen zu wollen, mindestens vier
bestimmte Gruppen innerhalb der schleswig-holsteinschen Bevölkerung zu unterscheiden. Diese vier Gruppen sind folgende:

1. Die Niedersachsen. 2. Die Dithmarschen. 3. Die Angler.
4. Die Friesen. Eine Charakterisierung derselben sei wenigstens versucht.

1. *Die Niedersachsen.* Sie bewohnen Holstein, mit Ausnahme Dithmarschens, dazu jenen südöstlichen Teil von Schleswig, der zwischen dem Eiderkanal und der Schlei gelegen ist.
Die alten historischen Namen dieser von den Niedersachsen
bewohnten Landesteile sind folgende: *a.* das eigentliche Holstein, in der Mitte des Landes, *b.* Stormarn im Süden, *c.* Wagrien im Osten, *d.* dänisch Wohld und Schwansen in Schleswig.
Auch hier, innerhalb der eben aufgezählten Landesteile, treten
wieder Verschiedenheiten hervor; in Wagrien mischte sich das
sächsische Blut mit wendischen, in Schwansen und dänisch

Wohld mit dänischen Elementen; aber die entstehenden Nuancen änderten nichts Wesentliches an der niedersächsischen Art.

Diese niedersächsische Art ist nun auch hier dieselbe, wie überall im alten Sachsenlande, auf dem weiten Landstrich zwischen Weser und Elbe. Es ist eine *ruhige* Art, fest, oft trotzig, allem Geprahle feind, aber selbstbewußt. Mut und Freiheitsliebe sind ein Jahrtausend altes Erbe; jedes Jahrhundert sah diese sächsischen Stämme bereit, für ihre Unabhängigkeit in oft ungleichen Kampf zu ziehn. Länger als anderswo hielt sich hier der hohe Freiheitssinn, der immer bereit ist, das eigne Leben um des Ganzen willen einzusetzen und selbst die Auswüchse, an denen kein Mangel war, erscheinen uns nur als die Äußerungen einer energischen Natur. Erst an der Grenze des 15. Jahrhunderts ließ sich der *holsteinische Bauernstand* bewegen, sein *Fehderecht* aufzugeben. Die lübsche Chronik schreibt darüber wie folgt:

»Es war im Holstenlande eine jämmerlich böse Sitte, also daß ein Bauer den andern tot schlug in seiner Fehde; dies war ihr Brauch und doch Unrecht. Dieses Totschlages geschah allzuviel und hatte eine wunderliche Weise, die war also: Wurde einem sein Vater oder sein Bruder oder sein Vetter erschlagen, und hatte derjenige, der den Totschlag getan hatte, einen Vater, einen Bruder, einen Vetter, oder wer sein Blutsfreund war, den schlugen sie wieder tot wenn sie konnten, obschon es ihm leid war, oder er nicht davon wußte, oder er zur Zeit des Totschlages über Meer, in Rom oder in Norwegen war. Also ward mancher biderbe Mann erschlagen. Da sandte Gott seinen heiligen Geist in das Herz des Grafen Klaus von Holstein und gab ihm ein, diese Worte zu sprechen: ›Wem das Gute und der Friede lieb ist, die gehen zu der rechten Hand, die andern gehen zu der linken.‹ Da wagte niemand auf der linken Hand zu bleiben, sondern sie gingen alle zu der rechten, da er sie ermahnte, daß Gott unser Herr also sprechen würde in seinem strengen Gerichte. So wurde der Totschlag und das Morden abgetan.«

So der lübsche Chronist. Der Geist, der in diesem Fehderecht lebte, wenn auch verzerrt, war der Geist persönlicher Freiheit. Man entäußerte sich endlich freiwillig seiner mißbräuchlichen Anwendung, aber der Geist selber blieb. Das 18. Jahrhundert (wie überall) zeigte auch hier einen Verfall; andrerseits sorgte der nationale Gegensatz dafür, daß die alten Kräfte nicht völlig rosteten. Als der »offene Brief« Christians VIII. erschien, der

den Holsteinern das nehmen wollte, was sie als das unver-
äußerlichste ihrer Rechte für sich in Anspruch nahmen, die
Zusammengehörigkeit mit Schleswig, zeigte es sich, daß der
alte Sachsengeist nicht erstorben war, das alte »Fehderecht«
lebte in den Gemütern wieder auf. Sie führten die Kämpfe von
1848-50 unglücklich aber brav und voll alten Opfermuts. Die
Hauptaufgaben dieses Kampfes, geistig wie materiell, lagen auf
den Schultern des *niedersächsischen* Elements.

2. *Die Dithmarschen.* Sie bewohnen, wie bekannt, das
gleichnamige Marschland im westlichen Holstein. Ihren Charakter, wie ihre Geschichte kann man vielleicht am besten als
eine Potenzierung des übrigen Holstentums bezeichnen. Nach
Abstammung dem niedersächsischen Element des Landes nah
verwandt, werden sie von einigen als Friesen angesehn, die sich
mit niedersächsischem Blute, von andern als Niedersachsen,
die sich mit friesischem Blute mischten. Der Streit mag unentschieden bleiben. Was zunächst den Namen des Landes »Dithmarschen« angeht, so steht derselbe zu den »Marschen« in
keiner Beziehung. Der alte Name war Thietmars-Gau und
existierte bereits als die Westküste, statt aus Marschland,
noch großenteils aus Geest und einigen Inseln bestand. Nicht
die *Sache* (die Marschen) gab den Namen, sondern aus Thietmars-Gau wurde Dithmars-Gau und endlich Dithmarschen.

Die Geschichte dieses Landesteiles ist von besonderem Interesse; seine Bewohner stehen, in Verteidigung ihrer Freiheit
und Unabhängigkeit, ebenbürtig neben den Schweizern der
drei Urkantone; die siegreichen Dithmarsenkämpfe »an der
Hamme«, am Oswaldusabend 1404, und am Dusend Düvelswarf bei Hemmingstedt, sind die glänzenden Seitenstücke zu
den Tagen von Morgarten, Sempach und Granson. Hier wie
dort Bauern gegen Ritter, hier wie dort das Hereinragen ele-
mentarer Gewalten, dort niederstürzende Felsblöcke, hier ein-
brechende Flut. Und dort wie hier, allen Wandlungen modernen Lebens zum Trotz, freie Gemeinschaften bis auf diesen
Tag, ein Sinn, der wenn er nicht mehr der alte ist, doch wenigstens an den alten *mahnt.* Dieser Sinn ist nicht in allen Stücken
gut; er wurzelt in Selbstsucht, sein Blick ist beschränkt, sein
Wesen Abwehr, aber innerhalb *eng gezogener* Grenzen bewährt er sich noch heut. Man geht aufrecht und übt alle Tugenden des Aufrechtgehenden, man spricht die Wahrheit, weil es
feig ist zu lügen, man setzt Gut und Leben an das gegebene

Wort. Alle Tugenden blühn, die auf dem Boden starken Selbst-
bewußtseins erblühn können.

3. *Die Angler.* Sie bewohnen jetzt ausschließlich die schöne
Halbinsel zwischen der Schlei und dem Flensburger Meerbusen; früher – in Tagen die dem Angelsachsen-Zuge vorausgingen – war ihr Gebiet höchst wahrscheinlich größer und umfaßte die nord- und südwärts von Angeln gelegenen Distrikte.
Auch weiter nach Westen hin dehnten sie sich aus. Sie waren
durch Kraft und Schönheit ausgezeichnet und bekannt ist das
Wort Papst Gregors des Großen, der bei ihrem Anblick ausrief:
Non sunt Angli, sunt Angeli. Die Züge nach England hinüber,
die wahrscheinlich ein Jahrhundert und länger dauerten, ent-
völkerten die alten Sitze der Sachsen und Angeln, und Dänen
rückten von *Norden* her in derselben Weise vor wie *Slawen* von
Osten her in die leer gewordenen Gebiete zwischen Weichsel
und Elbe eindrangen. So entstand in dem alten Lande Angeln
eine Mischung von deutschen mit skandinavischen Elementen.

Ihrer Beschäftigung, ihrem Reichtum, ihrem ruhigen
Selbstbewußtsein nach könnte man die Angliter die Dithmarschen der Ostküste nennen, aber in einem unterscheiden sie
sich doch sehr wesentlich von ihnen: es fehlt ihnen das historische Bewußtsein und das gesteigerte Selbstgefühl, das daraus
erwächst. Die Glanztage der Dithmarschen, wo Dänemark im
Kampf gegen sie unterlag und die siegreich vordringenden
Bauern rufen konnten: »wahre di Garde, de Buer kommt«! liegen um wenig mehr als 300 Jahre zurück; die Tradition ist ununterbrochen, Lieder gehen von Mund zu Mund und der Tag
von Hemmingstedt wird alljährlich wie ein Volksfest gefeiert.
Nicht so der Angelsachsenzug unter Hengist und Horsa. Er ist
tot für die Gegenwart und es knüpfen sich keine geistigen Bänder mehr zwischen jetzt und damals. Die Angler erfahren keine
Einbuße dadurch. Es kleidet ihnen, daß sie sich nicht als die
Träger eines besondren Ruhmes empfinden; ein schönes Maß
charakterisiert ihre Haltung. Ihr Mut wird nicht Übermut, ihre
Festigkeit wird nicht Trotz. In langer Gegnerschaft diploma-
tisch geschult, zu gute Rechner, um mit Kräften zu rechnen, die
nicht da sind, setzen sie den Kompromiß über die Fehde.

4. *Die Friesen.* Sie bewohnen die schleswigsche Westküste
und die davor gelegenen Halligen und Inseln; auch *Helgoland.*
Die schleswigschen Friesen bilden den nördlichsten Zweig dieses an der ganzen Nordsee-Küste von der Mündung des Rheins

an, einst so mächtigen, nunmehr absterbenden Volksstamms
und führen deshalb im Gegensatz zu den West- und Ost-Fries-
ländern, den Namen der Nord-Friesen. Der Name taucht verhältnismäßig spät in der Geschichte auf. Wahrscheinlich waren
es diese Nord-Friesen (nach Ansicht einiger damals Sachsen
genannt), die mit den ihnen zur Seite wohnenden Angeln nach
England hinübergingen.

Diese Ansicht hat viel für sich. Wäre sie falsch, so bliebe
nichts andres übrig, als daß sowohl Sachsen wie Angeln (deren
Gebiete *nicht* unmittelbar an der Nordsee-Küste lagen) ihre
Englandzüge, durch das Land der Friesen hindurch, und zwar
ohne Widerstand und ohne Beteiligung seitens dieser gemacht
haben müßten, – Annahmen, die sich beide verbieten.

Die Friesen, deren Sprache noch auf einzelnen der Westsee-
Inseln, auf Amrum, Föhr, Sylt und den Halligen, gesprochen
wird, haben wie die Dithmarschen einzelne glänzende Blätter
in der Geschichte der Kämpfe zwischen Dänemark und Nord-
Albingien aufzuweisen. Im Kampf mit ihnen (1252) fiel König
Abel. Das war in der Schlacht am Milderdamm und der Friese,
der dem König Abel den Kopf spaltete, war Wessel Hummer,
ein Rademacher von Pellworm. So wurde König Erich gerächt,
der von Abel (König Erichs Bruder) hintergangen und ermordet worden war. Einen Sieg von ähnlicher Bedeutung erfochten
die Friesen 1410 auf der *Solleruper Heide* (zwischen Flensburg
und Tondern), aber dieser Sieg bezeichnet zugleich einen Wendepunkt in der Geschichte dieses Stammes. Von da ab glückte
es den Dänen, eine bittere Zwietracht zwischen den Friesen in
Schleswig und den Dithmarschen in Holstein hervorzurufen,
eine Zwietracht, die alsbald zu offner Fehde führte. »Die Kraft
der edlen Friesen, so schreibt ein alter schleswigscher Schriftsteller, wurde in diesen Kämpfen gebrochen, ihre Selbstständigkeit ging dahin. Die Dithmarschen, wenn sie auch dem Dä-
nenkönig keinen unmittelbaren Beistand leisteten, taten ihm
doch mittelbar großen Vorschub, indem sie die Friesen, diese
treuen Verbündeten der holsteinschen Grafen, mit Mord und
Brand überzogen. Eiderstedt (das Südstück des Friesenlandes)
wurde zweimal verheert. So unterlagen die Friesen nicht ihrem
alten Erbfeinde, sondern ihren Nachbarn und deutschen
Stammgenossen, die im Dienste des alten Erbfeindes tätig waren.« Das Jahr 1417 bezeichnet für die Nordfriesen dasselbe,
was das Jahr 1548 für die Dithmarschen bedeutet; es sind dies

die Jahre der Unterwerfung. Aber freilich diese »Unterwerfung« ist nirgends in *dem* Sinne zu verstehen, daß nun Knechtschaft an die Stelle persönlicher Freiheit getreten wäre, nur die Gesamtheit hatte einen Herrn über sich. Die Bauern-Republiken in ihrer staatlichen Stellung hörten auf; aber der republikanische Sinn lebte in Haus und Gemeinde fort. Dies, was mehr oder weniger von allen Landesteilen Schleswig-Holsteins gilt – nur die Hörigen der adligen Güter in Wagrien machen eine Ausnahme – gilt insbesondre von den Marschbewohnern im Westen, d. h. also von den Dithmarschen und Friesen.

Die Friesen, ihrer Abstammung und ihrem *ursprünglichen* Charakter nach, den übrigen Bewohnern Schleswig-Holsteins unzweifelhaft nah verwandt, unterscheiden sich dennoch mehr von ihnen, als sich die genannten (Sachsen, Dithmarschen, Angler) unter einander unterscheiden. Der Grund dafür ist lediglich in der *Beschäftigung* der Friesen zu suchen. Sie *waren* zu allen Zeiten Seefahrer und *sind* es (vorwiegend) bis auf den heutigen Tag. Die abweichenden Züge, denen wir bei ihnen begegnen, sind Seemanns-Tugenden und Seemanns-Schwächen. Keine geistig hervorragenden Erscheinungen sind aus ihrer Mitte hervorgegangen, dennoch gelten sie in ihrer Gesamtheit für begabt. Widersprechende Gaben mischen sich in ihnen: Phantasie und scharfes Denken, Sinn für Romantik und für die mathematischen Wissenschaften. Der Aberglaube (beim niedren Volk) hat noch seine Brutstätten hier und ein melancholischer Zug, wie über allen absterbenden Stämmen, liegt über dem ganzen Volk.

Soweit der Versuch einer Charakteristik der schleswig-holsteinschen Stämme. Pastor Jensen, selbst Schleswig-Holsteiner, hat die Charaktereigentümlichkeiten seiner Landsleute (einschließlich der *dänischen* Schleswiger) in folgende Sätze zusammengefaßt:

Der *Friese* an der Westsee, so sagt er, hat ein starkes Selbstgefühl; er ist der Groß*mut* fähig und von Groß*tun* oft nicht frei. Der *Angler* hat Sinn für das Wissen, Beobachtungsgabe und Reflexion, ist vorsichtig und umsichtig, ängstlich und unentschieden, und wiederum doch leicht verleitet zum Eiteln und empfänglich für alle Einflüsse des Zeitgeistes. Der *Däne*, im Norden Schleswigs, ist ausdauernd und beharrlich; nicht hervortretend, sondern mehr nach innen gekehrt, schwer sich aufschließend, noch schwerer sich anschließend. Der *Niedersachse*,

in Schleswig wie in Holstein, ist offen und treuherzig, dabei
ausgiebig mit einer Gradheit, die bis zur Derbheit gehen kann.

Der Versuch einer Charakterisierung der einzelnen Stämme,
hat dazu geführt, an mehr als einer Stelle bereits einzelne
historische Momente in die Behandlung des Gegenstandes hin-
einzuziehn. Das folgende Kapitel, von den Details nach Möglichkeit absehend, wird sich der *Gesamt*-Geschichte des Landes
zuwenden, vor allen jenen Ereignissen, aus denen, innerhalb
des letzten Vierteljahrhunderts, zunächst die »schleswig-holsteinsche Frage« und im Geleit derselben, zwei schleswig-holsteinsche Kriege erwuchsen.

SCHLESWIG-HOLSTEINS GESCHICHTE

1. *Unter den Schauenburgern bis 1460*

Die Geschichte der Herzogtümer gliedert sich in zwei Hälften,
in eine Geschichte *bis* zum Jahre 1460 und eine Geschichte
nach dem Jahre 1460. Die erste Hälfte berühren wir nur in der
Kürze, weil sie in einem ziemlich losen Zusammenhange mit
allem steht, was wir uns gewöhnt haben, als die »schleswig-
holsteinsche Frage« zu betrachten. Erst von 1460 an begegnen
wir jener Reihenfolge von Ereignissen und Abmachungen, die
wir als die *Wurzeln* des nun hoffentlich endgültig abgeschlossenen Streites anzusehen haben.

Zunächst also die Geschichte bis 1460. Es ist, nach Dynastien
gerechnet, im wesentlichen eine Geschichte der *Schauenburger,* wie das was folgt eine Geschichte der *Oldenburger* ist.

In den ersten Jahrhunderten unsrer Zeitrechnung waren
beide Herzogtümer von *deutschen* Stämmen bewohnt: Friesen, Angeln, Sachsen. Etwa um 400 entvölkerte sich, in Folge
der Angelsachsen-Züge, das Land zwischen Königsau und Eider (das heutige Schleswig) und die Dänen rückten von Norden
her vor. So standen die Dinge bis zur Zeit Karls des Großen,
auch später noch – die Eider war Grenze zwischen Deutschland
und Skandinavien.

Unter Heinrich dem Finkler tat das deutsche Element wieder
einen Schritt *vorwärts.* Den Einfällen der Dänen zu begegnen,

ward eine Mark errichtet, aber nicht diesseits der Eider, sondern jenseits, also auf einem Gebiet, das, ursprünglich deutsch,
seit 500 Jahren dänisch geworden war. Dies war die *schleswigsche Mark;* sie umfaßte das Gebiet zwischen Eider und Schlei.
Sie war errichtet zu Deutschlands Schutz. Aber bald verlor sie
diesen Charakter. Kaiser Konrad II., ohne Interesse für die
Vorgänge an den Nord-Grenzen, gab eben diese Mark an Dänemark zu Lehn; die Eider wurde wieder Grenze, wie sie's vor
Errichtung der Mark gewesen war, und den Sachsenherzögen
fiel jetzt die Aufgabe zu Deutschland gegen dänische Übergriffe von Norden her zu schützen. Die Sachsenherzöge unterzogen sich dieser Aufgabe, aber nicht persönlich, nicht unmittelbar. Ein *Statthalter* hielt statt ihrer die Wacht, mal dieser, mal
jener, verschiedenen Familien angehörig.

So kam das Jahr 1110. In diesem Jahre wurde *Adolp von
Schauenburg,* dessen Geschlecht bis dahin an der Weser ansässig gewesen war, zum Grafen von Holstein und Stormarn ernannt. Der Titel »Statthalter« wurde hinfällig; die Schauenburger begannen selbstständig das Land zu regieren; der
Schutz Deutschlands, gegen Angriffe von Norden her, war ihnen anvertraut. Sie haben diesem Vertrauen, durch mehr als
drei Jahrhunderte hin, entsprochen, nicht allzeit glücklich, immer ruhmvoll. Das erste Jahrhundert war ein Jahrhundert
wachsender Gefahren. Dänemark, von einer Reihe großer Könige beherrscht, drang über die Eider vor; *auch Holstein stand
auf dem Punkte dänisch zu werden.* So kam der für diese Landesteile ewig denkwürdige Tag von Bornhöved. Waldemar der
Siegreiche wurde geschlagen (1227); Holstein war frei,
deutsch.

Dieser Tag bezeichnet einen Wendepunkt in der Geschichte
des Landes. Bis dahin in beständiger Gefahr, der dänischen
Übermacht zu unterliegen, erhoben sich jetzt die Schauenburger und schritten ihrerseits zur Eroberung. Gerhard der Große
– von den Dänen der »kahle Graf« genannt – tritt für seinen
minderjährigen Neffen Waldemar, Herzog von Schleswig,
siegreich ein, verficht dessen Anrecht auf die dänische Krone,
vertreibt den Usurpator-König, macht sich »zum Vormund des
Reiches Dänemark« und erwirkt die Waldemarische Konstitution:

»Wonach Schleswig und Dänemark *nicht* unter einer Krone
stehen sollen.«

Zu gleicher Zeit spricht Graf Gerhard sein eigen Anrecht auf Schleswig aus und macht sich zum Inhaber beider Herzogtümer. Zum Zeichen deß, residiert er abwechselnd in Rendsburg und Gottorp. Aber eh er den neuen Staat gefestigt, stirbt er, der Däne Niels Ebbesen erschlägt ihn in Randers. Kämpfe brechen aus, die das Errungene wieder in Frage stellen, bis endlich die streitenden Parteien (Dänemark und die Schauenburger) zu der Verständigung gelangen: »*Die Holsten Herren sollen das Herzogtum Schleswig haben.*« Das war 1386. Von diesem Jahre ab waren die Schauenburger, wie Grafen zu Holstein, so auch zugleich Herzöge von Schleswig. Es gab ein selbstständiges Land Schleswig-Holstein *neben* Dänemark. Erst mit dem Erlöschen des Schauenburger Hauses hörte diese Selbstständigkeit auf. *Man begab sich derselben.* Wie? werden wir im nächsten Abschnitt sehn.

2. Schleswig-Holstein von 1460 bis zum »Königs-Gesetz« 1665

1459 starb Graf Adolf VIII., der letzte Schauenburger aus dem regierenden Hause.

Die Frage entstand: wer soll Erbe sein? Erbe nicht nur in Holstein, sondern auch in Schleswig; denn seit 1386, wie wir gesehen haben, waren *beide* Länder von demselben Fürstengeschlecht, den Schauenburgern, beherrscht worden. Auch hatte sich bereits ein Gefühl der *Zusammengehörigkeit* ausgebildet.

Von zwei Seiten her wurden Ansprüche erhoben, beide gut begründet. Eine Abzweigung des Schauenburger Hauses (ein Zweig, der erst 1640 ausstarb) glaubte sich in erster Reihe erbberechtigt; neben ihnen erhob Christian I., mit dem elf Jahre vorher das Oldenburger Haus den dänischen Thron bestiegen hatte, gedoppelte Ansprüche. Diese gründeten sich einerseits persönlich auf Verwandtschaftsgrade, andrerseits auf nicht zu bestreitende Anrechte der *Krone* Dänemark, freilich nur auf Schleswig. Schleswig war dänisches Lehn. Nach dem Aussterben der Lehnsträger, eben der Schauenburger, fiel das Land an Dänemark zurück. Andrerseits bot Holstein, als *deutsches* Lehn, schwer zu umgehende Schwierigkeiten. *Und doch wollten beide Lande bei einander bleiben.*

In diesem Hin und Her widerstreitender Ansprüche gaben

endlich die *Stände* von Schleswig und Holstein den Ausschlag. Sie wählten Christian I. zum Herrn beider Landesteile. Die Schauenburger erhielten eine Entschädigung. Ein *Vertrag* zwischen König und Ständen wurde abgefaßt, der die *Wahlkapitulation* von 1460 heißt und später die Aufschrift erhielt: »*Das sind der Lande Privilegien, von König Christian bestätigt.*«

Darin heißt es: »*Die Lande Schleswig und Holstein sollen zu ewigen Zeiten ungeteilt zusammen bleiben;* und so oft die Lande offen werden, soll eins von den Kindern des letzten Regenten, und wenn deren keine da sind, ein andres Mitglied des Oldenburgischen Fürstenhauses, einer der nächsten Verwandten des Stammvaters, zu einem Herrn gewählt werden. Hinterläßt der Regent nur Einen Sohn, der König zu Dänemark wäre, so kann dieser zum Landesherrn gewählt werden, insofern er die Landesprivilegien zu bestätigen bereit ist, sonst soll die Wahl auf den nächsten Erben fallen.«

So lautete der Hauptpassus der »*Wahlkapitulation*«, die bald darauf durch eine »*tapfere Verbesserung der Privilegien*« erweitert wurde.

In Niedersachsen sah man auf diese Vorgänge, mittelst deren Dänemark bis an die Tore von Hamburg und Lübeck gerückt wurde, nicht ohne Argwohn und die Lübecker Chronik schreibt in genanntem Jahre 1460: »Also wurden die Holsten Dänen und verschmähten ihren Erbherrn (den Schauenburger) und gaben sich mit gutem Willen ohne Schwertes Schlag unter den König von Dänemark, da ihre Ahnen und Vorfahren manches Jahr gegen gewesen waren und hinderten das mit wehrender Hand; denn sie führten manchen Krieg und hatten manchen Streit mit den Dänen, wobei ihnen die Städte behülflich waren mit großem Volk und großen Kosten, darum daß sie keine Dänen sein wollten. Auch war mancher Herr und Fürst und ritterlicher Mann in dem Streit geblieben, und dazu ihre eignen Ahnen, darum daß sie nicht wollten untertänig sein den Dänen, sondern sie wollten frei sein. Und diese vorgeschriebenen Stücke hatten die Holsten alle vergessen zu dieser Zeit, und wurden mit Willen eigen; und das machte die Gierigkeit der Holsten und die Verschlagenheit der Dänen; denn der König und sein Rat kauften sie mit Geld und mit Gabe und mit mancherlei Versprechungen. So um Eigennutzes willen wurden sie verblendet und gaben preis das gemeine Gut des Landes um kleinen Vorteils willen.«

So die Lübecker Chronik. Einzelnes in diesen Vorwürfen war begründet, die freie, selbstständige, ungehemmte *deutsche* Entwicklung Holsteins war in Frage gestellt; aber Holstein nahm diesen Nachteil und diese Gefahr, die es beide wohl erkannte, auf sich, *um der fortdauernden Verbindung mit Schleswig willen.*

Die »Wahlkapitulation« von 1460 mit ihrem »sie sollen bleiben ungeteilt«, ist das erste bedeutungsvolle Ereignis, das bei Beurteilung der schleswig-holsteinschen Frage im Auge behalten werden muß.

Das *zweite* Ereignis von maßgebender Bedeutung fällt in das Jahr 1544. Es steht in vollem Widerspruch zu den feierlichen Abmachungen von 1460, denn die Lande Schleswig und Holstein, die »ewig ungeteilt bleiben sollten«, – sie *wurden* geteilt.

Schon zu Anfang des 16. Jahrhunderts, also nur etwa 40 Jahre nach der Wahlkapitulation, hatte König Hans, trotz dem verbrieften Wahlrecht der Stände, eine solche Teilung Schleswigs und Holsteins durchzusetzen gewußt. Er stützte sich dabei, wie schon Christian I., auf das *Erbrecht* seines Hauses, demzufolge aller Besitz, so weit er nicht zur Krone gehörte, zwischen den Söhnen *geteilt* werden mußte, während doch das *Wahlrecht* der Stände, neben dem Maß von Freiheit, das überhaupt darin eingeschlossen war, vor allem das Ziel verfolgte, die Lande in einer Hand *beisammen* zu halten. König Hans hatte die Teilung durchgesetzt. Gegen Ausgang des 16. Jahrhunderts, unter der Regierung Friedrichs II. von Dänemark (des Erbauers von Fredericksborg, Schloß Helsingör etc.), *festigten* sich die Teilungs- und Besitz-Verhältnisse, die anfangs Schwankungen unterworfen gewesen waren, und vom Jahre 1581 an sehen wir, durch anderthalb Jahrhunderte hin, drei Linien des Oldenburger Hauses in beinah unverändertem Posseß ihrer Erbschafts-Anteile an den Landen Schleswig und Holstein. Diese drei Linien waren: Die *Gottorper* Linie, die *königliche* Linie und die *Sonderburger* Linie, die letztere auch »die jüngere köngliche Linie« geheißen. Die Besitz-Anteile der Gottorper und der königlichen Linie waren beinahe gleich ($\%_{18}$ und $\frac{7}{18}$), während die Sonderburger, als bloße Abzweigung der königlichen Linie, nur $\frac{2}{18}$ besaß. Die Teilung, um wenigstens dadurch die Zusammengehörigkeit Schleswigs und Holsteins darzutun, hatte derart stattgefunden, daß jeder der beiden Haupt-Possessoren (die Sonderburger kamen weniger in Betracht) ihre Gebietsanteile ebensowohl in Schleswig wie in Holstein besaßen. Die Teilung, wenn man den Ausdruck gestatten will, hatte mehr eine vertikale als eine horizontale Linie innegehalten. Die Gottorper erhielten, neben dem Gottorper Schloß, das dazu gehörige Amtsgebiet, ferner Eiderstedt, Husum, Apenrade, alles in Schleswig gelegen; außerdem auf holsteinschem Grund und Boden Kiel, Neumünster, Reinbek, Cismar, Neustadt etc. Der königliche Anteil umfaßte die Inseln Alsen und Arrö, den Sundewitt samt Flensburg, ferner (in Holstein) Segeberg mit Oldesloe, Heiligenhafen, die Kremper und Wilster Marsch etc.

War diese Dreiteilung Schleswig und Holsteins, die mit dem Jahre 1581 zu einem gewissen Abschluß, zu einer Fixierung der Verhältnisse kam, überhaupt nur unter Umgehung des Wahlrechts der Stände möglich gewesen, so genügte diese »Umgehung« – die wenigstens mittelbar die Existenz eines schleswig-holsteinschen Wahlrechts anerkannte – den immer mehr dem Absolutismus zustrebenden Ansprüchen des oldenburgischen Hauses, in allen seinen Zweigen, nicht länger und das Bestreben *aller* Linien des Hauses ging dahin, das Wahlrecht der Stände ganz zu beseitigen und das *Erstgeburtsrecht*, versteht sich innerhalb des Mannesstammes, an die Stelle zu setzen, In diesem Bestreben waren *alle* Linien des Hauses einig. Bis 1650 hatte sich diese Umwandlung vollzogen. Für *Gottorp* zuerst (am 9. Januar 1608); für *Sonderburg* am 17. Dezember 1633; endlich für die *königliche* Linie am 24. Juli 1650.

Diese allmähliche Umwandlung des Wahlrechts der Stände in ein Erstgeburtsrecht der drei Zweige des Oldenburger Hauses war wichtig genug; ein wichtigeres Ereignis aber folgte: die Einführung des *Königsgesetzes*, der sogenannten *lex regia*, innerhalb der dänischen Monarchie.

Das Königsgesetz *(lex regia)* stellte fest, daß in *Dänemark*, wenn der Mannesstamm erlösche, die *weibliche* Linie erbberechtigt sei.

Diese Festsetzung, deren Tragweite man damals in Kopenhagen nicht klar erkennen mochte, war bestimmt, wenn auch erst zweihundert Jahre später, für Dänemark verhängnisvoll zu werden.

Schleswig und Holstein lagen *außerhalb* des Königsgesetzes; die Erb-Anordnungen des letztern konnten nur Gültigkeit für Dänemark haben; innerhalb der Herzogtümer fand die Erbfolge nach wie vor im *Mannes*stamme statt. Die Lehnsverhält-

nisse Schleswigs, wenn dieses Herzogtum wirklich noch bei
Dänemark zu Lehn ging (was andre bestreiten), konnten an
dem entgegenstehenden *Erbrecht*, das mit Holstein ein gemeinschaftliches war, nichts ändern. So lag denn klar vor, daß
in demselben Augenblicke, wo der Frauenstamm in Dänemark
zur Regierung kommen würde, auch der Augenblick gekommen sein mußte für die *Trennung der Herzogtümer von Dänemark.* Dieser Augenblick kam am 15. Dezember 1863. An diesem Tage erlosch der Mannesstamm der königlichen Linie; die
inzwischen ins Leben getretenen Erb-Abmachungen (Londoner Protokoll) innerhalb des Königreichs entbehrten der Ver-
bindlichkeit für die Herzogtümer, das besondre Erbrecht dieser
trat in Kraft. Schleswig-Holstein, wenn nicht tatsächlich so
doch rechtlich, war los von Dänemark.

Die begleitenden Umstände, die Verwickelungen und
Schlichtungen, erzählen wir in einem folgenden Abschnitt.
Zunächst führen wir die vorgängige Geschichte des Landes bis
zu jenem entscheidenden Zeitpunkt (15. November 1863) fort.

3. Die Epoche von 1665 bis 1765

Dies Jahrhundert, so wichtig die Veränderungen waren, die
während desselben in *Bezug auf die Besitzverhältnisse* vor sich
gingen, führte doch nicht zu Abmachungen, die man als in naher Beziehung zu der später entbrannten großen Streitfrage
stehend, bezeichnen könnte. Es war das Jahrhundert des Absolutismus, zugleich die Epoche der *Aufsaugung des gottorp-
schen Anteils seitens der Krone Dänemark.* Wir heben die
wichtigsten Tatsachen nur in Kürze hervor.

Bald nach Erlaß der *lex regia*, und zwar wachsend von Jahrzehnt zu Jahrzehnt, trat in Kopenhagen die Neigung hervor,
den *Gottorper* Anteil von Schleswig und Holstein mit dem
königlichen Anteil zu vereinigen. Was die Waldemare vier und
fünf Jahrhunderte früher angestrebt hatten, Zusammenfassung der Gesamtmacht des Königreichs wie der Herzogtümer
(ein Streben, das erst mit dem Tage von Bornhöved zu Grabe
ging), es erwachte jetzt in den dänischen Königen aufs neue.
Die Durchführung dieses Strebens war aber vielleicht um so
schwieriger, als nicht Gegner einander *gegenüber*, sondern
Mitglieder desselben Hauses *neben* einander standen. Man

wartete indes in Kopenhagen auf Verwickelungen, auf Fehler, die sich würden ausnutzen lassen. Sie kamen bald.

Der Gottorper Herzog wurde in den Nordischen Krieg verwickelt. Er trat auf die Seite Karls XII., während Dänemark unter denen war, die den Schwedenkönig bekämpften. Als dieser endlich unterlag, unterlag der Gottorper Herzog mit und der gottorpsche Anteil, soweit er auf *schleswigschem* Boden lag, wurde von seiten Dänemarks eingezogen. Nur was bei Holstein war (Kiel, Neumünster, Bordesholm etc.) verblieb dem Herzog. Dies war 1721.

Aber man wollte in Kopenhagen das *Ganze*. Wachsende Mißregierung von seiten des Gottorper Hauses erleichterte das Vorhaben. Ein einfaches Einziehn, was das Erwünschteste gewesen wäre, verbot sich, so kam endlich ein Tausch zu Stande, der gegen Abtretung des alten Stammlandes Oldenburg, nunmehr auch den *holsteinschen* Besitz der Gottorper in die Hände der Krone legte.

Die Königslinie hatte nun alles: das Königreich, *ganz* Schleswig, *ganz* Holstein, da auch die *Sonderburger* (ohne übrigens in ihrem eventuellen Erbrecht tangiert zu werden) sich hatten abfinden lassen. Die Gottorper, über deren aufgehenden Stern in Schweden und Rußland wir hier schweigen – waren auf Oldenburg beschränkt.

Dies geschah 1765. Dänemark und Schleswig-Holstein, wie zu keiner andren Zeit in der Geschichte, hatten denselben Fürsten; das Regiment war ein absolutes; aber durch Übergehen aller Landesteile in eine Hand war an den alten Rechten des Landes nichts verändert, die alten Fundamental-Sätze bestanden fort. Diese Fundamental-Sätze aber waren:

a) die *Untrennbarkeit* beider Lande (Wahlkapitulation von 1460),

b) das *Erstgeburts*-Recht im Mannesstamm, nach Maßgabe der Vereinbarung von 1608, 1633 und 1650.

4. Die Epoche von 1765 bis 1852

Diese Epoche war, die letzten zwei Jahrzehnte abgerechnet, eine Epoche des Glücks und der Wohlfahrt, eines patriarchalischen Regiments. Nur dann und wann zeigte sich das Wölkchen am Horizont, das Sturm bedeutete, aber es schwand wie-

der. Die Schicksale, die während dieser Zeit das eigentliche
Dänemark, insonderheit die dänische Hauptstadt trafen: das
Bombardement von Kopenhagen 1801 und die Wegführung
der dänischen Flotte durch die Engländer (1807), zogen die
Herzogtümer nur in leise Mitleidenschaft. Erst 1813, als sich
das Kriegsglück von Frankreich abwandte, sahen die Herzogtümer feindliche Heere im Land; sie mußten büßen dafür, daß ihr
König-Herzog, ähnlich wie Friedrich August von Sachsen, bis
zuletzt an den Sieg der napoleonischen Sache geglaubt und bei
dem alten Alliierten ausgehalten hatte. Die Störungen indes,
die der Krieg brachte, waren gering; jedenfalls waren es von
außen kommende Störungen; im Innern herrschte Friede und
Wohlfahrt. Der Wunsch nach Wiederherstellung der alten Verfassung wurde freilich laut; – ein Kampf wie überall in deutschen Landen schien sich vorzubereiten, aber die *nationalen*
Gegensätze fehlten noch. Auch *sie* kamen.

Schon die letzte Zeit innerhalb der zwanziger Jahre hatte
einzelne Übergriffe von seiten der Dänen gezeigt; man fing in
Schleswig an zu Danisierungs-Versuchen zu schreiten. Der
Grund lag klar zu Tage: man wollte bei dem Aussterben der
königlichen Linie, ein Ereignis, dessen Wahrscheinlichkeit immer näher trat, wenigstens des Besitzes von Schleswig sicher
sein. Holstein mochte ausscheiden; für »Südjütland« aber (wie
man Schleswig zu nennen beliebte) sollte die Erbfolgeordnung
gelten, die bei dem Aussterben des Mannesstammes durch
die *lex regia* festgelegt worden war. Je mehr es glückte, der Bevölkerung einen dänischen Geist einzuhauchen, desto eher
glaubte man dies Vorhaben, den gegenüberstehenden Funda-
mental-Privilegien zum Trotz, durchführen zu können. Es war
die nationale oder Eiderdänen-Partei, die diese Pläne verfolgte. Sie fing eben an ihre Kraft zu fühlen, als 1839 König Friedrich VI., der von seinen deutschen Untertanen geliebt worden
war, in hohem Alter starb und Christian VIII., ebenfalls
kinderlos, seinem Vetter folgte.

Der neue König, ein Mann voll edler Eigenschaften, schien
zu Anfang eine ausgleichende versöhnende Haltung einnehmen zu wollen, aber von dem lebhaften Wunsche beseelt, die
Herzogtümer, allen entgegenstehenden Erbfolgeordnungen
zum Trotz, auch nach dem Aussterben des Mannesstammes bei
Dänemark zu erhalten, geriet er mehr und mehr unter den Einfluß der dänischen Parteien, die, wie verschieden auch unter

einander, von einem besonderen Rechte der Herzogtümer oder
gar von einem Staate »Schleswig-Holstein« nichts wissen wollten. Der Konflikt wuchs und als die Herzogtümer ihrerseits in
Adressen und Rechtsverwahrungen sich immer wieder dahin
aussprachen: »daß Schleswig und Holstein selbstständige, *fest
mit einander verbundene Staaten* seien, in denen der *Mannesstamm* herrsche«, erschien endlich am 8. Juli 1846 der vielgenannte »offene Brief«, worin Christian VIII. den Ansprüchen
der Herzogtümer direkt entgegentrat. In dem »offenen Briefe«
wurde verkündet: »daß die Erbfolge des Königsgesetzes, wie in
Dänemark, so auch im Herzogtum Schleswig in voller Kraft
und Gültigkeit bestehe«. In Bezug auf einzelne Teile von *Holstein* wurde zugegeben, daß Verhältnisse obwalteten, welche
eine gleich bestimmte Erklärung nicht möglich machten.

Beide Herzogtümer erhoben sich in Protesten gegen diesen
»Brief«; in Kopenhagen, unangefochten durch diese Proteste,
bereitete man eine »Gesamtstaats-Verfassung« vor, die für Dänemark wie für die Herzogtümer, als ob diese nur dänische Provinzen seien, Gültigkeit haben sollte, – da starb Christian VIII.
am 20. Januar 1848.

Friedrich VII. folgte, der *Letzte* von dem Mannesstamm König Friedrichs III. In Sitte und Denkweise ganz dem dänischen
Volke angehörig, war er unfähig, den Forderungen der nationalen Partei des Königreichs zu widerstehn; er begann mit der
Verkündigung jener *Gesamtstaats*-Verfassung, die unter seinem Vater (Christian VIII.) vorbereitet worden war. In den
Herzogtümern beschloß man, das Recht *selbstständiger* Verfassung zu fordern. Dies war Ende Januar 1848.

Der Ausbruch der Februar-Revolution beschleunigte den
Gang der Ereignisse. Als am 21. März eine Deputation der
schleswig-holsteinschen Stände in Kopenhagen eintraf, um ihr
Programm: »die *Vereinigung beider Herzogtümer* und die
Aufnahme Schleswigs in den deutschen Bund« zu überreichen,
hatte eben eine Volksbewegung das gesamtstaatliche Ministerium gestürzt und die Häupter *jener* Partei (Hall, Orla Lehmann, Monrad) ans Ruder gebracht, welche, im vollen Gegensatz gegen die Forderung der schleswig-holsteinschen Deputation, die *Einverleibung Schleswigs in Dänemark forderten.*

Dies neue eiderdänische Ministerium war gewillt, diese Forderung (die Einverleibung Schleswigs) *mit Gewalt der Waffen
durchzuführen.*

Die Herzogtümer rüsteten dagegen, so entstand der *erste schleswig-holsteinsche* Krieg. Die verschiedenen Phasen desselben übergehen wir hier. Anfangs unter Beteiligung Preußens (Schlacht bei Schleswig) und deutscher Bundestruppen (Erstürmung von Düppel) siegreich geführt, nahmen, vom 2. Juli 1850 an, die Herzogtümer den Kampf auf die eignen Schultern. Der Tag von Idstedt entschied gegen sie, aber ihr Widerstand war ungebrochen; – da erboten sich Östreich und Preußen zur *Pazifizierung des Landes*.

Vom 1. Februar 1851 ab wurde die Regierung wieder im Namen Friedrichs VII. geführt. Der Gesamtstaats-Gedanke wurde wieder aufgenommen. Das vielgenannte »Londoner Protokoll«, richtiger der Londoner Traktat vom 8. Mai 1852, gab diesem Gedanken Ausdruck. Der Zweck dieses Traktats war, gegenüber den Ansprüchen Schleswig-Holsteins auf staatliche Selbstständigkeit, den dänischen Gesamtstaat, d. h. also Dänemark *einschließlich* der Herzogtümer, zu erhalten.

5. Vom Londoner Protokoll bis zum Tode Friedrichs VII.

Der Kampf Schleswig-Holsteins von 1848 bis 1851 war ein *verfrühter* gewesen. Man hatte sich, mit den Waffen in der Hand, um Dinge gestritten, die bei Lebzeiten Friedrichs VII. nur theoretisch diskutiert werden durften. Die Waffen-Entscheidung mußte bis zu *tatsächlicher* Verletzung der Rechte der Herzogtümer vorbehalten bleiben. Von einer tatsächlichen Verletzung dieser Erbrechte konnte aber bei Leb- und Regierungszeiten Friedrichs VII. nicht die Rede sein; er war eben, wie König von Dänemark, so auch unbestrittener Herzog von Schleswig-Holstein.

Noch einmal, der Kampf war verfrüht. Aber das Ereignis, das man, unter dem Einfluß allgemeiner Aufregung, im März 1848 *vorweg* genommen hatte, es mußte über kurz oder lang eintreten – der Tod Friedrichs VII. Die Lebensweise des Königs versprach keine Lebens*dauer*. Daß er kinderlos sterben würde, war nach Trennung seiner zweiten Ehe so gut wie gewiß. Unter diesen Umständen traten die Großmächte in einer Konferenz zusammen, um die Frage zu beantworten: was wird aus Dänemark nach erfolgtem Ableben des regierenden Königs? sollen die Herzogtümer *abgetrennt,* oder aber dem Königreich *erhalten* werden?

Daß in den Herzogtümern ein anderes Erbrecht gelte als im eigentlichen Königreich, und daß diesem anderen Erbrecht zufolge, nach dem Tode Friedrichs VII. in Schleswig-Holstein eine *andere* Linie des oldenburgischen Hauses sukzedieren müßte, als in Dänemark, darüber war man sich klar; aber darüber war man sich *nicht* klar, ob man, eintretenden Falls, die politische Erwägung über das schleswig-holsteinsche Erbrecht der Gottorper und Sonderburger, oder das schleswig-holsteinsche Erbrecht der Gottorper und Sonderburger über die politische Erwägung zu stellen habe. Die politische Erwägung siegte; die »Integrität der dänischen Monarchie« wurde zum politischen Axiom erhoben. Nachdem man sich über das *Prinzip* geeinigt, einigte man sich auch über die *Person,* an und in der sich das Prinzip verwirklichen sollte. Prinz Christian von Schleswig-Holstein-Sonderburg-*Glücksburg* wurde, in Folge Übereinkunft der Großmächte (Preußen gab zögernd nach) und nach stattgehabter Resignation des Prinzen Friedrich von Hessen, des eigentlich Erbberechtigten, zum künftigen König von Dänemark designiert. Die Gottorper (unter der Bedingung des Fortbestandes von Gesamt-Dänemark) verzichteten auf ihre Ansprüche, die Sonderburg-*Augustenburger* wurden abgefunden. Die Abfindungs-Summe empfingen sie (nach Ansicht der preußischen Kronsyndici) als Äquivalent für das partielle Erbrecht, das sie durch Entgegennahme jener Summe freiwillig aufgaben. Andre bestreiten dies.

Das vielgenannte Schriftstück, in dem diese Festsetzungen hinsichtlich der Thronfolge im Gesamtstaate Dänemark getroffen wurden, führt den Namen: das Londoner Protokoll oder der Londoner Traktat (8. Mai 1852).

Dieser Londoner Traktat, der dem dänischen Gesamtstaat zu Liebe, die Herzogtümer bei Dänemark beließ, war aber freilich von nebenher laufenden Abmachungen und *Zusagen von seiten Dänemarks* begleitet, Zusagen, die wenn sie *nicht* erfüllt wurden, trotz Traktat und Protokoll, noch immer eine letzte Hoffnung auf Trennung ließen. Östreich und Preußen hatten den »Traktat« mit unterzeichnet und waren durch ihn gebunden; ihnen, wie allen übrigen Unterzeichnern, mußte Prinz Christian von Glücksburg, wie der künftige König, so auch der künftige Herzog sein. Aber je weniger die beiden deutschen

Großmächte sich im Stande sahn, in allem was den Erbfol-
gestreit anging, die Rechte der Herzogtümer noch länger zu
wahren, desto mehr empfanden sie es als eine Pflicht, für die
anderweiten Rechte der Herzogtümer mit Entschiedenheit
einzutreten.

Unter diesen anderweiten Rechten stand *eins* obenan: »die
Selbstständigkeit Schleswigs«. Die deutschen Großmächte
hatten, wie wir sahen, der neuen Erbfolge-Ordnung nicht ohne
vorgängige Zusage von seiten Dänemarks zugestimmt. Diese
Zusagen (in einem Königlichen Erlaß vom 28. Januar 1852)
waren gleichbedeutend mit dem bestimmten Versprechen, *auf
die Inkorporation des Herzogtums* (dem der Erlaß selbstständige Provinzialstände gewährte) *verzichten* zu wollen. Daß man
in Kopenhagen diese Zusage nicht hielt, rettete *beide* Herzogtümer. Die Übergriffe Dänemarks, wie wir später sehen werden, zerrissen das Protokoll.

Die Jahre von 1852 bis 1863, wie es Prüfungsjahre für die
Herzogtümer waren, waren zugleich Jahre unerquicklicher
Kontroversen zwischen Dänemark und dem Bund, beziehungsweise zwischen Dänemark und den beiden deutschen
Großmächten, insoweit diese als Beauftragte des Bundes über
Ausführung der von Dänemark gemachten Zusagen (Selbstständigkeit der Herzogtümer, das Recht der deutschen Sprache
in Schleswig etc.) wachten. Der Depeschenwechsel schien endlos werden zu wollen; das Interesse ermattete; die schleswig-
holsteinsche Frage stand allmählich ihrem *schlimmsten* Feind
gegenüber: der Teilnahmlosigkeit des deutschen Volkes.

Der Aggression der Dänen, ihrer leidenschaftlichen Hast verdanken wir es, daß das Interesse sich wieder belebte. Sie hatten
nicht warten gelernt. Ihrem Ziele nah, scheiterten sie, weil sie
das Ziel rascher, stürmischer erreichen wollten, als es sich,
selbst unter den günstigsten Vehältnissen, erreichen ließ. Die
Eiderdänen drangen immer energischer auf Verwirklichung ihres Programms: Dänemark bis zur Eider. Dänemark bis zur
Eider war aber gleichbedeutend mit »Inkorporation Schleswigs«. Und Inkorporation Schleswigs, wenn die deutschen
Großmächte nicht mit sich spielen lassen wollten, war gleichbedeutend mit Krieg. Sie deuteten dies an, aber vergebens, die
Heißsporne in Kopenhagen gingen vor. Am 30. März 1863 erschien das sogenannte Märzpatent, das die Angelegenheiten
Holsteins in einer Weise ordnete, die man als den Vorläufer der

Inkorporation Schleswigs betrachten durfte. Das Patent sprach dies zwar nicht unumwunden aus, es verschwieg sogar den *Namen* Schleswig, aber eben dies Verschweigen, weil es geflissentlich war, deutete darauf hin, daß man die Inkorporation bereits als eine unausbleibliche Tatsache in Rechnung stelle und nur noch ein *Dänemark* und ein *Holstein, nicht* aber auch ein selbstständiges Herzogtum Schleswig kenne. Die nächsten Monate bestätigten diese Auslegung. Am 29. September ward dem Reichsrat der Entwurf einer neuen *gemeinsamen* Verfassung für Dänemark und Schleswig vorgelegt; wurde dieser Entwurf angenommen, so war die Einverleibung Schleswigs ausgesprochen.

Am 13. November erfolgte die Annahme; nur noch eine Formalität fehlte – die Unterschrift des Königs. Dieser Unterschrift war man gewiß; aber als habe die Vorsehung dem alten Dänemark noch eine Frist zu ruhiger Überlegung gönnen wollen – König Friedrich VII. starb (15. November) ehe er unterzeichnet hatte.

Andren Tags (16. November) wurde Prinz Christian von Glücksburg als Christian IX. proklamiert. Die dänische *Gesamt*-Monarchie fiel ihm zu. Dasselbe Londoner Protokoll, das ihn zum König von Dänemark gemacht hatte, hatte ihn auch, über das alte Erbrecht der Herzogtümer hinweg, zum Herzog von Schleswig und Holstein gemacht. Alle die das Protokoll unterzeichnet hatten, hatten ihn in diesem Gesamtbesitze anerkannt. Auch Östreich und Preußen. Christian IX. war König-Herzog. Nicht an der Erbfolge war zu rütteln, nicht die *Sukzession* war umzustoßen, nur die *Inkorporation* war zu hindern. Die »Inkorporations-Frage« trat in den Vordergrund; von ihr aus war möglicherweise alles wieder zu erobern, was in der Sukzessionsfrage zehn Jahre früher (durch das Londoner Protokoll) verloren gegangen war. Je energischer Dänemark vorging, je mehr Hoffnung blieb bei Deutschland. Alles handelte sich jetzt um die Frage, wird König Christian IX. die neue Verfassung unterzeichnen oder nicht? Diese Unterschrift entschied über Krieg und Frieden.

Friedrich VII. hatte am 15. November das Zeitliche gesegnet;
am 16. war Christian IX. gefolgt; am 18. unterzeichnete er die
neue Verfassung, in der die Inkorporation Schleswigs in Dänemark ausgesprochen war. Er unterzeichnete die neue Verfassung zögernd und widerwillig, aber er glaubte sie, dem Andringen der übermächtigen eiderdänischen Partei gegenüber,
unterzeichnen zu *müssen*. Die Dinge in Kopenhagen ließen ihm
kaum eine Wahl und er zog es vor, lieber in Folge eines Krieges
eine *halbe* Krone einzubüßen, als in Folge eines Aufstands die
ganze.

Die rasch auf einander folgenden Nachrichten aus Kopenhagen riefen in ganz Deutschland eine tiefgehende Aufregung hervor. Die Erregung der Gemüter war überall dieselbe,
aber die Stellung, die man den Ereignissen gegenüber einzunehmen begann, war in den verschiedenen Landesteilen eine
sehr verschiedene. In den Klein- und Mittelstaaten war der
sechszehnte November der entscheidende Tag, in Wien
und Berlin war es der *achtzehnte;* jene betonten die *Thronbesteigung* Christians IX., diese die *Unterzeichnung der
Verfassung* als das bedeutungsvollere, als das maßgebende
Moment.

Diese Verschiedenartigkeit der Auffassung konnte nicht
wunder nehmen; sie war die natürliche Folge der von einander
abweichenden Position, die die Klein- und Mittelstaaten einerseits und die beiden deutschen Großmächte andrerseits dem
Londoner Traktat gegenüber einnahmen. Die Mehrzahl der
Klein- und Mittelstaaten und mit ihnen der »Bund« hatten den
Londoner Traktat und seine neue Erbfolge-Ordnung nie anerkannt, befanden sich also in der glücklichen Lage, nunmehr
erklären zu können: der Tod Friedrichs VII. hat die Herzogtümer Schleswig und Holstein aus jedem Verband mit Dänemark
gelöst; die Herzogtümer sind frei von Dänemark und der nächste Erbberechtigte aus dem Mannesstamm der Oldenburger
tritt nunmehr sein Erbe an. Es blieb nur übrig festzustellen,
wer dieser nächste Erbberechtigte sei. Die Thronbesteigung
Christians IX., insoweit sie gleichzeitig den Antritt seiner
Herrschaft in den Herzogtümern bezeichnete, erschien dem

Bunde einfach als eine Aggression, der durch Okkupation der
bedrohten Landesteile begegnet werden müsse. Die Unterzeichnung der neuen Verfassung war für den Bund, in natürlicher Konsequenz des eben Gesagten, ein nebensächliches
Ereignis. Christian IX. der, nach Bundes-Anschauung, überhaupt nicht Herzog von Schleswig und Holstein war, konnte
auch keine Beschlüsse hinsichtlich dieser Herzogtümer fassen;
die Klein- und Mittelstaaten legten alles Gewicht auf die *Suk-
zessions*frage und sahen, die in ihrem Sinne richtige Erledigung derselben vorausgesetzt, die Inkorporationsfrage von
selbst zu Boden fallen.

Nicht so die beiden deutschen Großmächte. Gebunden
durch die Festsetzungen des Londoner Protokolls, das sie selber mit unterzeichnet hatten, war ihnen die Inkorporationsfrage alles, die Sukzessionsfrage nichts. Diese, wohl oder übel,
war erledigt; Christian IX., durch Zulassung Östreichs und
Preußens, war König zu Dänemark und Herzog von Schleswig
und Holstein. Es war unmöglich, einer neuen Erbfolge-Ordnung, der man im Jahre 1852 zugestimmt hatte, im Jahre
1863 die Zustimmung zu verweigern oder wohl gar das Eintreten eines selbst herbeigeführten Falles (die Thronbesteigung Christians IX.) zu einem *casus belli* zu machen. Den
deutschen Großmächten blieb nichts andres übrig, als im Gegensatz zur *Sukzession* (der gegenüber sie stumm sein mußten) die Inkorporationsfrage zu betonen und dabei die Hoffnung zu hegen, daß ein um der letztern willen ausbrechender
Krieg, im Verlauf der Ereignisse auch dazu führen werde, die
Sukzessionsfrage zu revidieren und nach andern Prinzipien
als nach denen des Londoner Protokolls endgültig festzustellen.

Verschieden wie die Stellung war, die der Bund einerseits, die
beiden deutschen Großmächte andrerseits der schwebenden
Streitfrage gegenüber einnahmen, so verschieden war auch ihr
Vorgehn. Der Bund beschloß Exekution und am 23., 24. und
25. Dezember rückten 12.000 Mann Sachsen und Hannove-
raner in Holstein ein. Die Dänen zogen sich zurück und nahmen
Stellung hinter der Eider. Es mag dahingestellt bleiben, was aus
Schleswig, dem hauptsächlichsten Streitobjekt, geworden wäre, wenn dem Bunde die fernerweite Durchführung der Rechte
beider Herzogtümer ausschließlich obgelegen hätte. Möglich,
daß der Versuch gemacht worden wäre, von dem bereits okku-

pierten Holstein aus, Schleswig hinzu zu erobern; – möglich, aber nicht gewiß. Jedenfalls griff die Politik der beiden deutschen Großmächte, trotz der ungleich gebundneren Stellung, die sie den Ereignissen gegenüber einnahmen, energischer in die Frage ein und führte sie rascher und glänzender ihrer Lösung entgegen. Das Fundament dieser Politik aber blieb die *Inkorporationsfrage.*

»Zurücknahme der Verfassung vom 18. November«, jener Verfassung, die die Inkorporation Schleswigs in Dänemark aussprach, das war die Forderung, die Östreich und Preußen wiederholentlich an die dänische Regierung stellten. Ein Ministerwechsel in Kopenhagen (25. Dezember), der die enragiertesten Eiderdänen, Hall und Orla Lehmann, vom Ruder entfernte, gab einen Augenblick der Möglichkeit Raum, daß die Novemberverfassung einer besseren Einsicht geopfert werden würde, aber diese Aussicht erwies sich alsbald als trügerisch. Bischof Monrad, der neue Premier, lenkte im wesentlichen in die Bahnen seiner Vorgänger ein und am 1. Januar 1864, aller Abmahnungen Preußens zum Trotz, wurde die gemeinschaftliche Verfassung für Dänemark publiziert.

Der Handschuh war hingeworfen; die beiden deutschen Großmächte nahmen ihn auf. Am 16. Januar – an demselben Tage, an dem Östreich und Preußen in Frankfurt den Antrag auf eventuelle Besetzung Schleswigs stellten – übergaben die Gesandten der beiden deutschen Großmächte (in Kopenhagen), die Herren v. Brenner und v. Balan, eine letzte Aufforderung zur Zurücknahme der Novemberverfassung. Nur 48 Stunden Bedenkzeit wurden bewilligt. Der Schlußpassus lautete: »Die unterzeichneten *bisherigen* Gesandten der beiden Mächte, welche, wenngleich nicht förmlich akkreditiert, in diesem Falle im speziellen Auftrage ihrer Regierungen handeln, sind angewiesen worden, die Aufhebung der Verfassung vom 18. November v. J. zu verlangen, und wenn die Erklärung, daß dieselbe erfolgt sei, ihnen nicht im Laufe des 18. d. M. zugeht, Kopenhagen zu verlassen.« Die Frist verstrich, ohne daß der Forderung nachgekommen wäre. Anderen Tages erging an die östreichisch-preußischen Truppen der Befehl zum Vorrücken. Der östreichische Gesandte Herr v. Brenner verließ Kopenhagen beinah unmittelbar nach diesen Vorgängen, Herr v. Balan folgte in der letzten Woche des Januar. Am 31. übersandte Feldmarschall Wrangel dem dänischen Oberbefehlshaber Generallieutenant de Meza die Aufforderung, Schleswig zu räumen; am 1. Februar früh, nachdem de Meza abgelehnt hatte, überschritten die östreichisch-preußischen Kolonnen die Eider – der Krieg war da.

DER AUSBRUCH DER FEINDSELIGKEITEN

König Christians IX. Unterzeichnung der November-Verfassung führte, wie wir darzulegen bemüht waren, zum Kriege der beiden deutschen Großmächte gegen Dänemark. Am 1. Februar, so schlossen wir das vorige Kapitel, überschritten östreichisch-preußische Kolonnen die Eider.

Um dies zu können, dazu waren während der letzten Wochen des Januar militärische Maßnahmen angeordnet worden, über deren Verlauf wir noch in kurzer Übersicht zu berichten haben.

Von Anfang Januar an durfte man, bei der Hartnäckigkeit der Dänen, von der so viele Beweise vorlagen, den Ausbruch der Feindseligkeiten als gewiß betrachten. Das Ultimatum, das, wie wir gesehen haben, Herr v. Balan am 16. Januar an die dänische Regierung stellte, war wenig mehr als eine Formalität, von der sich eine friedliche Wendung der Verhältnisse nicht mehr erwarten ließ. Alle Anordnungen deuteten deshalb auf Krieg. Östreichischerseits wurden die Truppen des VI. Armee-Corps in Wien und Mähren zusammengezogen, um benötigtenfalls mit Hülfe der östreichischen und preußischen Bahnen innerhalb kürzester Frist nach Hamburg geschafft werden zu können; preußischerseits waren (bis zum 19. Januar) zwei Divisionen konzentriert, eine westphälische bei Minden, eine brandenburgische bei Perleberg.

Am 18. Abends wußten Östreich und Preußen, daß das am 16. gestellte mehrerwähnte Ultimatum in Kopenhagen abgelehnt worden sei und noch am selben Tage ergingen an die Kommandierenden der bereits konzentrierten Truppenkörper die Befehle zum Vormarsch.

[...]

Preußen und Östreicher rückten in zwei Armee-Corps, 45.000 Mann stark, gegen die Eider; ihnen standen 35.000 Dänen in der berühmten Dannewerk-Stellung gegenüber. Diese, wie 1000 Jahre früher, sollte dem siegreichen Vordringen der Deutschen einen Damm entgegenstellen. Die Verteidigungslinie selbst war ein Wunder fortifikatorischer Kunst; daß der Mut der Verteidigung nicht hinter der Kunst der Anlage zurückbleiben würde, davon hielt man sich in Kopenhagen überzeugt.

Zunächst ein Wort über das Dannewerk selbst, über Zeit und Veranlassung seiner Entstehung.

Die Anfänge des Dannewerk gehen wahrscheinlich bis in das 5. Jahrhundert zurück. Die Stelle zur Aufführung dieses Schutz- und Grenzwalles war gut gewählt. Zwischen dem Wasserarm, der von Osten her und dem Sumpfgebiet, das von Westen her (damals wie heute) bis in die Mitte des Landes vordrang, lag ein etwa eine Meile breites, festes Stück Erdreich, das wie eine Brücke aus dem deutschen Süden in den dänischen Norden führte. Glückte es, diesen Damm durch Wall und Graben unpassierbar zu machen, so war dem Süden die Möglichkeit genommen, gegen Norden vorzudringen. So entstand denn, schon in frühster Zeit* ein gradliniger, ziemlich tiefer, quer durch jenes feste Stück Erdreich gezogener Graben, hinter dem sich, nach Norden hin, ein zwanzig Fuß hoher Erdwall erhob. Diese ganze Verteidigungslinie führte den Namen der Kohgraben.

Dieser Kohgraben (zwischen der Südspitze des Selker Noer und dem Sumpfbett der Rheiderau) genügte mit seinem dahinter gelegenen Erdwall als Schutzwehr gegen Süden, so lange

---

* Früher nahm man an, daß erst zur Zeit Karls des Großen durch König Gottrick dieser Kohgraben angelegt, dann durch Königin Thyra Danebod das eigentliche Dannewerk und durch die »große Margarethe« (1380) der Margarethen-Wall gebaut worden sei. Neure Forschungen, auf die sich der Text stützt, weichen davon ab. Übrigens entstand wahrscheinlich gleichzeitig mit dem Kohgraben der *Oster-Wall*, der, wie jener das Vordringen über die *Land*enge bei Schleswig, so seinerseits das Vordringen über die *Wasser*enge bei Missunde (worauf wir später zurückkommen) hindern sollte.

nur einzelne Sachsen-Stämme die angrenzenden Nachbarn waren; mit Karl dem Großen aber, nach Unterwerfung der Sachsen, rückte das große Frankenreich bis an die Eider vor, und gegen einen *solchen* Nachbar war der Kohgraben zu schwach. König Gottrick von Dänemark erkannte dies und errichtete beinahe unmittelbar hinter dem Kohgraben eine *zweite* Verteidigungslinie, das eigentliche alte Dannewerk. Die Südwest-Spitze desselben fiel mit dem westlichen Punkt des Kohgrabens fast zusammen, statt aber, wie dieser in waagerechter Linie nach Osten zu gehen, nahm das alte Dannewerk eine schräge nordöstliche Richtung und zwar direkt auf die Schlei und die Stadt Schleswig zu, wobei dahingestellt bleiben mag, ob diese Stadt in ihren ersten Anfängen damals bereits existierte oder nicht. Dies Dannewerk König Gottricks, das eigentliche alte Dannewerk, wiewohl von den Sachsenkaisern mehr als einmal durchbrochen, scheint im wesentlichen, durch drei Jahrhunderte hin, seiner Aufgabe entsprochen zu haben, bis zu den Zeiten Waldemars des Großen die doppelte Verteidigungslinie gegen den Süden (Kohgraben und Alt-Dannewerk) abermals eine Erweiterung erfuhr: nach Westen hin durch den *Krumm-Wall*, nach Osten hin durch den *Margarethen-Wall* (der übrigens erst später diesen Namen erhielt). Jener, im Rükken der Rheiderau, war nötig geworden, weil der Schutz, den das Sumpfbett der Rheiderau gewährt hatte, im Laufe der Jahrhunderte geringer geworden war; dieser, der Margarethenwall, hatte den Zweck, die ganze Position mit Hülfe des Haddebyer Noer in bequemer Verbindung mit der Schlei und dem Meere zu erhalten und den Angreifer des eigentlichen Dannewerks durch eine Starke Flankenstellung beständig zu bedrohn. Zugleich suchte König Waldemar die Widerstandskraft der ganzen Linie dadurch zu steigern, daß er an den wichtigsten Stellen den Erdwall mit einer Mauerwand (daher »Waldemar-Mauer«) bekleidete. Mit dieser Erweiterung war eigentlich jene große Verteidigungslinie, die wir mit dem Gesamtnamen der Dannewerkstellung zu bezeichnen pflegen, geschlossen; nur unter der pommerschen Margarethe, oder Margaretha Sprenghest (nicht zu verwechseln mit der »großen Margarethe« die 130 Jahre später lebte), erfuhr jener Teil der Position, der, wie wir gesehen haben, den Namen des »Margarethenwalles« führt, einen weiteren Ausbau und zugleich seinen Namen. Das war um 1250. Von da ab, so scheint es, ging es rückwärts.

Die Verhältnisse des 14. Jahrhunderts, die überflutende Macht der holsteinschen Grafen, die Erfindung des Schießpulvers, endlich im 15. Jahrhundert, bei der Thronbesteigung der Oldenburger, die Verlegung der Grenze bis hinauf an die Königsau – alle diese Wandlungen und Ereignisse nahmen dem alten Dannewerk seinen Wert, so daß es mehr und mehr zu einer bloßen Ruine wurde. Eine solche war es im wesentlichen noch bei Ausbruch des Krieges von 1848. Erst während des letzten Jahrzehnts, als den eiderdänischen Politikern in Kopenhagen, bei der Rücksichtslosigkeit ihres Vorgehns, die Unvermeidlichkeit eines Kampfes mit Deutschland immer klarer werden mußte, wurde die uralte Verteidigungslinie wieder aufgenommen und was König Gottrick und König Waldemar erbaut hatten, zur Grundlage eines neuen Verteidigungssystems gemacht.

Über dies neue Verteidigungssystem, das auch Friedrichsstadt und Missunde (also die Eider- und Schlei-Übergänge) umfaßte, einige kurze Bemerkungen.

Die Haupttätigkeit der fortifikatorischen Kunst hatte sich auch jetzt wieder der Stellung im Zentrum zugewandt. Ziemlich genau in der Schräglinie des alten Dannewerks, nur auf der nordöstlicheren Hälfte um 1000 bis 1500 Schritt vorspringend, waren dänischerseits 18 größere Schanzen angelegt worden, Werke, die mit einander in Verbindung standen und sich gegenseitig durch ihr Feuer unterstützten. Zwischen den Schanzen waren Brustwehren für die Infanterie und hinter denselben liefen Kolonnenwege, um jeden Punkt der Verschanzungslinie schnell unterstützen und, wenn nötig, den Rückzug der Verteidigungstruppen sichern zu können. »Das ganze Verschanzungssystem war ebenso durchdacht und den wissenschaftlichen Grundsätzen entsprechend angelegt, als vortrefflich, man könnte sagen ›sauber‹, ausgeführt.« Die Armierung bestand aus etwa 80 Geschützen, darunter 16 84pfünder, während sich die Zahl der Verteidigungstruppen auf 25.000 Mann belief. Die dänische Armee war zwar um wenigstens 10.000 Mann stärker und betrug, wie wir gesehn haben, in ihrer Gesamtheit nicht unter 35.000 Mann, davon waren aber 4000 bis 5000 Mann zur Deckung der Schlei-Übergänge nach Missunde, Arnis und Cappeln, und etwa eben so viele Truppen westlich nach Friedrichsstadt detachiert.

Der beste Teil der dänischen Armee war, neben dem ausgezeichneten Ingenieur-Corps, unzweifelhaft die Artillerie. Sie wurde gut geführt und präzis bedient. Die Kavallerie genoß eines ausgezeichneten Rufes. Weniger ausgezeichnet, mindestens ungleich in ihrer Zusammensetzung, war die Infanterie. Die Doublierung der 22 Bataillone, die bei Ausbruch des Krieges angeordnet wurde, führte zur Einstellung teils zu alter, teils zu junger Mannschaften, die die Waffe entweder noch nicht zu führen gelernt, oder ihre Handhabung schon wieder vergessen hatten. Ebenso wurde das Offizier-Corps durch sogenannte Reserve-Offiziere komplettiert, denen es keineswegs an intellektueller, aber desto mehr an militärischer Bildung gebrach. Die Ausrüstung der Infanterie, in Bezug auf Waffe und Bekleidung, war ausgezeichnet, nur fehlte vielfach der eigentlich soldatische Geist. Der einzelne Mann, an und für sich ein vortreffliches Material, entbehrte körperlicher und geistiger Gewandtheit und der Selbständigkeit der Aktion.

Die oft aufgeworfene Frage, ob die *gesamte* Dannewerkstellung von der Mündung der Schlei bis zur Mündung der Eider mit 35.000 Mann gegen die anrückenden Östreicher und Preußen überhaupt zu verteidigen war, ist von kriegswissenschaftlichen Autoritäten abwechselnd mit »ja« und »nein« beantwortet worden. Jedenfalls nahm General de Meza, in dem Glauben daran, die Verteidigung auf. Wir werden später die Gründe kennen lernen, die ihn bewogen, dennoch den Rückzug anzuordnen. Zunächst noch ein Wort über General de Meza selbst.

Christian Julius de Meza, einer portugiesischen Judenfamilie entstammend, die in der Mitte des vorigen Jahrhunderts nach Dänemark einwanderte, wurde am 14. Januar 1792 zu Helsingör geboren. Sein Vater war eben daselbst Arzt. Bei dem Bombardement Kopenhagens durch die Engländer, unter Admiral Gambier im Jahre 1807, trat der damals funfzehnjährige de Meza als Fahnenjunker in den dänischen Kriegsdienst, ward später Lehrer an der Artillerieschule und der militärischen Akademie in Kopenhagen, 1842 aber zum Major bei einem der Artillerie-Regimenter ernannt. Beim Ausbruch des ersten dänischen Krieges (1848) stand er bereits an der Spitze der Feldartillerie, die er in den Gefechten bei Bau, Schleswig, Nübel und Düppel befehligte. Im Dezember jenes Jahres zum Oberst und Brigadier befördert, bekam er am 16. April 1849, als General v. Bülow die Insel Alsen verließ, den Oberbefehl über die dort stehenden 15.000 Mann, nahm sodann an dem Siege bei Fride-

ricia (5. Juni) teil und wurde zum Generalmajor und Chef der
Artillerie-Brigade erhoben. Krankheit behinderte eine Zeit
lang seine Kriegstätigkeit, doch genas er rechtzeitig, um bei der
Entscheidungsschlacht von Idstedt (25. Juli) und zwar in hervorragender Weise, mitwirken zu können. Er befand sich im
Stabe des Höchstkommandierenden, General v. Krogh. Als
General v. Schleppegrell beim Angriff auf Dorf Idstedt gefallen
war, trat de Meza an seine Stelle, sammelte die zerstreuten Abteilungen, ging mit ihnen zum Angriff über, gab der Artillerie
eine geschickte Position und entschied dadurch die Schlacht zu
Gunsten der Dänen.

Nach Beendigung des Krieges bekleidete er bis 1858 den Posten eines Inspecteurs der gesamten Artillerie und wurde zum
kommandierenden General in Schleswig, Jütland und Fühnen
mit dem Hauptquartier in Flensburg ernannt. Hier zeichnete er
sich durch eine kluge, allen Partei-Demonstrationen der Ultras
durchaus abgeneigte Haltung aus. Die Beteiligung an der Enthüllungsfeier des berüchtigten »Flensburger Löwen« lehnte
er ab. Seine Beförderung zum Generallieutenant erfolgte
im April 1860; jetzt zum Höchstkommandierenden ernannt,
war ihm die Aufgabe zugefallen, Dänemark am Dannewerk zu
verteidigen. Keiner hatte eine andre Wahl erwartet.

Wir schließen diese biographischen Notizen mit dem Versuch einer kurzen Charakteristik.

General de Meza ist eine fein angelegte Natur; Soldat, Feldherr, hat er zugleich die Nervosität des Künstlers, des Gelehrten. In der Tat ist er beides. Er hat einen Ruf als Komponist.
Von unbedeutender Erscheinung, nach außen hin kalt, nüchtern, vornehm, entbehrt er jener leutseligen Bonhommie, die
sonst wohl die Herzen der Soldaten gewinnt. Die Details kümmern ihn nicht, er ist der Mann der großen Züge. Gleichgültig
gegen Popularität ist er nichtsdestoweniger eine populäre Figur. Seine Absonderlichkeiten beschäftigen die Phantasie. Er
ist anders wie andre. Hundert Anekdoten erzählen von ihm,
der Zauber des Aparten, fast des Geheimnisvollen ist um ihn
her. Die Gegensätze aller nervösen Naturen finden sich auch
bei ihm. Kanonendonner und Bivouacq, erträgt er, aber ein
Zimmer, in dem es zieht, ein rasselnder Wagen, eine frisch gescheuerte Stube, machen ihn krank oder verderben ihm die
Stimmung.

Viel angefeindet von politischen Gegnern, haben doch selbst

die heftigsten nie vergessen, was Dänemark ihm schuldet. Der Tag von Idstedt schützte ihn, wo nichts andres geschützt hätte.

Vertrauensvoll sahen jetzt Volk und Regierung den Schutz und die Ehre des Landes in seine Hand gelegt. Eine starke Armee, eine noch stärkre Stellung. Auf die Frage eines fremdländischen Offiziers: »wie lange er die Dannewerkstellung zu halten glaube?« sollte de Meza geantwortet haben: sechs Tage. »Und am siebenten?« *Am siebenten werden wir in Holstein einrücken.*

Wahrscheinlich eine müßige Erfindung; aber erfunden oder nicht, es drückte die Zuversicht aus, der man sich glaubte hingeben zu können.

[. . .]

MISSUNDE

Der Zug des preußischen Corps, wie wir wissen, ging auf *Missunde.* Hier sollte, um die Worte des Angriffsplanes zu wiederholen: »die feindliche Stellung geöffnet werden, während das östreichische Corps die Hauptstärke des Feindes am Dannewerk festzuhalten suchte«. Derselbe Tag (1. Februar), an dem das preußische Corps die Eider passierte, hatte, wie wir im vorigen Kapitel gesehn, auch zur Einnahme Eckernfördes geführt. Für den nächsten Tag lautete die Disposition, zwischen dem Windebyer Noer und der »großen Breite« Stellung zu nehmen und den Feind aus Kochendorf und Holm zu vertreiben.

Dieser Disposition gemäß rückte die Avantgarde um 8 Uhr vor. Sehr bald traf Meldung ein, daß der Feind Kochendorf freiwillig geräumt und seinen Rückzug auf *Missunde* angetreten habe. Schon um 8 ¼ Uhr konnte der Führer der Avantgarde dem kommandierenden General Prinzen Friedrich Karl melden, daß die Tages-Aufgabe erfüllt und die Linie Kochendorf-Holm im Besitz der Preußen sei. Sofort, da es noch früh am Tage war, wurde *ein Vorstoß auf Missunde beschlossen.* Es mußte sich zeigen, ob der Feind gewillt sei, wenigstens hinter seinen Schanzen Stand zu halten. Die nötigen Befehle ergingen. Drei Brigaden (die beiden westphälischen und die Brigade

Roeder) blieben in Reserve; die Avantgarde und die Brigade Canstein rückten vor; schon um 10 Uhr war die Spitze der Avantgarde, Major v. Krohn vom Füsilier-Bataillon 24. Regiments, im Angesicht von *Missunde*.

Eh wir dem Gefecht folgen, das sich bald entspann, geben wir eine kurze Beschreibung der feindlichen Stellung. Zunächst von Missunde selbst.

Dorf Missunde ist ein altes Fischerdorf an der Südseite der Schlei, malerisch gelegen aber ärmlich; zwanzig Häuser bilden eine einzige Gasse, die sich gegen die Schlei hin in einzelne Gehöfte auflöst; eine Kirche fehlt; am Nordufer liegt das Fährhaus.

Ein Fischerdorf und doch viel genannt in der Geschichte der Herzogtümer, von alten Zeiten her. Hier kam das Drama zwischen den »feindlichen Brüdern«, zwischen König Erich und Herzog Abel (oft erzählt in der Geschichte des Nordlands) zu einem blutigen Ende. Es war in der Nacht des 9. August 1250, als ein Fischerboot, drin der gefangene König Erich saß, die Schlei hinab gen Missunde fuhr. Das Boot kam von Schloß Gottorp. Abel, Herzog zu Schleswig, hatte doppelten Verrat auf sich geladen; der König war sein Bruder und sein Gast. Er hatte ihn gefangen nehmen lassen, als er beim Schachspiel saß. Nun glitt das Boot die Schlei hinunter.

Neben dem Könige saßen Tuko Boost, der Kämmerer Herzog Abels und Lauge Gudmunsen, der wegen alten Unrechts aus Dänemark hatte fliehen müssen und seitdem des Königs geschworener Feind war. Keiner sprach; König Erich starrte vor sich hin, er mochte wissen was seiner harrte. Als sie an die »große Breite« kamen, wo jetzt Louisenlund gelegen ist, bat er, man möge ihm einen Priester zuführen, damit er seine Sünden beichten könne. Aber Lauge Gudmunsen ergriff ihn bei den Haaren und zwang ihn, den Hals über den Bord des Kahns zu legen, worauf Tuko Boost ihm mit einem Beile den Kopf von den Schultern trennte. Den Leichnam beschwerte man darauf mit Steinen und Ketten und versenkte ihn bei *Missunde* in die Schlei.

Sechshundert Jahre vergingen seitdem und viel Blut ist seit jenem 9. August bei Missunde geflossen, aber alles andere Blut ist vergessen neben dem Bruderblut jenes Tages. An Herzog Abels finstere Gestalt knüpfen sich Sagen und Märchen, so finster wie er selbst. Sie erzählen von einem Pfahl, der in sein

Grab geschlagen wurde, um den Toten drin zu bannen; bis dahin ging er um. Er ist der »wilde Jäger« dieser Gegenden; noch andere sagen, er sei in die Möwen verzaubert, die auf der Möweninsel zwischen Schleswig und Haddebye ihre tausend Nester haben. Bei *Missunde* aber ist das Terrain König Erichs. Dort stand bis vor wenig Jahren die Fischerhütte, drin die Schleifischer, als sie den König gefunden, seine Leiche zuerst niederlegten, und mancher, der um die Zeit des Sonnenuntergangs über die große Breite hinfährt, glaubt bis diesen Tag den König Erich in rotem Mantel treiben zu sehn, die linke Hand gen Himmel erhoben.

Viel Blut floß bei Missunde, auch noch in neuer Zeit; 1848 hatten Aldosser und v. d. Tann ein Gefecht hier, 1850 griff Willisen hier die feindliche Stellung an, um Revanche zu nehmen für Idstedt. Der 2. Februar 1864 trat nur in die Fußstapfen vorausgegangener, blutiger Tage. Eh wir aber dem Angriff auf die Missunde-Stellung folgen, fragen wir jetzt nach dieser *Stellung* selbst.

Die Missunde-Stellung ist, wie schon angedeutet, ein Teil jener großen Verteidigungslinie, die sich von der Ostsee zur Nordsee quer durch den Süden Schleswigs zieht. Das Zentrum dieser Verteidigungslinie, wie wir gesehen haben, ist das eigentliche Dannewerk, den linken Flügel auf fünf Meilen hin bildet die breite, buchtenreiche Schlei, den rechten Flügel, auf ebenfalls fünf Meilen hin, bildet die sumpfige Eider. Mit andern Worten, das Zentrum ist durch *Kunst*, die beiden Flügel sind durch die *Natur* verteidigt. Aber so viel auch die Natur für die Flügelstellungen des Dannewerks getan hat, so hat sie doch nicht *alles* getan, die Schlei ist nicht an allen Stellen buchtenreich und die Eider nicht an allen Stellen sumpfig; d. h. also: so vorzüglich rechter und linker Flügel gewahrt sind, so haben sie doch ihre schwachen Punkte. Diese schwachen Punkte liegen auf dem rechten Flügel da, wo sich passierbare Wege durch das Sumpfland ziehn und liegen für den linken Flügel da, wo die Schlei so schmal ist, daß es verhältnismäßig leicht wird, sie auf Böten oder mittelst einer Schiffbrücke zu passieren.

Solcher schmalen Stellen (wir haben es in Nachstehendem nur mit dem linken Flügel zu tun) hat die Schlei zwei oder drei: Missunde, Arnis, Cappeln. Diese drei *schmalen* Stellen des Meerbusens sind zugleich die drei *schwachen* Stellen der Verteidigung, so lange die Kunst der Natur nicht zu Hülfe kommt.

Daß die Kunst der Natur diese Hülfe leistete, versteht sich von selbst; so entstanden an den drei schwachen Stellen des linken Flügels ausgedehnte Verteidigungswerke, Schanzen, Wälle, Brustwehren, die bei Arnis und Cappeln in ihrer Gesamt-Anlage noch Spuren der Hast und Übereilung trugen, bei Missunde aber sich zu einem Verteidigungssystem abrundeten, das in Plan und Ausführung, ebenso wie das der eigentlichen Danne-werkstellung, die Bewunderung der Kenner hervorrief. Die *schwache* Stelle bei Missunde war dadurch zu einer *starken* Position geworden; schon 1850 hatte sie sich als solche be-währt, seitdem hatten ihr die erweiterten Werke eine gestei-gerte Widerstandskraft gegeben.

Die Anlage bestand im wesentlichen aus drei auf einander folgenden Schanzenreihen, von denen zwei südlich der Schlei, die dritte Reihe nördlich derselben gelegen war. Die Anlage war so, daß der Angreifer unter allen Umständen zwischen das Kreuzfeuer der verschiedensten Schanzen geraten mußte. Wa-ren die zwei großen Frontalschanzen der ersten Reihe genom-men, so kamen diese nunmehr eroberten, nach *hintenzu geöff-neten* Schanzen unter das Feuer der zweiten und dritten Reihe, und waren die vier Schanzen der zweiten Reihe genommen, so waren die sechs Schanzen des Nordufers immer noch stark ge-nug, um den Übergang über die Schlei zu hindern. Es gab, eine tapfere Verteidigung vorausgesetzt, nur zwei Wege dieser Stel-lung Herr zu werden: ein energischer Sturm ohne Rücksicht auf Menschenleben oder eine superiore Artillerie. Ein Sturm lag völlig außer Frage; eine superiore Artillerie war vorläufig nicht vorhanden. Daß der Angriff dennoch beschlossen wurde, geschah in folgender Erwägung: Zeigt sich die Verteidigung schwach, so nehmen wir die Position *trotz* ihrer formidablen Stärke; zeigt sie sich stark, so fesseln wir den Feind bei Missun-de und gewinnen freie Hand, um bei Arnis und Cappeln über-zugehn.

Wir kehren nun zu den preußischen Kolonnen zurück, die wir auf dem Marsche gegen Missunde verließen.

Die Avantgarde, fünf Bataillone stark (drei Füsilier-Bataillo-ne vom 24., 15. und 13. Regiment, das 1. Bataillon vom 60. Re-giment und das westphälische Jäger-Bataillon) stand um 11 Uhr, innerhalb Schußweite, in Front der Schanzen. Sie nah-men eine gedeckte Stellung, etwas zurück gelegen von dem Gabelpunkt, wo von rechts und links her zwei Nebenwege (die Straßen von Weseby und von der Ornumer Mühle) in den von Cosel nach Missunde führenden Hauptweg einbiegen. Tausend Schritt vor ihnen lagen die zwei ersten Schanzen, der Schlüssel zur Stellung; jeder Angriff mußte zunächst sich gegen diese richten.

Um 12 Uhr traf General Canstein mit fünf Bataillonen (drei vom 35., zwei vom 60. Regiment) auf dem rechten Flügel ein und ging bei der Ornumer Mühle, nachdem die Brücke wiederhergestellt war, über die Cosel-Au. Er nahm gedeckte Stellung und stand nunmehr, etwa in gleicher Entfernung wie die Avantgarde, den zwei großen Frontal-Schanzen gegenüber. Nur stand er in der *Flanke* dieser Schanzen, während die Avantgarde in *Front* stand.

Zwischen der Flankenstellung der Brigade Canstein und der Frontalstellung der Avantgarde läuft ein Höhenzug; auf diesem Höhenzuge fuhren 64 preußische Geschütze auf. Der rechte Flügel der Artillerie lehnte sich an die Brigade Canstein, der linke Flügel an die Avantgarde. Die gesamte Aufstellung beschrieb einen Halbkreis auf tausend Schritt Entfernung um die großen Schanzen herum. Mitten durch die Aufstellung lief der Cosel-Missunder Weg hindurch. Um 1 Uhr eröffneten die preußischen Geschütze ihr Feuer. Schon um 12 ½ Uhr hatten die Dänen einen Vorstoß gewagt, waren aber zurückgeworfen worden.

Der ganze Kampf dieses Tages wies drei Momente auf: 1. Ein Infanterie-Gefecht *vor* Eröffnung der Kanonade. 2. Die Kanonade selbst. 3. Einen Versuch gegen die Schanzen *während* der Kanonade. Bei jedem der drei Momente verweilen wir.

Das Infanterie-Gefecht vor der Eröffnung der Kanonade

General Gerlach, der mit etwa 2500 Mann – Bataillone vom 3. und 18. dänischen Regiment – die Missunde-Stellung besetzt hielt, wurde unruhig als er den Angriff der Preußen, deren erste Spitzen schon um 10 Uhr früh in Front der Schanzen erschienen waren, sich von Stunde zu Stunde verzögern sah. Er schickte deshalb drei Rekognoszierungs-Compagnieen auf den drei mehrgenannten Straßen vor. Aber sie kamen nicht weit.

Tausend Schritt vor den Schanzen stießen sie auf die Füsilier-
Bataillone vom 15. und 24. Regiment. Die 10. Compagnie vom
24. stürmte, unter Führung ihres Bataillons-Commandeurs,
Major v. Krohn, mit dem Bajonett vorwärts. Der Feind suchte
vergebens hinter einem halbabgetragenen Knick Halt zu gewinnen, er wurde in die Schanze zurückgeworfen. Ein Zug der
11. Compagnie 24. Regiments unterstützte diesen Angriff,
verlor aber hierbei seinen Führer, den Lieutenant Hagemann,
»Er fiel der *erste* preußische Offizier, dessen Herzblut in diesem Feldzug die Erde Schleswigs färbte.« Das Füsilier-Bataillon 15. Regiments hatte einen erheblicheren Verlust an Mannschaften; sein Commandeur, der Oberstlieutenant v. François,
wurde schwer verwundet. Dies Infanterie-Gefecht war der
Vorläufer des eigentlichen Kampfes.

Die Kanonade

Um 1 Uhr eröffneten die preußischen Geschütze ihr Feuer, 24
gezogene 6pfünder, 24 Haubitzen, 16 Geschütze der Reserve-
Artillerie. Die Dänen antworteten aus 29 Geschützen, meist
12- und 24pfünder. Es war ein ungleicher Kampf, aller Vorteil,
trotz des numerischen Übergewichts der Angreifer, auf Seiten
der Dänen. Ihre Geschütze, ohnehin von überlegenem Kaliber,
standen in gedeckten Positionen, zudem kannten sie die Di-
stancen. Von 100 zu 100 Schritt Abstand hatten sie die Schanzen mit Kreisen umzogen, so daß sie, mit Hülfe aufgestellter
Terrain-Merkmale, jeden Augenblick wissen konnten, auf welche Entfernung ihnen der Gegner gegenüber stand. Die preußische Artillerie stand ungedeckt auf dem Höhenzuge und feuerte in den Nebel hinein. Bei Beginn der Kanonade vermochte
man noch die Schanzen, wenn auch undeutlich zu erkennen,
bald aber lag alles wie in Nacht und nur noch beim Aufblitzen
der feindlichen Geschütze wurden schattenhaft die Umrisse
sichtbar. Konnte man preußischerseits kaum die Schanzen selber sehn, so sah man noch viel weniger, ob man traf oder nicht.
Endlich zeigten aufsteigende Feuersäulen, daß das Dorf Missunde und das Fährhaus am jenseitigen Ufer in Brand geschossen seien; man wußte nun, daß man in der Nebelluft die Di-
stancen weiter geschätzt hatte als sie waren, und um endlich
der Unsicherheit des Zielens nach Möglichkeit überhoben zu

sein, gab Oberst Colomier Befehl zum Avancieren. Die Hau-
bitzbatterieen gingen bis auf 700 Schritt an die Schanzen vor
und protzten kaltblütig im Kartätschenhagel ab. Die Haltung
der Leute war musterhaft; hier fiel Lieutenant Kipping, mit
ihm 10 Mann von seiner Batterie, zwanzig andere wurden verwundet. Ohne jede Stockung ging es weiter. Das Gedröhn war
furchtbar; wie ein Gewittersturm ging es über das Feld hin. Es
war eine Kanonade (zusammen 93 Geschütze) heftiger als in
mancher großen Schlacht. Dabei wurde mit großer Raschheit
gefeuert. Eine der gezogenen Batterieen hatte über 300 Schuß
abgegeben.

Der Versuch gegen die Schanzen

Während so die Artillerie die große Tagesarbeit tat, gingen in
Front und Flanke Infanterie-Abteilungen vor, um, wenn möglich, durch einen raschen Stoß die Schanzen in ihre Gewalt zu
bringen. Auf dem linken Flügel (Avantgarde) kamen diese Versuche kaum über ein erstes Stadium hinaus. Das Füsilier-Bataillon vom 13. Infanterie-Regiment ging vor, westphälische
Jäger folgten, aber umsonst; aller Orten, wo sie zum Vorstoß
ins Freie traten, gerieten sie unter das Kreuzfeuer der Schanzen. Das Füsilier-Bataillon verlor beträchtlich, eine Troddel
von der Fahne wurde weggeschossen.

Günstiger schien es sich auf dem rechten Flügel (Brigade
Canstein) gestalten zu wollen. Das 2. Bataillon vom 60. Infanterie-Regiment hatte die Tête, drei Compagnieen gingen vor;
die 7. Compagnie folgte mit der neuen Fahne des Bataillons.
Sie war noch in der Umhüllung. Da klang es von allen Seiten:
»Futteral ab, Futteral ab!« und bald flatterte die Fahne im Winde. Nicht lange, so schlugen zwei Kugeln in dieselbe ein. Ein
weithin schallendes Hurra begrüßte den klatschenden Ton;
war es doch die *erste* Fahne von all den neuen Regimentern, die
hier die Feuertaufe empfing. Die 5. 6. und 8. Compagnie kamen
an das Eis einer Schleibucht, dicht im Rücken der Schanze, und
unterm Kugelregen ging es über die sich biegende Eisdecke fort.
Hier fiel Lieutenant Hammer, tödlich getroffen; die Lieutenants
Lau und Bajetto wurden verwundet, aber die Compagnieen blieben im Avancieren bis an das Glacis der Schanze. Als sie Sukkurs
erwarteten, kamen die Signale zum Zurückgehn.

Es war klug, das Gefecht abzubrechen. Für eine Rekognoszierung wußte man genug. Man hatte die Stärke der ganzen Stellung erprobt, zugleich erkannt, daß der Feind die Absicht habe, sich *ernstlich zu verteidigen*. Von dem Augenblick an, wo diese Absicht hervortrat, war es klar, daß nur ein Sturm auf die großen Frontal-Schanzen ein Resultat ergeben konnte. Die zu bringenden Opfer waren sicher, der Wert des überhaupt Erreichbaren aber ungewiß. Denn mit Eroberung der ersten Schanzenreihe war, wie wir eingangs gezeigt haben, für Eroberung der ganzen Position erst wenig getan. Außerdem war es zweifelhaft, ob es möglich sein würde, die eroberten Schanzen – die, wie wir wissen, nach hinten zu geöffnet waren – gegen das Feuer der zurückgelegenen Schanzen der zweiten und dritten Linie zu halten. Ein rücksichtsloses Dransetzen von Menschenleben – wenn man sich zu einem Äußersten entschließen wollte – stellte freilich den Sieg mit halber Sicherheit in Aussicht; aber die Gesamtlage erheischte eben kein Äußerstes und dem Auge des Feldherrn boten sich rasch die Mittel und Wege dar, mit geringem Einsatz an *anderem* Ort dasselbe Ziel zu erreichen, das bei Missunde nur mit den größten Opfern zu erreichen gewesen wäre.

Beim Dunkelwerden rückten die Truppen auf der Linie Eschelsmark, Cosel, Holm, in ihre Quartiere ein.

Die im Feuer gewesenen Bataillone hatten an diesem ersten Kampfestage, an dem sich die Söhne der Väter wert geschlagen hatten, einen nicht unbeträchtlichen Verlust. Doch war er gering im Vergleich zu dem heftigen Geschützfeuer, dem sie drei Stunden lang ausgesetzt gewesen waren. Vier Offiziere und 29 Mann waren tot; 165 waren verwundet, darunter 7 Offiziere. Die Hauptverluste hatten das Füsilier-Bataillon vom 15. Regiment (60 Mann) und das 2. Bataillon vom 60. Regiment (40 Mann). Die 4 gefallenen Offiziere waren Lieutenant Hagemann vom 24., Lieutenant Hammer vom 60., Lieutenant Graf v. d. Groeben vom Zietenschen Husaren-Regiment (als Ordonnanz-Offizier kommandiert) und Lieutenant Kipping von der 3. Artillerie-Brigade. Dem Oberstlieutenant v. François, Commandeur des Füsilier-Bataillons vom 15. Regiment, hatte, wie schon erwähnt, gleich beim Beginn des Gefechts eine Kugel die Kinnlade zerschmettert.

Wie ein elektrischer Schlag ging die Nachricht vom »Tag von Missunde« durch ganz Deutschland. Man hatte jetzt den Beweis in Händen, daß es Ernst sei. Die Schleswiger jubelten, die Holsteiner gaben den stillen Widerstand ihrer Herzen auf. Es kam die Zeit der Gerüchte, der fliegenden Blätter, der Kriegsanekdoten, gut und schlecht. Ein frischer Geist ging durch die Nation.

> Donnernd gegen Missunde
> Fiel der erste Schlag,

wurde zu einem Anruf, zu Gruß und Erkennungszeichen. Den Gefallenen zu Ehren klangen Lieder in allen Landesteilen; am schönsten waren die Worte, die ein Kamerad dem gefallenen Lieutenant Kipping (Sohn des Superintendenten in Bernau) nachrief:

Ernsthaft im Leben,	So bis zum Sterben
Heiter im Kampfe,	Hast Du gestritten,
Standst Du im dichten	Lautlos den schönsten
Pulverdampfe,	Tod erlitten,
Immer als leuchtendes	Bist glorreich gestorben
Vorbild voran.	Bei rühmlicher Tat.

Prinz Friedrich Karl, der sich seinerseits am 2. Februar den Beinamen »Prinz Alltyd-Vorup« erwarb, hatte am Abend den ihm vorbeimarschierenden Truppen zugerufen: »Ihr könnt heut wie Männer schlafen, die ihre Pflicht getan.« »So soll es immer sein«, hatten ihm die Truppen geantwortet. Einige Tage später erließ der Prinz einen Corpsbefehl, worin er des Tages von Missunde in folgenden Worten gedachte:

»Eure Haltung im Gefecht ließ nichts zu wünschen, denn nur euer Eifer mußte gezügelt werden. Besondere Anerkennung verdient die Tapferkeit und Kaltblütigkeit unserer braven Artillerie. Der 2. Februar bleibt für sie, die einen ungleichen Kampf rühmlich bestand, auf immer denkwürdig. Es wird genügen zu sagen: ›Ich bin ein Kanonier von Missunde‹, um die Antwort im Vaterlande zu hören: ›Siehe da, ein Tapfrer!‹ Soldaten, ich werde die Namen der besonders Tapferen und Derer, die uns wichtige Dienste geleistet haben, aus allen Waffen, dem Könige nennen.«

Vom rechten Flügel der alliierten Armee wenden wir uns nunmehr den Vorgängen des Zentrums zu, dem *Vormarsch der Östreicher gegen das Dannewerk.*

Gleichzeitig mit dem rechten Flügel (Preußen) hatte der linke
Flügel (Östreicher) am Morgen des 1. Februar die Eider über-
schritten, und zwar von *Rendsburg* aus. Wir geben zuvor ein
Bild der Örtlichkeit.

Rendsburg besteht aus drei Teilen, aus der Altstadt, dem
Neuwerk und dem Kronwerk. Die Altstadt bildet den auf einer
Eiderinsel gelegenen Mittelpunkt, von dem aus, nach Süden
hin, Brücken in das Neuwerk, nach Norden hin in das Kronwerk führen. Das Neuwerk liegt auf *holsteinscher,* das Kronwerk auf *schleswigscher* Seite, weshalb denn auch das letzte
(das Kronwerk) von den Dänen besetzt geblieben war, als diese,
Anfang Januar, beim Vorrücken der sächsisch-hannöverschen
Exekutionstruppen, *ganz* Holstein und folgerichtig auch die
holsteinschen Teile der Festung Rendsburg, Neuwerk und Altstadt, geräumt hatten. Vier Wochen lang hatten sich auf der
kleinen Brücke, die aus der Altstadt in das Kronwerk führt, die
sächsischen und dänischen Wachtposten einander gegenüber
gestanden; auch heute noch, am Morgen des 1. Februar, war
das Kronwerk von einer dänischen Abteilung besetzt. Der
Eider-Übergang hatte mit der Vertreibung derselben zu beginnen.

Zwei Brücken führen aus der Altstadt Rendsburg auf das
schleswigsche Eiderufer hinüber: die Schleusenbrücke und die
Eisenbahnbrücke. Die Schleusenbrücke mündet direkt ins
Kronwerk, während die Eisenbahnbrücke, und in Verlängerung derselben der Eisenbahndamm, *rechts* an dem Kronwerk
vorüberführen. Die Entfernung zwischen beiden Brücken mag
1000 Schritt betragen. Die Eider trug an dieser Stelle eine Eisdecke.

Feldmarschallieutenant v. Gablenz hatte seine Dispositionen derart getroffen, daß die Brigade Gondrecourt rechts über
die Eisenbahnbrücke, die Brigade Nostiz links über die Schleusenbrücke gehen sollten, während Jäger-Abteilungen beordert
waren, zwischen beiden Brücken das Eis der Eider zu passieren.
Hunderte von Zuschauern, darunter viele sächsische Offiziere,
hatten sich, dem Kronwerk gegenüber, auf den Festungswällen
der Altstadt aufgestellt, um Zeuge des Übergangs zu sein, der voraussichtlich ein buntes kriegerisches Schauspiel bieten mußte.

Mit dem Glockenschlage 7 ½ setzten sich die Kolonnen in Bewegung. Die Spitze der Brigade Gondrecourt hatte bereits die Eisenbahnbrücke erreicht, als beim Kommandierenden die Meldung eintraf, die Dänen hätten eine Sprengladung von 800 Pfund Pulver in den letzten Brückenpfeiler gelegt und seien entschlossen, während des Übergangs die Brücke in die Luft zu sprengen. Der Moment war einigermaßen kritisch; eine derartige starke Explosion hätte nicht bloß die auf der Brücke marschierenden, sondern auch die innerhalb der nächsten Straßen und Plätze dicht aufgestellten Truppen aufs äußerste gefährdet. So stockte der Vormarsch. Aber nur einen Moment. Die Nachricht erwies sich als falsch; die Truppen passierten mit lautem Hurra die Brücke und besetzten das *Kronwerk*, nachdem sie mit den sich zurückziehenden Dänen wenige Schüsse gewechselt hatten.

Ohne Aufenthalt gingen nunmehr die Östreicher auf den nordwärts führenden Straßen vor und nahmen, nach kurzem Marsch, Aufstellung an der *Sorge* entlang. Die Vorposten des linken Flügels (Brigade Nostiz) standen zwischen der Schleswiger Chaussee und der Eisenbahn, die Vorposten des rechten Flügels (Brigade Gondrecourt) zwischen der Eisenbahn und dem Bistensee. Hiermit war die Aufgabe des Tages erfüllt. Die Übergänge über die Sorge waren bereits in der Nacht vorher von den Dänen zerstört, einzelne stehengebliebene Brückenteile aber beim ersten Erscheinen der östreichischen Husaren in die Luft gesprengt worden.

DER 3. FEBRUAR. OBER-SELK

Wenn die Disposition für den 1. Februar einfach dahin gelautet hatte: *Übergang über die Eider* und Vormarsch bis an die Sorge, so lautete die Aufgabe für den 2. Februar: *Übergang über die Sorge* und Vormarsch bis in die Linie Hütten, Ascheffel, Norby (an der Eisenbahn). Um diese Aufgabe ausführen zu können, waren in der Nacht vom 1. auf den 2. unter dem Schutz vorgeschobener Husarenposten die Brückenübergänge durch einzelne Pionier-Abteilungen wieder hergestellt worden und am Morgen des 2. Februar überschritten die östreichischen

Brigaden die *Sorge,* wie sie tags zuvor die Eider überschritten
hatten und rückten, meist gegen Mittag schon, in die vorgeschriebenen Quartiere ein. Den Feind hatte man nirgends zu
Gesicht bekommen.

Auch am 3. Februar rechnete man auf keinen ernsteren
Zusammenstoß.

Es lag kein ersichtlicher Grund vor, warum General de Meza
sich *vor* seiner eigentlichen Stellung schlagen sollte. Die Tages-
Disposition (am 3.) lautete: Das östreichische Armee-Corps
rückt in die Linie Fahrdorf, Ober-Selk, Jagel; die Brigaden
Gondrecourt und Tomas führen die Bewegung aus, die Brigaden Nostiz und Dormus folgen in Reserve.

Das Vorrücken in die ebengenannte Schräglinie (Fahrdorf,
Ober-Selk, Jagel) verfolgte einen *doppelten* Zweck, offensiv
und defensiv. Auf Ober-Selk und Jagel richtete sich der eigentliche Angriff; um diesen Angriff aber ohne Furcht vor einer
Umgehung ausführen zu können, war die gleichzeitige Besetzung *Fahrdorfs* strategisch geboten. Der Haddebyer Damm,
der zwischen Haddeby und Fahrdorf das Haddebyer Noer
durchschneidet, war nämlich eines der vorzüglichsten *Ausfall-
tore* der Dannewerkstellung, von wo aus der in der *Front* ange-
griffene Feind jeden Augenblick hervorbrechen und durch eine
Flankenbewegung den Angreifer im Rücken fassen konnte. Ein
Frontal-Angriff durfte also nicht eher erfolgen, als bis bei Fahrdorf ein *Riegel vorgeschoben,* das Ausfalltor von außen her
geschlossen war. Die Brigade Tomas erhielt den entsprechenden Befehl.

Während die letztgenannte Brigade in Ausführung dieses
Befehls auf dem rechten Flügel vorging, rückte die Brigade
Gondrecourt auf dem linken Flügel vor und zwar so, daß das
Gros der Brigade seine Direktion auf Ober-Selk, ein detachier-
tes Bataillon vom Regiment »König von Preußen« aber seine
Direktion auf Jagel nahm. Dies detachierte Bataillon, unter
Oberst Benedeck, bildete den äußersten linken Flügel der
östreichischen Angriffslinie.

Die Brigade Tomas stieß auf unerheblichen Widerstand; in
den ersten Stunden des Nachmittags wurde Loopstädt, am Ost-
ufer des Haddebyer Noer, kurze Zeit darauf auch Fahrdorf besetzt.

Die Brigade Gondrecourt aber, der an diesem Tage ein glänzendes Gefecht vorbehalten war, begleiten wir nunmehr auf

ihrem siegreichen Vormarsch; – zunächst die gegen Ober-Selk marschierende Hauptkolonne.

Diese Hauptkolonne, unter direktem Befehl Graf Gondre-courts, bestand aus 4 Bataillonen. Das 18. Jäger-Bataillon (Deutschböhmen) mit zwei Geschützen hatte die Tête, die beiden Bataillone des Regiments Martini, drei Züge Liechten-stein-Husaren und sechs Geschütze bildeten das Gros, 1 Bataillon »König von Preußen« folgte als Reserve.

Um 12 ¼ Uhr passierte die Kolonne Groß-Breckendorf und ging auf dem Ober-Selker Wege vor. Schon in der Nähe des Torfschuppens stieß die Spitze auf eine dänische Dragoner-Patrouille, bald darauf sah sich die Avantgarde einem dänischen Bataillon gegenüber. Graf Gondrecourt nahm sofort ein Bataillon Martini aus dem Gros vor und ließ es sich rechts vom Wege entwickeln, während das 18. Jägerbataillon zur Linken des Weges avancierte. Die Dänen benutzten die deckenden Knicks gut und durch die Kenntnis des Terrains, welches hier in Moorstrecken und kleinen Höhenzügen wechselt, gelang es ihnen, den Östreichern einige Verluste zuzufügen. Nichtsdesto-weniger blieben die östreichischen Bataillone in raschem Vor-wärtsschreiten. Etwa um 1 ½ Uhr standen sie vor Ober-Selk, zu dessen energischer Verteidigung sich die Dänen, die hier ihre Soutiens vorfanden, anschickten.

Es waren im ganzen 14 Compagnieen Dänen, die hier ins Gefecht eintraten, meist dem 1. und 11., kleineren Teils dem 9. und 20. Regiment angehörig. Sie standen in guter Stellung, durch Knicks und Höhenzüge gedeckt, zu beiden Seiten des Groß-Breckendorfer Weges, wo dieser in die eigentliche Dorf-straße einmündet. Die Dorfstraße selbst wurde durch zwei ge-zogene Geschütze bestrichen. Alle hier vereinigten dänischen Truppen standen unter Befehl des Major *Rist*, Commandeurs des 11. Regiments. Compagnieen dieses (des 11.) Regiments hatten überhaupt den eigentlichen Kampf zu bestehen.

Mit Ungestüm schritten die Östreicher zur Attacke, nach-dem das Feuer ihrer Batterie den Angriff vorbereitet hatte. Die Dänen vermochten dem Stoße nicht zu widerstehen und gaben Ober-Selk preis, das vom 18. Jäger-Bataillon mit großer Bra-vour genommen wurde. Ein gezogenes Geschütz wurde er-obert.

Durch Wegnahme von Ober-Selk war die Tagesaufgabe an dieser Stelle erfüllt. Generalmajor Graf Gondrecourt erkannte

aber sofort, daß der Besitz dieses wichtigen Dorfes erst durch
Erstürmung des dominierend zur Seite gelegenen »Königsberges« gesichert sein würde; er beschloß deshalb dem siegreichen
Angriff auf Ober-Selk den Angriff auf den Königsberg folgen
zu lassen. Das 18. Jäger-Bataillon erhielt Befehl, auch diese
Attacke auszuführen und warf sich mit Ungestüm auf den Gegner. Dieser, unter geschickter Terrainbenutzung, verteidigte
sich hartnäckig hinter Knick und Graben, ging sogar seinerseits
zum Angriff über und drang mit dem Bajonett auf die anstürmenden Östreicher ein. Es waren dies frische Compagnieen
vom 9. und 20. Regiment. Alle diese Anstrengungen waren
aber vergeblich, der Angriff war energischer als die Verteidigung, und um 4 Uhr wehte die östreichische Fahne auf den
Höhen des Königsberges.

Während Generalmajor Graf Gondrecourt nach Einnahme
dieser so sehr wichtigen Position das 18. Jäger-Bataillon daselbst Stellung nehmen und Geschütze auf dem Königsberg auffahren ließ, verfolgten die übrigen Truppen der Hauptkolonne,
namentlich die beiden Bataillone vom Regiment Martini, den
Feind über den Abhang hin und warfen ihn bis auf Wedelspang
und bis auf das Glacis der Schanzen von Bustorf zurück. Dies
kostete jedoch den genannten beiden Bataillonen (Martini)
große Verluste, da der Feind den erstgenannten Ort und die über
denselben hinaus vorgedrungenen Abteilungen mit Kleingewehrfeuer und Positionsgeschützen von den Schanzen aus beschoß. Bei Einbruch der Dunkelheit zogen sich die Östreicher
wieder auf Ober-Selk zurück. Dies blieb in ihren Händen.
Ebenso der Königsberg. Der Besitz dieses Hügels, zu dessen
Armierung, wie wir sahen, sofort geschritten wurde, war von
höchstem Belang. Seine dominierende Lage – ganz abgesehen
davon, daß sie den Besitz von Ober-Selk sicherte – gestattete
einen Einblick in die gesamte Dannewerk-Stellung, mindestens
in das Zentrum derselben, und von dem Augenblick an, wo, von
seiner Höhe aus, ein superiores Feuer gegen die feindlichen
Schanzen eröffnet werden konnte, war die Festigkeit der feindlichen Verteidigungslinie mindestens stark erschüttert.

Wir haben bis hierher gesehn, wie auf dem rechten Flügel Fahrdorf besetzt, im Zentrum Ober-Selk erstürmt wurde; gleichzeitig wurde auch auf dem *linken* Flügel gekämpft. Das 1. Bataillon vom Regiment König von Preußen, unter persönlicher

Führung des Regiments-Commandeurs Oberst Benedeck, erhielt, wie bereits in Kürze erwähnt, Befehl, von Lottorf aus die Eisenbahn nach Westen hin zu überschreiten und in der linken Flanke der auf Ober-Selk marschierenden Hauptkolonne gegen *Jagel* vorzugehn. Um 2 ½ Uhr traf Oberst Benedeck, südlich von dem oben genannten Dorfe, auf den Feind (einzelne Compagnieen vom 21. Regiment), und warf denselben nach anderthalbstündigem Gefecht aus seiner Position. Die Hügelzüge südlich von Jagel, darauf Jagel selbst, endlich eine im Rücken des Dorfes gelegene Anhöhe, wurden in rascher Reihenfolge mit dem Bajonett genommen und der Feind (inzwischen verstärkt) auf Klosterkrug zurückgedrängt. Die 10. Compagnie des Garde-Grenadier-Regiments Königin Augusta griff von Westen her in dies Gefecht mit ein. Über Jagel hinaus, wo im Handgemenge zwei Dannebrogs erobert worden waren, im Laufschritt vordringend, folgten die Östreicher dem sich zurückziehenden Feinde. Hier schien sich ein energischer Widerstand vorbereiten zu sollen. Zwei dänische Granatkanonen richteten ihr Feuer auf das anstürmende östreichische Bataillon und brachten das Gefecht zum Stehen. In diesem Augenblick aber griff das 9. Jäger-Bataillon (Steiermärker) der Brigade Nostiz von rechts her in die linke Flanke des Feindes ein und veranlaßte diesen, der inzwischen fast alle Compagnieen des 21. Regiments an sich gezogen hatte, seinen Rückzug auf Klein-Dannewerk zu nehmen. Die Brigade Nostiz rückte in die Front und löste die ermüdeten Truppen ab.

Die Tagesaufgabe war erfüllt und *mehr als das;* Fahrdorf, Ober-Selk, Jagel waren nicht nur im Besitz der Angreifer, auch über die vorgeschriebene Linie hinaus waren der Königsberg und Klosterkrug mit stürmender Hand genommen worden. Es war ein glänzender Tag für die »eiserne Brigade« (Gondrecourt), aber er war teuer erkauft. 12 Offiziere und 74 Mann waren tot, 16 Offiziere und 273 Mann verwundet. 34 Vermißte mit eingerechnet, belief sich der Gesamtverlust auf 28 Offiziere und 381 Mann. Das 2. Bataillon vom Regiment König von Preußen abgerechnet, das die Arrièregarde gebildet hatte, hatten alle Truppenteile ziemlich gleich starke Verluste erlitten. Die 8. Compagnie des Regiments Martini ging ohne Offiziere aus dem Gefecht. Von den beiden Regiments-Commandeuren Oberst Benedeck und Oberst v. Abele war jener verwundet, diesem Czako und Mantel durchlöchert; Major Stampfer und

Major v. Stransky waren tot. Zahlreiche Beweise von Bravour waren gegeben worden. Oberlieutenant Bayer v. Mörthal, als er in die Dorfgasse von Ober-Selk vordrang, erhielt einen Schuß in den linken Arm. Zu seinen Jägern sich umwendend, rief er, als wär's beim Scheibenschießen: »Gut geschossen, Figur *links* getroffen.« Ungeachtet heftiger Schmerzen drang er weiter vor, bis eine zweite Kugel in den Unterleib ihn tot niederstreckte.

Stabshornist Ambros Posluchni vom 18. Jäger-Bataillon, als es zum Sturm auf den »Königsberg« vorging und der zähe Widerstand der Dänen den Angriff in eine mißliche Lage zu bringen schien, erhielt Befehl, zum Sammeln zu blasen. In diesem Augenblick sank Posluchni von einer Kugel getroffen, halb ohnmächtig zu Boden. Als er sich wieder aufrichtete, nahm er wahr, daß das Gefecht inzwischen eine günstigere Wendung genommen hatte und statt zum Sammeln zu blasen, blies er zum Sturm.

Ein am Abend des Gefechts von einem Offizier des Regiments Martini geschriebener Brief zeigt am deutlichsten, mit welcher Freudigkeit die Östreicher in den Kampf gingen: »Von unserm Regiment laß dir erzählen, was Dich erfreuen wird. Beim Vorrücken auf den Königsberg fiel zu gleicher Zeit mit dem Commandeur unseres 2. Bataillons, Major Stampfer und dem Hauptmann Dolliak, auch der Fahnenführer Trubkiewicz. Oberst Baron Abele sprang sofort vom Pferde, entriß dem sterbenden Führer die krampfhaft umfaßte Fahne und an der Spitze des Bataillons die Fahne hochhaltend, rief er den Soldaten zu: ›Jetzt Kinder gilt es den Schwur zu halten, den wir vor sechs Monaten unsrer *neuen Fahne* gelobt haben. Vorwärts; hoch der Kaiser, hoch Östreich!‹ Unter unaufhörlichem ›*Niech żyje césarz*‹ stürmte das Bataillon (Polen) vorwärts. Nach einigen Laufschritten schon erhielt die Fahne in der Hand Abeles einen Schuß in die Stange und zerbrach derart, daß ihm nur der Stumpf noch in der Hand blieb. Keinen Augenblick außer Fassung, drang er weiter vor. Czako und Mantel wurden ihm von feindlichen Kugeln durchlöchert, aber unter dem Rufe vorwärts, vorwärts! erstieg er, der erste, die Kuppe des Hügels. Dieser Angriff entschied den Tag.« So weit die Mitteilungen des Offiziers.

Am Abend nach dem Gefecht vereinigte der Feldmarschall die

kommandierenden Generale im Hahnenkruge südlich von Ober-Selk. Die Disposition für den 4. wurde gegeben. Sie lautete dahin, zunächst in der Stellung Fahrdorf, Ober-Selk, Jagel zu verharren und sich durch Aufwerfen von Schützengräben in derselben zu sichern. Der Sturm auf die Schanzen sollte keinenfalls eher erfolgen, als bis eine Rekognoszierung an der Schlei hin ergeben haben würde, daß ein Übergang über dieselbe, seitens des preußischen Armee-Corps, an dieser oder jener Stelle (Arnis, Cappeln) sich ermöglichen werde. *Gleichzeitig mit dem Schlei-Übergang, oder auch nach demselben*, sollte dann im Zentrum gegen die eigentliche Dannewerkstellung vorgegangen werden. Dies weitere Vorgehen im Zentrum war also von den Vorgängen beziehungsweise Erfolgen am rechten Flügel abhängig gemacht. Diesem rechten Flügel, den wir am Abend des 2. verließen, wenden wir uns jetzt wieder zu.

[. . .]

DIE RÄUMUNG DER DANNEWERKE

Am 3. Februar, wie wir wissen, hatte das östreichische Armee-Corps die ersten Gefechte gehabt; die Brigade Tomas hatte Fahrdorf besetzt, die Brigade Gondrecourt Ober-Selk und Jagel mit stürmender Hand genommen. Der Königsberg war mit schwerem Geschütz armiert und das Feuer auf die nächstgelegenen feindlichen Schanzen eröffnet worden.

Am 4. Februar beschränkte man sich östreichischerseits auf die Beschießung einzelner feindlicher Schanzen vom Königsberg und von den Fahrdorfer Höhen aus. Zugleich wurden Rekognoszierungen angestellt. Das Feuer vom Königsberg aus, das von Schanze 10. und Schanze Y. mit großer Heftigkeit erwidert wurde, mußte nach einigen Stunden eingestellt werden. Die Dänen verfügten nicht nur über schwereres Geschütz, sie schossen auch mit größerer Präzision, da sie, bei genauer Kenntnis des Terrains, die Entfernungen richtiger zu schätzen wußten. Die im Rücken des Königsbergs aufgestellten Truppen der Brigade Nostiz erlitten einige Verluste, so daß Feldmarschallieutenant v. Gablenz Befehl gab, das Artilleriefeuer gänzlich einzustellen. Nun schwieg der Feind auch und tat im Laufe des Tages nur noch einige Schüsse. – Erfolgreicher war die Kanonade auf dem rechten Flügel bei Fahrdorf. Hier führte General Tomas, etwa um 11 Uhr vormittags, eine preußische 6 pfündige und eine östreichische 4 pfündige Batterie ins Gefecht, deren vereintem Feuer es gelang, zuerst die Johanniskloster-Batterie und gegen 3 Uhr nachmittags endlich auch die Möweninsel-Batterie zum Schweigen zu bringen. Dieser Erfolg, insonderheit bei der Wichtigkeit der Möweninsel-Batterie (mitten in der Schlei) war nicht gering anzuschlagen.

Am 5. Februar verblieben die Truppen, mit Ausnahme der Brigade Tomas, die eine Aufstellung bei Holm nahm, im wesentlichen in ihren Stellungen. Am Spät-Nachmittage wurde, der Disposition gemäß, mit Batterie-Bauten (namentlich beim Bahnhofe Klosterkrug) gegen die Dannewerke begonnen. 34 schwere Geschütze standen bereit, am 6. früh den Artilleriekampf aufzunehmen. Strikte Ordre war gegeben, nicht eher zu einem ernstlichen Angriff zu schreiten, als bis vom rechten Flügel (Missunde) her, die Meldung vom Übergang des preußischen Corps über die Schlei eingetroffen sein würde. Man war überzeugt, daß dieser Übergang nicht vor dem 6. nachmittags werde erfolgen können. Die Vorposten wurden bis auf 2000 Schritt an die feindlichen Werke herangeschoben. Der Sturm, nach allgemeiner Annahme, konnte keinenfalls vor dem 7. früh erfolgen.

So standen die Dinge am 5., als etwa gegen Mitternacht ein Offizier von dem in Fahrdorf stehenden Infanterie-Regiment Coronini beim Feldmarschalllieutenant mit der Meldung eintraf, es sei gegen 10 Uhr abends ein Parlamentär in Fahrdorf angekommen, der um Einstellung der Feindseligkeiten für den nächsten Morgen (den 6.) ersucht habe. Als Grund habe er angegeben, daß man die von dem Gefechte am 3. her noch immer bei Bustorf liegenden Toten abholen und bestatten wolle. Feldmarschalllieutenant v. Gablenz antwortete zustimmend, daß man in der Zeit von 6 bis 8 Uhr früh (am 6.) in der Richtung von Bustorf auf unbewaffnete Leute des Sanitäts-Corps nicht schießen würde.

Der östreichische Offizier kehrte mit dieser Antwort nach Fahrdorf zurück, schritt auf dem mehrgenannten Damme, der von Fahrdorf nach Haddeby, also mittelbar nach Schleswig führt, fast eine halbe Stunde vor, fand aber, trotz Rufens und

Zeichengebens, weder den Parlamentär, noch die Verschanzungen, die früher den Damm gesperrt hatten. Weiter vorschreitend, traf er (es mochte inzwischen 2 Uhr morgens geworden sein) auf einige Schleswiger Bürger, die ihm mitteilten, daß *die letzten Dänen um 1 Uhr nachts abmarschiert und sämtliche Schanzen verlassen seien.*

Dies war eine Nachricht von höchster Wichtigkeit. Adjutanten des Obersten v. Feldegg, Commandeurs vom Regiment Coronini, flogen nach dem 1 ½ Meilen zurückgelegenen Damendorf, um dem Kommandierenden die entsprechende Meldung zu überbringen. Es war 4 Uhr früh, als Feldmarschalllieutenant v. Gablenz die Nachricht empfing. Er setzte sich sofort zu Pferde, ordnete persönlich das allgemeine Vorrücken seines Armee-Corps an und fand alle Truppenteile so alert, daß schon um 8 ¼ Uhr früh das letzte Bataillon der über Bustorf vorgegangenen Brigaden bei Schloß Gottorp anlangte, während die von Jagel aus vorgegangene Brigade Gondrecourt, durch das Dannewerk ziehend, auf den Höhen westlich der Stadt erschien. Beim Marsch durch die »alte Dannewirke«, die wenigstens teilweise passiert werden mußte, erstaunten die Truppen, daß diese formidablen Verteidigungswerke ohne Kampf geräumt worden waren. Das Regiment Coronini blieb als Besatzung in Schleswig zurück, während die übrigen Truppen, an der Spitze die Brigade Nostiz, den sich auf der Flensburger Straße zurückziehenden Dänen in möglichster Eile folgten.

Warum hatten die Dänen das Dannewerk geräumt? Das empörte Gefühl der Inseldänen antwortete damals: weil de Meza ein Verräter, ein Feigling oder doch ein schwach gewordener Alter sei; jetzt ist erwiesen, daß das Dannewerk geräumt wurde, einfach weil es nicht länger zu halten war und weil eine längere Verteidigung die ganze dänische Armee höchst wahrscheinlich kriegsgefangen in die Hände der Verbündeten gegeben haben würde.

General de Meza, nachdem er das Oberkommando übernommen hatte und in Schleswig unter den Truppen selbst erschienen war, war von Anfang an von der Unhaltbarkeit der Dannewerkstellung überzeugt gewesen. Hatte er anders gesprochen, so folgte er entweder einem patriotischen Impuls, oder er glaubte, wie viele andre mit ihm, noch immer nicht an den vollen Ernst der Situation. Trat dieser Ernst ein, so war der Ausgang nicht zweifelhaft. Nicht als ob die Dannewerkstellung, selbst einer zwei- und dreifachen Macht gegenüber, unter allen Umständen verteidigungsunfähig gewesen wäre; keineswegs. Sollte aber eine erfolgreiche Verteidigung zu den Möglichkeiten zählen, so durften zwei Dinge nicht fehlen: die ganze Verteidigungslinie mußte wirklich *fertig* und die zur Verteidigung bestimmte Armee mußte numerisch ausreichend und schlagfertig sein. Von diesen zwei Bedingungen war keine erfüllt. Die Verteidigungslinie war unfertig und die Armee (ihrer mangelhaften Organisation zu geschweigen) jedenfalls nicht zahlreich genug. Es war eine Verteidigungslinie, die durch nicht weniger als 50 bis 60.000 Mann gutgeschulter Truppen verteidigt werden mußte; waren diese zur Hand, so standen der Verteidigung *jeder Anzahl von Feinden* gegenüber große Chancen des Erfolges zur Seite. Missunde beispielsweise, wenn durch 10.000 Mann verteidigt, hatte einem dreifach und selbst einem fünffach überlegenen Feinde gegenüber (der Massenangriff konnte nur die Verluste steigern) nichts zu befahren. Dasselbe galt von der *ganzen* Linie, vorausgesetzt, daß eben überall die Mittel zur Hand waren, jede einzelne Position, ihren besondern Ansprüchen gemäß, zu armieren.

An diesen Mitteln, wie schon hervorgehoben, gebrach es aber und so war denn freilich die Eroberung dieser großen Verteidigungslinie, deren Herstellung so ungeheure Opfer gekostet hatte, nur eine Frage der Zeit. Die Dannewerke *mußten* fallen und das einzige, was im ersten Moment wenigstens überraschen durfte, war das, *daß sie so bald fielen.* Und doch war der gewählte Zeitpunkt der richtige; jeder Tag länger umschloß Gefahren. Kein Zweifel, daß die Verteidigung auszudehnen, die Katastrophe hinauszuschieben gewesen wäre; aber es konnte dies nur auf die Gefahr hin geschehn, kleine Erfolge schließlich mit dem Untergange des ganzen Heeres bezahlen zu müssen. Möglich, daß General de Meza, im Vertrauen auf die hundert Unberechenbarkeiten des Krieges, dieser Gefahr nichtsdestoweniger ruhig ins Auge gesehen hätte, wenn er nicht von dem Augenblick seines Abgangs zur Armee an im Besitz einer Instruktion gewesen wäre, die ihm vor allem anbefahl, die einzige Armee, die Dänemark besitze und besitzen könne, vor Vernichtung zu schützen. Das Dannewerk sollte gehalten werden, *wenn möglich,* die Armee sollte erhalten werden *unter allen Umständen.* Die betreffende Instruktion lautete aber wie folgt:

»Wie weit die Behauptung der Stellung auszudehnen, *wie lange das Dannewerk zu verteidigen ist*, ist unmöglich vorher mit Bestimmtheit zu entscheiden.

Es ist Sache des kommandierenden Generals, nach Maßgabe des Ganges der Begebenheiten, hierüber jedesmal Beschluß zu fassen.

Erläuternd will in dieser Beziehung das Ministerium (Monrad) nur darauf aufmerksam machen, daß es allerdings von großem Interesse ist, das Land gegen fremde Gewalt zu schützen und daher nur nach einem entscheidenden Kampf zu weichen, daß es aber dennoch bei den gegenwärtigen *politischen* Verhältnissen eine noch höhere Bedeutung hat, daß das herannahende Frühjahr uns im Besitz eines tüchtigen und kampffähigen Heeres finde. *Der Kampf um die Dannewerkstellung darf also nicht so weit geführt werden, daß das Dasein des Heeres als Heer kompromittiert wird*, was auch schon daraus hervorgeht, daß wir hinter der Dannewerkstellung eine zweite Verteidigungslinie (Düppel) in unserer Flankenposition haben, zu deren Behauptung wir kein anderes Heer als das beim Dannewerk kämpfende besitzen.

Indem das Ministerium als wichtig bezeichnet, daß der Kampf in der Dannewerkstellung nicht unverhältnismäßig viel kosten darf, muß es noch besonders hervorheben, daß dabei keine Rücksicht auf das Material der Stellung genommen werden darf... *Rücksicht auf das Material* (Geschütz etc.) *darf nicht in Betracht kommen bei Entscheidung der Frage, ob die Stellung zu räumen, oder aufs äußerste zu behaupten ist.*«

So weit die Instruktion. In unzweideutigen Worten war die *Rettung des Heeres*, »um mit einer tüchtigen und kampffähigen Armee in das herannahende Frühjahr eintreten zu können«, als erste Bedingung in den Vordergrund gestellt und General de Meza hätte sich eines Ungehorsams und wie er selbst sehr wohl erkannte, eines *schweren politischen Fehlers* schuldig gemacht, wenn er einer zu weit gehenden Vorstellung von dem, was die Ehre der Armee erheische, nachgebend, durch eine bis aufs äußerste getriebene Verteidigung »*das Dasein des Heeres*« gefährdet hätte.

Es gebührt ihm das Verdienst, die hart bedrohte Stellung nicht einen Moment zu früh, aber auch nicht einen Moment zu spät aufgegeben zu haben. Als er klar erkannte, daß die energi-

sche Verteidigung des Zentrums notwendig zur Überflügelung, die Stärkung der Flügelstellung aber notwendig zum
Durchbrechen des Zentrums führen müsse, berief er – nachdem am Vormittag des 4. eine nochmalige Inspizierung der
Stellung vorausgegangen und das empfangene Gesamtbild ungünstig für die weitere Verteidigung ausgefallen war – einen
Kriegsrat, der am Abend desselben Tages, unter Vorsitz des
Kommandierenden, zusammentrat. Der Kriegsrat bestand, außer de Meza selbst, aus folgenden zehn Offizieren: Generallieutenant Lüttichau, Generallieutenant Hegermann-Linden-
crone, die Generalmajore Steinmann, du Plat und Carroc,
Oberst Kauffmann, Oberstlieutenant Dreyer, Major Wegener,
Major Schroeder und Kapitain Rosen. (Generalmajor Gerlach,
der in Missunde kommandierte, war nicht anwesend.) Dieser
Kriegsrat kam mit allen Stimmen gegen eine (Generallieutenant Lüttichau) zu dem Resultate, daß die Stellung am Abend
des 5. freiwillig verlassen werden müsse, wenn an diesem Tage
nicht etwa ein Angriff erfolge, der, zurückgeschlagen, möglicherweise weitere Chancen bieten könne. Der Beschluß wurde
in sieben Punkten motiviert und lautete:

In Betracht

1) daß die Haltbarkeit der Dannewerkstellung auf dem Hindernis beruht, welches die Eider, die Schlei und die Überschwemmungen gewähren, daß aber dies Hindernis, was die
Schlei betrifft, zur Zeit nur in einer Rinne besteht . . . und daß
es ferner nicht angänglich ist, das bisherige Verfahren des Auf-
eisens in unmittelbarer Nähe des Feindes fortzusetzen;

2) daß die Haltbarkeit der Stellung ein vollständiges Kam-
pieren oder Bivouacquieren in deren wichtigsten Abschnitten
bedingt . . . und nach Erklärung der Divisionsgenerale die Jahreszeit ein andauerndes Bivouacquieren verbietet;

3) daß die Verteidigung auf eine Armee von 40-50.000
Mann berechnet ist, während die Armee höchstens zu 35.000
Mann veranschlagt werden kann;

4) daß die Zusammensetzung und Ausbildung der Armee
keineswegs den Anforderungen entspricht, welche an ein wohl-
organisiertes Heer zu stellen sind;

5) daß der Feind, der mindestens eine Stärke von 50.000
Mann versammelt hat, bereits den größten Teil des Terrains
besetzt hält, welches zur Sicherung der Armee durch unsere
Vorposten besetzt sein müßte, daß dieses Terrain nicht wieder-

gewonnen werden kann, daß der Feind im Begriff steht, seine Artillerie zu etablieren, welche dann in zweimal 24 Stunden das Geschütz in den Schanzen demontieren kann, und daß, wegen der Ausdehnung der Dannewerkstellung, ein glücklicher Ausgang des Widerstandes kaum denkbar ist, wenn die Linie durchbrochen wird;

6) daß ein geordneter Rückzug der Armee, nachdem die Stellung durchbrochen wurde, unausführbar ist; und endlich

7) daß die Instruktion des Kriegsministeriums vom 22. Januar an den Obergeneral, als Bedingung für den Widerstand verlangt, den Kampf nicht so weit fortzusetzen, »*daß das Dasein des Heeres als Heer*« kompromittiert werde,

wurde es vom militärischen Standpunkte für notwendig erachtet, daß die Armee den hier bezeichneten Konsequenzen der Situation durch einen *freiwilligen Rückzug* entzogen werde, und daß dieser Rückzug mit Hinterlassung alles in der Stellung befindlichen Materiales morgen (den 5.) angetreten werden müsse.

Dies war der Kriegsratbeschluß vom 4. abends. Jetzt ist kein Zweifel mehr darüber, daß er die dänische Armee rettete. Den Truppen selbst blieb vorläufig alles Geheimnis; nur den Kommandierenden in Friedrichsstadt (General Wilster) und in Missunde (General Gerlach), sowie den Führern der detachierten Corps in Arnis und Cappeln wurde der Kriegsratbeschluß auf telegrafischem Wege mitgeteilt.

Am 5. morgens traten die Truppen – denen, was bevorstand, noch immer ein Geheimnis war – in ihren Stellungen an. Man hoffte, die Verbündeten würden an diesem Tage angreifen; wurden sie zurückgeschlagen, so entstanden, wie schon angedeutet, der Verteidigung neue Chancen. Aber alles blieb ruhig. Um 11 Uhr vormittags wurden die Truppen in ihre Cantonnements entlassen, um sie auf die Anstrengungen des Rückzugs vorzubereiten. Um 7 Uhr abends begann dieser, erst die Artillerie, auf der Flensburger Chaussee, dann die Truppen der 2. Division, auf dem sogenannten Ochsenwege (links von der Chaussee). Um 12 Uhr wurden die Vorposten eingezogen; dann folgte die 3. Division, welche die Arrièregarde bildete. Dies war um 1 Uhr. Von den Flügelstellungen aus war der Rückzug schon um 8 Uhr abends erfolgt. Die aus Friedrichsstadt abziehenden Truppen nahmen ihren Weg längs der Westküste; die 1. Division (Missunde, Arnis, Cappeln) ging durch Angeln.

Wir folgen den Dänen auf ihren verschiedenen Rückzugslinien, zunächst im Zentrum. Hier entspann sich, halben Wegs zwischen Schleswig und Flensburg – kaum anderthalb Meilen nördlich von dem Felde von *Idstedt,* auf dem sich 1850 die Geschicke des Landes entschieden – das blutige Gefecht von Oeversee.

SCHLESWIG. OEVERSEE

Um 1 Uhr hatten die letzten dänischen Regimenter Schleswig passiert, um 2 Uhr (wie bereits erzählt) machten Schleswiger Bürger die erste Mitteilung vom Abzug der Dänen an einen Offizier vom Regiment Coronini, um 4 ½ Uhr saß Feldmarschallieutenant v. Gablenz zu Pferde, und um 8 ¼ Uhr marschierten bereits östreichische Bataillone an Schloß Gottorp vorbei, in Schleswig* ein. Die 3. dänische Division (Arrière-

---

* Das Vorrücken der Alliierten im Zentrum, d. h. also der Truppen des II. und III. Armee-Corps (Östreicher und preußische Garden) geschah, wie sich aus den obigen Stundenangaben ergibt, mit außerordentlicher Schnelligkeit; dennoch wären unzweifelhaft größere Resultate erzielt worden, wenn die Meldungen vom Abzuge der Dänen, sowohl im Hauptquartier des Feldmarschalls, wie beim II. und III. Corps so rasch eingetroffen wären, wie sie – wenn nicht ein Unstern über allen schriftlichen Ordres dieser Nacht geschwebt hätte – *notwendig eintreffen mußten.* Spätestens um 10 Uhr ging aus dem Hauptquartier Carlsburg am rechten Flügel ein mit Bleistift geschriebener Zettel an den Feldmarschall (Hauptquartier Damendorf), worin gemeldet wurde, die Dänen hätten um 8 Uhr ihren Rückzug angetreten. Dieser Zettel konnte um Mitternacht in den Händen des Feldmarschalls und eine halbe Stunde später in *Lottorf* (östreichisches Hauptquartier) sein, woraus sich – da General v. Gablenz die gleiche Meldung, aus der Front *seiner* Stellung erst um 4 Uhr morgens erhielt – ein Zeitgewinn von 3 ½ Stunden ergeben haben würde. *Dieser Bleistiftszettel ist aber im Hauptquartier zu Damendorf nie angekommen.* – Ebenso erging es einer entsprechenden Mitteilung vom Abzug des Feindes, die General-

garde), die um 1 Uhr Schleswig passierte, hatte mithin nur einen Vorsprung von sieben Stunden. Liechtenstein-Husaren folgten sofort auf der Flensburger Chaussee; die Brigade Nostiz, nach kurzer Rast, rückte im Geschwindschritt nach.

Die östreichischen Regimenter wurden auf ihrem Durchmarsch durch die Stadt mit lautem Jubel empfangen. Der ganze »Friedrichsberg« (der südlich der Schlei gelegene Stadtteil) prangte im Flaggenschmuck, nicht nur die Häuser, jedes Nebengebäude, jeder Schuppen hatte seine Fahne und sein Fähnchen. Aus den Fenstern und Türen flogen den einziehenden Soldaten, trotz Winterzeit, die schönsten Blumen entgegen. Wer einen Blumentopf hatte, der opferte heut das Beste, was derselbe an Blüten trug. *Man war frei;* nirgends wurde die Erlösung vom dänischen Joch so tief empfunden wie hier; keine Stadt hatte so schwer gelitten wie Schleswig.

Nur eine anmutige Stadt war es geblieben. Der Reisende, der von Süden kommt, ist gewöhnlich entzückt über die reizende Lage Schleswigs, das sich hufeisenförmig um die Schlei ausbreitet und von sanft ansteigenden Höhen eingeschlossen ist, auf denen zum Teil die prächtigsten Buchenwaldungen stehn. Je näher man kommt, desto angenehmer ist der Eindruck, den Stadt und Landschaft ausüben. Der altehrwürdige Dom mit seinem winzigen Türmchen, das prächtige Schloß Gottorp mit seinen historischen Erinnerungen, die Michaeliskirche und selbst die Windmühle auf dem Gallberge, die kleinen mit Blumen gezierten Häuschen, vor allem der Blick auf die *Schlei* (samt der sagenreichen Möweninsel), über die, zumal um die Sommerzeit, leise Nebel hinziehn, schaffen hier einen Zauber, dem sich wohl wenige, die zuerst dieser Stadt ansichtig wurden, zu entziehen wußten. Stille ist hier, Behagen, Sauberkeit, dazu jener romantisch-historische Ton, den alte Städte immer zu haben pflegen. Diesen Zauber hatten die Dänen dieser von ihnen gehaßten Stadt freilich nicht nehmen können, sonst aber hatten sie ihr genommen, was zu nehmen war. Systematisch

---

major Graf Gondrecourt in derselben Nacht an den General v. d. Mülbe, Kommandierenden des III. Corps (preußische Garden) richtete, oder doch auf Befehl des Generals v. Gablenz richten *sollte.* Die Mitteilung traf beim III. Corps nicht ein. So blieb dieses in Unkenntnis über die Vorgänge der Nacht, die erst, nach 8 Uhr morgens, zur Kenntnis des Kommandierenden (v. d. Mülbe) gelangten.

um allen Erwerb gebracht, systematisch von der ganzen Welt abgeschnitten und aufs Blut ausgesogen, mußten die Bürger mehr und mehr verarmen und den Wert ihres Grundeigentums sinken sehn.* *Während* des Krieges von 1848 bis 1850 hatten sie durch Einquartierung und Kriegssteuer bedeutend gelitten; *nach* dem Kriege mußten sie an Dänemark Kriegssteuer zahlen und dänische Einquartierung ins Haus nehmen; zuletzt noch waren sie angehalten worden, an der »Danewirke«, die zugleich ihre Zwingburg war, zu graben und zu schanzen – und *nun waren sie frei.* Wohl war es ein Augenblick, um, freudigen Herzens, das Beste was sie hatten, ihren Befreiern darzubringen.

In langen Kolonnen zogen diese durch die Stadt. »Werden sie noch den Feind erreichen?« diese Frage ging von Mund zu Mund; man wagte es kaum zu hoffen. Eher gab man sich der Erwartung hin, das preußische Corps, auf seinem Marsche durch Angeln, werde die Dänen überholen und sie von ihrer Rückzugslinie auf Flensburg und Düppel abschneiden.

Inzwischen, wie wir gesehn haben, folgte die Brigade Nostiz dem sich zurückziehenden Feind auf der Schleswig-Flensburger Chaussee. Liechtenstein-Husaren, soweit es die Glätte des Weges erlaubte, gingen in scharfer Gangart den Kolonnen vorauf. In der Höhe des Idstedter Sees, fünfviertel Meilen von Schleswig, stießen sie auf einen Artillerie-Park, griffen sofort an, zersprengten die Bedeckung, nahmen 3 Geschütze und machten 40 bis 50 Gefangene. Beim Dorfe Helligbeck trafen sie auf die ersten Abteilungen feindlicher Infanterie.

Die Dänen hatten bis hierher ihren Rückzug ohne alle Störungen bewirkt. Die 2. Division war in guter Ordnung vorauf, die dritte Division, die schon die Gefechte bei Ober-Selk und Jagel zu bestehen gehabt hatte, folgte als Arrièregarde und zwar so, daß die 9. Brigade die Tête, die 8. Brigade die Queue bildete; zwischen beiden marschierte die 7. Brigade (1. und 11. Regiment).

Es war 9 ½ Uhr früh, als bei Helligbeck die vorsprengenden

---

* Als ein Beweis, wie groß die herrschende Erbitterung war, dafür möge beispielsweise dienen, daß der Postmeister Deichmann, ein Däne, als er seine Frau verloren hatte, keinen Tischler finden konnte, der bereit war, für die Frau des dänischen Postmeisters einen Sarg zu machen. Erst nach langem Suchen wurde Rat geschafft.

Husaren auf die Queue bildende Brigade (die 8.) der dänischen Arrièregarde stießen. Eine große Trainkolonne, innerhalb der Dorfgasse, hatte den Weg vollständig verfahren und gesperrt. Die Husaren versuchten den Ort zu umgehen, schritten aber, als Terrainschwierigkeiten dies unmöglich machten, zum Angriff auf das Dorf selbst. Trotz eines heftigen Gewehrfeuers, welches sie empfing, drangen sie bis ziemlich weit in die Kolonne ein und hieben eine Anzahl der Bedeckungsmannschaften nieder. Als aber feindliche Infanterie seitwärts des Ortes vorging und die Husaren in der Flanke beschoß, bekamen die Dänen Luft und setzten ihren Rückzug geordnet fort, von den verfolgenden Reitern fortwährend umschwärmt und geneckt.

So ging der Rückzug weitre zwei Meilen bis zum Kirchdorf *Oeversee*. Eine kurze Strecke hinter diesem Dorfe, zu beiden Seiten des Weges, hatte die 7. Brigade Aufstellung genommen und ließ die 8. Brigade zwischen sich hindurchmarschieren. Die 7. Brigade übernahm also von hier an die Deckung des Rückzuges und war entschlossen, dem nachdrängenden Feind an dieser Stelle einen energischen Widerstand entgegenzustellen.

Das Terrain, wenn auch zu einer längeren Verteidigung nicht geeignet, war als Arrièregardenstellung vorzüglich gewählt. Schon 1848, am Tage nach der Schlacht bei Schleswig, hatte hier ein für die dänischen Waffen ehrenvoller Kampf gegen braunschweigische Kavallerie[*] und hannöversche Infanterie stattgefunden, der allerdings mit der Gefangennahme der dänischen Jäger endete; ein Kampf, der aber deswegen besonders erwähnt zu werden verdient, weil die Dänen es verschmähten, auf die im Sumpfe stecken gebliebenen, wehrlosen deutschen Reiter zu schießen.

Das Terrain von Oeversee ist im wesentlichen leicht beschrieben: Hügel rechts und links, durch die sich die Chaussee beinahe hohlwegartig hindurchzieht. Der zur Linken gelegene Hügel ist in seiner Flanke durch den Sankelmark-See bis zu einem gewissen Grade gedeckt, während die flache Hügelkuppe zur Rechten einer Anlehnung entbehrt und leicht umgangen werden kann. Beide Hügelpartieen sind mit Bäumen besetzt,

---

[*] Wir finden diese Angabe verschiedentlich. So viel wir wissen, war es mecklenburgische Kavallerie und zwar das in Ludwigslust liegende Dragoner-Regiment.

die rechtsgelegene Kuppe mit einem buschartigen Gehölz, die
Kuppe zur Linken mit starkem Buchenholz. Diese letzte, an
deren Südlisière ein 200 Schritt langer Knick bis zum Sankelmark-See hinläuft, heißt der *Hochwald*. Die Stärke der Stellung liegt in der Front; eine Umgehung des Sankelmark-Sees
entschied schließlich das Gefecht zu Ungunsten der Dänen.

Diese hatten sich in zwei Treffen aufgestellt. Im ersten Treffen, zu beiden Seiten der Chaussee, standen Compagnieen des
1. Regiments; die Kuppen rechts und links waren mit guten
Schützen besetzt, die besten lagen hinter dem Knick, der sich
an der Südlisière des Hochwalds bis zum Sankelmark-See hinzog. Zwei Geschütze waren rechts von der Chaussee aufgefahren; das 11. Regiment stand in Reserve.

Um 3 ½ Uhr hatte die Spitze der Brigade Nostiz – das 9. Jäger-Bataillon – Oeversee erreicht; eine Escadron Husaren, die
schon vorher einen Angriff auf den Knick jenseits des Dorfes
gewagt, hatte sich mit Verlust zurückziehen müssen.

Feldmarschallieutenant Gablenz beschloß sofort, die feindliche Position zu attackieren. Seine Truppen waren allerdings
sehr ermüdet; die Brigade Nostiz, schon seit drei Nächten unter kein schützendes Dach gekommen, hatte in Kälte und
Schnee dem Vorpostendienste obgelegen. Jetzt sollte nach einem Marsche von 3 Meilen auf einer beeisten, spiegelglatten
Chaussee eine so gut besetzte Stellung genommen werden. General v. Gablenz kannte aber die »schwarzgelbe Brigade« und
wußte, was er ihr zumuten konnte.

Die Tornister wurden abgelegt, 4 Compagnieen vom 9. Jäger-Bataillon zum Angriff auf die *Front*, die beiden andern
Compagnieen des Bataillons zur Umgehung des Sankelmark-
Sees bestimmt. *Dies war der entscheidende Befehl.* Hinter den
4 Jäger-Compagnieen entwickelte sich das 1. Bataillon Belgien-
Infanterie und folgte den auf der Chaussee vorgehenden Jägern
beim Angriff.

Die Jäger-Compagnieen, als sie in das Schußfeld des dänischen 1. Regiments kamen, wurden von einem verheerenden
Feuer empfangen. Besonders waren es die hinter dem erwähnten Knick postierten Schützen, die den anstürmenden Compagnieen die schwersten Verluste beibrachten. Diese Verluste
waren um so schwerer, als den Östreichern die naß gewordenen Gewehre fast alle versagten. So mußten denn Kolben und
Bajonett das Beste tun. Wer am folgenden Tage das Schlacht-

feld besuchte, sah auf der südlichen Seite des Knicks lauter
Östreicher, die fast ohne Ausnahme in den Kopf geschossen
waren, auf der nördlichen Seite lagen die Dänen von Kolben-
schlägen niedergestreckt. Endlich war die Lisière des Hochwal-
des genommen, im Walde selbst setzte sich der Kampf von beiden Seiten mit großer Heftigkeit fort, bis das Erscheinen der in
die rechte feindliche Flanke detachierten Jäger-Compagnieen,
die inzwischen den Sankelmark-See umgangen hatten, den
Widerstand an dieser Stelle brach und die Dänen zum Rückzug
zwang.

Gleichzeitig war rechts von der Chausee auf dem feindlichen
linken Flügel gekämpft worden. Hier hatte Oberst Müller, der
Commandeur der 7. Brigade, einen Vorstoß gewagt und an
Terrain gewonnen. Als dies östreichscherseits wahrgenommen
wurde, schickte General v. Gablenz das 2. Bataillon des Regiments Belgien sofort zum Angriff vor. Herzog Wilhelm von
Württemberg, Oberst des Regiments, stellte sich an die Spitze
des Bataillons, attackierte mit dem Bajonett und warf, nach
kurzem Handgemenge, den Feind in der Richtung auf Munkwolstrup zurück. Vergeblich suchte der Feind sich diesem energischen Vorwärtsstürmen entgegen zu stellen, vergeblich zog
er seine Reserve (das 11. Regiment) ins Gefecht, er wurde geworfen, Bilschau genommen und Munkwolstrup besetzt. Ein
weiteres Gefecht aufgebend, zog sich die dänische 7. Brigade in
der Richtung auf Flensburg zurück. Die Östreicher waren zu
erschöpft, den Rückzug noch weiter behindern zu können; das
Regiment Hessen, das nicht zum Angriff gekommen war, setzte die Vorposten aus.

In dem Gefecht bei Oeversee war auf beiden Seiten mit großer Bravour gekämpft worden. Das 1. dänische Regiment,
großenteils Kopenhagener Kinder, schlug sich mit außerordentlicher Zähigkeit; dänische Berichte sprechen deshalb mit
Stolz von diesem »Gefecht am Sankelmark-See« und nicht mit
Unrecht.

Glänzend andererseits hatte sich wiederum die Brigade Nostiz erwiesen. Schon aus den italienischen Feldzügen her des
Rufes ausgezeichneter Tapferkeit genießend, hatte sie heut
einen neuen Ruhm zu dem alten gesellt. Ermüdet, durchnäßt,
mit Gewehren die versagten, hatte sie im Handgemeng den
Feind aus einer festen Position hinausgeworfen. Die Verluste
waren freilich groß. Die Östreicher verloren an Toten 7 Offi-

ziere und 68 Mann, an Verwundeten 22 Offiziere* und 228 Mann. Vermißt wurden 47. Der dänische Verlust (darunter allerdings viele Gefangene) betrug mehr als das Doppelte, 18 Offiziere und 944 Mann.

Die bei Oeversee Verwundeten wurden zum Teil nach Schleswig, zum Teil nach Flensburg gebracht.

Einem Bericht über das Eintreffen der Verwundeten in Schleswig entnehmen wir folgendes: »Spät am Abend ertönte die Lärmtrommel durch die menschenleeren Straßen der Stadt. Dazu klangen die Rufe: ›Zweihundert verwundete Östreicher halten vor dem Schloß.‹ So war es in der Tat. Man raffte zusammen, was irgend zur Linderung für die Unglücklichen dienen konnte und in wenigen Minuten war ganz Schleswig auf

---

* Unter den verwundeten Offizieren befanden sich der *Herzog Wilhelm von Württemberg* und der Obristlieutenant *v. Illeschütz,* jener der Oberst und Commandeur vom Regiment »Belgien«, dieser der Commandeur des 1. Bataillons desselben Regiments. – Herzog *Wilhelm* (Sohn von Herzog *Eugen* von Württemberg) wurde 1828 in Schlesien geboren. 1848 trat er in die östreichische Armee, machte den italienischen Feldzug mit und wurde in der Schlacht von Novara an der Kniescheibe schwer verwundet. Zehn Jahre später focht er mit Auszeichnung bei Magenta und Solferino; für Magenta erhielt er die »Eiserne Krone«. Seine Verwundung bei Oeversee war nicht gefährlich, aber überaus schmerzhaft – die große Zehe des einen Fußes war ihm durch eine Flintenkugel zerschmettert. – Auch über den tapfern Obristlieutenant *Illeschütz,* der später seinen Wunden erlag, an dieser Stelle noch ein Wort. Illeschütz, ein geborner Steiermärker (geb. 1808), trat 20 Jahr alt als Gemeiner in das Infanterie-Regiment Kinsky. Er stieg von Stufe zu Stufe; – für Novara erhielt er das Kreuz. Als Commandeur des 1. Bataillons »Belgien« rückte er Ende Dezember nach dem Kriegsschauplatz ab. Fast gleichzeitig mit seinem Obersten, sank er schwer verwundet vom Pferde. Zwei Kugeln hatten ihn in den Schenkel getroffen. Gleichwohl schien seine Verwundung anfangs nicht bedenklich. Wenige Tage nach dem Gefecht wurde er durch die Ernennung zum Obersten und Regimentschef, so wie durch die Erteilung des Ordens der Eisernen Krone ausgezeichnet. Auf seiner Reise von Schleswig aus nach einem der böhmischen Bäder, mußte er wegen zunehmender Schwäche in Berlin bleiben, wo sich sein Zustand wesentlich verschlimmerte. Er starb daselbst am 13. Juni. Unter allgemeiner Teilnahme wurde er auf dem Invalidenkirchhof bestattet.

den Beinen. Und wahrlich, Hülfe tat Not. Von Hunger und
Durst gepeinigt, lagen die armen Verwundeten, mit einem
Mantel zugedeckt, auf einem Bündel Stroh und zitterten vor
Kälte und Schmerz. Kein Bett, kein Arzt – nichts war zu ihrer
Aufnahme und Pflege da. Inzwischen geschah was möglich
war. Betten, Decken, Stroh, Charpie, Leinwand, Lebensmittel
und Erfrischungen aller Art wurden herbeigeschleppt; jeder
half, wo er helfen konnte, Frauen verbanden die Wunden ihrer
Befreier; Mitleid und Dankbarkeit wetteiferten in ihren
Herzen.«

In Schloß Gottorp wartete Hülfe und Pflege der Verwundeten; aber draußen auf dem Schlachtfelde lagen andere, die halb
verschneit oder hinter Knick und Graben versteckt, von den
Krankenträgern, beim Aufsammeln ihrer blutigen Bürde,
übersehen worden waren. Viele von diesen starben über
Nacht. Ein Reisender, der am anderen Tag des Weges kam, hat
das Schlachtfeld wie folgt beschrieben: »Das Wetter war
gleichmäßig schlecht, die Chaussee spiegelglatt, und von Zeit
zu Zeit erschwerten die zusammengetriebenen Schneemassen,
das weitere Fortkommen derartig, daß man Gefahr lief, in die
tiefen Chausseegräben gestürzt zu werden, was auch vielen
Fuhrwerken schon passiert war. Die Gegend ist sehr hügelig
und mit Nadelholz bedeckt, während an anderen Stellen nur
der Ginster eine spärliche Vegetation bildet. Langsam näherten
wir uns der Kampfstätte von Oeversee. Das Terrain ist wellig,
das Dorf selbst liegt malerisch zur Seite auf einer Anhöhe. Das
eigentliche Schlachtfeld beginnt erst jenseits des Dorfes. Es
bot, obschon inzwischen viel Schnee gefallen war, dennoch
einen furchtbaren Anblick. Die Östreicher, stattliche Leute in
ihren langen weißen Mänteln, mit durchschossenen Köpfen
und zerschmetterten Gliedmaßen, getötete Pferde, umgewor-
fene dänische Munitionswagen, lagen zu beiden Seiten des Weges, und den Abhang hinunter sah man in wildem Durcheinander Leichen, Czakos, Tornister, Patrontaschen und zerstreute
Waffen aller Art. Wagte man einen weitern Gang durch dieses
Totenfeld, so begann weiter unten die Leichenstätte der Dänen,
welche jedoch zum Teil gesäubert war, da, wie ich an Ort und
Stelle gehört habe, dieselben vier Schiffsladungen mit Toten
bereits fortgeschafft haben sollen. Weiter nördlich auf der
Straße liegt eine Schmiede, um welche auch ein heißer Kampf
stattgefunden haben muß. Tote von beiden Seiten bedeckten

im weiten Umkreise das Feld. Viele Verwundete, welche in der Schmiede wahrscheinlich Hülfe suchten, die ihnen jedoch, da sich die Bewohner geflüchtet hatten, nicht zu Teil wurde, mögen hier in Folge der harten Kälte zu Grunde gegangen sein. Denn so sah ich z. B. einen östreichischen Soldaten an der Wand des Hauses zusammengekauert und erstarrt, während zur Seite sein Gewehr angelehnt war. Andere lagen im Schnee und bei ihnen, von der Erbitterung des Kampfes zeugend, gefallene Dänen. Tiefe Stille ruhte auf der unheimlichen Stätte.« Um dieselbe Stunde passierte auch ein preußisches Garderegiment, auf seinem Marsche nach Flensburg, das Schlachtfeld. Ein Soldat schrieb nach Haus: »*es war fast zu viel für mein junges Herz*«.

DER MARSCH DURCH ANGELN.
BESETZUNG FLENSBURGS

Wir verließen das I. Corps am 6. Februar 4 ½ Uhr nachmittags, als eben die *letzten* Kolonnen die nach Arnis hinüber geschlagene Ponton-Brücke passiert hatten. Es war dies genau dieselbe Stunde, zu welcher sich, drei Meilen weiter westwärts, das blutige Arrièregarden-Gefecht bei Oeversee zu Gunsten der Östreicher entschied.

Der Übergang über die Schlei, wie wir bereits wissen, hatte unmittelbar nach Beendigung des Brückenbaues, 9 ¾ Uhr *begonnen*. Die Zietenschen Husaren und die Avantgarde passierten die Brücke zuerst. Während die Bataillone der Avantgarde noch beim Prinzen vorbeidefilierten, traf der Flügeladjutant Sr. Majestät des Königs, Oberstlieutenant Prinz zu Hohenlohe-Ingelfingen, in Arnis ein und brachte vom Feldmarschall aus Dahmendorf die wichtige Nachricht, daß die Dänen das Dannewerk geräumt hätten; der *Feldmarschall hoffe den Prinzen auf den Höhen bei Flensburg wieder zu sehn.*

Es war 11 Uhr vormittags, als der Prinz diese wichtige Nachricht empfing; der am Abend vorher um 8 Uhr abgerückte Feind hatte freilich einen bedeutenden Vorsprung, dennoch erschien es geboten, mit aller Kraft auf Flensburg vorzustoßen, um den Feind wo möglich von seiner Rückzugslinie abzudrängen. General Graf Münster, welcher mit der Reserve-Kavallerie (die der Avantgarde unmittelbar folgte) so eben im Übergehn begriffen war, erhielt Befehl, mit der gesamten Kavallerie des Corps, unter Aufbietung aller Kräfte, den Feind zu verfolgen und sich, wie wir schon zitierten, an ihn zu hängen, wenn er denselben eingeholt hätte. Es sollte alles geschehn, was die »Kräfte von Mann und Pferd« erlaubten.

Diesem Befehl gemäß setzte sich die gesamte Kavallerie des Corps in Marsch. Es war 11 ½ Uhr. Einige Schwadronen Zieten-Husaren und 11. Ulanen hatten die Tête. Die eingeschneiten, von der Sonne beschienenen Wege waren schwer genug zu passieren; als aber bald nach Mittag die tiefer gehende Sonne ihren Einfluß auf das Tauen des Schnees verlor und nach und nach das Frostwetter entschiedener eintrat, wurde das Fortkommen immer beschwerlicher. Es glatteiste und um die vierte Stunde war der Weg zu einer spiegelglatten Fläche geworden. Die Pferde glitten rechts und links von den dammartigen Wegen in die mit Schnee angefüllten Gräben und konnten nur mit großer Mühe wieder herausgeschafft werden. Die Husaren stiegen ab und führten ihre Pferde am Zügel. Als es dunkel wurde, fiel Schnee, aber der scharfe Ostwind, der wehte, machte den Schnee zu harten Eisstücken, so daß alles die Augen schließen mußte. Immer langsamer ging es vorwärts; die Schnelligkeit stand im umgekehrten Verhältnis mit Schneefall und Sturm, die beständig wuchsen. Und doch hieß es »Vorwärts um jeden Preis«.

Abends 9 Uhr erreichten die Têten der Reserve-Kavallerie das Dorf Sterup, halben Wegs zwischen Arnis und Flensburg. Bald nach ihnen trafen die Avantgarde und die Brigade Roeder ein. Die Kavallerie hatte nicht wesentlich rascher fortgekonnt, als die Infanterie-Kolonnen; in neun Stunden drei Meilen. Die Pferde konnten nicht weiter; es war nicht möglich, ohne vorgängige kurze Rast die Verfolgung fortzusetzen.

Ein Offizier vom Zietenschen Husaren-Regiment berichtet über diesen Marsch durch Angeln: »Wir gingen also auf Flensburg, um die Rückzugslinie des Feindes zu bedrohen. Im Laufe des Nachmittags wurde auf zwei Stunden Halt gemacht, um zu füttern; da die Pferde zu Dutzenden stürzten, so wurde es unmöglich, daß das Regiment noch an demselben Tage – was der eigentliche Plan der Verfolgung war – Flensburg erreichte. Abends um 9 Uhr machten wir bei den Dörfern Schnabe und

Sterup halt und trafen die nötigen Sicherheitsmaßregeln. Bald füllten sich die Dörfer mit Artillerie und Infanterie, so daß nur ein Teil unserer Mannschaften untergebracht werden konnte; der Rest mußte bivouacquieren. Mann und Pferd waren aufs äußerste erschöpft, da nichts mehr anstrengt, als das Reiten auf Glatteis. Um 3 Uhr früh wurde wieder ausgerückt. *Mit Tages-anbruch stand ich vor Flensburg.«*

So weit der Brief des Offiziers. In der Tat waren, der am 6. gegebenen Disposition gemäß, 3 Escadrons um 3 Uhr früh (am 7.) aus ihren Quartieren aufgebrochen und standen kurze Zeit darauf auf der Chaussee nach Flensburg vereinigt. Es waren die beiden ersten Escadrons von Zieten-Husaren und die erste Escadron vom 11. Ulanen-Regiment, jene unter Führung des Rittmeisters *v. Weise,* diese unter Rittmeister *v. Rauch.* Rittmeister v. Weise, als ältester Offizier, übernahm den Befehl. Er ließ die Ulanen-Escadron, welche sich an der Tête befand, als Avantgarde gegen die Stadt vorgehn. Um 7 ½ Uhr erreichte die Spitze der Ulanen Flensburg. Die Dänen waren seit drei Stunden fort. Im Trabe ging es durch die Stadt hindurch, dem Gehölz entgegen, das etwa 2000 Schritt vor dem Nordertor beginnt und an der Apenrader Chaussee sich hinzieht. Hier erhielten die Ulanen Feuer und zogen sich wieder bis an die Stadt zurück. – Ein ähnliches Gefecht bestand eine Husaren-Abteilung unter Premierlieutenant Thiele, die auf der Friesenstraße gegen Bau vorgegangen war. Sie machte einige Gefangene.

Flensburg selbst war inzwischen von dem Rest der Zieten-schen Husaren besetzt worden. Hier war die Ausbeute reicher. Hundert Dänen, die sich in den Häusern verspätet hatten, wurden gefangen genommen, dazu große Vorräte von Proviant, Brot und gesalzenem Fleisch, die eben eingeschifft werden sollten, um nach Sonderburg abgeführt zu werden. Unter der Beute befand sich auch das Silber- und Tafel-Service des dänischen Ober-Kommandos.

Um 11 ½ Uhr mittags – nachdem schon vorher die Avantgarde des III. Corps (preußische Garden) die Stadt passiert hatte – zog der Feldmarschall in Begleitung des Kronprinzen unter großem Jubel der deutschen Bevölkerung in Flensburg ein.

Noch im Laufe des 7. Februar wurden für die gesamte Armee folgende Dispositionen ausgegeben:

das I. Corps (Prinz Friedrich Karl) bezieht Quartiere in Nord-Angeln (Glücksburg, Grundhof, Groß-Quern);

das II. Corps (v. Gablenz) bezieht Quartiere südlich von Flensburg (Oeversee, Hürup, Bistoft, Wanderup);

das III. Corps (Garden) bezieht Quartiere in Flensburg und Umgegend. Die Avantgarde dieses Corps unter Generalmajor v. d. Goltz folgt dem Feinde und besetzt Bau und Crusau (Gabelpunkt, wo sich die Straße nach Apenrade und Düppel teilt).

Alle Truppenteile waren, nach den Kämpfen und Strapatzen der letzten Tage, der Ruhe dringend bedürftig. Eine energische Verfolgung, so große Resultate sie mutmaßlich ergeben und ein Festsetzen des Feindes in der Düppelstellung gehindert hätte, war doch eben unmöglich, weil die Kräfte von Mann und Pferd erschöpft waren. Selbst General v. Gablenz, der über alte kriegsgewohnte Regimenter verfügte, hatte am 6. abends das dringende Verlangen gestellt, seinen aufs äußerste ermüdeten Truppen für den 7. Februar Ruhe zu gewähren. Kaum geringer waren die Strapatzen des I. Corps gewesen. Erst am 10. Februar wurden die Kriegsoperationen wieder aufgenommen.

Eh' wir in den zweiten Abschnitt dieses Krieges, in die Belagerung von Düppel eintreten, geziemt es sich an dieser Stelle wohl, sich gegenwärtig zu halten, welche Resultate die erste Woche des Krieges, vom 1. bis zum 7. Februar, im Gefolge gehabt hatte: die Eider war überschritten, der Feind in blutigen Gefechten besiegt, das Dannewerk genommen, Schleswig frei. Jene elf Meilen lange Verteidigungslinie, deren Uneinnehmbarkeit in allen Blättern Europas immer wieder und wieder behauptet worden war, sie war aufgegeben, eine ernstliche Verteidigung nicht einmal versucht worden. Materiell wie moralisch war ein großer Sieg errungen. 119 schwere Positionsgeschütze, 20 Stück Feldgeschütze, welche an verschiedenen Stellen des Weges stecken geblieben waren, dazu entsprechende Munitionsvorräte waren erbeutet worden. Nicht minder schwer wog das Bewußtsein eines großen, rasch errungenen Erfolges. Die jungen Truppen, aus denen die alliierte Armee der Mehrzahl nach bestand, hatten sich nicht nur fühlen, sie hatten auch ihre *Überlegenheit* über den Gegner kennen gelernt. Wie die jungen Truppen, so hatten sich die neuen Waffen, das Zündnadelgewehr und die gezogenen Geschütze, selbst über die kühnsten Erwartungen hinaus, bewährt. Der Verlauf des Krieges sollte noch vielfach Gelegenheit geben, wie die Überlegenheit des östreichisch-preußischen Systems (gegenüber dem Milizsystem der Dänen), so vor allem auch die Überlegenheit ihrer Bewaffnung darzutun. Der rasche und glänzende Ausgang des Krieges war zum Teil eine Folge davon.

Wir wenden uns nun dem zweiten Abschnitt des Krieges »*Düppel*« zu.

[. . .]

V.

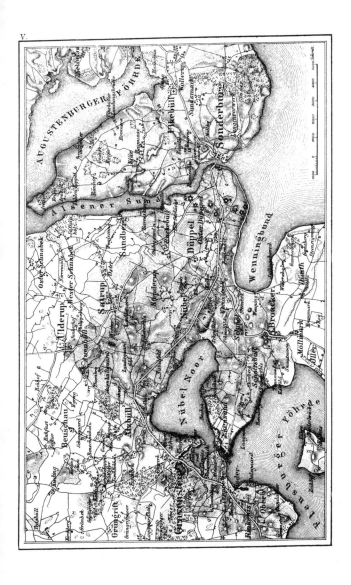

Schon seit Anfang März war im Hauptquartier zu Gravenstein die Frage erörtert worden: ist es nicht möglich, in Booten oder Schiffskörpern irgend welcher Art nach *Alsen* überzusetzen und durch diese Bewegung in Flanke und Rücken des Feindes seine Armee auf einen Schlag zu vernichten? Diese Frage, nach reiflichster Erwägung, war mit »ja« beantwortet worden. Man hat später behaupten wollen, daß ein bestimmtes »nein« die richtigere Antwort gewesen wäre. Der 29. Juni indes hat in seinem glänzenden Verlauf die nachträgliche Rechtfertigung des »Projekts von Ballegaard« übernommen.

Dies Projekt, eben weil es »Projekt« blieb, mußte freilich darauf verzichten, auf den Gang der Ereignisse irgend welchen Einfluß zu üben; die Belagerung, die man durch eben dieses Projekt überflüssig machen wollte, mußte all ihre mühevollen und langwierigen Stadien durchlaufen: das Vorschreiten von Parallele zu Parallele, das Etablieren immer neuer Batterieen, der Dienst in den Trancheen, endlich der Sturm selbst – alles mußte durchgemacht werden, von Stufe zu Stufe, als ob ein »Projekt von Ballegaard« nie geplant worden wäre. Dennoch bildet dies Projekt, das im letzten Moment an dem gebieterischen Dazwischentreten von Wind und Wellen scheiterte, eine sehr bemerkenswerte Episode in dem Gang der Düppel-Belagerung.

Folgen wir nun dem Unternehmen in seinen verschiedenen Phasen.

Die Hauptfragen, die vorgelegen hatten, waren die folgenden vier:

1) *wo* gehen wir über, d. h. an welcher Stelle?

2) *worauf* gehen wir über, d. h. auf welchen Schiffsgefäßen?

3) *womit* gehen wir über, d. h. mit wie viel Regimentern?

4) *wodurch* schützen wir unsern Übergang, besonders gegen die feindliche Flotte?

Wir folgen Punkt für Punkt.

Die erste Frage war: »*wo* gehen wir über?« Die Wahl schwankte eine Zeit lang zwischen dem schmalen *Alsen-Sund* und der breiteren *Alsen-Förde*. Endlich entschied man sich für die letztere und *mit Recht*. Die Alsen-Förde – was gegen sie sprach – hatte freilich eine größere Breite und eine unruhigere

See, gestattete auch eine leichtere Einwirkung der feindlichen Schiffe; andrerseits aber hatte man, ein paar Feldgeschütze abgerechnet, keine feindliche Truppenmacht sich gegenüber, konnte den Gegner überraschen und war sicher, am jenseitigen Ufer Stellung genommen und sich konzentriert zu haben, ehe es dem Feinde möglich war, ein ebenbürtiges Truppencorps gegen die Landung aufzustellen. Alle diese Erwägungen stimmten für Alsen-Förde gegen Alsen-Sund. Über die Wahl des *speziellen* Übergangspunktes konnte, nach Feststellung der Lokalität im großen und ganzen, nicht lange ein Zweifel sein. Der Punkt war *Ballegaard* und seine nächste Umgebung. Das diesseitige Ufer der Förde tritt hier meist in einer Höhe von 20 bis 40 Fuß an das Meer heran und fällt dann in einer steilen Böschung ab, an deren Fuß ein nicht sehr breiter Strand liegt. Das jenseitige Ufer, nach Äußerungen der Seeleute, hatte dieselbe Beschaffenheit. Befestigungen waren nirgends sichtbar. Der Punkt, wo außerdem die Förde die geringste Breite hatte (2400 Schritt), war eben bei Ballegaard; hier mußte es also schon aus *diesem* Grunde versucht werden. Was aber die Hauptsache war, es führten hier an mehreren Stellen gute, breite, nicht zu steil abfallende Wege bis an die See. Wenn man bedenkt, was an Truppen und Material hier alles konzentriert werden sollte, so mußte diese Rücksicht, wenn sonst noch ein Zweifel gewesen wäre, für die Wahl von Ballegaard entscheidend sein.

Die zweite Frage war: *wie* gehen wir über? Man verfügte über 112 Pontons (preußische, östreichische, auch 8 dänische) und 27 Kielboote. Mit diesen mußte es also gewagt werden; nur über den besten Weg zur Verwendung dieser Schiffskörper konnten noch Meinungsverschiedenheiten obwalten. Man einigte sich dahin, daß alle diese Fahrzeuge auf drei Übergangspunkte: A. B. C. (alle drei unmittelbar westlich von Ballegaard gelegen) zu verteilen seien. Bei A. kamen 50, bei B. 22 Pontons, endlich bei C. 40 Pontons und die 27 Kielboote zur Verwendung. Immer zwei oder drei Pontons sollten zu sogenannten »Maschinen« zusammengekoppelt werden; die »Maschinen« zu drei Pontons waren auf je 43 Mann, die Zwei-Ponton-Maschinen auf 30 Mann berechnet. Man war mit Hülfe dieser Maschinen (und der 27 Boote) im Stande, mittelst des ersten Trajekts 2 Geschütze, 8 Pferde und 1600 Mann an das jenseitige Ufer zu schaffen und zwar 600 Mann von A., 330 Mann von B. und 670 Mann von C. aus. Ihre glückliche Landung vorausgesetzt, war eine solche Macht stark genug, selbst einen Kampf mit einem doppelt und dreifach überlegenen Feinde, bis zum Eintreffen des zweiten Trajekts fortzuführen.

Die *dritte* Frage war: *womit* gehen wir über? mit wie vielen Regimentern? Man entschied sich dahin, die kleinere Hälfte des, nach Eintreffen der Garden auf 42 Bataillone (28-30.000 Mann) angewachsenen Belagerung-Corps vor Düppel zu belassen, die größere Hälfte aber, etwa 16.000 Mann, nach Alsen überzuführen. Diese Truppenzahl war nicht zu groß; man mußte sich darauf gefaßt machen, im Vorrücken gegen Sonderburg auf 20 bis 24 dänische Bataillone zu stoßen und mit diesen in eine Feldschlacht einzutreten. Die dänische Gesamtmacht in Düppel und Alsen belief sich um diese Zeit (Ende März) auf etwa 32 Bataillone. Preußischerseits erhielten vier Brigaden Befehl, sich zum Übergang nach Alsen bereit zu halten; es waren die Brigaden Goeben, Raven, Roeder und Canstein. Vor Düppel blieben 9 Bataillone Garden und die westphälische Brigade Schmid. Die entsprechenden Dispositionen wurden aufs pünktlichste ausgeführt.

Die *vierte* Frage war: wodurch schützen wir unsern Übergang, besonders gegen die feindliche Flotte? Das Hauptquartier hatte sich mit dem Marine-Oberkommando in Verbindung gesetzt und die Mitwirkung der preußischen Flotte, d. h. das Erscheinen derselben in der Nähe von Alsen nachgesucht. Diese Mitwirkung war zugesagt worden. Man rechnete darauf, daß die dänische Flotte dadurch geteilt, vielleicht ganz von einer Beobachtung der Alsen-Förde abgezogen werden würde. Wind und Wetter indes, die überhaupt dem ganzen Unternehmen ungünstig waren, hinderten das Auslaufen der preußischen Flotte, so daß sich der Übergang, wenn er überhaupt stattfinden sollte, auf keinen andern Schutz angewiesen sah, als auf den Schutz, den ihm die Anlage von Strand-Batterieen gewährte. Dieser Schutz – wie beispielsweise in dem Gefecht zwischen »Rolf Krake« und den Alnoer Batterieen – hatte sich bis dahin überall als ausreichend erwiesen; man glaubte es also abermals wagen zu können. Funfzig Geschütze verschiedenen Kalibers wurden in Batterie gebracht; am äußersten linken und rechten Flügel (die ganze Geschützaufstellung reichte vom »Lachsfang« bis zum »Westerholz«) standen je vier gezogene 24pfünder, daran schlossen sich, mehr dem Zentrum zu, je sechs gezogene 12pfünder. Im Zentrum selbst, an den eigentlichen Übergangsstellen, waren fünf Batterieen gezogener 6pfünder, also 30 Geschütze placiert. Die vier 24pfünder beim »Lachsfang« (linker Flügel) waren namentlich gegen die *Stegwigbucht* auf Alsen gerichtet, wo eine dänische Flottille lag. Sie bestand aus dem Kriegsdampfer »Hekla«, dem Kanonenboot »Vilmoos« und zwei Ruderkanonenbooten, zusammen mit 18 Geschützen. Das Panzerdampfboot »Absalon«, mit 2 ½ zölligen Eisenplatten, lag in der Augustenburger-Förde. »Rolf Krake«, der immer in der Nähe des Wenningbund Station hatte, kam, wegen der weiten Entfernung, nicht in Betracht.

Funzig Geschütze, an der Alsen-Förde entlang, sollten also den Übergang decken; zu größerer Sicherstellung des Unternehmens aber war zu gleicher Zeit ein *Scheinangriff* gegen Düppel selbst beabsichtigt. Eine heftige Beschießung, heftiger als irgend eine, die vorhergegangen, sollte die Dänen glauben machen, daß ein Sturm auf die Schanzen bevorstände. In der Front festgehalten, hoffte man den Feind in seiner Flanke um so leichter überraschen und bewältigen zu können. Zu einer solchen Beschießung waren nunmehr die Mittel vorhanden und in der Nacht vom 31. März zum 1. April begann der Bau von acht Batterieen, in *Front* der Düppelstellung. Bis dahin – seit dem 15. März – hatte sich die Beschießung der Schanzen auf ein Bombardement von den Gammelmark-Batterien aus, beschränkt. Die acht neuen Frontal-Batterieen wurden meist 200 Schritt hinter der ersten Parallele erbaut; – ihre Entfernung von den Schanzen betrug also etwa 1500 Schritt. Sie wurden sämtlich (eine abgerechnet) mit 7pfündigen Haubitzen oder platten 12pfündern armiert. Unter Hinzurechnung der Gammelmark-Batterien – denen man übrigens mehrere schwere Geschütze genommen hatte, um sie an der Alsen-Förde zu verwenden – verfügte man zu einem Flanken- und Frontal-Bombardement gegen Düppel über 52 Geschütze, 18 gezogene und 34 glatte.

Dies waren die umfangreichen Vorbereitungen und Sicherheitsmaßregeln, die, in Erwägung aller nur möglichen Eventualitäten, behufs einer Landung auf Alsen getroffen worden waren. Der Plan war reiflich überlegt, in allen Vorstadien bereits glänzend durchgeführt; nur noch der letzte, entscheidende Schritt fehlte. In dem Moment, wo er getan werden sollte, traten die Elemente dazwischen. Verfolgen wir die Einzelnheiten.

Nachdem am Abend des 31. März alle Generäle zur Konferenz nach dem Hauptquartier befohlen und sie von allen Details der Disposition in Kenntnis gesetzt waren, wurde die definitive Befehlausgabe auf den Morgen des 1. April um 9 Uhr angesetzt: Die Befehle waren schon völlig ausgefertigt; das Wetter schlug aber um, und der Kommandierende befahl die Aufschiebung um 24 Stunden. Das Unternehmen blieb nunmehr auf den 2. April verschoben.

Das schöne Wetter des Vormittags am 2. April machte am Nachmittage einem mäßigen Winde Platz, der die Unternehmung kaum beeinträchtigen zu können schien. Alles war im Gange, eins entwickelte sich nach dem andern, ohne Stockung, ohne Unfall, denn an alles war vorher gedacht; was Menschenkräfte, physische und geistige, zur Förderung des Unternehmens tun konnten, war reichlich geschehen.

Als einer mit den größesten Mühseligkeiten verbundenen Aufgabe muß des Transportes der Boots-Kolonne durch Bauern auf Bauerwagen mit Bauerpferden gedacht werden; in Folge der engen Wege, die rechts und links neben sich einen Graben, dann einen Knick hatten, und oft die wunderlichsten Krümmungen machten; in Folge der unvollkommenen Beladung, die keine scharfe Biegung gestattete, ebenso in Folge der schwachen Wagen und der dunklen Nacht, galt es, so enorme Schwierigkeiten zu überwinden, daß es nur bei dem vorzüglichsten Eifer, der alle Beteiligten beseelte, gelang, mit der Kolonne um 1 ½ Uhr nachts zur Stelle zu sein. Für den Nachtmarsch von kaum 1 ½ Meilen war ein Zeitraum von nahezu 7 Stunden erforderlich gewesen.

Inzwischen war mit dem Eintritt der Dunkelheit das bisherige schöne Wetter einem starken Wind und Regen gewichen; die Leute waren total durchnäßt, und gegen Mitternacht erhob sich Sturm, der die Wellen mit Macht an das Ufer peitschte, und der alsbald alle auf das Gelingen des Unternehmens gesetzten Hoffnungen zu Grabe tragen sollte. Die See ging höher; die Grundbedingung, unter welcher an ein Übersetzen mit Pontons überhaupt nur zu denken war, fehlte. An der Küste entstand eine völlige Brandung. Die Pontonier-Hauptleute Adler und Schütze, der Schiffs-Capitain Bartelsen, endlich auch der Korvetten-Capitain Henck, der seit einigen Tagen hier anwesend war, erklärten es um 3 Uhr morgens für vollständig unausführbar, auch nur *ein* Ponton in das Wasser zu bringen; die

Wellen müßten es sofort füllen und zum Sinken bringen und wenn sich eins oder das andere auf dem Wasser halten könne, so stehe es doch ganz außer unserer Macht, den Landungspunkt zu bestimmen, da das Abtreiben der Maschinen und Pontons, möglicherweise bis in die Augustenburger-Förde hinein, ganz unvermeidlich sei. Die übereinstimmenden Urteile aller technischen Leiter des Unternehmens führten denn auch zu dem Befehle, daß der Versuch eines Überganges für heute aufzugeben sei. Drei Bataillone der Brigade Goeben, die bereits am Strande der Einschiffung harrten, wurden wieder zurückgezogen. Bevor der Tag anbrach, waren sämtliche Fahrzeuge (Pontons und Boote) vom Ufer entfernt und auf verschiedenen Koppeln, die von Alsen aus nicht gesehen werden konnten, zusammengestellt.

So war denn, unter dem Zwang einer unabwendlichen Notwendigkeit, ein Unternehmen aufgegeben, welches bei allen Schwierigkeiten und Gefahren, die es unleugbar in sich schloß, doch im Falle des Gelingens ein außerordentliches Resultat nach sich gezogen, die dänische Armee höchst wahrscheinlich vernichtet und einen raschen Friedensschluß im Gefolge gehabt haben würde. Manche Opfer, wie sie namentlich der »Tag von Düppel« kostete, wären uns erspart und Alsen, dieser Punkt, auf dessen Unangreifbarkeit der Feind trotzte, statt am 29. Juni schon am 3. April von uns genommen worden. Dieser leichtere Sieg war uns nicht beschieden; ein Trost muß es uns sein, daß das Scheitern des »Projekts von Ballegaard« uns *zwei* Siege statt *eines* eintrug: Düppel und Alsen.

Das »Projekt von Ballegaard« scheiterte in der Nacht vom 2. auf den 3.; da man aber zwölf Stunden vorher, also am Nachmittage des 2., noch nicht wissen konnte, *daß es scheitern würde*, so begann in Front von Düppel, wie auch von den Gammelmark-Batterieen aus, jener »Artillerie-Scheinangriff«, unter dessen Schutz, wie wir wissen, die Flankenbewegung, von Ballegaard aus, ausgeführt werden sollte. Über diesen »Artillerie-Scheinangriff«, der seinen Zweck vollständig erreichte und bei den Dänen die Vorstellung weckte, daß ein Sturm auf Düppel beabsichtigt werde, haben wir noch einiges nachzutragen.

Bald nach 2 Uhr nachmittags begann die Kanonade. Bis um 5 Uhr feuerten die Geschütze langsam, wenn auch ununterbrochen; dann bis zum Dunkelwerden mit möglichster Heftigkeit, die Nacht über mit mäßiger Stärke. Den schweren gezogenen Batterieen bezeichnete man als Zielobjekte im allgemeinen die Schanzen I. bis VI. Von 5 Uhr ab richtete sich das Feuer auch gegen *Sonderburg.* Es geschah dies in der Absicht, die Besatzung der Schanzen für ihre Verbindung mit Alsen besorgt zu machen. Stand Sonderburg – das übrigens vollständig in eine Festung umgewandelt war – in Flammen, so war den Verteidigern der eigentlichen Düppelstellung die Rückzugslinie abgeschnitten.

Für die 24pfünder, welche Sonderburg von Gammelmark aus zu beschießen hatten, waren 40 Granaten mit Brandern in Bereitschaft gesetzt worden. *Brander* sind mit Brandsatz vollgeschlagene Kupferhülsen, welche unter die Sprengladung gemengt und von dieser beim Zerspringen des Geschosses entzündet werden. Die ersten Schüsse damit gingen zu kurz, was an dem Zerspringen der Geschosse auf der Wasserfläche vor Sonderburg, ungeachtet der Entfernung von beinah 6000 Schritt, sehr deutlich zu erkennen war. Die nachfolgenden trafen mal auf mal in die Stadt und da die Brander jedes Geschosses eine Rauchwolke entwickelten, welche eine kurze Zeit anhielt, glaubte man wiederholt, daß der beabsichtigte Brand veranlaßt sei. Dem war aber nicht so, wahrscheinlich weil aus Sonderburg alle leicht entzündbaren Gegenstände entfernt worden waren. Am andern Tage stand indes die Stadt in Flammen, wobei unausgemacht bleibt, ob die Brander- oder die Granatschüsse die Veranlassung hierzu gewesen sind. Nach einem andern Bericht wurden 101 Schuß gegen *Sonderburg* gerichtet; davon flogen 92 Granaten in die Stadt, zerstörten eine Anzahl Häuser, beschädigten das massive Schloß und erzeugten um 7 Uhr abends einen Brand, welcher indessen nach einiger Zeit gelöscht wurde. Der Verlust der Dänen belief sich an diesem Tage auf etwa 100 Tote und Verwundete; preußischerseits 1 Mann tot, 2 Offiziere und 11 Mann verwundet.

Diese Kanonade war entschieden die bisher bedeutendste in diesem Feldzuge. Der Donner von 150 Kanonen (die Dänen antworteten mit 100 Geschützen gegen 50 preußische) steigerte sich nach 5 Uhr zu einem ununterbrochenen Rollen, aus dem man die einzelnen Schüsse kaum noch zu unterscheiden vermochte. Da fast ausschließlich mit Granaten oder Shrapnels gefeuert wurde, so verursachten die platzenden Geschosse bei jedem Schuß noch einen zweiten Knall, der sich an Stärke von dem ersten nicht unterscheiden ließ. Dies vermehrte natürlich

das allgemeine Getöse. Die vielen aufgehenden Feuer, deren
Rauch hoch zum Himmel emporstieg und sich mit dem Pulverdampf mischte, der blutrot erleuchtete nächtliche Himmel und
dazwischen die zuckenden Blitze des fort und fort arbeitenden
Geschützes, malten das Bild des Krieges und der Zerstörung in
den lebendigsten Farben.

Mr. Gallenga, der bekannte Times-Korrespondent, der sich
während der Kriegsmonate im dänischen Lager aufhielt, gab in
den Spalten des eben genannten Blattes folgende Schilderung
von den großartigen Schrecknissen dieses Bombardements. Er
schrieb von Sonderburg aus:

»Dies ist der erste Tag, wo der Krieg Ernst gemacht und ein
Wetter über unsern Häuptern entladen hat, das wie der Anfang
vom Ende aussieht. Wir sind alle noch betäubt von dem wilden
Getöse der letzten Stunden und nicht ohne Schwierigkeiten
glückt es mir, meine Gedanken zu sammeln und eine leidlich
zusammenhängende Beschreibung dessen zu geben, was dieser
Tag gebracht. Der Morgen war ziemlich ruhig vergangen; gegen 3 Uhr nachmittags setzten wir uns zu Pferde, um einen
Spazierritt zu machen. Dann und wann dröhnte ein Schuß herüber, worauf wir nicht achteten, da sich seither unser Ohr an
diese Klänge gewöhnt hat. Bald aber änderte sich's, die Schüsse
fielen immer rascher und vor Verlauf einer Stunde hatten wir
die Donner einer Kanonade um uns her, wie sie – des gegenwärtigen Krieges ganz zu geschweigen – auf so kleinem Raum
wohl von keiner anderen bekannten Kanonade übertroffen
worden sind. Es war erschrecklich. In den Lüften schien eine
Schlacht der Engel und Dämonen zu toben, wie sie Milton beschrieben hat. Wir dachten anfangs, dieses heftige Schießen
rühre von dänischer Seite her, um die Preußen bei ihren Bela-
gerungs-Arbeiten zu stören; als wir indessen im Norden Son-
derburgs einen der Windmühlenberge erreicht hatten, von wo
wir den Alsen-Sund und die Düppelstellung bequem überblik-
ken konnten, sahen wir, daß es die Preußen waren, die heut
Ernst zu machen schienen und diese formidable Kanonade unterhielten. Möglich, daß sie bisher bei ihrem mäßigen Feuer
keinen anderen Zweck verfolgt hatten, als ihre Werke in Sicherheit vorschieben zu können; möglich andererseits, daß
heute Ordre von Berlin eingetroffen war, die Dinge ohne Rücksicht auf Konferenz oder Nicht-Konferenz ernsthafter anzufas-
sen – gleichviel; nachdem sich die preußischen Batterieen bis

heute darauf beschränkt hatten, täglich ein paar hundert Bomben von der Flanke her in die feindliche Stellung zu werfen, eröffneten sie heute ihr Feuer auf der ganzen Linie, vom äußersten rechten bis zum äußersten linken Flügel, und in Front und Flanke donnerten ihre 24pfünder. Das Feuer war so stark, daß es bald unmöglich wurde, die Schüsse zu zählen, da oft zwei und mehr *a tempo* fielen. Einer von uns hatte bis dahin 25 Schüsse in der Minute gezählt und ein anderer versicherte mir später, daß nach seiner Schätzung und Berechnung 2500 Bomben in einer einzigen Stunde durch die Luft geflogen seien. Diese wütende Kanonade war anfänglich lediglich gegen die Düppelforts gerichtet und die Dänen antworteten wacker; nach einiger Zeit indes fanden die Broacker-Batterieen Muße, ihre Aufmerksamkeit auch auf Sonderburg zu richten und etwa 100 Kugeln wurden gegen das Schloß, den Brückenkopf und den südlicheren Teil der Stadt gerichtet. Über den Schaden, den diese anhaltende Beschießung in den Düppelforts angerichtet hat, bin ich noch ohne genaue Kenntnis, wenigstens habe ich mich über nichts vergewissern können. Die dänischen Offiziere, die von den vorgeschobensten Posten zurückkehrten, versicherten mir, daß der angerichtete Schaden höchst unbedeutend sei; kann sein; was ich indessen im Laufe des Tage mit meinen eigenen Augen gesehen habe, macht es mir wahrscheinlich, daß die Lage der Dinge nicht voll so trefflich sein kann, wie sie mir dänischerseits geschildert wurde. Ich vermag nicht ganz die Ansicht der Dänen zu teilen, daß, wenn morgen die Preußen zum Sturme schreiten sollten, sie noch all denselben Schwierigkeiten, und zwar völlig unvermindert, begegnen würden, wie am 17. und 28. v. M. Daß diesseits (auf Seite der Dänen) keine Batterie zum Schweigen gebracht wurde, ist richtig. Die Zugbrücke von Fort Nr. VI. aber wurde verbrannt, und in der Nachbarschaft von Fort Nr. X. war Flintenfeuer hörbar, woraus sich schließen läßt, daß wir die Preußen in unbequemer Nähe haben. Was immer indes die faktische, die materielle Wirkung dieser Kanonade hüben und drüben gewesen sein mag, der *bloße Anblick des Schauspiels war furchtbar.* Der Sturmwind trieb uns den Qualm und den Geruch des Schießpulvers ins Gesicht, und die einzelnen Gehöfte brannten in klarer Flamme, da der Sturm jede Rauchwolke wegfegte. Eine Anzahl Soldaten und Stadtleute stand auf dem Windmühlenberg dicht gedrängt um uns her, und Staunen und Entsetzen, hier und da mit einem Ausdruck wilder Freude gemischt, malte sich auf den Gesichtern. Das Schauspiel vor uns war von einer Macht, daß jeder davon erschüttert werden mußte.

In der Stadt selbst hatte inzwischen die Aufregung den höchsten Grad erreicht. Alles floh. Frauen und alte Leute mit Kindern an der Hand, wohlgekleidete Damen, Invaliden, alles stürzte aus den Häusern, als ob ein Erdbeben sei, und an heranziehenden Regimentern, an rasselnden Geschützen und Munitions-Kolonnen, an Wagen voller Hausrat und voller Verwundeten vorbei, suchten die Flüchtigen das Freie zu gewinnen. Vier Bomben hatten das alte Schloß getroffen, eine das Hauptquartier (es hieß, sie sei durch den Tisch geschlagen, an dem die Offiziere saßen), eine andere das holsteinsche Haus; Häuser brannten; Schrecken überall. Ehe wir noch vor Dunkelwerden unser Hôtel erreichten, hatten 90 bis 100 Kugeln die Stadt getroffen. Das Hauptquartier war nach einem nördlicher gelegenen Hause verlegt worden, da die alte Wohnung nur noch ein Schutthaufen war. Mehrere andere Häuser lagen in Trümmern; die Dächer waren durchschlagen; als ob sie von Pappe wären. Nur ein Haus hatte Feuer gefangen; den Anstrengungen der Löschmannschaft gelang es, den Flammen Einhalt zu tun; vielleicht (wenigstens war es so mit den Baracken innerhalb der Düppelforts) blies auch die Gewalt des Windes die Flamme aus, ähnlich wie der Zugwind ein Licht ausbläst. Zwei von der Zivilbevölkerung der Stadt waren getötet, etwa 20 verwundet; überall begegneten wir Pack- und Sattelpferden, auf deren Rücken einzelne Soldaten das Gepäck ihrer Offiziere in Sicherheit zu bringen suchten. Zwei Berichterstatter für französische Zeitungen, die gestern erst angekommen waren, erklärten uns unumwunden, »sie hätten nun genug gesehen«, und zogen mit ihren Reisesäcken ohne weiteres ab, um sich im Hafen von Hörup in Sicherheit zu bringen. Wir Engländer verschmähten es, uns ihrer unwürdigen Ausreißerei anzuschließen. Wir packten indes unsere Sachen und verließen unser altes Quartier, um mehr nordwärts im Hôtel Reymuth uns niederzulassen, wo wir denn auch in diesem Augenblick die verlassenen und völlig ausgeleerten Zimmer innehaben. Es ist jetzt 3 Uhr nachts und ich schließe meinen Brief an diesem, wie ich hoffe, verhältnismäßig sicher gelegenen Ort.

Nachschrift vom 3. April, morgens. Die Kanonade dauerte die ganze Nacht über und wurde heute früh nach kurzer Pause in aller Lebhaftigkeit wieder aufgenommen. Es ist 7 Uhr und keine Anzeichen sind da, daß der Feind einen Sturm vorhat. Das trübe regnigte Wetter wird die Preußen wahrscheinlich veranlassen, den Angriff aufzuschieben. Die Forts sind nach wie vor gerüstet, jedem Sturm zu begegnen.« –

So weit der Bericht des Times-Korrespondenten. Das Bombardement wurde bis zum 6. April abends fortgesetzt und während dieser ganzen Zeit (fast 5 Tage) vom Feinde lebhaft erwidert. Erhebliche Erfolge wurden indessen *nicht* erreicht; der Grund lag zumeist darin, daß sich die glatten Geschütze beider Teile auf viel zu großen Entfernungen gegenüberstanden. Die Anzahl der dabei preußischerseits aus *Feld*geschützen geschehenen Schüsse belief sich auf nicht weniger als 12.245, darunter 12.091 Granat- und 154 Shrapnel-Schüsse. Hierbei sind die gezogenen 12 und 24pfünder *nicht* mit eingerechnet. Ein ganzer Berg von Eisen war von hüben und drüben durch die Luft geflogen – die Dänen hatten zehn Tote, die Preußen einen.

LAGERLEBEN

Das Drama vor Düppel rückte seiner Entscheidung immer näher. Halten wir zuvor noch einen Rückblick auf die Ereignisse seit Mitte März. Am 15. Eröffnung der Gammelmark-Batterieen; am 17. Besitznahme von Rackebüll und Wester-Düppel; am 22. Eintreffen der Brigade Raven; am 25. Eintreffen von 9 Bataillonen Garde; am 28. Eroberung des Terrains zur Aushebung der ersten Parallele; vom 29. auf den 30. *die erste Parallele* selbst; am 2. April Artillerie-Angriff aus Front und Flanke, zugleich Übergangsversuch von Ballegaard. Sechszehn Tage nach diesem Artillerie-Angriff, neunzehn Tage nach Aushebung der ersten Parallele, erfolgte der Sturm.

Eh' wir uns der Schilderung dieses letzten entscheidenden Kampfes und der Ereignisse, die ihm unmittelbar vorausgingen, zuwenden, sehen wir uns zuvor in dem großen Heerlager um, das nunmehr das ganze Sundewitt überdeckte und schreiten von Dorf zu Dorf, von Gruppe zu Gruppe, nicht um hier oder da einem neuen Gefecht zu folgen oder immer neue Batterieen ihre Tätigkeit beginnen zu sehn, sondern lediglich, um mitten im Krieg den Bildern des Friedens, dem Humor des Lagerlebens nachzugehn. Dieser Humor war überall; er war bei den Vorposten, die unmittelbar vor dem Feind standen, er war in den Dörfern, die zu Füßen der Schanzen lagen, er war in den zurückgelegenen Quartieren, wo die abgelösten Bataillone sich von dem Vorpostendienst oder dem Dienst in den Trancheen erholten. Unser erster Besuch gilt den *Vorposten.*

Es war ein stillschweigendes Übereinkommen der Posten, nicht auf einander zu schießen. Dieser Waffenstillstand im kleinen, der zwischen den Postenketten hüben und drüben herrschte, führte zu den vergnüglichsten Szenen. Die Unsrigen – was nicht wunder nehmen durfte – schlugen dabei einen überlegenen Ton an; die Dänen, ganz besonders die Jüten, ließen ihn sich gefallen. »Nu man 'raus, Danskes, nu kommen die Preußen«, mit diesem Zuruf wurden die dänischen Posten dann und wann in ihren eigenen Schützengräben abgelöst. Sie kletterten lachend heraus und gruben sich weiter rückwärts ein. Auf der ganzen Linie blühte der Tauschhandel. Ein besonders begehrter Artikel waren die dänischen Feldflaschen, groß, solide, fest mit Leder umnäht. Sollte nun so ein Handel abgeschlossen werden, so wurde diesseits gewinkt und zu verstehn gegeben, sie möchten herüberkommen. Es standen nämlich immer Doppelposten. Wenn möglich kamen sie, plauderten, so gut es ging, empfingen ihren »Rigsdaler« und ließen die Feldflasche zurück; bei den andern Gelegenheiten zeigten sie rückwärts auf die Schanzen, wie um auszudrücken: »heute geht es nicht, man hat ein Auge auf uns.«

Bei diesem Vorpostenverkehr lernten sich auch die einzelnen Regimenter unter einander kennen. Die Dänen hatten die unterscheidenden Merkmale unsrer Truppenteile bald herausgefunden, und neugierig pflegten sie sich zu erkundigen: kommen die »Gelben« nicht bald wieder, oder die »Grünen«. Die »Grünen« waren die Lübbener Jäger, die »Gelben« die 18er, das einzige Regiment vor Düppel, das gelbe Achselklappen hatte.

Die Unterhaltungen wurden natürlich immer deutsch geführt, da auch der strubbligste Jüte immer noch besser deutsch sprach, als der gebildetste 35er (meist Berliner) das Dänische. Dabei kamen wunderliche Verwechselungen vor, und das Dänische mit seinen plattdeutschen Anklängen wurde gelegentlich für Freundessprache genommen. »Halt, whem der? let were, jeg skuder«, so klang es von einer dänischen Patrouille herüber, worauf ein 35er antwortete: »ihr seid wohl von der 2. Compagnie.« Erst die Kugeln, die ihn umpfiffen, belehrten ihn eines besseren.

Die Laune der Truppen war immer gut; selbst inmitten der Gefechte blieben sie bei Humor. Am 28. März (2. Ostertag), als das Leibregiment im heftigsten Feuer stand, rief einer: »die Dänen kochen ihre Ostereier ziemlich hart«, und als gleichzeitig einige 4pfündige Granaten durch die Luft flogen, deren zugeschrägte, den Truppen längst bekannte Form allerdings an bayrische Bierkrüge erinnerte, hieß es sofort: »ah, nu kommen die Seidel«. Ein 18er (Pollacke), der am selben Tage bis an die Drahtgitter vorgedrungen und später verwundet war, antwortete dem Kommandierenden auf seine Frage: »hätten den Schanz gekriegt, königliche Hoheit, wenn Kahn verfl– nicht gewesen.« Der »Kahn« war natürlich »Rolf Krake«.

In den Batterieen, die sich unmittelbar hinter den Parallelen erhoben, herrschte derselbe Humor. Die dauernde Gefahr stumpfte ab. Man pfiff den ankommenden Geschossen nach und imitierte im Moment des Explodierens den Knall. Scherzen und Lachen brachen selten ab. Man legte die Krankenträger mit gewaltsamem Spaße auf ihre Bahre und verband sie mit Wischlappen von den Geschützen; noch öfter aber meldete man sich bei ihnen als verwundet und bat mit dem den Blessierten eignen Durst um einen Schluck aus ihrer mächtigen Flasche.

Die Dänen schossen schlecht; auch das Material ließ sehr zu wünschen übrig. Das führte preußischerseits zu manchem Scherz. Zehn dänische Granaten, sämtlich nicht krepiert und 7pfündigen Kalibers, waren gefunden worden. Sie paßten vortrefflich, wurden mit einem Zettel inwendig (der die Worte zeigte: »Ich bin Lieutenant N., grüße den dänischen Kameraden und sende beifolgendes zurück *sub petito remissionis*«) und einem ungefüllten Zünder versehn, und dann, Pfeilspitze unten, damit sie ja recht weit gingen, den Dänen wieder zugeworfen.

So war das Leben auf Vorposten, in den Schützengruben, den Parallelen und den nächstgelegenen Batterieen; ähnlich war es in den Dörfern und Positionen, in denen die Replis und Soutiens für die am meisten vorgeschobenen Posten standen. Diese Dörfer und Positionen waren Rackebüll, Kirch-Düppel (Oster-Düppel war eingeäschert) und die Büffelkoppel.

Rackebüll war seit dem 17. März in dauerndem Besitz der Preußen geblieben. Die Brigaden Schmid und Goeben hielten es abwechselnd besetzt. Anfangs war es ein ziemlich friedlicher Aufenthalt, wenn auch kein bequemer; es lagen oft 100 Mann und mehr in einem einzigen Gehöft. Aber vom 8. April an begannen die Dänen das Dorf in Brand zu schießen. Die Westphalen gaben von Haus zu Haus die brennenden Gehöfte auf, ohne sich im Übrigen in ihrer Ruhe stören zu lassen. Als die erste Bombe ein Stück Wand wegriß, bemerkte ein 13er: »Kiek, nu möt wi in de Külle sitten.« Verwundungen gab es wenig. Bei Tage, während die Geschosse über sie hinwegflogen, wurde unter großem Jubel das nationale Lieblings-Ballspiel: Sauball oder Bullenjagen gespielt; bei Nacht vergnügten sie sich über das Feuerwerk der glühend erscheinenden Granaten.

Vielleicht noch muntrer war das Treiben in *Kirch-Düppel*. Hier lagen Brandenburger. Den Westphalen an gutem Humor eher nachstehend als überlegen (denn das niedersächsisch Plattdeutsche ist dem Humor besonders günstig), übertreffen sie dieselben doch an Beweglichkeit. Sie sind ausgelassener, erfinderischer; das Berliner Element macht sich in jedem einzelnen geltend. – In Kirch-Düppel lagen meist 24er und 64er (später auch Brigade Raven); die Dorfstraße war seit dem 17. März halb zerstört und in den stehen gebliebenen Gehöften lag man noch dichter zusammengepreßt, als die Westphalen in Rackebüll. Aber Müdigkeit sorgte für Schlaf und bei Tage – soweit es der Dienst zuließ – vertrieben allerlei Spiele die Zeit und die Grillen. Man neckte sich beständig mit den dänischen Artilleristen. An einem Nachmittag, als von den Schanzen her gar kein Schuß fallen wollte, schleppten einige 64er eine große Tonne auf den Giebel eines Hauses und behandelten dieselbe wie ein regelrechtes Geschütz. Einer zielte, der andre schlug mit einem Knüppel gegen die Tonne und brachte so den Knalleffekt und durch seine Stimme das Sausen und Platzen der Granaten hervor. Wieder andre hatten auf einen zweirädrigen Pflug ein Ofenrohr gebunden und dieses Geschütz so auf eine Anhöhe gefahren. die vollständige Bedienung des Geschützes war natürlich dabei: der eine wischte aus, der andre setzte das Geschoß ein, ein dritter richtete. Diese furchtbare Kanone hatte kaum einige unhörbare Schüsse abgegeben, da wird auch schon aus einer Schanze ihr Feuer erwidert. Eine Granate reißt zum größten Gelächter der Bedienungsmannschaft das ganze Kanonenrohr entzwei und zerstreut es in alle Winde. Die Mannschaft, die sich niedergeworfen, steht wieder auf, wischt sich den Sand aus Augen und Mund und zieht ihr »demontiertes Geschütz« von der Anhöhe herunter.

Eine Hauptunterhaltung gewährte das Ausputzen sogenannter »Hannemänner« oder »Pietsche«. Es gab ihrer viele; sie dienten abwechselnd als monumentaler Schmuck der Dörfer, als Fastnachtspuppen, die man singend und schreiend umherführte, als Wegweiser und Annoncenträger. Ursprünglich rührten diese »Hannemänner« von den Dänen selber her; sie stopften – eh' Büffelkoppel, Düppel und Rakelbüll genommen wurden – allerhand Figuren aus, zogen diesen einen dänischen Rock oder Mantel an, gaben ihnen ein Gewehr in den Arm und postierten sie, so daß nur wenig hervorlugte, hinter die Knicks, um den Angreifer glauben zu machen, es seien dies feindliche Tirailleurs. Solche »Hannemänner *in effigie*« waren den Preußen eine ganze Anzahl in die Hände gefallen und diese Puppen wurden nun das Lieblingsspielzeug unserer Soldaten. Bei Wielhoi, an der Südwestecke von Düppel, stand ein Haupt-Hannemann. Er war größer, als die andern, hatte eine Pfeife im Munde (die Porzellanglocke eines Telegrafendrahtes) und zwei Geschütze neben sich, von denen das eine ein Baumstamm, das andre ein Bienenkorb war.

Beide Dörfer, Rackebüll wie Kirch-Düppel, waren natürlich längst von ihren Bewohnern verlassen, um so mehr befreundete man sich mit der Tierwelt, die von den Flüchtigen zurückgelassen war oder die sich inzwischen eingefunden hatte. Unter den letztern stand ein Storchenpaar obenan, das sich am 4. April in Düppel niedergelassen und auf dem stehen gebliebenen Hause die alte Wohnung wieder bezogen hatte. Die Störche fingen an, das alte Nest wieder auszubaun und unsre Soldaten, von denen mancher an sein eignes heimatliches Dach denken mochte, jubelten ihnen zu. Aber dieser Jubel vermochte sie doch nicht zu halten. Ob sie den alten Hausherrn mit seiner Familie und seinem Gesinde vermißten, ob sie gut dänisch waren und mit dem preußischen Rock sich nicht befreunden konnten, oder ob sie ahnten, was dem Hause bevorstand – schon am 6. brachen sie unter klagendem Geklapper auf. Am 9. wurde das Haus von den Schanzen aus in Brand geschossen.

Heitrer verlief eine andre Episode. Nach dem Gefecht am 17. März fand man in einem der stehen gebliebenen Häuser zwei Schafe. Das eine davon brachte am andern Tage noch ein Junges zur Welt. Dies wurde nun zur »Tochter des Regiments«. Wie die englischen Wales-Füsiliere einen Geißbock mit sich führen, so begannen die Unsrigen sich an das Osterlamm zu attachieren, das ihnen Düppel geschenkt hatte. Sie putzten es mit allerhand bunten Bändern aus und führten es bei den Vorposten umher, während zwei »Hannemänner« mit Hülfe der beiden alten Schafe beritten gemacht und dem voraufschreitenden Lamm als Eskorte beigegeben wurden.

Ebenso ging es in der *Büffelkoppel* her. Diese bildet ein ziemlich regelmäßiges, meist mit Buchen bestandenes Viereck von tausend Schritt Länge und Breite. Die Entfernung von der Büffelkoppel bis zu den Schanzen betrug etwa 4000 Schritt. So weit trugen die großen Schiffsgeschütze, mit denen die Düppelstellung wenigstens teilweis armiert war, doch ließ sich auf solche Entfernung jegliche Sicherheit des Treffens vermissen. Am 22. Februar, dem Tage der allgemeinen Rekognoszierung, warfen die Dänen, nachdem das Gefecht eben abgebrochen war, ihre 84pfündigen Geschosse bis mitten in die Büffelkoppel hinein. Damals war es auch, wo eben dies Gehölz, das (wie wir gezeigt haben) durch einen Vorstoß von Broacker aus leicht umgangen werden konnte, vielfach als Mausfalle für die Dänen benutzt wurde. Diese ließen sich verleiten, das Gehölz immer wieder zu besetzen und wurden dann bei der nächsten Rekognoszierung gefangen genommen. Da die Prinzen in der Regel bei solchen kleinen Streifzügen gegenwärtig waren, so erwarben sich diese Streifzüge sehr bald den Namen »Hofjagd«.

Seitdem hatte die Büffelkoppel ihr Ansehn sehr verändert; der Frühling war gekommen und das erste Grün sproßte an den Zweigen; unter den hochstämmigen Bäumen war ein Barakkenlager entstanden, zumeist aus Bohlen und Brettern aufgeführt, die von dem demolierten Dannewerk hierher geschafft worden waren. In diesen Baracken kampierte ein Bataillon, in der Regel von der Brigade *Roeder*, die, bis sie von der Brigade *Raven* abgelöst wurde, in dem Dreieck Nübel, Düppel, Büffelkoppel ihre Aufstellung hatte. Je schöner das Wetter, je munterer wurde auch das Treiben hier. Die Büffelkoppel war unter anderm auch der Wäsch- und Trockenplatz der Brigade; hier an den Buchenästen flatterte es an sonnigwindigen Tagen lustig im Winde, hier wurde gelüftet und gesäubert und die Compagnie-Komiker (welche Compagnie entbehrte derselben!) dekla-

mierten parodierende Balladen von »Pulex, dem Turner im
braunen Gewande«.

Auch eine *Restaurationsbude* hatte sich an dieser Stelle auf-
getan; sie führte den Namen »Hôtel zur Büffelkoppel«. In der
Nähe der Bude waren Tische und Bänke aufgeschlagen. Hier
saß man und ließ sich's wohl behagen. Jedes Getränk der deutschen Männerwelt, namentlich bayrisch Bier, auch Porter und
Ale in glücklicher Mischung, wurden hier geschenkt. Die Preise waren hoch. Doch hatte der Besitzer, ein Bremenser, das gute
Gewissen, daß sie nicht *zu* hoch gegriffen seien. Als es einem
einfiel, den 4 gGr.-Preis fürs Seidel leise zu beanstanden, zeigte
der Mann am Schenktisch einfach nach oben, wo eben eine Kugel durch die Bäume fuhr und sagte ruhig: »*Reken se de Dinger
da baben för nix?*«

Bis hierher haben wir das Leben und Treiben geschildert, wie
es unmittelbar vor den Schanzen war; bunter, mannigfacher
und jedenfalls ungefährdeter war es in den mehr rückwärts gelegenen Cantonnements, namentlich in *Broacker* und *Gravenstein.*

»In *Broacker,* so schreibt ein Korrespondent, der sich der Brigade Canstein attachiert hatte, ließ es sich ganz behaglich leben. An das eng Zusammengepferchtsein waren wir schon gewöhnt; fünf Offiziere in einem Zimmer galt für Comfort. So
viel wie möglich, verkehrte man im Freien; das Leben in frischer Luft tat uns wohl, die Erkältungen waren abgeschafft.
Wir standen meist zeitig auf. Nicht der Kanonendonner war's,
der uns weckte (unser Ohr hatte sich an das dumpfe Rollen von
Gammelmark her gewöhnt), sondern die Sonne war es, die sich
prächtig im Osten aus dem Meere erhob, dazu die Lerchen und
die ganze Schönheit des erwachenden Frühlings, die uns nicht
allzu lange schlafen ließen. Wir besuchten dann wohl die hochgelegene Kirche, stiegen bis in den Turm hinauf und freuten
uns des weiten Panoramas. Dort das Nübel-Noer, hinter jenen
Bäumen versteckt Gravenstein, dann der Flensburger Hafen,
der Wenningbund, das gesegnete Broackerland umschließend,
drüben die Büffelkoppel, Dorf Düppel, der Spitzberg, das Terrain vor den Schanzen und die Schanzen selbst.«

Nicht der geringste Reiz, den Broacker besaß, war sein hüb-
sches Wirtshaus. Hier war man sicher, zu jeder Tageszeit
Bekannte zu finden. Das Erdgeschoß des Hauses hatte zwei
Gaststuben; die eine links, trug die Kreide-Aufschrift »Grena-

dier-Ressource«, die andre rechts, »Offizier-Ressource«. Hier in diesen Zimmern war die große Neuigkeits-Börse, in der die politisch-strategischen Tageskurse – oft auf höchst mangelhafte Information hin – gemacht und ausgegeben wurden. Hier hatten die fremdländischen »Korrespondenten«, englische und belgische, ihren Versammlungsort, hier *brachten* sie Nachrichten und *empfingen* welche, und von hier aus endlich verkündigten sie mit rascher Feder der Welt, wie die große Schachpartie im Sundewitt stehe und ob die preußischen Läufer und Springer den dänischen Turm endlich nehmen würden oder nicht. Unter all diesen Berichterstattern war der der Times (Mr. Hartmann), der dankbarste, dankbar gegen Broacker, gegen seine Wirtin und gegen die Preußen. Nach langen Irrfahrten von Dorf zu Dorf, unter denen keines sich wohnlich und gastlich erwiesen hatte, war er hier endlich in einen Hafen eingelaufen, der vergleichsweise etwas wie Comfort bot. Außer den fremdländischen Korrespondenten verkehrte Heinrich Mahler hier als Berichterstatter der Hamburger Nachrichten, der später seine Erlebnisse in dem hübschen Buche: »Über die Eider an den Alsensund« veröffentlichte. Von Zeichnern war Maler Günther ein Stammgast in der Ressource und, lange bevor seine Illustrationen in Hackländers »Über Land und Meer« tausende von Augen erfreuten, erfreuten sie den engen Kreis der Broacker Freunde.

Wir erwähnten schon der Kirche, deren einer Turm, was wir hier einschalten wollen, als Observatorium* diente; aber fast

---

* Über dies *Observatorium* noch ein Wort. Gleich zu Anfang der Belagerung (eh' der elektrische Draht gelegt werden konnte) hatte man sich damit begnügt, einen *optischen Telegrafen* nach alter Art herzustellen. Er ging vom *Schersberg* in Nordangeln aus, von wo man Hörup Haff und den Hafen von Sonderburg einsehen konnte – über Broacker nach Gravenstein. Großen Nutzen hat er nicht geleistet, er ist aber durch die Art und Weise berühmt geworden, wie Capitain Carlsen, von der Spitze des einen Kirchturms aus, seine Beobachtungen anstellte. Dicht unter der Kirchturmspitze war eine Luke, aus der ein Balken hervorragte; dieser Balken trug dann wieder eine Leiter, die zu dem auf einem Eisenkreuz angebrachten Wetterhahn hinaufführte. Capitain Carlsen trat nun aus der Luke, schritt den Balken entlang, bestieg die Leiter und kletterte mittels derselben bis zum Eisenkreuz hinauf. Auf diesem Eisenkreuz reitend, observierte er dann. Wetten

mehr als die Kirche selbst, interessierten die beiden kirchlichen
Würdenträger, Propst Festesen und Pastor Schleppegrell (Bruder des Generals, der bei Idstedt blieb), die von hier aus das
Sundewitt gut-dänisch regiert hatten. Beide – geleisteter »guter Dienste« nach Düppel und Alsen hin (was ihnen übrigens
kein Vorwurf sein soll) dringend verdächtig – hatten längst das
Feld geräumt, aber ihr Ruf und ihre Familien waren zurückgeblieben. Was übrigens den Schleppegrell angeht, der, wie bekannt, als dänischer *Artillerie-Offizier* die Campagne von
1848-1850 mitgemacht hatte, so waren nicht alle Preußen in
Broacker unbedingt schlecht auf ihn zu sprechen. Einigen Anteil an dieser milderen Beurteilung – neben der Achtung, die
namentlich der Soldat jedem tapfren Gegner entgegenträgt –
mochten die fünf Töchter des Pastorhauses haben, schöne
Mädchen, so wurde erzählt, von denen jede einzelne immer
dann am schönsten war, wenn sie den Preußen triumphierend
versicherte: »diese Schanzen werden euch die halbe Armee kosten und ihr werdet sie *doch* nicht bezwingen.«

Wie es den Offizieren nicht an Zerstreuung fehlte, so auch
nicht den Mannschaften. Vielleicht war das soldatische Treiben
nirgends muntrer, als gerade in Broacker. Die 35er und 60er
wußten für einen Scherz zu sorgen und die Lübbener Jäger
blieben nicht hinter ihnen zurück. Mitten im Dorf hatten sie
sich einen künstlichen »Wenningbund« angelegt, auf dem die
ganze »dänische Flotte« schwamm, natürlich »Rolf Krake« –
oder »Wolf Racker«, wie sein gewöhnlicher Name war – allen
andern vorauf. Dann trat ein 35er vom *dritten* Bataillon – die,
weil das ganze Regiment ohnehin ein Füsilier-Regiment war,
die »Doppel-Füsiliere« genannt wurden – im Aufzuge eines
Perücken-Professors an den »Wenningbund« heran und hielt,
während ein anderer mit dem Notenblatt umherging und ein-

wurden gemacht, »daß Carlsen eher fallen würde, als Düppel«, – der
schwindelfreie Capitain hat aber alle bösen Prophezeihungen zu
Schanden gemacht. Das Observatorium bei *Dünth,* in der Nähe der
Gammelmark-Batterieen, erfüllte später den Zweck eines Einblicks in
den Hafen von Sonderburg – man konnte die beiden Schiffbrücken
und jedes kommende oder abgehende Schiff deutlich erkennen – weit
besser, als das Observatorium auf dem Broacker Kirchturm. Von
Dünth aus wurde dann abendlich nach Gravenstein rapportiert, das
Wichtigste direkt mit Hülfe des elektrischen Drahts.

sammelte, einen Vortrag über die Rolf Krakes im allgemeinen und über den Wolf Racker im besondern.

Solche Scherze wechselten beständig ab; im übrigen herrschte angestrengter Dienst. Nachts wurde auf Gammelmark geschanzt (immer 300 Mann von den verschiedenen Bataillonen); bei Tage nahm der Transport der Geschütze, Strauchhauen und Faschinenbinden die Kräfte der Mannschaften in Anspruch. Der Brief eines 60ers an seinen Bruder schildert das Leben anschaulich genug. »Es fehlt uns hier an nichts, weder an Arbeit noch an Zerstreuung. Und so vergeht die Zeit. Ich habe nie so fest geschlafen wie hier, wo wir alle fast vergessen haben, wie ein Bett tut. Ihr müßt aber vor allen Dingen nicht immer gleich denken, daß man tot ist, wenn ihr lange keinen Brief bekommt; denn hier hat man nicht immer so Zeit zum Schreiben wie ihr wohl denkt, und hat man Zeit, wo dann Papier, Feder und Tinte? hat man *das, wo* dann schreiben? denn wenn 200 bis 300 Mann bei einem Bauer liegen, da könnt ihr wohl denken, was da für Platz ist. Der eine kocht, der andere bratet, andere singen, jeder sucht ein Plätzchen und macht den Platz seines Nebenmannes so klein wie möglich.«

So der Brief unsres 60ers. »Ihr müßt nicht immer gleich denken, daß man tot ist« so schrieb er und ein anderer berichtete nach Haus: »von tausend dänischen Kugeln trifft noch nicht eine« – dennoch hielt der Tod seine Ernte und auf dem schönen Broacker-Kirchhof wurde mancher eingesenkt, der noch tags vorher geschrieben hatte: »es stirbt sich nicht so leicht.« Fast täglich fanden solche Beerdigungen statt. Da kamen sie an; die Musik spielte »Jesus meine Zuversicht«, die Offiziere und das Bataillon folgten. Die stets mit Blumen oder Girlanden geschmückten Särge wurden herabgelassen in die gemeinschaftliche Gruft; die Fahnen senkten sich, den Gebliebenen die letzte Ehre erweisend. Dann eine kurze Ansprache, ein Vaterunser, drei Hände voll Erde und heim ging es wieder, die Musik vorauf mit lustigem Marsch: »so leben wir, so leben wir, so leben wir alle Tage.« Die Gräber der Gefallenen wurden von ihren Kameraden gehegt und gepflegt, am sinnigsten und liebevollsten die Gräber der gefallenen Pioniere. Die Grabhügel der letztern empfingen, in kleinen Modellarbeiten, die besonderen Abzeichen ihrer Waffe: »Faschine, Schanzkorb, Sandkasten, Spaten, Beil und Hauaxt.« War es ein Pontonnier, so wurde auch wohl noch, auf dem Grabkreuz selbst, die Abbildung eines Bootes, samt Bootshaken und Ruder hinzugefügt. Die Artilleristen errichteten Holzkreuze für ihre Kameraden und nagelten Anfangsbuchstaben und Zahlen auf, die sie in der Feldschmiede geschmiedet hatten. Jede Truppengattung hatte ihre eigene Art, das Andenken ihrer Gefallenen zu ehren.* Für alle aber galt der Satz, daß der Tod ein guter Unterhalter ist für die Überlebenden.

Wir werfen zuletzt noch einen Blick auf *Gravenstein*. Hier war das Hauptquartier, hier liefen alle Fäden zusammen und das wechselvolle Kriegsleben nahm hier seine bunteste Gestalt an. Beständige Truppendurchzüge, hin und hersprengende Ordonnanzen, Geschütz- und Munitionskolonnen, die in den unergründlichen Wegen stecken blieben, aufgegriffene Spione und Abteilungen gefangener Dänen, Touristen und Korrespondenten, Marketender und Lieferanten, – alles drängte hier zusammen und schuf ein Chaos, das oft jeder Möglichkeit der Entwirrung zu spotten schien.

Wie es überall an Raum gebrach, so auch hier. Sprechen wir zunächst vom *Schloß*. Wohl an 600 Menschen befanden sich darin einquartiert. Außer einer Quartierwache von 2 Compagnieen, waren der Generalstab mit seinem Bureaux, sowie ein optisches und elektrisches Telegrafen-Bureau darin untergebracht; dazu große Magazine, Pferdeställe (im Souterrain), endlich – die Küche. Der Prinz hielt täglich offene Tafel, zu der alle Meldung machenden Offiziere ein- für allemal geladen waren. Von 9 Uhr ab war der Frühstückstisch serviert; um 5 Uhr Diner. Für 50 bis 60 Couverts hatte die Küche Sorge zu tragen, was in einem Flecken wie Gravenstein und in einem mit 30.000 Mann belegten Stückchen Land nicht zu den leichten Aufgaben zählte. In der Tat war im ganzen Sundewitt nichts mehr zu

---

* *Vor* dem 18. April wurden Lieutenant Troschel vom 24. Regiment (gefallen bei Rackebüll am 14. März), Premierlieutenant v. Gerhardt vom 64. Regiment (gefallen bei Düppel am 17. März) und Lieutenant v. Seydlitz vom 60. Regiment (gefallen im Vorpostengefecht am 14. April) auf dem Broacker-Kirchhofe begraben. – *Nach* dem 18. April: Hauptmann v. Kameke, Premierlieutenant Graf v. d. Schulenburg, Portepée-Fähnrich Schlemüller (alle drei vom 35. Regiment), Lieutenant Maurer und Portepée-Fähnrich Eckhard de Convenent, beide vom 60., und Hauptmann v. Stwolinski vom Garde-Grenadier Regiment Königin Elisabeth.

haben; selbst die Kartoffeln mußten von den märkischen Gütern des Prinzen in die Gravensteiner Küche geliefert werden. Der Prinz selbst – auch Prinz *Carl* und der jüngere Prinz *Albrecht* hatten Wohnung im Schloß – begnügte sich mit zwei Zimmern, die notdürftig, mit Hülfe von Teppichen und Portieren, zu einem standesgemäßen Aufenthalt hergerichtet waren; die Offiziere mußten sich zu 5 und 6 mit einem einzigen Zimmer behelfen – mancher lag nicht viel besser als im Bivouacq. Nichtsdestoweniger herrschte die heiterste Stimmung; Vertrauen, Siegeszuversicht erfüllte alle Herzen bis zum letzten Trainknecht herab und »wir werden Düppel nehmen«, das stand noch fester als Düppel selbst.

Tag und Nacht war das *Telegrafen*-Bureau in Tätigkeit und ergab einen glänzenden Beweis, wie sich die Kriegskunst die neuesten Erfindungen nutzbar zu machen gewußt hatte. Leitungen nach sämtlichen Brigade- und Divisions-Quartieren, nach der Vorpostenlinie und nach den Batterieen bei Gammelmark waren errichtet worden; vier Apparate befanden sich in ununterbrochener Tätigkeit. Bis Ende März waren schon 1500 Depeschen expediert worden; mit Berlin wechselte man oft in einer Viertelstunde Depeschen und Contre-Depeschen.

In den Februartagen, als das Wetter erbärmlich und die politischen Konstellationen kaum besser waren, wurden die langen Abende wohl mitunter als lang empfunden; aber auch die ärmsten Tage waren immer noch reich genug, um Stoff für ein kameradschaftliches Geplauder zu bieten. Dazu riß die Kette von Besuchern nie ab; wenn sich Broacker mit dem *tiers état* der Korrespondenten begnügen mußte, so war Gravenstein der Sammelplatz für Militär-Attachés und Halb-Diplomaten, die in ihren Gesprächen ihre Bewunderung und in ihren Berichten ihre Bedenken aussprachen. Die am meisten angestaunten Gäste waren Enomotto Kamadiro und Fiune Taki, zwei japanesische Marine-Offiziere, die vom Haag herübergekommen waren, um etwas von europäischer Kriegführung kennen zu lernen.

Wie Broacker seine »Grenadier- und Offizier-Resource« freundnachbarlich neben einander hatte, so auch Gravenstein. An das Gasthaus bei Gehrt knüpfen sich manche vergnügliche Erinnerungen. Die Preise waren Kriegspreise, stark geregelt nach dem Prinzip von Nachfrage und Angebot, aber das Feldleben macht splendid; wo man jeden Augenblick bereit sein muß sein Leben einzusetzen, setzt man auch seinen Taler ein. Bei Gehrts gab es jegliche Art von Genüssen, auch Kunstgenuß. Für das musikalische Amüsement sorgten zwei italienische Harfenistinnen, die den ganzen Tag zur Erheiterung der Offiziere die Garibaldi-Hymne singen mußten. Mitunter stimmten die Offiziere selbst mit ein und sangen einen Text, den Lieutenant v. Schmidt (seitdem verstorben) vom 24. Regiment, zum Jubel der Kameraden unterlegt hatte:

> Austro – Prussiano
> Kommio gereisio,
> Dannewerkio Düpplo
> Danske schmeissio!
> Rödero, Cansteinio
> Fortes Westphalio –
> Schanzio nostro
> Tempi proximo.
> Silentio – Silentio – Si – len – tio!
> Evviva Prussiano, evviva Ré!

Nachdem die Brigade *Raven* und mit ihr Kapellmeister Piefke auf dem Kriegsschauplatze eingetroffen war, ruhte dieser nicht eher als bis er nun seinerseits den Harfenistinnen das »Preußenlied« beigebracht hatte, das diese ihm feierlich versprechen mußten, künftig im Garibaldischen Lager zu singen.

So war das Leben auf Vorposten und in den Cantonnements; neben dem Ernst des Krieges ging der Humor in seiner Schellenkappe her. Aber die entscheidenden Tage rückten immer näher. Aus dem heiteren Lagerleben kehren wir jetzt in die Parallelen zurück, wo sich die letzten Schläge vorbereiteten.

[...]

DER HUNDERTKANONENTAG

Am 21. und 22. hatte der König auf dem großen Felde zwischen Gravenstein und Atzbüll die Parade über seine Truppen abgenommen; am 3. Mai erschienen die Tapfersten dieser Truppen als ein »Ehrengeleit« in Berlin, um ihrem Kriegsherrn die *Trophäen von Düppel* zu überbringen, – hundert Kanonen und mehr. Die Stadt rüstete sich, sie zu empfangen. Die Festlichkeit war eine doppelte: *der Empfang am Bahnhof* (am 3. nachmittags) und der *Einzug durchs Brandenburger Tor* (am 4. mittags).

Zuerst der Empfang am Bahnhof. Es war 5 ¼ Uhr (Dienstag 3. Mai) als mittelst Extrazuges 118 *dänische Geschütze*, die Siegesbeute von Düppel, eintrafen. Die Begleitmannschaften, 127 Mann, waren [...] aus den verschiedenen Sturmkolonnen ausgewählt und zu diesem Ehrendienste kommandiert. Premierlieutenant Stöphasius, von der brandenburgischen Artillerie-Brigade (Nr. 3), der sich bei Erstürmung von Schanze IV. hervorgetan hatte, hatte die Ehre, diese 127 Tapfren zu führen. Tausende standen auf dem Bahnhofe, um die Ankommenden zu begrüßen, und als nun der Zug – schon von weitem durch die aus allen Waggons ausgesteckten zahlreichen *Danebrogs* sichtbar – in den Bahnhof einfuhr, wollte das Hurra, so wie das Hüte- und Tücherschwenken der Versammelten kein Ende nehmen. Viele Familien wußten bereits, daß unter der Ehren-Eskorte sich Angehörige von ihnen befinden würden, und selbst viele Meilen weit aus den Städten der Provinz waren Anverwandte, denen die Fürsorge der Offiziere schon vorher die Ankunft eines Sohnes oder Bruders angezeigt hatte, dazu hier eingetroffen. Der Jubel, mit dem die Aussteigenden begrüßt, umarmt und geküßt wurden, läßt sich nicht beschreiben.

Die Geschütze wurden abgeladen, die Begleitmannschaften bewirtet. Am Ende der »großen Wagenhalle« waren zwei lange Tafeln gedeckt, mit Wein und Blumen reichlich geschmückt; an der Wand entlang lag eine ganze Reihe von *Bierfässern* zum Anzapfen bereit. Die mitgebrachten Danebrogs wurden in aller Eil zur weiteren Ausschmückung der Tafel verwendet. Der erste Toast galt Sr. Majestät dem *Könige;* dann erhob sich Premierlieutenant Stöphasius, um der Stadt Berlin zu danken, die den Heimkehrenden diesen frohen Empfang bereitet habe. Er hob hervor, wie sie unter allen Leiden des Winterfeldzuges und unter dem Donner des Kampfes stets mit Liebe der Heimat gedacht, wie sie einen Stolz darin gesetzt, ihre Ehre zu machen, und mit welcher Freude sie jetzt die Heimat wieder erblickten, doppelt erfreut, sich so von ihr begrüßt zu sehen. Aus vollem Herzen dankend, bringe er im Namen aller ein Hoch aus auf alle königstreuen Bürger Berlins. Ein dreimaliges jubelndes Einstimmen des Publikums antwortete dem soldatischen Toast.

Anderen Tages (Mittwoch den 4.) fand der *feierliche Einzug* statt. Gegen 2 Uhr setzte sich der Paradezug unter Kommando des Generallieutenants Hindersin in Bewegung, passierte einen Teil der Luisenstraße, schwenkte dann rechts, durch das Unterbaumtor, in den Tiergarten hinein und hielt um 2 Uhr vor dem *Brandenburger Tor.* Hier stellte sich der König an die Spitze des Zuges und führte denselben in seine Hauptstadt ein.

Die Mannschaften des Ehrengeleits waren in voller Feldausrüstung und zeigten ein überaus frisches, kräftiges Ansehen, wie in den gebräunten Gesichtern die Beweise der überstandenen Strapazen von Wind und Wetter. Viele von ihnen schwenkten die eroberten Danebrogs, alle aber trugen, oft bis zur Spitze der Gewehre, Kränze und Bouquets, mit denen patriotische Damenhände sie geschmückt. Fortwährend auf dem Marsche flogen ihnen aus den Zuschauerreihen und den Fenstern noch Kränze zu und wurden von ihnen auf die Bajonette gesteckt. Der Jubel beim Erscheinen dieser Mannschaften war unbeschreiblich und begleitete sie auf dem ganzen Marsche.

Mit ähnlichem Jubel und Interesse wurde die nun folgende lange Reihe der Trophäen begrüßt. Der Zug der geschmückten Geschütze und Wagen dauerte allein fast eine halbe Stunde und gab ein Bild des blutigen und glorreichen Kampfes: Feld- und große eiserne Schiffs- und Belagerungsgeschütze auf arg zerschossenen Lafetten, die Geschütze oft selbst von den preußischen Kugeln zerschlagen und beschädigt; Mörser, Wagen mit erbeuteten Gewehren, die Espingolen und Höllenmaschinen mit ihren vielen Gewehrläufen, am Brückenkopf eroberte Pontons, die Probestücke der großen mit Partisan-Eisen beschlagenen Pallisaden und spanischen Reiter, dazu Drahtbarrikaden, Kugeln und Granatsplitter, alles war in diesem Zuge vertreten. Von der schweren Fahrt begannen an manchen Stellen die Räder zu rauchen, an einem andern Platz brach eines der zusammengeschossenen Geschütze nieder und mußte erst durch die Bedienungsmannschaften, welche die Garde-Artillerie für jeden Wagen außer der Bespannung gestellt hatte, wieder fahrbar gemacht werden.

Unter Musik und Hurra und unter dem Schwenken der Tücher und Fahnen aus den Fenstern, bewegte sich der Zug am Königlichen Palais vorüber, von dessen Balkon die hier anwesenden Königlichen Prinzessinnen ihn begrüßten. Der König hatte inzwischen Aufstellung vor der Blücher-Statue genommen; hier ließ er die Mannschaften und zuletzt die Geschütz- und Wagenkolonne an sich vorbeidefilieren. Eine Ordensverteilung an die Tapfern beschloß den schönen Tag, der bald in Liedern und Volksweisen besungen wurde.

> Die Linden stehen im ersten Grün,
> Die Augen leuchten, die Wangen glühn,
> Fanfaren schmettern im Siegeston,
> Geschütze rasseln, Kanon' auf Kanon';
> Sie ziehen in langer Reihe dahin
> *Und in Parade steht ganz Berlin.*
>
> Der König und mit ihm die Prinzen all,
> Sie führen die Stürmer von Düppels Wall;
> Zur Siegesgöttin die Blicke empor,
> Die Sieger ziehen durchs Siegestor,
> Mit Laub und Blumen die Helme geschmückt,
> Im Sonnenstrahle die Klingen gezückt.

So klang es damals und alle preußischen Herzen stimmten mit ein. Das war der 4. Mai 1864, der »Hundertkanonentag«.

[. . .]

Von dem Alsen-Tage an war die dänische Widerstandskraft gebrochen; die Preußen hatten einen Meeresarm überschritten, eine Vereinigung der Flotten der Alliierten stand bevor – man fing an, [. . .] in Kopenhagen sich unsicher zu fühlen und dies Gefühl der *Unsicherheit* schuf die *Geneigtheit zum Frieden.* Das Ministerium *Monrad* trat (am 8. Juli) zurück, ein Ministerium *Bluhme* trat an seine Stelle. Dies war gleichbedeutend mit Frieden. In der Tat, der erste Schritt des neuen Ministeriums bestand in dem Ansuchen einer Waffenruhe und am 18. Juli bereits wurde zu *Christiansfeld,* der nördlichsten Stadt in Schleswig, eine Übereinkunft unterzeichnet, der zufolge die Feindseligkeiten zu Land und See vom 20. Juli mittags an bis zum 31. Juli abends eingestellt werden sollten. Allgemein ging man davon aus, daß dieser eilftägigen Waffenruhe, die am 30. Juli auf abermals vier Tage (bis zum 3. August) verlängert wurde, *der Friede* folgen werde. Und so geschah es. Schon am 25. Juli waren die Bevollmächtigten Östreichs, Preußens und Dänemarks und zwar für *Östreich* Graf Rechberg und Baron Brenner, für Preußen Herr v. Bismarck und Freiherr v. Werther, für Dänemark Herr von Quaade und Oberst Kaufmann, in Wien zu einer Friedenskonferenz zusammengetreten und hatten sich am 1. August, also zwei Tage vor der am 3. ablaufenden Waffenruhe über die *Friedenspräliminarien* geeinigt.

Diese Friedenspräliminarien bestanden aus fünf Paragraphen, von denen der *erste* Paragraph die drei Herzogtümer Schleswig, Holstein und Lauenburg an den Kaiser von Östreich und den König von Preußen abtrat, der *zweite* die Grenze, der *dritte* das Finanzielle (in den großen Zügen) regulierte, der *vierte* einen Waffenstillstand auf der Basis des militärischen *Uti possidetis* festsetzte und der *fünfte* die Anordnung traf, daß die Bevollmächtigten der drei Mächte sofort in die Unterhandlungen über einen endgültigen Friedensvertrag einzutreten hätten. Dieser endgültige Friedensvertrag wurde am 30. Oktober 1864 zu Wien unterzeichnet; er war lediglich eine Ausführung der in den Friedenspräliminarien vereinbarten Sätze, deren ersten (Paragraph I.) wir hier im Wortlaute folgen lassen:

»Se. Majestät der König von Dänemark entsagt allen seinen Rechten auf die Herzogtümer Schleswig, Holstein und Lauenburg zu *Gunsten Ihrer Majestäten des Kaisers von Östreich und des Königs von Preußen,* indem er sich verpflichtet, die *Dispositionen anzuerkennen, welche die genannten Majestäten in Betreff dieser Herzogtümer treffen werden.*«

Ausgehend, nicht von dem Erbrecht des einen oder andern Prätendenten, sondern von dem *deutschen* Recht der Herzogtümer, (das, feierlichen Zusagen zum Trotz, auf dem Punkt gestanden hatte, durch die *Einverleibung Schleswigs in Dänemark* schwer verletzt zu werden) hatten die deutschen Großmächte den Kampf begonnen und das Resultat dieses Kampfes lag jetzt vor: *die Herzogtümer waren deutsch, frei.* Ein sechsmonatlicher Krieg – eine fast ununterbrochene Kette größerer und kleinerer Erfolge – hatte dies glänzende Resultat herbeigeführt, glänzender, als es bei Ausbruch des Krieges die kühnsten Hoffnungen erwartet haben mochten.

Das Urteil – und mit dieser Betrachtung wollen wir schließen – hat sich, ganz abgesehen vom Politischen, auch den militärischen Erfolgen dieses Krieges gegenüber sehr verschieden gestellt. Erste begeisterte Siegesfreude hat das, was geschah, unzweifelhaft *überschätzt,* indem es die *schönen* Taten dieses Krieges den *Großtaten* ernsterer, gewaltigerer Kämpfe an die Seite setzte; Mißgunst, Neid und Widerspruchsgeist haben sich andererseits in krittelnder Verkleinerung gefallen und sind bemüht gewesen, den ganzen Kampf zu einer »militärischen Promenade«, zu einem mit Zündnadel-Gewehr und 24pfündern leicht erkauften Siege herabzudrücken.

Ein solcher »leichter Sieg« war nun aber dieser Kampf keineswegs. In der *Gesamtheit* der zur Aktion gebrachten Streitkräfte dem Feinde allerdings in dem Verhältnis von 2 zu 1 überlegen, stand dies günstige Verhältnis, in den einzelnen Episoden des Krieges (allenfalls die Operationen in Jütland abgerechnet) den Alliierten nur höchst selten zur Seite. Die Östreicher, in den blutigen Gefechten am Königsberg und bei Oeversee, fochten im günstigsten Falle wie 1 zu 1 und vor Düppel sahen sich die Unsrigen sechs Wochen lang (bis zum Eintreffen der Brigade Raven und der Garden) einem numerisch unzweifelhaft überlegenen Gegner gegenüber. Dazu, wo immer es zum Kampfe kam, verfügte der Gegner über eine gedeckte Stellung, darunter zwei Positionen (Dannewerk und Düppel), die den Ruf der Uneinnehmbarkeit für sich in Anspruch nahmen. Und Düppel (weil hier die feindlichen Kräfte für seine Verteidigung ausreichten) mehr oder weniger mit Recht! Dennoch fiel es. Der 18. April flocht ein neues Blatt in den vollen Kranz preußischer Ehren. Es war ein glänzender Sieg, aber *kein* leichter und alle die ihn erringen halfen, dürfen in Demut sich dieses stolzen Tages freuen.

Und wir mit ihnen! –

Vor allem aber möge gute Saat sprießen aus dem Blute derer, die gefallen; der Ära des Haders, des stillen und offenen Krieges, folge Friede, Freiheit, frischer Wind und frische Fahrt. Die meerumschlungenen Lande sind unser, werd' es auch das *Meer*. Das walte Gott!

DER DEUTSCHE KRIEG VON 1866

Wir kehren zur Armee zurück.

Die Occupation Sachsens (wie die gleichzeitige von Hannover und Hessen) hatte jenes Kriegs-*Vorspiel* beendet, dessen erster, raschgespielter Akt die Überschreitung der Eider durch General v. Manteuffel gewesen war. Jetzt, am Schlusse dieses Vorspiels, standen wir [die preußischen Truppen], einen stumpfen Winkel bildend, an dem *bastions*artigen Norden Böhmens, d. h. also links am Riesen- und rechts am Lausitzer-Gebirge hin, jeden Augenblick bereit, in tiefen Kolonnen durch die Gebirgspässe von Schlesien und Sachsen in den böhmischen Kessel niederzusteigen.

Die Gesamtheit der Armee, teils in Corps, teils in Divisionen gegliedert, bildete [. . .] drei *Hauptgruppen,* drei gesonderte Armeen, von denen

die I. Armee (Kronprinz) an der schlesischen Grenze hin den linken Flügel,

die II. Armee (Prinz Friedrich Karl) in der sächsischen Oberlausitz das Zentrum,

die Elb-Armee (General Herwarth v. Bittenfeld) unmittelbar daneben, bis zur Elbe hin, den rechten Flügel

bildete.

Getrennt – so war der Plan – sollten diese drei Heerkörper die verschiedenen Grenzpässe passieren, konzentrisch vordringen und zur Entscheidungsschlacht, mutmaßlich auf dem Plateau zwischen Gitschin und Königgrätz, sich vereinigen. Es ist bekannt, mit welcher Präzision und welchem Erfolg dieser Plan (auf den wir zurückkommen) durchgeführt wurde. Er war das Werk, der Gedanke General *v. Moltkes.*

Helmuth Karl Bernhard Freiherr v. Moltke wurde am 26. Oktober 1800 zu Parchim in Mecklenburg geboren. In dem Hause seines Vaters, welcher im Regiment Möllendorf gedient hatte und als königlich dänischer Generallieutenant verstarb, erhielt v. Moltke die erste Erziehung. Sein Vater hatte sich im Holsteinschen eine Besitzung gekauft und auf dieser verblieb er bis zu seinem zwölften Jahre. Darauf, mit seinem älteren Bruder im Jahre 1811 nach Kopenhagen gebracht, gehörte er sechs Jahre lang dem dortigen Landkadetten-Institute an. Hier wurden die jungen Zöglinge sehr streng gehalten und frühzei-

tig an Entbehrungen aller Art gewöhnt. Zu jugendlichem
Frohsinn kam es selten. Am 22. Januar 1818 wurde v. Moltke
zum Pagen des Königs von Dänemark mit dem Range eines
Offiziers ernannt und blieb in diesem Verhältnis bis zum 1. Januar 1819. An diesem Tage trat er als Lieutenant in das dänische Infanterie-Regiment Oldenburg. Am 5. Januar 1822
nahm v. Moltke den Abschied aus dänischem Dienst, um in die
preußische Armee, die seine bleibende Heimat werden sollte,
überzutreten. Hier, auf einem weiteren Gebiet, konnten die
Talente des jungen Offiziers sich reicher entfalten, als es die
früheren Verhältnisse gestattet hätten.

Am 12. März wurde v. Moltke als jüngster Secondelieutenant in dem 8. Infanterie- (Leib-)Regiment angestellt und kam
nach Frankfurt a. O. in Garnison. Die Kriegsschule in Berlin
absolvierte er, als gerade seine Eltern durch eine Reihe von Un-
glücksfällen ihr Vermögen eingebüßt hatten. Nach seiner
Rückkehr zum Regiment wurde er mit der Führung der Divi-
sionsschule betraut und hierauf zu den topographischen Ver-
messungen des Generalstabes commandiert. In dieser Stellung
nahm er an den Aufnahmen in der Provinz Schlesien und Po-
sen teil. Am 30. März 1833 zum Premierlieutenant befördert,
trat er in den Generalstab über und avancierte am 30. März
1835 zum Hauptmann. In diesem selben Jahre (vom 23. September ab) machte er eine Reise nach Constantinopel, wo er zur
Instruktion und Organisation der türkischen Truppen commandiert und später durch vier preußische Offiziere bei der
Lösung dieser höchst schwierigen Aufgabe unterstützt wurde.
Nach vierjähriger Abwesenheit kam v. Moltke im August 1839
aus der Türkei zurück. In dieser Zeit sammelte er einen Schatz
von Erfahrungen, eine Fülle von Kenntnissen, und wurde sowohl von seiten des Sultans ausgezeichnet (Nischan-Orden mit
Brillanten und Ehrensäbel), als auch von König Friedrich Wilhelm III. für seine hervorragende Teilnahme an dem Feldzuge
1838 in Kleinasien mit dem Orden *pour le mérite* dekoriert.

Nach dieser Periode tritt v. Moltke als Schriftsteller auf, indem er charakteristische Schilderungen über die Türkei her-
ausgab (anonym), und ein kriegshistorisches Werk, »der rus-
sisch-türkische Feldzug von 1828-1829«. Letzteres erschien
unter seinem Namen. Es zeichnet sich durch große Klarheit der
Darstellung und Schärfe des militärischen Urteils aus, und
erweist sich ebenso sehr als das Erzeugnis eines militäri-

schen Denkers wie eines erfahrenen Soldaten. Auch für karto-
graphische Zwecke war der Aufenthalt v. Moltkes in der Türkei ersprießlich. Nach der Schlacht von Nisib in Kleinasien
durchforschte v. Moltke dies Land, um die bisher sehr unvoll-
ständigen Karten zu verbessern, und legte zu diesem Behufe
eine Strecke von tausend geographischen Meilen bei den Reko-
gnoszierungsfahrten zurück. Er drang durch die mesopota-
mische Wüste, untersuchte den Durchbruch des Euphrat durch
das kurdische Gebirge und befuhr – ebenso wie Xenophon –
den Euphrat auf aufgeblasenen Hammelhäuten. Der Fortschritt der Jahrtausende ist an diesen Gegenden spurlos vorübergegangen; die Horden, welche das Gebirge Curdistans
bewohnen, schließen sich auf eine sehr primitive Weise von
dem Einfluß der Zivilisation ab, indem sie jeden Europäer töten. Vor v. Moltke hat nachweisbar nur Xenophon jenen
Durchbruch des Euphrat beobachtet; bis dahin waren alle Reisenden ein Opfer der Barbarei der Eingeborenen geworden.

Nachdem v. Moltke am 12. April 1842 zum Major befördert
worden war, verheiratete er sich mit Fräulein v. Burt aus Holstein. In den Jahren 1845-1846 verweilte er in Rom als persönlicher Adjutant des kranken Prinzen Heinrich von Preußen.
Seine »Contorni di Roma«, die im Stich erschienen sind, sind
eine Frucht dieses Aufenthalts. Nach dem Tode des Prinzen,
dem Major v. Moltke ein treuer Gefährte gewesen war, wurde
v. Moltke nach Magdeburg versetzt, woselbst er sieben Jahre
blieb. Am 22. August 1848 wurde er Chef des Generalstabes
beim vierten Armee-Corps; am 26. September 1850 avancierte
er zum Oberstleutnant, am 2. Dezember 1851 zum Oberst.

Am 1. September 1855 zum ersten persönlichen Adjudanten
des Prinzen Friedrich Wilhelm von Preußen ernannt, wohnte er
in Balmoral der Verlobung des Prinzen mit der Prinzeß Royal
bei. Das nächste Jahr verlebte er mit dem Prinzen in Breslau
und begleitete denselben noch mehrmals nach England.

Am 9. August 1856 erfolgte seine Ernennung zum Generalmajor und am 29. Oktober 1857 vertauschte er seinen bisherigen Wirkungskreis mit der Führung der Geschäfte des Generalstabes der Armee und wurde am 18. September 1858 zum
Chef des Generalstabes der Armee ernannt. In dieser Stellung
ist er geblieben. Die allmähliche Vergrößerung und Reorgani-
sation des Generalstabes ist wesentlich als *sein* Werk anzusehn.

An dem schleswig-holsteinschen Kriege nahm General v. Moltke einen hervorragenden Anteil. Als nach der Erstürmung von Düppel verschiedene Personal-Veränderungen in der Operationsarmee in Schleswig und Jütland stattfanden, arbeitete er mit dem Feldmarschall Wrangel einen Plan zur Landung auf Fünen aus, welcher damals sehr wohl ausführbar war, aber nur mit Hülfe der *Östreicher* bewerkstelligt werden konnte, da gerade die preußischen Streitkräfte im Sundewitt und in Jütland, die östreichischen aber an der schleswig-jütischen Grenze, um Kolding, standen. Dem östreichischen Feldmarschallieutenant v. Gablenz wurde der Oberbefehl über ein aus Preußen und Östreichern gemischtes Corps angeboten; aber wie sehr dies und überhaupt das Wagnis der Expedition dem unternehmenden Sinne jenes Generals zusagten, so lag doch diese Landung zu wenig im speziellen Interesse des Wiener Cabinets, als daß dieselbe zur Ausführung gelangt wäre. Es blieben daher nur der Angriff auf Alsen und die vollständige Besetzung Jütlands als letzte Zwangsmittel.

Schon 1859 war v. Moltke zum Generallieutenant avanciert; am 8. Juni 1866, also kurz vor Ausbruch der Feindseligkeiten, erhielt er seine Ernennung zum General der Infanterie.

Das Jahr 1866 sollte ihm zu voller Entfaltung seiner glänzenden Gaben (wenn dies das rechte Wort ist für das Denken, Rechnen und Schaffen einer tief angelegten Natur) die Gelegenheit bieten. *Sein*, wie wir schon andeuteten, war der strategische Gedanke, der diesen glorreichen Krieg einleitete und zu Ende führte.

Und doch, trotz einer Reihe von Erfolgen, wie sie die Kriegsgeschichte kaum zum zweiten Male aufzuweisen hat, ist dieser Gedanke einer herben Kritik nicht entgangen. Im Auslande hat man ihn vielfach verurteilt, im Inlande ihn, in seiner Korrektheit wenigstens angezweifelt; Nebenbuhlerschaft und Doktrinarismus, die nirgends so zu Hause sind als auf strategischem Gebiet, haben ihre Stimme nicht zurückgehalten. Namentlich sind die »jungen und alten Napoleons« der östreichischen Armee bestrebt gewesen, den Beweis anzutreten, »daß sich die *strategischen Kombinationen* der preußischen Heerführung kaum über das Niveau des Mittelmäßigen erhoben hätten«. Diese relative Verurteilung bezieht sich jedesmal auf den Moltkeschen Grundgedanken: »Teilung und Einmarsch des Gesamtheerkörpers in drei Armeen und Vereinigung dieser drei Strahlen in einem Brennpunkt.«

Wir unsrerseits sind von der Richtigkeit dessen was geschah, tief überzeugt, im Gegensatz zu jenem Mode-Axiom, das der unbedingten Konzentration, dem »Vorstoß mit ganzer Kraft« das Wort redet. Es will uns mindestens fraglich erscheinen, ob ein solcher Satz ein für allemal zum strategischen »Paragraph I.« erhoben werden kann. Er ist so lange richtig, wie er dauert. Und wir möchten fast die Vermutung aussprechen, daß das »Stoßprinzip«, wenigstens in seiner Ausschließlichkeit, durch den Krieg von 1866 selber einen Stoß erhalten hat. Wir maßen uns nicht an, diese schwierige Frage, mit der Miene der Berechtigung, beurteilen zu wollen; aber zwei Punkte drängen sich doch auch dem Laien auf, die wohl angetan sein dürften, gegen die Alleinberechtigung des Operierens mit *ganzer* Kraft auf *einer* Linie allerhand Zweifel aufkommen zu lassen. Zunächst kann von *Terrain* wegen, nach dem Erfahrungssatze »daß Gepfropftheit immer noch schlimmer ist als Zersplittertheit«, eine Teilung der Kräfte zum obersten Gesetze werden; aber, ganz abgesehen von diesem nicht zu unterschätzenden Punkte, will es uns doch auch erscheinen, daß besonders eine rechtwinklige oder eine halbkreisförmige Aufstellung – selbstverständlich ohne zu kolossale Ausdehnung – von vornherein die Möglichkeit einer Umfassung, eines Kesseltreibens und dadurch eines raschen Gesamtresultates gewährt, wie es der konzentrierte Frontal-Angriff, der den Gegner fortstößt, aber ihm, links und rechts, Raum zum Entkommen läßt, nie zu erreichen vermag. Daß der Moltkesche Plan scheitern konnte, wer wollte es leugnen! ein Plan siegt eben nie durch sich selbst, wie klar auch der Gedanke, wie richtig die Berechnung gewesen sein möge, die ihn gebar. Aber ein lichtvoller Gedanke, wenn er auch nicht der Sieg selber ist, ist eine *Gewähr* des Sieges. Wie ein elektrischer Funken durchzuckt er das Ganze, stählt und zündet, gibt Nerv und Leben, und bereitet eben dadurch auch die glückliche Ausführung vor, indem er dem Ganzen ein energischeres Leben leiht. Diese Kraft hat aber immer nur der richtige, der echte, der geistgeborne Gedanke.

Wir versagen es uns nicht, unsere Ansicht, wie wir sie in den ersten Monaten nach dem Kriege niederschrieben, durch ein seitdem erschienenes Urteil von kompetenterer Seite zu bekräftigen.

»Östreichischerseits, so heißt es darin, hat man unsre preußische Heerführung mittelmäßig genannt. Sie mag es gewesen
sein. Man wird in dem erschwerenden Element der Kriege selten das *Ideale* erreichen, aber selbst das Mittelmäßige kann
(wie der Erfolg gezeigt hat) noch den *Zweck* erreichen. Die
Vereinigung der preußischen Heere im rechten Augenblick ist,
wenigstens vom preußischen Generalstabe, niemals als eine
besonders geistreiche Idee oder tiefgelehrte Kombination in
Anspruch genommen worden. Es war die verständig angeordnete und energisch durchgeführte Abhülfe einer ungünstigen,
aber notwendig gebotenen ursprünglichen Situation.

Man hat unsrer Strategie den Vorwurf gemacht, daß sie, vor
Beginn des Feldzuges, zwei oder drei Heere aufgestellt habe,
anstatt alle Kräfte, und zwar in der Lausitz, zu versammeln.

Wir möchten diesem Vorwurf gegenüber nur andeuten, daß
bei der so spät befohlenen Mobilmachung der preußischen Armee keine Zeit zu verlieren war, daß nach *zwei* (oder drei) Sam-
melpunkten mehr Eisenbahnen führen, als nach *einem*, und
daß man bloß der Theorie vom ›Zusammenhalten aller Kräfte‹
zu Liebe, in der Praxis niemals eine reiche Provinz wie Schlesien, der Invasion eines an der Grenze sich ansammelnden
Feindes schutzlos preisgeben wird.

... Die unbestreitbaren Vorteile der *inneren Operationslinie*
(auf der sich die östreichische Armee, in Folge unsrer Aufstellung bewegen durfte) behalten ihre Geltung nur, so lange man
Raum genug hat, um dem *einen* Gegner mindestens auf einige
Märsche entgegen zu gehen, um Zeit zu gewinnen ihn zu
schlagen, zu verfolgen, und dann sich gegen den *anderen*, inzwischen nur beobachteten Gegner zu wenden.

Verengt sich aber dieser Raum (wie es, fast von Beginn der
Operationen an, der Fall war) in *dem* Maße, daß man den einen
Feind nicht mehr angreifen kann, ohne Gefahr zu laufen, es
zugleich mit dem andern zu tun zu bekommen, der uns in Flanke oder Rücken anfällt, dann verkehrt sich der strategische
Vorteil der inneren Operationslinie in den taktischen Nachteil
des Umfaßtseins im Gefecht.

... Gesetzt, wir hätten unsre *ganze* Heerkraft in der Lausitz
konzentriert, so würden sich unsre Quartiere, bei einer Front
von Torgau bis Görlitz, *in der Tiefe* mutmaßlich bis Berlin und
Frankfurt a. O. erstreckt haben.

Alle für Truppen gangbare Straßen aus diesem weiten Bezirk

nach Böhmen hinein drängen sich bei Überschreitung des Grenzgebirges auf den engen Raum von fünf Meilen, zwischen Rumburg und Friedland, zusammen. Die senkrechten Talwände des Schandauer Sandsteingebirges auf der andern Seite verbieten jede weitere Ausbreitung. Beim Vormarsch durch dies Defilé konnten daher die vordersten Divisionen auf den Feind stoßen, ohne daß die in zwei und drei Tages-Echellons nachfolgenden irgend vermocht hätten sie zu unterstützen.

Jede enge Anhäufung großer Massen ist an sich eine Kalamität. Sie ist gerechtfertigt und geboten, wenn sie unmittelbar zur Schlacht führt. Es ist gefährlich, in Gegenwart des Feindes sich wieder aus derselben zu trennen, und unmöglich, auf die Dauer in derselben zu verharren.

Die schwere Aufgabe einer guten Heeresleitung ist, den getrennten Zustand der Massen, mit diesem aber die *Möglichkeit der zeitgerechten Versammlung zu wahren.*

Dafür lassen sich keine allgemeine Regeln geben; die Aufgabe wird jedesmal eine andere sein.

Noch einmal, wir vermögen den Vorteil nicht einzusehn, welcher uns erwachsen wäre, wenn eine preußische Armee von über 200.000 Mann in der Wald- und Sumpfregion der Lausitz zusammengedrängt worden wäre. Dagegen sind wir der Meinung, daß es die Konzentration zur Entscheidung, die Ernährung, die Unterbringung und den Anmarsch der *östreichischen* Armee wesentlich erleichtert hätte, wenn dieselbe bei Beginn des Feldzuges statt in *einer*, in *zwei* Hauptgruppen, bei Olmütz und Prag versammelt worden wäre, ganz abgesehen von den strategischen Vorteilen, welche die Anwesenheit gleich anfangs einer bedeutenden Heeresmasse im nördlichen Böhmen gewähren mußte.«

Die Wahrheit dieser Sätze wird schwer anzufechten sein.

DER ÖSTREICHISCHE PLAN

Offensive oder Defensive? Diese Frage hatte bis Mitte Juni hüben und drüben geschwankt.

Keiner der beiden Kriegführenden vermochte genau zu sagen, welche Rolle ihm zufallen würde. Erst der Bundes-

Beschluß vom 14. und, in Folge dieses Beschlusses, der Einmarsch in Sachsen (16.) hatten die Situation geklärt.

Von diesem Tage an stand bei Preußen die Offensive, bei
Östreich die Defensive fest. Letzterem, wenn es nicht von
Mähren aus in Schlesien einbrechen und in der linken Flanke
unsrer Armeen auf Berlin marschieren wollte, während wir auf
Wien gingen, blieb keine andre Wahl mehr als Defensive. Nur
darüber scheint man einen Augenblick geschwankt zu haben,
ob der Defensivkampf in Mähren zwischen Olmütz und Brünn,
oder in Böhmen zwischen Iser und Elbe aufzunehmen sei. Etwa
am 19. entschied sich Benedek für das letztere. Am 20. setzten
sich seine an den mährischen Eisenbahnlinien konzentrierten
sechs Corps auf Böhmen zu in Marsch, das bis zum Eintreffen
dieses Gros der Armee nur die Sachsen und das von Anfang an
vorgeschobene I. Corps (Clam-Gallas) zu seiner Verteidigung
hatte.

Der Benedeksche Plan wie er nunmehr feststand, war der
folgende:

Im Vormarsch sollte eine Teilung der Hauptarmee in eine
kleinere Hälfte (zwei Corps) und eine größere Hälfte (vier
Corps) erfolgen. Die kleinere Hälfte nach rechts hin detachie-
rend, sollte die größere Hälfte ihren Vormarsch gegen Norden
fortsetzen, das Clam-Gallassche Corps und die Sachsen an sich
ziehen und nunmehr bis auf sechs Corps vermehrt, einen entscheidenden Schlag gegen unsre 1. und Elb-Armee ausführen.
Nach diesem Schlage sollte die Armee ostwärts schwenken, die
beiden, während des Vormarsches, nach rechts hinausgeworfe-
nen Corps degagieren und in einer zweiten Schlacht auch die
Kronprinzliche Armee werfen, bzw. vernichten.

In Gemäßheit dieses Planes ist gehandelt worden. Er mißglückte. Aber man würde Unrecht tun, diesen Mißerfolg dem
Plane, als einem von Anfang an wirr geborenen Gedanken zur
Last legen zu wollen. Der Benedeksche Plan, wie wir ihn kurz
skizziert, war keineswegs rundweg verwerflich. Er ging freilich
von Anschauungen aus, die mehr aus der lebendigen Gesamt-
Situation, mehr aus Personal-Erwägungen als aus der Theorie
genommen waren; aber dies ist eben so oft ein Lob als ein Tadel. Möglich daß eine Konzentrierung der Armee in Böhmen
statt in Mähren (welche letztre übrigens, wie wir wissen, mehr
gezwungen als freiwillig erfolgte) erhebliche Vorteile geboten
hätte; sehr *wahrscheinlich* ferner, daß ein Aufrollen der aus

den Gebirgspässen einzeln hervorbrechenden Corps der II. Armee besser gewesen wäre, als der Marsch an dem *Flanken*-Feind (Kronprinz) vorbei, um den Feind in der *Front* (Prinz Friedrich Karl) *coûte qu'il coûte* zu erreichen. Zugegeben alles das. Aber wie bereit wir zu derartigen Zugeständnissen sein mögen, wie gern wir einräumen wollen, daß der Plan ein die Regel ignorierender und in eigensinnig-vorgefaßter Meinung ein Gefahren heraufbeschwörender war, so war er doch immer *mehr kühn* als schlecht, so recht ein Plan, der, wenn ihm der Erfolg zur Seite gestanden hätte, hinterher bewundert worden wäre. Dieser Erfolg blieb aus; der Plan scheiterte

einerseits an unsrer großen taktischen Überlegenheit, wobei das Zündnadelgewehr eine nicht unwesentliche Rolle spielte;

andrerseits an jener Fülle von Hemmnissen, die man kurzweg als »östreichisches System« zu bezeichnen pflegt.

An *geistigen* Fähigkeiten gebrach es der östreichischen Heeresleitung keineswegs, wohl aber an *moralischen,* und das gut Angelegte, kühn und klar Gedachte, es ging in erster Reihe zu Grunde nicht an einem Verstoß gegen sogenannte Fundamental-Prinzipien, sondern es litt Schiffbruch eben am »System«, an Geheimniskrämerei und Wichtigtuerei, an Rivalität und falscher Rücksichtnahme, an Mißtrauen und Eigensucht. Andere Faktoren kamen hinzu.

Es ist wahr, daß im Laufe der Ereignisse, insonderheit vom 28. ab, ein Zustand erkennbar wurde, der eher einem Chaos von Plänen als einem »Plane« glich, aber diese Verwirrung war bereits das Produkt sich häufender Mißerfolge und darf den ursprünglichen, strategischen Gedanken nicht um sein Recht bringen, als er selbst beurteilt zu werden.

Wir werden in späteren Abschnitten Gelegenheit finden, auf diese Frage eingehender zurückzukommen.

[. . .]

KÖNIGGRÄTZ.
AN DER BISTRITZ. TERRAIN. AUFSTELLUNG

In das Bistritz-Tal hinab sah der König. Versuchen wir, ehe wir von Dub aus die Niederung hinauf und hinunter blicken, eine Schilderung des *Gesamt-Terrains.*

Die Elbe, auf ihrem fast einen rechten Winkel bildenden Oberlaufe, umspannt nach Westen hin ein ziemlich ausgedehntes Plateau: das Plateau von Gitschin.

Schneiden wir aus diesem Plateau einen Bruchteil heraus, dessen östliche Seite durch den Lauf der Elbe zwischen Josephstadt und Königgrätz, dessen westliche Seite aber durch die Linie Horsitz-NeuBidsow gebildet wird, so haben wir im wesentlichen ein *zwei Meilen langes und zwei Meilen breites Quadratstück,* das wir im weiteren Sinne als das Schlachtfeld von Königgrätz bezeichnen können.

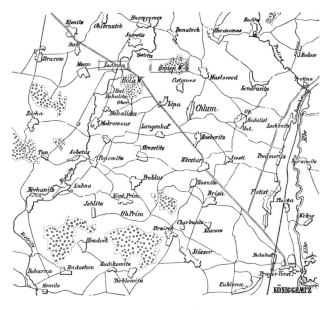

Dies Quadratstück – hüglig und wellenförmig wie das ganze Plateau – wird durch den Lauf des *Bistritz-Baches* in zwei Hälf-

ten von ziemlich gleicher Größe geteilt. Auf der westlichen
Hälfte, nach Horsitz und Gitschin zu, standen die Preußen; auf
der östlichen Hälfte, nach Josephstadt und Königgrätz zu [...]
standen die Östreicher. Zwischen beiden die Tal-Mulde. Die
Stellung beider Teile war insofern verwandt, als jeder, der zum
Angriff schritt, erst in das Tal *hinab*, dann die gegenüberliegen-
de Höhe *hinauf* mußte. Doch hatte die preußische Stellung den
Vorzug guter Rückzugslinien über das Gitschiner Plateau hin,
während die Rückzugslinien der Östreicher auf die fast unmittelbar hinter ihnen gelegene Elbe führten.

Dies war ein großer Nachteil, der auch dem Auge des Feldzeugmeisters schwerlich entgehen konnte. Dennoch wählte er
diese Stellung, weil sie, wenn der Gegener unerwartet rasch
nachdrängte, wenigstens taktisch eine vorzügliche Defensive
bot.

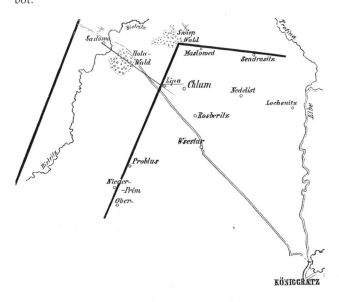

In der *Front* gewiß. Von den Flügeln nahm freilich nur der
rechte an der natürlichen Festigkeit der Stellung teil. Hier
nämlich füllten mehrere, rechtwinklig auf die Frontal-Höhe
gestellte Querriegel den kaum eine Meile betragenden Raum
zwischen Bistritz und Elbe vollständig aus und schufen eine

natürliche, aus drei Wallreihen bestehende Festung, die weder zu umgehn, noch – wenn der Verteidiger seine Schuldigkeit tat – ohne die größten Opfer zu erstürmen war.

Die *linke* Flügelstellung war schwach. Die hier sich abflachenden Höhen gestatteten eine Umgehung; ein Kurvenmarsch mußte, auch ohne Kampf, in den Rücken des Gegners führen. Diese Schwäche der Stellung – bei der Notwendigkeit *raschen* Eingreifens – konnte indes (wie wir in der Folge zeigen werden) unsrerseits nicht ausgenutzt werden.

Rekapitulieren wir, so war das Hügel-Terrain, das die Östreicher jenseits der Bistritz innehatten, eine einen *Haken bildende Erdfestung.* * Die lange Seite des Hakens richtete sich gegen Westen, die kurze gegen Norden. Die höchsten Punkte befanden sich da, wo die Hakenarme zusammenstießen. Der vielgenannte »Wald von Maslowed« (Swiep-Wald) war ein vorgelegenes Bastion.

So das Terrain, auf dem unser Gegner seine Aufstellung genommen hatte. Es erübrigt uns nur noch die Angabe, wie die östreichischen Streitkräfte auf diesem Terrain verteilt standen.

Sie standen massiert im *Zentrum,* zu beiden Seiten der von Königgrätz nach Lipa-Sadowa führenden Chaussee. Am weitesten vorgeschoben das III. und X., dahinter (als Reserve) das I. und VI. Corps; neben und hinter ihnen die drei Reserve-Kavallerie-Divisionen, samt der Armee-Geschütz-Reserve.

Den *rechten* Flügel, hakenförmig zurückgebogen, hielt das IV. Corps. Rechts daneben das II.

Am *linken* Flügel standen die Sachsen und das VIII. östreichische Corps; beide (weiter links) gedeckt durch die leichte Kavallerie-Division Edelsheim.

---

* Unsre in den Text gedruckte Karte soll nur *ganz allgemein*, ohne allen Anspruch auf Richtigkeit im Detail, das *Hakenförmige* einerseits der hier in Betracht kommenden Höhenzüge, andrerseits der östreichischen Aufstellung andeuten. Insonderheit was den östreichischen rechten Flügel angeht, so ist die Stellung desselben, selbst wenn man es wollte, kaum zu fixieren. Alles war von Anfang an in *Bewegung*. Man kann nur sagen: bei Beginn der Schlacht stand der östreichische rechte Flügel, wie unsre Zeichnung es zeigt, nahezu rechtwinklig auf die eigentliche Frontlinie und schwenkte dann mehr und mehr aus seiner Hakenstellung in diese Frontlinie ein. Wir kommen später ausführlich darauf zurück.

Von der Höhe von Dub aus, in dem Augenblick, als der König in Front erschien, war die ganze östreichische Schlachtlinie, trotz des Nebel- und Regenwetters, zu übersehn.

Zu Füßen lag *Sadowa* mit seiner Chaussee und seiner Bistritz-Brücke; dahinter das Sadowa-Gehölz; hinter dem Gehölz die Höhe von Lipa.

Links in der Bistritz-Mulde Benatek; höher ansteigend Horenowes und Cistowes; zwischen beiden, anscheinend greifbar nahe, der Swiep-Wald.

Rechts hin die zu Sadowa gehörige Zuckerfabrik, deren hoher Schornstein weithin sichtbar war; dahinter Dohalitz und Dohalitzka.

Noch weiter rechts, hart vor *Nechanitz,* stand die Elb-Armee bereits im Feuer. Ihr Vorgehen war von Dub aus nicht erkennbar; nur das Aufblitzen der Kanonen zeigte wo das Gefecht sich einleitete.

Auf der ganzen Linie (eine deutsche Meile) rückten die Unsren gegen die Bistritz vor. Die Schlacht begann.

Diese Schlacht in ihrem *Gesamtverlauf,* in ihren *großen Zügen* zu schildern, sei, ehe wir uns den einzelnen Kämpfen zuwenden, unsre nächste Aufgabe.

Der Plan des Prinzen Friedrich Karl ging dahin, mit der I. Armee (bei Sadowa) die Bistritz zu forcieren, die dahinter gelegene Höhe (die Höhe von *Lipa*) zu erstürmen und dadurch das feindliche Zentrum zu durchbrechen. Das gleichzeitige Vorgehn der *Elb-Armee* über Nechanitz, ein Stoß auf den feindlichen linken Flügel, beziehungsweise eine Umgehung desselben, sollte den Hauptstoß im Zentrum unterstützen.

In dem Moment, in dem die Schlacht begann, wußte man preußischerseits noch nicht, daß man die ganze feindliche Armee gegenüber habe. Man rechnete auf drei Corps und die Sachsen. Darauf hin war der Plan, so weit wir ihn mitgeteilt, entworfen.

Der Feind stand uns aber nicht mit seiner *halben,* sondern mit seiner *ganzen* Armee gegenüber. Glücklicherweise war dieser Fall – wenn auch nicht geglaubt – so doch als Möglichkeit in die Berechnung gezogen. Um ganz sicher zu gehen, war [. . .] der *Kronprinz* um seine Mitwirkung angegangen worden. Kam er, ohne daß seine Hülfe dringend benötigt war, so war nichts verloren; wurde seine Hülfe aber erforderlich, stand man dem *ganzen* Feinde gegenüber, so hing der Sieg an seinen Fahnen. Wir wissen jetzt, daß das letztre der Fall war.

In den ersten Stunden ging alles gut. Die Bistritz, auf der ganzen Linie, wurde überschritten. Die Avantgarde der Elb-Armee nahm Nechanitz; ebenso avancierten die drei Angriffs-Kolonnen im Zentrum:

die 3. Division (rechtes Zentrum) besetzte Dohalitzka und Mokrowous;

die 7. Division (linkes Zentrum) drang über Benatek bis in den Swiep-Wald vor;

die 8. und 4. Division (im eigentlichen Zentrum) nahmen Sadowa und besetzten das Sadowa-Gehölz.

Es war jetzt 10 Uhr. Glückte es die Höhe von Lipa zu gewinnen, so war die Schlacht gewonnen, noch ehe der Kronprinz kam.

Aber alle Angriffe auf diese Stellung scheiterten. Immer neue Truppen, pommersche, thüringische, magdeburgische, zuletzt auch (aus der Reserve herangezogen) brandenburgische Regimenter, wurden gegen die Höhe geführt. Aber vergeblich. Ein Stocken kam in die Bewegung; einzelne Bataillone mußten zurück; nur mit ungeheuren Verlusten hielt man sich im Zentrum.

Man sah zunächst nach *rechts*. Wenn die Elb-Armee, wie erwartet war, vordrang, wenn sie den Gegner überflügelte und seine einzige Rückzugslinie: die Königgrätzer Chaussee, bedrohte, vielleicht wirklich durchschnitt, so war ein Erfolg im Zentrum, zu dessen Erringung man jeden Augenblick das in Reserve gehaltene III. Armee-Corps vorschicken konnte, immerhin noch möglich; – aber dies erwartete rasche Vorgehn der Elb-Armee *(ohne daß diese ein Tadel träfe)* blieb aus. Die Lage am rechten Flügel war eben dieselbe wie im Zentrum: die mit Artillerie besetzten Höhen boten einen Widerstand, der nicht im ersten Ansturm zu brechen war.

In diesen Momenten der Bedrängnis, wo von *rechts* her die Einwirkung nicht kam, auf die man gerechnet hatte, wurde es klar, daß die Entscheidung nur noch von *links* her kommen könne. *Und sie kam.* Von *Norden* her, um die dritte Stunde des Nachmittags, stieß die Kronprinzliche Armee, nach vorhergegangenen leichten Gefechten, in Flanke und Rücken der östreichischen Stellung. Die beiden Garde-Divisionen, Chlum und Lipa im ersten Anlauf nehmend, trieben sich wie ein Keil mitten in die Seite des Gegners hinein. Links neben ihnen, über die drei Querriegel hinweg, avancierte gleichzeitig das VI. Corps und faßte den Feind bereits im *Rücken*. Um sein Mißgeschick voll zu machen, flankierte eben jetzt auch die Elb-Armee von Süden her die Stellung; seine einzige Rückzugslinie: die Königgrätzer Chaussee, konnte jeden Augenblick von *zwei* Seiten her durchschnitten werden.

Diesem drohenden Schicksal zu entgehen, das gleichbedeutend gewesen wäre mit Gefangennahme oder Vernichtung der Armee, wurde der Rückzug in fliegender Eile angeordnet; Kavallerie und *Artillerie* opferten sich. Besonders die letztre hielt aus bis zuletzt. Daß sie so viel an Geschützen verlor, gereicht ihr nicht zum Vorwurf, sondern vielmehr zum *Ruhme*. Aufprotzen und abfahren ist immer das leichteste.

Der Rückzug ging über die Elbe. Über die Schrecken, die ihn begleiteten, an andrer Stelle. Wie erst würde das Bild gewesen sein, wenn der Sieger *verfolgt* hätte! Die Verfolgung unterblieb. Die Unsren, in weitem Umkreis, rasteten auf dem hart erstrittenen Grund.

Wir gehen nunmehr zu den *Einzelnheiten* des Kampfes über.

DER KAMPF BEI PROBLUS UND PRIM

Die Elb-Armee hatte den rechten Flügel. Ihr gegenüber standen die Sachsen; dahinter das VIII. Corps, zunächst nur zwei Brigaden stark. Nach rechts hin unterhielt der Feind Fühlung mit seinem X. und I. Corps. Die linke Flanke deckte die Kavallerie-Division Edelsheim.

Das Terrain, das sich dem Auge der Elb-Armee darbot, als dieselbe am *diesseitigen* Rande der Bistritz erschien, kann man als zwei hintereinander gelegene Mulden bezeichnen. Der mittlere Höhenzug beiden gemeinsam.

Der anfängliche Plan der Sachsen war dahin gegangen, diesen mittleren Höhenzug stark zu besetzen, mit andern Worten, dem Gegner schon das Passieren der *ersten* Mulde (in der die Bistritz fließt) streitig zu machen. Schon am 2. Juli abends waren zu diesem Behufe, auf eben diesem Höhenzuge, der »Höhe von Hradek«, Geschützeinschnitte hergestellt worden. Die speziellen Anordnungen Benedeks aber, die eine so weite Ausdehnung seiner Schlachtreihe nicht gestatteten, führten dazu, daß die eigentliche Bistritzlinie an dieser Stelle aufgegeben und statt des Ost-Randes der ersten Mulde, der Ost-Rand der *zweiten* Mulde gewählt wurde. Die Sachsen nahmen ihre Aufstellung auf der Höhe von *Problus – Nieder-Prim,* nur einzelne Bataillone bis an die Bistritz-Übergänge vorschiebend. Diese vorgeschobenen Bataillone standen wie folgt:

in Tresowitz (rechter Flügel, nur eine Viertelmeile von Dohalitzka) das 5. Bataillon;

zwischen Tresowitz und Popowitz das 6. Bataillon;

in Popowitz das 2. Jäger-Bataillon;

in Lubno das 9. Bataillon;

in Alt-Nechanitz das 8. Bataillon;

in Nechanitz das 7. Bataillon.

in Kuncitz das 11. Bataillon.

Die Aufgabe der Elb-Armee bestand nunmehr darin, diese Bistritz-Übergänge (oder doch die wichtigsten derselben) zu forcieren, die dahinter gelegene Höhe von Hradek zu ersteigen und von eben dieser Höhe aus, durch die *zweite* Mulde vorgehend, die Stellung Problus – Nieder-Prim zu nehmen.

Diese Stellung war in der Front von erheblicher Stärke. Ihre Schwäche, wie schon S. 130 hervorgehoben, bestand darin, daß sie, ohne besondere Schwierigkeiten, von uns aus nach rechts hin umgangen werden konnte und daß die ihr vorgelegene Hradeker Höhe der dominierende Punkt war.

Die Avantgarde forciert die Bistritz und nimmt Aufstellung auf der Linie Lubno-Hradek. 7-9 Uhr

Die Avantgarde der Elb-Armee, Generalmajor v. Schöler, war um 3 ½ Uhr aus Smidar aufgebrochen. Sie ging über Skriwan, Kralic, Kobilitz und stand um 7 Uhr, sieben Bataillone und zwar Batterien stark, an der Bistritz. Diese sieben Bataillone waren die folgenden:

Füsilier-Bataillon vom 28., Major Mettler;

2. Bataillon vom 33., Oberstlieutenant v. Marschall;

Füsilier-Bataillon vom 17., Oberstlieutenant v. Koblinski;

Jäger-Bataillon Nr. 8, Major Zierold;

Füsilier-Bataillon vom 69., Major Marschall v. Sulicki;

1. Bataillon vom 40., Oberstlieutenant v. Conrady;

2. Bataillon vom 56., Major v. Thielau.

Nur bei Nechanitz war eine feste Brücke; sonst, auf- und abwärts, gingen nur Stege über den Fluß, so daß, um die Armee, insonderheit die Artillerie, auf die andre Seite der Bistritz führen zu können, vor allem Nechanitz in unsren Händen sein mußte. Das Füsilier-Bataillon vom 28. dirigierte sich gegen dasselbe, während das Füsilier-Bataillon vom 17. und das 2. Bataillon vom 33. diese Bewegung in der linken und rechten Flanke und zwar durch ein Vorgehen gegen Lubno und Kuncitz unterstützten.

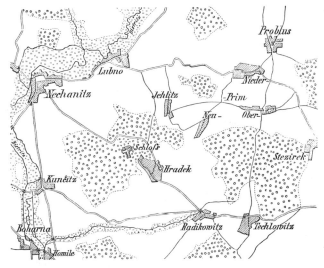

Kuncitz, so scheint es, wurde zuerst genommen. Die 33er drangen rasch vor; der hier fechtende Bruchteil vom sächsischen 11. Bataillon zog sich durch den Tiergarten von Hradek nach Nieder-Prim zurück.

Das Zurückgehen dieser Compagnieen und als unmittelbare Folge davon das Erscheinen unsrer 33er in Flanke und Rücken des bei Nechanitz noch im Gefecht stehenden Feindes, konnte auf die Verteidigung dieses Hauptüberganges über die Bistritz nicht ohne Einfluß bleiben. – Alt-Nechanitz (*diesseits* des Flusses gelegen) war von unsren hier vordringenden 28ern ohne Anstrengung genommen worden; desto hartnäckiger wurde

Nechanitz selbst durch die hier kämpfenden sächsischen Bataillone, das 7. und 8., und die auf dem Kirchhofe aufgefahrene, reitende Batterie Zenker verteidigt. Erst nachdem es geglückt war, die halb abgetragene Brücke über die Bistritz durch ausgehobene Torflügel wieder passierbar zu machen, gelang es unsren 28ern hier vorzudringen und den Feind aus Nechanitz hinauszudrängen. Die 1. Compagnie des sächsischen 8. Bataillons, die unmittelbar an der Brücke ihren Stand gehabt, hatte bei diesem Gefecht nicht unerhebliche Verluste. Die Batterie Zenker ging ebenfalls zurück.

Das Erscheinen unsrer 33er in Kuncitz (so bemerkten wir bereits) hatte die Verteidigung von Nechanitz beeinflußt und an der Räumung dieses Ortes mitgewirkt; ebenso begann jetzt unser Erscheinen in Nechanitz die bis dahin mit großer Energie geführte Verteidigung von *Lubno* zu beeinflussen. Das 9. sächsische Bataillon, das bis dahin, von der Granatkanonen-Batterie v. d. Pforte unterstützt, die Dorfumfassung, insonderheit aber den Häuserkomplex an der Mühle mit großer Energie verteidigt und unsrem hier vorgehenden Füsilier-Bataillon vom 17. erhebliche Verluste bereitet hatte (das Bataillon verlor hier 3 Offiziere und 80 Mann), zog sich, nunmehr in seiner linken Flanke bedroht, auf Problus zurück. Die auf dem äußersten rechten Flügel, in Tresowitz und Popowitz stehenden drei Bataillone (das 5. und 6. Bataillon und die 2. Jäger) folgten, ohne daß sich unsererseits ein Angriff gegen sie gerichtete hätte, dieser Rückwärtsbewegung. Das Bedrohen der feindlichen linken Flanke hatte also, in Wiederholung derselben Situation, von Kuncitz her begonnen und über Nechanitz und Lubno hinaus, bis an den äußersten rechten Flügel sich fortgesetzt.

Sämtliche 7 *sächsische* Avantgarden-Bataillone gingen in die Stellung Problus – NiederPrim zurück; sämtliche 7 *preußische* Avantgarden-Bataillone folgten ihnen und nahmen Stellung auf dem mittleren Höhenzuge zwischen Lubno und Hradek. Ihre Aufstellung von links nach rechts war wie folgt:

Füsilier-Bataillon vom 17.,
Jäger-Bataillon Nr. 8,
Füsilier-Bataillon vom 28.,
1. Bataillon vom Füsilier-Regiment Nr. 40,
Füsilier-Bataillon vom 69.,
2. Bataillon vom Füsilier-Regiment Nr. 33,
2. Bataillon vom 56.

In der Mitte dieser Stellung, ebenfalls auf der Höhe, fuhren die beiden Avantgarden-Batterieen, Wolff und Pilgrim, auf. Die *zweite* Mulde lag offen da und auf dem jenseitigen Höhenrande derselben die Dörfer Problus, Nieder- und Ober-Prim.

Artilleriekampf. Die Avantgarde nimmt Jehlitz, Neu-Prim und die Fasanerie. 10-12 Uhr

Es mochte 10 Uhr sein als unsre Avantgarden-Batterieen in Position standen und ihre Feuer gegen die feindliche Stellung eröffneten. Der Feind, drei gezogene Batterieen auf die Höhe zwischen Problus und Nieder-Prim vorziehend, antwortete sofort; allmählich wuchs die Kanonade nach dem Maße eintreffender Verstärkungen. Die Sachsen, vor Ablauf einer Stunde, wurden durch zwei östreichische Batterieen des in Reserve stehenden VIII. Corps, die Unsren durch zwei gezogene Batterieen der Division Canstein unterstützt; etwa um 11 Uhr standen sich 34 und 24 Geschütze gegenüber. Die Kanonade, zum Teil in Folge der großen Entfernung (4000 Schritt), verlief ziemlich wirkungslos.

Generalmajor v. Schöler, ohne ängstlich abzuwägen zwischen den Kräften hüben und drüben, zugleich unlustig ein immer zweifelhafter werdendes Resultat der Kanonade abzuwarten, beschloß mit seinen 7 Bataillonen zum Angriff überzugehen und in drei Kolonnen, links, rechts und im Zentrum, gegen die feindliche Stellung zu avancieren. Die vielen, in Mitte der Mulde sich hinziehenden Gehöfte und Waldparzellen kamen solchem Vorgehen, da sie Deckung boten, zu Hülfe und in der Tat wurde nach unerheblichen Verlusten auf der ganzen Linie Terrain gewonnen. Die 17er am äußersten linken Flügel drangen bis in die zwischen Popowitz und Problus gelegene Waldparzelle, die 56er am äußersten rechten Flügel bis in den Wald von Stezirek vor; im Zentrum aber wurden Jehlitz und Neu-Prim und als wichtigster Punkt die zwischen beiden Dörfern gelegene Fasanerie von den 33ern und 40ern genommen. Selbst über diesen Punkt hinaus, auf Nieder-Prim zu, wurde ein Versuch gemacht, der indessen, bei der Stärke der feindlichen Stellung, scheitern mußte.

Die Fasanerie selbst blieb in unsren Händen; wenigstens zunächst.

Vorstoß der sächsischen Leib-Brigade. 12-1 Uhr

Wir hatten an Terrain gewonnen und standen auf der ganzen
Linie etwa in Mitte der Mulde. Unser Avancieren hatte indessen den Kronprinzen von Sachsen über unsre numerische
Schwäche nicht täuschen können; die 15. Division (Canstein),
die der Avantgarde zunächst gefolgt war, war noch immer nicht
heran und so beschloß denn der feindliche Kommandierende
seinerseits zur Offensive überzugehn. Die sächsische Leib-Brigade, also die Infanterie-Bataillone 13, 14, 15, 16 wurden vom
rechten Flügel der gegnerischen Aufstellung (Problus) auf den
linken (Nieder-Prim) gezogen, um von hier aus vorzustoßen
und Neu-Prim und die Fasanerie wiederzunehmen. Die Gra-
nat-Kanonen-Batterie Hering-Göppingen erhielt Befehl den
Angriff zu unterstützen.

Ehe wir die sächsische Brigade bei diesem ihrem Vorgehn
begleiten, werfen wir zuvor einen Blick auf die Position Problus
– Nieder-Prim zu dieser Stunde des Tages, sowohl auf die Örtlichkeit, wie auf die lebende Verteidigung.

Problus und Nieder-Prim, ersteres Kirchdorf und beide auf
dem Kamm der Höhe gelegen, waren durch sächsische Pioniere, unter Beihülfe einer östreichischen Abteilung, in möglichst
guten Verteidigungszustand gesetzt worden. Das Schloß und
die Wirtschaftsgebäude von Nieder-Prim hatte man durch Ein-
schneiden von Schießluken, Anbringung von Fensterblenden,
Brustwehren, namentlich auch durch Schützengräben und Verhaue längs der Umfassung, möglichst fest zu machen gesucht.

Zur Verteidigung beider Dörfer war die *dritte* Infanterie-
Brigade bestimmt. In Problus standen das 9. und 10. Infante-
rie-Bataillon und die 3. Jäger; in Nieder-Prim das 11. und 12.
Bataillon und die 4. Jäger (diese letztren von der Leib-Brigade).

Die Aufstellung der übrigen Truppenteile war wie folgt:

die gesamte Infanterie (1., 2. und 4. Brigade) in verdeckter
Aufstellung dicht hinter dem Kamm der Höhe zwischen Problus und Nieder-Prim, die 4. Brigade am rechten, die 1. am
linken Flügel, die 2. nordöstlich von beiden;

die Reiterei rechts neben der Infanterie, zur Verbindung mit
dem X. östreichischen Corps;

die Reserve-Artillerie links rückwärts.

Bei Problus selbst lag also für diesen Teil des Schlachtfeldes
die Entscheidung.

Unmittelbar hinter den Sachsen, wie schon eingangs hervorgehoben, stand das VIII. Corps. Es hielt den Wald von Bor, 1000 bis 2000 Schritt ostwärts von der Linie Problus – Nieder-Prim besetzt, die Brigade Schulz am rechten, die Brigade Roth am linken Flügel, Brigade Wöber zwischen beiden, aber weiter rückwärts, fast am Ostrande des Waldes.* Noch weiter zurück (außerhalb des Gehölzes) die östreichische Corps-Geschütz-Reserve und das 3. Ulanen-Regiment, Erzherzog Karl.

Die austro-sächsische Gesamtaufstellung war also eine sehr konzentrierte und hatte bei einer Front von zunächst (sie verlängerte sich später) kaum 2000 Schritt, eine Tiefe von 4000. Massiert stand man am rechten Flügel.

Das war die bedeutende Macht (40.000 Mann), die, unsre Schwäche gewahr werdend, nunmehr ihrerseits zur Offensive überzugehen begann. Die Leib-Brigade, wie bereits in der Kürze erwähnt, rückte hinter dem Kamm der Höhe weg, unter klingendem Spiel, vom rechten Flügel (Problus) bis an den linken (Nieder-Prim), schwenkte ein und griff, unter Benutzung einer südlich des Dorfes gelegenen Terrainsenkung, die zwischen Neu-Prim und Jehlitz sich hinziehenden, von unsren 33ern und 40ern besetzten Holzungen, besonders die mehrfach genannte Fasanerie, mit großer Energie an. Das 15. Bataillon, mit dichten Plänklerlinien vorauf, hatte die Tête; das 4. Jäger-Bataillon aus der westlichen Lisière des Dorfes (Nieder-Prim) hervorbrechend, unterstützte die Offensivbewegung; die Granatkanonen-Batterie Hering-Göppingen bewarf die Unsren mit Shrapnels.

Der Angriff glückte; unsre 33er und 40er, unter nicht unerheblichen Verlusten, mußten zurück, alle Holzungen bis nach Jehlitz und Neu-Prim heran wurden vom Feinde wiedergenommen, der eben Miene machte seinen Erfolg im Zentrum unsrer Aufstellung noch weiter auszubeuten, als das Erschei-

---

* Alle drei Brigaden des VIII. Corps rückten aus ihrem Lager bei *Nedelist* in diese ihnen angewiesenen Positionen ein. Brigade Schulz um 9 Uhr, Brigade Roth (früher Fragnern) etwa um dieselbe Zeit, Brigade Wöber (früher Kreyssern) erst zwischen 1 und 2 Uhr. Diese letztre Brigade hatte, in der Nacht vorher, zwei Bataillone auf Vorposten gegeben und traf deshalb, da sie die Ablösung derselben nicht hatte abwarten können und ein drittes Bataillon detachiert war, nur in etwa halber Stärke auf dem linken Flügel ein.

nen preußischer Helmspitzen in seiner linken Flanke seinem Vordringen ein Ziel setzte. Diese im Anmarsch begriffene preußische Kolonne war das auf unsrem äußersten rechten Flügel und zwar im Walde von Stezirek vorgegangene 2. Bataillon vom 56., das sich eben anschickte von der Nordlisière dieses Waldes aus mit halb links gegen *Ober*-Prim zu avancieren.

Sächsischerseits wurden diese Abteilungen entweder überschätzt oder aber man war unsrer in weiter Kurve um Schloß Hradek herummarschierenden Bataillone der Division Canstein, *und zwar früher als wir selbst,* ansichtig geworden. Manches spricht für die letztre Annahme. Gleichviel indes; unter allen Umständen war es das unerwartete Erscheinen größerer oder kleinerer Abteilungen der Unsren von Südwesten her, was der feinlichen Offensiv-Bewegung einen Stillstand gab. Unter Deckung des gegen die bedrohte Flanke sich wendenden 13. Bataillons gingen alle übrigen sächsischen Abteilungen in die Stellung bei Nieder-Prim zurück. Nur die Fasanerie blieb besetzt (vom 15. Bataillon).

Vorstoß der 2. sächsischen Brigade. 1-2 Uhr

Die Offensivbewegung der Leib-Brigade, gut eingeleitet, hatte doch nur einen halben Erfolg gehabt. Der Kommandierende beschloß deshalb dem ersten Vorstoß einen zweiten und zwar in derselben Richtung folgen zu lassen. Die 2. Brigade wurde dazu auserwählt. Um die Vorwärtsbewegung nicht wieder durch eine Bedrohung der linken Flanke gehemmt zu sehn, erging an den Kommandierenden des östreichischen VIII. Corps die dringende Aufforderung, eine Brigade oder mehr nach Ober-Prim vorrücken zu lassen. Der Kommandierende des VIII. Corps kam dieser Aufforderung nach. Ober-Prim und das vorgelegene Terrain wurden unverzüglich durch die Brigade Schulz (Regimenter Gerstner und Nobili) besetzt. Eine unmittelbare Bedrohung in der Flanke war dadurch unmöglich gemacht; die Östreicher standen so, daß ein einfaches Linksum einen Hakenarm, eine lebendige Wand schuf, unter deren Seitenschutz der Vorstoß erfolgen konnte.

Und er erfolgte wirklich. Die 2. Brigade – ganz wie vorher die Leib-Brigade – aus ihrer Reserve-Stellung bei Problus in die Stellung bei Nieder-Prim gezogen, rückte in zwei Treffen, das

6. Bataillon an der Tête, auf dem welligen Terrain zwischen der
Fasanerie und Neu-Prim gegen die dahinter gelegenen sich
weit ostwärts erstreckenden Holzungen des Schlosses von Hradek vor und begann bereits unsre Artillerie-Aufstellung auf
der Höhe von Hradek in Gefahr zu bringen, als wieder von der
linken Flanke her (ganz wie eine Stunde früher beim Vorgehn
der Leib-Brigade) das Hemmnis und bald eine allgemeine Verwirrung kam. Diesmal waren es nicht preußische, von fern her
wie eine Drohung wirkende Abteilungen, diesmal waren es
östreichische Bataillone, die, bereits durchbrochen, an einzelnen Stellen zertrümmert, nunmehr in wirrer Flucht sich auf
die Flanke der eben avancierenden 2. Brigade warfen. Sie, die
eine Wand und Wehr hatten bilden sollen, schufen jetzt, nach
dem Unfall, der sie betroffen, mehr Not und Verwirrung als sie
vorher Schutz geschaffen hatten.

Um diese Vorgänge klar zu haben, müssen wir, um ein erhebliches in unsrer Darstellung zurückgreifend, die 15. preußische Division auf ihrem Vormarsch begleiten.

Die 15. Division, die hinter Hochwesely, also drei Meilen
von der Bistritz entfernt, bivouakiert hatte, war, trotz frühen
Aufbruchs und raschen Marsches, erst gegen 11 Uhr beim
Brücken-Defilé in Nechanitz eingetroffen. Hier empfing die
Division Befehl, sich rechts zu halten und über Hradek gegen
die feindliche linke Flanke, besonders gegen Ober-Prim zu operieren. General v. *Canstein*, in Ausführung dieses Befehls,
hatte die 30. Brigade (v. Glasenapp) gegen den Wald von Stezirek, die 29. Brigade (v. Stückradt) links daneben gegen Neu-
Prim dirigiert – um 1 ½ Uhr, genau um dieselbe Zeit als die
sächsische 2. Brigade, unterm Flankenschutz der östreichischen Brigade Schulz, ihren Vorstoß von Nieder-Prim aus ein-
zuleiten begann, waren die beiden preußischen Brigaden an
den ihnen angewiesenen Plätzen (Neu-Prim und Wald von Stezirek) eingetroffen. General v. Canstein, der sich bei der Brigade Glasenapp, Regimenter 68 und 28, befand, gab Ordre zu
unverzüglichem Vorgehn gegen die feindliche Flanke, so daß
der preußische Vorstoß von Süd nach Nord mit dem sächsischen Vorstoß von Ost nach West unmittelbar zusammenfiel.
Zwischen beiden, auf der Linie Neu-Prim – Ober-Prim, stand
in Hakenstellung, wie mehrfach hervorgehoben, die östreichische Brigade Schulz. Von der Haltung dieser Brigade hing alles
ab. Sie versagte. Das Füsilier-Bataillon vom 68. Regiment an

der Tête, brach die Brigade Glasenapp unter Hurra aus dem Walde von Stezirek hervor, durchstieß die nunmehr mit Front gegen Süden aufgestellte östreichische Brigade wie einen Bogen Papier, warf die eine Hälfte rechts hin, nach Ober-Prim hinein und jagte die andere Hälfte links hin, auf Neu-Prim zu. Hier vom Feuer der Brigade Stückradt empfangen, nahm die Flucht eine neue Richtung *(nordwärts)* und ergoß sich in das zwischen Nieder-Prim und der Fasanerie gelegene Terrain.

Das wurde zu besonderm Unheil. Auf letztgenanntem Terrain rückte eben jetzt, wie wir wissen, die 2. sächsische Brigade zum Angriff vor. Es war der ungünstigste Moment! Dieselben Regimenter (Gerstner und Nobili) unter deren *Schutz* der Vorstoß erfolgen sollte, warfen sich in heilloser Verwirrung in die linke Flanke der eben avancierenden sächsischen Bataillone und rissen die vordersten (das 6. und 8.) mit in die eigene Flucht hinein. Vom Kreuzfeuer der beiden preußischen Brigaden mit Kugeln überschüttet, erlitten alle gegenüberstehenden Truppenteile, namentlich auch die beiden sächsischen Bataillone, große Verluste an Toten und Verwundeten. Erst die vorzügliche Haltung des aus dem zweiten Treffen vorgezogenen 2. sächsischen Jäger-Bataillons, das in geschlossener Linie, Schützen rechts und links, mit voller Musik gegen die bedrohte Flanke avancierte, den Schwarm der Flüchtenden durchließ, dann aber sich wieder schloß und seine Salven gegen unsre nachdrängenden Bataillone abgab, setzte der Verwirrung ein Ziel.

Die Sachsen gingen in ihre Aufnahmestellung hinter Nieder-Prim zurück; die Reste der östreichischen Brigade (die an 1000 Mann verloren hatte) konzentrierten sich in Ober-Prim.

Die 30. Brigade (v. Glasenapp) nimmt Ober-Prim. 2 Uhr

Der Flankenstoß von Süden her, der, wie wir eben geschildert, die östreichische Brigade Schulz* halb zertrümmert und die 2.

---

* Aus dem inzwischen erschienenen östreichischen Generalstabswerk geht hervor, daß uns an dieser Stelle *zwei* Brigaden gegenüber standen. Brigade Roth (so ersehen wir) wurde beordert, zur Unterstützung der Brigade Schulz, *links* neben dieser, vorzugehn. Regiment Salvator nahm die Tête; Regiment Nassau und das 5. Jäger-Bataillon folgten; so rückte die Brigade von Ober-Prim aus gegen den Wald von Stezirek.

sächsische Brigade zum Zurückgehn in ihre Stellung gezwungen hatte, hatte die Entscheidung wenn nicht gebracht, so doch
eingeleitet. General v. Canstein war rasch entschlossen, den
errungenen Erfolg vollständig zu machen. Er gab Befehl zum
Angriff auf Nieder- und Ober-Prim. Letztres, als Flanken-
punkt leichter faßbar, wurde zuerst genommen (durch die
30. Brigade).

Der Angriff erfolgte konzentrisch und zwar derart, daß die
68er unter Oberst v. Gayl von Westen und Südwesten her, die
28er unter Oberst v. Gerstein von Süden und Südosten her, in
das Dorf eindrangen. Die 68er zuerst; Hauptmann v. Bolschwing, 11. Compagnie, fiel. Das durch Gerstner-Infanterie
(3. Bataillon) mit vieler Bravour verteidigte Dorf konnte, wenigstens zunächst, nur Schritt um Schritt genommen werden;
als aber die Überflügelung seitens der 28er die nach dem »Walde von Bor« hinführende Rückzugslinie zu durchschneiden
drohte, räumte der Feind auch die zweite Hälfte des Dorfes und
floh in hellen Haufen auf den ebengenannten, 1000 Schritt
rückwärts gelegenen Wald zu. Die Unsren drängten nach. Auf
halbem Wege zwischen Ober-Prim und der Waldlisière war es,
wo der östreichische Brigadier, Generalmajor v. Schulz, von

Zunächst in guter Ordnung. Aber das Eindringen in die Lisière entbehrte einer festen taktischen Ordnung und das 5. Jäger-Bataillon, wie
auch starke Abteilungen von Nassau-Infanterie, prellten vor und gerieten dadurch in die Intervallen des Regiments Salvator. Das schuf
Verwirrung; im selben Augenblick, so scheint es, stießen unsre 68er in
die linke Flanke des Gegners und rollten ihn auf. So viel über die Brigade Roth. (Die Brigade Wöber traf zu spät ein, um an *dieser* Stelle noch
Verwendung zu finden.) Es mag hier übrigens angedeutet werden, daß
das VIII. östreichische Corps am 3. Juli *nicht* seinen guten Tag hatte.
Der sächsische Bericht spricht dies ziemlich unverhohlen aus und wie
wir glauben mit Recht. Es zeigte sich wenig von der außerordentlichen
Bravour, mit der dasselbe Corps (die Brigaden Fragnern und Kreyssern) bei Skalitz gekämpft hatte. Wir unsrerseits hatten hier – die Dinge entziehen sich einer bestimmten Berechnung – sehr wahrscheinlich
nicht mehr als drei, gewiß nicht mehr als sechs Bataillone zur Hand
und doch genügten sie, um den wenigstens doppelt so starken Feind in
weniger als einer halben Stunde total zu werfen. Nur Ober-Prim
selbst, wie wir auf den nächsten Seiten zeigen werden, wurde gut verteidigt.

zwei Kugeln durch die Brust getroffen, auf den Tod verwundet vom Pferde sank.*

Ober-Prim war nun unser; aber der Feind gedachte nicht, uns ohne weiteres an diesem wichtigen Flankenpunkte zu belassen, der früher oder später auch über den Besitz von Nieder-Prim und Problus entscheiden mußte.

Östreichischerseits – sei es in Folge der eingerissenen Verwirrung, oder sei es weil man die *eigene* Stellung (den Wald von Bor) noch nicht erheblich gefährdet sah – mangelte es, allem Anschein nach, an klarer Erkenntnis der Situation; desto klarer sahen die Sachsen wie es stand. Ober-Prim mußte wiedergenommen und, wenn dies scheiterte, wenigstens ein weiteres Vordringen der Preußen von Ober-Prim auf Nieder-Prim gehindert werden.

Zu diesem Behuf avancierte jetzt die 1. sächsische Infanterie-Brigade (dieselbe die bei Gitschin so schwere Verluste gehabt hatte) aus ihrer Reservestellung bei Problus bis an den Wald von Bor und nahm an der Westlisière diese Waldes, etwa in Höhe von Nieder-Prim, eine durch Verhaue gedeckte, feste Position. Das schmale Terrain zwischen Problus – Nieder-Prim und dem dahintergelegenen Walde (Bor) wurde dadurch zu

---

* Mannschaften vom 28. Regiment, unter Führung von Hauptmann Perizonius und Lieutenant Tempel, versuchten den General, der alsbald mitten im Granatfeuer seiner eigenen Batterieen lag, vom Gefechtsfelde nach Ober-Prim hineinzutragen, aber noch ehe sie das Dorf mit ihm erreichten, verschied er. Die Leiche wurde in die vorderste Scheune niedergelegt und am Morgen des 4. Juli, dreißig Schritt vom Dorf entfernt, bestattet. Sein Tod erregte bei einzelnen Truppenteilen eine besondere Teilnahme. Die 34er, die bald nach dem Gefecht in Ober-Prim einrückten, kannten ihn von Rastatt her, wo er, kurz vor Ausbruch des Krieges, ebenfalls in Garnison gestanden hatte und mit dem Commandeur des 34. Regiments, Oberst v. Schmeling, befreundet gewesen war. – Übrigens wurde der General später auf Befehl des Kaisers wieder ausgegraben und auf dem Königgrätzer Kirchhofe beigesetzt, wo ihm inzwischen ein Denkmal errichtet worden ist. (Bei der Exhumierung der Leiche zeigten sich bei dem Gefallenen: 2 Schußwunden am linken Schenkel, 2 in der linken Brust, ein Schuß durch die Oberlippe, der Leib durch einen Granatsplitter aufgerissen, der linke Arm und linke Fuß gebrochen.)

einem schwer passierbaren Defilé, das es gestattete einen hier vorrückenden Feind unter Kreuzfeuer zu nehmen.

Zu gleicher Zeit aber begann man sächsischerseits ein immer wachsendes Granatfeuer gegen Ober-Prim zu richten. Während die *gezogenen* Batterieen von ihrer Höhenstellung bei Nieder-Prim aus fortfuhren, mit Front gegen Westen, unsre Artillerieposition bei Hradek unter Feuer zu nehmen, fuhren, in *Hakenstellung* zu den fünf gezogenen Batterieen *(also mit Front gegen Süden)*, alle die glatten und Granatkanonen-Batterieen auf, die man sächsischerseits noch zur Verfügung hatte. Dreißig Geschütze. Sie eröffneten, auf nächste Distance, ein formidables Feuer gegen Ober-Prim, schossen es in Brand und zwangen unsre 68er und 28er das Dorf aufzugeben und außerhalb desselben, in Terrainsenkungen und Waldparzellen, Deckung zu suchen.

Dies Granatfeuer erreichte so viel, daß ein Vorbrechen unsrer 30. Brigade von Ober-Prim auf Nieder-Prim allerdings zeitweilig gehindert wurde; aber von andrer Seite her und zwar von der *Front* aus, erfolgte inzwischen der Angriff, der auch über Nieder-Prim entschied.

Die Reserve-Artillerie rückt vor. Die 29. Brigade (v. Stückradt) nimmt Nieder-Prim

Etwa um 2 Uhr sammelte General v. Stückradt seine den linken Flügel der Division Canstein bildenden Bataillone zum Angriff auf Nieder-Prim. Ehe er jedoch vorbrach, avancierte unsre Artillerie, die bis dahin ihr Feuer von der Hradeker Höhe aus geführt hatte, auf Kernschußweite an den Feind und eröffnete nunmehr aus 66 Geschützen (die Reserve-Artillerie unter Oberst v. Bülow war eingetroffen) ein Feuer, gegen das sich die 34 gezogenen Geschütze des Gegners nicht länger behaupten konnten.

Als sein Feuer zu erlahmen begann, brachen die Bataillone der 29. Brigade, 65er und 40er, aus der Fasanerie hervor und gingen im Sturmschritt gegen das von der halben 3. Brigade (11. und 12. Bataillon) und vom 4. Jäger-Bataillon verteidigte Dorf vor. Die Brauerei, dicht am Schloß, stand schon in Flammen; die 6. Compagnie vom 65. drang von Südwesten her in das Dorf ein und stürmte den Schloßhof; andre Compagnieen desselben Regiments, ebenso 40er und 33er (letztre von der Avantgarde) drängten nach. Das 4. Jäger-Bataillon räumte fechtend, Schritt vor Schritt, den Ort, den dasselbe, in Gemeinschaft mit den beiden obengenannten Infanterie-Bataillonen, trotz unsres 5stündigen, nach und nach sich immer steigernden Geschützfeuers standhaft behauptet hatte und zog, ohne irgendwelche Unordnung zu zeigen, an Problus vorbei in nordöstlicher Richtung ab. Die Unsren waren zu ermattet, um unmittelbar folgen zu können.

Die 14. Division (v. Münster) stürmt Problus. 3 Uhr

Beinah gleichzeitig mit Nieder-Prim fiel Problus. Dieser wichtigste Punkt der Stellung – der wichtigste weil er der Verbindungspunkt war – würde, nach Verlust von Ober- und Nieder-Prim, ohnehin haben geräumt werden müssen; als der Angriff gegen Problus aber sich vorbereitete (etwa 2 Uhr) waren die beiden in seiner Flanke gelegenen Dörfer noch *nicht* genommen und die Gesamtlage der Schlacht erwies sich als derart, daß auf *allmähliche,* eins aus dem andren sich ergebende Resultate nicht gewartet werden konnte. Das Zentrum zu degagieren, auch wenn der Kronprinz *nicht* kam oder *später* kam als erwartet, war um 2 Uhr zur dringendsten Aufgabe geworden.

So stand die Partie, als General v. Herwarth der 14. Division den Sturm auf Problus befahl.

Die 14. Divison, Generallieutenant Graf *Münster-Meinhövel,* nach dreimeiligem Marsch auf grundlosen Wegen oder querfeldein über Ackerland, hatte um 1 Uhr Nechanitz, um 1 ½ Uhr Lubno und bald nach 2 Uhr den zwischen Popowitz und Problus gelegenen, bereits seit drei Stunden vom linken Flügel-Bataillon der Avantgarde (17er Füsiliere) besetzten Wald erreicht. Hier formierten sich beide Brigaden der Division zum Angriff, die 27. Brigade, Generalmajor v. *Schwartzkoppen* im Walde selbst, die 28. Brigade, Generalmajor v. Hiller, rechts rückwärts an der Südspitze des Waldes. Das Ziel jener war Problus selbst (der Kirchturm als *point de vue*), das Ziel dieser die südlich von Problus gelegene Höhe.

Die 27. Brigade avancierte zuerst; die Füsiliere und das 1. Bataillon vom 56. Regiment hatten die Tête. General v. Herwarth, Graf Münster, Generalmajor v. Schwartzkoppen erschienen vor der Front der Bataillone und feuerten durch kernigen Zuruf die Truppen an. Die Fahne entrollt, unter dem Klange der Regiments-Musik, brachen jetzt die Bataillone mit Siegeszuversicht aus dem Walde hervor.

Eine Strecke von nahezu 1800 Schritt war bis an die stark besetzte Lisière des Dorfes, unter heftigem Artilleriefeuer aus Front und *Flanke* (von einer bei Stresetitz aufgefahrenen, feindlichen Batterie) zurückzulegen. Die Bataillone blieben im Vormarsch; das Füsilier-Bataillon, mit halbrechts, dirigierte sich gegen die südliche Hälfte des Dorfes, das 1. Bataillon, mit gradaus, ging auf die Mitte. Die Granaten schlugen ein, die ersten Toten und Verwundeten fielen; die Füsiliere hatten erhebliche Verluste. Oberst v. Dorpowski wurde durch eine Kugel in den Schenkel von Pferde geschossen; Oberstlieutenant v. Busse übernahm das Kommando. Jetzt war man heran. Die Flügelkompagnieen des Füsilier-Bataillons erreichten den Rand des Dorfes; aber hier harrte ihrer die schwerste Aufgabe. Bei dem Versuche, die Verhaue und Heckenzäune zu nehmen, die das Dorf umgaben, fielen Hauptmann v. Montbart, Hauptmann v. Bolschwing, Premierlieutenant v. Consbruch, alle drei von Kugeln tödlich getroffen; Lieutenant v. Montowt erhielt einen Schuß mitten durchs Herz; sieben andre Offiziere (alle vom Füsilier-Bataillon) wurden innerhalb 10 Minuten mehr oder minder schwer verwundet. Zwei Fahnenträger fielen; die Fahne ging bereits in die dritte Hand. Endlich gab eine Erdkante, dicht am Dorfe hinlaufend, leidliche Deckung. Die Füsiliere warfen sich hier nieder und eröffneten nun ihr Feuer gegen das Dorf.

Das 1. Bataillon war auf die Mitte zu avanciert. Es litt weniger, aber immer noch erheblich genug. Als es in die von den Füsilieren besetzte Linie einrückte, sprangen diese hinter dem Erdwall wieder auf und gemeinschaftlich, von zwei Seiten her (die 3. Compagnie, Hauptmann Michaelis, hatte das Dorf nach Norden hin flankiert), drangen jetzt beide Bataillone in Problus ein. In den Umzäunungen, Hecken und Gebäuden, besonders am Kirchhof, entspann sich ein hartnäckiges Feuergefecht. Major von Hymmen, Commandeur des 1. Bataillons, durch einen Schuß in den Fuß außer Gefecht gesetzt, wurde zurückgetragen; Major v. Mutius übernahm das Kommando, Lieutenant Madelung fiel tödlich getroffen, der letzten Opfer eines. Die jenseitige Lisière des Dorfes war gewonnen; der Feind, der mit großer Bravour gekämpft hatte (besonders das 3. Jäger-Bataillon), wich nach allen Seiten. An zweihundert Gefangene, meist verwundet, fielen in unsre Hände. *Auch Problus war unser.*

Beinah gleichzeitig hatte rechts neben der 27. Brigade die 28. (Generalmajor v. Hiller) die Höhe zwischen Problus und Nieder-Prim genommen. Die Vorgänge waren hier nahezu dieselben. Wie gegen *Dorf* Problus zwei Bataillone vom 56. die Tête hatten, so gegen die *Höhe* von Problus zwei Bataillone vom 57. (und ein Bataillon vom 17.). Die Verluste waren hier geringer, zum Teil weil das Terrain mehr Deckung bot.

Um 3 Uhr waren Dorf und Höhe von Problus in unsrem Besitz; der Feind, unterm Schutz seiner Batterieen, zog in nordöstlicher Richtung ab.* Nur der Wald von Bor, der teils auf, teils neben seiner Rückzugslinie lag, wurde noch an seinem nordwestlichen Rande durch die sächsische 1. Brigade, an seiner Südwestecke durch Bataillone der östreichischen Brigade Wöber, besonders durch das 24. Jäger-Bataillon gehalten.

Die Unsren, auf den Tod erschöpft, drängten nicht nach, so daß die genannten feindlichen Abteilungen ohne erhebliche Verluste ihren Rückzug antreten konnten.

Die Sachsen gingen zunächst auf Rosnitz und Briza, die Brigaden des VIII. Corps folgten in derselben Richtung, oder nahmen Stellung bei Charbusitz.

---

* Etwa eine Stunde später, um dieselbe Zeit als auf der ganzen Schlachtlinie die östreichischen Reserven, VI. und I. Corps, vorgeführt wurden, um (besonders am rechten Flügel) die verloren gegangenen Positionen wieder zu erobern, wurde auch gegen Problus, am linken Flügel, ein Versuch gemacht. Die Brigade Piret, Regiment Constantin und das 29. Jäger-Bataillon im ersten, Regiment Sigismund im zweiten Treffen, erhielt Befehl zum Vorgehn. Die feindliche Brigade avancierte im heftigsten Feuer unsrer Schützen, drängte auch die in den Hecken außerhalb des Dorfes postierten vordersten Tirailleurs bis an die eigentliche Lisière des Dorfes zurück, erhielt indessen hier so heftiges Feuer, daß sie kehrt machte, nachdem viele ihrer Offiziere und Mannschaften, namentlich vom 29. Jäger-Bataillon, unsren Kugeln erlegen waren. Oberst v. Ripper, Commandeur des Regiments Sigismund, fiel. Die bei Stresetitz postierte feindliche Batterie setzte ihr Granatfeuer, das schon vorher Problus in Brand geschossen hatte, bis zu einer späteren Stunde fort.

Die Elbarmee – ohne daß die 16. Division, die gegen 3 Uhr erst aus Nechanitz debouchierte, bis dahin mit eingegriffen – hatte ihre Aufgabe gelöst. Der feindliche linke Flügel war geworfen, seine Umgehung (durch die 16. Division) bereitete sich vor. Die Verluste waren groß: 71 Offiziere (22 tot) und 1557 Mann.

IM ZENTRUM. DER ARTILLERIEKAMPF

Im Zentrum (ein linker Flügel existierte vorläufig nicht, *er wuchs erst heran*) stand die I. Armee, Prinz Friedrich Karl, wie am rechten Flügel die Elb-Armee.

Die Aufgabe war, hier wie dort, im wesentlichen dieselbe. Es handelte sich darum die Vortruppen des Feindes zu werfen, die Bistritz zu forcieren und je nach den Verhältnissen, die jenseit gelegenen Höhen entweder zu stürmen oder aber, wenn diese sich zu stark erweisen sollten, ihnen gegenüber die Bistritz-Linie unter allen Umständen bis zum Erscheinen des Kronprinzen zu halten.

Die Kräfte, die hier im Zentrum zur Verfügung standen, waren 6 Divisionen stark: 2 pommersche, 2 magdeburgisch-thüringische, 2 brandenburgische. Die beiden brandenburgischen Divisionen (5. und 6.) wurden links der Höhe von Dub in Reserve gehalten; verblieben vier Divisionen zum Angriff. Aus diesen vier Divisionen wurden drei große Angriffskolonnen formiert, von denen die Flankenkolonnen links und rechts jede *eine* Division, die mittlere Kolonne aber *zwei* Divisionen stark war.

Alle drei Kolonnen stießen auf den Feind. Wir werden mithin im Zentrum drei Gefechte zu unterscheiden haben:

ein Gefecht am *rechten* Zentrum, bei Mokrowous und Dohalitzka;

ein Gefecht im *eigentlichen* Zentrum bei Sadowa, Dohalitz und im »Hola-Wald«; endlich

ein Gefecht am *linken* Zentrum zwischen Benatek, Maslowed und Cistowes, im »Swiep-Wald«.

Die Gefechte selbst, ihrer Aufgabe nach gleich, gestalteten sich doch abweichend von einander. Auch die Opfer die sie

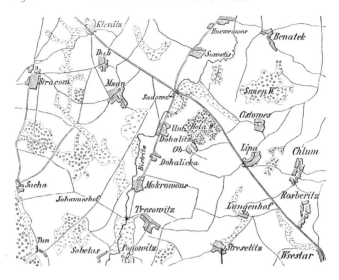

kosteten waren sehr verschieden. Während das Gefecht am
rechten Flügel am wenigsten Verluste forderte, war das am linken Flügel das blutigste.

Unsren drei Angriffskolonnen gegenüber standen östreichischerseits das X. und III. Corps, um *Lipa* herum, und das IV.
und II. Corps auf der Linie Chlum-Maslowed. So fochten wir
vier Divisionen gegen vier Armee-Corps. Was aber, mehr als
dies Zahlenverhältnis von 1 zu 2, zu unsren Ungunsten in die
Waage fiel, war die für die Defensive und speziell für die Artil-
leriewirkung vorzügliche Höhen-Position, die der Feind am jenseitigen Ufer der Bistritz inne hatte. Alle Anordnungen des
Feldzeugmeisters erwiesen sich bald als darauf berechnet, den
doppelten Vorteil einer trefflichen Position und einer überlegenen Artillerie gleichzeitig auszunutzen; alle Weisungen lauteten dahin: nach leichtem Gefecht im Vorterrain in die eigentliche Defensiv-Stellung zurückzugehen und hier den Angriff des
Gegners abzuwarten, nicht selbst zum Angriff überzugehn.
Hieraus entwickelte sich, nachdem die Vorstöße unsrer Infanterie jedesmal gescheitert waren, mit einer gewissen Folgerichtigkeit ein *großer Artilleriekampf.* Nur am linken Zentrum, wo
die 7. Division ihr berühmt gewordenes Waldgefecht hatte,
entspann sich, neben dem Geschützkampf, auch ein Kampf

Mann gegen Mann. Zum Unheil des Gegners, trotz momentaner Vorteile, die er errang! Wir kommen ausführlicher darauf zurück.

Zunächst aber soll uns die durch 6 Stunden hin geführte, in früheren Schlachten, was Zahl der Geschütze angeht, wohl kaum ihres Gleichen findende Kanonade beschäftigen. Wir unterscheiden dabei, die östreichische Aufstellung zu Grunde legend, zwei von einander gesonderte Haupt-Artilleriekämpfe:

den Kampf gegen *Lipa* und

den Kampf gegen *Maslowed.*

Der Artilleriekampf gegen Lipa

In und um Lipa, zu beiden Seiten der Königgrätzer Chaussee, standen das X. und III. Corps. Der linke Flügel des erstren erstreckte sich bis Stresetitz, der rechte Flügel des letztren bis Chlum. Unmittelbar in Front beider Corps, mit Richtung gegen Westen und Nordwesten, dehnte sich, in geschützten Stellungen, jene mehr als eine Viertelmeile lange Geschützreihe, die unter dem Namen der »Artillerieposition von Lipa« berühmt geworden ist. Sie bestand, während der ersten Stunden des Kampfes, aus 17 Batterieen (um Lipa 7, westlich Langenhof 10*) und die 136 Geschütze derselben schleuderten unter einem betäubenden Donner ihre Granaten in das Tal hinab. Das Geschützfeuer war so heftig, daß bis gegen 11 Uhr schon drei Batterieen des X. Corps sich verschossen hatten. Der Kommandierende letztgenannten Corps (Feldmarschallieutenant v. Gablenz), um das Feuer keinen Augenblick an Intensität verlieren zu lassen, suchte bei der 3. Reservekavallerie-Division und auch beim Armee-Kommando um eine Aushülfe an Batte-

---

* Das III. Corps verfügte ursprünglich über 8, das X. Corps über 9 Batterieen. Es scheint aber, daß eine Kavallerie-Batterie des erstgenannten Corps, bald nach Beginn des Kampfes, von der nördlichen Seite der Chaussee (Lipa-Chlum) auf die südliche Seite (Langenhof-Stresetitz) hinübergezogen wurde, wodurch sich die Zahlen 7 und 10 ergaben. Namentlich die 7 Batterieen bei Lipa standen etagenförmig, 3 derselben in tags zuvor angelegten Geschützdeckungen auf dem Plateau zwischen Chlum und Lipa, rechts rückwärts des letztgenannten Dorfes.

rieen nach. Beide Gesuche wurden gewährt und es fuhren alsbald die 2 Batterieen der erwähnten Kavallerie-Division und 4
Batterieen der *Armee-Geschütz-Reserve* in der großen Artillerielinie bei Langenhof auf. So standen denn, nach Zurücknahme jener 3 Batterieen des X. Corps, bald nach 11 Uhr 20 Batterieen mit im Ganzen 160 Geschützen bei Lipa und Langenhof,
die nun ununterbrochen, bis der Rückzug begann, ihr Feuer
fortsetzten.

Sehen wir jetzt, was wir dieser feindlichen Artilleriekraft
gegenüberzustellen hatten. Wir verfügten zunächst über die
zwölf Batterieen der 8., 4. und 3. Division. Dazu gesellten sich,
etwa um 10 Uhr oder etwas später, vier Batterieen der pommerschen Reserve-Artillerie unter Oberst v. Puttkamer und
etwa um 12 Uhr vier weitere Batterieen des brandenburgischen
Artillerie-Regiments Nr. 3 unter Major Rüstow. Unsre gesamte Artilleriekraft an dieser Stelle, der Position Lipa-Langenhof
gegenüber, bestand also um 12 Uhr Mittag:

aus 12 Batterieen der 8., 4. und 3. Division, 72 Geschütze;

aus 4 Batterieen der pommerschen Reserve-Artillerie, 24
Geschütze;

aus 4 Batterieen des brandenburgischen Artillerie-Regiments, 24 Geschütze.

Zusammen aus 120 Geschützen. Aber von dieser Zahl war
um die genannte Stunde wenig mehr als die Hälfte in Tätigkeit.
Die Batterieen der 4. und 3. Division, nachdem sie bei Beginn
des Gefechts Erfolge errungen und die gegen Sadowa, Dohalitz
und Dohalitzka vorgeschobene feindliche Artillerie zum Zurückgehen gezwungen hatten, hatten sich (mit alleiniger Ausnahme der vierpfündigen Batterie Gallus, die bis zuletzt aus-
hielt) gegen das Feuer von Lipa her nicht behaupten können
und waren, die einen früher, die andern später, in Aufnahme-
stellungen am diesseitigen Bistritz-Ufer zurückgegangen. Der
dadurch entstehende Ausfall war erheblich, so daß unsrerseits
nur 12 Batterieen statt 20 den Kampf gegen die um diese Zeit
(Mittag) 160 Geschütze starke feindliche Position unterhielten. Von diesen 12 Batterieen standen 3 nördlich, 9 südlich der
Chaussee, und zwar waren jene, nach links hin, zwischen dem
Hola-Wald und dem Swiep-Wald, diese, nach rechts hin, zwischen dem Hola-Wald und Dohalitzka aufgefahren. Diese 12
Batterieen, die hier so todesmutig ausharrten, waren die folgenden:

Links, zwischen Hola-Wald und Swiep-Wald:
    6pfündige Batterie Anton
    4pfündige Batterie v. Schlotheim ⎬ der 8. Division.
    4pfündige Batterie Kipping
Rechts, zwischen Hola-Wald und Dohalitzka:
    4pfündige Batterie Gallus von der 3. Division.
    4pfündige Batterie v. d. Dollen
    4pfündige Batterie Bode   der pommerschen
    6pfündige Batterie Möwes   Reserve-Artillerie.
    6pfündige Batterie Rautenberg
    6pfündige Batterie v. d. Goltz   vom branden-
    4pfündige Batterie Grieß   burgischen
    4pfündige Batterie Munk   Feld-Artillerie-
    4pfündige Batterie Hirschberg   Regiment.

72 Geschütze, in ungedeckten Positionen, suchten sich gegen den mehr als doppelt so starken Feind zu behaupten; es wurde aber von Minute zu Minute fühlbarer – einzelne Batterieen verloren ihren halben Bestand – daß wir in diesem ungleichen Kampf* unterliegen mußten, wenn nicht Verstärkung

---

* In dieser Stunde ungleichen Kampfes fiel auch Major *Rüstow*, zunächst nur schwer, nicht tödlich verwundet. Er starb erst in Folge *zwiefacher* Amputation. Wir entnehmen einem Berichte folgendes: »Major Rüstow hielt auf dem rechten Flügel der 1. 4pfündigen Batterie (Grieß) als er die Meldung empfing, daß es an Munition zu mangeln beginne. Er erwiderte, es solle gleich dafür gesorgt werden und ritt selbst zurück. Auf der Chaussee von Unter-Dohalitz nach Dohalitzka angekommen, 2 bis 4 Schritt von dem bei seinen Mannschaften stehenden Lieutenant v. d. Bosch des 5. Brandenburgischen Infanterie-Regiments Nr. 48, krepierte eine Granate dicht am Chausseegraben und zerschmetterte durch einen Splitter dem Major Rüstow den rechten Fuß. Auf den Hülferuf des den Major begleitenden Trompeters wandte sich der Lieutenant v. d. Bosch um, in demselben Augenblicke, als der Major Rüstow vom Pferde sank. Man hob ihn auf und legte ihn in den Chausseegraben. Wiederholt drückte der Verwundete dem Lieutenant v. d. Bosch die Hand mit den Worten: ›Ich werde nun sterben, Gott gebe uns den Sieg!‹ – Noch beim Fortschaffen auf der Krankentrage winkte er mit der Hand den nächststehenden Mannschaften zu und mahnte: ›Haltet Euch brav, Leute!‹ In Unter-Dohalitz wurde er durch den stellvertretenden Stabsarzt Dr. Birawer amputiert. Er bat denselben dringend, ihn weiter zurückschaffen zu lassen, da er

kam. Endlich kam sie. Die Armee-Reserve-Artillerie, unter
General Schwartz, war jetzt heran und in raschem Vorgehn
wurden nunmehr die Positionen links und rechts vom Hola-
Walde, diese durch 4, jene durch 5 Batterieen verstärkt. Unsre
Artilleriekraft wuchs dadurch von 12 auf 21 Batterieen und erhielt sich, selbst nach dem Zurückgehn solcher, die sich verschossen oder am schwersten gelitten hatten, von da ab auf
einer Höhe von 100 Geschützen. Weiter das Mißverhältnis
auszugleichen, war unmöglich. »Es entstand nun (so sagt ein
Bericht) ein Geschützkampf, der vielleicht nicht seines Gleichen in der Geschichte hat; es waren nicht einzelne Schüsse,

fürchtete, in seinem hülflosen Zustande den Östreichern in die Hände
zu fallen. Nach der Amputation – der abgeschnittene Fuß lag am Kopf-
ende auf der Tragbahre – wurde er bei dem Lieutenant v. d. Bosch im
Dorfe vorbeigetragen, dem er nochmals die Hand zum Abschiede
entgegenstreckte. In dem Lazarett zu Horsitz, wohin er inzwischen
gebracht war, mußte er sich einer *zweiten* Amputation unterwerfen,
deren Folgen er nicht zu überstehen vermochte. Er starb am 25. Juli
1866, nachdem ihn die Nachricht von dem Tode seines im Gefecht bei
Wiesenthal gefallenen Bruders, Major im 2. Westphälischen Infanterie-Regiment Nr. 15, auf das tiefste erschüttert hatte.« Die Armee verlor in ihm einen ausgezeichneten Offizier. 1824 zu Brandenburg geboren, trat er 1842 in die 2. Artillerie-Brigade ein. 1850 nahm er den
Abschied und machte als Batteriechef in der schleswig-holsteinischen
Armee die Schlacht bei Idstedt und das Gefecht bei Missunde mit. 1852
trat er in seine alte Armee zurück und machte nunmehr als *preußischer* Batteriechef 1864 den Sturm auf Düppel mit. Bei Gitschin (vergleiche daselbst) zeigte sich seine hervorragende Begabung. Er hielt
sich mit den vier Batterieen der 5. Division gegen die 90 Geschütze des
Feindes. Einer seiner Batteriechefs nannte ihn damals »das Ideal eines
Kommandeurs der Divisions-Artillerie«. Im Leben heftig und von
leicht erregbarem Temperament, bewahrte er im Gefecht eine uner-
schütterliche Ruhe. Major Rüstow war der jüngere Bruder des bekannten Militärschriftstellers W. Rüstow (in Zürich). Dieser letzte
schreibt über den Bruder: »Daß er mit dem Gedanken an den Solda-
tentod völlig vertraut war, versteht sich von selbst. Daß er ganz und
gar seinen artilleristischen Maximen bis in den Tod treu blieb, ist weniger bekannt. ›Ich bin froh‹, so schrieb er mir am 1. Mai 1866, ›daß ich
in diesem Feldzug ganz genau weiß, was ich zu tun habe. Vorgehn
ohne viel zu manövrieren und dann feuern.‹«

welche man hörte, sondern ein fortgesetztes Donnerrollen, welches, verbunden mit dem Pfeifen und Prasseln der umherfliegenden und krepierenden Granaten, einen betäubenden Lärm verursachte.« Der allmählich sich aufklärende Tag, indem er den Unsrigen ein sichreres Zielen gestattete, raubte dem Gegner etwas von den Vorteilen, deren er sich bis dahin durchweg erfreut hatte; einzelne Infanterie-Vorstöße, die er versuchte, wurden zurückgewiesen; das Heranrücken der II. Armee begann fühlbar zu werden; die ersten Zeichen der Unsicherheit wurden erkennbar. Alles wirkte zusammen, um uns in dem Artilleriekampf, der noch zwei Stunden lang forttobte, wenigstens ein Behaupten möglich zu machen. *Mehr* verbot sich. Erfolg, Entscheidung mußten von andrer Seite kommen.

Der Verfasser der [...] »Taktischen Rückblicke« sagt, mit Rücksicht auf diesen Geschützkampf, für den er wenig Bewunderung hat, das folgende: »Die I. Armee führte von 8 bis nach 2 Uhr im wesentlichen eine Artillerieschlacht; aber hat ihre Artillerie ihren Zweck erreicht? Das Ziel konnte doch nur sein, in die feindliche Aufstellung eine Bresche zu schießen (die dann die Infanterie stürmen kann) und so die Vernichtung vorzubereiten. Aber es gelang der Artillerie nicht einmal, der imposanten östreichischen Geschützstellung gegenüber zur Entwicklung zu kommen. Sie kam dazu, sich notdürftig ihrer Haut zu wehren. Ohne das Erscheinen der preußischen Infanterie im Rücken der östreichischen Artillerie hätte diese gar keine Veranlassung gehabt, ihre Stellung aufzugeben. Es war also in diesem Gefecht die Artillerie nicht im Stande, ihre Aufgabe zu erfüllen. Wäre es schließlich noch zum Sturme in der Front gekommen, würde für diesen Sturm die Artillerievorbereitung genügend gewesen sein?«

Auf diese Frage antworten wir, zunächst ganz im Sinne des Verfassers, mit einem bestimmten »Nein«. Es ist unzweifelhaft, daß unser sechsstündiges Kanonieren den Feind nicht erschüttert, einen Sturm *nicht* vorbereitet hatte, aber um so zweifelhafter will es uns erscheinen, ob man befugt ist, an ein solches Ausbleiben einer erwünschten Wirkung unter allen Umständen einen Vorwurf zu knüpfen. Gewisse Dinge lassen sich eben nicht erzwingen. Will man unsrer Artillerie einen Vorwurf daraus machen, daß sie am 2. Februar vor Missunde vergeblich kanonierte? Die Frage ist also nicht dahin zu stellen: Wie viel oder wie wenig leistete die Artillerie in dem Geschütz-

kampf gegen Lipa? Sondern die Frage mußte lauten: Leistete
sie, was sie unter den *betreffenden, für die Offensive höchst
ungünstigen Verhältnissen* leisten konnte? Und diese Frage beantworten wir, wie die obige mit »Nein«, so diese mit einem
ebenso bestimmten »Ja«. Im wesentlichen war nichts zu machen. Einen »Sturm vorbereiten«, auch in einer Situation wie
die bei Lipa, kann unmöglich all und jeder Zweck der Artillerie
sein. Sie hatte an dieser Stelle wesentlich einen andern, und
zwar den: das Feuer auf sich zu ziehn, der Infanterie ihre
furchtbare Aufgabe überhaupt möglich zu machen. *Und das
hat sie getan!* Einzelne Unzulänglichkeiten können an dieser
Tatsache und diesem Verdienst nichts ändern.

Der Artilleriekampf gegen Maslowed

Mit noch ungleicheren Kräften focht unsre Artillerie am linken
Zentrum, von Benatek aus. Während unsre weiter rechts, bei
Sadowa, Dohalitz und Dohalitzka kämpfenden Divisionen, die
8., 4. und 3., sich gegenseitig unterstützten, führte unsre 7.
Division einen abgetrennten, beinahe isolierten Kampf. Ganz
besonders die *Artillerie*. Der Swiep-Wald – in seinem Innern
der gleichzeitige Schauplatz blutiger *Infanterie*-Gefechte – lag
zwischen ihr und der großen feindlichen Artillerie-Position bei
Lipa. *Ihr* Feind hielt bei Maslowed.

Was unsrerseits hier in Aktion trat, waren nur die vier Batterieen der mehrgenannten 7. Division. Sehr bald nach Wegnahme von Benatek und fast noch vor Beginn des großen Kampfes
im Swiep-Wald fuhren diese Batterieen südlich und östlich von
Benatek auf. Es waren die folgenden:

12pfündige Batterie v. Notz,
6pfündige Batterie Kühne,
4pfündige Batterie v. Nordeck,
4pfündige Batterie v. Raußendorf.

Von unwesentlichen Zwischenfällen abgesehn, verblieben
diese vier Batterieen durch 6 Stunden hindurch in derselben
Aufstellung. Zwischen Benatek und Maslowed tobte der
Kampf; man bewegte sich auf engstem Raume, man operierte
nicht, man hielt nur fest. Die feindliche Übermacht gestattete
nicht mehr.

Wie groß diese Übermacht war, ersehen wir aus den inzwischen erschienenen gegnerischen Berichten. Wie bei Lipa-Langenhof, so wurden auch hier bei Maslowed immer neue Batterieen in die Feuerlinie gezogen, erst 4, dann 10, dann 14; etwa um Mittag (und nur auf kurze Zeit) noch eine 15. Batterie. Es waren dies, beinah in eben dieser Reihenfolge erscheinend:

die 4 Brigade-Batterieen vom IV. Corps,
die 6 Batterieen der Geschütz-Reserve vom IV. Corps,
2 Batterieen (der Brigaden Würtemberg und Saffran) vom II. Corps,
3 Batterieen der Geschütz-Reserve vom II. Corps,
zusammen 15 Batterieen mit 120 Geschützen,* die Maslowed in weitem Halbkreis umziehend, von dieser Hügelstellung aus ihr superiores Feuer gegen unsre 24 Geschütze richteten.

Etwa um Mittag stand der Kampf auf seiner Höhe. Von da ab (die Spitzen der Kronprinzlichen Armee waren heran) führte ihn der Feind, der seine bedrohte rechte Flanke mehr und mehr zu schützen hatte, mit immer schwächer werdenden Kräften. Die Brigaden des II. Corps zogen sich staffelförmig ab, um die ihnen angewiesene Hakenstellung gegen Norden einzunehmen und die Brigade-*Batterieen* folgten selbstverständlich den Bewegungen ihrer Infanterie. Auch das IV. Corps ging zurück. Um 2 Uhr war der feindliche Geschützkreis um Maslowed verschwunden und unsre 4 Batterieen avancierten nunmehr auf eben die Höhe zu, gegen die sie so lange im Feuer gestanden. Sie beschossen von ihrer neuen Position aus den in südöstlicher Richtung abziehenden Feind.

Heldenmütig wie die ganze 7. Division, so hatte sich auch die ihr zugehörige Artillerie auf hartbestrittenem Terrain gehalten. Es schien uns Pflicht, auch dieser zu gedenken.

Wir wenden uns nun, nur noch hie und da auf das Vorgehen einzelner Batterieen in Kürze zurückkommend, den *Infanteriegefechten* im Zentrum zu, zu denen der Artilleriekampf, wie wir ihn bis hieher in seinen verschiedenen Phasen geschildert, nur den großen Rahmen bildete. Zu Zeiten freilich einen Rahmen, in dem das übrige Schlachtenbild unterging.

---

* Der Kommandierende der gesamten östreichischen Artillerie war Erzherzog *Wilhelm* [. . .].

DIE 3. DIVISION NIMMT DOHALITZKA UND MOKROWOUS

Die 3. Division, v. Werder, bivouakierte bei Aujezd-Sylvara und stand mit Tagesanbruch bei Psanek. Um 6 Uhr traf Befehl ein, gegen die Bistritz-Linie vorzugehn; drei Stunden später (9 Uhr) vollendete die Division ihren Aufmarsch südlich von Zawadilka, 2000 Schritt in Front von Dohalitzka und Mokrowous. Links neben der 3. Division hielt die 4.; nach rechts hin war lose Fühlung mit der Elb-Armee.

Nebel und Regen ließen die feindliche Stellung, sowohl an der Bistritz hin wie jenseits derselben, nicht überblicken; nur an dem Aufblitzen der feindlichen Schüsse war zu erkennen, daß eine starke Artillerie gegenüber stand. Die Batterieen *beider* pommerschen Divisionen (3. und 4.) nahmen Stellung auf der Anhöhe bei Mzan und eröffneten ihr Feuer. Zunächst mit Erfolg. Die vorgeschobenen feindlichen Batterieen gingen in ihre eigentliche Lipa-Stellung zurück. Dieser Moment wurde unsrerseits wahrgenommen, um, von Zawadilka aus, gegen die jenseits der Bistritz gelegenen Dörfer Mokrowous und Dohalitzka vorzustoßen.

Die 6. Infanterie-Brigade, Generalmajor v. Winterfeld, erhielt Befehl zum Angriff und avancierte sofort, das Regiment Nr. 54 im ersten, das Regiment Nr. 14 im zweiten Treffen.

Die Übergänge über die hier drei bis vier Fuß tiefe Bistritz waren sämtlich zerstört, die Truppen durchwateten ohne Zaudern den Bach und nach kurzem Gefecht nahm das Füsilier-Bataillon, Hauptmann v. Pestel, vom 54. Regiment *Mokrowous*, das 1. und 2. Bataillon, unter Beteiligung einiger Compagnieen 14er, *Dohalitzka.* Es kam nur zum Plänkeln mit der Brigade Wimpffen. In Dohalitzka hatte uns das 2. Bataillon von Erzherzog Stephan-Infanterie, in Mokrowous das 1. und 3. Bataillon ebengenannten Regiments sowie das 2. Bataillon vom Regiment Bamberg* gegenüberstanden. Nur die letz-

---

* Diese Angaben stützen sich auf beglaubigte Berichte des Gegners. Dem österreichischen Generalstabswerk zufolge (S. 263 desselben) scheinen sogar, außer der Brigade Wimpffen, noch zwei Bataillone der Brigade Knebel und zwar vom Regiment Erzherzog Karl an der übrigens nur leicht geführten Verteidigung von Dohalitzka und Mokrowous Anteil genommen zu haben.

tren versuchten einen einigermaßen ernstren Widerstand; sie verloren dabei 3 Offiziere und 70 Mann, den Regimentern Bamberg und Erzherzog Stephan zugehörig, an Gefangenen. Die anderweiten Verluste waren gering.

Inzwischen wurden durch die Pionier-Sektionen die zerstörten Übergänge wieder hergestellt. Die 12pfündige Batterie Crüger und 4pfündige Batterie Gallus konnten der 6. Infanterie-Brigade folgen. Alles übrige verblieb vorläufig noch diesseits der Bistritz.

Das Gefecht mit den östreichischen *Vortruppen* war durch diese Vorgänge, wenigstens soweit die 3. Division in Betracht kam, erledigt. Man stand der feindlichen Hauptstellung, *der Höhe von Lipa,* gegenüber.

Gegen diese Hauptstellung begann nun, durch vier Stunden hin, jener Artilleriekampf, den wir S. 151 f. ausführlicher geschildert haben. Die Infanterie hatte keine andre Aufgabe als festzuhalten, auszuharren. In Dohalitzka richtete sie Kirche und Schulhaus zur Verteidigung ein. Es glückte ihr, gegen das immer wachsende Granatfeuer einigermaßen Deckung zu finden. Von Zeit zu Zeit, wie auf der ganzen Linie, erwuchs auch hier ein kaum zurückzuhaltender Drang, in großen und kleinen Kolonnen gegen die im Feuer stehende Höhe von Lipa vorzubrechen; aber die striktesten Befehle des Divisionairs (General v. Werder) wußten diesen Drang zu zügeln.

Der Gemessenheit dieser Befehle und ihrer prompten Ausführung ist es zu nicht geringem Teile zuzuschreiben, daß die Verluste an dieser Stelle geringer waren als im eigentlichen Zentrum bei Sadowa. *S. 150, 162*

Diesem Teil des Kampfes wenden wir uns nunmehr zu.

DIE 8. UND 4. DIVISION IM HOLA-WALD.
ANMARSCH. AUFSTELLUNG DES FEINDES

Zwei Divisionen, die 8. und 4., avancierten im *eigentlichen* Zentrum auf Sadowa zu.

Die 8. Division, nach einem Bivouac bei Gutwasser, stand um 4 Uhr früh bei Milowitz. Hier traf sie der Befehl zum Vormarsch. Sie ging über Klenitz und Dub. Die Avantgarde (Füsilier-Bataillone vom 31. und 71.) besetzte die Ziegelei von *Sadowa*; Gros und Reserve hielten sich links und nahmen Aufstellung hinter dem Roskos-Berg. 7 Uhr.

Die 4. Division, nach einem Bivouac bei Wostromer, stand um 5 Uhr früh bei Bristan. Hier traf sie der Befehl zum Vormarsch. Sie ging, an Stracow vorbei auf Mzan, das sie mit der Avantgarde (Regiment Nr. 49) besetzte. Gros und Reserve nahm eine verdeckte Position hinter Mzan. 8 Uhr. – Die Aufstellung beider Divisionen war also derart, daß die 8. *á cheval* der Chaussee, die 4., Generallieutenant *Herwarth v. Bittenfeld*, in geringer Entfernung *rechts* daneben stand.

Wie stand der Feind?

Lipa (oder, was gleichbedeutend ist, die Königgrätzer Chaussee) war Berührungspunkt für das III. und X. Corps. Der Commandeur des erstern war Erzherzog *Ernst* von Östreich. Jedes dieser beiden Corps – und wir treten damit in die *Details* ihrer Aufstellung ein – hielt, bei Beginn des Kampfes, mit zwei Brigaden die *Höhe*, mit zwei andren Brigaden das Vorterrain, die Position an der Bistritz, besetzt. Auf der Höhe standen die Brigaden Benedek und Kirchsberg vom III., die Brigaden Mondl und Grivicic (letztere nur 4 schwache Bataillone stark) vom X. Corps. Brigade Benedek: zwischen Chlum und Lipa; Brigade Kirchsberg: in und um Lipa selbst; Brigade Mondl und Grivicic: in und um Langenhof.

So die Aufstellung auf der *Höhe*. Die vier *vorgeschobenen* Brigaden beider Corps aber standen wie folgt:

Brigade Appiano in und am Swiep-Wald;

Brigade Prohaska in Sadowa, im Hola- und Skalka-Gehölz;

Brigade Knebel in der Sadowa-Zuckerfabrik, in Unter- und Ober-Dohalitz;

Brigade Wimpffen in Dohalitzka und Mokrowous.

Das Gefecht, das die letzgenannte Brigade in beiden Dörfern (also, von uns aus gerechnet, am *rechten Flügel* des Zentrums) hatte, haben wir im vorigen Kapitel geschildert. Im *eigentlichen Zentrum*, vorgeschoben, standen die Brigade Knebel vom X., die Brigade Prohaska* vom III. Corps. Gegen diese richtete

---

* Die Brigade Prohaska, links neben der Brigade Knebel, hielt *Sadowa* selbst mit dem 34. Jäger-Bataillon und dem 1. und 2. Bataillon Roman-Banat,

den *Hola-Wald* mit dem 3. Bataillon Roman-Banat,

sich nunmehr, in erster Reihe, der Angriff unsrer hier vorgehenden Divisionen.

Die 8. Division nimmt den Hola-Wald

Um 8 Uhr – der König war eben auf der Höhe von Dub erschienen – war die Stellung unsrer im eigentlichen Zentrum vorgehenden Divisionen, der 8. und 4., wie folgt:

Avantgarde der 8. Division bei der Ziegelei von Sadowa;
Avantgarde der 4. Division in Front von Mzan;
Gros und Reserve der 8. Division hinter dem Roskos-Berg;
Gros und Reserve der 4. Division hinter Mzan.

Vom Roskos-Berge und von Mzan aus feuerten bereits unsre Batterieen.

Es entstand die Frage, ob man den Bistritz-Übergang bei Sadowa forcieren, oder den Feind, durch Überflügelung rechts und links, zum Aufgeben dieser wichtigen, weil die große Straße beherrschenden Position zwingen solle. Man entschied sich für das letztere. Die Avantgarde der 8. Division wurde angewiesen, das bereits in Front von Sadowa eingeleitete Schützengefecht hinzuhalten, während das *Gros* der 8. und die Avantgarde der 4. Division Befehl erhielten, von links und von rechts her in den bereits im Rücken von Sadowa gelegenen *Hola-Wald* einzudringen. Das Gros der 4. Division verblieb vorläufig in Reserve bei Mzan.

Diese Umgehungen wurden rasch und mit großer Präzision ausgeführt. Die 8. Division, von links her die in Sadowa stehenden feindlichen Abteilungen überflügelnd, war die erste im Walde. Wir folgen ihr deshalb zunächst. Vorher noch ein Wort über den Hola-Wald selbst.

Der Hola-Wald ist ein kleines Gehölz von etwa 1200 Schritt im Quadrat. An seiner Nordseite hin läuft die Königgrätzer Chaussee; an den Ecken der Südlisière liegen Unter- und Ober-Dohalitz, jenes hart an der Bistritz, dieses auf Lipa zu. Schmale

das *Skalka-Gehölz* mit dem 33. Jäger-Bataillon und
das *Terrain zwischen* Hola-Wald und Skalka-Gehölz mit dem 4. Bataillon Gondrecourt und dem 4. Bataillon Gorizutti besetzt.

Die Detail-Aufstellung der Brigade Knebel geben wir an andrer Stelle.

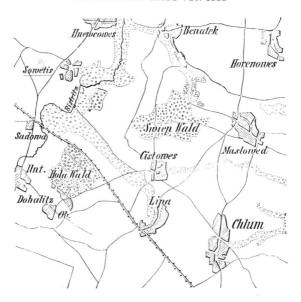

Wege, sogenannte Gestelle, durchziehen das Gehölz, das nach
der Höhe zu leise ansteigt, nach der Bistritz zu leise sich senkt.
Zwischen dieser und dem Gehölz ist ein 500 Schritt breiter,
freier Raum, der später zur Aufstellung der Reserven diente. An eben dieser Stelle, nach Norden und Westen zu, hatte
man feindlicherseits den Wald zur Verteidigung eingerichtet;
Bäume waren gefällt und die abgehauenen Kronen zu einer
Art Flechtwerk benutzt worden. Schutz gegen Granatfeuer,
wenn überhaupt, konnte der Wald nur sehr mangelhaft bieten; das Gehölz war zu jung, die Stämme zu dünn. So der »Hola-
Wald«. Unmittelbar nach den Kriegsereignissen pflegte er als
»Sadowa-Wald« bezeichnet zu werden; da aber auch dem weiter links gelegenen »Swiep-Walde« derselbe Name beigelegt
wurde, so haben wir, um Irrtümer zu vermeiden und um keinem der beiden Wälder zu nahe zu treten, ihre richtigen und
ursprünglichen Namen in unsre Darstellung wieder aufgenommen.

    »In den Hola-Wald von Norden her einzudringen«, so laute-
te der Befehl an die 8. Division. Das Gros der Division, die
beiden Musketier-Bataillone vom 31. Regiment im ersten, die

beiden Musketier-Bataillone vom 71. Regiment im zweiten Treffen, setzte sich sofort in Marsch, schwenkte, immer sich links haltend, um den Roskos-Berg herum, kam in Granatfeuer, erreichte <u>Sowetitz</u>, passierte, in Front und Flanke des vom 33. Jäger-Bataillon besetzten Skalka-Gehölzes, die Bistritz und drang in raschem Anlauf, an den sich zurückziehenden Bataillonen Gorizutti und Gondrecourt vorbei, über die Königgrätzer Chaussee hinweg, in die Nordspitze des Hola-Waldes ein.

Der Kampf, der sich zunächst an dieser Stelle entspann, war unerheblich. Das Gros der Brigade Prohaska (in Sadowa selbst), wohl wahrnehmend, worauf wir abzielten, und zugleich erkennend, daß es abgeschnitten und gefangen war, wenn unsre Umgehungskolonnen das Wäldchen an der Chaussee eher erreichten als es seinerseits aus dem Dorfe heraus war, hatte unter leichtem Geplänkel Sadowa geräumt und hielt nur noch den Hola-Wald mit schwachen Abteilungen, wahrscheinlich vom 34. Jäger-Bataillon und dem Regimente Roman-Banat, besetzt. Diese zogen sich jetzt in leichtem Schützengefecht auf Lipa zurück; was mehr nach Westen hin stand, in dem »Verhau« des Waldes, wurde gefangen genommen.

Mit geringen Opfern war dieser erste Erfolg errungen. Sadowa, die Bistritz-Brücke, die große Straße waren unser; ebenso der Hola-Wald. Die dem Feinde zugekehrte Lisière wurde besetzt; einzelne Schützenzüge drangen bis an die Südspitze des Waldes und das hier gelegene Dorf Ober-Dohalitz vor. Sie fanden es bereits von der Avantgarde der 4. Division, Regiment Nr. 49, besetzt.

Die Avantgarde der 4. Division nimmt Unter- und Ober-Dohalitz

Um dieselbe Zeit, als dem Gros der 8. Division der Befehl wurde, unter Linksumgehung von Sadowa, von Norden her in den Hola-Wald einzudringen, erhielt die Avantgarde der 4. Division, Regiment Nr. 49, Befehl, von *rechts* her den Wald zu fassen und sich in den Dörfern Unter- und Ober-Dohalitz festzusetzen, jenes an der Südwestecke, dieses an der Südspitze des Waldes gelegen.

Das Regiment hielt seit 8 Uhr bei Mzan. Oberst *v. Wieters-*

heim ritt vor die Front. »Soldaten«, rief er, »in Berlin habe ich Sr. Majestät dem Könige versprochen, daß wir ein Loch in den Feind machen wollen. Heute stehen wir vor dem Feind. 49er, wir werden ein Loch machen. Fahnen deployiert. Regiment vorwärts.«

Alle drei Bataillone traten an. Das 2. Bataillon, Major v. Tiedewitz, nahm den linken, das Füsilier-Bataillon, Major v. Rechenberg, den rechten Flügel; das 1. Bataillon, Major v. Salpius, folgte.

Das 2. Bataillon, an der Tête die 8. Compagnie, Premierlieutenant v. Mach, warf sich auf die halben Wegs zwischen Sadowa und Unter-Dohalitz gelegene Zuckerfabrik, passierte Graben und Zaun und drang unter Hurra in die Fabrikgebäude ein. Der Feind wich auf den Wald zu, eine Anzahl Gefangener, wahrscheinlich von der Brigade Knebel, in unsren Händen lassend.

Das Füsilier-Bataillon, eine zwischen Mzan und der Bistritz gelegene Hopfenplantage in leichtem Feuergefecht durchschreitend, avancierte, rechts neben dem 2. Bataillon auf Unter-Dohalitz und nahm das Dorf im Fluge. Der Widerstand, der geleistet wurde, war unerheblich. Die Lieutenants Gritzner (eine Granate riß ihm später das Bein fort) und v. Kehler drangen in eine große Scheune ein und nahmen hier 2 Offiziere und 70 Mann gefangen. Sie waren vom 3. Jäger-Bataillon und Regiment Heß Nr. 49.* »Die Offiziere (so schrieb ein Augenzeuge) überreichten ihre Visitenkarten und stellten sich uns vor. Uns

---

* Diese Angaben werden von *unsren* 49ern aufs bestimmteste gemacht; wir haben sie deshalb im Texte beibehalten, müssen aber doch bemerken, daß das östreichische Generalstabswerk nur von *zwei* an dieser Stelle vorgeschobenen Brigaden (Prohaska und Knebel) und nicht zugleich von einer *dritten* spricht. Eine solche *dritte* Brigade müßte aber hier gestanden haben, wenn die diesseitigen Angaben richtig sind, denn das 3. Jäger-Bataillon und das Regiment Heß gehörten zur Brigade *Kirchsberg*, die um diese Stunde, nach östreichischem offiziellen Bericht, noch intakt bei Lipa hielt und erst drei Stunden später, von der Höhe herab, ihren Vorstoß machte. Nach demselben Bericht waren die hier in Rede kommenden Punkte wie folgt besetzt:

Zuckerfabrik: 28. Jäger-Bataillon und 3. Bataillon Kaiser;
Unter-Dohalitz: 1. Bataillon Kaiser;
Zwischen Zuckerfabrik und Unter-Dohalitz: 2. Bataillon Kaiser.

war aber nicht nach Salongetue zu Sinn. Wir schickten sie einfach auf Mzan zurück. «

So war denn die Bistritz überschritten, Unter-Dohalitz unser, die Westecke des Hola-Waldes nahezu erreicht. Alle drei
Bataillone sammelten sich, um nunmehr nach kurzer Rast abermals in drei Kolonnen, aber diesmal *en ligne* in der Richtung
auf Lipa vorzugehn. Das 2. Bataillon behielt den linken Flügel,
das Füsilier-Bataillon wurde Zentrum, das 1. Bataillon rückte
als rechter Flügel ein. In gleichem Moment ging es vorwärts.
Das 1. Bataillon, v. Salpius, als es den Punkt erreicht hatte, wo
der Weg nach Ober-Dohalitz und Dohalitzka sich gabelt, dirigierte sich rechts und drang in raschem Anlauf in die Nordlisière des letztgenannten Dorfes ein. Es fand hier aber schon die
54er vor. Dohalitzka und Mokrowous (vergleiche S. 158) waren von der 3. Division genommen worden.

Das 2. und das Füsilier-Bataillon avancierten am Südrande
des Hola-Waldes hin, fanden einige Deckung und drangen
unter ähnlichen Verhältnissen wie in *Unter*-Dohalitz, so jetzt
in *Ober*-Dohalitz ein. Die Füsiliere zuerst. Der Feind zog
plänkelnd, auf die Höhe zu, ab. Die Unsrigen suchten sich in
Ober-Dohalitz einzurichten; aber noch ehe sie annähernd
Deckung gefunden hatten, begann das infernale Feuer von
Lipa her.

Im Hola-Wald von 10 bis 12 Uhr

Um 10 Uhr war unsre Stellung wie folgt:

4 Bataillone der 8. Division hielten den Ostrand des Hola-
Waldes besetzt und zwar die 71er am linken, die 31er am rechten Flügel, jene nach der Chaussee, diese nach Ober-Dohalitz
zu;

das 2. und das Füsilier-Bataillon 49. Regiments standen in
Ober-Dohalitz und an der Südspitze des Waldes (das 1. Bataillon in Dohalitzka).

So war die Stellung in *Front* des Gehölzes; unmittelbar *hinter* demselben standen die Reserven. Bereits in erheblicher
Stärke. Alles was die 8. und 4. Division noch zur Verfügung
hatten, war hier auf schmalem Raum zusammengedrängt. Es
waren folgende Truppenteile:

Von der 8. Division:

Füsilier-Bataillon vom	71.	. . . 1	Bataillon
Füsilier-Bataillon vom	31.	. . . 1	"
2. Bataillon vom	72.	. . . 1	"
Füsilier-Bataillon vom	72.	. . . 1	"

Summa   4 Bataillone

Von der 4. Division:

Regiment Nr.	61	. . . 3	Bataillone
Regiment Nr.	21	. . . 3	"
Regiment Nr.	9	. . . 2	"

Summa   8 Bataillone.

Also 7 Bataillone in *Front*, 12 Bataillone (als Reserve) im *Rükken* des Waldes.

Dies war eine erhebliche Kraft, stark genug, einen Stoß zu führen, vielleicht, wenn ein Äußerstes gewagt werden sollte, selbst einen siegreichen. Aber dies Äußerste *nicht* zu wagen, war Gebot. »Den Hola-Wald festhalten mit jedem Opfer«, dahin lauteten alle Befehle; aber ebenso bestimmt gingen sie dahin, »*nicht* über den Wald hinaus vorzubrechen«.

Die gestellte schwere Aufgabe wurde gelöst, aber mit größten Opfern. Die Verluste waren enorm. Man hielt 3 Stunden lang unterm Granatfeuer von weit über 100 Geschützen, das nur allzu oft von der Bekämpfung unsrer Artillerie sich abwandte, um Wald und Dorf unter Feuer zu nehmen. »Wir suchten Schutz, aber wo war Schutz zu finden gegen ein solches Feuer! Die Vollgranaten schlugen durch die Lehmwände wie durch eine Pappe durch; endlich steckten die springenden Geschosse das Dorf in Brand. Wir zogen uns links in den Wald hinein; aber hier war es nicht besser; Zacken und mächtige Baumsplitter flogen um uns her. Zuletzt kam es wie Apathie über uns. Wir zogen unsre Uhren und zählten. Ich stand neben der Fahne. In zehn Sekunden krepierten 4 Granaten und 1 Schrapnel dicht vor uns. Wenn ein Schrapnel in der Luft krepiert, so prasselt es wie Hagel auf die Erde nieder und in der Luft steigt ein schöner Ring von Rauch auf, immer mehr sich erweiternd, bis er verfließt. Ich sah das alles. Jeder fühlte, er stehe in Gottes Hand. Den Tod um uns, vor uns, war Ruhe über uns gekommen.«

Um 11 Uhr waren die an der Waldlisière stehenden Reihen namentlich der 71er, derart gelichtet, daß die 8. Division ihre letzten Bataillone in den Wald zog. Sie rückten in die Front, eine Art Ablösung bildend; einzelne Compagnieen aber, insonderheit am rechten Flügel, wo General v. Bose kommandierte, wollten nicht weichen. 31er und 49er hielten hier aus bis zuletzt.

Von 12 bis 2 Uhr. Das Heranziehn der Reserven

Sie hielten aus bis zuletzt. Indessen bis auf Züge und Halbzüge zersplittert, war es ersichtlich, daß es diesen todesmutigen, aber auch todesmatten Abteilungen in dem Augenblick, in dem der Feind zur Offensive sich aufraffe, an Widerstandskraft gebrechen werde. Darin lag eine Gefahr und ihr vorzubeugen wurden die letzten Reserven herangezogen.

Oberst v. Michaelis erhielt Befehl, mit dem 61. Regiment die Ostlisière des Waldes zu besetzen und zu halten. Der Oberst schickte das 1. Bataillon, Oberstleutnant v. Beckedorff, auf dem zweiten der mit der großen Straße parallel laufenden Gestelle vor und ließ die ganze Ostlisière zwischen Chaussee und Ober-Dohalitz mit allen vier Compagnieen besetzen. Die Szenen der früheren Stunden wiederholten sich; die Compagnieen, Schutz suchend vor dem immer wachsenden Feuer und durch einen gegen Befehl unternommenen Vorstoß ohnehin dezimiert, zogen sich rechts nach Ober-Dohalitz hinein, freilich nur, um hier ebenso wenig Deckung zu finden wie in dem nebengelegenen Walde. Es war eine während dieser heißen Stunden immer wiederkehrende Erscheinung, daß alles, was im Dorfe war, nach links in den Wald, und alles, was im Walde war, nach rechts in das Dorf drängte; aber, hier oder dort, Gefahr und Opfer blieben dieselben.

Das sich Hineinziehn des Bataillons nach Ober-Dohalitz (nur die 3. Compagnie hielt an der ihr angewiesenen Stelle aus) hatte den Waldrand, vereinzelte Abteilungen abgerechnet, nahezu ohne Verteidigung gelassen. Oberst v. Michaelis, die breiten Lücken wahrnehmend, nahm jetzt das Füsilier-Bataillon, Hauptmann v. Below, vor. Das Füsilier-Bataillon avancierte auf der Chaussee, hielt sich dann rechts und rückte nunmehr seinerseits in die Lücken ein.

Diese Verstärkung war zu rechter Stunde eingetroffen (1 Uhr). Es begannen eben jetzt die Versuche des Feindes, sich der am Vormittag verloren gegangenen Position wieder zu bemächtigen, Ober-Dohalitz und den Hola-Wald zurückzuerobern. Vielleicht auch – man mochte unsre Stellung für erschüttert halten, und sie *war* es – handelte es sich auch nicht mehr um bloße Rückeroberung, sondern um wirkliche Offensive, um Durchbrechung unsres Zentrums.

Diese ersten Versuche des Gegners indes hatten einen bloß einleitenden Charakter. Zwei Halb-Bataillone rückten geschlossen vor. Unsre 61er (auch wohl andre Abteilungen links und rechts) ließen den Feind bis auf Kernschußweite heran, dann traten die Soutiens in die Intervallen der Schützenlinie und – Feuer! Die Östreicher stoben auseinander und eilten in ihre Stellung südlich Lipa zurück.

Diesen Erfolg rasch auszunutzen, wurden unsre Schützenzüge nunmehr unter Benutzung eines hohlwegartigen Einschnittes weiter in Front des Waldes vorgeschoben und versuchten von diesem Einschnitt aus auf eine Entfernung von wenigstens 800 Schritt, die Pferde und Bedienungsmannschaften der zunächst stehenden feindlichen Batterie wegzublasen. Wie es schien, nicht ganz ohne Erfolg; denn plötzlich attackierte die Partikular-Bedeckung der Batterie, eine Schwadron Mensdorff-Ulanen, und ritt im Galopp auf unsre Schützenzüge ein. Lieutenant L. rief »liegen bleiben« und die Ulanen, durch eine erste Salve wenig behelligt, brausten jetzt über die an der Erde liegenden Schützen fort. Im nächsten Augenblick aber, vom Walde aus, mit Kugeln überhagelt, stob, was nicht auf dem Platz blieb, nach allen Seiten hin auseinander, zum Teil in weitem Bogen bis zur Chaussee hin, dann diese entlang. Ein kleiner Trupp ging in derselben Linie zurück, in der er gekommen war; an Spitze dieses Trupps der Schwadronsführer. Er ritt, augenscheinlich ein brillanter Reiter, auf unsren Schützenoffizier ein und hieb nach ihm. So entspann sich, inmitten dieser Schlachtlinien und von Geschossen umschwirrt, ein *Einzelkampf*. Lieutenant L. trachtete seinem Gegner die linke Seite abzugewinnen, um gegen die rasch fallenden Säbelhiebe gedeckt zu sein; . . . die Kugel eines 61ers machte dem Zweikampf ein Ende.

Vorstoß der Brigade Kirchsberg. 2 Uhr

Immer weitere Abteilungen wurden in die Front gezogen: das 2.
Bataillon 61. Regiments, das 1. Bataillon vom 21.* Generallieutenant v. *Schmidt,* immer die Möglichkeit einer Durchbrechung des Zentrums vor Augen, glaubte dieser Möglichkeit
mit allen Kräften entgegentreten zu müssen. Nur zwei Bataillone vom 21. und zwei Bataillone vom 9. Regiment standen
noch in Reserve. Unsre Aufstellung in Front des Waldes war
um diese Stunde etwa die folgende:

Am linken Flügel, nach der Chaussee zu, 71er, 21er, 61er;
am rechten Flügel, nach Ober-Dohalitz zu, 49er und 31er;
in Ober-Dohalitz selbst (bunt durcheinander) 49er, 61er,
31er;
in Mokrowous, nach rechts hin abgekommen, das 1. Bataillon vom 49., Major v. Salpius.

So zersplittert, durcheinandergekommen, dezimiert (das
Regiment Nr. 61 hatte bereits 300 Mann verloren) diese Abtei-

---

* Etwa um dieselbe Stunde, oder vielleicht schon früher, wurden
aus der *Armee*-Reserve (5. und 6. Division) das 2. Bataillon vom 12.,
das 1. und Füsilier-Bataillon vom 18., endlich das 2. und 3. Bataillon
vom Brandenburgischen Füsilier-Regiment Nr. 35 in den Hola-Wald
vorgenommen. Mit klingendem Spiel zogen die beiden letztgenannten
Bataillone, die sich beim Düppelsturm ausgezeichnet hatten, unter
Hoch und Hurra, an König Wilhelm vorüber; Prinz Friedrich Karl rief
ihnen zu: »35er, heute gilts, Habsburg oder Brandenburg!« So rückten
sie in den Wald ein, in dem schon so viele Kameraden geblutet hatten.
Ein Johanniter-Ritter, der ihr Vorgehn begleitete, schilderte uns den
Moment wie folgt: »ich entsinne mich nicht, einen Anblick gehabt zu
haben, der meinem Soldatenauge je eine größere Befriedigung gewährt hätte. Die Gestelle boten nicht Platz für die in breiter Front
anrückenden Kolonnen; mit einer Sicherheit als avanciere man zum
Tanz, trennten sich die Glieder, um sich schon im nächsten Augenblik-
ke wieder zu schließen. Die Granaten, die drüber hin prasselten, das
niederstürzende Geäst, wurden nicht beachtet; im Geschwindschritt
schlängelten sich die Bataillone durch das dichtbestandene Gehölz, im
Nu abbrechend und wieder aufmarschierend, als ging es über eine ge-
stampfte Tenne. Mir schlug das Herz höher. ›Die zwingen's‹ dacht ich.
Aber es war über menschliches Können. Was war Düppel gegen die
Höhe von Lipa! Aushalten war alles, was sich leisten ließ.«

lungen waren, so repräsentierten sie doch immerhin noch eine respektable Kraft von wenigstens 8 Bataillonen, eine Macht die wohl durch feindliches Granatfeuer geschädigt, vielleicht vernichtet werden konnte, die aber doch viel zu stark war, um durch einen Infanteriestoß ohne weiteres übergerannt zu werden.

Zu seinem Unheil machte der Feind einen Versuch dazu, einen *ernsteren* Versuch, nachdem leichtere Angriffe, wie wir gesehn, gescheitert waren. Brigade Kirchsberg, die Regimenter Erzherzog Albrecht Nr. 44 (Ungarn) und Baron Heß Nr. 49 (Niederöstreicher) traten aus ihrer gedeckten Stellung auf den Kamm der Höhe, avancierten bergab und rückten, das letztgenannte Regiment im ersten Treffen, in einer Terrainvertiefung gegen Ober-Dohalitz vor. Es war ein prächtiger Anblick: fliegende Fahnen, die Regimentscommandeure vor der Front. Die Unsrigen, wie nach Verabredung, ließen die Bataillonskolonnen bis auf 350 Schritt heran und gaben nun auf der ganzen Linie Feuer, das in Flanke und Front gleich mörderisch traf. Die Kolonnen avancierten weiter, hielten und gaben eine regelrechte Salve. Aber es war ein zu ungleicher Kampf; sie gaben's auf; ungebrochen, in musterhafter Ordnung gingen sie, von unsrem Feuer verfolgt, in ihre Höhenstellung zurück. Dieser Versuch war der letzte.

Unter den Gefallenen war Oberst v. *Binder*, Commandeur des 49. Regiments; eine Kugel war ihm durchs Herz gegangen. Eine halbe Stunde später, nur 300 Schritt weiter herwärts, an der Dorflisière von Ober-Dohalitz, fiel auch der Commandeur *unsres* 49. Regiments, Oberst v. *Wietersheim*. Eine volle Granate zerschmetterte ihm den Schenkel.

Das Wort, das er dem Könige gegeben, »wir wollen ein Loch in den Feind machen«, er hatte es gelöst. Und noch sterbend war er Zeuge davon. Er erlag seiner Wunde am 5. Juli.

DIE 7. DIVISION IM SWIEP-WALD

Am linken Zentrum avancierte die 7. Division. Sie brach um Mitternacht von Horsitz auf und stand um 3 Uhr bei Cerekwitz, das [. . .] Oberst v. Zychlinski bereits seit dem 1. abends mit zwei Bataillonen der Avantgarde besetzt hatte. Führer der *gesamten* Avantgarde, 4 Bataillone stark, war Generalmajor v. Gordon.

Der Tag brach an, aber bei dem Regen, der fiel, herrschte noch immer eine graue Dämmerung. Die Stunden schlichen hin. Der Divisions-Commandeur, Generallieutenant v. Fransecki, dem es beschieden war, seinen Namen an diesem Tage noch in die Blätter unsrer Geschichte einzutragen, erwartete mit Ungeduld das Geschützfeuer aus Südwesten, das ihm das Signal geben sollte, seinerseits zum Angriff gegen das eine drittel Meile südlich von Cerekwitz gelegene Benatek vorzugehn. Endlich um 7 Uhr klang deutlich, wenn auch durch die dicke Nebelluft gedämpft, der Kanonendonner von Sadowa herüber. Jetzt war es Zeit.

Die gesamten 4 Bataillone der Avantgarde formierten sich nunmehr dahin, daß die Füsilier-Bataillone 27 und 67, unter Führung des Obersten v. Zychlinski, die Tête nahmen; die beiden Musketier-Bataillone vom 27. folgten unmittelbar; eine Schwadron vom 10. Husaren-Regiment war bei der Tête. Oberst v. Zychlinski, das Füsilier-Bataillon 27 rechts, das Füsilier-Bataillon 67 links des Weges, führte die genannten beiden Bataillone durch hohe Kornfelder gegen Benatek vor. Der Feind gab einige wirkungslose Salven und räumte südwärts abziehend das Dorf. Benatek wurde besetzt. Sofort weiter vorzudringen verbot sich, da ziemlich in demselben Augenblicke, in dem die Unsrigen aus dem Dorfe debouchieren wollten, starke feindliche Abteilungen in der linken Flanke, bei Maslowed, sichtbar wurden. Generallieutenant *v. Fransecki* erteilte deshalb Befehl, vor weiter Offensive das Eintreffen des Gros der Division, Regimenter 26 und 66, abzuwarten.

Die Pause im Gefecht, die dadurch entstand, gab eine gute Gelegenheit, von einem unmittelbar in Front des Dorfes gelegenen Höhepunkte aus das Gefechtsfeld und bis zu einem gewissen Grade auch (freilich sehr unvollkommen nur) die feindliche Aufstellung zu überblicken.

Der Swiep-Wald

Auf Büchsenschuß-Entfernung, geradlinig nach Süden zu, stieg ein Wald auf: der durch die Kämpfe der 7. Division seitdem so berühmt gewordene *Swiep-Wald*.

Dieser Swiep-Wald war auf den Karten kaum verzeichnet, am wenigsten kannte man seine Beschaffenheit, seine Ausdehnung und Tiefe. Jetzt kennt man ihn. Wir versuchen danach eine Beschreibung.

Der Swiep-Wald ist ein an seiner höchsten Stelle 917 Fuß hoher Waldberg, der, nach Nordosten hin steil abfallend, nach Westen und Südwesten hin allmählicher sich abflacht. Die Form dieses Waldgebietes, das eine Länge von etwa 2000 und eine Breite von etwa 1200 Schritt hat, ist die eines ziemlich unregelmäßigen Rhombus. Zwischen den gegenüber gelegenen Spitzen desselben ziehen sich von Ost nach West und von Nord nach Süd zwei Hauptwege hin, die ungefähr da, wo sie sich schneiden, auch den höchsten Punkt des Waldes treffen. Das Terrain ist voller Kuppen, Einsattlungen und Schluchten und so verschieden wie in seiner Formation, so abweichend

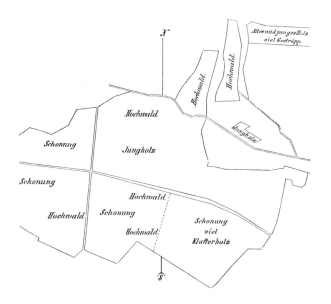

auch in seinem Forstbestande. Tannen und Eichen wechseln
untereinander ab; im allgemeinen aber läßt sich sagen, daß die
westliche Hälfte mehr Hochwald, die östliche mehr Eichen-
schonung aufzuweisen hat. Am Tage bei der Schlacht – was für
das Schützengefecht von Bedeutung war – lag in dem Südost-
viertel des Waldes viel aufgeschichtetes Stammholz, hunderte
von Klaftern.*

Die Aufstellung des Feindes, wie sie unsrerseits damals freilich nicht eingesehn werden konnte, war die folgende:

Statt auf der Linie Chlum-Nedelist zu stehn, mit andren
Worten statt den südlichsten der drei Riegel, von denen wir
S. 130 ausführlich gesprochen haben, besetzt zu halten, war
das IV. östreichische Corps, Feldmarschalllieutenant Graf Festetics, auf den mittleren Riegel (Maslowed), ja zum Teil auf
den nördlichsten (Horenowes) vorgerückt und stand, indem es
zugleich eine Halblinksschwenkung ausgeführt hatte, nunmehr auf der Linie Cistowes-Maslowed-Horenowes. Chlum
war besetzt, aber von Truppen des III. Corps (Brigade Appiano). Dieses mit einer Frontveränderung verbundene Vorrük-
ken – an dem auch das II. östreichische Corps mit der Mehrzahl
seiner Brigaden teilnahm – schuf in der Tat zu erheblichem
Grade jene vielbesprochene Lücke, durch die es der Armee des
Kronprinzen möglich wurde, fast ohne auf *ernsten* Widerstand
gestoßen zu sein, in Flanke und Rücken der östreichischen Stellung vorzudringen; während aber auf diese Weise der Armee

---

* Wir finden nachträglich noch folgende Schilderung, an der namentlich die gesperrt gedruckten Zeilen bemerkenswert sind. »Jenes
Gehölz (so heißt es darin), das man gewöhnlich mit dem Namen des
Swiep-Waldes bezeichnet, wird von Benatek durch eine etwa fünfhundert Schritt breite Wiese getrennt, die mit einzelnen hohen Bäumen
bestanden ist. Hinter dieser Wiese steigt der Wald mit scharf begrenzten Rändern stark bergan, bildet einen Rücken, dann eine
buschige Schlucht, steigt wieder an und endigt mit seiner größten Breite auf dem Höhenrande, ungefähr fünfhundert Schritt vor
dem Dorfe Cistowes, welches tiefer im Grunde liegt. Den Bestand des
Gehölzes bilden teils Hochwald mit und ohne Unterholz, teils Eichen-
schonungen, in welchen damals Klafterholz geschichtet lag. Um Cistowes ist das Gelände, einige Obstpflanzen ausgenommen, freier Acker,
steigt aber gleich wieder und zum Teil stark bewaldet, südlich zu den
Höhen von Lipa und Chlum.«

des Kronprinzen aus der Halblinksschwenkung des IV. und II. östreichischen Corps oder mit andern Worten aus der *halbkreisförmigen Umfassung des Swiep-Waldes* allerdings ein großer Vorteil erwuchs, erwuchs eben dadurch unsrer zum Kampf im Swiep-Walde vorgehenden 7. Division eine beinah nicht zu lösende Aufgabe. Man schritt, glücklicherweise ohne es zu wissen, zu einem Kampf 1 gegen 3.

Diesen Kampf – der blutigste, aber auch zugleich der verworrenste, der in diesem Kriege geführt worden ist – werden wir nunmehr zu beschreiben haben. Eine schwierige Aufgabe. Um den Leser schrittweise in das Verständnis desselben einzuführen, schicken wir, der Anschaulichkeit halber, einen Vergleich voraus, dessen »kühnes Wagen« wir zu entschuldigen bitten.

Man vergesse einen Augenblick den Wald und denke sich zunächst einen großen reichgegliederten Ovalbau mit drei Höfen und drei Portalen. Die drei Portale öffnen sich nach Süden; das mittelste das Hauptportal. Die drei dahinter gelegenen Höfe unterhalten durch gewölbte Passagen Verbindung miteinander; hohe und niedrige Balkone, Säulengänge, vorspringende Pfeiler, Freitreppen, Gitterfenster und Kelleröffnungen unterbrechen die Façade, beleben das Bild; den rechtsgelegenen Hof aber (von der Südseite aus gerechnet) überragt ein Donjon, ein vierkantiger, massiver Turm, zu dessen breiter, plattformartiger Zinne nur eine steile, schwerzugängliche Treppe führt.

Dies Bild möge gelten, schlimmstenfalls wie man Hypothesen gelten läßt, die erst den Boden schaffen müssen für eine sonst unmögliche Beweisführung.

Um diesen Ovalbau mit seinen drei Höfen wurde gekämpft. Drei starke feindliche Kolonnen drangen von Süden her gegen die drei Portale vor; die Angriffe links und rechts scheiterten, durch das große Mittelportal aber avancierte die dritte und stärkste Kolonne, warf uns nach blutigstem, unter Ausnutzung der Lokalität zwischen Pfeilern und Säulen, auf Treppen und Balkonen geführtem Gefecht aus dem Mittelhof hinaus und drang zugleich durch die gewölbten Verbindungsgänge links und rechts auch in die beiden *Flankenhöfe* ein. Dadurch im Rücken gefaßt, räumten wir auch diese, behaupteten uns aber in dem *westlichen* Hofe hinter einem hochgelegenen Pfeilerwald, im *östlichen* Hofe (mittelbar) durch Besetzung des dominierenden Donjon. Als uns durch Dransetzung letzter Kräfte

auch dieser entrissen werden sollte, kam Entsatz. Der Feind
wich. Die drei Höfe wurden wiedergenommen.*

Wenn es uns geglückt ist, mit Hülfe dieses Vergleiches ein
Bild des Gefechtes in seinen großen Zügen zu geben, so wird
anschaulich geworden sein, daß der Kampf im Swiep-Walde ein
dreifacher war, daß an beiden Flügeln und im Zentrum gekämpft wurde, daß die beiden Flügel bis zur Durchbrechung
des Zentrums sich hielten, daß *nach* Durchbrechung des Zentrums der ganze Wald verlorenging, bis auf einzelne Parzellen
und das im Nordosten gelegene »Waldbastion«, und daß die
wenigen, die auf dieser hohen Warte aushielten, die Freude
hatten, die endliche Wiedereroberung des Waldes in erster Reihe einleiten zu können. Wir unterscheiden also im Einklang
hiermit folgende Momente des Kampfes:**

* Dieser Schilderung liegt noch die Anschauung zu Grunde, daß die
im *Zentrum* vorgehende Brigade Poeckh (vergleiche S. 185) den Ausschlag gab und in Folge unsrer Besiegung im Zentrum auch über das
Schicksal der beiden Flügel entschied. Nach der inzwischen erschienenen östreichisch-offiziellen Darstellung dieses Gefechts stellt sich die
Sachlage etwas anders. Gerade die Brigade Poeckh, nachdem sie *anfangs* siegreich vorgedrungen war, wurde schließlich unter den unge-
heuersten Verlusten geworfen und was uns dennoch, auch im Zentrum, unterliegen ließ, war der Angriff einer aus der Flanke avancierenden feindlichen Doppel-Kolonne, die in den östlichen Flügelhof
und zwar durch ein *Seiten*portal eindrang. Danach wäre unser obiges
Bild, das in allem Übrigen bestehen bleibt, zu modifizieren. Die Ausführung ergibt sich von selbst.

** Die Ordre de Bataille der 7. Division war für den 3. Juli die folgende:

    Avantgarde. Generalmajor v. Gordon.
Infanterie-Regiment Nr. 27 (Oberst v. Zychlinski),
Füsilier-Bataillon Nr. 67 (Oberstlieutenant v. Buttlar),
Husaren-Regiment Nr. 10 (Oberst v. Besser).
    Gros. Generalmajor v. Schwarzhoff.
Infanterie-Regiment Nr. 26 (Oberst v. Medem),
Infanterie-Regiment Nr. 66 (Oberst v. Blanckensee).
    Reserve. Oberst v. Bothmer.
    1. und 2. Bataillon Nr. 67.
Es traf sich während des Kampfes so, daß die letztgenannten beiden
Reserve-Bataillone an *der* Stelle (in der westlichen Hälfte des Waldes)

die 14. Brigade (Generalmajor v. Gordon) am rechten
Flügel;

die 13. Brigade (Generalmajor v. Schwarzhoff) im Zentrum;
die Bataillone v. Wiedner und Gilsa am linken Flügel;

die Verteidigung des Waldbastion (des »Donjon«) am Nordrande; die Wiedereroberung des Waldes.

Wir werden in unsrer Darstellung auch diese Reihenfolge
beibehalten.

Die 14. Brigade (Generalmajor v. Gordon)
am rechten Flügel

Benatek war unser. Vom Südrande des Dorfes aus wurden
Schüsse gewechselt mit den im Swiep-Walde versteckten feindlichen Jägern. Sie gehörten (27. Jäger-Bataillon) zur Brigade
Brandenstein vom IV. Corps. Hinter und neben ihnen standen
die Regimenter Großfürst Michael und Erzherzog Wilhelm
derselben Brigade.

Um 8 Uhr erhielt die Avantgarde Befehl gegen den Wald
vorzugehn und ihn zu nehmen. Generalmajor v. Gordon mit
den beiden Musketier-Bataillonen Nr. 27 nahm den rechten,
Oberst v. Zychlinski mit den Füsilier-Bataillonen 27 und 67
den linken Flügel. Die Waldlisière wurde ohne besondre Verluste erreicht und alle 4 Bataillone drangen etwa gleichzeitig,
den Feind, insonderheit das 2. Bataillon Großfürst Michael vor
sich hertreibend, in den Wald ein. Der Widerstand war nicht
überall derselbe, je mehr nach rechts desto schwächer, je mehr
nach links (dem Zentrum zu) desto stärker. Das 1. Bataillon 27., das den äußersten rechten Flügel bildete, passierte die
westliche Waldspitze ohne erhebliche Einbuße und erlitt erst
Verluste jenseits des Waldes, als es sich gegen das 500 Schritt
südlich desselben gelegene Dorf Cistowes wandte. Bei diesem

eingriffen, wo die Avantgarde focht, so daß dadurch die 14. Brigade
wieder vollständig wurde und – so weit das in diesem Kampfe überhaupt möglich war – eine Einheit repräsentierte. Dagegen zweigten
sich umgekehrt von dem nach der Ordre de Bataille als Einheit auftretenden Gros (13. Brigade) im Laufe des Gefechts zwei Bataillone:
v. Wiedner und v. Gilsa, ab und bildeten einen linken Flügel. Die folgenden Seiten werden dies näher ausführen.

Vorgehn fiel Oberstlieutenant *v. Sommerfeld*, Commandeur des 1. Bataillons. Zwei nach Westen hin ausgebaute Gehöfte des Dorfes wurden besetzt.

Gegen eben dies Dorf ging auch Oberst v. Zychlinski. Er war, weil mehr das Zentrum des Waldes treffend, von Anfang an in ein ernsteres Gefecht verwickelt worden und hatte durch Infanteriefeuer in der Front, noch mehr durch Granatfeuer von Maslowed her gelitten. Das Füsilier-Bataillon 67 war ihm nach links hin außer Gesicht gekommen, dafür war ihm von rechts her das 2. Bataillon 27, das links neben dem 1. marschierte, zur Verfügung gestellt worden. So waren es denn jetzt nicht die beiden Füsilier-Bataillone der Brigade, sondern das Füsilier- und das 2. Bataillon seines eigenen Regiments (Nr. 27), die Oberst v. Zychlinski durch die Westhälfte des Waldes hindurch bis an die südliche Lisière desselben führte.

Er erreichte dieselbe und hatte nun, während das 1. Bataillon bereits in den westlichen Gehöften sich festsetzte, die Nordostecke von Cistowes vor sich, gegen welche Ecke jetzt, mit kleineren und größeren Abteilungen, seine Angriffe sich zu richten begannen. Aber sie scheiterten. Cistowes war stark besetzt. Hinter allen Häusern und Hecken, besonders in den blockhausartigen Scheunen, steckten vorgeschobene Bataillone der Brigade Appiano vom III. Corps, und als die Schwäche unserer Kolonnen dem Feinde nicht länger verborgen bleiben konnte, brachen das 4. Jäger-Bataillon und ein oder zwei Bataillone vom Regiment Erzherzog Heinrich aus Cistowes hervor, um die Unsren in den Wald zurück zu jagen.

Dieser Vorstoß wurde mit so großer Raschheit und Geschicklichkeit ausgeführt, daß er unsre am Waldrand stehenden Bataillone in Flanke und Rücken faßte, die zumeist vorgeschobenen Abteilungen wurden abgeschnitten, gefangengenommen, und unsre Verluste – auch der linke Flügel der eben jetzt (9½ Uhr) vorgehenden Brigade Fleischhacker traf unsre 27er – würden an eben dieser Stelle noch weit erheblicher gewesen sein, wenn nicht, beinah gleichzeitig, im Rücken der uns überflügelnden feindlichen Bataillone, zwei Bataillone unsrer 67er unter Oberst v. Bothmer erschienen wären und nun ihrerseits den uns umfassenden Feind umfaßt hätten.

Eine drohendste Gefahr war durch das Erscheinen dieser beiden, unsre einzige Reserve bildenden Bataillone allerdings abgewandt; aber nicht auf lange. Die beiden Bataillone 27er wa-

ren zertrümmert, alle Hauptleute tot oder verwundet oder abgedrängt; eben jetzt erhielt auch Oberst v. Zychlinski einen
Schuß in den Schenkel und mühsam sich aufrecht haltend,
führte er die Trümmer seiner Bataillone nach den ausgebauten
westlichen Gehöften von Cistowes, wo er Generalmajor
v. Gordon und das 1. Bataillon vom Regiment 27 fand.

Die Situation an der hartbestrittenen Stelle zwischen Dorf
und Waldrand hatte sich also im wesentlichen nur dahin geändert, daß an die Stelle zweier Bataillone 27er jetzt zwei Bataillone 67er traten und an Stelle Oberst v. Zychlinskis Oberst
v. Bothmer das Kommando übernahm.

Er hielt aus, wie jener ausgehalten hatte. Aber immer über-
mächtiger wurde der Feind; eine neue Brigade, die Brigade
Poeckh, zunächst das *Zentrum* treffend, wurde vorgeführt und
in derselben Weise wie eine Stunde früher das unerwartete rasche Eingreifen der Brigade *Fleischhacker* zu einer Umfassung
unsrer 27er geführt hatte, führte jetzt das rasche Vorbrechen
dieser neuen Brigade (Poeckh) zur Umfassung unsrer 67er.

Aber auch diesmal blieb die Hülfe nicht aus. Die um eben
diese Stunde am Skalka-Gehölz vorbeimaschierende, ihre
Richtung auf Sadowa und den Hola-Wald nehmende 8. Division war um Unterstützung der im Swiep-Walde so hart bedrängten 7. Division angegangen worden, Generallieutenant
v. Horn hatte diesem Ansuchen nachgegeben und in dem Momente höchster Bedrängnis für unsre 67er erschienen jetzt,
von Nordwesten her, das Magdeburgische Jäger-Bataillon und
das 1. Bataillon 72. Regiments, um nun den bereits in unsrem
Rücken stehenden Feind: 8. Feldjäger-Bataillon und Regiment
Erzherzog Karl Ferdinand von der Brigade Poeckh, in derselben
Weise von hinten her zu umfassen, wie die 67er bei ihrem Erscheinen die vordersten Bataillone der Brigade *Fleischhacker:*
13. Jäger-Bataillon und Regiment Großfürst Thronfolger, umfaßt hatten.

Es war jetzt 11 Uhr. Diese letzten Kämpfe hatten schwere
Opfer gekostet. Drei Compagnieen 67er (die 1., 6., 7.) hatten
in kürzester Frist 9 Offiziere und 169 Mann verloren, darunter
6 Offiziere und 57 Mann tot. Den Feind am Eindringen in den
Wald zu hindern, war um so weniger geglückt, als seine Erfolge
im Zentrum, auf das er jedesmal die Hauptstöße seiner Brigaden richtete, es ihm möglich gemacht hatten, sich im Rücken
beider Flügel mehr und mehr auszubreiten. Es wurde stiller

und stiller im Wald. Auch am rechten Flügel. Der Feind zögerte den letzten entscheidenden Schlag zu tun und die Unsren waren zu matt und numerisch zu schwach, um von den zerstreuten Waldstücken aus, die sie noch inne hatten, den Kampf wieder aufzunehmen. Einzelne Abteilungen der Unsren, nach links hin abgedrängt, standen mit auf jenem Waldbastion, das, wie wir zeigen werden, General v. Fransecky entschlossen war mit Dransetzung auch der letzten Kraft zu halten; andre Compagnieen waren bis an das Skalka-Gehölz und bis nach dem Hola-Walde hin verschlagen. Kompakte Körper bildeten nur noch das 1. Bataillon vom 27., das die Westecke von Cistowes hielt, und im Walde selbst, am äußersten Flügel desselben, die zuletzt aufgetretenen Hülfs-Bataillone der 8. Division: das Magdeburgische Jäger-Bataillon und das 1. Bataillon vom 72.

Soviel in den großen Zügen über den Verlauf dieses Kampfes am rechten Flügel. Detail-Schilderungen, die uns vorliegen, mögen das Bild vervollständigen. Niemand hat den poetischen Graus dieser Vorgänge lebendiger, anziehender zu schildern vermocht, als Oberst v. Zychlinski selbst, der, durch drei Stunden hin (von 8 bis 11) im Mittelpunkt dieses Kampfes stand. Wir hören ihn zuerst:

».. . Ich hielt noch« so erzählt er, »abwartend am Südrande von Benatek. Da avancierten rechts neben mir meine Musketier-Bataillone. Jetzt befahl auch ich wieder anzutreten und ohne Verlust nahmen meine Füsiliere die uns gegenüber liegende Waldlisière.

Bis dahin war alles gut gegangen. Kaum aber befanden wir uns im Walde, als der entsetzlichste Hagel zerspringender Granaten sich über uns ergoß und die Gewehrkugeln der im Walde versteckten Jäger um uns wie peitschender Regen knatternd einschlugen. Instinktmäßig fühlte jeder, daß es nur ein Entrinnen nach vorwärts gäbe. Alle Übersicht hörte natürlich auf. Ich mußte um jeden Preis sie wieder zu gewinnen suchen. Da fand ich einen Fußsteig, der mich nach der westlichen Lisière hinausführte... Ich ritt von Ost nach West und umgekehrt hin und her. Der Geschoßhagel dauerte mit entsetzlicher Heftigkeit fort und umfaßte uns nach einiger Zeit auch von der linken Flanke und vom Rücken her. Fort und fort auf dem gedachten Wege hin und her reitend, befand ich mich in dem beweglichen Mittelpunkt eines wirren Knäuls, dessen Kern meine beiden Bataillone bildeten, umwickelt von feindlichen Schwärmen

und Haufen. Granaten und Kartätschen zerrissen denselben jeden Augenblick nach allen Richtungen, Gewehrkugeln wickel-
ten ihn gleichsam wieder zusammen, da sie, auf die Front, auf
die linke Flanke und in den Rücken geschleudert, den Zusammenhang um den Kern herzustellen nötigten. Ach! sie fielen
um mich herum, meine Offiziere und Mannschaften, wie gemäht, tot und verwundet: Fähnrich *Hellmuth*, der hoffnungsvolle Jüngling, nahm mit einem unvergeßlichen Blick voll
Schmerz Abschied von mir; Lieutenant *v. Zedtwitz* fiel, in der
Schulter schwer verwundet; Hauptmann *v. Westernhagen*
wurde in das Dickicht des Waldes an mir vorübergetragen;
Hauptmann *Joffroy* ließ die schwerverletzte Hand sich verbinden, um sofort seine Compagnie weiter zu führen.

Allmählich nach Südwest, gegen die beiden einzelnen Höfe
des Dorfes Cistowes (an dessen *West*ende), rollte mein Knäul
sich weiter. Dort hatte das 1. Bataillon Nr. 27, die Spitze des
Waldes schneller passierend, bereits Posto gefaßt. . . . Immer
heftiger und umfassender werdende Angriffe des Feindes nötigten mich, mit den Trümmern meiner Bataillone den Wald zu
verlassen und diese Trümmer zu kleineren und größeren Abteilungen zusammenfassend, ging ich mit ihnen *tambour battant* gegen den Hauptteil von Cistowes vor. Aber vergebens;
wir mußten zurück.

Schon zwei volle Stunden hatten wir uns gehalten, da gedacht ich nochmals meine Leute zum Sturm gegen Cistowes zu
encouragieren und ritt bis zur Lisière des Waldes hinaus. Ein
Granatsplitter fiel dicht vor die Füße meines Pferdes. Ich ließ
ihn mir aufheben und steckte ihn in die Tasche. Gleich darauf
flog ein zweiter der Stute so nah an der Nase vorbei, daß sie
eine Contusion erhielt. Sie machte kehrt. Ich riß sie herum,
wieder in die Lisière hinein. Da wurden ihr beide Kinnbacken
von einer Gewehrkugel durchlöchert. Sie blieb wie angewur-
zelt stehn; ich bekam sie nicht mehr von der Stelle und mußte
absteigen. Das Blut strömte ihr in einem großen Strahl zur
linken Seite des Kopfes heraus. Wohl fünf Minuten blieb ich
bei dem Tiere stehn und konnte mich nicht entschließen, es zu
verlassen.

. . . Gleich darauf erhielt ich einen Schuß durch den Ober-
schenkel. Um diese Zeit muß es auch gewesen sein, wo ein
Granatsplitter meiner Stute das Kreuz zerschmetterte. Vom
Oberstlieutenant v. Zedtwitz unterstützt, ging ich in das näch-

ste der beiden Gehöfte von Cistowes. Dort fand ich meinen
Brigade-Commandeur (Generalmajor v. Gordon), dem sein
Pferd unterm Leibe getötet worden war. ... Hier hielten wir
aus bis zuletzt.«

So weit Oberst v. Zychlinski. Er zog sich, wie schon erwähnt, ohngefähr in derselben Viertelstunde auf Cistowes zu,
in der die 67er unter Oberst v. Bothmer, als eine Art *Ablösung*
der 27er, am Waldrande eintrafen. Ein Unteroffizier vom
67sten (Freiherr v. Gablenz) schildert seine Erlebnisse beim
Vorgehen und dann an dieser Stelle wie folgt:

»...Wir hielten seit einer Stunde bei Benatek. Das Dorf
brannte bereits. Da kam Befehl zum Vorrücken; – wir traten
an. Höher begann unser Herz zu schlagen, denn in geringer
Entfernung von uns lag ein Waldstück (der Swiep-Wald), in
dem unser Füsilier-Bataillon und das ganze 27. Regiment, zu
deren Unterstützung wir vorgingen, schon mit dem Feinde
handgemein waren.

Bis in die nächste Nähe des Waldes marschierten wir in Sek-
tions-Kolonne; dann wurde zugweise aufmarschiert und die
Compagnieen auseinandergezogen. ... Da wir uns mit gleicher Front neben unsre anderen Compagnieen setzen mußten,
so gab unser Bataillons-Commandeur, Oberstlieutenant v.
Hochstetter, als wir kaum den Wald betreten hatten, Befehl,
die linke Schulter vorzunehmen und die Züge auszurichten,
nachdem wir in Halbzügen abgebrochen waren. Hierbei muß
ich bemerken, daß die Ruhe, mit der dieser Befehl gegeben
wurde, inmitten des feindlichen Feuers seine Wirkung auf die
Mannschaft nicht verfehlte und daß sich alle sicherer, unüber-
windlicher fühlten, als sie von neuem fester aneinanderge-
schlossen dastanden.

Indessen ein geschlossenes Vorgehn im Walde selbst war unmöglich.

... Der Kampf, nachdem wir aufgelöst waren und in zer-
streuter Ordnung fochten, ist schwer zu beschreiben. Es war
den Offizieren kaum möglich, ihre Züge oder selbst kleinere
Abteilungen zusammenzuhalten; jeder Mann focht gewisser-
maßen auf eigne Faust; aber der Granatregen, der über uns
kam, die Äste und Baumsplitter, die uns von allen Seiten um-
flogen, drängten uns instinktmäßig vorwärts, lediglich in der
Hoffnung, weiter vordringend aus dieser kritischen Situation
herauszukommen.

Das Terrain vor uns stieg an, und ich fiel bei dem raschen Vorgehn, erdrückt durch die Last meines Gepäcks, zu Boden. Als ich mich wieder erhob, war meine Abteilung schon weit voraus und ich mußte mich einer andern anschließen. So kam ich an die südliche Lisière. Um das vor und neben uns liegende Kornfeld, aus dem dann und wann feindliche Jäger auftauchten, besser übersehn zu können, trat ich ins Freie hinaus. Hier hatt' ich alsbald Gelegenheit zu erfahren, welchen unendlichen Vorteil unser Zündnadelgewehr bietet. Denn als 7 östreichische Jäger links neben mir, und zwar in langsamem Tempo, ebenfalls den Wald verließen, sandte ich noch eine Kugel unter sie, um sie zu einer rascheren Gangart zu bewegen. Fünf liefen eiligst davon, zwei aber wollten die Mahnung nicht verstehn und wandten sich gegen mich. Ehe sie indes noch Zeit zum Schießen fanden, war mein Gewehr aufs neue geladen und einer meiner Angreifer verwundet.

Mit diesen Jägern beschäftigt, bemerkte ich nicht, daß die Abteilung, der ich mich angeschlossen hatte, zurückgeblieben war, wohl aber sah ich, wie ein frisches östreichisches Bataillon in Front vorrückte, während seitwärts aus den Kornfeldern heranschleichende Jäger mir den Rückweg abschnitten. Meine Lage war eine verzweiflungsvolle und schien mir in der Tat keine andre Wahl zu bleiben, als erschossen oder gefangen zu werden. In dieser Situation folgte ich, kurz entschlossen, dem Beispiele des Handwerksburschen, der von einem Bären verfolgt wurde, d. h. ich warf mich, mich tot stellend, auf mein Gesicht, platt auf die Erde, in einen Graben. Als nun von beiden Seiten die Östreicher weiter vorrückten und mir ziemlich nahe kamen, lag ich zwar mit ausgespreizten Gliedern unbeweglich, aber ich glaubte in der Einbildung den Kitzel eines Bajonetts des einen oder andern zu verspüren, der sich vergewissern wollte, ob ich auch wirklich tot sei. Wie lange ich in dieser Lage verblieben, weiß ich nicht, da mir die Sekunden zu Ewigkeiten wurden und ich ausharren mußte bis das Bataillon, das allerdings nicht weit vordringen konnte, geschlagen zurückkam.

Das Zeitmaß während des Kampfes fehlte uns Fechtenden überhaupt.

Unsre höheren Offiziere (zu kommandieren gab es nichts) vermochten nur durch ihr Beispiel persönlicher Bravour auf die sie unmittelbar umgebende Mannschaft einzuwirken. Und dies Beispiel war nicht umsonst. Ich kann mich keines Falles entsinnen, wo ich das Aufgeben des Kampfes auch nur eines einzigen unverwundeten Mannes gesehen hätte.

Aber, wie wir uns auch halten mochten, die Gefahr unsrer gänzlichen Vernichtung rückte immer näher. Glaubten wir den Gegner geschlagen zu haben, so ging er mit neuen Truppenmassen vor und es traten dann gewöhnlich Momente ein, wo wir, von allen Seiten Feuer erhaltend, zurück mußten ohne geschlagen zu sein. In solchen Augenblicken traf uns das Wort unsrer Offiziere: ›Nur noch eine halbe Stunde‹ und kein einziger war unter uns, der bei diesem Zuruf nicht den Entschluß gefaßt hätte: ›Nun, wenn Dir Gott das Leben läßt, so wirst Du auch diese halbe Stunde noch aushalten.‹«

Wir brechen hier in diesen Detailschilderungen, die uns vorzüglich geeignet schienen, den *Charakter* dieses Kampfes zu veranschaulichen, ab und wenden uns nunmehr den gleichzeitigen Vorgängen im *Zentrum* des Swiep-Waldes zu.

Die 13. Brigade (Generalmajor v. Schwarzhoff) im Zentrum

Links neben der 14. Brigade, Generalmajor v. Gordon, rückte die 13. Brigade, Generalmajor *v. Schwarzhoff*, in den Swiep-Wald ein. An dieser Stelle befand sich auch der Divisions-Commandeur, Generallieutenant v. Fransecky.

An der Spitze der Brigade marschierten das Füsilier-Bataillon, Oberstlieutenant v. Schmeling, und das 1. Bataillon, Major Schweiger, 66. Regiments; die vier andern Bataillone wurden vorläufig noch im Norden von Benatek zurückgehalten.

Es mochte 8½ Uhr sein als beide Bataillone den Waldrand überschritten; unmittelbar vor ihnen standen einzelne Füsilier-Compagnieen 27. und 67. Regiments im heftigsten Feuer. Das Erscheinen der 66er degagierte diese und gab momentan den Ausschlag. Die schon erschütterten Bataillone der Brigade Brandenstein, die bis dahin (Brigade Appiano focht, von uns aus, weiter rechts) ausschließlich den Kampf an dieser Stelle geführt hatten, wichen rasch, und wie am rechten Flügel die 27er Musketiere, so drangen hier im Zentrum die 66er vor. Der Swiep-Wald im großen und ganzen war gewonnen.

Aber dieser rasche Erfolg, wie wir wissen, sollte sehr bald wieder in Frage gestellt werden. Zumal im *Zentrum*. Gegen dieses begannen jetzt und zwar mit immer wachsender Energie, die Wiedereroberungs-Versuche der nachrückenden östreichischen Brigaden sich zu richten.

Zunächst der Brigade Fleischhacker (9 Uhr). Das Regiment Großfürst Thronfolger avancierte in geschlossenen Kolonnen und drängte unsre schwachen Abteilungen durch die Wucht seines Angriffs zurück.

Ihnen entgegen beorderte jetzt Generallieutenant v. Fransecky die vier hinter Benatek in Reserve stehenden Bataillone des Gros. Zwei (wir begegnen ihnen später wieder) machten eine Achtelschwenkung nach links; die beiden andern, das 1. und das Füsilier-Bataillon 26. Regiments, dirigierten sich gegen das Zentrum und warfen sich auf die bis dahin siegreichen Bataillone von »Großfürst Thronfolger«. Diese, nach tapferster Gegenwehr, wichen. Die Unsern drangen zum *zweiten* Male bis an den südlichen Waldrand vor und suchten sich eben in dem der Verteidigung, namentlich da wo das Klosterholz lag, günstigen Terrain festzusetzen, als das Vorgehn der *dritten* Brigade (Poeckh) des östreichischen IV. Corps unsren Erfolg abermals und ernster denn vorher in Frage stellte. Das 8. Jäger-Bataillon, links daneben zwei Bataillone Reischach und Este, nach rechts hin das ganze Regiment Erzherzog Karl Ferdinand, so avancierte die Brigade mit großer Bravour und warf sich in Front und Flanke, bald auch im Rücken, auf unsre erschöpften und auseinander gekommenen Bataillone.

Chaotisches Durcheinander! Es kommt zum blutigsten Nahgefecht mit Kolbe[1] und Bajonett. Dazwischen hageln die Granaten gleich verderblich für Freund und Feind. Generallieutenant v. Fransecky, Generalmajor v. Schwarzhoff, Oberst v. Medem, Major Paucke verlieren ihre Pferde; Major v. Schönholz erhält einen Schuß ins Genick; Premierlieutenant Biber, Brigade-Adjutant, Premierlieutenant Ewald, Führer der 11. Compagnie, Premierlieutenant Wernecke vom Landwehr-Bataillon Neu-Haldensleben werden tödlich getroffen; die Lieutenants v. Platen und v. Schierstädt fallen schwer verwundet; drei Westernhagens (zwei Hauptleute, ein Premierlieutenant) bluten; Lieutenant v. Schulz sieht sich plötzlich von mehreren ungarischen Infanteristen umringt, hört ein wildes Eljenrufen und stürzt dann, von einem Bajonettstich durchbohrt, bewußtlos zusammen. Wie Bienen, in immer dichter werdenden Trupps, schwärmen die Jäger durch den Wald. Unsre beiden hier kämpfenden Bataillone vom 26. Regiment haben bereits einen Verlust von 17 Offizieren; Schritt für Schritt räumen sie den Wald und gehen in Aufnahmestellung bis Benatek zurück.

Dieser Darstellung der Vorgänge im *Zentrum* liegt die *preußische* Auffassung zu Grunde, wie sie sich bald nach dem Kriege gestaltete. Der östreichische Bericht indes, wie bereits S. 175 hervorgehoben, weicht sehr wesentlich davon ab. Als das Verwunderlichste stellt sich dabei heraus, daß *jeder* Teil (ein Fall, der vielleicht noch nie vorgekommen ist) freimütig sein Unterliegen konstatiert und seine Relation damit schließt: »nach ungeheuren Verlusten zogen wir uns in eine Aufnahmestellung zurück«. Wir lassen zunächst, um dann prüfen zu können, den Bericht der Brigade Poeckh im Wortlaut folgen:

»Der Sturm, so heißt es, begann ohne Vorbereitung. Auf Anordnung des Brigadiers Oberst *Poeckh* wurden nur einige Schwärme vorgesendet. Darauf stürmte das 1. Treffen der Brigade: 2. Bataillon Reischach und 1. Bataillon Este am linken, alle drei Bataillone Erzherzog Karl Ferdinand am rechten Flügel, das 8. Jäger-Bataillon im Zentrum, mit unaufhaltsamem Ungestüm den Abhang hinab, über feindliche Leichen in den Wald hinein, vertrieb den Gegner vom Waldrande, durchbrach mehreremale die preußische Linie und rückte bis zum westlichen Ausgange des Waldes vor. Der Gegner floh in großer Unordnung. Einen einzigen Moment der Stockung überwand der Einfluß und das heldenmütige Benehmen des stets an der Spitze seiner Brigade befindlichen Obersten Poeckh. Schnell und erneut wurde vorgestürmt.

Die Mannschaft war jedoch erschöpft. Bei dem fortwährenden Auf- und Absteigen durch Wald und Gestrüpp versagten endlich die Lungen den Dienst; es mußte gehalten werden.

Da wurden plötzlich auf einer waldbedeckten Anhöhe in der rechten Flanke preußische Massen bemerkbar, welche ein mörderisches Feuer auf die tiefer befindliche Brigade eröffneten. Hier erlitt dieselbe die größten Verluste. Der Brigadier und alle Stabsoffiziere (bis auf einen) fielen ... Von allen Seiten eingeschlossen, blieb nichts übrig, als sich durchzuschlagen.* Zum

---

* Das 1. Bataillon vom Regiment Erzherzog Karl Ferdinand verlor dabei die Direktion und trat, statt sich südöstlich zu halten, an der Nordwestseite des Waldes ins Freie. Hier warf sich Rittmeister *v. Humbert,* der mit der 1. Escadron 10. Husaren-Regiments in einer

Teil mit dem Gegner ins Handgemenge geratend, gelang der Rückzug nur einem kleinen Teile... Die Trümmer des 8. Jäger-Bataillons mit *vier* Offizieren zogen sich gegen die linke Flanke der Aufstellung. Die Verluste dieses Jäger-Bataillons, wie des Regiments Erzherzog Karl Ferdinand und der beiden Bataillone Reischach und Este, waren ungeheuer. Das 1. Treffen der Brigade Poeckh war nahezu aufgerieben.«**

Die Frage entsteht: wie löst sich der Widerspruch, daß *jeder* Teil sich als den Besiegten anerkennt! Einfach dadurch, daß das, was uns schließlich warf, nachdem wir unsrerseits das *erste* Treffen der Brigade Poeckh geworfen hatten, *nicht* das zweite Treffen dieser Brigade, sondern eben ein *ganz andrer Truppenkörper* war, von dessen beinah gleichzeitigem Vorgehn und *Erfolg* die Brigade Poeckh nicht die geringste Kenntnis hatte. Während diese letztre in der *Front* unterlag, drangen zwei starke Kolonnen des II. Corps (die Brigaden Würtemberg und Saffran) von der *Flanke* her in den östlichen Teil des Waldes ein, eroberten diesen und warfen, in raschem Anlauf auch in das Zentrum eindringend, uns nach Norden zu (auf Benatek) hinaus. Den Ausschlag gab also das II. Corps, das mit zwei Brigaden, rechtwinklig auf das IV., am Ostrande des Waldes stand und als *erstes* Angriffsobjekt unsren linken Flügel hatte, dessen Aufstellung und Kampf wir nun zunächst in Nachstehendem schildern.

Mulde südwestlich von Benatek hielt, sofort auf das überraschte Bataillon und nahm es, ohne auf Widerstand zu stoßen, in der Stärke von beinah 700 Mann (darunter 16 Offiziere) gefangen. Es zählt diese Attacke, wie durch Bravour, so namentlich auch durch *richtige Erfassung des Moments,* zu dem glänzendsten, was während des 66er Feldzuges seitens unsrer Kavallerie geleistet worden ist. Nachher von bloßem »Glück« sprechen, ist leicht. Wer *richtig* zufaßt, hat immer Glück.

** Das 2. Treffen der Brigade Poeckh, das Regiment Erzherzog Joseph, kam um diese Zeit gar nicht zur Aktion; erst drittehalb Stunden später, etwa um 1, als das ganze IV. Corps in die Stellung Chlum-Nedelist einrückte, hatte auch noch das ebengenannte Regiment, indem es ganz ohne Not den Swiep-Wald passierte, ein *nachträgliches* Gefecht.

Die Bataillone v. Wiedner und v. Gilsa am linken Flügel

Das 2. Bataillon, Major v. Gilsa, vom 26. und das 2. Bataillon, Major v. Wiedner, vom 66. Regiment hatten sich (wir deuteten es schon an) *links* gehalten, als die vier, am *spätesten* vorgezogenen Bataillone der 13. Brigade den Waldrand erreichten. Diese Linksschwenkung war Ursache, daß die genannten beiden Bataillone, während alle andren Abteilungen der 7. Division mit Front gegen Süden standen, ihren Kampf mit Front gegen *Osten* führten. Sie hatten hier – soweit der enge Raum eine Trennung überhaupt zuließ – ein abgetrenntes Gefecht.

Bis 11 Uhr waren sie in der Lage dies Gefecht ohne besondre Verluste führen zu können; die meist in schräger Linie und zwar in der Richtung von Südost gegen Nordwest vorgehenden feindlichen Bataillone streiften unsren linken Flügel nur eben und das ihm seit etwa 9 Uhr mit den Brigaden Würtemberg und Saffran gegenüberstehende II. Corps – fast als ob es dem IV. Corps die Ehre nicht schmälern wollte, den Gegner allein aus dem Swiep-Walde geworfen zu haben – begnügte sich vorläufig damit, über einen breiten Wiesenstreifen hin, der zwischen Maslowed und dem Ostrande des Waldes sich ausdehnt, ein lebhaftes Feuergefecht gegen die Unsrigen zu unterhalten. In diesem Feuergefecht erwies sich die ganze Überlegenheit des Zündnadelgewehrs, vielleicht noch mehr die Überlegenheit unsrer Taktik; die Bataillone v. Wiedner und Gilsa verloren wenig, während das uns gegenüberstehende Regiment Mecklenburg (alle übrigen Abteilungen hielt man vorläufig noch in Reserve) die schwersten Einbußen erlitt. Und beinahe zwecklos.

So standen die Dinge bis etwa gegen 11 Uhr, als plötzlich, auch hier am linken Flügel, das Gefecht eine andere Gestalt anzunehmen begann. Feldmarschallieutenant Mollinary – bald nach Übernahme des Kommandos an Stelle des schwerverwundeten Grafen Festetics – hatte sich überzeugt, daß die brigadeweisen Vorstöße zu nichts fruchten konnten und war nunmehr entschlossen, an die Stelle der einzelnen Vorstöße von Südosten, einen konzentrischen Angriff von drei Seiten her treten zu lassen. Das II. Corps, dem, seiner Aufstellung nach, der Angriff von Osten her naturgemäß zufallen mußte, wurde um seine Mitwirkung angegangen und sagte dieselbe zu, während sich, von Süden und Südosten her, einerseits die bereits geworfenen Brigaden Brandenstein und Fleischhacker, andrerseits die frische Brigade Poeckh gegen den Swiep-Wald in Bewegung setzten.

Was das Vorgehen dieser letztgenannten drei Brigaden, insonderheit den Angriff der Brigade Poeckh angeht, so haben wir desselben bei Besprechung der Vorgänge im *Zentrum* ausführlich Erwähnung getan; entscheidend für seinen Erfolg aber wurde sehr wahrscheinlich (durch die östreichische Relation inzwischen zur *Gewißheit* erhoben) das eine halbe Stunde später erfolgende Eingreifen des II. Corps von *Osten* her. Dieser Angriff traf, wenigstens in seinem ersten Stadium, beinah ausschließlich die beiden Bataillone Wiedner und Gilsa. Besonders das letztere. Ehe wir dem Angriff folgen, geben wir die Aufstellung des Feindes.

Das II. Corps, den Bewegungen des IV. folgend, hatte ebenfalls, statt die Linie Chlum-Nedelist, diesen Hakenarm der Frontal-Position zu halten, eine große Linksschwenkung ausgeführt und stand, wie in der Kürze bereits angegeben, seit 9 Uhr früh mit zwei Brigaden bei Maslowed, rechtwinklig auf das IV. Corps. Die Brigade Würtemberg, das Regiment Mecklenburg nach rechts hin hinauswerfend, hielt Maslowed besetzt; die Brigade Saffran stand in Reserve.

Diese Aufstellung wurde beibehalten bis gegen 11 Uhr.

Um 11 Uhr – die Brigade Poeckh war bereits von Süden her in den Wald eingedrungen – formierten sich beide Brigaden zum Angriff: das 11. und 20. Jäger-Bataillon nahmen die Tête, während dahinter, in langer Linie, die Regimenter Sachsen-Weimar, Hartung und Holstein folgten. Hartung im Zentrum, Sachsen-Weimar und Holstein am linken und rechten Flügel. Das Regiment Mecklenburg, das bis dahin allein im Feuer gestanden hatte, wurde zurückbehalten.

Es entspann sich nun einer der erbittertsten Kämpfe. Die feindlichen Bataillone, Schützen vorauf, avancierten mit großer Bravour; Major *v. Gilsa*, zunächst leicht am Arm verwundet und der Wunde nicht achtend, sank alsbald von einer Jägerkugel schwer getroffen vom Pferde, erhob sich aber gleich wieder, nicht gewillt das Kommando des Bataillons in dieser Stunde äußerster Bedrängnis in andre Hände übergehn zu lassen. Es galt ein Beispiel zu geben. Gestützt auf seinen treuen Begleiter, den Hornisten Pieroh, ging er vor der Front des Bataillons auf und ab, die Leute belobend und zum Ausharren ermunternd.

Endlich, als er mehr und mehr das Schwinden seiner Kräfte fühlte (er war zum Tode getroffen) übergab er den Befehl an Hauptmann Fritsch: »Nun will ich gerne sterben, nachdem ich gesehn, wie tapfer sich mein Bataillon geschlagen hat«.

Hauptmann Fritsch, um die Trümmer des Bataillons zu neuem Angriff zu sammeln, führte alles was zur Hand war, in die Waldlisière zurück. Aber wie gelichtet die Reihen! Außer ihm selbst nur Premierlieutenant v. Bismarck noch bei der Fahne; die Hälfte der Mannschaften tot, verwundet, abgedrängt, zerstoben. Und doch mußte es gewagt sein, gewagt um jeden Preis. Vorwärts, vorwärts! und wieder ging es über die Lisière des Waldes hinaus. Der Fahnenträger, Sergeant *Täger*, sinkt, von zwei Kugeln getroffen, im ersten Moment zusammen; Sergeant Seibt ergreift die Fahne und springt vor die Front. Kein Schuß fällt. Das Gewehr zur Attacke werfen sich die gesammelten Reste des Bataillons Gilsa und links neben ihm das 2. Bataillon vom 66. (Major v. Wiedner) auf die zu neuem Ansturm vordringenden Kolonnen des Regiments *Holstein*. Dies, unsrem Angriff bequemer zu begegnen, hält jetzt und gibt Salve auf Salve. Das Terrain ist glatt wie eine Tenne; nirgends Schutz; die Unsren sinken rechts und links; aber bei schlagenden Tambours geht es weiter auf den Feind, der gewillt scheint die Bajonette mit uns zu kreuzen. Doch einen Augenblick nur; im letzten Moment sinkt ihm der Mut; – als wir auf 40 Schritt heran sind, wendet er sich zur Flucht. Jetzt, instinktmäßig und ohne Kommando abzuwarten, macht unser inzwischen immer mehr zusammengeschmolzenes Häuflein, das bis dahin keinen Schuß abgegeben hatte, halt und eröffnet Schnellfeuer auf die zurückgehenden Bataillone. Als Hauptmann Fritsch das Schnellfeuer stoppt, waren die feindlichen Kolonnen wie zerstoben. In langen Reihen lagen die Toten und Verwundeten da; was noch lebte, stand auf freiem Felde, warf die Gewehre fort und erhob bittend die Hände. *

* Nach einer kurzen Darstellung, die Hauptmann Fritsch selbst von diesem Kampfe gibt, war es das Regiment Mecklenburg Nr. 57, das diesen Angriff am feindlichen rechten Flügel machte. Er nennt auch den Hauptmann *Matuschka*, der hier gefangen genommen wurde. Nichtsdestoweniger müssen wir nach einem in der Streffleurschen Zeitschrift erschienenen Aufsatze von ersichtlich offiziellem Ursprunge: »das II. Armee-Corps im Feldzuge von 1866« annehmen, daß es

Aber dieser Erfolg am linken Flügel war wenig andres als eine glückliche Episode. Unsre 2 Bataillone, die längst keine Bataillone mehr waren, waren zu schwach um gegen 2 Brigaden sich auf die Dauer halten zu können. Die Regimenter Hartung und Sachsen-Weimar, trotz des Echecs, den das Regiment Holstein erfahren, blieben im Avancieren; Regiment Mecklenburg, frische Angriffs-Kolonnen bildend, griff aufs Neue ein; so in Front von Übermacht gefaßt, in beiden Flanken umgangen oder bedroht, mußten die Trümmer unsres linken Flügels zurück. Ein Teil ging auf Benatek. Die feindlichen Bataillone drangen bis in die Mitte des Waldes ein, wo sie mit den von Süden her vorgegangenen, zum Teil schon wieder weichenden Abteilungen der Brigade Poeckh zusammenstießen.

Es war jetzt 11½ Uhr.

»Hier sterben wir«

Der Swiep-Wald war uns nun zu größtem Teil verloren. Von seinen Umgebungen hielten wir Benatek, das Skalka-Gehölz und die Nordwestecke von Cistowes besetzt; vom Walde selbst,

(wie wir im Text angegeben) das Regiment *Holstein* war, das hier zum Sturme vorging. Nach einem beigegebenen Croquis geschah der Angriff wie folgt:

11. und 20. sind die beiden Jäger-Bataillone, die den Angriff einleiten; 64., 47., 80. sind die Regimenter Sachsen-Weimar, Hartung, Holstein (Italiener). Das seit 9 Uhr bereits hart mitgenommene Regiment Mecklenburg (Polen) stand, als dieser Angriff erfolgte, rechts rückwärts *hinter* dem Regiment Holstein und griff erst später wieder mit ein. Es heißt in dem Bericht des II. Armee-Corps wörtlich: »Die Truppen (Jäger, Hartung und Sachsen-Weimar) drangen in den Wald ein, während das Infanterie-Regiment Holstein Nr. 80 wegen des offenen Terrains, über welches es vorrücken mußte, trotz der Tapferkeit keinen Erfolg erringen konnte.«

außer seiner Westspitze, drin 72er und Magdeburger Jäger sich behaupteten, war nur noch das »Waldbastion« am Nordostrande in unsren Händen.

Hier sammelte Generallieutenant v. Fransecki die zersprengten Trümmer aller Regimenter um sich her, an seiner Seite die, wie durch ein Wunder bewahrt gebliebenen Brigade- und Regiments-Commandeure: Generalmajor v. Schwarzhoff, Oberst v. Medem, Oberst v. Blanckensee. Der Feind – zumal mit seinen Jäger-Bataillonen, sechs an der Zahl – pirschte durch den Wald; der Granathagel ließ nach, bald auch das Gewehrfeuer. Aber diese beinah plötzlich eintretende Stille gewährte keine Beruhigung. Ein jeder fühlte, daß es die Stille vor dem Sturme war und daß der Feind sich anschickte, auch die letzten Punkte, die wir noch hielten, vor allem das Nordost-Bastion – das »Donjon«, wie wir es an andrer Stelle genannt haben – uns zu entreißen. Wäre darüber noch ein Zweifel gewesen, so hätte ihn der Augenschein widerlegt. Von seiner Hochstellung aus sah Generallieutenant v. Fransecki die Vorbereitungen zu diesem letzten Stoß; von Süden aus rückte die letzte Brigade (Erzherzog Joseph) des IV. Corps in die Front, von Osten her wurden alle noch verfügbaren Bataillone der Brigade Thom: 2. Jäger-Bataillon, Regiment Roßbach, ein Bataillon Jellacic, neben die Brigaden Würtemberg und Saffran beordert, um den entscheidenden Angriff ins Werk zu setzen. Es war ersichtlich, daß die Unsren solchem erneuten Ansturm nicht zu widerstehen vermochten und doch sollte dieser Widerstand versucht und die Verteidigung des »Bastions« mit Dransetzung des letzten Lebens geleistet werden. Generallieutenant v. Fransecki gab die Losung: *»Hier sterben wir.«*

---

* Der Divisions-Commandeur hatte gleich am Morgen, bei Beginn des Gefechts, die Wichtigkeit dieses »nördlichen Bastions« erkannt und die Besetzung desselben durch 2 Bataillone angeordnet. »Diese Ecke ist der Pfeiler, daran der linke Flügel sich zu stützen hat und welcher nicht verloren gehen darf.« Und er ging in der Tat *nicht* verloren. Das östreichische Generalstabswerk ignoriert diese Tatsache und läßt, um Mittag, das 2. Jägerbataillon und das Regiment Mecklenburg an dieser Stelle stehn. Das ist ein Irrtum. Vielleicht hat der Umstand Veranlassung dazu gegeben, daß Abteilungen der Brigaden Würtemberg und Thom in dem niedrigen Eichengestrüpp (Kuseln), welches den nördlichen Abhang des vor dem »nördlichen Waldbastion« gelege-

Man war bereit das Opfer zu bringen, aber Gott wollte es anders, *es wurde nicht gefordert.* Im Augenblick höchster Not war, wie immer, die Hülfe am nächsten.

Der Angriff blieb aus.

»Im ersten Moment, so schreibt ein Augenzeuge, waren wir außer Stande uns die Ursache davon zu erklären. Die Hoffnung auf Hülfe hatten wir fast schon aufgegeben. Aber bald überkam uns ein unbeschreibliches, erhebendes Gefühl, bei dem Anblick, der sich nunmehr unsren Augen darbot: eine *Garde-Division* rückte vor. In bester Ordnung, geschlossen wie eine Mauer. *Der Kronprinz war da.* Dann und wann glitzerten die Helme, die Bajonette. Konnten wir auch die einzelnen nicht erkennen, nicht in ihren Zügen lesen, so gab uns doch das ruhige, feste Vorgehn auf einmal die volle Sicherheit des Sieges, – des Sieges, den wir bis zu dieser entscheidenden Stunde mit dem Herzblut so vieler Kameraden an unsre Fahne zu fesseln gestrebt hatten. Stolz, den Sieg jetzt in unsern Händen zu wissen, konnten wir es ruhig diesen jetzt vorgehenden Truppen überlassen, die schönsten Lorbeern des Tages zu pflücken.«

Die zweite Armee griff ein.

Ehe wir sie auf ihrem Vormarsch begleiten, noch ein Wort über den »Kampf im Swiep-Walde«. Er entschied, indem er zwei feindliche Corps nahezu nutzlos konsumierte, mehr als irgend etwas über den Ausgang der Schlacht. Diese zwei Corps waren dieselben, denen es obgelegen hätte, den von Norden kommen-

nen freien Platzes bedeckte, sowie auf diesem Platze selbst, mit diesseitigen Abteilungen einen sehr erbitterten Kampf zu führen hatten, der in seinen Wechseln zuweilen die Angreifer, zuweilen die Verteidiger in den Besitz des östlichen *Teils jenes Gestrüpps* brachte, und die ersteren dann glauben ließ, *daß sie mit diesem Gewinn zugleich das letzte noch zu erobernde Stück vom Wald erlangt hätten.* Aber rückwärts, seitwärts dieses Gestrüpps bildete hohes Stammholz, welches sich, den östlichen Rand der Schlucht bedeckend, bis zum Masloweder Wege hinzog, die *eigentliche Position,* und von dieser aus wiesen die Verteidiger sowohl mit ihrem Schnellfeuer, als auch ausfallend mit dem Bajonett, die Angreifer so oft zurück, als dieselben versuchten, sich ihr zu nahen. Das beweisen noch heute die vielen Gräber, welche die betreffenden Seiten des »Bastions« umsäumen und die umliegenden Felder bedecken.

den Stoß der II. Armee zu hindern. Als dieser erfolgte, standen nur noch Trümmer auf der zu haltenden Stelle: auf dem Quer-Riegel *Chlum-Nedelist*. Der Kampf um den Swiep-Wald, wenn man hier nicht zu siegen und durch einen Flankenstoß gegen den Hola-Wald unser Zentrum zu durchbrechen verstand, war östreichischerseits ein Fehler. Das ist jetzt zugestanden. Ihr eigener Bericht sagt:

»Genau genommen war der Besitz des Waldes für die östreichische Schlachtstellung nicht unumgänglich notwendig... Ward die Nordfront von Lipa und Chlum mit hinreichender Artillerie versehen, der Wald zwischen beiden Orten zu deren Deckung gut mit Infanterie besetzt, fuhren endlich mehrere Batterieen auf den Höhen nächst Maslowed auf, so war ein Vordringen des Feindes aus dem Walde gegen Lipa, Chlum und Maslowed nicht zu besorgen. *Der Swiep-Wald gehörte recht eigentlich zur Domaine der östreichischen Artillerie*; diese allein hätte ihn säubern können; einzelne feindliche Abteilungen konnten sich darin wohl erhalten, aber für die nächste Umgebung nicht leicht gefährlich werden. Es wäre besser gewesen, nach dem ersten Gefecht der Brigade Brandenstein, sich alle weiteren Angriffe auf den Wald zu sparen.«

Es erübrigt uns noch eine Art Statistik dieser Angriffe zu geben: ihre Zahl, ihre Stunde, ihre Stärke. Wir verfahren dabei chronologisch, manches lediglich rekapitulierend und unterscheiden 4 Hauptangriffe:

Angriff der Brigaden *Brandenstein* und *Appiano* gegen die Ost- und Westhälfte des Waldes. 9 Uhr.

Angriff der Brigade *Fleischhacker* gegen die Westhälfte des Waldes und Cistowes. 9½ Uhr.

Angriff der Brigade *Poeckh* gegen die Mitte des Waldes. 10½ Uhr.

Angriff der Brigaden *Saffran* und *Würtemberg* gegen die Ostlisière des Waldes. 11 Uhr.

Ein fünfter Angriff (wie bereits erzählt), an dem die Brigade Thom teilnehmen und der unsren letzten Widerstand brechen sollte, unterblieb.

Die Frage nach der Stärke der einzelnen Brigaden ist vielfach ventiliert worden. Man hat anfänglich 56 Bataillone herausgerechnet, mit denen man im Swiep-Walde den harten Strauß zu bestehen hatte. Das ist zu hoch gegriffen. Mit Hülfe des östrei-

chischen Generalstabswerkes sind wir im Stande genau festzustellen, was wir gegenüber hatten und was nicht. Danach stellen sich die Dinge wie folgt:

	4. Jäger-Bataillon	1
	1. und 2. Bataillon Erzherzog Heinrich	2
Brigade Appiano und Brandenstein	1. Bataillon Sachsen-Meiningen . .	1
	27. Jäger-Bataillon	1
	2. und 3. Bataillon Großfürst Michael	2
	1., 2. und 3. Bataillon Erzherzog Wilhelm	3
	13. Jäger-Bataillon	1
Brigade Fleischhacker	1., 2. und 3. Bataillon Coronini . . .	3
	1., 2. und 3. Bataillon Großfürst Thronfolger	3
	1. Jäger-Bataillon (Hülfstruppe von der Brigade Benedek)	1
	8. Jäger-Bataillon	1
	1., 2. und 3. Bataillon Erzherzog Karl Ferdinand	3
Brigade Poeckh	1., 2. und 3. Bataillon Erzherzog Joseph (ein *nachträgliches* Gefecht führend)	3
	1. Bataillon Este vom VIII. Corps . .	1
	2. Bataillon Reischach	1
	11. Jäger-Bataillon	1
	1., 2. und 3. Bataillon Sachsen-Weimar	3
	1., 2. und 3. Bataillon Holstein . . .	3
Brigade Saffran und Würtemberg	20. Jäger-Bataillon	1
	1., 2. und 3. Bataillon Hartung . . .	3
	1., 2. und 3. Bataillon Mecklenburg	3
	30. Jäger-Bataillon (von der Brigade Erzherzog Joseph)	1
	2. Jäger-Bataillon (von der Brigade Thom)	1

Dies ergibt – mehrere der aufgezählten Truppenkörper sind
wohl kaum zur Aktion gekommen – ein Total von 43 Bataillo-

nen. Wir fochten also, 14 gegen 43, im Verhältnis von 1 zu 3. Dazu kam die große Überlegenheit der feindlichen Artillerie. Dennoch waren die Verluste des Gegners auch in diesem Kampfe wieder über alles Verhältnis groß. Dieselben genau festzustellen ist nicht möglich, da alle hier zur Verwendung gekommenen Brigaden auch den Kampf gegen die Kronprinzliche Armee in erster Reihe, wenn auch ohne Nachhaltigkeit aufzunehmen hatten. Der Verlust wird sich aber wenig unter 10.000 beziffern.

Das 1. Treffen der Brigade Poeckh, sechs Bataillone stark, wurde, nach eigner östreichischer Angabe, nahezu aufgerieben. Das 30. Jäger-Bataillon von der Brigade Erzherzog Joseph, das nur ganz zuletzt noch mit eingriff, verlor allein 11 Offiziere und 500 Mann. Ähnlich andere Truppenteile. Schwer war die Einbuße an höheren Offizieren.

Dem Grafen Festetics, Kommandierenden des IV. Corps, hatte gleich zu Anfang des Gefechts eine Granate den rechten Fuß zerschmettert; Generalmajor v. Brandenstein, Brigadier Oberst Poeckh, Generalstabschef Oberst Görz, viele Regiments-Commandeure waren tot oder verwundet. Wohl darf ein östreichischer Bericht sagen: »Wer je Zeuge der furchtbaren Wirkungen des Schnelladegewehrs war und unsre Truppen, in immer neuem Ansturm sich todesmutig hinopfern sah, wird ihnen seine Bewunderung nicht versagen können und wohl auch zugestehn, daß das kaiserliche Heer an diesem Tage noch tapfrer Taten fähig war.«

Auch die *zweite* Hälfte des Tages sollte noch den Beweis davon führen. *Dieser* wenden wir uns jetzt zu.

DER ANMARSCH DER II. ARMEE

Um 4 Uhr morgens war Oberstlieutenant Graf Finckenstein in Königinhof eingetroffen und hatte in einem an den Kronprinzen gerichteten Schreiben [. . .] den Befehl zum Vormarsch für die ganze II. Armee überbracht.

Die Kronprinzliche Armee stand, am 3. früh, mit ihren Massen noch am linken Elbufer in und hinter Königinhof. Nur das I. (ostpreußische) Armee-Corps und die Avantgarde der I. Garde-Division waren bis über die Elbe, jenes bis Prausnitz-Auhlejow, die Avantgarde der I. Garde-Division bis Daubrawitz vorgeschoben.

Um 5 Uhr erfolgte seitens des Oberkommandos der II. Armee der Befehl zum Vorrücken. Die Weisungen, die gegeben wurden, ordneten den Vormarsch nur bis etwa an den Mittellauf der Trotina, oder, was dasselbe sagen will, bis *halben Wegs* zwischen Königinhof und Sadowa; von da ab

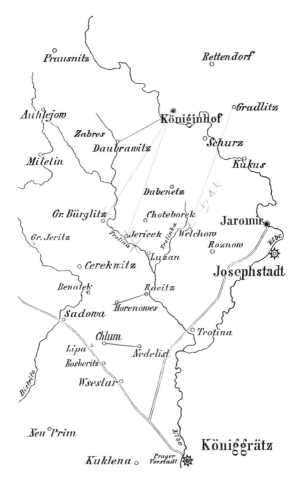

mußte eignes Ermessen entscheiden. Die Richtung des Marsches ging von *Nord nach Süd;* die Truppenteile selbst mußten also auf jene drei großen Querriegel zwischen Elbe und Bistritz treffen, die wir bei unsrer Terrainschilderung (S. 130) ausführlicher besprochen haben. Die Marschbefehle für die einzelnen Armee-Corps waren im wesentlichen die folgenden:

das I. Armee-Corps geht über Zabres auf Groß-Bürglitz;

das Garde-Corps geht von Königinhof auf Jericek;

das VI. Armee-Corps marschiert von Gradlitz auf Welchow;

das V. Corps folgt dem VI.

Die Stellung der einzelnen Truppenteile war derart, daß voraussichtlich die Avantgarde des I. (ostpreußischen) Armee-Corps, die 1. Garde-Division und die 11. und 12. Division zunächst auf dem Schlachtfelde eintreffen mußten. Und so geschah es auch. Nur die Avantgarde des I. Armee-Corps, weil sich ihr besondere Schwierigkeiten in den Weg stellten, erschien um fast zwei Stunden später. Als sie eintraf gab sie den Ausschlag.

Der Befehl zu unverzüglichem Aufbruch war, je nach der näheren oder entfernteren Stellung der Truppenteile, um 7 oder auch erst um 8 Uhr in Händen aller Corps- und Divisions-Commandeure. Sofortige Alarmierung. Um 8 beziehungsweise 9 Uhr setzten sich die Kolonnen der II. Armee von ihren verschiedenen Bivouacsplätzen aus in Marsch. Die 1. Garde-Division, die 11. und 12. Division hielten sich, zunächst mit ihren Avantgarden, dann mit ihren Gros *en ligne* und rückten in drei großen Kolonnen derartig auf dem Terrain zwischen Elbe und Trotina vor, daß die Garde-Division den rechten Flügel, die 11. Division das Zentrum, die 12. Division den linken Flügel hatte. In dieser Stellung zu einander beharrten sie den ganzen Tag über, während des Marsches sowohl, wie während des Gefechts.

Der Marsch war eine glänzende Leistung an sich. Der Kanonendonner klang herüber, dumpf aber immer vernehmbarer; das »machte Beine«, – die Avantgarde der 1. Garde-Division legte 1¼ Meilen in 2 Stunden zurück. Um 11 Uhr, unter Innehaltung (wenigstens im wesentlichen) der vorgeschriebenen Marschlinien waren nicht nur die festgesetzten Punkte Jericek und Welchow, sondern erheblich weiter vor gelegene Ortschaften von den drei Têten-Divisionen erreicht.

Die Avantgarde der 1. Garde-Division stand in Zizelowes;*
die Avantgarde der 11. Division stand unmittelbar nördlich
von Racitz;

die Avantgarde der 12. Division links daneben (aber durch
die Trotina** von ihr getrennt) am Horicka-Berg.

Die Gros der Divisionen rückten dicht nach.

* Die am 1. Juli neugebildete Avantgarde der 1. Garde-Division
unter Generalmajor v. Alvensleben (bis dahin hatte die Füsilier-Brigade v. Kessel die Tête gehabt) bestand aus folgenden, eine linke und eine
rechte Flügelkolonne bildenden Truppenteilen:

Linke Flügelkolonne: Oberst v. Pape.	1. Bataillon vom 2. Garde-Regiment, Major v. Petery; 2. Bataillon vom 2. Garde-Regiment, Major v. Reuß; 1. Escadron Garde-Husaren, Rittmeister v. Stralendorff; 3. und 4. Garde-Jäger-Compagnie (v. Arnim, v. Lettow); 1. sechspfündige Batterie, Hauptmann Braun.
Rechte Flügelkolonne: Oberst v. Werder.	1. Bataillon vom Garde-Füsilier-Regiment; 2. Bataillon vom Garde-Füsilier-Regiment; 3. Escadron Garde-Husaren, Rittmeister v. Rundstedt; 5. vierpfündige Garde-Batterie, Hauptmann v. Eltester.

** Dieser Wasserlauf der Trotina bedingte doch eine erhebliche
Scheidung zwischen der 11. und 12. Division, trotzdem man, auf
nächste Distance, nebeneinander marschierte. So zeigt uns denn auch
die erste Hälfte des Kampfes weit mehr ein gemeinschaftliches Operieren der 1. Garde und 11. Division, als der 11. und 12. Erst nachdem um
12 oder 1 Uhr die 12. Division die Trotina dicht bei ihrer Einmündung
in die Elbe (in Höhe von Sendrasitz) passiert hatte, änderte sich dies
und die beiden schlesischen Divisionen griffen nun zusammen ein. —
Übrigens ist es nötig, Trotina und Trotinka scharf zu unterscheiden.
Bei Racitz fließen zwei Bäche zusammen, von denen der von Osten
kommende *Trotinka*, der von Norden kommende *Trotina* heißt. Dicht
vor der Einmündung dieser in die Elbe liegt das *Dorf* Trotina, etwas
weiter nördlich Trotina-*Mühle*.

Unsre Aufstellung um 11 Uhr hielt die Linie Zelkowitz-Racitz-Horicka-Berg. Wir hatten die Nordgrenzlinie des Schlachtfeldes erreicht. Die ersten feindlichen Granaten schlugen ein. Vor uns lag eine Mulde, in dieser Mulde ein Dorf (Horenowes), jenseits beider ein Hügelzug. Dieser Hügelzug war der erste Querriegel, die vielgenannte »Zwei-Lindenhöhe«, die *Höhe von Horenowes.*

DER ARTILLERIEKAMPF GEGEN DIE HÖHE VON HORENOWES. WEGNAHME VON HORENOWES, RACITZ, TROTINA

Um 11 Uhr, so sagten wir, standen drei Avantgarden, die Têten der 1. Garde-, der 11. und 12. Division, dem Höhenzuge von Horenowes und jenseits des Zusammenflusses von Trotina und Trotinka, dem »Horicka-Berge« gegenüber. Die Punkte, die unsre Avantgarden besetzt hielten, waren, in der Reihenfolge vom rechten zum linken Flügel: Zelkowitz, Wrchownitz, Frantower-Mühle, Habrina. In Zelkowitz befanden sich das 1. und 2. Bataillon vom Garde-Füsilier-Regiment, in Wrchownitz das 1. Bataillon vom 2. Garde-Regiment und die 4. Garde-Jäger-Compagnie, an der Frantower-Mühle, auf Racitz zu, standen in vorderster Reihe das 1. und 2. Bataillon 50. Regiments und in Habrina, am Fuße (nordöstlich) des Horicka-Berges die drei Bataillone vom Regiment Nr. 23; zwei Bataillone 22er weiter zurück.

In diese Stellungen eingerückt, machten die Avantgarden halt, um das Eintreffen und den Aufmarsch der andern Teile ihrer resp. Divisionen, ganz besonders aber auch das Eintreffen ihrer Batterieen abzuwarten. Der Höhenzug, dem man sich gegenüber befand, zeigte zwar nirgends starke Infanterie-Kolonnen; man hatte aber allen Grund das Vorhandensein solcher Kolonnen unmittelbar jenseits des Höhenzuges anzunehmen und war unter allen Umständen, wie immer es mit der feindlichen Infanterie-Aufstellung beschaffen sein mochte, zu schwach, um mit wenigen Bataillonen eine so starke Artillerie-Position, als welche sich die Höhe von Horenowes sofort erwies, im Sturme nehmen zu können. In der Mulde zu Füßen fehlte ein Wasserlauf; in allem Übrigen aber standen hier um

11 Uhr die Tĕten der II. Armee dem Horenowes-Höhenzuge
sehr ähnlich gegenüber, wie die I. Armee seit 8 Uhr dem Höhenzuge von Lipa. Wie die Artillerie-Position von Lipa Front
gegen Westen machte, so die Artillerie-Position von Horenowes Front gegen Norden.

Das Terrain, auf dem die Unsren standen, gestattete einen
guten Überblick.

Die feindlichen Batterieen, wenigstens zum größten Teil,
feuerten, als die Spitzen unsrer Kolonnen sichtbar wurden, in
westlicher Richtung auf Benatek und den Swiep-Wald zu; erst
allmählich, als die von der Seite her drohende Gefahr ihnen
fühlbarer werden mochte, warfen sie die Geschütze nach rechts
herum und feuerten nun gegen Norden. Drei Geschützlinien
waren erkennbar: eine starke im Zentrum, zwei schwächere an
den Flügeln. Die Hauptgeschützlinie befand sich auf dem Höhenzuge zwischen Horenowes und Racitz, teils in Front, teils
rechts und links von den historischen zwei Linden. Hier feuerten fünf Batterieen, von denen eine der Brigade Thom, die vier
andern der Geschütz-Reserve des II. Armee-Corps angehörten. Am feindlichen linken Flügel, westlich von Horenowes,
standen die beiden Batterieen der bereits im Gefecht gewesenen Brigaden Würtemberg und Saffran; am rechten Flügel des
Feindes, in Nähe vom Dorf Trotina, zeigten sich die 8 Geschütze der Brigade Henriquez. Wir standen also auf der ganzen
Linie 64 Geschützen gegenüber.

Unsre Reserve-Artillerie war noch erheblich zurück; dagegen glückte es die Batterieen der Divisions-Artillerie, die schon
während des Marsches vorgegangen waren, derartig in Position zu bringen, daß um 11¾ Uhr

die beiden Garde-Batterieen Braun und Eltester am rechten
Flügel,

die vier Batterieen der 11. Division, unter Major Bröcker, im
Zentrum, und

etwa ¼ Stunden später auch die beiden Batterieen der 12.
Division, unter Major Forst, ihr Feuer gegen die ganze feindliche Geschützlinie eröffnen konnten.

Der Hauptkampf entwickelte sich im Zentrum. Major Brök-
ker hat eine kurze Darstellung desselben gegeben: »Unsre vier
gezogenen Batterieen (im Zentrum) waren zu einer großen
Batterie vereinigt worden, deren 800 Schritt lange Frontlinie
zwischen Wrchownitz und Frantower-Mühle sich hinzog und

deren linker Flügel noch etwa 1000 Schritt von Racitz entfernt
war. In dieser Aufstellung konnte der feindliche rechte Flügel
wirksam flankiert werden. Die Entfernung betrug 2500
Schritt. Rechts neben uns feuerten zwei Garde-Batterieen;
unsrerseits fiel von der 4pfündigen Batterie v. Garczynski der
erste Schuß. Bald war der Geschützkampf auf beiden Seiten
heftig entbrannt. Unsern 24 Geschützen standen 40 gegenüber, welche außerordentlich gut trafen, was indessen nicht
auffallen darf, da man in Defensiv-Stellungen sich stets mit
den zu beschießenden Entfernungen bekannt zu machen
pflegt. Augenscheinlich war dies beim Gegner geschehn, denn
er traf Schuß auf Schuß und würde mit seinen 8pfündigen Granaten uns viel Verlust beigebracht haben, wenn wir nicht die
Vorsicht gebraucht hätten, unsre Geschütze, da es an Raum
vorläufig nicht mangelte, mit 30 Schritt Intervallen zu plazie-
ren und wenn seine Geschosse sämtlich gesprengt worden wären. Tatsache ist es, daß bei *drei Vierteilen* seiner Granaten die
Zünder den Dienst versagten. Die unsren wirkten desto besser;
einzelne Protzen fuhren ab, zwei Munitionswagen flogen in die
Luft.«

So der Bericht. Immer heftiger wurde das Feuer. Unsre vier
Batterieen hatten bereits 600 Schuß getan und wohl noch mehr
empfangen; der Kampf tobte schon anderthalb Stunden auf der
ganzen Linie, ohne daß sich eine Entscheidung ergeben wollte.
Endlich gegen 1¼ Uhr brach der Feind beinah plötzlich das Gefecht ab und trat auf der ganzen Linie den Rückzug an. Die
sieben Batterieen, die unsrem Zentrum und rechtem Flügel gegenüber gestanden hatten, gingen in rascher Gangart über den
zweiten Riegel hinweg bis auf den dritten Riegel Chlum-Nedelist zurück, während die Batterie am linken Flügel, nachdem sie
anfänglich bis in Höhe der Trotina-Mühle vorgezogen war, gegen Lochenitz hin abzog. Auf der ganzen Linie drängten wir
nach.

Das plötzliche Abbrechen des Gefechts seitens unsrer Gegner
hatte in zweierlei seinen Grund. Einmal darin, daß um 1 Uhr
ohngefähr unsre Artillerie-Aufstellung im Zentrum und am
rechten Flügel durch das Eintreffen der Reserve-Artillerie, unter Oberst v. Miesitscheck, so wie mehrerer Divisions-Batterieen eine so erhebliche Kräftigung erfahren hatte, daß wir
jetzt mit 90 Geschützen das Feuer von 64 beantworten konn-

ten, andrerseits darin, daß unter dem Schutze dieses superioren
Feuers, unsre Infanterie aus den von ihr innegehabten Positio-
nen hervorgebrochen war und die der feindlichen Artillerie-
Aufstellung unmittelbar vorgelegenen Dörfer: Horenowes,
Racitz, Trotina, teils genommen, teils mit Überflügelung be-
droht hatte.

Die Kämpfe, die zur Besitznahme dieser drei Dörfer führten,
geben wir zunächst in kurzer Schilderung.

Die Wegnahme von Horenowes. Wrchownitz – wir hoben es
bereits hervor – war seit unsrem Erscheinen an der Nordgrenzlinie des Schlachtfeldes vom 1. Bataillon 2. Garde-Regiments,*
Major v. Petery, besetzt.

General v. Alvensleben, etwa seit 12½ Uhr das Wachsen uns-
res Geschützfeuers und zugleich das Vorrücken des Gros der 1.
Garde-Division beobachtend, gab nunmehr Befehl, das 1000
Schritt in Front gelegene Horenowes wegzunehmen. Major v.

---

* Das 2. Bataillon, Major v. Reuß, 2. Garde-Regiments, das gleichzeitig mit dem 1. in Zizelowes eingetroffen war, hatte durch General v.
Hiller Befehl erhalten, sofort zur Unterstützung der im Swiep-Walde
so hart bedrängten 7. Division auf Benatek vorzugehn. Oberst v. Pape,
Commandeur des 2. Garde-Regiments, begleitete das Bataillon auf
diesem Marsch. Um 12¼ rückte man in Benatek ein. Das Dorf brannte
und trug die Spuren eines harten Kampfes. Zwischen den Trümmern
waren Tote und Verwundete angehäuft. Oberst v. Pape ritt zunächst
gegen den Swiep-Wald vor, um sich über den Stand des Gefechts zu
informieren. »Dort (so schreibt der Oberst) bot sich ein schrecklicher
Anblick dar. Die braven Regimenter der Magdeburger Division mußten einen furchtbaren Stand gehabt haben und noch jetzt ließ das unausgesetzte Einschlagen der Granaten, das Krachen der abgeschlage-
nen Baumzacken und das anhaltend rollende Gewehrfeuer es schwer
begreifen, wie es ihnen möglich geworden war, so lange Stunden gegen die kolossale Übermacht dort stand zu halten. Ihre Zähigkeit vermochte nur die höchste Anerkennung und Bewunderung zu erregen.
Es war wohl natürlich, daß von Offizieren wie Mannschaften unser
Erscheinen in dieser mehr als schweren Lage mit größter Freude begrüßt wurde.« – Das Bataillon v. Reuß wurde übrigens, als Oberst v.
Pape es eben gegen den Swiep-Wald vorführen wollte, zur Division
zurückbeordert und ihm die »Baumhöhe von Horenowes«, wie so vielen andern Truppenteilen an diesem Tage, als *point de vue* angegeben.

Petery, der bereits mit größter Ungeduld in Wrchownitz gehalten hatte, brach sofort vor, die vordersten Compagnieen ganz in Schützen aufgelöst, mit der Weisung dicht am Dorfe sich wieder zusammenzuschließen. Er wählte diese Vorsicht, um sein Bataillon nach Möglichkeit gegen das Shrapnelfeuer des Feindes zu schützen.

Horenowes selbst war von 2 Bataillonen Roßbach-Infanterie, die südlich vom Dorfe gelegene Fasanerie aber durch das 2. Jäger-Bataillon, das schon gegen den Swiep-Wald gekämpft hatte, besetzt. Die Dorflisière und die Straßen waren verbarrikadiert, die Häuser verrammelt und es schien eine hartnäckige Verteidigung stattfinden zu sollen. Doch kam es kaum dazu. Die 4. Garde-Jäger-Compagnie, Hauptmann v. Lettow, die den Angriff in erster Linie mitmachte und neben ihr die 1., 2. und 4. Compagnie vom Bataillon Petery drangen im ersten Anlauf ein. Der Feind schoß lebhaft aus den Häusern und Kellern, ergab sich aber bald, als man ihm herzhaft zu Leibe ging. Es wurden 300 Gefangene gemacht. Die Compagnieen drangen durch das Dorf hindurch und stürmten mit halblinks gegen die »Zwei-Lindenhöhe« vor, von der die letzten feindlichen Batterieen abfuhren, als sie das Dorf in unsren Händen und dadurch sich selber aller Infanterie-Deckung beraubt sahen.

Beinah gleichzeitig wurde auch die Fasanerie genommen. Gegen diese richtete sich die 3. Compagnie 2. Garde-Regiments, Hauptmann v. Herwarth III. Das 2. Jäger-Bataillon wich nach kurzem Kampf. Der Schützenzug, unter Lieutenant *Chorus*,* folgte dem zurückgehenden Feind, während der Rest der 3. Compagnie sich ebenfalls auf die Zwei-Lindenhöhe zog.

---

* Lieutenant Chorus, in rastloser Verfolgung des Feindes, kam von seinem Bataillon völlig ab und fand dasselbe erst zwei Stunden später am Walde von Lipa wieder. Es glückte ihm in dieser Zeit, mitten durch feindliche Massen sich hindurchziehend, an einem glänzenden Handstreich in erster Reihe teilnehmen zu können. Halben Wegs zwischen Chlum und Nedelist stieß er auf eine feindliche Batterie von 12 Geschützen. Auf 600 Schritt eröffnete er das Feuer auf dieselbe, ging aber, als dies nicht genügend wirkte, auf 300 Schritt heran und beschoß, obschon mit Kartätschen überschüttet, die Infanterie-Bedeckung so wirksam, daß dieselbe abrückte. Hierauf wurde es in der Batterie, auf welche sich nun das Feuer des Zuges konzentrierte, unruhig und Lieutenant Chorus hielt den Moment für gekommen, sich ihrer zu

Die Wegnahme von Racitz. Etwa um dieselbe Zeit (wahrscheinlich eine Viertelstunde früher), zu welcher General v. Alvensleben das 1. Bataillon 2. Garde-Regiments gegen Horenowes vorbeorderte, beorderte General *v. Zastrow* [. . .] das 1. Bataillon 50. Regiments gegen Racitz. Das letztre war durch 2 Bataillone vom Regiment Jellacic, wie Horenowes durch 2 Bataillone Roßbach, besetzt; unmittelbar dahinter, auf den Waldhöhen des rechten Trotinka-Ufers hatte das 9. Jäger-Bataillon (Steiermärker und zur Brigade Henriquez gehörig) Stellung genommen.

Racitz selbst wurde im ersten Anlauf genommen. Der Angriff erfolgte derart, daß die 1. und 4. Compagnie in der Front vorgingen, während die 3. die linke Flanke deckte und die 2. in Reserve folgte. Der Führer der 1. Compagnie, Hauptmann v. Schlutterbach, feierte durch Wegnahme von Racitz den Jahrestag seines Gefechts von Lundbye (3. Juli 1864). 250 Gefangene wurden gemacht, eine Fahne erobert.

Bis hierher hatten die 50er kaum Verluste gehabt; diese stellten sich aber ein, als sie Racitz nach Süden hin passierten und nunmehr gegen jene langgestreckte, am rechten Trotina-Ufer gelegene Waldhöhe vorgingen, darin, wie schon erwähnt, das 9. Jäger-Bataillon steckte. Diese, aus dem verhauartig hergerichteten Waldrande hervor, empfing unsre zwei vordersten Compagnieen, die 1. und 4., mit wohlgezielten Schüssen. Nach kurzem Feuergefecht schickten sich die Unsrigen eben zum Sturme an, als ein Jäger-Offizier vortrat und mit einem weißen Taschentuch winkte, das er an die Spitze seines Degens gesteckt hatte. »Unser Hauptmann – so schreibt ein 50er – befahl sofort das Feuer einzustellen, was auch augenblicklich geschah. Wir stiegen nun arglos den Hügel hinan, um dem Feinde die Gewehre abzunehmen. Aber plötzlich, als wir auf 150 Schritt heran sein mochten, gaben die Elenden Feuer auf uns. Ein Glück,

bemächtigen. Unter lautem Hurra stürzte er sich mit seinem Zuge vorwärts, empfing noch 20 Schritt vor der Mündung der Geschütze eine Kartätschlage, die aber, da die Batterie zu hoch stand, unschädlich über den Köpfen hinwegschwirrte und war im nächsten Augenblick in der Batterie, von der er die vier rechten Flügelgeschütze besetzte, während eine herbeieilende Compagnie des 3. Garde-Regiments die übrigen acht wegnahm. Lieutenant Chorus, vom Kronprinzen für diese schöne Waffentat beglückwünscht, erhielt den *pour le mérite.*

daß einer von ihnen vorschoß und so zu sagen die Verräterei
annoncierte, die man gegen uns vorhatte. Wie ein Blitz warfen
wir uns zu Boden, so daß die Salve unschädlich über uns hin-
krachte. Aber jetzt gingen wir wütend los; der feindliche Offizier, der diesen bösen Streich gewagt hatte, hatte sechs Schußwunden.«

So der Bericht. – Die Tête der 11. Division (1. Bataillon vom
50. Regiment) warf also nicht nur zwei Bataillone Jellacic aus
Racitz hinaus, sie vertrieb auch von dem unmittelbar hinter
dem Dorf gelegenen Waldrücken die dort aufgestellten feindlichen Jäger, und drängte dieselben über das Plateau fort auf Sendrasitz zurück.

Die Vertreibung dieser Jäger-Abteilung war aber nicht allein
ein Werk der 50er; in erster Reihe wirkte dabei vielmehr die 12.
Division mit, die am *linken* Trotina-Ufer vorgehend und eben
jetzt den Bach nach rechts hin durchwatend, mit mehreren
Halbbataillonen des Regiments Nr. 23 den Feind in beiden
Flanken faßte.

Wir geben nunmehr auch diese Vorgänge am äußersten linken Flügel.

*Die Wegnahme von Horicka-Berg, Trotina-Mühle und Dorf
Trotina.* Die Tête der 12. Division stand, wie wir wissen, bald
nach 11 Uhr am Fuße des Horicka-Berges; ihr gegenüber, in
erheblicher Entfernung (bei Dorf Trotina) die Brigade Henriquez: das Regiment Belgien im ersten, das Regiment Hessen
im zweiten Treffen. Zwischen unsrer und der feindlichen Aufstellung, am rechten Trotina-Ufer bis zur Südspitze von Racitz
hin, das mehrgenannte 9. Jäger-Bataillon.

Der nächste Punkt, dessen wir uns zu versichern hatten, war
der Horicka-Berg; er war um 12 Uhr, oder wenig später, in
unsern Händen, und ganz in derselben Weise wie bei Horenowes und Racitz unsre siegreichen Bataillone gleich durchstie-
ßen, um den dahinter gelegenen Höhenzug zu besetzen, so
rückte auch die 12. Division ohne Zögern weiter südlich vor,
um sich *en ligne* mit den rechts neben ihr avancierenden Divisionen zu halten.

Generallieutenant *v. Prondzynski* [. . .] nahm dabei das Regiment Nr. 23, in sechs Halbbataillonen formiert, an die Tête.

Als die vorrückenden Halbbataillone um etwa 12¾ Uhr sich
in Höhe des Punktes befinden mochten, wo am jenseitigen Tro-

tina-Ufer die 9. Jäger und unsre 50er soeben im Kampfe standen, ließ Generallieutenant v. Prondzynski, unter Zurückbe-
haltung des Halbbataillons Fehrentheil (6. und 8. Compagnie),
die übrigen fünf Halbbataillone rechts schwenken und beorderte sie in beide Flanken des Feindes. Die 23er, zum Teil bis unter
den Arm im Wasser, durchwateten den Bach, faßten das Jäger-
Bataillon von rechts und links und gaben dadurch dem durch
unsre 50er eingeleiteten Gefecht die sofortige Entscheidung.
Die Jäger, wie wir gesehen haben, gingen auf Sendrasitz zurück; die Unsren folgten.

In diesem Augenblick, sehr wahrscheinlich um die Jäger zu
degagieren, avancierte von *Dorf* Trotina aus die feindliche Brigade, das berühmte Regiment Belgien an der Tête, dasselbe Regiment, das noch zuletzt im 64er Kriege unter Herzog Wilhelm
von Würtemberg, seinem damaligen Obersten, mit glänzendster Bravour die Dänen aus ihrer Stellung bei Oeversee hinaus
gestürmt hatte. Gleichzeitig mit dem Regiment Belgien rückte
die Brigade-Batterie bis in die Höhe der Trotina-Mühle vor.

Aber diese kurze Offensiv-Bewegung, wenn sie auch darin
reüssierte, daß sie den zurückgehenden Jägern Luft schaffte,
vermochte doch nicht dem Vorrücken unsrer 23er, dem sich das
schlesische Jäger-Bataillon Nr. 6 anschloß, wirksam zu begegnen. Zu beiden Seiten der Trotina drangen die Halbbataillone
vor, am rechten Ufer auf Sendrasitz, am linken auf Trotina-
Mühle und Dorf Trotina. Besonders diese letztre Bewegung,
weil sie das Regiment Belgien in seiner rechten Flanke umging,
wurde entscheidend. Ein Zug der 2. Jäger-Compagnie unter
Lieutenant v. Oldenshausen bemächtigte sich der mehrgenannten Mühle, das Halbbataillon Fehrentheil aber, zunächst
Rodow passierend, in dessen Nähe eine springende Granate
einige Mannschaften außer Gefecht setzte, drang im Laufschritt in das *Dorf* Trotina ein und machte daselbst zahlreiche
Gefangene. Bei dem eiligen Passieren versäumte man indes eine exakte Durchsuchung der Häuser, worin noch Hunderte von
Feinden versteckt waren, die dann während der Nacht Gelegenheit fanden über die Elbe oder nach Josephstadt zu ent-
schlüpfen.

Die Brigade Henriquez, nachdem Trotina in unsern Händen
war, zog sich südlich auf *Lochenitz*, an der Elbe. Hier werden
wir ihr zu einer spätern Stunde wieder begegnen.

AUF DER HÖHE VON MASLOWED.
DIE FEINDLICHE AUFSTELLUNG UM 2 UHR

Etwa um 2 Uhr war Dorf Trotina in Händen der 12. Division.
Unser äußerster linker Flügel stand also bereits halb im Rücken
des bei Lipa und Chlum noch immer unerschütterten Feindes.

Generallieutenant v. Prondzynski, die Kräfte seiner Division
aufs äußerste anspannend, war in dem rastlosen Streben, nicht
zurückzubleiben, den beiden neben ihm kämpfenden Divisionen sehr wahrscheinlich um eine Spanne vorausgekommen;
freilich (wenn überhaupt) doch immer um eine Spanne nur.
Denn auch die 11. Division im Zentrum und die 1. Garde-Division am rechten Flügel waren in unausgesetztem Vorgehn geblieben und hatten sich, von dem ersten Querriegel aus, alsbald
auch in Besitz des *zweiten* gesetzt. Die Têten aller drei Divisionen befanden sich also im wesentlichen wieder *en ligne;* die
Gros der Divisionen waren dicht heran, oder rückten bereits in
die Intervalle ein. Die Artillerie fuhr auf. Man hielt, nach Wegnahme der gleichnamigen Dörfer, auf dem Höhenzuge zwischen Maslowed*und Sendrasitz, den *dritten* Riegel vor sich.

Unser Vorrücken in diese Stellung, mit Ausnahme des Dorf-
gefechts um Maslowed, war nirgends einem Widerstande begegnet; wir sahen, noch während wir die Höhe von Horenowes
hielten, abrückende feindliche Kolonnen, die, so weit es sich

(*) Maslowed wurde durch die 4. Garde-Jäger-Compagnie unter
Hauptmann v. Lettow, vielleicht unter Mitwirkung kleinerer Abteilungen vom 2. Garde-Regiment (Bataillon Petery) nach kurzem
Kampf genommen. Die Verteidigung des Dorfes lag dem 3. Bataillon
Sachsen-Weimar ob. Das östreichische Generalstabswerk, so weit das
genannte Bataillon (Sachsen-Weimar) dabei in Betracht kommt, erwähnt dieses kurzen Kampfes um Maslowed *nicht*, sondern spricht
nur von einer Verteidigung des Dorfes durch das 2. Bataillon Steininger. Dies erklärt sich so, daß Maslowed, bei dem stundenlangen Hin-
und Herwogen von Freund und Feind, *verschiedentlich* besetzt und
genommen wurde. Das 2. Bataillon Steininger, als es in das viel genannte Dorf einrückte, fand es seitens unsrer Garde-Jäger längst geräumt und hielt es unangefochten, bis die Avantgarde der in dieser
Richtung gegen Lipa vorgehenden 2. Garde-Division es ihm, in einem
zweiten Dorfgefecht, entriß.

erkennen ließ, den dritten Riegel, also den Höhenzug zwischen Chlum und Nedelist zu erreichen trachteten, aber keine dieser Kolonnen machte Miene das zwischen dem ersten und dritten Riegel gelegene Terrain zu behaupten; ihr Zweck schien lediglich darauf gerichtet, ohne Zwischenfälle, ohne Kämpfe unterwegs, die nur den beschlossenen Aufmarsch stören könnten, die bezeichnete Linie Chlum-Nedelist zu erreichen.

Dies Bestreben war so ersichtlich, daß unsrerseits der Entschluß gefaßt wurde, diesen Abzug nach Möglichkeit zu hindern. Da dies bei dem bedeutenden Vorsprung, den der Feind hatte, mit unsern Fußtruppen nicht möglich war, so befahl Generalmajor Graf Bismarck, der mit seiner kombinierten Kavallerie-Brigade (3. Ulanen- und 2. Dragoner-Regiment) auf der Höhe von Horenowes hielt, die abziehenden Bataillone zu attackieren. Es geschah dies in zwei, aus dem Dragoner-Regiment gebildeten Kolonnen, von denen die weiter links vorgehende (1. und 5. Schwadron) der Major v. Steinbrück, die weiter rechts vorgehende (2., 3., 4. Schwadron) der Regimentscommandeur, Oberstlieutenant Heinichen, gegen die feindliche Infanterie vorführte.

Das Schicksal beider Attacken war dasselbe. Die Schwadronen ritten nieder oder nahmen gefangen was sich ihnen an kleineren Knäueln in den Weg stellte, mußten aber unter Verlust zurück, als sie mit müden Pferden in die Quarré bildenden Bataillone hineinsprengen wollten.

Besonders blutig verlief die Attacke auf das die Queue bildende 3. Bataillon vom Regiment Sachsen-Weimar, das, um den Abzug aller übrigen Bataillone zu decken, wie wir wissen, bis zuletzt Maslowed besetzt gehalten hatte und in geschlossener Haltung, 6 Geschütze vorauf, eben jetzt über den zweiten Riegel hinweg seinen Abzug auf Nedelist bewerkstelligte. Gegen dies Bataillon führte Oberstlieutenant Heinichen seine Schwadronen. Das Anreiten war brillant. Im Galopp wurde der tief eingeschnittene Hohlweg passiert. Die das Bataillon umgebenden Schützenschwärme wurden übergeritten und das Quarré, trotzdem die Escadrons erst auf 40 Schritt die erste Salve erhielten, mit dem ersten Choc genommen. Schon fingen die Feinde an die Waffen zu strecken, als die Escadrons von der linken Flanke Geschütz- und Gewehrfeuer aus einer Entfernung von 12 Schritt erhielten. Oberstlieutenant Heinichen, der mit der Energie und Kaltblütigkeit, die ihm in einem seltenen Maße eigen waren, auf die Front des Quarrés zugeritten war, erhielt vier Kugeln, von denen die eine durch den linken Kinnbacken in das Genick drang und ihn sofort tötete. Er sank lautlos auf den Hals des Pferdes nieder und glitt von demselben dicht vor dem Quarré herunter. Auch sein Pferd war von vier Kugeln getroffen worden.[*] – Das Bataillon Sachsen-Weimar setzte seinen Abmarsch unbehindert fort.

Diese Kavallerie-Angriffe mochten um 1½ oder 1¾ Uhr stattgefunden haben; während sie stattfanden (wir deuteten es schon an) rückten die Têten der 1. Garde- und 11. Division, hart unter Granatfeuer genommen aber sonst unbehelligt, vom ersten Riegel auf den zweiten vor und hielten eine Viertelstunde später auf dem Höhenzug zwischen Maslowed und Sendrasitz. Der feindliche rechte Flügel (IV. und II. Corps) hatte inzwischen die ursprünglich angeordnete Hakenstellung, die er während des Swiepwald-Kampfes aufgegeben hatte, wieder eingenommen und stand nunmehr zwischen Chlum-Nedelist unsern zwei Divisionen, ganz besonders unsrer an dieser Stelle vorgehenden 1. Garde-Division gegenüber.

Einen erbitterten Kampf sollten die nächsten Stunden bringen. Ehe wir ihn schildern, ist es nötig die Aufstellung des Feindes, wenigstens in ihren großen Zügen, zu geben.

---

* Sogleich nach beendeter Attacke wurde der Leichnam von Leuten der 1. Escadron des Regiments auf einem Wagen in das Totenhaus auf dem Friedhofe von Horenowes gebracht, wo man ihn am nächsten Tage begrub. Hier ruhte er bis zum Januar 1868, zu welcher Zeit ein Freund des Gefallenen, Amtsrat Dietze, die Leiche ausgraben und nach Barby überführen ließ. Dort fand am 25. Januar die Beisetzung statt. – Die schmerzliche Nachricht von dem Tode eines Bruders und zweier naher Verwandten, welche als hannöversche Offiziere in der Schlacht von Langensalza blieben, ist dem Verstorbenen erspart geblieben. König Wilhelm ehrte das Andenken dieses ausgezeichneten Offiziers durch folgende Inschrift, welche auf einer silbernen Schleife an der Standarte des 1. Brandenburgischen Dragoner-Regiments Nr. 2 angebracht ist: »In der Schlacht bei Königgrätz am 3. Juli 1866 fiel an der Spitze des Regiments der Commandeur desselben, Oberstlieutenant Heinichen, in der Nähe dieser Standarte.«

Aufstellung des Feindes um 2 Uhr

Die nunmehr eingenommene *Hakenstellung* des IV. und II. Corps war im wesentlichen eine Aufstellung zwischen Chlum und Nedelist. Vor derselben lagen vier Schanzen und zwar derart, daß Schanze 4 unmittelbar in Front von Chlum, Schanze 1 in Front von Nedelist gelegen war. Diese Schanzen, erst in der Nacht vorher entstanden, waren unbesetzt geblieben und entbehrten somit für den Gang des Gefechts all und jeder Bedeutung; wir legen aber Gewicht auf sie, weil sie in Betreff der feindlichen Aufstellung vorzügliche Markpunkte abgeben, mit deren Hülfe es möglich wird, sich leichter zu orientieren.*

In, bei und hinter Chlum stand die Brigade *Appiano* vom III. Corps. Links daneben (im Lipa-Gehölz) Brigade Benedek. In Front von Chlum, etwa bei Schanze 4, drei Batterieen; im Rücken des Dorfes eine vierte.

Rechts neben Chlum, auf dem Terrain zwischen Schanze 4 und 2, stand das IV. Corps in zwei Treffen formiert und zwar:

a. die intakte Brigade Erzherzog Joseph, die drei Jäger-Bataillone 8, 30, 27 und zwei Batterieen im *ersten*,

b. die Trümmer der Brigaden Brandenstein und Poeckh, so wie eine Batterie im *zweiten* Treffen. (Die 4. Brigade des Corps, Brigade Fleischhacker, war abgetrennt und befand sich noch in Cistowes. Wir begegnen ihr später.)

c. In dem Zwischenraum zwischen den Brigaden Poeckh und Brandenstein des zweiten Treffens waren acht Batterieen der Armee-Geschütz-Reserve unter Oberstlieutenant v. Hofbauer aufgefahren.

Rechts neben dem IV. Corps und der Armee-Geschütz-Reserve, auf dem Terrain zwischen Schanze 2 und 1, in Front und halb auch im Rücken von Nedelist, hielten die Brigaden

---

* Drei weitere, übrigens Seite 151 Gelegenheit des großen Artilleriekampfes gegen Lipa bereits näher bezeichnete Schanzen (5, 6, 7) befanden sich links von Chlum in und am Lipa-Gehölz; sie waren aber für den *hier* zu schildernden Teil des Kampfes auch als bloße Markpunkte ohne alle Bedeutung. – Die vorstehende Karte ist nach einem östreichischen Croquis angefertigt. Sie stimmt nicht ganz mit unsren im Text gemachten Angaben. Die letztren sind die richtigeren. Die Differenz zeigt sich namentlich bei den Batterieen in Front und Rücken von Chlum. Hier befanden sich *mehr* Batterieen als unsre Karte aufweist.

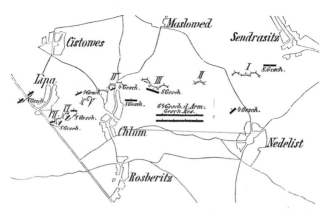

Thom, Würtemberg, Saffran. (Rechts neben diesen wieder die
2. leichte Kavallerie-Division und, als äußerster rechter Flügel,
hart an der Elbe: Brigade Henriquez.)

Unsre hier vorgehenden Divisionen stießen also zwischen
Chlum und Nedelist auf 120 Geschütze und 6 Brigaden. Es
scheint indes, daß die Genannten drei Brigaden des II. Corps
(Brigade Henriquez kam an dieser Stelle ohnehin nicht in Betracht) kaum irgendwo einen ernstern Widerstand versuchten,
vielmehr nach schnell wechselnden Aufstellungen echellon-
weise ihren Abmarsch auf die Elbe bewerkstelligten. Mit Recht
ist dies vorzeitige sich in Sicherheit bringen, das die ganze
Haltung des II. Corps am Nachmittage des 3. charakterisiert,
getadelt worden. Das IV. Corps, wenn es auch durch seine
Linksschwenkung und seinen allzu hartnäckigen Kampf im
Swiep-Wald gewiß einen Ungehorsam, vielleicht selbst einen
Fehler beging, hat wenigstens durch Ausharren und sich opfern beides wieder gut zu machen gesucht.

Von unsern beiden, gegen die Linie Chlum-Nedelist avancierenden Divisionen ging die 11. auf Nedelist, nahm es und
drang von da aus weiter vor. Wir werden ihr bei diesem Vorgehn, wie auch der 12. Division, wieder begegnen. Im eigentlichen aber war der blutige Kampf, der sich auf der mehrgenannten Linie entwickelte, ein Kampf der 1. Garde-Division,
die alles vor sich niederwerfend, fast im ersten Anlauf die ganze
Stellung nahm.

Wir treten nunmehr in die Einzelheiten dieses Gardekamp-
fes ein.

DIE GRENADIER-BRIGADE V. OBERNITZ
NIMMT CHLUM

Wir verließen die Avantgarden-Brigade von Alvensleben um 2 Uhr. Um diese Stunde befanden sich

das 1. und 2. Bataillon vom Garde-Füsilier-Regiment und das 2. Bataillon vom 2. Garde-Regiment etwa 1000 Schritt *östlich* von Maslowed,

das 1. Bataillon vom 2. Garde-Regiment aber 1200 Schritt *südlich* von Maslowed, in einem zwischen Cistowes und Nedelist sich hinziehenden Grunde. – Dies Bataillon v. Petery (dasselbe, das Horenowes genommen hatte) stand also zunächst am Feind, etwa in Büchsenschuß-Entfernung von Chlum.

Alle vier Bataillone schickten sich eben zu weitrem Vormarsch an, als ihnen durch einen Befehl Generallieutenants v. Hiller Halt geboten wurde. Diesem Befehle nachkommend, traten die genannten Bataillone vorläufig in eine Reserve-Stellung ein, und die beiden andern Brigaden der 1. Garde-Division: die Grenadier-Brigade v. Obernitz und die Füsilier-Brigade v. Kessel, marschierten nunmehr an ihnen vorbei auf Chlum zu, zunächst auf das zwischen Schanze 4 und 2 gelegene Terrain. Als die Brigade Obernitz das Bataillon Petery passierte, war es 2¼ Uhr.

Etwa um dieselbe Zeit hatte auch die Garde-Artillerie, die dem Vorgehn der Infanterie rasch gefolgt war, ihre Schräg-Aufstellung zwischen Maslowed und Nedelist glücklich ausgeführt und eröffnete, acht Batterieen stark, ihr Feuer. Es waren dies die vier Divisions-Batterieen Braun, Eltester, Witte, v. Schmeling, dahinter in zweiter Linie die vier Batterieen der Reserve-Artillerie unter Oberstlieutenant v. Miesitscheck. 48 Geschütze stark trat die Garde-Artillerie in den Kampf gegen 120 feindliche Geschütze.[*]

---

* Es ist nicht wahrscheinlich, daß der Kampf tatsächlich mit so ungleichen Kräften geführt worden ist, sicherlich nicht andauernd. Wir möchten annehmen, daß nur die 64 Geschütze der Armee-Geschütz-Reserve (vergl. S. 210) uns ernsthaft zu schaffen machten. Was nach Westen hin links daneben stand, also alle Arten Batterieen des IV. Corps, kam nicht sehr in Betracht. Diese Batterieen, seit 8 Uhr früh bereits im Feuer, hatten sich teils verschossen, teils schwer gelitten;

Das Feuer steigerte sich alsbald zu einer unglaublichen Heftigkeit. Auch zwischen Lipa und der Bistritz erreichte eben jetzt der Artilleriekampf seine Höhe. Einzelne Schüsse waren seit lange nicht mehr zu unterscheiden; ein fortwährendes Rollen erschütterte Luft und Erde. Auf dem Gesamt-Terrain der Schlacht feuerten über 5000 Geschütze. Es ist fraglich, ob selbst bei Borodino, Leipzig, Waterloo ähnliche Geschützmassen *gleichzeitig* in Aktion traten.

Während dieses Getöses – die Avantgarden-Brigade in der angegebenen Weise überschreitend – rückten die Brigaden *v. Obernitz* und *v. Kessel* gegen die Linie Chlum-Nedelist vor.

Wir folgen zunächst der erstern auf Chlum.

Chlum, ein Kirchdorf, auf der gleichnamigen Höhe (»Höhe von Chlum«) gelegen, dehnt sich, lang und schmal, in der Richtung von Norden gegen Süden aus und zwar derart, daß der *südlichste* Teil mit der hübschen, weithin sichtbaren Kirche auf dem *höchsten* Punkte der Höhe liegt. Gegen Norden hin fällt der Ort, der sehr unregelmäßig gebaut ist und aus den landesüblichen ärmlichen Holzhütten besteht, mehr und mehr ab. Nur wenige Häuser sind von festerem Bau, alle aber sind mit Gärten umgeben. Die Verbindung wird durch eine Längs- und eine Quergasse hergestellt, die sich ziemlich in Mitte des Dorfes kreuzen. Die Quergasse ist kurz, läuft in einer mäßigen Vertiefung und teilt den Ort erkennbar in eine nördliche und südliche Hälfte. In ihrer Verlängerung nach Westen und Osten hin führt diese Quergasse einerseits, sich gabelnd, nach Lipa und Cistowes, andrerseits nach Nedelist. Die Längsgasse läuft südlich (durch einen Hohlweg) auf Rosberitz zu. Überhaupt haben alle Straßen und Pfade mehr oder weniger einen Hohlweg-Charakter. Das Wichtigste aber in bezug auf die Terrain-

vor allem aber drang unsre Infanterie mit solcher Rapidität vor, daß die am feindlichen linken Flügel stehenden Batterieen entweder genommen wurden oder ihre Stellung aufgeben mußten. Dadurch entstand einigermaßen eine Gleichheit der Kräfte hüben und drüben. – Die links neben unsrer Garde-Artillerie vorgehende Artillerie der 11. Division unter Major Bröcker scheint an *diesem* Teil des Kampfes keinen erheblichen Anteil genommen und erst nach Wegnahme von Rosberitz, als der Schlußakt des großen Dramas sich vorbereitete, wieder in hervorragender Weise eingegriffen zu haben.

Konfiguration ist, daß man von keinem Punkt des Ortes oder selbst der Ortsumfassung aus einen freien Blick nach dem Fuß der Höhe hat; man kann nur dann hinuntersehn, wenn man unmittelbar an den Abhang tritt. – Wir werden sehen, von wie großer Bedeutung diese Terrainbeschaffenheit für die Vorgänge wurde, die sich alsbald hier entwickeln sollten.

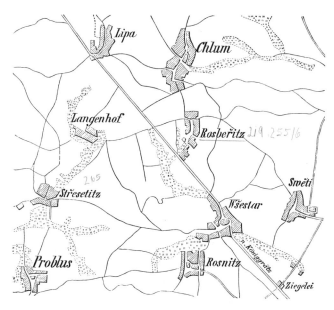

Chlum, wie wir wissen, war durch die Brigade Appiano besetzt. Einzelne Teile dieser Brigade hatten, während der Vormittagsstunden, von Cistowes aus an dem Kampfe im Swiep-Walde teilgenommen; seit 11 Uhr aber waren alle Abteilungen auf die Höhe gezogen und war ihre Aufstellung um diese Stunde wie folgt:

in Chlum das 2. und 3. Bataillon Sachsen-Meiningen;

hinter Chlum (auf der Höhe) das 1. Bataillon Sachsen-Meiningen, das 4. Jäger-Bataillon, das Regiment Erzherzog Heinrich zur größeren Hälfte. (Die kleinere Hälfte verblieb in Cistowes.)

Diese Aufstellung wurde aber, und zwar sehr zum Schaden unsres Gegners, nicht beibehalten. Als nach 1 Uhr unser Geschützfeuer, von der Höhe von Horenowes aus, immer heftiger zu werden und das 2. Bataillon Sachsen-Meiningen bereits Verluste zu erleiden begann, ordnete der in Chlum anwesende Generalmajor v. Appiano den Rückmarsch des zweiten Treffens *hinter* den Kamm der Höhe an. Die betreffenden Bataillone rückten dahin ab und standen nun am Fuß des Hügels. Der Schutz, den diese veränderte Stellung momentan gewährte, sollte später teuer bezahlt werden. Die Offiziere hatten eine Vorahnung davon. Sie sagten sich, die Höhe, die man jetzt freiwillig aufgebe, werde binnen kurzem wieder erstürmt werden müssen. Aber der strikte Befehl ließ keine Wahl.

Um etwa 2 Uhr war die *neue* Stellung eingenommen und das 1. Bataillon Sachsen-Meiningen, das 4. Jäger-Bataillon, das Regiment Erzherzog Heinrich standen nunmehr am *Fuße der Chlum-Höhe*, westlich von Rosberitz, in der Richtung nach der Chaussee hin. Nur die eigentliche Besatzung von Chlum war in ihrer alten Stellung verblieben. Das 2. Battalion Sachsen-Meiningen, Oberstlieutenant Baron Schimmelpenning, hielt nach wie vor die Nordhälfte des Dorfes besetzt; das 3. Bataillon, Major Jaczkowski, stand in der östlichen Verlängerung der Quergasse, in einer nach Nedelist führenden Terrainmulde. Die Aufstellung war derart, daß die Bataillone weder einen freien Blick auf den Feind, noch Verbindung unter einander hatten. Die Verteidigung des Orts war dem Commandeur des Regiments Sachsen-Meiningen, dem Obersten Slaveczki, anvertraut. Wie es scheint, keine besonders glückliche Wahl. Er war kurzsichtig, schien von der Existenz einer II. preußischen Armee oder doch von der Möglichkeit ihres Erscheinens nur eine vage Vorstellung zu unterhalten und beantwortete bis zuletzt die Meldungen, die bei ihm eingingen, mit der stereotypen Phrase: »*Sie sind ein Schwarzseher*«. Er hatte seinen Stand beim 3. Bataillon genommen.

Um 2½ Uhr (wir folgen in Nachstehendem den Angaben eines östreichischen Berichtes) trafen rasch hintereinander immer neue Rapporte ein, »daß die preußischen Kolonnen dicht heran seien und zwischen Chlum und Nedelist durchzubrechen trachteten«. Oberst Slaveczki schüttelte den Kopf, lugte aus und sagte dann ruhig: »das sind die Sachsen«.

In der Tat schien er einen Moment in der bequemen Vorstellung, daß kein Feind nahe sei, recht behalten zu sollen. Unsre Kolonnen, in dem coupierten Terrain unsichtbar werdend, wa-

ren plötzlich wie verschwunden; aber im nächsten Augenblick
schon in dichten Schwärmen aus der Erde wachsend,(*)warfen
sie sich von rechts her auf das an der Ostseite des Dorfes, in der
Verlängerung der Quergasse stehende 3. Bataillon. Der Stoß
traf zunächst den rechten Flügel; Oberst Slaveczki hielt am linken. Der Regimentsadjutant sprengte heran, um ihm zu melden . . .; »Sie sind ein Schwarzseher«, unterbrach ihn der
Oberst. Es waren seine letzten Worte. Die Unsren an drei, vier
Stellen den rechten Flügel durchbrechend und die führerlosen
Bruchstücke in ihre Schützenschwärme einwickelnd, hatten
innerhalb 5 Minuten das ganze 3. Bataillon aufgelöst, getötet,
gefangengenommen; kleine Reste des linken Flügels retteten
sich südlich um den Fuß der Höhe herum und nahmen Aufstellung neben dem 1. Bataillon, Major Noak.

Der preußische Stoß, ohne Zeitverlust, ging in der eingeschlagenen Richtung weiter und die Mitte des Dorfes quer
durchschneidend, gestaltete er sich zu einem vorgeschobenen
Riegel, der, wenn es nicht glückte ihn zu durchbrechen, das
ganze 2. Bataillon auf einen Schlag zu Gefangenen machte.

Das 2. Bataillon, wie wir wissen, hielt in der Nordhälfte des
Dorfes. Oberstlieutenant Baron Schimmelpenning war während des heftigen Feuergefechts bis an den östlichen Ausgang
des Dorfes vorgeschritten und rasch wahrnehmend, daß er in
Gefahr sei mit seinem ganzen Bataillon abgeschnitten zu werden, sprengte er zurück und gab Befehl, über die verhängnis-
volle Quergasse hinaus in die höher gelegene südliche Hälfte
des Dorfes hinaufzurücken. In Eile traten die Compagnieen an,
aber die Unsren waren rascher gewesen; die Tür war zu, *der
Riegel vorgeschoben.* Ein schwacher Versuch ihn zu öffnen,

---

* Wer Chlum kennt, wird die totale Überraschung, die hier stattfand, minder verwunderlich finden als alle diejenigen, die diese eigentümliche Terrain-Konfiguration nie mit Augen gesehn haben. Mit
Recht sagt ein östreichischer Bericht: »Es war ein trüber Tag und die
Aussicht beschränkt. Dazu kam, daß das Getreide auf den Feldern
mannshoch stand und die sich in dasselbe werfenden Kolonnen sofort
dem Blicke entzog. Endlich ziehen sich von Moslowed auf Chlum und
Nedelist mehrere Einsenkungen, die es den vorrückenden Kolonnen
möglich machten unbemerkt heranzukommen. Nur dann und wann
ein Aufblinken der Gewehre, das sich eben so schnell wieder verlor. So
sah man den Feind erst deutlich, als man ihn fühlte.«

scheiterte unter dem Schnellfeuer der bereits in Häusern und Hecken einlogierten preußischen Schützen; Baron Schimmelpenning fiel und vor Ablauf von abermals 5 Minuten waren 100 Mann vom 2. Bataillon tot und verwundet, 600 gefangen.

In nicht mehr Zeit als wir gebraucht haben über diese Vorgänge zu berichten, war Chlum genommen, der Schlüsselpunkt der feindlichen Stellung in unsren Händen. Es war das 1. Bataillon, Major v. Kleist, vom 1. Garde-Regiment zu Fuß, das durch einen in halber Höhe des Dorfes von Osten her ausgeführten Flankenstoß diesen glänzenden Erfolg fast wie im Fluge errungen hatte. Von Norden her, den Feind festhaltend und ihn verwirrend, hatte die 1. Garde-Jäger-Compagnie an diesem Erfolge teilgenommen.

Chlum war nun unser. Erst jetzt, wo es verloren war, schien dem Gegner die volle Bedeutung dieses Punktes klar zu werden. Der von den Offizieren vorausgesehene Moment war jetzt da: die Höhe mußte vom Fuß des Berges aus wiedererobert werden. Das 1. Bataillon Sachsen-Meiningen, Major Noak, avancierte mit großer Bravour und trotz empfindlichster Verluste seine Reihen immer aufs neue schließend, hatte er bereits die halbe Höhe des Abhangs erreicht, als ein von der großen Chaussee her heranstürmendes östreichisches Ulanen-Regiment (wir kommen später auf diese Attacke zurück) plötzlich ausbog, um der furchtbaren Wirkung unsres Schnellfeuers zu entgehn und im Ausbiegen sich auf das eben hügelan avancierende Bataillon Sachsen-Meiningen warf. Im Nu war der ganze Truppenkörper überritten, zertrümmert, zerstäubt. Major Noak verlor das Pferd; zu Fuß weiter kämpfend und bemüht das Übel gut zu machen, fiel er schwer verwundet in Gefangenschaft. Neben ihm ging die Fahne des Bataillons (zwei Fahnenträger fielen) nach ehrenvollem Kampf verloren.

Vincenz *Cristofek*, Hauptmann im Regiment Sachsen-Meiningen, dessen eingehendem Bericht über den Kampf bei Chlum wir die vorstehenden Daten zu großem Teil entnommen haben, schließt seine Darstellung mit folgenden Betrachtungen:

»Die Ulanen kamen und gingen wie die Windsbraut. Ihre Bahn bezeichneten unsre und ihre Toten. Das war die Hülfe, die sie uns gebracht. In und bei Chlum, zu dieser Stunde des Tages, hat nur das Regiment Sachsen-Meiningen gestritten. Daß es nicht in hellen Haufen davongelaufen ist, wie man zu behaupten wagte, das beweisen seine Verluste, 620 Tote und Verwundete. Obwohl besiegt, darf doch das Regiment stolz darauf sein, auch im Feldzuge von 1866, wie 1859 in Italien, gegen *Garden* und nicht so ganz mit Unehre gekämpft zu haben. Dem Regiment Sachsen-Meiningen ist aber sein Recht noch nicht geworden.«

Wir haben gern diese Worte zitiert. Die schweren Verluste des Regiments sollten wenigstens östreichischerseits zu nachsichtiger Beurteilung stimmen. Auch scheint es in der Tat, daß sich einzelne Abteilungen (namentlich das 1. Bataillon, das 6 tote und 9 verwundete Offiziere hatte) mit anerkennenswerter Bravour geschlagen haben. Im großen und ganzen aber wird man freilich weder der Aufstellung, noch der Führung, noch der Haltung des Regiments besondre Lobsprüche machen können. Unsre Garden vernichteten es beinah spielend. Es war ein Kesseltreiben; Hunderte ergaben sich ohne jeden Widerstandsversuch. Vorher schon mürbe gemacht, sieben Stunden lang den Feind erwartend und endlich *da* ihn findend wo er *nicht* erwartet wurde, scheint angesichts der »Riesen vom 1. Garde-Regiment« (auch das wirkte mit) eine Panique über ganze Abteilungen, namentlich über das 2. Bataillon gekommen zu sein.

So wurde Chlum genommen und gegen einen ersten Versuch, es wieder zu nehmen, behauptet. Der Schlüsselpunkt der feindlichen Stellung war in unsern Händen und blieb es. Die Überraschung hatte die Kraft des Feindes momentan gelähmt.

Unter denen, die durch die Wegnahme vollständig überrascht worden waren, war vor allen auch *Benedek* selbst. Er hielt, 300 Schritt vom Dorf entfernt, auf dem mehrgenannten Hochplateau zwischen Chlum und Lipa. Er hatte keine Ahnung von dem, was sich, auf so nahe Distance, in seiner rechten Flanke zutrug. Generalstabsoberst Neuber brachte die erste Meldung. Nach östreichischer Angabe 2 Uhr 55 Minuten.

»Haben Sie den Feind in Chlum gesehn?« fragte der Feldzeugmeister.

»Ja, ich wurde mit Flintenschüssen empfangen.«

»Einen Augenblick schien der Feldzeugmeister unschlüssig, was zu tun sei (so sagt ein östreichischer Bericht), dann sprengte er, um sich persönlich zu überzeugen, an der Spitze seiner zahlreichen Suite auf Chlum zu. Eine Garde-Compagnie, die

sich bereits außerhalb des Orts Chlum festgesetzt hatte, empfing den Stab mit einem mörderischen Schnellfeuer, das eine
Menge Personen und Pferde zu Boden streckte. Major und
Flügeladjutant Graf Grünne wurde tödlich getroffen, Feldmarschalllieutenant Henikstein und Major Fürst Esterhazy verloren die Pferde unterm Leibe. Die Suite zerstob nach allen Richtungen, die Mehrzahl suchte sich dem vernichtenden Feuer
dadurch zu entziehen, daß sie den Abhang hinab einem Fabrikgebäude zueilte. Aber auch hier war bereits der Feind, der den
Generalstab mit neuen Dechargen empfing; Erzherzog *Wilhelm* wurde verwundet. Zum Überfluß erschienen in diesem
Augenblick auch noch zwei unsrer eignen Batterieen und über-
schütteten die Häusergruppe, in denen allerdings der Feind
steckte, mit einem solchen Shrapnelhagel, daß dem Armee-
kommandanten samt seinem Stabe minutenlang nur die Alter-
native blieb, durch feindliche Gewehrkugeln oder die eigenen
Shrapnels niedergestreckt zu werden. Endlich glückte es, sich
aus dem Kreuzfeuer frei zu machen.« Benedek selbst ritt auf
Lipa zu; die Generalstabsoffiziere sprengten gegen Westen, um
den Angriff der beiden Reserve-Corps vorzubereiten.

Auf diese Wiedereroberungsversuche kommen wir in den
folgenden Kapiteln verschiedentlich zurück.

DIE FÜSILIER-BRIGADE V. KESSEL NIMMT ROSBERITZ

S. 214

Die Füsilier-Brigade v. Kessel, nur aus drei Bataillonen bestehend, war der Grenadier-Brigade v. Obernitz, zum Teil in deren Intervalle einrückend, unmittelbar gefolgt und schwenkte
ebenfalls *rechts*, als sie die Linie zwischen Schanze 4 und 2
überschritten und den abziehenden feindlichen Kolonnen einige Salven nachgeschickt hatte.

Dies Rechtsschwenken der Füsilier-Bataillone erfolgte aber
nicht gleichzeitig, so daß je nach dem Punkte, von dem aus die
Schwenkung begann, auch der Punkt verschieden war, auf den
sie traf. Nur die Richtung nach rechts hin war allen dreien gemeinsam.

Das Füsilier-Bataillon 1. Garde-Regiments, Oberstlieutenant *v. Helldorf*, traf auf die hochgelegene Südspitze von

Chlum ziemlich genau in demselben Moment, in dem das
1. Bataillon 1. Garde-Regiments, mitten durch das ebengenannte Dorf hindurch, von Ost nach West den Riegel vorgeschoben und das 2. Bataillon Sachsen-Meiningen gefangen
genommen hatte. Das Erscheinen des Füsilier-Bataillons wirkte
zu diesem raschen Erfolge nicht wenig mit, ganz besonders
durch Wegnahme einer an der Westseite von Chlum haltenden
Kavallerie-Batterie, die das aus der Quergasse, auf Lipa zu, hervorbrechende 1. Bataillon (in erster Reihe die 3. Compagnie)
mit Kartätschen überschüttete. Sieben Geschütze wurden genommen, eins entkam.* – Das Bataillon v. Helldorf verblieb
am Südende des Dorfes, wies, im Verein mit andern Abteilungen, die mannigfachen Versuche zur Wiedereroberung Chlums
zurück und beteiligte sich später an dem blutigen Kampfe um
Rosberitz. Bei Schilderung desselben werden wir ihm wieder
begegnen.

Das 3. Bataillon Garde-Füsilier-Regiments, Graf *Waldersee*,
machte seine Rechtsschwenkung von einem einige hundert
Schritt weiter südlich gelegenen Punkte aus, traf, statt auf die
Südspitze von Chlum, auf den zwischen Chlum und Rosberitz
sich hinziehenden, die Verbindung zwischen beiden Dörfern
herstellenden Hohlweg und schickte sich eben an, unter Benutzung dieses Hohlwegs gegen Rosberitz vorzugehn, als ihm
Befehl kam den Hohlweg zu überschreiten und Front gegen
Westen den Anmarsch eines feindlichen Bataillons aufzuhalten,
das von der Chaussee her hügelan auf Chlum zu avancierte.

Das Bataillon Graf Waldersee, in zwei Halbbataillone formiert, nahm sofort Aufstellung mit Front gegen Westen und
trat bereits an, um sich dem rasch avancierenden feindlichen

---

* Die hier von den Unsrigen fast im Umsehn gestürmte Batterie
war die Kavallerie-Batterie Nr. 7 des III. Corps unter Hauptmann *v. d.
Gröben*. Dieser, als er Meldung empfing, daß Chlum genommen sei,
ließ seine Batterie auf *zweihundert Schritt* an die Dorflisière heranfahren und unsre debouchierenden Kolonnen beschießen. »Das feindliche
Schnellfeuer aber«, so sagt der östreichische Bericht, »richtete unter
der Mannschaft und Bespannung eine solche Verheerung an, daß im
Moment Hauptmann v. d. Gröben, 1. Offizier, 52 Mann und 68 Pferde
fielen.« Ein preußischer Artillerieoffizier bezeichnete uns das deckungslose Vorgehn der Batterie bis auf 200 Schritt, kurz dahin:
»menschlich eine Heldentat, artilleristisch ein Unsinn«.

Bataillone nunmehr seinerseits entgegenzuwerfen, als das Erscheinen einer bedeutenden feindlichen Kavallerie-Masse, die
denselben Zweck und dieselbe Richtung wie das eben vorrük-
kende östreichische Bataillon verfolgen zu wollen schien, Stillstand gebot, um dem Choc mit Salvenfeuer begegnen zu können. Das Bataillon entwickelte sich in Linie.

Inzwischen war die feindliche Reitermasse bis an die Höhe
heran. Es war die östreichische Brigade Schindlöcker, bestehend aus den Kaiser-Ulanen und dem Kürassier-Regiment Kaiser Franz Joseph im *ersten*, aus dem Kürassier-Regiment Graf
Stadion im *zweiten* Treffen. Die vordersten Regimenter waren
in Escadrons-Kolonne formiert, beide dicht neben einander.
Die Kürassiere kamen in prächtiger Haltung heran, geschlossen, in langem, gleichmäßigem Galopp. Die neben ihnen befindlichen Ulanen waren etwas lockerer. Beide Regimenter ritten in grader Linie auf unsre Füsilier-Linie los. Auf 250 Schritt
erfolgte die erste Salve, die zu hoch zu gehen schien, wenigstens verharrten die Kürassiere in ihrem Anreiten. Auf den
Zuruf unsrer Offiziere aber: »tiefer halten!« begann nunmehr
das Stürzen von Roß und Reiter. Auf 120 Schritt machte die
vorderste Kürassier-Schwadron rechts um; die 2. Schwadron
ritt bis in gleiche Höhe vor und litt ebenfalls bedeutend; die 3.
brach unter dem Feuer zusammen. Die Reste aller Schwadronen warfen sich jetzt auf das Ulanen-Regiment und der ganze
Knäul wälzte sich fliehend auf Rosberitz zu.* – Das Kürassier-
Regiment Stadion des zweiten Treffens versuchte gar keinen
Angriff, sondern ritt bloß bis gegen die Höhe vor und folgte
dann den beiden zurückgehenden Regimentern.

---

* Am linken Flügel des Bataillons Waldersee, das diesen Reiter-
sturm abwies, und zwar etwas vorgezogen, stand die 9. Compagnie
(Hauptmann v. Görne) des 2. Garde-Regiments, die, der Rechtsschwenkung der beiden Bataillone v. Helldorf und Graf Waldersee folgend, von dem Gros des eignen, zunächst in grader Linie weiter südwärts marschierenden Bataillons abgekommen war. Die Compagnie v.
Görne operierte auch während aller ferneren Gefechtsmomente in Gemeinschaft mit den Garde-Füsilieren (Bataillon Waldersee). In dem
Kampfe gegen die Brigade Schindlöcker wirkte sie, wie es ihre Aufstellung mit sich brachte, in erster Linie bei Vernichtung des Kürassier-
Regiments Kaiser Franz Joseph mit. (Auch Abteilungen vom 2. Bataillon 1. Garde-Regiments nahmen an dieser Episode des Kampfes teil.)

Die Verluste des Feindes, die dieser unheilvolle und schwer verständliche Ansturm ihm zuzog, waren enorm. 250 Reiter lagen am Boden, darunter der Commandeur des Kürassier-Regiments, Oberst v. Koziebrodski. Die 3. Escadron (8 Offiziere und 160 Reiter) hatte sämtliche Offiziere und 134 Mann tot oder verwundet. Sie waren hingeopfert. Was noch wichtiger war, war, daß die wilde Flucht der Kürassiere und Ulanen das 1. Bataillon Sachsen-Meiningen, wie wir im vorigen Kapitel gesehn haben, mit in den partiellen Untergang dieser glänzenden Regimenter verwickelte.

Im übrigen sei gleich noch an dieser Stelle bemerkt, daß unmittelbar nach Abweis der Kavallerie-Attacke und nach Gefangennahme des 1. Bataillons Sachsen-Meiningen (vergleiche S. 217) sowohl das Bataillon Waldersee wie die Compagnie v. Görne an die Nordwestecke von Rosberitz rückten, von welcher Stellung aus sie noch verschiedene Angriffe zurückwiesen, die von der Chaussee her zur Wiedereroberung der Position Chlum-Rosberitz, vielleicht mit unausreichenden Kräften, gewiß aber mit unausreichender Energie gemacht wurden. (Die *energischen*, von dem Reserve-Corps ausgehenden Versuche zur Wiedereroberung der genannten Position – wir werden sie weiterhin ausführlicher zu schildern haben – fallen um fast eine Stunde später.)

Das Füsilier-Bataillon 2. Garde-Regiments, Major *v. Erckert* (nach dem Abschwenken der 9. Compagnie, Hauptmann v. Görne, nur drei Compagnieen stark), rückte am weitesten gegen Süden und zwar bis zu einem Punkte vor, von wo der Bogen, den es nach rechts hin schlug, nicht Chlum traf, auch nicht das Terrain *zwischen* Chlum und Rosberitz, sondern Rosberitz selbst. Dies – von zurückgehenden Abteilungen nur schwach verteidigt – wurde rasch genommen.

Das Vorrücken des Bataillons v. Erckert bis zu dem Punkte hin, von wo es seine Rechtsschwenkung ausführte, läßt sich als eine Kette kleiner Gefechte, als eine ganze Reihenfolge von glücklichen Attacken einerseits, von abgewiesenen Angriffen andrerseits bezeichnen.

Die 10. und 11. Compagnie bildeten den rechten Flügel; die Linie, auf der sie avancierten, führte sie hart an der Ostseite von Rosberitz vorbei. Als sie die Nordostecke des Dorfes nahezu erreicht haben mochten, sahen sie sich plötzlich von zwei feindlichen Bataillonen, wahrscheinlich vom Regiment Erzherzog Heinrich, angegriffen, die unter dem Ruf: »es lebe der Kaiser« auf sie eindrangen. Die 10. Compagnie nahm das Gewehr zur Attacke rechts; von hüben und drüben schritt man zum Angriff. Die nächste Minute mußte zeigen, wer das festere Herz hatte. Bis auf 80 Schritt kam das erste feindliche Bataillon heran, dann aber stutzte es, wankte, machte kehrt; vom Schnellfeuer verfolgt, wirbelte die Masse vollständig durch- und auseinander. Ebenso das andre Bataillon unterm Feuer der 11. Compagnie.

Die 12. Compagnie, Hauptmann v. Kropff, war mit der 10. und 11. in einer Linie, auf deren linken Flügel vorgerückt. Sie wies den Angriff eines Bataillons zurück, nahm unter erheblichen Verlusten eine feindliche Batterie im Feuer und rückte, zunächst hart an der Ostseite von Rosberitz vorbei, dann aber wieder südlich sich haltend, bis gegen die Chaussee vor. Sie stand hier um ein paar hundert Schritt über die Linie der beiden andern Compagnieen hinaus. Plötzlich erschien vor der Front der Compagnie eine große feindliche Masse, mehrere Bataillone stark, mit Kavallerie gemischt, alles durcheinander, welche, die südliche Ecke des Dorfes fast streifend, in der Richtung auf Westar und Sweti zurückging. Es waren mutmaßlich die Trümmer der Brigade Appiano, vielleicht auch der Brigade Brandenstein. Sofort ließ Hauptmann v. Kropff aufmarschieren und die Massen beschießen. Das Feuer dauerte an 5 Minuten; ein Vorbeischießen war bei der Länge und Tiefe der Kolonne nicht möglich; stumm und untätig wie eine Zugscheibe zog sie vorüber. Die Wirkung war entsetzlich. Da es schließlich in ein widerstandsloses Morden mißgeleiteter und durch schlechte Führung wehrlos gewordener Menschen ausartete, so ließ Hauptmann v. Kropff im Widerwillen hierüber das Feuer aufhören, ging nach Rosberitz hinein und sammelte die Compagnie, ziemlich an der Südspitze des Dorfes, an dem Pflaumengarten hinter einer massiven Scheune.

Die 10. und 11. Compagnie hatten sich schon vorher links und rechts neben dieser Scheune festgesetzt. Es war jetzt 3 Uhr.

DIE AVANTGARDE DER 1. GARDE-DIVISION
NIMMT DAS LIPA-GEHÖLZ

Diese raschen Erfolge der Brigaden Obernitz und Kessel wurden durch Vorgänge zu beiden Seiten erheblich unterstützt:

in der *linken* Flanke wurde Nedelist durch vorgeschobene Abteilungen der 11. Division,

in der *rechten* Flanke wurde das Lipa-Gehölz durch die wieder in Aktion tretende Avantgarden-Brigade der 1. Garde-Division genommen.

Über die Besetzung von Nedelist berichten wir an andrer Stelle; hier soll uns zunächst die Wegnahme des *Lipa-Gehölzes* beschäftigen. Schon auf dem Vormarsche gegen dieses Gehölz kam es zu einem Zusammenstoß. Wir geben diesen zuerst.

Der Zusammenstoß mit der Brigade Fleischhacker

Die Avantgarden-Brigade v. Alvensleben, vier Bataillone stark, stand bei Maslowed.

Das Bataillon Petery in *Front*, die drei andern Bataillone zur *Seite* (östlich) des Dorfes. Beide Abteilungen hatten ihre Rencontres und zwar, was am meisten auffallen muß, im Rücken unsrer bereits weit vorgerückten beiden andern Brigaden.

Dies zu erklären, ist es nötig, uns vorher dem Feinde zuzuwenden.

Brigade Fleischhacker, während die andern Brigaden des IV. Corps ihren Abmarsch in die Linie Chlum-Nedelist bewerkstelligten, war, wie bereits hervorgehoben, in und bei Cistowes zurückgeblieben. Seitdem waren zwei Stunden oder mehr vergangen und der Brigadeführer empfand mit nur allzu gutem Grunde, daß er verloren sei, wenn es ihm nicht noch glückte, sich nördlich an Chlum vorbei, auf die übrigen Brigaden seines Corps zurückzuziehn. Diesen Rückzug auszuführen, wählte Oberst Fleischhacker die schmale, wohl eine halbe Meile lange Wiesenniederung, die einer natürlichen Straße zwischen Cistowes und Nedelist entspricht. In eben diesem Wiesengrunde, in Front von Maslowed, stand das Bataillon Petery. Ein Zusammenstoß war also unvermeidlich.

Es mochte 2½ Uhr sein, als die feindliche Brigade in einer

langen Kolonne von Cistowes aufbrach. Das Husaren-Regiment Prinz Friedrich Karl von Preußen Nr. 7 hatte die Tête, dann folgte die Brigade-Batterie, dann das 13. Jäger-Bataillon und die Regimenter Coronini und Großfürst Thronfolger. So ging es an der Nordlisière von Chlum vorbei, bis die Husarenspitze etwa Schanze 3, und an eben dieser Stelle das Bataillon Petery erreicht hatte. Sofort unter Feuer genommen, brach der vorderste Zug zusammen, die andern stoben auseinander und so entstand während einer Viertelstunde und über eine sehr beträchtliche Strecke des Schlachtfeldes hin ein grausig-malerisches Hirsch- und Jägerspiel. Die auseinander gewirbelten Husaren suchten in größeren und kleineren Abteilungen nach allen Seiten hin zu entkommen, aber wohin sie sich auch wenden mochten, links nach Maslowed, rechts nach Chlum, oder selbst in weiterem Bogen auf Horenowes und Racitz zu, überall wurden sie von feindlichem Feuer empfangen, oder da, wo sie in unsre Batterieen blindlings hineinsprengten, von den Kanonieren mit Hebebäumen und Wischerstangen niedergeschlagen. Einige Schwärme jagten von Maslowed auf Sendrasitz zu und wurden hier, nachdem sie den eben an dieser Stelle erscheinenden Kronprinzen samt seinem Stabe bedroht hatten, von unsren an der Tête der 2. Garde-Division marschierenden Garde-Husaren gefangen genommen.[*] Ein gleiches Schicksal traf die Batterie der Brigade Fleischhacker, die, an verschiedenen Stellen in unser Infanterie-Feuer geratend, beinah sämtliche Geschütze einbüßte.

Die Infanterie-Bataillone der Brigade Fleischhacker waren inzwischen in der Richtung auf Nedelist und zwar zunächst unbehelligt weiter vorgerückt; hier aber trafen sie, wie die Tête auf das Bataillon Petery gestoßen war, auf das, von östlich Maslowed her, eben im Vorrücken begriffene *Gros* unsrer Avantgarde, in dessen erstem Treffen das 1. und 2. Bataillon vom Garde-Füsilier-Regiment marschierten. Generalmajor v. Al-

---

* Unter den Gefangenen befand sich auch ein junger kaiserlicher Offizier, der in den leidenschaftlichsten Ausdrücken lärmte und sich beklagte, etwa so als ob der ganze Hergang eine Ungehörigkeit, eine preußische Anmaßung sei. Man ließ ihn lange gewähren. Endlich riß einem Garde-Husaren die Geduld. »Herr Kamerad, beruhigen Sie sich; wenn's Ihnen so sehr mißfällt unser Gefangener zu sein, so hätten Sie's anders einrichten sollen.«

vensleben, sobald er der anrückenden feindlichen Kolonne ansichtig wurde, warf das rechte Flügel-Bataillon, das 2. des Garde-Füsilier-Regiments, Oberstlieutenant v. d. Knesebeck, in
die Flanke dieser Kolonne, die von unsren Schützen sofort umwickelt, sich teils ergab, teils auseinanderlief, oder rückwärts
auf Cistowes sich flüchtete, wohin das Bataillon Knesebeck
folgte. Die beiden letzten Geschütze der Brigade-Batterie fielen
hier in unsre Hände.

Die Wegnahme des Lipa-Gehölzes

Während Generalmajor v. Alvensleben das Bataillon Knesebeck nach rechts hinauswarf, um die abziehende feindliche
Kolonne in ihrem Marsch zu hindern (was, wie wir gesehen
haben, aufs erfolgreichste gelang), rückten die übrigen drei
Bataillone der Avantgarde weiter vor:

das 1. Bataillon 2. Garde-Regiments, Major v. Petery, das
ohnehin um 1000 Schritt voraus war, ging durch die Nordspitze von Chlum hindurch und nahm an der Westlisière des
Dorfes seine Aufstellung;

das 1. Bataillon Garde-Füsilier-Regiments, Major v. Tiet-
zen, in Compagnie-Kolonnen aufgelöst, avancierte in verschiedenen Richtungen;

das 2. Bataillon 2. Garde-Regiments aber, Major v. Reuß,
samt der 3. Garde-Jäger-Compagnie, Hauptmann v. Arnim,
ging als ein kompakter Körper gegen das *Gehölz von Lipa* vor.

Das Gehölz von Lipa, eine etwa 800 Schritt lange, mit Ver-
hauen, Schützengräben und Geschütz-Emplacements versehene, unregelmäßig geformte Schonung zwischen Chlum und
Lipa, war von der Brigade Benedek: 1. Jäger-Bataillon, Regimenter Sokcevic und Erzherzog Franz Karl besetzt, von denen
das letztgenannte Regiment (Franz Karl) an der Westseite von
Chlum das erste Treffen, das Regiment Sokcevic an der Ostseite
von Lipa das zweite Treffen bildete. Im Gehölz befand sich auch
die Brigade-Batterie. Das 1. Jäger-Bataillon stand in Lipa. Die
ganze Aufstellung der Brigade ging nunmehr mit Front gegen
Osten (Chlum), nachdem sie bis dahin mit Front gegen die Bistritz gestanden hatte.

Das Bataillon Reuß, als es sich anschickte die ziemlich steile
Höhe zu ersteigen, erhielt Feuer aus dem Gehölz. Der sofort

eingeleitete Angriff faßte den Feind, ihn überflügelnd, von drei Seiten: rechts, von Norden her, avancierte die 3. Jäger-Compagnie; links, von Süden her, griff das, wie wir wissen unmittelbar neben Chlum stehende Bataillon Petery mit zwei Compagnieen ein; in der Front, Richtung von Ost nach West, avancierte das Bataillon Reuß in Compagnie-Kolonnen auseinander gezogen; *vor* diesen Compagnieen, in erster Reihe, zwei Züge des Garde-Füsilier-Regiments unter Lieutenant v. Obernitz. Der Feind eröffnete ein heftiges Granatfeuer, das das Vorterrain gegen Osten hin bestrich, gleichzeitig rückten geschlossene östreichische Trupps in die Waldlisière ein, um Salven zu geben. In diesem Augenblick allgemeinen Angriffs wurde Major *v. Reuß*, als er, vom rechten Flügel aus, weiter links auf den Oberstlieutenant von Neumann zusprengte, durch eine Granate vom Pferde geworfen. Jeder der ihn fallen sah, wußte daß er zum Tode getroffen sei. Aber ein Halten und Zögern war unmöglich. Oberstlieutenant v. Neumann ergriff sofort das Kommando und den Augenblick wahrnehmend, in welchem die östreichischen Abteilungen ihre zu hoch gehenden Salven abgegeben hatten, führte er die Compagnieen, Schützen kurz vor der Front, mit marsch marsch gegen die Waldlisière vor. Beinah gleichzeitig drang von Norden her die Garde-Jäger-Compagnie v. Arnim, von Süden her ein Teil des Bataillons v. Petery in das Gehölz von Lipa ein.

Diesem kombinierten Angriff leistete der Feind, bei im einzelnen verzweifelter Gegenwehr, nur schwachen Widerstand; die Kraft, womit der Stoß geführt wurde, schien ihn decontenanciert zu haben; er ergab sich in hellen Haufen; mehr als 1500 Mann, zumeist vom Regiment Erzherzog Franz Karl, aber auch zahlreiche Versprengte von andern Regimentern wurden gefangen genommen und unter starker Bedeckung rückwärts geschickt.

Der eigne Verlust war gering; nur der Tod des Majors v. Reuß, eines ausgezeichneten Offiziers, wurde lebhaft beklagt. Erst am andern Morgen konnte seine Leiche gesucht werden. Man fand ihn an derselben Stelle wo er gefallen war, in einem Haferfelde zwischen Chlum und Cistowes, etwa 500 Schritt vom Nordausgang des erstgenannten Dorfes entfernt. Eine 4pfündige Granate hatte ihm die linke Brust und Schulter weggerissen. Das Geschoß, welches unzersprengt war, lag neben dem Leichnam.

Der Wiedereroberungsversuch

Das Lipa-Gehölz war genommen; alle Compagnieen, die an Wegnahme des Wäldchens teilgenommen hatten, gingen in verschiedenen Linien durch dasselbe hindurch, im wesentlichen in der Richtung von Nordost nach Südwest, und nahmen Aufstellung an der entgegengesetzten Lisière. Sie standen hier, parallel mit der Chaussee, den Blick auf diese. Den linken Flügel dieser Aufstellung bildete das Bataillon Petery, an das sich, noch weiter links, bis Chlum hin, eine halbe Compagnie 1. Garde-Regiments und die 3. Compagnie Garde-Füsilier-Regiments anlehnte.

Kaum war diese Aufstellung genommen, so ließ sich wahrnehmen, daß der eben erst aus dem Lipa-Gehölz hinausgeworfene Feind zu einer Wiedereroberung dieses wichtigen Punktes überging. Es wiederholte sich also hier, was, nur zwei- oder dreihundert Schritt von dieser Stelle entfernt, vor wenig mehr als einer Viertelstunde gegen Chlum versucht worden war. Wie dort gegen die »Chlum-Höhe« die Reserven der Brigade Appiano, so wurden hier gegen das Lipa-Gehölz die Reserven der Brigade Benedek zur Wiedereroberung der eben verloren gegangenen Stellung vorgeführt.

Der Angriff nahm eine solche Richtung, daß er auf unsre, am meisten in Front stehenden Compagnieen (1. und 4.) des Bataillons Petery stoßen mußte.

Diese hatten sich zu besserer Deckung in einer unregelmäßigen Vertiefung, halb Hohlweg, halb Kiesgrube aufgestellt und erwarteten den Angriff. Es bedurfte nur eines kurzen Zurufs an die Grenadiere, sie sollten fest stehn und ruhig feuern. Diese antworteten wie aus einem Munde: »Keine Sorge, sie sollen nur kommen.«

Und sie kamen näher und näher. Unter einem Hagel von Granaten, der den Angriff einleitete, rückten sie in eigentümlicher Formation von der Chaussee her den Hügel hinauf; es schienen 6 Divisions-Kolonnen,* zu zwei und zwei dicht *an*einander und zu drei *hinter*einander, Schützen nur etwa 10 Schritt voraus. Unsre beiden Compagnieen sahen mit fertig gemachtem Gewehr dem Näherkommen entgegen. Als auf etwa 100 Schritt die Têten heran waren, krachte ihnen die Salve der 1., dann der 4. Compagnie entgegen; wiederum der 1. und dann der 4. Die Kolonnen blieben trotz alledem im Vorrücken;

die Grenadiere eröffneten nun ein heftiges Schnellfeuer, die
östreichischen Bataillone wankten, machten kehrt und liefen
die Höhe hinab. Inzwischen hatte Hauptmann v. Herwarth III.
auch die weiter rückwärts stehende 3. Kompagnie des Bataillons Petery bis an den Waldrand vorgeführt und beschoß die
zurückgehenden Bataillone in der Flanke; auch die schon genannten, in der Nähe stehenden Abteilungen des 1. Garde- und
des Garde-Füsilier-Regiments waren bei Abweis dieses Angriffs tätig. Die Verluste des Feindes waren enorm; seine Toten
und Verwundeten lagen so dicht, daß es eine Stunde später unmöglich war den Raum zu Pferde zu passieren. Unsrerseits war
kein Mann getroffen; die östreichischen Schützen feuerten viel
zu hoch. Der Bericht eines Augenzeugen (vom 2. Garde-Regiment) sagt: ».. . Der Angriff geschah mit großer Energie; der
Commandeur des Regiments, auf einem Schimmel, mit ausgezeichneter Bravour immer vorauf, brach, samt seinem Pferde,
unter unsrem Kugelregen zusammen. Wären die östreichischen Kolonnen noch 60 Schritt weiter vorgerückt, so hätten
sie unsre beiden Compagnieen unter ihren Fersen zertreten.
Aber im letzten Moment versagte die Kraft.«

* Man ist diesseits lange in Ungewißheit darüber gewesen, durch
welche Truppenteile dieser Wiedereroberungsversuch des Gehölzes
von Lipa unternommen wurde. Nach dem östreichischen Generalstabsbericht können es nur das 2. und 3. Bataillon vom kroatischen
Regiment Sokcevic gewesen sein, die in sechs Divisionskolonnen (1
östreichische Division = 2 Compagnieen; jedes Bataillon 6 Compagnieen oder 3 Divisionen stark) anrückten. Die beiden Bataillone hatten in weniger als 10 Minuten elf Offiziere: drei Hauptleute, vier
Ober- und vier Unterlieutenants *tot.* – Dem östreichischen Generalstabswerk zufolge unternahm freilich auch eine Abteilung vom Regiment Roman-Banat, unter persönlicher Führung des Obersten Baron
Catty, Generalstabschef des III. Corps, einen Angriff gegen das Gehölz von Lipa, bei welchem Angriff Oberst Catty schwer verwundet
wurde. Dieser Angriff kann aber an dieser Stelle nicht gemeint sein. Er
erfolgte wahrscheinlich um eine Viertel-, vielleicht um eine halbe
Stunde später und wurde, da es sich dabei um eine bloße Demonstration handelte (der Abzug der Brigaden Kirchsberg und Prohaska sollte
gedeckt werden), mit verhältnismäßig geringen Kräften, 1 oder 2 Divisionen, ausgeführt. Die *sechs* Divisionskolonnen sind aber das Charakteristische des im Text geschilderten Angriffs.

So war denn auch dieser Angriff abgeschlagen, wie der gegen die Chlum-Höhe gescheitert war. Brigadier Oberst Benedek, erheblich verwundet, führte die Trümmer seiner Brigade in der Richtung auf Langenhof zurück.

DIE AVANTGARDE DER 2. GARDE-DIVISION NIMMT LIPA

Ziemlich gleichzeitig mit dem Lipa-Gehölz wurde auch Lipa selbst genommen, und zwar wie jenes durch die Avantgarde der 1. Garde-Division, Generalmajor v. Alvensleben, so dieses durch die Avantgarde der 2. Garde-Division, Generalmajor v. Budritzki. Die Bataillone dieser Brigade waren den Brigaden Obernitz und Kessel gefolgt und hatten, bei Überschreitung des Wiesengrundes zwischen Maslowed und Chlum halb rechts schwenkend, sich gegen den Nordrand des Dorfes Lipa dirigiert.

Dorf Lipa, mit seinem Südwestrande hart an der großen Chaussee gelegen, hatte für den Feind eine gleiche Bedeutung wie Sadowa für uns. Demgemäß war man bemüht gewesen, ihm die größte Defensionskraft zu geben. Zahllose Batterieen, etagenförmig angelegt, umkränzten es von allen Seiten; außerdem war es durch Verhaue an seiner Nord- und Westlisière geschützt. Gegen Lipa vorzugehn, im Zentrum einen Erfolg zu erringen, war seit 8 Uhr morgens versucht worden; seit 11 Uhr hatte man diese Versuche aufgegeben. Was indessen in der Front gescheitert war, sollte jetzt von Flanke und Rücken aus gelingen. Nach Eroberung des Lipa-Gehölzes war die Wegnahme von Lipa selbst überhaupt nur noch eine Frage der Zeit. Es geschah dies in *erster Reihe* durch einen Angriff des Garde-Schützen-Bataillons unter Führung des Majors v. Besser.

Etwa 300 Schritt in Front von Lipa, die nördliche Seite desselben umspannend, zieht sich ein Wiesenstreifen. Die dem Dorfe zugekehrte Seite dieser Niederung war von östreichischen Jägern besetzt, die gedeckt durch hohe Kornfelder, die bis an den Wiesengrund hinantraten, unsern Schützen die ersten Verluste zufügten. Bald indes wahrnehmend, daß unser Vordringen durch diese Verluste nicht gehindert wurde, zogen sich die feindlichen Jäger in die Nordhälfte des überhaupt von

Truppenteilen des III. Armee-Corps dicht besetzten Dorfes zurück. Unsre Garde-Schützen folgten sofort, und zwar derart, daß

die 3. Compagnie, Premierlieutenant v. Bassewitz, die Nordseite (Zentrum),

die 4. Compagnie, Hauptmann v. Gelieu, die Nordostecke (linker Flügel),

die 2. Compagnie, Hauptmann v. Laue, die Nordwestecke (rechter Flügel)

als Angriffspunkte nahm. (Die 1. Compagnie, Premierlieutenant v. Massow, die bei Maslowed in das Gefecht gegen die Friedrich Karl-Husaren mit eingegriffen hatte, war noch zurück.)

Die vorderen Züge der genannten drei Compagnieen wurden aufgelöst und die Soutiens möglichst gedeckt aufgestellt, um abzuwarten, wo eine Verstärkung der Schützenlinie nötig sein würde. Dieser Fall trat ein, sobald dieselbe die Lisière beinah erreicht hatte, und auf Befehl des Commandeurs wurden nunmehr sämtliche Soutiens aufgelöst. Mit lautem Hurraruf warfen sich die drei Compagnieen, die oben angegebene Richtung innehaltend, in das hartnäckig verteidigte Dorf, die Hauptleute an der Tête, der Commandeur (Major v. Besser) im Galopp den Tirailleurs der 3. Compagnie voran. Die 4. Compagnie, v. Gelieu, stieß zuerst auf Widerstand und mußte (nordöstlich) ein vor dem Lipaer Wäldchen befindliches Verhau, sodann die entsprechende Waldecke nehmen, ehe sie in das Dorf selbst eindringen konnte. Die beiden andern Compagnieen hatten, zunächst wenigstens, geringere Schwierigkeiten zu überwinden und stürmten von Nord und Nordwesten her die Dorfgasse hinauf. Der Feind, besonders Jäger vom 1., 3., 5. und 17. Bataillon,* wehrte sich zum Teil verzweifelt, Haus für Haus muß-

---

* Die Gefangenen waren, nach übereinstimmenden diesseitigen Angaben, nicht nur von den oben genannten vier Jäger-Bataillonen (1., 3., 5., 17.), sondern auch noch vom 9. Dies ist wohl möglich. Das 1. und 3. Jäger-Bataillon standen seit früh morgens in und bei Lipa, das 17. bei Rosberitz, also nur 2000 Schritt weiter zurück. Was die Nummern 5 und 9 angeht (deren Bataillone bei Problus und Trotina fochten), so waren die betreffenden Gefangenen, die wir machten, wahrscheinlich Bruchteile der beiden *kombinierten* Jäger-Bataillone (Nr. 33 und 34), die zur Brigade Prohaska gehörten, verschiedenes Material enthielten und ebenfalls dicht bei Lipa Aufstellung genommen hatten.

te erobert werden, und sein Kreuzfeuer, welches besonders von
den höher gelegenen Stellen aus die Dorfgasse mit Kartätschen
und Granaten bestrich, fügte den Unsrigen empfindlichen
Schaden zu. Sich diesem Feuer zu entziehn, zugleich um es
unschädlich zu machen, stürmten die Schützen mit verdoppel-
ter Energie von Position zu Position, bis sie den westlichen und
südwestlichen Dorfrand erreicht, die dominierenden Punkte
besetzt und die in unmittelbarer Nähe haltenden Brigade-Batterieen zum Abfahren gezwungen hatten.

Die Verluste unsres Garde-Schützen-Bataillons bei Umfassung und Wegnahme des Dorfes waren nicht unerheblich.
Hauptmann v. Laue, der nach dem Eindringen in Lipa mit der
Hälfte seiner Compagnie das Dorf rechts flankiert hatte, wurde, als er bereits bis an den östlichen Chausseegraben der großen Königgrätzer Straße vorgedrungen war, von der *Ziegelei*
aus (die der Feind bis zuletzt hielt) durch das rechte Knie geschossen; Secondelieutenant Bethusy-Huc blieb, in die Stirn
getroffen, auf der Stelle tot, als er seinen Zug gleich am Dorf-
eingange in eins der neugebauten Gehöfte führte; Gardeschüt-
ze Wende von der 2. Compagnie wurde von einer Granate so
durchbohrt, daß der Rumpf von den Beinen getrennt, 20
Schritt fortflog.

Bei diesem Kampf um Lipa hatten die beiden andern Bataillone
der Avantgarde der 2. Garde-Division: die Füsiliere der Regimenter Franz und Alexander erheblich mitgewirkt. Zwei Compagnieen (10. und 11.) der Franz-Füsiliere drangen ziemlich

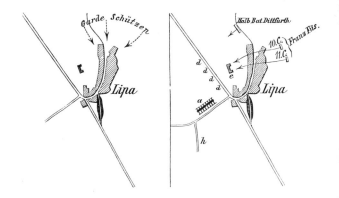

genau an derselben Stelle (Nordostecke) wie die Garde-Schützen-Compagnie v. Gelieu in Lipa ein, stießen aber, während die Garde-Schützen die Dorfgasse der Länge nach eroberten, *quer durch*, und nahmen die mit besonderer Hartnäckigkeit verteidigte, in der Ausbuchtung zwischen Dorf und Chaussee gelegene *Ziegelei* (e). Hierbei wurde Premierlieutenant v. Rechenberg I. zum Tode getroffen; wenige Minuten später fiel auch Premierlieutenant v. Notz, als er seine 10. Compagnie gegen den von feindlichen Jägern dicht besetzten Chausseegraben führte (dd).

Der aus Bruchteilen der verschiedensten Bataillone zusammengesetzte Feind wurde verjagt oder gefangen genommen, die Chaussee besetzt; jenseits derselben aber, in Front von Langenhof, standen noch einzelne ausharrende Batterieen jener großen Artillerielinie, die seit 9 Uhr früh das Hervorbrechen unsrer 8. und 4. Division aus dem Hola-Walde gehindert hatte. Es waren 24 Geschütze. Die Hälfte derselben, nachdem Lipa verloren und die eigne Aufstellung fast schon umgangen war, suchte abzufahren, brach aber unterm Feuer der zunächststehenden Alexander-Füsiliere zusammen; die 12 andern Geschütze (a), die in Position geblieben waren und ihr Feuer auch jetzt noch gegen die Bistritz-Linie fortsetzten, wurden von verschiedenen über die Chaussee vorbrechenden Abteilungen: von Garde-Schützen unter Hauptmann v. Gelieu, von Franz-Füsilieren unter Lieutenant v. Delitz und von Garde-Füsilieren (aus dem Lipa-Gehölz bis hierher vorgedrungen) unter Lieutenant v. Mirbach genommen. Mit wahrem Heroismus hatten die Kanoniere bis zuletzt ausgehalten. Als die Unsren schon bis auf 50 Schritt heran waren, feuerte eines dieser Geschütze, nur noch von drei Mann bedient, seinen letzten Schuß gegen Dohalitz ab.

Das feindliche Zentrum war durchbrochen. *Lipa war unser.* Unsere am weitesten vorgedrungenen Abteilungen, zahlreiche eroberte Geschütze um sich her, standen bis Langenhof. Noch im letzten Moment dieses Kampfes war der Commandeur der Franz-Füsiliere, Major v. Delitz, in ebenso eigentümlicher wie schmerzhafter Weise verwundet worden: eine Granate riß einem Füsilier den Hals weg und die fortgeschleuderte Schnalle seiner Halsbinde traf den hinter ihm stehenden Major wie ein Schuß in den Mund. – (Etwa um eben diese Zeit, oder doch nur wenig später, fiel in Front von Lipa der Oberstlieutenant *v.*

Pannewitz, Commandeur des 2. Bataillons im Grenadier-Regiment Elisabeth. *Mit* ihm fiel sein Adjutant, Lieutenant v. Wurmb. *Ein* Granatschuß hatte beide getötet.)

DIE 11. UND 12. DIVISION NEHMEN NEDELIST UND LOCHENITZ

Wir brechen hier in Schilderung der Gardekämpfe ab und wenden uns zunächst wieder dem linken Flügel der Kronprinzlichen Armee, dem in gleicher Rapidität vordringenden VI. Armee-Corps zu.

Um 2 Uhr, oder vielleicht schon etwas früher, hatte die 11. Division Sendrasitz, die 12. Division Dorf Trotina erreicht und genommen. In diesen Stellungen verließen wir dieselben. Nach kurzer Rast setzten beide Divisionen ihre Vorwärtsbewegung fort und zwar zunächst noch in vorwiegend *südlicher* Richtung. Die 11. Division dirigierte sich auf Nedelist, die 12. auf Lochenitz. Wir folgen beiden.

Die Wegnahme von Nedelist, nachdem wiederholte Attacken von drei Escadrons Haller-Husaren den Vormarsch vergeblich zu hindern gesucht hatten, erfolgte ohne ernsteren Kampf. Die hier haltenden Brigaden Saffran und Würtemberg waren nach den vorangegangenen Gefechten wenig mehr in der Verfassung einen geordneten und ausgiebigen Widerstand zu leisten; nur die unmittelbar westlich des Ortes im Feuer stehenden vier Batterien der Armee-Geschütz-Reserve hielten aus und verursachten uns erhebliche Verluste.

Ein Offizier vom 50. Regiment schreibt über dieses Vorgehn: »Unser 2. Bataillon, Major v. Berken, hatte die Tête.« Auf der Höhe westlich von Nedelist angekommen, erhielt das Gros des Bataillons so furchtbares Granatfeuer, daß dasselbe genötigt wurde sich in das Dorf zu werfen; nur die lange Tirailleurlinie, die bereits 300 Schritt voraus war, blieb im Avancieren und suchte Schutz in einer vorgelegenen Niederung, jenem vielgenannten, sich von Cistowes und Chlum auf Redelist ziehenden Wiesenstreifen. Der Schützenzug der 8. Compagnie, der sich links gehalten und von den andern Schützen getrennt hatte, stieg unter Führung der Lieutenants *v. Both* und *Rasch* sofort die nächste Höhe hinauf; ein feindlicher Offizier, der sich auf der Höhe zeigte, wurde niedergeschossen. Durch das Getreide gedeckt, kamen die Schützen die Höhe hinauf. Hier sahen sie plötzlich Artillerie aufgefahren. Unter lautem Hurra stürzte sich der Zug auf die Geschütze, von denen fünf zum Schuß kamen ohne vielen Schaden anzurichten. Ein sechstes, dessen Bedienungsmannschaft erschossen oder entflohen war, wurde von einem Offizier auf 15 Schritt Entfernung abgeschossen, schmetterte mehrere der Unsren zu Boden, aber die Nachdringenden nahmen's und stießen den Offizier sofort nieder. Zwei Geschütze, denen es gelungen war abzufahren, wurden noch auf 200 Schritt durch die Gewehrkugeln zum Stehen gebracht und genommen. Der schlimmste Moment aber trat ein, als eine andre, 300 Schritt seitwärts stehende Batterie abprotzte und unsern Tirailleurzug mit Kartätschen beschoß; die braven Schützen warfen sich an den eroberten Geschützen nieder, hinter denen sie Deckung fanden, und beschossen jetzt die feindliche Batterie mit solchem Erfolg, daß diese ihr Feuer einstellte und abfuhr. 9 Geschütze wurden erobert.[«]**

---

* Auf dem Wege von der Frantower Mühle bis Nedelist lösten sich die drei Bataillone des Regiments Nr. 50 unter einander ab. Das 1. Bataillon, Major v. Sperling, war das erste in Racitz, das Füsilier-Bataillon, Major v. Salisch, das erste in Sendrasitz, das 2. Bataillon, Major v. Berken, nahm die Tête gegen Nedelist. So wurde, im Avancieren von Dorf zu Dorf, eine Art Turnus innegehalten.

** Bei Wegnahme dieser Geschütze westlich von Nedelist (ihre Zahl ist nicht mit Genauigkeit festzustellen) wirkten die verschiedensten Truppenteile mit: Schützenzüge vom 50. Regiment, wie vorstehend erzählt, ein Schützenzug vom 2. Garde-Regiment unter Lieutenant Chorus (vergl. S. 203) und zwei Compagnieen, v. Arnim und v. Lobenthal, 3. Garde-Regiments. Die Geschütze, die der Feind hier einbüßte, gehörten der großen Armee-Geschütz-Reserve an, von der die 3. und 4. Division (zusammen 8 Batterieen) in die Stellung bei Langenhof, die 1. und 2. Division in die Stellung westlich Nedelist eingefahren waren. Den Hauptverlust hatte die 7. Batterie der 2. Division. Ein östreichischer Bericht sagt: »Diese Batterie hielt zu lange im Feuer aus. Der Hauptmann, 27 Mann und 41 Pferde waren schon außer Gefecht gebracht, als sie immer noch mit Kartätschen gegen die auf nächste Distance herangekommenen feindlichen Tirailleurs feuerte. *Alle*

Das nach links ausgebogene Gros des Bataillons hatte sich inzwischen in dem schwach verteidigten Nedelist festgesetzt. (2½ Uhr.) Man stand jetzt inmitten der Schlacht, nach links und rechts tobte der Kampf. Der Divisionär General v. Zastrow beschloß, vor weiterm Vorgehn die Konzentrierung seiner Regimenter an dieser Stelle abzuwarten. Etwa um 3¼ Uhr war diese Konzentrierung erfolgt. Wir werden sehen, wie die 11. Division weiterhin eingriff.

Die Wegnahme von Lochenitz seitens der 12. Division erfolgte eine halbe Stunde später als die Besetzung von Nedelist.

Wir verließen die genannte Division* um 2 Uhr an der Trotina. Der *größre* Teil dieser Truppe, nach dem Gefecht südlich von *Racitz* (am Trotina-Ufer), hatte sich mit fünf Halbbataillonen des Regiments Nr. 23 und dem Jäger-Halbbataillon Minkwitz südwestlich gehalten und bei dieser Gelegenheit an den Kämpfen der 11. Division, erst bei Sendrasitz, dann bei Nedelist, einen größern oder geringern Anteil genommen. Der *kleinere*, am äußersten linken Flügel verbliebene Teil der Division, der, wie wir wissen *Dorf* Trotina nach kurzem Kampfe genommen hatte, ging gegen Lochenitz vor. Hier befand sich auch der Divisionär, General v. Prondzynski. Dieser sammelte, was er noch zur Hand hatte. Es waren:

das Jäger-Halbbataillon Müller,
das Füsilier-Bataillon, Major v. Lyncker, 22. Regiments,
die 6. und 8. Compagnie 23. Regiments,
das 6. Husaren-Regiment,
zwei gezogene Batterieen unter Major Forst.

Geschütze gingen verloren. Zwei Munitionswagen waren schon in der ersten Aufstellung (bei Horenowes) in die Luft geflogen.« Die übrigen Batterieen hatten geringere Verluste, wenigstens an dieser Stelle. Es sei gleich hier erwähnt, daß sie im Retirieren noch mehrfach Stellung zu nehmen und sich selber preisgebend, den Rückzug der Armee nach Möglichkeit zu decken suchten. Zuerst bei Westar und Sweti, zuletzt in einer Flankenstellung bei Plotist.

* Sie bestand, nach Zurücklassung des 1. Bataillons vom Regiment Nr. 22 in Habrina, nur noch aus 5 Bataillonen und zwar aus dem Regiment Nr. 23 (drei Bataillone), aus dem Schlesischen Jäger-Bataillon Nr. 6 und dem Füsilier-Bataillon Nr. 22.

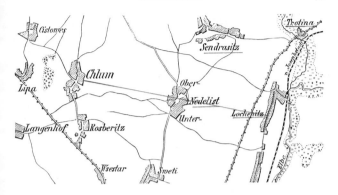

Mehr stand zur Wegnahme von Lochenitz nicht zur Verfügung.

Lochenitz, ein langgestrecktes Dorf hart an der Elbe und zwar zwischen Chaussee und Eisenbahndamm gelegen, war vom Regiment Belgien besetzt, das Befehl hatte, diesen Punkt bis zum Abzug der übrigen Bataillone der Brigade Henriquez zu halten. Es scheint, daß das Regiment diese Aufgabe im wesentlichen löste.

General v. Prondzynski ließ es zunächst seine Sorge sein, eine aus dem Jäger-Halbbataillon Müller, der 8. Compagnie 23. Regiments, Hauptmann Graf Henneberg, und der 11. Compagnie 22. Regiments formierte Reserve herzustellen. Er gab dieser an dem Kreuzpunkt, den der von Lochenitz nach Sendrasitz führende Weg mit der Chaussee bildet, eine Aufstellung und ließ nunmehr das Füsilier-Bataillon Nr. 22 auf dem schmalen Streifen zwischen Eisenbahn und Chaussee avancieren. Der Feind glaubte dem Angriff durch einen Vorstoß seinerseits begegnen zu müssen; die Füsiliere warfen ihn aber nach kurzem Gefecht wieder in das Dorf hinein. Mit einzelnen Zügen rasch nachdrängend, gerieten unsre 22er alsbald in ein heftiges Kartätsch- und Gewehrfeuer, wobei der Fahnenträger, Sergeant Metzner, zweimal blessiert und zweimal zu Boden gesunken, dennoch nur mit Mühe bewogen werden konnte, die Fahne einem andern zu überlassen. Die Lisière wurde genommen; gleichzeitig drang von rechts her die 6. Compagnie 23. Regiments in den nordwestlichen, nach Maslowed führenden Ausgang des Dorfes ein.

Die Soutiens suchten Lochenitz noch weiter südlich in der

Flanke zu fassen; aber in eben diesem Augenblick erschollen Hornsignale aus allen Teilen des Dorfes und ließen erkennen, daß der Feind seinen Abzug über die Elbbrücke in möglichster Raschheit zu bewerkstelligen trachtete. Ihm wenigstens nach Kräften Abbruch zu tun, entsandte Major v. Lyncker die 9. und 10. Compagnie gegen die Ostseite des Dorfes. Glückte dies, erreichten die Unsren eher die Brücke als die »Belgier« hinüber waren, so war alles gefangen was noch im Dorfe steckte. Dies fühlten unsre oberschlesischen Füsiliere. Sie überstiegen im heftigen feindlichen Feuer den Eisenbahndamm und durchwateten dann, bis an die Brust im schlammigen Wasser, die Trotina in der Nähe ihrer Mündung. Als sie diesen Punkt erreicht hatten, sahen sie den Feind 400 Schritt weiter südlich die Elbe passieren. Wollte man ihn fangen, so mußte man auch noch durch die *Elbe* hindurch. Hauptmann v. Gottberg stürzte sich in der Hitze des Gefechts mit seiner Compagnie in den Fluß und konnte nur durch wiederholten Befehl des Majors v. Lyncker – dem bei dem Gefecht um Lochenitz ein Pferd unter dem Leibe getötet, ein andres tödlich blessiert worden war – wieder ans Ufer zurückgerufen werden. Die an diesem Tage hochgehende Elbe würde die Compagnie andernfalls sehr wahrscheinlich verschlungen haben.[*]

Der Umgehungsversuch, trotz aller Raschheit und Bravour, womit die Bewegung ausgeführt worden war, war mißglückt; Major v. Lyncker entschloß sich deshalb, die von rechts nach links über die Trotina geschickten Compagnieen, unter abermaliger Durchwatung des Flüßchens, von links nach rechts zurückzunehmen und an die Stelle der Umgehung ein einfaches Verfolgen durch das Dorf hindurch, auf die Brücke zu, eintreten zu lassen. Als diese indessen erreicht wurde, war sie bereits von den letzten feindlichen Abteilungen passiert. Es zeigte sich dabei, daß die Östreicher beschäftigt gewesen waren, neben der stehenden Brücke noch eine Pontonbrücke über die Elbe zu schlagen; sie hatten also von Anfang an Lochenitz als Rückzugspunkt ihres rechten Flügels in Aussicht genommen.

---

[*] Die oberschlesischen Regimenter bewährten sich übrigens an diesem Tage als echte »Wasserpolacken«. Einzelne Compagnieen wateten einmal durch die Trotinka, zweimal durch die Trotina und versuchten es schließlich selbst mit der Elbe.

Die feindliche Pontonbrücke (12 Hakets mit allem Zubehör)
lag zum Teil im Wasser, zum Teil auf dem Lande, ein großer Teil
der Pioniere und der Zugpferde mit tödlichen Schußwunden
daneben. Ein umgestürztes feindliches Geschütz stand unbeschädigt in der Dorfstraße; in geringer Entfernung davon ein
Munitionswagen. Zahlreiche Feinde, verwundet und unverwundet, wurden bei der Brücke, in den Gärten und Häusern zu
Gefangenen gemacht. Noch mehrere, die sich versteckt hielten, wußten in der Nacht zu entkommen.

Um 3 Uhr war der *dritte* Riegel und seine Verlängerung bis
an die Elbe hin in unsern Händen. Unsre drei Tēten-Divisionen
standen auf der Linie:

Chlum – Nedelist – Lochenitz.

UM 3 UHR

»Unsere drei Tēten-Divisionen hielten, 3 Uhr, auf der Linie:
Chlum-Nedelist-Lochenitz« – so schlossen wir das vorige Kapitel. Die 1. Garde-Division streckte ihre Arme weit vor (Rosberitz war genommen), während ihr Leib bei Chlum und am
Walde von Lipa stand. Die Avantgarde der 2. Garde-Division:
Gardeschützen, Alexander- und Franz-Füsiliere, hielten Lipa
und Langenhof besetzt.

Von dem Hochplateau zwischen Chlum und Lipa aus, bot
sich den Unsrigen jetzt ein prächtiger Anblick. Fast zu Füßen
der Höhe, in kaum 2000 Schritt Entfernung, erblickte man unmittelbar um Rosberitz herum, auf Westar, Sweti und Rosnitz
zu, die imposanten Massen der östreichischen Reserve-Corps
(VI. und I.); dahinter eine zahlreiche Kavallerie, wohl 15 bis 20
Regimenter und eine gleiche Anzahl von Batterieen; alles in
allem wohl 40 bis 50.000 Mann. Weiterhin, gegen Problus zu,
sah man bei dem heller gewordenen Wetter den aufsteigenden
Dampf scharfen Geschützfeuers und bekam dadurch eine Anschauung von dem Umfange des Kampfes.

Ein prächtiger Anblick! aber doch zugleich ein Anblick, der
Bedenken erregen konnte.

Was wir bei Chlum und Lipa zusammen hatten, waren höchstens 12.000 Mann, die also, wenn der Gegner seine Reserven

gegen diesen Schlüsselpunkt der Stellung vorführte, sich gegen eine vierfache Übermacht behaupten mußten.[*]

Das numerische Verhältnis war so sehr zu unsern Ungunsten, die feindliche Artillerie der unsrigen immer noch so an Zahl überlegen, daß man sich einen Augenblick versucht fühlen könnte, den Wiedereroberungsversuch der Chlum-Stellung, der sich nunmehr einleitete, gerechtfertigt zu finden. Dennoch war es gewiß ein Fehler. Wir wissen jetzt, wie bedenklich es momentan um uns stand und kennen alle Schwächen und Verlegenheiten, die in jenem Augenblick zusammendrängten, aber *Benedek* konnte sie nicht kennen und er hatte kein Recht, das, was er *nicht* kannte, bloß zu supponieren. Für ihn mußte einfach die Tatsache feststehn, daß, mit dem Erscheinen unsrer II. Armee auf dem Schlachtfelde, eine Verdopplung unsrer Kräfte eingetreten oder doch jeden Augenblick zu gegenwärtigen war und daß er nicht hoffen durfte, dieser unsrer *ganzen* Kraft gegenüber das ausführen zu können, was er bis dahin gegen die Hälfte nicht vermocht hatte.

Noch einmal, der rechte Moment für die Offensive war versäumt. Um 11 Uhr hätte der Feldzeugmeister mit seinen Reserven vorbrechen, oder aber um 12 Uhr das IV. und II. Corps *(womöglich beide unterstützend)* in ihrer Vorwärtsbewegung gegen den Swiep-Wald, gegen Benatek und das Sadowa-Gehölz belassen müssen. Diese Vorwärtsbewegung hätte immerhin noch Chancen des Erfolges gehabt. Doch 12 Uhr war die höchste Zeit. *Jetzt,* wo dieser Zeitpunkt bereits drei Stunden zurücklag, mußte die Situation umgekehrt den Eindruck auf ihn machen, daß es zu spät sei und daß er mit seinen Reserven nur den Rückzug zu decken, nicht aber das Verlorene wieder einzubringen habe. Daß er es tat, war sein bedenklichster Fehler und schuf erst eigentlich die Niederlage.

---

[*] Es waren, selbst einschließlich der Avantgarde der 2. Garde-Division, höchstens 12.000 Mann, da, von den Verlusten und abkommandierten Mannschaften ganz abgesehn, das 2. Bataillon 3. Garde-Regiments weit vor gegen Sweti zu, das 2. Bataillon Garde-Füsilier-Regiments erheblich zurück in Cistowes stand, also bei Verteidigung der Chlum-Lipa-Höhe, ebenso wenig wie die bei Nedelist sich sammelnde 11. Division, unmittelbar mitwirken konnten. Diese Chlum-Lipa-Höhe aber wurde immer mehr der entscheidende Punkt.

Indes, Fehler oder nicht, die Wiedereroberung war beschlossen und die Kolonnen setzten sich in Marsch. Wir haben zwei Haupt-Angriffe* zu unterscheiden: einen zersplitterten Angriff des VI. und einen compacten des I. Corps. Beide Angriffe scheiterten. Der Ansturm des VI. Corps nahm Rosberitz; aber Rosberitz war nur Außenwerk, war nur Staffel, nicht Ziel. Das Ziel war Chlum. Dies, aller Anstrengungen unerachtet, wurde *nicht* erreicht. An dem Besitz dieses Höhenpunktes, der das in der Tiefe gelegene Rosberitz beherrschte, hing die Schlacht. Mit Chlum hielten wir den Sieg.

Wir geben nun die Details der sich um Chlum-Rosberitz entspinnenden Kämpfe.

DAS EINGREIFEN DER ÖSTREICHISCHEN RESERVEN
(VI. UND I. CORPS).

Die Wiedereroberung Chlums, so sagten wir, war beschlossene Sache. Das VI. Corps, Feldmarschallieutenant Ramming, erhielt Befehl zum Angriff. Diese Ordre, lang ersehnt, wurde von allen Offizieren mit Freuden begrüßt, denn der ungünstige Eindruck, den die Ereignisse in der Front bei den in Reserve stehenden Truppen hervorriefen, war bereits unverkennbar

* Der *vor* 3 Uhr meist mit sehr unausreichenden Kräften unternommenen Versuche zur Wiedereroberung Chlums haben wir in früheren Kapiteln bereits gedacht. Es waren die folgenden fünf:

Angriff des 1. Bataillons Sachsen-Meiningen (Brigade Appiano);

Angriff des 1. und 3. Bataillons Erzherzog Franz Karl (Brigade Benedek);

Angriff einzelner Bataillone von Großfürst Michael und Erzherzog Wilhelm (Brigade Brandenstein);

Angriff von zwei Bataillonen Erzherzog Heinrich (Brigade Appiano);

Angriff von zwei Bataillonen Sokcevic (Brigade Benedek).

Der letztere war der ernsteste; der dritte und vierte scheiterten, noch ehe sie sich entwickeln konnten. Die meisten dieser Angriffe erfolgten von Rosberitz, zwei (der 2. und 5.) vom Lipa-Gehölz und Dorf Lipa aus.

und mußte sich mit jedem ungenützten Augenblick verschlimmern. Feldmarschallieutenant Ramming ließ sein Corps zum Gefecht entwickeln. Zwei Batterien suchten den Sturm einigermaßen vorzubereiten, dann rückte die Brigade Rosenzweig, mit dem 17. Jäger-Bataillon und dem Regiment Deutschmeister im ersten, mit dem Regiment Gondrecourt im zweiten Treffen gegen Chlum vor. Es war Aufgabe, *an Rosberitz vorbei,* direkt den Schlüsselpunkt der Stellung, die eigentliche »Festung« zu attackieren; von Rosberitz aus aber heftig beschossen, gaben beide Treffen das eigentliche Objekt ihres Angriffs auf und dirigierten sich statt auf die hochgelegene Festung Chlum, auf das zu Füßen gelegene Außenwerk Rosberitz. Das Jäger-Bataillon und die »Deutschmeister« drangen in Südwestecke und Mitte des Dorfes, das Regiment Gondrecourt,* bis dahin zweites Treffen, in das nördliche Drittel ein, von welcher Stelle aus es sich wahrscheinlich unmittelbar gegen die Höhe von Chlum wandte. Nach kurzem Kampf, der namentlich an den Gartenzäunen der Südwestecke (wo das 3. Bataillon Deutschmeister anstürmte) mit großer Erbitterung geführt wurde, mußten die Unsrigen in das Schluchten- und Hohlweg-

---

* Das östreichische Generalstabswerk nennt das Regiment Gondrecourt bei dem Angriff auf Rosberitz nicht ausdrücklich; es heißt vielmehr an betreffender Stelle wörtlich: »Generalmajor Rosenzweig gab dem 17. Jäger-Bataillon und dem Regiment Deutschmeister Befehl, das in Brand geratene Rosberitz zu besetzen, während er persönlich mit dem Regiment Gondrecourt (zweites Treffen) den *Angriff gegen Chlum fortsetzte.«* Dies scheint darauf hinzudeuten, daß der Kampf gegen Rosberitz nur seitens des Jäger-Bataillons und der »Deutschmeister« geführt wurde. Aber dem kann kaum so sein. Alle diesseitigen Berichte sprechen von *sechs* deutlich erkennbaren Kolonnen, die sich von Westen her gegen das nördliche Drittel von Rosberitz dirigierten, und wenn wir diese *sechs* Kolonnen auch nur als Divisions-Kolonnen (eine Division gleich 2 Compagnieen) ansehen wollen, so würden sie doch, wenn sie dem Regiment Deutschmeister angehört hätten, für Eroberung und Besetzung der Südhälfte des Dorfes nichts Erhebliches, jedenfalls nichts Ausreichendes übrig gelassen haben. Wir meinen deshalb: es war höchst wahrscheinlich das Regiment *Gondrecourt,* das in starken Massen hier vorging und, *Chlum immer im Auge behaltend,* unter Beiseiteschiebung unsrer fünf schwachen Compagnieen durch die Nordecke von Rosberitz einfach hindurchschritt.

Terrain zwischen Rosberitz und Chlum zurück und dieser
Hügelabhang wurde nun während der nächsten halben Stunde
zum Hauptschauplatz der Ereignisse. Immer neue Angriffe
wurden versucht; alle scheiterten. Wir kommen darauf zurück.

Zunächst geben wir die verschiedenen Phasen des Kampfes
um das Außenwerk Rosberitz.

Der Kampf um Rosberitz (2 19)

Dorf *Rosberitz* war im wesentlichen von den drei Bataillonen
der Füsilier-Brigade v. Kessel besetzt. Sie standen (das Bataillon *v. Helldorf* im Hin- und Hergewoge des Kampfes zu einem
kombinierten geworden) von Süd nach Nord in drei Echelons,
die beinah selbstständig operierten und kaum Verbindung mit
einander unterhielten.

In *drei* Echelons, so sagten wir, standen die Unsren und in
drei Hauptkolonnen – jede Kolonne wieder aus mehreren Divisionskolonnen zusammengesetzt – avancierte jetzt der Feind,
schwenkte mit beiden Flügeln rechts und links, dirigierte seine
Mittelkolonne gegen das Südende des Dorfes und trachtete ersichtlich danach, das ihm als ein bloßes Marschhindernis im
Wege liegende Rosberitz durch gleichzeitige Angriffe in Front,
Flanke, Rücken in seine Gewalt zu bringen. Es *gelang*. Die einzelnen Momente dieses Kampfes lassen wir nunmehr folgen.

Der Kampf am Südende des Dorfes. Am Südende des Dorfes –
wir greifen zunächst um eine halbe Stunde zurück – hielt das
Füsilier-Bataillon 2. Garde-Regiments zu Fuß, unter Major v.
Erckert. Alle drei Compagnieen (die 9. befand sich am Nordende des Dorfes) waren in der Aufstellung verblieben, die sie nach
der Besitzergreifung von Rosberitz eingenommen hatten. Die
10. Compagnie hielt die äußerste Spitze der Chaussee, die 11.
und 12. Compagnie standen rechts und links etwas dahinter.
Namentlich die 10. Compagnie unterhielt auf wenig mehr als
20 Schritt ein lebhaftes Feuergefecht gegen ein feindliches
Jäger-Bataillon, das hinter Bäumen und Chausseegräben in guter
Deckung lag. Ein plötzlicher Angriff, den die Jäger versuchten,
wurde abgewiesen; die am meisten vorgedrungenen feindlichen Trupps wichen wieder und kehrten in ihre Stellungen jen-

seits der Chaussee zurück. Diese momentan günstige Situation etwa durch einen Bajonettangriff auszubeuten, verbot sich, weil hinter unsren drei hier kämpfenden Füsilier-Compagnie-en, wenige Compagnieen in der Mitte des Dorfes abgerechnet, keine unmittelbare Unterstützung stand. So mußte denn einfach ausgehalten werden.

Dies sollte bald als eine immer schwerer zu lösende Aufgabe sich erweisen. Das Gefecht, in seinem bisherigen Verlauf, war nur Vorspiel gewesen. Der Feind überschüttete jetzt, wie zur Einleitung eines entscheidenden Angriffs, ganz Rosberitz mit einer unglaublichen Masse von Geschossen. Der südliche Teil des Dorfes geriet in Flammen; der ganze Raum wurde mit Granaten, Shrapnels und Kartätschen förmlich besät, Baumzakken, Steine, Splitter flogen umher und verwundeten viele. Die Granaten (auch preußische) schlugen durch die Gebäude, warfen Mauern um, unter denen Gesunde und Verwundete begraben wurden, große Staubwolken, durch Zermalmung von Kalk und Ziegelsteinen verursacht, stiegen auf – es war ein Zustand als wenn die Welt untergehen sollte. Aber die Füsiliere hielten aus; würdig ihres alten Stammes, des Schillschen Füsilier-Bataillons, fielen sie reihenweise, ohne eines Schrittes Breite zu wanken. Ihr braver Commandeur, Major v. Erckert, hielt mitten unter ihnen zu Pferde, den östreichischen Jägern, deren Zahl zu wachsen statt zu schwinden schien, auf nächste Distance gegenüber. Eine Kugel traf sein Pferd in den Hals; sich vornüberbeugend, um nach der Wunde zu sehen, erhielt er einen Schuß in den Oberarm und die Seite und fast gleichzeitig einen Schuß vorn in den Hals, der ihm am Rücken wieder herausfuhr. Er sank vom Pferde und wurde aus dem Dorfe hinausgetragen und östlich desselben am Rande eines Kornfeldes niedergelegt.*

Hauptmann v. Kropff übernahm das Kommando über die 3 Compagnieen. Die Lage wurde kritisch; bei dem fast eine Stunde lang anhaltenden heftigen Feuer begann es an Patronen zu

---

* An dieser Stelle gingen später zwei feindliche Bataillone über ihn hinweg, die ihn für tot hielten, während er die Besinnung nicht einen Augenblick verlor und genau beobachtete. Ein östreichischer General hielt längere Zeit in seiner Nähe und sah der Niederlage seiner Truppen mit eisiger Ruhe zu. Es hieß später (ob mit Recht, stehe dahin) es sei Graf Gondrecourt gewesen.

mangeln. Sorgsam wurden sie den Toten und Verwundeten abgenommen und verwendet, aber der Zustand konnte nicht lange mehr so fortdauern, um so weniger als ein neuer Ansturm
sich vorbereitete.

Die Östreicher nämlich, als sie unser Feuer, teils in Folge
unsrer Verluste, teils in Folge des Patronenmangels schwächer
werden sahen, auch unsre Position durch das rasende Artilleriefeuer als hinreichend erschüttert ansehen mochten, formierten nunmehr jene drei starken, am Beginn unsres Kapitels
mehrerwähnten Angriffskolonnen, von denen die mittlere
ausschließlich, die östliche wenigstens partiell das Südende von
Rosberitz traf.

Unsre geschwächten, ermatteten und durch den Mangel an
Patronen fast widerstandslosen Compagnieen konnten dem
Druck nicht mehr widerstehn. Ohne all und jede Unterstüt-
zung wichen sie zurück. In der Mitte des Dorfes kamen alle drei
Compagnieen durcheinander und jede Rangierung hörte auf.
Die Östreicher rückten auf 10 Schritt hinter der wirren Masse
her. Da sie auf verschiedenen Seiten in Rosberitz eingedrungen
waren, so waren sie so gedrängt, daß sie sich gegenseitig hinderten. Premierlieutenant Graf Rantzau glitt aus und fiel zu
Boden; in völliger Ermattung und Erschöpfung vermochte er
nicht, sich sofort wieder zu erheben. Um sich der andringenden
Östreicher zu erwehren und sein Leben so teuer wie möglich zu
verkaufen, zog er den Revolver und schoß in die andringende
Masse. Diese stutzte. Lieutenant v. Horn benutzte diesen Moment, warf sich den Östreichern entgegen, raffte den Gefallenen auf und brachte ihn in Sicherheit.

Von der 11. Compagnie war noch eine Abteilung von etwa
20 Mann, bei der sich die Fahne befand, zurück, weil der Fahnenträger, Sergeant *Gursch*, nicht weichen wollte. Dieser brave
Unteroffizier drang sogar mit hochgeschwungner Fahne den
Östreichern entgegen und suchte alles mit sich fortzureißen.
Der Fahnenstock erhielt eine Kartätschkugel und die metallne
Fahnenspitze ertönte von einem hellvernehmbaren Klange,
ohne jedoch eine Verletzung zu zeigen. Da die östreichischen
Massen auch von der Ostseite eindrangen, so geriet die Fahne
in das äußerste Gedränge. Der Feind stürzte durch die Gehöfte
und über Zäune springend auf dieselbe los, um sich ihrer zu
bemächtigen. Die kleine Schar aber war zu heldenmütiger
Verteidigung entflammt und nicht willens, sich lebend ihr

Panier entreißen zu lassen. Lieutenant v. Versen (der bei Verteidigung der Fahne einen Schuß in die Hüfte erhielt) und Portepée-Fähnrich v. Bülow warfen sich heran und nur ihren äußersten Anstrengungen gelang es, die Fahne zu retten. Keine östreichische Hand hatte das Heiligtum berührt.

Alle drei Compagnieen zogen sich bis an den mehrgenannten Hohlweg zwischen Rosberitz und Chlum zurück. Hier werden wir ihnen wieder begegnen.

Der Kampf in der Mitte des Dorfes. In der Mitte des Dorfes hielt Oberstlieutenant v. Helldorf mit einem schwachen, aus drei Compagnieen kombinierten Bataillon. Diese drei Compagnieen gehörten verschiedenen Truppenteilen an. Es waren:

die 4. Compagnie (Premierlieutenant v. d. Knesebeck) vom 1. Garde-Regiment;

die 2. Compagnie (Premierlieutenant v. Löwenfeld) vom 3. Garde-Regiment;

die 9. Compagnie (Hauptmann v. Oppell) vom Füsilier-Bataillon 1. Garde-Regiments.

In der letztgenannten Compagnie stand Prinz Anton von Hohenzollern.

Die Vorgänge in der Mitte des Dorfes waren im wesentlichen dieselben wie am Südende. Gegen die ersten schwächeren Angriffe hatten sich auch hier unsre 3 Compagnieen zu halten gewußt. Derselbe umfassende Angriff aber, der uns das Südende von Rosberitz entriß, entriß uns auch die Mitte. Welche Kolonne diesen Teil des Dorfes vorzugsweise traf, ist schwer zu sagen; von rechts und links kam der Feind, doch mag es an dieser Stelle vorzugsweise die Ostkolonne gewesen sein, die das Bataillon Helldorf in ähnlicher Weise traf wie das Bataillon Erckert vorzugsweise von der Mittelkolonne getroffen wurde. Beinah mehr noch als die Überzahl des Feindes, war es sein Erscheinen von allen Seiten, was die Verteidigung verwirrte, indem ein Überblick über die Lage zu einer Unmöglichkeit wurde. Von Taktik keine Rede mehr, das Ganze ein Geraufe, ein Kampf Mann gegen Mann.

Oberstlieutenant *v. Helldorf,* trotzdem sich kein Überblick ermöglichte, war im furchtbarsten Geschützfeuer bemüht, seine drei Compagnieen zur Behauptung der Dorfmitte zu sammeln. Er ritt zu diesem Zweck nach dem aus Rosberitz gegen Nedelist führenden Ausgang zu und war eben mit dem Ordnen der Leute beschäftigt, um ihnen gegen Osten hin einen Halt und eine Aufstellung zu geben, als ihn ein Granatsplitter an der linken Seite des Kopfes traf. Mit ausgebreiteten Armen stürzte er lautlos vom Pferde; noch während der Adjutant des Füsilier-Bataillons, Lieutenant v. Müller, hinzusprang, erfolgte sein Tod.

Jede eigentliche Führung war jetzt verloren. Man kämpfte in einzelnen Trupps, jedes Haus, jede Hecke wurden festzuhalten gesucht. Aber der Feinde wurden immer mehr; in dichten Massen drängten sie nach; Prinz *Anton v. Hohenzollern* fiel schwer verwundet; die bloße Wucht des Angriffs schob unsre zersplitterten Trupps dem Nordende des Dorfes und dann hügelan gegen Chlum zu. Herr v. Woyrsch, der an der Seite des Prinzen diese furchtbare halbe Stunde durchmachte, hat folgende Schilderung jener Momente gegeben. Sie gibt zugleich eine Schilderung des Kampfes selbst. »Ich hatte mich dem Prinzen von Hohenzollern angeschlossen, um welchen aber nur noch eine Schar von ungefähr 40 Mann vereinigt war. Wir 40 Mann also und eine Compagnie des 3. Garde-Regiments, die sich in dem Dörfchen gehalten hatte, wollten uns so lange verteidigen, bis Verstärkung, die unmöglich lange ausbleiben konnte, herbei käme. Glücklicher Weise hatten wir augenblicklich weniger vom Granatfeuer zu leiden, da wir den nächsten Feinden bis wohl auf 50 Schritt gegenüberlagen, also zu nahe, um von der Artillerie beschossen zu werden. Aber von den Gewehrkugeln stürzte ein Mann nach dem andern. Bald waren wir nur noch 6 Mann zusammen. Jetzt wurde der Prinz ins Knie getroffen. Drei von uns sprangen hinzu, um ihm Beistand zu leisten und ihn in Sicherheit zu bringen. Kaum waren wir 10 Schritt gegangen, als der Prinz noch 2 Schuß erhielt; einer von uns dreien wurde erschossen, der zweite bekam einen Schuß ins Koppel. Auch ich war zweimal getroffen, ohne jedoch Schaden zu nehmen. Die eine Kugel traf mich vor den Leib und fiel herab, die zweite durchlöcherte mein Taschentuch auf ganz tolle Weise. Eben hatten wir den Prinzen in ein Haus getragen, die Stiefeln herabgeschnitten und zu verbinden angefangen, als das östreichische Signal zum Avancieren uns die Ohren zerschnitt. Ich griff nach meinem Gewehr, um lieber zu sterben als mich gefangen nehmen zu lassen. Einige freundliche Worte des Prinzen aber, der mit äußerster Ruhe und Geduld seine schwere Leiden ertrug, riefen mir ins Bewußtsein, wie ich durch Widerstand jetzt, ohne die geringste Aussicht auf Erfolg, nur das Leben des Prinzen gefährden würde. So gab ich mich gefangen.«

In kleinen Trupps, unter beständigem Gefecht, zogen sich die Compagnieen auch aus der Mitte des Dorfes auf den Hohlweg zwischen Rosberitz und Chlum zu. Die 4. Compagnie 1. Garde-Regiments hatte alle Offiziere, bis auf einen, tot oder verwundet; der jüngste (Lieutenant *v. Werder*) übernahm das Commando. Die 2. Compagnie 3. Garde-Regiments hielt bis zuletzt; sie deckte den Abzug.

Der Kampf am Nordende des Dorfes. Am Nordende des Dorfes hielt Oberstlieutenant Graf Waldersee mit dem 3. Bataillon Garde-Füsilier-Regiments, dem sich, wie bereits mehrfach hervorgehoben, die 9. Compagnie 2. Garde-Regiments, Hauptmann v. Görne, angeschlossen hatte. Ihrer Zahl und ihrer Stellung nach stärker als die weitervorgeschobenen Abteilungen unter Major v. Erckert und Oberstlieutenant v. Helldorf, hielten sie sich um etwas länger gegen den übermächtigen Feind, oder wurden später von ihm erreicht. Endlich mußten auch *sie* zurück.

Die *westliche* Kolonne, die das Südende von Rosberitz gar nicht berührt und die Mitte mit ihren rechten Flügelcompagnieen nur gestreift hatte, traf mit voller Wucht auf das Nordende des Dorfes. Es war mutmaßlich (vergl. S. 242) das ganze zweite Treffen der Brigade Rosenzweig: das Regiment Gondrecourt. Diesem Massenandrange zu widerstehn waren unsre fünf Compagnieen zu schwach. Sie räumten fechtend das Nordende des Dorfes und zogen sich hügelan in der von Rosberitz nach Chlum führenden Straße zurück. Der Hohlweg-Charakter dieser Straße gab einigen Schutz. Hauptmann v. Görne, der aus dem Hohlweg heraustrat, um Umschau zu gewinnen, fiel sofort von einer Gewehrkugel durch den Leib geschossen. Noch andre Verluste waren zu beklagen.

In dieser Stellung verblieben die Compagnieen eine Viertelstunde.

Der Sturm gegen Chlum

Die Östreicher hatten sich inzwischen in allen Teilen von Rosberitz festgesetzt; was verwundet oder unverwundet (etwa 70 Mann) zurückgeblieben war, befand sich in Gefangenschaft. Das VI. Corps, so weit es zur Verwendung gekommen war, hatte seine Schuldigkeit getan. Noch einmal lächelte es dem Feldzeugmeister wie Sieg. Aber es war das letzte Lächeln, und ein flüchtiges.

Die Wegnahme von Rosberitz war ein Erfolg; unzweifelhaft. Aber so wenig dieser Erfolg nach einer Seite hin zu unterschätzen war, so wenig wog er nach der andern Seite. Moralisch, wie jeder Erfolg, war er von Bedeutung; taktisch, wie mehr als einmal angedeutet, war er bedeutungslos. Erst wer Chlum hatte beherrschte die Situation. Glückte es dem Feldzeugmeister, uns von Rosberitz aus auch *diesen* Punkt zu entreißen, so war in Wirklichkeit viel gewonnen und viel verloren. Und zur Erreichung *dieses* Zieles schickte der Feind sich jetzt noch einmal und ohne weiteres Zögern an. Wie zwischen 3 und 4 Uhr das III. und IV. Corps ihre letzten, noch verwendbaren Bataillone an die Wiedereroberung von Chlum gesetzt hatten, so setzten jetzt, eine Stunde später, das VI. und I. Corps ihre *frische* Kraft an dieselbe Aufgabe. Es mochte schon gelingen. Von den neun Brigaden der beiden Reserve-Corps waren noch acht intakt. Nur erst die Brigade Rosenzweig war im Feuer gewesen. Wie wir wissen mit Erfolg. Brigaden und Bataillone, wie sie zur Hand waren, setzten sich nunmehr in Bewegung. Ein diesseitiger Bericht sagt:

»Gradaus und von Westen her unsre Stellung überflügelnd, gingen nach kurzer Rast die östreichischen Bataillone gegen den Abhang vor. Unsre zerschossenen Compagnieen, einer Überflügelung zu entgehn, zogen sich fechtend aus dem senkrecht laufenden Hohlweg zurück, um rechts daneben und zwar etwas höher hinauf, einen *quer*laufenden Hohlweg zu gewinnen, der, weil eine Querlinie bildend, auch zugleich eine bessere Verteidigungslinie, ein breiteres Schußfeld bot. Dieser Rückzug, so gering die Entfernung war, kostete schwere Opfer, zumal der Compagnie v. Görne. Lieutenant v. Pape, schon vorher in Arm und Seite verwundet, wurde durch ein Granatstück, das ihm quer durch den Leib ging, niedergerissen und erhielt im Liegen noch einen Gewehrschuß in die rechte Hüfte; er

starb am folgenden Tage zu Chlum. Portepée-Fähnrich Graf
Schwerin erhielt einen Schuß in den Oberschenkel, dem er später erlag; Portepée-Fähnrich v. Fallois, erst am 18. Juni aus
dem Kadetten-Corps beim Regiment eingetroffen, erhielt einen Schuß durch den Unterleib und fünf Granatstücke in den
Rücken. Alle Offiziere der Compagnie waren tot oder verwundet. Auch die andern hier fechtenden Truppenteile hatten erhebliche Verluste.

Der Quer-Hohlweg war endlich gewonnen und hier brachte
Oberstlieutenant Graf Waldersee die ganze Bewegung zum
Stehn. Er pflanzte die Fahne seines Bataillons auf und bestimmte die Trümmer der verschiedensten Abteilungen, die
sich alsbald um die Fahne sammelten, zu dem festen Entschluß
auszuharren, nicht weiter zu weichen. Wie im Swiep-Wald, so
hieß es auch hier: keinen Schritt weiter zurück. Eine dichte
Schützenlinie nahm Aufstellung am Hohlweg hin und erwartete den Feind.

Dieser schien durch seine eigne Massenhaftigkeit in seinen
Bewegungen gehemmt zu sein. Bald aber kam wieder Fluß in
die Massen und das Debouchieren aus Rosberitz heraus begann. Einzelne Kolonnen rückten geradaus den Hügel hinauf,
andere debouchierten links und rechts aus der Dorflisière und
suchten den Frontangriff durch Umfassung in der Flanke zu
unterstützen. Fortwährend riefen die Jägerhörner zum Avancieren und man hörte deutlich aus den vordringenden Sturmkolonnen die Klänge der Hymne: ›Gott erhalte Franz den Kaiser‹. Immer näher rückten die Kolonnen und mit ihnen der
entscheidende Moment. Das Bataillon Waldersee, mit allem
was sich ihm angeschlossen hatte, lag im Anschlag. Da plötzlich krachte von links her eine Artillerie-Salve. Eine Gar-
de-Batterie (die 4pfündige Batterie Eltester) war 150 Schritt
seitwärts aufgefahren und spie Tod und Verderben in die dicht-
geschlossenen feindlichen Bataillone. Die Distance war so nah,
daß sie zu Hunderten fielen. Nichtsdestoweniger blieben die
Kolonnen im Avancieren. Namentlich ein Jäger-Bataillon, das,
an der Tête marschierend, bisher seine Richtung auf den Hohlweg zu genommen hatte, schwenkte sofort rechts und ging im
Laufschritt gegen die Batterie vor. Aber zu seinem Verderben.
Von der Batterie in Front, von den Garde-Füsilieren in seiner
linken Flanke gefaßt, brach das Bataillon zusammen.

Der Angriff war abgeschlagen; der Feind zog sich bis gegen

den nördlichen Ausgang von Rosberitz zurück, wo er sich festsetzte. «

So etwa stellte sich der Angriff dem Auge der Unsrigen* dar.
Was aber, von der Höhe von Chlum aus gesehen, eine einzige
große Aktion repräsentierte, war in Wirklichkeit eine Anein-
anderkettung von Sturmversuchen, die zwar rasch auf einander folgten, aber doch, mit Ausnahme des letzten (wir kommen
darauf zurück), eine Gemeinsamkeit der Aktion vermissen ließen. Bloß allein das VI. Corps unternahm vier Angriffe:
Generalmajor *Rosenzweig*, wie schon S. 242 hervorgehoben,
führte zunächst das Regiment Gondrecourt,
Feldmarschalllieutenant v. *Ramming* das Regiment Wasa,
Oberst *Jonak* das Regiment Kronprinz von Preußen, endlich
Generalmajor *Hertwek* seine ganze Brigade
vor, aber all diese Versuche entbehrten einer rechtzeitigen
Soutenierung und erreichten kaum die halbe Höhe des Abhangs, mit alleiniger Ausnahme des Regiments Gondrecourt,
das einen vorübergehenden Erfolg zu erringen und bis an die in
Front des Dorfes gelegene Kirche vorzudringen wußte. Hier
aber brach sich der Angriff. Unter enormen Verlusten mußte
das Regiment nach Rosberitz zurück.

Dem Feldzeugmeister, wie chaotisch die Situation sich auch
bereits zu gestalten begann, konnte bei dem scharfen Auge, mit
dem er zu sehen gewohnt war, nicht entgangen sein, daß die
Anstrengungen des VI. Corps vor allem an ihrer Zersplittertheit, an einem Mangel von Zusammenfassung gescheitert waren; *dem* wenigstens sollte abgeholfen werden, und so erfolgte
denn der letzte große Angriff, der Massenangriff des I. Corps.
Über diesen liegt ein Bericht des Gegners vor. Wir lassen ihn
selbst sprechen.

»Das östreichische I. Corps hatte sich während des Kampfes
um Rosberitz nach rechts entwickelt und machte, als es die Anstrengungen des VI. Corps, auch Chlum in seine Gewalt zu

---

* Ein andrer Bericht sagt: »Aus dem Dorfe, links und rechts daneben, hier über das Feld hin, dort den Abhang hinauf, überall avancierte
der Feind in geschlossenen Bataillonen (mehr als zwanzig an der Zahl),
erreichte eine bestimmte Stelle, wirbelte durcheinander und wich.
Schon im Vorgehn kreuzten sich seine Linien, im Zurückgehn war es
ein Chaos; das Ganze ein farbenreiches, aber wirres Schlachtenbild. «

bringen, scheitern sah, nunmehr seinerseits einen breit angelegten und energischen Versuch den dominierenden Punkt, den
Schlüssel der Stellung, zurückzuerobern. Unter dem Feuer ihrer auf dem Hange südöstlich von Rosberitz placierten Batterie
debouchierte die Brigade *Poschacher* aus dem letztgenannten
Orte, während links von ihr die Brigade *Ringelsheim* ebenfalls
gegen Chlum vorrückte.

Wir folgen jeder der beiden Kolonnen.

Die Tête der Brigade *Poschacher* hatte das Regiment König
von Preußen. Es warf schwache, preußischerseits aufs neue bis
gegen Rosberitz vorgeschobene Abteilungen zurück, erstieg
unter Benutzung des senkrechten Hohlweges den Abhang, als
es aber in den Schußbereich des Quer-Hohlweges eintrat, erlitt
es so enorme Verluste (im ganzen 1600 Mann), daß das Regiment Martini zur Ablösung vorgezogen werden mußte. Ein
Teil der Höhe von Chlum war genommen, das Dorf selbst aber
nicht erreicht.*

* Von dem Durcheinander dieses Kampfes, von der außerordentlichen Bravour des Feindes, vor allem auch von der Gefahr in der sich
momentan unsre Chlumstellung befand, mag die nachstehende Schilderung Zeugnis ablegen, die wir einem Spezialberichte unsrer Garde-
Artillerie entnehmen, gegen deren Reserve-Batterieen sich der Angriff der »eisernen Brigade« (Poschacher) in erster Reihe richtete.
»Um 4½ Uhr avancierte die Brigade Poschacher und erstieg mit dem
Regiment König von Preußen, rechts daneben das 18. Jäger-Bataillon,
die Höhe südöstlich von Chlum. Die Batterieen v. Heineccius, v. Mutius, v. Werder und v. Eltester standen noch unbeweglich im Feuer.
Der Commandeur der Reserve-Artillerie, Oberst Prinz Hohenlohe,
sah die auf die Höhe in unsrer linken Flanke heraufkommenden Kolonnen und ritt, in der Meinung es sei unsre zurückweichende Infanterie, darauf zu, um sie zu bitten unsren linken Flügel zu decken. Da er
während dieses Rittes nach den Batterieen hinsah, um zu beobachten
was sich in der Front zutrug, befand er sich zu seiner Überraschung
plötzlich zwischen den östreichischen 18. Jägern, von denen er Offiziere persönlich erkannte, die er zwei Jahre vorher in der Kaserne am
Kupfergraben in Berlin bewirtet hatte. Die östreichischen Jäger achteten auf die beiden einzelnen Reiter nicht, und als er mit seiner Ordonnanz aus den Reihen der Östreicher entkommen war, gab er Befehl
zum Zurückgehen der drei Batterieen Heineccius, Mutius, v. Werder.
Die Batterie Eltester blieb noch. – Der Angriff der östreichischen Bri-

Die Tête der Brigade *Ringelsheim* hatte das Regiment Hannover, rechts daneben das 26. Jäger-Bataillon. Das Regiment Würtemberg im zweiten Treffen, so avancierte die ganze Brigade mit dem rechten Flügel bei dem an der Chaussee-Brücke befindlichen Gehöfte vorbei, gegen Chlum. Als Reserve folgte die Brigade *Leiningen*, links von dieser die Brigade *Knebel* vom X. Corps, die sich diesem Angriff aus freien Stücken anschloß.

Dieser Angriff, bei seiner großen Stärke, durfte einen Erfolg versprechen. Die Brigade Ringelsheim indes hatte kaum die Chaussee passiert, als sie nicht nur von den Höhen und aus dem Orte Chlum, sondern auch in den Flanken von feindlichem Kleingewehrfeuer und von den Projektilen der mittlerweile am südlichen Ende von Chlum aufgefahrenen feindlichen Batterieen förmlich überschüttet wurde. Nichtsdestoweniger drang die Brigade vor.

Um dieselbe gegen einen feindlichen Flankenangriff zu sichern, ließ Generalmajor Graf Gondrecourt die Batterie der Brigade *Leiningen* auffahren und feuern, letztere Brigade links herausschwenken und vorrücken. Das Regiment Haugwitz und das 3. Bataillon Gyulai gelangten bis auf den Rücken des Höhenzuges nordöstlich Langenhof, dort aber gebot ihnen das überaus heftige Feuer der feindlichen Infanterie, dann das plötzliche Erscheinen feindlicher Kavallerie Halt. Die Brigaden Leiningen und Knebel formierten Carrés, beschossen sich aber teilweise selbst und traten den Rückzug an, als sie fühlten, daß der Angriff gescheitert sei.

Ihnen folgte zunächst, von der Chlum-Höhe aus, die Brigade

gade war im wesentlichen auf die Intervalle zwischen der 4pfündigen Batterie v. Werder und der 4pfündigen Batterie v. Eltester gegangen, welche letztre beinah 1000 Schritt *links* von der Batterie v. Werder stand. Eine Infanteriemasse, wahrscheinlich das Regiment König von Preußen, nach östreichischem Bericht das zur Unterstützung in die Front gezogene Regiment Martini, drang auch bis dicht an die Batterie Eltester vor (etwa bis auf 100 Schritt), wurde dann aber durch das Kartätschfeuer derselben und die Salven der 10. Compagnie des Garde-Füsilier-Regiments einen Moment zurückgewiesen, welchen Augenblick des Stutzens die Batterie Eltester benutzte, um aufzuprotzen und ebenfalls auf die Höhe zurückzugehn.[«] (Das Kartätschfeuer der Batterie v. Eltester war es sehr wahrscheinlicherweise, was dem anstürmenden Feinde seine schwersten Verluste zufügte.)

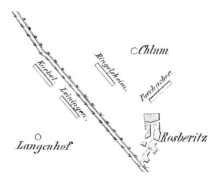

Poschacher, deren tapfrer Führer gleich beim ersten Ansturm den Tod gefunden hatte, endlich auch die Brigade Ringelsheim.

Das I. Corps büßte in diesem Kampfe, der etwa 20 Minuten gedauert haben mag, und auf dem Rückzuge bis Rosberitz und Westar, 279 Offiziere, 10.000 Mann und 23 Geschütze ein. Mehr als die Hälfte seines Bestandes.«

Alle Opfer waren umsonst gebracht. Chlum war *nicht* zurückerobert. Über den Ausgang des Tages war entschieden.

DIE WIEDEREROBERUNG VON ROSBERITZ.
DIE 1. UND 11. DIVISION BRINGEN DIE ENTSCHEIDUNG

Der Feind war nach Rosberitz zurückgegangen; aber von der Position aus, die die Unsern am Quer-Hohlweg und rechts und links daneben inne hatten, ließ sich deutlich wahrnehmen, daß man noch immer nicht gewillt war, das Spiel verloren zu geben. Man sammelte und formierte. War ein *dritter* und letzter großer Angriff beschlossen? und *wenn* er beschlossen war, waren wir im Stande einer letzten großen Anstrengung zu widerstehn? Der Feind verfügte noch immer über drei intakte Brigaden: Hertwek,* Waldstätten, Abele; war es wahrscheinlich,

---

* Die Brigade Hertwek war zwar schon vorher vorgeführt worden, doch hatte sie weder den Abhang über halbe Höhe hinaus erstiegen, noch irgendwie nennenswerte Verluste erlitten.

daß die Trümmer-Bataillone der 1. Garde-Division dem Ansturm von neuen 20 Bataillonen würden Widerstand leisten
können?

Wer durfte ein Ja auf diese Frage haben.

Da plötzlich änderte sich die Situation. Von rückwärts her,
bis in die dünne Linie der Unsern hinein, sprengten einzelne
Reiter mit geschwärzten Helmen: »*Meine Herren, gibt es hier
noch etwas zu tun?*« Es waren Batteriechefs des 1. Armee-
Corps, denen es im ersten Augenblick kaum glaublich erscheinen
wollte, daß die nahen, in diesem Augenblick ganz unbeweglich dichten Kolonnen am Nordende von Rosberitz feindliche
seien. Aber bald des Richtigen belehrt, fuhr Batterie neben
Batterie in sausendem Galopp heran, Lithauische Dragoner
erschienen zu ihrer Deckung, zwischen Nedelist und Sweti
erschien die schwere Kavallerie-Brigade: Gardes du Corps und
Garde-Kürassiere, (ein prächtiger Anblick!), auf Lipa zu rückte
die 4. Garde-Infanterie-Brigade, die Regimenter Franz und
Augusta, auf der Höhe von Chlum erschien der Kronprinz und
an ihm vorbei durch Chlum debouchierte jetzt die Avantgarde
des 1. Armee-Corps, die Regimenter Kronprinz und Nr. 41, das
ostpreußische Jäger-Bataillon, Major v. Sommerfeld, an der
Tête. Am Südwestausgange des Dorfes, hart an der Stelle, an
der das Bataillon vorüber mußte, hielt Generallieutenant *v.
Hiller.* Hier am exponiertesten, aber einen vollen Überblick ge-
währenden Platz hielt er seit einer Stunde und leitete das Gefecht. An ihn sprengte jetzt Major v. Sommerfeld heran, um zu
melden.

»Gott sei Dank, da kommt ihr! Was bringen Sie mit?«

»Mein Bataillon, gefolgt von der Avantgarde des I. Corps.«

»Nun wird alles gut werden!« In diesem Augenblick fuhr
General v. Hiller mit der Hand nach der Brust. »Herr Kamerad,
helfen Sie, ich bin verwundet.« Das waren seine letzten Worte.
Ein Sprengstück war ihm von der Seite in die Brust gedrungen.
Er sank lautlos aus dem Sattel.

So starb General v. Hiller in demselben Augenblick, der die
Entscheidung brachte, den *Sieg,* an dessen Erringung er und
seine Division die letzten Kräfte gesetzt hatten.

Einzelne Jäger trugen ihn nach Chlum zurück; das Bataillon
aber avancierte bis an die Hohlweglinie, dann über diese hinaus
und gefolgt vom 1. und Füsilier-Bataillon Nr. 41 im ersten, von
den beiden Grenadier-Bataillonen des Regiments Kronprinz im

zweiten Treffen, drangen jetzt die Ostpreußen, wie zur Wett-
machung des Tages von Trautenau, mit stürmender Gewalt in
Rosberitz ein. Die Kraft des Feindes schien gebrochen; 3000
Gefangene, eine Anzahl Geschütze fielen den Ostpreußen in
die Hände. Rosberitz war unser.

Zu diesem glänzenden Erfolge hatte ein gleichzeitiger Flankenstoß der 11. Division (v. Zastrow) zu erheblichem Teile mitgewirkt. Wir verließen dieselbe um 3 Uhr nach der Wegnahme
von Nedelist durch das 2. Bataillon 50. Regiments. Es folgte
nun eine mehr als halbstündige Pause, während welcher die
Division am Nordrande ebengenannten Dorfes sich sammelte;
dann, auf Befehl des kommandierenden Generals v. Mutius,
dirigierte sich die Brigade Hoffmann, Regimenter 51 und 38,
gegen Rosberitz, während Brigade Hanenfeld, Regimenter 10
und 50, gegen Sweti und Westar ging. Beide Brigaden avancierten mit gleicher Bravour, dabei so rasch und ungestüm, daß
ein Offizier von der Brigade Hanenfeld auf die verwunderte
Frage über die gehabten geringen Verluste antworten durfte:
»wir hatten nicht Zeit zu fallen.« Sweti wurde durch das
10. Regiment genommen, die 51er aber drangen von Osten her
in Rosberitz ein, im selben Augenblick fast, in dem die Avantgarde des I. (ostpreußischen) Armee-Corps das Dorf von Norden her faßte. Das zufällige, sich jeder Vorausberechnung ent-
ziehende *Zusammenwirken* dieser Angriffe decontenancierte
den Feind völlig und gab an dieser Stelle recht eigentlich den
Ausschlag.
    Beiden Brigaden, die in rastlosem Vordringen (erst bis an die
Chaussee, dann über diese hinaus) mehr als irgend ein andrer
Truppenteil den Rückzug des Feindes beschleunigten, indem
sie seine Rückzugslinie bedrohten, werden wir noch zu einer
spätern Stunde, bei Wegnahme von Briza und Klacow (6 Uhr),
wieder begegnen.

VORWÄRTS!
KÖNIG WILHELM AUF DER HÖHE VON LIPA

Schon als der Kampf um Rosberitz noch tobte, vielleicht in demselben Augenblick, wo die Tête des I. Armee-Corps aus Chlum debouchierte, befahl der König, der seit 8 Stunden vom Roskos-Berge aus dem Gange der Schlacht gefolgt war, *ein Vorgehn auf der ganzen Linie*. Mit Jubel vernahm die bis dahin nur mit Mühe an der Bistritz zurückgehaltene I. Armee den Befehl ihres Kriegsherrn. Die Chaussee gegen Lipa hinauf jagten die Batterieen aller hier im Kampf gewesenen Divisionen; links neben ihnen setzten sich die Regimenter 9 und 21 (das »Regiment Colberg« im ersten Treffen) in Marsch; unmittelbar rechts von der Chaussee, aus der Lisière des hartbestrittenen Hola-Waldes, brachen die tapfren Verteidiger dieses Wäldchens, die zerschossenen Bataillone vom 31. und 71., vom 49. und 61. mit Hurra hervor, und noch weiter rechts, über Dohalitzka und Mokrowous hinaus, avancierten die bis dahin in Reserve gehaltenen Regimenter der 5. und 6. Division. Auf Lipa, auf Langenhof, auf Stresetitz zu ging es in viertelmeilenbreiter Front.

Auf der Höhe von Lipa, die einen Überblick über das *ganze* Schlachtfeld, also auch über das Vorgehn der beiden Flügel-Armeen gestattete, bot sich jetzt ein zauberhaftes Schauspiel. Ein Augenzeuge schreibt: »der Nebel, der sich bis dahin dick über dem blutigen Ehrenfelde gelagert hatte, zerriß, und fast plötzlich sah man in weitem, nach Südosten sich öffnenden Bogen die ganze preußische Armee im Anmarsch, Brigade neben Brigade, Bataillon neben Bataillon. Unter klingendem Spiel drängte alles vor. Mir stürzten die Tränen in die Augen, daß es mir vergönnt war, diesen Moment zu erleben. So ist es gewiß vielen ergangen. Wiederholt schüttelten wir uns die Hand in innigem Dankgefühl gegen den allmächtigen Geber alles Guten, daß er uns gewürdigt hatte bei so großer Tat mitzuwirken, daß er *dieses* Anblicks uns teilhaftig gemacht. Immer vorwärts, unaufhaltsam nach Westar und Briza, nach Stresetitz und Problus zu drängten die preußischen Heerschaaren; links die Garden, das I. und das VI. Corps, rechts Herwarth mit Rheinland und Westphalen. Ich blieb halten und genoß in stummer, unsäglicher Freude des ergreifendsten Anblicks meines Lebens.«

Allen Bataillonen vorauf, oder doch im Fluge sie überholend, brach jetzt die Kavallerie in den Feind. *An ihrer Tête der König.* Ein andrer Bericht sagt: »An die Spitze der großen Vorwärtsbewegung, ein Moment voll symbolischer Bedeutung, stellte sich König Wilhelm selbst; – auf seinem edlen Tier, das seitdem den stolzen Namen Sadowa führt, gefolgt von seiner Suite, an den Trümmern der Hola-Wald-Division vorbei, ritt der König gegen den Feind. Als er die Höhe von Lipa erreicht, den Punkt, um den sich 7 Stunden lang der blutige Kampf gedreht hatte, warf die Spät-Nachmittagssonne aus dem dunklen Regengewölk hervor einen breiten goldnen Schein über das Feld, über das Feld, das nun sein war. Die Garde-Truppen, die hier hielten, erkannten ihn und ein Schauspiel, das alles lohnte, was wir gebangt und gelitten, bot sich dar. Bruchteile aller Bataillone: Garde-Schützen, Franz-, Alexander-, Elisabeth-Füsiliere drängten sich an ihren Kriegs- und Siegesherrn heran, umklammerten ihn und küßten ihm die Hände.« Er selber schreibt: »Ich mußt' es gewähren lassen.«

Der König, über das Plateau hin, an Langenhof vorbei, sprengte in die vorderste Gefechtslinie bis gegen Stresetitz vor. Hier war er Zeuge jener Reitergefechte, die den Widerstand des Feindes brachen. Von fliehenden östreichischen Reitern fast enveloppiert und in Gefahr mit fortgerissen zu werden, ritt Graf Bismarck an den König heran: »Als Major habe ich Ew. Majestät auf dem Schlachtfelde keinen Rat zu erteilen, als Ministerpräsident bin ich aber verpflichtet, Ew. Majestät zu bitten, sich nicht auf diese Weise der Gefahr auszusetzen.« Der König gab dieser Vorstellung nach.

Die Reitergefechte selbst geben wir im nächsten Kapitel.

DIE REITERGEFECHTE BEI STRESETITZ

Es war halb vier Uhr als der König selbst, zugleich sich an die Spitze setzend, den weit hin gehörten Befehl erteilte: »Kavallerie vor!«

In seiner Nähe, zwischen dem Roskos-Berg und Sadowa, hielten um diese Stunde die beiden leichten Brigaden: v. d. Gröben und Wilhelm von Mecklenburg, der Kavallerie-Division Hann.[*] Beide Brigaden brachen, links der Chaussee, sofort gegen die Höhe von Lipa vor.

Ehe wir ihnen folgen, werfen wir einen Blick auf das Schlachtfeld, wie es in diesem Moment sich darstellte.

Der Feind, mit allen seinen in Front gestandenen Armee-Corps, war im Rückzug, und zu erheblichem Teil schon über Sweti und Rosnitz hinaus; die Angriffe des VI. Corps waren eben gescheitert; nur die 5 Brigaden des I. Corps hielten noch das Plateau zwischen Rosberitz und Westar; drei dieser Brigaden (denen sich, wie wir wissen, die Brigade Knebel vom X. Corps freiwillig angeschlossen hatte) stürmten gegen Chlum. Die formidable Geschützlinie zu beiden Seiten von Lipa existierte nicht mehr; was nicht zurückgegangen war, um in neuen Stellungen den Abzug zu decken, war genommen. Von den fünf Kavallerie-Divisionen deckten die beiden leichten (Taxis und Edelsheim) den Rückzug des rechten und linken Flügels; die 2. schwere Kavallerie-Division hielt bei Klacow; nur die 1. und 3. schwere Kavallerie-Divsion befanden sich noch in unmittelbarer Nähe des Gefechtsfeldes, die 1. Division (Prinz Holstein) hinter Westar, die 3. Division (Graf Coudenhove) hinter Stresetitz. Aber auch diese beiden im Abzug. Im Zentrum und nach rechts hin ein freies Feld, ein halbkreisförmiges, von den Dörfern Langenhof, Problus und Rosnitz umspanntes Plateau; nur nach links hinüber, auf dem kupierten Terrain zwischen Rosberitz und Chlum, stand der Feind, tobte der Kampf.

---

* Die Kavallerie-Division *Hann* bestand aus der schweren Brigade v. d. Goltz und aus den zwei leichten Brigaden v. d. Gröben und Herzog Wilhelm von Mecklenburg. Die Zusammensetzung der beiden letztern war die folgende:

Brigade Wilhelm von Mecklenburg.
  Brandenburgisches Husaren-Regiment (Zietensches) Nr. 3.
  2. Brandenburgisches Ulanen-Regiment Nr. 11.
  2. Garde-Dragoner-Regiment.
Brigade v. d. Gröben.
  Thüringisches Husaren-Regiment Nr. 12.
  Neumärkisches Dragoner-Regiment Nr. 3.
Von den in den Text gedruckten Karten reicht die auf S. 214 (bei Schilderung der Chlum-Lokalität) im wesentlichen zum Verständnis der Reitergefechte aus.

So stellte sich das Bild dar, als um etwa 4 Uhr die beiden leichten Kavallerie-Brigaden der Division Hann das Plateau erreichten. Unmittelbar vor ihnen, auf Langenhof und weiter rechts auf Problus zu, bewegten sich bereits die vordersten Abteilungen unsrer vom Hola-Walde von Dohalitzka und Mokrowous her vorgegangenen Infanterie-Compagnieen und Halbbataillone vom 9., 31. und 35. Regiment. Langenhof war von Gardetruppen besetzt. Die Batterieen Gallus und Munk feuerten in den Feind; andre Batterieen des II. und III. Corps, dazwischen 12er, 21er, 49er, folgten in breiter Linie nach.

Das Reitergefecht (gegen die Division Holstein) zwischen Rosberitz-Langenhof und Stresetitz

Die Brigade v. d. Gröben erreichte Lipa zuerst. Beide Regimenter, die Thüringischen Husaren links, die Neumärkischen Dragoner rechts, waren bereits im Vorgehn auf Langenhof, als ihnen der Befehl kam, sich links, auf Rosberitz zu, zu halten, aus dessen Südspitze soeben ein feindliches Infanterie-Bataillon auf die Chaussee hinaustrat. Dieser Befehl traf aber nur das Thüringische Husaren-Regiment, das nun, alsbald von den beiden Linken-Flügel-Schwadronen (4. und 5.) der Neumärkischen Dragoner gefolgt, in der angegebenen Richtung einschwenkte, während die drei andern Schwadronen des Dragoner-Regiments ihren Ritt auf Langenhof zu fortsetzten.

Oberst v. Barnekow, der die »Thüringer« führte, nahm im Vorgehn wahr, daß außer dem ihm als Angriffsobjekt bezeichneten östreichischen Bataillon zwei andre Bataillone samt Artillerie aus der Dorflisière (Rosberitz) heraustraten. Einesteils um durch Geschützfeuer möglichst wenig zu leiden, andrerseits um den Bataillonen keine Zeit zum Formieren zu lassen, ließ der Oberst seine Husaren erst in Galopp und dann zum Choc übergehn. Das erste feindliche Bataillon wurde völlig überritten und gesprengt, aber kaum darüber hinaus erhielt der linke Flügel des Husaren-Regiments von dem nächststehenden Bataillon eine Salve und beinah gleichzeitig eine Kartätschlage. Ebenso lebhaft wurde der rechte Flügel beschossen. Ein momentanes Stutzen; dann sprengte die 3. Escadron in die Infanterie-Knäuel, die 2. und 4. in die Batterie hinein; die Führer der Geschütze wurden vom Pferde gehauen. Alles versprach einen glücklichen Erfolg. Es war die abziehende Brigade Leiningen (auch der östreichische Bericht macht keine genaueren Angaben), die hier ereilt wurde.

In diesem Moment allgemeinen Durcheinanders zeigte sich in nicht zu großer Entfernung, auf dem schmalen Terrain zwischen Westar und Rosnitz, eine große feindliche Reitermasse. Es war die 1. Reserve-Kavallerie-Division Prinz Holstein: auf dem rechten Flügel die Brigade Schindlöcker, auf dem linken (etwas zurück) die Brigade Solms, dieselbe, die auf dem Plateau zwischen Wysokow und Wenzelsberg das Gefecht gegen unsre 1. Ulanen und 8. Dragoner bestanden hatte.*

Die 4. und 5. Escadron der Neumärkischen Dragoner, die, rechts neben den Husaren, an dem Kampfe gegen die Infanterieknäuel nicht teilgenommen hatten, waren die ersten, die der heranwogenden feindlichen Kavalleriemasse, Brigade *Schindlöcker*, ansichtig wurden. Die 5. Escadron, hinter der 4. rechts abschwenkend, warf sich in die Flanke der Stadion-Kürassiere, durchbrach die vorderste Escadron, wurde dann aber von der Wucht der nächstfolgenden erfaßt und in die allgemeine Vorwärtsbewegung des Feindes hineingetragen, endlich völlig mit fortgerissen.

Das Thüringische Husaren-Regiment, dem sich die 4. Esca-

---

* Die Ordre de Bataille der Division Holstein war die folgende:
Brigade Solms.
   Ferdinand-Kürassiere.
   Hessen-Kürassiere.
   Kaiser Max-Ulanen.
Brigade Schindlöcker.
   Stadion-Kürassiere.
   Kaiser Franz Joseph-Kürassiere.
   Kaiser Franz Joseph-Ulanen.
Die beiden Ulanen-Regimenter nahmen an dem Gefecht, das sich nun entwickelte, nicht teil. Die Kaiser Franz Joseph-Ulanen waren (vergl. S. 221) südlich Chlum durch unser Feuer hart mitgenommen worden und hielten mit ihren Trümmern bei Sweti; ebendaselbst, als Geschützbedeckung, befanden sich auch die Max-Ulanen. (Südlich Chlum hatte unser Salvenfeuer, wie wir wissen, auch die 3. Escadron der Kaiser Franz Joseph-*Kürassiere* aufgerieben, so daß die Brigade Schindlöcker nur aus 7, die Brigade Solms nur aus 8 Escadrons bestand.)

dron der Neumärkischen Dragoner angeschlossen hatte, hatte
inzwischen seine Attacke fortgesetzt, als es plötzlich auch seinerseits der feindlichen Kürassiermasse ansichtig wurde. Sich
gegen diese zu wenden, war bei der Zerstreutheit, in die das
Husaren-Regiment durch seine Kämpfe gegen verschiedene
Infanterieknäuel geraten war, unmöglich; Oberst v. Barnekow
ließ also Appell blasen und suchte seine Thüringer in guter
Ordnung zurückzuführen. Aber die Stadion- und Kaiser Franz
Joseph-Kürassiere, untermischt mit zum I. Armee-Corps gehörigen Nicolaus-Husaren, hingen sich an ihn und so wälzte
sich die aus Freund und Feind, aus Husaren, Dragonern und
Kürassieren bunt zusammengesetzte Streitmasse im wildesten
Jagen auf Langenhof zu.

In diesem, für unsre Husaren und Dragoner gleich bedrängnis-
vollen Moment, erschien auf der Höhe von Lipa das zur Divi-
sions-Kavallerie des II. Armee-Corps gehörige Pommersche
Ulanen-Regiment Nr. 4. Oberst v. Kleist, Commandeur des
Regiments, ließ sofort das Signal zum Aufmarsch geben und
warf sich echelonsweise mit der 1. und 2. Escadron auf die anstürmende feindliche Kürassiermasse. Nach einem 8 bis 10 Minuten dauernden, hartnäckigen Kampfe, in dem Oberst v.
Kleist vom Pferde gehaun wurde, glückte es die Kürassier-Brigade zu werfen und sie über das Plateau hin zu verfolgen. Die
3. Ulanen-Escadron griff hierbei mit ein. Dann wendeten sich
unsre auseinander gekommenen Abteilungen: Husaren, Dragoner, Ulanen, und gingen, auf Langenhof zu, zurück, um sich
östlich desselben, unter dem Schutz der 4., in Reserve verblie-
benen Ulanen-Escadron zu ralliieren.

Aber noch ehe diese Ralliierung erfolgen konnte, bereitete sich
ein dritter Gefechtsmoment vor. Auf Langenhof zu, während
die Trümmer der Brigade Schindlöcker südwärts abzogen,
avancierte jetzt die zweite Brigade der Kavallerie-Division
Holstein: die Brigade *Solms*. Auf dem Plateau befand sich in
diesem Augenblick unsrerseits nichts Verfügbares. Die bei Langenhof sich sammelnden Schwadronen waren noch nicht fest
genug, um sich den anrückenden Kürassieren entgegenwerfen
zu können. Ebensowenig würden sie die Kraft gehabt haben,
einen Stoß erfolgreich zu parieren. Die langsam und geschlossen vorrückenden feindlichen Reiter, zwei Escadrons Ferdi-

nand-Kürassiere, verzichteten aber darauf, unsre erst sich sammelnden Kavallerie-Trupps anzugreifen, sondern wandten sich gegen den Schäfereihof und umritten denselben auf beiden Seiten.

Die Schäferei war soeben von Schützen des Colbergschen Regiments besetzt worden; zwischen ihr und dem Dorfe Langenhof aber stand eine geschlossene Compagnie dieses Regiments, den anreitenden Ferdinand-Kürassieren die linke Flanke bietend. Diese (die östreichischen Berichte sprechen von einer Schein-Attacke) machten indes durchaus nicht Miene, die Compagnie Colberg anzugreifen, sondern ritten im Galopp ungefähr auf 50 Schritt an deren Front vorüber und erhielten nun ein so mörderisches Schnellfeuer, daß fast alles, was sich der Schäferei genähert hatte, stürzte.

In eben diesem Augenblick trafen auch unsrerseits frische Kavalleriekräfte ein, freilich zunächst nur schwach. Anderthalb Escadrons vom Zietenschen Husaren-Regiment (Brigade Mecklenburg) hatten den Wasserlauf hart östlich Langenhof übersprungen und warfen sich gegen den rechten Flügel der ohnehin schon erschütterten Kürassiere, die nun sofort aufgerollt und in südlicher Richtung bis gegen Rosnitz hin verfolgt wurden. Feindliches Artilleriefeuer hinderte die Verfolgung fortzusetzen und die anderthalb Escadrons Zieten-Husaren, unter Rittmeister v. Thiele, kehrten in eine Aufnahmestellung südlich Langenhof zurück.

Der Kampf gegen die Kavallerie-Division Holstein hatte aber auch *hiermit* seinen Abschluß noch *nicht* erreicht. Von den vier Kürassier-Regimentern der Division (vergleiche die Anmerkung S. 261) war das Regiment *Hessen*-Kürassiere noch intakt und wollte augenscheinlich das Feld nicht räumen, ohne auch seinerseits einen Versuch gegen unsre immer noch in verhältnismäßig schwachen Abteilungen auftretende Kavallerie gemacht zu haben. Die Hessen-Kürassiere, übrigens anscheinend nur zwei Escadrons stark, trabten gerade auf Langenhof zu. Ihnen den Weg zu verlegen, waren in diesem Augenblick nur anderthalb Escadrons vom 4. Ulanen-Regiment und 2½ Escadrons Zieten-Husaren zur Hand, die unter ihrem Regimentskommandeur, Oberstleutnant v. Kalkreuth, soeben den schon erwähnten Wasserlauf passiert und in einer kleinen Wiesensenkung, mit dem linken Flügel gegen Langenhof zu, Stellung genommen hatten. Südlich davon (nordöstlich von der Schäferei) hielten noch weitere 1½ schwache Escadrons vom 4. Ulanen-Regiment. Bei den Zietenschen Husaren befand sich der Commandeur der 2. Kavallerie-Division, Generalmajor v. Hann. Er selbst gibt folgende Schilderung des sich nun entspinnenden Rencontres:

»An die anderthalb Escadrons vom 4. Ulanen-Regiment hatte ich Befehl gesandt, die vorgehenden Kürassiere in der rechten Flanke anzugreifen, während die Zieten-Husaren sie in der Front anfallen sollten.

Die 2 Escadrons Hessen-Kürassiere rückten ruhig und vorzüglich geschlossen an; ich machte noch meinen Adjutanten auf die vortreffliche Haltung aufmerksam. Die Offiziere hatten sich in der Front aufnehmen lassen und hörte man sie den Leuten zurufen: Zusammen! – Zusammen! – Einen General sah ich nicht, auch bemerkte ich keine Standarte.

Ich war den Ulanen entgegengeritten, die in Zugkolonne herantrabten und die in einiger Entfernung vorübergehenden Kürassiere mit Hurra begrüßten; die Kürassiere gingen jedoch in der angenommenen Richtung weiter, obgleich sie dadurch ihren Rücken preisgaben. Dies wurde sofort benutzt und in Zugkolonne in voller Carrière auf die festgeschlossene Linie von *hinten* gefallen. Nahe vor dem zweiten feindlichen Gliede angekommen, glaubte ich noch nicht, daß es möglich sein würde, diese Kürassiermauer zu durchbrechen, aber der Stoß war so mächtig, daß sich sofort eine Gasse öffnete und ich mit geringer Kniequetschung durch die Kürassiere hindurchreiten konnte.

In diesem Moment griffen auch die 2½ Escadrons Zieten-Husaren in der *Front* an. Es kam nur während eines kurzen Momentes zum stehenden Gefecht, dann wandten sich die Kürassiere südwestwärts; da aber mußte Oberstlieutenant v. Kalkreuth sich wahrscheinlich mit seinen gesammelten Leuten auf die Tête werfen, denn diese machte plötzlich linksum kehrt, und alles jagte in nordöstlicher Richtung, zuletzt in der Richtung auf Rosnitz fort, hart verfolgt von den Husaren und Ulanen. Viel war den Kürassieren jetzt jedoch nicht mehr anzuhaben, denn sie ritten in einem dicken Haufen zusammen, so daß man nicht hinein konnte; dennoch kann der Verlust nicht ganz gering gewesen sein, während er bei uns ganz unbedeutend blieb. Die Verfolgung wurde so lange fortgesetzt, bis die östreichische bei Rosnitz stehende Artillerie uns beschoß. Erst dann wurde zum Sammeln geblasen.«

Hiermit endlich hatte der komplizierte, in viele Einzelgefechte zerfallende Reiterkampf auf dem Plateau zwischen Rosberitz und Langenhof sein Ende erreicht, an dem unsrerseits der Commandeur des Kavallerie-Corps, Prinz *Albrecht* Vater, persönlich teil genommen hatte.

Alle Abteilungen der feindlichen Kürassier-Division, erst brigade-, dann regimenterweise waren zur Aktion gekommen; überall hatten sie weichen müssen. In wie weit unsre Infanterie und Artillerie dabei mitgewirkt hatten, darauf kommen wir an andrer Stelle zurück.

Das Reitergefecht (gegen die Division Coudenhove)
zwischen Stresetitz und Problus

Der Befehl Generalmajors v. d. Gröben: sich auf Rosberitz zu, gegen dort erscheinende feindliche Infanterie zu halten, hatte, wie wir wissen, nur das Thüringische Husaren-Regiment und die beiden linken Flügel-Schwadronen der Neumärkischen Dragoner erreicht; die drei übrigen Escadrons (1., 2., 3.) letztgenannten Regiments unter Oberstlieutenant v. Willisen verblieben in der eingeschlagenen Richtung und gingen, an Langenhof vorbei, bis gegen *Stresetitz* vor, wo sie in einer kleinen Senkung Aufstellung nahmen.

Die »Neumärker« hatten hier kaum Deckung gefunden, als sie, von Rosnitz her, das Herannahen einer feindlichen Kürassier-Brigade bemerkten. Es war die Hälfte der Kavallerie-Division *Coudenhove,** die Brigade Fürst Windischgrätz.

---

* Die Ordre de Bataille der Division Coudenhove war die folgende: Brigade Fürst *Windischgrätz*. – Prinz Karl von Preußen-Kürassiere. – Wrangel-Kürassiere. – Ulanen-Regiment Erzherzog Karl Ludwig. – Brigade Generalmajor *Mengen*. – König von Baiern-Kürassiere. – Graf Neipperg-Kürassiere. – Alexander-Ulanen.

Das Ulanen-Regiment Erzherzog Karl Ludwig war wahrscheinlich abkommandiert; wenigstens wird es weder in dem Gefechtsbericht erwähnt, noch figuriert es in den Verlustlisten.

Oberstlieutenant v. Willisen ging der feindlichen Brigade langsam entgegen, zog sich indes bald wieder zurück, teils in der Absicht, die feindliche Kavallerie dadurch in das Feuer der mehr rückwärts sich formierenden diesseitigen Infanterie zu ziehen, teils, um bei einer zu unternehmenden Attacke auf die Unterstützung andrer preußischer Kavallerie-Regimenter rechnen zu können.

Die feindliche Brigade setzte ihre Vorwärtsbewegung in ruhigem Trabe fort.

Das Dragoner-Regiment mußte dem gegenüber einen Entschluß fassen. Als es eine Strecke zurückgegangen war, schwenkte es wieder Front, deployierte und stand nun der inzwischen ebenfalls entwickelten Kürassier-Brigade:

Regiment Prinz Karl von Preußen in Front,

Regiment Graf Wrangel in Divisionen auf den Flügeln folgend,

gegenüber.

In dieser Formation waren sich die beiden Gegner so nahe gekommen, daß Oberstlieutenant v. Willisen, dem Feinde etwas die rechte Flanke abgewinnend, sich mit marsch-marsch auf ihn werfen konnte. Der Anprall war ein gewaltiger; gegenseitig wurden die Linien durchbrochen; die 3. Escadron hieb im Rücken der Kürassiere ein; ein allgemeines Handgemenge folgte. Aber dem mächtigen Drucke der Kürassier-Brigade konnten unsre drei Escadrons schließlich nicht widerstehn; sie wichen langsam fechtend zurück.

In diesem Momente hatte sich das 2. Brandenburgische Ulanen-Regiment Nr. 11 (Brigade Mecklenburg), unter Oberstlieutenant Prinz zu Hohenlohe, östlich von Stresetitz dem Gefechtsfelde genähert, marschierte, einen tiefen Hohlweg überspringend, aus der Escadrons-Zugkolonne auf, attackierte und warf sich auf den feindlichen *linken* Flügel. Dieser, durch den heftigen Stoß erschüttert, wich und floh mit der Standarte in südlicher Richtung über das Schlachtfeld hin, während eine etwa anderthalb Escadrons starke, ebenfalls noch zum *linken* Flügel gehörige Abteilung, von den Ulanen in den Rücken genommen, in nördlicher Richtung gegen den östlich von Stresetitz liegenden tiefen und breiten Hohlweg getrieben wurde. Was nicht in den Hohlweg stürzte, wurde niedergestochen oder fiel unter den Kugeln des an dieser Stelle eingetroffenen 35. Regiments.

Der *rechte* Flügel der feindlichen Kürassier-Brigade, der von dem Choc des Ulanen-Regiments am wenigsten berührt worden war, setzte die Attacke inzwischen in nördlicher Richtung, gegen Langenhof hin, fort. Was sich auf seinem Wege befand: Infanterie-Abteilungen des 35. und 49. Regiments, wurde heldenmütig attackiert, alle Angriffe aber abgeschlagen. Nichtsdestoweniger stürmten die Cadres der braven feindlichen Brigade weiter vor und zwar einer aus fünf Batterieen bestehenden großen Geschützreihe zwischen Langenhof und Stresetitz entgegen, bei der Feldzeugmeister Prinz Karl eben eingetroffen war.

Und hier war es, wo der todesmutigen Kühnheit der Brigade Windischgrätz ein Ziel gesteckt wurde. Mit Kartätschenfeuer empfangen, brachen die feindlichen Reiter, besonders die Prinz Karl-Kürassiere (die hier angesichts ihres preußischen Chefs fochten) zusammen; was nicht zum Tode getroffen war, fiel großenteils verwundet in Gefangenschaft. Der Verlust beider Regimenter: Prinz Karl von Preußen und Graf Wrangel, belief sich, nach östreichischer Angabe, auf 378 Mann und 470 Pferde. Generalmajor Fürst Windischgrätz, immer an der Spitze seiner Brigade, war unter denen, die schwer verwundet das Schlachtfeld deckten.

Die zweite Hälfte der Division Coudenhove, die Brigade *Mengen,* war anfänglich der Brigade Windischgrätz gefolgt. Als Generalmajor Mengen indes andre preußische Kavallerie, als die bisher auf dem Plateau wahrgenommene, in gerader Richtung von West nach Ost hervorbrechen sah, schwenkte er Front gegen diese, warf das Regiment Alexander-Ulanen links, das Kürassier-Regiment König von Baiern rechts heraus und folgte mit dem Kürassier-Regiment Graf Neipperg. Die wahrgenommene, jetzt bereits von Problus her im Anreiten begriffene Kavallerie-Abteilung war unser 1. Garde-Dragoner-Regiment, die Tête der über Nechanitz vorgegangenen Kavallerie-Division Alvensleben.* Die Zwischenräume schwanden

---

* Die Kavallerie-Division *von Alvensleben* bestand (nach Abkommandierung der Kavallerie-Brigade Prinz Albrecht Sohn) aus der schweren Brigade v. Pfuel und der leichten Brigade v. *Rheinbaben.* Die ganze Division hatte um 3 Uhr Befehl erhalten, sich von Johanneshof aus an den rechten Flügel (Elb-Armee) zu begeben und passierte mit der leichten Brigade Rheinbaben, kurz nach 4 Uhr die Brücke bei

wie im Fluge und in Escadrons-Zugkolonne formiert, warfen sich die Dragoner, nachdem auf beiden Seiten die Linien hergestellt waren, in einer vehementen Attacke auf die Alexander-Ulanen. Die beiden Regimenter ritten durcheinander durch, dann wandten sich die Dragoner und trieben, in hitzigem Gefecht, die Ulanen teils *nordwärts,* auf Stresetitz zu, teils *südwärts* um Problus herum. Ein andrer Teil, völlig umschlossen, ward gefangen genommen.

Unmittelbar rechts neben den Alexander-Ulanen waren, wie bereits hervorgehoben, die Baiern-Kürassiere vorgegangen. Ehe dieselben indes links schwenken und durch Eindringen in unsre linke Flanke dem Gefecht eine andre Wendung geben konnten, waren unsrerseits, von Unter-Dohalitz her, die zur pommerschen Division Werder gehörigen *Blücher*-Husaren auf dem Plateau erschienen und attackierten ohne Zögern die Baiern-Kürassiere. Der Feind wurde gefaßt, bevor er noch die Linie hergestellt hatte und so glückte es der Raschheit der Aktion ihn zu werfen. Die Kürassiere jagten rückwärts.** Die

Nechanitz. Die letztgenannte Brigade, die nur noch zur Aktion kam (und im Wesentlichen nur mit ihrem Tèten-Regiment), bestand aus dem

    1. Garde-Dragoner Regiment, Oberstlieutenant v. Barner,

    1. Garde-Ulanen-Regiment,

    2. Garde-Ulanen-Regiment.

Die Garde-Dragoner hatten Verluste (durch Granatfeuer) noch ehe sie das eigentliche Kampffeld erreichten; Rittmeister v. Bodelschwingh wurde unweit Lubno tödlich getroffen.

** Nach dem östreichischen Generalstabswerke waren es nicht die Baiern-Kürassiere, sondern die Neipperg-Kürassiere, die hier auftraten. *Alle* andern Angaben aber (auch die östreichischen) stimmen mit unsrem Text überein. Die Verlustlisten übernehmen die weitre Beweisführung, wiewohl auch diese durch Druckfehler, Auslassungen und Widersprüche nicht allzu wertvoll sind. Die Östreicher haben eine Neigung alles zu schematisieren, begnügen sich aber damit, wenn es gut aussieht. Einem Fremden, der ein Auge für Zahlen hat, wird heiß dabei. Erst ringt er die Rätsel zu lösen, bis er schließlich wahrnimmt, daß er in ein bodenloses Moor geraten ist, drin man nur um so tiefer versinkt je mehr man nach festem Grund sucht. Diese Art mit »*facts and figures*«, mit Zahlen und Tatsachen umzugehn, ist höchst charakteristisch und es wird nicht eher besser werden, als bis, auf Kosten

Blücherschen folgten. In der Verfolgung aber stießen diese auf die in verschiedenen Richtungen vorgegangenen 1. Garde-Dragoner und wenig fehlte, so wäre es zwischen beiden Regimentern, die sich gegenseitig für Feinde hielten, zum Handgemenge gekommen.

Das erste Treffen der Brigade Mengen, nach den Vorgängen, die wir geschildert, war gesprengt; Ulanen und Kürassiere in größeren und kleineren Trupps stoben über das Plateau hin; der verlustreichste Teil des Kampfes aber stand noch bevor.

Der, nach dem ersten Zusammenstoß, gegen *Süden* hin ausgewichene Teil der Alexander-Ulanen, war inzwischen an der Südostecke von Problus erschienen, wo Hauptmann Caspari vom Rheinischen Feldartillerie-Regiment schon vorher seine Batterie in Position gebracht hatte. Die Ulanen, mit einer Kartätschlage empfangen, wandten sich nunmehr in weitem Bogen um Dorf Problus herum *nördlich* und suchten dem auf Stresetitz zujagenden, größeren Teile des Regiments sich anzuschließen; aber sie erreichten es nur, um mit in sein Schicksal verwickelt zu werden und was nicht in die Lanzen des eben erscheinenden 1. Garde-Ulanen-Regiments hineingetrieben wurde, brach unter dem aus dem Dorfe kommenden Infanteriefeuer zusammen. Achtzig bis hundert Reiter, die dem allgemeinen Gemetzel zunächst entkommen waren, nahmen ihre Richtung auf den Punkt zu, von wo aus König Wilhelm (inzwischen an dieser Stelle des Schlachtfeldes erschienen) Zeuge der eben geschilderten Kampfesszenen gewesen war. Der Moment war kritisch. Flügeladjutant, Oberstlieutenant Graf Finckenstein, eilte schon mit den beiden zur Hand befindlichen Zügen der Stabswache herbei, um sich auf die Ulanen zu werfen, aber

---

der Phantasie, auf *diesem* Punkt eine innerliche Reform eingetreten ist. Baiern-Kürassiere verloren 6 Offiziere, Neipperg-Kürassiere 1; wie ist es diesen Zahlen gegenüber möglich, daß in einem *Generalstabswerke* (dessen anderweite Verdienste wir nicht unterschätzen) beide Regimenter dahin verwechselt werden können, daß es schließlich heißt: »ein Stoß der Neipperg-Kürassiere löste das Handgemenge; das Regiment Baiern-Kürassiere schwenkte rechts heraus, *kam aber nicht mehr zum Gefecht.*« (Es verlor, außer den 6 Offizieren, 56 Mann und 122 Pferde nach eigner östreichischer Angabe.)

die linken Flügel-Compagnieen zweier in einiger Entfernung stehenden Bataillone vom Brandenburgischen Füsilier-Regiment (Nr. 35) beseitigten durch ihr Feuer die Gefahr und trieben die vergebens einen Ausgang suchenden Ulanen wieder auf Problus zu. Nur wenige der an dieser Stelle des Schlachtfeldes auftretenden Reiter vermochten sich in südlicher Richtung zu retten.

Das Kürassier-Regiment Graf Neipperg, trotzdem es nicht unerhebliche Verluste hatte, war nicht zur Attacke gekommen.

Die ganze Division Coudenhove ging teils hinter Briza, teils hinter der nordöstlich Klacow haltenden 2. Reserve-Kavallerie-Division zurück. Das östreichische Generalstabswerk spricht nur eine verdiente Anerkennung aus, wenn es am Schlusse der betreffenden Schilderungen sagt: »Die beiden Kavallerie-Divisionen Holstein und Coudenhove hatten sich nicht umsonst geopfert. Das retirierende Heer konnte, unbelästigt durch die feindliche Reiterei, seine Bewegung gegen und über die Elbe fortsetzen.«

So endete, wenn wir die geschilderten Einzelgefechte als ein Ganzes fassen, der größte Reiterkampf der neuren Zeit. Selbst bei Waterloo, wo Napoleon seine Kürassier-Division im Kampfe gegen die englische *Artillerie* hinopferte, hatten sich nicht solche Massen wie hier mit der blanken Waffe gegenübergestanden. Freund wie Feind führten jeder mehr als 30 Schwadronen in den Kampf, so daß unter dem Huftritt von nahezu 10.000 Pferden die Nachbarfelder zwischen Stresetitz und Langenhof und zwischen Stresetitz und Problus erdröhnten.[*] Die Verluste der beiden feindlichen Reiter-Divisionen waren schwer; sie verloren, nach eigener Angabe, 1256 Mann tot oder verwundet und nahe an 2000 Pferde. Auch die Unsren waren hart betroffen, namentlich die Neumärkischen Dragoner, die

---

* Wir haben, im Gegensatz zu andern Darstellungen, die meist eine *Drei*teilung des Gesamtreiterkampfes gewählt haben, diese *Zwei*teilung vorgezogen. Es war nicht nur *links* und *rechts*, also nach zwei Seiten hin, ein Kampf um Stresetitz, es war auch ein Kampf gegen zwei getrennt auftretende feindliche Divisionen. Überall also eine Zweiheit. Will man indes diese einfach sich bietende Zweiteilung nicht gutheißen, so bleibt nichts übrig als *vier*, oder vielleicht noch richtiger *sechs* Einzelgefechte zu geben.

den schwersten Stand gehabt und sich mit der größten Bravour geschlagen hatten. Sie büßten 12 Offiziere und 189 Mann ein, ein Verlust, den selbst unter den feindlichen Regimentern nur eines (das Kürassier-Regiment Prinz Karl von Preußen) erreicht.

Wie über alle Kavallerie-Gefechte dieses Krieges, so gehen ganz besonders über die »große Reiterschlacht bei Stresetitz« die Ansichten auseinander; beide Teile schreiben sich den Sieg zu. Die Östreicher mit der größten Entschiedenheit. In ihrem Generalstabswerke heißt es wörtlich: »Die Brigade Solms sammelte sich in der Niederung östlich Langenhof und blieb, trotz des von allen Seiten einschlagenden Feuers über ¼ Stunde daselbst stehen. Aber wie bei Stresetitz (wo die Brigade Mengen hielt) *zeigte sich auch hier die preußische Kavallerie nicht mehr.*«

Dies wird einfach durch die Tatsache widerlegt, daß zu einer Zeit, als der hin- und herwogende Kampf zwischen Stresetitz und Problus sein Ende noch nicht erreicht hatte, unsrerseits bereits zwei Regimenter (die 1. und 2. Garde-Ulanen) auf nahe Distance in Sicht waren, zwei Regimenter, die bei ihrem gleich darauf erfolgenden Eintreffen auf der wirklichen Kampfesstätte gar nicht mehr zu nennenswerter Aktion kamen, weil kein Objekt mehr da war, gegen das sie sich hätten wenden können.

Wir sind uns bewußt, ohne alle Voreingenommenheit an diese Frage herangetreten zu sein; wenn aber *doch,* so mit einer gewissen Präokkupiertheit zu Gunsten unsres Gegners. Das Unglück und die Tapferkeit dieser ausgezeichneten Regimenter, zudem eine angeborne Neigung, jedes Recht und jeden Vorzug zunächst auf Seite des Gegners zu suchen, – alles stimmte uns *für* Östreich in dieser wie in mancher andern Frage. Die andauerndste Beschäftigung mit dem Gegenstande aber hat uns schließlich trotz alledem und alledem zu der Überzeugung geführt, daß die östreichische Kavallerie in diesem allerdings die mannigfachsten und widersprechendsten Momente aufweisenden großen Reiterkampfe, nicht durch allerhand Zwischenfälle, nicht durch Artillerie- und Infanteriefeuer, sondern durch unsre Reiterei überwältigt wurde. In den verschiedenen Zusammenstößen, nachdem uns vorübergehend Mißerfolge getroffen, *warfen* wir schließlich jedesmal den Gegner und zwar Mann gegen Mann, Säbel gegen Säbel. Daß er dabei erhebliche Verluste erlitten habe, Verluste, die wenn nicht *anderes* hinzugekommen wäre, ihn hätten veranlassen müssen das Schlachtfeld zu räumen, soll nicht behauptet werden; im Gegenteil ist zuzugestehn, daß unsre Säbel (die Lanze tat etwas mehr) nur wenig gegen die dicken, weißen Mäntel der Kürassiere vermochten. Aber wie wenig wir auch im Stande waren, mit der blanken Waffe in der Hand, durch Tod und Wunden den Gegner *direkt* zu schädigen – der vehemente *Stoß* unsrer attakkierenden Regimenter gab schließlich immer den Ausschlag, drängte die feindlichen Reiter hier hin, dort hin über das Schlachtfeld und wurde so, – nicht unmittelbar, wohl aber *mittelbar* durch das Hineintreiben des Gegners in unsre rückwärts stehenden Feuerlinien, – die Ursach auch jener enormen Verluste, die ihn ereilten. Wir warfen ihn, wo nicht das Zahlen-Mißverhältnis es hinderte (wie bei beiden Angriffen der Neumärkischen Dragoner) echt reitermäßig durch die Energie des Choc, durch die Wucht und Kraft des Angriffs. Einen einzigen Fall abgerechnet (vergleiche S. 263) war der Feind in den Momenten wo dieser Angriff erfolgte, durch *vorher* empfangenes Infanteriefeuer noch nicht erschüttert.

All dies ist nur zur Abwehr gesagt. Im Übrigen zählen wir zu den letzten, die sich gemüßigt sehen könnten, den Ruhmeskranz der östreichischen Reiter-Divisionen zu bemängeln. Ihre todesmutige Tapferkeit gehört der Geschichte an und alle diejenigen, die Zeuge dieser Tapferkeit waren, haben ihr ein begeistertes Angedenken bewahrt. »Diese ausgezeichneten Regimenter – so schreibt einer der Unsern – hatten allerdings ein Recht, sich der besten Reiterei Europas stolz an die Seite zu stellen. Wir mußten sie bekämpfen, aber ihren Untergang konnten wir nur mit soldatischem Mitgefühl betrachten. Es machte einen erschütternden Eindruck, die Massen der Weißmäntel dahin schmelzen zu sehn, wie den Schnee an der Sonne. «

DER RÜCKZUG

Während diese Reitergefechte tobten und von Minute zu Minute immer größere Opfer forderten, hatten die abziehenden Infanteriemassen allerdings einen Vorsprung gewonnen und wälzten sich, hier geschlossen und geordnet, dort der Auflösung nahe, auf Königgrätz und die links und rechts davon gelegenen Elb-Übergänge zu. Selbst die Brigaden des I. Corps, auf die Hälfte ihres Bestandes zusammengeschmolzen, waren über Westar und Rosnitz hinaus. Die Brigade Abele (noch intakt) deckte den Rückzug. Ein eigentliches Nachdrängen fand, über die Linie Charbusitz-Klacow-Briza hinaus, nicht statt; nur unser Artilleriefeuer[*] war hinterher und beschleunigte den Abzug, so daß wir wenigstens mittelbar von einer Verfolgung des Feindes sprechen können. Daß ein weitres *direktes* Folgen, namentlich mit Kavallerie über die genannte Linie hinaus, oder gar ein Durchschneiden seiner Rückzugslinie (was sehr wohl in der Möglichkeit lag) zur Gefangennahme immer neuer Massen und zur völligen Auflösung der feindlichen Armee geführt

---

   * Unsre Artillerie – und der Unterschätzung resp. Verurteilung gegenüber, die sie erfahren hat, geziemt es sich doppelt dies hervorzuheben – entwickelte bis zuletzt eine außerordentliche Tätigkeit. Batterieen *aller* Armee-Corps wetteiferten in rastloser Energie und folgten nicht nur der unermüdlich vordringenden Infanterie (namentlich der 11. Division), sondern waren ihr zu Zeiten vorauf. Von halber Stunde zu halber Stunde, oft noch rascher, wurden die Positionen gewechselt und so avancierten denn 5, 10, zuletzt mehr als 30 Batterieen erst von Langenhof-Rosberitz auf Westar-Sweti, dann auf Rosnitz, zuletzt bis in die Linie Charbusitz-Klacow-Briza. Hier, nachdem noch einmal gegen die letzte feindliche Artillerieposition: Stößer, Freihöfen, Ziegelschlag, Plotist, eine heftige Kanonade geführt worden war, erstarb der Kampf und die Verfolgung. Die 11. Division war im wesentlichen bis in dieselbe Linie vorgedrungen:

   die Brigade Hanenfeldt (von Sweti aus) über Briza,

   die Brigade Hoffmann (von Rosberitz-Westar aus) über Rosnitz auf Klacow,

   das schon unmittelbar vorher von Truppen der Elb-Armee besetzt worden war. Klacow war der Punkt, wo, in Front der I. Armee, die II. und Elb-Armee mit ihren vorgeschobenen Abteilungen sich kreuzten.

haben würde, ist wohl unbestreitbar, aber auch durch unsre bloße Feuerverfolgung erreichten wir das Außerordentlichste. Bei Dunkelwerden kam eine völlige Panique über das östreichische Heer.

Zu dieser Panique wirkte Verschiedenes mit. Die Festung war nicht nur geschlossen und weigerte Aufnahme, man hatte auch das Vorterrain unter Wasser gesetzt; so versagte denn der Rettungshafen, dem man zudrängte, die Aufnahme; Stopfungen entstanden und von diesem Augenblicke an brach das volle Unheil herein. Über die Köpfe der voranwatenden und schwimmenden Infanterie hinweg, die schließlich zu einem bloßen Grabenfutter wurde, sind, wie wiederholt Beteiligte in den Lazaretten ausgesagt haben, die Nachstürmenden wie über Brücken weg zum andern Ufer gegangen. Wir lassen dahingestellt sein, wieviel daran märchenhafte Erfindung ist. Jedenfalls traten in diesen letzten Stunden erst die beinah beispiellosen Verluste ein.

Briefe, die damals geschrieben wurden, geben das anschauliche Bild. Ein östreichischer Militärarzt berichtet:

»Es war zwischen 4 und 5, die rückgängige Bewegung hatte schon begonnen; wir Ärzte waren noch vollauf beschäftigt mit dem Verbinden der Verwundeten, deren viele Hunderte noch der Abfertigung harrten. Plötzlich sprengte Kavallerie auf uns heran, unsre eignen Regimenter, Kürassiere, Ulanen, und stürmten neben und hinter uns über Hügel und Felder (gleichzeitig mit dieser auch Artillerie und Trainwagen) gegen Königgrätz zu. Viele Kavalleristen stürzten und wurden von den nachstürmenden Pferden völlig zerstampft. Wagen fielen um und zerdrückten die sich dazwischen drängenden Fußgänger. Wir waren niemals so nahe dem Tode, wie bei diesem Rückmarsche. Wir wurden vom Verbandplatze, der plötzlich verschwand, auseinander geworfen; man rief uns zu: ›Rettet euch!‹ Achttausend Reiter waren ohne Führer auseinander gejagt, viele Verwundete mit sich führend. Inmitten dieses Geschreies hörte man den Donner der Kanonen, und Granatsplitter fielen in unsre Massen. So wurden wir von der Menge fortgedrückt, ohne zu wissen, wohin und wo wir unser Ende finden würden; ich hatte mit dem Leben abgeschlossen und hoffte nur noch von einem außerordentlichen Zufall Rettung. Plötzlich hatten wir Wasser vor uns, rechts einen Eisenbahndamm, links einen Hohlweg, vollgestopft mit unseren schwerfälligen Requisiten- und Verwundetenwagen und hinter uns noch immer eine unabsehbare Schar von Reitern. Befehl kam, die Stränge der Pferde abzuschneiden, die Pferde zu retten und die Wagen zurückzulassen. Wir Fußgänger waren der Verzweiflung nahe, wir wateten wiederholt bis über die Knie durchs Wasser, in der Angst, jeden Augenblick zu ertrinken oder niedergestoßen zu werden; endlich gelangten wir an den 2000 Schritt in Front von Königgrätz gelegenen Bahnhof, der wieder ganz verrammelt war. Viele durchbrachen die Verrammelung, die anderen sprangen darüber hinweg; ich lief mit Tausenden von Infanteristen hinterher; endlich kamen wir zur Elbe, durchwateten sie, kletterten über Pallisaden, gingen abermals bis an den Hals durch einen zweiten Flußarm, stiegen eine Anhöhe hinauf, sprangen über gefällte Bäume und langten erschöpft um 1 Uhr nachts in einem Wäldchen an, wo wir vor Fieber und Erschöpfung niederfielen. Einige meiner Leidensgefährten machten Feuer an, und so lagen wir, uns am Feuer erwärmend, um wenigstens nicht vor Frost umzukommen. Um 3 Uhr marschierten wir, noch triefend vor Nässe; die Dörfer, die wir passierten, standen leer, keine Menschen, kein Vieh, keine Lebensmittel, nicht einmal Trinkwasser; die Menschen geflüchtet, das Vieh zersprengt, die Lebensmittel aufgezehrt; ich will das Bild nicht weiter ausmalen.«

Ein andrer Bericht sagt: »Wir hielten jetzt bei den ›Freihöfen‹, südlich von der Chaussee. Von allen Seiten kamen zurückgehende Truppenmassen an uns vorbei und dirigierten sich auf Königgrätz zu, wo aber auf dem Glacis, wegen der im Zickzack dem Tore der Festung zuführenden Straße, ein gräuliches Durcheinander entstand. Die Wasserwerke waren geöffnet worden, und die quer hinübergehenden Soldaten sahen sich auf einer kaum erst noch trockenen Wiesenfläche plötzlich in ein immer tiefer anschwellendes Wassermeer versetzt. Hunderte ertranken. Auf dem engen Wege drängte sich nun alles zusammen, Kanonenfuhrwerke stürzten um, die fliehenden Soldaten der italienischen Regimenter schossen ihre Gewehre ab, kurz, es war wie beim Übergang über die Beresina.«

Aber inmitten dieser Panique, die ganze Corps ergriff, gaben einzelne Regimenter leuchtende Beispiele der Disziplin, der Bravour, der Hingebung. Vor allem die Artillerie; immer neue Positionen nehmend, hielt sie sich bis zuletzt, mit seltener Treue und Ausdauer sich selbst zum Opfer bringend.

Aber sie stand nicht allein. Das sächsische 1. Jäger-Bataillon, den Kronprinzen von Sachsen in seine Mitte nehmend, wand sich, Mann dicht an Mann gedrängt, glücklich durch dieses Chaos und marschierte, die Stadt links liegen lassend, auf der Eisenbahn nach Pardubitz.

Ebenso hielten sich einige östreichische Regimenter. Das Regiment Gyulai sah sich von drei Seiten umringt, aber sämtliche Mannschaften des Regiments hatten sich vor Beginn des Kampfes das Wort gegeben, lieber zu sterben, als um Pardon zu bitten, und sie hielten ihr Versprechen. Das Kleinod dieses Regiments, die Fahne, fiel nicht in die Hände des Siegers, sondern wurde von Hand zu Hand gereicht, bis sie auf der Spitze eines Hügels angelangt war, von wo aus man sie in Sicherheit brachte.

Voll gleicher Ehrliebe stellte sich das ungarische Regiment Wasa, stolz auf seinen alten Waffenruhm, mitten in die Flucht hinein, wich nicht und gab Salve auf Salve. Endlich, als die Verluste zu groß wurden, kommandierte der Oberst Gewehr über, um die Bataillone dem Granathagel zu entziehn. Aber das Regiment wollte nicht zurück. Einer der Soldaten schlug auf den Obersten an und als der zunächststehende Offizier vorsprang um den Soldaten niederzuhaun, empfing er selbst einen Schuß in die Seite. Die Disziplin war gebrochen, nicht der Mut.

So hielten sich noch andre Regimenter. Freilich nicht viele. Einen erschütternden Eindruck machten bei dem schrecklichen Durcheinander zwei Musikbanden, die, seitwärts des sich auf der engen Straße dahinwälzenden Menschenknäuls auf einer Wiese, in Front des Eisenbahndammes, stehend, die Nationalhymne und den Radetzky-Marsch spielten, um die Fliehenden zu ermutigen und zur Ehre zurückzurufen.

AM 3. ABENDS

Der Tag ging zu Rüste. Von der Höhe von Chlum aus, bot sich ein wunderbares Bild. Das Licht der untergehenden Sonne fiel grell auf die Festung Königgrätz und in weitem Umkreise wurde das Schlachtfeld von dem Gebirge eingerahmt, über dem dunkle Wolken sich jagten und sich phantastisch durcheinander schiebend, die Schlacht fortzusetzen schienen. Die Sonne warf erst dunkelrote, dann immer bleicher werdende Lichter in das Gewölk hinein. Am Himmel wetterleuchtete es und unten, jenseits *Problus*, blitzten dann und wann noch einige Granatschüsse.

Der Feind, wenn auch in vielen Truppenteilen gelöst, in andern gelockert, hatte seinen Rückzug bewerkstelligt. Dieser ging auf Pardubitz. Das II. und IV. Corps (in Betreff des II. hoben wir es schon hervor) hatten bald nach 3 Uhr bei Lochenitz, Predmeritz und Placka die Elbe überschritten; von den übrigen Corps gelangte nur ein kleiner Teil, teils durch Königgrätz hindurch, teils unter Benutzung südlich gelegener Brükken, auf das jenseitige Elbufer; die große Masse der Armee blieb *diesseits* und zog auf und neben dem Eisenbahndamme südwärts.

Im großen und ganzen unbehelligt. Gegen 7 wurde Befehl gegeben, daß unsre I. Armee gegen Königgrätz, die II. Armee gegen Josephstadt die Vorposten zu stellen, die Elb-Armee, »so weit dies möglich, eine Verfolgung des in der Richtung auf Pardubitz zurückgegangenen Feindes auszuführen habe«, aber diese Möglichkeit war eine sehr begrenzte. Die 16. Division, Generallieutenant *v. Etzel*, war zu schwach, die andern Truppen zu hart mitgenommen durch Strapazen und Kampf.

Die verschiedenen Divisionen bezogen Bivouacs, im wesentlichen wie folgt:

die 14., 15. und 16. Division (Elb-Armee) bei Problus, Prim und Stezirek;

die 3. Division am Walde von Bor, die 4. am Hola-Wald; die 5. bei Westar; die 6. am Roskos-Berg; die 7. und 8. zwischen Lipa, Langenhof und Stresetitz;

die 1. Garde-Division bei Westar; die 2. Garde-Division südlich Langenhof; die 11. Division bei Briza; die 12. bei Sweti; das I. (ostpreußische) Armee-Corps westlich von Rosnitz; das V., das um 8 Uhr auf dem Schlachtfeld eintraf, südlich von Rosnitz.

Der Kronprinz, noch ehe der Kampf völlig schwieg, war mit dem Prinzen Friedrich Karl auf der Höhe von Chlum, dem Punkt der die Entscheidung gab, zusammengetroffen. In stolzer Siegesfreude hatten sich beide beglückwünscht und umarmt. Von hier aus wandte sich der Kronprinz weiter südlich über das Plateau hin, um seinen königlichen Vater aufzusuchen. »Es währte längere Zeit, so heißt es in einem Briefe, ehe wir ihn (den König) fanden; überall, wohin wir kamen, hatte er die jubelnden Truppenteile schon wieder verlassen. Auch unser Ritt glich einem Triumphzuge, die II. Armee dankte es ihrem General, daß er sie im rechten Augenblicke zum Siege geführt. Endlich wurden wir von weitem des Königs ansichtig, und freudig eilte ihm der Kronprinz entgegen – wir hinterher, die müden Pferde zum letzten raschen Ritt anspornend. Der König streckte dem siegreichen Sohne die Hand entgegen, in seiner Freude keines Wortes mächtig. Der Kronprinz erfaßte sie und bedeckte sie mit Küssen, bis der König den Prinzen in seine Arme schloß, an seine Brust drückte und zärtlich küßte. Kein Wort wurde gesprochen, alle Anwesenden blickten mit nassen Augen auf diese Gruppe. Endlich fand der König Worte – welche, weiß ich nicht, aber gewiß Worte der glänzendsten Anerkennung, denn er überreichte dabei dem Kronprinzen den Orden *pour le mérite*.«

Die Truppen lagerten so dicht und die verschiedensten Divisionen waren so nah aneinander geschoben, daß die wunderbarsten Erkennungs- und Begrüßungs-Szenen stattfanden. Freunde, die sich seit 30 Jahren, viele die sich seit ihrer Kadetten- und Lieutenantszeit nicht wiedergesehen hatten, an *diesem* Tage, auf diesem hartbestrittenen Siegesfelde, fanden sie sich wieder.

Um 9 Uhr brannten die Lagerfeuer. Die Hautboisten bliesen über das Feld hin: »Nun danket alle Gott«; tausend Kehlen und hunderttausend Herzen stimmten mit ein.

In dem Hohlwege, der von Chlum nach Rosberitz hinunterführt, lagen, dicht bei einander, Verwundete und Todmatte beider Heere. Man war unfähig sich noch länger zu befehden. Es erinnerte an die bekannte Szene aus der Schlacht bei Torgau, wo Freund und Feind, matt und frierend, sich bei den Wachtfeuern fanden und übereinkamen, daß *der* Gefangner sein solle, der im Laufe des Tages unterlegen habe.

Der König, während Schlaf über die Ermatteten fiel, fuhr nach Horsitz zurück. Zu seiner leiblichen Erquickung fand er nichts vor als eine Tasse Tee und ein Gasthofs-Sofa. Nach Berlin hin wurde zunächst telegrafisch gemeldet: »Einen vollständigen Sieg über die östreichische Armee, nahe an Königgrätz, zwischen der Elbe und der Bistritz, haben wir heute in einer achtstündigen Schlacht erfochten. Verluste des Feindes und

Trophäen noch nicht gezählt, aber bedeutend. Einige 20 Kano-
nen. Alle 8 Corps haben gefochten, aber große schmerzliche
Verluste. Ich preise Gott für Seine Gnade. Wir sind alle wohl.
Der Gouverneur soll Viktoria schießen.«

Am andern Morgen schrieb der König, die Ereignisse des
vorigen Tages zusammenfassend, an die Königin:⁽*⁾

»Am 2. verließ mich *Fritz Karl* um 3 Uhr nachmittags nach
einem Kriegsrat, in welchem beschlossen wurde, den durch
Märsche und Kämpfe erschöpften Mannschaften ein bis zwei
Ruhetage zu gönnen. Um 10½ Uhr abends traf jedoch General
Voigts-Rhetz wieder bei mir ein, um die Ausbeute der Rekognoszierungen des Tages zu melden, die dahin ging, daß bedeutende feindliche Massen von Josephstadt nach Königgrätz diesseit der Elbe sich von 8 bis 3 Uhr bewegt hätten, Gefangene
aussagten, die Armee konzentriere sich zwischen Elbe und Bistritz um Königgrätz; es wurde mir daher vorgeschlagen, den
günstigen Umstand, daß die feindliche Armee sich diesseit der
Elbe schlagen zu wollen scheine, zu benutzen und ihr die
Schlacht anzubieten. Zu dem Ende sollte sich die erste Armee
mit dem II., III. und IV. Corps im Zentrum, Sadowa vor sich
habend, aufstellen, General *Herwarth* mit seinen 1½ Corps
über Nechanitz in die linke Flanke, *Fritz* mit der II. Armee,
Garde, I., V. und VI. Corps, von Königinhof – seinen linken
Flügel längs der Elbe – in die rechte Flanke des Feindes vorgehen. Erst um Mitternacht hatte ich mit General *Moltke* alles
festgestellt, bestimmte meinen Aufbruch auf 5 Uhr früh, da
die Armee sofort nachts 2 Uhr den Marsch anzutreten hatte.
Ich hatte fast 4 Meilen zu fahren und glaubte immer noch nicht
recht an die Richtigkeit der Annahme, daß der Feind diesseit
der Elbe stehen könne. Aber nur zu bald sollte sich die Richtigkeit herausstellen. Als ich in einem kleinen Dorfe, Dub, zu
Pferde stieg, regnete es und dauerte derselbe mit langen Unterbrechungen den Tag über an. Schon bei den Truppen vorüber-
fahrend, wurde ich fortwährend von denselben mit Hurra begrüßt.

⁽*⁾Wir geben diesen Brief, einmal weil er ein historisches Dokument
geworden ist, andrerseits aber auch weil er die Ereignisse des Tages in
kürzester Form noch einmal rekapituliert und die Schlacht in ihren
Hauptmomenten dem Leser in besondrer Anschaulichkeit vorüber-
führt.

Das Gefecht fing soeben, 8 Uhr, mit Artilleriefeuer des II. Corps an, als ich in Sadowa ankam und auf einer Höhe Posto faßte; dies Corps stand rechts von hier. Die 8. Divison *(Horn)* ging bei Sadowa über die Bistritz und griff vorliegende waldige Höhen an, gewann aber bei der Heftigkeit der Verteidigung wenig Terrain. Die 7. Division *(Fransecky)* entwickelte sich mehr links mit gleich schwankendem Erfolge, *Herwarth* griff schon nach 1½ Stunden von Nechanitz kommend ins Gefecht ein, welches von nun an fast während 5 Stunden hauptsächlich in Artilleriegefecht bestand, untermischt mit Infanteriegefecht in waldigen Bergen. Mit Sehnsucht sahen wir dem Eintreffen der II. Armee entgegen, denn bei diesem langen Artilleriekampf mußte dieselbe mehrere Male bereits ihre Reservemunition verausgaben.

Das Infanteriegefecht schwankte hin und her. Endlich entdeckten wir die ersten Spuren der Annäherung des Garde-Corps, aber das Gefecht konnte man nicht sehen, indem es jenseit einer Höhe vor sich ging und man nur dasselbe aus der feindlichen Flankenstellung annehmen konnte. Trotz dieser Umgehung und trotz des allmählichen sehr langsamen Vordringens *Herwarths* hielt der Feind in dem Zentrum immer noch festen Stand. Jetzt wurde die 9. Brigade *(Schimmelmann),* das Leib- und 48. Regiment zur Unterstützung des Angriffs auf das Zentrum vorgeschoben. Ich ritt durch die Regimenter durch, die mich mit lautem Jubel begrüßten, während *Piefke* im Marsch »Heil Dir im Siegerkranz« blies – ein ergreifender Moment! Plötzlich wurde das Artilleriefeuer im Zentrum schwächer und wurde Kavallerie verlangt – ein Zeichen, daß der Feind anfange zu weichen. Jetzt verließ ich meine Höhe, weil der Sieg anfing sich durch den Flankenangriff der II. Armee zu entscheiden und ritt mit der Kavallerie vor. Hier stieß ich zuerst auf die in vollem Avancieren begriffene, *tambour battant,* 2. Garde-Division und Teile des Garde-Füsilier-Regiments, inmitten eben genommener 12 Kanonen. Der Jubel, der ausbrach, als diese Truppen mich sahen, ist nicht zu beschreiben; die Offiziere stürzten sich auf meine Hände, um sie zu küssen, was ich diesmal gestatten mußte, und so ging es allerdings im Kanonenfeuer immer vorwärts und von einer Truppe zur andern und überall das nicht enden wollende Hurrarufen! Das sind Augenblicke, die man erlebt haben muß, um sie zu begreifen, zu verstehen! So traf ich auch noch die Truppen des I., VI. und V. Armee-Corps, auch mein Infanterie-Regiment; vom VIII. Corps nur das 8. Jäger-Bataillon und vom VII. nur das 17. Regiment; die übrigen waren zu weit schon entfernt in der Verfolgung des Feindes. Jetzt brachen unsre Kavallerie-Regimenter vor, es kam zu einem mörderischen Kavalleriegefecht vor meinen Augen, Wilhelm an der Spitze seiner Brigade: 1. Garde-Dragoner, Zieten-Husaren, 11. Ulanen-Regiment, gegen östreichische Kürassiere und Ulanen, die total culbutiert wurden, und das Gefechtsfeld, das ich gleich darauf beschritt, sah fürchterlich aus von zerhauenen Östreichern, tot, lebend! So avancierte dann wieder die Infanterie bis zum Talrande der Elbe, wo jenseit dieses Flusses noch heftiges Granatfeuer erfolgte, in das auch ich geriet, aus dem mich *Bismarck* ernstlich entfernte. Ich ritt aber nun noch immer umher, um noch ungesehene Truppen zu begrüßen, wo ich *Mutius*, *Würtemberg* und *Bonin* auch antraf. Alle diese Wiedersehen waren unbeschreiblich. *Steinmetz*, *Herwarth* fand ich nicht. Wie sah das Schlachtfeld aus! Wir zählten 35 Kanonen, es scheinen über 50 genommen zu sein, mehrere Fahnen. Alles lag voller Gewehre, Tornister, Patrontaschen; wir rechnen bis heute 12.000 Gefangene, hier befinden sich 50 gefangene Offiziere. Aber nun der Revers der Medaille! Unser Verlust ist noch nicht ermittelt, er wird hoch sein; daß General *Hiller* von der Garde geblieben ist, wirst Du schon wissen; ein großer Verlust! *Anton Hohenzollern* hat vier Gewehrkugeln im Bein, ich weiß nicht, wie es ihm heute geht, er soll enorm brav gewesen sein. *Erckert* ist schwer blessiert, ebenso Oberst *Obernitz* am Kopfe. Das 1. Garde-Regiment hat solche Verluste, daß aus zwei Bataillonen eins formiert ist. In welcher Aufregung ich war, kannst Du denken – und zwar der gemischtesten Art, Freude und Wehmut. – Endlich begegnete ich noch spät, 8 Uhr, *Fritz* mit seinem Stabe. Welch ein Moment nach allem Erlebten und am Abend dieses Tages! Ich übergab ihm selbst den Orden *pour le mérite*; die Tränen stürzten ihm herab, denn er hatte mein Telegramm mit der Verleihung nicht erhalten.(*) Also völ-

---

* Der Kronprinz (in seinem Tagebuche) schreibt über diese Begegnung: »Endlich nach vielem Suchen und Fragen fanden wir den König; ich meldete Ihm die Anwesenheit meiner Armee auf dem Schlachtfelde und küßte ihm die Hand, – worauf er mich umarmte. Beide konnten wir eine Zeit lang nicht sprechen, bis Er zuerst wieder Worte fand und

lige Überraschung! Einstens alles mündlich! Erst um 11 Uhr war ich hier ohne alles, so daß ich auf einem Sofa campierte. «

TROPHÄEN. VERLUSTE

Fünf Fahnen, 160 Geschütze, viele tausend Gewehre, 20.000 Gefangene waren in unsre Hände gefallen; schwerer als alles das wog das Bewußtsein, daß mit diesem Siege die Kriegs-*Entscheidung* überhaupt gegeben war. Der Dualismus hatte sein Ende erreicht; der Bundestag war tot; ein neues Deutschland war geboren.

Ein großes Resultat, aber der Einsatz war hoch. Wir verloren an diesem Tage 359 Offiziere und 8794 Mann, davon 99 Offiziere und 1830 Mann tot. Am härtesten war die 7. Division im Swiep-Wald, nächst ihr die 1. Garde-Division bei Chlum und Rosberitz betroffen worden. Wir geben nachstehend die Verluste der am heißesten im Gefecht gewesenen Regimenter.

Im Swiep-Wald.	26. Infanterie-Regiment:	26 Offiziere,	709 Mann.
	66. Infanterie-Regiment:	13 "	476 "
	27. Infanterie-Regiment:	25 "	444 "
	67. Infanterie-Regiment:	17 "	400 "
Chlum und Rosberitz.	1. Garde-Regiment:	13 "	380 "
	2. Garde-Regiment:	10 "	251 "
	3. Garde-Regiment:	4 "	246 "

mir sagte, Er freue sich, daß ich bisher glückliche Erfolge gehabt, auch Befähigung zur Führung bewiesen; Er habe mir, wie ich wohl durch sein Telegramm wisse, für die vorhergegangenen Siege den *Pour le mérite* verliehen. Jenes Telegramm hatte ich nicht erhalten, und so überreichte mir denn mein Vater und König auf dem Schlachtfelde, wo ich den Sieg mit entschieden, unsren höchsten Militär-Verdienstorden. Ich war tief davon ergriffen, und auch die Umstehenden schienen bewegt. «

	49. Regiment:	5	''	327	''
Im Hola-Wald.	61. Regiment:	10	''	370	''
	31. Regiment:	10	''	207	''
	71. Regiment:	9	''	291	''
Problus und	56. Regiment:	14	''	341	''
Prim.	28. Regiment:	12	''	213	''

Von Generalen war Generallieutenant Freiherr v. Hiller tot, Generalmajor Graf Groeben verwundet. Unser sonstiger Verlust an Stabsoffizieren erreichte die Zahl 32. Davon waren tot oder erlagen ihren Wunden:

Oberst v. Wietersheim, Commandeur des 49. Regiments,

Oberstlieutenant v. Helldorf vom 1. Garde-Regiment,

Oberstlieutenant v. Pannewitz vom Regiment Elisabeth,

Oberstlieutenant v. Sommerfeld vom 27. Regiment,

Oberstlieutenant Heinichen, Commandeur des Brandenburgischen Dragoner-Regiments Nr. 2,

Major v. Reuß vom 2. Garde-Regiment,

Major v. Gilsa vom 26. Regiment,

Major Rüstow vom 3. Feldartillerie-Regiment (General-Feldzeugmeister).

Besondere Trauer weckte der Tod des General v. Hiller, der, bei Chlum-Rosberitz die Entscheidung bringend (wie einst sein Vater bei Belle-Alliance) im Moment des Sieges fiel. Wir geben kurz die Daten seines Lebens:

Wilhelm, Freiherr Hiller von Gärtringen, einem alten ursprünglich und bis zum 14. Jahrhundert in Graubündten seßhaften Reichsrittergeschlecht entstammend, war am 28. August 1809 zu Pasewalk in Pommern geboren. 1826 trat er als

(284)

* »Ich war glücklich«, schrieb er in späteren Jahren, »das jüngste Mitglied dieser ausgezeichneten Truppe werden zu können. Das Regiment verdiente diese Bezeichnung damals und hat sie unausgesetzt verdient, was der am besten zu beurteilen vermag, der in demselben seine erste militärische Erziehung erhielt und dem später Gelegenheit wurde, mannigfache andre militärische Verhältnisse näher kennen zu lernen. Der Geist des altpreußischen Dienstes, der von Friedrich Wilhelm I. begründeten, das Fundament des preußischen Offizierstandes bildenden Anschauungen und Begriffe hatte sich am lebendigsten von Generation zu Generation erhalten in der alten Pflanzschule der preußischen Armee in Potsdam.«

Freiwilliger ins 1. Garde-Regiment,*) besuchte von 1834-37 die Kriegsschule, erhielt 1842 Urlaub, machte bis 1844 die Kämpfe im Kaukasus mit, kehrte zurück, avancierte von Stufe zu Stufe, wurde 1856 Oberst und 1859 Brigadier. Im Januar 1866 erhielt er das Kommando der 1. *Garde-Division*, derselben Division in welcher er Brigade- und Regimentscommandeur gewesen war und in welcher er seine militärische Laufbahn begonnen hatte. An der Spitze dieser Division zog er in Böhmen ein, schlug mit ihr das siegreiche Gefecht bei Burkersdorf, nahm Königinhof und brach mit ihr, instinktiv den Punkt erkennend wo die Entscheidung lag, am 3. Juli gegen Chlum vor. Chlum und gleich darauf Rosberitz wurden genommen. Wir haben diese Kämpfe in Ausführlichkeit geschildert.

»Während dieses Kampfes und der nun folgenden Ereignisse (so schreibt die Hand eines überlebenden Waffengefährten) hielt General v. Hiller auf der Höhe am Südwestausgange von Chlum an der Stelle, welche den freiesten und weitesten Überblick gewährte und als solche, wenn auch im hohen Grade exponiert, doch der angemessenste Platz für den Divisions-Commandeur war. Seine Truppen, durch die Terrainverhältnisse und durch sein unaufhaltsam schnelles Vorgehn in der Tiefe wie in der Breite weit auseinandergezogen, fochten rings um ihn, an all den Punkten die wir genannt. Seine Adjutanten waren fast beständig unterwegs, um die Verbindung in der Division aufrecht zu erhalten; einer von ihnen, der junge, lebensmutige und hoffnungsvolle The-Losen, fand dabei am *Nord*ausgang von Chlum den Tod. Der General, am *Süd*-ende des Dorfes, war oft ganz einsam; nur wenige Compagnieen des 1. Garde-Regiments zu Fuß befanden sich in seiner Nähe inmitten eines Granatfeuers von unerhörter Heftigkeit. Ruhig im Sattel bleibend, hielt der Generallieutenant länger als ¾ Stunden darin aus. –

Das waren wohl Viertelstunden tiefster innerer Erregung! Zwar wurden die Attacken östreichischer Infanteriemassen gegen den Abhang mehrfach abgeschlagen, aber die isolierte Stellung der Division, bei ihrem kühnen Vordringen zu dieser verhängnisvollen Höhe von Chlum, wurde doch von Minute zu Minute kritischer. *Rosberitz ging verloren.* Da zu rechter Zeit, wie wir wissen, erschienen vier Batterieen der Reserve-Artillerie der Garde und begannen ein wohlgezieltes, gewaltiges Feuer auf die Kolonnen der östreichischen Reserven.

Mit welchem Gefühl mußte der General das Schlachtfeld überblicken! Wie mußte es ihn gemahnen an seines Vaters Ehrentag, an Belle-Alliance! Denn dem Vater gleich, hatte auch er durch heldenhaft kühnes Vorgehen mit stürmender Hand den blutigen Lorbeer gepflückt. Daß es zum Siege ginge, daran kam ihm wohl kaum noch ein Zweifel. Schon begannen die Rückwärtsbewegungen in den feindlichen Massen, und nur *eine* Sorge konnte den General noch erfüllen, die, ob die andern Corps der II. Armee frühzeitig genug bei Chlum eintreffen würden, um ihre *volle* Wucht in die Waagschale des ungeheuren Flankenangriffs hineinwerfen zu können. Wir wissen jetzt, wie in immer kürzeren Zwischenräumen Division auf Division dem entscheidenden Punkte zueilte; wir wissen aber auch, daß im Augenblick glorreicher Lösung einer selten bedeutungsvollen Aufgabe, die sich, wie es schien, vom Vater auf den Sohn vererbte – eine Granate ihn tot aus dem Sattel warf.«

Wilhelm v. Hiller war eine stattliche, hochaufgerichtete und straffe Soldatengestalt, dunkel von Auge und Haar, ernst und gemessen in Haltung und Bewegung. Wen er kannte und wem er vertraute, dem gab er sich unbefangen und gesprächig; unbekannten, oder unerwünschten Persönlichkeiten gegenüber verstand er eine ganz besonders kühle, vornehm reservierte Haltung zu zeigen, die oft vielleicht energischer zurückwies, als beabsichtigt war. Die echt ritterlichen Grundlagen seiner durchaus edlen Natur prägten sich in seinem ganzen Wesen aus und erwarben und sicherten ihm die Neigung aller Besten.

Die Klage um ihn war groß. Der König in seinem Briefe an die Königin nannte *ihn* unter allen Gefallenen zuerst: »Daß General Hiller von der Garde geblieben ist, wirst Du schon wissen; *ein großer Verlust*.« Lieder besangen ihn, den »Sohn des Löwen von Planchenoit«.

> Ein Kriegsmann war er, blank wie Stahl,
> Den Sieg, den wußt' er zu zwingen, –
> Es führte die Garde des Königs zum Kampf
> Herr Hiller von Gärtringen.
>
> Den frischen Lorber von Trautenau
> Um die Heldenstirne gewunden –
> Den Tod für König und Vaterland
> Hat er bei Chlum gefunden.

So klang es damals.

Neben dem Tode des General Hiller weckte das Schicksal des jungen Prinzen Anton von Hohenzollern eine besondre Teilnahme. Auch seiner erwähnt der Brief des Königs in den schmeichelhaftesten Ausdrücken. »Prinz Anton von Hohenzollern schlug sich enorm brav.« Die Kampfesmomente, die seine tödliche Verwundung herbeiführten, haben wir S. 247 ausführlich geschildert. Wir fügen nur weniges noch hinzu.

Vor dem Beginn des Krieges befand sich der Prinz auf einer Reise im Orient; er eilte zurück zu seinem Regiment (1. Garde-Regiment), bei dem er kurz vor dem Ausmarsch eintraf. Alle Beschwerden des Marsches ertrug er gern mit seinen Kameraden und Untergebenen; in den glücklichen Gefechten von Staudenz, Burkersdorf und Königinhof war er für alle ein leuchtendes Beispiel von Hingebung und Tapferkeit. Am 3. führte er einen Zug der 9. Compagnie. An der Spitze dieses Zuges drang er in Rosberitz ein und nahm hervorragenden Anteil an der Verteidigung dieses Dorfes, bis er durch 4 Kugeln im Oberschenkel schwer verwundet wurde. Gefangen und wieder befreit, brachte man den jugendlichen Helden nach Königinhof. Hier starb er nach dreiunddreißig Tagen qualvollen Leidens. Seine letzten Worte waren: »Es gereicht mir zur großen Beruhigung, unter den Hohenzollern derjenige zu sein, welcher durch seinen Tod neues Zeugnis ablegt von der Tapferkeit unsrer braven Armee.«

Groß und schmerzlich waren unsre Einbußen, aber sie verschwanden neben den östreichischen. Weil der Kaiserstaat nie zuvor eine gleich zahlreiche Armee ins Feld gestellt, oder, *wenn* ins Feld gestellt, doch nicht in einer einzigen Entscheidungsschlacht engagiert hatte, so waren auch die Verluste an Menschen wie Material größer denn je zuvor. Und wie der Verlust im ganzen ein ungeheurer war, so hatten namentlich einzelne Regimenter bis zur Hälfte ihres Bestandes eingebüßt. Wohl mochte ein Soldat vom Regiment Deutschmeister schreiben: »Allerliebste Eltern. Den 3. Juli war die Schlacht bei Königgrätz. Da bin ich nur eine Viertelstunde zurückgewesen. Den 3. Juli merk ich mir mein Leben bis in den Tod. Den 3. Juli war's nur um eine Viertelstunde, so hätten uns schon die Preußen gehabt. Den Tag merk ich mir, den 3. Juli; da hat's was gegeben. Den Tag haben wir retirieren müssen. Ach Gott, das war ein Übel. Ich hab weggeworfen, was ich gehabt hab. Jeder hat wollen der Erste zurück sein. Ach Gott, den 3. Juli, den merk ich mir.«

Was Östreich an Trophäen einbüßte, haben wir bereits aufgezählt, an Offizieren und Soldaten verlor es über 44.000 Mann, darunter 26.000 Vermißte. Von diesen 26.000 Vermißten waren aber nur 20.000 gefangen, so daß wir die Differenzzahl (6000) noch zum großen Teil den Toten und tödlich Verwundeten zuzurechnen haben.

Wirklich Genaues und absolut Zuverlässiges über die östreichischen Verluste zu erfahren (vergleiche unsre Anmerkung S. 268), darauf werden wir wohl für alle Zeiten verzichten müssen. Ist erst der große Sturm vorüber, so fehlt entweder das Interesse (die Toten sind tot) oder die Zahlen werden dieser oder jener Anschauung zu liebe zurecht gemacht. Die Angaben der ersten Wochen, trotz einzelner Unkorrektheiten, bleiben deshalb oft die besten. Das »convenu«, das in der Kriegsgeschichte eine so große Rolle spielt, hat dann seine Wirksamkeit noch nicht äußern können. Als unbedingt zuverlässig sind nur die Listen anzusehn, die das Namensverzeichnis der gefallenen Offiziere geben.[*]

Die verschiedenen östreichischen Militär-Zeitschriften, wie hiernach selbstverständlich, weichen in ihren Verlustangaben nicht unerheblich ab. In den großen Zügen stimmt es aber und wenn man nicht um einzelne Hundert rechnen und rechten will, so stellt sich heraus, daß das I. Corps etwa 10.000, das IV. Corps 9000, das III. Corps 6500, das II. Corps 6000 Mann verlor. Das IV. und I. Corps verloren also, jedes einzeln gerechnet, mehr als unsre ganze Armee. Die geringste Einbuße erlitten die Sachsen trotz schwerer Verluste an Toten und Verwunde-

---

* Das Vorstehende sind Worte, die *vor* dem Erscheinen des östreichischen Generalstabswerkes niedergeschrieben wurden; wie wir glauben mit Recht. Auch *nach* dem Erscheinen jenes Werkes bleibt *das* bestehn, was wir in der Anmerkung zu S. 268 gesagt haben. Andrerseits muß aber durchaus hervorgehoben werden, daß, wenige Fälle abgerechnet, von einem *offiziellen* Beschönigen der Tatsachen, oder gar von einem Verkleinern der gehabten Verluste nirgends die Rede sein kann. Im Gegenteil, man hat hier und da den Eindruck, als wäre es dem östreichischen Generalstabe, nur um den Gegner nach dieser Seite hin zufriedenzustellen, gelegentlich auf ein halbtausend mehr oder weniger gar nicht angekommen.

ten; aber bis zuletzt durch musterhafte Disziplin zusammengehalten, zählten ihre Gefangenen und Vermißten nur eben nach Hunderten.

Bemerkenswert, wie in fast allen östreichischen Kriegen, erwies sich wiederum die große Zahl der gefallenen und verwundeten Offiziere *aller* Grade.

Generalmajor v. Schulz vom VIII. Corps,
Generalmajor v. Poschacher vom I. Corps,
Oberst Prinz Hohenlohe-Langenburg vom I. Corps,
Brigadier Oberst Poeckh vom IV. Corps,
Generalstabsoberst v. Görtz vom IV. Corps,
Oberstlieutenant im Generalstabe v. Gareiß vom IV. Corps,

und acht Regimentscommandeure:

Oberst Binder vom Regiment Heß Nr. 49,
Oberst Slawecki vom Regiment Meiningen Nr. 46,
Oberst v. Ripper vom Regiment Sigismund Nr. 45,
Oberst Graf Bissingen vom Regiment Steininger Nr. 68,
Oberst v. Reitzenstein vom 8. Jäger-Bataillon,
Oberst Bergou vom Regiment Martini Nr. 30,
Oberst Zerbs vom Regiment Gyulai Nr. 33,
Oberst v. Lebzeltern vom Regiment Gorizutti Nr. 56,

waren tot oder erlagen ihren Wunden; die Gesamtzahl der gefallenen Offiziere ging weit über 500 hinaus. Drei und vierfach war die Zahl der Verwundeten. Über die enormen Verluste des IV. Corps, namentlich auch an höheren Offizieren, haben wir S. 195 gesprochen.

Dem dem östreichischen Offizierscorps lebenden Geiste, der Bravour, der Hingebung jedes einzelnen, wird durch diese Zahlen ein glänzendes Zeugnis ausgestellt. 1849 bei Novara traten die Offiziere in langer Linie vor die Front und erzwangen fast persönlich den Sieg. Das wirft, wir wiederholen es, ein helles Licht auf das Offizierscorps, aber fast einen Schatten auf die Armee. Rüstow hat Recht, wenn er zwischen den preußischen und östreichischen Verlusten abwägend, schließlich bemerkt: »Die Wahrnehmung, daß das preußische Offiziercorps verhältnismäßig nur wenig mehr Verluste hatte als die Mannschaft – auch *diese* Wahrnehmung spricht für Preußen. Es gibt eben kein höheres Lob als dieses für den *allgemeinen Geist der Truppen.* Denn im wesentlichen heißt dies nichts anderes, als daß die Offiziere nicht nötig hatten, sich außerordentlich zu exponieren, um ihre Leute vorwärts zu bringen oder am Fleck zu erhalten. Besonders schön tritt dies bei der 7. Division im Swiep-Walde hervor. Der unverhältnismäßige Mehrverlust von Offizieren auf östreichischer Seite zeigt nur, um wie vieles besser der allgemeine Stoff des preußischen Heeres ist.« Diese Sätze erscheinen uns richtig und wir *müssen* uns zu ihnen bekennen, wie abgeneigt wir auch sind, den unterlegenen Feind zu unterschätzen oder zu verletzen.

Zu den Verlusten Östreichs an diesem Tage dürfen wir auch zählen, daß es seinen Feldherrn, oder was dasselbe sagen will *seinen Glauben* an ihn einbüßte. Benedek war nach dem 3. Juli ein toter Mann. Was eine Niederlage dem Kaiser, dem Lande, ihm selbst bedeutete, – er wußte es, noch ehe die Niederlage in ihrem ganzen Schrecken da war. Wohl mocht ihm das Verlangen kommen, dem allem zu entgehn. Als er sah (so wird erzählt), welchen Ausgang die Schlacht zu nehmen drohte, suchte er den Tod. Er jagte mitten in den Hagel hinein. Ähnliches wie das historisch gewordene: »will denn keine v ... Kugel mich treffen«, mochte durch seine Seele gehn. Offiziere, die wahrnahmen was in ihm vorging, wichen nicht von ihm und suchten ihn (einer wurde verwundet) zu decken bis zuletzt. Es gelang. Vielleicht mehr als *dem* lieb war, dem die Liebestat galt. Er blieb übrigens äußerlich ruhig und gab kein Zeichen der Schwäche. »Ich habe alles verloren, nur das Leben nicht«, so soll er gesprochen haben.

Bald nach Mitternacht war er in Hohenmauth. Um 3 Uhr früh richtete er folgendes Telegramm an den Kaiser:

»Nach mehr als fünfstündigem brillanten Kampfe der ganzen Armee und der Sachsen in teilweise verschanzter Stellung vor Königgrätz, mit dem Zentrum in Lipa, gelang es den Feinden sich unbemerkt in Chlum festzusetzen. Das Regenwetter hielt den Pulverdampf am Boden, so daß er eine bestimmte Aussicht unmöglich machte. Hierdurch gelang es dem Gegner, bei Chlum in unsre Stellung vorzudringen. Plötzlich und unvermutet in Flanke und Rücken heftig beschossen, wankten die nächsten Truppen und ungeachtet aller Anstrengungen konnte es nicht gelingen, dem Rückzuge Einhalt zu tun. Derselbe ging

anfangs langsam vor sich, nahm jedoch an Eile zu je mehr der
Feind drängte, bis sich alles über die Kriegsbrücken der Elbe,
sowie nach Pardubitz zurückzog. Der Verlust ist noch nicht zu
übersehen, ist aber gewiß sehr bedeutend.«

Die Wirkung dieses Telegramms, das der Draht nach allen
Hauptstädten weiter trug, war wie ein Donnerschlag. Der Kaiser in der Hofburg brach zusammen. In den Tuilerien stand
man verlegen vor einem fein gesponnenen und nun zerrisse-
nen Gewebe. Kardinal Antonelli soll ausgerufen haben: die
Welt stürzt ein. *Kathol. Welt ?2*

Und wie in den Kabinetten, so in den Bevölkerungen. In
Frankreich hieß es: das ist ein Tag wie Waterloo. Am ruhigsten
erschien man da, wo man den Schlag am direktesten empfinden
mußte, – in *Wien*. Man bewahrte Haltung, vielleicht weil man
noch mehr empört und erbittert, als gebrochen und unglücklich war. »Weg mit den alten Zuständen«, dieser Ruf war lauter,
als »weg mit den Preußen«. Die Neue Freie Presse, eins der
besten und angesehensten Blätter, schrieb:

»Wir haben eine große Schlacht verloren und werden die
Folgen einer entscheidenden Niederlage zu tragen haben, ob
nun der Krieg mit dem Aufwande der äußersten Mittel fortgeführt wird oder zunächst ein Waffenstillstand als Einleitung zu
einem Friedensschlusse zu Stande kommt. Der Gedanke der
Fortsetzung des Krieges mit den äußersten Mitteln besteht in
maßgebenden Kreisen. Man will Venetien an Kaiser Napoleon
abtreten, damit Italien befriedigt werde, die Süd-Armee unter
Erzherzog Albrecht herausziehen und die ralliierten Reste der
Nord-Armee vereint mit dem verfügbar gewordenen Heere,
welches jüngst bei Custozza gesiegt, den Preußen entgegenstellen.

Das alles ist gut und läßt sich hören.

Ist es aber wahr, was man verbreitet, daß seit der verhängnisvollen Schlacht bei Königgrätz eine Nord-Armee als taktische
Größe nicht mehr vorhanden ist; ist es wahr, daß eine der
schönsten Armeen, die Östreich jemals ins Feld gestellt hat,
von den Preußen nicht nur geschlagen, sondern zersprengt, gefangen und vernichtet wurde; ist es wahr, daß dieses Preußen
einen Sieg errungen, wie es einen solchen niemals zu träumen
gewagt – so fürchten wir, daß auch die Süd-Armee nicht mehr
rechtzeitig auf dem Platze erscheinen kann, um den Feind
aufzuhalten, die Reichshauptstadt erfolgreich zu verteidigen

und die siegreich vorrückende preußische Armee zurückzu-
schlagen.

Da hilft nur *eins.* Unsre jetzige Regierung oder eine andre
muß sich entschließen, die politischen Hebel in Bewegung zu
setzen, die ihr zu Gebote stehen. Dazu gehört vor allem die
Berufung an das Rechts- und Ehrgefühl, an die Begeisterung
der Völker Östreichs und die Lösung der ungarischen Frage
durch eine kaiserliche Initiative im großen Stile. Heute handelt
es sich nicht mehr um Parteiprogramme, um Zentralisation,
Föderalismus, Dualismus; heute gilt es die bedrohte Existenz
des Reiches, seine Machtstellung, seine Würde, sein Recht, seine Ehre zu retten.«

Wer wollte hierin eine würdige Sprache verkennen! Weder
Kleinlichkeit, noch Kleinmut. Herber klangen die Stimmen
»aus dem Lager«: »Der seit Oeversee zu höchstem Ansehn
gelangten fixen Idee, daß Bajonettangriff und Kolbendrein-
schlagen die eigentliche Taktik seien, ist unsre Armee geopfert
worden. Unsre Infanterie ging vor, bis sie fiel; aber die Führer
hätten nach den großen Verlusten der ersten Kämpfe einsehen
sollen, daß mit der Dreschflegelmethode nicht aufzukommen
sei, da man nicht mit toten Bataillonen Siege erficht. Nichtsdestoweniger blieben sie der fehlerhaften Taktik treu. Wir glauben, daß die Verachtung des Menschenlebens eine Frucht des
Systems genannt werden kann, wollen aber dem Scharfsinn
der Leser überlassen, die Ursache zu ergründen. In Rußland,
wo dieselben Ideen maßgebend sind, treten dieselben Erscheinungen zu Tage. Man kann eine Truppe dahin bringen, daß sie
zu sterben weiß und doch nicht zu siegen versteht.«

Und in einem andern Briefe hieß es:

»Zweierlei hat uns ruiniert: ein blindes Unterschätzen des
Feindes und ein vermessenes Überschätzen der eigenen Kräfte
und Mittel. Die jüngsten Tage dürften nun endlich der Überzeugung Eingang verschafft haben, daß die Kriegskunst eine
profunde Wissenschaft geworden sei und der Kampf keine bloße Schlägerei, aus der nur jener als Sieger hervorgehen müsse,
der mit derberen Fäusten und intensiverer Blindheit ›hinein-
geht‹. Trotz all der Millionen, die wir auf Militärzwecke ausgegeben, mit denen man heute kein Heer mehr furchtbar macht,
haben wir den Feldzug verloren; nicht weil die Tapferkeit unsrer Soldaten eine geringere, die Bravour eine weniger entschiedene ist, sondern weil unsre Kriegstechnik eine veraltete, die

Strategik eine verlümmelte und die Taktik eine gänzlich verrostete ist. Mit all unsren Millionen, mit all unsren Kommissionen haben wir uns dem neuen *Systeme* der Kriegsführung nicht zu akkommodieren gewußt, und deshalb ist das alte unter der Wucht eines neuen zusammengebrochen.«

Das »System« wurde verurteilt (zugegeben, mit Recht), das System in Staat, Schule, Armee. Wie der »Vierundzwanzigpfünder« den dänischen Krieg gewonnen hatte, so hatte das »System« diesen Krieg verloren. *Nicht* Benedek, wenigstens nicht in den Augen der Menge.

An ihm, an seinem alten Lieblinge, hielt das Volk mit seltner Treue fest und gab ein schönes Beispiel nachsichtiger, andauernder Liebe, ein Beispiel, zu dem die Geschichte nur wenige Seitenstücke bietet. Seine Irrtümer wurden zugegeben, aber in aller Herzen schien das Dichterwort lebendig zu werden:

> Auch der blut'ge Sohn des Unglücks,
> Auch der heldenmüt'ge Kämpfer,
> Der dem ungeheuren Schicksal
> Unterlag, wird weiter leben
> In der Menschen Angedenken.

Wir fügen, da wir dem Kaiserlichen Oberfeldherrn, trotzdem er die zertrümmerte Armee glücklich nach Mähren zurückführte, auf den folgenden Blättern nur noch vorübergehend, nur noch als einem Namen begegnen werden, gleich an dieser Stelle eine kurze Darstellung hinzu, die Auskunft geben mag, wie seine Laufbahn endete. Bis zu seinem Eintreffen in Olmütz führte er das Oberkommando fort; dann ging er nach Wien, stellte sich, und ein Kriegsgericht trat zusammen »um über ihn zu befinden«. Der Friede war längst da, Östreich von unsren Truppen geräumt, als das Kriegsgericht endlich sein Urteil sprach. Aber es war kein eigentliches Urteil; mehr eine Beurteilung, ein Gutachten, ein historisches Charakterbild.

»So schwer es uns wird (so heißt es in diesem Aktenstück), wir müssen das harte Wort wiederholen, daß Feldzeugmeister v. Benedek leider einer so großen Aufgabe nicht gewachsen war und daß in seinen Planen und Dispositionen Mißgriffe stattgefunden haben, welche nach den Regeln der Kriegskunst keineswegs zu rechtfertigen sind. . . . Indessen, *nicht* aus Fahrlässigkeit oder Mangel an Tatkraft, *nicht* aus Gleichgültigkeit oder Unvorsichtigkeit sind die Fehler der Kriegsführung Benedeks entsprungen. Niemand hätte mit besserem Willen und größerem Eifer nach dem Siege unsres Heeres, nach dem Ruhme der Waffen Östreichs streben können; aber politische und militärische Verhältnisse, wie sie bekanntermaßen vor und während dieses unglücklichen Krieges eintraten, bedurften zu ihrer Beherrschung eines jener *genialen* Feldherren, deren es zu allen Zeiten so wenige gab und zu denen eben Feldzeugmeister Benedek bei allen seinen hervorragenden Soldateneigenschaften nicht mehr gezählt werden kann. Daß dem so ist, müssen wir nach dem entstandenen, in seiner ganzen Tragweite kaum abzusehenden Unheil tief bedauern; aber *es gibt kein Gesetzbuch, das den Mangel höchster geistiger Begabung straffällig erklärt,* und nichts erübrigt wohl in ähnlichen Fällen, als die unerläßliche Sühne, welche in der sofortigen bleibenden Entfernung der Betreffenden aus einem unangemessenen Wirkungskreise liegt; eine Sühne, die um so schwerer wiegt, je höher und ehrenvoller jener Wirkungskreis war.«

Diese Worte werden im wesentlichen das Richtige treffen. Die Geschichte wird ihn *noch* milder beurteilen.

AM TAGE NACH DER SCHLACHT

Es war spät, als es andern Tags in den Bivouacs lebendig wurde. Man hatte unter Toten fest geschlafen. Nun begann das Suchen und Bestatten; furchtbare Anblicke boten sich, aber man kam darüber hinweg, die einen durch die hohe Freudigkeit des Sieges, die andern durch lethargische Ermattung, die Körper und Geist gefangen hielt. Noch andre stumpften ab unter der Fülle der Eindrücke. Eine Tatsache ist es, man richtete sich ein, man machte sich's bequem; wer schreiben konnte, schrieb; mancher Tropfen fiel aufs Papier, aber – man lachte auch wieder. Ein Soldatenherz trauert nicht auf lange.

Wo Zeit und Ort es gestatteten, unter Obstbäumen, im Schatten einer Scheune, saß man beisammen und plauderte von den Erlebnissen des Tages vorher. Das Lieblingsthema waren natürlich die Heldenstücke. Hier erzählte man von einem 15jährigen Fähnrich, der eben aus dem Kadetten-Corps ge-

kommen, gerade so viel Kanonen erobert hatte als er Jahre
zählte, dort von einem Tambour, der (nach Verlust seiner
Trommelstöcke) mit blutigen Fingern Sturmmarsch geschla-
gen, dort gar von einem ganzen Musikcorps, das, im Walde
überrascht und eingeschlossen, mit Tuba und Posaune sich den
Weg ins Freie gebahnt. Besondern Beifall fand auch das. Bei
Dohalitz hielt ein Fuhrwerk hinter einem Geschütz, das seine
Bespannung verloren hatte. Der Kutscher sah neugierig zu.
Der Batteriechef sprengte an den Fuhrmann heran: »Spannen
Sie Ihre Pferde vors Geschütz. Rasch!« »Zu Befehl, Herr
Hauptmann.« »Waren Sie Soldat?« »4. Artillerie-Brigade.«
»Da können Sie gleich den erschossenen Stangenreiter erset-
zen.« Und der Fuhrmann tat wie ihm befohlen.

An andrer Stelle ließ man das Heroische und hielt sich an das
ausschließlich Scherzhafte. »Wo willst Du hin mit der Gans?«
»Sie ist verwundet, Herr Lieutenant, ich hab' mich ihrer bloß
angenommen.« Bei der 7. Division wußte man von der Jagd zu
erzählen, an der, wohl auf 10 Minuten hin, ganze Abteilungen
teilgenommen hatten, als zwischen Cistowes und Chlum plötzlich ein aufgescheuchter Hase in Sicht gekommen war; pommersche Grenadiere hatten einen Generalswagen erbeutet, der
von einer mit 4 Jungen auf dem Wagenkissen liegenden Lever-
rier-Hündin energisch verteidigt worden war, »energischer als
manche Position«. Rührend war die Geschichte vom Hunde
des sächsischen Hauptmanns; der Hund bellte und zerrte bis
man ihm in ein Kornfeld folgte, wo, mit zerschossenen Füßen,
unfähig sich zu bewegen, sein Herr unter den Ähren lag.

An solchen und ähnlichen Zügen war kein Mangel. Ein Offizier hatte sich gebückt, um für seine Braut ein 4blättriges Klee-
blatt zu pflücken; in diesem Augenblick sauste eine Granate
dicht über ihn hin. Ein Kaiserjäger, während er für einen verwundet neben ihm liegenden Preußen an den nächsten Graben
eilte, um die Feldflasche mit Wasser zu füllen, war von einer
preußischen Kugel mitten in seiner Samaritertat hinwegge-
nommen worden. Noch ein andres ging von Mund zu Munde.
Am Rande des Sadowa-Gehölzes lagen zwei Verwundete vom
71. Regiment. Sie hatten sich, um Kühlung zu haben, eben bis
an den vordersten Graben geschleppt, als jenseit der Chaussee
ein Garde-Bataillon quer übers Feld rückte; auf Lipa zu. Die
Fahne vorauf, mit voller Musik. Sie spielten das Preußenlied.
Die beiden Verwundeten richteten sich auf, sahen einander an

und stimmten mit ein. Aber der eine sang es nicht zu Ende. Der Tod hatte Schweigen geboten.

So plauderte man in den Bivouacs.

Wir aber machen noch einmal einen Gang über das Schlachtfeld, an den Szenen vorüber, wie sie der »andre Tag« bot. Unser Weg führt uns wieder vom rechten nach dem linken Flügel.

Auf dem *Probluser* Kirchhof war man am Begraben. Man hatte meist nicht weit zu tragen, denn am dichtesten lagen die Gefallenen auf dem Kirchhof selbst. Der Kirchhof, in allen modernen Schlachten, ist Lieblings-Kampfesstätte; die Toten fallen zu den Toten. In den Kirchturm hatte eine Granate ein großes Loch geschlagen, das Pfarrhaus war durchlöchert, in dem Zimmer des Pfarrers steckten 11 Kugeln. Vor dem großen Brunnen stand ein Posten, um die letzten Wasserreste für die Verwundeten zu sichern. An der westlichen Dorflisière, hinter einem Heckzaun, lagen sächsische Jäger in langer Reihe; weiter nach Westen hin, von wo unser Angriff kam, unsre 56er. Eben schritt ein Trauerzug auf den Kirchhof zu. Es waren Füsiliere von der 9. Compagnie, die ihren tapfern Führer, Hauptmann v. Monbart, zu Grabe trugen. Sie hatten für ihn in Eile einen schlichten Sarg gezimmert und sein letztes Haus mit Blumen geschmückt. Diese Braven ehrten sich selber, indem sie ihren Führer ehrten. Als sie ihn in sein Grab gesenkt, dicht an der Kirche, kratzten sie seinen Namen in die Wand des Gotteshauses ein; ehe die Sonne unter war, stand noch manch andrer Name darunter.

Von Problus bis *Mokrowous* ist eine halbe Stunde. Hier war der Wiesengrund wie gepflügt. In der Meierei lagen 54er. Aus der Meierei heraus trugen sie eine Bahre, auf der zwei Tote lagen, ein galizischer Katholik, ein pommerscher Protestant. Der Ortspfarrer folgte in reichem Ornat, neben ihm ein evangelischer Geistlicher im Feldrock mit Binde und Päffchen. Der eine betete sein *de profundis* und *Pater noster,* der andre schloß mit dem Vater unser. Der katholische Geistliche nahm die Schaufel und warf Erde in die Gruft; dann reichte er sie dem protestantischen Geistlichen, der nur ein Gleiches tat. Ein Augenzeuge schreibt: ich hatte doch in etwas den Eindruck von dem »ich glaube an eine heilige allgemeine christliche Kirche.«

Neben Mokrowous liegt *Dohalitzka.* Mitten im Dorf, auf einem freien Platz, stand ein großes Kruzifix, umgeben von

fünf stattlichen Linden. In die eine war eine Granate einge-
schlagen und hatte einen mannsstarken Ast wie ein Reis zersplittert; die Splitter lagen umher, das Stacket war zertrümmert, aber der Gekreuzigte war unversehrt. Muß doch vor ihm
alle Gewalt sich beugen. In der schönen, weithin sichtbaren
Kirche befanden sich über hundert Verwundete. Einzelne
hockten in den Gängen der hochgewölbten Kirche, die Mehrzahl lag um den Altar herum und blickte hinauf zu dem Bilde
des Gekreuzigten. Orgel und Kanzel waren hinausgetragen,
die Fenster zerschossen und doch war das ganze Gotteshaus mit
seinen Bewohnern eine gewaltige Predigt von dem »Kommet
her zu mir alle, die ihr mühselig und beladen seid, ich will euch
erquicken«. Und sie waren mühselig und beladen. Einer lag da
mit gespaltenem Schädel, so daß man auf das Hirn sehen konnte; einem andern war die Schulter weggerissen; er starb; auf
einem groben leinenen Tuch (er war nicht anders transportier-
bar) ließen sie ihn in die Gruft hinab; da lag er in seiner Blöße
und seine gebrochenen Augen, die niemand ihm zugedrückt,
schauten aus der Grabestiefe zum Himmel auf. Mangel an allem, kein Stroh, kein Wasser. Einem östreichischen Rittmeister
reichte ein Feldgeistlicher ein Bröckchen Schiffszwieback und
einen Tropfen Wein; dem wieder Auflebenden stürzten die
Dankestränen aus den Augen und er segnete die Hand, die ihm
mit so wenigem so viel getan.

Von Dohalitzka führt ein hübscher Weg etwas bergab nach
Sadowa. Es sind nur 20 Minuten. Hier in Sadowa lagen die
Schwerverwundeten in der Zuckerfabrik zwischen den Kesseln
und hydraulischen Pressen des Siedehauses. In dem Wirtshause, wohin man die verwundeten Offiziere geschafft hatte, war
es schon wieder leer geworden. Hier hatten Oberstleutnant
v. Pannewitz vom Regiment Elisabeth und Freiherr v. Putlitz
vom 49. ausgehaucht; schon hatten sie dem Nepomukbilde gegenüber, das neben dem Wirtshause steht, hart an der Straße
»unter den Apfelbäumen von Sadowa« ihr Grab gefunden.
Treue Hände richteten eben die schlichten Kreuze auf. Der katholische Totengräber, während die letzten Worte gesprochen
wurden, kniete am Grabe und betete mit.* – In dem Wirtshau-

---

* »So tat er immer und rührte mich durch seine Inbrunst,« – erzählt Pastor Keßler von Brandenburg. »Beim Abschiede bat er mich
um ein Andenken und ich gab ihm das für einen Totengräber wohlge-

se mußten auch sterbende Östreicher gelegen haben. Eine Sol-
datengruppe, Pommern vom Colberger Regiment, fanden eben
ein kleines Amulet zwischen den Ritzen der Dielen und müh-
ten sich, die Inschrift zu entziffern. Es glückte erst, als ein Offizier herantrat. Die Inschrift war in französischer Sprache: »O
Maria, ohn' Sünd empfangen, bitt' für uns.« Es mochte hier
vom ungarischen Obersten Serinny, Commandeur des Regiments Würtemberg, verloren sein, der die Nachtstunden, ehe
man ihn nach Horsitz schaffte, in diesen Räumen zugebracht
hatte. Oberst Serinny, als der Johanniterritter v. Werder ihm
ein Stück Kommißbrot und ein Restchen Madeira gab, hatte es
mit den Dankesworten hingenommen: »Und ich, ich darf nicht
einmal wünschen, Ihnen einen *gleichen* Liebesdienst leisten zu
können.«

In *Ober-Dohalitz*, das nur aus 10 bis 12 Häusler-Etablisse-
ments besteht, sah es grausig aus. Aus diesen Häusern, als sie
in Brand geraten waren, hatten sich alle Verwundeten, die sich
noch bewegen konnten, meist Östreicher, in die Höfe und Gärten geschleppt; die andern waren verbrannt. Jene hatten seit 24
Stunden kein anderes Labsal gehabt als den Nachttau. Als endlich Hülfe kam, hörte man nichts als den Ruf *woda, woda,* und
wenn ihnen Wasser aus einem nahe gelegenen Teich gereicht
wurde, klang es *Dzieki, Dzieki* von ihren zitternden Lippen.

Ähnlich wie im Hola-Walde, an dessen Südspitze Ober-Dohalitz liegt, sah es im Swiep-Walde aus und in den Dörfern, die
ihn umgeben, in Cistowes, in Benatek, in Maslowed und weiter
zurück in Cerekwitz.

In *Cistowes* lagen viele 27er und Gardefüsiliere. Dazu welche Bilder auf der Dorfgasse! Ein Jäger, an die Wand gelehnt,
auf sein Gewehr gestützt, war stehend gestorben. In einem
Brunnen, dessen Einfassung zertrümmert, lag ein toter Ulan,
mit dem Pferde hineingestürzt. Eine der Scheunen war mit
östreichischen Verwundeten angefüllt. Einer, ein Banater vom
Regiment Coronini, war durch die Brust geschossen. Unter
jammervollem Keuchen bemühte er sich krampfhaft, den
Mantel von der blutbedeckten, bloßen Brust wegzuziehn; es
wollte nicht glücken; keiner verstand ihn; endlich bemerkte

eignete Büchlein vom ›Tode der Frommen und Gottlosen‹. Seine Freude war unaussprechlich und unter vielen Tränen küßte er mir die
Hand.«

man, daß noch 30 Patronen in der Tasche seines Mantels steckten, deren Gewicht ihm fast den Atem geraubt hatte.

Cerekwitz, außerhalb des eigentlichen Schlachtrayons gelegen, bot wenig Bilder der Zerstörung; aber in seinem Schlosse, das zu einem großen Lazarett eingerichtet worden war (Geheimer Rat *Dr. Wilms* leitete dasselbe später in einer auch vom Feinde als musterhaft anerkannten Weise), reihte sich Lager an Lager. Auf dem einen lag Hauptmann v. Westernhagen vom 27., durch die Brust geschossen. Er hatte die Hoffnung aller Lungenkranken und Verletzten. »Ich denke wieder besser zu werden.« Der Arzt tröstete ihn. »Steht es *so* um mich; nun, wie Gott will.« – Nicht weit von ihm lag ein andrer Offizier von der 7. Division. Er wußte, daß es zu Ende ginge. Als der Geistliche an sein Bett trat, sagte er leise: »Ich fühle, daß meine Wunde tödlich ist. Meine Sünden, deren ich viele begangen habe, tun mir herzlich leid und ich wünschte wohl, daß ich ein neues Leben anfangen könnte. Ach, in der Jugend lebt man so dahin.« Danach ward er still; dann sagte er: »ich werde wohl sterben, ob ich schon noch leben möchte.« – In die Halle des Schlosses wurde ein 66er Füsilier getragen; man hatte ihn erst spät im Kornfeld gefunden; nun legten sie ihn nieder auf die Fliesen. Er war durch den Mund geschossen und ein dicker Blutschaum stand auf seinen Lippen. Als einer der Diakonen an ihn herantrat und ihm einen Trunk Wein anbot, erwiderte er: »Ach ja, wie gern, aber ich mache Ihnen ja die Flasche schmutzig.« Wer es hörte, dem traten die Tränen in die Augen, bei *diesem* Zeugnis von Selbstverleugnung.[*]

---

* Hier in *Cerekwitz* lag auch Füsilier *Nuglisch* vom 26. Infanterie-Regiment. Er war am Unterschenkel schwer verwundet und starb. In seiner Brieftasche fand sich ein Papier unter Adresse seiner Frau. Unter den viel tausend Briefen, die damals geschrieben worden sind, mag keiner sein, der das Beste, das wir haben und das uns recht eigentlich den Sieg gab, einfacher und ergreifender wiedergäbe als der Brief *dieses* schlichten Mannes. Wir geben ihn deshalb:

»Ich bin am linken Unterschenkel durch einen Granatsplitter am 3. Juli 1866 verwundet worden, in der Schlacht bei Maslowed (Swiep-Wald) ... Es war ein ungeheures Blutvergießen; die Menschen lagen wie gemäht ... Wir Füsiliere vom 26. Regiment erstürmten eine Anhöhe mit Eichenwaldung, welche der Feind stark verteidigte. Plötzlich bemerkten wir, daß wir vollständig abgeschnitten wurden; die Östrei-

Auch im Schlosse von *Horenowes* war ein Lazarett. Hier lag
Oberst v. Zychlinski, für den sein Musterbursche einen mächtigen Topf Rahm in einem Versteck entdeckt hatte. Als der
Rahm den Obersten erquickt, trat Pastor Besser aus Walden-
burg den Rahmtopf wie eine Erbschaft an, Freund und Feind
wurden mit diesem Leckerbissen gespeist und ein östreichischer Hauptmann vom Regiment Mecklenburg, der bei dem
»preußischen Erbsenwerfen«, wie er sich ausdrückte, zwei Kugeln in den Arm erhalten hatte, erklärte einmal über das andre:
daß ihm in der »ganzen verflixten Campagnen« nichts so ge-
schmeckt habe wie dieser Topf Rahm. – Aber solcher heitren
Bilder waren nicht viele. Der Major Noak de Huniad vom Regiment Sachsen-Meiningen, ein Serbe von Geburt und nur leicht
verwundet, eilte durch alle Gänge des Schlosses und rief nach
einem Geistlichen; »ein Unteroffizier seines Regiments sei am
Sterben«. Endlich fand er was er suchte; ein lutherischer Geistlicher trat an das Lager des griechisch-katholischen Szegedi-
ners und reichte ihm das Abendmahl. – Um dieselbe Stunde
wurden Gefangene in den Schloßhof gebracht, 11 an der Zahl.
Sie hatten vom Saum des Swiep-Waldes aus auf eine unsrer

cher feuerten von drei Seiten. Bei diesem Kreuzfeuer bin ich von einer
Granate am linken Unterschenkel schwer verwundet worden. Als ich
in meinem Schmerz dalag, sah ich, daß die Östreicher wieder die Oberhand hatten und unsre Leute zurückdrängten; ... ich sah auch mit
Entsetzen, wie sie meine verwundeten Kameraden, die hülflos dala-
gen, ganz tot schossen und mit dem Kolben schlugen. Als sie heran
waren, stellte ich mich tot, aber die Unmenschen konnten sich doch
nicht mäßigen und schlugen mich mit dem Kolben auf den linken
Hüftknochen. Aber unsre Leute schlugen die Östreicher abermals zurück und ich dankte meinem Vater im Himmel, als ich erst wieder
Preußen sah ... Das Schlachtenglück schwankte hin und her; endlich
kam der Kronprinz ... Meine lieben Leser, ein Schlachtfeld wie dieses
anzusehn, ist erstaunlich und macht einen erheblichen Eindruck auf
die Seele ... Ich wurde am 4. Juli Vormittag vom Schlachtfelde getragen, nach einem naheliegenden Dorfe und kam in eine Scheune mit
mehreren Kameraden zu liegen; denselben Nachmittag wurde mein
linker Stiefel und Hosenbein mir vom Leibe geschnitten und bekam
ich alsdann den ersten Verband. Ich habe noch Streifschüsse von Gewehrkugeln erhalten, welche aber nicht erheblich sind, einen an die
linke Hand, einen am rechten Backenknochen dicht unterm Auge und

Patrouillen geschossen und waren umstellt und aufgehoben worden. Bei mehreren fanden sich Patronen in den Rocktaschen, bei einem alten Graukopf einige Dutzend Zündnadel-Patronen im Ärmel. Einer war mit dem noch warmen Gewehrlaufe in der Hand gefaßt worden; die andern hatten die Gewehre fortgeworfen.

Wahrscheinlich waren diese elf Strolche (vier von ihnen sollen später gehängt worden sein) ein Bruchteil jener Bande, die, in der Nacht vom 3. auf den 4. auf dem ganzen Schlachtfelde, namentlich aber im Hola- und Swiep-Walde, die Toten geplündert und – es muß gesagt sein – viele von den Verwundeten elendiglich gemordet hat, um auch sie dann als Tote ausrauben zu können. Es ist nur allzu beglaubigt, daß Kannibalen-Taten aller Art geschehen sind, Taten, unter denen die Geschichte vom abgeschnittenen Finger, um den Ring leichter abstreifen zu können, zu den harmloseren zählt. Von dem Schrecklichsten mag der Schleier ungelüftet bleiben. Nur folgendes finde Platz hier. Ein Offizier schreibt: »Ich hatte am 4. Juli *du jour* und mußte das Schlachtfeld passieren. Ganze Reihen lagen tot

einen an der linken Lende... Der liebe allmächtige Gott und mein Heiland Jesus Christus haben mich bis auf diesen Tag väterlich in Schutz genommen... Ich habe die größte Sehnsucht meine geliebte Frau, meine lieben Kinder, welche mir so am Herzen liegen und ebenfalls meine gute alte Mutter wiederzusehn; mich in ihrer Nähe zu wissen, würde Balsam für meine tiefe Wunde sein; selbst wenn ich auf dem Lazarett in Magdeburg sterben müßte, so würde ich auf dem Militärkirchhof ruhiger schlafen als hier auf fremder Erde. Meine Lieben könnten mich besuchen, mein Grab mit Blumen schmücken und ein Gebet zu Gott verrichten. Meine lieben Kinder wüßten dann, wo ihr Vater wäre und wenn er auch im Grabe läge. Ich will aber den lieben Gott bitten, daß er mich wieder gesund macht, daß er mir Kraft gibt meine Schmerzen auszuhalten. Doch ich spreche wie mein Herr und Heiland: ›nicht wie ich will, sondern wie *Du* willst.‹ Dies habe ich auf meinem Schmerzenslager geschrieben... Sollte ich hier sterben, so wünsche ich, daß diese Brieftasche mit allem was sich darin befindet, an meine Frau geschickt wird; ihre Wohnung ist Magdeburg, Schmiedehofstraße Nr. 13. Ich bin der Füsilier Wilhelm Nuglisch vom 1. Magdeburgischen Infanterie-Regiment Nr. 26, 12. Compagnie... Sollte ich aber in Böhmen sterben – nun, wie Gott will; was Gott tut, das ist wohlgetan.«

neben den Gewehren, stürmend von den Kartätschen niedergerissen; daneben die Trophäen unsres Sieges, Waffen, Gewehre,
Pulverwagen, Kanonen. Auf einer derselben stand mit Kreide:
›Diese Kanone habe ich erobert. Gottlieb Janke.‹ Darunter
hatte ein andrer geschrieben: ›Das ist nicht wahr; ich nahm
sie. K. Hencke.‹ Doch ich will Dir von andrem erzählen. Wir
kamen in ein Gehölz, das zwischen den drei Dörfern Cistowes,
Benatek und Maslowed liegt (der Swiep-Wald). Hier hatte der
Kampf fürchterlich gewütet; eine Menge toter Östreicher lagen unter und über einander, etwas entfernter sahen wir Gesindel, das beschäftigt schien die Leichen zu plündern. Um sie,
wie Raubvögel, zu verscheuchen, schossen wir unsre Revolver
ab. Und wirklich sie verschwanden, oder schienen zu verschwinden. In demselben Augenblick, wer beschreibt unser Erstaunen, erhoben sich wohl zwanzig von den Totgeglaubten,
streckten uns flehend ihre Arme entgegen und baten mit
schwacher Stimme um Wasser. Das wenige, was wir bei uns
hatten, war bald verbraucht. Ich versprach einem östreichischen Oberst, der vorn am Gehölz lag, sobald als möglich mit
Wasser und einem Arzt wiederzukommen und ritt nach dem
nächsten Dorf. Aber wo hier Hülfe her nehmen! Endlich glückte es, doch wohl zwei Stunden mochten vergangen sein. Als wir
in den Wald zurückkamen, erkannten wir den Platz kaum wieder. Die Östreicher alle geplündert, ohne die Uniformen lagen
sie da, *keiner regte sich mehr.* Ich trat heran und rief: »hier ist
Wasser, Wasser!« alles vergeblich, *still blieben sie.* Den östreichischen Obersten konnt' ich unter den Toten nicht mehr her-
ausfinden. Entsetzt verließen wir den Wald.«[*]

---

[*] Auch Taten christlicher Liebe kamen vor; leider wohl nur sehr
vereinzelt. Wir geben ein solches Beispiel. Zwischen Ober-Dohalitz
und Dohalitzka lag ein 49er, vergessen, unter unsäglichen Schmerzen,
kein lebendes Wesen in der Nähe. »Schon glaubte ich mich dem Tode
nahe (so erzählt er selbst), als ein junges Mädchen erschien, einen
großen Weinkrug in der Hand und mir zu trinken gab; dann holte sie
Wasser und wusch und verband meine Wunden. Wie hab ich's da empfunden: ›und Gott sandte seine Engel‹.« – Der Name des heldenmüti-
gen Mädchens, die noch viele andre in gleicher Weise erquickte, war
Josepha Kalina, eine Czechin. Übrigens sei gleich bei dieser Gelegenheit ausgesprochen, daß es sehr fraglich ist, ob die Schlachtfeld-Geier
bloß böhmisches Gesindel waren. Viele Berichte sprechen von ›Maro-

Vom Swiep-Walde aus wenden wir uns nach *Chlum*, um hier unsre Wanderung zu schließen. Es wird erzählt: General Herwarth v. Bittenfeld sei am 4. früh von Problus nach Chlum hinüber geritten; seine Söhne standen in der Garde; sein Vaterherz wollte wissen, wie's »drüben« abgelaufen sei. Als er von Rosberitz nach Chlum hinauffritt, hielt er an, sah in den Hohlweg hinein und sagte dann kopfschüttelnd: »*das geht über Problus.*« Und – es ging über Problus! Ein Feldgeistlicher schreibt: »Welch ein Anblick wartete unsrer hier, als wir endlich Chlum erreichten. Gleich am Ausgange des Dorfes, in einem Hohlwege, begegneten wir den Hufspuren des ›roten Pferdes‹, von dem die Apokalypse spricht. Schritt vor Schritt wuchsen die Würgezeichen. Unsre Ponys scheuten, – ein totes Pferd lag am Wege, dort wieder eins, daneben noch die Leiche des Reiters, eines östreichischen Ulanen, der seinen Säbel in erstarrter Faust hielt. Auf beiden Seiten des Weges, dessen lehmiger Boden reichlich rot gefärbt war (ein andrer Bericht sagt: »wie ein roter Bach kam es den Hohlweg herunter«), zwischen zertrümmerten Wagen und Karren lagen Haufen von Toten... Die schönen großen Leute vom 1. und 3. Garde-Regiment, Garde-Füsiliere vom Bataillon Waldersee, Braunsberger Jäger und Füsiliere vom 2. Garde-Regiment deckten hier mit ihren Leibern die Wahlstatt. So kamen wir bis auf den Kirchhof. Welch grellen Mißton gab heute der Name ›Friedhof‹. Jedes Grab eine Würgebank.«

In der Chlumer Kirche, deren Turm und Dach von mehreren Granaten getroffen war, lagen die Verwundeten in so dichten Schichten, daß man mit äußerster Behutsamkeit zwischen hin gehen mußte, um keinen zu verletzen. Auf dem Altarplatze ruhte, in seinen Feldmantel gehüllt, General v. Hiller; auf dem edlen Angesicht hatte der Tod die Freundlichkeit, die ihn im Leben kennzeichnete, nicht ausgelöscht, sondern verklärt. Neben ihm lag Major v. Reuß. Mancher von den Verstümmelten sah auf die Toten und seufzte vor sich hin: »wär' ich erst so weit.« Gebete wurden gesprochen; deutsch, polnisch, böhmisch, ungarisch klang es laut und leise durcheinander. In der Sakristan-Wohnung neben der Kirche lagen in einem engen

deurs‹ und mannigfache Anzeigen liegen vor, daß unsrer eignen Armee seltsame Gestalten folgten. Man hat diesem Punkt auch seine Aufmerksamkeit gewidmet.

Zimmer zwei preußische Offiziere, Lieutenant v. Pape vom 2. Garde-Regiment und Hauptmann v. Braun vom 43. Regiment, beide dem Tode nahe. Lieutenant v. Pape, mitten durch die Leber geschossen, litt schwer; keine Lage zur Linderung seiner Schmerzen war ihm zu verschaffen. »Ach, es geht auch so nicht«, klagte er mit erlöschender Stimme. Er fühlte wie es um ihn stand. Hauptmann v. Braun, durch die Lunge getroffen, lechzte nach einem Trunk Selterwasser. Und doch gab es kaum *Wasser* in Chlum. Die Brunnen waren teils ausgeschöpft, teils absichtlich (in unglaublicher Verblendung von Seiten unsrer Feinde) verschüttet und verunreinigt. Mit vieler Mühe mußte das Wasser von dem am Fuße des Dorfes gelegenen Teich heraufgeholt werden. Kam dann ein frischer Trunk, so streckte alles die Hände aus: »Geistlicher Herr, i bitt', mir auch, mir auch, i bitt'!«

Am 4. Juli abends war Begräbnis auf der »Höhe von Chlum«, an selbiger Stelle, auf welcher der Kampf des vorhergehenden Tages zur Entscheidung gebracht worden war. Der Platz bot eine weite Umschau über den größten Teil des weiten Schlachtfeldes. Neben dem für General v. Hiller bestimmten Grabe waren noch neun andre Gräber aufgeworfen, welche die Leichen der übrigen gefallenen Offiziere der 1. Garde-Division aufnehmen sollten. Die Mehrzahl derselben, in Folge eines mißverstandenen Befehls, war aber schon an andrer Stelle bestattet worden. Nur Oberstlieutenant v. Helldorf fand neben v. Hiller seine Ruhestätte. Unweit der Gräber war ein großer Teil der erbeuteten Geschütze aufgefahren. Der König, um seinen gefallenen General auch im Tode noch zu ehren, war aus dem zwei Stunden entfernten Hauptquartier zur Beerdigung herbeigekommen; auch die Königlichen Prinzen wohnten der Feier bei. Die Offiziere der Division waren vollzählig erschienen. Divisionsprediger Rogge trat an die Gräber und sprach über den Text: »Die Edelsten in Israel sind auf Deiner Höhe erschlagen. Wie sind die Helden gefallen!« Mit sichtlicher Bewegung, nach beendigter Feier, warf der König seine Handvoll Erde in die beiden Gräber; dann hieß es: »Legt hoch an!« und die Kugeln pfiffen über die Toten hin.

Am andern Tage begrub Oberst v. Pape seinen einzigen Sohn. An der Nordseite der Kirche von Chlum war ihm von seinen Kameraden die letzte Ruhestätte bereitet. Die Gruft war mit grünen Zweigen und Laub ausgelegt, und in vier Soldatenmänteln eingehüllt, wurde der Dahingegangene in dieselbe niedergesenkt. Die Regimentsmusik blies den Choral: »Was Gott tut, das ist wohlgetan« und zum Schluß: »Wie sie so sanft ruhn.« Der Geistliche, der die Feier leitete, schreibt: »Da hab ich gesehn wie stark der Christenglaube macht. Wohl mochte des Vaters Herz aus vielen Wunden bluten, als er den Sohn hier in fremder Erde zurücklassen mußte, aber er blieb standhaft und fest, und als die Feier geendet und das Grab geschlossen war, wandte er sich an die um dasselbe versammelten Offiziere seines Regiments mit den Worten: »Meine Herren, das liegt hinter uns, wir aber gehen vorwärts mit Gott für König und Vaterland.«

Auf dem weiten Felde hin überall ein Begraben, meist still, in großen Gräbern, ohne Sang und Klang; kaum daß die Liebe der Kameraden Zeit fand, ein schlichtes, namenloses Kreuz aufzurichten. Aber auch ihnen, den Namenlosen, schlägt dankbar unser Herz.

> Schlaft still und fromm in Treue
> Bis an den jüngsten Tag,
> Wo sich ein Morgen neue
> Euch wieder röten mag!
> Es blüht um euren Frieden
> Gedächtnis golden schön:
> Im Siege ward euch beschieden
> Fürs Vaterland hinnen zu gehn.

Am 5. Juli früh brach die Armee auf um südwärts zu marschieren. Die Arbeit war getan; die Verwundeten hatten ihr Lager (hart genug), die Toten ihr Grab. Freilich nicht alle; es waren ihrer zu viele; noch am 8. war das Feld nicht völlig klar.[*] Ein

---

[*] Die böhmischen Dorfbewohner weigerten sich zum Teil beim Grabmachen behülflich zu sein, und knurrten auf czechisch vor sich hin: »wen die Preußen totgeschossen haben, den mögen sie auch begraben.« Mehr denn einmal bequemten sie sich in der Tat erst, als eine Section vorgetreten und das Kommando gegeben war: »Fertig zum Feuern!« Das half jedesmal und auch die Nationalsten verstanden dann deutsch. (Daß die bessern czechischen Klassen uns im allgemeinen günstiger gestimmt waren als die Deutschböhmen, diese Tatsache wird durch solche Einzelvorkommnisse nicht tangiert.)

Offizier vom VI. Corps, der an genanntem Tage von Nedelist aus, wo er ein Kommando hatte, einen Ritt über das Schlachtfeld machte, hat uns folgende Schilderung gegeben:

»Verflossenen Sonntag (8. Juli) ließ ich mein Pferd satteln, die ›Bella‹ die Ihr kennt, um einmal ganz allein über das Schlachtfeld zu reiten. Das war jedenfalls für mich an diesem Tage das beste. Ich hatte nichts um mich her als meinen Burschen und einen großen schwarzen Jagdhund, das Geschenk eines sterbenden östreichischen Offiziers. In meiner Kammer sitzend, wußte ich nicht was ich anfangen sollte. – Die untergehende Sonne warf bereits ihre letzten Strahlen auf das Feld, als ich aus Nedelist herausritt, und der kühle Abendwind trieb mir den Leichen- und Blutgeruch entgegen. Einem nicht an diesen Geruch Gewöhnten würde eine Ohnmacht angekommen sein; ich kannt' ihn schon und ritt weiter, um nach Chlum und Sadowa zu gelangen, wo die Hauptschlacht geschlagen wurde.

Totenstille herrschte ringsum, welche nur manchmal durch die Unruhe meines Pferdes und Hundes unterbrochen wurde. Sobald wir an eine Stelle kamen wo ein Verwundeter gelegen hatte, schnaufte Bella mit weit geöffneten Nüstern und stampfte mit den Hufen auf den Boden, der Hund ging in großen Kreisen um die bezeichnete Stelle herum und heulte fürchterlich. Erst nach einer Aufmunterung mit den Sporen ging das Pferd entschlossen über alles hinweg und jagte endlich eine Lerche auf, die zwar singend in die Höhe stieg, aber einen Gesang anstimmte, wie ich ihn sonst bei Lerchen nie gehört habe. Es klagte mehr als es schmetterte.

Ohne ein gewisses Ziel zu verfolgen ritt ich weiter, und gelangte zu einer Muttergottesstatue. Ach, welch ein trauriges Schauspiel bot sich hier dar! Um die Statue herum lagen wohl an zwanzig Tote mit geöffneten, gebrochenen Augen, die nach dem Marienbilde hin gerichtet waren. Andre hielten Rosenkränze und Kruzifixe in den Händen; sie hatten wahrscheinlich bis zu ihrem Ableben gebetet. An den Leichen zeigten sich die verschiedenartigsten Wunden. Nur wenige schienen an dieser Stelle gefallen zu sein; die meisten waren herangekrochen um angesichts des Muttergottesbildes ihr Leben zu beschließen. Ich sprang vom Pferde und kniete nieder um für die Toten zu beten.

Über Westar und Sweti ritt ich zurück. Dicht bei Sweti, auf einer hochgelegenen Stelle, wo eine Batterie gestanden haben mochte, ragte eine Wischerstange auf. An die Stange lehnte sich ein östreichischer Artillerist wie schlafend; unter jeden Arm hatte man ihm eine Kugel geschoben. Wie ein Schatten stand das Ganze an dem immer dunkler werdenden Himmel. Es erschütterte mich tief. Ich nahm das Bild mit in meinen Traum.«

Auf halbem Wege zwischen *Brünn* und *Wien,* an der Kaiser-
straße, der ersten Chaussee, die überhaupt in Östreich gebaut
worden, liegt *Nicolsburg* auf einer mäßig aus dem Thaya-Tal
ansteigenden Höhe, dem letzten Vorberge des eigentümlich
geformten Gebirgsstocks, der, fast isoliert aus einer weiten
Ebene aufsteigend, von Brünn wie von Wien her dem Reisenden wie ein Wahrzeichen der ganzen Gegend erscheint. Von
einem sargartig geformten kahlen Felsberge überragt, auf dessen grauen Steinrippen eine Reihenfolge gemauerter Kapellen,
die zu einer Kirche auf seiner Spitze führen, die Anlage eines
Kalvarienberges erkennen läßt, schmiegt sich das Städtchen einen grünen Hügel hinauf und gruppiert sich eng und unregelmäßig aneinandergedrängt um das alte, fürstlich Dietrich-
steinsche Schloß, das sich aus Felszacken heraus hoch über das
Tal erhebt. Überall, im Schloßhofe, unter den mächtigen Toren, selbst in den Gängen und Fluren der unteren Stockwerke,
tritt die starre Felswand hervor. Man hat sich offenbar nicht die
Mühe genommen, das Plateau, auf welches man ein Schloß
bauen wollte, erst zu ebenen, sondern hat es zwischen die Blök-
ke und Zacken hineingebaut; in einzelnen Gängen muß man
sogar um Felsblöcke herumgehen, die plötzlich aus der Wand
hervortreten.

In seiner Form und Anlage, teilweise auch in seinem archi-
tektonischen Schmuck, läßt sich das Nicolsburger Schloß mit
dem *Heidelberger* vergleichen, und mag seiner Zeit dieselbe
Bedeutung für das Land seiner nächsten Umgebung gehabt haben; wie jenes, hat es auch sein großes Weinfaß, welches 2 000
Eimer enthalten kann und mit 22 eisernen Reifen von 7 Ztr.
Gewicht umgeben ist. Wie die meisten solcher großen, noch
erhaltenen oder wenigstens hin und wieder bewohnbaren
Schlösser, ist es offenbar zu sehr verschiedenen Zeiten erbaut.
Daß man es mit einem der großartigsten Stammsitze des deutschen Hochadels zu tun hat, zeigt sich auf den ersten Blick. Die
festungsartigen Tore, die breiten Rampenwege, die mächtigen
Steinterrassen, Ställe, Reitbahn, Bankettsäle, Zimmerfluch-
ten, Wirtschaftsgebäude geben dem Schlosse in sich selbst ein
vollkommenes Genüge für alle Bedürfnisse. Es bedarf der um
seinen Fuß liegenden Stadt nicht, die Stadt bedarf seiner.

Eine besondere Bedeutung gewann Nicolsburg für ganz
Mähren zur Zeit der Reformation, indem sich fast ähnliche Erscheinungen hier zeigten, wie in Münster. In raschem Wechsel
folgten sich die verschiedenen Bekenntnisse und Sekten, Hussiten, Lutheraner, Zwinglianer, Calvinisten, Mährische Brüder
und endlich *Wiedertäufer,* welche am längsten das Feld behaupteten. Wie *Johann von Leyden* in Münster, so trieb hier
Dr. Bartholomäus Hubmaier aus Baiern sein Wesen. Er hatte
aus der Schweiz entfliehen müssen und kam 1526 nach Nicolsburg. Er fand so großen Anhang, daß endlich von Wien aus
ernstliche Maßregeln gegen ihn ergriffen wurden. Man fahn-
dete auf ihn und brachte ihn nach Wien, wo er 1528 verbrannt
wurde. Seine Anhänger fuhren in münsterscher Art fort,
schieden sich indessen bald in zwei »Wirtschaften«, deren eine
sich die »Häufler« und die andere die »Schwertler« nannten.
Die erstern wollten nur durch das Wort, die letztern auch durch
das Schwert in »rohem, münsterischen Geiste« ihre Lehre verbreiten. Die Führer dieser Sekten wurden mit ihren bedeutendsten Anhängern ausgetrieben. Doch gab ihnen der damalige
Herr des Schlosses Nicolsburg das Geleite und zeigte sich ihrer
Lehre zugetan. Bald wurde es anders. Schon 1580 war kein
Andersgläubiger mehr in Nicolsburg.

Die Fürstenwürde erlangte das Haus *Dietrichstein* im Jahre
1624 als Belohnung für die Treue, mit welcher der berühmte
Kardinal *Franz von Dietrichstein,* Bischof von Olmütz und
Landes-Gubernator von Mähren, 1619 bei dem Aufstande der
mährischen Stände gegen den Kaiser zu letzterem gestanden.
Nicolsburg, Stadt wie Schloß, fielen 1620 in die Hände der
mährischen Stände, die beides dem Kurfürsten *Friedrich von
der Pfalz* schenkten, bis die Schlacht am weißen Berge bei Prag
den Besitz der Dietrichsteine wieder herstellte. So schwer die
damals erlittenen Beschädigungen und Drangsale nun auch
waren, so begann doch von nun an die mächtige Entwicklung
des bald darauf gefürsteten Hauses. Die Wirrnisse des 30jähri-
gen Krieges erleichterten dem Kardinal den Ankauf vieler umliegenden Herrschaften, die sehr bald ein wirkliches kleines
Fürstentum arrondierten, welches, zu einem Fideikommiß befestigt, allerdings mit der Zeit mancherlei Veränderungen erlitt. 1862 wurde das Fideikommiß, der Erbteilung nach dem
Tode des letzten Fürsten wegen, aufgehoben und so kam Nicolsburg in den Besitz der zweiten Tochter des verstorbenen

Fürsten, *Alexandrine*, vermählt an den Grafen *v. Mensdorff-Pouilly* (1866 östreichischer Minister des Auswärtigen und Ministerpräsident).

Dies war das Schloß, nach welchem König Wilhelm am 17., von Brünn aus, sein Hauptquartier verlegte; – 10 Uhr abends, nach einer 5stündigen Fahrt (die Entfernung von Brünn bis Nicolsburg beträgt sechs Meilen) traf er in dem Alt-Dietrichsteinschen Schlosse ein. Er bezog das im dritten Stock gelegene, eine reizende Aussicht bietende Zimmer, das Napoleon, vier Tage nach der Schlacht bei Austerlitz, am 9. Dezember 1805 bewohnte. Die Einrichtung war noch dieselbe: ein Marmorkamin, ein Tischchen, einige Sessel, die Wände von weißem Stuck, die Decke mit Freskomalereien geschmückt. Eine Compagnie vom 8. pommerschen Infanterie-Regiment Nr. 61 bezog im Schloßhof die Wache. Die preußische Königsflagge wurde aufgehißt.

Sehr bald nach dem Eintreffen des Königs in Nicolsburg begannen jene Verhandlungen, deren nächstes Ziel eine fünftägige *Waffenruhe* war.* Wir wissen [. . . .], daß sie, am 21. vereinbart, am 22. mittags in Kraft trat und das Gefecht bei Blumenau in demselben Augenblick unterbrach, der die Entscheidung bringen mußte. Am selben Vormittag (22.) war auch auf dem Schlosse zu Eibesbrunn eine *Demarkationslinie* festgestellt worden. Im wesentlichen bildete der Rußbach (in Niederöstreich), der das Marchfeld in zwei Hälften teilt, die Grenze zwischen der preußischen und östreichischen Armee, jene stand nördlich, diese südlich des Baches.

Die fünftägige Waffenruhe vom 22. bis 27. verfolgte keinen andern Zweck, als der Diplomatie zu Friedensberatungen und zur Aufstellung von *Friedenspräliminarien* die erwünschte Gelegenheit zu geben. Besonders tätig erwies sich der französische Botschafter am Berliner Hofe, Herr *Benedetti*. Bereits am 22. war er in der Lage, die bevorstehende Ankunft *östreichischer Bevollmächtigter* ankündigen zu können. Diese erschienen in der Tat am 23. nachmittags auf dem Nicolsburger Schlosse. Es waren der kaiserlich östreichische General v. Degenfeld (früher Kriegsminister), der Graf Karolyi, früher östreichischer Gesandter in Berlin, der Attaché Graf v. Kuef-

---

* Sie wurde später um abermals 5 Tage und zwar bis zum 2. August, wo dann der Friede bereits feststand, verlängert.

stein und der frühere Bundeskanzlei-Direktor Freiherr v. Brenner. Noch am Abend desselben Tages hatte Graf Karolyi eine Konferenz mit dem Grafen Bismarck.

Die eigentlichen Verhandlungen begannen am andern Tage und wurden am 26. geschlossen. Ihr Resultat geben wir an anderer Stelle.

Während diese Verhandlungen geführt wurden, deren zum Frieden führender Abschluß wenigstens nicht mit Bestimmtheit vorherzusagen war, erlitten (selbstverständlich unter Innehaltung der Demarkationslinie) die Vorbereitungen zu Angriff und Verteidigung hüben und drüben keine Unterbrechung. Diesseits waren hinter dem dichten Postenvorhange von *Preßburg* bis *Krems* in einem weiten Halbkreise um Wien alle Konzentrationen derartig getroffen, daß, wenn die Verhandlungen scheiterten, mit dem Glockenschlage 12 (am 27.) die weitere Entwicklung unseres Operationsplanes hätte beginnen können. Im großen und ganzen würde die Stellung aller drei preußischen Armeen fast dieselbe wie vor Anfang der Schlacht bei Königgrätz gewesen sein. Wien und die feindliche Armee waren von drei Seiten bedroht. Das I. Reserve-Armee-Corps, wie wir wissen aus der Gardelandwehr-Division Rosenberg und der Landwehr-Division Bentheim zusammengesetzt, beide unter dem Befehl des Generallieutenant *v. d. Mülbe* [...], rückte in Staffeln nach.

Tätig wie wir selbst, war auch der Gegner gewesen. Seine Aufstellungen waren durchgeführt, seine Befestigungen beendet.

Unter diesen Befestigungen nahm das »Lager von Floridsdorf« mit seinen zwei Brückenköpfen (vor Floridsdorf und bei Stadlau) den ersten Rang ein. Die Ausdehnung der Gürtellinie am linken Donauufer, etwa von Lang-Engersdorf bis Aspern, betrug 30.000 Schritt; schon am 22. Mai waren die Arbeiten begonnen, Ende Juli, während der Waffenruhe, beendigt worden. Am 27. Juli bestand die Armierung der Gürtelwerke aus 244, die der Brückenköpfe aus 187 Geschützen; außerdem standen 14 Feld-Batterieen zur Disposition. Die Besatzung, großenteils dem Gablenzschen Corps zugehörig, belief sich auf 20.000 Mann, eine Zahl, die durch Heranziehung des V. Corps (das inzwischen aus Italien eingetroffen war) ohne Mühe auf 50.000 Mann und mehr gebracht werden konnte.

Dies waren, ganz abgesehn von dem was in beiden Flanken

stand, wie auch abgesehen von dem was aus Ost und Süd heranrückte, sehr erhebliche Streitkräfte und einzelne Wiener Preßorgane (die Mehrzahl verblieb in angemessener Haltung) ließen sich hinreißen oder aber versuchten wenigstens der Welt weis zu machen: »daß nun erst der eigentliche Krieg beginne, die zweite entscheidende Hälfte, die mit der Vernichtung des übermütigen Gegners endigen werde.«

Die Dinge lagen aber doch sehr anders und man wußte es diesseits, *daß* sie anders lagen. Wenn man sich einerseits hütete, die Kräfte, die uns gegenüberstanden, absolut gering zu achten, so war es doch andrerseits kein Geheimnis, daß diese Kräfte mehr durch ihre Zahl als durch ihren Nerv imponierten. Dieser war seit dem 3. Juli hin; man war gebrochen, und wo nicht Unkenntnis, unverbesserlicher Dünkel oder Selbsttäuschung das Urteil trübte, da empfand man auch auf Seiten unsrer Gegner den wahren Stand der Sache. Ein besonders offnes Auge für die Demoralisierung hatten die Offiziere der von Italien her eintreffenden, ihrerseits (bei Custozza) siegreich gewesenen Corps. Einer derselben hat in späteren Monaten eine Schilderung des Zustandes gegeben, in dem er die Nordarmee in und bei Wien antraf:

»Als wir bei Bruck an der Leitha«, so schreibt er, »zum ersten Male auf Truppenteile der zurückgehenden Nordarmee stießen, da ward es uns auf einen Schlag klar, warum der Rückzug unaufgehalten bis Preßburg und Wien fortgesetzt und warum mit solcher Hast acht Brigaden der Südarmee nach Wien geworfen wurden. Ein Greuel, ein herzzerreißender Jammer war der Zustand zu nennen, in welchem die ersten Regimenter, die wir zu Gesicht bekamen, vor uns vorüberzogen. Gelockert, in gebrochener Haltung, mit zerfetzter Montur, ohne Musik, ohne Fahne, die Offiziere größtenteils Neubeförderte, noch im Kommißmantel steckend, die Pferde zu Jammergestalten abgemagert, die Batterie kaum noch die Hälfte ihrer Kanonen zählend, die Laffetten defekt, bot das Ganze ein Bild des höchsten Elendes und der Demoralisation dar.

Von Jugend auf, unablässig und systematisch waren uns die höchsten Ideen von der Vorzüglichkeit und Unüberwindlichkeit der eigenen Armee beigebracht worden und zuletzt hatten wir einfach daran geglaubt. Unser Glaube hatte zwar durch Solferino ein kleines Loch bekommen, die Erfolge in Schleswig jedoch und namentlich jene bei Custozza hatten bald dieses

Loch wieder verstopft. Die fürchterlichen Konfusionen, die allgemeine Ratlosigkeit aber, denen wir jetzt auf Schritt und Tritt begegneten, nahmen uns die kaum gewonnene Zuversicht aufs neue. Wenn man sich diese entsetzlichen Unordnungen, die in den Bivouacs der Nordarmee herrschten, ansah, wenn man die verzweifelte und aufs höchste erbitterte Stimmung des Offiziercorps kennen lernte, so mußte man rein glauben, alles habe schon den Kopf total verloren. Nicht umsonst hat damals Feldmarschallieutenant John auf die Annahme des Waffenstillstandes und die Unterzeichnung der Präliminarien um jeden Preis gedrungen; die Armee war derart ruiniert, daß man mit ihr keine Schlacht mehr wagen konnte, ohne alles aufs Spiel zu setzen.

Die neunundfunfziger Niederlagen hatten die Armee sehr hart mitgenommen, eine solche allgemeine Vertrauenslosigkeit, Zaghaftigkeit und Demoralisation, wie sie nach Sadowa eingerissen, kam aber im östreichischen Heere nie seit seinem Bestande vor.

Regimenter, welche die Brücke von Magenta siebenmal verloren und siebenmal mit stürmender Hand den Franzosen wieder genommen hatten, die durch ihre Taten in Schleswig und Jütland zur Bewunderung hingerissen und von denen man jetzt die großartigsten Erwartungen hegte, waren plötzlich wie verschollen; es herrschte mit einem Worte eine einzige ungeheure Deroute.«[*]

So stand es bei der Armee. Und wie sah es in Wien aus? Anders, aber kaum besser. Die ernste, würdevolle Haltung, die man in den ersten Tagen nach Eintreffen der Unglücksnachricht beobachtet hatte, war wieder dem leichten, alles von der amüsanten

---

[*] Der Times-Korrespondent im östreichischen Lager schrieb etwa um dieselbe Zeit aus Floridsdorf: »Das militärische Bild, das sich hier bietet, erinnert lebhaft an den Zustand auf der Insel Alsen am Tage nach der Erstürmung von Düppel. Nichts kann in der Tat sich ähnlicher sehen: dieselbe allgemeine Verwirrung, die Menge Militärwagen, die hastig aufgeworfenen Verschanzungen, die improvisierten hölzernen Schuppen, die umherliegenden schweren Kanonen, die Soldaten erschöpft, Waffen und Montur im allerschmutzigsten Zustande, ein jeder düster, niedergebeugt und fragend, was morgen sein wird. Nur eine neue Ordnung der Dinge kann dieses Chaos ändern.«

Seite nehmenden Ton gewichen, der diese heitre, lebenslustige Stadt vor allen Städten (selbst Paris nicht ausgenommen) auszeichnet und »während zwei Meilen vor der Residenz, so heißt es in einem uns vorliegenden Briefe, die preußischen Vorposten ihre Wachtfeuer anzündeten und saure Milch schlürften, amüsierte man sich in dem ›fidelen‹ Wien gar nicht so übel. Die Habitués des Grabens und der Ringstraße ließen sich nicht erheblich aus ihrer guten Laune bringen, die blonden sächsischen Unteroffiziere machten bei Ziehrerschen Walzerklängen die schönsten Eroberungen in Schwenders Colosseum und was von östreichischen und sächsischen Offizieren keinen Gefallen an der ›Afrikanerin‹ im Kärnthnertore fand, eilte, sich die ›biche au bois‹ anzusehen.« Der Volkswitz bewährte seine alte Schlagfertigkeit und affichierte an allen Ecken der Hofburg:

> Die Freiwilligen habn kein' Knopf,
> Die Generale habn kein' Kopf,
> Die Minister habn kein Hirn –
> So müssen wir alles verliern;

und die »Wiener Kinder« vom Regiment Deutschmeister, ihre Not und ihre Verluste vergessend, sangen in den Straßen:

> Unser Vater Benedeck
> Is z'lang blieben auf an Fleck,
> Da sein die Preußen worden keck
> Und auf a mal war'n mir weck
>   Bei Chlum!

In solchen Sprüchen und Reimen sprach sich eine gewisse Volks-Unverwüstlichkeit aus, das war das Gute daran; aber kaum minder trat eine gewisse Indifferenz darin hervor, eine Gleichgültigkeit gegen den Ausgang des Kampfes, gegen die Frage: Östreich oder Preußen. Und mit dieser Indifferenz, die wir weiter nicht kritisieren wollen, ließen sich wenigstens keine siegreichen Schlachten schlagen, noch die Tore Wiens wie unter Stahremberg verteidigen.

Kein Zweifel, daß diese Erwägungen in Nicolsburg mitwirkten und dem Zustandekommen der *Friedenspräliminarien* Vorschub leisteten. Diese waren:

Präliminar-Friedensvertrag

Ihre Majestäten der König von Preußen und der Kaiser von
Östreich, beseelt von dem Wunsche, Ihren Ländern die Wohl-
taten des Friedens wiederzugeben, haben zu diesem Ende und
behufs Feststellung von Friedenspräliminarien zu Ihren Bevollmächtigten ernannt:

Seine Majestät der König von Preußen:
Ihren Ministerpräsidenten und Minister der auswärtigen
Angelegenheiten, Otto Grafen v. Bismarck-Schönhausen;
Seine Majestät der Kaiser von Östreich:
Ihren Wirklichen Geheimen Rat und Kämmerer, außeror-
dentlichen Gesandten und bevollmächtigten Minister Alois
Grafen Karolyi von Nagy-Karolyi und Ihren Wirklichen Ge-
heimen Rat und Kämmerer, außerordentlichen Gesandten und
bevollmächtigten Minister Adolf Freiherrn v. Brenner-Fel-
sach,

welche, nachdem ihre Vollmachten ausgetauscht und in guter und richtiger Form befunden, über folgende Grundzüge als
Basis des demnächst abzuschließenden Friedens übereinge-
kommen sind:

Art. I. Der Territorialbestand der östreichischen Monarchie,
mit Ausnahme des lombardisch-venetianischen Königreichs,
bleibt unverändert. Seine Majestät der König von Preußen verpflichtet Sich, Seine Truppen aus den bisher okkupierten
östreichischen Territorien zurückzuziehen, sobald der Friede
abgeschlossen sein wird, vorbehaltlich der im definitiven Friedensschlusse zu treffenden Maßregeln wegen einer Garantie
der Zahlung der Kriegsentschädigung.

Art. II. Seine Majestät der Kaiser von Österreich erkennt die
Auflösung des bisherigen deutschen Bundes an und gibt Seine
Zustimmung zu einer neuen Gestaltung Deutschlands ohne
Beteiligung des östreichischen Kaiserstaates. Ebenso verspricht
Seine Majestät das engere Bundesverhältnis anzuerkennen,
welches Seine Majestät der König von Preußen nördlich von
der Linie des Mains begründen wird, und erklärt Sich damit
einverstanden, daß die südlich von dieser Linie gelegenen deutschen Staaten in einen Verein zusammentreten, dessen nationale Verbindung mit dem norddeutschen Bunde der näheren
Verständigung zwischen beiden vorbehalten bleibt.

Art. III. Seine Majestät der Kaiser von Östreich überträgt

auf Seine Majestät den König von Preußen alle Seine im Wiener Frieden vom 30. Oktober 1864 erworbenen Rechte auf die Herzogtümer Holstein und Schleswig mit der Maßgabe, daß die Bevölkerungen der nördlichen Distrikte von Schleswig, wenn sie durch freie Abstimmung den Wunsch zu erkennen geben, mit Dänemark vereinigt zu werden, an Dänemark abgetreten werden sollen.

Art. IV. Seine Majestät der Kaiser von Östreich verpflichtet Sich, behufs Deckung eines Teiles der für Preußen aus dem Kriege erwachsenen Kosten, an Seine Majestät den König von Preußen die Summe von 40 Millionen Talern zu zahlen. Von dieser Summe soll jedoch der Betrag der Kriegskosten, welche Seine Majestät der Kaiser von Östreich laut Artikel 12 des gedachten Wiener Friedens vom 30. Oktober 1864 noch an die Herzogtümer Schleswig und Holstein zu fordern hat, mit funfzehn Millionen Talern, und als Äquivalent der freien Verpflegung, welche die preußische Armee bis zum Friedensabschlusse in den von ihr okkupierten östreichischen Landesteilen haben wird, mit fünf Millionen in Abzug gebracht werden, so daß nur zwanzig Millionen bar zu zahlen bleiben.

Art. V. Auf den Wunsch Seiner Majestät des Kaisers von Östreich erklärt Seine Majestät der König von Preußen Sich bereit, bei den bevorstehenden Veränderungen in Deutschland den gegenwärtigen Territorialbestand des Königreichs Sachsen in seinem bisherigen Umfange bestehen zu lassen, indem Er Sich dagegen vorbehält, den Beitrag Sachsens zu den Kriegskosten und die künftige Stellung des Königreichs Sachsen innerhalb des norddeutschen Bundes durch einen mit Seiner Majestät dem Könige von Sachsen abzuschließenden besonderen Friedensvertrag näher zu regeln.

Dagegen verspricht Seine Majestät der Kaiser von Östreich, die von Seiner Majestät dem Könige von Preußen in Norddeutschland herzustellenden neuen Einrichtungen, einschließlich der Territorialveränderungen anzuerkennen.

Art. VI. Seine Majestät der König von Preußen macht Sich anheischig, die Zustimmung Seines Verbündeten, Seiner Majestät des Königs von Italien, zu den Friedenspräliminarien und zu dem auf dieselben zu begründenden Waffenstillstande zu beschaffen, sobald das venetianische Königreich durch Erklärung Seiner Majestät des Kaisers der Franzosen zur Disposition Seiner Majestät des Königs von Italien gestellt sein wird.

Art. VII. Die Ratifikationen der gegenwärtigen Übereinkunft werden binnen längstens zwei Tagen in Nicolsburg ausgetauscht werden.

Art. VIII. Gleich nach erfolgter und ausgetauschter Ratifikation der gegenwärtigen Übereinkunft werden Ihre beiden Majestäten Bevollmächtigte ernennen, um an einem näher zu bestimmenden Orte zusammenzukommen und auf der Basis des gegenwärtigen Präliminarvertrages den Frieden abzuschließen und über die Detailbedingungen desselben zu unterhandeln.

Art. IX. Zu diesem Zwecke werden die kontrahierenden Staaten nach Feststellung dieser Präliminarien einen Waffenstillstand für die kaiserlich östreichischen und königlich sächsischen Streitkräfte einerseits und die königlich preußischen andrerseits abschließen, dessen nähere Bedingungen in militärischer Hinsicht sofort geregelt werden sollen. Dieser Waffenstillstand wird am 2. August beginnen und die im Augenblicke bestehende Waffenruhe bis dahin verlängert.

Der Waffenstillstand wird gleichzeitig mit Baiern hier abgeschlossen und der General Freiherr v. Manteuffel beauftragt werden, mit Würtemberg, Baden und Hessen-Darmstadt einen am 2. August beginnenden Waffenstillstand auf der Grundlage des militärischen Besitzstandes abzuschließen, sobald die genannten Staaten es beantragen.

Zu Urkund des Gegenwärtigen haben die gedachten Bevollmächtigten diese Übereinkunft unterzeichnet und ihr Siegel beigedrückt.

Nicolsburg, den 26. Juli 1866.

Karolyi m. p.

Brenner m. p.

v. Bismarck m. p.

Am selben Tage wurde auch ein

Waffenstillstand

(im Gegensatz zur bloßen Waffen*ruhe*) abgeschlossen. Die betreffende Konvention lautete:

Nachdem heute die Unterzeichnung der Friedenspräliminarien stattgefunden hat, hören die Feindseligkeiten zwischen den königlich preußischen Truppen einerseits, den kaiserlich östreichischen und königlich sächsischen Truppen andrerseits nunmehr auf und tritt am 2. August ein vierwöchentlicher Waffenstillstand ein. Während desselben gelten folgende Bestimmungen:

§. 1. Während des Waffenstillstandes behalten die königlich preußischen Truppen einen Rayon, der westlich von einer Linie Eger-Pilsen-Tabor-Neuhaus-Zlabings-Znaim begrenzt, die vorgenannten Ortschaften mit inbegriffen. Südlich macht die Thaya bis zu ihrem Einfluß in die March, östlich der letztgenannte Fluß aufwärts bis Napajedl, und von hier eine gerade Linie nach Oderberg die Grenze.

§. 2. Um die Festung Olmütz bleibt ein zweimeiliger, um die Festungen Josefstadt, Königgrätz, Theresienstadt ein einmeiliger Umkreis von der Belegung preußischerseits ausgeschlossen, und können die gedachten Festungen aus diesen Rayons ihre Verpflegung beziehen. Die Festung Olmütz erhält durch den preußischen Rayon eine Etappenstraße über Weißkirchen nach Meseritsch, welche preußischerseits nicht belegt werden soll.

§. 3. Zur Erreichung des im § 1 festgesetzten Rayons aus ihren jetzigen Aufstellungen stehen den preußischen Truppen auch die Etappenstraßen einerseits über Maißau-Scheitelsdorf-Wittingau nach Tabor, andererseits über Malatschka-Skalitz nach Napajedl mit einem Belegungsrayon im Umkreise von zwei Meilen an denselben zur Verfügung.

§. 4. Innerhalb des den preußischen Truppen gemäß §. 1 überlassenen Rayons steht denselben während der Dauer des Waffenstillstandes die ungehinderte Benutzung sämtlicher Land- und Wasserstraßen und Eisenbahnen zu, und dürfen dieselben in ihrer Benutzung durch die im §. 2 genannten Festungen in keiner Weise gehindert werden. Ausgeschlossen hiervon bleibt während des Waffenstillstandes die Eisenbahnstrecke zwischen Prerau und Trübau, insoweit sie durch den Festungsrayon von Olmütz führt.

§. 5. Die kaiserlich östreichischen Truppen werden die am 22. d. M. verabredete Demarkationslinie nicht eher überschreiten, als bis die Queue der königlich preußischen Truppen die Thaya passiert hat. Der betreffende Termin wird der kaiserlichen Regierung alsbald mitgeteilt werden.

§. 6. Den Kranken und den zu deren Pflege in den von den

königlich preußischen Truppen zu räumenden Landesteilen
zurückbleibenden Ärzten und Beamten verbleiben die inne-
habenden Räumlichkeiten. Außerdem wird ihnen östreichischerseits die Unterstützung der Behörden, Verpflegung und
Transportmittel gewährt. Ihrem Rücktransport in die Heimat,
auf welchen preußischerseits baldmöglichst Bedacht genommen werden soll, dürfen weder während noch nach dem Waffenstillstand Hindernisse in den Weg gelegt werden.

§. 7. Die Verpflegung der königlich preußischen Truppen
geschieht seitens der von ihnen belegten Landesteile. Geldkon-
tributionen werden preußischerseits nicht erhoben.

§. 8. Das kaiserliche Staatseigentum, kaiserliche Magazine
und Vorräte, insoweit dieselben nicht schon vor Eintritt des
Waffenstillstandes in Besitz genommen waren, sollen preußischerseits nicht mit Beschlag belegt werden.

§. 9. Die kaiserliche Regierung wird dafür Sorge tragen, daß
ihre Zivilbeamten sich baldigst auf ihre Posten zurückbegeben,
um bei der Verpflegung der preußischen Armee mitzuwirken.

In der Zwischenzeit vom 27. Juli bis 2. August werden sich
die östreichisch-sächsischen Truppen von der unter dem
22. d. M. verabredeten Demarkationslinie, insoweit dieselbe
auf dem linken Donauufer liegt, überall auf eine halbe Meile
entfernt halten, wogegen preußischerseits keine Überschreitung der vorerwähnten Demarkationslinie stattfinden darf.

Nicolsburg, den 26. Juli 1866.

Hellmuth Freiherr *v. Moltke* m. p.,
General der Infanterie und Chef des Generalstabes.

August Graf *v. Degenfeld-Schonburg* m. p.,
Feldzeugmeister.

So die *Waffenstillstandskonvention.*

Die *Friedenspräliminarien*, wie wir gesehen, waren gleichzeitig festgestellt, am 28. ratifiziert worden; so war denn kein
Zweifel, daß ein wirklicher Friedensschluß rasch folgen werde.
Die Truppen, die viele Meilen breit und in erheblicher Tiefe,
erst von Krems bis Stockerau, dann durch das Marchfeld hin,
endlich bis an den Fuß der kleinen Karpathen standen, erhielten Befehl ihren Rückmarsch anzutreten oder sich bereit zu
halten.

[...]

DIE CHOLERA IN BRÜNN

Zentnerschwer – so klagen die Berichte aus jener Zeit – lag seit Ende Juli das Gefühl auf der Armee: die Cholera ist da, der Tod, in seiner unheimlichsten Gestalt, geht um. Mit Kummer und Sorge erfüllte es die Offiziere, wenn sie auf dem Marsch plötzlich einen jener Tapfren, die den feindlichen Geschossen glücklich entgangen waren, von furchtbaren Krämpfen ergriffen zu Boden stürzen und in der Regel nach wenigen Stunden seinen Tod gemeldet sahen. Was menschliche Vorsicht und die aufopferndste ärztliche Hülfe zur Abwehr der furchtbaren Seuche tun konnten, das geschah, aber sie waren außer Stande die schmerzlichsten Verluste zu hindern. Die Krankheit stand Ende Juli, also in jenen Tagen, wo die Präliminarien abgeschlossen und ratifiziert wurden, auf ihrer Höhe und mag unsrerseits der Abschluß der Verhandlungen, unter dem Eindruck der Meldungen, die täglich eingingen, nach Möglichkeit beschleunigt worden sein. Die Truppen lagen eng bei einander; alles sehnte sich aus einem eng gezogenen Kreis heraus, in dem es unheimlich zu werden begann. Alles jubelte, als es Anfang August hieß: *wieder heim!*

Aber auch noch der Heimweg, der durch ausgesogene und von der Seuche infizierte Ortschaften führte, kostete schwere Opfer, ganz besonders in Brünn. Diese Hauptstadt Mährens wurde ein großer Mittelpunkt der Krankheit. Durch Wochen hin ging das Sterben und Begraben und zwar um so andauernder und zahlreicher, als alles, was auf der Strecke zwischen Donau und Thaya erkrankte, so lange es noch transportabel war, in die großen Lazarette der Landeshauptstadt abgeliefert wurde.

Hier nun, in der Stadt selbst und ihrer nächsten Umgebung wütete die Krankheit. Zur Cholera gesellten sich typhöse und rheumatische Fieber und drei unsrer Generale, nicht in Brünn selbst, aber doch in nächster Umgebung der Landeshauptstadt, erlagen den herrschenden Epidemieen. Den Reigen eröffnete General v. Clausewitz, Commandeur der 2. Division, ein kenntnisreicher, in der ganzen Armee in hohem Ansehn stehender Offizier. Er starb plötzlich (an der Cholera) am 31. Juli im Cantonnementsquartier Tscheitsch.

Der nächstfolgende Verlust war ein fast noch schmerzlicherer. Eine Woche später starb General v. Mutius, Commandeur des VI. Armee-Corps, ein Veteran aus den Freiheitskriegen her. Beim Leichenbegängnis des ihm befreundeten Generals v. Clausewitz hatte sich v. Mutius ein rheumatisch-entzündliches Fieber zugezogen, dem er am 6. August auf dem gräflich Kaunitzschen Schlosse Austerlitz erlag. Am 8. fand in der evangelischen Kirche zu Brünn ein Gottesdienst und eine erhebende Feier am Sarge des Dahingeschiedenen statt. Divisionsprediger Pastor Freyschmidt hielt die Ansprache. Nach Beendigung der kirchlichen Feier wurde der Sarg nach dem Staatsbahnhofe getragen, um in die Familiengruft zu Hohenfriedeberg bei Breslau übergeführt zu werden. Langsam bewegte sich der Leichenzug durch die Straßen der Stadt. Voran ritt eine Abteilung vom 2. schlesischen Dragoner-Regiment Nr. 8; dieser folgte die Trauermusik und zwei Bataillone des (niederschlesischen) 50. Infanterie-Regiments. Dann wurde der von Unteroffizieren getragene Sarg sichtbar; demselben schritt ein Offizier vor, welcher auf weißem Kissen die zahlreichen in- und ausländischen Orden des Verstorbenen trug. Hinter dem Sarge gingen die Geistlichen und die in Brünn und Umgebung stationierten Generale und Oberoffiziere aller Waffengattungen der preußischen Armee. Den Trauerzug schloß ein drittes Bataillon des 50. Regiments. Den Verlust seines Commandeurs zeigte das VI. Armee-Corps in folgender Weise an: »Heute, den 6. August, entschlief sanft nach zweitägigem Krankenlager zu Austerlitz der kommandierende General des VI. Armee-Corps, General der Kavallerie v. *Mutius*. Ehrenvoll hat er seine kriegerische Laufbahn begonnen, indem er als Portepée-Fähnrich bei Hainau das Eiserne Kreuz sich erwarb, ehrenvoll hat er sie beschlossen, indem er noch vor wenig Tagen aus der Hand seines Königs den Orden *pour le mérite* für die Schlacht von Königgrätz empfing. Er war ein ritterlicher Führer, gleich ausgezeichnet durch die edelsten Eigenschaften des Herzens wie des Geistes! Ihn betrauert tief sein verwaistes Armee-Corps.«

Am 8. hatte die Leichenfeier für General v. Mutius stattgefunden; am 9. starb Generalmajor Wolf v. *Pfuel*, Commandeur der 2. schweren Kavallerie-Brigade, an der Cholera im Cantonnementsquartier zu Großhof bei Pohrlitz und wurde tags darauf (10.) auf dem Kirchhof des letztgenannten Ortes bestattet; 39 Soldaten, alle der Seuche erlegen, liegen um ihn her.

Der bei weitem größte Teil der in Brünn selbst gestorbenen Preußen wurde auf dem benachbarten Friedhofe von *Obrowitz* begraben. Es geschah das jeden Abend, wo die Leichen aus den verschiedenen Lazaretten durch einen Wagentrain abgeholt und zur Beerdigung nach Obrowitz abgeführt wurden. Das war ein schauerlicher Anblick, wenn man in der Dunkelstunde jene Wagen kommen und vom Blindeninstitute zum Gymnasium und von da zur Technik, auf den Spielberg und endlich bis auf den Friedhof fahren sah. In derselben Nacht wurden dann die Särge in Reih und Glied beigesetzt. Einmal fehlten den Toten auch ihre Särge; die Brünner Tischler hatten die große Zahl der requirierten schwarzen »Trügerle« mit langem weißen Kreuz nicht schaffen können. Über jeder Reihe Särge kam eine Schicht Erde zu liegen und über der obersten Reihe mußten sich noch fünf Fuß Erde befinden. Der alte Totengräber zu Obrowitz beschäftigte tagein tagaus zehn Arbeiter, welche bei Tage die »Schachten« gruben, die des Nachts besetzt werden sollten. Nach der Aufzeichnung des inzwischen auch verstorbenen Totengräbers wurden auf dem Obrowitzer Friedhofe bis zum 3. August 613, und von diesem Tage bis zum 25. August 493 Mann bestattet. Eine auf dem Rathaus geführte Liste gibt aber bis zu diesem Tage ein Mehr von 106 Toten an und sagt, daß überhaupt 1385 Preußen dort begraben liegen. Auch diese Angabe indes ist nicht ganz zuverlässig und dürfte eher zu niedrig als zu hoch gegriffen sein.[*]

Brünn, beim Vormarsche gegen Wien als ein Eldorado gepriesen, war 4 Wochen später zu einem Namen von trübem Klange geworden. Nächst ihm mögen Lundenburg, Kremsier und in Böhmen Prag und Gitschin die meisten Opfer gefordert

---

* Genau in der Mitte des preußischen Begräbnisplatzes befindet sich das »Preußenmonument«. Es ist ein schlichtes Kreuz von poliertem Granit, mit seinem Sockel etwa 10 Fuß hoch, so schön und gut, wie es damals im Drange der Zeit beschafft werden konnte. Dasselbe steht auf einem Hügel, welcher auf festem Fundament von Tropfstein, schwarzem und weißem Gestein, mit Zement gemauert ist. Dieser Hügel ist schön bepflanzt und umrankt und General v. Hoffmann, damals Kommandant von Brünn, hat der evangelischen Pfarrgemeinde daselbst ein Kapital von 200 Fl. mit der Verpflichtung überwiesen, die jährlichen Zinsen desselben zur Unterhaltung des Preußenmonumentes zu verwenden. [...]

haben. Die Gesamtzahl derer, die der Cholera erlagen, wird auf 6427 angegeben, so daß, schmerzlich zu sagen, die Seuche 2000 Leben mehr wegraffte, als Kugel und Schwert. (Die Zahl der im Kriege Gefallenen, bzw. an ihren Wunden Gestorbenen beziffert sich auf 4450.)

In der zweiten Hälfte des August wurde ein Abnehmen der Epidemie bemerklich, aber noch immer kamen Fälle vor, so daß General v. Zastrow, der am 29. August das nachgerückte 4. Bataillon vom 1. schlesischen Grenadier-Regiment Nr. 10 zu inspizieren hatte, noch folgende echt-soldatische Ansprache an das Bataillon halten konnte: »Grenadiere! Ihr seid alte Männer; ich bedaure, das Bataillon und euch nicht früher kennen gelernt zu haben, mit euch hätte ich am Tage der Schlacht gute Geschäfte gemacht. Kinder! ein furchtbarer Feind sitzt uns wieder auf dem Nacken, es ist die verd... Cholera. Hütet euch im Essen, mischet nicht alles untereinander und fürchtet euch nicht vor diesem neuen Feinde, ich selbst fürchte mich nicht, folgt meinem Beispiel, mein Losungswort sei auch das eure: ›Der Teufel hole die Cholera.‹ Guten Morgen Grenadiere!«

Das war allen aus dem Herzen gesprochen. Im September kamen nur noch vereinzelte Fälle vor.

[...]

SCHLUSS

Am 20. und 21. hatte der Einzug in Berlin stattgefunden; schon drei Wochen vorher, am 30. August, war der mit Östreich in Prag verhandelte Friede ratifiziert worden.

Der *Prager Friede* war im wesentlichen eine bloße Feststellung der bereits im Nicolsburger Präliminar-Vertrage (vergl. S. 314) aufgestellten Punkte. Wir rekapitulieren, unter Weglassung alles Nebensächlichen, noch einmal in aller Kürze.

Östreich erkannte die Auflösung des bisherigen deutschen Bundes an und gab seine Zustimmung zu einer Neugestaltung Deutschlands.

Es erklärte sich zugleich mit allen von Preußen vorzunehmenden Territorialveränderungen einverstanden, wogegen

Preußen sich verpflichtete, das Königreich Sachsen in seinem bisherigen Umfange bestehn zu lassen.

Es (Östreich) erklärte sich ferner bereit, alle im Wiener Frieden erworbenen Rechte auf Schleswig-Holstein an Preußen abzutreten, unter Vorbehalt einer in den nördlichen Distrikten mit Rücksicht auf einen etwaigen Anschluß an Dänemark vorzunehmenden Abstimmung (der seitdem so oft zitierte Paragraph 5).

Alle übrigen deutschen Staaten traten diesen Abmachungen bei, in so weit sie nicht schon vorher, wie Würtemberg am 13., Baden am 17., Baiern am 22., ihren Separatfrieden mit Preußen geschlossen hatten.

Das Gesamtresultat aller dieser Verträge war, daß uns außer Schleswig-Holstein, Hannover, Kurhessen, Nassau und Frankfurt a. M. auch noch kleinere Bezirke zufielen und zwar von *Hessen-Darmstadt:* die Landgrafschaft Hessen-Homburg, die Kreise Biedenkopf und Vöhl; von *Baiern:* das Bezirksamt Gersfeld, Orb und die Enclave Caulsdorf. Erheblich waren die aufzubringenden Kriegskosten. Baiern zahlte 30, Würtemberg 8, Baden 6, Hessen-Darmstadt 3 Millionen Gulden; Sachsen 10, Östreich 40 Millionen Taler, von welchen letztern jedoch 20 Millionen Taler Kriegskosten aus dem Feldzuge gegen Dänemark und Verpflegungsgelder für die preußische Armee bis zum Friedensschluß in Abzug kamen.

Das Resultat unsrer Siege war groß, die Siege selbst so glänzend, daß die Frage (in ganz Europa ventiliert) nicht ausbleiben konnte: »*worin die Ursach unsrer Erfolge zu suchen sei?*« Die wunderbarsten, meist die einseitigsten Antworten wurden gegeben, und während die einen, vorwiegend militärisch, alles aus der Oberleitung des Ganzen oder aus der taktischen Ausbildung des einzelnen Mannes, oder endlich aus der Überlegenheit des Zündnadelgewehrs erklären wollten, glaubten die andern, mit ähnlicher Ausschließlichkeit, unser zu Tage getretenes Übergewicht in unserm Ehr- und Pflichtgefühl, in der alle Klassen durchdringenden Vaterlandsliebe, ganz besonders auch in unsrer Massenbildung finden zu müssen. Das seitdem tausendfach zitierte Wort wurde laut: »der preußische Schulmeister hat den östreichischen geschlagen.«

Durch Herausgreifen und besonderes Betonen von diesem oder jenem war aber schwerlich das Richtige zu finden. Uns will es vielmehr erscheinen:

wir siegten nicht, weil wir unsern Gegnern im *einzelnen*, in
dem einen oder andern *über jeden Vergleich hinaus* überlegen
waren;

wir siegten noch viel weniger, weil wir ihnen in *all und jedem* überlegen waren (dies war einfach nicht der Fall);

wir siegten vielmehr lediglich deshalb, weil wir ihnen *im
ganzen* überlegen waren.

Wir glichen jenen Examinanden, die mit »gut« oder selbst
»sehr gut« abschließen, weil sie, ohne eklatant hervorragende
Begabung, ihre Kräfte gleichmäßig ausgebildet haben, während unsre Gegner, mit ihren einzelnen hohen Nummern, die
niedrigen Nummern innerhalb anderer Disziplinen nicht balancieren konnten. Wir passierten alles glücklich, nicht mit
Hülfe einzelner apart hoher Faktoren im Exempel, sondern
lediglich mit Hülfe des Fazits, der Gesamtsumme. *Unser En-
semble war unsre Überlegenheit.* Massenbildung, Ehrgefühl,
Vaterlandsliebe, Zündnadel, Taktik, Oberleitung – alles hat zu
seinem Teile beigetragen, das Ganze glänzend hinauszuführen.

Die Östreicher waren wahrlich keine verächtlichen Feinde.
Kavallerie, Artillerie, Jäger zählten zu den denkbar besten
Truppen; viele Regimenter schlugen sich mit heroischem Mut;
die Offiziere waren zur größern Hälfte, die Truppen zu beträchtlichem Teile kriegsgeübt; – dennoch unterlagen sie, weil
ihnen, oder doch ihrer Majorität, anderes völlig fehlte. Ihre
Gaben waren ungleich, während wir über ein gewisses Gleich-
maß der Kräfte verfügten.

In den leitenden Kreisen Wiens, all den leidenschaftlichen
Stimmen gegenüber, die über die drei Wörter: Zufall, Verrat,
Zündnadel nicht hinaus konnten oder wollten, ist die Bedeutung dieses Gleichmaßes der Kräfte inzwischen klar erkannt
worden, und alles, was seit 1866 innerhalb der östreichischen
Armee geschehen ist, zielt darauf ab, *nicht das einzelne zu per-
fektionieren, sondern das Ganze zu heben.* Und das ist zweifellos der richtige Weg. Neidlos sehen wir unsern alten Rivalen
diesen Weg betreten. Die Hoffnung erfüllt uns dabei, daß es
uns in Zukunft vergönnt sein möge, *neben* ihm und nicht *gegen* ihn zu stehn.

Vor allem aber, wenn wir Umschau im eignen Kreise halten,
erfüllt uns die Hoffnung, daß es alsbald in allen Neu-Provinzen
von unsrer preußischen Herrschaft heißen möge (wie seinerzeit vom friesischen Hemd): »*erst juckt es, aber hinterher sitzt*

es warm«, und daß wir *heute* schon unsern *süddeutschen* Brüdern die Worte des Dichters, unsres alten Kaisersängers, zurufen dürfen:

> Aber *ihr*, die dieser Zeiten
> Sturm gebeugt, *erhebt* das Herz!
> Künftig Heil will sich bereiten,
> Und die Wandlung nur ist Schmerz.
> Brach auch Teures euch zusammen,
> Lernt aufs Ganze gläubig sehn!
> Lodernd muß der Holzstoß flammen,
> Soll der Phönix auferstehn.
>
> Drum getrost und schwört in treuer
> Kraft zum großen Vaterland,
> Und des heil'gen Opfers Feuer
> Schürt es selbst mit frommer Hand!
> Werft der Eifersucht Gedanken,
> Werft den alten Groll hinein; —
> Brausend auch die letzten Schranken
> Spült hinunter dann der Main.
>
> O, dann kommst du, Tag der Freude,
> Den mein ahnend Herz mir zeigt,
> Da des jungen Reichs Gebäude
> Himmelan vollendet steigt,
> Da ein Geist der Eintracht drinnen
> Wie am Pfingstfest niederzückt
> Und des *Kaisers* Hand die Zinnen
> Mit dem Kranz der Freiheit schmückt!

REISEBRIEFE VOM
KRIEGSSCHAUPLATZ

Also nach dem Kriegsschauplatz! Die Wege waren geebnet und entgegenkommendes Vertrauen hatte mir sogar die »weiße Binde mit dem roten Kreuz« eingehändigt. Sie war ein Freipaß, aber vielfach doch auch die Quelle von Beschämung und Verlegenheiten. »Wir wünschen Ihnen Glück zu Ihrem schönen Beruf«, mit diesen Worten nahm man im Coupé mehr denn einmal Abschied von mir, und dieser »schöne Beruf« bestand doch nur darin, gelegentlich über Kranke zu schreiben, nicht Kranke zu pflegen. Die weiße Binde führte auch zu diskreten Mitteilungen, die meine Situation fast noch peinlicher machten. Man appellierte, so zu sagen, an eine höhere Instanz. »Denken Sie sich, mein Neffe stürzt bei Königgrätz vom Pferde. Er fällt sich den Arm aus, schlimm genug, aber der Doktor nimmt es für Knochenbruch. Also Gipsverband. Ach, diese ewigen Gipsverbände! Nun liegt der arme Junge in Magdeburg und verbringt seine Tage zwischen Chloroform und Flaschenzug.« Gegen Mittag lag Dresden im Sonnenscheine vor uns. Es scheint mein Schicksal, immer nur im Gefolge preußischer Regimenter in die sächsische Hauptstadt einzuziehen. Zuletzt 1849. Die Maitage waren damals eben vorüber, die Granitstein-Barrikaden Sempers eben weggeräumt und die an Eisenstangen hängenden Gewerks- und Wirtshausschilder in der Scheffelgasse waren von preußischen Kugeln noch wie durchsiebt.

Das war vor siebzehn Jahren. Heute fehlten die Kugelspuren, und doch eine eroberte Stadt! Die Neustädter Wache war von 24er Landwehr besetzt und eine mächtige schwarzweiße Fahne hing vom Dach bis zu den Treppenstufen nieder. Ein leiser Wind bauschte sie auf, wie ein Segel. Nun, Glück auf und gute Fahrt!

Wir nahmen Quartier im Hotel Bellevue. Oberst v. Mertens (der Befestiger Düppel-Alsens) war mit zu Tisch; an der Wand uns gegenüber befanden sich drei Konsolen und die Büsten König Johanns und seiner beiden Prinzen sahen auf die bunte Reihe preußischer Uniformen nieder.

Erster Ausflug natürlich auf die Brühlsche Terrasse. Ich fand hier alles schwärzer, rußiger geworden, nichts von der Heiterkeit und Eleganz, die sonst hier wohl ihre Stätte hatten. Aber die Aussicht war schöner denn je. Nach beiden Seiten hin hat sie

gewonnen, nach rechts hin durch die drei großen weißschim-
mernden Schloßbauten, die den Namen der Albrechts-Burgen
führen, nach links hin durch die schöne Eisenbahnbrücke,
die – ähnlich wie die Glienicker Brücke bei Potsdam – eine
überaus malerische Linie durch den Strom zieht.

Das Dresdener Leben scheint sich seit den vierziger Jahren
immer mehr an das Elbufer gezogen zu haben. Das Hotel Bellevue ist entstanden, das bescheidene »italienische Dörfchen« ist
zu einer großen Anlage geworden, die Bildergallerie – und das
ist die Hauptsache – hat ihren Platz auf dem Neumarkt aufgegeben und sich in einem neu und prächtig errichteten
»Museum«, das die beiden alten Zwinger-Flügel verbindet, niedergelassen.[*] Die preußische Herrschaft ist inzwischen noch
einen Schritt weiter gegangen und hat den weiten unregelmäßigen Platz, der zwischen Schloß, Theater und Zwinger liegt, zu
einem Parade- und Exerzierplatz umgeschaffen. Erst ein mär-
kisches (Ruppin), dann ein thüringisches (Erfurt) Landwehr-
Bataillon schwenkte in Zügen und Halbzügen auf und ab,
wobei die preußischen Trommeln von einem neu-kreierten
Musik-Corps notdürftige Unterstützung empfingen. Von Publikum hatte sich wenig eingefunden. Vielleicht war der Son-
nenbrand schuld. Andere sagen, die Dresdener grollten, daß
man ihnen nicht einmal eine volle Regiments-Kapelle zurückgelassen habe.

* Ein Regenschauer gab mir anderen Tages eine erwünschte Gelegenheit zu einem flüchtigen Besuch der Gallerie. Ich begnügte mich
mit einem Anschauen der bekannten Prachtstücke und zwischen den
beiden Madonnen, der deutschen und der italienischen, schritt ich
durch die lange Reihe der Säle ein paar Mal auf und ab. Über die Sixti-
na, die ja immer wieder dazu auffordert, in ihre tiefdunkeln, dabei in
beinahe hektischem Glanze leuchtenden Augen eine Welt hineinzuge-
heimnissen, kein Wort weiter; aber über die Holbeinsche Madonna
eine kurze Bemerkung. Die Stiche, selbst die besten, geben den Ausdruck ihres Kopfes nur unvollkommen wieder. In all diesen Nachbildungen überwiegt ein strenger, deutsch-matronenhafter, fast ans
Hausmütterlich-Philiströse streifender Zug, während das Original vor
allem auch einen Zug von höherer Schönheit, Lieblichkeit und selbst
Jugendlichkeit aufweist, wodurch die Gesamt-Erscheinung, aus dem
bloß Hausmütterlichen heraustretend, erst in Wahrheit zur Madonna
wird.

Wir nahmen einen Wagen und fuhren in den großen Garten, dann rechts hinüber in den Plauenschen Grund. Die Befestigungen, die den großen Garten dicht umzirken, mögen dem sächsischen Auge eine Pein sein, aber nirgends hat der Garten selbst unter diesen Anlagen gelitten. An einzelnen Punkten stiegen wir aus und gesellten uns zu den kaffeetrinkenden Gruppen. Ein Gespräch vermieden wir. Was uns immer wieder und wieder auffiel, war eine gewisse *Kärglichkeit* der äußeren Erscheinung. Ich wählte absichtlich diesen mildesten Ausdruck, weil ich ein tiefes Mitgefühl mit den Sachsen habe und weil ich die ohnehin Schwergekränkten nicht auch noch durch Bemerkungen über ihr Äußerliches (worin die Menschen immer am empfindlichsten sind) kränken möchte. Aber es läßt sich die Sache nicht ganz verschweigen. Man begegnet – nicht in einzelnen Exemplaren, sondern gruppenweise – völlig aztekenhaften Erscheinungen und es drängt sich einem mehr und mehr auf, daß diese stagnierenden Verhältnisse durchaus eines starken Luftstroms von außen her, einer Regeneration bedürfen. Es ist wahr, daß diese Dinge, wie richtig die unmittelbare Beobachtung sein mag, dennoch oft täuschen. In einzelnen Schweizer-Kantonen hat man der kleinen, hageren, blutlosen Bevölkerung gegenüber, auch den Eindruck des Degenerierten und trotz alledem sind es – Schweizer. Auch die Sachsen, in so vielen Kämpfen bewährt, dürfen eben jetzt wieder auf die Tage von Gitschin und Königgrätz hinweisen, wo sie musterhaft alle soldatischen Tugenden geübt, aber es ist eine alte Wahrnehmung aus Römertagen her, daß das, was sich bis zuletzt hält, bis zuletzt die Kraft vergangener Zeiten repräsentiert, das *Heer* ist. Eine Armee kann noch Nerv haben, wenn das Volk als Ganzes längst um diesen Nerv gekommen ist.

Wir kehrten in die Stadt zurück. Die sonst so entgegenkommende Bevölkerung – die übrigens auch jetzt an ihrer traditionellen Höflichkeit festhält – bewährte überall eine sehr reservierte Haltung. Ich muß das loben und ich begreife meine Landsleute nicht, die beständig über Abwehr, kalte Glätte oder gar über Tücke klagen. Es will mir durchaus erscheinen, daß die Beklagten in dieser Kontroverse mehr Recht haben, als die Kläger, und daß es hart ist, von dem Besiegten die heitere Weltanschauung des Siegers zu verlangen. Unsere Soldaten verfahren dabei vollständig *bona fide*, aber dadurch wird die Sache um kein Haar breit geändert. Alle Preußen – auch die Malkontenten, die zu Haus eine beständige, ihren Nerven und ihrer Verdauung wohltuende Opposition machen – sind im Grunde genommen stolz darauf, Preußen zu sein, und betrachten ihre Überlegenheit als etwas so Ausgemachtes und Weltkundiges, daß sie überall Böswilligkeit vermuten, wo sie einer entgegenstehenden Stimmung begegnen. Sie sprechen in solchem Falle ohne weiteres von Eigensinn und Tücke und tun nicht das Geringste, um der Empfindungswelt des Besiegten auch nur annähernd gerecht zu werden. Welche Bemerkungen habe ich äußern, welche kurzgefaßten Kritiken – ohne jede Rücksicht auf sächsische Ohren und Herzen – über die Table d'hote hinüber machen hören! und nicht etwa leise, sondern mit der ganzen, einschneidenden Deutlichkeit des märkisch-preußischen Accents. Alles wurde angezweifelt: Treue, Glauben, Sitte, selbst Herr v. Beust und – die Brühlsche Terrasse; und das Letztere wenigstens ist unerhört!

Unter allen Umständen aber sollten wir dessen eingedenk sein, daß es für gefrühstückte Leute leicht ist, über Hunger zu plaudern, und daß diejenigen, deren Patriotismus eben von einer guten Mahlzeit kommt, nicht allzu hart urteilen sollten über diejenigen, deren Vaterlandsgefühl durch bittere Tage der Entbehrung gegangen ist.

II NACH PRAG

Die 24er, die in Dresden lagen, waren die speziellen Landsleute meines Reisegefährten; aus seinem eigenen Dorfe waren ein halbes Dutzend und darüber eingezogen. Er ging jetzt, sie aufzusuchen. Das gab Szenen, wie sie nur in Preußen vorkommen können: der Bauer- und Büdnersohn im Geplauder mit seinem Gutsherrn, respektvoll und herzlich zugleich, kein Knechtssinn und kein Dünkel, Vertrauen und Teilnahme in schönem Austausch. Wir konnten unseren Dresdener Aufenthalt nicht schöner beschließen.

Etwa zwei Uhr ging der Zug. Die Fahrt, das Elbtal hinauf, ist entzückend, und die vielgenannten Felspartieen, kommend und gehend, umtanzen fast den Reisenden, wie Bäume des Waldes. Angesichts des Königsteins mit seinem dichtbewaldeten Plateau wurden wir des Ausspruchs einiger Artillerie-Offiziere eingedenk, mit denen wir am Abend vorher auf der Brühlschen Terrasse gesessen und die Kühle des Abends durch eine an Zahl immer wachsende »Batterie« bekämpft hatten. Die Herren erzählten unter Lachen, daß es ernstlich beabsichtigt gewesen sei, den Königstein vom Lilienstein aus zu beschießen. »*Pourquoi tant de bruit pour une omelette.* Wir nehmen irgendwo Position, hoch oder niedrig, schießen das Waldplateau in Brand und räuchern die Besatzung aus ihrem Felsennest heraus.« Ich referiere nur. Junge Artillerie-Offiziere haben leicht etwas Schwärmerisches und sehen den 24-Pfünder mit dem Auge einer ersten Liebe an.

In Bodenbach (an der Grenze) war Halt, eine Stunde oder mehr. 13er Landwehr füllte den Warte-Saal und vertrieb sich die Zeit mit Domino- und Karten-Spiel. So gut war es uns nicht beschieden. Wir schritten den Perron seiner ganzen Länge nach immer wieder auf und ab, tranken Bier und Kaffee verzweifelt durcheinander, umsonst, die Wartezeit wollte kein Ende nehmen. Der Wirt, in richtiger Schätzung preußischen Silbers, gab uns Unterricht in österreichischer Kreuzer-Rechnung und zu klarerer Darlegung der Exempel, wurde ein Taler in Zehnkreuzer-Scheine umgewechselt. Diese letztern sah ich zum ersten Male; ich fand sie (der Wirt hatte mir unbeschmutzte und unzerrissene gegeben) gar nicht so übel und bat um mehr. Darauf mochte es abgesehen sein. Ich empfing nun eine ganze Hand voll kleiner, zusammengeklebter Zettelchen, die ich bemüht war, wie später auf der ganzen Reise, rasch wieder los zu werden. Dazu ist einem nun in Böhmen die andauerndste Gelegenheit gegeben. Zahlreicher als die Heiligen-Bilder stehen die Bettler am Wege und was die Bettler nicht erbitten, das gibt man den Kindern, die überall aus der Erde wachsen und dabei etwas Einschmeichelndes haben, freiwillig.

Endlich das Signal; wir fuhren in Böhmen hinein, die Obstbäume wurden immer zahlreicher, die Bestellung der Felder immer sorgloser. Bei Außig zweigt die Bahn nach Teplitz ab; nur ein einziger Fahrgast verließ die lange Wagenreihe, um bei den Tepel-Quellen Genesung zu suchen. Sein Umfang und sein Teint ließen die Kur allerdings als dringlich erscheinen. Das Gespräch drehte sich natürlich um Krieg, man sprach von Podoll und Podkost, von Sobotka und Gitschin, und während der Meinungsaustausch immer heftiger lärmte, dachte niemand

daran, daß wir inzwischen die Felder passierten, auf denen
(1426) die große Hussitenschlacht geschlagen wurde, die vielen
Tausend »Meißnern« das Leben kostete. Das war ein Tag, so
wichtig, so folgenreich, fast wie der Königgrätzer Tag von heute. Und doch – vergessen!

Wir traten alsbald in den Kreis eines anderen Schlachtfeldes
ein – *Lowositz*. Lowositz ist Stationsort und die Bahnhofsleute
deuteten uns an, daß es »wohl eine halbe Stunde dauern könne«.
Dies war eine versteckte Aufforderung zu einer Abendmahlzeit.
Die Lust dazu war auch da, aber die Ausführung hatte ihre
Schwierigkeiten. Lowositz liegt innerhalb des Theresienstädter
Festungsrayons und nur die Eisenbahn selbst, wie eine Etappenstraße durch fremdes Gebiet hindurch, ist von Seiten der Theresienstädter (österreichischen) Kommandantur dem preußischen Verkehr freigegeben. Wir waren also in unseren Waggons
und allenfalls auch auf dem Perron in völliger Sicherheit; das
dreißig Schritt entfernte Gasthaus aber, aus dessen rotem Dach
eben eine stille Rauchwolke aufstieg und unsere Phantasie angenehm anregte, lag bereits jenseits der »Demarkations-Linie«
und war feindliches Gebiet, auf dem wir gefangen genommen
werden konnten. Die Schaffner suchten uns über diesen Fall, der
ihnen kaum als vage Möglichkeit erscheinen wollte, zu beruhigen und nicht ganz ohne Erfolg. Die bewaffnete Macht eines
Neben-Coupés, entweder weil sie kühner empfand, oder weil sie
hungriger war, gab diesen Stimmen nach und überschritt die
Linie. Es waren ihrer drei, die es wagten, ein Garde-Ulan, ein
35er und ein Blücherscher Husar. Sie nahmen in einer großblät-
terigen Pfeifenkraut-Laube Platz, die einen Vorbau des Gast-
hauses bildete, und die beiden Lichter, die alsbald auf den weiß-
gedeckten Tisch gestellt wurden, warfen ihren vollen Schein auf
das Rot des Blücherschen Husaren. Die Speisen wurden aufge-
tragen und wir sahen von unseren hohen Coupé-Plätzen aus der
Szene wie einem Schauspiel zu. Auch *erwartungsvoll* wie einem
Schauspiel. Denn auf dem Perron, im Taktschritt auf und nieder,
schritten zwei österreichische Offiziere in ihren knappen weißen Röcken, plauderten, wirbelten elegant den Dampf der Zi-
garre und sahen von Zeit zu Zeit nach der Gruppe in der Laube
hinüber. Wir erwarteten in jedem Augenblick eine dramatische
Verwicklung, vielleicht eine Katastrophe, aber ehe die halbe
Stunde um war, schritten die feindlichen Parteien grüßend an
einander vorüber und die Unsrigen sahen sich unbehindert, in

bester Mahlzeitslaune ihre Plätze wieder einzunehmen. Der Zug setzte seine Reise fort.

Auch uns sollte inzwischen eine Souper-Stunde schlagen, freilich unter minder spannenden Verhältnissen. Es mochte zehn Uhr sein und wir waren bereits über Raudnitz hinaus, als unser bis dahin nur halbgefülltes Coupé weitere Einquartierung erhielt: drei junge Offiziere vom 14. Regiment, bereits in vergnüglichster Stimmung, gingen nach Prag, um ihre Laune daselbst noch zu verbessern. Zwei wurden bei ihrem Vornamen, der dritte nach seiner Charge und zwar in Nachahmung des österreichischen Accents »Herr Oper-Leutnant« (Premier) genannt. Bald waren wir in vertraulichstem Gespräch, wozu die absolute Dunkelheit, die ein gegenseitiges Erkennen unmöglich machte, das ihrige beitragen mochte. Wir waren, behufs Legitimation, lediglich auf den Klang unserer Stimmen angewiesen, das heißt auf das größere oder geringere Vertrauen, das dieselben einzuflößen vermochten. Mitteilungen aus der Hauptstadt, Wallnersche Couplets und Anekdoten waren höchlichst willkommen, am willkommensten erwies sich aber alsbald die Mitteilung, daß wir die glücklich vorsorglichen Besitzer einer Niquetschen Schlagwurst, ja sogar eines »*Cap Constantia*« derselben empfehlenswerten Firma seien. In tiefstem Dunkel machte erst die Schlagwurst, dann der Capwein die Runde, und jeder Toast, jeder herzlichste Wunsch wurde von einem noch herzlicheren Zug begleitet.

Im Dunkeln hatte der Wein seinen Rundgang gemacht und im Dunkeln schliefen wir ein. Als wir an die Moldau kamen, weckte mich ein matter Lichtschimmer; die Sterne traten hier und dort aus dem Nebel und ein Dämmerschein lag auf den Feldern. Ich konnte mühsam den Charakter der Landschaft erkennen, die ein vielleicht fruchtbares aber kahles Plateau zu sein schien, ohne Baum und Strauch. Der Zug keuchte an dieser wenigstens scheinbaren Öde vorüber, endlich wuchsen Häuser auf, immer mehr, immer dichter, – wir traten sichtbarlich in den Umkreis einer Hauptstadt ein. Der Zug passierte den Fluß und wir glitten langsam in die hochgewölbte Bahnhofs-Halle. Mechanisch griff jeder nach seinem Gepäck; ein einziges Licht brannte. Mit einem schlaftrunkenen »gute Nacht« trennten wir uns von unserer Reisegesellschaft, auch jetzt im Dunkeln und für den Augenblick wenigstens ohne jeglichen Wunsch, dieses Dunkel gelichtet zu sehen.

III ANKUNFT IN PRAG. IM »ALTEN UNGELD«

Den langen, halb erleuchteten Perron entlang, durch hohe gewölbte Säle und Korridore hindurch, schleppten wir uns und
unser Gepäck bis an den Ausgang. Keine dienstbereiten Hände
hatten sich uns zur Verfügung gestellt. »Droschke!« riefen
jetzt ein halbes Dutzend Stimmen in die Nacht hinein, aber nur
das Echo kam zurück. Wir glaubten nunmehr uns korrigieren
zu müssen und schickten ein dringlich betontes »Fiacre« unserem ersten Notschrei nach. Aber mit demselben Erfolg. Endlich erschien, von jenseit der Straße her, ein radebrechender
Czeche, der eine Mittelstellung zwischen Dienstmann und Gepäckträger einnehmen mochte, und bot seine Dienste an. Die
Situation war derart, daß an Ablehnung gar nicht zu denken
war. Er wurde mit einer nicht unbeträchtlichen Anzahl von
Reisetaschen, Plaids und Gummi-Mänteln bepackt, an die Tête
gestellt und nunmehr mit Führung des ihm willig folgenden
Zuges betraut. Wir ahnten wenig davon, welchen neuen Enttäuschungen wir entgegen gingen. Es genüge hier die kurze
Andeutung, daß etwa sechs Stunden vor uns, zu der ohnehin
sechstausend Mann starken Garnison, noch vierzehntausend
Mann Garden in Prag eingerückt und bei ihrer Einquartierung
den besten Hotels der Stadt mindestens nicht aus dem Wege
gegangen waren.

Wir läuteten beim »schwarzen Roß«. Besetzt! Beim »blauen
Stern«. Besetzt! Beim »goldenen Engel«. Besetzt! Nun riß uns
die Geduld. Wir erwählten einen der Unsern, einen märkischen Gutsbesitzer, der über die bekannte glückliche Mischung
von Humor und Grobheit eine ungemessene Verfügung besaß,
zu unserem Sprecher und der Erfolg rechtfertigte unsere Wahl.
Unser Delegierter nahm den Oberkellner bei Seite, appellierte
an sein böhmisches Herz und stellte ihm vor, daß er mit Kaiserlich österreichischen Freunden machen könne, was er wolle,
daß es aber niedrig und verwerflich sei, seine Feinde elend um-
kommen zu lassen. Der Angeredete lächelte gutmütig, versicherte auf Ehre und Gewissen, daß keine Dachkammer leer sei,
fügte aber hinzu, daß im »alten Ungeld« (wie er eben erfahren
habe) noch einige Zimmer frei seien.

Also nach dem »alten Ungeld«. Unser Zug setzte sich zum
vierten Male in Bewegung, einzelne unter uns nicht ohne trübe

Vorahnungen. Zum »alten Ungeld«! Es klang ebenso rätselvoll, wie dumpf und kerkerhaft. Ein halbes Dutzend Wörter mit »Un« gingen uns durch den Kopf: Unheil, Unglück, Unhold, Ungetüm und zuletzt immer wieder Ungeld. Und noch dazu *altes* Ungeld. »Alt« erschien uns in diesem Augenblick nichts weniger als ein *Epitheton ornans,* oder doch höchstens im Sinne einer Schauer-Ballade. Balladenhafte Lokalitäten sind aber selten gute Gasthöfe.

Wir wanden uns durch ein Gewirr dunkler Straßen und Gassen, traten auf kurze Strecke unter die Arkaden eines Marktplatzes, hatten zur Linken (mitten auf dem Platz) eine Mariensäule, deren Muttergottesbild, mit dem Sternenkranz um die Stirn, eben jetzt im Mondschimmer leuchtete und traten dann, nach rechts hin, aus den Arkaden hinaus wieder in dunkle, schmutzige Gassen ein, die uns zuletzt in einen Hof oder eine Sackgasse führten. Wunderliche alte Häuser standen umher; vor dem ältesten und größten hielt jetzt unser Führer und zog an der Glocke. Man hörte, wie aus weiter Ferne her, das Läuten.

Wir Draußenstehenden hörten es, aber nicht die drinnen, die es hören sollten. Wir hatten inzwischen vollauf Zeit, uns mit der Außenseite des »alten Ungeld« bekannt zu machen. Torweg und Erdgeschoß schienen mittelalterlich gewölbt, die vergitterten Kellerfenster deuteten noch weiter zurück, während die oberen Stockwerke allerhand moderne Fensterverkleidungen zeigten; es war als hätten alle Jahrhunderte seit König Georg Podiebrad hier im »alten Ungeld« ihre Karte abgegeben.

Wir läuteten noch immer. Niemand kam, wenigstens nicht von innen her, während draußen unsere Gruppe einen beständigen Zuwachs erfuhr. Es war ersichtlich, daß das »alte Ungeld« den Charakter eines Nothafens, einer letzten Retirade hatte, wohin, nach einem stillen Abkommen zwischen den besseren Gasthofsbesitzern Prags, alles das dirigiert wurde, was in den eigentlichen Hotels kein Unterkommen finden konnte. Wir waren bereits auf zwanzig Mann angewachsen, Offiziere aller Waffengattungen, und das Glockenläuten und Säbelrasseln, dazwischen das Lachen, Rufen und Donnern, durchlärmte die Nacht. »Wir müssen hinein«; darüber herrschte nur eine Stimme. Pläne wurden bereits entworfen, wie das »alte Ungeld« im Sturm zu nehmen sei, als ein ungewisser Lichtschimmer zwischen den Ritzen des Torwegs sichtbar und bald darauf der Schlüssel im Schloß gedreht wurde. Die Tür ging auf und eine kleine Laterne in der Hand, stand ein czechischer Hausknecht, klein, strubblig, verschlafen, vor uns.

Allgemeine Heiterkeit begrüßte ihn. »Der ist ächt!« riefen einige der Vordersten, und so bereitwillig zugestanden werden muß, daß ein starker Campagne-Ton bereits unter uns vorherrschte, so gewiß ist es doch auch, daß eine übermütige Laune nie dringender herausgefordert wurde. Diese Herausforderung lag zum großen Teil in der leichtfertigen Behandlung, die die Kostümfrage von Seiten dieses czechischen Struwwelpeters erfuhr. Ob er nun sein Beinkleid verkehrt angezogen hatte, oder ob der böhmische Schnitt sich mehr der Kinderhose nähert, gleichviel, seine Rückseite hatte nach unten zu jenen sonderbaren, flaggenhaften Appendix, der Hierlandes einen wohlbekannten, aus den Haus- und Mietsverhältnissen entnommenen, in seiner Entstehungsgeschichte noch nicht genügend aufgeklärten Namen führt.

Unser Lachen mochte den Betroffenen wenig verdrießen; er führte uns vielmehr an großen Biertischen vorbei, dann und wann seine Laterne hoch haltend, treppauf und – *hony soit qui mal y pense* – in das Schlafzimmer der Schließerin hinein. Diese schien an derlei Unterbrechungen ihrer nächtlichen Ruhe gewöhnt und rief uns, während wir Kopf an Kopf zwischen Tür und Bett standen, in beneidenswerter Naivität zu: »Sind's die *zwei* Herren, die bestellt haben?« »Jawohl«, riefen zwanzig Stimmen.

Kein längeres Verweilen bei diesen Details! Genug, – wir kamen schließlich unter. Der letzte Trupp, wie wir anderen Tags erfuhren, hatte sich unten auf die Biertische gelegt, die Reisesäcke als Kopfkissen, und war mit großen blutroten Deckbetten, an denen die Böhmen einen Überfluß zu haben scheinen, zugedeckt worden. Wir (unserer vier) hatten ein kleines Zimmer erhalten, zwei Treppen hoch, am Ende eines langen Korridors, gegenüber einem jener Räume, die in ganz Böhmen einen für unser norddeutsches Ohr durchaus unverfänglichen Namen führen, so unverfänglich, daß es sich allenfalls gestatten würde, denselben hier herzusetzen. Doch nehmen wir Abstand davon und zwar um so lieber, als unleugbar eine tiefe Kluft besteht zwischen der Harmlosigkeit ihres Namens und ihrer Wirklichkeit.

Es war drei Uhr, als wir das Licht löschten. Zwei von uns

lagen in Bettstellen; einer auf dem Sofa; ich saß rittlings auf einem Stuhl und stützte meinen Arm auf die Lehne. Mir zu Füßen lag ein Haufen hoch aufgeschichteter, aus den zwei Bettstellen herausgeworfener Kissen, über deren dunklen Gipfel hinweg ich auf die Fensterscheiben sah und den Morgen heranwachte. Meine Gefährten, glücklicher als ich, schliefen bald; ich aber hatte Zeit, über das »alte Ungeld« nachzudenken. In manchen Stücken traf ich's. Was ich nachträglich erfuhr, ist folgendes:

Das »alte Ungeld«, früher der *Teinhof* genannt und unmittelbar neben der Teinkirche, der ältesten und berühmtesten Kirche Prags, gelegen, war im neunten Jahrhundert eine Herzogliche Residenz und hieß der »Tein« von »tyniti« umpfählen, weil er mit Pfahlwerk befestigt war. Dieser »Teinhof« bildet noch jetzt einen abgeschlossenen Komplex von zehn Bürgerhäusern. Schon 1101 wurde die ehemalige Residenz in ein Kaufhaus umgewandelt. König Johann von Böhmen (derselbe »blinde König Johann«, der 1346 in der Schlacht bei Crecy gegen die Engländer blieb) errichtete hier 1310 ein »Ungeld«, das heißt ein Akziseamt für die neu eingeführte Wein- und Salzsteuer. Später ging es in Privatbesitz über, ein neues Akziseamt wurde errichtet, und was bis dahin einfach das »Ungeld« gewesen war, sank nun zum *alten* Ungeld herab, als welches es in die Reihe der Ausspannungen und Bierschänken eintrat.

All dies trat erst andern Tages mit historischer Gewißheit an mich heran, aber mehr als alle »Führer durch Prag« mich wissen lassen konnten, trug ich bereits in ahnendem Gemüt, während ich rittlings auf meinem Stuhl die Nacht durchwachte. Aus den aufgetürmten Bettmassen, deren Rot trotz aller Dunkelheit mir vor Augen stand, stiegen immer neue Herzöge auf, Wenzeslav, Boleslav, Wratislav, die einen mit breiten Wunden auf der Stirn, die andern mit tiefen Wunden in der Brust.

Endlich dämmerte der Tag; noch eine kurze halbe Stunde und die ersten Sonnenstrahlen fielen über den Dachfirst des Hauses gegenüber, mitten in unser Zimmer hinein. Unsere Schläfer schüttelten den Schlaf ab und durch das schnell geöffnete Fenster drang nun die Morgenfrische und ließ uns fast vergessen, daß wir im »alten Ungeld« waren. Aber wir sollten bald daran erinnert werden. All die Nacht über hatten draußen auf dem Korridore unsagbar dunkle Wetter gebraut und eine dichte Wolke gezogen zwischen uns und der Welt. Ein erster

Versuch, diesen Dunstkreis zu durchbrechen, war eben so gewiß gescheitert, wie er in ahnungsloser Unbefangenheit unternommen worden war. Und doch mußten wir hindurch, es koste, was es wolle. Wir waffneten uns also und wie bei Feuersbrünsten alle diejenigen, die innerhalb eines brennenden Hauses retten wollen, zuvor um einen kalten Überguß bitten, um der leckenden Flamme wenigstens einen kurzen Widerstand entgegensetzen zu können, so traten wir jetzt an das offene Fenster, taten drei volle Züge, füllten unsere Lungen, gleichsam wie auf Vorrat mit Luft und brachen nun, unter kurzem Spruch und Anruf, durch die Malaria des Korridores durch.

Es glückte. Unten fanden wir die Schließerin; aber besser als das, wir fanden auch einen Kameraden vom Tag zuvor, der schon vor uns die roten Betten abgeschüttelt und in der Nachbarschaft erfolgreich rekognosziert hatte. »Sieg!« so rief er uns zu, »Quartier im goldenen Engel.«

Das war eine Botschaft! Das letzte Wort, wie in Huldigung gegen den Sprecher, hallte von dem gewölbten Torweg des »alten Ungeld« zurück.

IV PRAG

Wir zogen nun also in den »goldenen Engel«, wo wir am Abend zuvor abgewiesen worden waren, erhielten ein gutes Quartier und feierten unsere Ankunft dadurch, daß wir den Prozeß des Aus- und Anziehens noch einmal durchmachten, um wenigstens nach Möglichkeit alles zu beseitigen, was vom »alten Ungeld« her noch an uns und um uns geblieben sein mochte. Dieser Prozeß war zum Teil rein symbolischer Natur; er hatte aber auch seine materielle Berechtigung, da wir uns in Ermangelung von Krügen und Karaffen, die schlechterdings nicht zu beschaffen waren, mit *zwei Seideln* Wasser hatten begnügen müssen.

In jener gehobenen Stimmung, wie sie bei dem Kulturmenschen aus dem Bewußtsein reichlichen Wasserverbrauches auftaucht, erschienen wir (es mochte inzwischen neun Uhr geworden sein) im Frühstücks-Salon. Ein Sherry mit Sodawasser – das ich als Vorläufer eines guten Morgenkaffees hiermit dringend empfehle – schwemmte den letzten Rest erlitte-

ner Unbill hinweg. Man war wieder man selbst. Selbst die
Gegenwart einiger National-Böhmen, die in ihren schwarzen
Pikeschen mit Stehkragen und zahllosen Knöpfen und Häkchen
(statt der Knopflöcher) zu uns herübersahen, konnte uns in dieser wohligen Betrachtung nicht stören. Wir setzten uns an
das breite, großscheibige Fenster und freuten uns des bunten
Treibens, das in der Richtung nach der inneren Stadt zu, an uns
vorüberwogte. Einzelnes Landvolk zeigte sich, das meiste
aber, was kam und ging und durch die engen Gassen drängte,
das war nicht czechisches Landvolk, das waren preußische Landsleute, Truppen von allen Armee-Corps und Regimentern,
namentlich Garden. Vierzehntausend Mann (ich erwähnte dessen schon) waren eingerückt und eine gleiche Anzahl kündigte
sich bereits durch ihre Quartiermacher an. Diese Quartiermacher, in Trupps zu acht und zehn Mann, erschienen auf
requirierten Wagen, hielten vor unserm Hotel, meldeten sich
oder nahmen einen Imbiß und fuhren weiter, die gefürchteten
Zündnadelgewehre leicht in den linken Arm gelehnt.

Unter diesen Quartiermacher-Trupps war mir einer von besonderem Interesse. Die Mannschaften waren abgestiegen, nur
zwei hielten Wache, während die Zügel nachlässig in den Händen eines zwölf- oder vierzehnjährigen Knaben lagen. Sein Kostüm war ziemlich abenteuerlich. Er trug eine graue Zwillich-
Jacke, eine blaue österreichische Feldmütze und auf beiden
Schultern die regelrechte Achselklappe unsres Garde-Grenadier-Regiments Kaiser Franz. Ich hielt den Jungen für einen
Czechen, worin mich seine Stubs-Nase und die hohen Backenknochen bestärkten, und war einigermaßen überrascht, von
den wachthabenden Soldaten zu erfahren, daß dies der in
Kriegs-Korrespondenzen viel gefeierte *Carl Lehmann* sei, der
sich, wie übrigens bekannt, beim Ausmarsch der Garden aus
Berlin, dem 2. Bataillon des Kaiser Franz-Regiments ange-
schlossen und im Geleit desselben (schließlich auch durch die
Achselklappen geehrt) die ganze Campagne mitgemacht hatte.
Ein Zufall hatte es also gewollt, daß er just in das Gefolge, um
nicht zu sagen, in die Reihen, *des* Garde-Bataillons eingetreten
war, das zuerst ins Feuer kam und so ziemlich die schwersten
Verluste erlitt. Oberst-Lieutenant von Gaudy blieb, alle Offi-
ziere waren tot oder verwundet, aber – *Carl Lehmann* stand.
Die Soldaten lobten seine Treue und seine Bravour. Immer im
Kugelregen aktiv, schleppte er für die verdursteten Truppen

Wasser herbei. Er scheute keine Gefahr. »*An Arab of the Street*«, wie der moderne englische Ausdruck lautet. Die Soldaten nennen ihn »Garibaldi«. Er soll in eine Militär-Erziehungsanstalt kommen und ausgebildet werden. Übrigens habe ich nachträglich erfahren, daß solche *enfants de troupe* sich bei den verschiedensten Regimentern ausgebildet haben; man nannte mir unter andern das I. Garde-Regiment, die schwarzen Husaren und das Regiment Elisabeth. Doch mögen hier Verwechslungen vorliegen. (Carl Lehmann ist inzwischen, wie männiglich bekannt, am 21. September mit seinem Bataillon in Berlin eingerückt.)

Der Menschenstrom, wie schon angedeutet, ging großenteils nach einer Richtung der innern Stadt zu. Bald erfuhren wir den Grund: es war heute der Namenstag des Kaisers und auf dem »großen Ring« wurde dieser Festtag durch eine Bürgergarden-Parade gefeiert. Wir schlossen uns dem Strome an und landeten auf dem großen freien Platz, der zwischen dem alten Prager Rathause und der noch älteren Teinkirche liegt. Wenige Schritte abwärts von der Teinkirche erhebt sich das Kinskysche Palais. Der Platz war mit Menschen überfüllt, inmitten dieser Menschenmasse aber stand die Bürgergarde, in Quarré formiert, die Front nach der Teinkirche hin geöffnet. Ein Fiacre, dessen Kutschersitz ich ohne langes Bedenken als Stehplatz engagierte, gab mir Gelegenheit, das interessante Schauspiel, dessen Augenzeuge ich nun wurde, mühlos zu überblicken. Schon die Bürgergarde selbst, von ausgezeichneter Haltung und sehr geschmackvoll uniformiert, gewährte einen schönen Anblick. Sie bestand aus drei Abteilungen: den Grenadieren (Bärenmützen), Musketieren und Scharfschützen. Besonders die letzteren sahen vortrefflich aus; sie trugen die dunklen Federbüsche wie die Jäger-Bataillone der österreichischen Armee. In der Teinkirche wurde, während die Bürgergarde draußen in Parade stand, das Hochamt vom Kardinal-Erzbischof Fürsten Schwarzenberg zelebriert. Die Hauptmomente des Hochamts wurden von dem bewaffneten Bürgercorps in Ermangelung der Schußwaffen (die an das preußische Gouvernement hatten abgeliefert werden müssen) durch das Anstimmen der Volkshymne »Gott, erhalte Franz den Kaiser« bezeichnet. Dies machte sich sehr feierlich, viel feierlicher als bloße Gewehr-Salven vermocht hätten. Nach Beendigung des Hochamts trat der Kardinal-Erzbischof auf den Platz hinaus und erteilte den Segen; dann erfolgte der Vorbeimarsch der Bürgergarde vor dem Gouverneur von Böhmen, General Vogel von Falckenstein. Nach dem Defilieren versammelten sich die Offiziere um den preußischen General, der, wie ich später erfuhr, ihnen dankte, ihre Haltung lobte und in Anerkennung dieser Haltung ihnen die sofortige Zurückgabe ihrer Gewehre zusagte. In der Tat zogen die Bürgergarden noch am selben Tag in voller Ausrüstung auf Wache.

Das Volk verlief sich, wir unsererseits warfen noch einen Blick auf die umstehenden alten Gebäude, lugten in die Teinkirche hinein, darin noch die Weihrauchwolken zogen, und schickten uns dann zu einer mehrstündigen Fahrt an, um die Stadt als ein Gesamtbild auf uns wirken zu lassen. Durch breite und enge Gassen, die Kolowratstraße hinauf, den Roßmarkt hinunter, an alten Kirchen und neuen Statuen vorbei, passierten wir zuletzt den berühmten Brückenturm, endlich die Nepomuck-Brücke selbst, um schließlich auf der Höhe des Königlichen Hradschin zu rasten und von diesem Königshorste aus auf die Moldau und das »hunderttürmige Prag« herniederzublicken.

Wer wollte leugnen, daß die Bilder, die sich auf solcher Fahrt dem Blicke darbieten, mit zu den schönsten zählen, die sich dem Auge überhaupt erschließen können, dennoch scheint mir der Ausdruck Göthes gewagt, der Prag »den kostbarsten Stein in der Mauerkrone der Erde« nannte. Darin freilich hatte er recht, daß er es in erster Reihe als eine *königliche* Stadt bezeichnete. Das ist es in der Tat.[*] Aber manches andre ist es *nicht*. Dominierende Höhen, die mit Türmen und Palästen besetzt, auf eine am Flußufer sich hinziehende, weit ausgedehnte Stadt herniederblicken, werden dieser immer mehr oder weniger einen vornehmen, einen *königlichen* Charakter verleihen, aber um eben diese Stadt zu einem »kostbarsten Stein in der

---

* Alle größeren Städte, deren Schlösser auf einem hohen, steil abfallenden Bergrücken liegen, haben diese »königliche Lage«. Edinburg ist in diesem Sinne eine eben so königliche Stadt wie Prag. Was aber jene großartige Gesamtwirkung angeht, die ihre Macht ebenso sehr aus der Architektur einer Stadt, als aus ihrer Lage hernimmt, so kann der Blick von der Moldau-Brücke aus nicht bestehen neben dem Blick von der London-Brücke aus, – ein Panorama, das vielleicht wirklich »den kostbarsten Stein in der Mauerkrone der Erde« umschließt.

Mauerkrone der Erde« zu machen, dazu gehört auch ein mehreres, dazu gehört, neben einer gewissen großartigen Mitgift von Natur aus, die Prag unbedingt hat, auch noch eine Fülle von Menschenwerk und an dieser menschlichen Zutat ist hier ein empfindlicher Mangel. Die Art, wie die Stadt, als ein Ganzes genommen, sich anlehnt und aufbaut, mit andern Worten, die Wahl und architektonische Benutzung des Terrains (alles Dinge, die um tausend Jahre zurückliegen) sind mustergültig und bezeugen einen großen Sinn, aber *das, was sich anlehnt*, die hundert und tausend Einzelheiten, die die Stadt bilden, diese entbehren nicht nur vielfach der Schönheit, sondern – was wichtiger ist – lassen auch vielfach das spezifisch Malerische vermissen. Der Stolz Prags – und mit Recht – ist seine pittoreske Großartigkeit, aber ein glücklicheres Streben nach dem Schönen, ein feineres Auge, eine geschmackvollere Hand, würden, wenn nicht die Großartigkeit überhaupt, so doch speziell die *pittoreske* Großartigkeit der Stadt gesteigert haben. *Nach dieser Seite hin fehlt viel.* Es tritt dieser Mangel hervor, wenn man von dem Hradschin aus auf die Altstadt *hernieder* blickt, er wird aber noch fühlbarer, wenn man umgekehrt von der Altstadt zu dem Hradschin *hinauf* und *hinüber* sieht. Der Blick auf die Stadt *hinunter* läßt Schönheit der Architektur (beispielsweise der Kirchen) vermissen, verfügt indessen über großen malerischen Reiz; der Blick zu dem Hradschin *hinauf,* entbehrt, soweit die Architektur dabei in Betracht kommt, auch *dieses* Vorzugs. Die Burg, die samt einer Anzahl von Palästen, die Hradschin-Höhe krönt, wirkt durch endlose, unprofilierte Fensterreihen nüchtern, langweilig, monoton, und auch der *Ausbau des Landschaftlichen*, wenn dieser Ausdruck gestattet ist, ist nicht das, was er sein könnte. Es fehlt diesem berühmten Hradschin an Grün, an Farbe, an lebendiger Gliederung, und während er einzig dastehen, und in der Tat der »kostbarste Edelstein in der Mauerkrone der Erde« sein könnte, wenn die auf ihm begonnene, leider Bruchstücke gebliebene großartige gotische Architektur (der Dom) das ganze Hochplateau überdeckte, so ist er durch die charakterlosen Flachbauten, die jetzt seine Höhe beherrschen, um das Vollmaß, seiner Schönheit, um die Hälfte seines Ruhms gekommen. Es ist sehr wahrscheinlich, daß es eine Zeit gab (etwa zu Anfang des siebzehnten Jahrhunderts), *wo Prag schöner war als jetzt*, wo die Stadt selbst weniger die Spuren des Verfalls und der Hradschin weniger den Stempel des Kasernenhaften trug; aber diese Tage liegen weit zurück.

Noch ein Wort über die Kirchen. Ich deutete schon an, was ihnen fehlt. Die Stadt nennt sich das »hunderttürmige Prag«, und es mag möglich sein, unter Heranziehung aller möglichen Spitzen und Spitzchen, diese hundert Türme herauszurechnen. Aber eine hervorragend schöne Kirche (den unvollendet gebliebenen gotischen Dombau abgerechnet, der vielfach an den Kölner Dom erinnert) findet sich nicht. Die Teinkirche ist ein interessanter Bau, nicht ohne architektonische Bedeutung, aber immerhin interessanter durch seine Geschichte, als durch die bauliche Aufgabe, die er löst.

Die schönste Partie der Stadt bleiben ihre *Brückentürme* und ein Schrägblick durch den Altstädter Brückenturm hindurch, dessen gotisches Bogentor, nunmehr einen Rahmen bildend, das bunte Treiben des Flusses, die Statuen der Brücke und jenseits, wie Spiegelungen, wie verjüngte Abbilder des Turmes, vor dem wir stehen, zwei weitere Brückentürme zeigt, erschließt dem Auge ein Schönheitsbild, das ihm bleibt.

V FAHRT DURCHS LAND

Unsere für Prag bestimmte Zeit war um, und wir wollten nunmehr »ins Land«. Zweck unserer Reise war überhaupt nicht ein Besuch der böhmischen Hauptstadt, sondern ein Besuch der böhmischen Schlachtfelder. Wir wollten dabei die Reihenfolge innehalten, wie sie der Vormarsch der Ersten Armee (Prinz Friedrich Karl) uns an die Hand gab, also zunächst den Gefechtsfeldern von Turnau-Podoll und Münchengrätz, dann denen von Sobotka, Gitschin und Königgrätz in eben dieser Aufeinanderfolge uns zuwenden.

Mit *Turnau-Podoll* also hatten wir zu beginnen. Der Weg dahin, von Prag aus, führt über Münchengrätz; da wir indessen, was der erwähnten Reihenfolge der Gefechte nach Nummer zwei war, nicht als Nummer eins sehen wollten, so beschlossen wir, diesen letztgenannten Ort (Münchengrätz) wie alle übrigen Stationspunkte zwischen Prag und Turnau-Podoll ohne weiteres zu passieren und erst tags darauf, nach Absolvie-

rung der ersten Gefechtsfelder, nach Münchengrätz zu einem
längeren Aufenthalt zurückzukehren. Und so geschah es denn
auch. Wir fuhren also zunächst nach Turnau, um von dort aus
regelrecht unsern Vormarsch zu bewerkstelligen.

In gewöhnlichen Zeiten ist zwischen Prag und Turnau Eisen-
bahnverbindung, und man legt diese zehn Meilen in zwei
Stunden zurück; jetzt aber, in Folge einer Brückensprengung,
war der Eisenbahnverkehr gestört, und wir mußten die Chaussee benutzen. Und das war gut so. In fremden Ländern, in denen man nicht reist, um nur fortzukommen, in denen man
vielmehr Eindrücke wünscht, statt bloß rascher Beförderung,
wird man immer gut tun, das Coupé so viel wie möglich zu
vermeiden und die zurückgeschlagene Halbchaise nach Möglichkeit zu benutzen. Dazu waren wir denn auch entschlossen.
Aber die Ausführung stieß auf Schwierigkeiten. In ganz Prag
war kein Fuhrwerk zu beschaffen; die zwanzigtausend Mann
Preußen, die in der Stadt lagen, hatten alles bis auf das letzte
Pferd in Beschlag genommen, nicht in dem gefürchteten Sinne
von »Requisition«, sondern für bares Geld, um Ausflüge in die
Nähe und Ferne zu machen. Ausharren und gute Worte halfen
endlich so weit, daß uns eine Extrapost bis zur nächsten Station
bewilligt wurde, »dort müsse das Glück uns weiter helfen«.
Und das Glück half uns weiter. Wir waren zur Kaffeestunde in
Brandeis, zur Vesperstunde in Benatek, zur Teestunde in Jung-
Bunzlau, um die zehnte Stunde in Münchengrätz und um Mit-
ternacht (vorher Podoll im Mondscheindämmer passierend) in
Turnau.

Diese Fahrt, zehn Meilen durchs Land, war sehr reizend. Die
nächste Umgebung Prags ist wenig anziehend, aber bald ver-
schönerte sich das Bild, und wir hatten das um uns her, was
man überhaupt vielleicht als »böhmische Landschaft« bezeichnen kann. Wellenförmiges Terrain, weiß getünchte Häuser in
Grün versteckt, Obstbaumplantagen, Hopfen, Wein, malerisch
gelegene Städte, hier einen Hügel erklimmend, dort am Ufer
eines Flusses sich hinziehend, eines Wassers, das über breite
Wehre fällt und Mühlen treibt; – dazu Schlösser und Ruinen
und über dem Ganzen ein Ziehen und Wehen, ein Himmel und
ein Luftton, die einem sagen: das ist historisches Land!

Wir kamen zuerst nach *Brandeis*. Sein Schloß ist schön gelegen, wie alle böhmischen Schlösser. Am schönsten ist die Brük-
kenpartie am Ausgange der Stadt; wie ein Idyll lehnt sich die

Wiesen-, Wasser- und Weiden-Landschaft bis an das Schloß hinan. Dieser Schloßbau hat seine Erinnerungen (alter Zeit zu geschweigen), auch aus neuer und neuester Zeit. Ich finde darüber folgendes. Hier wohnte manchmal der gute alte Kaiser Ferdinand, den man im Jahre 1848 zur Abdankung zwang und der seitdem in Prag auf der »alten Burg« (Hradschin) residierte, bis ihn die einrückenden preußischen Regimenter auch von dort vertrieben. Nun hat der »Vogel von Falckenstein« seinen Sitz dort oben. Doch zurück nach Brandeis und seinem Schlosse. Hier wohnte, abgesetzt und flüchtig, der greise König Karl X. von Frankreich und mit ihm seine Schwiegertochter, die Herzogin von Berry, samt ihrem Sohne *(Henri V.)*. Flüchtig, vor wenigen Wochen erst, verweilte auch König Johann von Sachsen an dieser Stelle; er verbrachte hier die erste Nacht, nachdem er sein Land verlassen. Während er hier einzog, zog General Herwarth in Dresden ein.

Die nächste Station nach Brandeis ist *Benàtek*, ein kleiner Ort, mehr ein Flecken, als eine Stadt. Auch Benàtek hat seine Geschichte. Hier befand sich das Observatorium, auf welchem Tycho de Brahe Meridiane zog und nebenbei dem Kaiser Rudolph II. (der Benàtek zur Stadt erhob) das Horoskop stellte. Nun lagen hier Zietensche Husaren; mit Abteilungen vom Colberger Regiment saßen sie an dieser Stelle bunt durcheinander, bei ausgehobenen Fenstern, in einem von Geißblatt umrankten Gartenhause, und spielten, unbekümmert um alle Sterndeuterei (sie waren die Sieger und bedurften keines Horoskops mehr) ihr Solo oder Dreikart und dampften ihre mit kaiserlichem Tabak gestopften Pfeifen. Sie mochten an vieles denken, nur nicht an Kaiser Rudolf und Tycho de Brahe. Mir war es interessant, dem Namen und den Spuren dieses letzteren hier wieder zu begegnen. 1864, als mich der dänische Krieg ebenso nach Kopenhagen, den Inseln und Jütland führte, wie jetzt der österreichische Krieg nach Prag und Böhmen, hatte ich, im alten Dome zu Aarhuus, vor dem Marmormonument von Manderup Parsberg gestanden, der (wie mir der Küster erzählte) dem Tycho de Brahe im Duell die Nase abhieb und hatte dann eine Woche später, im Vorüberfahren an der kleinen Sund-Insel Hven, die Trümmer jener Uranienburg aufragen sehen, die König Frederick II., allen Forderungen seines Günstlings und Hofastronomen nachgebend, damals inmitten des prächtigen Sundpanoramas (zwischen Kopenhagen und

Helsingör) errichtet hatte. Aber diese Tage des Glanzes am dä-
nischen Hofe hatten nicht Dauer gehabt; im Unmut war Tycho
aus seiner Heimat geschieden, um endlich am Hofe Kaiser
Rudolfs II. seine Laufbahn zu schließen, seine letzte Ruhe zu
finden. Gestern erst hatte ich, in der Prager Teinkirche, am
Grabstein des berühmten Astronomen gestanden, heute, in
Benàtek, stand ich, wie vor zwei Jahren, an einer ehemaligen
Stätte seines Wirkens, freilich an einer bescheideneren als jene
Uranienburg im Sunde.

Von Benàtek führt der Weg nach *Jung-Bunzlau*, prächtig gelegen auf einem länglichen Hügel, mit einer kastellartigen Kaserne, die in das Isertal hinunterblickt. Man hat hier Fernblicke
auf das ganze Amphitheater des Riesengebirges, mit dem
»böhmischen Sattel«, zwei merkwürdigen Felsennadeln, die
mit alten Burgruinen gekrönt sind. Auch in der Nähe der Stadt
ragt eine solche, arg zerrissen, aber massenhaft empor, die
Burg *Michalowitz*, der Sage nach die Heimat jenes Ritters Dalibor, der im Prager Gefängnis die Geige so schön spielen gelernt,
daß er einer der beliebtesten Sagenhelden des musikliebenden
Böhmer-Landes geworden.

Nach Jung-Bunzlau folgte *Münchengrätz*, das wir erst bei
völliger Dunkelheit erreichten, übrigens ohne Sorge für uns,
da der nächste Tag uns dahin zurückführen sollte. Zwei Stunden später waren wir in *Turnau*. Hier nahmen wir Nachtquartier und rüsteten uns für den anderen Morgen.

Dieser Morgen kam und mit ihm, in korrekter Reihenfolge,
unser Besuch der Gefechtsfelder von Podoll und (tags darauf)
von Münchengrätz; ehe ich indessen zu einer Schilderung dieser Örtlichkeiten übergehe, versuche ich es, die Eindrücke wiederzugeben, welche diese zehnstündige Fahrt durchs Böhmer-
Land auf mich gemacht hatte. Ich werde bei Wiedergabe dieser
Eindrücke allerdings die Erfahrungen der nächsten Tage gleich
mit zu Hilfe nehmen, so daß alles Nachstehende ein breiteres
Fundament haben und, irrig oder nicht, nach der Seite des Urteils hin einer Art Gesamt-Resultat meiner Reise entsprechen
wird.

VI LAND UND LEUTE

Ich beginne dies Kapitel, das sich ausschließlich (wie bereits angedeutet) damit beschäftigen wird, Gesamt-Eindrücke wiederzugeben, mit dem Bekenntnis, daß ich in die vielfach laut werdenden Klagen, ja, es muß ausgesprochen werden, in den Ton der Verachtung und Empörung nirgends habe einstimmen können; – weder die Dinge noch die Personen sind mir an irgend einer Stelle von einer besonders häßlichen Seite entgegengetreten. Ich leugne damit nicht die Richtigkeit dessen, was andere beobachtet oder an sich selbst erfahren haben; ich gebe nur einfach wieder, was von mir persönlich wahrgenommen worden ist.

Zunächst ein Wort über das Land. Daß es schön ist, hob ich schon hervor; es ist aber auch eigentümlich. Diese Eigentümlichkeit liegt zum Teil in den Kulturverhältnissen, in der Art und Weise, wie das Land bebaut und *bewohnt* ist. Es fehlen – ganz im Gegensatz zu andern slawischen Ländern – die *weiten Flächen*; auf verhältnismäßig kurze Distanzen hin wachsen die Dörfer am Wege oder auf den Feldern auf und geben dadurch der Landschaft einen Charakter, der mehr an die niedersächsische Art, als an die slawische erinnert. Und doch ist die Ähnlichkeit nur landschaftlich, nur für das Auge da, keinesweges im Bebauungs-*Prinzip*. Die niedersächsische Art lehnt sich gegen das »geschlossene Dorf« auf, sie setzt die Teile über das Ganze, sie ist der Gegensatz der städtebauenden Konzentration, des Ringes, der Umzirkung, der Mauer. Niedersächsische *Dörfer* (wenn sie auch ihren festen Kern haben) liegen im wesentlichen ausgestreut über die Feldmark da, ihr bester Teil sind die ausgebauten Höfe, die mit Wohnhaus und Stallgebäuden, mit Baumpartieen und Grenzweiden wiederum ein Dorf im kleinen bilden. Nach diesem niedersächsischen Prinzip sind nun die böhmischen Dörfer keineswegs gebaut, im Gegenteil, der zentrale Hang ist da, der Hang, sich um einen Mittelpunkt zu gruppieren, größere und kleinere Gemeinheiten zu bilden. Es liegt aber auf der Hand, daß, wenn es aus diesem oder jenem Grunde nur zur Bildung *kleinerer*, sich auf kurze Strecken wiederholender Gruppen kommt, zuletzt Dörfer entstehen müssen, die in allem, was landschaftliche Erscheinung angeht, an die ausgestreuten, reichgegliederten niedersächsischen Gehöf-

te erinnern. Und das ist in der Tat der Fall. Die reiche böhmische Landschaft gewährt ein ähnliches Bild, wie ein Blick von
den Oderhöhen, zwischen Freienwalde und Frankfurt in das
reiche, wenigstens teilweise nach niedersächsischer Art bebaute Oderbruch hinein, – das Ganze ein Felderteppich mit Dörfern gemustert.

So viel über das, was die böhmischen Dörfer *landschaftlich*
bedeuten. Es bleibt noch die Frage, wie wirken sie an und für
sich, wie sind sie, wenn man in sie eintritt? Sie sind wenigstens
besser als ihr Ruf. Es fehlen die massiven Häuser, mit stattlicher Vortreppe und gemauerter Veranda, es fehlen die Erker-
türme und die Balkone, ja es fehlt das Ziegeldach (wenigstens
zumeist) und altmodisch sitzt die moosbedeckte Strohkappe
auf dem niedrigen, kleinfenstrigen, aus Horizontalbalken auf-
gezimmerten Blockhause. Aber wenn man selten eine gefällige
Neuschöpfung bemerkt, aus der einem (was unsere Dörfer so
sehr charakterisiert) ein rasch wachsender Fortschritt, oder jener beständige Entwicklungsdrang entgegentritt, der heute
schon über das hinaus will, was gestern noch gut war, – ich
sage, wenn man diesem Eindruck des Prosperierens auch selten
begegnet, so begegnet man doch auch nicht gerade seinem Gegenteil. Es fehlen die Bilder des Reichtums, aber doch auch die
der Armut, und selbst das Betteln, das darauf hindeuten könnte, macht mehr den Eindruck einer schlechten Gewohnheit, eines schlaraffenhaften Hinschleppens der Tage, als wirklicher
Not und Verkommenheit. Vielleicht hat mich das Malerische,
das in diesem schönen Lande allem wie eine unveräußerliche
Mitgift anhaftet, über das Maß dieser Not getäuscht und die
weinumrankten, aus dem Grün zahlloser Obstbäume hervor-
schimmernden Häuser und Hütten, dazu die graziösen, halb
bekleideten Frauen- und Kindergestalten, haben mich, weil sie
meinem Auge ein gewisses künstlerisches Genüge taten, möglicherweise über manches Elend hinwegsehen lassen, das
nichtsdestoweniger vorhanden war. Möglich das alles, aber
doch nicht allzu wahrscheinlich. Ich entsinne mich, an den
Frauen und Kindern des schottischen Hochlandes auch ein malerisches Gefallen und doch (weit mehr als hier in Böhmen) den
vollen Eindruck äußersten Elends gehabt zu haben. Die Beste-
chungskraft des Pittoresken hat ihre Grenzen.

Malerisch wie die böhmischen Dörfer sind auch die böhmischen *Städte*. Daß sie klein sind, tut ihnen keinen Abbruch.

Mit Ausnahme von Prag und Reichenberg werden sich wenige
bis über zehntausend Einwohner erheben; die meisten bleiben
weit unter fünftausend. Sie sind klein, aber sie sind nicht unbedeutend. Im Gegenteil, alle sehen nach etwas aus, und der
»Ring« auch des kleinsten Städtchens, macht in der Regel einen
großstädtischen Eindruck. Hier stehen Kirche und Rathaus, in
der Mitte erhebt sich eine Mariensäule, und Arkaden oder
»Lauben« (nach Art unserer ehemaligen Stechbahn) umziehen
den Platz, dadurch den stattlichen Eindruck des Ganzen stei-
gernd. Man empfindet etwas von einer alten Kultur; alte Zusammenhänge mit dem Süden, mit Italien, werden sichtbar.

An diesem »Ring« befindet sich denn auch der Hostinec, der
Gasthof. Wie alles in diesem Lande typisch ist, so auch das
Gasthaus. Es ist groß, geräumig, ein breiter Flur scheidet links
das Gastzimmer von der rechts gelegenen Küche, deren Herd-
feuer beständig brennt und deren Dampf und Fettwrasen das
Haus durchziehen. Küchengeheimnisse kennt der Hostinec
nicht; wer nicht dem Brodem abmerkt, was es gibt, dem sagt es
das Auge, denn das Backen und Braten, selbst der mißliche Prozeß des Wurststopfens, alles vollzieht sich vor dem Auge des
Gastes und zwar mit einer gewissen Ostentation, die besagen
will: »hier bin ich; ich habe das Licht des Tages nicht zu
scheuen.«

So interessant wie die Küche ist auch das Gastzimmer. Meist
durch die ganze Tiefe des Hauses sich ziehend, ist es nach vorn
hin sonnig, nach hinten zu dunkel und schattig. Man sucht sich
helle und dunkle Plätze, je nach Gefallen. Breite lederüberzo-
gene Bänke laufen an den Wänden hin und feste, mächtige Tische stehen davor. Alles, ohne gerade unsauber zu sein, hat
jenen verräucherten Ton, jene ihren Bestandteilen nach noch
nicht genau untersuchte Patina, die einem Gastzimmer so wohl
kleidet, es so behaglich macht. Und auf dies *Behagen* kommt
alles an. Unseren großstädtischen Gasthäusern fehlt alles das,
was wohltut, auf die beklagenswerteste Weise; sie geben uns
Flitter, dürftige Brocken, hohe Rechnungen und bieten uns eigentlich nichts, als die »Ehre«, bei ihnen zu Gast gewesen zu
sein. Wer nicht auf den Höhen der Menschheit wandelt, bringt
es über das Gefühl eines bloßen Geduldetseins nicht hinaus; er
mag von Glück sagen, wenn er Artigkeit findet, Behagen findet
er sicher nicht. Behagen aber ist in einem Hostinec. Von »Eleganz«, diesem Schreckensartikel, keine Rede; es fehlen die ge-

stickten Gardinen, es fehlen die Goldleisten, es fehlen die Anstands- und Repräsentationsbilder. Statt dessen hängen die schlecht kolorierten Nachbildungen französischer Soubretten (schlimmerer Worte zu schweigen) an den Wänden und wenn auf dem Bilde: »die Schlummernde« die Kostümfrage nach oben zu so gut wie völlig erledigt ist, so gibt auf dem Bilde *Le tourbillon* der sich in den Kleidern verfangende Wind eben dieser Frage eine fast noch bedrohlichere Bedeutung. Alles dies ist nicht elegant, kaum anständig, aber es paßt zum Ganzen und stimmt trefflich zu dem langen halbdunklen Tisch, von dessen unterem Ende eben die Ungarweinflaschen fortgeräumt werden, um einer dampfenden Glühwein-Bowle aus Melniker und rotem Ober-Ungar Platz zu machen.

Die ewige Klage, der man begegnet, ist die *Unsauberkeit*. Nun denn auch darüber ein Wort. Es hat mit dieser Klage seine Richtigkeit, aber es kommt darauf an, wer sie vorbringt. Ich habe sie von Seiten gehört, wo sie nichts anderes war als Ungerechtigkeit und Überhebung. Wer die Sauberkeits-Vorstellungen eines siebenmal gewaschenen Engländers mitbringt, wer nie anders gereist ist als zwischen Homburg und Baden-Baden, oder zwischen Genf und Interlaken, der mag in einem Hostinec in Klagen und Verzweiflung ausbrechen, wer aber seine Touren zwischen Beeskow-Storkow und Finsterwalde, und zwar zu seiner *Zufriedenheit* gemacht hat, der hat kein Recht sich in einem böhmischen Hostinec an den Grenzen aller Kultur zu glauben. Im Gegenteil. Die Verpflegung ist im großen und ganzen vorzüglich und jedenfalls besser, als in den kleinen Städten unserer alten Provinzen. Kaffee, Weißbrot, Butter sind gut, die »Kipfel« eine Delikatesse; der Tee (dies vornehme Getränk, das so wenige zu bereiten verstehen) hält sich auf der Höhe wenigstens bürgerlichen Anstandes. Die Fleischspeisen passieren, Wildbret ist ausgezeichnet. Die Art des Servierens erregt Bedenken, was nicht ganz bestritten werden soll. Das Tischzeug kommt weniger aus dem Schrank als aus der »Presse«, Messer und Gabel spotten des Versuchs, den *fork and knife*-Kultus der Engländer mit ihnen durchzuführen; der Wasser- und Handtuch-Luxus ist noch unbekannt und das Ein-Waschbecken-Prinzip wird noch in rigoröser Weise aufrecht erhalten. Aber wie lange ist es denn her, daß wir dieses Prinzipes los und ledig geworden sind? und wie viele kleine Städte gibt es überhaupt, die siegreich damit gebrochen haben?

Bleibt als letztes – die *Bettfrage*. Hiermit steht es nun freilich schlimm; aber – wo stünd' es besser? Wo sind die Betten, angesichts deren das »gute Nacht« des sich zurückziehenden Hausknechts nicht zu einer bloß schabernackschen Bemerkung würde, wo sind die Ruhekissen, die wirklich Ruhe verheißen, wenn nicht das »persische Pulver« bereits seine Zauberkreise gezogen hat? Der kleine norddeutsche Gasthof und der böhmische Hostinec, sie sind Geschwisterkind, und Anverwandte sollen nichts Übles von einander reden.

So viel über Dörfer und Städte, über »Ring« und »Hostinec«. Auch noch ein Wort über die *Menschen*.

Von unseren Truppen, die nun seit zwei Monaten Zeit gehabt haben, die böhmische Bevölkerung kennen zu lernen, hört man nichts Gutes über diese letztere; Offiziere wie Mannschaften führen eine bittere Sprache und es bleibt höchstens darüber ein Zweifel, ob mehr Empörung oder Verachtung diese bittere Sprache diktiert. Alle Zeichen des Rassenhasses (um so echter da, wo man sich keine Rechenschaft davon gibt) treten hervor. Zu den persönlichen Erlebnissen jedes einzelnen kommen die »Trautenauer Geschichten«, die Geschichten von Leichenraub und Verstümmelung, von verschütteten und vergifteten Brunnen hinzu, um das ohnehin bis an den Rand gefüllte Glas überlaufen zu machen.

Es ist nicht Hang zum Widerspruch, sondern nur eine Pflicht gegen Recht und Wahrheit, wenn ich hiermit versichere, all' diese Tage über keinem einzigen Erlebnis begegnet zu sein, das mich berechtigte, in das so lebhaft lautgewordene Verdammungsurteil einzustimmen. So oft wir um Auskunft fragten, wurde uns diese Auskunft erteilt, in der Regel mit Zuvorkommenheit; da, wo man aus berechtigtem Vaterlandsgefühl, diese Zuvorkommenheit nicht zeigen wollte, trat eine gewisse reservierte Haltung ein, aber diese reservierte Haltung nahm nie die Form eines direkten Abweises an. Mitunter – namentlich bei solchen, die sich durch militärische Haltung als alte Soldaten kennzeichneten – flammte in den Augen etwas wie Haß auf; sie sahen uns scharf an, musterten uns und schienen sagen zu wollen: »wir sehen uns wieder«; aber all der Groll, der in ihnen kochen mochte, hielt sie nicht ab, auf die ruhig gestellte Frage eine ruhige Antwort zu geben. Dies geschah selbst an solchen Orten (beispielsweise in Podoll), wo sie über die rückgängigen Bewegungen der ihrigen, über große Verluste und endliche

Niederlage zu berichten hatten. Von Schabernack, von absichtlichem Irreführen, von all den Eulenspiegeleien Norddeutschlands keine Spur. Zu Gängen immer bereit, immer bereit einen Mantelsack zu tragen, immer bereit einen Trunk Wasser herbeizuschaffen! Die Motive dabei gehen mich nichts an, ich berichte die Tatsachen.

Der hervorstechende Zug im Volkscharakter schien mir eine *scheue, leise sprechende, leis auftretende Artigkeit* zu sein. Alles machte den Eindruck, als ob man sich auf Socken bewege, während das preußische Auftreten (durch den Kontrast gesteigert) mich regelmäßig an Stulpstiefel und Pfundsporen erinnerte. Die Czechen, nach ihrer Oberfläche zu urteilen, sind ein feingebautes, glattes Volk. Sie haben »Formen«, und diesen Formen gegenüber wird der mehr oder weniger formlose Norddeutsche immer eine Neigung haben, von Falschheit und Tücke zu sprechen. Schon der Sachse muß sich, um seiner Artigkeit willen, beständig diese Anklage gefallen lassen.

Was ist es denn nun aber eigentlich mit dieser »Falschheit und Tücke«? Die ewige Fehde dagegen ist nichts wie eine Glorifizierung der Rücksichtslosigkeit, wie eine Prämiierung der Grobheit. *Es ist dabei mit den Stämmen, wie mit den Individuen.* Jeder, der artig und umgänglich ist, der in der Debatte, selbst im Streit, Gewalt über sich hat, jeder, der »allerstärkste Ausdrücke« vermeidet und es nirgends als seinen Beruf empfindet, allen Menschen ein Register ihrer Schwächen und Sünden vorzuhalten, jeder, sag ich, der diese feineren Formen des Verkehrs besitzt, wird immer einmal der Gefahr verfallen, für einen heimtückischen Gesellen, für einen »unsicheren Passagier« gehalten zu werden. Wie beneidenswert dagegen ist die Rolle des pommersch-brandenburgischen Biedermanns! A. tritt in das Haus seines Freundes und Nachbars B. und findet alles schlecht: das Geschäft wird nach falschen Prinzipien betrieben, die Kinder werden nach falschen Prinzipien erzogen, Apfelwein ist Gift, Weißkohl ist Magenmörderei und die Sitte des Tischgebets halb eine Lächerlichkeit, halb eine Blasphemie. Die Unterhaltung nimmt einen Charakter an, daß man fürchten muß, die Freunde werden sich nie wieder sehen. So trennen sie sich. Am Abend ist A. in seinem Stammlokal; er findet einen beliebigen C., der es sich einfallen läßt, den abwesenden B. wegen seiner »Prinzipien in Geschäft und Erziehung« anzugreifen. Es sind genau dieselben Gründe, die unserem A. vor

wenigen Stunden noch so geläufig waren. Aber das ist vergessen. Im Grunde genommen ist A. ein Krakehler und weiter
nichts, ein Oppositionsmacher von Beruf und nunmehr seiner
ewigen Streitlust den Mantel biedermännischer Hochherzig-
keit umhängend, tritt er plötzlich in aller Freundschafts-Glorie
für den abwesenden und bedrohten B. in die Schranke. C. wird
culbutiert, denn in solchen Kämpfen siegt immer der Edle. B.
erfährt es am andern Morgen beim Frühstück, wie A. für ihn
gefochten. Ihm werden die Augen feucht, und er sagt zu seiner
Frau: »Ich lobe mir doch die groben Menschen. Sieh diesen A.
Es ist doch eigentlich eine edle Natur.«

So liegen die Dinge, und man sollte, Individuen wie Stämmen gegenüber, doch nach gerade darauf verzichten, die Grobheit als die Vorhalle zum Tempel der Wahrheit anzusehen.
Auch die Grobheit lügt. Und die Geschliffenheit, selbst mit den
Mängeln, die sie haben mag, steht jedenfalls der Kultur näher
als ihr Gegenteil.

VII PODOLL

Wir hatten in Turnau einen guten Schlaf getan und waren erst
zwischen zehn und elf auf dem Wege nach Podoll, nach demselben Dorf an der Iser, das wir schon am Abend vorher in Mond-
dämmer passiert und, freilich mit geringem Erfolg, vom Wagen
aus gemustert hatten. Wir kamen nun von der entgegengesetzten Seite und schritten in derselben Richtung und auf demselben Wege vor, auf dem unsre Truppen (die thüringische
Division) am 26. Juni abends zu ihrem ersten Rencontre vorgegangen waren. Es war eine reizende Fahrt; ein frischer West-
wind kam uns entgegen, an dem hellblauen Himmel zog weißes
Gewölk, dann und wann wie Silber aufleuchtend im Sonnenschein, dann wieder stumpf und glanzlos. Die Nachtruhe hatte
uns erquickt und der Wind und die vorwirkende Nähe eines
Feldes, auf dem »das erste Blut« geflossen, gaben unseren Herzen die rechte Spannung. Das Gefecht von Podoll hatte den
Zweck, die Iser-Übergänge zu gewinnen und dadurch die Verbindung zwischen der Ersten Armee (Prinz Friedrich Karl) und
der Elbarmee (Herwarth v. Bittenfeld) wenn nicht herzustel-

len, so doch vorzubereiten. Dem 4. Armee-Corps, das am rechten Flügel der Ersten Armee marschierte, fiel diese Aufgabe zu. Die beiden Divisionen dieses Corps, Fransecky und Horn, leiteten zu diesem Behuf eine Anzahl von Gefechten ein; die ersten Gefechte hatte die Division Horn (Thüringer). Am Mittag des 26. Juni warf sie den Feind bei Turnau, am Abend desselben Tages hatte sie das ernstere Gefecht bei *Podoll*. Etwa um die Mittagsstunde hielten wir am Eingange dieses Dorfes. Wir stiegen aus und ließen unseren Wagen linksab auf ein großes Gehöft fahren, das mit seinen vorspringenden Giebeln und durch einander geschobenen Kofen und Stallgebäuden einen malerischen Anblick bot. Der Himmel war bedeckter geworden, einige Regentropfen fielen, dann und wann schüttelte der Wind in den Obstbäumen, die nach böhmischer Sitte die Häuser umstanden und mit ihren dichtbelaubten Kronen für die Mängel des manchmal eingesunkenen Strohdaches aufkamen. Podoll, wie die Mehrzahl aller Dörfer, die wir passierten, ist nur ein kleines Dorf. Es hat keine Bedeutung an und für sich, wohl aber eine strategische, weil hier die Brücken sind, die über die von Ost nach West fließende Iser führen. Podoll liegt am nördlichen Ufer des Flusses, und zwar dergestalt, daß seine einzige Gasse nicht parallel dem Flußbett hinläuft, sondern rechtwinklig auf dasselbe stößt. Da, wo die Dorfgasse den Fluß erreicht, hört im wesentlichen das Dorf auf und die Straße nimmt nunmehr den Charakter eines Dammes an, der quer das Iserbett durchschneidet. Der Damm selbst wieder ist an drei Stellen durchschnitten und überbrückt und zwar selbstverständlich immer dort, wo die in drei Wasserstreifen fließende Iser von der Seite her den Damm trifft. Etwa hundert Schritte hinter der dritten Brücke steht noch wieder ein einzelnes, und zwar massives Haus, wie ein vorgeschobener Posten des Dorfes. Auf der Strecke, die zwischen der ersten Brücke und diesem vorgeschobenen Hause liegt, hat das Gefecht stattgefunden, das sich in zwei Hälften gliedert, von denen erst die zweite den Erfolg brachte.

Nach dem unvollkommenen und zum Teil sehr widerspruchsvollen Material, das bis jetzt über dieses Gefecht vorliegt, war der Hergang etwa folgender.

Podoll war durch die Brigade Poschacher, die sogenannte »eiserne Brigade« (bestehend aus den Regimentern Martini und König von Preußen und aus dem 18. Jäger-Bataillon) besetzt;

es war das dieselbe Brigade, die im schleswigschen Kriege den Königshügel gestürmt und durch Wegnahme dieser dominierenden Position zur Eroberung des Dannewerks sehr wesentlich beigetragen hatte. Diese sieben Bataillone sollten hier die Iser-Übergänge halten und dadurch die erstrebte Vereinigung zwischen dem Centrum und dem rechten Flügel der feindlichen (preußischen) Armee verhindern.

Etwa neun Uhr abends erschienen die ersten Abteilungen unserer Avantgarde vor Podoll. Es war das Füsilier-Bataillon des 72. Regiments, und so traf es sich denn, daß das *letzte* Bataillon der Armee das *erste* im Feuer war. Zwei Compagnieen (die 10. und 11.) nahmen die Dorfgasse, und unterstützt von der 4. Compagnie (Hauptmann v. Michalowsky) des magdeburgischen Jäger-Bataillons, drangen die Füsiliere bis an die erste Brücke vor, während der Rest der Avantgarde (eine Jäger- und zwei Füsilier-Compagnieen) den Feind von rechts und links her zu umgehen trachteten. Diese Umgehung scheiterte indes an der Unpassierbarkeit der Iser, so daß sich nunmehr ein Feuergefecht entspann, das, über das Flußbett hinweg, von hüben und drüben geführt wurde. Hauptmann *v. Michalowsky* fiel. Im Übrigen waren die diesseitigen Verluste gering, da Häuser, Bäume und Brückengeländer eine vorzügliche Deckung gewährten und unsererseits kein ernster Versuch gemacht wurde, die drei Brücken mit stürmender Hand zu nehmen. Anders die Österreicher. Diese, von der Unzureichendheit unserer Kräfte sehr bald unterrichtet, gingen jetzt ihrerseits zum Angriff über. Eine Terrainsenkung hinter dem massiven Hause hatte ihren sieben Bataillonen, so lange diese den Angriff der Preußen *abwarteten*, eine völlig gesicherte Stellung gegeben, in demselben Augenblicke aber, in dem sie aus dieser schützenden Position heraustraten, gerieten sie unter die volle Wirkung des Zündnadelgewehrs. Wie ein Augenzeuge schreibt: »lange Reihen weißer Uniformen, vom Mondlicht beschienen, stiegen aus einer Senkung auf, und fast eben so rasch, wie die weiße Wand heraufgestiegen war, verschwand sie wieder.« Die Österreicher selbst gaben ihre Verluste während dieser ersten Hälfte des Gefechtes auf einhundertvierundfünfzig Tote und Verwundete an.

So mochte das Feuergefecht, resultatlos, länger als eine Stunde gestanden haben, als man österreichischerseits, *es koste was es wolle*, vorging, um den durch seine Waffe überlegenen

Feind durch große numerische Überlegenheit aus dem Dorfe hinauszuwerfen. Diesem Entschluß – von dem Augenblick an, wo er *ernstlich* gefaßt war – war nicht zu widerstehen; die Unserigen wurden geworfen und zogen sich durch die Dorfgasse nordwärts zurück. Aber nicht auf lange. Unmittelbar vor dem Dorfe stießen die sich zurückziehenden Compagnieen auf vier Bataillone ihres Gros, das General-Major v. Bose im Laufschritt heranführte. Das Gefecht von Podoll trat jetzt in seine *zweite* Hälfte ein. Das Dorf selbst wurde im ersten Anlauf wiedererobert und, die Verwirrung des sich zurückziehenden Feindes benutzend, die erste, zweite und endlich auch die dritte Iserbrücke von den Unsrigen mit stürmender Hand genommen. Hier aber traten sie in das Schußfeld des mehrgenannten massiven Hauses ein und, scharf beschossen, während die wieder in der Senkung stehenden Österreicher sich der Wirkung unseres eigenen Feuers entzogen, mußten die Unsrigen bis an die erste Iser-Brücke zurück. Um den Besitz dieser Brücken entspann sich nun der eigentliche Kampf; das Gefecht der Avantgarde war nur Vorspiel gewesen. Noch zweimal wurde der Feind, noch zweimal wurden die Unsrigen geworfen; beim *dritten* Vorstoß drangen die Füsiliere vom 31. und 71. Regiment in das massive Haus ein und entschieden durch Wegnahme dieses Stützpunktes das Gefecht. Der Feind hatte in dieser zweiten Hälfte des Gefechts einhundertvierundneunzig Tote und Verwundete verloren; fünfhundert waren gefangen. Unsererseits war der Oberst-Lieutenant v. Drygalski, Commandeur vom Füsilier-Bataillon des 31. Regiments, gefallen.

Das war das Gefecht bei Podoll. –

Wir standen nun an der ersten Brücke, von wo man das Gefechtsfeld hüben und drüben am besten übersieht. Einzelne Brückenbalken waren angeschwelt und deuteten auf einen gescheiterten Versuch, die Brücke abzubrennen. Allerdings hatte Dorf Podoll den Charakter eines Brückenkopfs, und Brückenköpfe soll man halten; nichtsdestoweniger handelten die Österreicher klug, diesen Satz nicht aufs strengste zu nehmen, da sie, von überlegenen Kräften angegriffen, (ein Fall, der zufällig nicht eintraf, aber doch eintreffen *konnte*), eine Flankierung und dadurch die Gefangennahme alles dessen, womit sie das Dorf besetzt hielten, kaum hätten vermeiden können. Dorf Podoll selbst schien nicht erheblich gelitten zu haben; mit Ausnahme eines zerschossenen Hauses links neben der Brücke, waren außer Kugelspuren hier und da nur wenige Zeichen des Kampfes zu entdecken. Es spricht dies (neben unsern geringen Verlusten bei der ersten Wegnahme des Dorfes) augenscheinlich dafür, daß österreichischerseits kein *ernster* Versuch gemacht wurde, das Dorf selbst zu halten, sondern daß man von Anfang an entschlossen war, nur die drei Brücken zu verteidigen. Und das war auch wohl das richtige.

Während wir diese Fragen lebhaft diskutierten, hatte sich uns ein eisgraues Männlein zugesellt, seine Mütze gelüpft und sich uns als der »Archivar von Schloß Swigan«*vorgestellt. Er begleitete diese seine Vorstellung mit einer Handbewegung nach rechts, wo wir, auf einem Höhenzuge, der das Isertal begleitete, die Türme des Schlosses aufsteigen sahn. »Das Haus dort unten ist meine«, setzte er mit heiterer Ruhe hinzu und wies auf ein paar weiße Wände, die am Fuße des Hügels aus dem Laub eines Obstgartens zu uns herüber sahen.

Bald waren wir im eingehendsten Gespräch. Der »Herr Archivar«, ein hoher Siebziger, hatte, neben jugendlicher Rührigkeit, die Mitteilsamkeit des Alters und schien den eben beendeten Krieg weniger von einer national-politischen, als vielmehr von einer gewissen dramatischen Seite aus anzusehen. Er sprach über die Vorgänge, deren Zeuge er gewesen war, wie über ein Sensationsstück, das ihm Grauen eingeflößt habe, aber seine Teilnahme war rein ästhetischer Natur und Österreich und Preußen beschäftigten ihn etwa wie Bohemund und Cajetan in der Braut von Messina. Zwei Chorführer, von denen immer der recht hat, der zuletzt gesprochen.

Die Aussagen unseres Archivars (die sich übrigens ausschließlich auf die zweite Hälfte des Kampfes zu beziehen

* Schloß Swigan, wie das in der Nähe gelegene Schloß Lankowetz (in der Richtung nach Münchengrätz hin), gehören dem Fürsten Rohan; der Fürst aber, wenn er überhaupt in Böhmen ist, residiert auf Schloß Sichrow (nördlich von Turnau), das nach Lage und Einrichtung zu den schönsten Schlössern des Landes gehört und als Hauptquartier des Prinzen Friedrich Karl, bei Beginn des Krieges viel genannt wurde. Die von Turnau nach Reichenberg führende Bahn führt daran vorüber und gestattet einen vollen Blick in die kostbaren Parkanlagen. Der Fürst – übrigens einer der wohlgelittensten unter den böhmischen Grand Seigneurs – ist nur Sportsman und sein Leben eine lange Reihe von Jagden im großen Stil.

schienen) bestätigten, daß der Kampf ein Hin- und Herwogen gewesen und der Damm mit seinen drei Brücken zweimal genommen und zweimal wieder verloren worden sei, bis beim dritten Vorgehen die Wegnahme des massiven Hauses den Kampf zu Gunsten der Preußen entschieden habe. Den Tod des Oberstlieutenants von Drygalski, der an der Spitze seines Bataillons blieb, erzählte unser Alter von Schloß Swigan wie folgt: Der Oberstlieutenant, als er zum ersten Mal zur Attacke vorging, traf inmitten der Brücke auf einen Jäger-Korporal, der seinen eben tödlich getroffenen Offizier mit beiden Armen aufgefangen hatte; mit seiner Linken hielt er gleichzeitig die Büchse festgeklemmt. »Gewehr weg«, rief ihm der Oberstlieutenant zu; der Korporal rührte sich nicht. »Gewehr weg«, zum zweiten Mal. In diesem Augenblick warf der Angerufene einen raschen Blick auf das Antlitz des Offiziers, und wahrnehmend, daß er nur noch eine Leiche in seinen Armen habe, ließ er den bis dahin sorglich Gehaltenen rasch zur Erde fallen, packte mit der Rechten nach seiner Büchse und stach den Obristlieutenant (der ihn ersichtlich hatte schonen wollen) mit dem Haubajonett nieder. So die Erzählung. Ob sie die Wahrheit trifft, stehe dahin, denn die sagenbildende Kraft ist noch immer groß und nirgends größer als auf den Schlachtfeldern.

Wir überschritten nun, unter Führung unseres Freundes, die drei Brücken. Ich fragte ihn wiederholentlich, ob der Kampf immer nur auf dieser einen Linie geführt worden sei, was er jedesmal bestätigte. Ich halte dies aber für unwahrscheinlich. Neben dem Straßendamm mit seinen drei Brücken läuft (auf kürzeste Distanz) ein *Eisenbahn*damm mit ebenfalls drei Brücken her, und es liegt auf der Hand, daß der, der den Eisenbahndamm hatte, dadurch daß er in Flanke und Rücken seines Gegners kam, binnen kürzester Frist auch die Hauptlinie beherrschen, das heißt also auch den Straßen-Damm haben mußte. Es scheint mir so gut wie gewiß, daß das Gefecht schließlich durch dies Vordringen in der *Flanke* (auf dem Eisenbahndamm) entschieden wurde. Nur dadurch erklären sich die fünfhundert Gefangenen. Ein bloßer Angriff in der Front hätte es dem Feinde (der noch dazu eine Elite-Truppe an dieser Stelle ins Feuer führte), jederzeit leicht gemacht, seinen Rückzug ohne Gefangenen-Verlust zu bewerkstelligen.

Diese und ähnliche Gespräche hatten uns endlich bis an das »massive Haus« geführt; fast unmittelbar hinter demselben war die Terrain-Senkung, die den feindlichen Bataillonen, so lange sie nicht zum Sturme vorgingen, Schutz gegen unser Feuer gewährt hatte. Wir traten in das Haus ein, das erst am Tage vorher von seinen Bewohnern wieder bezogen worden war. Die Fenster waren zerschossen, alle Zimmer leer, nichts drin wie Fliegen und Kugelspuren. Nur in der Küche schien Leben. Wir öffneten; auch hier niemand. Aber auf dem Herde flackerte ein Feuer; überkochendes Wasser fuhr zischend in die Flamme, während auf der Erde, in Kissen verpackt, ein Kind schlief. Neben dem Kinde ein Hund. Er richtete sich auf, schüttelte seine Ohren, gähnte und legte den Kopf wieder auf die ausgestreckten Pfoten. Er hatte uns angesehen, daß wir nicht als Feinde gekommen waren.

Leis schlossen wir wieder die Tür und nahmen Abschied von Podoll und seinem »massiven Haus«.

VIII MÜNCHENGRÄTZ

Ehe wir Podoll verließen, hatten wir noch die Gräber der Gefallenen zu besuchen. Wir fuhren später, auf den Schlachtfeldern von Gitschin und Königgrätz, an mächtigeren Gräbern, an zahlreicheren Kreuzen vorbei, aber wenig Stätten wecken ein gleiches Interesse, wie die, wo »die Ersten« ruhn. Das ist bei Podoll.

Die Begräbnisstätte befand sich neben dem großen Gehöft, wo wir unser Fuhrwerk zurückgelassen hatten. Unser Freund, der Archivar, übernahm auch auf diesem letzten Gange unsere Führung. Die Gräber ziehen sich an einem frischen Wiesengrund, zwischen diesem und der Landstraße hin. Von Obstbäumen umstellt, macht das Ganze den freundlichen Eindruck eines Gartens, – die Gräber ebenso viele Beete. Es sind ihrer vier, groß und klein, alle sorglich gepflegt, die einen wie die andern mit Rasen dossiert und mit Weidenruten korbartig umflochten. Die Ränder, da es an Blumen fehlen mochte, waren mit roten Berberitzen umsteckt, was den Eindruck des Freundlichen steigerte. Jedes Grab hatte Kreuz und Inschrift. »Hier ruhen in Frieden vier preußische und österreichische Offiziere«; »hier ruhen in Frieden dreiundzwanzig preußische und ein-

hundertzehn österreichische Helden, gefallen am 26. Juni in
Podoll«. Für das Grab Drigalskis wurde eben der Denkstein ge-
meißelt. Er wird die Inschrift führen: »Im Sturm auf das Dorf
Podoll starb den Heldentod für König und Vaterland an der
Spitze seiner Füsiliere der Königlich preußische Oberst-Lieute-
nant *Eugen von Drigalski*, Commandeur des Füsilier-Batail-
lons 1. Thüringischen Infanterie-Regiments Nr. 31, in der
Nacht des 26. Juni 1866. Die Kameraden seines Regiments.« –
So lange das Auge unseres alten Archivars über dieser Stelle
wacht, wird sie wohlgeborgen sein.

Wir brachen nun auf – es war Spät-Nachmittag geworden –
um *Münchengrätz* vor spätem Abend zu erreichen. An der
Nordseite der pittoresk geformten Musky-Berge hin, die in den
Gefechten am 28. Juni eine Rolle gespielt hatten, ging unser
Weg hin; der andere Tag sollte uns noch näher daran vorüber-
führen. Etwa halben Wegs durchschnitten wir die Eisenbahnli-
nie, die wir bis dahin immer unmittelbar zur Rechten gehabt
hatten, und ziemlich gleichzeitig mit dem vollen Dunkel des
Abends zogen wir in die Münchengrätzer Gassen ein. So viel
sich bei der Dunkelheit des Abends erkennen ließ, war es kein
Ort, dem man eine Zusammenkunft zwischen den Kaisern von
Rußland und Österreich und dem Könige von Preußen, eine
Zusammenkunft wie sie hier (1833) wirklich stattfand, angesehen hätte.

Wir fuhren auf den Ring. Die Szenen aus Prag schienen sich
wiederholen zu wollen: »alles besetzt«. Endlich fanden wir ein Unterkommen in einer benachbarten Ausspannung; auch hier nur
durch die Dazwischenkunft eines pommerschen Pionier-Ser-
geanten, der – mehr Pionier als Pommer – uns in verbindlichen
Formen seine Schlafkammer zur Verfügung stellte. Wo er selber
genächtigt hat, ist uns ein Geheimnis geblieben. Wir vermieden indiskrete Fragen. Selbst unsre Vermutungen sind stumm.

Die Schlafkammer, ohne undankbar kritteln zu wollen, war
indessen so vollständig nur sie selbst, daß es sich nicht empfahl,
dieselbe anders als auf ihre eigentliche Bestimmung hin auszubeuten. An der einen Wand war der Kalk abgefallen, an der
andern Seite hingen Rieger-Palaczki (etwa wie Waldeck-Jacobi)
schief eingerahmt an der Wand. Ein Talglicht auf einer Bierfla-
sche – ohnehin meine schwache Seite – war nicht angetan,
durch die Zauber des Helldunkels die Mängel der Gesamt-Sze-
nerie auszugleichen. So gingen wir in die Wirtsstube.

Hier – die Stube war überfüllt – herrschte ein wunderliches Treiben. Alles erschien uns wie verwandelt. Keine Spur von der scheuen Haltung, die uns bis dahin, so oft wir mit czechischem Volk verkehrt hatten, entgegen getreten war. Lautes Lachen, lautes Sprechen, dazu bekannte Anklänge im Dialekt, – wir horchten auf, und der erste Satz, den wir in aller Deutlichkeit vom nächsten Tisch her hörten, war: »nein, Wedemeyer, darin bist Du Irrländer! wenn Du in Erwägung ziehen willst (... erstens, zweitens, drittens), so wirst Du als Mensch und Berliner zujeben müssen, daß...« Der Rest verklang in dem allgemeinen Lärm. Auch hatten wir genug gehört. Wir befanden uns hier unter zwanzig, dreißig Landsleuten, residenzlichen Fuhrherren (dritten Ranges) und Droschkenkutschern, die, teils dienstlich ausgehoben, teils privatim angeworben, durch die große Kriegswoge hierher verschlagen waren. Münchengrätz, zur Zeit seiner Blüte, hatte einen nach vielen hundert Wagen zählenden Fuhrpark gehabt, und was jetzt hier an den Nachbartischen saß und schrie und scharmutzierte und randalierte, das waren die Überreste jener kleinen Armee von Rosselenkern, die hier kommend und gehend, sicherlich weit über die Wünsche der Münchengrätzer hinaus, wochenlang in Garnison gelegen hatten.

Eine bedenkliche Einquartierung. Andern Tages erst gewannen wir einen vollen Einblick in dies Treiben. Einer dieser Kutscher (der uns nach Gitschin zu schaffen hatte), durch allerhand kleine Mittel vertraulich gemacht, begann, während wir an der entzückendsten Landschaft vorüberfuhren, uns die Fuhrpark-Mysterien von Münchengrätz zu erschließen. Die poesie- und sagenreiche Landschaft gewann vielleicht unter diesem Kontrast. Abgründe taten sich auf; alles indes mit breitem Behagen vorgetragen, mit einer Miene, die an der sittlichen Berechtigung dieser Dinge nicht den geringsten Zweifel ließ, gingen wir schließlich selber auf einen Ton ein, den bekämpfen zu wollen, nichts gefruchtet, wohl aber uns um den Einblick in dies seltsame Stück Volksleben gebracht hätte. Fuhrpark-Bälle waren gegeben, Lustspiele aufgeführt, Balletts (mit Schlußtableaux) in Szene gesetzt worden; ob unter lebhafter Beteiligung der Bevölkerung, ist uns ein Geheimnis geblieben. Die großstädtischen Toiletten, die Glitzeraugen und scharf geschnittenen Profile, die uns, was das Damenpersonal anging, schon am Abend vorher aufgefallen waren, deuteten

wenigstens darauf hin, daß auch Lustspiel und namentlich
Ballett überwiegend aus Berliner Mitteln bestritten worden
waren. Die Unterbringung dieses Personals hatte nie Schwierigkeit gemacht; der Wagenpark selbst hatte dazu die ausrei-
chendste Gelegenheit geboten. »Ein offener Himmel und fünf
Decken« – wie unser Gewährsmann sich drastisch ausdrückte –
»sind das eigentliche Himmelbett.«

All dies waren Mitteilungen, die uns erst der nächste Tag
brachte; zunächst standen wir noch »inmitten der Ereignisse
selbst«. Aber nicht lange mehr. Vielleicht zu früh für unsere
Menschenkenntnis zogen wir uns, unter den Schutz von »Rieger und Palaczki«, in unsere Kammer zurück, müde genug, um
auch unter erschwerenden Umständen eines festen Schlafes
sicher zu sein. Und so geschah's.

Die Sonne weckte uns. Da wir indessen, wenn dieser Ausdruck gestattet ist, nur *en echelon* aufstehen und unsere Toilette, beziehungsweise unseren Abmarsch bewerkstelligen konnten, so war es keineswegs früh, als wir im Gastzimmer uns
wieder zusammenfanden. Namentlich der Dritte, – eine Erfahrung, die sich auf der ganzen Reise wiederholte, – war immer
bedeutend im Hintertreffen. Dies war unvermeidlich. Die
Ausstaffierung eines böhmischen Waschtisches (ein Napf und
ein Seidel Wasser) gestattete in der Regel, daß bei einem äußersten Ökonomisieren mit Wasser zwei Personen einen kümmerlichen Reinigungsakt vornehmen konnten; aber der unglückliche Dritte, wie bestrebt auch seine Mitreisenden sein mochten,
nach billigen Teilungsprinzipien zu verfahren, sah sich doch
jedesmal *vis-à-vis du rien*. Er war immer in der Lage, erst neue
Wasserzufuhr abwarten zu müssen. Dies hatte nun aber, mal
für mal, die äußersten Schwierigkeiten, vielleicht weil dem ohnehin abgehetzten, mit seinen Traditionen keineswegs innerhalb der Ära der englischen Wasserwerke stehenden Dienstper-
sonal, eine Vorstellung von der Unerläßlichkeit gerade *dieser*
Dinge am schwersten beizubringen war.

So erging es unserem »*Troisième*« überall; natürlich auch in
Münchengrätz. Aber, kommt Zeit, kommt Rat. Wir waren
endlich zusammen, tranken unser »Glas Kaffee«, und schickten uns an zum Gange in die Stadt.

Bald standen wir auf dem »Ring«. Es war der erste, den wir
mußevoll betrachten konnten und die Bauart dieser slavischen
Marktplätze, die ich in einem früheren Kapitel bereits in ihren

allgemeinen Zügen beschrieben habe, interessierte mich lebhaft. Die in Front stehenden Giebel der Häuser, teils einfach zugeschrägt, teils ausgeschweift nach Art des Jesuiterstils, waren auf ihren Absätzen mit Spitzen, Kugeln oder Bildwerken geschmückt, während die Wandflächen, besonders über den Tür-Eingängen, allerhand primitive Fresken zeigten: Maria mit dem Kinde, Johannes mit dem Lamm, Erscheinung und Himmelfahrt. Ich sah später stattlichere Plätze derart, aber keinen, der so eigentümlich gewesen wäre.

Ich versuchte nun, mit Karten und Zeitungsblättern in der Hand, mir eine Vorstellung von dem Gange des Gefechts am 28. Juni zu machen, allein vergeblich. Anfragen bei einzelnen deutsch-radebrechenden Czechen, führten mich vollständig in die Irre. Nach anderthalbstündigem Umherwandern entschieden wir uns vorläufig für Frühstück, die Lösung dunkler Fragen der historischen Entwicklung überlassend. Wir traten nun in das Gasthaus am Ring, bestellten Gulasch und Leitmeritzer Bier und suchten uns eine gute Ecke. Die guten Ecken sind allemal diejenigen, wo man erstens nicht im Zug sitzt, zweitens alles sieht und drittens nicht gesehen wird. Eine solche Ecke fanden wir hier. Dazu das bunteste Treiben. Immer neue Wagen fuhren vor, Offiziere von den umliegenden Regimentern stiegen ab; Erkennungs- und Begrüßungs-Szenen belebten das Bild. Es war das Treiben eines Markttages ins Soldatische übersetzt. Die Heiterkeit, der Lärm und – der Appetit waren dieselben.

Wir hatten nicht umsonst gehofft; beim Leitmeritzer Bier kamen uns allerhand gute Gedanken. Es war uns jetzt klar, daß wir den Kirchturm besteigen müßten, um einen Überblick über das Gefechtsfeld und den Gang der Münchengrätzer Affäre zu haben. Und so brachen wir denn auf, der Kirche zu. Der czechische Küster, nachdem wir uns verständigt, hob die Luken aus, wir aber ritten auf den Balken und sahen hinein in das lachende Panorama. Nun war auf einmal alles übersichtlich geordnet. *Dort*, nach Nordwesten hin, lag »Kloster«, von wo Herwarth mit seinen Rheinländern heranrückte, dort die Batterie, die ihn beschoß, und dort, immer mehr an die Stadt und unseren Turm heran, das Waldsteinsche Schloß, an dem vorbei (und dann in Schlängellinie durch Münchengrätz hindurch) die Avantgarde der Elb-Armee dem sich zurückziehenden Feinde in energischem Anlauf folgte. Und *hier* (wir hatten unsern Platz gewechselt), in entgegengesetzter Richtung, nach Osten und Südosten hin, ragten die pittoresken Muskyberge auf, schimmerte der Kirchturm von Bossin und zog sich jene Bossiner Straße hin, auf die General Fransecky (mit Abteilungen vom 27. Regiment) beinahe rechtwinklig vorstieß und den zu neuem Widerstand entschlossenen, gleichzeitig in der Front durch Herwarth gedrängten Feind, bis nach dem tiefer gelegenen, unserem Auge nicht mehr zugänglichen Fürstenbrück zurückwarf.

Ein Bild von dem Gange des Gefechts war gewonnen; klar trat selbst dem Laien entgegen, durch welchen Zug die Partie gewonnen war, aber etwas blieb uns versagt: einzelne Züge aus dem Kampfe selbst zu erfahren. In Podoll hatte man uns allerhand zu erzählen gewußt, hier fehlte unser Freund, der Archivar, hier hieß es einfach: »Die Preußen gingen von *dorther* vor und warfen die Unsrigen nach *dorthin* zurück. Vielleicht hatte der Kampf keine sich einprägenden Einzelmomente, vielleicht auch lag es daran, daß niemand da war, um diesen Einzelmomenten zu folgen. Alles war zerstoben und verflogen; von den etwa viertausend Einwohnern waren nur fünfundsechzig in der Stadt verblieben.

Der Hammer neben uns begann eben zu schlagen. Es war gerade Mittag, und wir hatten zwölf Schläge auszuhalten. Das Gespräch stockte, aber wir sahen nach dem Waldsteinschen Schloß hinüber, über dessen Dach ein Volk Tauben schwebte. Ein Bild tiefen Friedens. Unter diesem Dach hatte der *Kongreß* getagt, zu dem die Träger der »heiligen Allianz« sich vor dreiunddreißig Jahren zusammengefunden hatten. Was war noch übrig davon? Österreich todwund; Rußland unversöhnt seit jener »Undanks-Neutralität«, die ihm eine Flotte und seine europäische Suprematie kostete; Preußen über das Gängelband Metternichs und über den Erniedrigungstag von Olmütz hinaus und – Herr in Deutschland.

IX NACH GITSCHIN

Am anderen Morgen brachen wir auf nach Gitschin. Der direkte Weg dahin (von Münchengrätz aus) führt über Fürstenbrück, da wir indessen das mehr östlich gelegene Schloß Podkost, das am Morgen des 29. Juni von der Avantgarde (pommersche Jäger und 14er Füsiliere) des 2. Armeecorps genommen worden war, kennen lernen wollten, so bogen wir schon in der Nähe von Bossin nach Osten hin ab, um die große von Podoll nach Sobotka führende Straße zu gewinnen, in deren Mitte etwa der Felsenpaß von Podkost, samt dem gleichnamigen Schlosse gelegen ist. Der Querweg, den wir zu diesem Zwecke zunächst einschlagen mußten, führte uns an dem Südrande des Muskyberges vorüber, der den steilaufsteigenden Felspartieen der sächsischen Schweiz oder auch der schlesischen Heuscheuer nicht unähnlich, am 28. Juni (Gefecht von Münchengrätz) von den Vortruppen der 7. Division, auf oft nur mannsbreiten Felspfaden, überstiegen worden war. Es war dies derselbe Vorstoß, der — wie wir im vorigen Kapitel wenigstens andeuteten — schließlich gegen das Dorf Bossin gerichtet, an dieser Stelle die Rückzugslinie des Feindes traf, und dadurch den Tag um so rascher zu unseren Gunsten entschied.

Diese Muskyberge nunmehr zu unserer Linken, stutzten wir, daß diese steil aufragenden, zu einer kompakten Felspartie zusammengedrängten Kegel, von unseren Truppen hatten passiert werden können. Wenig Umsicht, wenig guter Wille, wenig Entschlossenheit hätten genügt, diese Felsenmasse zu einer uneinnehmbaren Festung zu machen. Es war aber das Schicksal Österreichs, daß es an der einen oder anderen dieser Eigenschaften (oft an allen dreien) immer wieder und wieder gebrach. Die besten Stellungen blieben ungenutzt und in ebenso rätselhafter Weise, wie der Paß über die Muskyberge, beinah unverteidigt, aufgegeben worden war, ging auch der Felsenpaß von Podkost verloren, dem wir jetzt, nachdem wir auf die Podoll-Sobotka-Straße eingebogen, in kurzem Trabe zufuhren. Mehrfach hielten wir an, teils wegen der Schönheit, aber auch wegen des geognostischen Interesses, das die Landschaft bot.

Unser Weg führte zunächst durch Tannenwald, der flach und eben daliegend, nicht im geringsten die Nachbarschaft grotesker Felspartieen ahnen ließ. Plötzlich wuchsen zwischen den Tannenstämmen einzelne Kegel wie Zuckerhüte auf, das Terrain zunächst noch mit den Bäumen teilend. Aber wenige hundert Schritte weiter genügten, um dem Bilde ein völlig anderes Ansehn zu geben; die einzelnen Felskegel waren nicht mehr Gäste im Walde, sie waren die Herren geworden und zu beiden Seiten des immer schmaler werdenden Weges hohe Felswände bildend, trugen sie nunmehr die Tannen, die eben noch ebenbürtig an ihrer Seite gestanden hatten, wie eine leichte Last auf ihrem Rücken.

Etwa zehn Minuten mochten wir durch diesen Felsenpaß gefahren sein, als sich derselbe zu einem freien Platz erweiterte. Die Tannen traten zurück, Linden und alte Nußbäume füllten den Raum; hinter diesen Bäumen aber, dieselben um mehr als hundert Fuß überragend, stieg auf einem vorspringenden Felsblock Schloß Podkost auf und sperrte mit seiner Häusermasse den Weg. Alles was hier hindurch will, hat zunächst eine Art Schloßhof, dann das Schloßtor selbst zu passieren, in dessen Rücken abermals hohe Felswände aufsteigen, während ein Flüßchen (das sich an dieser Stelle zu einem Wasserbecken erweitert), den Raum zwischen dem Schloßtor und den dahinter gelegenen Felsen ausfüllt.

Wenn es je eine Stelle gab, die leicht zu verteidigen war, so ist es diese. Jede Festung kann bekanntlich genommen werden, und wir stellen an Schloß Podkost nicht die Forderung, daß es einem ernstlichen, mit überlegenen Artilleriekräften unternommenen Angriff hätte Widerstand leisten sollen, aber es ist schwer zu verstehen, wie eine durch Artillerie, Jäger und eine ganze Brigade (die Brigade Ringelsheim) verteidigte Position wie diese, beim Anrücken unserer aus etwa zwei Bataillonen bestehenden Avantgarde geräumt werden konnte. An eine jener vielgefürchteten Umgehungen (wenn an jenem Tage diese Furcht überhaupt schon existierte) war an dieser Stelle gar nicht zu denken, weil das eben genannte Flüßchen, unmittelbar im Rücken des Schlosses, die Felsenwände rechts und links durchschneidet und dadurch eine flankierende Vorwärtsbewegung, wenn auch nicht unmöglich, so doch unter allen Umständen schwierig und zeitraubend machte. Jeder Feind, der hier angriff, mußte entweder den Stier bei den Hörnern packen und das Schloßtor zu forcieren, oder aber auf den Felsengraten vorgehend, erst diese, dann, im Hinabsteigen, das Flüßchen zu passieren suchen. Mit geringen Kräften war dem einen wie dem andern vorzubeugen. Man unterließ selbst den Versuch.

Bald hinter Schloß Podkost hören die Felspartieen auf oder ziehen sich seitwärts und der Weg läuft, anscheinend durch eine Flachlands-Landschaft, dem nur noch eine halbe Meile entfernten Städtchen Sobotka zu. Wir machten hier Halt, stiegen am Ringe, der auch hier die landesüblichen Arkaden zeigte, ab und bestellten in dem altmodischen Gasthof, dessen Zimmer noch mittelalterliche Gewölbe aufwies, einen Imbiß.

Wir waren nicht lange allein. Ein zweiter Wagen fuhr vor und drei Offiziere vom 2. Regiment (König Friedrich Wilhelm IV.) stiegen aus und gesellten sich uns zu. Der Wunsch, noch einmal die Kampfesstätte vom 29. Juni, dazu die Gräber jenes Tages und die in den Nachbardörfern liegenden Verwundeten zu sehen, hatte sie aus ihren nördlicher gelegenen Quartieren wieder auf das, eine ganze Kette von Gefechten aufweisende Terrain zwischen Podkost und Gitschin geführt. Sobotka ist etwa der Mittelpunkt dieses Terrains.

Selbstverständlich drehten sich unsere Gespräche um die verschiedenen Aktionen jenes Tages, besonders um die blutige Affäre bei Nieder-Lochow, an welcher das Bataillon (das zweite vom 2. Regiment), dem unsere drei Offiziere angehörten, vor allen anderen ruhmreich teilgenommen hatte. Es war dies jenes Gefecht, in welchem zunächst die Füsiliere vom 42., dann jenes ebengenannte 2. Bataillon fünf österreichischen Bataillonen, teils von der Brigade Ringelsheim, teils von der Brigade Kalik gegenüber gestanden und schließlich die feindlichen Reihen durchbrochen hatten. Mehr als einmal hatte, in dem ungleichen Kampfe, die Kraft die Unsrigen zu verlassen gedroht, aber mit dem lauten Gebet »Vater hilf! keine Schande, Sieg oder Tod«, waren sie endlich, während der Hauptmann, Freiherr von Kayserlingk, die Fahne des Bataillons ergriff, unter dem Schlagen aller Tambours zum Siege vorgedrungen. Schwere Verluste hatten diesen Sieg begleitet; elf Offiziere und einhundertunddreißig Mann, alle diesem einen Bataillon angehörig, waren tot oder verwundet; ein Borcke, ein Massow, ein Dewitz*), waren gefallen; jedes der drei ältesten pommerschen Geschlechter hatte einen der Seinen hergegeben; in *ein* Grab

---

* v. Dewitz (so wird erzählt) fiel, während er einem österreichischen Offiziere, dem er Pardon gegeben, den Degen abforderte. Der Österreicher antwortete mit einem Pistolenschuß. v. Dewitz, zusammensinkend, stieß seinem Gegner den Degen durch die Brust.

hatte man sie bei einander gelegt. Von den Verwundeten jenes Tages lagen noch verschiedene, Offiziere wie Mannschaften, in den benachbarten Ortschaften, und diesen Verwundeten, wie schon angedeutet, galt in erster Reihe der Besuch unserer drei Offiziere. Wir trennten uns von ihnen, da ihr Weg sie von der Hauptstraße zwischen Sobotka und Gitschin in die seitwärts gelegenen Dörfer führte.

Es sind mir später von einem älteren Offizier desselben Regiments lebhafte Zweifel daran geäußert worden, daß das 2. Bataillon in jener heißen Stunde bei Nieder-Lochow wirklich das »Vater hilf«, das seitdem eine gewisse historische Berühmtheit erlangt hat, gebetet habe. Der Zweifelnde suchte seine Ungläubigkeit ebenso aus der *Situation*, wie aus dem *pommerschen Charakter* heraus, zu begründen. »Das alles sei so unpommersch wie möglich.« Wer pommersche Grenadiere wirklich kenne (so etwa meinte er), könne ihnen nie und nimmer solche Worte, die wohl auf den Lippen einzelner Offiziere geschwebt haben möchten, in den Mund legen. Er sprach wie jemand, der sich gründlich auf diese Dinge versteht; nichts desto weniger muß ich bemerken, daß ihm von einem gegenübersitzenden Kameraden, der in unmittelbarer Umgebung des General v. Steinmetz die Schlachten von Nachod und Skalitz mitgemacht hatte, aufs lebhafteste widersprochen wurde. Dieser versicherte, daß er am Tage von Nachod wohl auf fünfzig Schritt Entfernung ein in Granatfeuer stehendes Bataillon so laut das »Vater unser« habe beten hören, daß ihm die einzelnen Bitten deutlich ans Ohr geschlagen seien. Hiermit mag diese Controverse ihre Erledigung finden.

Der Abend dämmerte schon leise herein, als wir Sobotka verließen und die prächtige Ruine von Schloß Troska zur Linken, auf der reich mit Bäumen bepflanzten Chaussee, an zum Teil niedergestampften Getreidefeldern vorbei, Gitschin zufuhren. Halbenwegs passierten wir Nieder-Lochow, das, so viel sich im Dämmer erkennen ließ, nur noch an seinem Eingange einige zerstörte Häuser aufwies. Dann folgten, zu beiden Seiten der Straße frisch aufgeworfene Gräber mit den bekannten Inschriften, bis wir, bei einbrechender Dunkelheit, über den Markt von Gitschin fuhren und vor einem hellerleuchteten mit hohen Fenstern großstädtisch daliegenden Gasthof hielten.

X GITSCHIN

Wir waren bei guter Zeit auf. Die Sonne schien durch die hohen Fenster, und die langen weißen Gardinen, ein Luxusartikel, dem wir seit mehreren Tagen nicht mehr begegnet waren, bauschten prächtig im Winde, als wir die Fenster öffneten, um die Frische des Morgens einzulassen. Wir eilten treppab in das große Gastzimmer. Erst jetzt sahen wir, daß wir wie in einem Schloß geschlafen hatten: hohe Zimmer, breite Treppen und lange Korridore. Wir nahmen Platz an einem Quertisch, der in der Nähe der Frontfenster hinlief und uns einen Blick auf den vorgelegenen Platz gestattete. Unser Freund, der Kellner (beiläufig der Typus eines fahrenden Gitarrenspielers), dessen Herz wir schon am Abend vorher gewonnen hatten, war schnell zur Hand und sein Diensteifer und seine gute Laune ließen uns auch heute wieder vergessen, daß wir diesem lang gekräuselten Haar und diesen selben wasserblauen Augen schon irgendwo einmal (und zwar nicht an den besten Orten) begegnet zu sein glaubten. An den anderen Tischen saßen Doktoren vom schweren Feldlazarett und nahmen ihr Frühstück ein; – das Gespräch drehte sich um die Opfer des Krieges und um die schwereren, die die Seuche täglich forderte. Wir sollten bald durch den Augenschein daran erinnert werden.

Zweck unseres Gitschiner Aufenthalts war, von hier aus zunächst das Städtchen Lomnitz (in dem sich noch Verwundete vom Leibregiment befanden), dann aber die Hauptpunkte des Gitschiner Schlachtfeldes zu besuchen. Während der Wagen herbeigeschafft wurde, machten wir einen kurzen Gang durch die Stadt, um wenigstens den altstädtischen Ring und die Kirche kennen zu lernen. Wir traten zunächst in die im Jesuiterstile erbaute Pfarrkirche ein, auf deren Gängen und Bänken, in der Nacht vom 29. zum 30. Juni, die Verwundeten von Freund und Feind zu vielen Hunderten gekauert oder auf wenig Stroh gelegen hatten; jetzt saßen wieder Gitschiner Frauen in den Kirchstühlen und blickten andachtsvoll auf den Altar, der, durch die nächsten Seitenfenster erleuchtet, in hellem Glanze stand. Wenige Schritte führten uns von der Kirche auf den großen Markt, dessen freundlich-sonniger Anblick uns getrübt wurde, als, von der andern Seite des Platzes her, plötzlich in langer Reihe drei Särge erschienen, die mit allem Pomp der katholischen Kirche, mit voraufgetragenem Kreuz und unter dem Schwingen der Weihrauchfässer zu Grabe getragen wurden.

Wir waren froh, uns diesem Anblick entziehen zu können, und Platz nehmend auf den Sitzbänken unseres eben erschienenen Wagens, fuhren wir in nördlicher Richtung zur Stadt hinaus, um, in rascher Fahrt durch eine reizende Landschaft, das etwa zwei Meilen entfernte Lomnitz zu erreichen. Unser Weg führte uns zunächst an der *Kartause von Gitschin* vorbei, von der es im »Wallenstein« heißt:

> In der Kartause, die er selbst gestiftet,
> Zu Gitschin* ruht die Gräfin Wallenstein;
> An *ihrer* Seite, die sein erstes Glück
> Gegründet, wünscht er dankbar einst zu schlummern.
> O lassen Sie ihn dort begraben sein.

In die Kartause einzutreten, würde uns unter andern Umständen als unerläßlich erschienen sein; aber der »große Friedländer«, der allerdings während einer Reihe von Jahren seine Ruhestätte hier fand, ruht nicht länger mehr an dieser Stelle. Die Kartause hat aufgehört, eine Kartause zu sein (sie dient als Landarmenhaus, wenn ich nicht irre) und die Herzogliche Gruft, wenn eine solche überhaupt noch existiert, ist leer geworden. Es heißt, daß noch während der Schwedenzeit, also mutmaßlich während der letzten Jahre des Dreißigjährigen Krieges (andere geben eine andere Zeit an) Kopf und Hand des

---

* Schiller skandiert hier Gitschin (mit dem Ton auf Git), und das ist richtig. Die zweisilbigen böhmischen Städtenamen auf »in« haben meist den Accent auf der ersten Silbe. Bei dieser Gelegenheit sei auch darauf hingewiesen, daß es Sàdowa, Cùdowa, dagegen aber Benàtek heißt. Unser sprachlicher Instinkt hat sich inzwischen anders entschieden; wir sagen Bènatek und vor allem wir sagen Sadòwa. Es ist auch nicht nötig, dagegen zu eifern. Unserem Ohre klingt Sadòwa nicht nur ungleich schöner, wir haben auch den Trost, daß in Böhmen selbst die czechischen Namen vielfach eine doppelte Aussprache erfahren, eine national-böhmische und eine davon abweichende deutsche. Übrigens verfährt jedes fremde Volk darin nach seinem Bedürfnis. Die Engländer sagen Bèrlin, statt Berlìn, und wir sagen Dublìn, Bornhòlm, Stockhòlm, statt Dùblin, Bòrnholm, Stòckholm.

Friedländers von den Schweden geraubt worden seien, was dann die Familie veranlaßt habe, die Überreste des Toten nach einer anderen Wallensteinschen Besitzung in Sicherheit zu bringen. Nach *welcher* Besitzung, habe ich trotz der verschiedensten Nachfragen nicht in Erfahrung bringen können. Von einigen wurde mir Münchengrätz, von anderen das im Egerschen gelegene Schloß Görkau, von noch anderen Schloß Rothenhaus genannt.[*]

Anderthalb Stunden später waren wir in Lomnitz. Wir richteten unsere Schritte sofort nach dem an einer Ecke des Ringes gelegenen Lazarett. Wer beschreibt die Freude der braven Grenadiere vom Leib-Regiment, als sie ihren Offizier eintreten sahen, unter dem sie, an dem Wasserlaufe der Czidlina hin, am Tage von Gitschin so tapfer gefochten hatten. Von den vielen Verwundeten dieses Regiments, die hier gelegen hatten, waren nur noch fünf zugegen; vier derselben hatten wir in den verschiedenen Zimmern des Lazaretts bereits begrüßt. Wir suchten nun nach dem fünften. Bei diesem Suchen führte uns ein glücklicher Zufall in eins der ersten Zimmer zurück. Ein glücklicher Zufall, wenn nicht mehr. Schon während unserer ersten Anwesenheit in diesem mit acht Betten belegten Raume war es mir aufgefallen, daß sich, all die Zeit über, aus einer Ecke des Zimmers zwei Augen mit einem unendlich schmerzlichen Ausdruck auf uns gerichtet hatten. Jetzt (der herzutretende Arzt übernahm die Vermittelung) sollte uns klar werden, was dieser schmerzliche Blick bedeutet hatte. Der beinahe regungslos Daliegende, mit wachsfarbenem Gesicht und jenem verschleierten Augenausdruck, der wenig Hoffnung auf Genesung gibt, war auch ein Preuße, ein Brandenburger (vom 48sten), ein un-

---

* Ich erfahre nachträglich, daß der Sarg Wallensteins allerdings, von der Gitschiner Kartause aus, zunächst nach der Münchengrätzer Kirche geschafft worden sei, dort auch, bis in neuere Zeit hinein, gestanden habe. Die Münchengrätzer Kirche, so sagte man mir, zeige bis diesen Tag noch die Wallensteinsche Gruft und an einem vorspringenden Pfeiler die entsprechende lateinische Inschrift. Erst seit verhältnismäßig kurzer Zeit, sei der Sarg – der, wie es scheint, nicht Ruhe finden kann – nach einer anderen Waldsteinschen Besitzung gebracht worden. – So weit mein Gewährsmann. Ich selbst war eine Stunde lang auf dem Münchengrätzer Turm und flüchtig auch in der Kirche, ohne daß der Küster mich auf die Gruft aufmerksam gemacht hätte.

mittelbarer Landsmann jener Grenadiere vom Leib-Regiment, und doch hatte er auf dem Punkt gestanden, nur weil er einem anderen Regiments-Verbande angehörte, uns ohne Gruß und ohne Trost, wie an einem Fremden, an sich vorbeigehen zu sehen. Welche bitteren Empfindungen mußten durch das Herz dieses Mannes gegangen sein, als er verlassen und vergessen dalag, während seine Landsleute eine Szene des Wiedersehens feierten. Nun aber wurde der bittere Kelch von ihm genommen und im Eifer, eine unverschuldete Kränkung auszugleichen, machten wir ihn zum Helden dieser Stunde. Freilich, nur das dankbare Lächeln eines Sterbenden war unser Lohn.

Über das Schlachtfeld von Gitschin, das wir auf unserer Fahrt nach Lomnitz zur Linken gehabt hatten, ging nun unser Weg zurück. Wir besuchten die einzelnen Dörfer Czidlina, Brzka, Diletz, Brada, in denen die zwölf Bataillone der 5. Division einer doppelten Übermacht gegenüber gestanden und erschöpft von Kampf und Junihitze, viele Stunden lang einen schweren Stand gehabt hatten. Von Zerstörung wenig zu bemerken. Lachend lag alles im Sonnenschein da, kaum daß hier und dort ein Streifen niedergetretenen Kornes oder die schwarzen Feuerstellen eines Lagers, auf die große Kriegswoche hindeuteten, die, wie eine mächtige, aber rasch verrinnende Welle auch über dies schöne Stück Land hinweggegangen war.

Nur wenige Worte über das Terrain von Gitschin und zwar ganz im allgemeinen. Gitschin liegt am Ausgang eines Doppelpasses, weshalb hier auch am 29. Juni eine doppelte Schlacht geschlagen wurde. Die eine ließe sich das Gefecht von Nieder-Lochow, die andere das Gefecht von Brada nennen; auch kommen beide unter diesem Namen vor. Jene wurde von der dritten Division (Pommern), diese von der fünften Division (Brandenburger) gewonnen. Zu einem eigentlichen Zusammenwirken beider kam es nicht; beide Gefechte wurden selbstständig geführt und die eine wie die andere Division erfuhr erst am Abend des Tages, daß »hinter dem Berge« auch gefochten worden war. Nichtsdestoweniger kann kein Zweifel sein, daß man sich, wenn auch ohne Wissen davon, gegenseitig unterstützte. Jede der beiden Divisionen würde einen schwereren Stand gehabt haben, ja in ihren Anstrengungen vielleicht gescheitert sein, wenn nicht die Nebendivision, in dem einen Fall wie in dem andern, die Kraft des Feindes zersplittert hätte. Wie während des ganzen Krieges, waren es auch an dieser Stelle die

Sachsen, die sich auf feindlicher Seite mit besonderer Bravour schlugen.

Um die Vorgänge dieses Tages und insonderheit die Getrenntheit und Selbstständigkeit zweier dicht nebeneinander stattfindenden Kämpfe zu begreifen, ist es nötig, von dem Terrain von Gitschin (das wir bereits einen Doppelpaß nannten) ein einigermaßen klares Bild zu haben. Gitschin selbst liegt im Tale, aber, fast unmittelbar vor den Toren desselben, erhebt sich ein Felsrücken, der in schräger Linie nach Nordwesten hin verläuft. Zu beiden Seiten dieses Felsenrückens läuft eine Landstraße, von denen die westliche die Sobotka-Münchengrätzer, die östliche die Turnauer Straße ist. In verhältnismäßiger Nähe von Gitschin, ziemlich an derselben Stelle, wo der die beiden Wege trennende Felsrücken nach Süden hin steil abfällt, erheben sich in der Flanke beider Straßen einzelne Hügel, so daß ein avancierender Feind, auf welcher Straße auch er gegen Gitschin vorrücken mag, in unmittelbarer Nähe dieser Stadt jedesmal durch ein Defilè hindurch muß, das auf der einen Seite von dem Felsrücken, auf der anderen Seite von jenen Hügelpartieen gebildet wird. So auch am 29. Juni. Rechts wie links hatten unsere Divisionen ein offenes, weit gespanntes, aber durch Artillerie beherrschtes Tor zu passieren, und nicht eher war an Sieg zu denken, als bis diese dominierenden Höhen mit Sturm genommen waren. Diese Aufgabe des Felsenstürmens fiel allerdings mehr der brandenburgischen als der pommerschen Division zu, weshalb die Verluste jener mehr als doppelt so stark waren. Es war ein heißer Tag, nur unter Anspannung aller Kräfte gewonnen; selbst das letzte Reserve-Bataillon wurde herangezogen und ins Feuer geführt. Die Erzählung, daß der die Höhe von Brada erstürmende Truppenteil schließlich die Stiefel ausgezogen habe, um die Felsenwand bequemer erklettern zu können, gehört in die Reihe jener Sagen und Märchen, die unmittelbar nach jedem Gefecht beim Bivouakfeuer geboren zu werden pflegen. Der Ruhm dieser Barfuß-Attacke wurde einem Bataillon der 24er zugeschrieben, woraus sich am besten die Zuverlässigkeit der Anekdote ergibt. Die 24er (einer anderen Division angehörig) machten die Affäre von Gitschin gar nicht mit und es war vielmehr das 18. Regiment – schon von Düppel her durch seine Angriffs-Energie berühmt – das (mit oder ohne Stiefel) die Felsenhöhe von Brada nahm und dadurch den Tag entschied.

Um drei Uhr waren wir wieder in Gitschin, erfrischten uns an der Kühle unseres Zimmers und stiegen dann treppab in den Speisesalon. Mit der Bemerkung: »daß Gitschin zeigen möge, was es könne«, hatten wir uns von der in Küchendämpfen pythisch dastehenden Wirtin getrennt, nun war der Moment da, wo sichs zeigen sollte, ob sie ihrer Zusage und unserer Hoffnung gleichmäßig Wort gehalten habe. Die Vorbereitungen ließen sich gut an: das Tischzeug war sauber, der Kellner (unser schwarzlockiger Freund) glatt gebürstet und von strafferer Haltung, die Fenster offen und der Nachmittags-Sonnenschein draußen auf dem Platz. Mitunter lief ein Schatten über den sonnigen Platz hin und schwand wieder, wie wenn Pappeln im Winde schwanken; dann und wann klang hoch aus der Luft jener eigentümliche Ton (halb Gekreisch, halb Gezwitscher), mit dem sich Schwalben im Vorüberfliegen begrüßen; dann wieder alles still. Die Suppe rief uns endlich zu realeren Genüssen. Sie war vortrefflich. In kurzen Pausen folgten ein Salat, ein Fisch; der Oberungar lag voll auf der Zunge; – da fuhr wieder der lange Schatten über den Platz. Diesmal schwand er nicht, er schwankte hin und her, aber er blieb, und ehe wir noch Zeit hatten, nachzusinnen, zogen wieder, wie am Vormittag, mit Chorknaben und Weihrauchfaß und mit voraufgetragenem Kreuz, zwei Särge dicht an unserem Fenster vorüber. Eine Pause entstand. Als der Zug vorüber war, winkten wir den Kellner heran. »Wieviel Gänge sind noch?« Drei. »Lassen Sie wenigstens zwei ausfallen.« Stumm verzehrten wir unsere Mehlspeise; erst beim Cognac-Kaffee sahen wir uns wieder scharf an.

Eine halbe Stunde später waren wir auf dem Wege nach Horsitz.

XI SADOWA-CHLUM

[Unser] Besuch galt dem »großen Schlachtfelde«. Wir [fuhren von Hor]sitz aus und waren etwa um die Mittagstunde [auf der Höhe v]on Dub. Das große Schlachtfeld, das größte [jüngerer Zeit] lag vor uns. [Ein eigentümlic]hes Gefühl von [Vorstellunge]n, Erwartung [überkam uns, al]s wir die Felder durchfuh-

ren, auf denen sich, vor [nun sieben Wochen], die Geschicke [unseres Landes] hoffentlich auf [Dauer entsc]hieden
haben.

[Das S]chlachtfeld ist oft be[schrieben w]orden, zumeist von
[der Höhe] von Dub aus, die [das große] Terrain, auf dem [wäh-
rend] des Vormittags von [unser]er Ersten Armee ge[kämpft
w]urde, in aller Voll[ständi]gkeit gibt. Man hat den [Bistri]tz-
bach, die steinerne Brücke u[n]d das kleine Dorf Sadowa unmittelbar zu Füßen, während nach li[n]ks und rechts hin, – teils
[a]n der Bistritz selbst, teils v[o]r – teils zurückgelegen die viel-
g[e]nannten Dörfer Horonowes [u]nd Benatek, Dohalitz und
Do[h]alitzka sichtbar werden. Unmitte[l]bar hinter Sadowa,
leis ansteigend, beginnt das ›Sadowagehölz‹; links zur Seite, (in
gleicher Höhe mit dem Sadowagehölz) liegt das Gehölz von
Cistowes; da aber, wo die Chaussee den Höhenrand des gegenüberliegenden Hügels erreicht, zieht sich Dorf *Lipa* und links
neben demselben Dorf *Chlum* hin. Nur der Kirchturm ist
sichtbar.

Das halbe Schlachtfeld gibt einem die Höhe von Dub; wer
aber über das *ganze* Feld (das sich etwa über eine Quadrat-
[me]ile ausdehnt) einen einiger[maßen] vollständigen Überblick [erhalt]en will, der hat, zur [Ergän]zung dessen, was er
von [hier] aus sah, mindestens noch die Höhe von Chlum, am
besten den Kirchturm des gleichnamigen Dorfes zu besteigen.
Das Terrain, auf dem die Elb-Armee unter Herwarth von Bittenfeld kämpfte, entzieht sich freilich auch von hier aus noch
mehr oder weniger dem Blick des Beschauers, die feindliche
Stellung selbst aber, vor allem ihr Mittelpunkt, dazu die Mehrzahl der Dörfer, um welche die *zweite* Hälfte des Kampfes tobte, endlich die verschiedenen Rückzugslinien des Feindes bis
nach Königgrätz und den Elbübergängen hin, werden von hier
aus am besten eingesehen werden können.

Die Höhe von Chlum gibt den besten Überblick, sie gibt aber
auch bis zu einem gewissen Grade die Erklärung für den
Gang der Schlacht an dieser Stelle, das heißt für das Über-
raschtwerden des feindlichen Oberfeldherrn in seiner rechten Flanke.

Die Stelle nämlich (auf der Chlumer Höhe) wo Benedek
hielt, gestattet nach allen Seiten eine vorzügliche Aussicht, *nur*
nicht nach rechts. Nach rechts hin sieht man den Turm von
Chlum, der aus einer dichten Obstbaum-Anpflanzung mit sei-

nen weißgelben Wänden und seiner kurzen Turmspitze aufragt, alles aber, was hinter dem grünen Schirm dieses Obst-
wäldchens, oder wohl gar am Fuß oder Abhang des hier (wenn
wir den Ausdruck gebrauchen dürfen) nach der kronprinzlichen Seite hin steil abfallenden Hügels gelegen ist, entzieht
sich dem Auge. Sogar das am Höhenrand gelegene Dorf Chlum
selbst, ist nicht sichtbar. Auf dieser hinter einer Waldkulisse
sich bergenden Linie rückten nun aber die Preußen gerade heran und außer durch die Beschaffenheit des Terrains auch noch
durch Nebel, Regen und Pulverdampf einem etwa beobachten-
den Blick entzogen, glückte es ihnen (ohne daß der vierhundert
Schritt davon haltende feindliche Oberfeldherr auch nur eine
Ahnung davon gehabt hätte) sich in Dorf Chlum und den
nächst gelegenen Punkten festzusetzen. Nichts wird den Feldzeugmeister, was auch im Übrigen seine Verdienste sein mögen, von dem Vorwurf reinigen können, einen so wichtigen
Punkt, und zwar in seiner nächsten Nähe, unbesetzt oder *so gut*
wie unbesetzt gelassen, und dadurch dem Feinde einen Vorstoß
in den Mittelpunkt seiner Stellung ermöglicht zu haben.
Chlum, bei der Wichtigkeit speziell dieses Punktes, mußte über
Verteidigungskräfte verfügen, stark genug, jedem Angriff von
der rechten Flanke her wenigstens auf Stunden hin zu begegnen. Was aber unter allen Umständen hier nicht möglich sein
durfte, das war eine Überraschung. Daß sie schließlich dennoch
eintrat, kann durch das Terrain erklärt werden, aber nicht ent-
schuldigt.

Von dem Augenblick an, wo diese Überraschung gemeldet
wurde, trat die Schlacht in ihre *zweite* Hälfte ein, Benedek
wechselte seine Front; der Kampf, der so lange im Bistritztal
zwischen den gegenüber gelegenen Höhen von Dub und Lipa
getobt hatte, wandte sich jetzt der Flanke zu und nahm seine
Richtung gegen Osten. Man könnte sagen, aus der Schlacht
von *Sadowa* wurde in diesem Augenblick eine Schlacht bei
Chlum. Alle feindlichen Reserven, die, zwei Armeecorps stark,
à cheval der Chaussee standen, wurden nach und nach herangezogen; alles handelte sich um Wiedergewinnung jener Flankenposition, die auf einen Schlag zum Schlüssel der Stellung
geworden war. Die besten Brigaden der beiden Reserve-Corps
rückten vor; alles vergeblich. Unter ungeheuren Verlusten
(hier fielen General Hiller von Gärtringen, Oberstlieutenant
von Helldorf, Prinz Anton von Hohenzollern) wurde die

Chlum-Stellung unsrerseits behauptet und dadurch die Schlacht, die allerdings von dem Moment an, wo der Kronprinz erschien, eine für Östreich so gut wie verlorne war, in eine völlige Niederlage des Feindes verkehrt. Glückte es Benedek, sich an dieser die Königgrätzerstraße beherrschenden Stelle noch einmal festzusetzen, so hatte er die Rückzugslinie in seiner Hand und konnte dem Rückzuge selbst seine Gestalt geben. So viel über den großen Gang der Schlacht im allgemeinen.

Bevor ich nun den Leser an den Hauptpunkten des Schlachtfeldes vorüber führe, versuche ich noch zuvor durch Vergleich mit einer bekannten Lokalität, seinem Vorstellungsvermögen zu Hülfe zu kommen. Ich wähle dazu unser Kreuzberg-Terrain, das in der Tat sehr viel Ähnlichkeit mit der nach Dub zu gelegenen Hälfte des Schlachtfeldes bietet.

Der Kanal entspricht der Bistritz; die zunächst diesseits der Brücke gelegenen Häuser sind Sadowa; wo die Dragoner-Kaserne beginnt, beginnt das Gehölz von Sadowa; zwischen den alten Kirchhöfen am Tor und dem neuen Kirchhof am Fuße des Kreuzberges, liegt das Gehölz von Cistowes. Der »Dustre Keller« ist Cistowes selbst und die Hopfsche Brauerei auf der Höhe des Kreuzbergs ist Lipa. Da, wo nach links hin die Kuhnheimsche Fabrik mit ihren Essen und Rauchfängen aufragt, liegt Dorf Chlum und der höchste Schornstein (am meisten nach rechts) entspricht dem Kirchturm von Chlum.

Wer sich dies genau einprägt – auch in den Entfernungen wird es ziemlich stimmen – hat ein ausreichendes Bild der vorzugsweise in Betracht kommenden Örtlichkeiten. Auf der Strecke zwischen Kanal und Höhe, rechts und links, wogte der Kampf; die Unsrigen kamen über Kaserne und Kirchhöfe nicht hinaus; weder der »Dustre Keller« noch die Hopfsche Brauerei konnten genommen werden, bis plötzlich, von den Verteidigern unvermutet, die Garden in der Kuhnheimschen Fabrik erschienen, die Brauerei-Verteidiger in Flanke und Rücken nahmen und dadurch den Tag entschieden.

Ein solcher Vergleich, wie ich ihn hier gewagt, hat immer etwas Skurriles, er zieht eine auf eine gewisse historische Höhe gehobene Lokalität wieder, ins prosaisch Alltägliche hinab; ich appelliere aber an alle diejenigen, die, von der Höhe von Dub herabkommend, an der Bistrizbrücke gehalten und das Terrain zwischen Sadowa und Lipa aufmerksam beobachtet haben. Sie werden eine gewisse Zutreffendheit der Parallele nicht in Abrede stellen können.[*]

Wir traten nun unseren Weg über das Schlachtfeld an, dabei uns auf die wichtigsten, schon Eingangs erwähnten Punkte beschränkend. Zuerst Sadowa.

Sadowa, außer seiner Mühle, einem Meierhof und einer Zuckerfabrik, besteht nur aus wenigen Häusern; eins dieser Häuser ist das Wirtshaus. Zur Linken, in Stein gemeißelt und übermalt, erhebt sich eine Nepomuk-Statue, das Kruzifix im Arm, das Haupt mit einem Sternenkranz umgeben, und blickt mit jenem stereotypen Schmerzensausdruck, den alle diese Bildwerke tragen, nach den Apfelbäumen hinüber, die in der Front des Wirtshauses stehen, und nach sechs oder sieben Gräbern, die sich unter diesen Bäumen hinziehen. In einem ruht der Oberst-Lieutenant *v. Pannewitz*, derselbe, der das 2. Ba-

---

* Ich habe, nachdem ich das Vorstehende niedergeschrieben, eigens noch mal den Kreuzberg besucht und die Berechtigung zu der von mir gezogenen Parallele bestätigt gefunden. Das Terrain, hier wie dort, wird ziemlich unter demselben Winkel ansteigen, die Entfernung ist annähernd dieselbe, (hier ¼ Meile, dort ⅓ Meile), die Chaussee, an beiden Stellen, trifft etwa die Mitte eines Hügelrückens von mäßiger Höhe und, auf dem Hügelrücken angelangt, überblickt man hier wie dort ein zu einem großen Kavallerie-Gefecht vorzüglich geeignetes Plateau. Die vorstehende kleine Zeichnung (wo bei uns der »Signalberg« liegt, liegt dort Streselitz) führt dies weiter aus. Selbstverständlich muß man einem Vergleich, wie ich ihn aufgestellt habe, auch etwas von gutem Willen entgegentragen. Die Natur bildet eben nicht zweimal genau dieselbe Lokalität. Der Chlumhügel, überhaupt höher, fällt beispielsweise nach *rechts* – von preußischer Seite aus gerechnet nach *links* hin – steiler ab als die entsprechende Stelle des Kreuzbergs (da wo die Kuhnheimsche Fabrik gelegen ist); außerdem bildet die Chaussee zwischen Sadowa und Königgrätz, da, wo sie Lipa erreicht, kein Knie (wie auf der nebenstehenden Karte) sondern läuft in einer einfachen Schräglinie zwischen den beiden genannten Punkten hin. Ich habe aber geglaubt, auf solche Differenzen nicht zu viel Gewicht legen zu dürfen, auf den letztern Punkt um so weniger, als man, auf der Höhe von Chlum stehend, wenigstens das Gefühl hat, daß einem das kurze Stück Chaussee zwischen Sadowa und Lipa *gradlinig* (vertikal) im Rücken liegt, während der Weg nach Königgrätz (nach vorn) hin sich *schräglinig* fortsetzt, ganz so wie die Karte zeigt.

taillon vom Regiment Elisabeth auf die Höhe von Chlum führend, im Moment des Sieges, zugleich mit seinem Adjutanten, Lieutenant v. Wurmb, durch *einen* Granatschuß tödlich getroffen wurde.

Unmittelbar hinter dem Gasthause passiert man eine *erste* Brücke, die über den Mühlgraben, dann (an der Mühle vorbei) eine zweite Brücke, die über die Bistritz führt. An der rechten Seite (zurückgelegen) werden einige Häusergruppen sichtbar, die bereits zu dem nachbarlichen Unter-Dohalitz gehören; dann plötzlich schließt ein dichtes, hart an der Chaussee sich entlangziehendes Wäldchen diesen Blick nach rechts hin ab; – dies Wäldchen ist das berühmte Gehölz von Sadowa.

Was wir zuerst hier sahen, waren hunderte von jungen Birkenstämmen, die, in der Mitte weggebrochen, den Eindruck einer furchtbaren Zerstörung machten. Dieser Eindruck beruhte aber auf einem Irrtum. Es war dies *nicht* die Wirkung des Granatfeuers von Chlum und Lipa her; schon am Tage vor der Schlacht hatten österreichische Pioniere mit Beil und Faschinenmesser hier aufgeräumt, teils um ein freieres Schußfeld zu schaffen, teils um mit Hilfe der Baumkronen, die nun zwischen den Stämmen verfestigt wurden, eine Art undurchdringliche Hecke herzustellen. Wo weiterhin diese gekappten Bäume fehlten, sahen wir nur hier und da einen zersplitterten Stamm.

Das Gehölz von Sadowa liegt *rechts* am Wege; *links* durch einen breiten Ackerstreifen von der mehr und mehr ansteigenden Chaussee getrennt, liegt das »Gehölz von Cistowes«. Ich glaube nicht, daß es auf Spezialkarten diese Bezeichnung führt, aber ich gebe ihm diesen Namen nach dem an seiner Südwest-Ecke gelegenen Dörfchen. Das Gehölz von Cistowes (von unregelmäßiger Form und meist aus Nadelholz bestehend) ist größer als das Sadowa-Gehölz, dessen Schicksale es am 3. Juli teilte, ohne es zu einem gleich berühmten Namen zu bringen. Was für die 8. Division (Horn) das Gehölz von Sadowa war, war für die 7. Division (Fransecky) das Gehölz von Cistowes. In diesem Cistowes-Gehölz hielt Oberst v. Zychlinski (vom 27. Regiment) mit zwei Bataillonen der 14. Brigade. Sie bildeten einen Knäuel, einen festen Kern. Aber die einschlagenden Granaten – so erzählt der Oberst selbst – sprengten diesen Kern auseinander, der Lisière des Waldes zu, bis die Infanterie-Salven vom Zirkel-Rande des Gehölzes her, den eben auseinandergesprengten Knäuel, wieder, nach innen zu, zu einer dichten Masse zusammenschossen. Das alles geschah in dem Gehölz von Cistowes. Man spricht aber von diesem letzteren fast gar nicht; das »Gehölz von Sadowa« (zum Teil schon um seines prächtigeren Klanges willen) ist der *gemeinschaftliche* Name für beide geworden.

Von *Dorf*-Cistowes – drin wir wenig Zerstörung fanden, da das Feuer der großen Chlum-Batterie drüber hinweggegangen war, bogen wir wieder nach rechts hin auf die Chaussee ein und hielten nun vor Dorf *Lipa*. Hier freilich sah es anders aus; ganze Reihen von Häusern ragten nur noch mit ihren Feueressen auf; alles andere Schutt und Trümmer. Aber auch hier war sehr wohl wahrnehmbar, daß diese Verheerungen nicht direkt durch die einschlagenden Geschosse, sondern erst durch die Feuersbrünste herbeigeführt worden waren, die im *Geleit* dieser Geschosse kamen. Die niederfallenden Eisenmassen hatten nicht durch ihre Wucht, sondern durch ihre *Zünder* gewirkt. Am ersten Hause von Lipa (es schien ein Wirtshaus zu sein) hielten wir. Erwachsene und Kinder kamen uns sofort mit »Erinnerungsstücken« entgegen; ein ganzer Bazar wurde ausgebreitet: Federbüsche, Käppis, Doppeladler, Schärpen mit und ohne Blut, Spitzkugeln, Granatsplitter und unkrepierte Granaten, die letztern »unter Garantie«. Wir kauften ein, lugten hier und dort in den malerisch verschlungenen Dorfgassen umher und fuhren dann weiter hinauf, bis wir auf der Höhe des Hügels hielten. Wir befanden uns nunmehr auf der vielgenannten Höhe von *Lipa-Chlum*.

Welch prächtiges Panorama! Vor uns jetzt, nach links hin, der glitzernde Streifen der Elbe und unmittelbar dahinter die hohen Türme von Königgrätz; nach rechts hin das Plateau von Streselitz (das Aktionsfeld des großen Reitergefechts) und dahinter Problus samt den andern Kampfesstätten der Elb-Armee. Alles am Horizonte verschwindend. Ein prächtiges Bild, das, in Stille und Sonnenschein daliegend, einen Augenblick vergessen lassen konnte, welches Feld dies war; aber der leise Ostwind, der, vom Dorf Chlum her, jetzt über das frischgepflügte Ackerfeld zu uns herwehte, mahnte uns zu deutlich daran, wo wir waren, – der Hauch der Verwesung war in der Luft. Auch jetzt noch, nach sieben Wochen.

Wir stiegen aus und schritten nun über den Höhenrücken hin, dem Dorfe (Chlum) zu, dessen deutlich sichtbarer Kirchtum uns anzeigte, wo das Dorf selbst – das sich versteckt, wie wir wissen –

zu suchen sei. Dieser Weg über die »Höhe von Chlum« war
zugleich der Weg über das Stück Land hin, auf dem der Tag von
Königgrätz sich entschieden hatte. Hier hatte Benedek gehalten. Hier war der Schlüssel seiner Stellung. Zwei der Redouten,
die von diesem Punkt aus den ganzen Abhang bis zur Bistritz hin
bestrichen hatten, waren – und zwar in geringer Entfernung von
einander – mit ihren Einschnitten und Bettungen noch vorhanden; zwischen ihnen lag die Begräbnisstätte vieler Hunderte;
nur wenige Stellen durch Stein und Kreuz bezeichnet. Wir la-
sen: General Hiller von Gärtringen, Oberst-Lieutenant v. Helldorf (die nebeneinander ruhn). Dann weiter hügelabwärts:
Lieutenant v. Maltzahn. Chlum selbst, in das wir eintraten, bot
ein ähnliches Bild der Zerstörung wie Lipa.

Am Rande eines Wäldchens entlang, das zwischen diesen
beiden Dörfern (Chlum und Lipa), in Front der Redouten, sich
hinzieht, kehrten wir an den Ausgang des letztgenannten Dorfes zurück und fuhren nun in rascherem Tempo durch alle die
Ortschaften, über die der Rückzug gegangen war, erst durch
Westar, dann an Swieti und Rosnitz vorbei, auf Königgrätz und
die Elbe zu. Überall Häuser, aus denen weiße Fahnen hingen,
überall Verwundete, auf Zaunplanken und Türschwellen, oder
unter schattigem Gesträuch ins Gras gelagert. Was mehr als
alles andere an die ungeheuren Dimensionen des Kampfes, der
hier getobt hatte, erinnerte, waren die an den Chausseegräben
hin angehäuften Massen von weggeworfenem und in Wind
und Wetter zum Teil schon unkenntlich gewordenem Kriegs-
material: Bajonett- und Degenscheiden, Koppel und Bandelie-
re, Wehrgehenke und Patrontaschen, vor allem Käppis und
Tornister. Wie große zugeschrägte Müllhaufen lag es da, sich
ablösend mit den Steinhaufen am Wege.

Unmittelbar vor Königgrätz passierten wir Schloß Kuklena,
jenen während des Kriegs viel genannten Besitz des Grafen
Clam Gallas. Hier hatte der Graf (so wenigstens wird erzählt)
ein Frühstück gegeben »zu Ehren des Siegers von Custozza«,
während sein eignes Corps bei Gitschin geschlagen wurde. Das
Kriegsgericht hat ihn freigesprochen.

Der Königgrätzer Bahnhof war von Österreichern (Regiment Constantin) besetzt. Man musterte sich gegenseitig, lächelte und begnügte sich mit kurzem Kopfnicken. Ein längerer
Aufenthalt verbot sich an dieser Stelle; also Nachtquartier in
Pardubitz.

Von Pardubitz ein ander Mal. Der nächste Morgen führte uns, nunmehr auf dem Rückweg, noch einmal an Königgrätz, dann, zwischen Josephstadt und Königinhof, an den Siegesfeldern der Kronprinzlichen Armee vorüber. Der hohe Eisenbahndamm gestattete einen vorzüglichen Einblick: dort der Wasserlauf der Aupa, dort Skalitz und Miskoles, dort Kukus und Gradlitz. Die Landschaft zwischen uns und dem Gebirge lag wie eine aufgeschlagene Karte vor uns. Ein Offizier, der jene Ruhmestage mitgefochten, hielt uns Vortrag vom Wagenfenster aus. Wir dankten ihm herzlich.

Das waren die letzten Eindrücke. An Turnau und Reichenberg vorbei, der Grenze zu, atmeten wir freier auf, als das Drängen und Treiben, das Lärmen und Summen des Görlitzer Bahnhofs wieder um uns her war. Ein chaotisches Gewirr, aber über dem Ganzen – die Luft der Heimat.

DER KRIEG GEGEN FRANKREICH
1870-1871

Der 1. Juli 1870 sah Europa in tiefem Frieden. Die Empfindung jedes einzelnen hatte am Tage zuvor noch eine offizielle Bestätigung empfangen. »Zu keiner Zeit – so etwa lauteten die Worte, mit denen der französische Minister Ollivier vor den gesetzgebenden Körper getreten war – war die Ruhe mehr gesichert, als eben jetzt; wohin man auch blicken mag, nirgends ist eine Frage zu entdecken, die Gefahr in sich bergen könnte.« So der Minister. Mit besondrer Genugtuung war dieses offizielle Siegel, das der Großsiegelbewahrer auf den Frieden und damit zugleich auf die Hoffnung jedes einzelnen drückte, entgegen genommen worden und die vornehme Welt Europas, die distinguierten Träger der »Gesellschaft« eilten in vollkommener Beruhigung ihren bevorzugten Rendez-vous-Plätzen, den *deutschen Bädern* zu.

In Wiesbaden, in Homburg, in Baden-Baden entfaltete sich bereits der volle Glanz der Toiletten, die Musik klang durch die Alleen, der Sprachenwirrwarr stand wie nur je in Blüte, – dennoch schien es, als ob die große Trias der rheinischen Bäder sich diesmal vor einem vierten verneigen sollte: *Ems*.

König Wilhelm war am 20. Juni daselbst eingetroffen. Unter einem Regen von Blumen und Bouquets hatte er die Fahrt vom Bahnhofe bis zum Kurhause gemacht, die große Königsflagge war aufgezogen worden, bengalische Flammen hatten am Abend die Berge beleuchtet und seit jener festlichen Begrüßung war kein Tag vergangen, wo nicht deutsche und fremde Fürstlichkeiten ihren Weg nach Ems gerichtet hätten. Mit ihnen viel andre noch. Wer nie an Kränchen und Kesselbrunnen geglaubt hatte, glaubte jetzt an den »Fürstenbrunnen« und seine Wunder innerhalb der Sphäre der Stockungen. In den Vier Türmen, im Darmstädter Hof, im Prinzen von Wales waren die letzten Zimmer längst vergeben, aber derselbe Zudrang von Fremden, der die Wohnungen immer knapper werden ließ, steigerte doch auch den Reiz dieses Badelebens. Man wandelte unter Berühmtheiten und historischen Namen. Eine schottische Dame, drei und fünfzigste Übersetzerin des Faust, folgte dem Prinzen G. auf Schritt und Tritt, ein Petersburger Bankier setzte es durch, dem Herzoge v. U. in einem *cercle intime* vorgestellt zu werden, und eine romantische Berlinerin (blondlokkig, die Engländerin spielend) hing sich an die Spuren der Prinzessin Salm-Salm, zugleich von dem Hochgefühl durchglüht »*ich* hätte ihn gerettet«. Über alle aber kam auf Augenblicke eine Ruhe im Gemüt, wenn die hohe Gestalt König Wilhelms, hinausragend über das Kleine und Krankhafte, grüßend an ihnen vorüberschritt.

Glückliche, stille, in ihren Bildern beständig wechselnde Tage. Am Vormittage Revuen und Inspektionen auf Übungsmärschen befindlicher Regimenter: Augusta-Grenadiere, 29er, Braune Husaren; am Nachmittage Ouvertüren und Symphonieen concertierender Kapellen, am Abend eine Theater-Vorstellung »für die Abgebrannten in Pera« (Fräulein Hedwig Raabe als Gast) und dann zum Schluß ein Feuerwerk: Raketen und Tableaux, ein preußischer Adler in Brillantfeuer und die ganze Herrlichkeit widergespiegelt im stillen Wasser der Lahn.

Nichts fröhlicher, nichts friedlicher als die Mittsommerzeit der 70er Saison im schönen Ems. Das Leben ein Idyll!

So kam der 7. Juli. Das Auf- und Abwogen der Gäste schien dasselbe, wie in den Tagen zuvor; dieselben heitren Farben, dasselbe Lachen, nur am Ausgang einer der Alleen, wo die Haute Finance und die Fürstlichkeiten sich allmorgendlich zu begrüßen und eine Parole zuzurufen pflegten, ging ein Zeitungsblatt von Hand zu Hand, ein langes Pariser Telegramm. Der Herzog von Gramont hatte am Tage vorher im Corps Legislatif gesprochen. Einer der Eingeweihtesten (Baissier) fügte hinzu:

»Baron Werther ist gestern angekommen; er speiste bei Sr. Majestät.«

Nun?

»Nun, es gibt ein Gewitter.«

Bah, Phrasen, ich kenne die Franzosen. Sie sind dazu da, die Welt in Atem zu erhalten.

»Und uns die Brunnenkuren zu verderben. Ich reise.«

Ich bleibe.

So gingen die Ansichten auseinander; die Optimisten behielten inzwischen vorläufig die Oberhand. Der Mensch lebt vom Leichtsinn. Ein Glück. Der 8. verging ruhig. Am 9. früh hieß es: »Benedetti ist aus Wildbad angekommen.« Der Schwarzseher, der das Gewitter angekündigt hatte, schien schließlich doch recht behalten zu sollen.

Von jenem Morgen an gab es in Ems nur *ein* Gespräch noch.

Ein kleiner Ort, auch wenn er die diskreteste ·Gesellschaft, die geschulteste Diplomatie umschließt, bleibt ein kleiner Ort, in dem die Wände Ohren haben. Geheimnisse hat nur die Einsamkeit und die große Stadt. Im »Hôtel Brüssel«, wenigstens in den Zimmern, in denen die französische Botschaft ihr Unterkommen gefunden hatte, gab es keine Tag- und Nachtruhe mehr. Sekretäre und Attachés flogen hin und her, Chiffre-Depeschen kamen und gingen, Audienzen wurden nachgesucht und erteilt. Jeder wußte davon. An jedem neuen Morgen, wenn die Kur nach wie vor die Promenaden füllte, hing aller Auge doppelt gespannt an der Erscheinung des Königs. Nichts war wahrnehmbar. Ruhig wie immer, lächelnd, schritt er zwischen den Gästen hin.

Auch noch am 13. früh.

Der französische Botschafter, an eben diesem Morgen, schien eine Frage zu stellen; der König beantwortete sie freundlich, grüßte und schritt weiter. Noch schien das Einvernehmen ungestört. Aber sieben Stunden später, auf der Nachmittags-Promenade, war das Bild verändert. Erkennbar lag ein Schleier über der Heiterkeit der Szene.

»Wissen Sie schon, Benedetti hat eine *zweite* Audienz nachgesucht, – sie ist ihm *verweigert* worden.«

Gott sei Dank.

»Der König hat ihm mitteilen lassen, er habe ihm nichts weiter zu sagen.«

Der nächste Tag (14.) sah nur noch die Hälfte der Brunnengäste auf der Promenade versammelt. Benedetti eilte nach Paris, um in Person seinem Kaiser zu berichten.

Am 15. früh kehrte König Wilhelm in seine Hauptstadt zurück.

Was war geschehen?

[. . .]

DIE WIRKLICHEN URSACHEN DES KRIEGES

So die Vorgänge in Ems. Sie zeigen, nach unserem Ermessen, deutlich, daß man in Frankreich den Krieg *wollte,* und daß die hohenzollernsche Thronkandidatur nur ein lang ersehnter *Vorwand* war. Bis zum 12. Juli konnte darüber für Optimisten ein Zweifel bestehen. Nachdem indessen der gewünschte Verzicht geleistet und durch den König (schon im voraus) gutgeheißen war, drückte die *peremtorische Forderung weiterer Concessionen* ersichtlich das Verlangen einer *Demütigung* Preußens aus, so daß sich eine mildere Auffassung verbot. In der Tat haben, nach den Vorgängen des 12. Juli, europäische Mächte, auch die uns abgeneigtesten, die von *französischer* Seite erfolgte Provokation zugeben müssen. Selten sprachen Tatsachen klarer.

Nichtsdestoweniger unterzieht sich Graf Benedetti an den verschiedensten Stellen seines Buches der undankbaren Aufgabe, die friedfertigen Gesinnungen des Kaisers und seines Gouvernements zu beweisen. Wie wenig ihm das glückt, in welche Widersprüche er sich dabei verwickelt, mag sich aus folgender Stelle ergeben. »Wir forderten, daß der König den Prinzen Leopold zur Verzichtleistung auf die spanische Krone *veranlassen* möge; der König hingegen beschränkte sich darauf, *jeder Entscheidung des Prinzen* seine Zustimmung geben zu wollen. Konnten wir uns damit begnügen? Nach meiner Meinung ›ja‹, auch lag nichts vor, woraus ich hätte schließen können, daß das Gouvernement des Kaisers anders darüber denke. Woran uns liegen mußte, das war, den Verzicht des Prinzen durch den König *anerkannt* zu sehen, und *dies* Resultat waren wir sicher, zu erhalten.«

Diese Erklärung, von der wir einfach Akt nehmen, räumt unzweideutig ein, daß man französischerseits schließlich *mehr* forderte, als nötig. Dies »mehr als nötig« enthielt aber die Provokation; Benedetti selbst gibt es zwischen den Zeilen zu. Nichtsdestoweniger macht er im Verlauf seiner Auseinandersetzungen einen nicht glücklichen Versuch, das schon Zugegebene wieder in Zweifel zu stellen, sein Gouvernement oder doch die Intentionen des Kaisers zu exkulpieren und einen am 13. vormittags in Ems eingetroffenen *Bericht* des Freiherrn v. Werther als wahrscheinliche Ursache des Bruches zu bezeichnen.* Wenn er damit beweisen will, daß der König nicht in

---

* Die Stellen in dem v. Wertherschen Bericht, auf die sich dieser Hinweis Benedettis bezieht, sind die folgenden: »Der Herzog v. Gramont bemerkte dann, er sehe die (nunmehr erfolgte) Entsagung des Prinzen von Hohenzollern auf den spanischen Thron als *Nebensache* an, denn die *französische Regierung würde seine Thronbesteigung*

Folge der von ihm (Benedetti) geforderten »neuen Bewilligungen«, sondern erst in Folge *der* Mehrforderung, wie sie der Herzog *v. Gramont* im Gespräche mit Herrn v. Werther präzisiert hatte, den Entschluß faßte, jede weitere Verhandlungen als nutzlos abzulehnen, so mag er darin Recht haben; dies ändert aber in der Hauptsache nichts, in der Frage nämlich, auf welcher Seite die Provokation lag, ob bei Frankreich oder bei Deutschland. Im Gegenteil, das ohnehin klar Daliegende wird durch den Hinweis auf den v. Wertherschen Bericht nur noch klarer gelegt, denn alles, was der Herzog v. Gramont im Gespräch mit dem preußischen Botschafter als unerläßliche Forderung geltend machte, war eine einfache *Steigerung* oder richtiger noch ein *unverschleierter Ausdruck* dessen, was in Depeschen und Instruktionen am demselben Tage nach Ems hin befördert worden war oder noch befördert wurde. Die Andeutung endlich (um auch *dies* zu berühren), daß Herr v. Werther

doch niemals zugelassen haben; aber er fürchte, daß aus unserem Verfahren eine bleibende Verstimmung zwischen unseren beiden Ländern fortdauern werde. Der Keim dazu müsse vertilgt werden, und er ginge dabei von dem Gesichtspunkte aus, daß wir in unserem Verfahren gegen Frankreich kein freundliches Procedé beobachtet hätten. Wir müßten daher zusammen überlegen, ob es ein Mittel gebe, wiederum zu freundlichen und guten Beziehungen zu gelangen, und stellte er seinerseits anheim, ob dazu nicht ein *Brief des Königs an den Kaiser* der richtige Ausweg wäre. Es könnte darin nur gesagt werden, daß Ew. Majestät, indem Sie den Prinzen Leopold zur Annahme der Krone Spaniens ermächtigten, nicht hätten glauben können, den Interessen oder *der Würde der französischen Nation dadurch zu nahe zu treten;* der König schlösse sich der Entsagung des Prinzen von Hohenzollern an, und zwar mit dem Wunsche und der Hoffnung, daß jeder Grund des Zwiespaltes zwischen unseren beiden Regierungen nunmehr verschwunden sein würde. Solche und ähnliche Worte, die im allgemeinen *durch Publizität* zur Beschwichtigung der allgemeinen Volksstimmung beitragen könnten, dürfte dieser Brief enthalten.«

».. . Unterdessen kam Herr Ollivier zu unserer Unterredung. Er hob dringend die heilsame und im Interesse des Friedens notwendige Wirkung eines *solchen Briefes* hervor und bat mich inständigst, dies Ew. Majestät auszusprechen. Beide sagten, im Falle daß ich nicht glaubte, es übernehmen zu können, würden sie sich genötigt sehen, mit der Anregung dieser Frage den Grafen Benedetti zu beauftragen.«

die in seinem Bericht geschilderte Unterredung seinerseits
nicht korrekt wiedergegeben habe, ist wohl kaum ernsthaft zu
nehmen. Ollivier (vergleiche den hier unmittelbar folgenden
Wertherschen Bericht) nahm die *Brief*-Frage, als sie eben geschlossen war, wieder auf, so daß von Mißverständnissen nicht
wohl die Rede sein kann. Zudem hat der ganze Verlauf des
Krieges so ziemlich ohne Ausnahme gezeigt, daß die germani-
sche Berichterstattung in allen streitigen Fällen der Wahrheit
näher lag als die französische. *

---

* Benedetti, indem er die Korrektheit des Wertherschen Berichtes
(S. 390) leise in Zweifel stellt, bezieht sich auf eine Zirkular-Depesche
Gramonts vom 24. Juli 1870. Es heißt darin: »Herr v. *Werther,* in der
Unterhaltung, die wir führten, hatte besonders hervorgehoben, daß
dem Könige bei der Thronkandidatur des Prinzen von Hohenzollern
die Absicht fern gelegen habe, den Kaiser zu verletzen. Darauf hin
bemerkte ich, daß eine *derartige Versicherung (une pareille assurance)*
die Wiederherstellung eines guten Einvernehmens sehr erleichtern
würde. Aber *nicht* habe ich gefordert, daß der König einen *Entschuldigungsbrief* schriebe, wie seitens der Berliner Journale kommentiert
worden ist.« So der Herzog. Auf die Berliner Journale kommt es nicht
an, sondern auf den im Wortlaut vorliegenden Wertherschen Bericht.
In diesem wird an *vier* Stellen, und zwar in eingehendster Weise, von
dem Hochwünschenswerten eines *Briefes* gesprochen, noch dazu eines
Briefes, dem man in den französischen Blättern »*Publizität*« zu geben
gedenke. Das *ist* dann ein Entschuldigungsbrief. Der Herzog v. Gramont, – was Graf Benedetti übrigens am ehesten hätte wissen können
– nahm es in seinen Zirkular-Depeschen (vielleicht überhaupt in
nichts) nicht eben sehr genau. So erklärte er beispielsweise in einer
voraufgehenden Zirkular-Depesche vom 21. Juli: »Graf Bismarck habe nicht nur die Kandidatur eines Prinzen von Hohenzollern für unausführbar erachtet, sondern Herrn v. Thile sogar sein *Ehrenwort* abgegeben, daß an solche Kandidatur gar nicht zu denken sei«, eine Erklärung, die seitens der genannten beiden Staatsmänner einfach die
Gegenerklärung hervorrief, daß, »seitdem ihnen von dem an den Fürsten von Hohenzollern gerichteten Antrag etwas bekannt geworden
sei, die spanische Kandidatur des Prinzen *niemals,* auch nur mit einer
Silbe, *amtlich oder privatim besprochen worden ist.*« Man mag nach
diesem Vorgange – dem sich andere gesellen ließen – entscheiden, auf
welcher Seite die »Exaktheit« zu suchen ist.

Die spanische Thronkandidatur, wie die Entrüstung über die dem Grafen Benedetti wiederholentlich verweigerte Audienz, – beides, indem man den Bruch dadurch zu motivieren trachte-te – war nur *Vorwand* für etwas bereits Geplantes; selbst der viel verklagte *Chauvinismus*, dieser eigentümliche Mischling von Händelsucht, Gloire-Bedürfnis und eitlem aber tiefgewur-zeltem Glauben an eine überkommene Mission, auch selbst dieser Chauvinismus, sagen wir, kann nicht als der *eigentlich-ste* Kriegsgrund betrachtet werden. Der Macht desselben und seiner »seit einem Jahrhundert von den Völkern und Regierun-gen der zivilisierten Welt gleichmäßig gebrandmarkten Tradi-tionen Ludwigs XIV. und des ersten Empire«, würde der Kai-ser, wie er ihnen jahrelang widerstanden hatte, auch ferner widerstanden haben, wenn seine *eigene* Macht noch die alte, widerstandsfähige gewesen wäre. Aber diese seine eigene Macht war seit Jahr und Tag erheblich, vielleicht tief erschüttert; Kon-zession reihte sich bereits an Konzession; das Plebiszit täuschte niemanden, auch *den* nicht, den es neu bestätigte, und um-drängt und umdroht von den immer mächtiger werdenden liberalistischen Parteien aller Arten und Grade, sah sich der Kai-ser veranlaßt, ein – gezwungen-freiwilliges Bündnis mit dem Chauvinismus als letztes Rettungsmittel zu wählen. Dies war gleichbedeutend mit Rheingrenze und Marsch auf Berlin.

Die Schwäche, die Unordnungen, die *Verlegenheiten* des Kaiserreiches, indem sie dasselbe den nationalen Exaltados in die Arme trieben, *sie* schufen den Krieg.

Seitdem wir das Vorstehende niederschrieben, ist die diploma-tische Controvers-Literatur noch durch ein weiteres »Recht-fertigungsbuch« bereichert worden, über dessen Inhalt wir nicht ohne Notiznahme hinweggehen können. Wie Benedetti, so hat schließlich auch der Herzog *v. Gramont* gesprochen. Er sucht in seinem Buche den Beweis zu führen, daß *Preußen* den Krieg gewollt habe, daß es ihn *gewollt* habe, weil es ihn *brauchte*. »Natürlich wird man dies leugnen«, so schreibt der Herzog, »aber was würde in Preußen nicht geleugnet?! Die *Ableug-nung* daselbst ist zu einem System geworden, welches seit beinahe zwölf Jahren mit ebenso viel Ausdauer als Kühnheit betrieben wird. Man studiere den dänischen Krieg, die Verhand-lungen, welche ihm vorhergegangen und gefolgt sind, dazu diejenigen, welche die Ereignisse von 1866 begleiteten, Verträ-

ge, Konventionen, Versprechungen, Verpflichtungen und Erklärungen, und man wird sich in jene Epoche zurückversetzt
glauben, in welcher ein Diplomat über Oliver Cromwell
schrieb: ›Er bedient sich unterschiedslos der Lüge und der
Wahrheit, ohne der einen oder der anderen einen besonderen
Vorzug zu geben, den Anforderungen des Augenblicks folgend,
und, da er gegenwärtig sehr mächtig ist, dekretiert er, Wahrheit
sei Lüge und Lüge sei Wahrheit, wie es ihm bequem ist.‹ Sollte
man nicht glauben, dieses Bild sei gestern entworfen? Um vollständig zu sein, fehlt ihm nur ein einziger, trauriger Punkt;
man müßte hinzufügen, daß das System zur *Schule* geworden
ist, und daß der Meister Jünger findet, sogar unter seinen Opfern.«

Nach dieser die Gemüter geschickt vorbereitenden Einleitung fährt der Herzog fort: »Wir wollten den Krieg *nicht*. Während ich es 1866 bitter beklagte, daß Frankreich in die Lage
gekommen war, sich von Preußen ins Schlepptau nehmen zu
lassen, während ich es damals vorausempfand, welche Folgen
jene bedauernswerte Untätigkeit nach sich ziehen würde, so
war ich doch 1870 weit entfernt davon, den Krieg mit Preußen
zu wollen. Der Norddeutsche Bund, wie ihn das Jahr 1866 geboren, war eine Verlegenheit für Preußen, eher eine Zersplitterung, als eine Steigerung seiner Kraft, und in Frankreichs Interesse lag es, einfach die *Zeit* ihr zerstörendes Werk vollenden
zu lassen. Preußen, um dem zuvorzukommen, brauchte den
Krieg. Ich gehörte 1870 zur Friedenspartei, weil ich der vollen
Überzeugung lebte, daß Preußen um *jeden Preis* und zwar *in
kurzem* den Krieg dennoch entzünden werde. Frankreich lag
nur ob, sich für das Unausbleibliche vorzubereiten. Dies geschah. Rascher als ich erwartet hatte, hatten wir die preußische
Provokation (die hohenzollernsche Thronkandidatur) und mit
dieser Provokation den Krieg. Niemals hätte ich mich zu einem
Angriffskrieg verstanden; als man uns aber den Handschuh
hinwarf, nahmen wir ihn auf. Wir *mußten* es, wir glaubten es
auch zu *dürfen*. Dies war unser Fehler. Zu viel Vertrauen auf
unsere Militärmacht, zu viel. Vertrauen auf unsere kriegerischen Tugenden, welche *niemals eine Niederlage* erfahren haben,* der blendende Glanz einer glorreichen Vergangenheit

---

* Keiner Anschauung begegnet man bei den Franzosen häufiger als
dieser. Sie glauben allen Ernstes: nie besiegt worden zu sein. Es

haben Frankreich, seine Repräsentanten und seine Regierung zu einem ungleichen Kampf hingerissen. Man glaubte sich zu stark, um sich beugen zu sollen, und man verstand es nicht, dem so fein angelegten und durch das Berliner Cabinet geleiteten Provokations-System zu widerstehen. Das verwundete Nationalgefühl regte sich, der Krieg wurde mit *Elan* angenommen, aber er war nicht gewünscht worden, weder von dem Kaiser, noch von seiner Regierung, noch von Frankreich selbst.*

schwindelt einem bei dem Anblick derartig fixer Ideen, die nicht bloß mit der Weltgeschichte, sondern sogar mit einer *histoire française* in Händen, sich so leicht als falsch erweisen lassen. Die französische Kriegsgeschichte ist nicht anders wie jede andre, sie setzt sich aus Siegen und Niederlagen zusammen. Es gibt ganze Epochen, wo sie immer unterlagen, so beispielsweise in den Kämpfen gegen Eduard III. und Karl V., während des spanischen Erbfolgekrieges und des 7jährigen Krieges. Crecy, Poitiers und Azincourt, Marignano und Pavia, Höchstädt, Oudenarde und Malplaquet, Roßbach und Minden, Leipzig und Waterloo, bilden eine Reihenfolge höchst stattlicher Niederlagen, wie sie keine andre Nation besser aufzuweisen hat. Dennoch bleiben sie bei der Vorstellung von ihrer »Invincibilität«. Wenn man sie schließlich in die Enge treibt, so geben sie zu, »dem *gesamten Europa* gegenüber einige wenige Male unterlegen zu haben«. Dieser Dünkel (wie der Herzog von Gramont sehr richtig empfindet) zählt mit unter den Faktoren, die die große Niederlage verschuldeten. Man war Franzose, das war die beste Garantie des Sieges.

* Man kann diesen Satz, »daß weder der Kaiser, noch die Regierung, noch Frankreich den Krieg gewollt hätten«, eben so gut zugeben, wie man ihn schließlich doch immer wieder und wieder bestreiten muß. Wir persönlich glauben zunächst ganz aufrichtig, daß der *Kaiser*, sein erster Minister *Ollivier* (wegen Gramonts unterhalten wir starke Bedenken) und die große Majorität des Volkes den Krieg *nicht* gewollt haben; eine rührige Minorität aber, die sich aus den verschiedensten Elementen zusammensetzte, aus Chauvinisten, Ehrgeizigen, Unzufriedenen und Umstürzlern von Fach, wollte den Krieg allerdings, die einen aus Haß gegen Preußen, die andern aus Haß gegen Napoleon, und dem Andringen dieser immer mächtiger werdenden Phalanx konnte der immer schwächer werdende Kaiser nicht widerstehen. So wollte er schließlich den Krieg (wie wir das S. 393 bereits im Texte ausgeführt haben), nicht *weil* er ihn wollte, sondern weil er ihn wollen

Niemand in Frankreich bedurfte des Krieges, für Preußen war er nötig und unentbehrlich, war er eine Lebensfrage, wenn das Werk von 1866 Bestand haben sollte.«

Als *Ansicht* mag dies alles bestehen, als *Beweis* dafür, daß Preußen – dessen König, Minister und Generale in allen mitteleuropäischen Badeörtern zerstreut waren – den Krieg *gewollt* habe, weil es ihn *brauchte*, als Beweis dafür können solche Ansichten aber nicht gelten, am wenigsten, wenn sie von einem so schwer belasteten Manne herrühren, wie der Herzog v. Gramont ist. Wir wollen nicht in *seinen* Fehler verfallen und ihn nach Hörensagen charakterisieren; ein wenig rühmliches Zeugnis würden wir niederzuschreiben haben. Er selber mittlerweile ist desto unkritischer in der Wahl seiner Argumente, die herbeizuschaffen er wenigstens versucht. So handelt es sich beispielsweise um einen Brief, den Graf Bismarck an den Marschall Prim gerichtet haben soll und welcher angeblich folgende Worte enthält: »Die Kandidatur des Prinzen von Hohenzollern ist an und für sich eine ausgezeichnete Sache, welche man nicht aufgeben muß und welche im rechten Augenblick erwünscht sein kann.« Von diesem Brief behauptet der Herzog wiederholt

mußte. – Einer Anekdote nach, die, wenn sie erfunden ist, wenigstens gut erfunden wurde, gab im letzten Momente die *Kaiserin* den Ausschlag. Als am 13. Juli in St. Cloud, wo der Kaiser, die Kaiserin, Gramont und der italienische Gesandte, Ritter Nigra, anwesend waren, die telegrafische Depesche eintraf, daß der Erbprinz entsagt und der König diese Entsagung gut geheißen habe, ruhte das Auge des Kaisers Minuten lang auf dem Telegramm; endlich sagte er ruhig: *»Je vais encore une fois donner au monde un grand exemple de ma modération.«* »De ton envachissement«† rief Eugenie, riß ihm die Depesche aus der Hand und zerknitterte sie. »Er hatte 20 Minuten für den Frieden, sie 1 Sekunde für den Krieg gebraucht.« So schließt die Erzählung. Daß ein gewisses *spanisch-katholisches* Element – dies Wort nicht national, sondern lediglich als Kennzeichnung einer bestimmten Art von Katholizismus genommen – mitschürte und den Krieg wollte, weil es sich für *seine* Interessen etwas von diesem Kriege versprach, scheint uns mindestens wahrscheinlich.

† »*De ton envachissement*« ist unübersetzbar. Wörtlich würde es heißen (von *la vache*, die Kuh, abgeleitet) »von Deiner Verkuhung«. Es ist Jargon, Kraftsprache, und enthält die Doppelanklage geistiger Versimplung und physischer Erschlaffung.

und nachdrücklich, daß er existiere; zwar er selbst hat ihn *weder gesehen, noch gelesen*, gibt aber vor, zuverlässige Gewährsmänner zu kennen, deren Namen nichts zur Sache täten und welche ihm Details aus demselben mitgeteilt hätten. Welche Mesquinerieen! Ob der Brief existiert, bleibt mindestens zweifelhaft, und *wenn* er existiert, was wäre an Beweismaterial damit gewonnen! Der König, nach längerem Zögern, hatte schließlich die Thronkandidatur des Erbprinzen Leopold gut geheißen, diese Tatsache ist nie bestritten worden; welch neue Schuld, welch neuer erschwerender Umstand kann noch aus dem Satze seines ersten Ministers hergeleitet werden, »daß diese Kandidatur eine ausgezeichnete Sache sei?!«

Das Buch des Herzogs v. Gramont mag Bagatellen berichtigt und häusliche Streitpunkte (namentlich zwischen dem Herzog und dem Grafen Benedetti) aufgeklärt oder zu allgemeiner Kenntnis gebracht haben, an dem *Verdikt der europäischen Jury hat es nichts zu ändern vermocht.* »*Refuges of lies* – so schreibt Thomas Carlyle im Hinblick auf Frankreich – *were long ago discovered to lead down only to the Gates of Death Eternal.*« Wenn der Herzog v. Gramont aber sein Buch in gutem Glauben schrieb, wenn es *nicht* »*Refuges of lies*« waren, zu denen er griff, so war er vorurteil-geblendet und beschwor einen Zusammenstoß dadurch herauf, daß er mit Fanatismus an den Krieg *glaubte,* ihn beständig als drohendes Gespenst vor Augen sah.

Über *dies* Benefizium hinaus, das ohnehin eine *allergünstigste* Voraussetzung hat, ist dem Herzoge und seinem Buche nichts weitres zu bewilligen.

[...]

Marschall Lebœuf hatte seine mehrzitierte Erklärung »*nous sommes archiprêts*« sehr wahrscheinlich in gutem Glauben abgegeben, und in der Tat, wie manches, ja wie vieles selbst [. . .] an dieser »Erzbereitschaft« fehlen mochte, jedenfalls war es eine zahlreiche, durch persönliche Bravour, Kriegserfahrung und praktisches Geschick ausgezeichnete Armee, die in den letzten Julitagen, bereit zur Beschreitung deutschen Gebietes, an der Rheingrenze stand. Mit Recht ist auch später noch, in den Tagen, die dem Sturze des Kaiserreichs folgten, von eben dieser Armee gesagt worden, daß sie »an Kriegsübung, Bewaffnung und Ausrüstung wahrscheinlich *jeder* früheren französischen Armee (vielleicht mit Ausnahme der *einen*, die der erste Napoleon gegen Rußland führte) überlegen gewesen sei.« Sie unterlag, nicht weil sie schlecht war, sondern weil dem Guten ein Besseres, der großen Zahl eine noch größere, der bewährten Führung eine noch bewährtere gegenübertrat. Ein sehr anschauliches Bild der französischen Armee entwarf kurz vor Ausbruch des Krieges ein deutscher Offizier, der längere Zeit in der Fremdenlegion gedient hatte. Seine verhältnismäßig kurze Schilderung möchten wir als das Sachgemäßeste und Unparteiischste ansehen, was von Freund und Feind über diesen Gegenstand geäußert worden ist.

»Die französische Armee«, so schrieb er (und die nachfolgenden Ereignisse haben im wesentlichen alle seine Aussprüche bewahrheitet), »ist nicht zu unterschätzen; dennoch darf ihr nicht ohne weiteres und in allen Stücken jene *Superiorität* zugesprochen werden, die ganz Europa nur allzu geneigt ist, ihr anzuweisen.

Mit dem Jahre 1830, will sagen mit der Eroberung *Algiers*, beginnt ein neuer Abschnitt in dem Leben und der Geschichte der ›französischen Armee‹. Der unausgesetzte Scharmützel- und Guerilla-Krieg beginnt *umgestaltend* einzuwirken, nach der Seite des Guten wie des Schlimmen hin.

Dies algerische Blatt der französischen Kriegsgeschichte hat einmal den Vorteil gehabt, die Armee *gradatim* zu einer kriegsgewohnten zu machen, ferner sind durch sie jene Elite-Truppenkörper entstanden, die teils mit Recht, teils mit Unrecht heute als die unüberwindlichen Helden der französischen Armee, als der Schrecken jeder anderen betrachtet werden: die Zuaven, die Fremdenlegion, die Turcos, die Chasseurs d'Afrique, die Spahis und endlich die sogenannten »Zephirs«, oder offiziell die leichten Infanterie-Bataillone der afrikanischen Armee, welche aus den *kriegsrechtlich bestraften* Soldaten der ganzen Armee sich rekrutieren, nachdem dieselben die ihnen zuerkannten Strafen verbüßt haben. Die sämtlichen genannten Truppenteile bilden mit der Kaisergarde *(garde impériale)*, die zumeist in Paris und Umgegend garnisoniert, den eigentlichen Kern der Armee. Ihre Kavallerie, nämlich die der Garde, die vier Regimenter der Chasseurs d'Afrique und die drei Regimenter der Spahis (eingeborene afrikanische leichte Kavallerie im orientalischen Kostüm und rotem Burnus), ist gut, die afrikanische mit arabischen Pferden der gewöhnlichen Race beritten, die übrigens durch Transplantation und den Verlust ihres gewohnten Futters, das in Europa für sie nicht zu beschaffen ist, bedeutend an ihrer in Algerien zähen Ausdauer, Kraft und Schnelligkeit verlieren.

Die in Frankreich selbst stehende *Linien-Kavallerie* ist der preußischen *in keiner Hinsicht* gewachsen; sie ist fast ausschließlich mit den schweren normannischen Pferden remontiert und steht meiner festen Überzeugung nach hinter jeder andern mir bekannten europäischen Reiterei zurück.

Die *Infanterie der Linie*, weit mehr als die Kavallerie, ist geübt und stark im Entbehren und im Ertragen von Mühseligkeit und Strapazen jeglicher Art. Sie hat namentlich eine allen französischen Soldaten eigene Manier des Angriffs, die einem Tornado gleich, alles vor sich niedermetzeln zu wollen scheint; und wenn ein französisches Regiment unter dem tausendstimmigen »*Vive l'Empereur!*« zur Attacke vorgeht, *sieht es so aus*, als sei die letzte Stunde der Gegner gekommen! *Allein es ist nicht so.* Trifft die französische Infanterie bei ihrem ersten heftigen und enthusiastischen Anprall auf eine fest, kaltblütig und geschlossen sie erwartende Kolonne, wird in Folge dessen ihr erster Angriff abgeschlagen, so ist in hundert Fällen neunzig Mal ein sofortiges Verlöschen des durch Offiziere und Unteroffiziere künstlich geschaffenen Strohfeuer-Enthusiasmus die Folge, und die Leute wiederholen den Angriff schon mit sehr merklich fallendem Mut.

Überhaupt ist schneller und unzweifelhafter Erfolg eine Lebensfrage für den französischen Soldaten nicht allein, sondern für das ganze Volk. Wirklicher Mut, d. h. Konsequenz im Mute, werden und müssen von vornherein unseren bewährten und weit zäheren Truppen ein bedeutendes Übergewicht verleihen. Ferner sind wirklich gute, ruhige, kaltblütige und geübte *Schützen* in der Masse der französischen Linien-Infanterie eine Seltenheit; der französische Infanterist schießt meistens zu sorglos, mit zu sehr erregtem Blute, ohne die mindeste Berechnung und deshalb immer zu hoch.

Wirklich ebenbürtige (um nicht zu sagen »gefährliche«) Gegner in der französischen Armee sind unseren Truppen nur die *Zuaven;* doch sie bestehen eben nur aus vier Regimentern. Die *Fremdenlegion* anlangend, so besteht sie zu zwei Dritteln aus Deutschen und aus Belgiern, und ist mindestens ebenso tüchtig als die Zuaven.

Die *Turcos,* meist aus Kabylen rekrutiert, schlagen sich gut und mit zäher Ausdauer, sind aber schlechte Schützen und deshalb besteht auch ihre Force im Bajonettangriff. Sie und die Zuaven tragen eine im Schnitt ganz gleiche, nur in den Farben verschiedene orientalische Uniform, die bei den Zuaven aus roten Beutelhosen und dunkelblauer Jacke mit rotem Fez und blauer Hängequaste und grünem Turban, bei den Turcos aus ganz hellblauem Kostüm mit gelber Passepoilierung, rotem Fez mit gelber Hängequaste und weißem Turban besteht; beide Corps führen geschweifte Haubajonetts in eiserner Scheide, gleich den Fußjägern *(chasseurs de Vincennes),* die dunkelgrüne Röcke mit gelbem Vorstoß und blaugraue Pantalons tragen und sich im Schießen nicht im entferntesten mit unseren Jägern messen können.«

Diese Schilderung der französischen Armee, an der vielleicht nur auszusetzen ist, daß sie mehr den *algerischen Bruchteil* des Heeres, als den heimischen Hauptbestandteil ins Auge faßt, spricht zwischen den Zeilen die Überzeugung von einer vergleichungsweise vorhandenen Inferiorität des französischen Heeres aus und diese Ansicht, wie wir schon andeuteten, ist durch die Ereignisse gerechtfertigt worden. Aber sehr bald, nachdem die Katastrophe hereingebrochen war, genügte diese maßvolle Anschauung der verletzten französischen Eitelkeit nicht mehr, und während die Volksmassen ihr unerträgliches »Verrat«-Geschrei erhoben, gefielen sich denkende Köpfe darin, die *kaiserliche Armee* als solche, den *Nepotismus,* der die höchsten Stellen besetzte, die *Unwissenheit* der Offiziere, die an Ehrlosigkeit grenzende *Indifferenz* des gemeinen Mannes, die fehlende Volksschule, das Stellvertreter-System, das Überhandnehmen des Parteitreibens und die in Folge davon gelokkerte Disziplin für die ganze Reihe der Niederlagen verantwortlich zu machen. Geben wir einzelne solcher Stimmen.

»Die *Unwissenheit* der großen Mehrzahl unserer Offiziere« – so schrieb unmittelbar nach dem Friedensschluß eine der gelesensten »Revuen« – »müssen wir in erster Reihe für die Niederlagen, die uns betroffen, verantwortlich machen. Unglaubliches haben wir nach dieser Seite hin erlebt. Aus der polytechnischen Schule oder aus der Schule von Saint-Cyr kamen unsere jungen Leute voll Feuer; das Garnisonleben löschte es in wenigen Monaten aus. Ein Unterlieutenant von 25 Jahren war in kurzer Zeit ebenso verbraucht, wie der älteste Capitain seines Regiments, und *das will viel sagen*. Fast überall brachten unsere Offiziere sieben Achtel des Tages im Café des Theaters zu; vor dem Frühstück Absinth, nach jedem Mahle Kaffee und was dazu gehört, zwischen dem Frühstück und Diner spazierengehen, Billard und Langeweile, des Abends das Theater. In der polytechnischen Schule wurden die jungen Leute noch durch die Hoffnung gehalten, eine gute Note beim Examen zu bekommen. So war es dort noch Sitte, zu arbeiten. Aber in der *Ecole d'application* zu Metz war es anders; der alte Eifer erkaltete dort in merkwürdiger Weise. Saint-Cyr bot kein tröstlicheres Schauspiel. Namentlich wurden dort Geographie und Literatur verachtet und gehaßt. Der Kaiser selbst war auf diesem Gebiete keineswegs taktfest. Einige Zeit nach dem Beginne des Krieges in Mexiko ließ sich Napoleon III. auf der Karte zeigen, wo Vera-Cruz und Puebla liege! Unter den Generalen gab es nur zu viele, welche die Wissenschaft förmlich verachteten. Als General Frossard in seiner Eigenschaft als Präsident des Generalrates die Archive der Haute-Marne besuchte, sprach er in meiner Gegenwart die denkwürdigen Worte: ›Warum verbrennt man nicht die Hälfte dieser alten Papiere?‹ Die Archive von Chaumont enthalten aber gerade die reichsten Materialien für die alte Geschichte und Geographie von Frankreich. Und General Frossard gehört zu den Genieoffizieren und wurde später Gouverneur des kaiserlichen Prinzen! Die Worte erinnern mich an die Äußerung eines anderen Generals, welcher Inspektor der Militärschulen war: ›Es ist sehr hübsch von Euch, daß Ihr arbeitet, meine Kinder; ich für meinen Teil bin ohne das so weit gekommen.‹ Die Regimentsschulen existieren fast nur auf dem Papiere. Auf die Offiziere, welche arbeiteten, zeigte man mit Fingern und behandelte sie als Sonderlinge. Am 4. August starb General *Douay* den Heldentod bei Weißenburg; erst am Tage vorher hatte er sich dazu verstanden, eine Karte anzusehen. Kurze Zeit vor Sedan spazierte einer unserer Generale mit einem meiner Freunde am Ufer eines großen Flusses und fragte: ›Wie heißt dieses Wasser?‹ Es war die Maas. Er wußte nichts davon.«

Hier ist es die Unwissenheit der *Offiziere,* die angeklagt wird; andere gewichtige Stimmen gingen weiter und fanden den Grund für das Geschehene in dem *nationalen* Geist überhaupt, in einem *allgemeinen* Mangel an Erziehung und Bildung, der natürlich in der Armee sich wiederspiegeln mußte. So schrieb Baron *Stoffel* [...]: »Wir sind das dumm-eitelste, gimpelhafteste, nichtssagendste aller Völker. Es gibt kein Land, wo mehr Albernheiten, mehr verkehrte Ideen und Narrenspossen im Schwange sind. Den Hauptgrund dafür haben Sie in der Art des Unterrichts zu suchen, welchen die Jugend empfängt, eines falschen, ausschließlich trügerischen Unterrichts, welcher unsere Fehler verdeckt, statt sie zu bessern, welcher, indem er uns allein die Bewunderung unserer selbst einflößt, uns verhindert, andere Völker, deren Sprache, Sitte, Geschichte zu studieren, und so unser Urteil schwächt, das sich nur durch die Vergleichung der Dinge und Tatsachen bilden läßt. Es ist durchaus nötig, daß sich ein vollständiger Umschwung in der Erziehung und Bildung der französischen Jugend vollziehe. Ohne dies kein Heil!«

General *Trochu* unterhielt im wesentlichen dieselbe Vorstellung, betonte das *geistige* und das *moralische* Element der Armee, die *beide* darnieder lägen, *beide* geweckt werden müßten und klagte schon in seinem geistvoll geschriebenen Buche »*L'armée française en 1867*« über das Erlöschen des *militärischen* Geistes, trotzdem die Nation *kriegerisch* und für den Kriegsruhm empfänglich geblieben sei. Er klagte ferner über die sichtlich immer mehr sich *lockernde Disziplin* und zeigte die Notwendigkeit der Abschaffung der *Stellvertretung.* Frankreich war bis dahin stolz auf seine alten Berufssoldaten, welche nach abgeleisteter Dienstpflicht als Stellvertreter im Dienst verblieben und dafür aus der Stellvertretungs-Dotations-Kasse sowohl Prämien, als eine kleine laufende Zulage erhielten. General Trochu wies mit Freimut und ohne allen Rückhalt nach, daß der Vorteil, welchen die Armee aus diesen meist »alkoholisierten« älteren Soldaten ziehen sollte, fast illusorisch wäre. Er drang daher darauf, daß diese Söldlinge, die sogenannten alten »*Troupiers*«, durch deren Unbrauchbarkeit und schlechte moralische Führung der Armee nur Nachteil erwüchse, und welche es mit verschuldeten, daß die französische Armee der Nation entfremdet werde, gänzlich ausgemerzt werden sollten. Er sprach rücksichtslos das Wort aus, daß die durch den Mißbrauch innerhalb der Stellvertretung ausgeartete französische Armee, anstatt eine Bildungsschule für das ganze Volk zu sein, vielmehr Laster und Verderbnis in alle Volksschichten verbreite.

So Trochu schon 1867. Man wird daraus ersehen, daß es *vor* wie *nach* dem 70er Kriege nicht an Persönlichkeiten in Frankreich fehlte, die von der Vollkommenheit und Unbesiegbarkeit ihrer Armee keineswegs durchdrungen waren. Es ist überflüssig, hinzuzufügen, daß insonderheit alles, was später durch die *Republik* zu militärischen Ehren oder auch nur zu militärischen Kommandos emporwuchs, nicht müde wurde, die Lauge des Spottes, wie über das kaiserliche Frankreich überhaupt, so vor allem auch über die *kaiserliche Armee* auszugießen. Nichtsdestoweniger (wir rufen *die* zu Zeugen an, die ihnen bei Mars la Tour und Gravelotte gegenüberstanden) war es eine *brillante* Armee.* So lange die Welt steht, hat die *victrix causa*

---

* Ich stimme auch in *dieser* Frage zu sehr erheblichem Teile den Auslassungen eines Mannes bei, der – in manchen Stücken vielleicht angreifenswert – jedenfalls das Verdienst hat, die *Eigenart der französischen Nation*, wie kaum ein Zweiter, erkannt und präzisiert zu haben. Ich meine den Herzog *v. Persigny*. Wie so viele andere, sucht auch er dem Urgrund der französischen Niederlagen nach, und fand ihn »in der Zersplitterung der Armee bei ihrer Aufstellung, – in einem unerhörten strategischen Schnitzer, groß genug, um die menschliche Vernunft in Erstaunen zu versetzen.« Er fährt dann fort: »Nebenher war es mein Wunsch, bei dieser Gelegenheit auszusprechen, daß unsere *Soldaten* nicht aus der Art ihrer glorreichen Väter geschlagen waren, und daß, was auch immer gesagt und wiederholt worden ist, *unsere Armee eben so gut und eben so vortrefflich war*, wie irgend eine jener, die in vergangenen Zeiten die halbe Welt eroberten, und daß, wäre nicht das Verhängnis gewesen, welches es wollte, daß sie einzeln über-

nicht bloß den Göttern, sondern vor allem auch den *Völkern* gefallen, und noch unterlag keiner, an dem sich nicht, speziell von Volkes wegen, das *vae victis* vollzogen hätte. Jede geschlagene Armee wird verurteilt, die siegreiche auf ihre Kosten erhoben. Was einfach ein Gottesgericht oder der Sieg eines zum Leben bestimmten neuen Gedankens war, es wird der Waffe, dem Mittel, dem System zugerechnet, das bestimmt war, jenes Gericht zu vollziehen oder diesem Gedanken zum Siege zu verhelfen. Wir haben in unserer eigenen Geschichte die Beispiele dafür. Die Armee von Anno 13 war der von Anno 6 schwerlich überlegen, aber die eine vertrat ein zum Leben, die andere ein zum Sterben Bestimmtes, und so haben sich Ruhm und Ehre auf die eine gehäuft, während die andere unter Verachtung vom Schauplatz getreten ist.

Ihr Verbrechen war, daß sie unterlag. Die *Schuld* der französischen Armee von 1870 war dieselbe.

[. . .]

rumpelt wurde, ehe sie im Stande war, sich zu konzentrieren, dieselbe leicht die Wunder von Jena und Auerstädt wiederholt haben würde.« – Dies letztere ist Übertreibung. Unsere Einigkeit und unsere Zahl, um von nichts anderem zu sprechen, machte *dies* unmöglich. Im übrigen stimme ich ihm ganz darin bei, daß die *Armee ausgezeichnet* und der Hauptgrund für die *krasse Form,* in der die Niederlage auftrat, allerdings die unklug zersplitterte Aufstellung war.

Am 3., zu gleicher Stunde fast, wo die ersten entwaffneten Bataillone des Feindes das Tor von Sedan passierten, um das [. . .] »*Lager von Glaires*« zu beziehen, verließ der Kaiser das an der Südöffnung jener Maasschleife gelegene Schloß *Bellevue*, um als Gefangener nach Deutschland geführt zu werden. Die Fahrt ging über das Schlachtfeld hin, an unsern lagernden Truppen nahe vorüber. Ein Augenzeuge schreibt:

»Wir sollten schließlich auch den gefangenen Kaiser sehen.

Am 3. September auf dem Wege von Frésnois über Givonne nach der belgischen Grenze (Bouillon) passierte er die Stellungen des Gardecorps in unbedeutender Entfernung. Mehrere Offiziere des General-Kommandos, die sich zufälligerweise um eben diese Zeit auf der genannten Straße befanden, erblickten plötzlich einige Eclaireurs, dem 1. (Leib-)Husaren-Regimente angehörig, die ihnen entgegengesprengt kamen und deren Führer sie ersuchte, die linke Seite des Weges frei zu lassen. Gleich darauf defilierte eine Schwadron Husaren, dann folgte ein kleiner geschlossener Wagen von sechs starken, schönen Pferden *à la* Daumont geschirrt, gezogen. Es war ein einfacher, schwarz-grüner Wagen, stark und doch von seltener Eleganz, jeder Pariser hätte ihn unter Hunderten als eine kaiserliche Equipage bezeichnet.

Oftmals, ja vor wenig Wochen noch, hatte man ähnliche Coupés die Champs-Elysées herunterrollen sehen; da ging es im langen Trab der berühmten braunen Hengste des kaiserlichen Marstalls; die flutende Menge teilte sich vor dem Gespann; Wagen und Reiter flogen auseinander, um ihm Platz zu machen, und wie eine Vision von unbeschränkter, fast unheimlicher Macht und Größe, jagte es rasch und frei, kein Hindernis kennend, vorbei; überall sah man ehrfurchtsvoll entblößte Häupter und die feierliche Stille, die ringsum herrschte, wurde nur durch das Rufen ›*Vive l'Empereur!*‹ unterbrochen.

So war es achtzehn lange Jahre lang gewesen. Und heute? – Aus dem schwarzen, tiefhängenden Gewölk strömte der Regen. Die Pferde wateten mühsam in den durch die schweren Geschützwagen beinahe unfahrbar gemachten Wegen. Die Husaren, in lange, graue Mäntel gehüllt, die Köpfe gegen den Sturm gebeugt, zogen finster und schweigsam die Straße entlang. In dem schwarz-grünen Coupé saßen zwei Männer in französischer Generalsuniform. Der eine, den niemand beachtete, war, so sagte man, der kaiserliche Adjutant General Reille. In dem andern erkannte jeder, der ihn sah, Louis Napoleon Bonaparte. Die Offiziere des General-Kommandos hatten Front gemacht und grüßten ehrerbietig. Der Kaiser dankte ernst und tief. Der Wagen fuhr langsamen Schrittes, so daß es leicht war, ohne ungebührliche Neugierde zu zeigen, den hohen Gefangenen zu betrachten. Er sah ermüdet und abgespannt, aber weder düster noch niedergeschlagen aus; jene undurchdringliche Gleichgültigkeit, die seine Physiognomie charakterisiert, die er seit zwanzig Jahren in allen Phasen seines bewegten Lebens zur Schau getragen, jene tiefe, unheimliche Ruhe, die ihn zum Rätsel der Neuzeit gemacht hat, lag auf seinen Zügen. Die furchtbare Tragik der Ereignisse war überwältigend. Da saß er ruhig und kalt, der finstere Held, für den Tausende und Abertausende geblutet hatten, Hunderttausende in unsägliches Elend und Verderben gestürzt waren. Noch gestern der mächtigste Monarch und – heute? Gefangen, ärmer, als der ärmste freie Mann!

Dem kaiserlichen Coupé folgten 12 einspännige Wagen mit dem Gefolge und Gepäck des Kaisers, dann kam eine lange Reihe schöner Handpferde; eine zweite Schwadron der Leibhusaren schloß den Zug. Langsam und feierlich wie ein Leichenbegängnis, ein Leichenbegängnis irdischer Macht und Größe, verschwand der Zug aus dem Gesichtskreise und von dem ungeheuren Leichenfelde, auf dem Deutschlands ruhmgekrönte Truppen kampfesmüde ruhten und auf dem Frankreichs Herrlichkeit verblutet war.«

Die Fahrt des Kaisers ging über Bouillon, Libramont, Verviers, Aachen, Cöln bis Cassel und *Wilhelmshöh.* Dieses Schloß, das einst die Glanztage König Jeromes, seines Oheims, gesehen hatte, war jetzt dem Neffen zum Aufenthalt angewiesen worden, nachdem man das im ersten Moment gewählte »Schloß Brühl« wieder hatte fallen lassen. Die Reise – ehe wir bei den Details derselben verweilen – gliederte sich wie folgt:

3. September nachmittags Abfahrt von Schloß Bellevue; Ankunft in *Bouillon* 5 Uhr. Nachtquartier.

4. September mittags Abfahrt von Bouillon; Ankunft in *Verviers* 4½ Uhr. Nachtquartier.

5. September vormittags (11 Uhr) Abfahrt von Verviers; Ankunft in *Cassel* 9 Uhr 50 Minuten.

Folgende Briefe berichten über Einzelheiten.

Verviers, 4. September abends.

Der Kaiser, der gestern in Bouillon übernachtete, ist heute um 4½ Uhr hier in Verviers eingetroffen. Er nahm eine Reihe von Zimmern im Hôtel du Chemin de Fer. Der heutige Reisetag führte ihn zunächst (von Bouillon aus) nach der an der luxemburgischen Linie gelegenen Station *Libramont*. Von hieraus konnte dem Kaiser der Salonwagen des Grafen von Flandern zur Verfügung gestellt werden, in welchem General Chazal und sein Adjutant (von Brüssel* her) eingetroffen waren. Das

---

* In *Brüssel* hatte man anfänglich geglaubt, die Reise des gefangenen Kaisers werde über die belgische Hauptstadt gehen. Eine Zeitungsnotiz, die man vielfach nicht verstand, weil man weder Cassel noch Wilhelmshöhe kannte, hatte dazu beigetragen, einen Bruchteil des Publikums in diesem Irrtum zu bestärken. Es führte dies zu einer komischen Verwechselungsszene, über die ein Beteiligter (ein in Brüssel lebender Deutscher) wie folgt berichtete. »Ich befand mich mit dreien meiner Freunde auf der Place de la Monnaie, als die Abend-Journale folgende wörtliche Nachricht brachten: ›Napoleon wird heute in Brüssel eintreffen und auf Ordre des Königs Wilhelm seinen Wohnsitz in der Nähe *(dans les environs)* von Cassel nehmen.‹ Die zahlreich versammelten Franzosen der hiesigen Kolonie, welche alltäglich die Place de la Monnaie belagern, fanden den Sinn der Depesche anfangs unverständlich. Cassel war für sie ein böhmisches Dorf wie Sadowa vor 1866. Endlich nach lebhafter Debatte wurde das Rätsel gelöst: Napoleon ist in Brüssel eingetroffen und bei *Cassel* (ein bedeutender hiesiger Bankier) abgestiegen!! Französische Sturmkolonnen wälzten sich hierauf gegen die von dem Herrn Cassel bewohnte, stille Festung. *L'Empereur est là!* so flog es blitzschnell durch die umliegenden Straßen, und im Nu waren Tausende von Menschen versammelt. Als sich nun gar noch an einem Fenster der ersten Etage des Casselschen Hauses ein erschreckt aussehendes, bleiches Männerantlitz zeigte, welches wirklich aus der Ferne eine gewisse Ähnlichkeit mit Napoleon hatte, war es richtig. Niemand zweifelte mehr an der Anwesenheit des modernen Cäsars, der Tumult gewann immer größere Ausdehnung und machtlos waren die Bemühungen der zur Ruhestiftung herbeigeeilten Polizeisergeanten. Endlich versuchte einer meiner

Gerücht von der Durchreise des Kaisers hatte sich schnell auf allen Stationen verbreitet, und Tausende eilten herbei, um ihn hier oder dort zu begrüßen. In Jemelle hielt der Zug einige Minuten, um Wasser einzunehmen. Jemelle liegt bei Rochefort, wo Prinz Peter Napoleon sich gegenwärtig aufhält. Dieser erschien am Bahnhofe und hatte eine kurze Unterredung. »Wir werden uns in kurzem wiedersehen«, sagte der Kaiser. Um 3½ Uhr traf der Zug in Lüttich ein, bis wohin das Gerücht von der Durchreise des Kaisers noch nicht gedrungen war; nur wenige Personen waren anwesend, die stillschweigend grüßten. Auch hier (in Verviers) fehlte jeder laute Empfang. Der Gesundheitszustand des Kaisers soll nicht der beste sein. Er hat sich erkältet und ist heiser. Als er nach seiner Ankunft aus dem Wagen stieg,

Freunde, von uns anderen lebhaft unterstützt, den andringenden Franzosen in möglichst ernsthafter Weise beizubringen, was Cassel ist und wo Cassel liegt! Was nun geschah, können Sie leicht erraten. Wütende Ausrufe: *les prussiens se moquent de nous, à bas les prussiens!* und im Nu war mein Freund, unser rechter Flügel, angegriffen. Wir anderen bildeten das Zentrum und hatten angesichts der kolossalen Streitkräfte, die der Feind entwickelte, nichts Eiligeres zu tun, als uns mit Hinterlassung eines Hutes zurückzuziehen. So endigte die Schlacht bei Cassel, und leider diesmal mit einer Retraite der Deutschen! Zur Beglaubigung dieser Mitteilung lege ich ein von Herren Cassel u. Co. in mehreren hiesigen Journalen veröffentlichtes Schreiben bei, worin dieselben das Publikum höflichst ersuchen, Cassel in Brüssel nicht mit Kassel in Kurhessen zu verwechseln. Das Schreiben lautet: »M. H.! Seit die Journale angezeigt haben, daß der Exkaiser der Franzosen nach der Umgegend von Kassel gebracht werde, hörte eine bedeutende und beunruhigende Volksmenge nicht auf, vor meiner Türe zu stationieren. Während der ganzen Nacht ist mein Schlaf häufig unterbrochen worden durch furchtbares Geschrei »*l'Empereur! l'Empereur!*« welches Leute mit finsteren Gesichtern ausstoßen. Das ist äußerst unangenehm. Ich würde Ihnen sehr verpflichtet sein, m. H., wenn Sie in Ihrem geschätzten Journal anzeigen wollten, daß ich durchaus nichts gemein habe mit dem Kassel, wovon in der Presse die Rede ist, und daß folglich die neugierigen Störenfriede, welche vor meinem Hause die Circulation hemmen, sehr unnützer Weise den Schlaf eines gerechten Mannes stören, der, wie ich zu sagen wage, am Platze von Brüssel vorteilhaft bekannt ist. Genehmigen Sie etc.

G. *Cassel* u. Co.«

schien er sehr bewegt zu sein. Mehreren Herren, die zu ihm eilten, um mit ihm zu sprechen, sagte er nur einige Worte und legte dann seine Hand auf die Brust, als wolle er sagen: »Ich kann nicht mehr sprechen.«

Verviers, 5. September mittags.
Vor einer Stunde hat der Kaiser und sein Gefolge Verviers verlassen, um seine Weiterreise nach Cassel anzutreten. Schon von 7 Uhr an hatte sich eine große Menschenmenge um das Hôtel du Chemin de Fér versammelt. In der Nacht waren seitens unserer Arbeiterbevölkerung einige antikaiserliche Demonstrationen versucht worden. Der Bürgermeister redete jedoch den Leuten zu und stellte ihnen vor, daß man das Unglück, selbst wenn es ein verdientes sei, achten müsse. Von da an hörten die Demonstrationen auf. Der Kaiser soll hier im ganzen genommen ziemlich ruhig gewesen sein, wie er denn, als er um 11 Uhr abfuhr, kalt blieb. Das Hôtel, wo er wohnte, befindet sich dicht neben dem Eisenbahnhofe. Man hatte es zudem so eingerichtet, daß man in dem zunächstgelegenen Teile des Eisenbahnhofes den Zug vorfahren ließ. Schlag 11 Uhr verließ der Kaiser das Hôtel. General Chazal hatte ihm den Arm gegeben und führte ihn bis zu dem Eisenbahnwagen. Die Offiziere folgten. Letztere sahen etwas sonnenverbrannt und düster aus. Die Dienerschaft hatte schon vorher in den Wagen Platz genommen. Bei dem Erscheinen des Kaisers brach die Menge in das verschiedenartigste Geschrei aus. Die Rufe: »*Vive l'Empereur!*« »*A bas l'Empereur!*« »*Vive la République!*« auch einige »*Vive la Prusse!*« wurden vernommen. Dazwischen wurde vielfach gepfiffen. Der Kaiser, der wahrscheinlich nur die ihm günstigen Rufe hörte, zog mehrere Male seine Militärmütze ab und grüßte. Das Ehrengeleite bildeten 8 Gendarmen zu Fuß und ungefähr 16 zu Pferde, welche von einem Offizier befehligt wurden. Sie begaben sich mit dem Kaiser auf den Bahnhof. Die Menge strömte nach und drängte sich ganz dicht an den kaiserlichen Wagen heran. Nachdem der Kaiser eingestiegen, nahm er vom General Chazal Abschied, dem er die Hand drückte. In die Nähe des Wagons hatten sich indes hauptsächlich Franzosenfreunde herangedrängt, die ohne Unterlaß »*Vive la France!*« schrieen. Der Kaiser blieb am Wagenschlage stehen, grüßte mehrere Mal und zog, als der Zug sich in Bewegung setzte, nochmals seine Mütze. Nachdem der Zug abge-

fahren war, verlief sich die Menge schnell. Für die Bewohner von Verviers war der Aufenthalt des Kaisers in ihrer Stadt ein Ereignis. Der Kaiser trug, wie auch die Offiziere, die Uniform, selbstverständlich ohne Degen. Seine Brust war mit einer Reihe von Orden geschmückt. Die Personen, welche mit dem Kaiser in Verviers eingetroffen, sind folgende: General v. Boyen und sein Adjutant, Fürst Lynar (Letzterer reiste bereits gestern abend weiter), der belgische General Chazal und sein Adjutant Capitain Sterckx; ferner an Franzosen: die Divisionsgenerale und Adjutanten Castelnau, Fürst de la Moscowa, die Brigadegenerale und Adjutanten Reille, Pajol und Vaubert de Genlis; die Ordonnanz-Offiziere Kommandant Hepp, Hauptmann Graf Lauriston und Unterlieutenant Prinz Achille Murat; der erste Stallmeister Graf Davillier, der Stallmeister Raimbault; der Marechal de Logis Graf Lepin; die Doktoren Conneau und Corvisart, und Pietri, Privatsekretär des Kaisers.

Abends 9½ Uhr kam der Kaiser auf der Main-Weserbahn mittels Extrazuges von Gießen auf der Station Wilhelmshöhe an, begleitet von den ebenfalls kriegsgefangenen Generalen Felix *Douay* und *Lebrun*. Da nach den Weisungen des Königs der Kaiser als regierender Monarch angesehen werden sollte, so hatten sich die obersten Zivil- und Militärbehörden in großer Uniform auf der Station eingefunden, wo zugleich eine Compagnie Infanterie als Ehrenwache und ein von einem Offizier befehligtes Detachement der Ersatzschwadron des zweiten hessischen Husaren-Regiments Nr. 14 aufgestellt waren, welches letztere den Zutritt des Publikums zur Station wehrte.

»Louis Napoleon – so entnehmen wir einem Bericht der Hessischen Morgen-Zeitung* – befand sich mit den Generalen Douay und Lebrun, sowie mit den Chefs seines Cabinets und Hofstaates in einem belgischen Galawagen. Er war in voller Generalsuniform, aber ohne Degen, die Brust mit Orden und das Haupt mit dem französischen Militärkäppi bedeckt.

---

* Um diesen Bericht, der eine Kenntnis der Lokalität voraussetzt, zu verstehen, ist es nötig *Station* Wilhelmshöhe und *Schloß* Wilhelmshöhe auseinander zu halten. Die Entfernung von jener zu diesem beträgt eine Viertelstunde. Es fand eine Art militärischer *Doppel*-Empfang statt, erst seitens der auf dem Perron, dann seitens der in Front des *Schlosses* aufgestellten Compagnie. Beide empfingen den Kaiser mit klingendem Spiel.

Der Kaiser erwies sich von korpulenter Gestalt, mit grauem Haar und langem gekrümmten Schnurrbart, dunkelbrauner Gesichtsfarbe und durchdringendem Blicke. Als er aus dem Wagen stieg und das Perron betrat, ward er durch einen von *zwei Pfeifern* und einem Trommler ausgeführten Marsch und durch Präsentieren des Gewehrs seitens der Ehrenwache empfangen. Es wurden ihm die anwesenden preußischen Behörden vorgestellt, mit denen er sich meist in deutscher Sprache unterhielt.

Um 7 Uhr war eine von einem Hauptmann zu Pferde befehligte, 150 Mann starke Compagnie des gegenwärtig hier garnisonierenden Füsilier-Regiments Nr. 80 zu Wilhelmshöhe angelangt und hatte sich auf dem Platze hinter dem großen Gasthofe und um $7^1/_2$ Uhr vor dem mittleren Hauptgebäude des Schlosses nächst dem Bowling-green aufgestellt. Alsbald wurde das Schloß ringsum von vier Doppelposten und einem einfachen Posten besetzt an denjenigen Stellen, wo Schnüre die Wege absperren.

Nach Ankunft des Kaisers auf der Station, sprengte der daselbst befindliche Husaren-Offizier auf der sonst durch Barrieren geschlossenen, an diesem Abend jedoch geöffneten mittleren sogenannten Fürstenchaussee nach dem Schlosse, um dem die Füsilier-Abteilung befehligenden Hauptmann die Ankunft des Kaisers zu melden, worauf er wieder nach der Station zurückkehrte. Um 10 Uhr erschien er abermals, indem er einer zweispännigen verdeckten Chaise, in welcher der Kaiser und die bereits erwähnten Generale saßen, vorausritt. Der Wagen fuhr durch den großen gewölbten Bogen zwischen dem Hauptgebäude und dem linken Flügel des Schlosses nach der Rampe unter der Colonnade, wo der Kaiser abstieg, während die Füsilier-Abteilung unter klingendem Spiel das Gewehr präsentierte. Es folgten sodann im Verlauf einer Viertelstunde noch elf zweispännige Wagen, in welchen sich die Chefs des zahlreichen Militär- und Zivil-Hofstaates befanden, die meist die Gemächer im Hauptgebäude des Schlosses bezogen. Um $10^1/_4$Uhr marschierte die Füsilier-Abteilung wieder auf den Platz hinter dem Gasthof, nachdem sie zur Hauptwache 30 Mann gestellt, und um $11^1/_4$Uhr verließ sie Wilhelmshöhe und kehrte nach Cassel zurück.

Die militärischen Anordnungen zu Wilhelmshöhe waren mehr zum Schutze, als zur Bewachung des Kaisers angeordnet, weil man glaubte, es werde daselbst eine große Volksmenge die Ankunft desselben erwarten. Allein das Gegenteil war der Fall. Auf der Station hatte sich eine nicht zu große Zahl und am Schloß etwa 50 Personen versammelt, unter denen der größere Teil Bewohner von Wilhelmshöhe, einige im Gasthofe logierende Fremde und zwei Berliner waren, die aus der Hauptstadt eigens die Reise hierher gemacht, um den Einzug des Kaisers zu sehen. Das Schloß war außerhalb durch Laternen und im Innern bis in den vierten Stock beinahe vollständig erleuchtet; namentlich glänzten die Gemächer in der Bel-Etage auf der rechten Seite der vorderen Fassade (nach der Stadt zu).

So hatte denn Louis Napoleon als Gefangener dasselbe deutsche Schloß bezogen, in welchem vor länger als einem halben Jahrhundert sein Oheim Jerome während seiner siebenjährigen Regierung die Sommermonate zuzubringen pflegte.«

Nur wenige Worte über den Charakter der *Wilhelmshöhe-Tage*, die nun folgten.

Der Kaiser war zu guter Stunde auf, hatte um 11 sein Dejeuner, um 5 oder 6 sein Diner. Sein Hofstaat bestand aus den Personen, die wir auf S. 410 genannt haben. Auch Prinz Napoleon erbot sich, in einem Schreiben aus Florenz, die Gefangenschaft auf Wilhelmshöhe mit dem »Haupte der Familie« zu teilen. Der Kaiser lehnte dies Anerbieten aber dankend ab.

Das Leben auf Wilhelmshöhe, wie es in einem engsten Zirkel sich bewegte, war auch zugleich ein sehr zurückgezogenes, sich absolut auf Schloß und Park beschränkendes. Der Kaiser ging, ritt, fuhr; – dies erhielt ihn körperlich frisch; an schlechtesten Tagen mußte die Billardtafel aushelfen. Im übrigen las und schrieb er; seine alten literarischen Gewohnheiten traten sofort wieder in den Vordergrund. Man darf füglich sagen, er hatte zu allen Zeiten etwas von einem vornehmen, eigene Wege gehenden, still-ehrgeizigen Publizisten und kehrte, wenn der Wandel des Geschicks es erheischte, jedesmal mit einer gewissen Vorliebe zu seinem »Rübenfeld« zurück. Ein gewisses Müdesein der Macht scheint neben all seinen Machtbestrebungen wie ein Schatten herzugehen.

Eine spätere Zeit wird Aufschluß über die Gesamtheit seiner politisch-literarischen Tätigkeit während der Tage auf Wilhelmshöhe, ganz besonders über seine Korrespondenz innerhalb des genannten Zeitabschnittes geben. Bis zu dieser Stunde ist nur einzelnes davon in die Öffentlichkeit gedrungen. Erstens ein Brief, datiert Wilhelmshöhe, 26. September, den er nach Abbruch der Verhandlungen zwischen Graf Bismarck und Jules Favre, mit der Mahnung, Versöhnlichkeit walten zu lassen, ins preußische Hauptquartier schickte. Zweitens eine Proklamation an das französische Volk, datiert Wilhelmshöhe, 4. Februar, worin er sich, bevor nicht eine neue Volksabstimmung stattgefunden, als den wahrhaften Repräsentanten der Nation hinstellt; endlich drittens eine über die preußische Wehrverfassung abgefaßte Broschüre (Wilhelmshöhe im Februar 1871), die den Titel führt: *»Note sur l'organisation militaire de la confédération de l'Allemagne du Nord«* und in der er mit vieler Wärme für die Prinzipien dieser militärischen Organisation eintritt.*

---

* Unter den Veröffentlichungen, die von *Wilhelmshöhe* ausgingen, mag auch, als einer der interessantesten, ein Brief des Privatsekretärs des Kaisers (Pietri) an dieser Stelle Erwähnung und Mitteilung finden. Unterm 15. September schrieb Pietri an den Redacteur des »Journal de Bruxelles«: »Mein Herr! Seit den traurigen Ereignissen in Frankreich war der Kaiser Napoleon ohne Aufhören die Zielscheibe der heftigsten Angriffe und Verleumdungen aller Art, denen er ohne Zweifel nur Verachtung entgegenstellen wird. Wenn es aber seiner würdig ist, unter solchen Umständen das Stillschweigen zu bewahren, so ist es den Personen, welche ihn umgeben, nicht gestattet, gewisse Neuigkeiten, welche tagtäglich in den französischen und fremden Blättern über ihn erscheinen, veröffentlichen zu lassen, ohne sie zu widerlegen. Unter den gehässigsten muß man die eines *englischen* Blattes bezeichnen, welches sich nicht gescheut hat, die Ursachen des Krieges den Verlegenheiten der Zivilliste und der Notwendigkeit zuzuschreiben, die für den Kaiser daraus entstanden war, daß er die Spur der Anleihe von 50 Millionen Franken (welche er jedes Jahr bei dem Budget des Kriegsministeriums machte) tilgen mußte. Er habe gehofft, so deutet das Blatt an, sie in die Ausgaben eines großen Krieges miteinrechnen zu können. Eine so ungeheuerliche Beschuldigung beweist seitens des Verfassers des Artikels eine vollständige Unkenntnis der Gesetze, welche das Finanzwesen in Frankreich regeln, oder eine unloyale Böswilligkeit. Der Veruntreuungen sind wenig möglich in Frankreich, denn die Komptabilität der *Zivilliste* ist der Gegenstand einer strengen Prüfung und die des *Staates* ist der gestrengen Überwachung des gesetzgebenden Körpers und des Rechnungshofes unterworfen. Ein anderes Lon-

Besuche trafen nicht eben zahlreich in Schloß Wilhelmshöhe
ein; der immerhin erschwerte Verkehr, vielleicht auch der ausgesprochene Wunsch des Kaisers, der sich von der Mehrzahl
dieser Besuche wenig versprechen mochte, hielten davon ab.
Das einzig große Besuchsereignis war das Eintreffen der Kaiserin *Eugenie*. Sie blieb nur vierundzwanzig Stunden. Was zu
dieser Winterreise von Chislehurst nach Wilhelmshöhe führte,
ist noch nicht aufgeklärt.

Unter lästiger Neugier des Publikums hatte der Kaiser wenig
zu leiden; er begegnete jener Rücksicht, der nichts so verwerflich erscheint, als Zudringlichkeit. Nur ein einziger Ausnahmefall ist festgestellt: ein siebzehnjähriger Heißsporn hatte
sich eingefunden, um als zurückgebliebener Oberquartaner,
aber fortgeschrittener Patriot »Deutschland von seiner Geißel
zu befreien«.

Am 19. März, nach einer Gefangenschaft von genau sechs
und einem halben Monat, verließ der Kaiser Wilhelmshöhe:
bis zuletzt wurden ihm alle einem Souverän zukommenden
Ehren erwiesen; zwei Compagnien Dreiundachtziger bildeten
bei seiner Abreise Spalier, General Graf Monts begleitete ihn
bis zur belgischen Grenze.

Die Reise ging nach *Chislehurst*. Er verließ es nicht wieder.
Am 9. Januar 1873 schied er aus dieser Zeitlichkeit. In der
Sankt Marien Kapelle des kleinen Ortes hat er vorläufig seine
Ruhstatt gefunden.

doner Blatt versichert, daß alle Welt in Amsterdam wisse, der Kaiser
Napoleon habe eine Summe von 10 Millionen Franken in holländischen Eisenbahnaktien angelegt. Ich dementiere auf das bestimmteste
diese Angabe, und bekräftige außerdem, daß der Kaiser keinen Centi-
me in fremden Papieren angelegt hat. Endlich hat ein *deutsches* Blatt
die Lage des Kaisers auf eine ganz andere Weise dargestellt und ihn der
Art aller Hülfsquellen beraubt erklärt, daß der preußische Generalstab
zu Sedan genötigt gewesen wäre, ihm 2000 Tlr. vorzuschießen. Diese
letztere Nachricht ist nicht richtiger als die anderen. Ich beschränke
mich darauf, diese der Wahrheit so zuwiderlaufenden Behauptungen
anzudeuten, nicht in der Hoffnung, den Angriffen ein Ziel zu setzen,
welche gegen einen Souverän gerichtet sind, der vor denselben wegen
des Unglücks, das ihn betroffen hat, bewahrt bleiben sollte, sondern
nur um bekannt zu machen, wie wenig dieselben begründet und glau-
benswürdig sind. «

[NAPOLEON III. (VERSUCH EINER CHARAKTERISTIK)]

Es geziemt sich an dieser Stelle ein Rückblick auf sein Leben, der Versuch einer Charakterzeichnung. Was war es mit ihm? Unterlag er einem herben, unverdienten Geschick? oder zog Gott, müde des Spiels, endlich die Summe aus einer langen Schuldenrechnung und warf den, der die Schuld kontrahiert, zu den Toten? Soll er ein Vorbild sein, oder eine Warnung? Gewiß das letztere; aber nicht in dem Sinne derer, die nicht müde werden, ihn als den Erzfeind aller Menschheit, als den fleischgewordenen Antichrist anzusehen und es als Gewissenssache betrachten, nun auch ihrerseits das bekannte Holzscheit heranzuschleppen.

Andere haben ihn, vor und nach seinem Sturz, als einen »Imbecile« bezeichnet. Aus der Fülle derartigen Materials seien nur einige wenige Stellen zitiert. »Wer sich die Augen offen und das Herz gesund erhielt«, so schrieb die National-Zeitung bei Ausbruch des Krieges, »der konnte Louis Napoleon Bonaparte stets nur für einen Menschen ansehen, in welchem eine unbegrenzte Selbstsucht, ein tierischer Heißhunger, mit einem geringen Maße von Verstand verbunden war, das bei weitem nicht hinreichte, um jene Begierden zu tragen und zweckmäßig zu leiten. Männer von kaltem Urteil haben ihn vor zwanzig Jahren, inmitten der fast allgemeinen Verblüfftheit Europas, als eine schäbige Persönlichkeit erkannt und erklärt; haben in ihm einen von den Umständen begünstigten Possenreißer gesehen, den das von seinem Oheim aufgeführte Schauspiel zu tölpelhafter Nachahmung erhitzte. Dieser Oheim hatte selber schon, bei einer gewissen Größe, eine sehr einseitige und unvollständige Begabung besessen; schon in ihm hatte Selbstsucht den Verstand erdrückt, so daß er, wie ein Sturm über die Länder dahinfahrend, nichts Dauerhaftes ersann, nichts hinterließ; und zu welchem Ende mußte es vollends führen, wenn in seine Spuren ein dürftiger Kopf eintrat, der eben nur seine nackte, rohe Begierde und so gut wie nichts von seinen Verstandeskräften geerbt hatte? Dieser Nachtreter verdankte es den Umständen, daß er mit der mittelmäßigsten geistigen Anlage eine Rolle in Europa spielen konnte, und dabei vielen eine Zeit lang bedeutend und klug erschien.«

Und einer anderen, ähnlichen Beurteilung, wie sie laut wurde, als sich am 9. Januar in Chislehurst zugleich mit dem Auge des Kaisers auch die Kaiser-Episode abermals geschlossen hatte, entnehmen wir das Folgende:

»So trat Napoleon III. aus der Geschichte, in die er sich ohne eine andere Berechtigung als die eines Namens eingedrängt hatte. Hinter sich läßt er keine Taten, keine Institutionen, die ihn bei der Nachwelt als den Neffen seines Onkels legitimieren. Nicht das Genie, sondern schleichende Berechnung hatte ihn gehoben, er stand nicht an der Spitze von Helden und Staatsmännern, sondern an der von Roués und der Demimonde. Er hat alle schlechten Eigenschaften der heutigen französischen Gesellschaft auf den Thron gehoben und sie in Europa Mode gemacht. Er hinterläßt Frankreich in Versunkenheit. Selbst die Belletristik, die wohlfeilste aller Künste, die Spezialdomäne der Franzosen, ist unter dem zweiten Kaiserreich verkommen, in Poesie kann es sich nicht einer einzigen Größe rühmen, die Unsterblichen der Akademie verdanken ihre Sitze andern als wissenschaftlichen Verdiensten, sogar in den Realwissenschaften haben Franzosen die Überflügelung durch das Ausland anerkennen müssen. Kurz in allen Stücken hat Napoleon III. der Welt eine Regierung gezeigt, die notwendigerweise zum Ruin und Untergang einer Nation führen mußte. In ihm waren *Unsittlichkeit und Unfähigkeit auf das engste vermählt – das ist die Grabschrift, welche die Geschichte Napoleon III. mitzugeben hat.*«

Der Verfasser dieser »Grabschrift« scheint uns hier dem historischen Urteil mit unruhigen Händen vorzugreifen. Seinen Beruf für die Geschichte bekundet man noch nicht dadurch, daß man die *Belletristik* als die »wohlfeilste aller Künste« bezeichnet. Die *wirkliche* Geschichtschreibung wird dem Träger des zweiten Kaiserreichs gerechter werden, indem sie mildere und anerkennendere Worte für ihn hat.

Am besten haben ihn Kinglake (in seinem ausgezeichneten Werke: *The invasion of the Crimea*) und neuerdings Ludwig Bamberger gezeichnet. Jener ist besonders glücklich in zergliedernder Darlegung eines Charakters, der einerseits Spielhang und Glauben an seine Mission, andererseits Kühnheit und Festigkeit in seinen Plänen mit einer gewissen, ihn plötzlich überkommenden Aktions-Unfähigkeit vereinigte. In der Tat, diese Gegensätze ziehen sich durch alle Phasen seines Lebens hin-

durch und kennzeichnen ihn in all seinen historisch gewordenen Momenten. Ludwig Bambergers Schilderungen, wiewohl
aphoristischer gehalten und von geringerer psychologischer
Durchdringung des Charakters (sehr wahrscheinlich weil der
Verfasser gerade *dies* nicht wollte), haben vor Kinglakes bio-
graphischem Essay das voraus, daß sie erst nach dem Hinscheiden des Kaisers geschrieben wurden, also ein *abgeschlossenes*
Leben zum Gegenstand der Untersuchung machen konnten.
Auch erwuchsen sie, soweit wir die Verhältnisse kennen, aus
lebendigerer Anschauung, aus unmittelbarerer Berührung mit
dem zu schildernden Gegenstande.

»Ein Mann ist gestorben« – so entnehmen wir, auszugsweise, dem Bambergerschen Aufsatze – »auf den, so lange er an der
Spitze der europäischen Politik stand, also durch zwanzig Jahre
hin, aller Augen gerichtet waren. Und dennoch, auf die Frage,
ob jemand bis heute in überzeugender und erschöpfender Weise über das innere Leben, den Charakter, die Geistesanlagen
dieses Mannes Aufschluß gegeben habe, muß die Antwort *ver-
neinend* lauten. Bis heute läßt sich darüber streiten, ob er es
gewesen, der den deutschen Krieg gewollt. Wie überhaupt hat
er seine Rolle aufgefaßt? Hat er an sich geglaubt? In diesem
Augenblick, da sich das Totengericht niedersetzt, über den
Mann, den, wenn nicht sein Wesen, doch sein Schicksal zu einem der merkwürdigsten unserer Zeit gemacht hat, wiederholen Tausende ohne Zweifel das Urteil, das sie schon oft vorher
über ihn gefällt haben: sie brechen den Stab über den Verbre-
cher, über sein Regiment und sein Angedenken. Dem ist er ein
gewöhnlicher Missetäter, jenem ein Spieler, noch andern ein
Schwachkopf. Werden wir jemals reine Wahrheit über ihn erfahren? Schon daß er bis zuletzt geheimnisvoll bleiben konnte,
muß als ein Zeichen gelten, daß er nicht der erste beste war.*

---

* Von der äußeren Erscheinung des Kaisers gibt L. Bamberger, an
eben dieser Stelle, folgendes ausgezeichnete Bild. »Die äußere Erscheinung hatte etwas schwer zu fixierendes, wie der innere Mensch selbst.
Man mochte sich noch so sehr in dieses Gesicht einbohren, man drang
nicht durch; um den unbestimmten, kurzen weichen Blick des kleinen,
lang geschlitzten, gleichsam fliehenden Auges von hellgrauer nichts-
sagender Schattierung zu fassen, hätte man sich eine feine chirurgi-
sche Zange gewünscht. Ich habe dieses Gesicht wohl hundertmal
scharf angesehen und oftmals beliebig lange, ich habe es nie als Ganzes

Er war, sagte mir eines Tages ein feiner Beobachter, wie ein *Erfinder*, der unablässig seinem *Problem* nachhängt. Und in der Tat, in allen andern Dingen ließ er sich gern von andern leiten, vertraute sich ihnen an, nur in seinen besonderen Gedanken war ihm die Opposition unerträglich, da suchte er nur Leute die ihm beistimmten und an der Ausführung mithelfen wollten. Er wollte keine Einwände, sondern Ratschläge. Ging ihm etwas schief, so kam er eben deshalb leicht aus dem Gleichgewicht und verlor den Faden. So weit war sein Willensinstrument ganz richtig für seine Zwecke gestimmt und hätte er nie die Maxime vergessen, die ihm einer seiner Verehrer in den Mund legt, daß *die Welt dem intelligenten Phlegma gehöre*, so wäre er wohl in den Tuilerieen gestorben.

Die Idee, daß er einst Kaiser werden müsse, beherrschte ihn von dem ersten Erwachen seines Bewußtseins an und blieb unerschütterlich, trotz der tiefen Demütigungen, welche das klägliche Scheitern wiederholter Versuche ihm bereiten mußte. Nicht Selbstgewißheit, sondern die Konzentration des Mühens und Denkens auf den einen Punkt hin, war seine Stärke. Als er nach dem Putsch von Boulogne vor dem Pairshof stand,

in meine Vorstellung aufsaugen können. Etwas davon erfahren wir allerdings bei allen Gesichtern, mit denen wir bloß durch das Auge und nicht durch den mündlichen Gedankenaustausch verkehren. Die Züge eines Menschen werden uns aus der Bekanntschaft mit seinem Wesen klar, nicht sein Wesen aus der Anschauung seiner Züge. Aber alles in allem trug unleugbar die *äußere Erscheinung das nämliche Gepräge, wie die geistigen Leistungen des Mannes,* das vorherrschende Gepräge nämlich einer starken Trivialität, *unter deren Oberfläche jedoch ein Quantum geheimnisvoller Besonderheit leise dahin floß.* Dieses Gesicht konnte dem ersten besten Lebemann angehören, der lackierte Schnauzbart, die starken Backenfalten zu seiten der schweren Nase konzentrierten den Eindruck im untern Teil der Physiognomie, und ließen eine ganz nichtssagende von glatt geschniegeltem Haar eingerahmte Stirn zurück, aus der keine Spur von Kraft des Denkens oder Erhabenheit des Wollens hervortrat. *Der Blick, mehr nach innen als nach außen gerichtet, gab allein Zeugnis von einer Individualität, die nicht ohne Vorbehalt hingenommen werden durfte,* die ein Eigenleben führte, welches sie möglichst zurückdrängte, man wußte nicht, ob um ihre Schwäche oder um ihre Stärke zu verbergen. Schwer und phlegmatisch wie dieses Gesicht, mit seinem tonlosen erdfahlen Kolo-

sagte er in einer Pause der Gerichtsverhandlungen zu seinem
Advokaten, auf die Knöpfe der vor ihm stehenden Gendarmen
zeigend: ›Wenn ich Kaiser sein werde, werde ich die abän-
dern.‹ Dabei war sein Auftreten nicht ruhmredig oder dreist,
sondern das Gegenteil. Man erinnert sich, wie ungeschickt und
verlegen er sich als Mitglied der gesetzgebenden Versammlung
des Jahres 1848 ausnahm; ein blasser, befangener, schwerfälli-
ger, stotternder, unansehnlicher Mensch, so schildern ihn die
Leute, welche Zeuge seines ersten Redeversuchs waren. Zusammengehalten mit den lächerlichen Anläufen von Straßburg
und Boulogne vereinigte sich alles, ihm den Schein eines unfähigen und unschädlichen Menschen aufzudrücken. Es war keine Verstellung dabei im Spiel. Die Natur hatte ihn auf diese
Brutus-Rolle von selbst zugeschnitten.

Wer so fest an die Erreichung eines beinahe unerreichbaren
Ziels glaubte, wird selten frei von Aberglauben sein. Ihm floß
die Anlage dazu von allen Seiten zu. Seine Mutter, als die ga-
lante Tochter der Creolin Josephine, die stets bei der Wahrsage-
rin Mamsell Lenormand lag, mußte natürlich abergläubisch
sein bis in die Fingerspitzen. Vom Oheim ging auch die Sage
eines gewissen Fatalismus. Die Mischung von Freigeisterei und

rit, war auch der Körper anzuschauen. Sah man zu Zeiten seiner höchsten Macht den kleinen dicken Mann mit dem weichen großen Oberkörper, den Kopf zugleich nach vorn und nach rechts hängend, auf den
Arm eines Getreuen mit sichtlichem Nachdruck gestützt, am Rande
des Teiches im Boulogner Gehölz einherschleichen, wie er mühsam die
kurzen Beine vor- und nachschob, so mußte man sich fragen, ob dieser
ältliche, sanfte, schwerfällige Stutzer der abenteuerliche Mensch sei,
welcher sich aus kümmerlichen Verhältnissen und niedriger Gesellschaft heraus, quer durch Gefängnis, Schulden und Verbannung, zum
stolzen Gebieter des großen Reichs emporgeschwungen hatte, in dessen glänzendem Mittelpunkt er sich da als Wahrer und Mehrer sonnte
und wiegte. Stand er auf eigenen Füßen, so sah die Gestalt trivial aus
bis zum Lächerlichen. Aber er gewann, wenn er zu Pferde saß, oder
vom hohen Wagensitz herab die feurigen, wohl dressierten Rosse
lenkte. Doch selbst dann brachte es die Erscheinung nicht zum Bedeutenden. Schon der schief sitzende Hut gab einen Anstrich von Platt-
heit. Die soldatische Uniform vollends, die er nur ausnahmsweise
trug, paßte gar nicht zu ihm. Er sah darin aus wie ein Bürgergeneral
oder mehr noch wie ein Bereiter des Zirkus.

Furcht vor dämonischen Mächten ist in Frankreich stärker als
irgendwo. So wunderlich es klingen mag, es wurde jederzeit
behauptet: Eugenie sei weniger abergläubisch als ihr Mann.
›Als ich noch in Spanien war‹, so etwa sagte sie, ›lehrte man
mich an eine Masse Zeug *(un tas de choses)* glauben, an Reliquien und anderes; aber ich halte nichts mehr davon.‹ Sie bewahrte nur ihre strenge Frömmigkeit. Napoleon dagegen, der
keine religiöse Überzeugung hatte, sagte eines Tages zu einem
mit ihm vertrauten Gelehrten, indem er auf ein längliches vor
ihm stehendes Kästchen deutete: »Sehen Sie, darüber ist nichts
zu sagen; *der,* welcher über dieses Ding gebietet, ist der obersten Gewalt sicher.« Das Ding war das Reliquiarium Karls des
Großen. So hielt er auch große Stücke auf den Geisterbeschwörer Home. Als dieser von einem der Hofgelehrten bespöttelt
wurde, sagte er verstimmt: ›Ich weiß schon, so seid ihr gelehrten Leuten, was ihr nicht regelrecht beweisen könnt, daran erlaubt euch euer Stolz nicht zu glauben.‹

Der Kaiser war ein sanfter, einsichtiger Mensch; aber sanft
und einsichtig schritt er nichtsdestoweniger zu Gewalttaten,
wenn sie ihm dienlich schienen.

Er war kein Haushälter und kein Rechner. Darum saß Achille Fould als Finanzminister so fest bei ihm, der ihn der Mühen
und der Langweile des ziffermäßigen Einsehens überhob. Er
gab gern und leicht bis zur Schwäche, wie jemand, dem Geld
nur eine Nebensache ist, und der nie darum gearbeitet hat. Gegen seine Umgebung war er weich, liebenswürdig und anspruchslos; jemanden aus seinem Dienst entlassen, war ihm
entsetzlich unangenehm; er entschloß sich nur im unvermeid-
lichsten Falle dazu. Die Dienerschaft betete ihn an. Von Mocquard ließ er sich am meisten gefallen, manchmal wahre
Unschicklichkeiten. Für geleistete Dienste blieb er lebhaft
dankbar.

Zu Arenenberg, als er noch ein Knabe war, nannte ihn seine
Mutter: *mon doux entêté,* mein sanfter Hartkopf. Menschenkenntnis hatte er wenig, Menschenverachtung ziemlich viel,
aber vor Gelehrsamkeit und Kunst aufrichtigen Respekt. Guten Geschmack, im höheren Sinne, gar nicht; für Musik totale
Unempfindlichkeit.

Am militärischen Spiel hatte er niemals Freude; es fiel
ihm durchaus lästig. Er war viel zu sehr moderner Weltmann
und zu weich für die Kaserne. Was er dennoch von Reiter-

stiefeln und Epauletten mitmachte, war bloße Berechnung. Er hielt – das hatte er dem Oheim abgelernt – sehr viel auf die Inszenierung, und behandelte sein militärisches Auftreten als eine unentbehrliche Anforderung der kaiserlichen Komödie für Armee und Volk.

Leute, die vieles zugleich verstehen und zu expedieren wissen, entsprachen am meisten seinen Bedürfnissen. Das Ideal eines solchen Menschen war Rouher; man nannte ihn den Vize-Kaiser.

Er war ein brillanter Zuhörer, aber kein geschickter Frager, und so wenig wie er zu fragen verstand, so wenig verstand er zu diskutieren. Er hegte und pflegte seine Ideen im stillen; dialektische Mittel hatte er nicht für sie übrig.

Er brauchte Leute, die für ihn arbeiteten und redeten, und besonders auch solche, die ihn mit ihrer Verantwortlichkeit deckten. Wohl führte er in Parade-Reden die Phrase von seiner alleinigen Verantwortlichkeit im Munde, aber in Wirklichkeit war er äußerst empfindlich für ein Mißlingen und sehr dankbar, wenn sich jemand für ihn in die Bresche stellte.

Fremden Nationen gegenüber besaß er weder Haß noch Verachtung. Darin besaß er entschieden einen freieren Blick als seine Untertanen, schon auf Grund des Vorzugs mit den Sprachen und dem Leben anderer Völker innig vertraut zu sein.

Die geschichtliche Kritik wird es sicherlich nicht übernehmen, den Rechtsbruch zu verteidigen, durch den er sich des Thrones bemächtigt hat. Jede Erörterung seines Charakters als Mensch und Regent kann erst einsetzen an der Stelle, wo dieser Akt als ein Gegebenes angesehen und daran die Frage gereiht wird: ob er, von dem Fundament aus, auf dem er stand, sich schlimmer bewährt habe, als unvermeidlich war. Jede Regierung in Frankreich ist verurteilt eine militierende Partei zu sein, und aller Kunstgriffe sich zu bedienen, mit denen ihr auch der Gegner zu Leibe geht.

In seinem Privatcharakter war Louis Napoleon sanfteren Regungen entschieden zugänglich: Rachsucht, Bosheit, Grausamkeit lagen seinem Wesen ganz ferne; gegen die, welche im Palast oder in den Staatsgeschäften mit ihm zu tun hatten, ließ er sich nie hartes oder übermütiges Benehmen zu Schulden kommen. Mangel an moralischem Mut läuft bei solchem Verhalten allerdings nicht selten mit unter. Es gibt Menschen, die, ohne gütig zu sein, niemandem etwas Unangenehmes ins Gesicht sagen können.

Das Schwierigste, was ihm gelungen, ist nicht sowohl der Staatsstreich, als die 15 Jahre machtvoller Herrschaft (bis 1866), welche darauf folgten. Endlich kam das Ereignis, das ihn stürzen sollte: der Krieg mit Deutschland. Noch jüngst sagte ein deutscher Parlamentsredner, dieser Krieg sei seit 20 Jahren das Ziel gewesen, auf das Napoleon losging. Mit besserm Recht könnte man sagen: während 20 Jahren hat sich Louis Napoleon gegen die Versuchung dieses Krieges gewehrt, den ihm das Land in die Wiege gelegt hatte, und den ihm seine Umgebung unablässig in die Ohren schrie. Er hatte seinen *eigenen Willen* verloren, als er sich endlich in diesen Krieg begab, und er ließ sich vom Thron gleiten in demselben träumerischen Fatalismus, mit dem er ihn erstrebt und behauptet hatte.

Nach abermals 20 Jahren wird die Zeit gekommen sein, die Rechnung Napoleons III. endgültig abzuschließen. So viel man vernehmen konnte, haben die bedeutenden Staatsmänner, welche ihn am Werk gesehen, *Bismarck* und *Cavour* inbegriffen, niemals so verächtlich über ihn abgeurteilt, wie die grimmen Scharfrichter, die jetzt auf ihren Nekrologen seinen Leichnam zum Galgen schleifen.«

So weit Bamberger. Wir stimmen allem zu, nur darin noch zu Gunsten des Vielgeschmähten abweichend, daß wir zu dem Staatsstreich (der sowohl von Bamberger wie von Kinglake einfach als ein Verbrechen angesehen wird) eine minder sittlich-rigoristische Stellung nehmen. War dieser Staatsstreich ein *Abenteurer-Akt,* so ist nicht nur der Akt, sondern vor allem auch der Akteur in Grund und Boden zu verurteilen, war es der politische Akt eines Mannes, der überhaupt eine Mission und als nächste *die* der Rettung der Gesellschaft zu haben glaubte, so zählt dieser Staatsstreich zu jenen vielen »Rubikon-Überschreitungen«, die nicht mit der gewöhnlichen Moral-Elle gemessen werden dürfen.

Für uns steht es fest, er war kein bloßer »Lügen-Louis«, kein »Soulouque der Größere«, er war eine bedeutende Natur, mit ganz entschiedenen Herrschergaben ausgerüstet. Und diese Ansicht beherrschte länger als ein Jahrzehnt alle Höfe. Das »rote Gespenst« hatte er niedergeworfen. Wie? galt als gleichgültig. Man war den Schrecken los. Das war die Hauptsache. Ich entsinne mich der Tage und Wochen, in denen das regierende Europa, darunter der eiserne Zar Nikolaus, den »meineidigen Dezemberblutmann« zu eben diesem blutigen Dezember beglückwünschte, ich entsinne mich des Jubels und des *Dankes* von seiten des gesamten Liberalismus, als der Fall Sebastopols der Präponderanz Rußlands ein Ende machte, ich entsinne mich des Erscheinens Louis Napoleons in Windsor-Castle, wo ihm zu Ehren die Bezeichnung »Waterloo-Saal«, wenigstens momentan geändert wurde, ich entsinne mich der Tuilerieen-Wallfahrten beinahe sämtlicher Souveräne und so vieler anderer Huldigungen, die dem »Parvenu-Kaiser« im Laufe einer zwanzigjährigen Regierung, von nahezu allen Parteien, allen Nationen, allen Schichten der Gesellschaft dargebracht wurden. Wenn dies alles eine Farce war, so trifft die sittliche Verantwortung für eine solche Komödie weit mehr diejenigen, die dies Spiel spielten, als den, der sich dies Spiel gefallen ließ.

Aber es war keine Farce, es war die einer hervorragenden Kraft dargebrachte, namentlich im zweiten Jahrzehnt seiner Herrschaft, völlig unaffektierte Huldigung. Er war nicht nur *de facto* Kaiser, er war es auch in den Gemütern, er war »stabiliert«, und wenn nichtsdestoweniger von den Gefahren gesprochen wurde, die ihn umdrohten, so geschah es nicht im Tone der Freude über eine langsame, aber sicher heranschreitende Nemesis, sondern im Tone der Klage. Er und seine Regierung galten im eigenen Lande als gleichbedeutend mit Vorwärtskommen und materieller Entwicklung, nach außen hin als gleichbedeutend mit siegreicher Bekämpfung der Revolution. *Après lui le deluge.* Mit Rücksicht auf alles dies entschied sich Frankreich in viermaliger Wahl für den Fortbestand seiner Herrschaft, und das übrige Europa, in Würdigung aller Schwierigkeiten, die seine Herrschaft umgaben, zollte ihm einen ungeheuchelten Respekt. Was gegen ihn eiferte, waren, natürlich Hunderte von Ausnahmen, selbst von *glänzenden* Ausnahmen zugegeben, jene Eiferer von Fach, die noch jeder ordnungübenden Regierung die Ehre der Opposition angetan haben.

Das Land hing an ihm und das Ausland stand nicht gegen ihn. Selbst diejenigen Machthaber, die ihn beanstandeten, ließen ihn wohlweislich gelten *»faute de mieux«.* Und Land und Ausland hatten sie Unrecht? Haben die Tage, die seither seiner Herrschaft gefolgt sind, *für* ihn oder *gegen* ihn gezeugt? Was ist besser, wahrer, heiliger geworden? Hat das Gambetta-Regi-

ment das seine in den Schatten gestellt? Haben die Massenfü-
siladen, die Einkerkerungen und Transportationen, die dem
roten Aufstande folgten und vielleicht noch folgen werden,
haben sie minder Blutiges getan oder minder Hartes verhängt,
als der 2. Dezember? Nein, und abermals nein. Tollheitsaus-
brüche, sobald die Macht wieder Macht wird sind immer in derselben Weise gezügelt worden. Und mit Recht.

Der geschmähte »*Chevalier d'Industrie*«, der »Banden-
hauptmann«, und sein »spanisches Weib« sie haben zwanzig
Jahre lang regiert kraft ihrer Kraft, weil sie die Herrscherfähig-
sten waren, und nicht nach bloßer wüster Schicksalslaune. Ihr
Hof, was immer seine Gebrechen sein mochten (welcher Hof
wäre frei davon), kannte Treue, Anhänglichkeit, Pflichterfül-
lung, und Hunderte und Tausende der Allerbesten des Landes
haben nicht liebedienerisch und nicht heuchlerisch, sondern in
aller Aufrichtigkeit an dem Kaiser gehangen. Noch bei Sedan,
trotzdem er das Kommando nicht mehr führte, trotzdem seine
Unausreichendheit in *militärischen* Dingen durch ihn selber
zugestanden war, war er – jeglicher äußeren Macht entkleidet –
kein bei Seite gesetzter, belächelter Schwächling, sondern nach
wie vor der geistige Mittelpunkt des Ganzen und in den beständig auftauchenden Streitfragen die entscheidende Instanz. Inmitten der furchtbarsten, *gegen* ihn gerichteten Aufregung,
habe ich doch, eingestreut in eine Flut von Verwünschungen,
immer wieder die Worte vernommen: »wir prosperierten unter
ihm«, oder (von alten Soldaten) die halbscheue Versicherung:
»gegen *uns* war er gut«. Er hat – und dies vor allem sei betont –
Frankreich *nicht* degradiert, *nicht* in den Sumpf der Verderbnis
gezogen; die Lüderlichkeit ist uralt in diesem Lande; die Anbe-
tung des goldenen Kalbes aber ist Zeitkrankheit, die überall zu
finden und in Frankreich schwerlich *zuerst* in ihren krassesten
Formen aufgetreten ist. Die Decadence ist nicht *seine Tat.*

Er hat den Verfall nicht eingeleitet, aber (und hier blicken
wir auf den Revers der Medaille) *er hat ihn auch nicht gehemmt.* Hier liegt das Maß seiner Schuld; aber ein begrenztes
Maß. Nicht seine Untugenden klagen ihn an, sondern seine
Schwächen; seine Fehler lagen mehr nach der negativen als
nach der positiven Seite hin. Es *fehlte* ihm etwas, nicht weil es
ihm an der *Erkenntnis* des Guten oder an dem aufrichtigen
Willen dazu gebrochen hätte, sondern lediglich weil es ihm an
der *Kraft* dazu gebrach. Diese Kraft fließt nur aus festen Über-

zeugungen, aus jener rätselvollen Tiefe, wo das Göttliche und
der Glaube an das Göttliche ruhn. Wo dieser Glaube fehlt oder
auch nur schwankt, wo das resignierte »wir wissen es nicht« an
die Stelle des bestimmten »ich weiß« tritt, wo göttliche Welt-
ordnung, Leben und Vergeltung nach dem Tode, alles »offne
Fragen« sind (und sie *mußten* es bei ihm sein), da gebricht es
selbstverständlich an der Kraft, in den Gemütern anderer *das*
Leben aufzurichten, das dem eignen Gemüte fehlt. Was dann,
von Klugheitswegen, nach dieser Seite hin *versucht* wird,
bleibt eben Versuch, der scheitern muß; ein tönendes Erz und
eine klingende Schelle. Wie öde, wie alles innersten Lebens bar,
klang es, wenn er, in seiner Februar-Proklamation sich vernehmen ließ: ». . . aber, dessen seid gewiß, nur eine aus der Volks-
Souverainetät entsprungene Regierung, welche sich über den
Egoismus der Parteien zu erheben vermag, wird im Stande
sein, Eure Wunden zu heilen, Eure Herzen der Hoffnung und
die entweihten Kirchen Euren Gebeten wieder zu eröffnen.«
Solche Phrasen *konnten* nicht verfangen und sie haben es nicht
getan.

So ist denn sein Leben und seine Regierung allerdings eine
Warnung für uns, aber noch einmal, nicht in dem Sinne einer
als Schreckgespenst aufgerichteten Untat, sondern im Sinne
einer still-ernsten Mahnung, das Diesseitige nach dem Jenseitigen zu gestalten.

[. . .]

Das interessanteste Ereignis der nächstfolgenden Tage war die am 10. und 11. stattfindende, damals in den Versailler Kreisen vielbesprochene »Begegnung« zwischen dem Grafen Bismarck und dem Times-Korrespondenten William Russell. Zu besserem Verständnis wird es nötig sein, einige Bemerkungen vorauszuschicken. William Russell, wie er 1854 die englische Armee nach der Krim, 1860 nach Indien begleitet hatte, war 1870, nahezu selbstverständlich, seitens der »Times« dazu ausersehen worden, auch den deutsch-französischen Krieg als Kriegs-Korrespondent mitzumachen. Er folgte dem Haupt-Quartier der III. (kronprinzlichen) Armee, gab glänzende Schilderungen der Schlachten bei Wörth und Sedan und berichtete, etwa um Mitte September, auch über die zwischen König Wilhelm und dem gefangenen Kaiser Napoleon am 2. eben desselben Monats im Schloß Bellevue stattgehabte Unterhaltung. Zu dem *Inhalt* dieser Unterhaltung war Russell, nach seinen wohl unzweifelhaft zuverlässigen Angaben (siehe W. Russell: *My Diary during the last great War,* London 1874) auf folgende Weise gekommen.

Er (Russell) traf am 13. September abends in *Montmirail,* im Haupt-Quartier des Kronprinzen, ein und überbrachte Depeschen, die ihm, seitens des Generals v. d. Tann, anvertraut worden waren. Der Kronprinz empfing ihn huldvoll, das sich entspinnende Gespräch berührte die mannigfachsten Gegenstände und führte schließlich auch auf die ungenauen Zeitungs-Berichte, die bis dahin über die Zusammenkunft der beiden Monarchen in Schloß Bellevue erschienen waren. »Ich will Ihnen genau angeben«, bemerkte der Kronprinz, »was dort vorging, da der König es mir unmittelbar danach erzählte. Ich stand, wie Sie wissen, außerhalb des Zimmers, in das mein Vater und der Kaiser getreten waren, um mit einander zu sprechen. Ich schloß die Tür und blieb, wie eine dienstuende Schildwache, vor derselben stehen bis nach dem Schluß der Besprechung.« Nach diesen einleitenden Worten gab nun der Kronprinz seinen Bericht, Russell dankte und Oberst Walker, der daneben stand, rief diesem zu: »Da haben Sie jetzt die ganze Geschichte, mit allen Einzelnheiten, aus allererster Quelle.«

Russell selbst hatte durchaus den Eindruck, daß alles in wohler-wogenster Absicht nur gesprochen worden sei, um zur Berichtigung anderer Versionen in der »Times« wiedererzählt zu werden und sah diese Vermutung schließlich noch durch die Hinzufügung bestätigt, »daß das Mitgeteilte zu seiner Verfügung stände«. Darauf hin machte Russell seinen Bericht an die »Times«, der etwa eine Woche später erschien. Er lautete:

». . . Als am Vormittag des 2. September die Nachricht eintraf, daß die Kapitulation unterzeichnet sei, fühlte der König, daß er nun dem Wunsche des Kaisers nach einer Zusammenkunft willfahren könne; aber es entstand die Frage, ob es für Se. Majestät sich gezieme, dem gefallenen Kaiser einen Besuch abzustatten, und es wurde der Vorschlag gemacht, daß Napoleon in sein Quartier kommen solle. Ein edlerer Geist aber überwog und der ritterliche alte König ließ sich leicht zu dem Gedanken des Kronprinzen überreden, daß es seiner Würde nicht Eintrag tun könne, wenn er sich zum Kaiser nach dem kleinen Schlosse von Bellevue begeben würde. So ritt denn der König in Begleitung seines Sohnes, seines Stabes und einer Eskorte gen Bellevue, und daselbst angekommen, sah er die französischen Generale in einer Art verglasten Treibhauses neben dem Hauptsalon versammelt. Der König verließ seinen Wagen und der Kaiser kam ihm auf der letzten Stufe der Treppe, die von dem Hofe in die Vorhalle führt, entgegen. König und Kaiser reichten einander die Hand, stiegen zusammen die Treppe hinauf, durchschritten das Treibhaus, aus dem die französischen Offiziere sich zurückgezogen, und von dort in den Empfangssalon. Der Kronprinz schloß die Tür und blieb draußen, der König und der Kaiser standen einander von Angesicht zu Angesicht gegenüber. Der König sprach zuerst. Gott, sagte er, habe den Sieg seinen Waffen verliehen in dem gegen ihn erklärten Kriege. Der Kaiser erwiderte: Er sei es nicht, der den Krieg gesucht; er habe ihn nicht gewollt und nicht gewünscht, sei aber durch die öffentliche Meinung Frankreichs zur Kriegserklärung gedrängt worden. Worauf der König entgegnete: Er wisse, daß sie nicht vom Kaiser ausgegangen, er sei davon vollständig überzeugt. ›Ew. Majestät erklärte den Krieg der öffentlichen Meinung zu Liebe, aber Ihre Minister waren es, welche diese öffentliche Meinung, die den Krieg herauf beschwor, geschaffen hatten.‹

Als darauf eine Pause entstand, bemerkte der König, daß die französische Armee mit großer Bravour gefochten habe.

›Ja‹, sagte der Kaiser, ›aber Ew. Majestät Truppen besitzen eine Mannszucht, die meiner Armee neuester Zeit abhanden gekommen ist.‹

Hierauf bemerkte der König, das preußische Heer habe seit einigen Jahren sich alle neuen Gedanken zu Nutze gemacht und die Experimente aller übrigen Nationen vor und nach dem Jahre 1866 im Auge behalten.

›Ihre Artillerie, Sire, hat die Schlacht gewonnen. Die preußische Artillerie ist die schönste in der Welt.‹

Der König wiederholte, sich verbeugend, daß das preußische Heer bemüht gewesen sei, sich die Versuche anderer Nationen zu Nutze zu machen.

›Prinz Friedrich Karl entschied das Schicksal des Tages‹, bemerkte der Kaiser. ›Seine Armee war es, welche unsere Position nahm.‹

›Prinz Friedrich Karl? Ich verstehe Ew. Majestät nicht. Es war die Armee meines Sohnes, die bei Sedan focht.‹

›Und wo ist denn Prinz Friedrich Karl?‹

›Der steht mit sieben Armee-Corps vor Metz.‹

Bei diesen Worten zuckte der Kaiser zusammen und fuhr zurück, als ob ihn ein Schlag getroffen hätte; aber bald gewann er seine Selbstbeherrschung wieder und die Unterhaltung wurde fortgesetzt.

Der König fragte, ob Se. Majestät irgend welche Bedingungen zu stellen oder vorzuschlagen habe.

›Nein! Ich besitze keine Macht. Ich bin ein Gefangener.‹

›Und wo, wenn ich fragen darf, ist die Regierung in Frankreich, mit der ich verhandeln kann?‹

›Die Kaiserin und die Minister in Paris haben allein Macht, zu unterhandeln. Ich selber bin machtlos, kann weder Befehle erteilen, noch Bedingungen stellen.‹

Der König bemerkte schließlich, daß er, wofern es Sr. Majestät angenehm sei, ihm das Schloß Wilhelmshöhe bei Kassel als Aufenthalt zuweisen wolle, und als der Kaiser dies annahm, wurde nichts von Bedeutung mehr gesprochen und Abschied genommen. Der Kaiser drückte mit bewegter Stimme dem Kronprinzen seine Gefühle für des Königs Güte und Höflichkeit aus; denn Se. Majestät hatte, wie ich glaube, bei Anfang der Begegnung irgend einen Ausdruck des Bedauerns oder

Schmerzes über die Unglücksschläge, die den Kaiser in seine
Gewalt lieferten, fallen lassen und seine gewöhnliche, stattlich
wohlwollende Haltung während der ganzen Unterredung beibehalten.«

Dies alles lag genau um vier Wochen zurück; Russell hatte,
unter den Ereignissen, die sich drängten, Begegnung und Bericht halb schon wieder aus dem Gedächtnis verloren, als er, am
10. Oktober, in einer für ihn unliebsamen Weise daran erinnert
wurde. Wir lassen nun ihn selber sprechen, indem wir die betreffende Stelle (S. 364-374) aus seinem Diary zitieren.

»Es war ein heiterer Herbsttag, dieser 10. – so beginnt Russell – die Sonne warm, die Straßen bunt von Uniformen. Ich
wollte einen Spazierritt nach Sceaux machen, gedachte aber
vorher noch hier und dort vorzusprechen und namentlich bei
Mr. Austin im Hotel des Reservoirs einen Besuch zu machen.
Ich fand ihn bei seiner Korrespondenz für den ›Standard‹
beschäftigt. Das Gespräch ging hin und her, bis er, wie von
ungefähr, die Frage an mich richtete: ›Was gedenken Sie in betreff des Bismarckschen Telegramms zu tun?‹ ›Welches Telegramm‹, fragte ich. ›Ist es denn möglich‹, fuhr er fort, ›daß Sie
das Communique übersehen haben, das Graf Bismarck durch
Reuters Telegrafen-Büro an alle Zeitungen gerichtet hat?!‹ Er
ging nun an den Tisch, überreichte mir die neueste Nummer
des ›Standard‹ und wies auf eine Notiz hin, bei deren Lesung
mir der Atem stockte. Diese Notiz war in der ›Times‹ *nicht*
erschienen; nichts desto weniger war kein Zweifel, und unter
der Überschrift ›Neueste Nachrichten‹ mußte ich lesen, ›daß
der in der ›Times‹ gegebene, von W. Russell herrührende, die
Schloß Bellevue-Unterredung zwischen König und Kaiser
zum Gegenstand habende Bericht jeder tatsächlichen Begründung entbehre.‹ Das Communiqué trug Graf Bismarcks
Unterschrift. Ich erkannte auf der Stelle die Schwierigkeit der
Situation. Der Name des Kronprinzen, der mich decken konnte,
durfte in die Kontroverse nicht hineingezogen werden, andererseits war mir es ebenso klar, daß ich die Sache nicht ruhig
hingehen lassen konnte. Ich schnitt die Notiz heraus und suchte Graf Bismarcks Wohnung auf. Einer der diensttuenden Jäger
teilte mir mit, daß der Graf ausgegangen und die Stunde seiner
Rückkehr unbestimmt sei. Ich suchte nunmehr den Major
v. Keudell auf; auch er war nicht zugegen. Unter diesen Um-

ständen ging ich in meine Wohnung zurück und richtete einige
Zeilen an den Grafen, worin ich ihn bat, mir, in einer für mich
wichtigen Sache, eine kurze Audienz bewilligen zu wollen; um
5 Uhr würde ich mich einfinden, um eine Antwort entgegenzunehmen. Diese Zeilen gab ich persönlich im Büro des Grafen
ab und begab mich dann nach ›Les Ombrages‹, um die ganze
Angelegenheit noch mit einigen im Hauptquartier des Kronprinzen befindlichen Freunden zu besprechen. Der Kronprinz
selbst war beim Dejeuner, Colonel Lindsay bei ihm; ich wartete
deshalb, bis ich einen Stabsoffizier traf, zu dessen Urteil und
freundschaftlicher Gesinnung ich ein volles Vertrauen hatte.
Er sprach, nachdem wir den Wortlaut des Telegramms noch
einmal durchgenommen hatten, sofort die Überzeugung aus,
daß Graf Bismarck die darin in betreff meiner Person gebrauchten Ausdrücke weder gewählt, noch gebilligt haben könne, gab
aber zu, daß ich bemüht sein müsse, Aufklärungen oder Ent-
schuldigungen zu erhalten. Dann ritt ich, um die Zwischenzeit
auszufüllen und meine Aufregung zu kalmieren, im Park spa-
zieren; Mr. Skinner und Mr. Landells waren mit mir.

Die Wege in der Nachbarschaft des Schlosses waren unge-
wöhnlich leer: im Schritt ließen wir unsere Pferde gehen;
Skinner und Landells plauderten, ich selbst war mit meiner
Telegramm-Angelegenheit beschäftigt und erwog immer wieder
hin und her, was wohl zu tun das beste sein würde. Es festigte
sich dabei in mir die Überzeugung, daß es zu einer Verständigung kommen müsse, anderenfalls ich gezwungen sein würde,
das Hauptquartier zu verlassen. Meine Gefährten, bei aller
Sympathie, die sie mir bezeugten, nahmen die Sache minder
schwer, stimmten aber bei und billigten meine Entschlüsse.
Wir waren mittlerweile bis an die Biegung eines kleinen Sees
gelangt, dessen Spitze hier nach Satory hin gerichtet ist, und
beschlossen nun umzukehren. Als wir, im Zurückreiten, jene
in unmittelbarer Nähe der Fontänen gelegene Rasenfläche erreicht hatten, die, den Raum zwischen dem Wasserbassin und
der großen Terrasse ausfüllend, den Namen ›Tapis Vert‹ führt,
rief Freund Landells plötzlich: ›Irr' ich nicht, so ist das der
Graf.‹ In der Tat, kaum 400 Schritt in Front von uns, aber mehr
nach der kleinen Fontäne hin, wurden zwei Reiter sichtbar:
ersichtlich ein Offizier in Begleitung einer Ordonnanz, und
mein scharfes Glas, das ich rasch benutzte, belehrte mich unschwer, daß der Offizier Graf Bismarck war, derselbe Mann,

den ich zu sehen wünschte, und auf dem Wege zu dem ich mich
eben befand. Ich trieb sofort mein Pferd an und ritt rasch vorwärts, um ihn wo möglich noch zu erreichen; die beiden Freunde folgten. Ob er nun seinerseits uns ebenfalls bemerkt und
zugleich wahrgenommen hatte, daß wir beflissen waren, an
seine Seite zu kommen, vermag ich nicht zu sagen, nur so viel
ist gewiß, daß er seinem Pferde die Sporen gab, die Esplanade
oder Terrasse zu erreichen trachtete, abstieg, den Zügel der
Ordonnanz zuwarf und mit großen Schritten, oft zwei, drei
Stufen zu gleicher Zeit nehmend, die große Freitreppe hinauf-
stieg, die zum Schlosse führt. Hätte ich nun den Fehler gemacht,
meine Richtung auf denselben Esplanaden-Punkt hin zu nehmen, wo er abgestiegen war, so würde ich ihn – bei nur bipeda-
ler Durchschnitts-Statur, die mein Erbteil ist – nie und nimmer
erreicht haben; rasch aber überzeugte ich mich, daß ich ihm
vielleicht die Flanke abgewinnen könne und einen ziemlich
abschüssigen Kiesweg hinaufreitend, der zu einer der kleineren
Seitentreppen führt, gewann ich, abspringend und meinem
Reitknecht die Sorge für mein Pferd überlassend, wohl drei
Viertel der Wegstrecke, die mich vom Grafen getrennt hatte.
Ich erkannte ihn jetzt in aller Deutlichkeit; er schritt auf die
Schildwachen zu, die in Front des großen Portales standen; die
Entfernung zwischen ihm und mir betrug keine hundert
Schritt mehr. Dennoch wäre mein Vorhaben – da ich doch unmöglich mich in Trab setzen oder wohl gar den Grafen anrufen
konnte – an diesen hundert Schritten noch gescheitert, wenn
nicht, plötzlich um eine Ecke biegend, der amerikanische General Hasen, begleitet von dem Spiritualisten und Geisterbeschwörer Mr. Home, in Front des Grafen erschienen und an ihn
herangetreten wären. Diese Herren zu vermeiden, war, in
Rücksicht der guten Beziehungen, die zwischen ihm und dem
amerikanischen General obwalteten, unausführbar, und so
wurden meinerseits zwei kostbare Minuten gewonnen, die gerade ausreichten, mich in demselben Moment, wo diese Begrü-
ßungsszene endete, an die Seite des Grafen zu führen.

›Darf ich‹, so etwa begann ich, ›Ew. Exzellenz um wenige
Augenblicke Gehör bitten?‹

Er schien etwas überrascht. Ich hatte ihn, mit Ausnahme
einer flüchtigen Begegnung im Hotel des Reservoirs, seit
Reims nicht wiedergesehen, wo er überaus freundlich und
huldvoll gegen mich gewesen war; auch jetzt reichte er mir

seine Hand, doch war unverkennbar etwas Reserviertes in seiner ganzen Haltung. Dann antwortete er: »Gewiß; was gibt's?‹

›Ich muß eine Frage wegen eines Telegramms an Ew. Exzellenz richten, das ich eben durch Zufall gelesen und das Ihre Namensunterschrift trägt. Es besagt, daß mein Bericht über die Begegnung des Königs und des Kaisers der Franzosen nach der Schlacht von Sedan unbegründet sei.‹

›Ich habe mein lebelang meinen Namen nicht unter ein Zeitungs-Telegramm gesetzt.‹

›Aber hier steht er gedruckt.‹ Dabei überreichte ich ihm die Notiz, die ich aus dem ›Standard‹ ausgeschnitten hatte.

Er las die Notiz aufmerksam und sagte dann: ›Von mir ist die Ermächtigung, dieses Telegramm abzuschicken, nicht ausgegangen. *Ich hätte Ausdrücke, wie sie sich hier vorfinden, niemals auf einen von Ihnen geschriebenen Bericht angewendet,* zum mindesten nicht, ohne Sie früher davon verständigt zu haben. Der Gebrauch meines Namens in dieser Mitteilung war ein unermächtigter. Lassen Sie mir den Ausschnitt hier. Ich werde Erkundigungen einziehen.‹

›Somit darf ich dann wohl, auf Ew. Exzellenz Ermächtigung hin, erklären, daß das der Reuterschen Agentur übermittelte Telegramm ohne Ihr Wissen und Ihre Genehmigung erschienen sei?‹

Wir hatten mittlerweile, im Weiterschreiten, den Schloßhof erreicht, und der Graf, statt meine Frage direkt zu beantworten, erwiderte nur mit einem Anfluge von Humor: *›Es ist dann und wann unbequem, Berichte, wie den über die Zusammenkunft in Schloß Bellevue,* erscheinen zu sehen; Reserve ist nötig.‹

Ich konnte mich hiermit nicht zufrieden geben, drang also aufs neue auf ihn ein und hob hervor, daß die meinem Bericht zu Grunde liegenden Mitteilungen nicht nur aus allerbester Quelle stammten, sondern anscheinend auch, behufs Berichtigung irriger Darstellungen über denselben Gegenstand, mir eigens gemacht worden seien. Die Sache sei mir Ehren- und Lebensfrage zugleich, und ich bäte deshalb nochmals, das angebliche Dementi im Namen Sr. Exzellenz dementieren zu dürfen. Der Graf aber war nach wie vor zu keiner direkten Antwort zu bewegen und bemerkte nur auf die Statue des großen Condé hindeutend, wie um dem Gespräch eine andere Wendung zu geben: ›Welche Stellung! Welche Attitude! Sieht er nicht aus wie ein Theater-Räuber?!‹

Ich ließ mich aber nicht irre machen und statt auf Condés Attitude einzugehen, hämmerte ich nochmals auf das fragliche Telegramm los. Dies half, so weit es helfen konnte, und sich zu mir wendend, entgegnete nunmehr der Graf in etwas gereiztem Ton: ›Meine Aufmerksamkeit auf Ihren Bericht, richtiger gesagt auf dessen Übersetzung in deutschen Blättern, wurde durch den *König* gelenkt, der die gemachten Angaben für nicht zutreffend erklärte und den Wunsch aussprach, dieselben berichtigt zu sehen. Ich meinerseits gab bloß im allgemeinen Instruktionen über Inhalt und Abfassung dieses Communiqués. Ihr Name sollte darin nicht genannt werden und gewiß nicht der meinige zu dem Behuf, die Richtigkeit Ihrer Darstellung in Abrede zu stellen.‹

Meine Lage wurde immer schwieriger. Ich wiederholte also zunächst nur, daß meine Information von einer Stelle herstamme, die dem Thron die nächste sei, und daß ich alle Mitteilungen, die ich von dieser hohen Stelle her empfangen durfte, unmittelbar nach dem gehabten Gespräch niedergeschrieben hätte. Dann fuhr ich fort: ›Ew. Exzellenz werden mir darin zustimmen, daß ich den Namen jener erlauchten Person in diese Kontroverse nicht hineinziehen darf, und so bitte ich denn nochmals, nicht etwa um die Erlaubnis, meinen ursprünglichen Bericht dem Communiqué gegenüber aufrecht halten, sondern nur um die Erlaubnis, erklären zu dürfen: daß Ew. Exzellenz Ihre Genehmigung weder zu *dieser Form* der Berichtigung, noch zu Anfügung Ihres *Namens* gegeben haben.‹

›Ich werde mich nach allen näheren Umständen erkundigen lassen‹, erwiderte der Graf.

›Aber Ew. Exzellenz haben mich bereits wissen lassen, daß das Communiqué in seiner gegenwärtigen Fassung, *ohne* Ihre spezielle Autorisation telegrafisch verbreitet worden ist; es ist für mich von äußerster Wichtigkeit, daß die Welt dies erfahre, und ich bitte um die Erlaubnis, mit Hülfe des auswärtigen Amtes, ein Telegramm entsprechenden Inhaltes an die ›Times‹ richten zu dürfen.‹

Der Graf nickte zustimmend und sagte dann: ›Ich bin eilig; sprechen Sie morgen auf der Kanzlei vor. Ich werde bis dahin erfahren haben, wie und auf wessen Geheiß dies Communiqué telegrafiert wurde. Zudem sprech' ich heut abend den König, und werde Veranlassung nehmen, durch Se. Majestät selbst in Erfahrung zu bringen, worin der von Ihnen herrührende Bericht ungenau ist, damit Sie sich eventuell in der Lage sehen, diese Ungenauigkeiten korrigieren zu können.‹ Er reichte mir zum Abschiede nicht die Hand; erst als er die meinige, wie in Erwartung dieser Ehre ausgestreckt sah, ergriff er sie. Dann wandte er sich und schritt auf die Präfektur zu, während ich nach Hause eilte und ein an Reuter und die ›Times‹ gerichtetes Telegramm beförderte, das aber niemals erschienen noch überhaupt empfangen worden ist.

Das war am 10. Am 11., als die Stunde gekommen war, wo ich auf der Kanzlei vorsprechen sollte, begab ich mich in die Wohnung des Grafen (Maison Jessé) und ließ mich melden. Eintretend fand ich Major v. Keudell im Zimmer und plauderte mit ihm über dies und das, als eine der Seitentüren sich öffnete und Graf Bismarcks Kopf einen Augenblick sichtbar wurde. Er verschwand aber sofort wieder. Mein Gespräch mit v. Keudell setzte sich mittlerweile fort. Ich hatte von London her, und zwar seitens einer Persönlichkeit von Rang und Namen, einen Brief erhalten, mit der Bitte, die Friedensvorschläge, die derselbe enthalte, dem Grafen zu übermitteln. Diesen Brief hatte ich, als ich mich zu meinem Besuche in Maison Jessé anschickte, zu mir gesteckt und legte ihn jetzt auf den Arbeitstisch des Grafen nieder. Der Graf, als er bald darauf wieder ins Zimmer trat, nahm den Brief sofort wahr, öffnete ihn (während ich ihm erzählte, wie das Schreiben auf seinen Tisch gekommen sei) und warf ihn augenblicklich wieder fort. ›Ich weiß nicht, wer ihn schickt.‹ ›Ich auch nicht.‹ Dies waren die Präliminarien; dann nahm ich die Unterhaltung vom vorhergehenden Tage wieder auf.

Graf Bismarck begann damit, mir mitzuteilen, daß er keine Gelegenheit gefunden habe, den König über die bewußte Depeschen-Angelegenheit zu befragen, und als ich nunmehr auf die Absendung meines letzten Telegramms (an Reuter und die ›Times‹) anspielte, war er ersichtlich der Meinung, daß über diesen Gegenstand schon genug gesagt worden sei, und fing an, in allgemeinen Ausdrücken von der nötigen Diskretion zu sprechen, deren sich alle jene befleißigen sollten, die in Nähe hoher Personen an Höfen und Heerlagern gebracht würden. Dabei erinnerte er mich, daß er es gewesen, der mir den Zutritt zu dem Hauptquartier erwirkt, da mein Ruf, wie er zu bemerken

die Güte hatte, so hoch gestanden habe, daß man mir wohl
zutrauen durfte, keine militärischen oder politischen Geheimnisse zu verraten; trotzdem sei ich nicht vorsichtig genug
gewesen.

Ich bemerkte hierauf, daß der Gegenstand, auf den er hinzudeuten scheine, wohl bekannt sei, daß Berichte über die Begegnung der beiden Monarchen im Schloß Bellevue, und zwar
Berichte aus derselben Quelle, auch in andern Blättern Veröffentlichung gefunden hätten, und daß Das, was ich mitgeteilt, von
Diesem und Jenem, der es seinerzeit mit angehört, auch wiederholt worden sei. Ich nannte dabei ganz besonders einen Namen. Die Nennung desselben versetzte den Grafen in entschieden böse Laune *(the Count appeared to be „en tout humeur")*.
Mit der Hand auf den Tisch schlagend, rief er: ›Ich werde ein
derartiges *Auditorium* fortschaffen lassen!‹ Und als ich ihn
hierauf erinnerte, daß er bei verschiedenen Gelegenheiten über
die wichtigsten Gegenstände mit größter Offenheit zu mir gesprochen, ohne daß ich aus seinen Mitteilungen Kapital geschlagen oder mich ihm sonst aufgedrängt hätte, bedeutete er
mich mit ziemlicher Gereiztheit folgendermaßen: ›Wenn ich
zu Ihnen spreche, dann weiß ich, daß es Ihr Geschäft ist, der
Welt mitzuteilen, was ich Ihnen gesagt habe, und danach richte
ich mich ein. Mich kümmert es nicht, wenn Sie jedes Wort, das
ich zu Ihnen geredet, veröffentlichen. Aber wenn solche, wie
Dieser und Jener (dabei nannte er mit großem Nachdrucke Namen) zu Ihnen reden, sollten Sie besser wissen, was Sie zu tun
haben!‹

›Und was würden Sie von mir denken, entgegnete ich, wenn
ich auch Das veröffentlichen würde, was Sie eben jetzt gegen
mich geäußert haben?‹

Diese Bemerkung oder Frage meinerseits war nicht glücklich
gewählt, aber es war doch andererseits auch hart, bedeutet zu
werden, daß ein beleidigendes Communiqué ohne Ermächtigung veröffentlicht worden sei, und trotzdem keine Zeile offiziellen Widerrufes von dem Einen erlangen zu können, der sie
allein zu geben im Stande war.

Genug von dieser Unterredung. Graf Bismarck machte ihr
dadurch ein Ende, daß er ausrief: ›Meine Minuten sind kostbar! Ich habe Ihnen mehr Zeit gewidmet, als ich Gesandten und
selbst gekrönten Häuptern widme.‹

›Ich erschien heute hier auf Ew. Exzellenz eigene Weisung

und habe keinen Versuch gemacht, Sie länger festzuhalten, als Sie geneigt waren, zu mir zu sprechen.‹

Nach diesen Worten verbeugte ich mich und zog mich zurück. v. Keudell hatte all die Zeit über aufrecht gestanden. Ich begab mich nach dem Hotel des Reservoirs, wo ich verabredet hatte, mich mit General Forsyth (der auf dem Punkt stand, uns mit seinem Chef, dem General Sheridan, zu verlassen) zu treffen.«

So der Russelsche Bericht über seine Begegnungen mit Graf Bismarck am 10. und 11. Oktober. Niemand wird diesem Bericht ein gewisses dramatisches Interesse, auch nicht eine gewisse politische Bedeutung absprechen können, die in der Frage gipfelt: »Wie weit darf ein Zeitungs-Korrespondent in Kriegszeiten einem Kanzler und ersten Minister gegenüber auf das bestehen, was er sein Recht nennt?« Die Antworten hierauf werden sehr verschieden lauten; viele werden balancieren und nicht recht zu einer Entscheidung kommen können. Für unser Gefühl und Verständnis ist ein Schlußurteil in dieser Frage unschwer zu finden. Handelt es sich um allgemein Menschliches oder rein Persönliches, so hat ein Zeitungs-Korrespondent das Recht, für das, was er als sein Recht und seinen guten Ruf ansieht, mit aller Entschiedenheit einzutreten; auch Kriegszeiten können niemandem einen Freibrief geben, diesen oder jenen um seine bürgerliche Ehre zu bringen oder ihn in dieser bürgerlichen Ehre auch nur zu schädigen. Ganz anders aber lautet unser Urteil von dem Augenblick an, wo es sich nicht in bürgerlichem Sinne um Ehre und guten Namen, sondern um eine Frage der *Politik,* in diesem Russell-Falle also um ein politisches Dementi handelt. Wir begreifen nicht, wie ein durch so viele Schulen gegangener Mann, wie William Russell, dies nicht auf der Stelle einsehen und danach seine Maßnahmen treffen konnte. Wir in seiner Stelle, würden kaum jene erste, durch Russell selbst so anschaulich beschriebene »Jagd auf den Grafen« unternommen haben, sicherlich aber hätten wir, nach der von seiten des Grafen hingeworfenen Bemerkung: »Es ist zuweilen unbequem, derartige Berichte veröffentlicht zu sehen«, von jedem weiteren Verfolg der Angelegenheit Abstand genommen. Wir würden uns, nach dieser Bemerkung schon, der zum Überfluß noch einige entschuldigende, mit Rücksicht auf die Sachlage fast verbindliche Worte des Grafen vorausge-

gangen waren, respektvollst verneigt und demnächst an den
»Chief-Editor of the Times« etwa folgendes Billet gerichtet haben: »Meinen am 13. September geschriebenen Bericht über
die zwischen dem König und dem Kaiser in Schloß Bellevue
stattgehabte Unterredung halte ich, trotz des eben erschienenen, die Richtigkeit meiner Mitteilungen in Abrede stellenden
Telegramms, in allen seinen Teilen aufrecht. Der Kronprinz
selbst hat mir alles erzählt; Offiziere waren zugegen, auch
Oberst Walker, der nötigenfalls meine Angaben bestätigen
wird. Der Bericht *soll* aber vorläufig angezweifelt werden, und
meine Stellung hier legt *mir* und *Ihnen* die Pflicht auf, diesem
politischen Gebot (dessen Richtigkeit oder Unrichtigkeit wir
nicht zu prüfen haben) uns unterzuordnen.« Nach Abfassung
solchen Billets hätten wir unser Gewissen beruhigt und unsere
Korrespondenten-Ehre aufs vollständigste gewahrt geglaubt.
Es ist noch nie ein Mensch an der Dementierung einer politischen Nachricht zu Grunde gegangen, oder auch nur ernsthaft
durch eine solche geschädigt worden. Russell dachte anders
darüber, wurde dringlich bis zu einem Grade, der von Zudringlichkeit nicht mehr zu unterscheiden war, und mußte sich
nichtsdestoweniger doch entschließen, seine Versailler Korre-
spondenten-Tage fortzusetzen, ohne die so dringend gefordert
und für unerläßlich angesehene Ehren-Reparatur erfahren zu
haben. Er blieb in Versailles bis zuletzt, und weder er noch
andere werden im Verlauf der Wochen die Empfindung gehabt
haben, daß das Nicht-Erscheinen jenes Restituierungs-Tele-
gramms ihm in seiner gesellschaftlichen Stellung auch nur den
geringsten Abbruch getan hätte. Es ging auch so. Bei allem
Respekt vor dem Talent und Charakter W. Russels, bei aller
Dankbarkeit, die wir aus den Tagen des Krim-Feldzuges und
des indischen Krieges her gegen ihn empfinden, müssen wir
doch eingestehen, daß der Graf und Kanzler auch aus *dieser*
Fehde als der alleinige Sieger hervorging, und zwar Sieger
nicht von Machts-, sondern von Rechtswegen. Er schonte
seinen Gegner, wohl mit Rücksicht auf dessen immerhin bedeutungsvolle Stellung, bis zum äußersten und gestattete
ihm immer wieder Schlupflöcher, Türen, Ausgänge, durch die
Russell, bei minderer Verranntheit, jeden Augenblick eine
retraite honorable hätte antreten können; er war aber, so
scheint es, durchaus gewillt, den Kanzler »*by bothering him*«
zur Verzweiflung zu bringen. Diesem blieb schließlich nichts

übrig, als ihn rund 'raus wissen zu lassen, daß ›seine Minuten kostbar seien‹.

So endete das Rencontre zwischen dem ersten Staatsmanne und dem ersten Korrespondenten Europas, welcher letztere, für unser Gefühl wenigstens, den unzweifelhaften Beweis geführt hatte, der *Diplomatie* seines Vaterlandes, durch Eintritt in die Korrespondenten-Carrière, *keine* erhebliche Kraft entzogen zu haben.

[. . .]

Leon Gambetta wurde am 30. Oktober 1838 zu Cahors im Departement Lot (Südfrankreich) geboren. Seine aus Genua stammenden, wie versichert wird ursprünglich israelitischen Eltern, kamen erst während der zwanziger Jahre nach Frankreich und traten bald darauf zum Katholizismus über. Der Sohn empfing in der Taufe den Namen Napoleon, den er später selbst in Leon umwandelte. Mitte der funfziger Jahre ging er nach Paris, studierte die Rechte und ließ sich 1859 beim Pariser Barreau als Advokat einschreiben. In den Konferenzen der angehenden Sachwalter zog er bald die Aufmerksamkeit seiner Berufsgenossen auf sich und kam auch mit Emil Ollivier, der damals noch zu den Oppositionsmännern zählte, in nähere Beziehungen. Als 1863 die Erneuerung des Gesetzgebenden Körpers heftige Wahlkämpfe hervorrief, entwickelte Gambetta als Mitglied des liberalen Wahlausschusses eine fieberhafte Tätigkeit, und der Rednergabe des jungen Republikaners, der mehrere Volksversammlungen wahrhaft elektrisierte, hatte Ollivier vorzugsweise seine Wahl zum Abgeordneten zu danken. Seit dieser Zeit stieg der Einfluß Gambettas bei der republikanischen Partei immer höher; bald darauf konnte er selbst einem Jules Favre das Monopol der Verteidigung in politischen Prozessen streitig machen. Den reichsten Beifall erntete er zu Anfang des Jahres 1869 als Anwalt eines der Journale, die Subskriptionen zu einem Denkmal für den am 3. Dezember 1851 auf der Barrikade erschossenen Abgeordneten Baudin angeregt hatten. Als ihm kurz darauf der Prozeß gegen ein republikanisches Journal zu Toulouse Gelegenheit verschaffte, auch im Süden die Macht seines Wortes zu bewähren, war seine Wahl in den Gesetzgebenden Körper gesichert. Er siegte als Kandidat der radikalen Opposition in Marseille über drei angesehene Mitbewerber: den Marquis v. Barthélemy, Lesseps und Thiers, und in Paris über seinen Parteigenossen Carnot. Das Mandat für Marseille nahm er an. Als Kammermitglied vertrat Gambetta die äußerste Linke, meist nur in kurzen schneidenden Apostrophen, und erst am 5. April 1870 griff er in die Beratung über das Plebiszit mit so hinreißender Beredsamkeit ein, daß ihm am Schluß von allen Seiten und Parteien Beifall gespendet wurde. In der denkwürdigen Kammersitzung vom 15. Juli des-

selben Jahres sprach Gambetta zwar nicht (wie Thiers) gegen
den Krieg, doch verlangte er wiederholt von der Regierung die
wirkliche Mitteilung der von Ollivier angezeigten beleidigen-
den Depesche des damaligen Grafen Bismarck. Die Katastrophe
von Sedan und der ihr folgende Umsturz in Paris brachten auch
den bisherigen Deputierten von Marseille in die provisorische
Regierung. Während der ersten Belagerungswochen, vom
18. September bis 6. Oktober, befand er sich in der Hauptstadt;
als er jedoch die Wahrnehmung machte, daß die nach Tours hin
übersiedelte Regierungsabteilung nur langsam zu Werke ging
und namentlich die *levée en masse,* die Bildung neuer Heerkörper, nicht energisch genug betrieb, verließ er an letztgenanntem Tage (6. Oktober) Paris im Luftballon und schürte seitdem
das Kriegsfeuer mit rastlosem Eifer. Er wurde, wie wir nur wiederholen können, die Seele des Widerstandes und alles was bis
Ende Januar seitens des französischen Volkes geleistet worden
ist, ist in erster Reihe *sein* Werk. Ihn trifft die Schuld, ihn der
Ruhm, je nach der Stellung, die der Beurteilende einnimmt.
Diejenigen, die in ihm nichts als einen zwar mit Entschlossenheit, aber nur mäßiger Begabung ausgerüsteten Ehrgeizigen zu
sehen im Stande sind, mögen ihn ihren Zorn oder ihre Verachtung empfinden lassen; in unseren Augen ist er die *einzig große Potenz,* die das unterliegende Frankreich uns entgegenzu-
setzen im Stande war.

Da sich weiterhin keine Gelegenheit bieten wird, auf diese
Frage zurückzukommen, so seien an *dieser* Stelle einige Worte
über den Diktator gestattet.

Wir begegnen folgender Schilderung seines Charakters.
»Genialität ist ihm nicht abzusprechen; doch war er zu sehr
Leidenschaft, zu wenig kühler Denker. Seine Rücksichtslosigkeit, die hunderttausende seiner Landsleute in den Kampf und
– in die Gefangenschaft führte, bloß um die republikanische
Staatsform zu retten, stellt ihn neben Robespierre, sein organi-
satorisches Talent neben Carnot, seine Dichtungen, die er
›Kriegsbulletins‹ nannte, neben Napoleon I. Obwohl Republikaner, darf er doch einer der ächtesten Despoten genannt werden, die die Erde je gesehen; ihm blieb es vorbehalten, den republikanischen Despotismus ins Leben einzuführen.« Diese
Schilderung, die sich beiläufig auch dadurch seltsam auszeichnet, daß sie den »republikanischen Despotismus« als eine neue
Erscheinung darstellt, von der die Geschichte bis dahin keine

Beispiele zu verzeichnen gehabt habe, wird der superioren Beanlagung des Mannes nicht in ausreichender Weise gerecht. Mehr oder minder deutlich wird darin ausgesprochen, daß er seinem republikanischen Fanatismus, also einer bloßen politischen Doktrin zu Liebe, den Krieg *à outrance* geführt, mit anderen Worten: seiner Rechthaberei das Wohl des Landes geopfert habe. Dies scheint uns nicht richtig. Er war in erster Reihe nicht Republikaner, sondern *Patriot,* und von dem Kleinlichen eitlen Eigensinnes oder beschränkter Prinzipienreiterei durchaus frei. Voll großen Sinnes einem großen Ziele: der Befreiung des Vaterlandes hingegeben, hat seinem aus der Schlammflut der Angriffe fleckenlos hervorgegangenen Tun nichts gefehlt als das Eine, das freilich in der Menschen Augen zumeist entscheidet: *der Erfolg.*

Wir lassen diese Forderung bis zu einem gewissen Grade als berechtigt gelten; der Mißerfolg *kann* ein Verbrechen sein, ja er *ist* es, wenn ein waghalsiges Tun, ein mit fremdem Gut und Blut unternommenes, nach menschlicher Berechnung chancenloses Hasardspiel vorliegt, wenn das, was geschieht, ein Versuchen der Götter ist. Aber ein solcher Fall ist in dem Tun Gambettas *nicht* gegeben. Dies ist der Punkt, der immer wieder und wieder betont werden muß. Trotz des Ausbleibens jedes günstigen Zwischenfalls, trotz der Kapitulation von Metz, die recht eigentlich es war, die den »Strich durch die Rechnung« machte, lagen die Dinge mehr denn einmal so, daß auch bedeutungsvolle Rückschläge uns treffen konnten. Nicht als bloße »Kulissen« standen uns, von Ende November an, diese aus der Erde gestampften Armeen des Diktators gegenüber, mit Geschick und Mut unterzogen sie sich ihrer Aufgabe und in der Mehrzahl jener Schlachten und Gefechte, die wir noch zu schildern haben werden, glückte es gemeinhin nur, uns auf mühevoll behauptetem oder zollweis erobertem Boden zu betten. Alle diejenigen, welche der langen Reihe der Loirekämpfe beigewohnt haben, wissen am besten, daß uns der Sieg nicht leicht gemacht wurde und daß das Zünglein in der Waage mehr denn einmal schwankte, nicht wissend wohin es sich neige. Der endliche Ausgang ist bekannt, er kam weil er kommen *sollte,* nicht weil er kommen *mußte.* Die Demütigung des alten Hochmutsvolkes war beschlossen und an diesem Schicksals-Beschluß gescheitert zu sein, kann die heroischen Anstrengungen, die gemacht wurden ihn abzuwenden, nicht entwerten.

Auch *das* nicht, daß diese Anstrengungen mit Rücksichtslosigkeit ins Leben traten. Die Rücksichtslosigkeit *macht* nicht die
Größe, aber sie *begleitet* sie; nicht notwendig, aber oft. Mit
Halbheiten wird nichts Ganzes gewonnen; der höchste Preis
darf den höchsten Einsatz fordern. Weder Parteihaß noch das
Urteil der »Fachleute«, der politischen wie der militärischen,
wird, nach unserem Dafürhalten, die hervorragende Bedeutung Gambettas hinwegdisputieren können.

[. . .]

Der 2. März hatte die Ratifizierung der Friedenspräliminarien,
zugleich die Ordre zur Räumung von Paris, sowie zur Zurücknahme unsrer Truppen in die nördlich der Seine gelegenen
Departements gebracht. Es fehlte noch der *definitive* Friedensabschluß, zu dessen Beratung die Bevollmächtigten beider Nationen in *Brüssel* zusammentraten; der Umstand indes, daß
über alle Hauptpunkte keine weiteren Meinungsverschiedenheiten vorlagen, ließ diese Beratungen in Brüssel vorwiegend
als eine Formalität erscheinen, deren baldigste Erledigung in
Aussicht stand. Der Friede galt für absolut gesichert, unsre Soldaten zählten die Tage bis zur Rückkehr, in der Heimat selbst
aber vereinigten sich alle Herzen im Danke gegen Gott, der uns
über Erwarten Sieg und Ehre gegeben hatte. Auch in manchem
schönen Liede fand dieser Dank seinen Ausdruck, aus deren
stattlicher Reihe wir nur eins (von J. C. *Arndt*, Oberpfarrer in
Wernigerode) an dieser Stelle wiedergeben.

> Auf! auf! – Borussia rief's mit Macht;
> Treu stellt Germania sich als Wacht,
> Mit hunderttausend Blitzen
> Den deutschen Rhein zu schützen.
> Doch König Wilhelm fromm und gut
> Den Streitern erst zu wissen tut:
>   Helm ab zum Gebet!
>   »Zu Dir, Herrgott Zebaoth,
>   Rufen wir aus tiefer Not!
>   Als der rechte Kriegsmann
>   Zeuch im Kampf Du uns voran;
>   Ach, Herr, den gerechten Waffen
>   Wollst Du Ehr' und Sieg verschaffen!«

> Die blut'ge Todesernt' ist groß,
> Das Schnitterfeld tut auf den Schoß,
> Zu bergen all die Garben,
> Weiß-rot in Rosenfarben;
> Als drin nun ruht das edle Gut,

Horch! wie es tönt bei Tränenflut:
Helm ab zum Gebet!
»Jesus unsre Zuversicht!
Wenn der jüngste Tag anbricht
Und die starken Engel dann
Stimmen die Reveille an,
Weck' auch diese Heldenleichen
Auf durch Dein Posaunenzeichen!«

Es fällt Paris, der Krieg ist aus,
Das Heer zieht beuteschwer nach Haus:
Das Deutsche Reich, Lothringen,
Auch Elsaß heim sie bringen;
Doch Kaiser Wilhelm fromm und gut
Den Siegern noch zu wissen tut:
Helm ab zum Gebet!
»Gloria sei Dir gebracht,
Herrgott, reich an Macht und Pracht!
Wehr' fortan in deutschem Land
Fremdem Lug und welschem Tand,
Samt dem alten Zwietrachtssamen –
Sprich zum Deutschen Reich Dein Amen!«

So klang es daheim, während in Frankreich die erste Staffel
unsrer Armeen zum Aufbruch rüstete. Mit ihnen die Haupt-
quartiere in Versailles. Nachdem die Mehrzahl der deutschen
Fürsten und Prinzen, die den Feldzug mitgemacht hatten: der
Herzog von Sachsen-Coburg-Gotha, Herzog Eugen und Prinz
Wilhelm von Würtemberg, die Erbgroßherzoge von Sachsen-
Weimar und Mecklenburg-Strelitz, sowie der Erbprinz Leopold
von Hohenzollern die Residenzstadt Ludwigs XIV. am 3. und
5. März verlassen hatten, brach am 7. März der Kaiser selbst
auf und begab sich über Sceaux, Villejuif, Ivry und Charenton
nach dem Felde von Villiers, dem Schauplatze der blutigen
Kämpfe des 30. November und 2. Dezember, wo er über Würtemberger, Baiern und Sachsen Revue abnehmen wollte. Der
Kronprinz war dem Kaiser schon um einige Stunden vorange-
eilt und hatte gleichfalls den eben beschriebenen Weg einge-
schlagen. Nördlich und östlich von Villiers liegt ein weites
Brachfeld, zur Entfaltung großer Streitmassen geeignet. Hier
und da sah man noch die Stellen, wo bei den Marnekämpfen die

Granaten im aufgewühlten Boden krepiert waren. Der Kronprinz Albert von Sachsen überreichte dem Kaiser den Frontrapport und führte die Parade. Zuerst defilierten die Würtemberger unter General v. Obernitz, den der Kaiser huldvoll begrüßte, dann die von Orleans zurückgekehrten Baiern des I. Corps mit den Divisionen Dietl und Maillinger. Auch hier erfreute sich Commandeur Freiherr v. d. Tann der höchsten Anerkennung von seiten des Kaisers. Endlich folgten etwa 20.000 Mann von dem sächsischen Corps. Nach beendeter Revue fuhr der Kaiser in sein nunmehriges Hauptquartier, das Schloß von Ferrières, das er [. . .] früher bereits inne gehabt hatte. Der Kronprinz folgte ihm dorthin mit dem persönlichen Adjutanten und dem Generalstabsoffizier Major v. Hahnke.

Am 10. März zog auch das *Hauptquartier der III. Armee**

---

* Das Hauptquartier der III. Armee (in der Villa *Les Ombrages*) hatte – so entnehmen wir dem Buche Dr. Hassels »Von der dritten Armee« – nie aufgehört in gesellschaftlicher Beziehung den Mittelpunkt für den täglichen Verkehr seiner Mitglieder zu bilden. Die Lage außerhalb der Stadt und der ländliche Charakter der nächsten Umgebungen isolierten die Villa Les Ombrages von dem geräuschvollen Treiben, welches die Anwesenheit einer starken Garnison in den innern Quartieren von Versailles bedingte. Gegenüber der Präfektur, die als Hauptquartier des obersten Feldherrn das *Zentrum* des Feldlagers bildete, mündet in die Avenue de Paris eine breite, aber meist mit unschönen Häusern bebaute Straße, welche den südlichen Teil von Versailles durchschneidet, die Rue des Chantiers. Sie läuft am Südende von Versailles auf einen Steinbogen aus, über den der Schienenstrang der Bahn von Chartres und Orleans führt. Hinter diesem Bogen, rechter Hand, beginnt die Straße Porte de Buc, die zum Plateau von Jouyen-Josas aufsteigt und an welcher auf einem Hügelabhange über der Stadt die *Villa Les Ombrages* gelegen ist. Durch ein einfaches Steintor, welches die Inschrift trägt: »*La paix soit avec vous*«, tritt man in den Park, dessen unterer Teil gelichtet ist, so daß man über allmählich aufsteigende Rasenflächen des Wohnhauses ansichtig wird, während der obere Teil sich zu einer Waldung verdichtet. Über der Einrichtung des Hauses waltete der streng puritanische Geist der Besitzerin. Wie die Wände mit religiösen Bildern und frommen Sprüchen bedeckt waren, so überwog auch in den Schränken der Bibliothek die christliche Literatur der verschiedensten Jahrhunderte; am stärksten vertreten war die missionare Tätigkeit der französischen reformierten Kirche. Die

von Versailles ab. Über Sèvres, an Saint-Cloud vorbei, noch einmal am Fuße des Mont-Valérien entlang, Neuilly und Argenteuil passierend, rückte die Kolonne nach Saint-Gratien am See von Enghien. Alle Straßen waren angefüllt von entlassenen Mobilgarden aus Paris, die in ihre Heimat zurückkehrten, zum Teil in phantastischem Kostüm, in welchem sich schon halb das Zivil mit dem Militär vermischte. Meistens den Wanderstab in der Hand, gingen sie ruhig ihre Straße; wenn die deutschen Truppen vorüber kamen, blieben sie stehen, ließen dieselben vorüberziehen und blickten ihnen sinnend nach, ohne irgend eine unziemliche Bemerkung, während die Zivilbevölkerung beim Vorübermarsche der Truppen nicht selten durch übermütige Scherze den deutschen Gleichmut auf die Probe stellte. Der Stab der III. Armee, dessen Führung in Abwesenheit des Kronprinzen dem Generallieutenant v. Blumenthal oblag, bewohnte für den einen Tag, den man in Saint-Gratien verweilte, das Schloß der Prinzessin Mathilde, ein Muster von geschmackloser Üppigkeit. Sonnabend, 11. März, wurde das Hauptquartier nach dem kleinen Landschlosse Vertgalant, an der Straße von Paris auf Meaux, verlegt. Der Weg ging durch die Ortschaften La Vache noire und Le Cygne d'Enghien gegen Saint-Denis. Unter dem Schutze der norddeutschen Flagge passierte man das Glacis des Fort La Briche und faßte als nächstes Ziel die Türme von Saint-Denis ins Auge. Schon lag wieder der gewöhnliche Schornsteindampf über dieser industriereichen Vorstadt von Paris: alle Schlote waren in Bewegung. Vor der Kathedrale, am Portal der Rue de Strasbourg, stiegen die Offiziere vom Pferde und traten in die mächtigen

Ausstattung der Zimmer verband Einfachheit mit gediegenem Geschmack; sie trug jenen Ernst vornehmer Lebensanschauung, welche den Prunk mit irdischen Reichtümern verschmäht. In der oberen Etage des einstöckigen Hauses befanden sich die Wohn- und Arbeitszimmer des Kronprinzen, des Generallieutenants v. Blumenthal und der Adjutanten, in dem Parterre die Gesellschaftsräume. Jeden Abend versammelten sich hier um den Kronprinzen die Offiziere seines Oberkommandos; aber auch für die Fürsten und die Mitglieder des Großen Hauptquartiers, für die Staatsmänner, welche durch politische Geschäfte nach Versailles geführt wurden, für die zahlreichen und erlauchten Gäste des deutschen Heereslagers blieben die Pforten von Les Ombrages geöffnet.«

Hallen dieses gotischen Domes, an dem zwei Menschenalter und vier Regierungen vergeblich gearbeitet haben, um das wieder gut zu machen, was die Revolution von 1793 an ihm hier zerstörte.

Die Rückreise des Kaisers ging über Nancy; am 17. März traf er, unter dem Jubel der Bevölkerung, wieder in seiner Hauptstadt ein. Vier Tage später (am 21.) wurde der Erste Deutsche Reichstag eröffnet. Die Thronrede schloß mit den Worten: »Möge dem Reichskriege, den wir so ruhmreich geführt, ein nicht minder glorreicher Reichsfrieden folgen.«

Aber der endgültige Abschluß dieses Friedens, das *Definitivum,* schien auf sich warten lassen zu wollen. Die Verhandlungen in Brüssel rückten nicht recht vom Flecke, Widerspruch und Saumseligkeiten stellten sich ein, und der mittlerweile proklamierte Sieg der hauptstädtischen *Commune,* der, wenn er das ganze Land mit sich fortriß, jeden Augenblick die Friedensabmachungen illusorisch machen konnte, mahnte zu gedoppelter Vorsicht. Der schon eingeleitete Rückmarsch wurde angesichts dieser sich plötzlich darbietenden Schwierigkeiten wieder sistiert und im weiten Halbkreis umstanden unsere Truppen das nördliche Paris, durch viele Wochen hin als unmittelbare Zeugen des mörderischen Kampfes, den jetzt die »Communards« der Hauptstadt und die republikanische Armee des Landes führten. In der letzten Maiwoche endlich unterlag die Anarchie, nachdem schon vorher (am 10. Mai) das in den Brüsseler Verhandlungen bis dahin mißglückte Friedenswerk durch eine *Zusammenkunft in Frankfurt a. M.* innerhalb weniger Tage zu Stande gebracht worden war. *

Nunmehr, nach *definitivem* Friedensabschluß und Zahlung der ersten Kriegsentschädigungsrate von einer halben Milliarde, hatte die Räumung der Paris zunächst gelegenen Departements zu erfolgen und die Hauptmasse der auf französischem Boden versammelten diesseitigen Streitkräfte, von denen nur

---

* An dieser Frankfurter Beratung nahmen deutscherseits teil: Fürst *Otto v. Bismarck-Schönhausen,* Kanzler des Deutschen Reichs, und Graf *Harry v. Arnim,* außerordentlicher Gesandter und bevollmächtigter Minister des Deutschen Kaisers beim Heiligen Stuhle; französischerseits: *Jules Favre,* Minister der auswärtigen Angelegenheiten, *Pouyer-Quertier,* Finanzminister, und *Herr v. Goulard,* Mitglied der National-Versammlung.

50.000 Mann (deren Zahl übrigens nach dem Maße der sich verringernden Kriegsschuld ebenfalls geringer wurde) zurückblieben, trat jetzt unverzüglich den Rückmarsch in die deutsche Heimat an. Am 2. Juni begann der Einzug der *Garden,* die, unter Benutzung der Eisenbahn, einige Tage später in der Umgegend von Berlin Cantonnements-Quartiere bezogen. Ihr Einzug in die Hauptstadt – nachdem andere Corps schon in der ersten und zweiten Juniwoche in ihre Landes- beziehungsweise Provinzial-Hauptstädte eingerückt waren – wurde auf den 16. Juni festgesetzt. Der Kaiser ordnete an, daß bei diesem »Einzug in Berlin« außer den Garde-Regimentern die *ganze* Armee vertreten sein solle und befahl die Bildung eines *kombinierten Bataillons.* Behufs Formation desselben hatte jedes Infanterie-, Jäger- und Pionier-Bataillon einen Gefreiten oder Gemeinen vollständig ausgerüstet mit Gewehr nach Berlin zu senden. Oberst *v. L'Estocq,* Commandeur des Leib-Grenadier-Regiments Nr. 8, wurde mit Führung dieses kombinierten Bataillons beauftragt. Das 1. Bataillon letztgenannten Regiments stellte auch die Fahne.

Während diese Befehle gegeben und ausgeführt wurden, rüstete sich die Hauptstadt, die Heimkehrenden zu empfangen.*
Eine *Siegesstraße* wurde hergerichtet, die, in vier Hauptteile gegliedert, vom Halleschen Tor bis zum Askanischen Platze, von diesem bis zum Potsdamer, vom Potsdamer bis zum Brandenburger Tore und vom Brandenburger Tore bis zum Königlichen Schlosse lief. Mastbäume mit Fahnen, Bannern und Wappenschildern geschmückt und durch ununterbrochene Laubgehänge verbunden, bildeten die Einfassung des langen Straßenzuges. Vom Potsdamer Tore an, in dessen Front die beiden, von *Reinhold Begas* herrührenden Kolossal-Statuen: Straßburg und Metz errichtet waren, begann die Aufstellung

---

* Eine Kommission wurde eingesetzt, die über die Empfangsfeierlichkeiten, insonderheit über die Ausschmückung des seitens der Truppen zu passierenden Straßenzuges zu beraten hatte. Diese Kommission, deren Vorsitzender Stadtbaurat *Gerstenberg* war, bestand aus folgenden Mitgliedern: Baumeister Professor *Richard Lucae,* Baumeister Professor *Martin Gropius,* Professor *Dr. Friedrich Eggers,* Baumeister *Koch,* Baumeister M. H. *Müller,* Bau-Inspektor *Hanel* und Fabrikbesitzer *Elster.*

der eroberten Geschütze, derartig verteilt, daß in der Königgrätzer Straße 453, unter den Linden 514 standen. Besonders bemerkenswert war ein in Soissons erbeuteter, mit reichem Relief bedeckter Vierundzwanzigpfünder aus dem vorletzten Regierungsjahre Ludwigs XIV. (1713).

Unmittelbar am Brandenburger Tor nahm die eigentliche *Via triumphalis* ihren Anfang. Der amphitheatralische, hochrot drapierte Tribünenbau, welcher die beiden Langseiten des Platzes umschloß, war durch zahlreiche Masten zusammengehalten, welche in Fahnengruppen die Wappen der geeinigten Staaten Deutschlands, darüber Adler, Banner und flatternde Wimpel trugen. So schlossen sich die beiderseitigen Tribünen zu einem weiten Rahmen zusammen, in welchem, *am Eingang zu den Linden,* ein portalartiger Bau hervortrat, bestimmt für die Mitglieder des Magistrats, für die Stadtverordneten und die Bezirksvorsteher.

Vier mächtige Säulen mit cannelierten, durch Bänder gegliederten Schäften spannten über die mittlere Breite der Linden einen hochroten, goldgesäumten Baldachin, der am vorderen Überhang durch die goldgestickte Kaiserkrone und sechs eben solche umkränzte Wappenadler geschmückt war und seitwärts, vor den Reitwegen, zu je zwei kleineren und schwächeren Säulen als Zeltdach abfiel. In den so entstehenden Seitenteilen waren die Tribünen für die vorgenannte Stadtvertretung errichtet, *während der mittlere Raum dem Durchzug des Heeres offen blieb.*

Hinter diesem baldachinartigen Ehrenbogen, in weithin zwischen dem grünen Laubgange sich verjüngender Perspektive, begannen die Tableaux, die mächtigen Teppichbilder, die, fünf an der Zahl, die ganze mittlere Breite der Linden überspannten, derart jedoch, daß die Truppen unter ihnen hinweg ihren Anmarsch bewerkstelligen konnten. Jedes dieser Bilder war 20 Fuß breit und 15 Fuß hoch. Sie stellten folgende Momente dar:

Schwur am Altar des Vaterlandes; von *Otto Knille.*

Einigung der deutschen Stämme; von *E. Johann Schaller.*

Kampf und Sieg; von *Anton v. Werner.*

Die Kaiserkrone; von *Ernst Ewald.*

Der Friede; von *August v. Heyden.*

Das erste dieser großen Tableaux befand sich am Kreuzungspunkte der Linden und Wilhelms-, das letzte am Kreuzungspunkte der Linden und Charlotten-Straße. Unmittelbar dahin-

ter hatte das Akademie-Gebäude eine reiche malerische Ausschmückung erfahren: in die Fensternischen hinein waren die
lebensgroßen Bildnisse der Helden und Prinzen, der Berater
und Feldherren dieses ruhmreichen Krieges gestellt:

Der *Kronprinz*, von Oskar Begas;
Großherzog von *Mecklenburg-Schwerin*, von Fr. Kaulbach;
Prinz *Friedrich Karl*, von Gustav Richter;
Kronprinz von *Sachsen*, von Karl Becker;
Fürst *Bismarck* und Graf *Moltke*, von Adolf Menzel;
General v. *Voigts-Rhetz*, von A. Jebens;
General v. d. *Tann*, von B. Plockhorst;
General v. *Goeben*, von G. Graef;
General v. *Manstein*, von E. Hildebrand;
General v. *Werder*, von Plockhorst;
General v. *Roon*, von Hildebrand;
Prinz August von *Würtemberg*, von E. Teschendorff;
General v. *Kirchbach*, von G. Biermann;
General v. *Manteuffel*, von Hildebrand;
General v. *Fransecky*, von F. Schauß;
General v. *Alvensleben* I., von W. Amberg;
General v. *Alvensleben* II., von Jebens;
General v. *Bose*, von Adolf Burger;
General v. *Zastrow*, von A. Eybel;
General v. *Steinmetz*, von A. Eybel;
General v. *Tümpling*, v. W. Gentz.

Zwischen diesen Bildnissen befanden sich Kriegs- und Genre-
Szenen von O. Heyden, Paul Meyerheim, G. Spangenberg,
G. Bleibtreu, E. Hallatz, Ludwig Burger, Steffeck, Henneberg.
Die Inschriften (Distichen) zu den vorgenannten Porträts rühr-
ten von Justizrat Gerloff, die zahlreichen Sinnsprüche und
Reimzeilen, die die *Via triumphalis* vom Brandenburger Tor
bis zum Denkmal Friedrichs des Großen schmückten, von
Friedrich Eggers her.

Der Platz vor der Blücher-Statue war freigelassen, um das
Stellungnehmen des Kaisers, wie den Vorbeimarsch der Trup-
pen in nichts zu behindern. Die Schloßbrücke prangte im
Schmuck bewimpelter Masten, vor dem Schlosse selbst aber,
auf hohem Sockel, den ein von R. *Siemering* herrührender, die
Erhebung Gesamt-Deutschlands darstellender Fries schmück-
te, stieg das von Professor *Albert Wolff* modellierte Kolossal-
Standbild der Germania auf, ihre Kinder Elsaß und Lothringen

wieder umfassend. Dazu die schöne Inschrift (von *Friedrich Eggers*):

> Nährhaft
> Und wehrhaft,
> Voll Korn und Wein,
> Voll Stahl und Eisen,
> Sangreich,
> Gedankreich,
> Dich will ich preisen
> Vaterland mein!

In der Mitte des Lustgartens, noch den Blicken entzogen, stand die Reiterstatue *Friedrich Wilhelms* III., die am Einzugstage, unmittelbar nach dem Vorbeimarsch der Truppen, enthüllt werden sollte.

So kam der 16. Juni. Ein schöner, klarer, aber überaus glühender Tag, so daß von mancher Lippe das Wort fiel: »heißer als bei St. Privat«. Um 11 Uhr erschien der Kaiser vor der Front der auf dem Tempelhofer Felde aufgestellten Truppen. Es waren:

das *Garde-Corps* in drei Treffen;

ein kombiniertes Bataillon des *Königs-Grenadier-Regiments* (aus Liegnitz herangezogen);

ein kombiniertes Bataillon, aus dekorierten Mannschaften *aller Truppenteile der deutschen Armee* zusammengesetzt;

eine Unteroffizier-Section mit den 81 *erbeuteten französischen Adlern, Fahnen und Standarten.*

Die Truppen empfingen ihren Kriegsherrn mit einem dreimaligen Hurra, in das der jauchzende Zuruf der Menge einstimmte. Um 11 ½ Uhr begann der *Einmarsch* unter dem Läuten aller Glocken. Er ging wie folgt:

Graf *Moltke*. Fürst *Bismarck*. General v. *Roon*.

Der *Kaiser*.

Der *Kronprinz*. Prinz *Friedrich Karl*.

Die Prinzen des Königlichen Hauses.

Die Fürstlichen Gäste.

Generaladjutant Generallieutenant v. *Tresckow*.

Flügeladjutant Oberstlieutenant Graf *Lehndorff*.

Dann folgten die Truppen in Sectionskolonnen, und die König-

grätzer Straße hinauf ging es, vom Halleschen Tor aus über den
Askanischen und Potsdamer Platz hinweg, bis an das *Branden-*
burger Tor.

Und siehe da, zum dritten Mal
Ziehen sie ein durch das große Portal;
Der Kaiser vorauf, die Sonne scheint,
Alles lacht und alles weint.

Erst die Garden. Brigaden vier,
Garde und Garde-Grenadier.
Elisabether, Alexandriner,
Franziskaner, Augustiner, –
Sie nahmen, noch nicht zufrieden mit Chlum,
Bei *Privat* ein Privatissimum.

– Mit ihnen kommen, geschlossen, gekoppelt,
Die Säbel in Händen, den *Ruhm* gedoppelt,
Die hellblauen Reiter von Mars la Tour,
Aber an *Zahl* die Hälfte nur.

Garde vorüber, – *Garde* tritt an:
Regiment des Kaisers, Mann an Mann,
Die *Siebner,* die Phalanx jedes Gefechts,
»Kein Schuß; Gewehr zur Attacke rechts.«
Die *Sieben* ist eine besondere Zahl,
Dem einen zu Lust, dem andern zu Qual; –
Was von den Turcos noch übrig geblieben
Spricht wohl von einer *bösen* Sieben.

Blumen fliegen aus jedem Haus,
der Himmel strömt lachende Lichter aus,
Und der Lichtball selber lächelt in Wonne:
»Es gibt doch noch Neues unter der Sonne.«

Gewiß. Eben jetzt einschwenkt in das Tor,
Keine Linie zurück, keine Linie vor,
En bataillon, frisch wie der Lenz,
Die ganze Armee in Double-Essenz.
Ein *Corps* bedeutet jeder Zug,
Das ist kein Schreiten, das ist wie Flug,

Das macht, weil ihnen *ungesehn*
Dreihundert Fahnen zu Häupten wehn.

Bunt gewürfelt Preußen, Hessen,
Baiern und Baden nicht zu vergessen,
Sachsen, Schwaben, Jäger, Schützen,
Pickelhauben und Helme und Mützen,
Das Eiserne Kreuz ihre einzige Zier;
Alles zerschossen; ihr ganzes Prahlen
Nur ein Wettstreit in den Zahlen,
In den Zahlen derer, die *nicht* hier.

Zum dritten Mal
Ziehen sie ein durch das große Portal;
Die Linden hinauf erdröhnt ihr Schritt,
Preußen-Deutschland fühlt ihn mit.

Hunderttausende auf den Zehenspitzen!
Vorüber, wo Einarm und Stelzfuß sitzen;
Jedem Stelzfuß bis in sein Bein von Holz
Fährt der alte Schlachtenstolz.

Halt,
Vor des Großen Königs ernster Gestalt!

Bei dem Fritzen-Denkmal stehen sie wieder,
Sie blicken hinauf, der Alte blickt nieder;
Er neigt sich leise über den Bug:
»*Bon soir, Messieurs, nun ist es genug.*«

Als der Vorbeimarsch beendet und der Kaiser samt seiner
Suite auf dem Lustgarten erschienen war, fiel die Hülle von
dem Reiterstandbild seines Vaters, weiland König *Friedrich
Wilhelms* III. Die Feier gestaltete sich zu einer Huldigung gegen *Ihn,* den Heimgegangenen, der den Niedergang Preußens
erlebt, aber auch seine Erhebung eingeleitet hatte. Der Feldprobst der Armee *Thielen* trat an den steinernen Unterbau des
Denkmals und sprach das Gebet:
»Allmächtiger, barmherziger, gnädiger Gott! Wir stehen vor
Deinem heiligen Angesicht niedergebeugt von der unermeßli-
chen Fülle Deiner Gnade, mit der Du uns gesegnet hast, und

loben und preisen Deinen heiligen Namen, daß Du unser Volk
so hoch erhöhet hast. Was unsere Väter gehofft und erstrebt,
wonach sie in vielen heißen Kämpfen Jahrhunderte lang gerun-
gen, das hat Deine große Barmherzigkeit uns weit über Bitten
und Verstehen gegeben: *ein wieder geeintes, großes, deutsches
Vaterland, ein Bollwerk des Friedens, ein Hort der Freiheit und
des Rechts.*«

Und so bleib' es in alle Zeit!

ZUR KUNST UND KUNSTGESCHICHTE

BERLINER AKADEMIE-AUSSTELLUNGEN

Es ist kaum zwei Monate her, daß ich mit einem unserer Historienmaler über das Plus oder Minus malerischen Könnens in den verschiedenen Ländern West- und Mittel-Europas sprach. Glauben Sie, so fragt' ich, daß uns die Engländer und Franzosen nach dieser Seite hin überlegen sind? Die Antwort war: »ich glaub' es; zugegeben, daß einzelne Erscheinungen innerhalb der deutschen Kunst auf einer Höhe stehen, die von anderen Nationen nicht erreicht wird, so bin ich doch nichtsdestoweniger der Meinung, daß die *Durchschnitts*-Befähigung, die durchschnittliche Leistungskraft der englisch-französischen Kunst auf einer höheren Stufe steht als die unsrige.«

Unsere eben eröffnete Kunstausstellung stößt die Richtigkeit dieser Ansicht (der ich nach meiner Kenntnis und Erfahrung mit voller Überzeugung zustimmte) zwar nicht um, modifiziert sie aber wesentlich. Sie zeigt unsere Kunst entschieden auf dem Wege, sich mit den Leistungen der Franzosen und Engländer *au niveau* zu bringen; es fehlen vielleicht die allergrößten Dinge, fehlen vielleicht mehr als sie auf höheren Ausstellungen gefehlt haben, aber der Durchschnittswert des Geleisteten ist entschieden größer.

Die Kluft zwischen Meister- und Stümpertum füllt sich allmählich aus; das Malen-Können ist mehr Allgemeingut geworden, etwa wie das Schreiben- und Sprechen-Können. Das eingeborne Talent bleibt immer dasselbe, aber Schule, Übung, Geschick machen den Unterschied zwischen den verschiedenen Perioden.

Eh' ich zur Besprechung der einzelnen Gruppen und Bilder übergehe, stehe hier noch die Bemerkung, daß unsere Ausstellung von Jahr zu Jahr *lokaler*, d. h. mehr und mehr eine bloß berlinische wird; höchstens dehnt sie sich nach Osten hin aus und Breslau, Stettin, Danzig und Königsberg (besonders das letztere) stellen ihr Kontingent. Rheinland, Dresden, München, Wien verschwinden immer mehr aus unseren Ausstellungssälen, mit Ausnahme einiger alten Düsseldorfer, die mit nicht genug zu achtender Pietät bei der Stadt verbleiben, in der sie zuerst aufrichtigen Herzens gefeiert wurden. J. W. Schirmer in Karlsruhe, Lessing, die beiden Achenbachs, auch Gude

halten in Treue bei uns aus; aber die große Mehrzahl fehlt. Von
Sohn, Hildebrandt, Scheuren ist nichts da, Leutze, Tidemand
fehlen; warum? Es hieß vor Jahren, sie hätten einen Streit gehabt, wegen Plazierung ihrer Bilder und in Folge davon mit der
Berliner Akademie gebrochen. Das wäre sehr zu bedauern,
wiewohl die Verstimmung ihren guten Grund haben mag. Wer
nicht persönlich zugegen ist, kommt immer zu kurz. Das ist in
allen Lebensverhältnissen so und natürlich auch beim Aufhän-
gen der Bilder. Dazu kommt noch eins. Unsere Akademie-Säle
zerfallen nicht nur in gute und schlechte, sondern auch in anständige und unanständige. Jeder hat einmal von der sogenannten »Totenkammer« gehört; – wer das Unglück hat, darin
plaziert zu werden, ist von vornherein verloren. Das große Publikum ist kritiklos und wird es ewig bleiben; je mehr es sich
mit Worten gegen alle Autorität auflehnt, desto autoritäts-be-
dürftiger wird es in seinem Herzen. Es läßt andere denken und
plappert nach mit der Miene des Eingeweihtseins. Im Einklang
damit ist es, daß sich ein starker Bruchteil unserer Ausstel-
lungs-Besucher daran gewöhnt hat, den Wert der Bilder nach
dem *Saal* zu beurteilen, in dem sie hängen. Was in den Korridoren hängt, kann nicht gut ersten Ranges sein, und was in der
Totenkammer hängt, muß notwendig schlecht sein. Wie Ludwig XIV. die Ehre eines Menschen dadurch wiederherstellte,
daß er ihn zu Tische lud, so wird die unbefangene Benutzung
dieses unglückseligen Saales erst dann wieder möglich sein,
wenn sich die besten Berliner Maler entschließen sollten, diese
beargwohnte Lokalität für die Dauer von ein, zwei Ausstellungen in Besitz zu nehmen.

Ich wende mich zuerst zu den Porträts. Sie prävalieren nicht
gerade, aber sind doch genugsam vertreten. Ein großer Teil allen Interesses fällt ihnen immer zu; sie verfügen über das größte und gemischteste Publikum. Die Einen (eine Minorität) bewundern das Bild, die Kunst, die Machfertigkeit; die Andern
exaltieren sich über den »schönen Kopf«; die dritten endlich
(die Majorität) freuen sich über den »alten Bekannten«, den sie
finden. Ist es ein vornehmer Mann, so bietet sich auch erwünschte Gelegenheit, das Faktum dieser Bekanntschaft mit
gewichtiger Leichtigkeit zu betonen. Es ist ein Grundsatz in der
Kunst, nicht Alles zu geben, das wird den Ausstellungsporträts
gegenüber jedesmal aufs vollkommenste erreicht. Der Katalog
ist durchaus nach dem Andeutungsprinzip abgefaßt, er läßt nur

ahnen. Mitunter ist er ein wahrer Schalk und treibt bare Eulen-
spiegelei. Wir haben ein prächtiges Frauenbildnis vor uns, in
der ganzen Stattlichkeit eines modernen Reifrocks; die Augen
lachen, die Locken fallen herab – mit emsiger Hand durchblättern wir das Buch, da endlich – Nr. 215 »Ein weibliches Bildnis«. Schnödes Spiel! als ob wir *darüber* in Zweifel gewesen
wären. Aber was der Katalog nach dieser Seite hin verdirbt, das
wiegt er reichlich wieder auf, durch die Rätsel, die er gibt und
deren Lösung so viel Befriedigung schafft. Porträt der Gräfin P.
Jetzt beginnen die Kombinationen. Wie viel Gräfinnen P. gibt
es in Berlin? Platen, Pourtales, Peponcher etc. die eine kenn'
ich, die andre ist älter, folglich die dritte. Welche Genugtuung,
wenn das Rechenexempel stimmt, wenn der Rebus erraten ist.
Der Glückliche verläßt den Saal mit dem Gefühl, nach der Por-
trät-Seite hin niemals einer glänzenderen Ausstellung begegnet zu sein.

Berlin besitzt eine Reihe vortrefflicher Porträtmaler: Magnus, Otto, Begas, Richter. Der letztere, der vor 6 oder 8 Jahren
durch das mit glänzender Technik gemalte Bildnis seiner
Schwester auf *einen* Schlag seinen Ruf als Porträtmaler begründete, gilt jetzt als der bedeutendste. Er hat 5 Bilder auf der
Ausstellung, versteht sich Prinzen und Prinzessinnen, als Mi-
nimum das Porträt einer Gräfin. Er zeigt sich hier ganz in seiner Meisterschaft, in seiner Beherrschung jeder Schwierigkeit.
Ähnlich wie Gainsborough in seinem berühmt gewordenen
»blue boy« mit der *blauen* Farbe spielte und alte Axiome über
den Haufen stieß, so Richter hier mit dem *weiß*. Auf einem
weißen Gaze-Kleid ruht ein durchsichtig-*weißer* Tüllärmel, in
dem ein *weißer* Arm steckt – alle Schwierigkeiten aber sind
glänzend gelöst, und plastisch und unverschwommen treten
die Dinge aus dem Bilde heraus. Der Kopf der Gräfin ist ansprechend und unterstützt durch Klarheit und Gefälligkeit der Züge den Effekt, den das Bild als künstlerische Leistung hervor-
ruft. Im großen und ganzen aber ist weibliche Schönheit nur
schwach auf der Ausstellung vertreten und läßt uns wieder
empfinden, daß der Zauber der Erscheinung doch nur spora-
disch in unsren Landen gedeiht.

Ich wende mich jetzt den Landschaften zu. Sie sind sehr
zahlreich vertreten und zum Teil höchst ausgezeichnet. Wenn
mich indes mein Auge und meine Empfindung nicht täuschen,
so fangen beinah' alle unsere Landschaftsbilder an, das zu ver-

lieren, was vor 10 und 20 Jahren ihren höchsten Reiz ausge-
macht hat: *Stimmung*. Ich erkläre mir das so. Die alten Meister
auf diesem Gebiet: Achenbach, Schirmer und viele andere
noch, setzen jetzt als Geschäft und Erwerb eine Tätigkeit fort,
die sie vor 30 Jahren aus mehr künstlerischem Drang begannen. Das Leben und seine Forderungen hat über die Kunst gesiegt. Die Geschicklichkeit ist gewachsen; die immer brillanter
gewordene Technik hat aber das verloren gegangene *poetische
Empfinden* nicht ersetzen können und so stehen alle ihre Bilder
an *Wirkung* hinter dem zurück, was sie früher geleistet haben.
Die Landschaftsmaler sind die *Lyriker* in ihrer Kunst. Sie müssen entweder jung sein, oder wenigstens jung zu bleiben verstehen. Glauben sie aber durch formelle Virtuosität das
schwindende lyrische Empfinden decken zu können, so irren sie,
wie jeder fehlgreifen würde, der uns den westöstlichen Divan
Goethes an Stelle seiner Jugendlieder empfehlen wollte. Das
ist es: die alten Meister haben die *Stimmung* verloren, eben
weil sie alt geworden sind und die *neuen* Meister haben sie
eigentlich nie besessen. Alle diejenigen, die seit dem Auftreten
und unter dem Einflusse Eduard Hildebrandts (von den Berlinern trefflich »Bilderbrand« genannt) ihre Landschaften
gemalt haben, zeigen den Hang nach Lichteffekten und ein
Geltendmachen der *Virtuosität* auf Kosten echten poetischen
Gehalts. Man darf zugeben, daß dieses sich Vertrautmachen mit
den Geheimnissen der Farbe und des Lichts *als Studium,* der
Landschaftsmalerei der Zukunft, die sonst lyrisch sich verflacht haben würde, über kurz oder lang zu gute kommen wird;
die Gegenwart aber hat eine entschiedene Einbuße davon und
vermißt die poetischen Anregungen, die sonst wohl unsre
Landschaftsbilder zu geben pflegten. Ich wiederhole: die Alten
haben ihre Stimmung eingebüßt und die Jungen haben sie nie
besessen. Dieser Mangel macht sich recht fühlbar. Selbst diejenigen unter den Jüngeren, die bisher am meisten davon zu zeigen pflegten, Kalckreuth und Gude, bieten diesmal wenig.
Nach diesen Vorbemerkungen mach' ich diejenigen Landschaften einzeln namhaft, die sich, versteht sich innerhalb der Grenzen, die durch diese allgemeinen Bemerkungen gezogen werden,
als die besten zu erkennen geben. Von Andreas Achenbach (erst
seit einigen Tagen eingetroffen) »Wassermühle« und »Italienische Felsenküste«; das erstere Bild den genialen Schöpfungen
seiner jüngeren Jahre nahe kommend, das zweite interesselos

und vielleicht am besten charakterisiert, wenn man es einen verblaßten Hildebrandt nennt, ein Farbenkunststück, ohne den Zauber, den die Bilder des letztgenannten Meisters, wie kokette Weiber, selbst dann noch zu haben pflegen, wenn man sie miß-billigt. Von Oswald Achenbach »Der Molo von Neapel«; – Mondscheinlandschaft, vortrefflich. Wahr, lebensvoll, eigen-tümlich, vermißt man hier das Eine nicht, dessen mähliches Verschwinden ich Eingangs beklagt habe. Das Bild hat keine »Stimmung«, aber sein idealer Realismus tritt gleichberechtigt ein. – W. Schirmer (Karlsruhe) »Eine Waldruine« und »Ein Waldbach«. Zwei größere Landschaften, die erstere nicht ohne starken Anhauch früherer Zeit und deshalb mehr ans Herz ge-hend als das zweitgenannte Bild.

Graf Kalckreuth hat einen Alpensee (Lac de Gaube in den Hochpyrenäen) und Gude einen »Morgen im norwegischen Hochgebirge« eingesandt. Beides vortreffliche Arbeiten, aber doch eigentlich nur Doubletten, wenig variierte Kopieen frühe-rer Bilder und deshalb relativ interesselos. Bilder, die jeder glücklich wäre als Wandverzierung zu besitzen und die doch gleichgültig sind, sobald es sich um eine Besprechung der Ma-ler selbst, zumal um ihre Fortentwicklung handelt. »Alles schon dagewesen.« Dasselbe gilt von Bellermanns, Graebs und Gurlitts Arbeiten, von den Seestücken W. Krauses und Hein-rich Gaetkes auf Helgoland. Der Letztere, ein seinerzeit vielge-rühmter Maler, ist durch seine Geschichte entschieden interes-santer als durch seine Bilder. Vor 22 Jahren führten ihn seine Fahrten auch auf den »roten Felsen« von Helgoland. Ich kannte ihn damals sehr wohl, ein großer, schlank-aufgeschossener Mensch mit langem Haar und dem unvermeidlichen Barett, nach Malerweise seine Zeit zwischen der Staffelei und den Frauen teilend. Wie das Sprichwort sagt, »ein Mensch zum Verlieben«. Das fanden die Helgoländer Mädchen auch und ei-ne verliebte sich wirklich in ihn – die Tochter des Oberlotsen. Gaetke war nicht der Mann, irgend welche Neigungen, die sich an ihn richteten, aus Standesvorurteil zurückzuweisen und so wurden sie ein verschwiegenes Liebespaar, so verschwiegen und zärtlich, wie sich jemals ein Residenz-Maler und eine Oberlotsen-Tochter geliebt haben. So kam der Herbst und Heinrich Gaetke rüstete sich zum Abschied. Mappe und Mal-kasten in der Hand, gedachte er sich in aller Stille einzuschif-fen, aber die Helgoländer dachten anders. In Helgoland verliebt man sich nicht zum Spaß. Sechs Lotsen, an der Spitze der entrüstete Vater einer weinenden Tochter, erklärten dem jungen Berliner, daß in Helgoland Alles ernst genommen würde und daß wer hier A sage, auch B sagen müsse. Er habe dem Mädchen die Liebe versprochen – und müsse sie heiraten. *La bourse ou la vie.* Gaetke war verständig und wählte, wie jeder gewählt haben würde, der sein Leben lieb hat; er heiratete das hübsche Mädchen wirklich. Seiner Kunst ist die Sache nicht eben zum Segen ausgeschlagen, wohl aber dem Manne selbst. Er ist eine Art Inselfürst geworden; sein Wort gilt in allen Fragen und es soll stattlich genug aussehen, wenn er, den mächtigen Helgoländer Teerhut auf dem Kopf, dessen Krämpe bis tief in den Nakken fällt, seine Büchsflinte in der Hand und zwei breitschulterige Jungen neben sich, die blühend dareinschauen wie der Vater selbst, auf Möwenjagd geht oder zu Boote steigt, um in See zu fahren. Ein Patriarch und ein Künstler dazu. Von Zeit zu Zeit schickt er uns noch ein Bild. Sie zeigen keinen Fortschritt, aber es sind gute Bilder und jedem der ihn kannte, rufen sie die Geschichte des liebenswürdigen Landsmannes zurück, den die Circe von Helgoland einspann und ihn fester zu halten wußte, wie weiland die Zauberin ihren Odysseus. So viel von Heinrich Gaetke. – Von anderen Landschaftern nenn' ich noch Ludwig Hermann und Eduard Schleich aus München. Der erstere hat die Kanäle und Wasserstraßen von Harlem in einer Weise gemalt, daß man versucht sein könnte, ihn ohne Weiteres zum Harlem-Canaletto zu erheben. Wem das zu viel dünkt, der erwäge, daß Harlem kein Venedig ist, und daß die beiden Canalettos an Wert und Schönheit sich zueinander verhalten, wie die beiden Städte, die sie malen. Eduard Schleich hat ein Bild eingesandt: »Die Isar-Auen bei München«. Ich habe es mit großem Interesse gesehen; es weicht durchaus ab vom Üblichen, der Maler steht auf eigenen Füßen und das ist nichts geringes. Ich mag nicht sagen, daß es ein Stimmungsbild sei; das will es auch wohl nicht sein; in gewissem Sinne steht es höher und regt zu ganz ähnlichen Betrachtungen an, wie das oben besprochene Oswald Achenbachsche Bild. Es ist mit einer Wahrheit, mit einem Auge für die Natur gemalt, daß man mit siegender Gewalt sich fortgerissen fühlt.

In meinem nächsten Briefe gehe ich zu den Genrebildern über, um dann mit dem reich vertretenen »Historischen« zu schließen.

II

Ich schloß meinen ersten Brief mit unsern Landschaften und dachte diesen Brief mit unsern Genrebildern zu beginnen. Zwischen Landschaft und Genre drängte sich aber ein neuerdings zu hohen Ehren gelangter Mischling ein – das *Tierstück*. Unsere diesjährige Ausstellung bringt deren so viele und so vorzügliche, daß, wenn man ihr einen unterscheidenden Namen beilegen wollte, Name und Titel aus dieser Region genommen werden müßten. Das Erscheinen von zwei Dutzend Tierstücken, zum Teil Bilder ersten Ranges, die sich neben die Arbeiten von Landseer und Rosa Bonheur stellen dürfen, bezeichnet, wie es das charakteristische Merkmal der diesjährigen Ausstellung ausmacht, *zugleich eine Krisis in unserem ganzen künstlerischen Leben*. »Bis hieher und nicht weiter«, ruft man sich zu. Die brillanten vier Ochsen Teutwart Schmitsons, die sich verfahren haben und feststecken, gelten in vieler Augen als das Sinnbild unsres gesamten Realismus, der sich verfahren hat, oder wenigstens auf dem Punkt steht es zu tun. Unsre Säle sind voll von Pferden und Kühen aller Art, und Hammelherden werden an uns vorbei getrieben, daß es eine Lust ist; alles brillant gemacht, lebenswahr, das Tierleben mit feinster Beobachtung wiedergegeben. Aber, aber! Da hat man die Meisterstücke vor sich und fühlt sich unbefriedigt. Eine Ahnung beschleicht wieder die Gemüter, daß dieser Realismus, der sich selbst ein Höchstes dachte und so gedacht wurde, doch nicht das Höchste war. So lange die einzelnen Leistungen Mängel zeigten, waren es eben die Mängel, die alle Schuld tragen mußten, jetzt wo die Mängel fehlen, werden die Herzen inne, daß es an einem andern gelegen haben muß. *Enfin,* das Ideal kommt wieder zu Ehren. Und die diesjährige Ausstellung bezeichnet einen Wendepunkt, eine Wiedergeburt.

Es liegt auf der Hand, daß mit diesen Worten nicht das mindeste gegen die einzelne realistische Leistung gesagt sein soll, um so weniger als der Realismus, neben seiner vollen Berechtigung auf bestimmten, ihm speziell zugehörigen Gebieten, sicherlich ein Stadium war, das erreicht werden mußte, um unsre Kunst der Lösung höchster Aufgaben zuzuführen. Aber der Realismus wollte selber das Höchste sein und hierin ging er fehl. Nach dem Gesagten nehmen wir allen hierher gehörigen Kunstwerken gegenüber eine doppelte Stellung ein, je nach der

Miene, mit der das Kunstwerk an uns herantritt. Wo es sich schlechtweg und ohne höhere Pretensionen gibt, bewundern wir die glänzende Leistung, wo es aber mehr sein will als es eigentlich ist, fühlen wir die Pflicht der Abwehr.

Unter den Tiermalern die zur diesjährigen Ausstellung beigesteuert haben, nennen wir die folgenden: Schmitson, Brendel, Weber, Steffeck, auch wohl Graf Krockow. Teutwart Schmitson, geb. 1830 zu Frankfurt a. M., Sohn des vor wenigen Jahren als Protokollführer der Bundesmilitärkommission in Frankfurt gestorbenen österreichischen Oberstlieutenants Schmitson, ist unter den Genannten entschieden der bedeutendste. Ihn Ihnen zu charakterisieren ist sehr schwer, weil sich Vergleiche verbieten. Er erinnert weder an die Engländer noch an die Franzosen, er ist ganz er selbst, am nächsten steht er den Niederländern, den alten mehr als den neuen, näher an Rubens und Snyders als an Verboeckhoven. Sein Bildungsgang war ganz eigentümlich. Bis zu seinem 22. Jahre schwankte er, für welchen Beruf er sich entscheiden sollte – das Malen lag ihm ziemlich weit ab, Architektur, die Wissenschaften am meisten vielleicht Kunsthistorie schienen ihn ungleich mehr zu interessieren. Äußere Verhältnisse jedoch, die ihm das rasche Erobern einer Stellung in der Welt wünschenswert machten, bestimmten ihn, Maler zu werden. Er schloß sich ein und begann nun mit rastloser Energie sich die Wege zu ebnen. Er schlief wenig, aß noch weniger, arbeitete aber desto mehr. Vor kaum 8 Jahren fing er an, jetzt ist er ein Meister, eine Autorität, alles aus sich selbst heraus. Ob sein künstlerisches Prinzip das richtige ist, das gehört nicht hierher; ich habe Andeutungen gemacht, die zeigen sollen, wie man die ausschließliche Berechtigung desselben auch *hier* zu bezweifeln beginnt, aber jedes Kunstwerk darf verlangen, mit seiner eigenen Elle gemessen zu werden. Darnach haben die Schmitsonschen Arbeiten volles Maß. Neun Bilder von ihm sind auf der Ausstellung, zwei davon sind ersten Ranges: »Viererzug-Ochsen, durchgegangen« und »Niederrheinische Landschaft mit Vieh«. Was Ihre Leser besonders interessieren mag, ist vielleicht das, daß er seine Vorwürfe am liebsten den ungarischen Pußten entnimmt und »Pferde einfangende Czikos« mit schwerlich jemals übertroffener Meisterschaft vielfach dargestellt hat. Verwunderlich ist es, daß seine Bilder nicht rascher gekauft werden; jedem Rittergutsbesitzer müßte das Herz lachen, wenn er solche Herden sieht. Die

Schmitsonschen Preise sollen hoch sein, aber was tut's! wer alljährlich Tausende für seinen Marstall hat, sollte wenigstens ebenso viele Hunderte für ein Pferd in *effigie* haben.

Neben Schmitson nenn' ich noch Wilhelm Gentz. Er hat Ägypten und den Orient lange bereist und liebt es, seine Stoffe der Welt zwischen Nil und Euphrat zu entlehnen. »Ein Transport von Sklaven durch die Wüste«; »Widder und Sphinxe in der Thebaide«; »Brunnen im Niltale« etc. Dem erstgenannten Bilde von großen Dimensionen und voll wilden, naturwüchsigen Lebens, hat man vorgeworfen, daß es häßlich sei, aber selbst seine Angreifer geben zu, daß es (die Zulässigkeit der Richtung vorweggenommen) in seiner Art zu den glänzendsten Leistungen zähle. Man sieht doch wie und wo.

Ich wende mich jetzt dem Genre zu. Auf diesem Gebiet exzelliert die Ausstellung ganz besonders. Das wird mutmaßlich auch in Zukunft so sein. Es scheint mir charakteristisch für die gesamte geistige Entwicklung der letzten 15 Jahre, daß die Dichter und Künstler aller Arten und Grade anfangen, die Neigungen des Publikums, *besonders aber auch ihre eigenen Kräfte,* richtiger und bescheidener zu berechnen. Es gibt in diesem Augenblick wenig Größen in Deutschland, die Lust hätten, es auf gut Glück mit einer *Tragödie* zu versuchen; man begnügt sich, eine Novelle, eine Ballade, eine historische Skizze zu schreiben, weil man in gleichem Maße fühlt, daß das Kleinere dem eigenen Können mehr entspricht und das Publikum eine Voreingenommenheit gegen das hat, was sich als ein allergrößtes verkündigt. Genau so ist es mit den historischen Bildern. Wenige sind es, die den Mut haben, ein ganzes, ein volles, historisches Bild zu malen; man zieht es vor, das »historische Genre« zu kultivieren, und einmal vertraut mit der Süße des Erfolgs, fällt zuletzt der historische Beisatz ganz und das einfache »Genre« bleibt. In England, wo allerdings noch andere Umstände mitwirken, kann man dies alles trefflich verfolgen; – das historische Bild kommt kaum noch vor (die Ausschmückung der Parlamentshäuser hat auf ein paar Jahre hin Ausnahmsfälle geschaffen), aber das Genre blüht in allen Zweigen.

Unsre diesjährige Ausstellung hat das Genre in allen Genres, von den mit historischer Treue im vornehmsten Stile gemalten Bildern Karl Beckers an, bis herunter zu den Schnurren und Frivolitäten unseres Hosemann. Zwischen beiden bewegen sich Hopfgarten, Jordan (mit seinen bekannten Szenen Helgoländer Lebens), Riefstahl, von Rentzell, Amberg, Arnold, Meyer von Bremen und die Meyerheims, die *en famille* auftreten; ein Vater, ein Bruder und zwei Söhne. Es verbietet sich, auch nur des Gelungeneren an dieser Stelle Erwähnung zu tun, aber das Beste wenigstens sei genannt. Dahin gehören die Arbeiten Beckers und des zu früh verstorbenen (in Rom) Otto Wichmann. Die Bilder all' der andern Genannten, so verdienstlich sie sein mögen, bleiben im großen und ganzen hinter dem zurück, was wir von ihnen zu finden gewohnt sind.

Karl Becker (es ist unerläßlich seinen Vornamen zu betonen, da außer Jakob Becker und zwei andern Düsseldorfern noch drei hiesige Beckers existieren) hat 5 Bilder eingesandt; darunter »Aufforderung zu Tisch« und »Ein Gnadengesuch beim Dogen« als die besten. Beide Bilder haben eine gewisse Ähnlichkeit, sie wirken wie Pendants, sollen es vielleicht sein. Wie sie in Umfang und alleräußerlichster Erscheinung zusammengehören, so auch nach Art und Zeit. Die mit besonderer Sorgfalt ausgeführte Architektur beider Bilder zeigt das Venedig des 16. Jahrhunderts: dem entsprechen Haltung und Tracht der Figuren. Es mischen sich in diesen Arbeiten, und zwar in höchst glücklicher Weise, die Vorzüge der beiden Richtungen, die sich jetzt innerhalb der Kunst befehden und um den Vorrang streiten. Alles Äußerliche: Kostüm, architektonische Hintergründe, die Köpfe selbst, sind mit einer überraschenden realistischen Wahrheit gemalt, die auf den ersten Blick das eingehendste Studium der alten Venetianer verrät; zu gleicher Zeit aber erzählen uns diese Bilder eine Geschichte, durchgeistigen das bloß Äußerliche und schaffen dadurch in der Tat (das Ziel, das den Besten vorschwebt) eine *ideale Realität.* Die Vorgänge selbst sind einfach genug und ergeben sich aus den Überschriften; an technischer Meisterschaft steht das erstgenannte der beiden Bilder, wo ein vornehmer Kavalier in schwarzer Seide einer reich gekleideten Dame so eben den Arm reicht, während andere Gäste folgen, vielleicht obenan; das zweite Bild aber »ein Gnadengesuch beim Dogen« ist dramatischer, fesselnder, sei es durch den Gegenstand überhaupt, oder nur durch die in Haltung und Tracht vollendete Figur des alten Dogen. Alles Würde, Hoheit, Reichtum, Pracht.

Ein Bild des zu früh geschiedenen Otto Wichmann (eines Sohnes unseres ebenfalls im vorigen Jahre verstorbenen Bildhauers Ludwig Wilhelm Wichmann) hat ein ungewöhnliches

Aufsehen gemacht und wird den allerbesten Leistungen der diesjährigen Ausstellung zugerechnet. Wie vielen Anteil an dieser Beurteilung der allen Tadel schweigen machende Tod hat, laß' ich dahin gestellt sein. Der Titel des Bildes lautet: »Der Maler Paul Veronese zeigt dem Prior des Klosters St. Giorgio Maggiore in Venedig, in Gegenwart zweier Mönche, die Farbenskizze zu seinem später gemalten Bild: die Hochzeit zu Kana.« Ich kann in das beinah unbedingte Lob, das dies mit großem Talent und großer Liebe gemalte Bild gefunden hat, doch nicht ganz einstimmen. Die Lokalität ist vortrefflich wiedergegeben, die Gruppierung klar und übersichtlich, die Charakterisierung der drei Mönchsköpfe (besonders des einen, der sich voll still-fanatischer Mißbilligung von der Profan-Auffassung eines heiligen Gegenstandes abwendet) bedeutend und voll entschiedenen Talents, aber die Gestalt Paul Veroneses selbst gefällt mir ganz und gar nicht. Es klingt hart, aber er sieht aus wie ein Berliner Kind, das Mitglied des Urania-Theaters ist, und mittwochs und sonnabends, mit einem Gefühl unendlicher Überlegenheit über andere Menschen, die Liebhaber-Rollen spielt. Die Intentionen des Malers waren gut; er wollte dem Veronese der werdenden Berühmtheit, eine legere Haltung und den Gesichtsausdruck eines im Gefühl seines Könnens unerschütterlichen Genies geben, aber statt des Genies ist ein Geck herausgekommen. Wir glauben nicht an diesen jungen Blaubart mit den ponceaufarbenen Tricots: wir halten uns vieler Liebesabenteuer, aber *keiner* »Hochzeit zu Kana« von ihm versichert.

III

Eh ich fortfahre, gestatten Sie mir ein paar Korrekturen. Der Name des Helgoländer Malers und Inselfürsten, dessen Geschichte ich Ihnen erzählte, ist nicht Gantke sondern Gaetke und das berühmte Gainsboroughsche Bild, durch das er die Ansicht Sir Joshua Reynolds widerlegen wollte, daß das Vorwalten von *blau* in einem Bilde mit einer schönen Farbenwirkung unverträglich sei, ist ein Knaben-Porträt und heißt nicht *the blue bay* sondern *the blue boy*. In meinem zweiten Briefe muß es heißen, daß es nur wenige *Größen* (nicht *Preußen*) noch in Deutschland gibt, die Lust hätten, auf gut Glück hin eine Tragödie zu schreiben. Wir Preußen haben es zwar gern, wenn wir, zumal in Österreich, für gleichbedeutend mit Größen angesehen werden, aber nur Druckfehler tun uns gelegentlich den Gefallen.

Es bleiben uns noch die historischen Bilder. Ihre Zahl ist ziemlich groß. Die sich befehdenden Richtungen stehen sich hier numerisch in fast gleicher Stärke einander gegenüber, an Wert aber prevalieren die Arbeiten der realistischen Schule. Und doch ist auch diese durch keine Leistung allerersten Ranges vertreten. Adolph Menzel fehlt; kein »Friedrich II. in Sanssouci« am allerwenigsten ein »Überfall bei Hochkirch«, der vor 4 Jahren, selbst fast wie ein Überfall, alle Herzen im Sturm nahm.

Vielleicht (ich deutete das schon in meinem vorigen Briefe an) haben wir noch keine Ausstellung gehabt, die mit Rücksicht auf die gegenüberstehenden Richtungen in der Kunst, so lehrreich gewesen wäre wie diese, und es dem Beschauer so nah gelegt hätte, sich über die schwebende Frage klarzumachen. Gestatten Sie mir, Ihnen einfach zu sagen, was ich Angesichts dieser Bilder und des stillen Streits den sie miteinander führen, empfunden habe. Der Glaube an den alleinseligmachenden Realismus in der Kunst, namentlich mit Rücksicht auf das historische Bild, ist mir längst verloren gegangen; zu dem beherzigenswerten »es führen mehrere Wege nach Rom« haben sich meine Anschauungen längst durchgearbeitet, aber was mich speziell diese Ausstellung gelehrt hat, das ist das, *daß die ganze Frage zum allergrößten Teil weniger eine Prinzipien-Frage, als eine Frage nach dem Maß des Talents ist.* Es gilt nach dieser Seite hin vom historischen Bilde völlig das, was vom Drama im großen Stile gilt. Macbeth, Hamlet, Wallenstein, Iphigenie werden immer erhaben sein über »Zopf und Schwert« über »Des Königs Befehl« oder über das »Testament des großen Kurfürsten«; wem die Götter aber versagt haben, eine Shakespearische Tragödie zu schreiben, der wird wahrlich unsere Sympathieen dadurch nicht wecken, daß er hübsche Kräfte an Produzierung eines Hamlet vergeudet, Kräfte, die ausgereicht hätten, ein »Testament des großen Kurfürsten« zu Aller Freude zu Stande zu bringen. Dasselbe gilt von der historischen Malerei. Eine Kaulbachsche Hunnenschlacht wird um ihres großen innerlichen Gehaltes willen immer unendlich höher stehen, als eine Rauferei zwischen französischen Voltigeurs und pommerscher Landwehr; aber manche Kraft, die scheitern würde, wenn sie auf Kaulbachs oder Cornelius' Wege wandeln wollte, würde ausreichen für eine Episode aus der Leipziger Schlacht. Die Forderungen der realistischen Kunst, schwer wie sie sind, (denn ich spreche nur von den *besten*) lassen sich doch leichter erfüllen, als die Forderungen jener Kunst, die, wie namentlich in den biblisch-kirchlichen Bildern, dem Irdischen beinahe abgewendet, die Höhen der Empfindung oder des Gedankens wandelt. Die großen Idealbilder verlangen einen ganzen Meister, wenn wir uns nicht verstimmt und gelangweilt von ihnen abwenden sollen. Dieser Satz, der so einfach und natürlich scheint, ist doch Jahrzehnte hindurch mißachtet worden. Wir haben uns daran gewöhnt, über eine Richtung den Stab zu brechen, die immer die höchste war und immer die höchste sein wird, weil wir die schwachen Kräfte, die sich in diese Richtung bewegten und auf ihr scheiterten, mit der *Richtung selbst* verwechselten. Es tut not (und der Moment ist da) uns von diesem Irrtum zu erholen.

Zu den Bildern, die entweder darauf aus sind, den großen historischen Stil oder wenigstens den romantisch-historischen Ton zu treffen, zählen wir die folgenden:

»Judith und Holofernes« von Stilke; »David mit seiner Herde« von Frau Baumann-Jerichau; »Wanda« von Piotrowski; »Chrimhild und Siegfried« von Johannes Heydeck; »Konradin von Hohenstaufen im Lager Karls von Anjou« von Fr. Kaiser; »Lady Macbeth« von Julius Schrader; »Ein Mönch am Sarge Heinrichs IV.« von Lessing.

Ich greife zunächst das Wanda-Bild heraus, weil es mir die beste Gelegenheit gibt zu zeigen, was diesen Bildern fehlt. Der Stoff an und für sich ist poetisch genug. Die heidnische Polenkönigin Wanda hat die Hand des Christen-Königs Ritogar verschmäht. Er überzieht sie mit Krieg. Sein Anblick macht ihr Herz in Liebe erglühen, aber ihr Stolz bekämpft diese Neigung und sie gibt sich selbst den Tod.

> Mein Herz war ohne Wall und Wacht,
> Da schlich der Feind hinein.
> Mein Mut ist mir geschmolzen
> Als wie ein Schnee im Mai'n.

Ich ließe den Feind wohl in die Stadt,
Den neuen Gott zugleich.
Ihr alten großen Götter,
Ein Opfer bring' ich euch.

Das zu malen ist sehr, sehr schwer. Ich sage nicht, daß es nicht
zu malen wäre – aber wie wenige sind dem gewachsen. Es ist
eine Aufgabe für eine allererste Kraft. Da ist kein erklärendes
Beiwerk, keine fesselnden oder anregenden Details, nichts von
alledem – eine einzige Gestalt (die hinter ihr stehenden Frauen
ihres Hofes sind bedeutungslos) soll einen unlösbaren Konflikt
und den Entschluß des Todes zeigen. Eine Tragödie in den Ausdruck eines Kopfes hineingelegt. Wer das malen kann, der male
es; die besten aber werden vorsichtig sein, während es charakteristisch für alle untergeordneten Talente bleibt, daß sie einen
Hang haben, die eigene Schwäche hinter der Größe der Aufgabe zu verbergen. So hier: sie ist nicht gelöst. Das Bild ist indifferent, langweilig, eine vergeudete Arbeit.

Noch zwei andere der genannten Bilder haben Anspruch auf
eine eingehende Besprechung: »Lady Macbeth« von Julius
Schrader, und ein »Mönch am Sarge Kaiser Heinrichs IV.« von
Lessing.

Schrader ist ein gefeierter Historienmaler, gefeiert nicht ohne Grund. Eines seiner ersten Bilder: »Die Gemahlin König
Eduards III. von England bittet um Gnade für die verurteilten
Bürger von Calais«, ist ein Bild im großen historischen Styl
und weckt mit Recht die höchsten Erwartungen. Er hat sie nur
sehr annähernd erfüllt. Die Gestalt des blinden Milton auf einem seiner spätern Bilder, (ein Bild, das er auch zur Pariser
Weltausstellung schickte) ist ihm noch einmal prächtig geglückt, in allem übrigen ist er eigentlich hinter sich selbst zurückgeblieben. Er steckt tief im Konventionellen. Dazu wiederholen sich einzelne seiner Gestalten. Ob dem Künstler selbst
ein Bedenken darüber gekommen, oder ob andere ihm ein solches Bedenken geäußert haben, gleichviel, Schrader hat mit der
»Lady Macbeth«, die er zur diesjährigen Ausstellung gegeben
hat, mit dem Konventionellen gebrochen. Ich bin der letzte, der
Anstoß daran nimmt, der letzte, der geneigt wäre, dem auf
Selbstständigkeit gerichteten Streben des Künstlers das Maß von
Anerkennung vorzuenthalten das ihm gebührt; aber es ist das
alte Lied vom Wollen und Vollbringen. Man sieht dem Bild den

Ernst an, mit dem der Künstler an die Lösung seiner Aufgabe gegangen ist, aber nichtsdestoweniger ist es unmöglich, es anders, wie als verfehlt zu bezeichnen. »Welche Fleischtöne! so rufen die Maler bewundernd aus; welche Korrektheit der Zeichnung, welcher Glanz der Farbe, welches feine Verständnis für die Wirkungen des Lichts – alles feinste Beobachtung und meisterhafte Darstellung des scharf und richtig Geschauten.« Ich bin weitab davon, über einen dieser Punkte mit unsern Malern rechten zu wollen. Sie sollen Recht haben in allem und dennoch ist und bleibt es ein verfehltes Bild. Wer ist diese dekolletierte Frauengestalt? Es ist die junge Frau eines jüdischen Pfandleihers, die nachts aufgestanden ist, um bei Lampenlicht die Perlen, Juwelen und Pfandzettel ihres Mannes ängstlich zu durchmustern; es ist eine Frau, die bei dieser Gelegenheit sonderbare Mienen und Bewegungen macht, aber es ist keine *schlafwandelnde Lady Macbeth, nie und nimmermehr.** Daß Professor Schrader den Mut hatte, von der Bühnentradition (langes weißes Gewand mit Ampel oder Licht in der Hand) abzugehn, mach' ich ihm nicht zum Vorwurf, sondern rechne es ihm vielmehr zum Verdienste an, wer es aber unternimmt, an die Stelle einer beinahe typisch gewordenen Erscheinung eine andere setzen zu wollen, der fühle sich auch im Besitz der großen erobernden Kraft, die dazu nötig ist. Professor Schrader hat diese Kunst entschieden nicht besessen, und wir wenden uns von diesem Bilde mit derselben Empfindung ab wie von so vielen fünfaktigen Tragödien, die um der unendlichen Arbeit

---

* Damit dies nicht zu hart erscheint, muß ich anführen, daß auf dem Nachttisch der Lady Macbeth, auf dem auch die Ampel brennt, allerhand Schmucksachen umherliegen, zu denen sich ein ganzes Bündel auseinandergerollter Pergamente (Urkunden, denn man erkennt die altmodisch herabhängenden Siegel) gesellt. Was soll das alles? Ist es wahrscheinlich, daß Lady Macbeth in Dunsinan-Castle ihre Zeit mit einem Studium von Urkunden zugebracht hat? Das sind Düfteleien. Es erinnert das an unsern sonst sehr braven Schauspieler Rott, der, wenn er den Oberst Koller im »Struensee« spielte, beim Öffnen seines kleinen Portefeuilles, ein Dutzend weißer Blätter auf die Erde fallen ließ (die er zur Strafe alle wieder aufsuchen mußte), um von vornherein zu zeigen, daß Oberst Koller ein sehr wichtiger und viel beschäftigter Mann sei. Nichts ist schlimmer, wie wenn sich ein Künstler in Finessen überschlägt.

willen mit der sie aufgebaut sind, nur einen um so peinlicheren
Eindruck machen. Denn wir beklagen nicht nur das einfache
Scheitern eines Unternehmens, sondern auch die Vergeudung
eines unverhältnismäßigen Aufwands an Zeit, Kraft und
Energie.

Auch des Lessingschen Bildes sei noch gedacht. Es ist ein Bild
von mäßigen Dimensionen. Wir blicken in die halbverfallene
Krypta einer alten Kirche; die eine Wand ist niedergerissen und
gestattet uns einen Blick in die Landschaft, die schön und in
duftiger Farbentönung, im Charakter des Rheinlandes, gehalten ist. Inmitten der Gruft, auf einer rohgezimmerten Bahre,
steht ein Sarg, über den eine kostbare Purpurdecke mit dem
schwarz eingestickten Reichsadler gebreitet ist. Vor dem Sarge
sitzt ein betender oder meditierender Mönch; das ist alles. Die
Sage oder Geschichte, die zu diesem Bilde Veranlassung gab, ist
einfach die, daß das Interdikt des Papstes, unter dessen Fluch
der Kaiser dahin starb, seine Beisetzung im Dom zu Speyer
nicht zuließ, weshalb sein Sarg 4-5 Jahre lang in der Krypta
eines alten halb zerfallenen Klosters eine vorläufige Ruhestätte
fand. Hier, vergessen und verlassen, erschien täglich ein
Mönch, um am Sarge des Kaisers zu beten. So die Sage. Es ist
hervorgehoben worden, daß diese schöne Erzählung mehr ein
Stoff für eine Ballade, als für eine bildliche Darstellung sei, und
man muß dieser Ansicht allerdings beipflichten. Nichtsdestoweniger ist es ein ganz ausgezeichnetes Bild, eins von jenen, an
denen wohl Niemand vorbeigeht, ohne seine Schritte und
wenn es die flüchtigsten wären, wie durch einen Zauber gehemmt zu fühlen. Man hat gesagt: der Vorgang sei nicht recht
zu verstehen. Auch das ist wahr. Niemand, der nicht den Katalog zur Hand nimmt, wird sich in dem Gegebenen zurecht finden, daß er die Schlußszene aus der Tragödie Heinrichs IV.
gleichsam von diesem Bilde abzulesen vermag. Alles zugegeben das, so muß der Tadel vor den Vorzügen dieses Bildes doch
verstummen. Sein besonderer Wert läßt sich durch wenige
Worte ausdrücken: *es berührt unser Herz*. Wir wissen nicht
genau, was Sarg und Mönch und Purpurdecke wollen, aber wir
ahnen etwas, das der Wahrheit nahe kommt. Es ist eine poetische Schöpfung durch und durch und je übermütiger das bloße
Machenkönnen wird, desto inniger zieht es uns zu jeder Kunst-
schöpfung hin, in der noch *geistige* Kräfte walten. Es ist ein
Düsseldorfisches Bild, aber im allerbesten Sinne. Unter allen

Bildern dieser Ausstellung, die eine romantisch ideale Richtung einschlagen, ist es nicht nur das beste, sondern auch das einzige, das ein echtes Leben, eine Dauer, eine Nachwirkung in sich trägt.

Und nun zum Schlusse die historischen Bilder unserer Realisten. Die nennenswertesten sind die folgenden: »Die Schlacht bei Gravelingen« von van Severdonck in Brüssel; »Herzog Bogislav X. von Pommern, auf seiner Wallfahrt im Kampfe gegen die Türken«, von O. Heyden; »Rheinübergang der schlesischen Armee bei Kaub, am Neujahrsmorgen 1814«, von Camphausen; »Die Schlacht an der Katzbach« von Bleibtreu; »Kurprinz Friedrich Wilhelm entgeht im Haag einem angelegten Verführungsplan« von Cretius; »Friedrich II. bei Torgau«, »Friedrich II. bei Hohenfriedberg« etc. von Fritz Schulz. Die Genannten, wobei ich noch ein halbes Dutzend aus der englischen Geschichte (wie immer dem Jahrhundert zwischen Maria Tudor und Cromwell entlehnt) übergangen habe, teilen sich wieder in drei Gruppen. Die erste Gruppe, zu der auch mehr oder weniger das Heydensche Bild gehört (Herzog Bogislav) wird am besten durch »Die Schlacht bei Gravelingen« repräsentiert. Es ist ein Bild von den Dimensionen einer Hauswand, Platz für ganze Schwadronen. Die Maler bewundern auch hier wieder das Leben, das Drunter und Drüber, den Ausdruck der Köpfe, die lebens- und kunstgerechten Stellungen und Verrenkungen, die Proportionen – alles erfreut sich einer begeisterten Anerkennung der Leute von Fach. Ich kann darin nicht einstimmen. Das Bild ist langweilig bis zum Exzeß. Ich glaube, es liegt dieser Art von Malerei eine totale Verkennung dessen zu Grunde, worauf es in der Kunst überhaupt ankommt. Es fehlt ganz und gar das sympathetische Element. Wir sehen eine Menge kämpfender Figuren, aber zu keiner einzigen fühlen wir uns hingezogen, da ist nicht eine, die den Wunsch in uns weckt, ihre Geschichte kennenzulernen. Unsere moderne Schlachtenmalerei ist auf Abwegen. Es sind Tableaux, denen nur noch das Feuer fehlt, aber es sind keine Bilder mehr. Die großen Schlachtenmaler im ersten Viertel dieses Jahrhunderts verstanden das besser. David, Steuben, Vernet hätten niemals solche Pferdestücke für Schlachtenbilder ausgegeben. Wer sich Angesichts dieser Schlacht von Gravelingen »Den Brückensturm von Arcole« oder »Die letzte Stunde von Waterloo« vergegenwärtigt, der wird den Unterschied empfinden. Es fehlt dieser Schlacht von Gravelingen ein Mittelpunkt für unser Interesse und wenn ich in Erinnerung an einzelne berühmte Bilder, z. B. an Adolph Menzels »Überfall bei Hochkirch« auch diese Forderung aufgeben und statt dessen die poetische Fülle einzelner Gruppen als gleichberechtigt anerkennen will, so bin ich um nichts gebessert, – es fehlt auch dies. Es fehlt eben alle Poesie, all und jedes geistige Element; es ist Totschlage-Wirtschaft von Anfang bis Ende; Pferde, Menschen, Waffen, aber kein Gedanke.

Noch schlimmer steht es mit einer zweiten Gruppe von Bildern, mit der Fritz Schulz und einige ihm nah Verwandte die Säle der Akademie heimgesucht haben. Geistig, gedanklich stehen sie auf keiner höheren Stufe als die Schlacht bei Gravelingen, während sie an Kunst, an Machfertigkeit unendlich weit dahinter zurückbleiben. Es sind Pinseleien, die auf den Modegeschmack spekulieren und im »Räuspern und Spucken« die Bilder Menzels kopierend, an eigentlicher Kunstfertigkeit auf keiner höheren Stufe stehen, als die bekannten Bilderbogen, die mit der Unterschrift »bei Gustav Kühn in Neu-Ruppin« ihren Weg über die Welt nehmen. Es ist genug, wenn ich dieser Bilder an dieser Stelle überhaupt erwähne.

Es bleibt uns noch die dritte Gruppe, Arbeiten, die ihren Stoff ebenfalls dem engsten Kreise der vaterländischen Geschichte entnommen, aber ihn völlig bemeistert und mit mehr oder weniger künstlerischer Vollendung zur Darstellung gebracht haben. Hierher gehören die Bilder von Bleibtreu (Katzbach) und Camphausen (Übergang bei Kaub). Der letztere ist der bedeutendere, wiewohl eine unserer kritischen Autoritäten dem Bleibtreu neulich die Ehre erwiesen hat, in einer umfangreichen Broschüre eine Parallele zwischen ihm und Scherenberg zu ziehen. Das Katzbach-Bild hat *ein* großes Verdienst – der Siegessturm, der Kehraus, die unwiderstehliche Vorwärts-*Bewegung* ist in überaus glücklicher Weise wiedergegeben. Man sieht das Heer der Sieger wie eine anschwellende Woge hereinbrechen, vor der kein Widerstand mehr möglich. Diese Lokalität des Moments ist vortrefflich zur Anschauung gekommen. Wir fühlen uns von dem Siegeswahn angenehm berührt, fast wie mit fortgerissen, aber hieran müssen wir uns genug sein lassen; wir dürfen nicht weiter forschen; im Einzelnen bietet das Bild wenig oder gar nichts, keine Köpfe, keine Gruppen, die irgend im Stande wären, unser Interesse in Anspruch zu nehmen. Die Figuren sind wie Töne, die auf eine gewisse Distanz sinnvoll und harmonisch zusammenklingen, – die Nähe aber bringt Enttäuschungen.

Wie anders da das Camphausensche Bild. Lange hat er nach dem Rechten gesucht, ohne es finden zu können – diesmal ist es ihm geglückt. Wir sehen den zu beiden Seiten von beschneiten Bergketten eingefaßten Rhein, der in winterlichem Grau sich durchs Tal schlängelt. In der Mitte des Flusses die alte Pfalz, Schloß Kaub, eine Schneekappe auf dem Turmdach. Der größere Teil der Armee befindet sich bereits am jenseitigen Ufer; schwarze Husaren mit den Totenkopf-Mützen schwenken eben ein und sperren, für die letzte Infanterie-Kolonne, die noch diesseits postiert ist, vorläufig den Weg. Die Achselklappen und ein großer Montierungswagen, der auf seinem Leinwanddach die Worte: »14. schlesisches Landwehr-Regiment« trägt, sagen uns genau, wen wir im Vordergrunde, als die Hauptfiguren des Bildes, vor uns haben. Ein wenig weiter zurück, auf einem Felsenvorsprung, halten Blücher und Gneisenau zu Pferde, an der Porträt-Ähnlichkeit kenntlich, neben ihnen eine dritte Generalität, vielleicht York. Unser Interesse, viel mehr noch als auf die Feldherren-Gruppe oder auf den landschaftlichen Reiz des Bildes, konzentriert sich auf die 12 oder 20 Landwehrmänner im Vordergrunde, unter die sich die ländliche Bevölkerung der Nachbarschaft, Männer und Frauen allergemütlichst gedrängt haben. Einer mit dünnem aber langem weißen Haar, der peroriert und Auskunft gibt, ist dem alten Hansemann täuschend ähnlich; daneben Dorfmädchen, die den energischen Landwehrkuß halb abwehren halb willkommen heißen und Bauern, die ihren 11er Rotwein an die durchgefrornen Landwehrmänner zum Besten geben. Diese selbst sind die Hauptsache. Ein halbes Dutzend Gestalten sind von einer hinreißenden Liebenswürdigkeit; namentlich ist ihm die Abstufung des geistigen Ausdrucks in den verschiedenen Köpfen, vom Assessor und Regierungsrat an, der nun die Landwehruniform trägt, bis herunter zum Großknecht oder Kossätensohn aus der Nähe von Glogau, ganz vorzüglich gelungen. Man sieht hier auf einen Blick den *Volkskrieg*, die Beteiligung *aller* am Kampfe gegen den Erbfeind, die Scherenberg so glänzend in den zwei Zeilen ausgedrückt hat:

Und *all'* die Stimmen *ein* Gebet:
»Erlös' uns, Herr, von diesem Übel.«

Ein Tambour, der Zahnschmerzen hat, und seine Backen hinter
den Uranfängen eines *cache nez* gegen die kalte Morgenluft
schützt, daneben ein anderer (ein Landwehrmann, wie er im
Buche steht), den ganz ersichtlich nur noch der Aßmannshäuser beschäftigt und der sich nicht wundern würde, Napoleon
und den alten Blücher auf der Stelle Bruderschaft trinken zu
sehen, zählen zu dem Liebenswürdigsten, was man sehen
kann.

In den Zeiten der sixtinischen Madonna leben wir nicht
mehr, und Bilder, wie die Corneliussche Hekuba oder die Kaulbachsche Hunnenschlacht werden nur einmal, nur selten gemalt. Mittlerweile wollen wir froh sein, wenn uns jede Ausstellung Arbeiten bringt, die würdig sind, neben Camphausens
»Rheinübergang« zu rangieren.

I

Seit etwa vier Wochen haben sich die Säle unserer alle zwei Jahre wiederkehrenden Kunstausstellung aufs Neue dem Publikum geöffnet, und unangefochten von den ernsteren Fragen, die seither unser öffentliches Leben beschäftigten, erweist sich, wie wir aus einem zahlreichen Besuche glauben schließen zu dürfen, das Interesse an den Neuschöpfungen heimischer Kunst als völlig unvermindert. Und mit Recht. Wenn auch die Lösung *höchster* Aufgaben vielleicht in keinem einzigen Falle verwirklicht, ja kaum versucht worden ist, so begegnen wir doch einer ganzen Anzahl gelungener Bilder, so daß wir vielleicht nicht zu viel sagen, wenn wir der gegenwärtigen Ausstellung das Lob zusprechen, daß sie an *Durchschnittswert* (so weit unsere Kenntnis reicht) die Mehrzahl der früheren überragt.

Unter den (ungefähr) 800 Ölbildern, die sie aufweist, ist das *Genre* besonders reich und glücklich vertreten. Wir beschäftigen uns heut ausschließlich mit jenem Bruchteil desselben, das den Namen des »historischen Genres« führt und wenden uns innerhalb desselben zunächst jenen Bildern zu, die ihren Stoff speziell aus der *vaterländischen* Geschichte entnommen haben. Die hierher gehörigen Bilder, etwa ein Dutzend an der Zahl, sind, wie sich denken läßt, von ungleichem Wert, aber die ganze Gattung ist eine so glückliche und wie uns scheinen will, so mit Recht bevorzugte, daß sich selbst dem weniger Gelungenen ein unverhältnismäßiges Maß von Interesse zuwendet. Die glückliche Wahl des Gegenstandes, die Macht des Stoffs, hält schadlos für künstlerische Mängel. Es verhält sich mit dem »historischen Genre« innerhalb der bildenden Kunst, wie es sich mit der Romanze innerhalb der Dichtkunst verhält. Die Romanze kann selbst dann noch gefallen, wenn sie mittelmäßig ist. Sie bietet doch immer *etwas* (das erhebt sie über eine inhaltlose Lyrik) und bietet dies Etwas in *bescheidener Form,* – das hat sie vor dem Drama voraus, dessen Inhalt, wenn es mittelmäßig ist, in keinem Verhältnis steht zu seinen *Prätensionen.* Ein ganz ähnliches Verhältnis, wie zwischen Romanze und Drama, herrscht zwischen historischem Genre und wirkli-

cher Historienmalerei. Bei einem wirklichen historischen Bilde
vermag der bloße Stoff, wie interessant er immer sein mag, für
die künstlerischen Mängel nicht schadlos zu halten. Der
Künstler, indem er die höchsten Formen wählte, hat gleichsam
die Brücken abgebrochen und durch den innerlichen Anspruch,
oft auch durch die bloßen Dimensionen, in denen er auftritt,
erklärt: siegen oder sterben zu wollen. Nicht so das historische
Genrebild. Wie viele Mängel es aufweisen mag, in seiner
glücklichen Mischung von stofflichem Inhalt und bescheidener
Form wird es immer eines gewissen Vorzugs genießen vor jenen Bildern, die entweder (ohne im Übrigen besser zu sein)
jeglichen Inhalts entbehren, oder diesen Inhalt (wie bei mittelmäßigen historischen Bildern geschieht) prätensiöser vorführen, als es die Kraft des Künstlers erlaubt.

Bei Besprechung der Bilder, die wir heute im Auge haben,
verfahren wir (den Gegenständen nach) chronologisch und beginnen mit *Hermann Kretzschmers* »Landung des großen Kurfürsten auf Rügen«.

Zur Rechten liegt, den Stern des Schiffes dem Beschauer zu-
gekehrt, das Admiralschiff unter van Tromp; zur Linken die
Insel Rügen. Zwischen Flotte und Insel schwimmt das Boot,
das die Fahne Brandenburgs, und neben Matrosen und Kriegs-
leuten, die Gestalten des großen Kurfürsten und des alten
Derfflingers trägt. Das Bild hat etwas Frisches und diese Frische
sowohl, wie die wohlbekannte Gestalt des großen Kurfürsten,
die uns immer wieder wohltut, wo immer wir ihr begegnen
mögen, werden dem Bilde (und mit Recht) seine Erfolge sichern. Die Tage dürften nicht allzufern sein, wo diese »Landung des großen Kurfürsten auf Rügen«, neben Eybels »Der
große Kurfürst bei Fehrbellin«, seinen Ehrenplatz einnehmen
wird. Es wird, beiläufig bemerkt, in der Tat durch ein solches
Pendant einem bei Zimmereinrichtungen oft empfundenen
Bedürfnisse auf das Wünschenswerteste abgeholfen. Wir haben bis hierher mit Freuden Gelegenheit genommen, das Ansprechende des Bildes hervorzuheben; andererseits können wir
leider mit gewissen Bedenken nicht zurückhalten, noch dazu
mit Bedenken, die sich gegen das Ganze richten. Der Gegenstand, wenigstens wie ihn der Maler vorgeführt hat, ist ohne
eigentliches Interesse und die Komposition entbehrt der *Originalität.* Wir haben das Bild nicht betrachten können, ohne an
Benjamin Wests »Die Schlacht bei La Hogue« und an Leutzes

»Washington crossing the Delaware« erinnert zu werden. Noch anderen Anklängen glaubten wir zu begegnen. Tuen wir dem Künstler darin Unrecht, so bedauern wir es. Aber andererseits wissen wir auch, daß der Anblick eines wirklich originalen Kunstwerkes niemals die Erinnerung an etwas früher Gesehenes in solcher Weise in uns geweckt hat. Der andere Mangel, den wir andeuteten, ist der, daß es dem Hergang an einem rechten Interesse gebricht. Die Teilnahme, die geweckt wird, knüpft lediglich an die Gestalten des großen Kurfürsten und des alten Derfflingers an, aber dies ist eine Teilnahme, wie wir sie den Porträtköpfen bekannter Personen gegenüber empfinden und ist keineswegs zu verwechseln mit dem Interesse an einem geschilderten Hergang: das Ganze ist überwiegend Tableau. Es geschieht nichts, was unsere Teilnahme wachrufen könnte und die Geschichte, die aus den *Dingen* nicht spricht, spricht ebenso wenig aus den *Köpfen*. Auch auf dem Leutzeschen Bilde geschieht nicht eigentlich etwas, aber jede Eisscholle – der Köpfe ganz zu geschweigen – predigt Geschichte. Das entbehren wir hier.

Kretzschmer hat noch ein zweites Bild ausgestellt, das ebenfalls dem historischen Genre angehörend, seinen Stoff aus der vaterländischen Geschichte genommen hat: »Ein Reiterstück des General von Seydlitz«. Der Hergang wird in der Varnhagenschen Biographie des berühmten Reitergenerals folgendermaßen geschildert: »Einst traf er (Seydlitz) in der Gegend von Ohlau beim Spazierenreiten auf eine Halbkutsche, die sehr langsam im Sande hinfuhr, ein Landprediger und dessen Frau saßen darin; Seydlitz betrachtete das Fuhrwerk, dessen Vorderteil sehr gestreckt war und also zwischen Kasten und Kutscherbock einen ziemlichen Raum ließ. Der muntere Reiter besinnt sich nicht lange, gibt seinem Pferde die Sporen und setzt über den Wagen hinweg, alle seine Begleiter eben so hinter ihm drein, zum großen Schrecken der darin Sitzenden, die aber ganz unbeschädigt blieben.« So Varnhagen. Dies ist ein wahrer Musterstoff für ein historisches Genrebild, ein Stoff von solcher innewohnenden humoristischen Kraft, daß selbst eine Darstellung, die ihre Mängel hat, die Wirksamkeit des Stoffes verhältnismäßig wenig beeinträchtigt. Vielleicht aber tun wir dennoch Unrecht, überwiegend von einer Wirksamkeit des Stoffs zu sprechen; es kommt noch ein wesentlich anderes hinzu. Kretzschmer hat allerpersönlichst (d. h. der *Mensch* in ihm, ganz abgesehen vom *Künstler*) eine besondere Begabung für die Darstellung dieser und ähnlicher Vorgänge, weil seine humoristische Natur es ihm gestattet, den Hergang, von dem er hört oder liest, sofort in seiner ganzen Komik leibhaftig vor sich zu sehen. Er nimmt dies im Geist lebendig Geschaute, hinterher als ein Geistiges, Innerliches mit in seine Bilder hinüber, in denen dieser Humor nun wirksam bleibt, was immer auch die Mängel sein mögen, die sich später, bei Überwindung gewisser technischer Schwierigkeiten einstellen. An solchen technischen Schwierigkeiten ist nun hier kein Mangel. Insoweit erscheinen sie uns gelöst, als der Künstler eine knäuelhafte Anhäufung, die gewiß sehr schwer zu vermeiden war, mit geschickter Hand überwunden hat. Wir sehen den Vorgang in aller Klarheit: vorne die Wagenpferde, hinter diesen, in der Luft schwebend, den Seydlitzschen Schimmel, und hinter Seydlitz wiederum das entsetzte Ehepaar im Fond der Kutsche; – aber so glücklich der Künstler nach dieser Seite hin, also in Gruppierung und Komposition, gewesen ist, so hat er uns dennoch andererseits nicht ganz die Überzeugung beibringen können, daß es, was das Tiermalerische angeht, alles seine Richtigkeit habe. Wir möchten wohl wissen, wie der Pferde-Krüger *diese* Seite des Bildes beurteilt haben würde; oder ob nicht, eine aus Ansdell, Rosa Bonheur und Steffeck zusammengesetzte Untersuchungskommission, einzelne Bedenken gegen die Richtigkeit des Seydlitzschen Schimmels, vielleicht auch gegen die beiden Braunen, äußern würde. Man hat nicht leicht Gelegenheit, einen solchen Seydlitz-Sprung zu *sehen*, drum ist es auch so schwer, ihn zu *malen*. Es ist ein heiteres, liebenswürdiges Bild, aber die humoristische Auffassung darin, ist uns doch fast größer erschienen, als die Darstellung.

Wir wenden uns nun zwei konkurrierenden Arbeiten zu, den beiden Bildern von K. Cretius und Oskar Begas, die beide den »Empfang der Salzburger Protestanten«, und zwar *Cretius* ihr Eintreffen am Leipziger Tore in Berlin, *Begas* ihr Erscheinen vor dem Stadtschlosse in Potsdam, als Gegenstand gewählt haben. Beide Bilder, bei vieler Ähnlichkeit in Auffassung und Komposition, haben doch auch ihre wesentlichen Verschiedenheiten, wobei wir das Abweichende der Lokalität, als ziemlich irrelevant, ganz außer Betracht lassen. Dem Publikum scheinen beide Bilder gleich lieb zu sein; sollten wir eine Entscheidung treffen, so würden wir dem Begasschen Bilde den Vorrang einräumen, wiewohl auch das Cretiussche einzelne Vorzüge hat. Das Begassche Bild lehnt sich an folgende Stelle einer Chronik aus dem Jahre 1732 an: »Am 29. April kamen die Salzburger Protestanten nach Potsdam, wo sich damals König Friedrich Wilhelm I. aufhielt. Als sie vor das *Schloß* kamen, wurde ihnen befohlen, in dem Garten stille zu stehen. Der König nahm sie selber in Augenschein. Er versicherte die Emigranten seiner Gnade mit diesen Worten, die er oftmals gegen sie wiederholte: Ihr sollt es gut haben, Kinder, Ihr sollt es gut bei mir haben.« Der König, der Kronprinz (der spätere Friedrich II.), einige Hofleute, Volk, Geistliche, eine Schildwacht mit der charakteristischen Grenadiermütze, füllen die rechte Seite des Bildes; zur Linken die sich eben zu Gruß und Huldigung herandrängenden Salzburger. Um mit dem Äußerlichsten zu beginnen: Die Szenerie, die Staffage ist meisterhaft und vielleicht die glänzendste Seite des Bildes. Das Frisch-Frühlingshafte ist vorzüglich getroffen, sowohl im Luftton, wie in dem Baum (im Vordergrunde), der eben die ersten grünen Spitzen treibt. Eine eben solche Zustimmung verdient der glückliche Gedanke des Malers, den wohlbekannten Potsdamer Garnisonkirchenturm (in der Kirche selbst ruhen seitdem nebeneinander die beiden Hauptgestalten dieses Bildes: Friedrich Wilhelm I. und Friedrich II.) noch in sein hohes *Baugerüst* gekleidet, dem Beschauer vorzuführen. Wenden wir uns nun den Gestalten selber zu, so finden wir, daß sich, zu einer klaren und übersichtlichen Gruppierung, überall eine scharfe Individualisierung oder doch – selbst da noch, wo wir nicht zustimmen können – wenigstens das entschiedene Streben nach charaktervoller Darstellung gesellt. Durchaus gelungen erscheint uns die Hauptfigur, die Gestalt des Königs. Weniger hat uns der Kronprinz befriedigt. Wir möchten sagen, er blickt viel zu »steif ehrbar« drein. Vergegenwärtige man sich Alles, was wir über Sinnesart und Beschäftigung des damals 20jährigen Kronprinzen wissen, so wäre vielleicht ein Ausdruck zu wünschen gewesen, der dem Charakter des Prinzen schärfer entsprochen hätte. Auch die linke Seite des Bildes (die Salzburger) befriedigt uns nicht in Allem. Wir begegnen hier demselben Streben nach Charakterisierung, aber wir möchten nicht sagen, daß überall das Richtige getroffen sei. Was das Kostüm angeht, das sich bemüht, salzburgisch zu sein, so könnten einige Gestalten vielleicht *mehr* davon haben, während es anderen zum Vorteil gerei-

chen würde, sie träten etwas weniger national-kostümlich auf.
Der Alte in grüner Jacke, der gebückt und die Hände faltend an
den König herantritt, macht mehr den Eindruck eines Slawen als
eines Salzburgers und ruft uns weniger das Bild eines Emigranten vor die Seele, der Glaubens halber sein Vaterland verlassen
hat, als vielmehr das Bild eines polnischen Bauern, der seinem
Gutsherrn den Rockzipfel küßt. Ähnliche und doch entgegengesetzte Bedenken haben wir gegen die Mädchengestalt, die mit
Mieder und tyroler Spitzhut, vorzugsweise das Salzburgische
zu repräsentieren hat. Wir bilden uns nicht ein, in der Salzburger Kostümfrage von 1732 besonders bewandert zu sein, räumen auch ein, daß Nationaltrachten durch Jahrhunderte hin
etwas Konstantes haben, dennoch müssen wir bekennen, daß
uns dies hübsche Gebirgskind etwas allzu modern berührte.
Dieser Eindruck wird durch das Gesicht des Mädchens allerdings
sehr wesentlich unterstützt. Sie lehnt sich an den Baum, guckt
etwas hervor und blickt zu dem ziemlich dicht vor ihr stehenden
König mit einer schelmischen Vertraulichkeit hinüber, als wolle
sie ihn auffordern, »Bäumchen, Bäumchen, verwechselt euch«
mit ihr zu spielen. Nun war aber Friedrich Wilhelm I. wirklich
der letzte, in dessen *Jupiter tonans* Gegenwart, arme Emigran-
tentöchter hätte die Lust anwandeln können, ihre Verlegenheit
hinter kokettem Spiel zu verbergen.

Das Cretiussche Bild ist weniger reich an Figuren; dafür treten, neben der Gestalt des Königs, die Gestalten zweier Hofleute
(der eine vielleicht Gundling) mehr hervor. Der König ist sehr
charakteristisch gehalten, vielleicht *zu* sehr, besonders in seiner
hyperstraffen Haltung, die etwas so Steif-Komisches hat, als
würde (man verzeihe diesen Vergleich) eine einzelne Soldaten-
puppe, auf der Spitze eines sogenannten Storchschnabels, in die
Mitte des Bildes hineingeschoben. Die andere Seite des Bildes,
wo die Salzburger teils noch *unter* der Tor-Einfahrt, teils *vor*
derselben lagern, ist sehr malerisch, sehr glücklich gruppiert
und in einzelnen Gestalten, auch nach der Seite der Charakteristik hin, vorzüglich gelungen. Abbruch erleidet diese Gruppe
aber namentlich durch eine weibliche Ideal-Figur, die ziemlich
mal à propos und die ganze Szene eigentlich verwirrend, mitten
in den Emigrantenzug hineingestellt ist. Diese Figur wäre an
dieser Stelle, d. h. inmitten dieser Salzburger, unter allen Umständen ein Fehler; sie wird es aber hier doppelt, weil sie den
Beschauer in seinem ersten Gedanken, den er bei Betrachtung

des Bildes aufsteigen fühlt, notwendig *bestärken* muß. Man glaubt nämlich (ehe man den Katalog befragt hat) eine Anzahl bettelhaften Wander-Volkes vor sich zu sehen, das, unfähig die Accise (man liest eigens dies Wort neben der Torwache) zu bezahlen, die Gnade des Königs angerufen und dessen Dazwischenkunft veranlaßt hat. Schwankte man aber noch, so würde man eben aus der Anwesenheit dieser halb romanischen, halb zigeunerhaften Idealschönheit, die Gewißheit herleiten, daß wir es hier mit jenem üblichen Zigeuner- und Vagabondentum zu tun haben, dem man das traditionelle poetisch-romantische Beiwerk gelassen hat. Dies schöne Mädchen mit dem Gemsstock, aus dem Bilde herausgenommen, wäre ein hübsches Genrebild; unter den einwandernden Salzburgern aber, schön, wie sie ist (ja, *weil* sie es so sehr ist) ist sie deplaciert. Sollen wir schließlich noch einmal unser Urteil über *beide* Bilder, in ihrem Verhältnis zu einander, zusammenfassen, so möchten wir sagen, daß das Cretiussche Bild (den Zug falscher Idealität abgerechnet) vielleicht weniger Punkte aufweist, gegen welche sich kleinere oder größere kritische Bedenken erheben ließen, während freilich das Begassche Bild des Vorzuges genießt, gegen eine Anzahl vielleicht zu beanstandender Einzelnheiten, ganz eklatante Vorzüge in die Waage zu werfen.

Wir kommen nun in die eigentlich Friderizianische Zeit und nehmen zunächst unseren Stand vor einem Bilde von *Fritz Schulz:* »Prinz Heinrich präsentiert als erster Werber in Schlesien ein junges Brautpaar, welches er im ersten Nachtquartier für sein Regiment angeworben, dem Könige und dem Grafen Schwerin«. Der Gegenstand ist gut gewählt und hätte unter Umständen ein vorzügliches Genrebild bieten können. Wie es ist, ist ein guter Erfolg nur halb erreicht. Die Anordnung ist geschickt genug und die Gestalt des langen, ungeschlachten Bräutigams, der halb unglücklich und verlegen, halb gehoben durch seine neue Würde, in der ihm schlottrig sitzenden Grenadier-Uniform dasteht, ist durchaus nicht ohne komische Wirkung; auch die neben ihm stehende Braut ist keine üble Figur. Aber hiermit haben wir auch die Vorzüge des Bildes erschöpft. Die drei übrigen Gestalten: der König und Graf Schwerin zu Pferde, so wie der Meldung machende Prinz Heinrich zu Fuß, sind sehr schwache Leistungen. Nicht einmal für die nötige Porträt-Ähnlichkeit ist gesorgt, und sieht z. B. Graf Schwerin dem *jetzigen* Grafen Schwerin (dem ehemaligen Minister des Innern) viel

ähnlicher, als dem damaligen Grafen Schwerin, dem Feldmarschall. Wir würden diesem Bilde kaum so viel Aufmerksamkeit
geschenkt und dasselbe kaum so eingehend besprochen haben,
wenn wir nicht ein Gefühl davon hätten, daß hier ein sehr hübsches Talent steckt, aber freilich ein Talent, das sich zusammen-
nehmen und ernster werden muß, wenn etwas wirklich Tüchtiges daraus werden soll. Der junge Maler, wie wir dem Katalog
entnehmen, lebt jetzt in Paris; möge er gute Frucht von diesem
Aufenthalte ziehen, d. h. etwas Besseres als bloße Machfertigkeit.

Nicht von *Fritz Schulz*, sondern von dem seit Jahren in Neu-
ruppin lebenden *Professor Schulz* befindet sich ebenfalls ein Bild
auf der Ausstellung, das seinen Gegenstand der Friderizianischen Zeit entnommen hat. Der große König tritt selber auf.
»Friedrich der Große und Marquis d'Argens« – so nennt sich das
Bild, – sind eben von Sanssouci herabgestiegen und schicken sich
an, im Park zu lustwandeln. Die unvermeidlichen Windspiele
sind um sie her. Das Bild hat eine etwas saft- und kraftlose Farbe
und erinnert an die Öldruckbilder, deren sich in dem bekannten
gefürchteten Saal mit dem ominösen Namen mehrere vorfinden. Diese ganze Art der Behandlung, wenn sie jemals ihre Zeit
hatte, ist jetzt veraltet; man malt jetzt nicht mehr so. Der Hintergrund ist nicht ohne Reiz; aber die beiden alten Herren im
Vordergrund, der König und der Marquis, sind doch entschieden
das, was sie nicht sein sollen – zwei komische Figuren. Zwei
solche Nasen, eine deutsche und eine französische, haben entweder nie existiert, oder sind wenigstens nie gemalt worden.
Das ganze Bild macht den Eindruck, als fänden sich beide alte
Herren eigens hier zusammen, um über die Frage zu entscheiden, wer die größte hat. Alte Reminiszenzen an die Epigramme
auf Herrn Wahls große Nase wurden beim Anblick des Bildes in
uns lebendig. Wer es gesehen hat, wird wissen, daß wir keineswegs übertreiben.

Der Zeit des großen Königs gehört auch *Dr. Otto Heydens*
»Schwerin in der Schlacht bei Prag« an. Es ist nicht viel darüber
zu sagen. Es ist eine Komposition, die als Lithographie oder
Kupferstich, jeder Geschichte des 7jährigen Krieges, als gelungene Illustration beigegeben werden könnte; darüber hinaus geht es nicht, es ist völlig unoriginal; das Übliche, das
längst Dagewesene, mit einer Durchschnitts-Geschicklichkeit
vorgetragen.

Wir machen nun, wie die Bilder selbst, einen Sprung und befinden uns inmitten der Befreiungskriege. Über F. Dietz' »Das ostpreußische Kürassier-Regiment, unter Major Friedrich v. Wrangel, schlägt sich durch die feindliche Infanterie bei Etoges am Abend des 8. Februar 1814« gehen wir hinweg; eben so über Friedrich Kaisers »Das erste Garde-Regiment in der Schlacht von Paris«. Dem letzteren Bilde geben wir indes unter den genannten beiden, entschieden den Vorzug; ohne sich zu etwas Besonderem zu erheben, ist doch der Märzen-Ton in dem Kaiserschen Bilde gut getroffen und die Aktion frisch und lebendig, während einzelne Figuren von einer gewinnenden Charakterisierung sind; namentlich der junge Offizier, mit einem Gesicht wie Milch und Blut und einer ruhig-vornehmen Haltung, als stünde er im Salon.

Wir treten nun an *Bleibtreus* »Schlacht bei Großbeeren« heran. Es ist ein echter Bleibtreu, mit seinen Vorzügen und Schwächen. Das was Bleibtreu vor allen Schlachtenmalern, die wir kennen (auch die französischen nicht ausgenommen) voraus hat, ist das Element der Bewegung und zwar rapider Bewegung. Den Schlachten-*Sturm* hat bisher Niemand in ähnlich glänzender Weise zur Anschauung gebracht. Man fühlt sich wie miterfaßt; der Enthusiasmus einer großen Zeit weht, wieder neu, durch alle diese Bilder und reißt Herz und Sinne mit sich fort. Wie man Lust kriegt, mitzumarschieren, wenn bei voller Musik die Truppen durch die Straßen ziehen, so überlaufen auch, angesichts dieser Bleibtreuschen Bilder, die süßen Schauer von Kampf und Sieg, jedes noch nicht ganz verknöcherte Herz. Diese Bilder sind wie Trompetenklang; die Augen werden größer und das Herz schlägt höher. Es ist alles Poesie, Leben, Feuer, »Zug«. Dennoch fehlt ihnen mancherlei. Vielleicht weil Alles zu einem einzigen Ton zusammenklingt, weil der Maler (fast mehr als ein *Ton*künstler, als ein plastischer Bildner) Alles darauf hinlenkt, eine einzige große Wirkung, eine einzige Empfindung: den Freiheits- und Schlachten-Enthusiasmus zu erzeugen, – vernachlässigt oder richtiger vielleicht *beeinträchtigt* er die Details seiner Bilder; er kann keine Episoden, keine sich einzeln geltend machenden Gruppen und Gestalten gebrauchen (sie würden den Effekt stören, den er haben will) und so produziert er Bilder, die eben, wie schon angedeutet, mehr Klang als Form haben. Eine wilde Jagd braust vorüber und erschüttert oder behext uns; aber das Ganze, wenn wir

nach dem Bildnerischen fragen, war, bis zu einem gewissen
Grade, schemenhaft-unplastisch; eine Gesamtwirkung bleibt,
aber wir haben mehr Schatten als *Gestalten* gesehen. Auf
dieser »Schlacht bei Großbeeren« macht eigentlich nur der
freiwillige Jäger im Vordergrunde eine Ausnahme, eine Figur,
gegen die sich manches sagen läßt (z. B. daß sie etwas zu theatralisch sei) aber wenigstens an Plastik gebricht es ihr nicht.
Auch prägt sie sich ein, vielleicht zu sehr.

Wir haben in Vorstehendem einen Versuch gemacht, das Eigentümliche der Bleibtreuschen Bilder zu charakterisieren. Ihre Vorzüge sind sehr groß; aber wir müssen hinzusetzen, sie
waren größer, als sie jetzt noch sind. Es liegt das einfach darin,
daß gewisse kühn-genialische Würfe nicht *zweimal* gemacht
werden dürfen. Das Übliche (wir meinen es hier in gutem Sinne) kann in leiser Variation hundertfach wiederholt werden,
nicht so das Abweichende oder was außerhalb der Regel liegt.
Kaulbach ist klug genug gewesen, etwas Hunnenschlacht-arti-
ges nicht zum zweiten Mal zu malen und Bleibtreu hätte klug
getan, es bei *einem* Sturm-Bild bewenden zu lassen. Auch
wenn das zweite absolut nicht schlechter ist, als das erste, so
bleibt es doch hinter diesem zurück, einfach weil es das zweite
ist. Übrigens freuen wir uns, daß der vortreffliche Maler selbst
sehr ähnliches empfunden zu haben scheint. Wir schließen es
daraus, daß das zweite Bild, das sich von ihm auf der Ausstellung befindet, den »Sturz der Irmensäule durch Karl den Großen« darstellt. Wir können nicht sagen, daß es uns besonders
angesprochen hätte, aber wir begrüßen es deshalb, weil es das
richtige Bestreben zeigt: mal etwas Anderes.

Wir kommen auf dies zweite Bild Bleibtreus, bei Anführung
der eigentlichen historischen Bilder, noch einmal ausführlicher
zurück. Zunächst verweilen wir noch beim historischen Genre
und versparen uns die Besprechung einzelner dahin gehöriger
Bilder, für die wir heute nicht Raum fanden, bis zu unserem
nächsten Artikel.

II

Wir haben uns in unserm ersten Aufsatz, bei Gelegenheit des
schönen und poetischen Bildes G. Bleibtreus »Die Schlacht bei
Großbeeren«, ausführlicher über die Art der Bleibtreuschen

Schlachtenmalerei überhaupt ausgesprochen; desto kürzer
können wir jetzt über Moritz Blanckarts' (in Düsseldorf)
»Schlacht bei Möckern« sein. Der gewählte Gegenstand ist interessant genug. Es ist der Schlußmoment der Schlacht; mit
einem »Kinder, da blüht euer Weizen« schickt der alte York das
berühmte litauische Dragoner-Regiment (das, beiläufig bemerkt, mit Ausnahme des Tages von Montmirail, immer siegreich war) zur letzten und entscheidenden Attacke vor. Diese
»Litauer«, den alten York mitten unter ihnen, sehen wir jetzt
heranstürmen, aber sie ermangeln ganz und gar jenes eigentlichen Sturmelements, das so siegreich in allen Bleibtreuschen
Reiterangriffen, z. B. in seinem Katzbach-Bilde, weht. Was
aber sollen wir erst sagen beim Anblick jener französischen
Marinesoldaten, die rechts in der Ecke Quarré formiert haben
und so steif und abgezirkelt dastehen, wie die Puppen auf
einem Schachbrett! Sie sehen aus, als wäre jedem einzelnen
der Raum mit dem Zirkel zugemessen worden. Beim Anblick
dieses »feindlichen Quarrés« mußten wir jenes berühmten
Schlachtenbildes (Hochkirch) eines unserer Meister gedenken, dem seinerzeit der Vorwurf gemacht worden war, daß
kein Feind auf ihm entdeckt werden könne. Hätte sich doch
Blanckarts daran ein Muster genommen und uns *diesen* Feind
erspart! Die Litauer hätten wir ertragen, aber diese unglücklichen »Angriffsobjekte« mit dem roten Czakobusch, – das ist zu
viel.

Zurückgreifend, ehe wir weiter gehen, in die in unserem
ersten Artikel bereits besprochene Friderizianische Zeit, erwähnen wir nachträglich noch eines Bildes von E. Hünten in
Düsseldorf: »Heckefeuer preußischer Infanterie auf irreguläre
Kosaken 1758«. Es ist das ein bescheiden auftretendes Bild, das
nichtsdestoweniger wohl Anspruch darauf hat, an dieser Stelle
genannt zu werden. Es bietet uns, wenn wir nicht irren, eine
Episode aus der Schlacht bei Zorndorf, ein zerstreutes Gefecht
entlang an einer jener Wasserrinnen, die unter den mannigfachsten Namen (der »Zabergrund«, der »Galgengrund« etc.)
damals wie heut das Schlachtfeld von Nord nach Süd durchziehen. Die Szenerie ist malerisch: ein tief einschneidender Bach
mitten in einem Kornfeld, das, rechts und links hin leise ansteigend und überall mit rotem Mohn betupft, hüben und drüben
zum Schauplatz wird für einen ungleichen Kampf. Links preußische Grenadiere, zum Teil durch Bäume gedeckt, rechts Kal-

mücken und Kirgisen, Steppenreiter in malerischem Kostüm, mit Bogen und Pfeil und dem wohlgefüllten Köcher auf dem Rücken. Das Bild gibt sich einfach als Genrestück, verrät aber zugleich ein Studium und eine Akkuratesse, wodurch es sich, wie von selbst, in eine höhere Gattung erhebt. Dasselbe gilt von zwei Bildern C. Sells in Düsseldorf, die uns, gemütlich in der Auffassung, sauber in der Ausführung, etwas aus dem Kriegs- und Soldatenleben der schleswig-holsteinschen Campagne reproduzieren. Die »Dragoner-Patrouille« namentlich ist ganz vortrefflich gemalt und erhebt sich weit über jene üblichen Compagnie- und Regiments-Erinnerungsbilder, die in der Regel mehr von dem Kunstzustand eines Regiments, als von dem Regiment der Kunst verraten.

Wir kehren nach diesen Abschweifungen wieder in die Zeit der Befreiungskriege zurück und wenden uns zunächst einem im Uhr- oder Eingangssaal ausgestellten Bilde *Camphausens* zu: »Die Begegnung Blüchers und Wellingtons am Abend der Schlacht bei Belle-Alliance«. Wir müssen vorweg zu unserem Bedauern aussprechen, daß dies Bild des mit Recht gefeierten Schlachtenmalers in keiner Weise an seine früheren Arbeiten hinanreicht, am allerwenigsten an den »Übergang bei Kaub am Rhein«, ein Bild, das eine Zierde der vorigen Ausstellung, und wenn nicht der Glanzpunkt derselben, so doch jedenfalls der Gegenstand des allgemeinen Interesses war. Dies Interesse nun, trotz der drei Zauberworte: Blücher, Wellington und Belle-Alliance, steht dem diesjährigen Camphausenschen Bilde ganz und gar nicht zur Seite und wir bekennen offen, daß wir, wenn wir nicht eigens von dem Bilde gehört und in Folge dessen unsere *pflichtmäßige* Aufmerksamkeit darauf gerichtet hätten, aller Wahrscheinlichkeit nach gleichgültig an demselben vorübergegangen wären. Der Ort, an dem es aufgestellt ist, spricht dafür, daß die betreffende Kommission nicht wesentlich günstiger über das Bild gedacht hat, als wir selbst. Es scheint ein künstlerischer Unstern über dieser Begegnung »Englands und Preußens« – in zwei seiner Typen, wie sie nicht schöner gedacht werden können – zu walten. Derselbe Gegenstand ist verschiedentlich von englischen Malern behandelt worden und eins dieser Bilder hat im Kupferstich (Aquatinta-Manier) vielfache Verbreitung auch auf dem Kontinent gefunden. Aber es ist den Engländern ergangen wie Camphausen und Camphausen wie den Engländern, – es ist nichts Hübsches, am wenigsten etwas Hohes und Ergreifendes dabei herausgekommen. Was speziell das Camphausensche Bild angeht, so genügt es seiner Aufgabe so wenig, daß wir, wenn wir Blücher und Wellington nicht kennten und von einem Tage von Waterloo nichts wüßten, die ganze Szene, wie sie da vor uns steht, dahin interpretieren würden: ein alter General hat sich verirrt, begegnet einem vornehmen Herrn (vielleicht dem Besitzer des Grund und Bodens), den er von früher her oberflächlich kennt, reitet an ihn heran, reicht ihm die Hand und fragt ihn, wie er wieder auf den rechten Weg komme? So wenig charakteristisch ist diese Begegnung gehalten. In beiden Köpfen nichts (am wenigsten natürlich in dem Kopfe Wellingtons), was daran erinnerte, daß ein Tag, wie der von Waterloo, hinter ihnen liegt. Das Steifenglische des Lords wird hier bis zur Indifferenz, wir möchten sagen, bis zum *nichts*, gesteigert und das ist doch ein gut Teil zu viel. Das Charakteristische des Moments − jeder wird diese Forderung mit uns teilen − sollte in den *Köpfen* der beiden Feldherren, oder aber in der ganzen Art ihrer Begegnung (d. h. *allerpersönlichst*) liegen; statt dessen hat uns der Maler auf allerhand *Äußerliches* verwiesen, das uns all die Aufklärung geben muß, nach der wir im Mittelpunkt des Bildes vergeblich suchen. Wir sehen im Hintergrunde ein brennendes Dorf, dessen roter Flammenschein auf die roten Uniformen einer links im Vordergrunde stehenden Hochländergruppe fällt. Auch diese Hochländergruppe berührte uns anfangs wenig angenehm und schien namentlich neben der kostbaren Bergschotten-Gestalt verschwinden zu müssen, die auf dem bekannten Bilde »Napoleon bei Waterloo« so trotzig und so malerisch zugleich dasteht, gleichsam das verkörperte »Kaiser, Du bist verloren« − aber wir freuen uns, sagen zu können, daß wir, wenigstens mit dieser Hochländergruppe Camphausens, uns schließlich halbwegs befreundet und ein Stück charaktervoller Schönheit in ihr gefunden haben. Diese drei Gestalten in der bekannten pittoresken Tracht sind jedenfalls das Beste des Bildes, namentlich der voran Stehende, der eben sein »Hurra« zur Begrüßung Blüchers laut in die Luft schreit. Es ist ein Charakterkopf, − der echte schottische Typus, breit, rotes Haar und hohe Backenknochen, die Reihe weißer Zähne hell leuchtend und die ganze Erscheinung in jene irokesenhafte Wildheit getaucht, die bis diese Stunde noch bei einzelnen Clans inmitten der Grampians zu finden ist.

Mit einem ganz vorzüglichen Bilde, das seinem Stoff nach ebenfalls den Befreiungs-Jahren angehört, machen wir für heute den Schluß und beschließen damit zugleich unsere Besprechung des »historischen Genres«. Es ist dies das Bild *G. Graefs:* »Vaterlandsliebe im Jahre 1813«. Dem Bilde ist im Katalog ein † beigefügt, zum Zeichen, daß es noch zu verkaufen sei. Wir würden uns sehr wundern, wenn es in den vier Wochen, die seitdem vergangen sind, noch keinen Käufer gefunden hätte. Das Bild knüpft an folgenden Vorgang an, über den die damaligen Zeitungen (1813) berichten: »Jeder brachte freiwillige Gaben zur Ausrüstung der Vaterlandsverteidiger. Viele gaben ihre goldenen Trauringe, welche sie gegen eiserne eintauschten; andere brachten Schmuck oder wertvolles Gerät, auch Waffen oder Tuch zu Uniformen. Ein Mädchen (wenn wir nicht irren ein Fräul. v. Scheliha), welche nichts anderes besaß, das sie dem Vaterlande geben konnte, opferte ihr schönes weiches Haar. Es wurden aus diesem Haar Ringe, Ketten und dergleichen angefertigt, aus deren Verkauf nach wenigen Wochen vier Freiwillige ausgerüstet wurden.«

Dies ist der Stoff, den der Maler wählte.* Wie hat er seine Aufgabe gelöst? Wir sehen ein geräumiges Zimmer, mutmaßlich in einem Regierungs- oder Ministerial-Gebäude. Die Bildnisse Friedrich Wilhelms III. und der Königin Luise hängen, ohne sich tendenziös vorzudrängen, nur eben noch erkennbar, an der Längs-Wand. Von einer der Seitenwände aus, zieht sich ein Tisch zur Empfangnahme der Gaben, mitten in das Zimmer hinein; hinter dem Tisch ein offenstehender Schrank, in dem wir bereits eine Anzahl Gold- und Silbersachen erblicken. Die 12 Personen des Bildes bilden mindestens 3 verschiedene Gruppen, und wiewohl sich alles in dem Bilde (und dadurch etwas Einheitliches herstellend) einer einzigen großen Idee, der Vaterlandsliebe, unterordnet, so kann man doch nicht ganz in Abrede stellen, daß (im vollen Gegensatz zu jener Hyper-Concentration, die wir an dem Bleibtreuschen Bilde nahezu getadelt haben) die *Episoden* dieses Graefschen Bildes das Interesse, wenigstens im ersten Moment, zersplittern und das Auge des Be-

---

* Auch *Hermann Schweder* hat sehr ähnliches zu malen versucht: »Sammlung patriotischer Gaben bei Errichtung der Landwehr 1813.« Das Bild ist nicht übel, aber doch ein bißchen äußerlich und kann jedenfalls die Konkurrenz des Graefschen nicht ertragen.

schauers von dem Hauptvorgange bis zu einem gewissen Grade abziehen. Und doch waren diese Episoden wieder nötig, nicht nur zur Erklärung, sondern eben so sehr zur *Vertiefung* des Eindrucks, ja wohl gar zur glücklichen Beseitigung eines schwer zu definierenden Etwas, an dem, bei minderer ästhetischer Feinfühligkeit des Malers, der ganze Erfolg hätte scheitern können. Die drei Gruppen, in ihrer Reihenfolge von der Rechten zur Linken hin beschrieben, sind folgende. Auf den Stufen, die zu einer etwas höher gelegenen Ausgangstür führen, steht ein junges Brautpaar; sie haben eben ihre goldenen Verlobungsringe gebracht und eiserne dafür empfangen; er (in der Tracht eines freiwilligen Jägers) trägt schon den einen Ring, während er den anderen an den Ringfinger seiner Braut steckt, die freudig und zustimmend zu ihm aufschaut. Links von diesem Paar erblicken wir eine junge Witwe in Trauer; sie ist eben die Stufen hinabgestiegen, ihre beiden Kinder begleiten sie; die Tochter hält ein kleines goldenes Kettchen, mit einem Kreuz daran, in Händen, während der Knabe seine Sparbüchse schwenkt. Die Witwe selbst, ergriffen, gebeugt, aber ohne alle falsche Sentimentalität, hält zwei Trauringe in der rechten Hand, den ihrigen und den Ring dessen, der ihr vorausgegangen. Man sieht es ihr an, sie wird ihm auch ohne Ring die Treue halten. Die dritte Gruppe ist komplizierter und figurenreicher. Dicht am Tisch steht ein schönes Mädchen und blickt, in einem leisen Anflug von Scham, halb vor sich nieder, halb auf die Fülle blonden Haares, die, einst ihr schönster Schmuck, nun abgeschnitten auf der Tischplatte liegt. Ein altes Ehepaar, das ebenfalls seine Trauringe gegen eiserne vertauscht hat, ein verblüfftes Dienstmädchen, das einiges Silbergerät herbeiträgt, ein ehemaliger alter Offizier mit dem *Pour le mérite*, endlich die in Empfang nehmenden Beamten, – alles blickt überrascht, gerührt, verwundert, entweder auf das schöne Mädchen selbst, oder auf den Haarschmuck, der vor ihr liegt. Namentlich der alte Offizier scheint sagen zu wollen: »Blitz und Wetter, das nenne ich ein preußisches Mädchen.«

Diese Beschreibung des Bildes wird zur Genüge gezeigt haben, daß es keine leichte Aufgabe war, die sich der Maler stellte. Ja, wir halten sie für so überaus schwieriger, weil für so überaus *delikater* Natur, daß, wenn uns der Maler vorher gefragt hätte: »Glauben Sie, daß sich das malen läßt«, wir ganz sicher die Antwort gegeben hätten: »Möglich ist alles; aber wagen Sie's

lieber nicht; hundert gegen eins, daß der Versuch mißglückt.«
Der Maler ist so klug oder so glücklich gewesen uns nicht zu
fragen und unsere vaterländische Kunst ist um ein schönes,
vielleicht makelloses Bild reicher. Die Frage bleibt uns noch zu
beantworten übrig: wodurch ist dieser glänzende Erfolg errungen? was ist es, was den Maler über eine ganze Fülle entgegen-
stehender Schwierigkeiten hat siegen lassen? Unsere Antwort
lautet: vielerlei war dazu nötig: angeborene Feinfühligkeit,
Maß, Takt, Decenz, und schließlich – mutmaßlich die Quelle
alles anderen – Tiefe und Innerlichkeit der Empfindung. Das
Vorhandensein, die künstlerische Mitwirkung aller dieser Eigenschaften, läßt sich ohne Schwierigkeit an der Hauptgestalt
seines Bildes, also an der Gestalt des schönen Mädchens selbst,
nachweisen. Sie ist nicht so schön, daß ihre äußerliche Schönheit uns von der Schönheit ihrer Tat abzöge; sie ist nicht so
jung mehr, daß das, was sie getan, uns als Aufwallung oder
Jugendübermut, und nicht so alt, daß es uns umgekehrt als
Alte-Jungfern-Marotte erscheinen könnte. So decent ist *alles*
erwogen, Großes und Kleines. Das schöne blonde Haar liegt
auf dem Tisch; aber der schlichte Wellenscheitel über der Stirn
ist geblieben, wie er war; sie hat sich ihres Schmuckes entkleidet, aber sie hat sich *nicht entstellt.* Ein weites, weißes Kopftuch, das malerisch in den Nacken fällt, läßt die ganze Gestalt
so ansprechend erscheinen, wie nur je zuvor. Das Kleid, das sie
trägt, ist von grauem wollenen Stoff; die Taille ist kurz wie
damals Mode, aber oben fest anschließend, in allem Maß haltend und die Schönheitslinie nirgends verletzend, ist dies graue
Barmherzige Schwester-Kleid so kleidsam, wie es schlicht ist in
Schnitt und Farbe. Wir gratulieren dem Maler, der Ausstellung
und uns selbst zu diesem Bilde. Es ist ein Triumph innerlichen,
echten Künstlertums über das Machenkönnen, das jetzt so
hoch im Preise steht. Ob der Maler sich auf dieser Höhe halten
wird – wir wünschen es. Aber vor allem woll' er dergleichen
nicht zum *zweiten* Male malen. Selbst wenn es glückt, ist es
immer noch halb mißglückt. Unter allen Konkurrenzen (wir
deuteten das bei dem Bleibtreuschen Bilde schon an) ist das die
schlimmste, die man sich selber macht. Das Beste kann eben
nur *eines* sein und verträgt kein Duplikat.

III

Von den Bildern *historischen* Genres wenden wir uns nunmehr den *eigentlichen* Genrebildern zu, jenen Bildern, die sich die dankbare Aufgabe stellen, »das Leben, das wir *alle* leben«, das Leben des Hauses, des Herzens, in Leid und Freude zur Erscheinung zu bringen. – Nichts mehr von Schlacht und Krieg, von historischen Personen und historischen Momenten, das Speziellste tritt an die Stelle des Allgemeinsten, und das Still- und Kleinleben öffnet seine Tür. Nur wenn diese Tür uns an die offene Tafel von Maler- oder Dichtergrößen führt, die selbst wieder Herrscher sind auf ihre Art, so wachsen solche Bilder, oft ohne es zu wollen, über sich selbst hinaus und reihen sich den historischen Bildern an. Wir werden solchen mehrfach begegnen.

Wir wenden uns zuerst den Arbeiten von *W. Amberg* und *Philipp Arons* zu, zwei, so viel wir wissen, speziell unserer Hauptstadt angehörigen Künstlern, deren Richtung viel Verwandtes zeigt. Amberg steht höher, hat in Leid und Lust einen volleren Klang, was indessen nicht ausschließt, daß er in seinen minder guten Stunden hinter den gelungeneren Arbeiten seines Rivalen zurückbleibt. Philipp Arons' »Musterung der Toilette« ist ein solches zierliches, in jedem kleinsten Zuge gelungenes Bildchen, das an Einfachheit, Klarheit, Grazie einzelne schwächere Arbeiten Ambergs, solche, die erst in *zweiter* Linie stehen, aus dem Felde schlägt. Das obengenannte Bild (von Arons) ist Privateigentum eines Banquiers, und wenn es das nicht schon wäre, so hätte es vollen Anspruch darauf, es jeden Augenblick zu werden. Wir verbergen hinter diesem Satz nicht den leisesten Anflug von Satire; wir meinen es, wie wir es schreiben. Es ist ein Bild, wie es in ein behagliches teppichgedecktes Teezimmer gehört, wo französische Roben und amerikanische Schaukelstühle sich in den Raum teilen; es gehört dahin wie die Pendule auf den Kamin, oder die chinesische Vase auf den Spiegeltisch mit den geschweiften Füßen. Versuchen wir eine Beschreibung des Bildchens selbst. Die Toilette ist beendet; im hell-orangefarbenen, beblümten Kleide steht die junge Balldame da, glücklich, lachend, achtzehnjährig; den Kopf nach unten gebückt, das bauschige Kleid zurückgeschlagen, mustert sie befriedigt das letzte – und doch vielleicht das wichtigste Stück dieser glänzenden Toilette: die beiden weißen

Atlasschuhe, die, wenn Alles gut geht, heut abend noch eine Zukunft haben. Sie mustert sie, mit Kennermiene und mit Befriedigung zugleich, wie etwa ein guter Corpsbursche die Rappierklinge biegt, mit der er in der nächsten Stunde »los« zu gehen trachtet.

Arons (um zunächst noch bei ihm zu verweilen), dessen eigentliches Genre wohl Bilder sind wie das oben beschriebene, hat sich in seinem Bilde »Leidtragende« auch eine ernstere Aufgabe gestellt. Es scheint, er hat auch das mit Amberg gemein, daß er 'mal *schwarz* bringen muß, wenn er sich, länger als ihm lieb ist, mit *rot* beschäftigt hat. Ob wir beiden dazu zu gratulieren haben, – wir schwanken wenigstens. Wir leben in einer Zeit der »Spezialitäten«, und es ist ja beinahe dahin gekommen, daß Jeder, der wie Schmitson in Pferden oder wie Brendel in Schafen exzelliert, mehr oder weniger auf den Ehrgeiz verzichten muß, auch in Kühen eine Autorität sein zu wollen. Gleichviel, Arons hat den Wurf gewagt, und die beiden »Leidtragenden«, in schwarzen Kleidern aus dem Rundbogenportal der alten Kirche tretend, sind eben die volle Kehrseite jener jungen Schönen, die wir so eben bei Musterung ihrer Toilette verlassen haben. Freilich sieht man es auch diesen »Leidtragenden«, namentlich der schönen Blondine an, daß über kurz oder lang die schwarze Hülle fallen und dieser Leidensausdruck verschwinden wird; schon ist es, als guckten auch hier ein paar weiße Schuhspitzen hervor, oder als lägen andere, hellere Tage nicht allzu fern, aber wir wollen mit dieser Unterstellung, die uns die beiden »Leidtragenden« zu gute halten mögen, mehr auf einen Vorzug als auf eine Schwäche hingedeutet haben. Es ist etwas *Natürliches* in diesen beiden Gestalten, das erfreut. Der Überschwang der Gefühle fehlt und mit diesem Überschwang jenes *Kultivieren* des Schmerzes, das so viele Zauber hat, aber freilich vor Allem den Zauber des Kränklichen, der kranke Naturen am sympathischsten berührt. Wir kommen bei einigen der ernster gehaltenen Ambergschen Bilder auf diesen Punkt zurück.

Zunächst beschäftigen wir uns mit dem *heiteren* Amberg. In vier Bildern gibt er sich uns als solcher. Wir schreiten, wie billig, vom Guten zum Besseren und treten zunächst an den »Bienenvater« heran. Ein alter Herr, ersichtlich ein Landgeistlicher, mit dem schwarzen Käpsel auf dem Kopf und der altmodisch langen Studierpfeife, »daraus schon mancher Zug getan«, in seiner linken Hand, nimmt Revue ab über seine Lieblinge. Vorsorglich und vorsichtig zugleich blickt er, mit etwas vorgebeugtem Kopfe, auf das Kommen und Gehen, auf das Tun und Treiben nieder; er inspiziert die Stöcke, wie er gelegentlich die Klassen seiner Schule inspiziert. Pädagog hier wie dort; er kennt und liebt seine Kleinen und seine Kleinsten. Ein hübsches Bild; aber dennoch insoweit kein eigentlicher Amberg, als die künstlerische Begabung unseres Malers weit mehr auf das Graziöse und Pointierte, als auf das Humoristische gestellt ist. Die »Lieblinge der Grazien« – das gilt von *allen* Künsten in gleicher Weise – verkennen mitunter ihre eigentlichste Natur und machen einen Versuch, aus dem Gebiet des Witzigen und Graziösen auf das mehr scheinbar als wirklich verwandte Gebiet des Komischen und Humoristischen überzugreifen; aber sie werden sich dabei, günstigstenfalls, mit einem halben Erfolge begnügen müssen. Daß sie nicht ganz scheitern, verdanken sie in der Regel lediglich dem Umstande, daß sie eben die »Graziösen«, d. h. diejenigen sind, die sich selbst da noch, wo sie nicht hingehören, mit so viel Takt und Maß benehmen, daß kein Eklat zu befürchten steht.

»Ein schattiges Plätzchen« heißt Ambergs zweites Bild. Eine Dame in weißem Tüllkleide und mehr jung, frisch und frühlingshaft, als schön, ruht unter dem Blätterdach einer Ahornplatane (wenn wir richtig klassifiziert haben) und häkelt an einer Weißzeug-Arbeit, während »Nimrod«, der Neufundländer, als unverfänglicher Chapeau, – nur Stütze und keine Gefahr, – neben ihr im Schatten ruht. Das Frische und Frühlingshafte, das Jungfräuliche und das Treue, was alles schön-harmonisch zusammenklingt, ist trefflich zum Ausdruck gekommen. Es ist nichts Bedeutendes, aber etwas sehr Liebenswürdiges. Das weiße Tüll- oder Gazekleid schien uns nicht ganz mit Ambergscher Meisterhaftigkeit behandelt, und statt des Hintergrundes von gelbgrünem Laub hätte mehr grünes Blattwerk dem Auge wohler getan, ohne die Wahrheit wesentlich zu verletzen.

»Ein kritischer Rechtsfall« nennt sich das dritte Bild. Hier gibt es mehr zu loben, aber auch mehr zu tadeln. Es ist Roccocozeit und der Schauplatz natürlich Paris, da Paris (selbst wenn wir uns irren sollten) gleichbedeutend mit Frankreich ist. Ein Frühstück ist serviert; auf dem Tisch, neben Früchten und bunten Flaschen, stehen die Spitzgläser, und zwischen Tisch und

Kamin, noch der Entkorkung gewärtig, lagert Champagner auf
Eis. Alles vortrefflich. Am Tische selbst sitzt, in sehr gefälliger
Toilette, eine junge Witwe und hält ihrem *vis-à-vis*, einem ält-
lichen und häßlichen Advokaten, ein Papier entgegen, an dessen Inhalt er seinen Scharfsinn und seine Künste üben mag. So
schließen wir aus dem *Titel* des Bildes: Ein kritischer Rechtsfall. Fehlte diese Angabe, so könnten wir das Papier auch
ebensogut für eine Rechnung oder für irgend etwas noch viel
Indifferenteres halten, denn beide Köpfe geben durchaus nicht
Aufschluß über das, um was es sich eigentlich handelt. Wir
sehen ein Frühstück, ein Stück Papier, eine junge Frau in Bunt
und einen häßlichen Mann in Schwarz, – aber beide sind nicht
in *rechte Beziehung zueinander* gebracht. Der Kopf der hübschen Frau hat, in Erwägung der ganzen Szene, verhältnismäßig wenig Ausdruck; er ist hübsch und weiter nichts; – der
Advokat seinerseits blickt ziemlich morose drein und scheint
weder durch das Frühstück, noch durch die hübsche Frau besonders animiert. Das bedünkt uns aber ein Fehler; wie die
Sache da liegt, ist sie pointenlos, eine Situation, aus der nicht
gemacht ist, was draus gemacht werden konnte. Wir mußten
beim Anblick dieses Ambergschen Bildes an das Bild Robert
Leslies denken, »Die französische Witwe« oder »Onkel Toby
und Witwe Wadman«, wie andere Kataloge den Namen dieses
meisterhaften Bildes angeben. Die junge Witwe gibt vor, daß
ihr ein Insekt oder ein Stäubchen ins Auge geflogen sei, und
Onkel Toby versucht, das Stäubchen wieder zu entfernen. Dabei blickt er ihr dicht in die wunderschönen, verführerischen
Augen. Jedes Wimper-Härchen am Augenlid der Witwe ist
siegreiche und dennoch maßvolle Koketterie, und jede Fiber an
Onkel Toby ist zitterndes Entzücktsein. Dabei alles Humor und
nichts frivol. Wir sehen: »er *soll* verloren sein« und wir sehen
auch: »er *ist* verloren«. Ein humoristisches Romankapitel tritt
in aller Klarheit vor uns hin. Das vermissen wir bei diesem
»kritischen Rechtsfall«; – das Bild bleibt uns jeden bestimmten
Aufschluß schuldig.

Anders das vierte Ambergsche Bild »Die Näscherin«, nicht
nur entschieden das beste unter den genannten, auch überhaupt ein Kabinetstück: heiter in Farbe und Inhalt, graziös und
kräftig zugleich, so recht ein Bild zur Erlabung. Wir blicken in
ein Stück Korridor, just da wo die letzten Treppenstufen münden. Alles verrät niederländische Gediegenheit und Wohlha-

benheit. Auf dem Flur steht ein schwerer Eichenschrank auf gedrechselten Füßen; ein Teppich bedeckt die Stufen, und die Treppenwandung hinunter zieht sich ein rotwollener Strick mit dicker Quaste. Die »Hausjungfer«, eine echt flandrische Schönheit, voll, üppig, von weißestem Teint, und mit einer roten Schoßjacke über dem grünen Kleid, ist mit den Resten eines Frühstücks so eben die Treppe herabgekommen. Auf dem Präsentierbrett, das sie mit der Rechten an sich preßt, steht die reich emaillierte Weinkaraffe mit dem langen Hals, steht der blau-weiße Ingwertopf, wie man ihm in Seestädten so oft begegnet, und stehen vor Allem die Spitzgläser mit Sherryresten oder mit Resten von Cyperwein, je nachdem der Geschmack jedes Einzelnen seiner Phantasie die Richtung gibt. Hier an der letzten Treppenstufe, hier genau auf halbem Wege zwischen der Herrschaft oben im Saale und der Dienerschaft unten in der Küche, – hier muß es geschehen. »Jetzt oder nie«, wie es der Spruch Wilhelms III., des typischen Holländers, war, so ist es auch hier der Spruch einer typischen Holländerin. Sie hat das eine der Gläser ergriffen, und den Kopf voll graziöser Sinnlichkeit in den Nacken gebogen, schlürft sie den Sherry wie süßes Feuer. Jeder aber, der das Bild sieht, trinkt mit und fühlt es behaglich werden in Blut und Herz.

So weit der heitere Amberg. Aber er teilt das Schicksal anderer Menschen, nicht immer heiter zu sein, und seinen elegischen Stunden verdankt die Ausstellung die beiden Bilder: »In der Ahnengalerie« (Motiv aus Schillers »Räubern«) und »Opfer süßer Erinnerungen«. Dem erstgenannten Bilde liegt die bekannte Szene (Akt IV, Szene 2) zu Grunde, wo Karl Moor, in Begleitung Amaliens, in die Galerie tritt, um unter den alten Familienbildern das Bild des alten Moor ausfindig zu machen. Ohne sich genau an die Worte des Dichters anzulehnen, scheint der vom Maler gewählte Moment der folgende zu sein:

Amalie: Sie scheinen viel Anteil an ihm zu nehmen!
Karl: O ein vortrefflicher Mann – und er sollte dahin sein?
Amalie: Dahin! wie unsere besten Freuden dahin gehen. – Lieber Herr Graf, es reift keine Seligkeit unter dem Monde.
Karl: Sehr wahr, sehr wahr.

Auf dem zweiten Bilde, »Opfer süßer Erinnerungen«, sehen wir eine schöne Dame in Schwarz, die vor einem hohen Kamine kniet und das kleine, aber hell leuchtende Feuer mit immer neuen Briefen nährt. Wer, was ist sie? Ist sie eine verlassene Braut? oder eine unglücklich Glücklich-verheiratete, das Opfer einer »guten Partie«, die sich unter bitterem Weh von diesen vergilbten »Erinnerungen« trennt, die ihr lieber sind als die arme, reiche Gegenwart, vergoldet, aber nicht golden? Es kann dies sein und jenes, und auch ein drittes und viertes noch; unserer Phantasie wird voller Spielraum gelassen.

Eines der Bilder (das zweite) ist, wie wir erfahren haben, in freier Weise die Wiederholung eines schon früher von Amberg behandelten Stoffes; das andere Bild hat während der Ausstellungswochen bereits einen Käufer gefunden, – beide Bilder müssen also notwendig in diesem und jenem Herzen einer lebhaften Zustimmung begegnet sein. Es muß in Stoff und Behandlungsart etwas liegen, was diese Bilder populär machen konnte, einem »gefühlten Bedürfnis« entgegenkam. Wir unsererseits, bei allem Respekt vor dem Maler, können diesen Geschmack nicht teilen. Beide Bilder, die nach der äußerlich-künstlerischen Seite hin, nach der Seite des Machenkönnens, vielleicht noch die heiteren Ambergs in Schatten stellen, gehören innerlichst einer Richtung an, die wir in *aller* Kunst nicht gelten lassen, die wir, wie meisterhaft gehandhabt in Wort, Ton oder Farbe sie auftreten mag, um der Gefahren willen, die sie mit sich führt, immer bekämpfen werden. Lust und Leid sollen gleichberechtigt in der Kunst ihren Ausdruck finden, und wir sind in der Tat eben so geneigt, mit den Traurigen traurig, wie mit den Fröhlichen fröhlich zu sein, – aber wir perhorreszieren die Sentimentalität. Die Tage von »Schwermutsvoll und dumpfig hallt Geläute«, schlimmerer Beispiele, z. B. aus der Tiedge-Zeit, zu geschweigen, sind vorüber. An tief Empfindenden fehlt es nie; aber diese tief Empfindenden dichten nicht, malen nicht, komponieren nicht. Alle Künste (d. h. also alle Künstler) sollten sich fern halten von den »Traurigkeiten« des Lebens, oder den tieferen Gehalt derselben tief zu erfassen verstehen. Was von der Dichtung gilt, gilt eben so von der Malerei. Das *große Leid*, der tragische Hergang gehört in das historische Bild; das heitere Kleinleben gehört dem Genre, zwischen beiden stehen vollberechtigt die »Zustandsbilder«, wie man sie neuerdings sehr bezeichnend genannt hat. Wer aber mit dem stillen Leid des Herzens, (vollberechtigt, wie es der Sache nach ist), hervortreten will, der prüfe sich zuvor – das noch erlaubt

Elegische wird leicht zum unerlaubt Sentimentalen. Es ist durchaus wahr, was uns einst ein Freund versicherte: wir sind an nichts so arm, wie an *echten* Liebesliedern, deshalb so arm, weil die Liebenden nicht immer Dichter und die Liebesdichter (leider) nicht immer Liebende sind. Es muß einen guten Grund haben, daß die Liebesszenen, selbst in dramatischen Meisterwerken, so oft kümmerlich ausgehen. Der Grund ist einfach der, daß Kunst und Dichtung jeden anderen Ton eher zu treffen wissen, als den Liebeston, wenn dieser Ton nicht in dem Moment, wo wir ihn suchen, selber in uns klingt. Die Liebe ist eben ein Mysterium, und die *Phantasie* ergründet es *nicht*. Das Todesurteil ganzer Bände Lyrik liegt hierin ausgesprochen. Aber es mahnt auch zugleich zur Vorsicht auf verwandten Gebieten der *bildenden* Kunst.

Diesen zuletzt besprochenen Ambergschen Bildern verwandt ist *Paul Bürdes* »Ein Treuloser«. Verwandte Vorzüge und verwandte Fehler. Hier wie dort Studium, künstlerischer Sinn und ein Bestreben nach Vertiefung, ein Verlangen, psychologische Vorgänge, feinere Schattierungen des Seelenlebens, auf dem Menschenantlitz sich abspiegeln zu lassen. Dazu eine volle Beherrschung alles Äußerlichen, eine gute Technik, kurz – malen können. Wenn aber die ernsteren Ambergschen Bilder einen Zug von *Sentimentalität* haben, so hat dies Paul Bürdesche Bild einen Zug von *Theatralischem*. Der Fehler ist sehr verwandt; die Empfindung, d. h. der lyrische Hergang, wenn er nicht ganz korrekt ist, wird *Sentimentalität*; der dramatische Hergang, wenn er nicht ganz korrekt ist, wird *theatralisch*. Das Paul Bürdesche Bild, so sagten wir, hat einen solchen Anflug von *Theatralischem*. Vielleicht glückt uns der Beweis. Der »Treulose« in einer Art Don Juans Kostüm sitzt auf seinem Sessel und starrt halb getroffen, halb gelangweilt vor sich hin. Ihm zur Seite, in der Mitte des Zimmers, steht die Mutter der Betrogenen, ersichtlich eben dabei, ihm sein Sünden-Register vorzuhalten. Neben der Mutter, halb abgewendet, so daß sie eine Profilstellung einnimmt, erblicken wir die Betrogene selbst, auf deren Antlitz der Stolz mit Tränen kämpft. Gegen die einzelnen Figuren ist nichts zu sagen, sie haben alle einen angemessenen, der Situation entsprechenden Ausdruck. Aber die ganze Szene, das Gesamt-Arrangement entbehrt einer vollen Wahrheit. *Möglich* ist Alles, aber mit Möglichkeiten wird in der Kunst nicht gerechnet; nur das

Wahrscheinliche, das, gesteigert durch die Kunst des Vortrags, als Gewißheit an uns herantritt, hat Geltung. Die ganze Szene ist aber nicht wahrscheinlich. Zwei Fälle sind nur denkbar. Entweder die Mutter will den Bruch mit dem Treulosen, dann kommt die Mutter ohne die Tochter; oder ein letzter Liebesversuch soll gemacht werden, dann kommt die Tochter ohne die Mutter. Bei der Bruch- und Donner-Szene ist die Tochter, bei der Liebes-Szene ist die Mutter überflüssig. Annehmen wollen, daß eventuell *Beides* beabsichtigt worden sei, d. h. erst ein Liebesversuch und dann erst (nachdem er gescheitert) die Litanei – hieße den poetischen Intentionen des Malers durch eine sehr prosaische Interpretation zu nahe treten. Nein, der Bruch war vorweg beschlossen; der Maler fühlte aber sehr richtig, daß die Gestalt der Mutter zur Erklärung des Vorgangs nicht ausgereicht haben würde (man hätte dann einfach die Alte für die Mutter des Libertins gehalten), und so sah er sich denn genötigt, der Mutter, *nicht aus der Wahrheit der Situation heraus, sondern bloß um eines besseren Verständnisses willen*, die Tochter *ad latus* zu geben. Durch diese Aushülfe aber mischt sich eine gewisse Unkorrektheit in die Situation, und was dramatisch sein will (und unter Umständen sein könnte), wird theatralisch oder erhält doch einen Beigeschmack davon.

Wir wenden uns jetzt von der Betrachtung der Ambergschen und des P. Bürdeschen Bildes (bei denen wir so lange verweilten, um gewisse allgemeine ästhetische Fragen daran zu erörtern) den Bildern *Karl Beckers* zu, eines besonderen Lieblings unseres Publikums und mit Recht. Er hat diesmal drei Bilder ausgestellt, zunächst: »Kaiser Karl V. hebt dem Tizian den Pinsel auf.« Wir beginnen mit diesem Bilde, weil es uns verhältnismäßig am wenigsten befriedigt hat. Bei den anerkannten Vorzügen Beckers, bei seinem Farbensinn, seiner brillanten Technik verweilen wir nicht lange – das sind selbstverständliche Dinge. Wir wenden uns der Komposition und den einzelnen Gestalten zu. Derselbe Vorgang ist verschiedentlich gemalt worden; daß K. Becker von der traditionellen Auffassung (Tizian steht hoch und muß erst herunterklettern) abging, haben wir ihm eher zu danken als nicht; gegen die von ihm gewählte spezielle Situation also (der Kaiser sitzt, und der, dem an der Palette stehenden Tizian entfallene Pinsel, ist in die Nähe des Kaisers gerollt) sind wir weit entfernt, einen Einwand erheben zu wollen; nur die Ausführung, die Lösung der Aufgabe scheint uns nicht völlig geglückt. Wir sind, diesem Bilde gegenüber, der Äußerung begegnet, »man sehe der Bewegung des Kaisers an, daß ihm alles Bücken, resp. Pinselaufheben, eine sehr ungewohnte Sache sei«, eine Äußerung, die denselben Tadel, den wir aussprechen möchten, nur in sehr milde, fast in belobigende Worte kleidet. Wir finden nämlich die Art, wie der Kaiser sich bückt, *nicht* glücklich, *nicht* gelungen. Die Bewegung ist steif, ungraziös; ein Kaiser bückt sich entweder, oder er bückt sich nicht; tut er's mal, so muß er's tun wie Andere und nicht bloß *symbolisch* oder *andeutungsweise*, wie, irren wir nicht, auch gesagt worden ist. Er bückt sich hier, rund heraus gesagt, wie Jemand, der in Furcht steht, daß ihm das Kleid, das er trägt, überm Knie zerreißen werde. Und das macht keinen guten Eindruck an dieser Stelle. Tizian selbst ist vortrefflich; die Gruppe hinter dem Stuhl des Kaisers genügt; von den zwei Frauengestalten aber erscheint uns die eine mit einem seltenen Maß von Kunst-Enthusiasmus ausgestattet, – sie betrachtet nämlich ein Tiziansches Bild und läßt Kaiser Kaiser sein. Ein Fall, der nicht oft vorkommen dürfte, namentlich bei Frauen.

Das zweite Bild K. Beckers führt den Namen: »Öffentlicher Audienztag beim Dogen von Venedig«. Ein Saal im Dogenpalast. Der alte Doge selbst, im weiten Mantel von steifem, goldgelbem Brokat, sitzt auf einem reich dekorierten roten Stuhl. Neben ihm, hoch aufgerichtet, in dunkelrotem, talarhaftem Kleid, die imposante Gestalt eines Kanzlers oder Oberrichters (so vermuten wir); an den mit Scharlach bedeckten Stufen des Thrones eine bittende Alte, neben ihr ein junges Mädchen, halb Kind noch; zur Rechten ein alter Jude mit seinem Knaben, die, wie es scheint, die Gnade des Dogen umsonst angerufen haben. Sie sträuben sich das Feld zu räumen, aber ein Hellebardier drängt sie dem Ausgang zu. Dies der Inhalt des Bildes. Man hat Parallelen gezogen zwischen *diesem* Dogen-Bild Karl Beckers und dem der vorigen Ausstellung (Überreichung einer Bittschrift an den eben heraustretenden Dogen) und hat dem früheren Bilde den Preis zuerkennen wollen; wohl nur mit sehr bedingtem Recht. Man kann zugeben, daß die Gestalt der Bittstellerin auf dem früheren Bilde korrekter und makelloser war, als die Frauengruppe auf dem diesjährigen Bilde, wo die Gestalt der Alten vielleicht einer gewissen Klarheit entbehrt, während der Faltenwurf im Kleide der Jüngeren einige Bedenken weckt,

– aber, von diesen kleinen Ausstellungen abgesehen, erscheint
uns Alles vortrefflich, in Komposition sowohl wie in Haltung
und Charakterisierung. Der etwas vorgebogene und mit über-
geschlagenem Knie fast *legère* dasitzende alte Doge ist eine
vorzügliche Figur, ebenso der Oberrichter ihm zur Seite, der
dasteht rot wie ein Bluturteil und unerbittlich wie das Schicksal. Zu diesem Allen gesellt sich noch, daß der Maler in diesem
Bilde sich eine *Farbenaufgabe* kühn gestellt und dieselbe glücklich gelöst hat. Wie einst Gainsborough, in dem berühmten
Bilde »*The blue boy*«, darauf aus war, eine Gestalt, ohne Einbuße an malerischem Effekt, ganz und gar in *Blau* zu kleiden, so
scheint Karl Becker auf diesem Bilde haben zeigen zu wollen,
wie viel *Rot*, in verschiedenen Nuancen, sich gefahrlos zusam-
menstellen lasse. Die Stufen sind rot, die Gardinen des Thron-
himmels sind rot, der Thron selbst ist rot, das Kleid des Richters ist rot, und seine Kappe ist violett. Dabei hat der Richter,
seiner ganzen Länge nach, vor der herabfallenden Gardine
Stand genommen, so daß das rote Gewand desselben auf dem
roten Hintergrund der Gardine steht. Alle diese Aufgaben sind
aber mit solcher Virtuosität gelöst, daß das Auge erst bei längerer Betrachtung erkennt, welche Schwierigkeiten der Maler,
wie spielend, überwunden hat.

Das dritte Bild Beckers »Der Besuch« ist das einfachste, aber,
das vollendetste. Es ist ein Akkord, in dem Alles harmonisch
zusammenklingt; nicht der kleinste Mißton. Wir haben mehr
denn einmal in ziemlich schlechter Laune oder, was vielleicht
noch schlimmer ist, in gar keiner Laune vor dem Bilde gestanden, aber wir haben niemals auch nur eine halbe Minute vor
demselben zugebracht, ohne daß wir das leise Anklopfen dieser
schönen Dame an unserem eigenen Herzen gefühlt und so
freudig, wie mutmaßlich der beneidenswerte Unbekannte hinter der braunen Tür, »Herein« gerufen hätten. Das Bild zu beschreiben ist nicht leicht; der Zauber liegt in Auffassung, Farbe, Haltung, Ausdruck, – der Hergang selbst ist gleich Null. An
einer Verbindungstür, die aus einem Zimmer (in das uns der
Maler blicken läßt) in ein anderes, dahinter gelegenes führt,
steht eine junge Frau, lauscht, lächelt und steht auf dem Punkt,
ihr erstes leises Klopfen mit dem zierlichen Fingerknöchel zu
wiederholen. Sie ist ersichtlich noch in den Flitterwochen; das
schöne Kleid (entzückend gemalt) zeigt noch den Hang, das
Herzensbedürfnis, jeden Augenblick dem Geliebten gefallen zu

wollen. Alles Äußerliche ist Reichtum, Geschmack, Schönheit; alles Innerliche ist Glück, Genuß, Hoffnung. Nicht nur der eigenen Liebe, auch der Liebe des Anderen, des Geliebten, sicher – so steht die reizende Erscheinung da, mit der Linken die Robe leise hebend, um leichter und graziöser in das nachbarliche Zimmer eintreten zu können. Das ganze Bild ist wie Sonnenschein, wie eine heitere Mahnung, daß es noch *goldene Tage* gibt. Und wer möchte nicht dankbar sein für solche Mahnung!

IV

Wir besprachen in unserem letzten Artikel Karl Beckers Bild »Kaiser Karl V. hebt dem Tizian den Pinsel auf«. Der alte venetianische Meister – ein rechter Malerfürst, dem wohl die Huldigungen der Seinen gebühren – hat noch einem anderen unserer Maler zu einem vorzüglichen Bilde den Stoff geboten; wir sprechen natürlich von *Friedrich Kraus:* »Sebastiano del Piombo bei Tizian«. So verschiedenartig die Situation auf dem Beckerschen und dem Krausschen Bilde ist, so darf man dennoch behaupten, daß beide Arbeiten mit einander in Konkurrenz treten, nicht unähnlich den beiden Bildern von Cretius und Oskar Begas (Friedrich Wilhelm I. und die Salzburger), die wir bereits ausführlicher besprochen haben. Kraus wie Becker huldigen ihrem Meister, dieser, indem er ihn uns bei der *Arbeit*, jener, indem er ihn uns bei *festlichem Mahle* vorführt; – was aber, weit darüber hinaus, eine wirkliche Ähnlichkeit zwischen den beiden Bildern schafft, das ist die Art des Malens selbst. Beide Künstler sind aus derselben Schule und streben demselben Ruhme nach, dem Ruhme, Meister im Kolorit zu sein. Und sie sind es; was aber speziell die beiden Bilder angeht, die wir hier in Vergleich gestellt haben, so geben wir dem Krausschen Bilde den Vorzug. Ob es in der Farbe den Sieg davon trägt, – das möge dahin gestellt bleiben; aber als Bild überhaupt scheint es uns der Beckerschen Arbeit überlegen. Fragen wir uns nach dem Grunde, so finden wir ihn darin, daß, ganz abgesehen von der Gestalt des Kaisers, die auf dem Beckerschen Bilde Veranlassung zu allerhand kleinen Ausstellungen bot, das letztgenannte Bild nicht voll über den Eindruck einer *Illustrierung* und zwar eines anekdotischen Vorgangs hinausgekommen ist.

Das ist begreiflich. Die Behandlung des Anekdotischen, wo dennoch zugleich ein Kunstwerk höherer Gattung geschaffen werden soll, wird immer besondere Schwierigkeiten bieten. Dieser Schwierigkeiten wird nur derjenige Herr werden, dem es glückt, den an und für sich kleinen Hergang auf eine ideelle Höhe zu heben, gleichsam die *Seele* des Hergangs deutlich sprechen zu lassen. Denn wenn es einerseits sehr wahr ist, daß nicht das Allgemeine als ein Darzustellendes in die Kunst gehört, sondern umgekehrt das Allerspeziellste, so hat dennoch andererseits das Allerspeziellste nur dann einen künstlerischen Wert, wenn es zugleich die Verkörperung von etwas Allgemeinstem ist. Empfinden wir die Anekdote noch als Anekdote, so ist dem Künstler jene Verklärung des Stoffes nicht geglückt, die den Unterschied macht zwischen Illustration und Kunstwerk. Jene dient dem Besonderen, dieses, innerhalb der dargestellten Spezialität, der Allgemeinheit. Diese Idealisierung des Anekdotischen ist oft sehr schwierig und Friedrich Kraus hat möglicherweise in diesem Wettstreit nur gesiegt, weil er die Last nicht an den Füßen fühlte, die seinem Rivalen das Schwimmen (auf einem Element, das beide sonst beherrschen) erschwerte. Er bewegte sich frei, und sein Bild gibt uns den Eindruck davon. Der dargestellte Vorgang (richtiger die *Situation*, denn es geht nichts vor) ist einfach genug. Sebastiano, zunächst an Tonsur und Mönchskleid erkennbar (seit 1531 war er päpstlicher Siegelbewahrer und hatte den Pinsel aus der Hand gelegt) ist zu Besuch bei Freund Tizian. Hat er auch längst der *Kunst* Valet gesagt, so liebt er doch die *Künstler* noch, zumal wenn sie Tizian heißen und eine tizianische Tafel führen. Was nun zu einer solchen tizianischen Tafel gehört, das erblicken wir hier in allem Zauber vor uns. Zwischen Baumgruppen links und einem Palast zur Rechten, zieht sich ein Gartenbalkon, der die Aussicht hat auf das stille, blaue Meer. Auf dem Balkon ein gedeckter Tisch; das Tischtuch vom feinsten Damast, die Freude jeder Hausfrau, die an dem Bilde vorüber geht. Um die Tafel herum sitzen sechs Gestalten; Sebastiano, Tizian und zwei junge Mädchen bilden die Hauptgruppe zur Linken; rechts eine dritte Dame (die dem Beschauer den Rücken zukehrt) in eifrigem Gespräch mit einem Künstler oder Kavalier. Sie scheinen einander zu gehören und schenken der Szene zu ihrer Linken wenig Aufmerksamkeit. Hier zur Linken ist eben eins der jungen Mädchen an den Sebastiano herangetreten und ersucht ihn, indem sie ihm eine Mandoline reicht, ihnen ein heiteres Lied, vielleicht von Liebe, zu singen. Tizian und die andere junge Dame unterstützen das Gesuch. Der Ausdruck in den Köpfen ist nicht sehr sprechend, aber er genügt, und vielleicht ist es eben dies leis Betonte, dies subtil Markierte, was dem Bilde seine Wirkung gibt. Fehlt es den Köpfen im Allgemeinen an etwas Frappantem, so liest man aus dem Kopfe Sebastianos mühelos eine Lebensgeschichte heraus. Es sind heitere Kapitel, wie Novellen von Boccaccio. »Ich habe gelebt, ich lebe noch und hoffe ferner zu leben«, steht unverkennbar auf dieser Stirn. Er hat dem schönen Geschlecht noch keinen Absagebrief geschrieben, aber er scheint dennoch jenem Zeitpunkt nahe, wo Bacchus über Venus triumphiert. Auch jetzt schon, in eben dem Moment, dessen Darstellung der Maler gewählt, scheint es dem »Siegelbewahrer« schwer, das Glas auf den Tisch zu stellen und die Mandoline statt dessen in die Hand zu nehmen. Mit jenem jovialen Schmunzeln, das den Herren von der Flasche so gut kleidet, ihnen so viel Spott aber auch so viel Liebe einträgt, lehnt er die Bitte des jungen Mädchens ab; aber sie müßte nicht sie selbst sein, wenn sie zuletzt nicht triumphieren sollte. Zudem, solche jovialen Feinschmecker sind nie Spielverderber; sonst Egoisten, ist dies der Zoll, den sie ihrerseits immer bereit sind zu zahlen. Noch ein Wort über mehr Äußerliches. Die Köpfe – die Tizians und Sebastianos selbstverständlich – aber auch die Frauenköpfe, sind mehr oder weniger wohl den Bildern alter Meister (wir nennen Paul Veronese) entlehnt; aber weit entfernt davon, an diesen Umstand auch nur den leisesten Tadel knüpfen zu wollen, ist die Abwesenheit jeglicher Art von Modellschönheit (wie verkappt sie auftreten mag) wahrlich nicht das geringste gewesen, was uns an diesem Krausschen Bilde so wohltuend, so aus dem Alltagsleben herausreißend, berührt hat. Zum Schluß noch die Bemerkung, daß uns das Bild in mehr denn einer Beziehung – man prüfe und man wird uns vielleicht zustimmen – an Adolf Menzels berühmtes »Friedrich II. bei Tisch in Sanssouci« erinnert hat. Es ist derselbe Hergang, aber aus dem militärisch-philosophisch-Potsdamschen ins Venetianische übertragen, ins Venetianische mit seiner Kunst, seiner Ruhe und seinem Blick aufs Meer.

Einem Hang zum Gegensätzlichen folgend, wenden wir uns nunmehr einem Bilde von *Borckmann* zu. Nicht dem »Saal

Franz I. aus dem Schlosse zu Fontainebleau«, auch nicht dem
»Schlafzimmer Ludwigs XIV. aus dem Schlosse zu Versailles«,
(beides Bilder, die, ohne etwas Vorzügliches zu bieten, den
Charakter jener so verschiedenen und doch wieder so verwandten Epochen scharf und treffend zur Erscheinung bringen) sondern einem dritten Bilde desselben Künstlers, das den Titel
führt: »Besuch am Tage nach der Hochzeit«. Wir bekennen,
daß uns, ehe wir noch das Bild selbst gesehen hatten, lachenden
Gesichts (und zwar mit einem Lachen, das nicht allzuviel
schmeichelhaftes für den Künstler enthielt) von demselben erzählt worden war; wollen auch einräumen, daß wir solch Lachen begreifen und ihm eine gewisse Berechtigung zusprechen. Aber doch auch wirklich nur eine gewisse. Uns hat das
Bild gefallen. Wir sind nicht blind gegen seine Fehler, wir
möchten es auch nicht besitzen (wenigstens nicht in unserem
Wohnzimmer), dennoch sind wir dem Maler, unseres Dafür-
haltens, die Anerkennung schuldig, daß er die delikate Aufgabe
so gelöst hat, wie sie einzig und allein gelöst werden kann,
durch ein gewisses *derb-humoristisches Anfassen*. Zugegeben,
daß das »derbe« etwas schwächer und das humoristische etwas
stärker auftreten könnte, zugegeben, daß es der Maler in der
Quantität mehr oder weniger versehen hat, aber der einge-
schlagene Weg, die Grundrichtung ist die richtige. Es gibt unseres Erachtens nur drei Arten, wie man an die Lösung einer
derartigen Aufgabe gehen kann: entweder man verfährt senti-
mental, oder frivol, oder humoristisch. Der Künstler hat sich
sehr richtig für das letztere entschieden. Die Hauptschwierigkeit lag darin, das Hinüberstreifen, das Anklingen an das Frivo-
le zu vermeiden. Wir finden, er *hat* es vermieden. Das ganze
Bild hat keine Spur von anstößig Sinnlichem, von verliebt
Schwärmerischem, es wirkt in seinen beiden Hauptgestalten
(die dritte Figur ist verhältnismäßig indifferent) lediglich durch
zwei Momente, durch die *Wichtigtuerei* der jungen eben ver-
heirateten Frau und durch die *Neugier* des jungen Mädchens,
die einen Einblick in eine Welt der Wunder gewinnen möchte.
Diese Wichtigtuerei und diese Neugier, wenn sie gut dargestellt sind (und das sind sie), haben etwas Komisches, aber sie
haben durchaus nichts Anstößiges, wenigstens nichts *notwendig* Anstößiges. Die Sache selbst bietet sich täglich dem Auge
dar; Polterabend und Lendemain gönnen sprüchwörtlich einer
heiteren Behandlung einen freien Spielraum; warum sollte es

dem Maler versagt sein, den Humor der Situation auf seine Weise auszubeuten? Daß dies um eine Nuance *feiner* hätte geschehen können, geben wir zu; aber daß die Grenze des Schicklichen übertreten sei, können wir nicht finden. Viel hängt sicherlich von der *Stimmung* ab, die der Beschauer bereits mitbringt; der heitere Lebemann wird *nach* einem Frühstück anders darüber urteilen, als der Sonntagsbesucher *vor* Mittagbrot.

Die Berührung so heikler Fragen, wie die eben erörterte, führt uns wie von selbst auf *H. J. Duwées* Bild »Eine Versuchung«. Ein Mönch, blaß, abgezehrt, kniet und betet; hinter ihm, von einem Lichtstrahl getroffen, erhebt sich eine prächtige weibliche Gestalt; der Schleier ist halb gefallen und die schönen Formen treten unverhüllt hervor. Wir können nicht sagen, daß das Bild, trotz trefflicher Malerei, einen tiefen Eindruck auf uns gemacht hätte; wir lieben eben das ganze Genre nicht. Alle diese ringenden Nonnen und Mönche, alle diese aus Wissensdurst dem Teufel verschriebenen Fauste, alle diese Vertreter großer Ideen, die dann schließlich doch zu nichts Anderem da zu sein scheinen, als um die Nichtstichhaltigkeit dieser großen Ideen und den Sieg des Leibes über den Geist zu konstatieren, – alle diese Gestalten, die wir uns in der Dichtung allenfalls gefallen lassen (wiewohl uns unser Herz auch *da* nach anderer Seite hinzieht), berühren uns innerhalb der bildenden Kunst selten angenehm. Wir zählen nicht zu den Rigoristen und verlangen von Fleisch und Bein nichts Übermenschliches; soll aber Fleisch und Bein einmal mit dem Geistigen in Konflikt gebracht werden, so mißbehagen uns die zitternden Organismen, die in diesem Kampf unterliegen, so sind wir ein für alle mal für die Säulenheiligen und alles, was ihnen ähnlich ist, für die starken Geister, die leuchtend, siegreich erhaben aus diesen Kämpfen hervorgehen. Dies bezeichnet unsere Stellung, die wir zu allen Stoffen der Art einnehmen. Wir halten nicht viel von den gemalten »betenden Mönchen«, denen der Versucher in so schönen, halb entschleierten Formen naht; aber wir müssen andererseits zugeben, daß in dem vorliegenden Falle die Aufgabe mit vieler Dezenz, mit großer ästhetischer Feinfühligkeit, gelöst worden ist. Beiden Gestalten des Duwéeschen Bildes fehlt alles Grob-Sinnliche; auf dem Antlitz des Mönches spiegelt sich weit mehr ein Ringen und ein Bangen als ein Verlangen, und die schöne Gestalt, die ihm der Versucher schickt, ist nicht eine Versucherin selbst, sondern gleichsam nur ein indifferentes Schönheits-Gebild, ein verführerisches Werkzeug in der Hand des Versuchers. Auch das ist zu loben, – malerisch sowohl wie der Idee nach, – daß die Gestalt nicht traumhaft-verschwommen, sondern plastisch, wie in voller Realität an ihn herantritt. Denn er träumt eben nicht, sondern ist wach, und die Gestalt, die ihn versucht, tritt eben lebendig und leibhaftig vor ihn hin. Wir wiederholen unser Urteil dahin: eine wenig befriedigende Aufgabe, befriedigend gelöst.

Wir wenden uns nun den vier Meyerheims zu, über deren Bilder, bei Rubrizierung derselben, künftige Jahrhunderte sich streiten und mit Aufwand von Kunst und Wissen beweisen mögen, »dies kann nur vom Vater sein und dies und dies nur vom Sohn«. Noch ist es möglich, die Dinge aus einander zu halten, aber es wird schon schwer. Die vier sind bei näherer Betrachtung nur drei. *Wilhelm* Meyerheim – ohne ein gewisses naturalistisches Talent in seinen Bildern verkennen zu wollen – scheidet freiwillig aus; er kann nicht konkurrieren mit den *eigentlichen* Meyerheims. Der eigentlichen Meyerheims haben wir also *drei*: den Vater (Eduard) und zwei Söhne *Franz* und *Paul*. Eine echte Künstlerfamilie, wie es deren im Mittelalter gab, wie sie aber heutzutage zu den größten Seltenheiten gehören. Die Kunst erbt nicht mehr von Vater auf Sohn. Söhne von Künstlern und Gelehrten haben heut zu Tage eine Neigung, Banquier zu werden, oder Genral, oder Eisenbahn-Direktor, oder mindestens zur See zu gehen. Man will entweder hoch hinaus, oder – weit weg.

Wir beginnen mit dem jüngsten, mit *Paul* Meyerheim, der sich als Tiermaler bereits einen Namen gemacht hat. Als solcher steht er durchaus auf eignen Füßen, oder hat wenigstens keine Meyerheimsche Erbschaft angetreten. Seine »Affenfamilie« ist ein wohlgelungenes Bild; scharf beobachtet, mit humoristischem Auge gesehen und mit entsprechendem Behagen (sauber in den Köpfen, aber sonst sorglos) wiedergegeben. Das Stückchen Papier mit dem Zigarrenstummel darin, ist dem Affenkäfigs-Leben abgelauscht. So jede Bewegung, jede Beschäftigung der Affen selbst. Die eine dieser Beschäftigungen, deren Humor (den wir nicht ganz bestreiten wollen) durch ihre Trivialität doch noch sehr überflügelt wird, hätten wir durch eine minder alltägliche Affenbeschäftigung gern ersetzt gesehen. Wer das Bild kennt, wird diese Andeutung verstehen. Das

Charakteristische der *Gattung* hört eben auf, zugleich das Charakteristische für die *Individuen* zu sein. – In »Schäfers Mittagbrot« und »Landschaft mit Schafen« führt uns Paul Meyerheim weidende Schafherden vor. Er tritt hier also in Konkurrenz mit Albert Brendel, unserem Schafmaler *par excellence*. Wenn er als Tiermaler – namentlich was diese Brendelschen Lieblinge angeht – hinter demselben zurückbleibt, so ist er ihm dafür als Landschafter und Genremaler vielleicht um einen Schritt voraus. Der prächtige Baum auf dem zweiten Bilde (wir haben ihn für das Riesenexemplar eines roten Blühdorns gehalten) und die Gestalt des alten Schäfers auf dem erstgenannten, sind ganz vorzüglich gelungen. Alles frisch, kräftig, voll gesunden Realismus und dabei ein ersichtliches Zuhausesein in den verschiedensten Sätteln. *

Franz Meyerheim, der ältere Bruder, hat zunächst zwei Bilder (Pendants) aus dem Tyroler Leben ausgestellt: »Tyroler Bauernfamilie beim Mittagessen« und »Tyroler Bauern beim Kartenspiel«, hübsche Bildchen, unter denen wir dem ersteren den Vorzug geben würden. Viel bedeutender als beide ist ein drittes Bild: »Mutterliebe«. Es weicht in der ganzen Behandlungsart sehr ab von jenen Szenen Tyroler Lebens, und wir würden, ohne Hülfe des Katalogs, denselben Maler schwerlich darin wiedererkannt haben. So trefflich dies *dritte* Bild Franz Meyerheims ist und so bereitwillig wir ihm einen Vorrang vor den beiden anderen Bildern (die sich mehr innerhalb des Landläufigen halten) eingeräumt haben, so können wir in das große Lob, das Publikum und Kritik ihm vielfach gespendet haben, doch nur zur Hälfte einstimmen. Die leblose Hälfte des Bildes: das braune eichene Bettgestell, der grüne Vorhang, die weiß und roten Kissen, – alles ganz vorzüglich, ein Treffen der van Eyckschen Art und *Farbe*, wie es nicht schöner gedacht werden kann; aber die andere Hälfte des Bildes, die Mutter mit dem Kinde, verschwindet daneben. Möglich, daß eine gewisse Antipathie, die wir, *künstlerisch*, gegen diesen dargestellten Akt der »Mutterliebe« haben, die Unbefangenheit unseres Urteils von vorn herein beeinträchtigt; aber es will uns erscheinen, als ob,

---

* Wir haben nachträglich noch in einem der hinteren Seitensäle die »Tierbude« und »Leben im Dorfe« (beide Bilder ebenfalls von *Paul* Meyerheim) entdeckt. Beide allerliebst; jenes vielleicht origineller, selbständiger, dieses poetischer und voll liebenswürdigen Humors.

– ganz abgesehen von diesen »angelegten Säuglingen«, die wir uns als *künstlerischen Vorwurf* nur in völligen *Naturzustän-den* gefallen lassen, – diese junge Mutter trotz ihres Stuhls und Kostüms aus dem 15ten Jahrhundert *vollständig modern* in diese kleine mittelalterliche Welt hineinrage. Wir haben rechts van Eyck und links Meyerheim den *Vater*, und diese Zusammenstellung will uns nicht recht passen.

Wir wenden uns nun *Eduard* Meyerheim (dem Vater) zu. Er hat diesmal nur ein Bild ausgestellt: »Dorfschule«, einen echten, alten Meyerheim. Alle diejenigen – und sie bilden weitaus die Majorität, – die diese Meyerheimsche Saubermalerei von alten Zeiten her lieben und bewundern, werden wieder volle Gelegenheit finden, in ihren Bewunderungsruf auszubrechen: »Es gibt doch nur *einen* Meyerheim; alle diejenigen – und sie sind eine Minderheit –, die von jeher ihre Bedenken gegen diese Sauberkeiten gehabt haben, werden sie diesmal so gut unterhalten wie nur je zuvor. Wir haben das Unglück, zu dieser Minorität zu gehören, immer gehört zu haben. Es ist alles sehr gut, sehr schön, aber es ist eben *zu* gut, *zu* schön. Vorzüge fallen mit solchem Übergewicht in die Waage, daß man wünschen muß, sie wögen leichter. Die kleine Dorf- und Schulgeschichte, die der Maler uns diesmal vorführt, ist folgende: Mädchen und Jungen haben zusammen Unterricht gehabt; einer der Jungen, in einem langen weißen Rock, hat sich mutmaßlich grob oder unmanierlich gegen das schöne Geschlecht benommen und zwei allerliebste kleine Vertreterinnen desselben, haben Klage eingereicht, oder, um im Schuljargon zu bleiben, haben »gepetzt«. Die Gerechtigkeit hat den Weißrock ereilt. Heulend und weinend (wiewohl man, beiläufig bemerkt, weder eine Träne, noch ein rotes Auge sieht) mit der Linken nach der schmerzhaften Rückenstelle fassend, tritt er jetzt seinen Rückzug an, Gruppen von Jungen und Mädchen um sich her. Die beiden Anklägerinnen, befriedigt, daß ihn der Strahl der Rache getroffen, triumphieren; unter den Jungen aber blickt einer, eine reizende kleine Figur, zu den beiden höhnenden Mädchen hinüber und Tränen des Mitleids und der Entrüstung unterdrückend, scheint er zu sagen: »ihr seid mir auch die rechten.« Diese und ähnliche Dinge sind oft gemalt worden und wir haben nichts dagegen, daß es wieder und immer wieder geschieht. Aber was wir dabei wünschen, ist, daß eine gewisse *realistische* Auffassung mehr und mehr dabei zur Geltung kommt. Vielleicht haben wir nicht das Recht, von einer mangelnden realistischen *Auffassung* zu sprechen; wir können nicht sagen, daß in dem Hergang an und für sich, oder in dem Ausdruck der einzelnen Köpfe, irgend wie etwas Unwahres oder Sentimentales läge. Wir können nicht sagen, daß – um einen Vergleich aus der gegenwärtigen Ausstellung zu nehmen – sich irgend eine Figur auf dem Bilde befände, die so ganz und gar nicht dahin paßte, wie z. B. die »Schönheit *quand même*« auf dem Cretiusschen Bilde, die durchaus keine Salzburgerin ist, und in der Tat kein anderes Recht für ihre Existenz auf diesem Bilde nachweisen kann, als »daß sie so schön ist«. Von allen solchen Verstößen, von all solchem verkehrten Schönheitsdienste, ist auf dem Meyerheimschen Bilde nichts zu finden. Bauerkinder sehen so aus, und die vorgeführte Szene kann sich jeden Tag wiederholen; und doch sehnen wir uns nach *Realismus*. Das liegt darin (wir können keinen anderen Grund, keine andere Erklärung finden), daß Meyerheim einen gewissen *Idealismus der Dinge* kultiviert; er idealisiert nicht die Köpfe, nicht den Hergang, aber er *idealisiert die Pelzmützen und die Jahrmarktstücher*. Es gibt einen Roman, in dem ein Paar Spukstiefel vorkommen; es gibt Märchen, in denen Töpfe wandern und Haustüren sich selber zuschließen – solche »höhere Stiefel« oder Töpfe oder Haustüren sind es, die Meyerheim malt. Tritt man heran und prüft die Details, so kann man nicht umhin (wie z. B. auf diesem letzten Bilde M's) einzuräumen: »ja, das sind wirkliche lederne Hosen, sie haben Knöpfe, Strippen, ja, sie haben selbst Flecke« – aber das Ende vom Liede bleibt doch immer, daß man an diese ledernen Hosen nicht recht glaubt, sie tuen mehr echt und wirklich, als sie es sind. Woran es liegt, das bestimmt festzustellen, geht über unsere Kraft. Wir glauben, es liegt an dem, was man in der Poesie zu nennen pflegt: »Form und Inhalt decken sich nicht.« Man darf vielleicht Blumen in dieser Weise malen, oder ein Architektur-Bild, oder vielleicht auch (aber schon kaum) eine gepuderte Roccoco-Schönheit, die zu Balle geht; Dorfjungen aber verlangen einen breiteren Pinsel. Couplets darf man nicht in Sonetten schreiben.

Wir sind in der glücklichen Lage, an einem anderen Bilde dieser Ausstellung nachweisen zu können, wie, unserer Meinung nach, Dorfleben und Dorfjugend gemalt werden sollten. Wir meinen das vorzügliche Bild *B. Vautiers:* »Nach der Schule«. Die Situation, wiewohl nur zwei Figuren auftreten, ist der des Meyerheimschen Bildes nahe verwandt. Ein Bauerssohn, dessen nähere Bekanntschaft wir in Bälde machen werden, hat einen jugendlichen Dorf-Proletarier, der mit ihm dieselbe Schule besucht, mit oder ohne Grund verklatscht, und der Lehrer, der es begreiflich mehr mit reichen Bauerssöhnen als mit dem ärmlichen Rekrutierungsmaterial der Kuh- und Gänsejungen hält, hat den Proletarier, wie wir annehmen müssen, bedenklich abgestraft. Dies alles ist vorhergegangen. Nun ist die Schule aus, und mit dem Bewußtsein, sein Ansehn gestärkt und seine Macht fester etabliert zu haben, kommt der künftige Ganz-Bauer die Steinstufen herab, die aus dem hochgelegenen Schulhause hügelabwärts in die Dorfgasse führen. Pfeifend (mit dicken Lippen) die Bücher unterm Arm, die linke Hand in der Hosentasche, steigt er, lässig-bequem die Treppe nieder, jede Miene eine unverschämte Sicherheit und die ganze Erscheinung den typischen, dickköpfigen, wohlgenährten Bauerjungen verratend, einen kleinen Tyrannen, der nach 25 Jahren, durch Hochmut und Unbarmherzigkeit, die Plage des Dorfes und der Schrecken der Armut sein wird. Ob ihn auch dann die Strafe trifft, die Rache ereilt? Wer weiß; aber *heute* trifft sie ihn. Hinter der Steinmauer steht unser Freund der Proletarier, dem noch der Rücken brennt – eine ebenso typische Figur. Er ist magerer – es hing vielleicht nie ein Schinken in seiner Mutter Rauchfang – die Hose ist zu kurz und die Jacke geflickt. Das starre Haar, die Stubsnase und das lebhafte Auge, darin eine Art heitere Rache leuchtet, charakterisieren ihn trefflich; Buch und Tafel sind aus der Hand gelegt, er braucht seine Rechte jetzt zu wichtigeren Dingen; einen seiner schweren Holzschuhe hat er in die Hand genommen, und im selben Augenblick, wo der Wohlgenährte, »keines Überfalls gewärtig«, um die Ekke biegen wird, wird ihn der Holzschuh ereilen. Der Gegensatz der beiden Gestalten in Tracht, Handlung, Charakteristik, ist meisterhaft; ebenso vorzüglich ist die Art des Vortrags. Es zählt dies Vautiersche Bild, wenigstens auf *diesem* Gebiet, zu den besten Arbeiten der Ausstellung.

V

Die Zahl der Genrebilder, die sich uns noch, als zur Besprechung geeignet, darbieten, ist so groß, daß wir uns mit Rücksicht auf den Raum, der uns gestattet ist, gezwungen sehen, die große Mehrzahl dessen, was auf diesem Gebiete noch übrig bleibt, nur eben namhaft zu machen, unter Beifügung eines kurzgefaßten Urteils. Nur auf einige wenige werden wir noch ausführlicher einzugehen haben.

A. *Schroedters* »Nächtliche Szene« aus Shakespeares »Was ihr wollt« (Akt II, Szene 3) ist in vielen Stücken ein treffliches Bild und verrät in der Gestalt des Sir Andreas Aguecheek (des blonden, feig-süßlichen Ritters, der sich den dünnen Schnurrbart dreht), den alten Meister der Don Quixote-Bilder. Anderes hat uns weniger zugesagt; auch ist der graue nächtliche Ton, wiewohl ganz vorzüglich getroffen, doch von keiner rechten malerischen Wirkung. Wir zählen sonst keineswegs zu den Verehrern besonderer Beleuchtungs-Effekte; hier aber wären ein paar Kerzen auf dem Tisch vielleicht angebracht gewesen. Schon der Ausdruck der Köpfe, der jetzt, unter dem nächtlichen Grau, an einem Mangel an Klarheit leidet, wäre dadurch sprechender geworden. Marie (der Olivia Kammermädchen) könnte etwas italienisch-pikanter und der Malvolio *müßte* feiner sein. Malvolio ist für jegliche Darstellung (auf der Bühne, wie in der bildenden Kunst) eine sehr schwierige Aufgabe; er schnappt über vor Hochmut, Verliebtheit und Eitelkeit und wird dadurch eine tragikomische Figur; aber er darf nicht wie ein norddeutscher Philister gemalt werden, der in der Schlafmütze eine Gesindestube revidiert oder auf die Straße hinunter fragt: »Wächter, wo brennt es?« Die Gruppierung, das Landschaftliche und die Gestalt des Sir Andreas Aguecheek, sind vorzüglich. Allerdings wird ein *lebhaftes* Interesse nur bei *den* Beschauern geweckt werden, die das Stück von der *Bühne* her (Lektüre genügt nicht) kennen.

Wir nennen ferner an dieser Stelle *Otto Brausewetters* (eines der verschiedenen *Danziger* Maler, die uns diesmal durch eine ganze Anzahl höchst beachtenswerter Bilder erfreut haben) »Duell zwischen Kavalieren aus dem vorigen Jahrhundert«. Die Staffage – ein Wald im Spätherbst – ist vorzüglich; die Gestalten selbst sind charakteristisch, derb-lebenswahr, aber zum Teil von keiner besonders angenehmen Wirkung auf

den Beschauer. Der Husaren-Offizier (in seiner Art eine treffliche Figur) ist doch fast zu metzgerhaft aufgefaßt; etwas mehr
Feinheit, ohne Einbuße an lebendigem Erfassen des Wirklichen, das ist es, was wir dem talentvollen Maler wünschen.

Vortrefflich sind die beiden Bilder von *E. Lasch* in Düsseldorf, »Kinderlust; spielende Kinder auf einer Heukarre«, und
»Bei der jungen Witwe«. Das letztere – dem wir von den genannten beiden bei weitem den Vorzug geben – konkurriert
mit dem früher beschriebenen Vautierschen Bilde um den
Preis. Die Stille, die Keuschheit, die ruhig-herzliche Liebe, zu
deren Zeugen uns der Maler macht, spinnen unser eignes Herz
mit in diese kleine Dorfgeschichte hinein; wir nehmen Anteil
und haben glücklicherweise nicht den geringsten Zweifel, »daß
sie ihn nimmt«. Sie sieht nicht umsonst in leiser Verschämt-
heit vor sich hin, seine ruhigen Worte tuen ihr wohl; sie glaubt
ihm, sie traut ihm und sie darf ihm trauen. Es weht eine reine
Flamme in dem Bilde, und ihre Lauterkeit, wie es das echte
Kunstwerk soll, läutert unser eigenes Herz.

An Wert und Inhalt diesem Laschschen Bilde verwandt ist *H.
Plathners* (ebenfalls in Düsseldorf) »Brautleute bei der Kartenlegerin«. Die Alte hält der Braut die Hochzeit-verheißenden
Karten hin: Cœur-König und seine Dame haben sich gefunden. Das Mädchen steht da, bewegt, erfreut, betroffen, noch
halb unfähig, sich in das Glück, das offen da liegt, zu finden. Er
aber, ein echter »Bua« aus Oberbayern oder Tyrol, steht da mit
einem seligen »schaust Madle«, und man hört die Jodler, in die
er ausbrechen wird, wenn er sie in die Arme nimmt, um sie
über den Berg zu tragen. Die Ausstaffierung des Zimmers der
Kartenlegerin ist vortrefflich; halb oberbayerisch-katholisch,
halb Hexenküchenstil. Auf einem Koffer neben der Alten sitzt
ein Rabe; sein eigentliches Nest scheint er aber im Bett der
Kartenlegerin zu haben, wenigstens liegt der Strohsack so offen und aufgerissen da, als pflege der schwarze Vogel hier aus-
und einzuschlüpfen. Eule, Fledermaus, Kräuter und Kruzifix
hängen an der Wand und Münchener Bilderbogen machen den
Schluß, – Jagdstücke, wo der Hirsch den Jäger erschießt.

Bengt Nordenberg (in Düsseldorf) führt uns ebenfalls eine
Szene dörfischen Lebens vor: »Eine Trauung zu Bleking in
Schweden«. Das Bild schließt sich würdig jener Gattung von
Bildern an, in denen uns das skandinavische Natur- und Volks-
leben vorgeführt wird, eine Gattung von Bildern, die durch die

vereinten Anstrengungen Gudes (innerhalb der Landschaft) und Tidemands (innerhalb des Genres) bei uns eingebürgert, seitdem der Sympathieen unseres Publikums immer in hohem Grade sicher gewesen ist. Dies Bengt Nordenbergsche Bild bleibt allerdings hinter den verwandten Arbeiten Tidemands wesentlich zurück. Man sieht ein eifriges Bestreben, es dem Meister gleich zu tun, aber man sieht von diesem Nacheifern (löblich, wie es ist) doch fast zu viel. Dabei ist die Farbe etwas trocken, so daß, bei sonst viel Verwandtem, doch der Zauber fehlt, der, beim Anblick der Tidemandschen Bilder, Auge und Herz zugleich zu berücken pflegt.

Ländliches Leben aus unserer nächsten Nähe bietet uns *Adolf Burger* in seinem hübschen Bilde: »Die Tauffahrt der Wenden im Spreewalde«. Es ist ein Zug, der unserer gesamten Kunst, die Dichtung mit eingeschlossen, nicht sonderlich zur Ehre gereicht, daß wir, bis ganz vor Kurzem, das Heimische so verhältnismäßig wenig gepflegt und überall in der Welt, am Nordkap und am Nil, nur nicht bei uns selbst nach Stoffen gesucht haben. Seit einigen Jahren haben wir uns von dieser Schwäche erholt; namentlich sind wir unseren Landschaftern, und darunter einigen unserer allerbesten Namen, die Anerkennung schuldig, daß sie zuerst den Bann, der auf diesen Gegenden lag, gebrochen und für die »märkische Landschaft«, für Havel und Spree, für Sumpf und Sand, eine feststehende Rubrik erobert haben. Und mit Fug und Recht. Es liegt nicht der geringste Grund vor, warum eine Handvoll Kiefern in Schonen oder Südermanland größeren Anspruch darauf haben sollte, gemalt zu werden, als der Grunewald oder die Tegler Heide. Was von der Landschaft gilt, gilt auch von Allem, was sich darin zuträgt; man suche nach Charakteristischem in Tracht und Sitte und man wird es bei uns finden, wie wo anders. Vielleicht etwas versteckter, vielleicht, nach Art und Zahl, minder in die Augen springend, – aber *es ist da*. Es gibt noch Sonderleben, noch Eigenart auch bei uns, und an keiner Stelle unserer heimatlichen Provinz mehr als im *Spreewald*, in jenen weiten Wald- und Wasser-Revieren, die Burger bereist und denen er den Stoff zu seinem Bilde entnommen hat. Es ist hierlandes nicht leicht etwas Poetischeres, dem Beschauer mehr zu Herzen gehendes zu sehen, als eine kirchliche Feier der Spreewald-Wenden. Gleichviel ob es eine Taufe, eine Trauung oder ein Begräbnis ist, der Eindruck, wenn auch verschieden, ist immer

von gleicher Tiefe. Die Spreewald-Dörfer haben – wenn wir
nicht irren, ein *einziges* ausgenommen – keine Kirche und sind,
jedenfalls der großen Mehrzahl nach, auf weite Entfernung
hin, nach Lübbenau, der Spreewalds-Hauptstadt, eingepfarrt.
Der Spreewald hat aber auch keine Straßen; er ist ein Wasser-
netz und hat nur Kanäle. Auf den kleinen Inseln, die die Ma-
schen des Netzes bilden, wohnen die Wenden. Jede Fahrt in
diesem »Dorf-Venedig«, wie man es öfters genannt hat, ist eine
Wasserfahrt und das *Boot* vertritt hier die Stelle des Wagens,
ganz wie in der Lagunenstadt. Auch die Fahrten zur Kirche
erfolgen im Boot. Eine Tauffahrt gliedert sich etwa so: Musik
und der Küster vorauf; dann die Eltern mit dem Täufling; dann
die Paten; dann in zahllosen Booten die Gäste; – so geht es in
unabsehbar langer Reihe, den Windungen der meist schmalen
Kanäle folgend, dem Kirchturm von Lübbenau entgegen. Alles
ist sonntäglich still; der Gesang verklingt; keine Ruder plät-
schern; nur dann und wann ein Stoß, ein leiser Ruck, – so gleiten die Boote vorüber. In jedem einzelnen sitzen geputzte Frau-
en in der steifen, aber reichen und malerischen Tracht ihres
Landes. Burger hat sich die Aufgabe gestellt, einen solchen
Taufzug zu malen. Er hat die Aufgabe gelöst, so gut er konnte.
Eines – freilich das, worin zum Teil die Hauptwirkung liegt –
vermochte er nicht wiederzugeben: das Ausgedehnte, das
Langandauernde des Zuges. Es hätte dazu eines Cycloramas
bedurft. Er wählte also die Hauptszene: das Boot mit dem
Täufling, und schräg daneben das Musikanten-Boot. Sehr
geschickt gab er beiden Booten, – namentlich dem ersteren,
dessen geputzte Frauen wie eine Kostümstudie sind, – jene
malerisch-enge, von Stegen überbrückte, landschaftliche
Einfassung, wie sie dem Spreewald eigentümlich ist. Die Farbenwirkung der wendischen Trachten könnte vielleicht etwas
günstiger sein, ohne daß es um deshalb nötig gewesen wäre,
die Wahrheit des Kostüms zu beeinträchtigen. So viel wir wissen, herrschen bei den Frauen dieser Spreewald-Bewohner
zwar gewisse Kostüm-Gesetze, aber innerhalb derselben bewegt man sich wieder mit einer gewissen Freiheit. Schwarz und
weiß sind, wie ja auch bei uns, mitten im Leben der großen
Städte, etwas bestimmt Vorgeschriebenes; aber das Bunte, Far-
bige läßt mannigfache Auswahl zu. Von diesem Recht ge-
schmackvoller Auswahl hätte vielleicht auch der Maler einen
volleren Gebrauch machen können. Wir sind bei dem Bilde mit

Vorbedacht länger verweilt, um den einen oder anderen unserer Landschafter oder Genremaler darauf aufmerksam zu machen, welche Schätze noch, nach dieser Seite hin, in der nächsten Nähe unserer Hauptstadt zu finden sind.

Auch von *Rudolf Jordan* und *Meyer von Bremen*, zwei Lieblingen unseres Ausstellungs-Publikums, sind Bilder da; jeder ist durch *eine* Arbeit – die, bei dem einen wie bei dem anderen, die wohlbekannte jedem eigentümliche Richtung innehält – vertreten. Meyers »Morgenfahrt fröhlicher Fischerkinder« ist ein hübsches Bild, das aber doch, wie uns scheinen will, hinter früheren, verwandten Arbeiten des trefflichen Malers zurückbleibt. Daß er, wie wir gern zugeben wollen (es entzieht sich unserer bestimmten Kenntnis) den Luft- und Wasserton eines Morgens am Strande meisterlich getroffen hat, wird das Bild in seinen eigenen Augen, wie in den Augen derer, die gleiche Beobachtungen gemacht haben, gewiß interessanter machen; aber das Interesse an dem genrehaften Hergang des Bildes wächst dadurch wenig. Wir möchten beinah umgekehrt behaupten, daß dem gewöhnlichen Beschauer eine alltäglichere, aber farbenkräftigere Beleuchtung lieber gewesen wäre. Alle solche Beleuchtungs-Finessen können nur dann ein wirkliches Interesse wecken, wenn sie entweder durch Kraft und Schönheit dem Auge schmeicheln, oder mit einer solchen *frappanten* Naturwahrheit auftreten, daß jeder, der nur jemals – und lägen 50 Jahre dazwischen – einen verwandten Moment erlebt hat, wie von plötzlich hervorbrechender Erinnerung ergriffen, ausruft: »Oh, das ist *das*!« So wirkt aber dieser Strandmorgen nicht; und wir haben doch manchen Morgen am Strande erlebt. Wir fügen noch hinzu, daß ein gewisser innerlicher Widerspruch zwischen dieser kühlen Morgenfrühe und dieser eklatanten Kinderheiterkeit herrscht. So *früh* am Morgen sind auch Kinder nicht *so heiter*.

Wir bedauern, auch gegen *Rudolf Jordans* »Das Kind ist gerettet« unsere unbedingte Zustimmung *nicht* ausdrücken zu können. Wir bedauern es, aber wir verwundern uns nicht darüber. Es kann am Ende kaum ausbleiben, daß wenn Jemand ein Lebenlang nicht nur auf demselben Instrumente spielt, auf dem er Meister ist, sondern zugleich auch den Versuch macht, dies Instrument mit immer neuen Saiten zu beziehen, – er notwendig auch mal einen Ton treffen muß, der minder harmonisch klingt. Die neue Saite, die Jordan diesmal aufgespannt hat, gibt weniger guten Klang als die meisten früheren, und liegt es nicht an der Saite (was möglich ist), nun so liegt es, trotz sonstiger Virtuosität, am Spiel. Vielleicht kommt *beides zusammen*. Krankenbetten sind ein für allemal schlechte Vorwürfe für den Maler; nur sehr widerwillig gestatten wir einige Ausnahmen. Eine solche Ausnahme liegt aber hier nicht vor. Gehirnentzündung, Eis- oder Essig-Umschläge, dieser ganze Krankenstuben-Apparat ist und bleibt ein mißliches Ding in der Kunst. Dies scheint uns die »neue Saite« von nicht glücklichem Ton. Was aber die Mutter angeht, die eben aus dem Munde des trefflich aufgefaßten Doktors hört: »das Kind ist gerettet«, so ist das eine Saite, die an und für sich schon trefflichen Ton geben könnte, wenn sie vortrefflich gespielt würde. Aber die Hand hat diesmal dem Meister versagt. Wir wollen nicht bestreiten, daß die Züge einer von Gram und Wachen abgezehrten Mutter in dieser, wir möchten sagen selbst wieder krankhaften Weise aufleuchten *können*, aber wenn dieser Gesichtsausdruck auch nicht jenseits der Wahrheit liegt, so liegt er doch jenseits der Schönheit. So wie es ist, macht dieser Jubel des Mutterherzens mehr einen peinlichen als erhebenden Eindruck.

Sehr gelungen sind uns die drei Bilder *Leopold Güterbocks* (gegenwärtig in Rom) erschienen, die selbstverständlich ihre Stoffe dem an Genreszenen so reichen italienischen Volksleben entnommen haben. Die drei Bilder nennen sich »Neapolitanisches Genrebild«, »Römisches Genrebild« und die »Strafpredigt«, von denen die ersteren beiden sowohl durch poetische Lebenswahrheit, wie durch Einfachheit, Ungesuchtheit und doch zugleich durch Eleganz des Stils sich auszeichnen. Dennoch – wir bekennen dies fast wie eine Schwäche – hat uns die »Strafpredigt« am besten gefallen. Der Vorwurf ist nichts weniger als neu: ein wohlgenährter Geistlicher, der Wein und Frauen liebt, hat im Auftrag der Mutter, der schönen, ihm zur Seite stehenden Tochter den Text zu lesen und natürlich ihr zu sagen, »daß sie den, den sie liebt, nicht lieben solle«. Man sieht deutlich, daß ihn der Gegenstand, an den er seine Strafpredigt richtet, viel viel mehr beschäftigt, als diese Predigt selbst, und um Auge und Mund des schönen Mädchens zuckt ein Etwas, als ob sie wohl wisse, wie viel oder wie wenig sie von der Epistel des Padre zu halten habe. Dieser letztere, ohne durch eine Mischung von Humor und Sinnlichkeit geradezu zu stören, könnte doch um eine Nuance feiner sein. Das Bild würde dadurch gewinnen. Das schöne Mädchen, in Ausdruck und Haltung, ist ganz vorzüglich.

Zwei hübsche Bilder hat *A. Siegert* ausgestellt: »Kinder im Atelier« und »Die Studierstube«. Es sind Pendants. In beiden Bildern erzielt der Maler eine gute Wirkung dadurch, daß er das Lebendig-jugendliche, das ewig sich Verjüngende, in Kontrast bringt mit dem überlieferten Alten, mit allerhand Totem, das nie lebendig war und doch ein Leben führt auf *seine* Art. Die »Studierstube« ist vielleicht das poetischere, das tiefer gefaßte der beiden Bilder. Wir sehen ein Bibliothekzimmer; alte Bände auf den Regalen und am Boden; eins der Bücher, ein alter Druck in rot und schwarz, liegt aufgeschlagen auf dem Tisch und das rosige Gesicht eines Knaben folgt den bunten Buchstaben und ihren wunderlichen Formen, als blättere er in seinem Bilderbuch. Das frischeste Leben über dem Bücherstaub; eine Welt von poetischen Intentionen läßt sich mühelos dem Maler unterschieben. Minder tief, aber amüsanter und dem großen Publikum mundgerechter, ist das zweite Bild: »Kinder im Atelier«. Hier ist mehr eine heitere Wirkung bezweckt und erreicht. Nicht ein einzelner Knabe lehnt hier über den Zauberbüchern (jedes alte, echte Bibliothekzimmer ist eigentlich eine Märchenlokalität), sondern eine Gruppe von Kindern ist in das Atelier des Vaters getreten. Es scheint, daß Behufs einer neu zu malenden Ritter- und Sarazenenschlacht, ein neuer, unbekannter Gast über Nacht in diese Räume eingezogen ist; dicht neben der Tür, aus der die Kinder eben treten, steht ein Ritter in voller Rüstung, die Lanze neben sich, und die Kinder, an diesen eisernen Türsteher nicht gewöhnt, blicken scheu zu ihm auf und schrecken zurück. Ein liebenswürdiges Bild, aber flacher als das erstgenannte.

Wir nennen noch Louis *v. Hagns* »Ein Münchener Sommer-Bierkeller im 18. Jahrhundert« (ein feines, treffliches Bild, an dem wir nur eine gewisse *Originalität* vermissen, um es den besten derartigen Leistungen der Ausstellung zuzugesellen) und wenden uns nun zum Schluß einem sehr vorzüglichen Bilde zu, das diesen Vorzug der Originalität in ganz besonderem Maße hat, wir meinen »Letzte Ehre« von *W. Cordes* in Weimar. Es ist dies eines jener interessanten Bilder, an denen sich wieder zeigt, was ein echter Künstler in einer glücklichen Stunde alles wagen kann; eines jener Bilder, die den oft ausgesprochenen

Satz neu bewahrheiten: in ästhetischen Dingen gelten Gesetze
nur so lange, bis irgend ein Kunstwerk die alten Satzungen
glücklich durchbricht und neue Normen, oder innerhalb der
alten, wenigstens glänzende Ausnahmen schafft. Der im Bilde
dargestellte Vorgang ist folgender. Ein Schiff ist gescheitert;
die Boote haben die Mannschaft gerettet; nur eins (so scheint
es) kenterte in der Brandung und der Offizier, der es führte (der
Kapitän selbst) liegt jetzt, eine Leiche, am Strand. Ein Flaggentuch ist über ihn geworfen, nur linke Schulter und Arm gucken
hervor und zeigen das goldene Epaulette. Links neben dem Toten liegt Degen und Wehrgehenk, zur Rechten steht ein alter
Bootsmann, wettergebräunt, den Säbel in der Hand; er hält
Wache bei dem Toten, – die »letzte Ehre«. Weiter aufwärts am
Strand ein Dorf und ein Kirchturm. Wind-an, aus den Dünen
hervor, kommen Offiziere und Matrosen mit Schiffern aus
dem Dorf; sie kommen, um den Toten unterm Flaggentuch zur
letzten Rast zu tragen. Dort hinter den Dünen, wo der Kirchturm aufragt, wird er Ruhe finden. Dies der Inhalt. Die *Ökono-
mie* des Bildes ist seine bedeutsamste Seite. Zuerst frappiert, ist
man alsbald gezwungen, die tiefe Wirkung, die das Bild hervor-
ruft, zu nicht geringem Teil in seiner eigentümlich verschwen-
derischen Benutzung des Raumes zu suchen. Das Bild ist von
ziemlich bedeutenden Dimensionen und bietet doch dem
Beschauer im Wesentlichen nur eine einzige Figur: *keine* Ko-
lossalfigur, vielmehr eine verhältnismäßig wenig Raum in
Anspruch nehmende Gestalt, die im Vordergrunde, ziemlich
inmitten des Bildes steht. Es erinnert dies Verfahren, auf
den ersten Blick, an einzelne berühmte Landschaftsbilder (es
schwebt uns eins von Lessing vor), wo der Maler, um den Effekt
der Öde zu steigern, die weite Fläche durch ein einzig Lebendiges sehr glücklich unterbricht: eine Krähe über der Düne, ein
Roßhirt auf der Pußta, ein Kranich im weiten Sumpf- und Hei-
de-Lande. Aber die Sache liegt auf dem Bilde, das uns hier beschäftigt, völlig entgegengesetzt: die Einzelgestalt tritt nicht
auf, um den *landschaftlichen* Effekt (den der Öde oder irgend
einen anderen) zu steigern, sondern umgekehrt, die ganze weite Fläche ist nur vorhanden, um der Einzelgestalt zu ihrem vollen poetischen Recht zu verhelfen. Auf jenen Bildern dient das
genrehafte Leben dem räumlichen Effekte und der Landschaft,
während umgekehrt auf dem Cordesschen Bilde der Raum dem
Leben, dem Menschlichen, dem halb historischen, halb genre-

haften Vorgange dient. Viele Quadratfuß Raum, um dieser einen Gestalt des Bootsmanns willen! und doch liegt in dieser scheinbaren Raumverschwendung das ganze Geheimnis von der bedeutenden Wirkung des Bildes. Dieser Bootsmann, samt dem Toten unterm Flaggentuch, mitten aus dem Bilde herausgenommen, würde auch ein vortreffliches Genrebild sein; jeder würde den Hergang verstehen, wie wir ihn jetzt verstehen; aber es wäre ein völlig anderes Bild, es wäre ihm mit dem Meer und dem Strand, die jetzt in weiter Fläche die Gruppe einfassen, der höhere Gehalt genommen, die poetischen Flügel, wenn uns der Ausdruck gestattet ist, wären ihm beschnitten. Das Landschaftliche ist verhältnismäßig von keiner hohen künstlerischen Bedeutung; wir haben viel viel bessere Wellen, eine bessere Strandöde und einen besseren Sturmhimmel gesehen, aber, ob gut oder schlecht, diese weiten Flächen – der ausgedehnte Schauplatz der Tragödie –, das Wehen des Sturmakkords drüber hin, alles war nötig, um die Tragödie selbst zu voller Wirkung zu bringen. Es ist ein schönes, vortreffliches Bild, aber es ist vielleicht noch lehrreicher als es schön ist.

VI

Wir haben in unserem vorigen Artikel die Besprechung der Genrebilder beschlossen; haben uns aber für unsere heutige Besprechung zwei besondere Gruppen des Genres reserviert: erstens die *Lichteffekt-* oder die virtuosen Beleuchtungsbilder, und zweitens diejenigen Arbeiten, die wir als Bilder von besonderem *kulturhistorischem* oder gar *ethnographischem* Interesse bezeichnen möchten.

Über die ersteren können wir uns an dieser Stelle kurz fassen, da wir – wenn wir die Oswald Achenbachschen Bilder bei den Landschaften und die Spangenbergsche »Walpurgisnacht« *bongré malgré* bei den historischen Bildern besprechen – eigentlich nur zwei Arbeiten in ausgesprochener Weise zu diesen Lichteffekt-Bildern zu zählen haben: *C. E. Boettchers* »Sommernacht am Rhein« und *Friedrich Kraus'* »Die Beleuchtung des Palais Sr. königlichen Hoheit des Prinzen Friedrich Wilhelm am Abend des 22. Oktober 1861«.

Über das letztere ist wenig zu sagen und über das erstere wenig gutes. Die Kraussche Arbeit ist als *Studie* von unzweifelhaftem Belang, aber es ist nicht eigentlich ein *Bild*. Es ist *Material* zu einem Bilde. Man wird uns nie dahin bringen können, einen »Studenten-Fackelzug«, eine »Berliner Feuerwehr« oder eine »italienische Nacht bei Kroll« als *Bild* gelten zu lassen. Eine Unsumme schwarzer Hüte, Kappen und Helme, viel Qualm, viel Nacht und mitten in all dem Dunkel ein Glutschein – das ist kein Bild. Man komme uns nicht mit Rembrandt. Wir lassen uns innerhalb der Kunst diese Identifizierung von Mensch und Schornsteinfeger nicht gefallen. Aber wenn diese virtuosen Beleuchtungsstücke nicht um ihrer selbst willen, sondern als Mittel zum Zweck auftreten, so ändert sich demgemäß unser Urteil. Um eine »Schlacht bei Hochkirch« in Nacht und Flammengraus zu malen, ist es allerdings nötig, bei Fackelzug und Feuerwehr seine Vorarbeiten gemacht zu haben. In diesem Sinne heißen wir die Kraussche Arbeit willkommen.

Das Boettchersche Bild »Eine Sommernacht am Rhein« können wir leider in keinem Sinn willkommen heißen, denn es will ausgesprochenermaßen nicht Studie, sondern etwas Fix und Fertiges sein; – es ist um seiner selbst willen da und *zwar recht sehr*. Das Bild macht den Eindruck des Pretentiösen; dabei ist es das Produkt einer gewissen Konfusion oder einer Verkennung gewisser Fundamentalsätze aller Kunst. In der Kunst heißt es bekanntlich nicht: »zweimal macht doppelt« sondern »zweimal macht halb«. Hiergegen hat der Künstler, wie gegen manches andere, verstoßen. Dies Boettchersche Bild besteht eigentlich aus drei Bildern, die gleichsam in Vertikalstreifen, von rechts nach links, neben einander geklebt sind: erst (zur Rechten) die Stadt am Rhein, dunkel, mondbeschienen; daneben (in der Mitte) ein prächtiger, halb dunkler, halb erleuchteter Baum, unter dessen Blattwerk junges Volk eine Maibowle trinkt, während ein Kronleuchter von den Ästen herab ein magisches Licht auf die Trinkenden ausgießt; drittens (zur Linken) ein Philistertisch: vier Kannegießer bei Talglicht und Kölnischer Zeitung lauschen mit Andacht ihrer eigenen politischen Weisheit. Jeder dieser drei Streifen hätte ein tolerables Bild gegeben; durch die *Zusammenstellung* aber sind sie untolerabel geworden. Ganz abgesehen davon, daß die »Absicht verstimmt«, berühren diese verschiedenen Lichteffekte auch das physische Auge unangenehm. Man wendet sich verdrießlich, lästig geblendet von diesem wechselnden Schimmer ab. Aber wenn wir schon, nach der mehr äußerlichen Seite hin, von diesem Bilde nicht rühmen können, daß es uns wohlgetan hätte, so können wir es noch weniger im Hinblick auf seinen innerlichen Gehalt. Wir haben in unserer Literatur einige hervorragende Schöpfungen, in denen sich *Romantik* und *Philistertum* zu einem reizenden Ganzen verquicken. Wir fänden auch vielleicht, wenn wir emsig danach suchten, innerhalb der Malerei einzelnes Verwandtes. Eine solche Aufgabe war es, die sich Boettcher stellte, aber er hat sie nicht glücklich gelöst. Unvermittelt stehen Mondscheinlandschaft und Spießbürgertum, Mainacht und Unschlitt-Licht, Titania (eine übrigens reizende blonde Hebe an der Maibowle) und »Kölnische Zeitung« nebeneinander. *Es wirkt nicht wie Humor, sondern einfach wie Disharmonie.* Das verunglückteste aber ist der Hausschlüssel, den ein eben herantretender Bube (ein »jüngerer Bruder«) den Mainacht-Romantikern als Zeichen zum Aufbruch entgegenstreckt. Selbst Heine ist an dem Spielen mit solchen Gegensätzen gescheitert und Heine war doch ein »Liebling der Grazien«. Die gestellte Aufgabe ging über die *innerlich* vorhandene Kraft; an Virtuosentum ist freilich kein Mangel.

Was nun zweitens die Bilder von einem gewissen kulturhistorischen oder gar ethnographischen Interesse anbelangt, so haben wir es – mit Umgehung geringfügigerer Arbeiten – wiederum nur mit zwei Namen zu tun, mit *W. Stryowski* in Danzig und *W. Gentz* in Berlin. Die Bilder beider sind nicht bloße »Genrebilder« in dem üblichen Sinne; beide begnügen sich nicht damit, aus *bekannten* Sphären (wohin auch Frankreich, Belgien und namentlich *Italien* zu zählen sind) das Alltagsleben des Volks und des Hauses wiederzugeben; sie geben uns genrehafte Vorgänge, aber sie geben sie uns aus aparten, wenig betretenen Gebieten, wenig betreten, weil diese Gebiete entweder *räumlich* weitab liegen, oder weil Sitte, Vorurteil, Gewohnheit, den Eintritt in dieselben verbieten.

Diese Bilder von kulturhistorischem Inhalt verfügen von vornherein um ihres *Stoffes* willen (gleichviel welche Art von künstlerischer Behandlung dieser Stoff erfahren) über eine gesteigerte Teilnahme unsererseits, und alle hierhergehörigen Arbeiten der genannten Beiden (Stryowski und Gentz) stehen deshalb zu den Bildern des *vaterländisch*-historischen Genres – die wir in unserem ersten Artikel ausführlich besprachen – in einer gewissen Verwandtschaft. *Das am nächsten und das am fernsten liegende üben auf uns einen ähnlichen Reiz.* Auch wir,

bei unserer Besprechung, werden uns gegen dies stoffliche Interesse nicht indifferent verhalten (auch da nicht, wo wir glauben tadeln oder Bedenken äußern zu müssen), aber freilich
wird der künstlerische Gesichtspunkt selbstverständlich für
uns der schließlich maßgebende bleiben.

Wir sprechen zuerst von den Bildern W. *Stryowskis* und beginnen mit »Polnische Juden in der Synagoge«. Ein ganz vorzügliches Bild, mit einer Meisterschaft durchgeführt, die ihm
unter allen Umständen unsere Aufmerksamkeit zuwenden
würde, auch wenn der Gegenstand eines gewissen fremdländischen Zaubers entbehrte. Dinge können uns, wie schon angedeutet, *räumlich* sehr nahe liegen und dennoch durchaus diesen fremdländischen Zauber besitzen. Wie wenige sind unter
uns, die jemals »polnische Juden in ihrer Synagoge« gesehen.
Wir blicken in eine fremde Welt. Versuchen wir zunächst eine
Beschreibung des Bildes. Die Synagoge selbst verrät nichts weniger als orientalischen Baustil; es ist ein gotisch gewölbter
Saal, mit Pfeilern und Spitzbogenfenster. Man sieht, es gab
damals, als diese Synagoge gebaut wurde, nur *einen* Baustil in
polnischen Landen; – es gab noch keine Eklektiker, die, wie das
jetzt geschieht, jedem Stamm und jeder Religionsgenossen-
schaft, mit einer gewissen historischen Rücksichtsnahme ihr
Haus zu bereiten verstehen. Wer überhaupt baute und bauen
konnte, der baute gotisch, und die jüdische Synagoge wuchs in
spezifisch-christlichen Formen empor, weil es hierlands überhaupt keine anderen Bauformen als diese letzteren gab. In eine
solche gotisch-gewölbte Synagoge blicken wir hier. Hellgrüne
Gardinen sind vor das Spitzbogen-Fenster gezogen und ein
eigentümliches Licht fällt auf den Estrich und Einzelne der
Gestalten. Unter diesen ist der Rabbiner oder Vorbeter eine wahre
Prachtfigur. Über dem glänzenden Atlaskaftan trägt er (wie die
Mehrzahl der Figuren) plaidartig, eine weiße wollene Decke,
am Rande blau gestreift. Auf dem Kopfe sitzt ihm eine hohe
(köstlich gemalte) Pelzmütze und auf der kräftigen und doch
feinen Nase des Alten balanciert die altmodische Hornbrille.
Die Füßchen (es sind keine Füße) stecken in sauberen Sammet-
schuhen und in den kleinen Händen das alte Gebetbuch haltend, liest oder murmelt er seine Gebete vor sich hin. Die ganze
Erscheinung ein Stück uralte Vornehmheit; ein Repräsentant
jener ältesten aller Aristokratien; in *dieser* Figur noch echt,
noch wirklich, in nichts, weder äußerlich noch innerlich, durch

den Schmutz des Daseins gezogen. Gleich vortrefflich ist die Gestalt eines zweiten alten Juden, der, den Kopf gegen eine prächtig gemalte kupferne Wasser-Urne gelehnt, dem Beschauer den mit einem ähnlichen blau-weißen Plaid bedeckten Rücken zukehrt. Stryowski ist aber nicht nur Meister in *alten* Juden; zur Rechten sitzen zwei Judenknaben, von denen wir kaum wissen, ob wir nicht, nach der Seite feiner Charakteristik hin, *ihnen* den Preis zuerkennen sollen. Beide sind etwa im zwölften Jahre und repräsentieren typisch die beiden immer neben einander herlaufenden Richtungen des Judentums: den Hang nach Gold und den Hang nach Wissen; Schacher und Idealität. Der Schwarzköpfige, links, wird Pfandleiher werden, oder Roßkamm, oder Wucherer; der Kraus-Rotköpfige zur Rechten aber, mit dem blassen leuchtenden Gesicht, wird Sanskrit studieren oder den Spinoza neu herausgeben. Ein vorzügliches Bild: originell, interessant, scharf in der Charakteristik, vortrefflich in der Ausführung.

Die drei andern Bilder Stryowskis stehen nicht voll auf dieser Höhe und sind auch untereinander von ungleichem Wert. Am verhältnismäßig schwächsten ist uns die »Szene auf der Prczerabka« erschienen; ansprechender ist »Der kleine slowakische Drahtbinder«; noch höher stellen wir die »Flissen an der Weichsel bei Danzig«. Nicht mit Unrecht ist von dem »kleinen slowakischen Drahtbinder« gesagt worden, Stryowski mache hier einen Versuch, der (Bettelknaben-) Murillo seiner slawischen Heimat zu werden. Es ist schon immer etwas, dem Beschauer einen solchen Vergleich ungesucht an die Hand zu geben. Der kleine Drahtbinder selbst – vielleicht um eine Spur zu idealisiert aufgefaßt – ist eine reizend gelungene Figur, und wir möchten dem Maler nur vorwerfen, daß der kleine Bauerjunge, der aus dem Hause getreten ist, um dem slowakischen Drahtbinder bei seiner Beschäftigung zuzusehen, diesem letzteren allzu ähnlich sieht. Sie sind wie *Brüder*, wodurch die Komposition an Klarheit verliert. Hier war es gerade nötig, in den Köpfen *Gegensätze* auszusprechen, Gegensätze, soweit sie unter Kindern derselben slawischen Race überhaupt möglich sind.

Das dritte von diesen Repräsentationsbildern einer uns fremden, osteuropäischen Welt: »Flissen an der Weichsel bei Danzig«, ist ganz Poesie. Breit zieht sich die Weichsel durch die öde, reizlose Landschaft; an den Wolken schimmert ein letztes Rot; über den Wolken steht der Mond, blaß, unsicher, als schiene er nicht gern auf diese Gegenden. Aber die »Flissen« am Ufer denken anders; sie sind noch unwählerisch in Allem, was Landschaft anbetrifft; das heitre slawische Blut pulst in ihnen und Jeder lebt und freut sich des Lebens, so oft er tanzt oder geigt oder raucht. Angesichts dieses Bettlerglücks, dieser Zufriedenheit in Lumpen, mußten wir unwillkürlich des schönen Lenauschen Liedes »*Die drei Zigeuner*« gedenken, dessen Poesie den Maler zu diesem Bilde inspiriert zu haben scheint. Setzen wir »Flissen« statt »Zigeuner«, so decken sich Lied und Bild.

> Hielt der Eine für sich allein
> In den Händen die *Fiedel*,
> Spielte, umglüht vom Abendschein,
> Sich ein feuriges Liedel.

Der Zweite *raucht*, der Dritte *schläft*.

> An den Kleidern trugen die Drei
> Löcher und bunte Flicken,
> Aber sie boten trotzig frei
> Spott den Erdengeschicken.

> Dreifach haben sie mir gezeigt,
> Wenn das Leben uns nachtet,
> Wie man's *verraucht, verschläft, vergeigt,*
> Und es dreimal verachtet.

Diese Poesie ist es auch, was die Stryowskischen Bilder so anziehend macht, auch solche, gegen die sich dies und das einwenden ließe.

Wir wenden uns nun den beiden Bildern von *W. Gentz* zu: »Almosenspenden auf einem Friedhofe bei Cairo« und das »Lager der großen Mekka-Karawane in der Wüste«. Eh' wir indessen zur Besprechung dieser Bilder übergehen, schicken wir einige Bemerkungen über den Künstler selbst, wenn man so will einen Versuch zu seiner Künstler-Charakteristik voraus. Das Land zwischen dem roten Meer und der Sahara oder, um mit Freiligrathischerem Vollklang zu sprechen, das Land zwischen dem Sinai und der Babelmandeb-Enge, bildet bekanntlich die W. Gentzsche Domaine und das bekannte: »Mitten in der Wüste war es, wo wir Nachts am Boden ruhten«, das aus den bemerkenswertesten seiner Bilder spricht, hat ihm, bis zu einem gewissen Grade mit Fug und Recht, die Bezeichnung eingetragen, der »Freiligrath unter den Malern« zu sein. Die Verwandtschaft ist aber doch ziemlich äußerlich und wiewohl Freiligrath, nachdem er sich in kürzester Frist ein glorreiches und wohlverdientes Wüsten-Renommée erworben hatte, durch zahlreiche, oft recht schwache Imitationen, dies Renommée wieder in Frage stellte, so sind wir dem Dichter dennoch das Bekenntnis schuldig, daß wir es mehr mit *seiner* Wüste, als mit der W. Gentzschen halten. Wir stehen auf dem Punkt, ein Wort auszusprechen, das unseren speziellen Landsmann (vor dessen künstlerischer Begabung wir allen möglichen Respekt haben) vielleicht weher tun wird, als ein einzelnes Bedenken gegen dies oder jenes seiner Bilder, ein Wort, das wir ihm dennoch nicht ersparen können. Es ist das: W. Gentz ist durch Zufall, durch Laune, im günstigsten Fall durch eine (vielleicht in Paris erwachte) Neigung in die Wüste geführt worden, nicht aber durch *Passion*. Dies ist der Unterschied zwischen ihm und Freiligrath. Freiligrath hatte von Jugend auf das große *Wüsten-herz*. Als er noch in Elberfeld und Barmen – gewiß nicht eine Lokalität, wo einem die Poesie von außen anfliegen kann – am Comtoirpulte saß, zog es ihn in die Wunder der afrikanischen Welt und unter den prosaischsten Verhältnissen barst es wie ein Feuerstrom aus seiner Seele:

> Wär' ich im Bann von Mekkas Toren,
> Wär' ich auf Yemens glüh'ndem Sand,
> Wär' ich am Sinai geboren etc.

Freiligrath hat die Wüste nie gesehen (er ist nicht südlicher gekommen, als bis an den Züricher See), aber er hat sie geliebt wie keiner. Das, was er mit Augen nie gesehen, hat leibhaftiger vor seiner Seele gestanden, als die Wirklichkeit je vor dem Auge eines Wüstenreisenden stand; – er mag im Einzelnen geirrt haben, aber die Wüstenseele hat zu ihm gesprochen und er hat sie verstanden. Er war – die Natur liebt es, gelegentlich phantastisch zu spielen – ein Sohn Ismaels im alten Lande der Cherusker. Er hat *auch* Bilder gemalt (es tut nichts, ob mit Worten oder Farben), aber weil er sie mit Glut, mit Sehnsucht, mit leidenschaftlicher Seele malte, deshalb sind sie nicht bloß

Tableaux voll ethnographischen Interesses, sondern Zauberbilder, die es uns antun. In vielen tausend Herzen haben die Freiligrathschen Bilder eine Sehnsucht nach dem Cap, nach der Wüste, nach dem Lande Biledulgerid geweckt, und wir, die wir diese Zeilen schreiben, hätten – vor just einem Vierteljahrhundert – ein Jahr unseres Lebens drum gegeben, wenn wir unter der bekannten »Wüstenkönigs-Sycomore« hätten rasten können, deren Laub einst »zitternd über dem Gewaltigen« rauschte. Wir fragen einfach: »in welchem Herzen haben die Gentzschen Bilder eine ähnliche Sehnsucht geweckt?« Man erwidere uns nicht: »das sei zu viel gefordert«; man sage uns nicht: »das Wort gebiete über größere Zauber als die Farbe«; – wir lassen das nicht gelten. Wir kennen *Bilder*, die so innerlich, so sehnsuchtweckend auf uns gewirkt haben, wie nur je ein Lied. Die Gude-Tidemandschen Bilder haben uns mehr denn einmal nach Norwegen gezogen, und die Bleibtreuschen Bilder, so oft wir ihrer ansichtig werden, reißen uns mitten in die Schlacht hinein. Wie die Bilder der alten Meister Kraft haben, uns *himmelwärts* zu tragen, so gibt es auch Bilder, die die Kraft haben, uns irdisch-räumlich zu bewegen, uns fortzuziehen von einem Ort zum andern; – aber diese Macht über unsere Seele hat nur wieder die Seele. Wo diese fehlt, oder schlummert oder wachend schläft, da wirkt sie nicht. Die Gentzschen Bilder sind, wenigstens mit Freiligrath verglichen, seelenlos; es sind kühle, daguerrotypenhafte Zustandsbilder, wo wir Wärme, Leben, Action verlangen, verlangen *müssen*, wenn ein lebhafter zustimmendes Urteil als ein bloßes: »ah, das ist also *so*« über unsere Lippe kommen soll. Dann und wann glauben wir einem tieferen poetischen Anlauf zu begegnen, aber die Poesie verliert sich alsbald in Caprice oder Unklarheit der Intention. Es sind Bilder zur *Belehrung*; aber sie dienen weder dem Geist, noch der Schönheit. Wir sprechen dies hier aus und wir *betonen* es ausdrücklich, weil das Publikum, von einem blinden Respekt vor Wüste, Mekka-Karawane, Weitgereistsein und Selbstgesehenhaben, geleitet, auf dem Punkt steht, allen festen Boden unter den Füßen zu verlieren und Dinge schön zu finden, die treu, fleißig, lehrreich, durchaus apart und durchaus talentvoll, aber ohne jene tieferen, innerlichen Eigenschaften sind, die eine mehr oder minder brillante Farbenleinwand zu einem Kunstwerk höherer Gattung erheben.

Über das erste der beiden *Gentz*schen Bilder (Almosenspen-

den auf einem Friedhofe bei Cairo) können wir rasch hinweggehen. Die Lokalität ist apart, die Frauentrachten sind apart
und das bronzefarbene, nackte Fellahweib ist auch apart; der
Luftton, die Bäume, der Friedhof, alles ist echt, ein selbstgese-
henes, ein selbsterlebtes, und – was uns höher steht – die stattliche, fast statuarisch gehaltene junge Türkenfrau im prächtig
gemalten roten Gewande, die in der Geldtasche nach einem Al-
mosen sucht, ist sogar nicht ohne ein gewisses Interesse. Aber
der ganze Hergang ist interesse*los;* das Bild mit allen seinen
Vorzügen, mit allem, was man daraus lernen kann, macht
nichtsdestoweniger nicht den geringsten Eindruck auf uns. Es
ist aus dem ganzen Hergang nichts gemacht worden; oder
wenn (was sehr wahrscheinlich ist) aus dem ganzen Hergang
nichts gemacht werden *konnte,* so mußte er ungemalt bleiben.
Eine vorzügliche Buntfarbendruck-Illustration in einem Sit-
tenschilderungs- oder Reisebuche über Ägypten, aber kein
Bild, dem wir, künstlerisch, eine tiefere Teilnahme schenken
können!

Viel wichtiger ist das zweite W. Gentzsche Bild, das »Lager
der großen Mekka-Karawane«. Es besitzt alle die Vorzüge, die
wir eben bei Besprechung des ersten Bildes hervorgehoben haben, es besitzt dieselben sogar in einem gesteigerten Maße; es
ist dabei viel wirklich-origineller und – worauf wir das Haupt-
gewicht legen – es weht in demselben etwas von wirklicher
Wüstenpoesie. Dennoch müssen wir uns auch gegen dieses
Bild erklären. Es ist unklar in seiner Urkonzeption; es ist die
verfehlte Zusammenwürflung zweier Gattungen der Malerei,
die wenigstens an dieser Stelle nicht zusammengestellt werden
durften. Wir haben hier eine Wüstenlandschaft und – man ge-
statte vorläufig den Vergleich – ein jahrmarkt- oder messe-
artiges Genrebild. Beides konnte der Maler malen, das eine wie
das andere, *aber nicht beides zusammen.* Wollte er die Poesie
der Wüstenöde geben, so mußte dieser Krimskrams fortfallen,
der in tausend Kameelen und Kameelchen mitten im Bilde lagert; wollte er umgekehrt das genrehafte Leben der Karawane
geben, so mußte er das, was wir mit voller Überlegung »Krimskrams« genannt haben, gestaltungsreicher, detaillierter, le-
bens- und wechselvoller an uns herantraten lassen. *Aut, aut.*
Aber vielleicht wollte er nicht das *Genrehafte* der Karawane,
sondern die *Poesie* der Karawane geben. Vielleicht fand er diese
Poesie (und zwar sehr richtig) lediglich darin, daß ein buntes,

tausendgestaltetes Leben auf einer einzigen Wüstenfläche, wie auf einer ausgestreckten Hand des Todes liegt. Jeden Augenblick kann die Hand sich schließen und der Sand ist Sieger über Alle. Wir tun unser Möglichstes, wenn wir dem Maler diese Idee ohne Weiteres unterschieben; er kann dies oder ein ähnlich Poetisches gewollt haben, aber – er kann auch nicht. Gleichviel indes; er *soll* es gewollt haben; aber er hat alsdann ein Poetisches gewollt, dessen Versinnbildlichung jenseits der Macht der bildenden Kunst lag. Es lassen sich Karawanen*gruppen* malen, aber nicht eine *Karawane als solche*. Die malerische Kunst, die Gestalten verlangt, hat ihre Grenzen. Sie kann uns ein Dutzend Nomaden und ihre Zelte geben, aber keine Völkerwanderung; sie kann uns eine Feldwacht, einen Brückensturm (Arcole), eine Feuerlinie (Hochkirch) geben, aber keine *Armee*. Gentz hat uns etwas *Totales* geben wollen: eine Art gelagertes Heer. Wir wiederholen aber, gewisse Sachen lassen sich nicht malen, oder wenn sie dennoch durchaus gemalt werden sollen, so verfehlen sie ihre Wirkung. Ein Heuschreckenschwarm, der die Luft verfinstert, ist nicht zu malen; eine amerikanische Ameisenschlacht (wir meinen *wirkliche* Ameisen) ist nicht zu malen, und wenn irgend ein genialer Marinemaler (wir nennen William Turner, der solcher Launen wohl fähig gewesen wäre) auf die Idee gekommen wäre, die Unermeßlichkeit des stillen Ozeans, durch eine Riesen-Flottille von tausend an einander gefügten, krimskramshaften malayischen Kanoes sinnbildlich darstellen zu wollen, so würde die Kritik gelautet haben: »unser genialer Turner hat mal wieder eine wunderliche Stunde gehabt.« Wir können unserem heimatlichen Künstler keine größere – übrigens aufrichtig gemeinte – Ehre antun, als daß wir ihn mit William Turner in Parallele stellen. Wer indessen – wir rufen alle berühmten Seemaler zu Zeugen – die Großartigkeit des Meeres malen will, der malt eben das Meer als einen Riesen, der mit irgend einem Schiff, wie der Walfisch mit der Tonne spielt. Es liegt jenseits der malerischen Kraft, jenseits der Grenzen des Darstellbaren, das *Meer mit der gesamten englischen Flotte spielen zu lassen*. Zwei Größen verschlingen sich einander; es liegt eine tiefe poetische Wahrheit in der Geschichte vom Löwen und dem Krokodil, die sich gegenseitig auffraßen. Die Größe der Karawane verschlingt entweder die Wüste, oder die Wüste verschlingt die Karawane. Das letztere ist hier geschehen. Alle üblichen, alle kontrollierbaren Größenverhältnisse sind verschwunden und etwas Mikroskopisches, Ameisenhaftes, ist übrig geblieben. Es fehlen Vordergrunds-Gestalten und Gruppen; was davon da ist, reicht nicht aus: alles ist (nicht technisch, aber sachlich genommen) – *Hintergrund.* Es fehlt jegliches *einzelne*, womit wir uns menschlich befreunden könnten; das Bild nimmt einen Anlauf zum Genre und bietet doch nichts innerlich Genrehaftes. Es gibt uns allenfalls (aber dennoch auch durch diese Massen wieder bedenklich unterbrochen) den Eindruck der Öde, – diesen Eindruck aber hätte der Maler besser, vollkommener, poetischer gehabt, wenn er statt der kribbelnden Mekka-Karawane, das Haupt einer einzigen Sphinx in dieses Sandmeer hineingesetzt hätte. Es ist zudem ein Bild (und das hängt genau mit den Ausstellungen zusammen, die wir gemacht haben) das selbst von denen, die es bewundern – und ihre Zahl ist nicht gering – nur aus einer ganz bestimmten, nach *Zollen* zu bemessenden Entfernung genossen werden kann. Wer eine der kleinen, übrigens hübschen Vordergrunds-Gruppen betrachten will, dem geht jeglicher Totaleffekt verloren, und wer den *Totaleffekt haben will, der kann nichts Einzelnes mehr erkennen.* Das Gentzsche Bild ist eine Art Malen aus der Vogelperspektive. Es verhält sich (versteht sich *cum grano salis*) zu dem, was wir glauben in der Kunst fordern zu müssen, wie sich eine *au ballon* aufgenommene Alpen*karte* zu einer Alpen*landschaft* von Kalckreuth verhält. Wir bewundern den Mut, das Geschick, die Ausdauer, womit unser Maler ans Werk gegangen ist, aber er hat leisten wollen, was die Kunst weder leisten kann noch soll.

Unseren Respekt haben wir dem Künstler im Verlauf dieses Aufsatzes wiederholentlich ausgedrückt und wir tuen es hiermit noch einmal. Wir bedauern, unsere Theorieen im Widerspruch mit seiner Praxis zu finden. Das Aussprechen dieser Theorieen wird freilich nichts fruchten; Kritik hilft selten und natürlich am seltensten da, wo ihr eine starke und ausgebildete Eigenart begegnet. Aber wenn wir auch nicht die Macht haben, das einzelne Schaffen zu regeln, so haben wir doch die Macht und die Pflicht, die Grundgesetze, nach denen geschaffen werden soll, vernehmlich und wiederholentlich auszusprechen.

VII

Seit unserem letzten Bericht, in dem wir die Bilder von Stryowski und W. Gentz ausführlich besprachen, haben sich die Säle der Akademie geschlossen und die Ausstellung von 1862 liegt als historisches Ereignis hinter uns. Wir lassen indes diesen Zwischenfall, dies *untoward event*, wie wir es nennen möchten, auf die Art unserer Darstellung keinen Einfluß gewinnen und unter Verschmähung des historischen Stils fahren wir fort, von der Ausstellung als von etwas Gegenwärtigem zu sprechen. Wir möchten uns jedoch zuvor noch die bescheidene Anfrage erlauben, ob man nicht vielleicht von Seiten der Akademie diesmal einen sonst ohnehin nicht üblichen Pünktlichkeits-Rigorismus diesmal bis zur Unpünktlichkeit getrieben habe. Die Ausstellung wurde einige Tage *nach* dem 1. September eröffnet und durfte deshalb auch einige Tage *nach* dem 1. November geschlossen werden. *Habeat sibi.*

Wir wenden uns nunmehr den *Landschaften* zu. Es sind deren, unter den etwa 800 Bildern der Ausstellung, nahezu 300. Eine imposante Zahl, die aber doch sehr zusammenschmilzt, wenn wir unser Auge ausschließlich auf das richten, was einen Anspruch darauf hat, hier besprochen oder doch wenigstens genannt zu werden. Viele vortreffliche Sachen sind ausgestellt, aber Sachen, die bei aller Vortrefflichkeit keinen rechten Eindruck zurücklassen, weil sie in Auffassung wie Ausführung einer eigentlichen Künstler-*Originalität* entbehren. Es ist immer wieder dasselbe. Die Herren kopieren entweder sich selbst (und dies pflegen noch die besseren zu sein), oder sie stecken so tief in dem drin, was man die »konventionelle Landschaft« nennen könnte, daß es oft sehr schwer hält, die betreffenden, sich Konkurrenz machenden Bilder von einander zu unterscheiden.

Wenn wir von konventioneller Landschaft sprechen, so schwebt uns selbstverständlich nicht eine *einzelne* Landschaftstype, sondern ein ganzes Dutzend solcher Typen vor. Es gibt eine altehrwürdige italienische Landschaft und eine traditionelle Mittel- und Hochgebirgs-Landschaft; es gibt ferner praktisch bewährte »Marinen«, Schiffbrüche, Strandszenen; es gibt jetzt auch namentlich eine popularitäts-sichere, norwegische Landschaft, bei der es gleichgültig ist, ob sie dem Binnenland und seinen Seen, oder der Küste und ihren Fjorden entnommen ist. *Das* ist es, was wir konventionelle Landschaft nennen. Es existieren, wie schon angedeutet, »Rubriken« innerhalb derselben; jede Rubrik hat ein längstgemaltes, vielleicht schon vergessenes Musterstück, aber eine Art Type ist geschaffen und dient, fortlebend, als Muster für immer neue Jahrzehnte. Solcher konventionellen Landschaftsstücke weist die diesjährige Ausstellung sehr viele auf; hübsche, fleißige, allerliebste, besitzenswerte Bilder, die aber dennoch für den Fortschritt und das Leben der Kunst ohne alle eigentliche Bedeutung sind.

Von diesen eben geschilderten Landschaftsbildern sehr wesentlich verschieden, aber ihnen darin verwandt, daß sie nicht eigentlich unser Interesse wecken, sind die Bilder derjenigen, die man vielleicht als die vornehmen, die reservierten Realisten der Landschaft bezeichnen kann. Wir bewundern ihre Kunst; aber sie treffen unser Herz nicht und lassen uns kalt. Wir denken hier, um Namen zu nennen, an Leu und Kalckreuth. Letzterer hatte nicht immer diese Kühle, aber er hat sie jetzt. Das Wesen dieser übrigens höchst bedeutsamen Landschafter besteht darin, daß sie, wie wir uns schon ausdrückten, in ihrem »vornehmen Realismus« (der zugleich ein Streben nach einem Schönheitsideale einschließt) es *verschmähen, die Natur im Affekt zu malen.* Wie die Griechen, bei denen ja auch Realismus und höchste Idealität zusammenfiel, das menschliche Antlitz mit Vorliebe in einem Zustand schöner Ruhe nachbildeten, – den Accent dabei auf Schönheit und Charakter, nicht auf das wandelnde Element des Erregtseins oder der Leidenschaft legend, – so sind auch diese kühl-reservierten Realisten darauf aus, die Landschaft schön und charaktervoll zu geben, aber auf Kosten dessen, was wir Stimmung nennen. Vielleicht haben sie Recht. Das Weinen, das Lachen, alle Affekte sind Ausnahmezustände; es gibt aber einen allereigentlichsten, einen Durchschnitts- und *Normal*zustand der Menschen wie der Dinge, und diesen Zustand zu treffen, läßt sich sehr wohl als eine Aufgabe (vielleicht als die allerberechtigtste) begreifen. Die feinrealistischen Landschafter, die wir dabei im Sinne haben, verfahren nach Art eines guten Porträtmalers. Der letztere idealisiert insoweit, als er einen *besten* Moment ergreift; aber diesen besten Moment sucht er weder im Schmerz, noch in der Heiterkeit des zu Malenden, sondern in einem schönen Ruhezustand seiner Seele auf. Er gibt die Blüte eines dauernden, nicht den

Blitz eines vorübergehenden Zustandes. Er gibt Charakter, nicht Stimmung. So der Porträtmaler. Wenn es nun aber kaum noch einen Unbefangenen geben dürfte, der die Richtigkeit dieser Prinzipien für die *Porträtmalerei* bezweifeln möchte, so bleibt es doch immerhin eine offene Frage, ob die Landschaftsmalerei die Pflicht hat, ganz nach denselben Prinzipien zu verfahren. Die Frage wird auch mutmaßlich eine offene bleiben, denn es will uns scheinen, daß sie eben so gut mit »ja« wie mit »nein« beantwortet werden kann. Es bleibt ein Dunkel darüber, ob aus dem seelenvollsten Landschaftsbilde die Seele der Natur oder die Seele des Malers zu uns spricht; es bleibt ein Zweifel darüber, ob wir mehr einem vorgefundenen Charakterzuge oder einer hineingetragenen lyrischen Empfindung darin begegnen. Sollen wir persönlichst eine bestimmte Stellung zu dieser Frage einnehmen, so glauben wir allerdings an eine Seele, einen Charakter, eine Stimmung in der Natur, an eine Seele, die der Maler so gut zu verstehen und zu erfassen bemüht sein muß, wie der Porträtmaler die Seele dessen, den er zu malen hat. Aber dem letzteren sind bestimmte, oft enge Grenzen gezogen, die er innehalten *muß*, während der Landschafter das Recht, oft vielleicht die Pflicht einer poetisch-freieren Bewegung hat. Er kann mindern und erhöhen, abschwächen und potenzieren, je nachdem ihn die Sehnsucht des eigenen Herzens treibt. Was wir der realistischen Schule, die uns bis hierher beschäftigt hat, vorwerfen möchten, ist das, daß sie sich dieser Freiheit in mißverstandener Treue und Korrektheit begibt. Ja, die hierher gehörigen Künstler gehen weiter. Nicht nur auf das Recht verzichtend, das leibhaftig Geschaute zu schwächen oder zu potenzieren, betrachten sie sogar jede lebendigere Naturerscheinung, wie wahr, wie wirklich dieselbe auch sein möge, mit mißtrauischem Auge und wenden sich ab von ihr als von einer Schönheit, die, circehaft, mit allzu verführerischem Reize ausgestattet ist. Der Hang zur Wahrheit treibt sie bis an die Grenzen der *Nüchternheit*, ähnlich wie innerhalb des Porträts die ausgeprägtesten unserer Realisten Wahrheit und Häßlichkeit verwechseln und jenen furchtbaren Satz zu proklamieren scheinen: »nur das Häßliche ist wahr«.

Aber nicht alle zählen zu der realistischen Schule der Leus und Kalckreuths; wir haben andere, denen wir uns näher verwandt fühlen, und wir haben vor allem *einen*, der dadurch so zauberhaft in seinen Landschaften wirkt, daß er das, was ihm vielleicht leise verschleiert entgegentrat, dieses Schleiers graziös, verständnisvoll zu entkleiden weiß. Er gibt der Natur nicht eine Seele, aber er gibt ihr die Sprache; er weiß, was sie sagen will, und er löst ihr die Zunge. Wir sprechen natürlich von *Andreas Achenbach*, der immer derselbe ist und immer ein anderer, und dessen Bilder uns eine Art von künstlerischem Bedürfnis geworden sind. Ähnlich wie uns alle Jahr einmal die Sehnsucht anwandelt, Frau Crelinger in einem Schillerschen Stück deklamieren zu hören, so fühlen wir, wenn die Ausstellungssäle sich öffnen, ein stilles Verlangen, mit Andreas Achenbach in die Stille einer Wassermühle einzuziehen. Die roten Flachziegel, kaum leise gebräunt unter dem Einfluß von Wind und Wetter, blicken aus dem blaugrünen Weidicht hervor; die Wiese ist frisch, die Luft wie ein Schleier; Tauben schweben über dem Dach oder hocken auf dem First; ein Mädchen steht in der Tür, das Mühlwasser fällt vom Wehr und

> Hörbar rauscht die Zeit vorüber
> An des Mädchens Einsamkeit.

So sind Achenbachsche Bilder, seit er die »Marinen« und die Küsten von Schweden und Norwegen aufgegeben und lieber dem stillen Zauber der holländischen oder niederrheinischen Landschaft nachgeht, die ihm, wenn er aus seiner Tür tritt, zu Füßen liegt.

Die »Niederländische Landschaft« die er diesmal ausgestellt hat (Wiese und Wasser, und am Wasser ein Bauerhof mit rotem Dach unterm Grün der Bäume gelegen) hat übrigens in einem Bilde von *Schampheleer* in Brüssel »Die Heuernte in Holland, Umgegend von Delft« einen gefährlichen Konkurrenten gefunden. Das Schampheleersche Bild ist viel kleiner, auch fehlt demselben die Bauerhofs- oder Dorf-Idylle, die dem Achenbachschen Bilde so sehr zur Zierde gereicht; fassen wir aber das spezifisch-landschaftliche ins Auge, die Wiese, den Wassergraben, das Heu, dazu die leise Nebelluft, auf der der Heuduft zu schwimmen scheint, so haben wir hier freilich einen poetischen Realismus, der mindestens ebenbürtig neben Andreas Achenbach steht und vielleicht überhaupt von keinem anderen Landschaftsbilde der diesjährigen Ausstellung erreicht wird. Es sind Landschaftsbilder da, die wir im Ganzen und wegen anderer Vorzüge höher stellen, aber nach dieser einen Seite des »Ton

treffens« hin, scheint uns dies Schampheleersche Bild jede andere Konkurrenz aus dem Felde zu schlagen. Das zweite Bild
desselben Künstlers, »Die Ernte, Umgegend von Brüssel«, ist
uns minder bedeutend erschienen.

Nach der Seite jenes seinen »Ton treffens« hin sind vielleicht
nur noch zwei Bilder auf der Ausstellung, die mit der Scham-
pheleerschen »Heuernte« verglichen werden können: »Regen
und Sonnenschein« von Eduard Schleich (in München) und
»Ein oldenburgischer Bauerhof in der Heide« von Louis Spangenberg. Wir stellen namentlich das letztere Bild sehr hoch. Es
ist äußerlich so wenig, was der Maler uns gibt: ein Sandweg,
ein paar Birken, und ein Strohdach, das hinter dem Heidehügel
auftaucht, und doch weckt das Bild eine Sehnsucht in uns, mit
dem Wanderstock in der Hand dieses Weges zu ziehen und unter jenem Strohdach zu rasten. Es müssen ehrliche Leute darunter wohnen. Der tiefe Friede dieses Bildes spinnt den Beschauer in seine Zauber ein. Ein zweites Bild Spangenbergs,
»Ein Sturm in der Heide«, haben wir leider, trotz allen Su-
chens, nicht finden können. Überhaupt wird Einem nach *dieser*
Seite hin, der Besuch der Ausstellung ehrlich sauer gemacht.
Warum (bei so *kleinen* Bildern) nicht zusammen hängen, was
zusammen gehört –?

Aber wir kehren zu *Achenbach* zurück, nicht mehr zu unserem Freunde Andreas, sondern zu den Bildern seines jüngeren
Bruders *Oswald*, eines Meisters in der Landschaft wie jener
und nach Ansicht Einiger, dem älteren Bruder sogar überlegen.
Nicht nach *unserer* Ansicht. Die Virtuosität, die sichere Kühnheit, die sich auch dem Schwierigsten vorweg gewachsen weiß,
ist vielleicht bei dem jüngeren Bruder noch größer, aber es fehlt
die poetische Natur. Seine Hand mag geschickter sein, des älteren Bruders Herz ist tiefer. Von den drei Bildern *Oswald*
Achenbachs, welche die diesjährige Ausstellung zeigt, hat uns
keines lebhafter angesprochen, nachhaltiger beschäftigt. Das
Bild »Neapel«, dem, von verschiedenen Seiten her, großes Lob
gespendet wird, ist uns nahezu interesselos erschienen, und
»Eine Nacht auf Resina bei Neapel«, ein Bild, das den Besucher
der Ausstellung gleich bei seinem Eintritt mit Feuerwerk und
aufsteigenden Leuchtkugeln empfängt, ist ein virtuoses Para-
destück und nichts weiter. Man bewundert das Geschick, wie
wenn Blondin rückwärts über das Seil karrt, aber während unser Hang nach etwas Neuem und Apartem befriedigt wird, geht

unser Herz leer aus. Stimmungsreicher ist der »Palast der Königin Johanna bei Neapel«, wiewohl auch hier ein anderer, kräftigerer Grundton uns erwünschter wäre.

Wir nannten dies dritte Bild Oswald Achenbachs »stimmungsreicher« und wollten damit den Zug bezeichnen, wodurch es sich von den beiden andern Arbeiten des Künstlers zu seinem Vorteil unterscheidet. Denn wir machen kein Hehl daraus, daß wir noch in Liebe und Anhänglichkeit zu jener älteren Schule stehen, die von einer Landschaft vor allem Stimmung verlangt. Ehe wir nun aber Umschau halten nach jenen Bildern, bei denen wir finden, was wir suchen, sprechen wir zuvor noch von einem Maler, dessen Bekanntschaft wir (wir waren jahrelang abwesend) zum ersten Male auf der diesjährigen Ausstellung machten, und dessen *Technik* uns aufs Höchste interessierte. Wir prätendieren im Allgemeinen, nach *dieser* Seite hin, durchaus kein Urteil; aber auch unser Laienauge reicht aus, um wahrzunehmen, daß wir es hier mit etwas Neuem, Abweichendem zu tun haben. Wir meinen die vier Landschaften von *Bennewitz v. Loefen* und unter diesen vorzüglich die größte: »Wald und Meer; Motiv an der Ostsee«. Vielleicht ist das kleine Bild »Abenddämmerung« noch bedeutender, aber es zeigt uns nicht (zum Teil, weil es zu klein dazu ist) die ganz aparte Art des Malens in so frappierender, die Aufmerksamkeit *erzwingender* Weise, wie dies bei dem erstgenannten größeren Bilde der Fall ist. Vielleicht sollten wir nicht von einer »ganz aparten Art des *Malens*«, sondern von einer ganz aparten Art des *Sehens* sprechen. Jedenfalls ist das anders Sehen vorausgegangen und dann das anders Malen gefolgt. Die prächtige Buche auf dem Bennewitzschen Bilde ist jedenfalls eine Buche; jeder der jemals eine *fagus alba*, eine Weißbuche sah, wird sie hier als eine solche wiedererkennen und doch sieht diese Buche anders aus, wie gewöhnlich Weißbuchen auf Landschaftsbildern auszusehen pflegen. Bennewitz hatte also jene Schärfe und jene Selbständigkeit des Auges, die dazu nötig ist, um zu sagen: »eure gemalten Buchen sind keine eigentlichen Buchen; wenn ich die Natur-Buche mit der Kunst-Buche vergleiche, so finde ich einen Unterschied; ich werde von jetzt ab die Buche so malen, wie es mir die Natur, und *nicht* so, wie es die Konvention vorschreibt.« So ging er an die Arbeit und schuf eine Buche, wie er sie mit Augen gesehen. Die alte Technik reichte dazu nicht aus und so entstand eben eine neue. Diese neue

Technik scheint uns darin zu bestehen, daß alles unendlich bestimmter, abgegrenzter, mit reicherem, klarer erkennbarem Detail an uns herantritt. An die Stelle des Totaleindrucks, d. h. an die Stelle jener allgemeinen Linien und Formen, die ausreichten, jenen Totaleindruck zu geben, treten jetzt zahllose Einzelzüge; und Dinge, die just noch groß genug sind, um vom Auge kontrolliert zu werden, wenden sich nunmehr auch an das korrekte Auge und nicht an die unkorrekte, willfährig nachhelfende Phantasie. Es ist gleichsam jetzt erst ein *Bild* an die Stelle der Skizze getreten, die man sich seither gewöhnt hatte als Bild gelten zu lassen. Es ist sehr wahrscheinlich, daß unsere gesamte Malerei vieler solcher Erweiterungen fähig ist; alle Kunst und wir selber mit, stecken viel tiefer im Konventionellen drin, als wir gemeinhin glauben, bis endlich Jemand kommt und, das Ei des Columbus auf den Tisch stellend, uns mit einem Male den Ruf abnötigt »ja, das ist wahr; so hätten wir's auch machen können.« Dies Bennewitz v. Loefensche Bild, hat uns in dieser seiner Selbstständigkeit des *Sehens*, an die Bilder der sogenannten englischen Präraphaeliten erinnert, die – weitab davon sich um die Heiligen- und Legendenmalerei vorraphaelischer Zeit zu kümmern – den vorstehend ausgeführten Satz, von einem zu brechenden Konventionalismus, zu ihrem künstlerischen Dogma gemacht haben. An *alles* herantretend, vom Menschenantlitz an bis herab zu Moos und Stein, zeihen sie die gesamte Kunst einer Art Lüge und sprechen die Notwendigkeit aus, erst wieder selbstständig, unbeeinflußt *sehen* zu lernen. Ein anderes *Malen* werde die notwendige Folge davon sein. Sie (die Präraphaeliten) sind in Dünkel, Eigensinn und Jugendübermut vielfach zu weit gegangen, aber sie haben der Kunst durch den dreisten Satz, den sie aufgestellt (und der wenigstens zu neuen ernsten Proben führen mußte), einen wesentlichen Dienst geleistet.

Von Bennewitz v. Loefen, der in sehr ausgeprägter Weise ein Realist unter den Landschaftern ist, wenden wir uns nunmehr unseren eigentlichen Freunden, den »Stimmungsmalern« zu. Begreiflicherweise begegnen wir unter ihnen, nach Art und Maß, einer ganzen Skala von Verschiedenheiten; ohne uns jedoch auf feinere Nuancierungen einlassen zu wollen, genügt es uns, die ganze Fülle der Stimmungs-Landschaften, und demgemäß die dahingehörigen Landschafter selbst, in zwei Hauptgruppen zu bringen. Beide geben Stimmung; aber bei den einen wiegt ein kräftiger Realismus, bei den anderen (ohne Beeinträchtigung der zu Tage liegenden Wirklichkeit) ein Hang nach tieferer Auffassung vor. Jene möchten wir die Rembrandts, diese die van Dycks in der Landschaft nennen. Beide treffen gleich vorzüglich; aber während der eine ein *scharfer* Charakteristiker dessen ist, was offen da liegt, ist der andere ein *feiner* Charakteristiker dessen, was unter der Oberfläche sich birgt. Die Schiffsleute und Mynheeren Rembrandts sind so scharf und vielleicht schärfer gefaßt, als die Königsbilder van Dycks, aber während jener nur lesen konnte, was auf Stirn und Lippe stand, blickte dieser in dunkle Tiefen und schrieb ein nahes, aber noch kaum geahntes Schicksal (der Mitwelt rätselvoll, der Nachwelt verständlich) auf die Stirn des königlichen Stuart.

An diese Unterschiede haben uns unsere Stimmungs-Landschafter gemahnt, die wir, um kurz zu sein, in Realisten und Idealisten (Idealisten mit einer schon angedeuteten Einschränkung) teilen wollen. Zu jenen, den Realisten, zählen wir (ohne damit alle Namen genannt haben zu wollen): Scherres, Ruths, Streckfuß, Hoguet; zu den Idealisten: Dreßler, Zimmermann und Riefstahl. Andreas Achenbach, Schampheleer, Spangenberg und Schleich, von denen wir schon gesprochen, nehmen eine Art Mittelstellung ein, und neigen sich – soweit sie überhaupt den Stimmungsmalern zugezählt werden dürfen – abwechselnd der einen oder der anderen Gruppe zu. Dasselbe läßt sich von den Landschaften Papes, Eschkes und zwei kleinen Bildern Ambergs (der auch als Landschafter auftritt) sagen.

Wir beginnen mit *Karl Scherres*, einem aus dem Kreise jener Danziger Maler, die uns diesmal durch eine ganze Anzahl vortrefflicher Arbeiten auf allen Gebieten erfreut haben. Es scheint fast, als ob in der malerischen Stadt auch ein malerischer Sinn gedeihe. Karl Scherres hat drei Landschaften ausgestellt, von denen wir jedoch nur zwei gesehen haben: »Abends an einem See«, und »Abends am Ausgange eines Kiefernwaldes«, beides Landschaften im Charakter von Ostpreußen, beide von einer gewissen Verwandtschaft der Erscheinung und beide höchst vortrefflich. Wir schwanken, welchem der Vorzug gebührt; vielleicht trifft es zu, wenn wir das Zweitgenannte das Poetischere, das erstere hingegen das Charakteristischere nennen. Wenigstens läßt sich an ihm am besten das wahrnehmen, was wir oben (im Gegensatz zu tiefer aufgefaßten Stimmungs-

bildern) als etwas Rembrandthaftes in der Landschaftsmalerei
bezeichnet haben. Der Beschauer hat ganz deutlich das Gefühl:
so fand der Maler diese Landschaft vor; er gab ihr nichts, er
nahm ihr nichts; genau so, wie wir ihn jetzt sehen, sah auch der
Maler den letzten goldenen Schimmer auf Wald und See fallen,
so schnitt das prächtige gelbe Licht des scheidenden Tages mitten durch die Stämme hindurch, so dunkelten die Kronen die
von dem Schimmer nicht getroffen wurden, so kräuselte sich
das Wasser in dem halb dunkelen, halb leuchtenden See und so
bog sich das Binsengras im plötzlich erwachten Abendwind.
Die Abendwindskühle, die den Maler getroffen haben muß, als
er auf den See blickte und sein Bild im Geist konzipierte, trifft
jetzt auch mit köstlich realistischer Wahrheit den Beschauer.
Aber er empfindet auch zugleich, der Maler hat hier keinen
gebannten Naturgeist aus seinen Fesseln gelöst; der Geist, die
Stimmung, die zu uns sprechen, haben unmißverständlich, in
aller Klarheit und Deutlichkeit, an jenem Abend auch zu dem
Maler gesprochen; seine Kunst war nur Medium, um Vorhan-
denes zu vermitteln, nicht Wünschelrute, um Verborgenes zu
wecken. Ein treffliches realistisches Stimmungsbild, aber ohne
idealen Zug; ein Bild mehr scharf als tief; der Maler selbst ein
Mann mit offenen Sinnen, aber kein Merlin, der die geheimnisvollen Stimmen versteht.

Ein gleiches Lob wie den Bildern von Karl Scherres gebührt
einem Bilde von *Valentin Ruths* in Hamburg: »Eine holsteinsche Landschaft«. Mit derselben Meisterschaft, wie Scherres
den *ostpreußischen* Landschaftston, die Kiefernheide, den See,
das ärmliche Gehöft, die ganze poetische Stille und Öde jener
Gegenden getroffen hat, eben so hat Valentin Ruths den niedersächsischen oder speziell den holsteinschen Ton zu treffen
gewußt, wo der »Deich«, wie die Linie zwischen Tod und Leben, sich zwischen Meer und Ackerfeldern hinzieht und wo der
Seewind, der beständig an den Bäumen zaust und rüttelt, nur
Knorriges leben läßt, das nun trotzig aushält, häßlich aber hart.
Diese Stimmung, die in Wind- und Herbsttagen über der holsteinschen Küstenlandschaft zu lagern pflegt, ist ganz vorzüglich und frappant erkennbar wiedergegeben. Und darauf
kommt es bei diesen Bildern an. Die echtesten Realisten unter
den Stimmungsmalern müssen es dahin bringen (und sie *werden* es dahin bringen), daß jeder, der z. B. das norddeutsche
Flachland in allen seinen Teilen kennt, ohne alle Mühe wird

ausrufen können: Das ist märkisch, das ist holländisch, das ist die Weichsel und das ist Holstein. Denn die verschiedenen Provinzen haben allerdings ihre ganz verschiedene Sprache auch in der *Landschaft*, und wie es dem geübten Ohr nicht schwer fällt, einen Königsberger von einem Hamburger zu unterscheiden, so wird es, wenn die Landschafter erst alle auf ihrer Höhe sein werden, auch einem geübten Auge nicht schwer fallen, eine ostpreußische Heide von einer ostfriesischen zu unterscheiden.

Unter den verschiedenen Landschaften unseres *Charles Ho-guet*, die alle (wie immer) den Meister verraten, ist eine von ganz besonderer Schönheit. Sie nennt sich einfach »Abendlandschaft«, eine Bezeichnung, deren Einfachheit auf nichts weniger als ein Werk voll besonderer Originalität hinzudeuten scheint. Dennoch haben wir es mit einem solchen zu tun. Es ist um die Zeit des Sonnenuntergangs, und eine Schafherde, die den Tag über draußen geweidet, kehrt in Dorf und Stall zurück. Im Vordergrund erblicken wir ein Gehöft und die eben links einschwenkende Herde; hoch in Lüften breiten die Tauben noch einmal behaglich ihre Schwingen aus und mitten in der Dorfgasse steht die alte Rüster, älter vielleicht als alle Häuser im Dorf zusammengenommen. So ist der Vordergrund. Was will aber dieser Vordergrund besagen, verglichen mit jener dicken Staubwolke, die die Schafherde eben aufgewirbelt hat und die jetzt, licht-gesättigt von der hinter ihr untergehenden Sonne, wie eine phantastische Goldstaubwand den Hintergrund des Bildes füllt. Das ist *Abend*-Landschaft, Dorf- und Abendstimmung! Ganz vorzüglich.

Wir wenden uns nun jener Minorität von Stimmungs-Landschaftern zu, denen es nicht genügt, eine vorgefundene Landschafts-Stimmung mit Brillanz und Wahrheit wiederzugeben, sondern die, tieferblickend, noch eine geborgene Kraft heraufzuzaubern, einen dem blöderen Auge nicht gleich zugänglichen Reiz, durch leises Lüften eines Schleiers oder auch durch leises in Schatten-stellen eines sich vordrängenden Zuges, wirksam zu machen verstehen.

Wir nennen da zuerst *Adolf Dreßlers* »Waldeinsamkeit«, ein Bild, das, wiewohl trefflich gemalt, in allem Äußerlichen noch einer sicheren Meisterschaft entbehrt, dafür aber in dieser heiteren, lauschigen Waldestiefe, in der nur Tauben ihr Nest zu haben scheinen, einen Zug Tieckscher Romantik zu geben weiß. Es ist, als begönne man im Phantasus zu lesen und die Märchenlandschaft täte sich auf.

Einen verwandten Zug fesselnder Romantik finden wir in *Richard Zimmermanns* »Landschaft, staffiert mit badenden Kindern«. Dies *»staffiert* mit badenden Kindern« klingt so prosaisch wie nur möglich, und in der Tat würden wir dem Bilde nicht nur diese Bezeichnung, sondern auch die badenden Kinder selbst (inklusive der weidenden Schafe) von Herzen gern erlassen. So wenig erbaulich indes alles »Staffierte« auf diesem Bilde ist, so vortrefflich ist das Rein-Landschaftliche, namentlich nach *der* Seite hin, die wir hier, wenigstens an dieser Stelle, zur entscheidenden machen. Es ist ein stimmungstiefes Bild und bildet das ernste, beinah düstere Seitenstück zu der heiteren Romantik des Dreßlerschen Bildes. Wenn uns das letztere in eine Waldeinsamkeit führte, aus der wir gewärtigen mochten, jeden Augenblick die Hindin der Genoveva hervortreten zu sehen, so bereitet das Zimmermannsche Bild die düstre Romantik des Hertha-Sees vor uns aus. Wir blicken uns um nach Opfersteinen und den Spukgestalten heidnisch-wendischer Vorzeit.

Unseren Liebling *Wilhelm Riefstahl* haben wir uns wohlweislich bis zuletzt verspart. Er hat drei Bilder ausgestellt: »Hochtal am Säntis«, »Der Hirschgraben in der Heidelberger Ruine« und »Ausgang eines Parks; Spätherbst«. Am wenigsten einverstanden sind wir mit dem ersten, dessen voller Titel lautet: »Hochtal am Säntis; *Trauerversammlung vor einer Kapelle«*. Es ist dies Bild, wie aus seinem Titel schon hervorgeht, eine *Verschmelzung von Landschaft* und *Genre*, und wiewohl beides mit der Liebe und Meisterschaft ausgeführt ist, die wir Alle an Riefstahl kennen, so müssen wir doch ähnliche Bedenken gegen dieses Bild erheben, wie die waren, die wir am Schluß unseres vorigen Aufsatzes gegen die »Mekka-Karawane« von W. Gentz aussprachen. Wir sagen *ähnliche* Bedenken. Die Aufgabe, die sich Riefstahl stellte (im Gegensatz zu der W. Gentz'schen), *war* zu malen, aber er hat es in der *Art* verfehlt. So wie die Sache da liegt, tritt ein ähnlicher Übelstand ein wie bei Gentz: studiert man die Genrefiguren, so geht einem die Wirkung der Landschaft verloren, und läßt man die Landschaft auf sich wirken, so werden die mit Meyerheimscher Akkuratesse gemalten, ein Bild für sich bildenden Genrefiguren, zu einem schwarzen Strich. Dieser Übelstand indes, der bei Gentz, wenn er seine Aufgabe nicht wesentlich modifizieren wollte, ein unvermeidlicher war, konnte bei Riefstahl sehr leicht vermieden werden: die Alpenlandschaft mußte noch einmal so groß und die Figuren noch einmal so klein sein; dabei, wenn möglich, von weniger subtiler Ausführung. War, umgekehrt, der genrehafte Hergang Hauptsache, so mußten die Figuren wachsen und die Landschaft sich bescheidener in den Hintergrund zurückziehen. Von diesem Fehler abgesehen, in allem Einzelnen ein vorzügliches Bild.

Ein solches ist auch der »Hirschgraben in der Heidelberger Ruine«. Hier haben wir den Landschafts-Meister, der seine Kunst mit einer bis ans Botanische gehenden Gewissenhaftigkeit und Korrektheit übt. Deshalb hat er auch, so vermuten wir fast, die Gestalt eines alten Pflanzensammlers mit grüner Botanisier-Trommel, mitten in den kleinen Urwald des Hirschgrabens, symbolisch hineingestellt, – eine Gestalt, die wir ihm, aller Symbolik zum Trotz, ohne Bedauern erlassen hätten. Sie streift ans Prosaische, inmitten dieser Poesie üppigen Wachsens und Gedeihens. Tropisch schießen Farnkraut und das breitblättrige Tussilago auf und jene blaufeuchte Luft lagert in der Tiefe, wie sie zu Haus ist über der Humusfruchtbarkeit alter Schloßgräben.

Das dritte Bild: »Ausgang eines Parks; Spätherbst«, ist weitaus das beste. Es ist das Bild, das uns vorschwebte, als wir über die ganze Richtung sprachen, deren Wesen wir in etwas Tieferem, als in dem einfachen Wiedergeben der Naturstimmung zu erkennen glaubten. Dies Bild ist nicht eine zufällige Herbstlandschaft; es ist, wenn wir uns so ausdrücken dürfen, die Verkörperung des Herbstgedankens in der Natur. Wir wollen dadurch auf das Tiefergehende des Bildes hingedeutet haben. Riefstahl gab nicht nur, was die Landschaft auf den ersten Blick ihm bot; die Natur lud ihn vielmehr zu Gast, führte ihn stille, geheimnisvolle Wege, hielt an einer bestimmten Stelle und sagte dann: »sieh, hier ist mein Wohnplatz jetzt und meine Werkstatt, *hier web' ich den Herbst.*« Was Riefstahl in diesem Bilde gegeben hat, ist dieser gewonnene Einblick in den Herbst überhaupt. Es ist etwas Typisches, etwas Allgemeingültiges in dem Bilde; nicht die *einzelne* Herbststimmung, sondern *die* Herbststimmung tritt uns daraus entgegen. Der poetische Gedanke des Herbstes: das *Abwärtssteigen, das Niedergehen*, ist darin zur Erscheinung gebracht. Alles dient diesem einen

Zweck, alles klingt dahin zusammen. Die Bäume sind kahl; die Gittertür steht schräg in den Haspen; das Wasser im Graben ist tot und alt; Krähen nisten im Baume. Ein einsamer Besucher (rüstig noch, aber mit weißem Haar) schreitet windan die Gänge hinauf; ein alter Hund folgt ihm. Der Herbstwind weht; alles fröstelt; in Wind und Kühle geht die Sonne unter und gießt ein kaltes, rotgelbes Licht über die Landschaft aus. Kein Farbentupf auf dem Bilde, der nicht Herbst wäre. Das Bild ist »Privateigentum«, wir gratulieren dem Besitzer, nicht ohne Anflug von Neid.

Von dem Maler selbst aber nehmen wir Abschied als von einem unserer besten, als von einem solchen, in dem sich uns alle die Eigenschaften zusammenzufinden scheinen, die in alter Zeit die deutsche Kunst groß gemacht haben. Vor allem: Ernst und Liebe. Was ihm vielleicht fehlt, ist »Bravour«; aber er kann ihrer entbehren.

VIII

Wir schicken uns heute zu einem letzten Besuche in den oft betretenen Sälen an; ehe wir indessen die Stufen hinansteigen, wenden wir uns zuvor, am Fuß der Treppe, den links gelegenen Räumen des Erdgeschosses zu, um der Ausstellung der *Skulpturen* (dem jedesmaligen Stiefkind in der Gunst des Publikums) einen kurzen Besuch zu machen. Ein Eifern gegen diese Stiefkindschaft hilft nichts; der Sinn für die bloße *Form* erwacht später oder – wenn das bestritten werden könnte – ist in seiner höchsten Ausbildung der feinere. Dieser feinere Sinn läßt sich nicht andozieren, am wenigsten anraisonnieren, – er muß still und organisch wachsen. Er ist das Resultat langer Arbeit, das letzte Ziel zahlloser, zuerst im Dunkeln tappender, dann immer lichter werdender Schritte. Bis dahin bleibt die Skulptur das Aschenbrödel der bildenden Kunst, freilich um dann schließlich doch vielleicht die herrlichste unter den Schwestern zu sein.

Die diesjährige Ausstellung von Skulpturen weist ein grandioses Werk auf, das wohl verdiente, jenes goldene Zeitalter einer kommenden Kunstblüte zu sehen; wenigstens wird es das seine dazu beitragen, diese goldene Zeit heraufzuführen. Wir meinen natürlich des schwedischen Bildhauers *J. P. Molin*

»Fechtergruppe« oder, wie der Katalog sie nennt, »Zweikampf nach alt-schwedischem Brauch«. Der Hergang (durch die Basreliefs am Sockel in seinen Hauptmomenten versinnbildlicht) ist folgender: Björn und Ragner sitzen beim Wein; Björn umarmt Ragners Geliebte und reizt letzteren dadurch zum Zorn; es kommt zum Zweikampf »nach schwedischem Brauch«; beide, mit kurzen Messern bewaffnet und durch einen Gurt oder Riemen aneinandergeschnallt, beginnen den Kampf auf Tod und Leben; beide gehen zu Grunde. Dies ist die Geschichte. Molin hat für die Hauptgruppe selbst den Moment gewählt, wo jeder der Kämpfenden mit der Linken die zum Todesstoße gezückte Rechte des anderen im Zaum hält und wo die Frage nach dem Ausgang des Kampfes wie das Zünglein an der Waage schwankt; – Kraft und Chance auf beiden Seiten gleich. Die Darstellung ist von einem Reiz und einer Lebendigkeit, daß auch der Laie, der unfähig ist, über die »Muskulatur« in Begeisterung auszubrechen, der Gruppe halbestundenlang *zuschauen* kann. Wir wählen diesen Ausdruck absichtlich; dieser Gruppe gegenüber ist man nicht bloß *Beschauer*, sondern *Zuschauer*; man blickt nicht auf ein Fixiertes, sondern man schaut einem Hergange zu, einem Ereignis, das sich voll Fluß und Leben vor unseren Augen vollzieht. Sehr wahrscheinlich ist es die bedeutendste Tat bildnerischer Kunst seit Thorwaldsens Tod. Die hohe Bedeutung dieses Werkes scheint uns darin zu liegen, daß es mit dem großen Stil und der Einfachheit der Antike zu gleicher Zeit ein *nordisch-nationales* Element mehr oder weniger verbindet. Vielleicht ließe sich tadeln, daß dies skandinavische Element nicht deutlicher zu Tage tritt. Es ist nämlich zunächst, (d. h. in der Ringergruppe selbst ziemlich äußerlich geblieben, d. h. es reduziert sich großenteils auf die Messer und den Riemen; – in den Köpfen ist verhältnismäßig wenig Schwedisches zu lesen. Desto mehr tritt es in den Basreliefs hervor. Wir haben diese Reliefbilder, als etwas zu skizzenhaft Gebliebenes, tadeln hören; wie wir aber glauben, mit Unrecht. Wir finden in ihnen, wenn wir uns so ausdrücken dürfen, jenes skandinavisch-*Äginetische*, das der Künstler in der Hauptgruppe nicht gab und vielleicht nicht geben *konnte*, wenn er nicht gegen die Schönheit verstoßen wollte. Das Ganze ist wieder eine jener vielen Erscheinungen, die uns mit hohem Respekt vor der skandinavischen Welt, dieser nördlichsten Abzweigung des Germanentums, erfüllen. Es ist tief zu beklagen, daß andere Fragen uns diesem Zweige des deutschen Stammes entfremdet haben.

Neben einem Werke, wie das eben geschilderte, haben die übrigen Skulpturwerke der Ausstellung allerdings einen schweren Stand. Wir stehen aber von jedem Vergleiche ab und freuen uns – den Ausspruch Dahlmanns, »Niemand ist verpflichtet, ein großer Mann zu sein«, auch auf unsere Skulptoren übertragend – des vielen Gelungenen, das da ist. Wir nennen zuerst, als dem Molinschen Werke in mehr als einer Beziehung am nächsten stehend, *Karl Cauers* (gegenwärtig in Rom) »Achill, welcher sich den Pfeil aus der Ferse zieht«. Eine sehr verdienstliche, mit Geschmack und Studium ausgeführte Arbeit, aber freilich ohne eigentliche Originalität. Wir glauben diesem Ausdruck des Schmerzes in den Zügen eines nur zu wohl bekannten Kopfes der antiken Kunst begegnet zu sein. Von dieser mangelnden Originalität abgesehen, eine sehr schätzenswerte Arbeit. *Robert Cauer* hat (in Marmor ausgeführt) das Brustbild einer »Bacchantin« ausgestellt. Sehr schön, aber als Bacchantin nicht bacchantisch genug. In einem Zuge von Bacchantinnen darf es auch »gehaltenere« geben, aber die einzelne hat das Wesen der Gattung voll ausgeprägt zu vertreten. Auch *Rudolf Pohle* hat eine »Bacchantin« ausgestellt und zwar zugleich »mit einem kleinen Bacchus (auf der Schulter der Bacchantin), welcher einen Weinschlauch auspreßt«. Eine hübsche Arbeit; doch ein Stoff, der mehr in die Malerei als in die Skulptur gehört. Die Malerei hat die Mittel, Nacken und Weinschlauch (der Weinschlauch ruht auf der Schulter) als zwei scharf getrennte Dinge erscheinen zu lassen, während sie in der Skulptur, wo die Farbe fehlt, zu einem ziemlich formlosen und ziemlich unverständlichen Etwas zusammenfließen. Sehr angesprochen, wenigstens in einzelnen Partien, hat uns die allegorische Darstellung der »Nacht« von *Moritz Schulz*. Das Geborgensein unter der »Haube der Nacht«, so komisch diese Bezeichnung klingt, bringt eine sinnige, poetische Wirkung hervor. Sehr hübsch sind auch die vier Arbeiten von *Alexander Gilli*. An dem sehr ansprechenden Marmorrelief »Amor, Diana und Endymion« bedauerten wir (um des Künstlers willen) den kleinen schwarzen Marmorfleck auf der Wange des Endymion. Sehr hübsch ist die Statuette »Eine Badende«. Wenig befriedigt haben uns dagegen *C. Wolgasts* »Frühling« und »Sommer«, zwei Gruppen, in denen etwas durchaus Geziertes vorwaltet.

Viel Freude (vielleicht sollten wir Anstand nehmen, es zu bekennen) machten uns *Adolf Rosenthals* »Klapperstörche«, wenn wir uns so ausdrücken dürfen, zwei Genrebilder, reliefartig in Gips ausgeführt. Der eine Storch, der an der Haustür die Klingel zieht, damit Storchenmutter ihr Kindlein abgeben kann, ist allerliebst. Ein Stück deutschen Humors aus der guten alten Zeit!

Wir nennen zum Schluß noch zwei vortreffliche Arbeiten *Wilhelm Wolffs* (des sogenannten Tier-Wolff), die eine: »Fuchs im Eisen« (Gipsmodell) und »Eine Sauhetze«, eine in Zink gegossene Gruppe in Lebensgröße. Die letztere, wenn wir nicht irren, ist am 3. November bei Gelegenheit der Hubertusjagd bereits in Schloß Grunewald – für das sie bestimmt war – aufgestellt worden. Beide Arbeiten bekunden wieder die volle Meisterschaft des Künstlers auf diesem Gebiet.

Wir treten nun in die Bildersäle ein. Zuletzt indessen, bei den oben besprochenen Werken der Skulptur, mit »Sauhetze« und »Fuchs im Eisen« beschäftigt, verweilen wir auch hier noch bei den »Tierstücken« und den ihnen verwandten Genres, von denen – trotzdem mancher Name fehlt – eine ziemliche Anzahl vorhanden ist. Schmitson, dieser vom großen Publikum wenig goutierte, aber von einzelnen seiner Fachgenossen hochgefeierte Künstler, fehlt diesmal mit seinen Pußtenreitern und Steppenpferden, mit seinen Schilderungen der ungarischen und ukrainischen Ebene. Statt dessen hat Altmeister *Steffeck* einzelnes Vorzügliches ausgestellt, worunter wir vor Allem sein *Steeple chase* nennen. Er hat es verstanden, ohne die *Exaktheit* des Tierstücks darunter leiden zu lassen, dem Ganzen ein genrehaftes Interesse zu verleihen. Sicherlich voll scharfer Naturbeobachtung, aber weniger ansprechend ist »Das tote Fohlen«. Das letztere, das freilich nur als Objekt dient für die feinere Charakterisierung des anderen Pferdes, ist ein ziemlich unschöner Klumpen. Graf *Krockow,* dessen Arbeiten (wenn sie auch, wie wir nicht leugnen wollen, in ihrem Naturalismus gelegentlich einen Schritt zu weit gehen) in ihrer scharfen Naturwahrheit von der Kritik bisher nicht hinreichend gewürdigt worden sind, hat drei Bilder ausgestellt, von denen zwei »Ein Fuchs *beschleicht* Kaninchen« und »Ein Fuchs *fängt* Kaninchen« im eminenten Sinne als Pendants zu betrachten sind. Es sind nämlich, in allem was das *Lokal* angeht, genau dieselben Bilder; nur der Hauptakteur, der Fuchs, »beschleicht« auf dem einen Bilde und »fängt« auf dem anderen. Es ist aber gegen dies zweimalige Benutzen derselben Örtlichkeit eigentlich nichts zu sagen; zwischen »beschleichen« und »fangen« lag nur eine Spanne Zeit, und es wäre unwahr gewesen, die Lokalität innerhalb einer halben Minute wechseln zu lassen. Der Fuchs ist auf beiden Bildern ganz vorzüglich; eine gewisse Berechtigung hat indessen der Vorwurf allerdings, daß sich's der Maler in Bezug auf die landschaftliche Staffage ein wenig bequem gemacht habe.

Das »Viehstück« im engeren und eigentlichsten Sinne – wenn dieser Ausdruck erlaubt ist – ist verhältnismäßig (wenigstens der Zahl nach) schwach vertreten. Auch hier fehlt Schmitson; aber nicht er allein. Die in gewissem Sinne vortreffliche Landschaft von *Friedrich Voltz* (wir können nicht in das laute Lob einstimmen, das derselben zuteil geworden ist) weist einzelnes, trefflich Gelungenes an Kühen und Rindern auf; ebenso eine Landschaft *O. Webers*. Bis zu einem gewissen Grade gilt das auch von den Arbeiten *Eduard Ockels*. Der letztere, zumal was seine Technik angeht, erinnert gelegentlich an Bennewitz von Loefen. Es zeigt sich auch ein Bestreben, die Dinge anders anzusehen, und sie realistischer wiederzugeben, als bisher geschah; während indessen Bennewitz von Loefen es auf dem eingeschlagenen Wege bereits zu einer Art Meisterschaft gebracht hat, steckt Ockel noch im Gröblichen – um nicht zu sagen im Gröbsten – drin. Vorzügliches hat die diesjährige Ausstellung wieder in Schafen geliefert. Berlin hat das Glück, neben dem Niederländer Verboeckhoven, den ersten Schafmaler dieser Zeit zu besitzen. Wir meinen natürlich unsern Landsmann *Albert Brendel*. Seine Arbeiten sind so ersten Ranges, daß es uns fast scheinen will, als stände das Ansehen, dessen er unter uns genießt, nicht ganz im richtigen Verhältnis zu der Meisterhaftigkeit dessen, was er schafft. Die Franzosen, die, weil verwöhnt, doch sonst nicht leicht nach der Seite des Realismus hin zu befriedigen sind, wissen ihn besser zu schätzen.

Unter den Architekturbildern nennen wir *Karl Rundts* »Die Beisetzung Ludwigs des Heiligen in der Kathedrale zu Monreale« und *Johann Karl Schultz'* »Artushof in Danzig« – das letztere ansprechender, minder steif als jenes.

An Porträts ist kein Mangel; aber an guten kein Überfluß. Den Reigen führt (wie gewöhnlich) *Gustav Richter*; sein Porträt des Malers Hoguet ist ein Meisterstück. Minder vorzüglich ist uns das Bildnis einer »jungen Dame« erschienen; indessen Richter erliegt eben nur *der* Konkurrenz, die er sich selber macht. Neben ihm nennen wir *Oskar Begas* und sein Bildnis des Meisters Cornelius; ferner *W. Gentz'* »Porträt einer Dame«. Die Arbeiten des vortrefflichen *R. Lauchert* entbehren, bei all ihren sonstigen Vorzügen, doch einer gewissen künstlerischen Freiheit; sie sind zu entschieden auf die »Repräsentation«, respektive auf den Ahnensaal berechnet. Namentlich tritt das bei zweien sehr bemerkbar hervor. Am meisten hat uns das Bild der Frau v. Romberg zugesagt.

Ein Porträt, wenn es auf seiner Höhe steht, reicht dem *historischen Bilde* die Hand. So wenden wir uns denn zum Schluß dieser »höchsten Gattung« zu. Mit einem »Ende gut, alles gut« können wir uns dabei leider nicht getrösten. Es ist Tüchtiges, Schätzenswertes da, aber nichts Großes und Bedeutendes, das ist der Mangel dieser Ausstellung. Ein Freund faßte diese Betrachtung in die Worte zusammen: »Alles, was da ist, ist ganz gut, aber – so vieles ist *nicht* da.«

Wir beginnen, wie billig, mit denjenigen Bildern, die einen *Versuch* machen, die religiöse Kunst zu repräsentieren.

Fischer-Poisson (zu Schwerin in Mecklenburg) hat eine »Kreuztragung« gemalt. Das Mildeste, was sich darüber sagen läßt, ist das, daß es eine mecklenburgische Malerschule noch nicht zu geben scheint. Wenn dennoch, – desto schlimmer.

Dem Fischer-Poissonschen Bilde verwandt ist das Bild von *Lœillot de Mars*: »Christus und Maria Magdalena nach der Auferstehung«. Maria Magdalena kniet vor dem Herrn und scheint auszurufen: »Herr, verzeih', daß ich da bin.« *Wir* können es nicht verzeihen. Platen schreibt:

Menschliche Schwäche verdient Nachsicht in der
    Sphäre des Handelns,
Wer im Gesang schwach ist, schlage die Leier entzwei.

Was von der Leier gilt, gilt auch von der Palette.

Hieran reiht sich von Emil *Loewenthal* ein »Sankt Martin«, der als »Eigentum des Grafen Raczynski« bezeichnet wird, was wir, ohne diese ausdrückliche Angabe, nicht leicht geglaubt haben würden.

Um vieles gelungener ist eine »Grablegung Christi« von

Ludwig Paul. Das Bild hat etwas Freskoartiges in der Farbe, die weiblichen Gestalten indes entbehren nicht einer gewissen Anmut der Haltung und Bewegung.

Es bleiben uns noch, wenn wir über Gleichgültiges hingehen, die Bilder von *Kaselowsky* und *Rosenfelder*. Kaselowsky hat eine »Himmelfahrt Mariä« gemalt. Die Kritik ist ziemlich streng mit diesem Bilde zu Gericht gegangen und hat ihm jegliche Originalität und jegliche Erhebung abgesprochen. Wir können es doch so bös nicht finden. Vor allen Dingen ist es doch *gemalt*, man befindet sich, was immer seine Schwächen sein mögen, wenigstens einem *Bilde*, einem wirklichen Kunstwerk gegenüber. Dabei entbehrt es in der Farbengebung, zumal des Gewandes, durchaus nicht einer gewissen Selbstständigkeit, und selbst der Ausdruck des Kopfes bezeugt den Eifer, ein *Eigenes* zu geben. Dieser Ausdruck ist allerdings ruhig bis zum Nüchternen und man scheidet von dem Bilde mit der Gewißheit, die Jungfrau immer an alter Stelle, auf denselben Wolken wiederzufinden, weil ihr der »Zug nach oben« fehlt, der in den Himmel trägt; aber wenn sie auch Niemanden zu erheben vermag, weder sich selbst noch einen anderen, so waltet doch eine menschlich-schöne Ruhe in diesem Kopf, die wohl im Stande ist, etwas von ihrem eigenen Frieden zu leihen. Die Engel mit den Rosenbouquets sind schwach.

Auf höherer Kunststufe, wie wir gern einräumen, steht *Rosenfelders* »Christus am Kreuze«, umgeben von den beiden Marieen, Maria Magdalena und Johannes. Wir machen diesem, augenscheinlich mit Liebe und Fleiß gemalten Bilde, gern dies Zugeständnis einer »höheren Kunststufe«, aber wir können andererseits das Bekenntnis nicht unterdrücken, daß es uns wenig befriedigt, wenig ergriffen oder erhoben hat. Als das Gelungenste (weit mehr als den Gekreuzigten selbst) müssen wir die beiden Marieen, zur Rechten des Heilands, bezeichnen. Der Ausdruck des Schmerzes in ihren Zügen entbehrt zwar einer herzgewinnenden Natürlichkeit; man empfindet peinlich die Mühwaltung mit, die es kostete, diese Marieen so hinzustellen wie sie da stehen, aber wenn dies Einblick gewinnen in all die Drangsal des Schaffens auch freilich nicht angenehm wirkt, so empfindet man doch im Anschauen dieser Köpfe, daß es das Richtige war, dem die Hand mühvoll nachstrebte. Nicht dasselbe können wir von den beiden Gestalten der linken Seite sagen. Die Maria Magdalena, die mit ihrem goldnen Haar das

Blut an den Füßen des Heilands trocknet, hat etwas Affektiertes, und der Johannes ist Herr Karlowa oder sonst ein Liebhaber.

Was sonst noch von religiösen oder richtiger biblisch-historischen Bildern da ist, entnimmt seine Stoffe dem *alten* Testament. Es sind nur zwei Bilder und zwar – fast möchten wir sagen selbstverständlich – zwei *Judiths*, die nie fehlen dürfen. Die eine von *Anna Schleh*, die andere von *August v. Heckel*, Geschichtsmaler in München. Die Anna Schlehsche »Judith« ist anspruchsloser; der Kopf (übrigens hübsch gemalt) ist der einer deutschen Brünette und man scheidet von dem Bilde mit der Beruhigung: »Sie wird es nicht tun; Holofernes wird alles gewinnen und nichts verlieren.« Nicht so das große *Heckel*sche Bild; es ist alles andere eher als anspruchslos; es rückt *tambour battant* mit fliegenden Fahnen ins Feld und scheint entschlossen, zu siegen oder zu sterben. Es stirbt. Heckel ist ein verdienstvoller Maler und ein Mann von Talent; er hat sich's hier auch sauer werden lassen und an einem gewissen *malerischen* Ernst (worunter wir das Alleräußerlichste verstehn) ist kein Mangel. Ja, mehr denn das, einzelnes ist wirklich geglückt und die Judith, die, mit Kopf und Schwert in der Hand, vor das Volk von Bethulien tritt, hat wirklich etwas von einer Judith und ist durchaus die schlechteste nicht von den vielen ihrer Schwestern, die wir gesehn. Aber nun ist unser Lob auch erschöpft. Das Volk von Bethulien sind lauter alte Bekannte, Leute aus jedem beliebigen der siebenunddreißig deutschen Bundesstaaten, nur nicht aus Bethulien und ihre und ihrer Kinder Teilnahme äußert sich in Mienen, als stünden sie vergnügt vor einer Bärengrube, wenn gefüttert wird, aber nicht vor Judith mit dem Haupt des Holofernes. Hinter Judith steht eine Braut in Atlas mit Nippscheitel und Myrtenkranz – eine der friedlichsten Blondinen, denen wir in Deutschland je begegnet sind. Wann wird die »letzte Judith« in die Säle deutscher Ausstellungen eingezogen sein!

Wir wenden uns nun, aus der biblisch-historischen in die griechische Welt eintretend, einem vielgefeierten Bilde zu, der »Iphigenie« von *Anselm Feuerbach*.

Und an dem Ufer sitz' ich lange Tage,
Das Land der Griechen mit der Seele suchend;

Diese Worte bilden den Text zu dem Bilde, vielleicht seine Entstehung. Iphigenie, einen Lorbeerzweig in der Linken, ruht,
mit der Rechten leicht gestützt, auf einem Felsblock am Strande und blickt auf den ruhig-blauen Ozean hinaus. Sie ist in
priesterlich-weiße Gewänder gehüllt, während ihr Antlitz
(Profil) im Schatten ruht. Es ist ein Bild von Bedeutung, stilvoll
und voll schöner Einfachheit; dennoch fehlt ihm etwas. Es entspricht nicht ganz dem hohen Iphigenien-Bilde, das jeder von
uns in der Seele trägt. Es hat etwas zu Schweres, zu Massiges.
Wir vergessen dabei nicht, daß es ein »Kolossal-Bild« ist, und
daß es, um volle Gerechtigkeit gegen dasselbe üben zu können,
allerdings von eben dem Standpunkt, d. h. von der *Entfernung*
aus betrachtet werden müßte, die der Künstler als die normale
im Auge hatte, als er es malte; aber wie geneigt wir immer sein
mögen, alle diese Dinge, zu Gunsten des Bildes, auf unser Urteil einwirken zu lassen, dennoch müssen wir bei unserer ersten Ausstellung bleiben: es ist zu schwer. Das Bild hat große
Verdienste, aber sie sind negativer Natur; sein Hauptverdienst
besteht darin, daß alle die *Fehler vermieden* sind, in die es so
leicht war zu verfallen. Vielleicht ist dies Verdienst nicht voll so
groß, wenn man in *Rom* lebt. Berlin und Rom, – hiermit hängt
nämlich genau zusammen, was uns, als negatives Verdienst, an
dem Bilde so wohltut. Diese Iphigenia ist keine Salon-Figur;
sie ist klassisch und durchaus unmodern, sie ist *unsentimental*
und *unberlinisch*. Was »berlinisch« aussieht *(wenigstens Frauengestalten)*, ist unverwendbar für den Marmor und das große
historische Bild. So unverwendbar, daß uns das Wort »berlinisch« zu einem typischen Ausdruck geworden ist, mit dem wir
innerhalb der Kunst und Ästhetik eine ganz bestimmte Meinung, eine Art Gattungsbegriff verbinden. Das Moderne steht
dem Klassischen gegenüber; das Allermodernste aber, das Un-
klassischste, was wir kennen, ist das Berlinische. Deshalb sind
viele unserer »höheren Kunstwerke« so völlig ungenießbar,
weil die betreffenden Künstler diese tiefe, durch Nichts auszu-
füllende Kluft vergaßen und ihre Idealgestalten, lokalpatrio-
tisch, aus einem Kreise nahmen, aus dem sie schlechterdings
nicht genommen werden durften. Wenn der eine oder andere
unserer Leser sich durch einen Blick überzeugen will, was wir
meinen, so bitten wir ihn, sich unter den acht Gruppen der
Schloßbrücke, die Professor Wichmannsche anzusehen. Sie
steht dem Zeughause zunächst. Diese Nike ist eine Berlinerin.

Nun befrage sich Jeder, wie diese blonde Sentimentalität (sie *muß* blond sein) auf ihn wirkt. Von dem allem keine Spur auf dem Feuerbachschen Bilde. Aber wenn dieser Iphigenie auch das Moderne fehlt (was ohne weiteres ihr Tod wäre), so fehlt ihr doch, vielleicht schon das Griechische, gewiß das Iphigenische. Sie hat Ernst und Würde: aber es fehlt Grazie und ein höchster Adel der Erscheinung. In ihrem Antlitz spiegelt sich Empfindung, aber sie entbehrt jener Tiefe und Innerlichkeit, die nötig war, unsere eigene Empfindung tiefer zu berühren. Viele Gefahren sind glücklich vermieden, aber das letzte Ziel ist kaum erreicht.

Aus schöner griechischer Sagenzeit, Jahrhunderte überspringend, treten wir in die Früh-Epoche des christlichen Mittelalters ein. Zwei Bilder sind da, die diesem Zeitraum angehören: *A. Chauvins* »St. Lambert beim Bankett des Pipin von Herstall« und *Bleibtreus* »Sturz der Irmensäule durch Karl den Großen«.

A. Chauvins Bild ist ein Riesenbild und rivalisiert an Ausdehnung mindestens mit den großen Tableaux Gallaits oder der »Schlacht bei Gravelingen«, die wir ebenfalls von einem niederländischen Künstler auf der vorigen Ausstellung sahen. Das Chauvinsche Bild hat nicht nur Angriffe, sondern, was noch schlimmer ist, Hohn erfahren. Man hat es als theatralisch, unwahr, affektiert, äußerlich bezeichnet, hat es – nicht ohne Witz und leider auch nicht ohne Zutreffendheit – mit dem Schlußtableau eines dritten Opernakts verglichen und hat dem Bilde dennoch, trotz aller seiner Fehler, Unrecht getan. Es heißt, Ludwig Tieck habe sich mal geäußert: »Meine Herren, es ist etwas, einen dreibändigen Roman geschrieben zu haben, gleichviel ob er gut oder schlecht ist.« Ist dieser Ausspruch wahr, so hat er auch Geltung einem *solchen* Bilde gegenüber. Es ist etwas, ein solches Bild gemalt zu haben, gleichviel ob es gut oder schlecht ist. Wir meinen damit: die Kritik hat angesichts einer Arbeit voll enormen Fleißes und ersichtlich ernsten Studiums die Pflicht, alles Gute, Tüchtige, Anerkennenswerte, was da ist, nach Möglichkeit hervorzuheben. Es war in einer unglücklichen Stunde, daß Chauvin auf die Idee kam, seinem Bilde (im Katalog) eine mehr denn vierzig Zeilen lange Erklärung, noch dazu in *sehr lächerlichem Deutsch*, beidrucken zu lassen. Hätten wir lediglich gelesen: »St. Lambert beim Bankett des Pipin von Herstall«, so wären Kritik und Spott wenigstens zur Hälfte entwaffnet gewesen. Wir hätten dann einfach einen Priester gesehen, der einen Machthaber und die Seinen verflucht, und hätten uns an dem Ausdruck von Zorn und Schreck in den Köpfen der Betroffenen durchaus genügen lassen. Erst die unglückliche Erklärung belehrt uns, daß es sich um einen sehr *leisen* Vorgang handelt, aus dem der Künstler erst (*car tel est notre plaisir*) einen solchen furchtbaren Tuba-Ton gemacht hat. Das wirkt allerdings überwiegend komisch. Das theatralische Arrangement, wie nicht geleugnet werden soll, kommt hinzu. Aber eine Sache kann theatralisch, die Charakteristik forciert sein und kann dennoch, nach der Seite des *Bildnerischen* hin, ein großes Talent bekunden. Es kann Jemand in einer vierstündigen Rede durch rhetorischen Satzbau seine Hörer zur Verzweiflung bringen und dennoch kann in diesen rhetorischen Sätzen eine Fülle von Wissen, von Wahrheit, von Schönheit stecken. Ähnlich ist es hier. Vieles ist äußerlich trivial, schablonenhaft; aber anderes ist keineswegs verächtlich und die Gestalten Pipins und der Alpaïde (namentlich der letzteren) haben allen Anspruch auf Respekt.

Bleibtreus Bild »Sturz der Irmensäule durch Karl den Großen« hat mehr Beifall gefunden, vielleicht überwiegend deshalb, weil es von *Bleibtreu* ist. Er ist einer der Lieblinge unseres Publikums; aber »was ist ihm (dem Publikum) Chauvin-Hekuba«? Bleibtreu ist ein alter Bekannter und Chauvin »ist ihm nicht vorgestellt«. Bei dem Lokalpatriotismus unserer Stadt spielen diese Dinge eine große Rolle, wenn nicht ein Weltruf, oder ein siegreiches Ingenium alle diese Schranken durchbricht. Wir haben von Bleibtreus Talent die günstigste Vorstellung und freuen uns, ihm mal auf einem neuen Felde zu begegnen, dennoch können wir das Bekenntnis nicht unterdrücken, daß hier »Wollen« und »Vollbringen« nicht im richtigen Verhältnis stehen. Der Sprung durch ein ganzes Jahrtausend hin, war vielleicht zu gewagt, ein *salto mortale.* Vielleicht hätte er stationsweise vorgehen sollen. Die bedeutendste Seite an dem Bilde (und vielleicht freut es den Maler, daß wir gerade *dies* daran entdeckt haben) ist das Bestreben nach *nationaler Charakteristik*. Das Fränkische, das Niedersächsische und das Romanische findet sich hier zusammen. Das Fränkische, in der Gestalt Karls des Großen, ist ganz meisterhaft zum Ausdruck gekommen; den Bischof (nach der Seite *individueller* Charakteristik hin, die bedeutendste Figur des Bildes) würden wir für mehr normannisch als romanisch halten, und doch gab es damals noch keine »Normandie«; an den Sachsen ist die *Stammes*-Charakteristik trefflich gelungen, aber die Charakteristik der Individuen ist schwach, am schwächsten die jugendliche Priesterin in weißem Gewande. Ein rechtes Interesse wird nicht wach.

Über die Bilder von *Theobald v. Oer* (»Kopernikus auf dem Sterbebette«) und von *C. Thiel* (»Die Ausstellung der Leiche Raffaels«) gehen wir billig hinweg und treten statt dessen vor *Teschendorffs* großes Bild »Luther betet für den kranken Melanchthon«. Dies Bild, wenn uns der Ausdruck gestattet ist, »hat es in sich«. Es berührt auf den ersten Blick nicht angenehm; es hat durchaus nichts Einschmeichelndes. Man befreundet sich aber nach und nach mit diesem Luther und muß zugestehen, daß der Ausdruck *inbrünstigen Betens* hier schön und ergreifend wiedergegeben ist. Dies war gewiß sehr schwer und ohne eine gewisse Intuition nicht möglich. »Nach der Natur« ist Derartiges nicht zu malen, denn wer käme in die Lage, ein inbrünstiges Gebet zu belauschen. Das in rötlichem Lichte schimmernde Krankengelaß (im Hintergrund des Bildes) hat uns wenig zugesagt. Überhaupt fehlt *Farbenharmonie*, aber das darf uns nicht hindern, die Bedeutung des Bildes anzuerkennen.

Strebsam, aber viel unbedeutender ist *Clara Oenickes* »Eine Hausandacht Luthers«. Es sind die wohlbekannten Gesichter; Katharina *sehr* jung, wie uns scheinen will, viel *zu* jung. Der Ausdruck im Kopfe Luthers ist würdig und dem Moment angemessen, aber die Bewegung seiner Hände verstehen wir nicht. Die Linke ruht auf der Bibel, während die Rechte den Segen des Himmels zu erbitten scheint. Hierin scheint uns aber ein Fehler, oder wenigstens eine Unklarheit zu liegen, denn des Himmels Gnade läßt sich nicht herabrufen auf eine Bibelstelle. Die Bibelstelle hat diese Gnade schon. Vielleicht soll der Ausdruck sein: »Hier steht es, Herr; nun halte uns auch, was du uns versprochen.« Aber es ist nicht gut, daß der Beschauer in Zweifel ist, wie er Ausdruck und Bewegung zu interpretieren hat.

Wir wenden uns nun zum Schluß dem originellsten und in dieser seiner Originalität vielleicht interessantesten Bilde der ganzen Ausstellung zu: der »Walpurgisnacht« von *Gustav Spangenberg*. Wir verzichten, wie auf eine Beschreibung des Bildes, so auch namentlich darauf, dem Maler wegen des April-

Nachthimmels, wegen der halb feuer-, halb mondbeschiene-
nen Hexe und schließlich wegen der rührenden, im Armensün-
derkleid dastehenden Gestalt Gretchens unsere Komplimente
zu machen; er hat von Freund und Feind darüber des Guten so
viel gehört, daß wir uns Ansprüche auf seinen Dank zu erwerben glauben, wenn wir, über das Einzelne hinweg, zum Allgemeinen übergehen und uns ganz einfach die Frage vorlegen:
Hat's der Maler getroffen oder nicht? Die Kritik hat bisher,
soviel wir wissen, ausweichend auf diese Frage zu antworten
gesucht, indem sie geltend machte, daß die *Farbe* für diese
Spuk- und Geisterwelt etwas zu *Schwerfälliges* sei; diese Dinge
könnten mit dem Crayon skizziert, aber nicht gemalt werden.
Man verwies auch wohl auf die Kaulbachsche »Hunnenschlacht«, von der es so gut wie feststehe, daß das Farbenbild im
Neuen Museum der Skizze im Raczynskischen Palais an Wert
und Wirkung nachstehe.

Wir schließen zunächst uns dieser Auffassung an. Wir glauben allerdings, daß diese »Walpurgisnacht« in angedeuteten
Gestalten, in bloßen Umrissen allgemeiner befriedigt haben
würde, wie als Farbenbild; aber vielleicht nur deshalb, weil die
Skizze, die der Phantasie mehr Spielraum läßt, eher im Stande
gewesen wäre, über das zu täuschen, was dieser Spangenberg-
schen Arbeit überhaupt fehlt: die *Schönheit des Dämonischen.*
Wir interpretieren hoffentlich richtig, wenn wir annehmen,
daß der Maler *diese* Schönheit gewollt habe. Denn irgendeine
Schönheit muß die Kunst, zumal die bildende Kunst, immer
wollen, und von einer anderen innerlichen oder äußerlichen
Schönheit (*Einzelgestalten* kommen dabei nicht in Betracht)
kann bei einem Hexensabbat nicht gut die Rede sein. Eine
andere Schönheit, wie die des Dämonischen, war hier nicht
möglich, so hing denn Alles davon ab, dem Bilde eben jene
Mischung von Schönheit und Grausen zu geben, womit uns
Buonarottis jüngstes Gericht, oder wenn das zu hoch gegriffen
ist, so doch eine Breughelsche Hölle erfüllt. Aber wenn diese
Schönheit des Dämonischen erreicht werden sollte, so mußte
der Maler vor Allem freie Bewegung haben, so mußte er nicht
diesen *vorgeschriebenen* Hexensabbat, sondern einen Hexensabbat aus dem Freien und Vollen malen. Sich anlehnend an die
Dichtung und ihre Gestalten, statt an die Spielraum gönnende
Sage, hat er sich an der Goetheschen Autoritätskrücke vorsich-
tig-ängstlich auf den Blocksberg begeben, an eine Stelle, wo

nur ein Stehen auf eigenen Füßen retten konnte. Aber dies
Anlehnen war nur eins, war nur Folge. Es war nichts Zufälli-
ges, daß sich der Maler dieser freien Bewegung begab; dies
Verzichtleisten war nichts anderes wie das Resultat eines innerlichen sich schwach und unsicher Fühlens. Der Maler empfand, was er sich dennoch nicht gestehen wollte, daß er auf
diesem Gebiete nicht eigentlich zu Hause sei. Der Erfolg seines
vorigen Ausstellungsbildes war wie ein Irrlicht, das ihm vor-
tanzte und ihn verlockte. Er erkannte den Unterschied nicht,
zwischen dem *phantastisch* Dämonischen des »Rattenfängers«
und dem *höllisch* Dämonischen des »Hexensabbats«. Wenn es
schon schwer ist (zumal für den »Gebildeten«) den Ton des
»gemeinen Mannes« zu treffen, so ist es natürlich noch viel
schwerer, mit Vetteln und Hexen auf Du und Du zu stehen. Das
Dämonische, eben so gut wie das Alltagsleben, kennt eine
Sprache des *Salons* und des *Kofens*. Auch die Dämonen sprechen und grunzen, je nachdem. Nicht jeder versteht Beides.
Wer an die Hexensabbate geht, der prüfe sich zuvor. Es gehört
zur Bemeisterung solcher Stoffe eine gewisse Homogenität, eine Verwandtschaft zwischen dem *Material* des Bildners und
diesem letzteren selbst, und wer nie selber mit Hexen geritten
ist, der wird auch keine malen. Wenn er sie aber dennoch malt,
werden sie wenigstens nicht von höllischem Feuer glühen, wie
hübsch der Maler es auch verstehen mag, sie von Flamme und
Mond zugleich bescheinen zu lassen.

Und doch, wir gratulieren dem Künstler selbst zu diesem
Mißgriff. In diesem seinem Irrtum steckt mehr echtes Künstlertum, als in fünfzig oder hundert gelungeneren Bildern. Es
tut nichts, daß er sich diesmal eine Aufgabe stellte, deren Lösung jenseits seiner Kraft, weil jenseits seiner Natur lag. Der
Künstler, der uns hier beschäftigt, *denkt*, und die Zahl der
Künstler, denen sich dies nachrühmen läßt, ist eben nicht allzu
groß. Einige sind stolz darauf, daß sie *nicht* denken. Aber so
gut das »Denken« ist, so schlimm ist unter Umständen das
»Reflektieren«. Wohl geht es, in einem eklektischen Zeitalter,
ohne Reflexion nicht ab; es hat dieselbe also ihre volle Berechtigung; sie hat aber diese Berechtigung nur, wenn sie auf halbem Wege nicht stecken bleibt und sich vielmehr bis zu der
Erkenntnis durcharbeitet, daß es mit Reflexion *allein* nicht
geht. Wir können die Vorstellung nicht unterdrücken, daß wir
es bei dieser »Walpurgisnacht« ausschließlich mit einem Werk

des Nachdenkens, mit einem mühsam Erstrebten und Erdachten, statt mit einem Empfangenen zu tun hatten. Alle Kunst
der Hand konnte hinterher das eigentliche Leben nicht geben,
wie keine *Pflege*-Kunst das Kind lebendig macht, das tot geboren wurde. Und doch freuen wir uns dieses Bildes, weil es ein
Zeichen ist. »Es irrt der Mensch, solang' er strebt«, und es ist
besser, im Streben zu irren, als nie geirrt, aber – auch nie gestrebt zu haben.

III*
Camphausen. H. Kretzschmer. Fritz Schulz
Über Schlachtenmalerei

Wir wenden uns nunmehr, nachdem die voraufgehenden Berichte lediglich einen Überblick über das Ganze gegeben hatten, den einzelnen Bildern zu und beginnen (was in einem Kriegsjahre gestattet sein mag) mit der Gruppe der *Schlachtenbilder.* Dieselben sind an Zahl – wir müssen leider auch hinzufügen an Wert – minder glänzend vertreten, als sonst wohl. Zwei Namen fehlen ganz: Adolf Menzel und Georg Bleibtreu. Wir werden indessen auf frühere Bilder dieser beiden Künstler, deren Allgemein-Gekanntheit wir voraussetzen, mannichfach zu rekurrieren haben. Menzel und Bleibtreu bezeichnen Richtungen und man charakterisiert andere dadurch am besten, daß man die Stellung hervorhebt, die sie zu bekannten Werken der Kunst einnehmen.

Professor *Camphausen* in Düsseldorf, durch seine Charakter-Porträts der Friderizianischen Generale (namentlich Zieten und Seydlitz), sowie durch sein treffliches Bild »Blüchers Übergang bei Kaub« längst als trefflicher Historienmaler anerkannt, hat die diesjährige Ausstellung verhältnismäßig reich beschickt. Fünf Bilder von ihm sind da: 1) Prinz Eugen und Kronprinz Friedrich; 2) Friedrich der Große mit seiner Suite auf der Revue bei Potsdam; 3) Nach der Schlacht bei Leuthen; 4) Blüchers Begrüßung mit Wellington nach der Schlacht bei Belle-Alliance und 5) Auf dem Observatorium bei Dünth am Morgen des 18. April.

1 und 4 sind Bilder, über die wir verhältnismäßig rasch hinweggehen können. Sie scheinen uns, weder nach der Seite der Technik noch nach der Seite der Charakterisierung hin, auf solcher Höhe zu stehen, daß wir darüber einen gewissen Mangel

---

* Nachdem ein stellvertretender Herr Berichterstatter die Güte gehabt, in Nr. 213 und 219 einen *Überblick* über die gesamte Ausstellung zu geben, sollen nun aus der Feder unseres Herrn Kunstkritikers noch einige Detailberichte folgen. D. R.

an Interesse, den der Gegenstand einflößt, vergessen könnten. Vielleicht ist dieser Ausdruck nicht ganz der richtige und doch wird es schwer sein, ihn durch einen andern zu ersetzen. Wir möchten selbstverständlich nicht behauptet haben, daß die Begegnung Blüchers und Wellingtons an und für sich zu den interesselosen Momenten zähle; aber nicht Alles, was historisch und poetisch ein Interesse einzuflößen vermag, vermag es auch innerhalb der Malerei. Jede Kunst hat ihren ungeschriebenen Codex von dem, was interessiert und nicht interessiert, und es trifft sich vielfach, daß das, was innerhalb der einen Kunst auf roten Blättern verzeichnet ist, auf Seiten der andern Kunst im schwarzen Buche steht. Diese Begegnung der beiden Feldherren (mehrfach gemalt) nimmt innerhalb der Malerei kein rotes Blatt ein. Es gilt das von sehr vielen Wellington-Bildern; der glückliche Feldherr scheint innerhalb der *Kunst* kein Glück gehabt zu haben. Alle seine Statuen sind bekanntlich Musterstücke schlechten Geschmacks. Wir entsinnen uns (und das knüpft wieder direkt an unseren Gegenstand an) eines englischen Blattes »Wellington im Sommer 1815 auf dem Schlachtfeld von Waterloo«. Das ist auch, wie der von Camphausen gewählte, ein poetisch-interessanter Moment, aber malerisch durchaus dürr und unergiebig. Man hat sich die Frage nach dem »warum« vorzulegen. In einem einzelnen Fall ist es gestattet, die unausreichende Kraft des Malers oder eine »wenig glückliche Stunde« dafür verantwortlich zu machen; wiederholen sich aber die Erscheinungen, so kann kein Zweifel sein, daß sich darin ein Gesetz vollzieht. Alle »Begegnungsbilder«, die wir kennen, namentlich aber die Begegnungsbilder historischer Personen, haben etwas von der Langweiligkeit einer Staatsaktion an sich, und je mehr das Bild den Anspruch erhebt, davon frei sein zu wollen, desto weniger angenehm wird es wirken.

Die »Revue bei Potsdam« ist ein sehr verdienstliches Bild. Zu sagen, daß uns diese anrückende blechmützige Grenadier-Linie in höherem Sinne ein künstlerisches Wohlgefallen erweckt hätte, hieße übertreiben. Wir fühlen weder Erhebung, noch Erheiterung; zu letzterer fehlt es an Humor, wiewohl derselbe erstrebt zu sein scheint. Sauberste Ausführung macht uns indessen dem Bilde geneigt. Es ist eine »Arbeit«. Der Hauptwert des Bildes, trotz kleiner Ausstellungen, die wir zu machen haben werden, ist sein *Porträt*-Wert, und zwar porträtiert es nicht nur Menschen, sondern die ganze *Situation*. Wir gewinnen ein lebendig-anschauliches Bild einer Revue-Parade von damals. In mehr als einer Beziehung erinnert diese Camphausensche Arbeit an die bekannten Revue-Bilder des Engländers Cunningham, seiner Zeit *»peintre du roi«*. Zweifelsohne hat die Kunst in ihrer Gesamtheit seit jenen Tagen (1780-90) immense Fortschritte gemacht; ob sich indessen diese Fortschritte auch ergeben, wenn man diese Camphausensche Revue mit den gleichnamigen Bildern Cunninghams vergleicht, will uns nicht als sicher erscheinen. Die Repräsentations-Bilder von damals – wie sehr uns das von Produktionen des Roccoco-Zeitalters überraschen mag – sind in einem *reineren Stil* gehalten. Es liegt ihnen fern, etwas Anderes als eine einfache Darstellung des Herganges selber sein zu wollen, – ein Gruppenbild, eine möglichst geschickte Anhäufung historischer Porträts, nichts weiter. Camphausen hat das Bestreben gehabt, über die bloße Porträt-Ähnlichkeit hinaus seine Figuren zu *charakterisieren,* wobei er indessen mehr das *Genre* als die Historie zu Hülfe gerufen hat. Das Bild wird dadurch in gewissem Sinne in eine höhere Klasse gehoben (vorausgesetzt, was fraglich bleibt, daß das Genre höher steht als das Porträt), aber es fragt sich, ob zu seinem Vorteil. Der Hang, genrehaft zu charakterisieren, hat die historische Treue, der doch anderweitig nachgestrebt wurde, mehr oder weniger beeinträchtigt. Vielleicht trifft dieser leise Tadel alle Köpfe des Bildes, sicherlich trifft er das Bild des *Prinzen Heinrich.* Prinz Heinrich war sehr häßlich, aber er war weitab davon, eine Karikatur oder gar eine komische Figur zu sein. *Einfaches Innehalten der Porträt-Ähnlichkeit,* ohne Hang nach *besonderer* Charakterisierung, hätte hier *weiter* geführt.

Als Pendant zu dieser »Revue« kündigt sich ein viertes Bild Camphausens an: »Nach der Schlacht bei Leuthen«. Es ist der Moment, wo das ganze Heer, nach schwer errungenem Siege, den Choral »Nun danket alle Gott« anzustimmen beginnt. Truppen aller Art stehen auf dem Kirchhofe; zwischen den Steinkreuzen brennt ein Wachtfeuer; Tote und Verwundete rings umher; ein trüber Nachthimmel über dem Ganzen.

Es ist dies dasjenige Bild, über das wir mit dem sonst so trefflichen Künstler am ernsthaftesten zu rechten haben. Hier hatte er einen Stoff, pittoresk und poetisch zugleich, einen Stoff *wahrscheinlich noch dankbarer für die Malerei als für die*

Dichtung. Hic Rhodos, hic salta. Hier war eine Gelegenheit
gegeben, sich glänzend zu bewähren; hier *mußten* wir ein Bild
erwarten. Wir bedauern, nicht sagen zu können, daß dies erreicht worden ist. Das Einzige, was wir anerkennen müssen, ist
Klarheit und Allgemein-Verständlichkeit der Komposition. Alles Andere befriedigt uns nicht. Das Bild ist schwach nach der
Seite der *Charakteristik* und vor Allem nach der *koloristischen*
Seite hin. Unter den zahlreichen Figuren ist auch nicht eine, die
uns ein tieferes Interesse einzuflößen oder wohl gar in die umherstehenden Gestalten des Bildes einen belebenden Funken zu
werfen vermöchte. Wir sehen eine Menge aufgesperrter Mün-
der, wir starren in die schwarzen Öffnungen einiger Hörner
und Blechinstrumente, wir sehen alles Mögliche von Form und
Farbe, nur Seele sehen wir *nicht*. Das Ganze hat etwas mitter-
nächtig Schemenhaftes, ohne doch wieder irgendwie poetisch-
gespensterhaft zu wirken. Die Charakteristik, die da ist, tappt
überall in die Karikatur hinüber, was, wenn schon jederzeit
verwerflich, am wenigsten in die hier gegebene Situation paßt.
Den angreifbarsten Punkt des Bildes aber bildet seine *Farbe*.
Wir haben keinen Zweifel, daß ein Mann wie Camphausen ernste Studien gemacht und nach Möglichkeit »Wachtfeuer in De-
zembernächten« aufgesucht und als Farbenskizze mit heimge-
nommen hat; aber zugegeben, daß Alles, was der Künstler,
nach der Lichteffekt- und überhaupt nach der koloristischen
Seite hin, auf diesem Bilde uns bietet, ein scharf Beobachtetes
ist, so mußte ihn doch sein künstlerischer Farbensinn davor
bewahren, das zufällig Beobachtete zur koloristischen Norm
für sein Bild zu machen. Jeder, der sich nur oberflächlich mit
der Kunst beschäftigt hat, weiß, daß die äußerliche Wahrheit
der Dinge vielfach das Falscheste ist, was man bringen kann. In
der Kunst heißt es: man muß so lange suchen, bis man eine
Wahrheit findet, *die paßt*. Es drängt sich uns (wie wohl manchem Andern) bei Besprechung dieses Bildes das bekannte
»Hochkirch-Bild« Adolf Menzels auf. Feuer hier wie dort; aber
wie anders brennt es auf dem Menzelschen Bilde! Das Rot dort
wirkt schauerlich poetisch, während das nüchterne Gelb, das
auf dem Camphausenschen Bilde unter dem bläulich bleifarbe-
nen Himmel liegt, unschön, trübselig und beinah ärmlich
wirkt. Das Ganze hat etwas von einem Transparent-Bilde; man
wartet auf die Lampe dahinter. Bei unserm Vergleich mit dem
Hochkirch-Bilde haben wir eigens noch hervorzuheben, daß

Menzels glänzendste Seiten keineswegs auf koloristischem Gebiete liegen.

Wenn wir bis hieher (zu unserem Bedauern) nicht in der Lage waren, uns mit den Camphausenschen Bildern der diesjährigen Ausstellung in voller Übereinstimmung zu fühlen, so gewährt es uns eine um so größere Freude, dem wahrscheinlich neuesten Bilde des Künstlers »Auf dem Observatorium bei Dünth am Morgen des 18. April« unsere beinah unbedingte Zustimmung aussprechen zu können. Wir würden das einschränkende »Beinah« fallen lassen, wenn das Bild, nach der *Porträt*-Seite hin, um eine Nuance glänzender wäre. »Vater Wrangel« – ganz vorzüglich; der Kronprinz und Prinz Karl aber könnten frappanter sein. In allem Übrigen wirkt das anspruchslos gehaltene Bildchen mit der vollen Macht eines historischen Moments. Es ist scheinbar wenig gegeben; aber das was da ist, wirkt teils durch seine *Treue*, teils durch die glückliche Anregung, die es unserer *Phantasie* gibt. Der Maler führt uns nicht in das Drunter und Drüber der Schlacht, da sind keine Chargen und Attacken; nur zu beiden Seiten des Wenning-Bundes, hüben und drüben, steigen weiße Rauchwölkchen aus den Schanzen auf und rechts von jenem Einschnitt, wo die leis einbiegende Wasserlinie den Alsen-Sund markiert, brennen die ersten Häuser von Sonderburg und schicken ihren Qualm und ihren Glutschein über das alte Schloßgebäude hin, dessen rote Wände noch trüb und grau unter dem Morgennebel liegen. Wir haben hier nicht den Kampf, sondern nur die Zuschauer desselben; aber das »bei der Sache sein«, das sich in den Köpfen und Bewegungen Aller ausdrückt, zieht uns selber mit einer Art von dramatischer Gewalt mitten in den Vorgang hinein, und wie wir es mitzusehen glauben, wenn Macbeth (hinter der Szene) über König Duncan her ist, so sind wir hier inmitten eines Kampfes, von dem der Künstler uns zu unmittelbarer Anschauung nichts gegeben hat, als ein paar aufsteigende Rauchwolken. Das Bild ist von großer Decenz und ausgezeichnet durch sein künstlerisches Maß.

Nicht dasselbe Lob können wir einem Bilde des durch andere Arbeiten in gewohnter Liebenswürdigkeit vertretenen Professors *H. Kretzschmer* spenden, das seinen Vorwurf ebenfalls den Vorgängen des 18. April entnommen, aber, statt der Stunde *vor* dem Sturme, die Stunde *nach* dem Sturm gewählt hat. Das Bild nennt sich: »Prinz Friedrich Karl und sein Stab, am 18. April

1864 von der erstürmten Düppeler Schanze Nr. 4 aus den Angriff auf den Brückenkopf leitend«. Ein Hauptunterschied zwi-
schem dem Camphausenschen und dem Kretzschmerschen Bilde ist dadurch entstanden, daß Camphausen am Morgen des
18. wohl auf dem leidlich geborgenen Observatorium von
Dünth, Kretzschmer aber nicht, inmitten von Sturm und Mas-
sacre, auf der eben eroberten Schanze Nr. 4 sein konnte. Das
eine Bild vermag deshalb ein unmittelbar Geschautes zu geben,
während das andere ein nachträglich Komponiertes gibt; die
schlichte Treue des einen regt die Phantasie des Beschauers an,
während das andere, aus der Einbildungskraft des Künstlers
hervorgegangen, zu viel und zu Mannichfaches bietet, um unserer Phantasie noch ein Feld zu bieten. Kretzschmer hat in
dieser seiner neuesten Arbeit die Ereignisse des 18. April in
einen blutigen Strauß *zusammenzubinden* getrachtet; er hat
seine Motive *hier* und *dort* genommen und auf die Weise ein
buntes, figurenreiches Bild hergestellt, das er vielleicht besser,
ganz allgemein: »*Erinnerungsblatt* an den 18. April« genannt
hätte. Das ist es in der Tat. Aber es ist nicht ein *bestimmter*
Moment an einem *bestimmt* gegebenen Orte. In der Schanze 4
kann es nach unserem Ermessen nie so ausgesehen haben. Der
Füsilier Karczewski vom 18. Regiment gehört nicht hinein;
sollten wir aber hierin (denn man stürmte zum Teil bunt
durcheinander) zufällig Unrecht haben, so glauben wir doch
über zwei andere Punkte völlig orientiert zu sein, einmal darüber, daß Hauptmann v. Kameke nie aus Schanze 4 hinausgetragen und zweitens darüber, daß zwischen Schanze 4 und
Düppelmühle nicht mehr gekämpft wurde, als Prinz Friedrich
Karl vom Spitzberg aus in Schanze 4 erschien. Es geht ein tiefer Zwiespalt durch dieses Bild und während es in allem Äußerlichen sich auf den Boden des Realismus stellt, ist die Situation
selber *unreal,* d. h. sie hat in dieser Weise nie existiert. Solche
Freiheiten strafen sich aber. Alle diese Dinge sind noch zu
frisch und jung, um künstlerisch ungebunden mit ihnen schal-
ten und walten zu können; die Tatsachen verlangen noch zu
streng ihr Recht. Andererseits sichern die zahlreichen Porträts
(neben der Teilnahme, die jede Darstellung weckt, die an den
18. April anknüpft) dem Bilde ein bestimmtes Interesse. Die
Blutlache zwischen den Erdsäcken ist unschön.

Unter den übrigen Schlachtenbildern, die die Ausstellung
aufweist, nennen wir nur noch die Arbeiten von *Fritz Schulz.*

Außer einem »König Friedrich in Sanssouci« und einer »Begegnung zwischen Blücher und Wellington« (wie bei Camphausen) hat Fritz Schulz noch zwei eigentliche Schlachtenbilder ausgestellt: »Blücher gibt dem russischen General Langeron den Befehl, den Montmartre zu stürmen« und »Die Preußen am Abend des 30. März 1814 auf dem Montmartre vor Paris«.

Diese Bilder, ohne ihnen zu nahe treten zu wollen, erfüllen nicht die Erwartungen, die wir von dem jungen Künstler hegten. Vor zwei Jahren hatte er ein kleines, skizzenhaftes Bild auf der Ausstellung, das einen eben (1740) eingekleideten schlesischen Bauernburschen darstellte, der verlegen schmunzelnd, als ungeschlachter Grenadier vor seiner Liebsten steht. Das Bild, ohne ihm eine Bedeutung vindicieren zu wollen, hatte Humor und einen Zug von Originalität. Der Künstler war damals eben nach Paris gegangen, und wir erwarteten Gutes von ihm. Nun wollen wir nicht in Abrede stellen, daß nach der Seite des Machen-Könnens ein bedeutender Fortschritt da ist; der Künstler hat das bekannte Smalah-Bild Horace Vernets nicht ohne Nutzen kopiert, und das lange Verweilen in den Sälen von Versailles hat ihn mit allen Mittelchen, guten und schlechten, der Französischen Schule vollauf bekannt gemacht. Aber wir haben den Eindruck, daß er sich dabei selber abhanden gekommen ist. Hoffen wir, daß er sich wiederfindet. Wie er sich auf der diesjährigen Ausstellung präsentiert, müssen wir ihm *eines* absprechen: Originalität. Alles, was von ihm da ist, ist ein alter Klang. König Friedrich in Sanssouci und vor Allem das Begegnungsbild bei Belle-Alliance wirken fast wie eine Kopie. Bei Camphausen: Wellington links, Blücher rechts; bei Fritz Schulz: Wellington rechts, Blücher links. Bei dem Einen – Händeschütteln, bei dem Andern – ausgebreitete Arme; bei beiden derselbe schwarze Frack, dieselbe krumme Rückenlinie; der ganze Unterschied *der*, daß bei dem Einen die Bergschotten links im Vordergrund, bei dem Andern rechts im Hintergrunde stehen. Da Camphausens Bild, oder doch die Skizze desselben, bereits vor zwei Jahren existierte, so kann kein Zweifel sein, wo die Urheberschaft zu suchen ist.

Mit den eigentlichen Schlachenbildern Fritz Schulzens verhält es sich nicht besser. Hier sind es die französischen Einflüsse, die alle Selbständigkeit verwischt haben, und so gern wir den Fleiß und die Rührigkeit des Künstlers anzuerkennen bereit sind (denn 50 Köpfe und mehr wollen am Ende gemalt sein), so finden wir doch nichts, was uns künstlerisch diese Bilder wert machte. Sie sind langweilig. Fast erscheint es uns, als habe der Künstler selbst eine Ahnung davon gehabt und durch humoristische Figuren und Episoden jenes Interesse zu erreichen getrachtet, das er dem Bilde im Vollen und Ganzen nicht zu geben vermochte. Ein Vetter des bekannten Bleibtreuschen Blondins (der mit fliegendem Haar und offener Turner-Brust auf allen Bildern dieses übrigens trefflichen Künstlers das »Stürmen« sozusagen in erster Reihe besorgt) hat sich auch hier bei Fritz Schulz, am Fuß des Montmartre, eingefunden; aber er macht ein so unglückliches Gesicht, als ob er statt auf einer Heldentat auf einer Untat ertappt worden wäre. Im Vordergrunde sitzen zwei Tambours beim Vesperbrot: der eine hält die eroberte Uhr ans Ohr und läßt sie mit möglichstem Ausdruck stupider Befriedigung repetieren; der andere hat eine dicke Backe, entweder vom Kauen oder von Erkältung. Wir bekennen offen, diese Art von Humor genügt uns nicht. Große historische Momente künstlerisch zu bewältigen, erfordert selber eine Gewalt. Wer sie nicht hat, bleibe davon. Mit genrehaften Zügen ist's nicht getan, selbst wenn sie glücklicher und graziöser durchgeführt sein sollten, als diese Bilder es bieten.

Wir verkennen nicht die Schwierigkeit der gestellten Aufgabe; aber wir wiederholen, warum müssen just *diese* Aufgaben gestellt werden und keine anderen? Dies gibt uns eine erwünschte Gelegenheit, uns zum Schluß dieses Aufsatzes über die *Schlachtenmalerei* überhaupt zu verbreiten.

Schlachtenmalerei! Wer, dem Gott gesunde Glieder und in jungen Jahren ein junges Herz gegeben hat, hätte nicht einmal für Schlachtenbilder geschwärmt! Es ist den jugendlichen Sinnen so natürlich wie die Freude am Klettern und Springen, wie an Soldatenspiel und »Hirsch und Jäger«. Aber es kommen Zeiten, wo man anders darüber denkt und wo man diese in Hintergrunds-Nebel schwankenden Kolonnen, diese gefallenen Pferde und Menschen, die im Vordergrunde blutig-bunt durcheinander liegen, nur ausnahmsweise noch in die gute Gesellschaft wirklicher Kunstwerke zuläßt und zwar nicht weil es Schlachtenbilder sind, sondern – vielfach wenigstens – *trotzdem.*

Wir wollen – um nicht von vornherein rigoroser zu erscheinen, als nötig – damit beginnen, daß wir *prinzipiell* gegen das

Schlachtenbild nichts zu sagen haben. Wie am Ende Alles künstlerisch dargestellt werden kann, so auch die Schlacht. Aber die Schwierigkeiten einerseits, die Verlockungen andererseits, sind auf diesem Gebiete *so* groß, daß wir jedem jungen Künstler, der die Lust hat, sein Atelier zu einem Arsenal und seine Leinwand zu einer Musterkarte von Uniformen zu machen, zurufen möchten: Prüfe dich! »der Wahn ist kurz, die Reu ist lang.« Dazu kommt noch ein Anderes. Wir haben viele Schlachtenbilder gesehen, selbstverständlich auch gute; aber der Total-Eindruck, wenn wir die lange Reihe an uns vorbeipassieren lassen, ist doch der: Die Meister, die Schlachtenbilder malen *könnten*, oder auch wirklich gemalt haben, wenden sich sehr bald wieder lohnenderen Aufgaben zu, während Kräfte zweiten und dritten Ranges, oft noch tiefer stehendere, die Schlachtenmalerei in besondere Affection nehmen, weil es kaum einen Gegenstand gibt (denn das Publikum bleibt ewig *jung*), der eines zwar beschränkten, aber dafür auch ganz bestimmten Erfolges so sicher wäre, wie ein buntes Durcheinander von Kolpaks und Casquets, von Pferdefüßen und Säbelscheiden, von aufgerissenen und von gebrochenen Augen.

Ein *wirklicher* Schlachtenmaler sein, ist schwer; nur Wenigen ward der Beruf dazu. Ein Schlachtenbild malen, heißt mit Menschenmassen operieren. Nun gilt aber in der Kunst derselbe Satz, der im Leben gilt, daß wer ein Ganzes leiten will, das Einzelne kennen muß, und daß also, wer hundert ringende Leiber in den wunderbarsten und schwierigsten Verschlingungen und Verkürzungen darstellen will, den Körper selber, das Einzelglied in der Kette, künstlerisch beherrschen muß. Wie stellt sich nun aber *in praxi* das Exempel? Der Durchschnitts-Schlachtenmaler sagt sich leise: Weil ich den Einzelkörper nicht malen kann, so male ich hundert Körper, und zwar in der Hoffnung, daß ein unkontrollierbares Durcheinander entsteht, aus dem heraus nur noch die *Farbe* und das *Factum* zu den Sinnen der Beschauer sprechen. Der geschichtliche Hergang muß als Liebesmantel dienen, um die künstlerischen Mängel zu decken. Die große Zahl der »Unberufenen« ist es, die diesen Zweig der Malerei, der gerade eminente Kräfte erheischt, mehr oder weniger diskreditiert hat. Mancherlei Mißlichkeiten haften freilich der Gattung überhaupt an und bleiben bis zu einem gewissen Grade bestehen, wie groß auch das Talent sein mag, das zu ihrer Besiegung schreitet.

Noch einmal: Mancherlei Mißlichkeiten haften der Gattung selber an. Wenn denn nun aber einmal Schlachtenmalerei durchaus existieren soll (und wir wollen nicht dagegen eifern), so legen wir uns wenigstens, wie billig, die Frage vor: *Wie sollen Schlachtenbilder sein, um überhaupt ein Recht der Existenz zu haben?*

Was sich so gewöhnlich als Schlachtenbild ankündigt, pflegt in der Regel gar nicht das zu sein, als was es sich gibt: das erkennbare Bild einer ganz bestimmten Schlacht. Nicht Jeder kann eine Schlacht malen; aber zweitens und hauptsächlichst: *die meisten Schlachten sind überhaupt nicht zu malen.*

Über diesen zweiten Punkt noch ein Wort. Es ist mit darzustellenden Schlachten wie mit dramatischen Stoffen. Das Publikum glaubt, daß davon ein besonderer Reichtum vorhanden sei; Jeder indes, der sich um diese Dinge gekümmert hat, weiß aus Erfahrung, daß nichts so rar ist als wie ein guter dramatischer Stoff. Etwas Schuld, samt etwas Tod und Sühne, machen noch lange kein Drama. Innerhalb der Schlachtenmalerei glaubt man nun eben gar, daß, von der Schlacht bei Cannae an bis zur Schlacht bei Solferino, sich Alles malen lasse, wo nur je Helme und Schwerter geblitzt oder Tote und Verwundete, übereinander geschichtet, gelegen haben. Dies ist ein Grundirrtum.

Es sind nur Schlachten zu malen, die ein bestimmtes *Kernstück* haben; am besten aber ist es (wiewohl nicht geradezu unerläßlich), wenn dieses Kernstück zugleich ein *persönlicher Mittelpunkt* ist. Beispiele mögen diesen Satz veranschaulichen.

Sempach, Crécy, Fehrbellin, Prag, Arcole sind wahre Musterstücke von Schlachten, die gemalt werden können; Pavia, Marengo, Möckern, Waterloo sind weniger gut; Zorndorf, Kunersdorf, Großbeeren noch weniger; andere sind gar nicht zu gebrauchen.

Es ist, wie wir sagten. Alles hängt davon ab, ob ein Kernstück da ist, und *wenn* es da ist, wie es beschaffen ist. Die *Person* rangiert vor der *Sache*, der siegreiche *Held* vor dem siegreichen *Regiment*.

Wer Arnold von Winkelried malt, der malt Sempach; wer den schwarzen Prinzen und den blinden Johann von Böhmen malt, der malt Crécy; wer Froben und Schwerin malt, der malt Fehrbellin und Prag; wer den jugendlichen Napoleon malt, voranschreitend über die halb zerschossene Brücke, der malt Arcole. Hier fällt Alles zusammen: entscheidender Moment und persönliches Heldentum. Das sind eigentlichste Schlachtenbilder.

Andere Schlachten (wir verweisen zum Teil auf die oben angeführten) zeigen uns ein persönliches Heldentum; aber es tritt episodenhaft auf und bringt nicht zugleich die Entscheidung; – noch andere bringen statt der siegreichen Persönlichkeit den siegreichen Massenangriff an Stelle der entscheidenden Einzeltat, die entscheidende Charge und Attake. Diese Personifizierung des Massenangriffs ist Bleibtreus Eigentümlichkeit und Verdienst.

Aber hiermit haben wir auch erschöpft, was innerhalb des Schlachtenbildes gemalt werden kann. Fehlen die eclatant entscheidenden Momente oder ist die Kenntnis derselben verlorengegangen, lebt nichts mehr im Volke, was man als den *charakteristischen* Zug dieser oder jener Schlacht bezeichnen könnte, so beginnt eben jenes bloße Ausstopfen von Uniformen, jene geistlos langweilige Anhäufung von Czakos und Achselklappen, denen weder durch sentimentale noch humoristische Einlage-Stückchen aufgeholfen werden kann. Auch das Schlachtenbild verlangt seine Kunstform und seinen geistigen Gehalt, und wer sich beider entschlagen zu können meint, der malt für die Rumpelkammer, aber nicht für die Ruhmeshalle; auch wenn er etwa doch vorübergehend mit seiner Leinewand in diese einziehen sollte.

IV
Die Koloristen
Richter. Becker. Hoguet. Kraus. L. v. Hagn
A. v. Heyden. W. Gentz

Wer gleich zur Rechten des Eingangs die Dame in blauem Atlas gesehen hat (und wer hätte sie nicht gesehen?) wird es in der Ordnung finden, daß wir *Gustav Richter* den Reigen der Koloristen eröffnen lassen. Wie glänzend dieses Künstlers allgemein-malerische Begabung sein mag, seine glänzendste Seite ist die *Farbe*. Von den fünf Bildnissen, welche die diesjährige Ausstellung von ihm aufweist, geben wir den drei Damen-Porträts den Vorzug und unter diesen dreien wieder den zwei *jugendli-*

chen Bildnissen (Gräfin Ch. und Gräfin K.). Richter hat eine
Art zu malen, die wie für Jugend und Schönheit geschaffen ist.
Malt er einen alten Kopf, so möchte man unwillkürlich ausrufen: »Wie schade!« Es gibt eine Art von Kunst, mit der es sich
verhält wie mit der Liebe – die Gegenstände, die beide umfassen, dürfen nicht älter sein als tausend Wochen. Welchem unter den beiden Damen-Porträts (Dame in blau und Dame in
weiß) der Vorzug gebührt, ist schwer zu sagen; »Dame in
weiß« (mit schwarzem Spitzentuch und roten Sammetschlei-
fen) scheint mit einer besonderen Vorliebe gemalt zu sein, eine
Vorliebe, die wir – lediglich gestützt auf die Aussagen dieses
Bildes – vollständig begreifen. »Dame in blau« erobert sich erst
ihr Recht bei wiederholter Begegnung. Das blaue Atlaskleid
wirkt bei erstem Sehen mit einer Art von selbstmörderischer
Gewalt – das Persönliche verschwindet daneben, der schöne
Kopf kommt zu keiner oder doch nur zu untergeordneter Geltung. Diese Wirkung bleibt aber nicht; man muß nur Muße
genug haben, sich von dem »ersten Schreck« zu erholen. Wir
haben nun Zeit gehabt, diesen virtuosen Atlas zu überwinden
und finden alles in vollstem Einklang: Kopf, Kleid, Perlen-
schnur. Im Grunde genommen machen wir ja auch im Leben
bei jedem Eintreten in Saal oder Salon dieselben Stadien durch;
– zunächst sehen wir die Kleider und erst den beruhigten, den
nicht mehr geblendeten Sinnen erschließt sich das Menschenantlitz.

An speziell *koloristischer* Kraft G. Richtern gleich oder gar
überlegen ist *K. Becker.* Man charakterisiert ihn nach der Seite von Lob und Tadel hin, wenn man von ihm sagt: »der reine
Kolorist«. Becker hat gewichtige Gegner, viele dieser Gegner
sind aber wohl nur *Neider.* Wir lassen diese aus dem Spiel und
antworten jenen: wie in der Dichtung das bloß Musikalische
nicht nur eine volle Berechtigung hat, sondern gelegentlich
den größten Zauber übt (mitunter über alle Macht des Gedanklichen hinaus), so in der Malerei die *Farbe.* Es handelt
sich für Dichter und Maler nur darum, klar zu erkennen, wo,
der Farbe hier, dem Klange dort, die Grenzen gezogen sind. Es
läßt sich kein Drama mit bloßem Klang und kein historisches
Bild mit bloßer Farbe schaffen; bescheiden sich aber Lyriker
und Genremaler und muten sie ihrer speziellen Begabung
nicht mehr zu, als diese Begabung leisten kann, so wird es ihnen vergönnt sein, innerhalb ihrer Sphäre die liebenswürdig-

sten und dankenswertesten Aufgaben zu lösen. Daß diese liebenswürdigen Aufgaben nicht immer die *höchsten* sind, tut nichts zur Sache. Die Lösung »höchster Aufgaben« spielt überhaupt nur eine Rolle im Phrasen-Programm derjenigen, die persönlich am allerwenigsten in der Lage sind, mit »höchsten Aufgaben« je ins Reine zu kommen. *Wer* sich aber darauf versteht, versteht auch gemeinhin die Kunst, die Kleineren gelten zu lassen.

Becker hat drei Bilder ausgestellt; nur zwei (echte Becker) kommen in Betracht: »Eine Conseil-Sitzung beim Dogen« und »Ein Bravo empfängt seinen Lohn von einem venetianischen Nobile«. Das zweite steht, wenn man so will, auf einer höheren Stufe; es nimmt einen entschiedenen Anlauf zur *Charakterisierung* der Köpfe und so lebhafte Zweifel wir dem »Bravo« gegenüber unterhalten, ob dieser Versuch geglückt sei, so bereitwillig anerkennen wir einen ganz vorzüglichen Erfolg in Betreff des »Nobile«. »Die Conseil-Sitzung beim Dogen« ist beinahe inhaltsleer: es geschieht nichts und in den Köpfen spiegelt sich nichts. Dennoch geben wir diesem Bilde vor dem »Bravo und Nobile« weitaus den Vorzug. Es ist ganz Becker und weiter nichts. Aber eben das ist sein Reiz, wir möchten hinzusetzen, seine Vollendung. Es ist die Arbeit eines ausschließlichen Koloristen, der in Farben schwelgt wie ein anderer in Tönen; harmonische Farbenwirkung ist Alles, was erstrebt wird, und das Zusammenklingen der Farben bezaubert hier das Auge, wie der Zusammenklang von Tönen das Ohr entzückt. Der Doge auf diesem Bilde wirkt nicht als Doge, sondern als *weiß* und *gelb*; dasselbe gilt von dem *schwarzen* Geheimschreiber und den »drei Roten« vom hohen Rat. Sie haben keine wesentlich andere Bedeutung als die grün- und goldgewirkte Tisch-Decke und selbst die rote Siegellack-Stange macht ihnen Konkurrenz. Wir geben zu, daß ein längeres Verweilen vor diesem Bilde nicht viel anders auf uns wirkt, als ein türkischer Teppich, ein indischer Shawl oder ein Blättern in jenen englischen Prachtwerken, in denen wir die Wandflächen und Farben-Effekte der Alhambra oder der Tempel von Delhi zusammengestellt finden. Aber wir tadeln das nicht. Wir denken so hoch von der Macht und der Berechtigung der *Farbe* in der Malerei, daß wir den bloßen vollen Farben-Accord, das bloße Augenlabsal dankbar hinnehmen, und wenn Bürger die Poesie »ein schönes Spiel mit Worten« nennen durfte, so nennen wir (wenigstens K. Becker gegenüber) die Malerei »ein schönes Spiel mit Farben«.

Ein gleicher Farben-Virtuose ist *Hoguet.* Was den *Umfang* seiner Virtuosität angeht, so übertrifft er Becker, während dieser auf seinem ungleich beschränkteren Gebiete eine freilich noch intensivere Farbenkraft entwickelt. Becker steckt mit seinem besten Können in der untergegangenen Pracht Venedigs, und sobald er die Kuppeln der Markus-Kirche hinter sich versinken sieht, ist er nur noch halb er selbst. Fehlt ihm die Dogenmütze, so fehlt ihm der Kompaß, der ihm erst die rechte Sicherheit der Bewegung gibt. Anders Hoguet. Sein Talent erkennt nur den großen Strich an, der sich zwischen »oben« und »unten« zieht; die apokalyptischen Reiter und die Hunnenschlacht stören weder seine Träume, noch beschäftigen sie seinen Ehrgeiz; die Ober-Kunst ist nicht *seine* Kunst. Aber auf jedem Gebiete, das die Bezeichnung »groß« mit Geflissentlichkeit vermeidet, ist er zu Hause: normannische Windmühlen und Küchenjungen, Bootsleute und Trüffelpasteten, Hammelherden und Staubwolken, hinter denen eine Gewittersonne untergeht; Alles, was Genre und Landschaft mit ihren weiten Armen umspannen, die große »Kleinwelt«, ist seine Welt. Wenn Becker jenen Konzertsängern gleicht, die mit fünf Tönen und sieben Liedern durch die Welt ziehen und alle Hauptstädte in Entzücken versetzen, weil (klug und weise) ihre sieben Lieder genau innerhalb ihrer fünf Töne liegen, so ist Hoguet der allgemeine große Opern-Tenor, der *Tichatscheck*, der vom Blatte heruntersingt, was nur je von Normal-Tenoren gesungen worden ist. Dabei hat er noch einen Überschuß von Kraft, so daß seine Bilder den Eindruck machen, als stimme er noch privatim einen Jodler an, wenn er eben mit der Arie fürs Publikum fertig ist. Dies hat seine Bedeutung. Die bloße Virtuosität wird leicht langweilig. Wenn aber der Virtuose noch wieder lächelnd über all seinem Können steht; wenn nichts an mühevolle Schweißtropfen mahnt und alle virtuosen Kletter-Kunststücke nur an die Lerche erinnern, die »an ihren Liedern in die Luft klettert«, – so ist dafür gesorgt, daß das Behagen des Schauenden nicht eher stirbt, als das des Schaffenden. Hoguet hat acht Bilder ausgestellt, alle mit der üblichen Bravour gemalt, aber doch von ungleicher Bedeutung. Der »Speisekammer« und der »Erinnerung an Helgoland« geben wir vor den übrigen den Vorzug. Die Klippe von Helgoland (auf dem zuletzt genannten Bilde), deren rote Wand unter dem graublauen Morgenton violettfarben aus dem Meeresspiegel aufsteigt, ist uns als ein koloristisches Meisterstück erschienen. Brillant ist auch »Herbstlandschaft« (Nr. 272). Aus Sumpf und Röhricht, Alles wundervoll in einem herbstlich gelbgrauen Ton gehalten, fliegt ein Schwarm türkischer Enten (wenn uns unsere ornithologischen Kenntnisse nicht irre geführt haben) auf. So schön das Ganze gemalt ist, namentlich auch das Geflügel, so unterhalten wir doch ein kleines Bedenken. Die Körper liegen zu groß und schwer in der Luft. Bei wiederholtem Sehen – wie immer – hat man nicht mehr das volle Gefühl davon; die ersten Eindrücke sind aber, bei Beurteilung derartiger Bilder, wo man nicht erst durch eine rauhe Schale hindurch muß, fast immer die richtigen.

Zu unseren besten Koloristen gehört auch *F. Kraus*, dessen »Tizians Gastmahl« auf der vorigen Ausstellung so allgemeinen Beifall fand. Beurteilen wir seine diesjährigen Bilder lediglich nach der *koloristischen* Seite hin, so begegnen wir derselben Machfertigkeit, vielleicht sogar einer gesteigerten Virtuosität. Wo diese Bilder aber, über das bloß Äußerliche hinaus, einen geistigen Inhalt, eine jenseits des Alltäglichen liegende Charakterisierung zu geben trachten, da scheitern sie. Am liebsten ist uns deshalb sein im Katalog als zweites verzeichnetes Bild: »Litauische Bäuerinnen vor der Kirche«. Auf den Hergang legen wir gar kein Gewicht, eben so wenig auf den Ausdruck der Köpfe; dem Künstler selber, was kein Vorwurf sein soll, sind diese Dinge Nebensache gewesen. Das Ganze hat den Charakter einer Kostüm- und Farben-Studie, und nach dieser Seite hin ist die Aufgabe glänzend gelöst. Schürze, Kopftuch, vor Allem der geblümte Falten-Friesrock, samt den Miederjacken von blauem, halb filzartigem Tuch, sind prächtig gemalt und stehen so plastisch da, als wären sie modelliert. Alles was das Bild sein will, ist es voll und ganz. Ohne prunkend zu sein, ein koloristisches Bravourstück. Nicht dasselbe unbedingte Lob können wir der »Schachpartie« und der »Neuen Robe« geben. Die Virtuosität ist dieselbe, aber diese Bilder führen uns in Salon und Boudoir, noch dazu in den Salon des vorigen Jahrhunderts. Zu diesen Brokatkleidern, wenn sie künstlerischer auf uns wirken sollen, als ein Schaufenster bei Gerson, gehören die Züge, die, nach Gutem und Schlechtem hin, das vorige Jahrhundert charakterisieren: Tournure, Schelmerei,

Eleganz, all die wunderlichen Kinder von Grazie und Rei-
frocks-Steifheit, von Form und Frivolität. Es genügt, einen
Blick auf das feine Bild L. v. Hagns »Siesta« zu werfen, um zu
wissen, welche Töne man anschlagen muß, um die *Louis Quin-
ze*-Zeit neu heraufzuführen. Kraus wolle uns aber die Bemerkung verzeihen, daß, was malerisch immerhin seine Vorzüge
sein mögen, der *geistige* Gehalt dieser seiner Bilder mehr an
Borckmann als an *L. v. Hagn* erinnert. Sehr entschieden trifft
dies Maß von Tadel die »Neue Robe«. Hier fehlt uns die *innerliche* Eleganz so sehr, daß wir fast ihrem Gegenteil zu begegnen
glauben. Die »Schachpartie« steht höher. Hat auch der Künstler den vollen Ton behaglicher Vornehmheit nicht eben zu treffen gewußt, so ist doch auch nichts da, was man als die Kehrseite derselben bezeichnen müßte. Die schachspielende Dame, im
Gegensatz zu den beiden anderen Figuren, ist vortrefflich;
wahr, natürlich und voll geistiger Lebendigkeit. Am wenigsten
hat uns ein größeres Bild »Bürgermeister Six bei Rembrandt«
befriedigt. Die »Neue Robe« entbehrt der Feinheit, die solche
Bilder haben müssen, um ein Interesse zu wecken; aber im
Großen und Ganzen ist sie das, was der Maler hat geben wollen. Anders bei »Bürgermeister Six und Rembrandt«. Hier ist
das Gewollte schwerlich erreicht, und war etwa so wenig gewollt, nun dann – desto schlimmer. Wir glauben, der Vorwurf
war nicht glücklich gewählt. Es ist eine jener an und für sich
interesselosen Situationen, wo ein berühmter Name decken
soll, was dem Hergang selber an Interesse fehlt. Natürlich war
aus dieser Aufgabe wie aus jeder andern etwas zu machen, aber
dazu bedurfte es einer *superioren* Kraft. Als bloßes Porträt-
und Kostümbild mußte es notwendig langweilig bleiben, wenn
es dem Maler nicht glückte, seinem Rembrandt den Stempel
des *Genies* aufzudrücken. Daß er das nicht vermocht hat, darüber existieren schwerlich zwei von einander abweichende Ansichten. Dieser Rembrandt ist einer »wie andere mehr«, und in
dieser Unzulänglichkeit der Hauptfigur liegt das Unausreichende des Bildes selbst.

Von F. Kraus wenden wir uns *A. v. Heyden* zu, der – nachdem er in Paris (irren wir nicht, unter Couture) seine Studien
gemacht – zum ersten Mal die Säle unserer Ausstellung betritt.
Das an Größe und wohl auch an künstlerischer Bedeutung hervorragendste Bild: »Die heilige Barbara bringt einem verun-
glückten Bergmann die Sterbesakramente«, haben wir schon,

an eben dieser Stelle, in Kürze erwähnt, als dasselbe, vor etwa einem halben Jahre, im Lokal des Kunstvereins zuerst ausgestellt wurde. Die Mängel dieses Bildes kommen wenig in Betracht neben seinen großen Vorzügen. *Nicht* glücklich will uns die Haltung der beiden Hände der Hauptfigur erscheinen. Sie drücken nicht aus, was gegeben werden sollte. »Nach der Legende – so heißt es im Katalog – vermittelt die heilige Barbara den Genuß der Sterbesakramente denen, welche sie im Moment eines gewaltsamen Todes anrufen.« Der sterbende Bergmann, der hier unter Trümmern liegt, *hat* sie angerufen, und die Heilige erscheint, um ihm die Sterbesakramente zu *bringen*. Aber wir sehen hier kein eigentliches »Bringen«. Die Haltung der rechten Hand ist bedeutungslos, während die Linke mit dem nach oben zu gerichteten Strahlenkelch auszudrücken scheint: dort oben ist das Heil. Die Heilige bringt also das Heil weniger, als daß sie auf dasselbe *verweist*. Sehen wir von diesen geringfügigen Mängeln ab, die eine leise Trübung in die sonst klare Komposition bringen, so haben wir hier eine ebenso glücklich gelöste wie höchst schwierige Aufgabe. Der am Boden liegende Bergmann ist eine mit brillanter Technik ausgeführte Figur, während die durch Nacht und Graus herniedersteigende Heilige – und hierauf legen wir das meiste Gewicht – wirklich den Charakter einer Heiligen zeigt. Hoheit, Lauterkeit sind um sie her und eine gewisse, jenseits aller Sinnlichkeit liegende Brunhilden-Gewalt, mit der sie, als zerbräche sie mit *leiblichem* Fuße das sich entgegentürmende Gestein, ihre Barmherzigkeits-Sendung erfüllt, hat uns (im Gegensatz zu anderen, die diese Kolossalität getadelt haben) dieser von künstlerischer Kraft und Originalität zeugenden Gestalt doppelt geneigt gemacht. – Ein zweites Bild desselben Künstlers »Verlorene Liebesmüh« zeigt uns denselben, der heiligen Geschichte abgewandt, auf dem bescheidenen Gebiet des Genres. Er hat die »großen Aufgaben«, die ja bekanntlich auch die undankbaren sind, bei Seit getan und begnügt sich damit, wie die ganze Schule unserer Koloristen, dem »süßen Geheimnis der Farbe nachzugehen«. Immer neue Aufgaben werden gestellt und gelöst, und auch die »Verlorene Liebesmüh«, weit über die »Geschichte« hinaus, die uns auf dieser Leinwand erzählt wird, ist vor allem eine keck gestellte *Farbenaufgabe.* Das Bild hängt nicht günstig; es bedarf einer vollen Beleuchtung, wie sie diese grauen Tage nur selten bieten, um seine *koloristischen* Ver-

dienste ins rechte Licht treten zu lassen. Besonders die Gestalt
des älteren Landsknechts (schwarz, mit blau und orangenfarb
gestreiften Ärmeln) ist vorzüglich. Der gewählte Vorwurf will
uns freilich nicht als ein besonders glücklicher erscheinen und
hieran – da auch ein zweites Genre-Bild des Künstlers uns in
der Wahl des Stoffes fehlzugreifen scheint – möchten wir noch
eine Bemerkung knüpfen. Was wir bei Gelegenheit des Karl
Beckerschen Dogen-Bildes äußerten, wird zur Genüge gezeigt
haben, welche hohe Bedeutung, wir möchten fast sagen welche Omnipotenz wir der *Farbe* innerhalb der Malerei einräumen. Wir verlangen unter Umständen gar keinen Inhalt und
hängen mit vollstem künstlerischem Behagen einem Farben-
Accord nach, der an uns vorüberzieht. Also, wenn es dem Maler so beliebt – *kein* Inhalt. Wir sinds zufrieden. Erscheint dem
Künstler aber der Ruhm des bloßen glänzenden Koloristen
nicht ruhmvoll genug, will er durch tiefern Inhalt, oder durch
Witz und Humor eine höhere künstlerische Potenz dokumen-
tieren, so muß er in allererster Reihe die Vorfrage an sich selber
stellen, ob das, was er inhaltlich geben will, mit den Mitteln, die
die Malerei ihm bietet, überhaupt zu anschaulicher Klarheit
gebracht werden kann. Bleibt auch nur eine dunkle Stelle, so –
weg damit. Ein Genrebild ist verloren, wenn es, statt an die
unmittelbare Anschauung, an das Nachdenken des Beschauers
appelliert.

Ein weiterer ausgezeichneter Kolorist ist *W. Gentz.* Seine
Spezialität ist bekannt. Was für Becker Venedig ist, das ist für
ihn die Wüste. W. Gentz hat drei Bilder ausgestellt, von denen
zwei (»Beduinenlager« und »Karawane in Kairo«) an das vor-
jährige, vielgefeierte Bild desselben Künstlers: »Wüstenka-
rawane«, erinnern. Wir konnten damals das hohe Lob, das
diesem Bilde gespendet wurde, nicht teilen. Das Mindeste zu
sagen: ein unendlicher Aufwand von Fleiß und Geschick schien
uns so gut wie verpufft zu sein. Ließ man, in entsprechender
Entfernung, die Wüste und ihre poetischen Schauer auf sich
wirken, so gingen die aberhundert Figuren (weil sie zu klein
waren) verloren; trat man heran, um diese zu mustern, so
konnte es nicht geschehen, ohne sich um den großen landschaftlichen Effekt zu bringen. Es wurden damals ähnliche Fragen von uns zu erörtern gesucht, wie sie diesmal das in vieler
Beziehung glänzende *Riefstahl*sche Bild »Feldandacht von Passeier Hirten« in uns in Anregung bringt. Es ist das die Frage, in

wie weit *Genre* und *Landschaft, auf einem und demselben Bilde,* sich selbständig-frei zu bewegen oder einander zu beschränken haben? welche Formen, welche *Dimensionen* namentlich, der Staffage innerhalb der Landschaft erlaubt sind und welche nicht? Gentz' früheres Bild schien uns die Gesetze, die hierbei zur Geltung kommen, nicht in aller Korrektheit innegehalten zu haben, während seine diesjährigen Arbeiten, nach dieser und jener Seite hin, sich als mustergültig erweisen. Ein drittes Bild: »Pelikane und Flamingos, Erinnerung an Nubien«, steht uns in so weit noch höher, als es zu all den bekannten Vorzügen dieses trefflichen Künstlers noch den Reiz der Neuheit gesellt. Ein Wüstenlager, eine Karawane, Kairo selbst mit Kuppeln und Türmen – ein Teil des alten Märchenzaubers ist diesen Dingen abgestreift; aber dies Stück Nubien, dies würfelförmige Felsenterrain, darin ein einziges beinahe blattloses Gesträuch abgerechnet, nichts lebt, als ein Wasserstreifen und eine Pelikan-Herde, deren lange Schnäbel nur noch an den langen Purpurbeinen der Flamingos ihren Meister finden, – das ist ein Landschaftsstück, das auch in diesen Tagen der gelösten Rätsel noch mit dem vollen Reiz des Geheimnisvollen wirkt. Schade, daß dies interessante Bild in einem der Seitensäle zu keiner vollen Wirkung kommt.

Unser nächster Artikel wird sich mit den Koloristen unter den *Landschaftern* (O. Achenbach usw.) beschäftigen.

V

Die Koloristen in der Landschaft
Oswald Achenbach. A. Leu. Graf Kalckreuth. –
Die Leute der »neuen Farbe«. Eschke. Bennewitz v. Loefen.
Th. Weber. Ockel. L. Spangenberg. Schlösser. –

Die Stimmungs-Landschafter.
Albert und Richard Zimmermann.
Valentin Ruths. Andreas Achenbach. –
Die biblischen Landschaften J. W. Schirmers

Wie sich, mit der fortschreitenden Technik, innerhalb des Genres eine koloristische Schule gebildet hat, so auch innerhalb der Landschaft. Ja, ihre Entstehung war hier noch natürlicher und unausbleiblicher. Das Genre *kann* allenfalls *ohne* Farbe bestehen, Hogarth und Menzel haben ihr Bestes mit dem Griffel geleistet; die Landschaft aber, die – *vielleicht weil sie dem Geistigen am fernsten steht* – mehr als irgend ein anderer Zweig der Malerei auf die Zauber der Farbe angewiesen ist, mußte auch, mit einer Art von Notwendigkeit, *innerhalb der Farbenwelt ihre Fortentwickelung erfahren.*

Vielleicht sagten wir richtiger: »ihre Wandelungen durchmachen« – denn es mag dahingestellt bleiben, ob der *Schritt* aus der Stimmungs-Landschaft in die koloristische Landschaft (den wir getan) auch zugleich als ein *Fortschritt* innerhalb der Landschaft zu bezeichnen ist.

Wenn wir *dennoch* diesen Ausdruck gebrauchten, so geschah es, ohne damit die Frage in ihrer *prinzipiellen Allgemeinheit* zu Gunsten der Koloristen entscheiden zu wollen. Wir sprachen von »Fortentwicklung« nicht Angesichts der Stimmungs-Landschaft überhaupt, sondern Angesichts einer ganz bestimmten Anzahl und Klasse von Bildern, die wir, in nun zurückliegenden Jahrzehnten, gewohnt waren, als die *speziellen Repräsentanten* dieses Zweiges der Landschaftsmalerei in den Sälen unserer Ausstellung erscheinen zu sehen. Diesen *speziellen* Bildern gegenüber, die, wenn wir von den dahin einschlagenden Arbeiten Lessings und Andreas Achenbachs absehen, oft sehr viel zu wünschen übrig ließen, glaubten wir von Fortentwickelung (lediglich *in concreto*) sprechen zu dürfen. Die »Stimmung«, weil sie dem Geistigen näher steht, als das bloße Treffen der Farbe, wird an und für sich immer ein Höheres sein; aber man darf das Höhere erst wollen, wenn man das minder Hohe hinter sich hat. Das war früher nicht der Fall. Man gab Waldes*stimmung*, ohne Wald geben zu können. Man war auf das Innerliche aus, ohne das Äußerliche der Landschaft bezwungen zu haben. So wurde das Stimmungsmalen oft mehr zum Zeichen der Schwäche, als der Kraft, und war ein Auszahlen in unbestimmter poetischer Münze, wo es sich doch, wie immer in der Kunst, um ein sehr bestimmtes malerisches Machen- und Bewältigen-können handelte.

Dies »Bewältigen-können« ist nun in erster Reihe Sache unserer *Koloristen*. Der glänzendste unter ihnen, das eigentliche Farben-Genie, der uns immer vorgekommen ist, als behandle er die Palette wie Franz Liszt die Klaviatur, genialisch, mit einer Mischung von Gewalt und Nonchalance – *Eduard Hildebrandt*, ist auf der diesjährigen Ausstellung nicht erschienen. Eben zurückgekehrt von einer »Reise um die Welt« gibt er uns seine reiche Ausbeute, wie schon bei einer früheren Gelegenheit, in einer Sonder-Ausstellung von Aquarellen.

Diesem Farben-Meister – der insonderheit auch das »Aquarellieren« versteht wie kein Anderer – stehen wohl Oswald Achenbach und A. Leu am nächsten. Beide sind Künstler und Virtuosen zugleich, und je nachdem – beiden vielleicht selber unbewußt – in ihren Bildern das echte Künstlertum oder das bloße Virtuosentum prävalierend zu Tage tritt, danach stellt sich das Urteil. Auch noch einen *andern* Punkt, auf den wir zurückkommen, werden wir bei Feststellung des größeren oder geringeren Werts ihrer Bilder ins Auge zu fassen haben. Oswald Achenbachs »An den westlichen Abhängen des Sabiner-Gebirges« und Leus »Öschinen-See in der Schweiz« (beide Bilder im ersten große Saal) sind Meisterstücke der koloristischen Kunst und der Kunst überhaupt. Achenbachs Bild steht uns in so weit höher, als es in Auffassung, Behandlung, Farbe, auch wohl in der *Wahl des Gegenstandes* (was auch innerhalb der Landschaft keineswegs bedeutungslos ist) *origineller* wirkt, als das Leusche Bild.

Und mit diesem Worte »originell« sind wir bei einem wichtigen Punkte angelangt. Wenn auf irgend einem Gebiete die Dinge typisch geworden sind, so sind sie es innerhalb der Landschaftsmalerei. Ganze Gruppen von Künstlern existieren, die, wenn man von nebensächlichem Beiwerk absieht, alle in denselben Eichenwald hineingeblickt und, was das Schlimmste ist, denselben Wald auch mit demselben Auge angesehen zu haben scheinen. Daher kommt es, daß man an zahlreichen und in gewissem Sinne ganz vorzüglichen Landschaften gleichgültig vorübergeht, weil es die betreffenden Maler nicht verstanden haben, ihrem Kunstwerke das zu geben, was eigentlich erst das Kunstwerk macht, den Stempel des Besonderen.

Über diese zahlreichen Landschaften, die, jeder Eigenart bar und bloß, lediglich als Kopieen oder doch nur als Modifikationen längst voraufgegangener Musterstücke, in die Säle der diesjährigen Ausstellung eingezogen sind, gehen wir schweigend hinweg; aber mit *jenen* Künstlern haben wir zu reden und zu rechten, die, nachdem sie sich in jungen Jahren eine Eigenart ausgebildet, also die entschiedenen Proben ihres Talents und Berufes gegeben haben, *schließlich zu Nachahmern ihrer selbst geworden sind.* Von diesem Vorwurf ist Leu, dessen schöner Gebirgslandschaft wir Eingangs erwähnten, nicht völlig freizusprechen; gegen Oswald Achenbach läßt sich dieselbe Ausstellung in erheblicherem Grade geltend machen. Wo das Schaffen typische Formen annimmt, hört die Kunst auf und das Metier fängt an. Es bleibt »Metier«, wie glänzend auch die Behandlung sein möge, die die Dinge durch dasselbe erfahren.

Alle diesmal ausgestellten Arbeiten Achenbachs, mit Ausnahme des »Sabiner-Gebirges«, schreiten mindestens dicht an dieser Grenze hin, am meisten wohl das Bild (im Aktsaal), das den Titel führt: »Mondschein, Neapel«. Golf, Stadt, Vesuv, Alles ruht in nächtigem Dunkel, nur hier und dort glüht ein Licht, ein Feuerschein aus dem Grau in Grau gemalten Bilde hervor. Dies ist, wenn wir nicht irren, das vierte Achenbachsche Bild der Art, das uns zu Gesicht kommt; – ein solches Kunststück wirkt aber nur einmal. Wiederholt sich der Künstler in solchen Einfällen, so bleiben die späteren Bilder nicht nur ohne besondere Wirkung, sondern sie mindern auch den Ruhm *der* Arbeiten, die, von gleicher Art, ihnen vorausgegangen sind. Je mehr die gestellte Aufgabe aber von Anfang an etwas Gesuchtes hatte, desto weniger erträgt sie eine Wiederholung. Die Niederländer durften am Ende, mit kleinen Variationen, die Natur immer wieder abschreiben; aber ein Neapel, das aussieht, als sei es in Graphit geschnitzt, mit roten Schwefelholzköpfchen als Lichtpunkte darin, das zählt zu den Bravourstücken, die, wie ein gut pointierter Witz, nur einmal vorgetragen werden dürfen. Die koloristische Schule hat große Vorzüge; aber, wie schon angedeutet, zu sehr von der Neigung beherrscht, der Natur, die ihr nicht in ihrem Hausgewande recht ist, durch ein Extra nachzuhelfen, gerät sie gelegentlich auf Abwege oder schafft doch »Apartheiten«, die nur gutzuheißen, bez. zu bewundern sind, wenn sie Unica bleiben.

Die Ausstellung weist neben den Arbeiten Leus und O. Achenbachs, die wir bis hierher vorzugsweise im Auge hatten, noch vortreffliche Arbeiten Kalckreuths und Morten Müllers, ferner von Pape, Knorr, Voltz und vielen Andern auf, Arbeiten, denen wir eine bestimmte künstlerische Bedeutung nicht absprechen wollen, die aber dennoch, mit ihren mannichfachen Vorzügen, die sich bei dem einen so, bei dem andern anders gestalten, nicht im Stande sind, uns mit einer lebhaften Teilnahme zu erfüllen. Es sind das so recht die Bilder, denen gegenüber von der ganzen diesjährigen Ausstellung gesagt worden ist, *sie sei Plateau*. Guter Durchschnitt und noch ein wenig darüber; aber nichts eigentlich Hervorragendes. Das bekannte »Alles schon dagewesen« klingt einem überall entgegen, zum Teil mit so lauter Stimme, daß man selbst Dinge, die nicht *jenseit* des Üblichen, sondern nur *abseits* davon liegen, auf die Gefahr hin, ein Schlechteres einem Besseren vorzuziehen, aufrichtig willkommen heißt. Wir kommen auf solche »Seitwärtsgelegenen«, die glücklicherweise auch da sind, zurück.

Es muß an diesen allgemeinen Bemerkungen sein Bewenden haben; – nur über die *Kalckreuthschen* Bilder, die wir als glänzendste Repräsentanten dieser Klasse von Landschaften, wie wir sie vorstehend geschildert, herausgreifen möchten, in aller Kürze noch ein Wort. Ein Wort nur – und doch ist dies Wort schwer zu finden. Woran liegt es? Im Abendrot erglühende Gebirgsmassen steigen himmelan, und die purpurne Felswand spiegelt sich in dem Wasser ihr zu Füßen. Die stille Majestät dieser Berge, kalt, einsam, prächtig, tritt einem entgegen, und doch steht man wie ein Undankbarer vor all dieser Herrlichkeit und kann es beim besten Willen zu keiner rechten Freude bringen. Kalt, einsam, prächtig – so tritt nicht bloß diese Gebirgslandschaft vor uns hin, sondern auch *das Bild selber*. Und da liegt es. Es fehlt ein Etwas, das in der *Natur* fehlen darf, dessen aber das *Kunstwerk*, sein Vorwurf sei welcher er sei, nicht entraten kann. Der Tadel schweigt, und doch kann das Lob nicht zu freier Äußerung kommen.

Viel Plateau; das üblich Gute reich vertreten! Aber, so deuteten wir schon an, wenn Mangel sein mag an jenem hervorragenden Neuen, das *jenseit* des Üblichen liegt, so ist doch auch Vieles da, das, *eigenartig-abseits*, zur Linken und Rechten des Herkömmlichen seine Stellung nimmt. An diese Bilder – sehr ungleich im Wert – treten wir mit Vorliebe heran. Herz und Phantasie erholen sich hier, – man hört eine neue Geschichte, möglicherweise keine bessere, vielleicht im Gegenteil, aber doch immerhin eine neue. Sehr wahrscheinlich, daß diese Geschichten nicht immer neu bleiben werden, daß wir sie nach 2 und 4 und 6 Jahren mit geringen Abänderungen wieder vorgeführt erhalten und dann in ähnlich leise Klagen ausbrechen, wie jetzt über die sich wiederholenden Neapolitanischen Nachtstücke Achenbachs und Ähnliches –, aber gleichviel, zur Stunde noch sind sie neu und die Besorgnis vor Kommendem soll uns heute die Freude an ihnen nicht stören.

Zu den Malern, die, mehr oder weniger, eine »neue Farbe« mitbringen, zählen wir Eschke, Bennewitz v. Loefen, Th. Weber, Ockel, L. Spangenberg, Schlösser. *Eschke,* vortrefflich wie er ist, gehört nur noch halb zu den Neueren; mit einem Fuß steht er schon wieder bei den Alten. Wir kennen im Wesentlichen seine Weise: grün-grau-schwarzes Gewölk und Meer, durch das ein gelber Mondlichtstreifen, nicht ohne großen koloristischen Zauber, mitten hindurchfährt. Aber er hat noch eine frischere Ader, und um »Sanct Aubins Bay« und um »Elizabeth castle« (beide auf Jersey) ist nicht nur der alte Zauber her, sondern auch ein neuer, der uns veranlaßt hat, ihn mit unter denen zu nennen, die eine neue Farbe haben.

Ganz vorzüglich ist *Theodor Weber.* Wir finden ihn im Katalog mit 6 Nummern vertreten, aber nur zwei sind uns gegenwärtig: »Flußufer« und »Ufer der Seine bei Paris«. Beide einander ähnlich, an Wert wie an Gegenstand und Behandlung. Flach Ufer und Fluß, ein paar Pappeln und Weiden ragen auf, ein graufeuchter Ton über dem Ganzen, so daß man die gedämpfte Stille zu fühlen meint, die der Nebel der Landschaft leiht. Die Naturbeobachtung ist hier so wahr, daß die Bilder aufhören, bloße Meisterstücke nach der koloristischen Seite hin zu sein; ohne eine Stimmung geben zu *wollen, hat* sie der Künstler gegeben. Man könnte ihn, diesen Bildern nach, auf den ersten Blick den Stimmungslandschaftern zuzählen; aber das wäre ein Fehler. Die Stimmungslandschafter *geben* zum Teil die Stimmung, die in der Natur nicht immer da ist; Th. Weber *fand die Stimmung vor* und wie er *Alles* wiederzugeben verstand, jede Färbung, jeden Ton der Natur, so auch ihre Stimmung.

Mehr Geschmacksache und selbst angreifbarer sind die Arbeiten von *Bennewitz v. Loefen.* Sie sind minder vollendet als die Landschaften Webers, aber sie sind vielleicht noch interessanter. Bennewitz v. Loefen hat vor Hunderten das voraus, daß er die Landschaft *mit eignen Augen* ansieht. Das erscheint natürlich, ist es aber nicht; die meisten Menschen tragen allen Erscheinungen gegenüber eine approbierte Brille, die ihnen die Dinge nicht so zeigt, wie sie wirklich sind, sondern wie sie nach *Annahme* und *Überlieferung* aussehen. Diese Brille wegzuwerfen, ist nicht Jedermanns Sache. Es gehört etwas dazu, gleichviel auf welchem Gebiete, um zu sagen: Ihr seht die Dinge *so,* ich sehe sie *so.* Diese Selbständigkeit, diesen Mut zeigen

die v. Loefenschen Bilder. Gras, Buchenstamm und Buchen-
laub, selbst Himmel und Meer, die durch das Laub hindurch-
schimmern, sind so noch nicht gemalt worden. Wenigstens
hierlandes nicht. Ob er die Dinge, die er *anders* sieht als andere,
auch immer *richtig* sieht, das ist nun freilich die Frage. Wir
haben Bilder von ihm gesehen, namentlich auf der vorigen
Ausstellung, (auf der diesjährigen rechnen wir am meisten die
Dünenlandschaft mit Windmühle und dem seitwärts gelegenen Dörfchen dahin), die uns ein wunderbar scharfes Auge für
die Wahrheit der Natur verrieten; aber andere Arbeiten scheinen uns, bis zu einem gewissen Grade, dieses Vorzugs zu entbehren. Wir meinen beispielsweise das kleine Bildchen, auf
dem die untergehende, leis umwölkte Sonne ihren Schein über
die blaue Meeresfläche wirft; Strand und Boote liegen schon
halb in Dämmerung. Wir lassen den Strand gelten und auch die
Sonne, aber – Meeranwohner, der wir viele Jahre gewesen sind
– die blaue Wasserfläche will uns nicht richtig erscheinen. Wir
dächten, sie müßte einen dunklern Ton haben; irrten wir aber
hierin – und wir geben zu, daß dies sehr feine Fragen sind – so
glauben wir doch, daß die blaue Meeresfläche, gleichviel ob
heller oder dunkler, niemals diesen *stumpfen* Ton haben kann,
der fast den Eindruck des Blau-kalkigen macht. Übrigens, richtig oder nicht, wir heißen, Angesichts von so vielem, was geglückt ist, unter allen Umständen einen Künstler in ihm willkommen, der bestrebt ist, auf eignen Füßen zu stehen.

Ähnliches gilt von *Eduard Ockel,* wiewohl derselbe bis zu
einem gewissen Grade der künstlerischen *Feinheit* entbehrt,
die aus den Arbeiten Bennewitz v. Loefens spricht. Ein eigentümliches Anschauen der Natur haben Beide miteinander gemein. Schon frühere Bilder Ockels hatten uns dies gezeigt;
Braun und ein helles Grün herrschten darin vor, oft freilich
mehr auffällig als angenehm; diesmal bemerken wir einen wesentlichen Fortschritt in dem Bilde: »Am Sassenwall bei Fal-
kenberg« (im Oderbruch). Einzelnes ist brillant, die Weide
links im Vordergrund, der Dammweg und der Sumpfton über
dem Ganzen. Anderes befriedigt uns weniger. Die aus einer
dicken Lage von Weiß nur eben hervorblinzelnde Sonne
scheint uns noch eine gewisse Unvertrautheit mit jenen koloristischen Bravourstücken zu verraten, zu denen ja in erster Reihe die »untergehenden Sonnen« gehören.

Den Koloristen dürfen wir auch wohl *L. Spangenberg* (den

Bruder des Genremalers) zurechnen. Er hat zwei Bilder ausgestellt: »Ansicht der Burg von Korinth« und »Im Eichenwalde«, in denen wir unzweifelhaft das finden, was die Arbeiten *beider* Spangenbergs in erster Reihe charakterisiert: Ernst, Studium, Liebe zur Sache. Aber wir bekennen, daß der jüngere Bruder (der Landschafter) diesmal über Fleiß und Streben nicht recht hinausgekommen ist. Beide Bilder wirken wie *Studien*. Wir haben den Eindruck, als habe sich's der Maler vorgenommen, nun einmal zeigen zu wollen, »wie ein alter Eichbaum eigentlich aussieht«. Er hat denn auch das Seine getan trotz Einem; aber das Resultat ist doch eigentlich das, daß wir, von einer gewissen Absichtlichkeit ganz abgesehen, schließlich doch schlimm daran sein würden, wenn wir nicht schon vorher wüßten, was es mit einer alten Eiche auf sich hat. Noch weniger befriedigt die »Burg von Korinth«. Es ist uns nicht leicht ein Bild vorgekommen, *von dem man so wenig hätte.* Diese paar Farbentöne, braun der Vordergrund, violett die Ferne, genügen uns nicht. Sie mögen echt sein, aber sie sind nicht schön genug, um so zu sagen ein selbständiges Leben für sich in Anspruch nehmen zu können. Die niedersächsischen Landschaften der vorigen Ausstellung, fein, wahr, stimmungsreich, waren uns lieber.

Wir sprechen zuletzt von *H. J. Schlösser,* zur Zeit in Rom. Er ist wohl nicht eigentlich Landschafter; sein Bild »Römische Campagna« (das entschieden bessere von den beiden, die er ausgestellt) gesellt ihn aber den Landschaftsmalern zu. Hier haben wir auch ein Stück Originalität, einen aus der kleinen Reihe derer, die mit eignen Augen sehen. Man kann nicht sagen, daß das Bild gefällig wirkte, oder wohl gar bestäche, – im Gegenteil. Ein Viaduct aus graugelbem Quaderstein spannt seine Bögen über die ganze Breite des Bildes aus; auf der Höhe der Brücke jagen ein paar Reiter hin, die fort wollen aus dieser Öde. Verdenk es ihnen wer mag! Der Boden ist tonig, das Wasser, das unter dem einen Brückenbogen hinfließt, flach und gelb, die Wurzeln, die am Ufer hin zu Tage treten, liegen da, wie verknotete Schlangen, häßlich an Farbe und Gestalt. Alles: Brücke, Boden, Fluß, hat einen *lehmfarbenen* Ton und doch berührt das Bild mit einer gewissen Bedeutung. Es schmeichelt sich nicht ein, aber es erobert sich seinen Platz.

So viel über die *Koloristen.* Aber die Stimmungsmaler innerhalb der Landschaft, wie sehr ihre Reihen gelichtet sein mögen, *sie leben noch* und die vielleicht vorzüglichsten Arbeiten, die die diesjährige Ausstellung (versteht sich auf dem Gebiet der Landschaft) überhaupt aufzuweisen hat, gehören *ihnen* an. Wir nennen nur vier Namen, aber alle von gutem Klang: *Andreas Achenbach* in Düsseldorf, *Valentin Ruths* in Hamburg, *Albert Zimmermann* in Wien und *Richard Zimmermann* in München.

Den beiden Zimmermanns – Brüder, wenn wir nicht irren, – wenden wir uns zuerst zu, weil es uns scheinen will, daß sie ihren Brillantritt auf *zwei* Pferden machen und noch zur guten Hälfte innerhalb der koloristischen Schule stehen, von der wir bis hierher gesprochen. Von der »Winterlandschaft« *Richard* Zimmermanns gilt dies wohl ganz bestimmt. Dies Bild besticht außerordentlich, die Wirkung hält aber nicht vor, und wenn man nach der Ursache dieser sich mindernden Teilnahme forscht, so nimmt man wahr, daß man es überwiegend nicht mit einem Stimmungsbilde (als es Anfangs erschien), sondern mit einem koloristischen Effektstücke ersten Ranges zu tun hatte. Dasselbe gilt, aber in weit geringerem Grade, auch von dem großen Bilde *Albert* Zimmermanns: »Der verunglückte Hirt; ein Unwetter im Berner Oberland«. Dies Bild, weniger bestechlich bei erster Begegnung, hält doch länger vor, und wiewohl es uns *weder die liebste, noch die interessanteste* unter den Landschaften der diesjährigen Ausstellung ist, so würden wir uns doch nicht wundern, dieselbe, namentlich um eines *gewissen großartigen Zuges* willen, der durch sie hindurchgeht, als die *bedeutendste* Arbeit innerhalb ihres Genres erklärt zu sehen. Aber, wie immer auch, dies große Pracht- und Bravourstück ist ebenfalls nicht *ausschließlich* das, was man als »Stimmungslandschaft« bezeichnen könnte. Koloristische Zauber, selbst Züge, wie sie nur die große, komponierte Landschaft zu haben pflegt, mischen sich mit ein, und die große Wirkung, die erzielt wird, ist nicht lediglich Wirkung der gegebenen »Stimmung«.

Anders bei *Valentin Ruths.* Von den drei Landschaften, die er ausgestellt, haben wir nur zwei gesehen: »Nordische Heide« und »Holsteinische Landschaft bei schlechtem Wetter«. Das letztere Bild, auch eine große Stein- und Heidegegend, ist ganz ausgezeichnet, eine Stimmungs-Landschaft ersten Ranges, dabei ganz eigenartig in Ton, Farbe, Behandlung. Die Technik ist brillant und doch ist sie nicht Zweck, sondern dient einem Hö-

heren. Rollsteine und halb am Boden liegende Birken, nieder-
gehalten, weil vom ersten Tage ihres Lebens an der Nordwest
mit schwerer Hand über sie hinfuhr, bilden den Vordergrund;
weiter zurück läuft ein Erdrücken, der im Schatten liegt. Zwischen Vordergrund und Erdrücken dehnt sich ein breiter Sand-
streifen aus, auf dem Moos und Heidekraut und zugleich das
wenige Licht liegt, das der Himmel dieser Öde gönnt. Ein paar
Reiter jagen darüber hin und steigern das poetische Bangen,
das beim Anblick dieser Heide das Herz beschleicht.

Valentin Ruths hat uns bis zu *Andreas Achenbach* geführt;
sie grenzen aneinander trotz hundert Verschiedenheiten, die
das Detail ihrer Bilder ergeben würde.

Andreas und *Oswald* Achenbach, ausgezeichnet wie beide
sind, so ist doch Oswald, der jüngere Bruder, überwiegend ein
Virtuose, während *Andreas,* der ältere, vom Scheitel bis zur
Sohle ein Künstler ist. Er war es immer und er ist es geblieben.
Ein Lächeln stiller Freude kommt über uns, wenn wir die Bilder, die er in einem Vierteljahrhundert geschaffen, in langer
Reihe an uns vorüberziehen lassen. Seinen bloßen Namen hören, tut uns wohl. Wir wüßten wenige Künstler herzuzählen,
denen wir uns so verpflichtet fühlten. Es ist doch ein eigen
Ding um die Kunst. Der ältere Bruder war schon ein berühmter
Landschafter, als der jüngere, mitstrebend, sich neben den älteren stellte. Dann kamen Jahre, wo die Leute sprachen: »Was
soll uns Andreas mit seinem Wald und seiner Mühle; die Mühle klappert uns zu lange; Oswald, das ist unser Mann.« Nun
liegen auch diese Tage wieder zurück; die virtuosen Nachtstük-
ke aus Neapel haben nur noch ein halbbewunderndes Publikum, und der »Wald und die Mühle« des älteren Bruders sind
wieder in die bevorzugten Stellen eingerückt. Es ist wahr, seine
Bilder haben eine große Verwandtschaft untereinander, eine
viel größere, als die Arbeiten seines Bruders; aber das ist eben
der Unterschied zwischen Virtuosentum und Kunst, daß man
sich jenes nur gefallen läßt, so lange es im Stande ist, immer
neue Saiten aufzuspannen, während die Kunst von Tag zu Tag
nur die Verpflichtung hat, immer sie selbst zu sein. Es ist
gleichgültig, ob sie das *Kleid* wechselt oder nicht, das Kleid ist ja
nur eben Kleid. Immer wieder haben wir diese »Seestücke an
nordischer Küste«, diese Bollwerke, diese Landungsbrücken,
diese Zollkutter und Zollbuden erscheinen sehen; sicher wie
der Herbst selber, so sicher kamen auch die Achenbachschen

»Herbstlandschaften«, mal still-idyllisch mit Wiesengrund und Mühlenbach, mal wild und stürmisch mit Schaum und fliegendem Laub; aber wir haben uns nicht satt daran gesehen. Auch diesmal wieder ist ein »Schelde-Ausfluß« und eine »Herbstlandschaft« da, nicht besser als sonst, vielleicht sogar zurückstehend hinter diesem und jenem, was frühere Austellungen brachten. Aber dies »Mehr« oder »Weniger« ist diesen liebenswürdigen Schöpfungen gegenüber fast von gar keinem Belang. Sie sind alle empfunden, alle ansprechend, alle begehrenswert; sie sind wie das Brot auf dem Tisch, mal blasser, mal brauner, aber immer – Brot. Und das werden sie *bleiben*. Ein unaussprechliches Etwas, das um und an ihnen ist, und dem wir nur verschiedene Namen geben, wenn wir es Liebe, Seele, Dichtung nennen, wird ihnen Dauer leihen vor tausend anderen. Die Ruysdaels, die Hobbemas, wenn sie abtreten und dem Zeitlichen erliegen, sie werden den Trost haben, die »Andreas Achenbachs« in die entstehenden Lücken eintreten zu sehen.

Noch ein kurzes Schlußwort (womit wir dann von den Landschaften Abschied nehmen) über die zwölf biblischen Landschaften *J. W. Schirmers*, die – im letzten Saale, neben dem Huß-Bilde Lessings aufgestellt – wie ein Epos in Farben die einfach große Geschichte Abrahams erzählen. Der Raum verbietet uns, uns ausführlicher über diesen höchst interessanten Zyklus von Bildern auszusprechen. Nur so viel: Das Leben Abrahams hat oft den Stoff für bildliche Darstellungen geboten; aber es ist wohl das erste Mal, daß sich ein *Landschafter* an diese Aufgabe machte, dabei dem speziellen Zweige seiner Kunst treu verbleibend. In diesen Bildern ist es, *cum grano salis*, die *Landschaft*, die die Geschichte Abrahams erzählt; in *ihr* haben wir die ganze Skala von Glück und Segen, von Bangen und Verheißung, von Schrecken und Tod zu suchen. Auf drei oder vier Bildern ist diese Aufgabe, wie wir denken, glänzend gelöst worden, namentlich auf den Blättern: »Das brennende Sodom« und »Hagar in der Wüste«. Nicht die Figuren sind es, die hier wirken (sie deuten nur eben das Verständnis an); was wirkt, das ist das Landschaftliche: die *Flammen*, die dem Lot den Weg leuchten, und die *Stein- und Sandfelder*, die sich endlos um Hagar dehnen. Die Teilnahme, die diese Schirmerschen Landschaften wecken, erscheint uns als ein bemerkenswertes Zeichen. Wenn wir es deuten dürfen, so heißt es: die Tage der Koloristen sind gezählt. Sie haben ihre Mission nahezu erfüllt. Diese Mission, zusammenfallend mit dem Realismus in der Kunst überhaupt, war wichtig, war unerläßlich; aber sie war schwerlich letztes Ziel. Was kommen wird, steht dahin. An die »Stimmungsmaler« ist der Zirkelgang der Dinge noch nicht wieder heran. Wir glauben, der historischen, der komponierten Landschaft gehört die nächste Zukunft. Gaspard Poussin war nie tot; er wird, so weit unsere dem leichten Genuß zugeneigte Zeit den Ernst noch tragen kann, wieder lebendige Leuchte werden.

VI
Biblische Historie: Plockhorst. Hübner. Hancke. v. Blomberg
Historie: Plüddemann. Piotrowski
Historisches Genre: R. Lehmann. Graef. Pauwels. J. Schrader

Wir wenden uns heute den *historischen* Bildern zu, zunächst denen, die ihre Stoffe der biblischen Geschichte entnommen haben. Die Anzahl der hierher gehörigen Bilder ist nicht so überaus gering (etwa zwanzig) und wenn man nichtsdestoweniger die Ausstellungs-Säle unter dem Eindruck verläßt, weniges gesehen zu haben, was den höchsten Aufgaben zustrebt, so liegt es nicht daran, daß nicht wenigstens der *Versuch* dazu mannichfach gemacht worden wäre. Diese Versuche sind aber in den meisten Fällen gescheitert. Seltsamer Weise pflegt das Gebiet der »großen Kunst« nicht zugleich auch der Tummelplatz der großen Kräfte zu sein.

Außer Alexander *Teschner,* der die »vier Evangelisten« in vier Kartons zu Glasfenstern für die evangelische Kirche zu Teplitz ausgestellt hat, nennen wir nur noch: Hübner, Plockhorst, Hancke und v. Blomberg. Die beiden letztern haben denselben Gegenstand, wenn auch nicht genau dieselbe Situation gewählt: Christus und die Jünger von Emmaus. Das Blombergsche Bild stellt das Weiterschreiten unmittelbar nach der *Begegnung,* das Hanckesche Bild den Moment des *Eintreffens:* (»Bleibe bei uns, denn es will Abend werden«) dar. Auf dem ersteren Bilde scheinen uns die Gestalten der beiden Jünger vorzugsweise geglückt; auf dem Hanckeschen Bilde möchten wir der Christus-Gestalt den Vorzug geben.

Plockhorst, dem wir so manches Treffliche, wie auf andern Gebieten der Kunst, so auch auf *diesem* verdanken, hat ein ziemlich umfangreiches Bild ausgestellt: »Christus erscheint der Maria Magdalena.« Wir haben uns leider nicht sonderlich damit befreunden können; es scheint uns nicht das Werk einer glücklichen, einer *inspirierten* Stunde. Das ist es. Die Inspiration, die von oben kommt und nach oben erhebt, sie fehlt. Das Bild läßt kalt. Selbst nach der rein malerischen Seite hin tut es nicht wohl; nichts ist da, das sich wenigstens den Sinnen einschmeichelte. Vielleicht wollte das der Künstler nicht; aber wer darauf Verzicht leisten will, der muß des größeren Erfolges sicher sein. Wir bedauern, nicht zustimmender sprechen zu können.

Das bedeutendste Bild, das, auf diesem höchsten Gebiete der Kunst, die diesjährige Ausstellung aufzuweisen hat, ist *Julius Hübners* »Magdalena am Leichnam Christi«. Wir sind so wenig daran gewöhnt, Bildern dieser Art in den Sälen unserer Ausstellung zu begegnen, daß wir ihnen zunächst wie etwas Fremdartigem gegenübertreten und Zeit brauchen, uns zu ihrem Verständnis und zu ihrer Würdigung durchzuarbeiten. Wenige sind unter uns, die sich von vornherein mit diesem Höchsten und Ernstesten zu stellen wissen; die Meisten können der Attraktion nicht widerstehen, die unmittelbar zur Rechten das rosige Leben und das bekannte »blaue Atlaskleid« ausübt. Es gehört etwas dazu, von diesem Gesicht »wie Milch und Blut«, von dieser kleinen Hand, die mit Perlen spielt, die Blicke ab- und dem kalkweißen Leichnam Christi zuzulenken, der auf dem weißen Linnen liegt, als wäre kein Tropfen Bluts mehr in ihm. Die Kinder dieser Welt haben eine Scheu vor diesem Anblick, fast mehr als vor dem bloßen *memento mori.* Diese Scheu zu überwinden sind die Wenigsten geneigt; aber einmal überwunden, wird der Beschauer fühlen, daß ein *Hang nach Vertiefung* wie von selber über ihn kommt, und aus der Vertiefung wird Andacht, Freudigkeit, Hingebung werden. Er darf nicht fürchten, darin unterzugehen; die Säle einer Ausstellung haben nur allzu vieles, was jeden Augenblick bereit ist, den Gefährdeten wieder an das flache Ufer zu ziehen. Eine ernstere Beschäftigung mit diesem Hübnerschen Bilde wird den Beschauer zunächst fühlen lassen, daß sich der Künstler *selber* ernstlich damit beschäftigt hat. Das hat immer eine Wirkung, wenn *Wollen* und *Können* nicht in einem allzu argen Mißverhältnis stehen. Wie liebevoll ist hier Alles behandelt: der landschaftliche Hintergrund, die Beleuchtung, der äußerliche Ap-

parat (Linnen, Schwamm, die Dornenkrone etc.), vor Allem die
Gestalten selbst. Die Liebe ist hier selbst siegreich über das an
und für sich Unschöne gewesen und der starr daliegende Leichnam ergreift, aber schreckt nicht ab. Leise Bedenken möchten
wir gegen die Magdalena äußern; sie treffen aber nicht *diese*
Magdalena allein, sondern fast alle Magdalenen der modernen
Kunst, die uns gegenwärtig sind. Während in den Marieen,
auch wenn moderne Künstler an ihre Darstellung gehen, meist
etwas Typisch-traditionelles vorwaltet, lebt in den Magdalenen
etwas von *unserm* Leben und unserer Gegenwart. Das ist berechtigt und hat in dem Charakter der Magdalena seine tiefere
Begründung. Es ist mutmaßlich zu allen Zeiten so gewesen. Es
wird aber immer eine Gefahr darin liegen – eine Nuance zu viel
und die harmonische Gesamtwirkung ist gestört. Diese Magdalena hat einen Anflug von *Loreleyhaftem,* und selbst dieser
Anflug, so gering er sein mag, er fehlte besser.

Auch an eigentlichen »historischen Bildern« oder sagen wir
lieber an Bildern, die ihren Vorwurf der Historie entnommen
haben, ist kein Mangel. Wenn wir den Eindruck haben, sie
fehlten, so gilt dabei dasselbe, was wir schon vorstehend bei den
Bildern der biblischen Historie bemerkten. Deutsche, französische, englische Geschichte haben ihre Stoffe gegeben. Wir gehen über die Mehrzahl dieser Bilder hinweg und sprechen nur
über Plüddemanns »Konradin« und Piotrowskis »Marie Antoinette«. Leider sind wir nicht in der Lage, uns über diese Bilder
beifällig äußern zu können, weder über das eine noch über das
andere.

Zuerst der »Konradin«. Ein bedenklicher Vorwurf. Wir sind
nicht gewillt, ganze Seiten aus dem ungeschriebenen »Stoff-
buch«, das jeder Künstler mit sich umherträgt, ohne Weiteres
streichen zu wollen; aber wir bekennen freimütig, daß wir gegen eine ganze Anzahl von Stoffen, die, immer wieder behandelt, dennoch immer wieder gescheitert sind, von vornherein
ein starkes Mißtrauen unterhalten. Arminius, Karl der Große,
die sämtlichen Hohenstaufen von Barbarossa bis Konradin,
König Enzio und König Manfred mit eingeschlossen, erfüllen
uns immer mit Bangen, wenn wir ihnen auf dem Titelblatt von
Epos oder Drama oder auf irgend einer Leinwand von 12 Fuß
im Quadrat begegnen. Möglich, daß die Raben bereits Miene
machen, ihren Flug um den Kyffhäuser einzustellen (beiläufig
ein Stoff, für Lyrik und Ballade eben so gefährlich, wie Konra-

din fürs Drama), und daß, wenn Barbarossa endlich hervor-
schreitet, nicht nur ein neuer Kaiser da ist, sondern auch eine
neue Kunst-Ära, in der dann die »Kaiser-Rotbärte« mit siegreicher Gewalt gemalt werden können, – möglich das Alles; aber
noch ist diese Zeit nicht da. Er schläft noch, der bekannte Bart
wächst weiter durch den Tisch.

H. Plüddemann hat sich durch diese oder ähnliche Betrachtungen nicht stören lassen und ist frisch ans Werk gegangen.
Frisch wohl eigentlich nicht, denn etwas Herkömmlich-Alt-
backenes ist doch eigentlich die schlimmste Seite an dem Bilde.
An Fleiß und Ernst und Streben hat es nicht gefehlt, aber *eines*
gebrach – die *Kraft*. Die Gestalt des Konradin ist ersichtlich mit
Liebe gemalt: Alles, was zu Tracht und Gewandung gehört, hat
eine fast minutiöse Ausführung erfahren; aber das Ganze hat
dadurch eher eingebüßt als gewonnen. Die Abwesenheit alles
Genialen ist Einem doppelt fühlbar geworden. Die Pikenträger,
das Volk, das hinter dem Schafott sich drängt, der blaue Streifen »Golf«, die Dampfwolke mit dem »Vesuv« darunter, vor
Allem der Rabe, der zu Häupten des blonden Konradin
schwebt, – wir wollen mit dem Künstler nicht rechten, daß diese Dinge eine wenig ausreichende (und doch keineswegs bloß
angedeutete) Behandlung erfahren haben; wir wollen uns einverstanden erklären damit, daß es auf *Konradin* ankam, und
nur auf ihn. Wie ist nun dieser Konradin? *Er tragiert seine
Rolle*, er spielt sie, aber – wie von einer kleinen Bühne. Er spielt
sie falsch. In der hoch erhobenen Rechten hält er den historischen Handschuh, den er Miene macht unters Volk zu werfen;
aber der Gesamtausdruck seiner Züge wie seiner Haltung
scheint weniger auszurufen: »Rächt mich«, als: »Ei, so hol
doch der Geier die ganze Geschichte!« Hoheit und Natürlichkeit fehlen dieser Erscheinung. Viel Königliches Blut ist geflossen; aber *so* ist unseres Wissens Keiner gestorben, am wenigsten der noch halb knabenhafte Konradin, auf den die Worte
der Ballade passen:

> »Er war erst sechzehn Jahre,
> Es konnt' ihn retten nicht.«

Das Bild *Piotrowskis*, das seinem vollen Titel nach lautet: »Der
Königin Marie Antoinette wird ihr Sohn, Prinz Ludwig, im
Temple, wo sie gefangen saß, von Commissairen des National-

Convents entrissen«, befriedigt uns eben so wenig, wenn auch
aus ganz entgegengesetzten Gründen. Wenn das Bild Plüddemanns an die ersten, halb unfertigen, halb theatralischen
Versuche der Düsseldorfer erinnert und in Auffassung und
technischer Behandlung um 30 Jahre zurückzuliegen scheint,
so operiert Piotrowski mit all den Mitteln der neuesten Bravour-
schule: Laternenschein, umgestoßenes und verlöschendes
Talglicht, Plüsch, Teppich, Schärpen und vor Allem jene Hyper-
Charakteristik, die nur noch *Verzerrung* ist. Die Franzosen malen ähnlich, aber *doch sehr viel besser*. Jede Anlehnung sucht
ihre Unselbständigkeit dadurch zu verdecken, daß sie *über-
treibt*. Das Bild scheint uns aus einer mißverstandenen Auffassung von dem hervorgegangen zu sein, was »Realismus« sei.
Wir zählen zu denen, die vor den Helden der Französischen
Revolution das allerniedrigste Maß von Bewunderung hegen,
und fassen jene Hergänge zum guten Teile pathologisch. Aber
wie verkehrt und verrannt auch, wie nahe am Wahnsinn, wie
untermischt mit den gemeinsten Alltags-Motiven, – *doch* standen diese Leute (so weit sie überhaupt in Betracht kommen)
unter dem Einfluß einer Idee und diese Idee, phrasenhaft oder
nicht, drückte ihnen einen gewissen Stempel auf. Es war ein
Irrlicht, was aus ihnen leuchtete, *aber es leuchtete doch;* es
war ein *Geistiges* da, das ihre Häßlichkeit verschönte, ihrem
Fanatismus momentan eine Weihe lieh. Nun sehe man dies
Piotrowskische Bild und vergleiche. Dies sind, mit Ausnahme
eines einzigen – eines blassen, verkniffnen Kerls mit einer großen Cocarde am Hut – wichtigtuerische Bierphilister, die etwa
aussehen wie »Executoren«, welche gekommen sind, um die
umherstehenden Plüsch- und Lehnstühle in Beschlag zu nehmen. Sie sehen brutal aus, nicht fanatisch; der Schuster Simon
ist eine absolute Karikatur. Möglich, daß Piotrowski antworten
möchte: »Es war aber *doch so*.« In welchem Falle wir einfach zu
erwidern hätten: »Und *wäre* es so gewesen (was wir bestreiten), so würde doch die Aufgabe des Künstlers die gewesen
sein, dem Hergang das zu geben, was ihm in Wirklichkeit fehlte – *einen ideellen Gehalt.*« Statt dessen hat er ihm einfach ein
»zu viel« gegeben. Alles ist outriert. Das Maß aber, wie männiglich bekannt, ist das Wesen aller Kunst. Instinktiv empfindet das ein Jeder, der vor dies Bild hintritt. Wen solche Beobachtungen interessieren, der achte darauf, wie wenig Blicke
sich *andauernd* diesem Bilde (das doch wahrlich hinreichend in

die Augen fällt) zuwenden. Sie streifen es und wenden sich ab, um bei Achenbachs »Schelde-Ausfluß« oder Paul Meyerheims »Tierbude« auszuruhen. Der eine National-Conventler sieht beiläufig so aus, als ob er den »Mann mit der großen Schlange« ohne Weiteres ablösen könnte.

Von der Historie wenden wir uns dem *historischen Genre* zu. Die Schlachtenbilder, die zum Teil hierher gehören, haben wir schon besprochen, – es bleiben uns noch, wenn wir über Unbedeutendes und Nebensächliches hinweggehen, vier Bilder innerhalb dieser Gruppe: Rudolf *Lehmanns* »Graziella«, G. *Graefs* »Abschied vor dem Auszug ins Feld«, Ferdinand *Pauwels'* »Rückkehr der Verbannten« und Julius *Schraders* »Die schöne Welserin«.

R. Lehmanns ausgezeichnetes Bild stellt dar, wie Lamartine, damals jung und schön, einer neapolitanischen Fischerfamilie »Paul und Virginie« vorliest. Er hat das französische Original vor sich auf den Knieen aufgeschlagen und beider Sprachen mächtig, improvisiert er eine Übersetzung. Die schönen klugen Augen, die einfache und doch höchst bezeichnende Handbewegung drücken ein geistiges Schaffen, ein leises Ringen nach dem Worte aus, das aber immer schnell genug zur Hand ist, um den Zauber nicht zu unterbrechen, den die einfach rührende Dichtung um die Gemüter dieser Naturmenschen spinnt. Der alte Fischer vergißt das Netze-Flicken, die Großmutter blickt andächtig und ergriffen vor sich hin, der Enkel hält die Hand auf die Saiten der Mandoline, als fürchte er, der Wind könne sie tönen machen, während »Graziella«, die Enkelin, unmittelbar zur Seite des Dichters, die Worte von seiner Lippe nimmt, noch ehe sie gesprochen wurden. Lamartines eigene Schilderung dieser Szene (*Confidences* Buch VIII., 12. Kapitel) schließt mit den Worten: »Außer meiner langsamen und eintönigen Stimme, die dieser armen Fischerfamilie wörtlich dies Gedicht des Herzens übersetzte, hörte man keinen Laut, ausgenommen das dumpfe ferne Brechen der Wellen am Gestade tief unter unseren Füßen.« Die poetische Stimmung, die in diesen Worten ausgesprochen liegt, hat der Maler seinem Bilde zu geben gewußt; Alles klingt hier zu einem beglückenden Accord zusammen. Der vielgerühmte Oberlicht-Saal – dessen Renommée uns immer unverständlich geblieben ist – ist der allererbärmlichste Platz zum mußevollen Beschauen eines derartigen Kunstwerkes; wie ein Misch-Bottich ist dieser Saal,

in dem von drei Seiten her die Menschenströme zusammen-
quirlen. Aber selbst an dieser Stelle nervösmachender Unrast
entreißt uns dies tief in die Poesie des Südens getauchte Bild der
prosaischen Gegenwart, und auf die Gefahr hin, von zwei sich
kreuzenden Strömen unerbittlich gefaßt und niedergewirbelt
zu werden, haben wir uns im Geiste, Angesichts dieses Bildes,
mehr denn einmal an jene Stätte getragen gefühlt, bei deren
Anblick schon manche bekehrte Nordlandsnüchternheit de-
mütig-trunken die Worte nachgesprochen hat: Sieh und stirb.
In einem stillen Zimmer, auf rotbraunem Grunde, während
man den Arm eines Freundes oder die Hand einer geliebten
Frau ergreift, muß dies Bild entzückend wirken, da selbst der
Oberlicht-Saal nicht im Stande gewesen ist, seine poetischen
Zauber zu zerstören. Um übrigens auch mit einem leisen
Bedenken nicht zurückzuhalten, stehe hier zum Schluß das
Bekenntnis, daß uns »Graziella« selbst am wenigsten gefallen
hat. Es mischt sich etwas *Gesuchtes* mit ein und die Grazie ist
ihres größten Reizes entkleidet, wenn ihr eines fehlt – die
Natürlichkeit.

Das Bild G. *Graefs:* »Abschied vor dem Auszug ins Feld« hat
uns wieder in derselben Weise erfreut, wie alles Andere, was
wir von ihm kennen. Wir erinnern daran, daß auch der »Auszug der Freiwilligen« auf der vorvorigen und das schöne Bild
»Opferfreudigkeit 1813« auf der letzten Ausstellung von diesem trefflichen Künstler herrührten. Das letztgenannte Bild
stellte bekanntlich das junge Fräulein v. Schmettau dar, wie sie,
jeder anderen Gabe bar, ihr schönes blondes Haar als Spende
darbietet. Das Bild machte eine gewisse Sensation. Es wirkte
durch zweierlei, einmal durch seine poetische Tiefe und Wahrheit, andrerseits durch das ausnehmende *Geschick,* mit der die
höchst delikate Aufgabe gelöst worden war. Es sprach sich,
trotz *malerischer* Mängel in der Komposition, ein unter bildenden Künstlern nur allzu selten vorkommendes *poetisches*
Kompositionstalent in der Anordnung des Ganzen aus. Die
Gefahr des Lächerlichen war glücklich vermieden und Neben-
Gruppen, die sich um die Hauptfigur stellten, gaben dem
keineswegs leicht faßbaren Vorgang Verständnis und Weihe
zugleich. – Der diesmal vom Künstler gewählte Gegenstand ist
viel einfacherer Natur. Ein litauischer Landwehrmann, eben
eingekleidet in des Königs Rock und das Landwehrkreuz an der
Mütze, tritt mit dem Mädchen, das er liebt, an die alte Weißbu-

che, die sich unmittelbar vor dem Dorf erhebt, und mit der
Linken des Mädchens Hand fassend, schneidet er mit der Rechten zwei verbundene Herzen in die Rinde des Baumes ein. Die
rührende und doch zugleich ganz in ihrer Sphäre bleibende
Anmut des Mädchens, wie der kernige Gesichtsausdruck des
Burschen selbst, sind Bürge dafür, daß er heilen Herzens wie-
derkommt, wenns ihm überhaupt beschieden ist, zurückzukehren. Vergleichen wir dies Bild mit dem der vorigen Ausstellung, so hat es vielleicht Vorzüge vor demselben, wiewohl
es – namentlich in den Augen solcher, die sich um *künstlerische
Fragen* kümmern – nicht das Interesse erwecken kann, wie jenes. Hier ist keine besondere Aufgabe *gestellt,* also auch nicht
gelöst. Erleidet das Bild dadurch eine gewisse Einbuße, so dürfen wir andererseits nicht vergessen, daß, wo Probleme gelöst
werden sollen, in der Regel Manches problematisch bleibt. Das
war mit dem vorigen Bilde bis zu einem gewissen Grade der
Fall, nicht in *unseren* Augen, aber in den Augen Vieler. Auf
dem diesjährigen Bilde, weil es sich dabei um keine »Fragen«
handelte, ist auch nichts fraglich geblieben, und die Beschauer
– denen der Mehrzahl nach nichts an »Fragen« liegt – sind in
der angenehmen Lage, sich dem Eindruck eines klar verständlichen und tief empfundenen Bildes unmittelbar hingeben zu
können. Der Grundton, der aus diesem schönen Bilde klingt,
ist derselbe, der aus allen neueren Arbeiten dieses liebenswürdigen Künstlers spricht: Schlichtheit, Treue, Innigkeit und
Vaterlandsgefühl.

Es bleiben uns noch die beiden Bilder von *Pauwels* und
Schrader, jener (aus Antwerpen gebürtig) zur Zeit Professor an
der Kunstschule in Weimar, dieser, wie bekannt, der Unsrige.
Wir beginnen mit dem schönen Bilde des Ersteren: »Die Rückkehr der Verbannten des Herzogs Alba«.

Wir sagten, ein »schönes Bild«, und das ist es in der Tat; es
will uns aber doch erscheinen, als ob es überschätzt worden
wäre, namentlich auf Kosten des Schraderschen Bildes, das, wie
ein Pendant zu diesem, fast unmittelbar daneben hängt. Wir
behalten uns zum Schluß eine Parallele zwischen beiden vor.
Pauwels ist ein feinsinniger Kolorist, der zugleich *malerisch* zu
komponieren versteht; aber wie klar er sich sein mag über diese
und jene *Farben*gruppe, er ist sich nicht völlig klar darüber, was
diese Gruppen auszudrücken haben und was nicht. Wie bei allen vorzugsweise dem Koloristischen nachstrebenden Künst-

lern, steht ihm dies erst in zweiter Reihe, und er fragt immer
erst, »wie es wirkt«, ehe er fragt, »was es meint und ausdrückt«. So kommt es ihm auf Schwerverständlichkeiten, oder
doch auf leise Trübungen eines sonst klaren Inhalts wenig an,
wenn nur dadurch eine *Episode* gewonnen wird, die an und für
sich ihren poetischen Gehalt hat und *koloristisch* dem Ganzen
zu Gute kommt. Ob die Episode aber *inhaltlich* zu dem Ganzen
paßt, das kümmert ihn verhältnismäßig wenig. Diese Bemerkungen beziehen sich auf verschiedene Personen seines Bildes
(von denen einzelne wirklich nur da sind, um den Platz zu
füllen); sie beziehen sich aber ganz besonders auf die vielgerühmte *Witwe in Trauer,* die mit ihrem Kinde ernst-einsam am
Steuer sitzt, während die Andern ein fröhliches Wiedersehen
feiern. Solchem Appell ans Herz widerstehen die Wenigsten, er
mag nun passen oder nicht. Er paßt hier aber nicht. Das ganze
Bild ist darauf hin gedacht und gemalt, daß *verbannte Männer*
in den Schoß ihrer Familie zurückkehren; Frau und Kinder stehen am Ufer und empfangen die lang Vermißten. So stand das
Bild zuerst vor der Seele des Malers selbst. Was soll nun aber
die *Witwe* im Boote? Sie stellt den Inhalt des Bildes, den uns die
Hauptgruppe desselben klar und verständlich erzählt, auf den
Kopf und belehrt uns, daß wir im Irrtum waren, nur an verbannte Männer zu glauben. Auch Frauen waren verbannt, oder
doch ihren verbannten Männern gefolgt. Diese Belehrung (sicherlich den Tatsachen entsprechend) könnte unter anderen
Umständen sehr schätzenswert sein; hier aber stört sie, weil sie
einen Zwiespalt in das Bild bringt und die Situation zu einer
gedoppelten macht. Dieser Zwiespalt ist nicht so groß, daß er
sich nicht überbrücken ließe; aber wir finden diese Brücke erst
mit Hülfe der Reflexion, während, wenn diese Witwe in Trauer
fehlte oder sich gedanken-harmonisch in die gegebene Haupt-
Situation einreihte, eine *unmittelbare* Wirkung stattfinden
würde. Es fehlt dem Bilde die volle Einheit und Klarheit des
Gedankens. Die Haupt-Gruppe – das sich wiederfindende Ehepaar – ist sehr schön, doch haben wir unsere lebhaften Bedenken gegen die *Darstellbarkeit des Kusses.* In einiger Entfernung gesehen, wirkt das Ganze decent, innig, poetisch; aber
nur um einen Zoll zu nah, so schlägt die poetische Wirkung in
ihr Gegenteil um, und die beiden nebeneinander liegenden Nasen, die eine männlich-braun, die andere weiblich-weiß, wirken unwiderstehlich komisch. Von diesem Augenblick an aber

sieht man die Nasen *immer* und auf *jede* Distance hin, man mag sich so weit zurückstellen, wie man will. Alles Äußerliche des Bildes ist im übrigen glänzend. Boot und Fluß, die Stadt und die rote Morgenfrühe, die auf den Türmen liegt, dazu die Gestalten der Antwerpener Bürger am Ufer – Alles höchst malerisch und zum Teil vollendet.

Vielleicht nicht voll von dieser koloristischen Kraft, aber dafür ausgerüstet mit anderen Vorzügen, ist das Schradersche Bild »Philippine Welser vor Kaiser Ferdinand im Schlosse zu Schönbrunn«. Die entsprechende Geschichte dürfen wir als bekannt voraussetzen; die schöne Welserin beklagt sich bei dem Kaiser, der sie nicht kennt, über die Härte ihres Schwiegervaters (der eben der Kaiser selbst ist) und bittet ihn, auf Anerkennung ihrer Rechte zu dringen. Der Kaiser sagt zu. Darauf Erkennung und Versöhnung; selbst der Beichtvater, der doch sonst »die Pflicht hat«, eben so engherzig wie hart gesotten zu sein, nimmt an der allgemeinen Rührung teil; nur der Spanische Gesandte bleibt steif und unerbittlich. Dies die Geschichte. Schrader hat den Moment gewählt, wie die Welserin, begleitet von ihren beiden Kindern und einem alten Diener, knieend die Bittschrift überreicht; der Kaiser ruhig-freundlich sagt der schönen Bittenden seine Hülfe und Geneigtheit zu. Die Komposition ist überaus klar; sie ist fehlerlos, wenn man auch zugeben muß, es ist die Fehlerlosigkeit eines Rechenexempels. In diesem Satze liegen die Schwächen und die Tugenden dieses Bildes, vielleicht *aller* Schraderschen Bilder ausgedrückt. Ein höchst vortrefflicher Künstler, aber ohne eigentlichen Genius. Er macht sich einen Plan und ausgerüstet mit Ernst, Eifer und einer nicht gewöhnlichen technischen Meisterschaft, führt er seinen Plan bis zum Tz durch. Kritik und Reflexion lenken und bestimmen sein Schaffen: deshalb ist nichts eigentlich Zündendes in seinen Arbeiten; aber er wird auch nicht fehlgreifen und sicherlich davon abstehen, einem bloß abgerundeten Arrangement oder einer koloristischen Gesamtwirkung zu Liebe dies oder jenes *hors d'œuvre* zu bringen, das entweder bedeutungslos ist oder Verwirrung stiftet. Er wird nie das Größte leisten, aber immer ein sehr Respektables.

Wenn wir zum Schluß eine Parallele zwischen den zwei zuletzt genannten Bildern, wie zwischen den beiden Malern selbst ziehen, so glauben wir die Verschiedenartigkeit ihres Schaffens dahin präzisieren zu können. Pauwels hat von Anfang an das Ganze vor Augen und sagt sich: *Das Einzelne wird sich finden;* Schrader hat von Anfang an alles Einzelne vor Augen und getröstet sich: *Das Ganze wird sich finden.* Haben wir hierin die Art ihres Schaffens richtig definiert, so kann es nicht länger Wunder nehmen, wenn Pauwels schließlich Einzelnheiten malt, die zu dem Ganzen nicht immer passen wollen, und wenn Schrader seinerseits ein Ganzes aufbaut, in dem noch die einzelnen Zusammensetzestücke allzudeutlich zu erkennen sind. Jener ist intuitiver, dieser korrekter; jeder aber hat ein Recht, *neben* dem andern zu bestehen. Es heißt die Gastfreundschaft zu weit getrieben, ohne zwingenden inneren Grund den Sieg des Fremden, *wie* vorzüglich immer, über den Einheimischen zu proklamieren. Wir denken, das Zünglein der Waage schwankt.

VII

Allerlei Fragen: Knaus (Vautier, K. Lasch). Stryowski. Victor Müller. Riefstahl. Ewald. G. Spangenberg. – Zum Schluß

Wir haben uns bis zuletzt eine Anzahl von Bildern aufgespart, in Betreff deren wir »allerlei Fragen« zu stellen haben; Fragen, deren Beantwortung wir in der Mehrzahl von Fällen versuchen, in einzelnen aber vermeiden werden, weil uns – die Begrenztheit eigener Kräfte sehr wohl fühlend – mehr daran liegt, Denkenden eine *Anregung,* als Nichtdenkenden eine bequeme Sentenz an die Hand zu geben.

Wir beginnen mit *Knaus.* Wenn wir von einem vortrefflichen Bildnis (Porträt einer jungen Dame) absehen, so hat die diesjährige Ausstellung zwei Arbeiten von diesem höchst ausgezeichneten Künstler aufzuweisen: »Die Wochenstube« und »Passeier Raufer vor ihrem Seelsorger«. Mit Rücksicht auf die *Frage,* die wir zu stellen gedenken, wäre es ziemlich gleichgültig, welches von beiden Bildern wir zum Objekt einer Diskussion zu machen gedächten; dennoch ziehen wir es vor, die »Passeier Raufer« herauszugreifen, weil wir sie vielleicht für das bessere, jedenfalls für das originalere Bild halten. Die »Wochenstube« ist wie ein Nachklang des schönen, jetzt im Stich viel verbreiteten Bildes »Die Taufe« *(Le baptême);* die »Passeier Raufer« stehen auf eigenen Füßen. Wo es sich aber um »Fragen« handelt, wählt man am besten solche Beispiele, die den Zug, um den es sich handelt, am markantesten zur Schau tragen.

Also die »Passeier Raufer«. Die Frage ist, warum wirkt dies ausgezeichnete Bild nicht rascher, unmittelbarer, mit siegreicherer Gewalt? Warum begegnet es einer gewissen Kühle, die noch bemerkbarer hervortreten würde, wenn dem großen Publikum nicht von Kritik und Fachleuten tagtäglich zugerufen würde: »Dies *müßt* ihr bewundern, dies ist ausgezeichnet.« Diesen Befehl im Ohr, treten die Beschauer an das Bild heran und bewundern es wirklich, bewundern es, was nicht bestritten werden soll, mit *Fug und Recht*. Sie finden nun – ohne alle Selbsttäuschung oder Affectation – die Charakteristik der drei Strolche meisterhaft, die Modellierung des kahlen Mönchskopfes ein Wunderwerk und treten endlich, aufs Höchste (aber erst *nachträglich*) befriedigt, von einem Bilde fort, das sie halb unbeachtet gelassen, schwerlich aber als ein Bild ersten Ranges erkannt haben würden, wenn nicht das »Du mußt« vorher an sie ergangen wäre.

Was ist der Grund davon? Fehlt dem Publikum ein Etwas, oder fehlt etwas dem Bilde? Das ist die Frage.

Wir antworten darauf zunächst *mittelbar*, indem wir einfach auf die Bilder von Vautier und K. Lasch verweisen. Von *Lasch* rühren die beiden Bilder »Brautschmückung« und »Heimkehr von der Kirmes« her, von *Vautier* die beiden Bilder »Ein ungeschickter Liebesbote« und »Die Mutter kommt«; ein drittes übergehen wir.

Diese vier Bilder nun, die, vortrefflich wie sie sind, doch an wirklicher Meisterschaft an die »Passeier Raufer« nicht heranreichen, haben nichtsdestoweniger ein quickeres Publikum, ein Publikum, das sich *von selber* einstellt und zwanglos, lediglich dem Zuge eigenen Herzens nachgebend, lächelnd-teilnahmevoll den kleinen Hergängen folgt, die beide Maler zu Gegenständen ihrer Darstellung gemacht haben. Noch einmal, was ist der Grund?

Wir glauben, er liegt darin, daß – ganz abgesehen von meisterhafter Technik, die wir bei Knaus als selbstverständlich hinnehmen, – daß, sagen wir, auch die glänzendste Gabe der Charakteristik nicht ausreicht, ein ansprechendes, rasch gewinnendes Genrebild herzustellen, *wenn nicht noch ein Anderes hinzukommt.* Das Genre appelliert an das Gemüt. Die bloße

Charakterisierung, sie sei so scharf, wie sie wolle, bleibt uns diesen Appell aber schuldig. Wir rufen aus: »Wie wahr, wie treffend«, aber es fehlt ein Etwas, das uns all dies scharf Beobachtete menschlich näherführt. Unser Urteil ist befriedigt, aber unser Herz hat nichts davon. Das Herz fordert aber *diesen* Dingen gegenüber sein Recht. Es verlangt irgend Etwas, einen sentimentalen, oder einen humoristischen, oder am besten vielleicht einen allgemein *poetischen* Zug (wie er durch die Laschschen Bilder so schön hindurchgeht); fehlen alle diese Züge aber, soll die einfache Schärfe der Charakteristik Alles tun, so ereignet es sich, daß die größere Kraft um eben so viel hinter der kleineren zurückbleibt, als sie diese größere Kraft mit *Ausschließlichkeit* geltend macht. Die Gabe glänzendster Charakteristik kann, *innerhalb des Genres,* einen etwaigen Mangel an liebenswürdiger, wenn auch kleinbürgerlicher Innerlichkeit nicht immer decken, und der Charaktermaler, wenn er es verschmäht (wogegen sich nichts sagen läßt), dieser Innerlichkeit zuzustreben, muß eben sein Feld wechseln und sich dort hinstellen, wohin er gehört, auf das *Feld der Geschichte.* Wer so zu individualisieren, auch das Kleine mit solcher historischen Treue wiederzugeben versteht, der verwendet seine brillanten Gaben nicht voll am rechten Fleck, wenn er sich an die Wiedergabe dreier »Passeier Raufer« macht. Die Historienmalerei liegt darnieder. Was soll daraus werden, wenn *solche* Kräfte feiern? –

Wir wenden uns nun einem unserer besonderen Lieblinge zu: *W. Stryowski* in Danzig. Er ist der Maler der Juden und Flissaken, und auf dieser Ausstellung, wie auf der vorigen, haben wir auf diesen beiden Gebieten, die seine Spezialität bilden, Vorzügliches von ihm gesehen. »Polnische Juden in der Synagoge« und »Heimkehrende Flissen auf der Rast« erinnern an frühere Arbeiten des Künstlers. An dem ersteren ist die Beleuchtung (Lampenlicht), an dem zweiten das Landschaftliche neu, – die Gestalten auf beiden Bildern sind überwiegend alte Bekannte. Das soll kein Tadel sein. Wir sind nur gegen *constante* Wiederholungen, gegen das fabrikmäßige Sichs-bequem-machen; – davon ist hier keine Spur. Über das Landschaftliche des zweiten Bildes noch ein Wort; es überwiegt den genrehaften Inhalt. Wir empfinden hier ganz das Öde, Weitgestreckte eines Weichselufers. Eine graue Trübe, ein slawischer Ton liegt über dem Ganzen. Und eben so meisterlich, wie uns die *Grundstimmung* wiedergegeben zu sein scheint, eben so scharf ist das Einzelne getroffen. Wie trefflich dieser Wiesen-Vordergrund, auf dem die großen Blätter des Huflattig fächerartig aufragen; wie trefflich der flach-ufrige, unbelebte Strom, wie schön vor Allem diese Wasser- und Werft-Weiden, durch deren Gezweig hindurch das Auge über den graublauen Wasserspiegel hinweggleitet. Es ist hier eine Naturbeobachtung, die an Theodor Weber, noch mehr vielleicht an Bennewitz v. Loefen erinnert, und Alles, was wir bei Besprechung der Landschaftsbilder des Letzteren gesagt haben, paßt im Wesentlichen auch hier.

Ein drittes Bild Stryowskis, »Betende Juden auf einem Judenkirchhof in Galizien«, ruft einen gemischten Eindruck hervor. Die Naturbeobachtung ist wieder glänzend; der Friedhof, die aufragenden Leichensteine, vor Allem der schwere, über der Niederung festliegende Nebel, der den ganzen Hintergrund gleichmäßig unter seine grau-weiße Decke nimmt – Alles vorzüglich; noch vorzüglicher vielleicht der alte Jude, der klar, scharf, farbenreich unter den verwitterten Leichensteinen dasteht. Soweit Alles gut, *so* gut, daß wir nicht Anstand nehmen würden, dieses Bild zu den besten Arbeiten Stryowskis zu zählen, wenn derselbe darauf Verzicht geleistet hätte – wie wir vermuten, einem falschen Realismus nachhängend – einzelne moderne Figuren in dies Stück Natur- und Juden-Poesie hineinzustellen. Er hat dabei nicht genugsam in Erwägung gezogen (oder ziehen *wollen*), daß ein Unterschied obwaltet zwischen einem alten Juden in Kaftan und Pelzmütze und einem repräsentablen Judenmädchen in Merino und Umschlagetuch, *wie gleich auch das Maß der Künstlerschaft sein möge,* mit der das Eine wie das Andere dargestellt wurde.

Diesem einfachen Außerachtlassen, *daß die meisterhafte Wiedergabe eines Gegenstandes es allein nicht macht,* haben wir auch wohl das vierte Bild Stryowskis zuzuschreiben, das sich »Einsegnung« nennt. Wer sich eingehender mit diesem Bilde beschäftigt (im ersten Moment schreckt es geradezu ab), wird sich sehr bald davon überzeugen, daß es an all den *äußerlichen* Vorzügen durchaus Teil nimmt, die den Stryowskischen Bildern eigen zu sein pflegen. Das Kirchengemäuer, die Bilder und Tafeln, die an den Wänden hängen, die Luft und die Bäume, die durch die großen Fenster hereinblicken, die halb aufstehende Eichentür des einen Kirchenstuhls, die Sessel, mit

halbverschossenem Samt überzogen, vor Allem die braunge-
strichenen Bänke, die, vom vielen Sitzen, eine gewisse Bläuke,
eine Art Politur angenommen haben –, das Alles ist meisterhaft
gemacht und rechtfertigt durchaus ein liebevolles Verweilen
bei diesen mit größter Naturwahrheit wiedergegebenen Einzelnheiten. Aber darüber hinaus hat es der Maler nicht gebracht. Alles was auf diesem Bilde *lebt, ist langweilig.* Die
moderne Anstandswelt ist nicht die Welt Stryowskis; wo die
Fiedel aufhört und das Klavier anfängt, da ist es mit seinem
Können vorbei. Wenn A. W. v. Schlegel zu Fouqué sagen durfte:
»Die Nadel in Dir zeigt nach Norden«, so dürfen wir Stryowski
zurufen: »Die Nadel in Dir zeigt nach *Südost.*« Juden und Flissaken sind seine Welt. Er mag diese Welt erweitern, er mag sich
die Walachen zuerobern, die Ungarn, die Serben, vor allem die
Zigeuner, – aber das kleine christliche Einsegnungsmädchen
darzustellen, das haben ihm die Genien der Kunst versagt. Er
mag sich dessen getrösten; sie haben ihm reiche Gaben verliehen. Der Satz aber, mit dem wir schließen möchten, ist der:
keine falschen Konsequenzen aus dem Realismus ziehen zu
wollen. Man strebe der Treue nach, die er verlangt; aber man
vergesse über dieser Treue nicht, daß das »Wie« doch nicht das
einzig Entscheidende ist und daß kein Glanz und keine Naturwahrheit der Darstellung die weite Kluft ausfüllen kann, die
zwischen *Prosa* und *Poesie* gezogen ist.

Lassen wir auf Stryowski, des Kontrastes halber, *Victor Müller* folgen, einen wunderlichen Schwärmer, der auf einer 13
Fuß hohen Leinewand eine »Waldnymphe« und auf einem kleineren Bilde einen »Adonis« (nach dem Gedicht von Heine, wie
der Katalog sagt) ausgestellt hat. Die Waldnymphe lebt und der
Adonis ist tot; vielleicht wäre es umgekehrt besser. Wenigstens
wären der Akademie dadurch kleine Verlegenheiten erspart
worden. Wir besprechen beide Bilder in der Reihenfolge, in der
wir sie genannt haben.

Die Frage, die sich einem Angesichts dieser »Waldnymphe«
in erster Reihe aufdrängt, lautet sehr allgemein dahin: »*Sollen
solche Bilder überhaupt gemalt werden?*« Die Nacktheit der
Figur, die manchem anstößig erscheinen dürfte, spielt dabei in
unsern Augen gar keine Rolle. Wir würden dieselbe Frage stellen, auch wenn das *decorum* um ein gut Teil besser gewahrt
worden wäre, als es dem immerhin genialischen Maler ersichtlich gefallen hat. Wir haben nichts gegen das Nackte, aber das

Nackte muß *ein* Gewand tragen – die Schönheit. Hat es diese nicht, so stößt es ab. Die »Waldnymphe«, die mit aufgelöstem rotem Haar, den einen Arm unter Hals und Nacken, ausgestreckt im Waldmoos liegt, hat nichts von dieser Schönheit und deshalb fragen wir einfach: »Was soll's?« Die Maler freilich setzen Angesichts dieses Bildes eine humoristisch-gewichtige Miene auf und sagen etwa: »Schrecklich, aber grandios!« Wir indessen fühlen uns lediglich in der Lage, das *erste* Beiwort auf Kosten des zweiten betonen zu müssen. Forscht man weiter bei den bildenden Künstlern, worin denn nun eigentlich das Grandiose dieser »Waldnymphe« zu finden sei, so erfährt man, daß unter den Lebenden keiner ein solches »Fleisch« zu malen verstehe, daß Brust und Hüfte wunderbar »modelliert« seien und Ähnliches mehr. Kann sein. Aber die Berechtigung solchen Lobes ohne Weiteres zugegeben, müssen wir doch andererseits aufs Entschiedenste dagegen protestieren, daß es jemals zu den Aufgaben der Kunst gehören könne, auf einer 13 Fuß hohen Leinwand ein »unnachahmlich schönes Fleisch« darzustellen. Das sind Aufgaben fürs *Atelier,* nicht für die *Ausstellung.* Wer sich berufen fühlt, diese Dinge zu *lernen* – und es wäre wünschenswert, daß die Zahl solcher Lernenden größer würde, als sie ist – der *lerne* sie; aber er mache das Mittel nicht zum Zweck, die Studie nicht zum Bild. Er male Fleisch, immer wieder und wieder; aber wenn er endlich einen solchen Leib zu schaffen versteht, dann hauche er ihm auch eine Seele ein, Grazie und Schönheit, und gebe der nackten, bis dahin seelenlosen Form die künstlerische Verklärung.

Das zweite Bild Victor Müllers ruft andere Bedenken wach. Der nackte Leib des Adonis – denn ohne Nacktheit tut es der Künstler nicht – hat hier wenig Störendes. Es geht ein decenterer Zug durch dieses Bild, und mit wie entschiedener Vorliebe auch, in Form und Farbe, das Fleisch des Entseelten behandelt sein mag, – dem Beschauer drängt es sich auf, daß diese Nacktheit vorwiegend Mittel zum Zwecke war, und daß dieser Zweck selber darauf ausging, eine bestimmte Geschichte zu geben, eine bestimmte *poetische Wirkung* zu erzielen. Die Adonis-Sage, zaubrisch genug in sich selbst, tritt hier an uns heran. Im Vordergrunde neben dem Waldquell, der Leichnam des eben vom Zahn des Ebers Getöteten; im Hintergrunde, von fahlem Licht beschienen, Venus mit verzweiflungsvoll gen Himmel gestreckten Händen; im Walde selbst düstre, unkennbare Gestalten, die (wie es scheint) tanzend und Fackeln schwingend in dämonischer Lust waldeinwärts ziehen. Kein Zweifel, das ist poetisch; aber es ist vielleicht mehr poetisch als malerisch, und wenn wir hierin irren sollten, so irren wir doch schwerlich darin, daß in *dieser* Weise – dabei lediglich, im Gegensatz zur »Waldnymphe«, nur *Äußerliches, Technisches* ins Auge fassend – überhaupt nicht gemalt werden soll. Das Bild, wie es da ist, ist das Resultat einer grundfalschen Anschauung von dem, was die bildende Kunst soll und nicht soll. Sie soll »bilden«, Formen geben, deshalb heißt sie »bildende Kunst«; was sich aber nicht bilden läßt, entweder weil es überhaupt unbildbar ist, oder weil es jenseit der bildnerischen Kraft des einzelnen Künstlers liegt, das soll auch un-gebildet bleiben. Welcher von beiden Fällen hier vorlag, lassen wir ununtersucht; jedenfalls ist innerhalb der bildenden Kunst alles zu perhorreszieren, was, sei es aus Spleen oder aus Unfähigkeit, darauf aus ist, aus *Verschwommenheiten, Andeutungen* und *rätselhaften Klängen* ein Bild machen zu wollen. Der Dichter, um ans Herz des Hörers zu kommen, wendet sich vor allem an seine *Phantasie,* und die Wirkung von Lied und Erzählung wird um so größer sein, je mehr die Dichtung es verstanden hat, die Phantasie des Hörers in Mittätigkeit zu ziehen. Die bildende Kunst aber wendet sich an die *Sinne;* das *Auge* ist die Straße, auf der sie zum Herzen vordringt, und jedes Bild, das dem Auge nichts bietet, weder Form noch Farbe, sondern lediglich Grau-Nebelhaftes, das phantastisch uns umstricken soll, verstößt gegen die Grundgesetze bildender Kunst. Ein solcher Fall liegt hier vor. Mit Ausnahme des Adonis selbst – der indes seinen Größen-Verhältnissen nach kaum anders wirkt, als wie eine glänzend ausgeführte Staffage-Figur – ist Alles auf diesem Bilde *formlose Andeutung.* Wir sehen einen blonden Lichtpunkt, der das flatternde Haar der verzweifelnden Venus bedeutet; wir sehen eine schwarze Fläche von Wald und Nacht und sehen endlich unheimliche Feuer durch dies Dunkel blitzen, von denen wir nicht recht wissen, ob es Riesenglühwürmer oder leuchtende Fackeln sind. Das Ganze, der Versuch einer wild phantastischen Dichtung in Farben – aber ein *gescheiterter* Versuch.

Wenn wir einen Gegensatz konstatierten zwischen Stryowski und Victor Müller, so ist dieser Gegensatz noch unendlich frappanter zwischen Victor Müller und *Wilhelm Riefstahl,* dem wir uns jetzt zuwenden. Wir könnten sie beide so unterscheiden: Bei Victor Müller, mit Ausnahme der *einen* nackten Figur, die er, als »Meister des Nackten«, in den Vordergrund legt, ist *Alles* Hintergrund, bei Riefstahl – *nichts*. Bei V. Müller ist nebelhaft und verschwommen, was bestimmte Formen annehmen sollte; bei Riefstahl nimmt *Alles* bestimmte Formen an, auch das, was besser nebelhaft und verschwommen geblieben wäre.

Dieser ausgezeichnete Künstler, der uns Jahre lang, neben Andreas Achenbach, der liebste unter den *Landschaftern* war, hat, wie es scheint, dem *alten* Gebiete seiner Kunst (der Landschaft) wenigstens bis zu einem gewissen Grade Valet gesagt, und ausgerüstet mit einer gleichen, oder vielleicht noch mit einer größeren Begabung für das *Genre,* sehen wir ihn diesmal auf diesem *neuen* Gebiete sich mit gleicher Sicherheit und gleich glänzendem Erfolg bewegen. Das von ihm ausgestellte Bild führt den Titel: »Feldandacht von Passeier Hirten. Gegend von Meran, am Fuß der Hochwilde«. Es ist, wenn wir es in seine einzelnen Teile zerlegen, in jedem Sinne ausgezeichnet; das Landschaftliche verrät den alten Meister, während die Figuren samt und sonders, namentlich aber die beiden Prachtgestalten, welche die Gruppe schließen, eine Gabe der Charakteristik verraten, die selbst von *Knaus* auf seinem glänzenden Bilde »Passeier Raufer« kaum übertroffen wird. Wenn wir dennoch ein Bedenken zu äußern, eine »Frage« zu stellen wagen, so bezieht sich diese Frage auf das *Verhältnis,* das Genre und Landschaft zu einander einzunehmen haben, wenn es dem Künstler beliebt, *beide* Gebiete mit gleicher Liebe zu behandeln, weil er eben beide Gebiete beherrscht.

Es existieren Bilder (wir erinnern beispielsweise an das bekannte von Gude und Tidemand gemeinschaftlich gemalte norwegische Genre-Landschafts-Stück), auf denen, ganz wie auf dem Riefstahlschen Bilde, das uns hier beschäftigt, Landschaft und Genre sich an Wert und Bedeutung die *Waage halten;* aber wenn wir dadurch einerseits zugestehen, daß beide Zweige der Malerei, auf einem und demselben Bilde, und zwar ohne Unterordnung des einen oder andern, neben einander bestehen *können,* so müssen wir doch andererseits fordern, daß überall da, wo ein solches Zusammenwirken erstrebt wird, mit feinstem künstlerischen Takte der Eindruck vermieden werde: das Genre drücke auf die Landschaft, oder die Landschaft auf das Genre. Gude-Tidemand *haben* es zu vermeiden gewußt. Wodurch? so lautet die Frage. Wir kennen dazu nur *ein* Mittel; der Künstler muß *Raum* und *Weite* zu schaffen verstehen; er muß das Bild *panoramatisch* fassen und ohne auf die Zauber einer Vorder- und Mittelgrundslandschaft Verzicht zu leisten, doch jene Abstufungen zu schaffen wissen, die den Eindruck machen, *als läge der Schwerpunkt der Landschaft nach hinten zu.* Das hat Riefstahl auf diesem seinem neuesten Bilde nicht gewollt oder nicht gekonnt; *die Landschaft drückt nach vorn.* Die Bergwand – vielleicht weil der Zwischengrund, auf dem die kleinen Tannen stehen, dem Künstler nicht ausreichend geglückt ist – erhebt sich scheinbar unmittelbar hinter der Gruppe der betenden Hirten und drängt sich dadurch gleichsam in ihre Versammlung ein. Diese Bergwand zwingt uns beständig, während wir uns mit den Hirten beschäftigen wollen, auch ihr, der Wand, unser Auge und unsere Aufmerksamkeit zuzuwenden, was unmöglich Absicht des Malers gewesen sein kann. Wäre es dennoch, so wäre es falsch. Standen die Hirten aber, die der Künstler hier gemalt, *wirklich* am Fuße des Berges, ragte diese Wand unmittelbar hinter ihnen auf, nun so mußte der Maler einen ganz andern Standpunkt, dem zu malenden Gegenstand gegenüber, einnehmen und ein ganz anderes Bild auf seiner Leinwand entstehen lassen. Wir müßten dann ein grandioses Landschaftsbild erhalten, mit kleinen Staffage-Figuren, an denen dann selbstverständlich jede subtile Ausführung oder Charakterzeichnung eine vergeudete Mühe gewesen wäre. Wie das Bild ist, können wir, bei vollkommenster Anerkennung aller *Teile* desselben, doch nicht umhin, auszusprechen, daß es in seiner Totalität harmonischer wirken würde, wenn das Landschaftliche in irgend einer Weise *zurücktrete,* sei es rein räumlich durch eine zwischengeschobene Weite oder durch eine minder ins Gewicht fallende und dadurch, wie von selbst, ein »Zurücktreten« schaffende Art der Behandlung.

Es bleiben uns noch zwei Bilder, die im Stande sind, Fragen anzuregen, wir meinen »Die sieben Todsünden« von Ernst Ewald und »Perchta und die Heimchen« von Gustav Spangenberg.

Was zunächst das *Ewald*sche Bild angeht, so wollen wir keineswegs behaupten, daß die »sieben Todsünden« nicht überhaupt gemalt werden könnten. Wir wollen auch bereitwillig zugeben, daß sie *alle* (was Einzelne bestritten haben) auf einem einzigen Bilde sehr wohl untergebracht und, die rechte Kraft und Energie vorausgesetzt, mit einer erschütternden Gewalt dargestellt werden können. Aber eine solche Aufgabe erheischt einen Meister im großen Stil. Cornelius hätte es gekonnt, allenfalls auch Kaulbach. Dieser würde einige seiner üblichen Mätzchen gemacht und die Aufgabe schwerlich aus dem Vollsten gelöst haben. Aber er *hätte* sie schließlich gelöst, nicht tief-poetisch, aber *geistreich*. Dazu haben nun die Ewaldschen Gaben nicht ausgereicht, respektabel wie dieselben, nach der rein malerischen Seite hin, sein mögen. Wer die sieben Todsünden malen will, der braucht erst in zweiter Linie Maler zu sein; vor Allem muß er ein *Poet* sein, eine große *innerliche* Kraft, ein Original, ein Denker, ein *Kompositionstalent*. Hat das Alles der Künstler, der sich an diese Aufgabe gewagt? Wir fürchten, er bringt zu Erreichung eines so hohen Zieles nichts mit, als die Strebelust und ein äußerliches Können. Aber Beides reicht nicht aus. Wenn wir von diesem äußerlichen Können, dem wir volle Gerechtigkeit widerfahren lassen, absehen, so ist eigentlich keine Gruppe auf dem Bilde, hinter die wir nicht aus diesem oder jenem Grunde ein Fragezeichen zu setzen hätten. Was soll die Gruppe, die einen Gefesselten dem im Hintergrunde aufragenden Galgen entgegenführt? Was soll der Narr, der vor dem »Geize« und dem »Hochmut« einherschreitet? Was bedeutet das Paar, welches hinter dem Tische der Kartenspieler steht? Warum zu dem Würfelspiele der »Zornigen« auch noch das Kartenspiel der »Unmäßigen«? Warum das Reiten auf einem Faß, während die Schenkin demselben Reiter einen Becher aus vollen Kannen füllt? Motive über Motive; aber ein *embarras de richesse*, ein Reichtum, der dem Beschauer nur *eines* klar macht, daß sich hier zur Kunst des Malenkönnens, die Kunst des Komponierens *nicht* gesellt hat. Selbst das exakte Zuhausesein in dem malerischen Hausrat eines bestimmten Jahrhunderts hat eher nachteilig als fördernd eingewirkt und die Verwirrung nur gesteigert. Farbe, Kostüm, Architektur gehören einer bestimmten Epoche an und dies mindestens ungebotene Hineinstellen des Hergangs in einen bestimmten historischen Abschnitt drückt dem Ganzen, ehe man weiß was es soll und will, den Stempel eines *historischen Bildes* auf. Dies mußte aber vermieden werden; dies ist ein Fehler. Die sieben Todsünden waren immer da und *werden* immer da sein, und wer an ihre Darstellung geht, der muß *aus sich heraus* – wie so vieles Andere, was diese Riesenaufgabe erheischt –

auch ein Kostüm, eine Architektur und hundert andere Außendinge zu schaffen im Stande sein, Außendinge, die, jedes bestimmte Jahrhundert geflissentlich vermeidend, in poetischer Allgemein-Gültigkeit *über* den Jahrhunderten stehen. Wir wollen keine allegorische Schwebelei in der Geschichte, aber eben so wenig eine geschichtliche Bestimmtheit in der *Allegorie*. Wir bedauern, nicht zustimmender haben sprechen zu können.

Wenn wir an dem Ewaldschen Bilde tadeln mußten, daß der Künstler seine Kraft an eine zwar lösbare, aber jenseit seines Kraftmaßes liegende Aufgabe gesetzt habe, so haben wir an *Spangenberg* in erster Reihe zu tadeln, daß er in seinem Bilde »Perchta und die Heimchen« eine Aufgabe lösen wollte, die absolut unlösbar ist. Es scheint fast, als ob dieser höchst talentvolle, auch in seinen Verirrungen immer noch ein ganzes Dutzend Durchschnittsmaler aufwiegende Künstler, in leichter Variierung der Goetheschen Sentenz, eigens den Spruch zu seiner Devise gemacht habe: »Zwar kann ich viel, doch möcht ich *Alles* können.« Dies »alles können wollen« rächt sich aber. Jede Begabung hat ihre Grenzen. Spangenberg hat sich einen Namen gemacht durch die Art, wie er *Romantisches* und *Dämonisches* in den Köpfen seiner Gestalten darzustellen gewußt hat. Er hat auf diesem Gebiete Wunderbares und ganz einzig Dastehendes geleistet und der Dichtung auf ihrem eigensten und subtilsten Felde eine erhebliche Konkurrenz gemacht. Seelische Zauber, träumerische Klänge, – er hat sie einzufangen und in Farben festzuhalten gewußt. Wir nehmen nicht Anstand, seine früheren Bilder, insonderheit den »Rattenfänger von Hameln« und die »Jungfrauen von Köln« als nach dieser Seite hin epochemachend zu bezeichnen. Die romantische Stimmung, wie sie in dem letztgenannten Bilde herrscht und das *Dämonische* des »Rattenfängers«, das als ein Behext- und Verzaubertsein in den Köpfen der ihm folgenden Kinder sich widerspiegelt, – beides sind unglaublich kühn gewählte Aufgaben, Aufgaben, wie sie weder vorher noch nachher gestellt, sicherlich nicht gelöst worden sind. Spangenberg – wer wollte ihm einen Vorwurf daraus machen – begann, nach diesen ersten glänzenden Erfolgen, das Romantisch-Dämonische zu seiner Spezialität zu erheben, und der »Blocksberg-Szene« der vorigen Ausstellung, ist nun, auf der diesjährigen, »Perchta und die Heimchen« gefolgt. Die »Blocksberg-Szene« war im Wesentlichen verfehlt,

ein gescheiterter Versuch; aber es lag, dem Gegenstande nach
kein rechter Grund vor, warum dieser Versuch scheitern *mußte*. Die Stunde war ihm nicht günstig gewesen, das Blocksberg-
hafte nicht völlig herausgekommen; aber was heute mißglückt
war, konnte morgen glücken. Anders »Perchta und die Heimchen«. Hier ist alle Kunst umsonst; das heute Gescheiterte
wird immer wieder scheitern; denn Perchta und die Heimchen
sind *undarstellbar*. Darstellbar ist das Romantisch-Dämonische, – gleichviel nun, ob es aus der eignen Seele aufflammt,
oder, von außen her, über die Züge hin wetterleuchtet, – vor
allen Dingen im *Menschenantlitz*; darstellbar sind aber auch
jene Geschöpfe der romantisch-dämonischen Welt, denen
Volksgeist und Volksglaube ein ganz bestimmtes Gepräge geliehen haben. Die Hexen, die Wichtelmännchen, die Bergzwer-
ge, vielleicht viel Andere noch, sie Alle haben eine bestimmte
»Façon«, und der Künstler, der das Eine oder Andere aus diesen
phantastischen Märchen-Gebieten zur Erscheinung zu bringen
gedenkt, darf mit diesen allgemein verständlichen Typen, die
er ja durch Humor oder feine Charakterisierung vertiefen und
individualisieren kann, je nach Gefallen operieren. Er wird indes scheitern, wenn er auf die alten Träger des Romantisch-
Dämonischen Verzicht leisten zu können glaubt, um es mit
neuen Trägern zu versuchen, mit Gestalten, die keinen Anhal-
tepunkt in irgend eines Menschen Vorstellung, und ihre alleinige Lebenswurzel in der Phantasie des Künstlers haben.
Trifft es sich aber gar noch, daß sich die Phantasie des Künstlers
bei seinem Vorhaben als absolut dürr und unfruchtbar erweist,
so ist die Niederlage doppelt gewiß. Wer kennt »Perchta«? wer
kennt die »Heimchen«? Sie sind ein Begriff, keine Gestalten,
und auch die phantastischste Phantasie hat niemals einen
Heimchenzug poetisch-faßbar an sich vorüberziehen sehen.
Und dies absolut Unfaßbare, den Nebel der noch keine Form
gewonnen hat, *ihn* hat Spangenberg darstellen wollen. Ein un-
mögliches Unterfangen! Es war bedenklich, daß er sich so ver-
greifen konnte; am meisten aber möchten wir darüber mit ihm
rechten, daß er, vor die Unmöglichkeit gestellt, eine Heim-
chen-Gestalt zu erfinden, bei den Kindergestalten seiner früheren Bilder zu borgen und Köpfe als *Heimchen*-Köpfe zu intro-
duzieren begann, denen wir anderen Orts und unter anderem
Namen begegnet zu sein glauben. So straft sich ein falsch Beginnen und schädigt noch durch rückwirkende Kraft. Die Span-

genbergschen Aufgaben sind lohnend; aber nur dann, wenn sie die Grenzen innehalten, die eng und streng gezogen sind.

Und hiermit nehmen wir Abschied von der diesjährigen Kunst-ausstellung. Ein paar Bemerkungen seien uns zum Schluß noch gestattet, Bemerkungen, die zunächst nur Abwehr sein sollen, aber, wie eine echte und rechte Defensive, auch bereit sein werden, an der einen oder andern Stelle einen Offensiv-stoß zu führen. Man hat uns wissen lassen, »wir hätten streng geurteilt«. Mag sein; wir nehmen das ohne Weiteres hin. Wenn aber mit dem »streng« etwa gemeint sein sollte »*zu* streng«, so müssen wir uns dagegen verwahren. Wir mögen vielfach geirrt, vielfach im Ausdruck das richtige Wort verfehlt haben – im *Einzelnen* sind wir zu jeder Concession bereit. Aber wir bestreiten, daß wir durch Anlegung eines ganz bestimmten Maßstabes – den wir allerdings für diese Dinge mitbrachten – uns als »*zu* streng« in Beurteilung einer großen, alle zwei Jahr wiederkehrenden, die besten deutschen Namen umfassenden *Kunst-Ausstellung* erwiesen hätten. Wir lassen unter Umstän-den mit uns reden, und im Salon, in ungesuchter Weise, begeg-nen wir einer angenehmen Gabe mit einem angenehmen Wort. Aber es ist ein Unterschied – Salon oder Ausstellung. Eine Ausstellung ist wie eine große Aufführung vor versammeltem Volk; Hunderte ringen nach dem Preis; die liebenswürdige, aber untergeordnete Kraft verschwindet neben der größeren und muß bei Seite stehen, wenn die Namen der Sieger auf allen Lippen sind. Die Maler aber können sich nicht dazu entschlie-ßen, die Dinge von *dieser* Seite anzusehen; sie betrachten die Ausstellung lediglich als eine Buntleinwand-Messe und möch-ten die Kritik zu einem bloßen Annoncenwesen herabdrücken, das die Pflicht hat, tagtäglich der hauptstädtischen Bevölke-rung etwa zu versichern: »Unser hochgeachteter Landschafter Brauntusch hat wieder die Natur in ihrem geheimsten Wirken belauscht. Stimmung wunderbar; Kolorit von bewährter Mei-sterschaft. Die Tannenspitzen schwimmen in Licht. Preis 80 Friedrichsd'or.« Zu dieser Art von Schleppendienst haben wir uns nun allerdings nicht verstehen können. Wir wünschen den Malern die beste Ernte, aber unsere allerletzte Pflicht ist die, ihnen diese Ernte machen zu helfen. Wir erkennen keine ande-re Pflicht an, als in einer Zeit, einerseits des bloßen Machen-könnens, andrerseits der spleenhaftesten Verschrobenheiten, immer wieder auszusprechen, *worauf es ankommt,* und mit *dieser* Elle die wirklichen und die sein sollenden Kunstwerke zu messen. Wir hoffen den Tag noch zu erleben, wo die Besprechung der Kunstausstellung ganz allgemein nach diesen generellen Prinzipien gemodelt und von der traditionellen Einschlachtung von etwa 4 oder 500 Bildern, wie billig, Abstand genommen werden wird. Das immer lebendiger sich gestaltende öffentliche und politische Leben wird die Maler wie von selbst um ihre unglaublich bevorzugte Stellung bringen. Architekten bauen ganze Städte, Komponisten setzen Motetten und Kantaten, Dichter schreiben ernste und humoristische Heldengedichte und – keine Zeitung verkündigt jemals ihre Namen. Aber kaum ist der zwanzigjährige Maler mit einer »schlafenden Großmutter« oder einer »Herbstlandschaft mit Vieh« in die hohen Ausstellungssäle eingezogen, so ist er nicht nur eingereiht in den großen Künstlerverband, sondern hat auch Anspruch darauf, in einem halben Dutzend längerer oder kürzerer Besprechungen auf *das* hin geprüft zu werden, was er nie gehabt hat und mutmaßlich nie haben wird, auf *Ideen.* Was uns angeht, so werden wir ausharren auf dem eingeschlagenen Wege. Und sollten wir – wonach wir uns nicht sehnen – *wiederholentlich* in die Lage kommen, an die 700 Bilder einer Ausstellung herantreten zu müssen, so sind wir entschlossen, nicht strenger zu verfahren, aber *summarischer.* Friedrich Hebbel hat Recht mit seinem Ausspruch: *Die Duplikate helfen nichts in der Kunst.*

[I]

Die Kunstausstellung für 1866 ist am 2. September eröffnet worden. Die Zeitverhältnisse haben Österreich und Süddeutschland (wenige Nummern abgerechnet) an einer diesmaligen Beschickung gehindert; im Übrigen scheint die heimatliche Produktion unter der kriegerischen Aufregung der letzten Monate wenig gelitten zu haben. Der Katalog zählt über 900 Nummern auf, die Säle sind gefüllt, kaum hier und dort macht sich räumlich eine Lücke bemerkbar.

Räumlich keine Lücke, Rahmen drängt sich an Rahmen, und doch begegnen wir einzelnen Wänden, die, auf ihren Inhalt befragt, kaum etwas anderes sind als – eine einzige große Lükke. Es muß ausgesprochen werden: eine gewisse *Öde* und *Ärmlichkeit* (die selbstverständlich das sporadische Auftreten von einem Dutzend guter und selbst sehr guter Bilder nicht ausschließt) herrscht vor. Wir haben Ausstellungen gehabt, die in ihrem »Gros« nicht höher standen, aber ihrer allgemeinen Mittelmäßigkeit durch einige *Treffer ersten Ranges* aufzuhelfen wußten; – und wir haben andererseits Ausstellungen gehabt, die dieser Treffer und Trümpfe zwar entbehrten, dafür aber einen sehr *respektablen Durchschnittswert* repräsentierten. Weder das Eine noch das Andere läßt sich von der diesjährigen Ausstellung sagen, namentlich wenn einzelne schon bekannt gewordene Bilder, wie *Menzels* Krönungsbild, *Knaus'* Zigeuner im Walde, so wie einzelne Porträts von *Richter* und *Begas* in Abzug gebracht werden.

Porträt, Landschaft, Genre herrschen vor. Das wäre an und für sich noch kein Tadel. Wir haben nichts gegen die Desserts, aber man richtet kein Gastmahl aus ihnen an. Wo sind – so fragen wir – die *pièces de résistance?*

Wir begegnen, um etwas Gutem vorweg das Wort zu gönnen, auch diesmal (und zwar gesteigert) bei Genre und Landschaft einem Zuge, den wir schon bei früheren Gelegenheiten willkommen geheißen haben, einem Zuge, den wir mit »Einkehr bei sich selbst« bezeichnen möchten. Die norddeutsche bez. die märkische Landschaft kommt zu Ehren, das Auge schärft sich für die feinen und eigentümlichen Schönheiten des Heimischen, und die Momente unsrer eignen Geschichte beginnen mehr und mehr uns kräftiger anzuregen, als »Kolumbus, der (zum wievielsten Male?) Amerika entdeckt«, oder »Richard Löwenherz, der in Sturmhut und Kettenhemd durch die Wüste reitet«.

Wir sind nicht blind gegen die Vorzüge, die in dieser Wandlung liegen, selbst da noch liegen, wo mit schwachen, unausreichenden Kräften (wie leider auf diesem Gebiete so oft geschieht) einem Erfolge nachgestrebt wird, und wir sind – wir hoben dies schon Eingangs hervor – noch viel weniger blind gegen die Anzahl unbestreitbar guter Bilder, die sich auch diesmal wieder innerhalb unsrer Ausstellungssäle zusammengefunden haben; aber diese Anerkennung im Einzelnen ändert nichts an der Tatsache im Großen und Ganzen, daß einem eine Leere, eine gedankliche Armut, an der selbst viele der besseren Sachen teilnehmen, als kennzeichnender Zug der diesjährigen Ausstellung entgegentritt. Wir wissen sehr wohl, daß es in den bildenden Künsten eben so sehr auf das »wie« ankommt, als auf das »was«, und wir wissen, im Einklang damit, den Wert des Machen-könnens, der Farbe und einer brillanten Technik sehr wohl zu schätzen; aber dann erbitten wir uns auch, wenn wir auf Tieferes verzichten müssen, etwas was dem Glanz der Venetianer, der Wahrheit der Niederländer wenigstens nahe kommt. Fehlt es daran, so fehlt auch das, was vornehm unsre Frage ablehnen könnte, die Frage: *was* wurde gemalt?

Wir tun diese Frage. Ach, es ist nur allzu ersichtlich, daß neun Zehntel derer, die zu dieser Ausstellung beisteuerten, in Sorgen und Bangen die entsprechende Frage: »Was *sollen* wir malen?« an sich selber richteten und nur leider die rechte Antwort darauf nicht zu finden wußten. So sind es denn die ewig alten Geschichten, die uns auch diesmal wieder gebracht werden und die doch, so denken wir, nur dann ein Recht haben immer wieder und wieder zu erscheinen, wenn die originelle schöpferische Kraft dem alten ein neues Leben zu geben versteht. Aber daran gebricht es. Wo eine originelle Kraft vorhanden ist, da geht sie, ohne daß sie's will oder sich vornimmt, ihre eigenen, nicht aber die ausgetretenen Wege. Was finden wir statt dessen? Die guten, alten Fahnen! Fischerhütte, Wasserfall, Entenjagd; »Bange machen gilt nicht« und »Der verwei-

gerte Kuß«; *Canal grande* und Nemi-See, Capri und Vesuv;
Shakespeares »Julia« und »König Lear verstößt seine Tochter
Cordelia«.

Wir gehen vielleicht zu weit, wenn wir unseren jungen
Künstlern in Vorstehendem mehr oder weniger einen Vorwurf
daraus gemacht haben, daß diese Dinge immer wieder in unsere Ausstellungssäle einziehen; wir sollten sie hinnehmen wie
die »Frühlingslieder«, die auch nicht ausbleiben können, weil
es eben *natürlich* ist, daß der Lenz immer wieder besungen
wird, wohl oder übel. Gut, wir stimmen dem zu. Aber gestattet
muß es uns sein, über diese Dinge, die alljährlich aufsprießen
wie die junge Kresse, zur Tagesordnung überzugehen und gestattet muß es uns sein, mit den ehrwürdigen Traditionen dieser Hauptstadt zu brechen, die seit lange daran gewöhnt worden ist, in kleinen Konjektural-Novellen die »Zerbrochene
Pfeife« als Idyll oder Humoreske und die »Briefschreiberin« als
Charakterbild behandelt zu sehen.

Wir lassen diese Alltäglichkeiten fallen und wenden uns mit
um so größerer Liebe jener verhältnismäßig kleinen Anzahl
von Arbeiten zu, die uns entweder voll befriedigt oder doch
durch die Fragen, die sie in uns anregten, unser Interesse lebhafter in Anspruch genommen haben.

II
K. Graeb. K. Becker. Vautier. Riefstahl. W. Gentz
G. Spangenberg. Piotrowski
Stryowski. Scherres. P. Meyerheim. W. Sohn. Ockel

Nach einigen einleitenden Worten, die dem Gesamteindruck
der diesjährigen Ausstellung galten, schreiten wir heute zur
Besprechung einzelner Bilder, dabei uns ausschließlich auf diejenigen beschränkend, die uns entweder voll befriedigten oder
aber allgemeinere Fragen in uns anregten. Wir leisten dabei auf
jede Gruppeneinteilung, wie Historie, Genre, Landschaft, Verzicht, und einfach von Raum zu Raum schreitend, beginnen
wir mit dem Ersten Saal.

Nach alter guter Tradition, die vorschreibt, gleich beim Eintreten dem Besucher der Ausstellung ein Schaustück zu bieten,
hängt an wohlbekannter Stelle auch diesmal ein vorzügliches
Bild, eine Arbeit *Karl Graebs*. Es stellt den hohen Chor der St.

Georgskirche zu Tübingen dar. Architekturbilder wissen in den seltensten Fällen das Interesse des Publikums zu erwecken. Solche, die korrekt sind, entbehren nur allzuoft jenes landschaftlichen oder, wo dieser Ausdruck nicht zutrifft, jenes poetischen Reizes, ohne welchen die ganze Gattung kaum in das Gebiet freier Kunst gehört; andere wieder, die, bei sonstigen Vorzügen, dieser Korrektheit entbehren, sind wie ein Messer ohne Schneide und lassen selbst den Laien fühlen, daß sie nicht sind, was sie zu sein vorgeben. Karl Graeb, wie alle Besucher unserer Ausstellungen längst wissen, gehört zu den Wenigen, die Beides glücklich vereinigen. Dieser hohe Chor der Tübinger St. Georgskirche ist aufs Neue ein Beweis dafür. Die Aufnahme des Bildes ist fast vom äußersten Punkte des hohen Chores aus erfolgt, so daß wir, zunächst über die prächtigen Grabdenkmäler des Chores selbst, dann über den abschließenden Lettner hinweg, in das Längsschiff der Kirche hinein sehen, dessen letzte Pfeiler sich zuletzt in einem dämmernden Grau verlieren. Der Farbenton, der den prächtigen alten Bau durchzieht, um die Grabdenkmäler weht, an Fenstern und Pfeilern hängt, ist vielleicht die glänzendste Seite des Bildes, jedenfalls diejenige, die, fast wie ein alter Romanzenton, am meisten Macht über unser Herz gewinnt. Alles mahnt an das Ende aller irdischen Dinge, und die schwarze Fahne, deren Seide niederhängt, als fehle es hier an jedem belebenden Luftzug, hängt da wie die ausgesteckte Fahne des Todes selbst.

Zur Linken daneben, an gleich hervorragender Stelle, begegnen wir einem Bilde *Karl Beckers:* Besuch Karls V. beim alten Fugger in Augsburg. Dies Bild ist ein großer Fortschritt. Wir kannten Karl Becker bisher als einen feinen Koloristen, der auf seinen zahlreichen, meist dem mittelalterlich-venetianischen Leben entnommenen Genrebildern, eine Tapete, einen Teppich, ein Sammet- oder Seidenkleid mit außerordentlicher Virtuosität wiederzugeben, dabei die kleinen Hergänge des Lebens glücklich zu charakterisieren wußte. Hier stellte er sich eine größere Aufgabe und löste sie glänzend. Es ist die bekannte Szene, wo der reiche augsburgische Kaufherr, geehrt durch den Besuch seines Kaisers, die Schuldverschreibungen verbrennt, die er von dem Letzteren in Händen hält. Wir begegnen auf dem Bilde all den alten Vorzügen Beckerscher Technik. Wie prächtig der Tricot und das dunkelblaue Wams des Kaisers, wie prächtig vor Allem das goldbesetzte, scharlachfarbene Samtkleid der Fuggerschen Tochter, die in ihrer roten Samtkappe, lieblich-anmutig wie das Rotkäppchen aus dem Märchen, dem Kaiser ein Glas Wein kredenzt. Aber diese äußerlichen Dinge, mit wie großer Vollendung sie auch zu uns sprechen, überraschen uns weder, noch geben sie unserer Anerkennung einen so lebhaften Ausdruck. Was uns über das gewohnte Maß hinaus an diesem neuen Beckerschen Bilde erfreut, das ist die glückliche Art, wie der Maler hier die *historische* Seite seiner Aufgabe gelöst hat. Der Ausdruck in den beiden Hauptköpfen des Bildes, im Kopfe des Kaisers und des Kaufherrn, verrät eine Begabung auch für die jenseit des bloß Genrehaften liegenden Aufgaben der Kunst. Der Alte, der durch Miene und Handbewegung auszudrücken scheint: »sieh Kaiser, dort verbrennen Deine Schuldverschreibungen zu Asche; *ich kann das*«, ist eben so vortrefflich wiedergegeben, wie der Ausdruck des Kaisers, der zwischen freudigem Staunen und aufsteigendem Unwillen zu kämpfen scheint, während doch schon die liebliche Erscheinung der kredenzenden Tochter die flüchtige Wolke des Unmuts verscheucht.

Ein Bild von gleichem Interesse – vielleicht minder glänzend in Erscheinung, aber nach der Seite der Charakterschilderung hin noch tiefer gegriffen – ist das Bild von *Vautier* in Düsseldorf: »Der Bauer und der Mäkler«. Wir blicken in das einfach ausgerüstete Zimmer eines Dorfbewohners, sei es eines Kätners oder eines Handwerkers, wie sich deren ja in allen Dörfern finden. Am Tische sitzen drei Männer: *rechts* vom Beschauer der Kätner (wie wir ihn nennen wollen), um dessen ärmliches Stück Ackerland, das doch zuletzt die Stütze seines Lebens bildet, es sich handelt; *links* der wohlgenährte Bauer, welchem dies ärmliche Stück Land bequem gelegen ist und dessen aufgehäufte, blanke Taler am besten zeigen, daß er an die stille Beredsamkeit seines Goldes und an einen raschen Abschluß des Geschäftes glaubt. Die stumme Sprache des Goldes muß das Beste tun, aber zunächst muß doch überhaupt gesprochen werden und da er, ein typisch-selbstbewußter Bauer, entweder nicht sprechen will oder nicht sprechen kann, so sitzt zwischen hüben und drüben der Mäkler – ein armer Teufel, der für gute Spesen und bäuerliche Protektion alles tut – und zählt dem schwankenden, in Sorgen und Bangen vor sich hinblickenden Kätner die enormen Vorteile dieses Handels an den Fingerspitzen her. Aber es bleibt doch zweifelhaft, ob die Mäklerberedsamkeit und die größere Beredsamkeit des Goldes schon in diesem Augenblicke siegen werden, denn hinter dem Stuhl des Kätners, ihr Kind auf dem Arm, steht – die Spuren sorgedurchwachter Nächte in dem schönen Gesicht – die Frau und legt abmahnend ihre Hand auf die Schulter ihres Mannes. Ihr Blick, nicht bitter oder gehässig, aber streng, gleitet zu dem Manne bezahlter Beredsamkeit hinüber und scheint von ihm zu sagen: »er ist schlecht, was kann Gutes von Schlechtem kommen. Halte fest, was wir haben, wir sind arm, aber nicht elend.« Durch das ganze Bild geht ein Zug tiefer Wahrheit und eines ernsten Lebensschicksals, das mit dramatischer Lebendigkeit das Herz des Beschauers erfaßt.

Ziemlich in der Mitte des Saales treffen wir auf ein Bild von *W. Riefstahl* »Rückkehr von der Taufe«. Wir besprechen dasselbe in Gemeinschaft mit einem zweiten Bilde desselben Malers »Prozession im Passeier Tal«, das uns, bei aller Verwandtschaft mit dem erstgenannten, doch charakteristischer für den gegenwärtigen Stand der Riefstahlschen Kunst erscheint, charakteristischer und zugleich siegreicher über gewisse Bedenken, die wir während der letzten Ausstellung nicht umhin konnten gegen die eigengeartete Richtung dieses ausgezeichneten Künstlers zu äußern. Riefstahl überraschte uns damals mit zwei Bildern, in denen sich Landschaft und Genre derart die Waage hielten, daß es schwer war zu sagen, ob die Figuren Staffage innerhalb der Landschaft, oder ob die Landschaft Staffage zu den Figuren sei. Die Behandlung beider war gleich ausgezeichnet, dennoch kam man zu keiner vollen Befriedigung und die etwas scharfe aber zutreffende Bemerkung wurde laut, »daß sich Genre und Landschaft auf den Riefstahlschen Bildern gegenseitig auffräßen«. Der Künstler hat sich durch diese Bemerkung nicht wesentlich beirren lassen und scheint nur, den erhobenen Ausstellungen gewisse Konzessionen machend, zu der Überzeugung gelangt zu sein, daß nicht sein Prinzip an und für sich, sondern lediglich die *bisherige Durchführung* desselben seine angreifbaren Punkte habe. Ohne das Eigenartige seiner Bestrebungen aufzugeben, ist er nur bemüht gewesen, sich innerhalb derselben zu vervollkommnen. Dies ist ihm in so hohem Grade geglückt, daß namentlich in Bezug auf das zweite Bild (Prozession im Passeier Tal) alle bisherigen Bedenken stumm geworden sind. Es scheinen in der Tat die relativen Schwächen seiner vor zwei Jahren ausgestellten Bilder nicht in dem Balanciersystem zwischen Landschaft und Genre, nicht in dem Brechen mit den bisherigen Traditionen gelegen zu haben, sondern darin, daß die Harmonie, die auch zwischen gleichberechtigten Faktoren, zwischen zwei mit gleicher Stärke klingenden Tönen herrschen kann, nicht hergestellt war. Es fehlte in der Tat in jenen früheren Bildern an einem schönen Zusammenklang; die beiden Faktoren, statt sich zu unterstützen, befehdeten sich, die Landschaft drückte auf die Figuren und die Figuren drückten auf die Landschaft. Es war das Ganze bis zu einem gewissen Grade eine Frage der Perspektive, eine Frage des richtigen Verhältnisses von Vordergrund zu Hintergrund, und nicht mit Unrecht wurde damals bemerkt, daß es zwischen den Vordergrunds-Figuren und der Hintergrunds-Landschaft an dem nötigen Raume gebräche. Es lag nicht Luft, nicht Weite genug zwischen dem Einen und dem Anderen. Diesem Übelstande ist jetzt abgeholfen. Namentlich auf dem zweiten Bilde ist in höchst kunstvoller Weise, teils mit Hülfe des geschickt arrangierten Brücken-Durchblicks, teils mit Hülfe des Nebeltons, der die Bergmassen umgibt, eine solche Weite geschaffen; Figuren und Landschaft drücken nicht mehr gegenseitig aufeinander und Riefstahl hat den Triumph, nicht nur eine Neuerung eingeführt, sondern auch dem anfänglichen Kopfschütteln gegenüber die Berechtigung dieser neuen Auffassungsweise dargetan zu haben. Nachahmer werden sich finden, aber nicht allzu viele, da die gleich glänzende Behandlung von Genre und Landschaft eine Doppelbegabung voraussetzt, wie sie nur selten angetroffen wird.

In der Nähe des Riefstahlschen Bildes begegnen wir einem Bilde von *W. Gentz:* »Markt in Kairo«. Wir lassen eine Besprechung dieses Bildes im unmittelbaren Anschluß an die Arbeiten von Riefstahl um so lieber folgen, als wir, auch einigen hervorragenden Gentzschen Bildern gegenüber, bei früheren Gelegenheiten prinzipielle Bedenken äußern mußten, die wir, zu unserer Freude, diesmal in Wegfall kommen sehen. Dieser Markt in Kairo, in seinem bunten Gewühl, erinnert lebhaft an ein vor vier Jahren ausgestelltes Gentzsches Bild, das, wenn wir nicht irren, den Titel »Karawanenlager in der Wüste« führte. Das Bild hatte ausgezeichnete Qualitäten, und der Gegensatz zwischen dem toten, unbegrenzten Sandmeer und dem lebensvollen, ameisenhaften Menschengewirr inmitten desselben wirkte poetisch. Aber was wir damals tadeln mußten, war eben

der Umstand, daß uns mehr ein *Ameisengewirr* als ein Gewirr
von Menschen geboten wurde. Wir sahen allerhand Farben,
empfingen auch hier und da eine Andeutung, was sie bedeute-
ten, im Großen und Ganzen aber entzogen sich diese Farbentüpfelchen jeder Controle und wirkten, aus der Welt der Formen losgelöst, mehr wie ein bunter persischer Teppich, als wie
ein Bild. Wie anders auf dem diesjährigen Bilde des Künstlers!
Wir haben hier eine gleiche Fülle von Gestalten, aber während
die Farbenpünktchen des Hintergrundes eine treffliche Illusion
schaffen und das Gewühl des Marktes endlos fortzuspinnen
scheinen, haben wir im Vordergrunde sauber ausgeführte, klar
erkennbare Gruppen, die uns nicht nur klar das Massenhafte,
das verschwimmend Unbestimmte eines solchen orientalischen Marktes, sondern auch alle *Details* desselben erkennen
lassen. Der Geldwechsler, der Waffenschmied, der Wasserträ-
ger, der Schmuck-, der Sattelhändler, alle diese charakteristischen Gestalten eines solchen Marktes sind in den Vordergrund gestellt und die Figuren zeigen sich uns groß genug, um
in Haltung und Geberde die wechselnden Leidenschaften von
Käufer und Verkäufer verfolgen zu können.

Wir wenden uns jetzt G. *Spangenberg* zu. Die Spezialisten,
wenn sie mit der Spezialität, die sie vertreten, überhaupt erst
durchgedrungen sind, verfügen über große Vorteile; man hat
sich mit ihnen eingelebt, man läßt sich viel von ihnen gefallen,
aber mit *einem* schweren Nachteil haben sie diese Vorteile zu
erkaufen: man macht sie verbindlich, bei ihrer Spezialität *auszuharren*; Jedermann stutzt, wenn sie Miene machen, einen
ganz in der Stille mit dem Publikum eingegangenen Pakt zu
lösen. Sie haben sich »verschrieben«. Wenn dieser der Dämo-
nologie entlehnte Ausdruck irgendwo erlaubt ist, so ist es Gustav Spangenberg gegenüber, von dem man bis dahin sagen
durfte, daß er das Studium des Dämonischen, die Spiegelung
desselben im Menschen-Antlitz, zu seiner Spezialität gemacht
habe. »Der Rattenfänger von Hameln«, »Die Walpurgisnacht«,
»Frau Holle«, in einem allerfeinsten Sinne auch die »Jungfrauen
von Köln« – all das waren echt Spangenbergsche Gaben.
Jetzt bietet er uns ein einfaches: »Im Försterhause«. Ein alter
Förster samt seinen zwei Töchtern sitzt um einen weißgedeck-
ten Tisch; die eine näht, die andere liest vor, der Vater ist einge-
schlafen; das Lampenlicht fällt eigentümlich auf die Gesichter,
während kalt und weiß der Herbstmond durch das Fenster

scheint. Man kann nicht läugnen, daß auch noch durch dieses
Bild ein leiser Ton klingt, der an das Dämonisch-Gruslige früherer Bilder erinnert, aber dieser Anklang ist doch nur gering
und gestattet, daß man zunächst eine Überraschung fühlt. Ob
aber auch eine *Enttäuschung?* das ist die Frage. Wir antworten
»ja«, wenn man einfach zwischen einer gewissen innerlichen
Wucht des diesmal Gebotenen und früherer Arbeiten abwägen
will; aber wir sagen »nein«, wenn wir uns die Gefahren verge-
genwärtigen, die von einem ferneren Fortschreiten auf der früheren Bahn unzertrennlich waren. Rund heraus: es war dies
eine zauberisch klingende Saite; aber sie ließ sich nicht gut wei-
terspielen. Sie klang beim ersten Anschlagen am schönsten;
öfter gehört, verlor sie an Effekt. Spangenbergs Bilder (wir
erinnern an »Frau Holle«) wurden nicht besser, vielleicht einfach deshalb nicht, weil die besten Früchte, die ein neu sich
auftuendes Feld bietet, auch am sichtbarsten entgegentreten
und, weil am ehesten bemerkt, auch am frühesten gepflückt
werden. Gleichviel; jedenfalls keinen Vorwurf darüber, daß der
Maler diesmal mit seinen Traditionen zu brechen suchte, selbst
auf die Gefahr hin, vorübergehend hinter sich selbst zurückzubleiben. Das Bild, wie es da ist, ohne es mit früheren Arbeiten
in Parallele zu stellen, ist immer eine bemerkenswerte Arbeit,
sauber, sorglich, stimmungsreich, wiewohl wir nach dieser Seite der *Stimmung* hin ein Mehr erwartet hätten. Von Details
nur eins. Es will uns zweifelhaft erscheinen, ob die Haltung des
Zeigefingers und des kleinen Fingers der einen Schwester, der
übrigen Charakterisierung des Moments entspricht. Diese Fin-
ger-Haltung, wenn man uns den Ausdruck verzeihen will, ist
eine *Lausche-Haltung,* die wir für richtig halten würden, wenn
die bei ihrer Näharbeit sich unterbrechende Schwester, *während sie selber aufhorcht,* der andern Schwester ein »Horch«
zuriefe. Sie horcht aber nicht auf, *sie blickt nur auf,* mutmaßlich nach dem Vater hin, der die Vorlesung nicht mehr hört.
Diese Bemerkung soll übrigens nur zeigen, mit welchem Interesse wir den Einzelnheiten des Bildes gefolgt sind.

Piotrowski, der uns auf der vorigen Ausstellung »Die Wegführung des Dauphin aus dem Temple« bot, ein Bild, das wir
trotz großer Vorzüge nicht gutheißen konnten, hat sich diesmal eine kleinere, ausschließlich genrehafte Aufgabe gestellt:
»Litauische Getreideschiffer nach der Arbeit«. Das Ganze erinnert sehr an die bekannten, oft von uns gerühmten Arbeiten

Stryowskis und zwar um so mehr, als der Unterschied zwischen litauischen Getreideschiffern und polnischen Flissaken zu fein ist, um von unserem in der slawischen Kostümkunde wenig bewanderten Auge wahrgenommen zu werden. Den Vordergrund füllt ein großes, halb überdecktes Boot, auf dem wir die litauischen Schiffsleute sich erlustigen sehen. Violine und Tambourin spielen auf, ein Alter und ein Junger (jener in einer Art Kosakenmütze) treten zum Tanze an, während andere ausgestreckt auf der Bank oder auf dem schrägen Schiffsdach liegen und mit Pfeife und Flasche, je nachdem die Neigung treibt, die Abendstunde hinwegschlaraffen. Hinter dem Fluß dehnt sich eine Wiese, hinter der Wiese eine Stadt im Abendlicht. Ein ansprechendes Bild.

Seine Ähnlichkeit mit den Arbeiten *Stryowskis* gibt uns Veranlassung, des Letzteren schon an dieser Stelle ausführlicher zu erwähnen, wiewohl wir seinen Bildern erst in einem weiter zurückgelegenen Saale begegnen. Er hat uns diesmal keine polnischen Flissaken geboten, durch deren charakteristische Darstellung, wie durch die Darstellung polnischer Juden, er sich zuerst einen Namen machte, aber seiner Weichsel-Heimat ist er nichts desto weniger auch diesmal getreu geblieben. Das Bild, das er ausgestellt hat, nennt sich »Polnische Edelleute im 17. Jahrhundert vor einem Zigeuner-Lager«. Auch diese Arbeit wieder, wie Alles, was wir von Stryowski kennen, bekundet großen Fleiß, und namentlich nach der Seite des Landschaftlichen hin, schließt es sich ebenbürtig seinen früheren Arbeiten an. Der mit bemoostem Gestein übersäete Hügel, das alte Schloß mit den zwei schmalen zugespitzten Backstein-Türmen, die einzelnen Bäume, die sich, vom Abendlicht leis angeflogen, am Hügelabhang hinziehen, endlich der stille, breite Strom samt den jenseitigen kahlen Flächen und dem Gewölk am hellblauen Himmel, – Alles vorzüglich in Wiedergabe dessen, was die eigentümliche, einen leisen Trauerton in Lüften tragende slawische Landschaft charakterisiert. Weniger befriedigen die Figuren des Bildes. Auch hier erscheint uns Manches gelungen, vor Allem die Gestalt des polnischen Schloßherrn, der, in ein blousenartiges rotes Gewand gekleidet und von seiner Familie begleitet, in das Zigeunerlager eintritt. Eben so ist der Violin spielende Zigeuner, der den Schloßherrn mit seinem Liede begrüßt, eine, wenn auch nicht in allen Stücken gelungene, so doch poetisch gedachte Figur. Die übrigen Gestalten aber lassen jenen *feineren* Sinn vermissen, ohne welchen solche Darstellungen leicht mißglücken. Überhaupt ist die *Geschmacksbildung* die schwache Seite Stryowskis. Er scheint ohne alle Kritik zu sein und so passiert es ihm, daß er nicht nur in den einzelnen Arbeiten sehr Mißlungenes neben vorzüglich Gelungenes stellt, sondern seine Bilder überhaupt (auch unter einander verglichen) erweisen sich von ganz verschiedenem Wert. Am auffallendsten – schon auf der vorigen Ausstellung, und in gesteigertem Maße auf der diesjährigen – ist uns die Tatsache erschienen, daß ein mit so glücklichem Auge für das Poetische begabter Künstler, zugleich mit so viel Behagen und Ausdauer in die Welt allertiefster Prosa (und zwar ohne jede künstlerische Veredlung derselben) hinabsteigen kann. Das Einsegnungsbild der vorigen Ausstellung war eine solche Prosaleistung; das »Norddeutsche Volksfest« aber, das er diesmal neben dem eben besprochenen Polen-Bilde bietet, geht weit über das bloß Prosaische hinaus und streift fast ans Rohe.

Wir nehmen Veranlassung, an dieser Stelle zugleich auch die Bilder von *Karl Scherres* zu besprechen, der, wie die beiden vorgenannten, der Königsberger Malerschule angehörend, diesmal zugleich in eine spezielle Konkurrenz mit ihnen eingetreten ist, namentlich mit Stryowski, dessen Flissaken auf zweien der Scherresschen Bilder wir wiederfinden. Beide Bilder, von großer Ähnlichkeit untereinander, führen denselben Titel: »Wachtfeuer der Flissen auf der Weichsel bei Danzig«. Scherres ist in erster Reihe Landschaftsmaler, und so wird es nicht allzusehr überraschen, wenn wir, von den Staffagefiguren abgesehen, in diesen Bildern zunächst leisen Anklängen an Oswald Achenbach zu begegnen glauben. Es ist spät Abends; im Hintergrunde ragen die dunklen Türme Danzigs auf; eine graue breite Wassermasse so schleicht die Weichsel hin, während im Vordergrunde die Flissen, am Ufer des Flusses, ein Feuer unterhalten. Ein Stück geflochtenen Weidenzauns, der das Feuer schützt, scheint zugleich das passende, weil leicht brennbare Material für das Feuer selbst hergeben zu müssen, und der Wind, welcher vom Ufer her über den Fluß streicht, führt die funkelnden Stücke wie brennende Körner über die Fläche weg. Der Gegensatz zwischen dem grauen, bleiernen Abendton und dem leichten feurigen Sprühfeuer, das lebendig durch dies Dunkel hinzieht, ist ebenso stimmungsreich wie malerisch effektvoll.

An der Wand zwischen den zwei letzten Pfeilern des Saales begegnen wir noch drei Arbeiten von nicht gewöhnlichem Interesse. Einem Tierfabelbilde von Paul Meyerheim, einem Genrebilde von Wilhelm Sohn und einem Tierstück von Ockel.

Das *Paul Meyerheimsche* Bild (»Eine Gerichtsszene«), wie alle Arbeiten dieses hochbegabten Künstlers, ist wiederum eine brillante Leistung, mit der wir uns indessen, trotz des großen Talentes, das sich darin ausspricht, nicht recht befreunden können. Es will humoristisch wirken, es will Heiterkeit oder wohl gar herzliches Lachen wecken, aber es scheitert damit; wenigstens uns gegenüber. Wir wollen gern einräumen, daß eine unüberwindliche Abneigung, die wir gegen das Affengeschlecht unterhalten, uns nicht besonders geeignet macht, die Qualitäten dieses Meyerheimschen Bildes zu würdigen, dennoch glauben wir, daß wenn der Maler sich darauf beschränkt hätte, unter geflissentlicher Zurückstellung alles Häßlichen, beispielsweise die *Possierlichkeit* des Affen herauszuarbeiten, – wir sagen, daß einer solchen Darstellung *maßvollen* Humors gegenüber, auch wir unsere Abneigung sehr wahrscheinlich vergessen und in die Heiterkeit einstimmen würden. Aber diese maßvolle Behandlung ist unerläßlich. Das Affentum, weil man es nicht idealisieren und (weil schon Karikatur) auch nicht karikieren kann, gehört vielleicht in die Kunst überhaupt nicht hinein. Wir lassen dies indessen auf sich beruhen. Andererseits will es uns erscheinen, als ob, ganz abgesehen von einem zu stark aufgetragenen, über das rechte Maß hinausgehenden Humor, in diesem Meyerheimschen Bilde auch noch eine Behandlungsweise vorläge, die, in einem gewissen Durcheinander verschiedener Richtungen, das rechte Ziel verfehlt habe. Wir möchten glauben, daß es nur zwei bestimmte Wege gibt, solche Dinge zu behandeln. Entweder man gibt eine wirkliche (menschliche) Gerichtsszene und begnügt sich damit, die Gesichter und die Haltung aller Beteiligten ins Affenhafte zu ziehen, oder aber man gibt eine wirkliche Affen-Gerichtsszene, wobei man nun aber auch die Agierenden innerhalb ihrer Affensphäre beläßt. Beides, wie schon angedeutet, ist auf dem Meyerheimschen Bilde zusammengeworfen; wir haben auf der einen Seite nicht Menschen mit bloß ins Affenhafte gezogenen Gesichtern, sondern *wirkliche Affen,* und wir haben andererseits zu den wirklichen Affen wieder Dinge, die zu dieser realen Affenschaft nicht passen: Lederstühle, Bücher, Papier, eine

wappengestickte Tischdecke und ein regelrechtes Gerichtskostüm. Möglich, daß die Tierfabel diese Art der Behandlung gestattet, aber dann mußte Alles leichter, luftiger und mit geringeren Prätentionen auftreten. Sollte nichtsdestoweniger ein
Bild, wie dieses, gemalt werden, sollten *leibhaftige* Affen, in
wirklichem Gerichtskostüm, an einem wirklichen Gerichts-
tisch eine Sitzung abhalten, so gab es nur eine erdenkliche
Situation: die drei oder vier Lieblingsaffen eines unbeweibten
Lord-Oberrichters mußten in Abwesenheit desselben, angetan
mit Robe und Perücke, in das Gerichtszimmer eindringen, um
dort zu eigenem Ergötzen, in Imitierung ihres Lords, eine Gerichtsszene aufzuführen. Dann wäre Alles erklärt, Alles aus
einem Guß und (wie wir glauben) die Wirkung eine *gefälligere*
gewesen. Der Humor hier, indem er sich nichts entgehen lassen wollte, hat zu *viel* getan und dadurch fehlgegriffen.

Ein feines, viel bewundertes Bild ist das Bild von *Wilhelm
Sohn,* »Eine Konsultation beim Advokaten«. Neben dem Mann
des Gesetzes hat eine alte Dame in Witwentracht Platz genommen; gebeugten Kopfes, fast wie eine Angeklagte, sitzt zu
Seiten Beider ein junges, ebenfalls in Schwarz gekleidetes
Mädchen, während mehr zur Rechten die beiden Nebenfigu-
ren, zwei Advokatenschreiber, am Schreibtisch und am Doku-
mentenschrank beschäftigt sind. Alles ist vortrefflich gemacht;
nicht nur die Äußerlichkeiten, auch die fünf Köpfe der im Zimmer Anwesenden bekunden eine bemerkenswerte Gabe für
Charakteristik. Dennoch fehlt nach dieser Seite hin ein Etwas:
die Köpfe, so lebensvoll und so anziehend sie sind, reichen doch
nicht aus, um uns den Schlüssel zu der Geschichte zu geben, die
sich hier vollzieht. Wie lange wir auch vor dem Bilde verweilen
mögen, wir kommen mit unserer Erklärung nicht über den Katalog hinaus, der einfach angibt: »Eine Konsultation beim Advokaten«. Das Bild gibt uns ein Rätsel auf, das jeder einen Versuch macht zu lösen. Hiergegen wäre an und für sich nichts zu
sagen, ja der Reiz, den ein Bild ausübt, kann dadurch wachsen;
aber so wenig wir gemeint [!] sind, gegen ein solches Rätsel-
stellen überhaupt uns aufzulehnen, so müssen wir doch
schließlich fordern, daß es mindestens keine Unmöglichkeit
bleibt, *das Rätsel zu lösen.* Und zwar *richtig* zu lösen. Wir haben aber diesem Bilde gegenüber die Wahrnehmung gemacht,
daß Jeder eine andere Lösung findet. So bleiben wir denn über
die Beziehungen der Alten zur Jungen durchaus im Dunkeln

und können trotz alles Forschens nicht ergründen, ob es sich hier um eine *Erbschafts-* oder eine *Liebesangelegenheit* handelt, ob ein zuständiges *Vermögen* oder ein heimlicher, plötzlich ans Licht getretener *Bewerber* nicht bewilligt werden soll. Es ist dies ein kleiner Mangel, über den man hinwegsehen kann; aber wir können wenigstens denen nicht beipflichten, die in ihrer Vorliebe für dieses Bild so weit gegangen sind, ihm aus der Unbestimmtheit seines Inhalts einen Vorzug machen zu wollen.

Eine sehr ausgezeichnete Arbeit ist das Bild von *Ockel*, »Pflügende Ochsen«. Der Luftton, der herbstlich entlaubte Wald, die frisch aufgeworfene Ackerkrume des Hügelrückens, endlich das Ochsengespann selbst, sind von gleicher Vorzüglichkeit, und wir wüßten nichts, was wir an dem Bilde als mißlungen zu bezeichnen hätten. Wir heben dies um so lieber hervor, als es eine Freude ist, sich eine junge Kraft von Stufe zu Stufe entwickeln zu sehen. Was wir in unserem Eingangs-Artikel beklagten, war eben das, daß wir einem solchen Fortschreiten so selten begegnen. Ein gewisses Maß wird erreicht und nun fällt uns das Los zu, die leisen Variationen, oft die bloßen Wiederholungen von längst Gekanntem immer wieder und wieder sehen zu müssen. Dies Stehenbleiben durch zwanzig Jahre hin, selbst wenn die Stufe, auf der der Stillstand eintritt, eine respektable ist, macht den Beschauer indifferent und kann ihn in die Lage bringen, dem talentvoll aber unvollkommen Neuen eine größere Teilnahme entgegenzutragen, als dem unbestreitbar Guten, das aber ein Altes, längst Dagewesenes ist.

Wir nehmen nunmehr Abschied vom ersten Saal. Auf die Landschaften von Leu und Pape, auf ein Tierstück von Voltz, auf ein treffliches Bild von Jordan, »Ein Alt-Männerhaus an der See«, sei in aller Kürze wenigstens hingewiesen. Eine eingehendere Besprechung verbietet sich aber, weil die genannten Arbeiten, trefflich wie sie sind, nicht über das hinausgehen, was wir auf früheren Ausstellungen von denselben Künstlern gesehen und mehr denn einmal in anerkennender Weise hervorgehoben haben. In unserem nächsten Artikel gedenken wir den »Oberlicht-Saal« zu besprechen.

III

Wir treten nun in den *Oberlichtsaal* ein. Er zeichnet sich in erster Reihe durch eine große Zahl von *Landschaften* aus. Die Landschaft prävaliert auf der Ausstellung überhaupt, aber an keiner Stelle so entschieden, wie in dem eben genannten Saal. Wir begegnen mehr oder weniger tüchtigen Arbeiten von Triebel, Winkler, Meißner, Kühling, Engelhardt, Scherres, Röth, Nordgren, Eschke, von Pape, M. Schmidt, Oswald Achenbach, endlich von Gurlitt, Graf Harrach, Theodor Hagen, Harveng, Bennewitz v. Loefen und Ludwig Spangenberg. Alle diese Arbeiten sind erfreulich; keine ist unter ihnen, die nicht dartäte, welche respektable Durchschnittshöhe dieser Zweig der Malerei während der letzten Jahrzehnte erreicht hat.

Von *Max Schmidts* beiden Landschaften »Aufziehendes Gewitter an der Ostseeküste« und »Castle Kock bei Linton an der Nordküste von Devonshire«, geben wir dem letztgenannten Bilde den Vorzug. Das Vornehme, das der englischen Küstenlandschaft eigen ist und wovon sich wohl Jeder mehr oder weniger berührt gefühlt hat, der die hohen Klippen von Dover zum ersten Male vor sich aufsteigen sah, tritt einem aus diesem Bilde entgegen. – *Papes* Arbeit »Waldlandschaft im Gebirge«, zeigt die bekannten Vorzüge dieses Meisters. – *Gurlitts* »Italienische Landschaft« ist stilvoll und mit einer gewissen akademischen Korrektheit durchgeführt. Nichtsdestoweniger haben wir ein Gefühl davon, daß die Zeit dieser Art von Bildern vorüber und die Entwickelung, die die Landschaftsmalerei inzwischen erfahren hat, darüber hinausgegangen ist. – Von Graf *Harrach* in Weimar finden wir eine »Schottische Fischerfamilie«. Die Schule Kalckreuths scheint uns in gewissen roten Tönen unverkennbar. Außerdem wurden wir durch eine Ähnlichkeit, in der doch zugleich eine Verschiedenheit lag, an *Riefstahl* erinnert. Die Umfänge des Graf Harrachschen Bildes, wie die Größe der Figuren, sind ungefähr dieselben, wie auf den Riefstahlschen Arbeiten, die wir in voriger Woche besprachen; fast treten einem die Gestalten noch größer und faßbarer entgegen. Auch hier also ein Zusammenwirken zweier gleich starker Faktoren, ein gleichberechtigtes Nebeneinandergehen von Landschaft und Genre; kein sich Unterordnen, weder des Einen noch des Andern. Aber zu keiner Zeit würde das Harrachsche Bild, um dieses Nebeneinandergehens willen, irgendwie den

Eindruck von etwas Fremdartigem auf uns gemacht haben. Die Figuren, groß wie sie sind, fügen sich nichtsdestoweniger vollständig und in aller Natürlichkeit in die mit großer Accuratesse ausgeführte See- und Felsenlandschaft ein. Wenn also die *früheren* Riefstahlschen Bilder (*diesmal* hat er das Richtige so ziemlich gefunden) *nicht* den Eindruck dieser Natürlichkeit, dieses harmonischen Zusammenklingens machten, so muß allerdings irgendwo ein Fehler gesteckt haben, der, im Übrigen ohne das Prinzip aufzugeben, zu beseitigen war. Wir deuteten schon an, daß es sich dabei um geschickte Raum-Entwickelung, um die Einschiebung einer Weite zwischen Vorder- und Hintergrund handle. Das Harrachsche Bild hat uns bewiesen, daß dies allerdings der Punkt ist, auf den es ankommt.

Ein sehr hübsches Bild ist das Bild von Theodor *Hagen*, »Westfälische Landschaft mit Staffage«. Ein Unwetter, so scheint es, zieht herauf und die auf dem Felde beschäftigten Landleute verdoppeln ihre Kräfte, um noch so viel wie möglich, eh es losbricht, in die Scheuer zu schaffen. Ein hochbeladener Erntewagen, eben durch einen weiden-umstandenen Wassertümpel glücklich hindurch, fährt jetzt den Hügelabhang hinauf, der ihn unmittelbar bis an das Dorf und unter das schützende Dach führt. Von links her fallen noch einige helle Lichtstreifen auf die sogenannten »Mieten«, die wie große Strohhäuser inmitten des Erntefeldes stehen; Feldtauben wirbeln auf, wie um noch einmal sich des Fluges in hoher Luft zu freuen, ehe der hereinbrechende Regen sie nieder zwingt. Das Ganze mit einer Bravour gemalt, die hier und da (beispielsweise die Mieten) an Keckheit grenzt.

Ähnlich ansprechend ist das Bild von *Harveng* »Schwarzwälder Landleute zur Kirchweih ziehend«. Wir möchten nur die städtisch gekleidete Figur, eine Art sich selbst persiflierenden Stutzer, beanstanden, der den Dorfleuten folgt und, ersichtlich auf eine humoristische Wirkung berechnet, weder diese erreicht noch sonst wohltuend wirkt.

Von *Bennewitz v. Loefen* finden wir diesmal »Blick aufs Meer bei aufsteigendem Gewitter«. Die Eigentümlichkeit der Bennewitzschen Bilder, die wir so oft schon Gelegenheit nahmen, rühmend hervorzuheben, tritt einem auch in dieser neuesten Arbeit entgegen. Dennoch befriedigt uns dieselbe weniger, als früher Gesehenes. An Eigenartigkeit fehlt es auch diesmal nicht, wohl aber an Ansprechendheit. Dieser unbe-

stimmte, wie aus graublau und gelbweiß gemischte Ton, der
ebenso an dem bewölkten Himmel, wie über das leis gekräuselte
Meer hinzieht, mag sehr naturwahr und in dieser korrekten
Wiedergabe ein Meisterstück sein, – schön ist er nicht. Auch
das kleine braune Schifferboot, das die weite Fläche belebt,
fehlte besser. Es erinnert an die Figuren, die man neben Turm-
bilder zu keinem andern Zwecke zu stellen pflegt, als um den
Beschauer wissen zu lassen, wie viel Mannshöhen der Kirchturm hat.

Den Ruhm, die vaterländische Ostseeküste mit besonderem
Glücke dargestellt zu haben, hat diesmal Bennewitz v. Loefen
an *Louis Spangenberg* abtreten müssen, dessen »Fischerhütte
an der Ostsee« mit zu den besten Bildern der diesjährigen Ausstellung zählt. Auch durchaus eigenartig in Auffassung und
Behandlung, wirkt es zugleich in hohem Maße wohltuend und
verrät, bei aller Decenz der Farbe, einen fein ausgebildeten Farbensinn. Eine weißgetünchte Lehmhütte, die den Mittelgrund
füllt, sehen wir inmitten eines Dünenstreifens liegen, über dessen Rücken hinweg, nach hinten zu, das tiefblaue Meer sich
dehnt, während nach vorn zu, in Front der Hütte, ein grauer
Wasserpfuhl sich ausbreitet, dem eins der Fischerkinder ein
halbes Dutzend Gänse zutreibt. Am Himmel hängt Gewölk; an
den wenigen Bäumen des Gartens läßt sich wahrnehmen, daß
ein tüchtiger Nordwest draußen über das Wasser fegt; diesseits
aber, im Schutz des Dünenrückens, scheint jene Ruhe und jene
Wärme heimisch, die jeder einmal wohltuend empfunden hat,
der vom Außen-Strand her seine Schritte in die stille Welt der
Dünen lenkte. Dieser Kontrast von Sturm draußen und Gebor-
genheit drinnen spricht sich sehr schön auf diesem Bilde aus,
das besonders auch, durch den Gegensatz der blauen Meeresfläche jenseit und der grauen Wasserfläche diesseit des Dünenrückens einen durchaus aparten Eindruck macht.

Neben den Landschaften bemerken wir eine Anzahl von
Genrebildern, die, zum Teil ansprechend, doch in keinem einzigen Falle eine ähnliche Bedeutung erringen, wie etwa das Vautiersche oder das Wilhelm Sohnsche Bild im ersten Saal. Wir
finden hier im Oberlichtsaal Karl Beckers »Im Vorzimmer«,
Cretius' »Madonnenfest im römischen Gebirg«; außerdem
Arbeiten von Siegert, Nordenberg, Boser, von Th. v. Oer, Erdmann, Amberg und Kraus. Karl Beckers eben genanntes Bild
(»Im Vorzimmer«) ist eine jener virtuosen Leistungen, wie sie

jede Ausstellung von diesem Künstler zu bringen pflegt, nicht mehr, nicht weniger. Wir gehen darüber hinweg. Auf Cretius kommen wir an anderer Stelle, bei Besprechung des Aktsaales, zurück. Das Bild von *Boser* »Wendische Mädchen in der Kirche« ist durch Schlichtheit und Anmut ausgezeichnet; nach der Seite des Charakteristischen hin wird es durch die Arbeiten Adolph Burgers (der die Spreewald-Wenden zu seiner Spezialität gemacht hat) allerdings übertroffen. Die Bilder von *Amberg* und *Kraus* geben eine Situation, die, wir wissen nicht recht warum, zu einem Lieblings-Vorwurf unserer Genremaler geworden zu sein scheint. Zwei oder drei Freundinnen treffen zusammen, die eine parliert oder medisiert und die andern folgen mit dem Ausdruck lebhaftester Teilnahme. Wenn es hierbei nicht gelingt, tiefer zu charakterisieren, so ist freilich nur eine gute Gelegenheit gegeben, ein Rokoko-Zimmer, einen Shawl, eine seidene Robe mit all der Bravour modernen Machen-könnens wiederzugeben. Ein solcher Prachtshawl befindet sich denn auch auf dem Krausschen Bilde; ob es aber wünschenswert ist, eine namentlich nach der Seite des Koloristischen hin so bemerkenswerte Kraft, wie die von Kraus, fast ausschließlich an diese und auf ähnlicher Stufe stehende Aufgaben gesetzt zu sehen, mag dahingestellt bleiben.

Die Bilder von *Erdmann* und *Theobald v. Oer* haben ihre Vorwürfe beide der Friderizianischen oder der Louis XV. Zeit entlehnt und sind in gewissem Sinne Sittenbilder aus der Mitte des vorigen Jahrhunderts. Theobald v. Oer in seines »Kandidaten Probepredigt« führt uns in das mit Gewehrschrank und Jagdstücken ausstaffierte Zimmer eines altpreußischen Edelmanns, Erdmann in den mit Eleganz hergerichteten Salon des *ancien régime*. Vor dem märkisch-pommerschen Edelmann steht in Jabot und Schuhschnallen, die Fracktasche mit Zeugnissen und Papieren gefüllt, unser *Kandidat*, der, aufgefordert, aus dem Stegreif zu zeigen, »ob ers verstehe«, eben dabei ist, seinem Patron ein wenig warm zu machen. Vor der »Dame vom Hause« (auf dem Erdmannschen Bilde) hat der jugendliche Bewerber um die Hand der Tochter Platz genommen und das Erscheinen dieser in der offen stehenden Tür des Salons, das Lächeln der Mutter, das Heranwinken des Vaters, deuten genugsam darauf hin, daß der Antrag eine gute Stätte gefunden hat. Das Oersche Bild ist besser charakterisiert, das Erdmannsche Bild ist besser gemalt. Dem einen fehlt der Zauber

der Farbe, dem anderen, von einer tieferen Charakteristik abgesehen, eine durch Wahrheit fesselnde Darstellung der Situation. In diesen Punkten, trotz sonst Verwandtem, unterscheiden sich die Bilder. Was ihnen aber das Gemeinsame ist, das ist
das Fehlen jener *Grazie*, über welche in Frankreich auch die
unbedeutenderen Künstler Verfügung haben und durch welche
sie unser Auge immer wieder und wieder zu fesseln wissen.
Der dem Oerschen Bilde zugrunde liegende Gedanke ist, im
Gegensatz zu der verbrauchten Idee des Erdmannschen Bildes,
nicht ohne einen gewissen originellen Reiz. Graziöser dargestellt, würde das Ganze eine Wirkung ausüben, die wir jetzt,
wo es dem Bilde an allem Bestechlichen fehlt, sich auf ein be-
scheidenes Maß beschränken sehen.

Der Oberlichtsaal enthält schließlich eine Anzahl von Bildern, die, wenn wir uns des Ausdrucks bedienen dürfen, einen
»größeren Anlauf nehmen«. Es bleibt freilich bei diesem Anlauf. Wir können nicht sagen, daß irgendwo das höher gesteck-
te Ziel erreicht würde. Da, wo die Möglichkeit da wäre, scheitert es an einer Marotte.

Von *Eduard Magnus*, so ausgezeichnet auf dem Felde des
Porträts, finden wir »Orpheus und Eurydike«. Das hohe Ansehen, das dem Namen des Künstlers zur Seite steht, legt uns in
unserem Urteil eine gewisse Zurückhaltung auf. Wir zweifeln
nicht, daß Maler, denen (wenn sie sich auch dagegen verwahren) eine meisterhafte Technik immer die Hauptsache bleibt,
diesem Bilde ihre volle Anerkennung entgegen tragen. Nach
mehr als einer Seite hin ist sie gewiß verdient. Wir kommen
aber einfach über die Vorstellung nicht hinweg: »dies ist nicht
Eurydike«, und wenn es denn durchaus Eurydike sein soll, so
ist es doch gewiß nicht Orpheus. Wir sind über das Aussehen
des Orpheus sehr mangelhaft informiert, aber vielleicht eben
deshalb, weil wir nicht im Geringsten präoccupiert sind, hätte
es eine hervorragende künstlerische Kraft leicht gehabt, uns
glauben zu machen: »dies ist Orpheus.« Wir wußten vor 25
Jahren auch nicht, wie »Editha mit dem Schwanenhals« ausgesehen habe; von dem Tage an aber, wo jene grandiose Gestalt
Horace Vernets zu uns gesprochen, steht es für uns fest, wie
Editha ausgesehen haben *muß*. Wir haben seitdem viele Edithas gesehen, aber keine hat den Eindruck jener zu verwischen
vermocht. Einfach deshalb nicht, weil die Vernetsche die echte
war.

Teschendorff in Berlin und *August v. Heckel* in München haben ihre Vorwürfe aus Shakespeare genommen, jener aus Romeo und Julie, dieser aus dem Lear. Teschendorffs Julie erscheint uns durchaus verfehlt. Unsere Künstler haben kein Glück mit den großen Shakespeareschen Gestalten. Wie verfehlt war (vor 4 Jahren, wenn wir nicht irren) des trefflichen Schrader »Lady Macbeth«. Dies mag Teschendorff einigermaßen trösten. Die Art, wie seine Julie – wir müssen hier zu einem Berolinismus greifen – nach der Phiole »hinschult«, hat, milde ausgedrückt, nichts weniger als etwas Ergreifendes. – *August v. Heckels* Bild füllt mehr als eine halbe Wand. Man nimmt, wie billig, Anstand, einer Arbeit von so ernstem Streben gegenüber, in einen spöttischen Ton zu verfallen; ja, wir geben bereitwillig zu, daß sehr viel dazu gehört, ein solches Bild (unbefriedigend wie es sein mag), überhaupt auf die Leinwand zu bringen. Indessen es gehört bekanntlich auch viel dazu, einen neunbändigen Roman zu schreiben, selbst wenn er schlecht ist. Man kann eben Fleiß, Ausdauer, Wissen, Gestaltungskraft besitzen, und doch fehlt es schließlich am Eigentlichen. Dies Heckelsche Bild mit allem seinem Können wirkt doch nur wie eine Coulisse und weder das Schicksal Cordeliens noch des in hergebrachter Theater-Attitüde sich abwendenden alten Lears flößt uns die geringste Teilnahme ein.

Dem Heckelschen Bilde gegenüber hängt ein ähnlich großes Bild von *Roeting* in Düsseldorf »Grablegung Christi«. Es ist gewiß eine verdienstliche Arbeit; man erkennt, daß es dem Künstler ernst gewesen ist, daß er sein Bestes getan hat. Und mehr ist am Ende von Niemand zu fordern. Wenn wir indessen sagen sollten, daß uns das Bild voll befriedigt habe, so würden wir in der Rücksichtsnahme, die wir einem ernsten Streben schuldig sind, zu weit gehen. Das Beste ist wohl der Leichnam Christi selbst, auch die Gestalt des Joseph von Arimathia befriedigt. Der Kopf der Maria hat etwas durchaus Typisches in Zügen und Ausdruck, was wir gelten lassen würden, wenn nicht die Gestalt selbst eine störende Unfreiheit der Bewegung zeigte. Sie bewegt sich überhaupt nicht, sondern nimmt nur eine »Stellung« ein. Von den Hintergrundsgestalten ist wenigstens die eine von einer Prosa des Ausdrucks, die ihr den Zutritt zu diesem Bilde hätte verschließen sollen.

Rechts und links neben dem Roetingschen Bilde begegnen wir zwei großen Bildern von Frau *Jerichau-Baumann*. Das eine:

»*Rule Britannia*«, das die Meer beherrschende britische Insel symbolisch darstellt, hat das Frostige, das allen solchen Bildern eigen zu sein pflegt. Man kann sich nicht viel dabei denken und empfinden noch weniger. Derlei Dinge sollten nur transparent bei Staatsaktionen und Einzugsfeierlichkeiten gemalt werden. Sie dienen einer Stunde, einem Tag und damit gut. Ungleich anziehender, seinem Gegenstande nach, ist das zweite Bild »Gestrandete an der Nordsee«. Mutter und Kind sind eben gerettet; ein seeländisches Fischermädchen kniet teilnahmevoll vor beiden, während draußen noch das Meer tobt und ein alter Lotse, oder irgend sonst eine Teerjacke, mit allerhand Gepäckstücken in die Türöffnung tritt. Der Stoff ist gut, und die virtuose Ausführung untadelhaft. Dennoch hat dies Bild das Schicksal aller andern Arbeiten, die wir von dieser unzweifelhaft höchst begabten Künstlerin kennen: *sie wirken nicht.* Wir glauben, daß dies an *drei* Dingen liegt: einmal daran, daß Frau Jerichau genrehaften Vorgängen immer die Dimensionen eines historischen Bildes gibt; zweitens an dem kalkig nüchternen Ton, der allen Bildern der Dänischen Schule mehr oder weniger eigen ist; endlich und hauptsächlichst daran, daß sie uns mit *ihrem Gemüt nicht bei der Sache zu sein scheint.* Sie verfährt bei ihren Arbeiten wie eine betriebsame Frau und entkleidet sie dadurch einer *echten* Idealität. Ein drittes Bild »Englische Waisenkinder« befindet sich in einem anderen Saale; wir weisen indessen, an dieser Stelle schon, um so lieber darauf hin, als es, unter allen Bildern, die wir von Frau Jerichau kennen, dasjenige ist, was uns am meisten befriedigt hat. Der feine und eigentümliche englische Typus ist in den Köpfen der Kinder eben so vortrefflich wie anziehend wieder gegeben.

Eines der am meisten angegriffenen, am schärfsten bespöttelten Bilder der diesjährigen Ausstellung ist das Bild von *Niessen* in Weimar »Johannes der Täufer vor Herodes«, ein Bild, mit dem wir unsere Besprechung des Oberlichtsaales beschließen. Wir schicken gleich voraus, daß wir den Angriffen nur eine teilweise Berechtigung zugestehen. Gegen den Stoff ist nichts zu sagen; er ist oft behandelt worden. Wir sehen ein nach hinten zu geöffnetes Zelt; auf zwei Sesseln, zur Rechten, sitzen Herodes und Herodias; ihnen gegenüber, halb bekleidet, steht der Täufer und seine erhobene Linke scheint die Worte zu begleiten: »es ist nicht Recht, daß Du Deines Bruders Weib habest.« Hinter Johannes, wenn wir recht vermuten, steht die

Gestalt eines Kerkermeisters oder Henkers, während eine jugendliche Frauengestalt, vielleicht eine Dienerin der Herodias, die Zelt-Öffnung, in die sie eingetreten, halb verschließt. Ein dunkler, nächtiger Ton liegt draußen und nur zu Häupten der zuletzt genannten Frauengestalt schimmert es von einem eigentümlichen rotgelben Lichte. Die ganze Art und Weise ist überaus befremdlich, wir möchten sagen chocquant. Die Behandlung der Äußerlichkeiten, namentlich der Stoffe und des Faltenwurfs, auch wohl die sonderbaren, ganz willkürlichen Lichteffekte erinnern an alte Bilder der Byzantinischen Schule. Man hat gefragt, wozu das? und, wie wir einräumen müssen, mit Recht. Aber dieselbe Frage ist bei Gelegenheit aller jener modernen Schulen und Richtungen aufgeworfen worden, die Neigung zeigten, auf die präraffaelische Zeit zurückzugehen, und die sich, trotz aller erhobenen Zweifel, mehr oder weniger bei uns eingebürgert haben. Vieles wurde als falsch, als verwerflich anerkannt, ohne daß selbst die Angreifer um dieser unbestreitbaren Mängel willen den Mut gehabt hätten, die hohen Qualitäten, die daneben standen, in Abrede zu stellen. Ähnlich liegen die Dinge hier. Die Fehler sind ersichtlich, aber Vorzüge gehen mit ihnen Hand in Hand. Ob diese Vorzüge entlehnte sind, ob sie der alten Schule angehören, oder ob Niessen das hier vorhandene Gute aus sich selbst hinzu getan, aus eigenen Mitteln bestritten hat, lassen wir dahingestellt sein. So viel steht für uns fest, daß die Gestalten der Herodias und des Täufers, nach der Seite der Charakteristik hin, ein sehr *bedeutendes Talent* bekunden. Es ist möglich, daß Schrullenhaftigkeit die volle Entfaltung desselben immer behindern und die bekannten Bastarde von Genie und Marotte erzeugen wird; wer aber dem Kopf des Johannes einen solchen Ausdruck von Ernst und Würde und den verführerisch schönen Zügen der Herodias einen solchen Ausdruck von kalter Vornehmheit, dämonischer Sinnlichkeit und Schlangenglätte zu geben vermag, der hat wenigstens nicht Anspruch darauf, *bloß* als ein Eindringling in diesen Saal und *lediglich* als eine Mischung von Querkopf und Imbecile angesehn zu werden.

IV

Wir treten nun vom Oberlichtsaale aus in den großen Seiten-
flügel ein, durch dessen ganze Länge (mit Ausnahme des Aktsaales, der eine Art Vorbau bildet) sich in großen und kleinen
Sälen die übrigen Ausstellungsräume, acht an der Zahl, hinziehen. Sie bilden, wenn wir nach dem *Werte* der darin aufgespei-
cherten Bilder uns eine *Terrain*-Vorstellung machen dürfen,
eine Art Mulde, und zwar der Art, daß der erste und letzte Saal
am höchsten liegen, während der Mittelsaal – die sogenannte
»Totenkammer« – sich in der Tiefe befindet. In diesen acht großen Räumen samt ihren Dependenzien – den Korridoren – ist
natürlich in Allem, was *Zahl* angeht, die diesjährige Ausstellung so gut wie vertreten, und im Hinblick auf speziell den
Inhalt *dieser* Räume war es, wenn wir in unserm Einleitungs-
Artikel sagten, »daß die diesjährige Ausstellung, trotz einer
Anzahl tüchtiger Bilder, im Großen und Ganzen den Eindruck
einer gewissen Öde und Leere, einer geistigen Armut mache«.
Wiederholte Besuche haben unser Urteil nicht ändern können.
Man kann zugeben, daß im Verhältnis zu dem, was vor 30 Jahren geleistet wurde, gegenwärtig eine gewisse Durchschnittshöhe, besonders innerhalb der Landschaft, erreicht wird, von
der man damals weit ab war. Wir haben aber nicht verschiedene
Epochen mit einander zu vergleichen, sondern die Gegenwart
an sich selber zu messen. Ein gewisses Maß guter Technik ist
eben Allgemein-Gut geworden und zeichnet den Einzelnen so
wenig aus, wie gut rechnen und schreiben können.

Noch mehr als im Oberlichtsaal prävalieren in den Sälen des
Seitenflügels Genre und Landschaft. Die Verteilung, ohne geradezu eine Regel daraus zu machen, scheint derart erfolgt zu
sein, daß die Landschaften mehr innerhalb der großen Säle, die
Genrebilder mehr innerhalb der Korridore ihre Stelle gefunden
haben.

Zunächst von den *Landschaften.* Außer Bildern von Eschke,
Triebel, Pape, Gurlitt, Kühling und Max Schmidt, – Namen, die
wir schon anerkennend hervorgehoben, begegnen wir Arbei-
ten von Hugo Becker, Jacobsen, Brücke, Wegener, Hartmann,
Deiters, Streckfuß, Biermann, Carmiencke, Krüger, Schweich,
Hermann, Breitbach, v. Kameke, Antonie Biel, Douzette, Pin-
kert, Albert Flamm, Richard Fischer (sehr gut), Rundt und
Scherres. Diese Aufzählung aber ist keineswegs erschöpfend.

Auch unter den Genannten sind nur wenige, deren Arbeiten uns zu einer kurzen Bemerkung Veranlassung geben werden.

Scherres' »Drohendes Gewitter« (Landschaft im Charakter von Ostpreußen) befriedigt uns weniger, als frühere Arbeiten. Wir sehen ein im Kiefernforst gelegenes Haus, dessen Umgebung der eben losbrechende Orkan sich zu seinem Tummelplatz gewählt zu haben scheint. Das dunkele Gewölk, von einem unheimlich gelben Schein durchleuchtet, das zerzauste Gesträuch, der wirbelnde Staub, die grellen Lichtreflexe, die über den Weg fallen, Alles ist gewiß scharf beobachtet, und doch fehlt dem Ganzen das, was die Aufzeichnung des Beobachteten erst zu einem Kunstwerk macht. Naturwahr wie es gewiß ist (dafür bürgt uns Scherres), macht es nicht den Eindruck des Wahren. Es macht diesen Eindruck nicht, weil es ihm an Kunst fehlt.

Innerhalb jenes Gebiets der Landschaft, das an das Architekturbild grenzt, begegnen wir, wie schon auf früheren Ausstellungen, den Arbeiten von Brücke, Hermann, Rundt. *Brückes* »Abendandacht vor dem Muttergottesbilde in der Vorhalle eines Klosters« ist nicht ohne einen gewissen poetischen Reiz. *Hermann,* auch diesmal wieder, bewegt sich auf holländischem Grund und Boden und gibt, in der ihm eigentümlichen Weise, eine Hafenansicht des an alten, malerischen Gebäuden so reichen Dordrecht. *Karl Rundt* tut beinah völlig den Schritt in das Architekturbild und führt uns in den Brunnenhof des Dogenpalastes und auf die Piazzetta zu Venedig. Alle seine Bilder entbehren Leben, Stimmung und der rötlich lilafarbene Ton, für den er eine Vorliebe hat, ist nicht geeignet, unseren Sinnen das einzuschmeicheln, was im Übrigen an unser Herz nicht heran kann. Nichtsdestoweniger haben diese Rundtschen Bilder ein sachliches Verdienst, indem sie uns Dinge auf einen Schlag klar und anschaulich machen, die bis dahin in einem poetisch-kunstgewobenen Nebel, aber doch immer in einem Nebel vor uns lagen. Wir beziehen das namentlich auf das letztgenannte Bild, auf die »Piazzetta«. Es gibt wohl kaum einen Gegenstand, der häufiger dargestellt worden wäre, als dieser; seit hundert Jahren und darüber zieht die junge und alte Malerwelt aller Länder über die Alpen, um mit Canal grande und Seufzerbrücke, mit Dogenpalast und Markuskirche ein neues Leben zu beginnen. Aber niemals ist uns die Piazzetta, insonderheit die prächtige Façade der Markuskirche mit solcher Anschaulichkeit entgegen getreten, wie auf diesem Rundtschen Bilde, dem wir uns, um dieser seiner Vorzüge willen, gerade genugsam verpflichtet fühlen, um hinterher weder den violetten Farbenton, noch die roten Priester ihm vorhalten zu wollen, die allerdings, wie Schachbrett-Springer aufgestellt, in steif-abgemessener Entfernung von einander ihren Einzug in die Kirche halten.

Wir beschließen diesen Abschnitt unserer heutigen Besprechung mit *Karl Breitbach*, der jenen wenigen Landschaftern zugehört, die ihre eigene Vortragsweise haben. Wie Bennewitz von Loefen, wie Ruths, wie Achenbach weiß er seinen Arbeiten einen bestimmten Stempel zu geben. Die Art, wie auf dem kleinen Bilde, »Frühlings-Idylle«, Kiesweg und Rasen, besonders aber *Flieder* und *Goldregen* wiedergegeben sind, ist meisterhaft und die sichere Hand, mit der hier gelbe und violette Farbentüpfelchen in das grüne Blattwerk hineingesetzt wurden, würde uns die immer reichere Entfaltung eines großen Talents erwarten lassen, wenn nicht, neben dieser brillanten Technik, der auch das Schwierigste leicht zu werden scheint, ein übertrieben naturalistischer Zug herginge, der, in Mißachtung sogenannter Stimmungs-Landschaften, der Prosa verfällt. Das kleine Bild »Park« zeigt etwas davon; während ein größeres, »Park in Trianon«, allerdings zu den hervorragendsten Leistungen der diesjährigen Ausstellung zählt.

In der langen Reihe dieser Säle begegnen wir selbstverständlich auch einer großen Anzahl von *Porträts.* Sie tragen indes mehr als alles Andere den Mittelguts-Stempel. Auf Einzelnes ist schon in einer früheren Nummer dieser Zeitung aufmerksam gemacht worden. Wir heben heute nur noch *Gustav Richters* Porträt einer Dame (ganze Figur) und *Travers* Porträt des Präsidenten Lincoln hervor. Beide sind lehrreich, jedes in seiner Art. Während das eine zeigt, wie man es machen soll, zeigt das andere, wie man es *nicht* machen soll. Die Gegensätze ließen sich weiter fortführen; hier weiße Spitzenrobe, dort schwarzer Frack, hier Anmut, dort Häßlichkeit. Auf dem großen Lincoln-Bilde bietet sich dem Auge nichts Gefälliges dar, als im Hintergrunde, an der Wand des Präsidenten-Zimmers, das glücklich wiedergegebene Stückchen Kupferstich von Leutzes »Übergang über den Delaware«, während auf dem Richterschen Bilde die leichte kecke Art der Behandlung, fast mehr noch als auf seinen ausgeführteren Porträts, die Hand des Meisters verrät.

Wir wenden uns nunmehr den *Genrebildern* zu. Auch hier begnügen wir uns mit Hervorhebung weniger. Trefflich ist *Hoguets* »Rue Pirouette in Paris«; sehr anmutig *Karl Beckers* »Musterung der Garderobe«. Besonders gilt dies von der Gestalt der Jungen-Magd, die wir, in ähnlicher Auffassung, auch auf einem zweiten Bilde Beckers, die »Uhr-Aufzieherin«, wiederfinden. Farbenzauber und Lieblichkeit des Ausdrucks reichen sich hier die Hand. Derartige Kleinigkeiten, wenn sie der Künstler zur *Perfektion* zu bringen weiß, haben unsern vollen Beifall. Auch die Bilder *Q. Beckers*, der seinem Vornamen zu Liebe und zugleich zur Unterscheidung von vier andern Bekkers, auf allen seinen Bildern eine *Kuh* anzubringen pflegt, wären hier zu nennen. Besonders ansprechend ist uns der »Sommertag in einer kleinen Stadt« erschienen, ein Bild, das ebenso durch seine Naturwahrheit, wie durch seinen ungesuchten Humor zu interessieren weiß. Dasselbe gilt von den Bildern *H. Kretzschmers*, »Die Kräutersammlerin« und »In der Bibliothek«. Schreck und Unmut des Gelehrten (auf dem letztgenannten Bilde) der seine zwischen die Bücher geschobene Perücke plötzlich als Wochenbett der Hauskatze wiederfindet, sind sehr gut wiedergegeben. Eben so haben wir uns an *Borckmanns* Bild erfreut, »Ein junges Mädchen mit Amor schäkernd«. Seinen früheren derartigen Arbeiten gebrach es an Grazie. Ihr Humor, der unverkennbar da war, litt in Auffassung und Behandlung unter einer Derbheit, die oft noch mehr war als das. Davon zeigen sich auch hier wieder Spuren. Es geht ein gewisser sinnlicher Zug hindurch, der reizend wäre, wenn er um ein Weniges feiner und maßvoller aufträte. Der dargestellte Gegenstand ist anmutig genug: eines jungen Mädchens Auge, während sie einen Rokoko-Glasschrank musterte, ist zunächst auf die drei Grazien-Gruppe und daneben auf den kleinen Amor gefallen. Sie hat dem Hange nicht widerstehen können, ihm näher ins Gesicht zu sehen. Nun hält sie das zerbrechliche Figürchen, dem der Maler einen fast verlegenen Ausdruck gegeben hat, in Händen und scheint schelmisch zu fragen: »bist du denn wirklich so schlimm? ich wette, ich nehm' es mit dir auf.«

Ernsterer Art sind die beiden Bilder von *Amberg* und *August v. Heyden*. Jener bietet uns ein »Gretchen«, dieser eine »Betende Nürnbergerin«. Das Ambergsche Bild ist überaus ansprechend; wir haben nichts Anderes daran auszusetzen, als daß

der Maler ihm den Namen »Gretchen« gegeben hat. Hätte er
sich begnügt, es ganz allgemein »Mädchen am Spinnrad« zu
nennen, so würden wir nicht nachforschen, ob diese Züge einem bestimmten Charakter entsprechen, sondern würden uns
einfach der Lieblichkeit der Erscheinung freuen. Die Bezeichnung »Gretchen« zwingt uns aber, zu fragen, ob es das *Goethesche* Gretchen sei, worauf – wenn der Name überhaupt erst
ausgesprochen ist – das Spinnrad, die Einsamkeit, das Sinnend-
Träumerische, ja eine bange Wehmut in den Zügen allerdings
hindeuten. Ein Goethesches Gretchen ist es nun aber, trotz dieser Hindeutungen, unbedingt *nicht*. Das Gretchen im Faust ist
körperlich ohne eine volle jungfräuliche Reife und *geistig* ohne
Leidenschaft gar nicht zu denken. Wir haben aber auf diesem
Bilde weder das Eine noch das Andere. Gretchen erscheint hier
einfach als ein halbwachsenes Waisenhaus-Mädchen, das viel
mehr an die verstorbene Mutter, als an den Geliebten und das
bange Regen unter ihrem Herzen denkt. So gehen die Vorzüge
des Bildes bis zu einem gewissen Grade verloren, bloß weil es
nicht *das* ist, als was es sich gibt. Anders die »Nürnbergerin«
von *A. v. Heyden*. Der Knabe, zur Seite des Betpults, fehlte
besser; aber die Nürnbergerin selbst befriedigt durchaus. Zu
der Schönheit der Züge und dem Malerischen des Kostüms gesellt sich maßvoll ein Ausdruck schlichter Frömmigkeit, und
wenn die Aufgabe keine hochgestellte war, so ist sie dafür um
so vollständiger gelöst.

Adolph Burger, der darauf aus ist, das eigentümliche Leben
der Spreewald-Wenden in Bildern wiederzugeben, hat auch
diesmal zwei dahin gehörige Arbeiten, oder doch Arbeiten verwandten Inhalts, ausgestellt: »Aller Anfang ist schwer« und
»Abschied des Rekruten«. Das letztere Bild – wie so oft künstlerische Darstellungen, auf denen sich die Uniform mit dem
Zivilrock mischt – hat einen Anflug von Prosa, von Unfreiheit;
desto reizender ist das erstgenannte Bild. »Aller Anfang ist
schwer«, so nennt es sich. Der Anfang, um den es sich hier
handelt, ist der Anfang eines Briefes. Sinnend sitzt die prächtige Gestalt (diesmal, wenn unsere Kostümkunde uns nicht irre-
führt, mehr *märkisch* als *wendisch*) im vollen Sonntagsstaate
da, eine weiße gestickte Schürze über dem roten Friesrock und
das Haar unter dem blaugeblümten Kopftuch verborgen, und
sucht nach Worten. Noch sucht sie, aber die klugen Augen sind
uns Bürgen dafür, daß sie sie finden wird.

Wenig befriedigt hat uns diesmal das Bild vom *W. Cordes* in Weimar »Nach der Schlacht«. An ein größeres Bild, das der Maler vor vier Jahren ausstellte, knüpften wir die besten Hoffnungen. Der Gegenstand war verwandter Natur. Es war ein »Nach dem Sturm«, wie dies ein »Nach der Schlacht«. Ein Seemann (der einzig Gerettete), die Schiffsflagge zu seinen Füßen, sah, von dem kaum gewonnenen Strand aus, in das Meer zurück, das Schiff und Mannschaft verschlungen hatte. Wiewohl dem Bilde äußerlich vieles gebrach, war es poetisch gedacht und wirkte durch die Anregung, die es der Phantasie des Beschauers gab. Keine von den guten Qualitäten jenes Bildes finden wir auf dem diesjährigen wieder. Im Hintergrunde Wachtfeuer oder ein brennendes Dorf; auf der Höhe eines Hügels die Rudera einer hart mitgenommenen Batterie, zerschossene Lafetten, tote Pferde, während im Vordergrunde einige herrenlose Pferde zusammenlaufen, um am Fuß des Hügels aus einer Wasserlache zu trinken. Dies Alles *könnte* erschütternd wirken, aber es wirkt gar nicht. Etwas Spielriges, Unreales zieht sich durch das ganze Bild; die Kanonen und Lafetten sehen aus, als ob sie zu Zinn-Soldaten gehörten, und man wird, mehr als es sein sollte, daran erinnert, daß dieses »Nach der Schlacht« vor den Schlachten von 1866 gemalt worden ist.

Wir erwähnen von Genrebildern nur noch zweier Arbeiten von Jean Lulvès: »Der Schmuck« und »Clouet im Louvre«. Das letztere, schon seinem Gegenstande nach an der Grenze des Historischen gelegen, ist ein Bild von gewissen Prätentionen, Prätentionen, die nicht völlig unbegründet sind. Der Maler hat eine gute Schule durchgemacht; er versteht zu komponieren, beherrscht das Material und hat, wenigstens im Detail, einen Sinn für die Farbe. Aber Alles bleibt tot, der ganze Hergang interessiert uns nicht, und die technische Begabung erweist sich doch wiederum nicht als glänzend genug, um durch ein gewisses äußerliches Leben, das sie zu geben vermag, das Fehlen des innerlichen vergessen zu machen. Daß (dies ist der Inhalt des Bildes) König und Königin, gefolgt von einem glänzenden Hofstaat, im Atelier eines Künstlers erscheinen, der nun selbst wieder wie ein Fürst dem Fürsten gegenüber steht, ist ein unsagbar oft behandelter Gegenstand, und es ändert wenig, wenn an die Stelle von Albrecht Dürer oder Leonardo, von Rubens oder van Dyck plötzlich ein ziemlich unbekannter Clouet tritt. Wer hier noch nachträglich konkurrieren will, muß seines

Sieges im Voraus sicher sein; nichts schwieriger aber als ein Sieg auf einem Gebiete, das von den hervorragendsten Malern der neueren Französischen Schule mit besonderem Glück bearbeitet worden ist. – Relativ gelungener ist uns das kleinere Bild Lulvès' »Der Schmuck« erschienen; – der einfacheren Aufgabe war seine Kraft mehr gewachsen.

Auch allerhand *Historischem* begegnen wir in den acht Sälen, und zwar finden wir die verschiedensten Richtungen desselben vertreten: Das kirchliche Bild, die griechische Götterwelt, die eigentliche Historie, zuletzt sogar das historisch Tendenziöse.

Das kirchliche Bild, seit *Pfannschmidt* die Ausstellungs-Säle meidet, ist schwach vertreten; weniger der Zahl, als der Kraft nach. Von *Franz Schubert*, der unter den diesjährigen Ausstellern auf diesem Gebiete der beste sein dürfte, finden wir den »Abschied Davids von Jonathan«; ferner »Moses« und »Johannes der Täufer«, beide für den Altar der evangelischen Kirche zu Münster bestimmt. Die sinnig bescheidene, innerhalb der Tradition stehende Art Schuberts ist bekannt und oft von uns in anerkennenden Worten hervorgehoben worden; auch seine diesmal ausgestellten Arbeiten bewahren die alten Vorzüge.

Auf *Niessen*, den wir am Schluß unsers vorigen Artikels gegen zu heftige Angriffe zu verteidigen suchten, müssen wir wegen eines zweiten Bildes von ihm, das sich in diesen Sälen findet, noch einmal zurückkommen. Es ist ebenfalls ein »Johannes vor dem Herodes«, ein Gegenstand, der, wie wir vernehmen, verschiedentlich und immer mit besonderer Vorliebe von diesem eigengearteten Künstler behandelt worden ist. Nach der Seite des Spleenhaft-Aparten hin mutet einem dies zweite Johannes-Bild (übrigens wahrscheinlich früher gemalt) noch mehr zu als das erste. Von einer Menge anderer Wunderlichkeiten abgesehen, macht es in seinem dunklen, scheinbar rauchgeschwärzten Zustand den Eindruck eines Bildes, das dreihundert Jahre lang mißachtet, oder doch unbemerkt in den Korridoren irgend eines alten Schlosses gehangen hat. Läßt man sich aber durch diese Schrullenhaftigkeit des Künstlers nicht stören, dringt man durch diese imitierte Kruste von Rauch und Qualm hindurch, so wird man einer Begabung ansichtig, die hier noch weit über das hinaus geht, was Niessen auf seinem zuerst von uns besprochenen Bilde geleistet hat. Der Herodes, der auf jenem größeren Bilde sehr angreifbar und in seiner outrierten Zerknirschung karikiert erschien, ist hier vortrefflich, die Herodias aber ist, rund heraus gesagt, in Haltung und Ausdruck das Werk eines Meisters und die Ausstellung hat nichts aufzuweisen, was darüber hinaus ginge. Es hat für uns geradezu etwas Komisches, wenn sich, beispielsweise, das vielgefeierte hübsche Mädchen auf dem Sohnschen Bilde neben einer aus der Tiefe kommenden Schöpfung wie diese behaupten soll.

Ein Bild, das mannichfach angesprochen hat, ist *Roland Risses* (in Düsseldorf) »Johanna Sebus«. Johanna Sebus, oder »Schön Suschen«, wie sie Goethe in seinem gleichnamigen Gedicht nennt, rettete 1809 bei dem Eisgange des Rheins und dem gleichzeitig erfolgenden Durchbruch des Klever Dammes mehreren Personen das Leben, bis sie selbst (erst 17jährig) ihrem hohen Mut als Opfer fiel. Der Maler hat die Eingangszeilen Goethes:

> «Ich trage Dich, Mutter, durch die Flut,
> Noch reicht sie nicht hoch, ich wate gut.«
> »Auch uns bedenke, bedrängt wie wir sind,
> Die Haugenossin, drei arme Kind', –
> Die schwache Frau, – Du gehst davon; –«
> Sie trägt die Mutter durchs Wasser schon

zum Vorwurf seines Bildes genommen. Wir sehen die jugendlich rüstige Gestalt, eine Alte mit beiden Armen an sich pressend, die weite Wassermasse durchschreiten; zurückbleibende Frauen und Kinder rufen ihr nach, während von der andern Seite her das rettende hohe Ufer winkt. Das Bild passiert. Der Ausdruck von Kraft und Treue, von Schlichtheit und Mädchenhaftigkeit in den Zügen seiner Heldin ist dem Maler wohl gelungen; aber der ganze Gegenstand, aus inneren und äußeren Gründen, erscheint uns nicht besonders geeignet für die bildliche Darstellung, ganz abgesehen davon, daß die Zurückbleibenden in Miene und Haltung jene Durchschnitts-Verzweiflung zeigen, die nicht mehr im Stande ist, die Herzen zu rühren.

Mit zu den interessantesten Bildern der Ausstellung zählen die aus Rom eingetroffenen Arbeiten zweier junger Berliner Künstler: Paul Kießling und Schlösser. Sie sind (mit Ausnahme eines) im Katalog nicht verzeichnet, da die Kriegsereignisse ihr rechtzeitiges Eintreffen hinderten. Wir freuen uns aufrichtig, trotz verspäteten Eintreffens, diese Arbeiten noch ausgestellt zu sehen, da sie, wie angreifbar sie sein mögen (und sie sind es *sehr*), doch die ertötende Monotonie unterbrechen und kecken Muts und mit großer Begabung etwas hinstellen, an dem man sich freuen und an dem man sich ärgern, unter allen Umständen aber etwas, über das man streiten kann. Und schon das ist ein unnennbarer Gewinn. Diese 300 Landschaften rücken auf den Ausstellungs-Besprecher los, wie der Birnam-Wald. Er sieht sie kommen und erblaßt. Aber Schlösser-Kießling treten mit ihrem *sal volatile* an ihn heran; er schüttelt seine Ohnmacht ab und steht wieder im Felde.

Schlösser-Kießling – man darf sie durch Bindestriche zu einem Einzel-Individuum machen – haben vier Bilder ausgestellt, deren bloße Namen schon, unter den Alltagsbezeichnungen des Katalogs, fremdartig genug klingen. Jeder hat zwei Triumphe ausgestellt, Triumphe des Heldentums und der Liebe (Frau Venus). An und für sich oft dagewesene Gegenstände, erweisen sie sich doch durchaus neu, sowohl durch ihre Auffassung überhaupt, wie insonderheit durch Behandlung der *Kostümfrage.* Sie vertreten, wie es scheint, beide dieselben Prinzipien, aber mit dem Unterschiede, daß sie Schlösser mit Maß und Decenz, Kießling mit Rücksichtslosigkeit vertritt. Mit Schlösser ist ein Friedensschluß möglich, mit Kießling nicht.

Die vollen Titel der beiden Schlösserschen Bilder lauten: »Triumph des Helden im *Leben*« und »Triumph des Helden im *Tode*«. Die Figuren werden lebensgroß sein. Auf dem einen Bilde reicht die *Liebe* dem vor ihr knieenden Helden den Lorbeerzweig, auf dem anderen Bilde bringt die *Siegesgöttin* dem gefallenen Helden den Palmenzweig. Beide Bilder – trotz eminenter Begabung – wirken zunächst *befremdlich.* Das Herantreten des Nackten an das Bekleidete, des Olympischen an das relativ Moderne weckt halb ein Lächeln, halb Verwunderung; länger aber, teils um ihrer Anmut, teils um ihres malerischen Reizes willen bei diesen Gestalten verweilend, fangen wir allmählich an, uns mit dem seltsamen Gegensatze auszusöhnen und das Gebotene gelten zu lassen. Das zweite Bild, überhaupt decenter auftretend, übernimmt die Vermittelung zu dem ersten hin. Die Sieges-Göttin (wie schon erwähnt) bringt dem Gefallenen die Palme des Friedens. Warum, so fragen wir, sollte die Kunst vor Darstellung dieses Gegenstandes erschrecken?

Die Skulptur – man erinnere sich der Schloßbrücken-Gruppen – hat es oft genug versucht; warum sollte der Malerei versagt sein, was die Schwesterkunst (die Skulptur) seit lange als ihr gutes Recht in Anspruch nimmt? Jene Marmor-Viktorien erscheinen ihrerseits in Gewandung, um den nackten Krieger zum Kampfe, zum Siege, zum Tode zu führen; welchen besonderen Tadel wollen wir daran knüpfen, wenn, in bloßer Umkehr des Verhältnisses (wie hier bei Schlösser) eine nackte Viktoria einem mittelalterlich gekleideten Gonfaloniere die Palme reicht? So drängen sich die Fragen und aus dem angestellten Kreuzverhör geht schließlich »Der Triumph des Helden im Tode« und mit ihm der Künstler selbst freigesprochen und gerechtfertigt hervor. Einmal aber die Berechtigung des Prinzips zugegeben, um das es sich hier handelt, *wo liegt die Grenze?* Wenn die Viktoria, niedergefallenen Gewandes, dem gefallenen Helden die Palme reichen darf, warum sollte nicht Venus, flatternden Gewandes, dem siegreichen Helden den Lorbeerzweig reichen dürfen? Wir finden keinen Grund mehr, das Nackt-olympische von der Berührung mit dem Bekleidet-irdischen auszuschließen, und was sonst noch von Bedenken bleiben mag (beispielsweise die Art, wie Venus ihre Hand unter das bärtige Kinn des Helden legt), so lassen doch diese und ähnliche Bedenken die Prinzipienfrage unberührt.

Diese selbige *Prinzipien*frage aber ist es, die vor den *Kießlingschen* Bildern wieder neu an uns herantritt. Wir glaubten sie gelöst zu haben und finden uns in einem neuen Wirrnis und unter neuen Skrupeln. Auch hier wieder der Gegensatz von nackt und bekleidet, von antik und modern; aber während es uns bei Schlösser glückte, diesen Gegensatz zu vermitteln, ihn schließlich nicht mehr als solchen zu empfinden, bleibt er auf den Kießlingschen Bildern bestehen. Eine immer erneute Beschäftigung mit ihnen vermag nicht, wie doch Schlösser gegenüber, den Friedensschluß zu bringen; die Kluft schließt sich nicht, sie wird breiter. Wo liegt der Grund? *Vielleicht* daß wir ihn gefunden haben! Der Gegensatz zwischen dem Nackten der Antike und der Eisenrüstung des Mittelalters ist, künstlerisch genommen, ein viel geringerer, als er uns auf den ersten Blick erscheint. Das rote, weit ab flatternde Gewand der Venus und das Kettenhemd des Ritters sind beinah gleichmäßig zu einem *Ideal-Kostüm* für uns geworden; wir tragen weder das eine noch das andere; unser modernes Kostüm ist ein *drittes*, das sich in einem gleichen Gegensatz gegen das eine wie gegen das andere befindet. Das Nackte und die eiserne Rüstung, so gegensätzlich sie sind, haben doch das Eine miteinander gemein, daß sie uns beide fremd geworden sind; Klassizismus und Romantik, wie verschieden untereinander, stehen doch – Poesie die sie sind – in einem gleichmäßigen Gegensatz gegen die *Prosa*. Die Prosa ist aber allemal die Gegenwart; *wenigstens in Kostümfragen*. Dies hat sich Paul *Kießling* nicht klar gemacht, oder nicht klar machen wollen. Er hat die Venus nicht in ihr ebenbürtige, wenn auch fremde Gesellschaft geführt; er hat, mit Geflissentlichkeit, diese fremde Gesellschaft in den Bonjour-Rock und den Pamela-Hut *allermodernster Gegenwart* gekleidet und dadurch einen Gegensatz von *Prosa* und *Poesie* geschaffen, der nicht wegzudemonstrieren, der häßlich und eine Verirrung ist. – Die Jugend liebt es, aparte Wege zu gehen, und es ist ein gutes Zeichen, *wenn sie's kann*. Es sind die Schlechtesten nicht, die irren. Alles freilich hängt schließlich davon ab, ob Talent und Charakter dem Irrenden gestatten, den Irrtum als Irrtum einzusehen.

V

Wir schließen heute mit der Besprechung des Aktsaales. Auf dem Wege zu ihm hin machen wir an einigen Stellen Rast, um Versäumtes oder bis dahin Übersehenes nachzuholen.

Zuerst treten wir (im Erdgeschoß) in die Räume ein, die die Skulptur-Werke enthalten. Wir treffen hier einzelnes Schöne, vieles Ansprechende. Zunächst eine Anzahl interessanter Porträt-Büsten: Fürst und Fürstin Pleß (von Janda), Graf Bismarck (von Calandrelli), Baurat Knoblauch (von Julius Moser), Leopold v. Ranke (von Drake). Namentlich die letztere Arbeit von ausgezeichnetem Wert. Der Mann, wie er leibt und lebt. Wer je die Freude gehabt hat, diesen von Geist, Heiterkeit und Wohlwollen gleichmäßig belebten Zügen im Gespräch zu folgen, wird überrascht sein von der Fülle sprechenden Lebens, die ihm in diesem Gypsbilde entgegentritt. – Nicht ohne künstlerische Bedeutung sind die in Marmor ausgeführten Arbeiten von *Antonio Tantardini* in Mailand. Es sind ihrer vier: Dante (Marmorbüste), La Leggitrice, La Modestia und La Baigneuse. Besonders die Gestalt der »Modestia« ist von außerordentlicher

Anmut. Weniger zugesagt hat uns die in Lebensgröße ausgeführte Gestalt »La Baigneuse«. Man hat kaum den Eindruck,
daß es eine Badende sei; mehr meerweib-, mehr loreleiartig,
jedenfalls mehr romantisch als klassisch naiv aufgefaßt, hat sie
durchaus nichts von dem Schelmischen, das sie nach den ange-
fügten Worten Bérangers:

> Avant d'entrer dans le bain
> Je veux voir s'il vient

haben müßte.

Wir reden nicht dem Verführerischen das Wort (wir werden
gleich zeigen, wie wenig wir es tun), aber wir können nicht die
Forderung korrekter Charakteristik fallen lassen. Wir verlangen keine Coquetten in der Kunst. Im Gegenteil. Wenn denn
aber, nach freier Wahl, eine kokette Situation durchaus geschildert werden soll, nun, so sei sie kokett. Wenn schon, denn
schon.

Nach dieser Seite hin hat es *Reinhold Begas,* der auch eine
»Badende« (jedoch nicht unter diesem Namen) ausgestellt hat,
besser getroffen. Oder sagen wir lieber *allzu* gut. Die Künstler
sind von dieser Arbeit entzückt; wir sind es bis zu einem gewissen Grade auch und würden es in noch viel höherem Maße sein,
wenn die Arbeit ein bescheiden Teil von jener Keuschheit hätte,
die Tantardini – durchaus an das Pedantische streifend – mehr
betont hat, als er sollte. Mehr und, was die Hauptsache ist, an
unrechter Stelle. Die beiden Künstler hätten sich gegenseitig
aushelfen können. Das höhere Maß von Begabung ist jedenfalls
auf deutscher Seite. Bei der Bedeutung der R. Begasschen Arbeit geziemt es sich, noch einen Augenblick dabei zu verweilen.
Alles ist schön, lieblich graziös. Ein einschmeichelnder Wohlklang geht durch das Ganze, aber er hat vom Einschmeichelnden
zu viel. Es klingt wie Bellini; alles Herbe fehlt, die Schönheit
erhält einen Anflug von Weichlichem; nicht kraftvoll-üppig
treten einem die Formen entgegen, sondern *schwach*-üppig,
sybaritisch. Es richten sich diese Bedenken ganz speziell gegen
die Behandlung von Arm und Brust. Die Brust, wenn man sie
antik oder alt-testamentarisch auffaßt, hat etwas Hohes, Ele-
mentares; Ernährerin des immer neu sich gebärenden Men-
schengeschlechtes! Solche Brust ist keusch. Was R. Begas aber
gebildet hat, ist nicht die Brust der Antike, sondern die Brust

moderner Zivilisation; es fehlt (und zwar absichtlich) jede ideale Anschauung; er hat die Brust nicht gebildet wie sie sein soll,
sondern *wie sie ist*. Richtiger noch, wie sie ihm in einem bestimmten *Einzelfalle* entgegen getreten ist. Und das ist ein
Fehler. Dieser Naturalismus erniedrigt die Kunst, entkleidet
sie ihrer Reinheit; an die Stelle der Keuschheit tritt die Sinnlichkeit, und an die Stelle des hohen Nackten, das erhebt, tritt
das niedere Nackte, das verdirbt. Dieser Eindruck wird durch
die Art gesteigert, wie der linke Arm sich unter die linke Brust
legt. Man kann die bildnerischen Schwierigkeiten, die speziell
hier mit größtem Geschick (mehr noch mit Virtuosität als mit
Grazie) überwunden wurden, anstaunen und kommt doch zu
keiner vollen künstlerischen Befriedigung, die nun 'mal, wenn
nicht die Charakteristik ihre abweichenden Gesetze schreibt,
von der Lauterkeit unzertrennlich ist. Der Eindruck des Sy-
baritisch-Sinnlichen wird hier, und zwar, wie uns scheinen will,
in unstatthafter Weise durch die Art gesteigert, wie die linke
Brust in leiser Neigung über den an den Körper gedrückten
Arm fällt. Wie groß auch das Talent sein mag, das dieser
naturalistischen Richtung die Wege bahnen will, wir sind fest
überzeugt, daß diese Richtung selbst den Verfall bedeutet.

Der uns zugemessene Raum gestattet es nicht, bei Skulptur-
werken von geringerer Bedeutung zu verweilen, trotzdem wir
nicht verkennen, daß auch die geringern Arbeiten dieser Art
den guten Ruf der Berliner Schule rechtfertigen und nirgends
jenen Dilettantismus zeigen, dem wir bei den Malern so häufig
begegnen. Malen (wie dichten und musizieren) glaubt schließlich jeder zu können, aber der Marmor richtet Schranken auf,
die respektiert werden müssen. – Wir verlassen übrigens die
untern Räume nicht, ohne zuvor an zwei einfache Reliefme-
daillons von *Edwin Dahm* herangetreten zu sein. Der Katalog
sagt kurz: »Edwin Dahm, Schüler von Melchior zur Straßen,
gefallen in der Schlacht bei Königgrätz.« Die Bilder selbst, einfache Gypsreliefs, stellen den Frühling und den Sommer dar.
Auf dem Frühlingsbilde hascht die Hand eines Knaben nach
dem Schmetterlinge, der sich eben auf einer Blütendolde niedergelassen; die letzte Arbeit des Frühabgerufenen aber war
der »Sommer«. Ein Schnitter faßt ein Bündel Ähren und hebt
die Sichel, sie abzuschneiden. So war das Letzte, das er schuf,
ein Sinnbild seines Todes.

Wir steigen nun treppauf. Im ersten Saale begegnen wir ei-

nem Bilde von *F. Pauwels* in Weimar, das – wenn wir nicht irren
– erst nachträglich seinen Einzug in diesen Saal gehalten hat.
Es hat (selten ein gutes Zeichen) einen langen Titel im Katalog
und nennt sich: »Die Königin Philippine von Hennegau, Gemahlin Eduards III. von England, den Armen in den Straßen
von Gent Hülfe spendend.« Daran reiht sich ein langes Zitat
aus Baron Lettenhovens Geschichte von Flandern, aus dem wir
ersehen, daß Königin Philippine, während ihr Gemahl in London das Parlament eröffnete, in Gent verblieb und daselbst Gelegenheit fand, das Elend der Witwen und Waisen zu mildern.
So das Zitat. Unsere Maler treten vor dies Bild und fassen ihr
bewunderndes Urteil in die Worte zusammen: »wie das gemalt
ist!« Wohlan. Da wir indessen nicht Maler sind, so muß uns
gestattet sein, unsererseits die kühle Frage aufzuwerfen: »Ist
das ein Gegenstand für einen *Historienmaler,* für einen Meister und Lehrer in seiner Kunst!« Man kann dergleichen malen, wenn man dazu aufgefordert wird, wenn ein Genter Rats-
herr das Rathaus oder ein reicher Patrizier (aber er muß *sehr*
reich sein) seinen Eßsaal damit schmücken will. Solche Aufforderung aber scheint an Pauwels nicht ergangen. Das Bild trägt
das bekannte Katalogkreuz, das »verkäuflich« bedeutet, verdankt also einer freien Entschließung des Malers seine Entstehung. Wir fragen wiederholentlich: Ist etwas Gleichgültigeres
denkbar, als der Moment, wo Philippine von Hennegau, gefolgt
von zwei oder drei Ehrendamen, aus der Abtei St. Peter in die
winterliche Straße von Gent tritt? An und für sich, nein. Gewiß, auch der gleichgültigste Gegenstand ist durch das, was der
Künstler aus eigenen Mitteln hinzutut, über *sich selbst hinaus-
zuheben,* und wenn Pauwels der Mann dazu war, so konnte er
hier durch den Gegensatz von Elend und Verzweiflung auf der
einen Seite und von hochgemuteter Liebe andererseits eine
dramatische Gewalt entwickeln, die schließlich über die Gleichgültigkeit des Gegenstandes hinweggeholfen und von Künstlers Gnaden, fast dem Gegenstande zum Trotz, ein Bild geschaffen hätte. Aber das konnte nur der, der dem Gegenstande eine
Verinnerlichung, eine Vertiefung entgegenzubringen vermochte. Dazu aber ist nun Pauwels so unfähig, wie nur irgend
wer. Er beherrscht die äußerlichen Dinge; aber er ist – nach
dem, was wir von ihm kennen – wenig fähig zu einer scharfen
Charakterisierung von Menschen und Situationen. In Bezug
auf Menschen-Charakterisierung ist er schwach, in Bezug auf

Situations-Charakterisierung greift er fehl. Schon auf seinem früher ausgestellten Bilde »Rückkehr der Verbannten« hatten wir Gelegenheit, dies zu bemerken. Ohne diese Gaben aber sinkt ein Bild wie dieses zu einer bloßen Kostümstudie herab. Und eine solche haben wir hier in der Tat. Die Gewandungen sind zweifellos korrekt, das dunkle Gemäuer von St. Peter und der zusammengewehte Straßenschnee machen einen vorzüglichen Effekt, *mais c'est tout;* der Kopf Philippinens von Hennegau hat so wenig Inhalt, wie der Pappdeckel eines schön gebundenen Buches, und die ihr Haupt im Schnee bergende, haarverwilderte Unglückliche, deren in einem nebenstehenden Korbe (so müssen wir schließen) ausgesetztes Kind die Königin eben aufgenommen hat, charakterisiert die Situation nicht, *sondern verwirrt sie nur.* Diese Unglückliche ist keine Mutter, die friert und hungert und Hülfe sucht für ihr Kind, dies ist eine Dirnen-Mutter, die ihr Kind los sein will, die es bei Seite schiebt, und diese Unkorrektheit, diese gedanklichen Kompositionsfehler, weil sie in einem schneidenden Gegensatze stehen zu der technischen Meisterschaft, sind es, die den Beschauer verdrießen und ihn abgeneigt machen, eine rein äußerliche Kunst zu bewundern, die sich das Ansehen gibt, schließlich für Alles aufkommen zu können.

Unmittelbar neben der Tür, die in den Aktsaal führt, hängt ein wunderliches Bild. Es ist ein acht Fuß hoher Karton und nennt sich »Die Ursachen der Reformation«. Ist also ein Tendenzbild. Der Künstler, ein Schweizer: *Heinrich Jenny,* scheint ein Genfer zu sein. Wenigstens wüßten wir keinen andern Schweizer-Kanton, in dem ein Bild von *so* ausgesprochen calvinistischer Richtung ohne Gefährdung des Malers gemalt werden könnte. Katholische Augen müssen sich vor diesem Bilde empören, wenn sie es nicht vorziehen, zu lachen. Zu beidem ist guter Grund gegeben. Das Bild scheidet sich in zwei Hälften, in eine größere katholische und eine kleinere protestantische Gruppe; zwischen beiden eine Kluft. Auf katholischer Seite erblicken wir zunächst die Gestalt des Papstes, der in Zorn und Bangen seine Linke auf die Schulter des Deutschen Kaisers, als des Trägers der weltlichen Macht, legt. Der Kaiser gehorsamt der Mahnung und schickt sich an, zur Hülfe des bedrohten Papsttums das Schwert zu ziehen. Zu Füßen Beider haben die »Ursachen der Reformation« ihr Heerlager, fast sagten wir besser ihren Krammarkt aufgeschlagen: hier der Ablaßkrämer, dort die Tortur, zwischen beiden (in Gestalten, deren bloße Beschreibung schon sich verbietet) die *Ohrenbeichte*. Dieser Gruppe gegenüber, in Front einer Felsenkirche, stehen die Männer des Wortes Gottes: Luther, Calvin, Zwingli, Knox und ihre Rechte auf die aufgeschlagenen Bücher legend, blicken sie triumphierend zu der zusammenbrechenden Klerisei hinüber. Im Hintergrunde lohen die Scheiterhaufen der Inquisition auf, Qualm und Rauch ballen sich dicht über dem Marterpfahl, während inmitten des düstren Gewölks Reitergeschwader aufeinander stoßen; der 30jährige Krieg – wenn wir die Intentionen des Malers recht verstehen – wächst aus diesem Scheiterhaufen auf und von dem bäumenden Pferde des vordersten Reiters, zum Tod getroffen, sinkt *Gustav Adolf*. Dies etwa der Inhalt. Was sich einem zunächst aufdrängt, ist das Gefühl, daß dergleichen in unserem Lande schlechterdings nicht gemalt und, *wenn* gemalt, sicherlich nicht ausgestellt werden könnte. Für einen Fremden gelten aber andere Gesetze, und wir finden es in der Ordnung, daß die Akademie etwaige Bedenken und Rücksichtnahmen nicht bis zur Kündigung des Gastrechts getrieben hat. Es ist mit den Selbstgratulationen, wie nicht geläugnet werden soll, eine eigne Sache; dennoch glauben wir uns beglückwünschen und es als einen wirklichen Fortschritt betrachten zu dürfen, wenn ein Partei- und Tendenzbild wie dieses hier zu Lande nur noch als ein *Curiosum* betrachtet wird, als ein Curiosum, das uns zugleich erröten macht über *diese* Advokatur unsrer Sache.

Der Aktsaal, in den wir nun eintreten, hat, wie der erste Saal, von Alters her das Vorrecht, nur Gutes zu umschließen. Auch diesmal. Wir finden Porträts, Landschaften, historisches Genre, sämtliche Arbeiten, die sich dem Besten anschließen, was die Ausstellung hat. Vielleicht mit alleiniger Ausnahme eines sentimental-unklaren Bildes von Frau Wiegmann (in Düsseldorf), das besser an minder bevorzugter Stelle einen Platz gefunden hätte. Es nennt sich »Ein Wiedersehen«. Vor einer ungebührlich larmoyant aussehenden Mutter kniet eine junge Tochter, in Reisekleid und herabgefallenem Strohhut und sieht leidlich tapfer zu der Alten auf, die eben ein *examen rigorosum* anstellt. Dabei hat es sein Bewenden. Wir sehen wenig und erfahren nichts. Es lassen sich, ähnlich wie bei dem W. Sohnschen Bilde (das wir ausführlicher besprachen), auch hier hundert Geschichten, hundert Möglichkeiten ersinnen, aber während jenes anmutige Bild, gleichviel nun ob man die Lösung findet, unter allen Umständen erfreut und interessiert, fühlen wir hier nicht das geringste Verlangen, das Rätsel gelöst zu sehen.

Unter den Porträts nehmen das des Sultans und das der Frau Lucca (beide von Gustav Richter) den ersten Rang ein; aus der Reihe der Landschaften heben wir die von Behrendsen, Bodom, Jungheim, v. Schlicht, Eschke (sehr gut), von Ruths, von Oswald Achenbach und von Andreas Achenbach hervor. Nur über die letzteren drei einige Worte.

Von Valentin *Ruths* (in Hamburg) finden wir in diesem Saale zwei Bilder, ein größeres, »Der Waldbrunn«, und ein kleineres, »Strand an der Ostsee«. Jenes, wie es die Namen andeuten, ein blätterreiches *Wald*bild, dieses ein *ödes* Strandbild. Es hat sich uns, diesen beiden Bildern gegenüber, wieder die alte Wahrnehmung aufgedrängt, wie spezialisiert die künstlerische Begabung auftritt; das Eine glückt, das dicht daneben Liegende scheitert. Eine holsteinische Heide, ein Torfmoor, ein Dünenstrand – das sind die Dinge, für deren eigenartige Poesie Ruths ein tiefes Verständnis hat; wo Gestein und Heidekraut eine weite, halb wüste Fläche bedecken, wo tiefe Wasserrinnen sich durch den Strand ziehen, jene seltsamen Einschnitte und Windungen, von denen man nicht weiß, ob sie das Land ins Meer oder das Meer ins Land schickt, – da ist er zu Haus, da entgeht seinem Auge nichts von dem eigentümlich Stimmungsreichen der noch unberührt gebliebenen Natur, und was er gesehen hat, das weiß er wiederzugeben. Aber mit dem Moment, wo er aus der Öde ins Leben, aus der Heide in den Wald tritt, ist der Zauber von ihm genommen. Eben noch Merlin, der die leisesten Laute der Natur verstand, ist er plötzlich seines feinen Sinnes beraubt. Der Wald, den er malt, redet keine Sprache mehr, weil sein Ohr zu ist für die Sprache des Waldes.

Oswald *Achenbachs* »Architekturbild« ist eine ausgezeichnete Arbeit, minder manieriert, wie die letzten Bilder dieses reichbegabten Landschafters, und die Äußerung unserer Anerkennung würde vielleicht noch lebhafter sein, wenn nicht seines Bruders Andreas Bild »Ostende« unmittelbar zur Seite hinge. Daneben ist nun freilich schwer zu bestehen. Die National-Galerie, wie wir aus dem Katalog zu unserer Freude ersehen, hat dies Ostende-Bild erstanden. Das Beschreiben von Landschaften hat immer sein Mißliches. Dennoch sei es ver-

sucht. Wir sehen eine Art Schiffervorstadt; ein Fleet oder ein
ähnliches stagnierendes Wasser – das (samt Brücke) das Bild
nach rechts hin abschließt – erweitert sich in Front der Häuser
zu einer Art Binnenhafen, auf dem ein paar jener breiten,
schwergebauten Fahrzeuge liegen, wie sie auf den Kanälen
Hollands heimisch sind. Die Häuserreihe, an einer Stelle
durchbrochen, gestattet einen Durchblick auf dahinterliegen-
de, flache Felder, während im Vordergrunde das vom Sonnen-
licht weiß angeflogene Gewölk sich in dem schlammigen Wasser des Binnenhafens spiegelt und ihm selber einen flüchtigen
Schimmer leiht. Das Kolorit des Bildes ist vielleicht seine glänzendste Seite. Das Rotbraun der alten, tief herabhängenden
Dächer und jener grüne Schlamm- und Moos-Ton, der in solchen Schiffer-Vorstädten wie eine Patina Alles überzieht, dieser Bollwerks-Spelunken-Ton ist wunderbar getroffen. Der
lichte Wolkenschimmer, der in diese dunkle Trübe hineinfällt,
steigert den Effekt, durch den Gegensatz, den er schafft. Es ist
ein Bild, das an verwandte Arbeiten der großen holländischen
Meister erinnert. Dem frischen Ton gegenüber, den sonst die
Achenbachschen Bilder zu haben pflegen, wirken die dunklen
Töne dieses Bildes, die es auf den ersten Blick fast wie ein *altes*
Bild erscheinen lassen, im ersten Moment befremdlich, und ein
Gefühl wird wach, daß einem die alten Achenbachschen Wassermühlen und Seestürme doch am Ende das Liebere seien.
Aber diese Empfindung schwindet bei öfterem Sehen durch-
aus, und gerade die nicht unerheblich abweichende Art der
Auffassung, die Wahrnehmung, daß ein echter Künstler im-
mer neu zu schauen und neu zu gestalten vermag, beginnt ei-
nem die Arbeit doppelt wert zu machen.

Von den Genrebildern dieses Saales nennen wir drei: *K.
Laschs* »Dorfarzt in Verlegenheit« (ein liebenswürdiges, mit all
den Vorzügen dieses Malers ausgerüstetes Bild); *Cretius'* »Johanniterbild« (auf dem wir große Schwierigkeiten mit großem Geschick überwunden finden), und *Julius Scholtz'* »Die
Freiwiligen vor ihrem Könige zu Breslau 1813«. Nur über das
letztere, das schon dem historischen Genre angehört, ein paar
eingehendere Bemerkungen.

Julius Scholtz, von dem wir vor etwa Jahresfrist ein treffliches Bild, »Das Gastmahl zu Eger«, besprachen, hat in seinen
»Freiwilligen von 1813« eine noch dankbarere Aufgabe gefunden. Um so viel dankbarer die Aufgabe war, um so viel zufrie-

denstellender hat er sie gelöst. So viel Talent das »Gastmahl
zu Eger« unverkennbar zur Schau stellte, so scheiterte das Bild,
trotz des brillanten Effectes, den Lichterglanz und Wallenstein-
Kostüme auf unsere Sinne ausübten, doch daran, daß selbst der
Bestunterrichtete sich in dem Wirrwarr an und für sich interessanter Gestalten nicht zurechtfinden konnte. Wer war Piccolomini, wer war Illo? Wenn man den Terzky glücklich gefunden
zu haben glaubte, so war es Kinsky; Gordon, Butler, Dieffenbach, Isolan – Jeder konnte der Eine oder Andere sein. Diesem
Übelstande, an dem so viele historische Bilder scheitern (denn
ein Bild soll sich selber erklären) ist hier begegnet. Hier bedürfen wir keines Kommentars. Die historischen Gestalten des
Bildes, alle sprechen sie für sich selbst: der König mit seinen
Prinzen, Blücher, Gneisenau, Lützow und Körner, wer kennte
sie nicht! Und die Väter, die ihre Söhne bringen und dem Könige
zuzurufen scheinen: »Hier, nimm ihn; es komme, wie es wolle; es muß sein, so sei es denn«; und hinter ihnen die langen
Blauröcke mit dem gelben schlesischen Kragen und dem Landwehrkreuz, sie alle sprechen unmißverständlich: Das ist der
Frühling von Anno 13. Es ist ein Bild, das vor einer Reihe von
Jahren die Herzen im Sturm genommen hätte; die Siege von
1866 haben sich bis zu einem gewissen Grade zwischen uns und
jene große Zeit geschoben; Sadowa regiert den Tag. Wenn wir
an dem Bilde etwas hinwegzuwünschen hätten, so wäre es
die glatte, hier und da an Porzellanmalerei erinnernde Vortragsweise. Es ist nicht flott genug gemacht. Hunderterlei
Gegenstände können diese Weise ertragen, vielleicht dadurch
gewinnen, die Jäger und Landwehr von 1813 aber mußten mit
keckerem Pinsel, mit derber aufgesetzten Farben behandelt
sein.

Mit derber aufgesetzten Farben – wie etwa *Menzels* Krönungsbild, an das wir (im letzten Saale aufgestellt) schließlich
herantreten. Über die großen Vorzüge dieses Bildes haben wir
uns seinerzeit ausführlicher ausgesprochen, seine Schwächen
haben wir wenigstens angedeutet. Eine große Freude war es
uns, diese, in ihrer Art vielleicht einzig dastehende Leistung
hier noch einmal wiederzufinden. Die Aufstellung des Bildes
ist eine ungleich günstigere als im vergangenen Winter. In heller Mittagsstunde sahen wir es zuerst und waren hingerissen
(mehr als zur Zeit seiner ersten Ausstellung) durch den Glanz,
die Fülle der Erscheinungen, die Großartigkeit des Aufbaus.

Wir müssen hinzusetzen, daß die Wirkung des Bildes auch diesmal nicht zu *jeder* Zeit dieselbe war; es bedarf *Licht, Wärme;* wir haben es an grauen Tagen gesehen, wo es einen frostigen Eindruck machte. Dennoch schließen wir unsere diesjährigen Berichte mit der Überzeugung, daß das Menzelsche Bild (vielleicht mit alleiniger Ausnahme des Achenbachschen »Ostende«) den Rest der Ausstellung überdauern wird, überdauern – an Ruhm wahrscheinlich, *an Interesse gewiß.*

Die diesjährige Kunstausstellung fand am Sonntag, dem
1. September, an Stelle des »*Tages* von Sedan« eine Sedan-*Feier*
vor. Zugleich eine *Friedens*-Feier. Wenn die vorige, in Krieg
und Graus fallende Ausstellung durch ihren künstlerischen
Gehalt überrascht hatte, so durfte die Devise der gestern eröffneten sein: »Was Ihre Alba leisten, das kann auch Karl und Karl
kann *mehr*!«

1175 Nummern nennt der Katalog, der (so hat alles seine
Zeit) nach 40 Jahre langer Herrschaft der Dynastie Achenbach,
diesmal mit Victoria Aberg beginnt. Wir hatten das Heilige der
Tradition über die Rangordnung des Alphabets gesetzt, um so
mehr, als auch *diese* Rangordnung, wie jede andere, ihre frag-
lichen Seiten hat. Victoria Aberg schreibt sich nämlich mit
einem schwedischen Ao, dessen Vorrang vor dem Ach unseres
Achenbach mindestens zweifelhaft bleibt. Desto unzweifelhafter ist der Platz, der den beiden Bildern unsers Altmeisters
Andreas: »Das alte Ostende« und »Strand bei Scheveningen«
gebührt. Glückliches Künstler-Dasein! Durch ein halbes Jahrhundert hin in allen Schöpfungen derselbe zu bleiben und den
Wechsel der Zeiten, des Geschmacks, ja des eigenen Ich siegreich zu überdauern.

Was dieser Ausstellung ihren Charakter leiht und vielleicht
einen Wendepunkt in unserer Kunstentwickelung bezeichnet,
ist das Zurücktreten der Landschaft und das Hervortreten von
großen Flächen bemalter Leinewand. Wir wählen absichtlich
diesen Ausdruck, der von dem Werte des Werkes ganz absieht,
und nur auf die wiedererwachende Steigung hindeuten möchte: dem Bilde, statt eines Fleckchens an der Wand, die Wand
selbst einzuräumen. Jene 5 Milliarden, die jetzt die »Tucheler
Heide« altpreußischer Zustände zu überrieseln anfangen, werden auch nach *dieser* Seite hin nicht ohne Einfluß bleiben.

Von bedeutenden norddeutschen Künstler-Namen fehlt keiner, selbst *Bendemann* ist wieder im Feld; nur *Adolf Menzel*
glänzt durch Abwesenheit. *Gustav Richters* großes Bild (im
Uhrsaal, der Tür gegenüber) empfängt uns wie ein Siegestor,
und führt uns, wie im Triumphe, in die glänzenden Säle der
Ausstellung ein. Über *Achenbach* sprachen wir schon, *Knaus*,

in seinem »Leichenbegängnis«, übertrifft sich selbst; *Brendel,* der Hirt seiner Herde, ist, wie immer, auch ihr Meister; nur der *Paul Meyerheimsche* Hammel, den, 10 Schritt weiter, der alte Schäfer zur Schur trägt, behauptet seine Ebenbürtigkeit. *Henneberg* ist wieder zu Pferde, ein »Reiter nach dem Glück«; aber wir sind nicht sicher, ob er es erjagen und aus den Händen der lieblichen Kleinen in Weiß und Goldnetz den Siegeskranz empfangen wird. Bismarck, als Kürassier-Ordonnanz der Germania, – mög' er auch der Sekundant des Künstlers sein! Er wird ihn brauchen können.

Aber wir greifen vor, ja, wir brechen *ein* halb gegebenes Wort. Nur summarisch verfahren, nur rubrizieren und den Katalog als Grundlage nehmen, nur *so* viel war uns gestattet, *nicht* Urteile fällen, die den »Mann der Zukunft«, den Erwarteten, vor dem, mit Platen zu sprechen, »unser Gesang herumwandelt« – bloß zu vinkulieren oder in Unheil und Verlegenheit zu stürzen vermögen. Denn wie einst d'Estrées sagen durfte: »nur 3 Tage Minister, und ich bringe diesen alten preußischen Staat derart aus den Fugen, daß kein Gott ihn wieder einrenken kann«, so würden unsrerseits drei kurze Kritiken ein Maß »gehäufter Untat« herstellen, das, als Erbschaft, dem legitimen Beherrscher dieser Spalten zu hinterlassen, eben so sehr gegen die Verabredung, wie gegen das Gewissen ist.

Keinen Vexier-Knäuel, in dem sich die Keime zu zehn Berichtigungen und doppelt so vielen persönlichen Bemerkungen schabernackisch bergen, möchten wir dem in diesem Augenblick noch arglos am Newsky-Prospekt einherwandelnden Kollegen bei seiner Rückkehr tückisch lächelnd überreichen, Ihm, dem Vielgereisten, dem Bang-Ersehnten, der, gleichmäßig vertraut mit dem »Nilschlamm und dem arabischen Sand«, mit dem »Mann im kleinen Hütchen« und den »blutigen alten Schwadronen«, die, vor heute zwei Jahren, auf dem Hügelabhang von Illy den Kugeln unserer 46er erlagen, vielleicht der einzig Lebende ist, der die großen Fragen dieser Ausstellung zu lösen vermag: die Pyramidal-Kontroverse zwischen Wilhelm Gentz und Gustav Richter, vor allem aber auch die *Sedan-Brief-Frage,* die, zwischen Bleibtreu und Graf Harrach schwebend, von dem einen der genannten Beiden, unter *zögernder* Überreichung des Napoleonischen Handschreibens, im Sinne des gehemmten Fortschritts, von dem anderen, unter ängst-

lich-*zurückhaltender Anpressung* des Briefes, im Sinne des be-
förderten Rückschritts gelöst worden ist.

Und so dann noch einmal:

> Er komme bald uns, welchem der »Vossischen«
> Ratschluß verliehn ruhmwürdiges Richteramt,

und ziehe die Lose, blind und gerecht, die wir nur übermütig
geschüttelt haben. Denn die *wissende* Hand, wie die Hand des
Schicksals greift nicht fehl.

Vorgestern, als am ersten Sonntag des Monats September, wurde nach altem Herkommen die Kunstausstellung eröffnet. Reichlich ist sie durch etwa sechshundert Künstler beschickt worden; »der sie rief, und alle, alle kamen«; und nur einige der Glänzendsten glänzen diesmal durch ihre Abwesenheit: Adolf Menzel, Wilhelm Gentz, Gustav Spangenberg. Im übrigen bekundet auch diese Ausstellung wieder, daß Berlin, zu seinem und unserm Segen, mehr und mehr aufhört, Provinzialstadt zu sein und darauf *hingewiesen* wird, sich zur Reichshauptstadt zu entwickeln. Es wird darauf »hingewiesen«, so sagten wir, ohne doch seinerseits sich besonders beflissen zu zeigen, dieser seiner Ehrenstellung auch zu entsprechen. Es fehlt noch überall; so auch ganz besonders in diesem unserem traurigen Akademiegebäude. Alle kleinen Aushilfen wollen nichts verfangen, und wer in die Kompartiments des langen Seitenflügels kommt, der mag sehen, wie er fertig wird. Von manchen Malers Lippen soll das Wort gefallen sein: »Lieber zurückgewiesen, als hier aufgehängt.« Wie wir vernehmen, wäre dem durch Interimsbaulichkeiten abzuhelfen gewesen; an Bagatellen scheiterte es. Leider. Eine Bilderausstellung bedarf keiner prächtigen, sondern nur gut angelegter und richtig beleuchteter Räume, in denen sie ihren eigenen Glanz entfalten kann. Solche neugeschaffene Lokalität würde auch noch *den* Segen ausüben, von einer ganzen Anzahl von Räumen den Bann zu nehmen, unter dem sie nicht nur selber, sondern auch die in ihnen Eingesperrten (les condamnés) stehn. Für viele Besucher schließt ihre Aufgabe mit den drei ersten Sälen. Was dann noch kommt, wird »kursorisch abgemacht«.

Die Gesamtphysiognomie der diesjährigen Ausstellung ist eine *sehr* gute, und es beeinträchtigt ihren Wert nicht, ja kaum ihr Interesse, daß wir so viele »Reiter nach dem Ziel« in ihren alten Sätteln sehn. Da jagen die Bleibtreu-Husaren, in jedem Sinne siegreich, in die Kürassierbrigade Michel hinein; da streckt sich die Achenbachsche Landungsbrücke weit in das schaumspritzende Nordmeer; da sind die Jordanschen Schiffer und die Gude-Leuschen Fjorde, da ragt die Scherressche Kiefer auf, da tritt das Bennewitz v. Loefensche Reh aus dem Dickicht, da ist der Graebsche Dom und das Riefstahlsche Refektorium, und wieder zieht die Brendelsche Hammelherde heimwärts, während die Voltzschen Wiederkäuer noch im frischen Grase ruhn.

Aber auch an Neuem, das sich nicht einreihen läßt in die Spezialrubriken der einzelnen Künstler, ist kein Mangel. Wir rechnen dahin, ohne mit allem einverstanden zu sein oder anderem Vortrefflichen durch diese Hervorhebung zu nahe treten zu wollen: A. v. *Werners* »Luther-Bild«, Ferdinand *Kellers* »Nero«, A. v. *Heydens* »Walküren«, Gustav *Seyfferths* »Vagabunden«, *Defreggers* »Das letzte Tiroler Aufgebot 1809«, *Tademas* beide zur Kollektion des Palazzo-Palmierie gehörige Bilder, Eduard v. *Gebhardts* »Kreuzigung«, A. *Hertels* Landschaften, G. *Richters* Porträts.

Ein paar Worte über jedes dieser Bilder. An A. v. *Werners* Bild, das ein in offener Halle stattfindendes Festmahl darstellt, an welchem Luther teilnimmt, während draußen die Kurrende singt, hat man die Gleichbetonung von Haupt- und Nebensächlichem tadeln wollen. Wir müssen die Sache selbst zugeben, ohne deshalb in die Beanstandung einstimmen zu können. Über die bloß äußerliche Richtigkeit hinaus, die gewiß die Innehaltung einer Staffel vom Wichtigeren zum Unwichtigeren oder umgekehrt vorschreibt, gibt es eine höhere geistige, sich meist mit dem, was wir das Poetische nennen, deckende Wahrheit, die es gelegentlich fordern kann, sich in Widerstreit mit dem allgemeingültigen und vollberechtigten Alltagsgesetz zu bringen. Wir haben zahllose Bilder aus der Luther-Zeit, und die Adoptierung ihrer Mal- und Vortragsweise ist der einfachste, am raschesten und vielleicht auch am vollkommensten zum Ziele führende Weg, wenn es sich darum handelt, uns auf einen Schlag in den entsprechenden Zeitabschnitt hineinzustellen. Nur so ist man der vielzitierten »Echtheit« sicher. Dafür, daß solche Anlehnungen nicht zu bloßen Wiederholungen von längst Dagewesenem werden, ist gesorgt.

Ferdinand *Kellers* »Nero« scheint, ohne ein Kunstwerk von großem Stempel, so doch ein Bild von großen Meriten zu sein. Was ihm fehlt, ist eine bedeutende Wirkung auf unser Gemüt, wie sie – eh' man sich an ihm satt gesehen hatte – Kaulbach, trotz all seiner Mängel und Affektiertheiten, doch immer hervorzubringen vermochte. Welch' Unterschied nach dieser Seite hin zwischen dem brennenden Jerusalem und diesem brennenden Rom! Das letztere wirkt nicht anders, als hinge eine Tapete im Hintergrunde, auf der die Flammen aufschlagen; wir müssen diese Flammen aber, um erschüttert zu werden, nicht aus zweiter Hand, sondern erster Hand empfangen. Auch unter den Gestalten ist vieles indifferent. Nero selbst jedoch (und dies bleibt immerhin die Hauptsache) ist vorzüglich, fast bedeutend; ebenso die rotblonde Frauengestalt, die ihm das Haar mit Blumen schmückt.

A. v. *Heydens* »Walküren« sind ein brillanter Griff. Eine Ausstellung, nicht nur vollgepfropft von Menschen, sondern auch die Seele des Beschauers hundertfach abziehend und zerstreuend, ist freilich nicht der Ort, um die Schauer der Romantik, die in diesem Bilde wehen, zu besonderer Geltung kommen zu lassen. Dennoch versagen sie auch an dieser Stelle nicht, und das Grauen des nächtigen Schlachtfeldes, über das hin die Walküre ruft, berührt, allem Gegensätzlichem zum Trotz, unsre Sinne und unser Herz.

Gustav *Seyfferths* »Vagabunden« wirken fast wie ein groteskes Seitenstück zu dem v. Heydenschen Bilde. Das eine ein allerpoetischster, das andere ein allertrivialster Hergang; das eine ursagenhaft, das andere urmodern. Walküren und – Vagabunden, und doch verwandt. Nicht nur äußerlich darin, daß das Schneefeld des einen Bildes so öde daliegt wie das Schlacht- und Leichenfeld des andern, nein, auch verwandt in Geist und Stimmung, denn neben diesen von der Neugier, der Tanz- und Lachlust der Menschen lebenden Trauerkarawanen zieht – phantastisch angedeutet in einem unheimlich am Wege stehenden Wahrzeichen – der *Tod* her, ebenso erschütternd, wie die Walküre über das Schlachtfeld zieht. Das Tragikomische und das Romantische treffen hier nahezu dieselbe Herzenssaite.

Franz *Defreggers* »Letztes Tiroler Aufgebot 1809« zählt zu den bedeutendsten Bildern der Ausstellung. Der furchtbare Ernst eines Volkskrieges tritt einem hier echter entgegen als in allem, was der »guerre à outrance« in allen seinen Phasen geleistet hat. Wir konnten uns von diesem Defreggerschen Bilde nicht trennen. Das ist Leben und Kunst! Im ersten Moment erschien uns eine starke Verwandtschaft der Köpfe beanstandenswert; aber auch diese Bedenken schwanden bald. Es ist nicht unwahrscheinlich, daß sich gerade hierin eine große künstlerische Freiheit birgt. Wären diese sechs, acht Köpfe sehr verschieden, so würden sie den Strom unserer Empfindung in ebensoviel Kanäle teilen; diese wenigstens momentane Zersplitterung unseres Empfindens aber bleibt uns erspart, weil in allen Köpfen, die wir sehen, derselbe Grundton klingt. Es ist dieser Gleichklang leicht möglicherweise gerade mit eine Hauptursache der großen Wirkung, die das Bild hervorbringt.

Alma-Tademas Bilder, von der Künstlerwelt wieder bewundert, können uns kein tieferes Interesse einflößen. Stofflich sind sie langweilig, in ihrer Behandlungsweise aber so durchaus übereinstimmend mit den genugsam bekannten altrömischen und ägyptischen Bildern ebendieses Meisters, daß wir, für unser Teil, hinter diesem modernen Zimmer-Ausschmükkungs-Apparat immer noch einen toten oder lebenden Ägypter suchten und ihn, für unser Gefühl, im wesentlichen auch fanden. Aus dem Katalog ersahen wir dann, es seien Alma-Tadema und Frau; wir hatten, wenn nicht direkt auf Ramses, so doch wenigstens auf den Khedive geraten. Nichts finden wir grausamer, als einen Künstler an irgendeine bestimmte Stelle seiner Produktion annageln zu wollen; wenn aber der Künstler dies mehr oder weniger selber übernimmt und alles ägyptisiert, so darf er sich nicht wundern, wenn man, sooft er auch nur sein Sacktuch zieht, jedesmal fürchtet, ein kleines Taschenkrokodil hervorspringen zu sehen.

Noch größeres Aufsehen bei den Malern hat Eduard v. *Gebhardts* »Kreuzigung« gemacht. Nur eine Minorität beklagt eine vorhandene Häßlichkeit, die angetan sei, den eigentlichen Maler-Heiligen der Jetztzeit, den *Sankt-Realismus*, der sonst so schöne Triumphe auf diesem Bilde feiere, um seinen Heiligenschein zu bringen. Wir können dem weder nach der Seite des Lobes noch des Tadels unbedingt zustimmen. Wir finden beispielsweise in dem nach vorn fallenden Oberkörper des Gekreuzigten keine uns störende Häßlichkeit, andererseits, in der Totalität des Bildes, ebensowenig einen sonderlich hervortretenden wirklichen und konsequent durchgeführten Realismus. Gestalten, die sich durch die ganze Kunst des 15. Jahrhunderts hinziehen, mehr oder weniger typisch waren und damals als realistisch gelten konnten, können heute nicht mehr dafür angesehen werden, einfach deshalb nicht, weil jedes Jahrhundert seine besonderen Menschen schafft. Realistische Gestalten von damals sind es heute nicht mehr. Auf dem berühmt gewordenen Abendmahlsbilde v. Gebhardts lagen die Dinge sehr anders. Auch auf dieser »Kreuzigung« sind einzelne Figuren neu, so namentlich die beiden Gestalten, die zu Füßen des einen Schächers stehen; *ihnen* gegenüber kann man von Realismus und originellem Gepräge sprechen. Im ganzen aber hat dies Bild keinen besonderen Überschuß an dem, was ihm vor allem nachgerühmt wird, an – *Originalität.*

Sehr schön sans phrase sind die Landschaften A. *Hertels* und die Porträts *Gustav Richters.* Unter den Arbeiten des Erstgenannten geben wir dem »Sommerabend vor dem Brandenburger Tor«, unter denen des letzteren dem reizenden »Evviva!« den Vorzug. Zu Betrachtungen fordert freilich die danebenhängende Porträtgruppe, Frau Richter und ihr jüngstes Kind darstellend, noch mehr heraus. Es ist eine Madonna außerhalb des Christlichen. Vielleicht gewollt, vielleicht auch nicht. Alles Transzendentale fehlt, aber ein Schön-Menschliches spricht zu uns, der Erscheinung wie dem Geiste nach. Eine schöne Frau, eine glückliche Mutter. Dazu Finessen von hinreißend malerischer und fast auch gedanklicher Schönheit. Wir rechnen dahin die scheinbar endlos um Hals und Brust geschlungene Kette, die, während sie dem Kinde sinnreich als Spielzeug dient, zugleich dezent wie ein aus Gold gehäkeltes Nackentuch verwendet ist.

Unter den Bildern, die ihren Stoff dem letzten großen Kriege entnommen haben, geben wir den beiden *Bleibtreuschen* Bildern »Wörth« und »Sedan« den Vorzug. Unter den Arbeiten *Hüntens* hat uns die Szene aus dem Gefecht bei Colombey (14. August 1870) am meisten interessiert. Von Künstlerseite wird dem Bilde Franz *Adams* in München: »Die 22. Division bei Sedan« eine besondere Bedeutung beigelegt. Es ist gewiß außerordentlich scharf beobachtet und ebenso vorzüglich wiedergegeben; die Einzelheiten sind von frappanter Wahrheit. Aber es ist ein Bild, das sich eben in lauter solchen Einzelheiten auflöst und dessen man deshalb, als eines Ganzen, doch nicht recht froh wird. Es wirkt, wie wenn hundert bunte Käfer über ein Tischtuch laufen, oder wie eine Schmetterlingsammlung: Zitronenvogel, Pfauenauge, Trauermantel.

Noch zweier Genrebilder sei erwähnt: »Romantischer Spaziergang« von Cretius und »Die Kreuzigung« von Woldemar Graf Reichenbach. Das erstere, von großer Sauberkeit und voll feinen Humors, ist dadurch so wirksam, daß man sich unwillkürlich die Frage vorlegt: »Was würdest du an Stelle dieses Engländers tun?« – Die »Kreuzigung« Graf Reichenbachs ist bedeutender und zählt zu den Bildern, die Fragen anregen. Zu sehr guten malerischen Qualitäten gesellt es, im einzelnen wie im ganzen, in seiner Idee wie in seinen Gestalten, eine Schärfe, Kraft und Kühnheit, die geradezu frappiert. Allerdings nicht bloß nach der Seite des Guten hin. Während es sich vielen lediglich als die Wiedergabe eines komischen, dem Leben abgelauschten Herganges darstellen wird, hat es uns doch wie ein mit tiefstem Hohne abgefaßtes Pasquill berührt. Wir geben die Berechtigung auch solcher Bilder zu, aber wir wünschen die Gattung strenger geschieden. Als Humoreske ist es zu herb satirisch, und als Satire klingt es wieder zu spaßhaft-humoristisch hinein.

Wir brechen hier ab, vielleicht zu spät schon, und unserem berufenen Kollegen L. P. möglicherweise ein so verfitztes Garn hinterlassend, daß selbst seine kunstgeübte Hand Mühe finden wird, das Wirrsal wieder zu lösen. Möge sich denn sein Haupt nicht zornig verfinstern, wie das des Ätna, den er soeben verlassen.

BUCHBESPRECHUNGEN

Kritische Forschungen im Gebiete der Malerei, von M. Unger.
Leipzig, Hermann Schultze, 1865.

Unter diesem Titel hat der auf dem Gebiete der Kunsthistorie, besonders durch sein Werk »Das Wesen der Malerei« ausgezeichnete Verfasser eine Anzahl von Aufsätzen veröffentlicht, in denen er sich auf eingehende Weise über venezianische, spanische und niederländische Meister, zuletzt auch über einige Künstler der Jetztzeit, darunter Adolf Menzel, Cornelius, Karl Becker, Gustav Richter, Eduard Hildebrandt etc. verbreitet. Er selbst nennt diese Aufsätze »Beiträge zu gründlicher Kenntnis der Meister«, und das sind sie in der Tat. Der Herr Verfasser geht davon aus, daß weniger die Kunsthistorie als die *Kunstkritik* im Argen liege, nicht dadurch, daß sie lax, mit einer gewissen Indifferenz gegen die Wahrheit geübt werde, sondern einfach dadurch, daß die wenigsten unter allen denen, welche Kunstkritik übten, auch nur eine Ahnung hätten, nach welchen Prinzipien überhaupt geurteilt werden müsse. Der Herr Verfasser hat dabei nicht jene feuilletonistischen Kunstkritiker im Auge, die, wenn die Zeit der Kunstausstellung kommt, sich plaudernd über Genre und Historie hermachen und sich mit dem Ruhme begnügen, über Knaus oder Kraus angenehm gesprochen zu haben; er zielt mit seinen Auslassungen auf Kunstkritiker von *Fach,* auf solche, die in erster Reihe *Forscher* sind und die Kraft und Fähigkeit für sich in Anspruch nehmen, einer beliebig zusammengewürfelten Menge von italienischen oder niederländischen Bildern gegenüber, an dieselbe herantreten und mit der Sicherheit eines Abbé Richard (der auch die 600 Fuß tiefe Quelle rieseln hört) bestimmen zu können: Unter dieser Staubschicht sprudelt Raffael, unter dieser Giorgione, unter einer dritten und vierten Ruysdael oder Wijnants oder Hobbema. Diesen *Fachleuten* gegenüber tritt er auf und sagt ihnen, daß ihre Kunst der Erkenntnis im Argen liege. Er gründete diesen Ausspruch darauf, daß die wenigsten Kunstkritiker – wenn sie überhaupt wüßten, was *Stil* sei – die Lust und die Fähigkeit besäßen, die *Stil-Eigentümlichkeit* eines Meisters zu erkennen. Hierauf komme Alles an. Technisches lasse sich ablauschen, nachahmen und sei tausendfach, teils offen und ehrlich, teils betrügerisch-versteckt, nachgeahmt worden; was sich aber nicht nachahmen lasse, das sei der *Stil*.

Was ist nun aber *Stil*? –

Der Verfasser antwortet selbst: »*Stil* ist die künstlerische Handhabe, mit der die in der wirklichen Erscheinung versteckte *Idee* gefaßt und zur Anschauung gebracht wird.« Gut. »Ohne Erkenntnis dieser Idee« – so fährt er vortrefflich fort – »die sich nur erst offenbart, wenn der Künstler das Wesentliche von dem bloß Zufälligen zu unterscheiden weiß, wird in der Kunst nie etwas Bedeutendes geleistet werden. Es gibt keine Kunst ohne Stil.« Verstehen wir den Verfasser recht, so handelt es sich in der Kunst also darum, *die Welt der Erscheinungen mit einem bestimmten geistigen Auge anzusehen.* (Denn die in den Dingen »versteckte Idee« ist doch zuletzt nur unsere eigene.) In jedem Auge spiegeln sich die Dinge *anders; wie* sie sich spiegeln, das macht den Stil. Kein echter Künstler kann die Dinge mit einem andern Auge, als mit seinem eigenen ansehen; jede ernste, andauernde Beschäftigung mit den Werken dieses oder jenes Künstlers muß dem Kunstkritiker aber Gewißheit darüber geben, wie sich die Welt der Erscheinungen im Auge dieses oder jenes Künstlers spiegelte. Weiß dies der Kritiker erst, so kann von einer Täuschung, von einem Hintergangenwerden nicht länger die Rede sein. Denn wie geschickt auch die Stil-Nachahmung sein mag, das Lebendige wird fehlen, weil eben Jeder, wohl oder übel, mit seinem Auge sehen muß, wenn er überhaupt lebendig sehen will, und nichts sieht (oder bloße Schemen), wenn er sich das Auge des Andern borgt.

So weit die überaus feinen, vielfach frappant geistreichen Bemerkungen des Verfassers, die sich, zahlreich variiert, durch alle Kapitel des Buches hinziehen, – Anschauungen, die nirgends von der Oberfläche geschöpft sind, sondern ein fünfzigjähriges Leben innerhalb der Kunst als gesunde Basis haben. Dennoch haben wir unsere Bedenken und hegen unsere Zweifel, ob die Erkenntnis des Stils, selbst da, wo sich ein Forscher bis zu dieser Erkenntnis durchgearbeitet hat, ausreicht für die Kunstkritik oder, praktisch angewandt, für das richtige Erkennen von Bildern. Wir möchten die Vermutung aussprechen, daß sich der »Stil« (das Wort ganz im Sinne des Herrn Verfassers genommen) eben sowohl nachahmen läßt, wie das rein Technische. Wir nehmen – im Übrigen unsere Kunstansichten bereitwillig denen des Herrn Verfassers unterordnend – den

Mut zu dieser Ausstellung aus Erfahrungen innerhalb einer Schwesterkunst her, mit der wir vertrauter stehen, aus der Dichtkunst. Goethe, Schiller, Heine, Lenau haben ihren *Stil*. Dieser ihr Stil (ganz wie in der Malerei) drückt aus, wie sich die Welt in ihrer Seele spiegelt; das Auge des Einen ist nicht das des Andern. *Dennoch ermöglichen sich Nachahmungen*, und wiewohl wir uns persönlich einbilden, mit dem lyrischen Stil Goethes und Lenaus ganz genau vertraut zu sein, fühlen wir doch, daß man uns fünfzig Lieder von irgend einer andern geschickten Hand als Lieder Goethes oder Lenaus unterschieben könnte. Wir sind freilich nicht sicher, daß es innerhalb der bildenden Kunst ebenso sein *muß*, aber wir vermuten es fast. Eine *Gesamtheit* von Zeichen, *äußere* und *innere*, müssen zusammenwirken, und selbst dann noch (wie übrigens der Herr Verfasser in Einzelfällen auch seinerseits einräumt) sind Täuschungen sehr leicht möglich.

Der Grundgedanke des Mittelalters war die *Theokratie,* die Verwirklichung eines Gottesreiches auf Erden. Die Ausführung dieses Gedankens führte zu einer auf die Dauer unerträglichen *Hierarchie;* die weltliche Gewalt, die fortschreitende freiere Entwickelung mußten gleichmäßig in Konflikt mit der Kirchenherrschaft und ihren immer bedrückender werdenden Satzungen geraten... Als in der abendländischen Welt dieses Sehnen nach Befreiung von mittelalterlichem Geistesdruck sich mehr und mehr zu regen begann, war es die wiederentdeckte Herrlichkeit des *klassischen Altertums,* in welcher der moderne Geist sein Verjüngungsbad fand. Ein wunderbarer Lenzeshauch ging durch die Zeit und einer der Tapfersten und Gefeiertsten jener Epoche durfte ausrufen: »O Jahrhundert, die Geister erwachen, die Studien blühn; es ist eine Lust zu leben!« Alles Ringen und Regen jener Epoche aber, die wir als das Zeitalter der *Renaissance* bezeichnen, läßt sich im letzten Grunde darauf zurückführen, daß das Individuum sein Recht, seinen Anspruch auf Freiheit des Denkens und Empfindens geltend machte. Das Auftreten des Humanismus wurde zugleich das Signal zum Kampfe gegen die Allgewalt der Kirche... Auf keinem Gebiet wurde es klarer, daß sich das Mittelalter vollständig überlebt habe, als auf dem Gebiete der *Kunst.* In dem Kampfe des neuen Stils mit dem alten erkennen wir den Kampf zweier entgegengesetzter *Weltanschauungen.* Das Mittelalter hatte den Gipfel seines Schaffens in der kirchlichen Baukunst und diese den ihrigen im gotischen Stil gefunden. Dieser war eminent auf den Kirchenbau berechnet, mußte deshalb einer Zeit, die ausschließlich kirchlich gesinnt war, zum höchsten Ausdruck ihres Wollens und Könnens gereichen. Für weltliche Zwecke war er, von Anfang an, nicht wohl geeignet. Und so zeigte sich denn schon im 14. Jahrhundert, wo das Bürgertum aufzublühen und der Reichtum der Städte zu wachsen begann, ein Verfall des gotischen Stils als ein notwendiger Reflex dieser Bewegung. Er hatte seine Rolle ausgespielt; eine andere Zeit mit neuen Gedanken verlangte neue Formen. Wie diese zuerst in *Italien* durch das Studium der antiken Denkmäler vorbereitet wurden, ist bekannt...

Man begreift, daß in Italien, wo die architektonischen Traditionen der klassischen Vorzeit bis tief ins Mittelalter hinein dauerten und die Konstruktionsprinzipien der Gotik nie zu voller Gültigkeit gelangten, am frühesten (schon um 1420) auf diese antikisierende Richtung eingegangen wurde. Die *italienische Renaissance* wurde für die andern europäischen Länder zum Lehrer und Vorbild. Als ihre vorzüglichsten Hervorbringungen innerhalb der Baukunst mögen die Paläste Pitti, Riccardi, Strozzi, die Domkuppel in Florenz, die Peterskirche in Rom, die Loggien des Vatikans angesehen werden.

Von Italien aus eroberte die Renaissance zunächst *Frankreich*, erheblich später erst und mannigfach modifiziert *Deutschland*. Wir kommen auf die Gründe dafür zurück. Dies Fortschreiten, Boden und Herrschaftgewinnen in dem einen wie im andern Lande hat Professor W. *Lübke* in Stuttgart (dessen trefflichen Arbeiten auch die vorstehenden Sätze zu größerem Teile entnommen sind) zum Gegenstande vieljähriger Forschungen gemacht, deren Resultate uns in zwei umfangreichen Werken* vorliegen. Über das erst erschienene (Geschichte der französischen Renaissance) ist bereits an eben dieser Stelle ausführlicher berichtet worden; wir wenden uns heute ausschließlich der *deutschen Renaissance* zu.

Deutschland, ebenso wie Frankreich, so sagten wir bereits, empfing die Renaissance aus Italien; ebenso war den beiden empfangenden Ländern *das* gemeinsam, daß das gotische Mittelalter zu Anfang des 16. Jahrhunderts vielfach noch in ihren Einrichtungen und Schöpfungen fortlebte. Die Formenwelt des spätgotischen Stils hing mit dem handwerklichen Geiste, der damals die ganze Kunstübung durchdrang, innig zusammen. Der spielende Formalismus der Maßwerke befriedigte den namentlich in Deutschland stets vorhandenen Hang nach geometrischen Künsteleien. Kein Wunder also, daß man sich, namentlich beim Kirchenbau, in beiden Ländern (Frankreich und Deutschland) noch längere Zeit mit gotischen Formen und Konstruktionen begnügte.

Namentlich war, wie schon angedeutet, der Widerstand, den

* Geschichte der Renaissance in Frankreich von W. Lübke mit 94 Illustrationen. Stuttgart, Ebner und Seubert, 1868. Geschichte der deutschen Renaissance von W. Lübke, mit zahlreichen Illustrationen. 1. 2. u. 3. Abteilung. Stuttgart, Ebner und Seubert, 1872.

Deutschland dem erobernden Neuen entgegensetzte, ein lang andauernder. Doch würde man irre gehn, in diesem Widerstande, der sich ganz besonders auf *architektonischem* Gebiete zeigte, ein mit Bewußtsein festgehaltenes Prinzip erkennen zu wollen. Das Prinzip, wie aus zahlreichen Stichen und Zeichnungen, Gemälden und Bildwerken ersichtlich ist, war längst aufgegeben, als es innerhalb der Architektur immer noch zu herrschen schien. Die unbestrittene Tatsache, daß der Renaissance-*Bau*, im Gegensatz zu andern *Hervorbringungen* der neuen Kunstrichtung, in Deutschland um fast fünfzig Jahre später als in Frankreich zu allgemeiner Geltung kam, diese Tatsache hatte weder in mangelnder Kenntnis noch in mangelnder Neigung ihren Grund, sondern einfach in ungünstigeren äußeren Verhältnissen. Der Anfang des 16. Jahrhunderts bezeichnete in Frankreich, trotz der großen Kämpfe die Ludwig XII. und namentlich Franz I. nach außen hin führten, eine Epoche beinah ungestörten inneren Friedens; so stellten sich der Herübernahme des italienischen Stiles (der Renaissance) keine Hindernisse in den Weg und jene prächtigen Loire-Schlösser konnten entstehen, die bis diesen Augenblick das Entzücken des Kenners und des Laien sind. Anders in *Deutschland*. Die Unruhen der Zeit, die Kämpfe um die Durchführung der Reformation, die schließlich das geistige Gebiet verließen und zu Bauern-Aufstand und schmalkaldischem Krieg führten, verschoben bei uns die Neugestaltung der Architektur, deren erste glänzende Proben wir etwa um die Mitte des Jahrhunderts, oder doch nur wenig früher wahrnehmen.

Aber der Unterschied zwischen Entfaltung *französischer* und *deutscher* Renaissance beschränkte sich nicht darauf eine Zeitfrage zu sein, weit über die Frage des »wann« hinaus differierten beide auch in dem *was* und *wie*. Die deutsche Renaissance, im Gegensatz zur französischen, zeigte die *Vermählung* zwischen dem Mittelalterlichen und der Antike, als welche man die Renaissance so oft bezeichnet hat, derartig, daß die erfolgte Verbindung beide Elemente fortbestehen ließ. Die herrlichsten der französischen Renaissance-Schlösser – so ineinander verschmolzen ist Altes und Neues in ihnen – wirken wie ein Selbständiges, Eigenartiges; die deutschen Renaissance-Bauten – nicht alle, aber viele – repräsentieren einen mittelalterlichen Stamm, auf den die Antike nur okuliert wurde. Sie wirken wie eine Gotik, die nicht den Leib, sondern nur das

Kleid gewechselt hat, oft auch dies kaum, sondern nur den *Schmuck*. An die Stelle des Spitzbogens tritt der Rundbogen oder die Horizontale; im Übrigen: statt des Pfeilers die Säule, statt des Eichenlaubs der Akanthus, statt des Kreuzes der Obelisk und statt des Heiligenbildes die mythologische Gottheit. Eine große Anzahl der hervorragendsten Bauten aus der deutschen Früh-Renaissance wirken auf Entfernungen, die die Prüfung der *Details* zur Unmöglichkeit machen, wie gotische Bauten; erst die Nähe, die uns eine Kenntnisnahme des Ornaments gestattet, belehrt uns, daß wir einer Schöpfung des neuen Stiles gegenüberstehen.

Mit Recht konnte deshalb von der deutschen Renaissance gesagt werden, es sei entscheidend für sie geworden, daß sie, in ihrem *dekorativen Hange,* ihr Augenmerk mehr auf prächtige Einzelheiten, als auf ein strenges System gerichtet habe. »Dieser dekorative Hang, diese *Ornamentik* (so schreibt Lübke S. 178) ist die Stärke und die Schwäche der deutschen Renaissance. Es spricht sich in ihr eine Fülle von Phantasie und Originalität, eine gewisse Kraft und kecke Derbheit aus. Aber sie zeigt auch, wie tief der Hang zu geometrischen Formspielen und Künsteleien im deutschen Geiste steckt. Derselbe Zug hatte in der gotischen Zeit zuletzt alles in Maßwerkspiele aufgelöst; derselbe Sinn brachte nun in der Renaissance, unter veränderten Formen und Verhältnissen, Analoges hervor. Damals war es die Tyrannei des Steinmetzen der sich alles unterwarf, jetzt kam der Metallstil, speziell die Schmiede- und Schlosserarbeit, zur Herrschaft.« Sehr feinsinnig und sehr gerecht (eine Eigenschaft, die den meisten Schriftstellern in jahrelanger Beschäftigung mit ihrem Gegenstande verloren zu gehen pflegt) setzt W. Lübke hinzu: »Es war und blieb ein mehr handwerkliches als künstlerisches Prinzip, das darin zur Erscheinung kam, ein Beweis, daß der *höchste künstlerische Adel* bei uns durch eine gewisse Derbheit des Sinnes, oder sagen wir lieber durch *spießbürgerliche Pedanterie* verkümmert wurde. Dies einmal zugegeben – und man darf sich dergleichen nicht verhehlen –, wird man immerhin an der originellen Kraft und Frische der Konzeptionen, an der Sicherheit und kecken Wirkung dieser Werke sich erfreuen können.«

Diesen Auslassungen schließen wir uns ganz an. Wer im Laufe eines Sommers Belgien, Nord-Frankreich und Süd-England durchwandernd, seine Reise mit einem Besuche von Col-

mar und Basel, Ulm, Augsburg und Nürnberg abschließt, wird
in dem sich ihm aufdrängenden Vergleiche, die Wahrheit der
vorstehend zitierten Sätze an sich selber empfinden. An die
Stelle des Großgedachten und königlich Angelegten, das schon
auf weithin durch die Gesamtheit seiner Erscheinung wirkt,
tritt in Deutschland, vielfach wenigstens, ein liebevoll durchgeführter Kleinkram, der, auf der feinsten Waage des Kenners
gewogen, oft künstlerisch bedeutender und origineller sein
mag, als die gleichzeitigen großartigen Schöpfungen Westeu-
ropas, die aber dem Auge des Laien doch immer wieder und
wieder nur den Eindruck machen werden, erst in *zweiter* Linie
zu stehn. Vielleicht mit alleiniger Ausnahme des Heidelberger
Schlosses hat die deutsche Renaissance nichts hervorgebracht,
was neben den Loire- und Seine-Schlössern, was neben Blois,
Chambord, Chenonceaux und dem Louvre ebenbürtig bestehen könnte.

Die Herrschaft der deutschen Renaissance reicht von 1540
bis 1630 und gliedert sich (nach Lübke) in drei Epochen. Die
erste Epoche – in Einzelerscheinungen bis auf 1520 zurückge-
hend – reicht bis 1550 und umfaßt die frühesten Versuche, die
neue Bauweise auf deutschem Boden einzubürgern. Die *zweite*
Epoche – etwa von 1550 bis gegen den Schluß des Jahrhunderts
– bringt einige Meisterschöpfungen hervor, wie den Otto-
Heinrichs-Bau zu *Heidelberg,* den Schloßhof zu *Dresden,* den
Hof des Alten Schlosses zu *Stuttgart* und die Bogenhalle am
Rathause zu *Köln.* Die *dritte* Epoche (etwa von 1590 bis gegen
1630) leiht den Formen häufig schon eine gewisse Überladung
und mischt Barockes und Willkürliches mit ein. Mit dem Ausbruch und Fortschreiten des dreißigjährigen Krieges findet
auch diese Entwicklung ihr Ende; später tritt der französische
Stil Ludwigs XIV. in die Lücke ein.

So weit das Allgemeine. Die Hauptaufgabe W. Lübkes bestand nun darin, zunächst ein *Inventar* unsres deutschen Re-
naissance-Vermögens aufzunehmen. Dies war eine Aufgabe,
von der der Herr Verfasser selber in der Vorrede zu seinem
Werke sagt: »sie überstieg nahezu die Kräfte eines Einzelnen,
auch des Rüstigsten. Es galt, das weite Gebiet, das von der Mo-
sel bis zum Njemen, von der Eider bis zur Save sich ausdehnt,
wandernd zu durchforschen, die Monumente, auf welche meistens noch keine kundige Hand hingewiesen hatte, zu entdek-
ken und zu studieren, um das *Material* zu einer übersichtlichen

Darstellung zu gewinnen.« Diese Reisen wurden nun auch wirklich gemacht und alle Kreuz- und Querzüge eingerechnet wahrscheinlich weit über 1 000 Meilen zurückgelegt. Der eingeheimste überreiche Stoff mußte nun *gruppiert* werden und Lübke entschied sich für eine topographische Einteilung. Er begann eine Gruppierung nach Stämmen und Provinzen. In den drei Heften, die uns vorliegen (bis Seite 640 gehend) sind nun folgende deutsche Landesteile, auf ihren Renaissance-Gehalt hin, geprüft: 1. die *deutsche Schweiz:* Basel, Luzern, Schaffhausen, Zürich, Näfels, Winterthur; 2. die *oberrheinischen Gebiete:* Mühlhausen, Colmar, Straßburg, Schloß Gottesau, Baden, Konstanz; 3. die *pfälzischen Lande:* Regensburg, Neuenburg, Heidelberg; 4. *Schwaben:* Tübingen, Stuttgart, Cannstatt, Heilbronn, Liebenstein, Ulm, Augsburg; 5. *Franken:* Mainz, Lorch, Frankfurt, Offenbach, Darmstadt, Aschaffenburg, Würzburg, Schweinfurt, Mergentheim, Rothenburg, Nürnberg, Bamberg, die Plassenburg; 6. *Bayern:* Freising, Landshut, Trausnitz, München; 7. die *österreichischen Länder:* Schloß Schallaburg bei Mölk, Wien, Steier, Bruck, Graz, Klagenfurt, Brixen, Innsbruck, Salzburg, Prag. Diesen sieben Kapiteln werden sich mutmaßlich, in den zwei folgenden Heften, noch ebenso viele anschließen. Es fehlt noch ganz Norddeutschland von Königsberg bis Emden und von Breslau bis Köln. Einige dieser nördlichen Provinzen und Städte bieten eine reiche Ausbeute, so beispielsweise Danzig, Breslau, Dresden, die Lausitz und Mecklenburg.

In diesen nach Landesteilen gruppierten Kapiteln ist das *Renaissance-Bauwerk* und das was ihm dient (Skulptur, Eisenschmiedekunst etc.) beständig in den Vordergrund gestellt. Über das was das deutsche *Kunsthandwerk* unter dem Einfluß des neuen Stiles leistete, haben die fünf ersten Kapitel des Lübke'schen Buches sich bereits eingehend ausgesprochen. Wie wir schon hervorhoben, auf *diesem* Gebiete feierte die Renaissance ihre eigentlichsten Triumphe. Wohl durfte W. Lübke mit Rücksicht hierauf schreiben: »All jene Bauten, bei denen wir ausführlicher verweilt, zeigen das gesamte *Kunsthandwerk* auf seiner Höhe im Wetteifer bemüht, das Innere und Äußere harmonisch auszustatten und den Räumen den Reiz häuslichen Behagens zu geben. Der *Schmied* und *Schlosser* mit seinen kunstreichen Gittern und Türbeschlägen, der *Schreiner* mit seinen geschnitzten und eingelegten Schränken, Truhen, Tischen, Kredenzen und Sesseln, mit den dunklen Täfelungen der Wände und dem reichen Schnitzwerk der Decken, der *Hafner* mit den farbenreichen Öfen und den Fliesen der Wände und des Fußbodens, mit den bildwerkgeschmückten Geräten, den Krügen und Pokalen, der *Goldschmied* und der Zinngießer mit den zahlreichen blitzenden Gefäßen zum Prunk und zum täglichen Gebrauch, endlich der Teppichwirker, Maler, Glaser, Stukkator und Bildhauer, sie alle wetteiferten, jenen unvergleichlichen Gesamteindruck künstlerisch geadelten häuslichen Behagens hervorzubringen.«

Wir schließen hier unsern Bericht. Das ausgezeichnete Werk, das unseren Angaben großenteils zur Unterlage diente, ist nicht nur das reichste und umfassendste, es ist auch das *erste,* das über die deutsche Renaissance als ein Ganzes erschienen ist. Was bis dahin vorlag, waren nur Bruchstücke, Monographien, die den einen oder anderen Landesteil behandelten. Auch ihre Zahl war gering. Man darf deshalb füglich aussprechen, daß das Gebiet der Kunstgeschichte durch diese neueste, das Studium vieler Jahre umfassende Arbeit W. Lübkes sehr wesentlich erweitert worden ist.

Seltsamerweise, so viel über italienische Malerei geschrieben worden ist, so war doch eine »*Geschichte* der italienischen Malerei« immer noch in Ausstand. Was *da* war, beschränkte sich auf die Behandlung einzelner Epochen oder einzelner Meister, während das *Ganze* bis dato immer nur in »Hand-Books«, »Guides« und »Cicerones« eine Darstellung fand. Unter diesen Reisebüchern ist sehr viel Ausgezeichnetes, aber an die jedesmalige *Lokalität* anknüpfend, mußten diese Werke notwendig *unsystematisch* bleiben. Sie gaben das *Material*, das, aus seiner natürlichen Reihenfolge gerissen, uns weder den Entwicklungsgang der italienischen Malerei zeigen, noch eine *Geschichte* derselben ersetzen konnte. Lübkes Buch, zum ersten Male, gibt uns diesen Entwicklungsgang und zwar in einer Klarheit, die schon in der Gruppierung des überreichen Stoffes ihren Ausdruck gefunden hat.

Ich lasse zunächst diese Gruppierung hier folgen. *I. Buch. Das Mittelalter.* a. Altchristliche Epoche; b. Byzantinisch-romanische Epoche; c. Gotische Epoche. *II. Buch. Frührenaissance.* a. Die Kultur der italienischen Frührenaissance; b. Die Florentiner Schule (1. und 2. Generation); c. Die Schule von Siena; d. Umbrisch-toskanische Schule; e. Schule von Umbrien; f. Die Paduanische Schule; g. Die lombardisch-piemontesische Schule; h. Die Schule von Venedig; i. Die Malerei in Unteritalien. *III. Buch. Hochrenaissance.* a. Die Kultur der italienischen Hochrenaissance; b. Leonardo da Vinci; c. Michelangelo; d. Die übrigen Florentiner; e. Raffael. (Seine Jugend. Unter Julius II. Unter Leo X. Drei Kapitel); f. Schüler und Nachfolger Raffaels; g. Die Sienesen; h. Correggio; i. Lombarden und Piemontesen; k. Die Venezianer; l. Die Maler des venezianischen Festlandes.

So die Gruppierung. Der Herr Verfasser, weil orientiert, *weiß* zu orientieren. Die Gesamtheit überblickend, ist es ihm leicht geworden, allem Einzelnen den ihm zuständigen Platz zu geben.

---

* Stuttgart 1878 und 79, Verlag von *Ebner* und *Seubert*. Zwei Bände.

Sehen wir von der chronologischen Behandlung des Ganzen
ab und richten wir unsre Aufmerksamkeit auf die Einzelgrup-
pen, so finden wir auch hier eine Dreiteilung wieder: Histo-
risch-Kritisches leitet den Abschnitt ein, Biographisches folgt
und Beschreibung der einzelnen Kunstwerke macht den
Schluß.

Am meisten vorgearbeitet war dem Herrn Verfasser wohl
auf dem Gebiete der *Biographie*. Kaum einer der hervorragenden Maler des 15. und 16. Jahrhunderts, der nicht, in älterer
und neuerer Zeit, seinen Darsteller, beziehungsweise seinen
Verherrlicher gefunden hätte. So gebot sich denn, nach dieser
Seite hin, viel mehr ein Wählen und Sichten, als ein Suchen
und Finden.

Die besonderen Schwierigkeiten begannen erst auf dem Gebiete der *Bilderbeschreibung*. Nicht als ob es nicht auch *hier*
eine Fülle von allerschätzbarstem Materiale gegeben hätte, nur
daß leider auch das »schätzbarste Material« von einem mit
selbständigem Auge sehenden Kritiker nie gebraucht werden
kann. Es geht dabei mit der *Kunst*historie genau so wie mit der
*Literar*historie, die Jeden, der es ernsthaft mit ihr nimmt, alsbald zu der Erkenntnis zwingt, daß es ganz unerläßlich ist, über
die Vor- und Hülfsarbeiten Anderer hinweg, zu den Quellen
selbst zurückzugehen. Auch W. Lübke fühlte diese Notwendigkeit. »Ich habe«, so schreibt er, »aus eigner Anschauung
meine Eindrücke und Urteile geschöpft, so daß meine Darstellung fast ausschließlich (in allen wichtigen Fällen ausnahme-
los) auf den vor den Kunstwerken niedergeschriebenen Aufzeichnungen beruht.« Aus diesem Verfahren erwachsen aber
ganz besondere Mühen, und so durft' er fortfahren: »Wie weit
es mir gelungen ist, den gewaltigen Stoff zu bemeistern, mag
der beurteilen, an den *ähnliche Aufgaben* herangetreten sind.«
Und in der Tat, wer selber auf italienischen Kreuz- und Querzügen vor Hunderten von Bildern gesessen und seine Bemerkungen in das Notizbuch eingetragen hat, der hat an sich selbst
erfahren, nicht bloß was es mit dem Sammeln, sondern vor
Allem auch mit der *nachträglichen* Verwendung eines derartig
eingesammelten Stoffes auf sich hat. Schon der bloße Wieder-
aufbau des Gesehenen aus der Erinnerung heraus, wobei die
Notizen immer nur anregen und unterstützen können, ist eine
große, die höchste Geistesanspannung erfordernde Arbeit, die
natürlich mit der Masse der empfangenen Eindrücke wächst.

Und ohne diese Rekonstruktion geht es nicht. Photographien helfen freilich nach, aber was helfen sie bei der überwältigenden Fülle dessen, was unphotographiert geblieben ist?

Eine Glanzseite des Werkes sind seine *kunst- und kulturhistorischen Betrachtungen*. Es fällt hier das Eingehen auf das Einzelne fort (oder richtiger noch, es liegt bereits zurück) und das Zusammengehörige zusammenfassend, ermöglicht es sich für den Verfasser in jeder Gruppe das gemeinsame Gesetz und wiederum auch das unterscheidende Merkmal von einer Nebengruppe nachzuweisen. Über der Fülle der Einzelheiten stehend und sie *beherrschend*, weiß W. Lübke diesen Bildern und Charakteristiken etwas Leichtes, Heitres und Graziöses zu geben, das ungemein wohltuend berührt.

In diesen Essays, die sich über das ganze Werk hin in einer gewissen Gleichmäßigkeit verteilen, gipfelt wohl der besondere Wert desselben und seine Schönheit. Hören wir beispielsweise, was der Herr Verfasser über die *Bilderscheu* oder *Bilderfeindlichkeit* der ersten Christen sagt: »Das Verhältnis der ersten Christen zu den bildenden Künsten ist erst in jüngster Zeit durch die epochemachenden Arbeiten de Rossis in Wahrheit erkannt worden. Früher hat man, einzelnen Äußerungen zuviel Gewicht beilegend, das junge Christentum als völlig *bildfeindlich* bezeichnet. Allerdings mochte dasselbe aus seiner jüdischen Abstammung die Scheu vor den bildenden Künsten mitbringen, welche das mosaische Gesetz dem Judentum seit alten Zeiten zur Pflicht gemacht hat. Es ist dieselbe Gesinnung, die sich auch bei jenem andern Zweige der *semitischen* Völkerfamilie, bei den Arabern, ausprägt. Diese düstre, asketische Anschauung hat allerdings in den ersten Zeiten der Kirche ihre Verteidiger gefunden. Aber die Praxis war, wie so oft, milder als die Theorie, und der abstrakten Bildlosigkeit des Judentums zum Trotz regte sich schon früh im Schoß der christlichen Gemeinde jene Liebe zu den holden Schöpfungen der Kunst, welche das natürliche Erbteil des griechisch-römischen Altertums war. Man erkennt dies deutlich an den zahlreichen Funden der *Katakomben*, an den Sarkophagen mit ihrem reichen bildnerischen Schmuck, an den kleinen Glasschalen mit gravierten Darstellungen auf eingelegten Goldplättchen, die besonders oft die Brustbilder der Apostel, aber auch mannichfach andere biblische Geschichten: Daniel unter den Löwen, Jonas vom Walfisch ausgespieen, die drei Männer im feurigen Ofen etc. enthalten. Erwägt man dies alles, so muß man die Ansicht von der *Bilderscheu* der ersten Christen bedeutend modifizieren und vielmehr eingestehn, daß eine naive Freude in künstlerischen Werken vorhanden war.«

Mit einem allereingehendsten Verständnis sind, wie sich nach dem Gesagten erwarten läßt, die verschiedenen *Schulen* charakterisiert, nicht bloß die großen, epochemachenden, auch die seitab gelegenen, die nur ein auf engstem Raume beschränktes Sonderleben führten. Hören wir was beispielsweise Lübke von den »Sienesen« oder der Schule von Siena sagt: »Bei Betrachtung der florentinischen Kunst war uns zu Mute, als ständen wir am wohlangebauten Ufer eines breiten Stroms, der auf seinen mächtigen Wogen Hunderte von reich beladenen Fahrzeugen trägt und weithin in offenem Verkehr die Länder verbindet. Neben solchen Strömen trifft man nicht selten verlassene Flußbetten, von welchen die Bewegung sich zurückgezogen hat; das zurückgebliebene Wasser ist in Stagnation übergegangen; Röhricht und Weidengebüsch umsäumt die stillen Ufer, über welche ein passiv träumerisches Binnenleben die wehmütige Poesie der Einsamkeit und Verlassenheit ausgießt. Aber in diesen ruhigen Gewässern spiegelt sich oft der Himmel in seiner ganzen Klarheit. Diesen Eindruck empfängt man von der Malerei des 15. Jahrhunderts in Siena... Am feierlich aufgebauten Andachtsbild, welches den Hauptgegenstand der sienesischen Malerei ausmacht, wurde in einer altertümelnden, spezifisch kirchlichen Behandlung festgehalten; der freie Blick in die Natur, in Wald und Feld, ein bewegtes Menschentreiben bleibt den Sienesen versagt.« Und an anderer Stelle: »In einer gewissen Vorliebe für das *Senile* begegnet sich die sienesische Malerei mit der *byzantinischen*, von deren Nachklängen sie sich nicht frei zu machen vermag... Ihr Stil ist gebunden. Aber eben diese Gebundenheit verleiht ihren Bildern jene verschleierte Innerlichkeit, jene kirchliche Stimmung, mit welcher sie noch völlig in der mittelalterlichen Zeit stehen. Auch der Goldgrund, der bei diesen Werken stets festgehalten ist, verstärkt die religiöse Feierlichkeit.«

Ich halte diese Schilderung für ein kleines Meisterstück. Alle Vorzüge, die dem Engen und Begrenzten in der Kunst eigen zu sein pflegen, haben hier eine schöne Darstellung gefunden, weil der Darsteller ihnen liebevoll nachzugehen verstand.

Aber er hat dasselbe scharfe Wahrnehmungs- und Charakterisierungsvermögen auch für die bedeutenden und *epochema-chenden* Erscheinungen, und der zweite Teil seines Werkes wird durch eine Reihe von Essays eingeleitet, die diesen Blick für das Große zeigen. Es ist die Geschichte des *Cinque Cento*, die Zeit der *»Hochrenaissance«*, der er sich hier zuwendet, einem Abschnitt also, zu dessen Behandlung er um so berufener war, als die hervorragendsten seiner durch zwölf Jahre hin voraufgegangenen Arbeiten: »Geschichte der *französischen* Renaissance« (Stuttgart 1868, Ebner und Seubert) und »Geschichte der *deutschen* Renaissance« (Stuttgart 1873, Ebner und Seubert) nach eben dieser Richtung hin liegen. Eingelebt in das Wesen jener Zeit, vertraut mit ihren Hervorbringungen in allen Ländern und auf allen Gebieten, war er, neben Burckhardt, der vor allen Anderen berufene Darsteller jener großen kulturgeschichtlichen Erscheinung, die kaum weniger tief und *wahrscheinlich dauernder* als die gleichzeitig ins Leben tretende Reformation in den Entwicklungsgang der Menschheit eingriff.

Lübke beginnt mit der Tatsache, daß, während sonst ein hoher künstlerischer Aufschwung das Ergebnis eines kraftvollen *politischen* Lebens zu sein pflegt, das italienische *Cinque Cento* durchaus einen Ausnahmefall bezeichnet: die Wunderblume der Kunst wächst aus einem moralischen Sumpf, aus der Fäulnis auf. Und was am meisten überrascht, an keiner Stelle verrät sich etwas von dieser Fäulnis. Oder doch nur mit verschwindenden Ausnahmen.

Es wird nun, seitens des Verfassers, der Ursache dieser überraschenden Erscheinung nachgeforscht. Er findet sie, wenn wir ihn recht interpretieren, in zweierlei: erstens in der Lehre von der Gegensätzlichkeit oder in dem *les extrêmes se touchent* und zweitens und hauptsächlichst in der immer lebendiger werdenden Berührung mit dem klassischen Altertum. Was den ersteren Punkt von der »Gegensätzlichkeit« angeht, so läßt sich, der wüsten Gesamterscheinung des Lebens gegenüber, nicht bestreiten, daß ein mächtiger Zug zum Idealen die Meister erfüllte, und sie desto höher hob, je tiefer das Leben sank. Es gilt dies in erster Reihe von Michelangelo. Aber auch von Raffael wissen wir, daß alle seine Bestrebungen im Einklange mit der platonischen Lehre »von einer höchsten Idee des Schönen« waren.

Eingreifender freilich, wie schon angedeutet, war der zweite regenerierende Faktor: die Berührung mit dem klassischen Altertum. Es darf nicht überraschen. Erfaßt doch noch Jeden von *uns* ein neues Daseinsgefühl, wenn wir den Boden Roms betreten und die Größe seiner aus Ruinen und aus Tausenden von Kunstwerken zu uns redenden Vergangenheit empfinden. Wie schwindet da das Kleinliche, wie fallen die Nebelschleier von unsrem Auge, das nun erst gewöhnt wird, den Sonnenglanz höchster Schönheit in sich aufzunehmen. Noch viel stärker wirkte das Alles auf die Menschen der Renaissance. War es doch ein jugendliches Geschlecht in der ungebrochenen Kraft erster Begeisterung. Und wenn es zunächst auch nur die Baukunst war, die sich unter dem Einfluß des neuerstehenden klassischen Altertums belebte, so folgte doch bald die Plastik (als ein Musterbeispiel kann der Christus Michelangelos in Santa Maria sopra Minerva gelten) und sehr bald auch die *Malerei.* Und nun erhoben sich, in rascher Reihenfolge jene Heroengestalten der Kunst, welche die Bewundrung und die Liebe der Menschengeschlechter bis in die fernste Zeit sein werden. An der Spitze des Reigens die rätselhaft verschlossene Gestalt *Leonardos*, dieses Grüblers auf allen Gebieten des Forschens, dieses Entdeckers auf allen Gebieten des Schönen.

Lübke wendet sich nun dieser großen Erscheinung (Leonardo) zu. Dem entsprechenden Kapitel vorauf aber schickt er ein Kulturbild, eine Schilderung von Florenz um die Wende des 15. Jahrhunderts. Ich entnehme dieser Schilderung, die mir charakteristisch erscheint, das Folgende: »Florenz war Ausgangspunkt für die Entwicklung der Kunst geblieben. Allerdings hatte gegen Ende des 15. Jahrhunderts die Schwärmerei *Savonarolas* die Blüte der Stadt nicht wenig geschädigt und sie in heftige Wirren gestürzt. In dem fanatischen Puritanismus des leidenschaftlichen Mönchs kam die asketische Richtung des Christentums, welche neben dem fröhlichen, zum Teil ausgelassenen Heidentum des Humanismus immer vorhanden gewesen war, zu einem Ausbruch, der eben durch den Gegensatz ins Extreme gesteigert wurde. So gewaltig wirkte die feurige Beredsamkeit des Bußpredigers, daß er alle tieferen Naturen eine Zeit lang für sich zu gewinnen wußte. Selbst unter den *Künstlern* hatte er eine starke Anhängerschaft, in deren Reihen wir *Fra Bartolomeo* und *Michelangelo* erblicken, obwohl sein Eifer den holden Schöpfungen der Kunst *feindlich* war. Denn nicht bloß verdammte er die Darstellungen aus der antiken Mythologie, die ihn durch ihre Nacktheit ärgerten, son-

dern er eiferte sogar gegen kirchliche Bilder, auf welchen die
Madonna die Züge und die Gewänder irgendeiner anmutigen
Florentinerin trug. So rein auch seine Motive waren, so gehören doch die Äußerungen derselben in das große Kapitel des
menschlichen Irrwahns, und als er vollends sich zu einer politischen Rolle verstieg und sich zum Haupte der unter das ideale
Zepter Christi gestellten Republik aufwarf, war sein Untergang
unvermeidlich... Welch phantastische Orgie der Askese war
jener Schluß des Karnevals von 1497! Mit Kinderprozessionen
und Psalmodien suchte er die sonstige Lust des Karnevals zu
verdrängen; von Haus zu Haus gingen seine Anhänger, um die
›Eitelkeiten‹ zu sammeln, das heißt: Bücher, Gemälde, Zeichnungen, welche ihm anstößig erschienen, Masken und Fa-
schingsanzüge, und alles dies wurde auf der Piazza de Signori
in eine gewaltige Pyramide aufgeschichtet und unter geistlichen Gesängen, unter Glockengeläut und Trompetenklang verbrannt. Der furchtbare Rückschlag blieb nicht aus. Der Papst
exkommunizierte den Bußprediger, die Gegner Savonarolas
erstürmten das Kloster San Marco, warfen ihn ins Gefängnis,
und nachdem er siebenmal die Folter ausgestanden hatte, ward
er 1498 am Himmelfahrtstage auf der Piazza gehängt und dann
verbrannt...«

»So waren die Zeiten«, fährt Lübke fort, »in welchen der
große Genius geboren wurde und heranwuchs, der durch seine
weit überragende schöpferische Anlage die Malerei aus den
breitgetretenen Bahnen der Vorgänger befreien und zu einer
neuen Entwickelung führen sollte: *Leonardo da Vinci.*«

Ich habe diese Stelle hier zitiert, um von der ganzen Anlage
des Werks und seiner *Umfassendheit* ein sprechendes Bild zu
geben. Leben und Kunst gingen ganz miteinander, und so gestaltete sich eine Geschichte der *Kunst* jener Epoche wie von
selbst zu einer Geschichte der Zeit überhaupt. Wenigstens an-
näherungsweise.

Gegen dreihundert Bilder sind den beiden Bänden beigegeben, teils ganze Blätter, teils in den Text eingedruckt. Zweiund-
dreißig davon kommen auf altchristliche Kunst, Miniaturen
und Mosaiken, zum Teil nach den berühmten, aus dem 5. Jahrhundert stammenden Wandbildern in Ravenna. Daran schließen sich, aus der gotischen Epoche der Kunst, acht Blätter aus
dem Camposanto in Pisa und dreizehn Blätter nach Giotto.
Noch reicher ist die Frührenaissance vertreten: fünf Fiesoles,

sieben Masaccios (alle nach den Fresken in der Cappella Brancacci in del Carmine zu Florenz), fünf Luca Signorellis, fünf Mantegnas, fünf Bellinis. Und endlich aus der Zeit der Hochrenaissance: vier Giorgiones, fünf Sodomas, zehn Tizians, zwölf Leonardos, vierzehn Michelangelos und zweiundvierzig Blätter nach Raffael.

Diese Bilderskizzen, aus deren Gesamtheit ich wenig mehr als ein Drittel herausgegriffen habe, repräsentieren einen vollkommenen *Kunstatlas* und scheinen mir für die Bedeutung oder richtiger für die praktische Verwendung des Buches von höchster Wichtigkeit. An den Mann von Fach wenden sie sich nicht (oder doch erst in zweiter Reihe), noch weniger an jenes bevorzugte Maler- und Künstlertum, das des Glückes genoß, sich, in langjährigem italienischem Aufenthalte, mit all diesen Dingen einleben zu können; aber für das große Publikum, für die schlechtweg »Gebildeten«, die sich an vergleichsweise flüchtig Geschautes und halb Vergessenes erinnern lassen möchten, sind diese Bilder ein wahrer Schatz. Ein bloßes Durchblättern derselben führt Einem allerglücklichste Lebensstunden wieder herauf und läßt Kirchen und Kapellen und den überreichen Schmuck ihrer Wände neu vor unsren Blicken erstehn.

An einem Beispiele läßt sich das am besten zeigen. Nehmen wir, wohin jeder Romfahrer wenigstens einmal pilgerte, die *Sixtinische Kapelle.* Das Lübkesche Buch bringt an Abbildungen aus ihr das Folgende. Von *Michelangelo:* Decke der Sixtinischen Kapelle (Gesamtbild); Gottvater; Schöpfung Adams; Sündenfall und Vertreibung aus dem Paradiese; Die Sündflut; Prophet Jeremias; Prophet Daniel; Die Sibylle Erythräa; Gruppe der Vorfahren Christi; zweite Gruppe der Vorfahren; dekorative Figuren; Gruppe aus dem Jüngsten Gericht. Daran reihen sich (aus älterer Zeit) von Cosimo *Rosselli:* Die Bergpredigt; von Domenico *Ghirlandajo:* Die Berufung des Petrus und Andreas zum Apostelamt; von Sandro *Botticelli:* Moses in Ägypten; von Luca *Signorelli:* Moses' letzte Taten; von *Perugino:* Die Schlüsselverleihung an Petrus.

Es läßt sich ohne Übertreibung sagen: dies *ist* die Sixtinische Kapelle. Nichts Wesentliches fehlt.

Ein Gleiches gilt von den »Stanzen des Raffael«. Alle Hauptarbeiten sind da: die Disputa, der Parnaß, die Schule von Athen, Heliodors Vertreibung aus dem Tempel, die Messe von

Bolsena, Attila vor Rom, der Brand im Borgo. Dabei muß auch noch der dezenten Art erwähnt werden, wie sich diese Bilder geben. Sie wollen nicht mehr sein, als sie sein können: saubere und korrekte Umrisse, die die Komposition zeigen und das Gedächtnis unterstützen, aber nicht auf künstlerische Wirkung durch sich selbst berechnet.

Faß' ich die Vorzüge des Werkes noch einmal zusammen, so lauten sie: bei glänzender Fülle des Details überall Gliederung, Klarheit und Maß. Mehr als irgendein anderer Schriftsteller seines Fachs, auch die berühmtesten nicht ausgenommen, hat Lübke zur Popularisierung kunstgeschichtlicher Kenntnis beigetragen. Und nicht bloß in Deutschland! Seine glückliche, dem Doktrinären abgewandte Natur, seine belebte Sprech- und Schreibweise ließen ihn die großen Resultate, wovon die zahlreichen Auflagen seiner Bücher Zeugnis ablegen, erringen. Es traf sich zudem glücklich, daß sich Lehrer und Schriftsteller in ihm gegenseitig unterstützten. Er blickt auf ein reiches, nach vielen Seiten hin betätigtes literarisches Leben zurück, *zwei* seiner Werke jedoch ragen über alles Andere hervor, und wenn ihm einerseits der Ruhm verbleiben wird, in seiner Geschichte der »*Deutschen Renaissance*« dieses Gebiet erschlossen und auf eine kaum geahnte Reichtumsfülle hingewiesen zu haben, so wird ihm andrerseits ein kaum geringerer Dank *dafür* zu votieren sein, daß er uns in dieser seiner neusten großen Arbeit, unter Zurückdrängung alles ihm dienstbar gewesenen Gelehrsamkeitsapparats, eine *lesbare,* klar entwickelte *Geschichte der italienischen Malerei* geboten hat.

ANHANG

ABGEKÜRZT ZITIERTE LITERATUR

ADB: Allgemeine deutsche Biographie. Hrsg. durch die Historische Commission bei der Königlichen Akademie der Wissenschaften, Bd. 1-56. Leipzig 1875-1912

AKL: Allgemeines Künstler-Lexikon. Die bildenden Künstler aller Zeiten und Völker. Hrsg. v. Günter Meißner. Bd. 1. Leipzig 1983

Auswahl Erler: Fontanes Briefe in zwei Bänden. Ausgewählt und erläutert von Gotthard Erler. Berlin und Weimar 1968

Briefe: Theodor Fontane Briefe I-IV. Hrsg. von Kurt Schreinert. Zu Ende geführt und mit einem Nachwort versehen von Charlotte Jolles. Berlin 1968-71

Briefe an Friedlaender: Theodor Fontane. Briefe an Georg Friedlaender. Hrsg. und erläutert von Kurt Schreinert. Heidelberg 1954

Briefe an Wilhelm und Hans Hertz: Theodor Fontane. Briefe an Wilhelm und Hans Hertz (1859-1898). Hrsg. von Kurt Schreinert. Vollendet und mit einer Einführung versehen von Gerhard Hay. Stuttgart 1972

Briefe an Kletke: Theodor Fontane. Briefe an Hermann Kletke. In Verbindung mit dem Deutschen Literaturarchiv Marbach a. N. hrsg. von Helmuth Nürnberger. München 1969

Briefe an Rodenberg: Theodor Fontane. Briefe an Julius Rodenberg. Eine Dokumentation. Hrsg. von Hans-Heinrich Reuter. Berlin und Weimar 1969

Briefwechsel mit Lepel: Theodor Fontane und Bernhard von Lepel. Ein Freundschafts-Briefwechsel. Hrsg. von Julius Petersen. 2 Bände. München 1940

Chronik: Hermann Fricke. Theodor Fontane. Chronik seines Lebens. Berlin-Grunewald 1960

Dahlmann: Friedrich Christoph Dahlmann. Geschichte von Dänemark bis zur Reformation. Mit Inbegriff von Norwegen und Island. Hamburg 1840 ff.

Der deutsche Krieg von 1866: Theodor Fontane. Der deutsche Krieg von 1866. Bd. 1, Der Feldzug in Böhmen und Mähren. Bd. 2, Der Feldzug in West- und Mitteldeutschland. Hrsg. von Helmuth Nürnberger. Frankfurt/M., Berlin 1984

Der Krieg gegen Frankreich 1870-71: Theodor Fontane. Der Krieg gegen Frankreich 1870-71. Bd. 1, 1 und 1, 2. Der Krieg gegen das Kaiserreich. Berlin 1873. Bd. 2, 1 und 2, 2. Der Krieg gegen die Republik. Berlin 1875-76

Der Schleswig-Holsteinische Krieg im Jahre 1864: Theodor Fontane. Der Schleswig-Holsteinische Krieg im Jahre 1864. Hrsg. von Helmuth Nürnberger. Frankfurt/M., Berlin 1981

Dichter über ihre Dichtungen: Dichter über ihre Dichtungen. Bd. 12. I. II. Theodor Fontane. Hrsg. von Richard Brinkmann in Zusammenarbeit mit Waltraud Wiethölter. München (1973)

Familienbriefe: Theodor Fontanes Briefe an seine Familie. Hrsg. von Karl Emil Otto Fritsch. 2 Bde. Berlin 1905 (= Ges. Werke. Serie 2, Bd. 6-7)

Fontane-Blätter: Fontane Blätter. Hrsg. vom Theodor-Fontane-Archiv der Deutschen Staatsbibliothek, Potsdam. Potsdam 1965 ff.

Freundesbriefe. Letzte Auslese: Theodor Fontane. Briefe an die Freunde. Letzte Auslese. Hrsg. von Friedrich Fontane und Hermann Fricke. 2 Bde. Berlin 1943

Freundesbriefe. Zweite Sammlung: Briefe Theodor Fontanes. Zweite Sammlung. Hrsg. von Otto Pniower und Paul Schlenther. 2 Bde. Berlin 1910 (= Ges. Werke. Serie 2, Bd. 10-11)

Gesammelte Werke (JA): Theodor Fontane, Gesammelte Werke, Jubiläumsausgabe, Autobiographische Werke, Briefe. Hrsg. v. Ernst Heilborn, Reihe 2, Bd. 4 und 5, Briefe, Berlin, 1920

Holberg: Ludvig Holberg. Dänische Reichshistorie. Flensburg und Altona 1743-44

Jessen: Karsten Jessen. Theodor Fontane und Skandinavien. Kiel 1975 (Diss.)

Kehler: Neunundachtzig bisher ungedruckte Briefe und Handschriften von Theodor Fontane. Hrsg. und mit Anmerkungen versehen von Richard von Kehler. Berlin 1936

Malerwerke: Malerwerke des Neunzehnten Jahrhunderts. Beitrag zur Kunstgeschichte von Friedrich von Boetticher, Bd. 1.1-2.2 (= 4 Bde), Leipzig 1891-1901

Müller-Singer: Allgemeines Künstler-Lexikon, Leben und Werke der berühmtesten bildenden Künstler, 10 in 5 Bden, Frankfurt/M. 1894-1906

N: Theodor Fontane. Sämtliche Werke. Hrsg. von Edgar Groß u. a. München: Nymphenburger Verlagshandlung 1959 ff.

NDB: Neue deutsche Biographie. Hrsg. v. der Historischen Kommission bei der Bayerischen Akademie der Wissenschaften, Bd. 1 ff., Berlin 1953 ff.

Nürnberger, Der frühe Fontane: Helmuth Nürnberger. Der frühe Fontane. Politik. Poesie. Geschichte. 1840 bis 1860. München 1971

Reuter: Hans-Heinrich Reuter. Fontane. 2 Bde. Berlin 1968

Schriften zur Lit.: Theodor Fontane. Schriften zur Literatur. Hrsg. v. Hans-Heinrich Reuter. Berlin 1960.

TB: Allgemeines Lexikon der bildenden Künstler von der Antike bis zur Gegenwart, begründet von Ulrich Thieme und Felix Becker, Bd. I-XXXVII, Leipzig 1907-1950

Nur gelegentlich herangezogene Literatur wird in den Anmerkungen mit den bibliographischen Angaben zitiert.

Seitenangaben ohne weiteren Zusatz beziehen sich auf den vorliegenden Band.

Auf die übrigen Bände der Hanser-Fontane-Ausgabe (HF) wird durch Angabe der Abteilung (römische Ziffer) und der Bandnummer (arabische Ziffer) verwiesen. (Abteilung I: Sämtliche Romane, Erzählungen, Gedichte, Nachgelassenes; 7 Bde. [in erster Auflage 6 Bde]. Abteilung II: Wanderungen durch die Mark Brandenburg; 3 Bde. Abteilung III: Erinnerungen, Ausgewählte Aufsätze und Kritiken; 5 Bde. [Bd. 1: Aufsätze und Aufzeichnungen; Bd. 2: Theaterkritiken; Bd. 3/I und 3/II Reiseberichte und Tagebücher; Bd. 4: Autobiographisches; Bd. 5: Schriften zur deutschen Geschichte, Kunst und Kunstgeschichte]. Abteilung IV: Briefe; 5 Bde.). – Wenn auf die Bände H F I, 1-7, II, 1-3 verwiesen oder aus ihnen zitiert wird, handelt es sich um die zweite Auflage. Bei allen übrigen Zitaten und Verweisen ist noch die erste Auflage unserer Ausgabe zugrunde gelegt.

ZUR DEUTSCHEN GESCHICHTE

Einführung in
Fontanes »Kriegsbücher«

Die in diesem Band vorgelegte Auswahl aus Schriften F.s zur deutschen Geschichte verweist auf den wohl am deutlichsten zeitgebundenen Teil seines Gesamtwerkes. Schließt das in der Gegenwart so lebendige Interesse an F. auch die Werkgruppe mit ein, die unter der geläufigen Bezeichnung »die Kriegsbücher« F.s Beschreibungen der drei Kriege von 1864, 1866 und 1870/71 enthält? F. hat gelegentlich darum geworben, »den Minstrel und Wanderer auch mal als Amateurstrategen zu respektieren« (vgl. S. 720); 1870 schrieb er an R. v. Decker, sein neues Kriegsbuch müsse sich lesen »wie ein Roman [. . .] es muß fesseln, Interesse wecken wie eine Räubergeschichte« (Freundesbriefe. Zweite Sammlung, Bd. 1, S. 282 f.); er hat später von diesem Buch geschrieben: »Ich sehe klar ein, daß ich eigentlich erst beim 70er Kriegsbuch und dann bei dem Schreiben meines Romans ein *Schrift*steller geworden bin, d. h. ein Mann, der sein Metier als eine *Kunst* betreibt, deren *Anforderungen* er kennt« (an Emilie F. am 17. August 1882; HF IV, 3, S. 201) – aber, so will uns scheinen, er hat mit diesen Ankündigungen und Bekenntnissen nicht durchgehend Wort gehalten.

Zu Lebzeiten F.s waren die Kriegsbücher – offiziöse, nicht zufällig im Verlag der Königlichen Geheimen Oberhofbuchdruckerei v. Decker erschienene Werke – kein Erfolg. (Am besten präsentierte sich noch der »Deutsche Krieg von 1866«, der es 1871 immerhin zu einer zweiten Auflage brachte.) Sie fanden so wenig die Gunst des Publikums wie die der Kritik. Diese fehlende Resonanz dürfte auch auf F.s kritische Selbsteinschätzung nicht ohne Wirkung geblieben sein. Als die Neuauflage der Darstellung des 64er Krieges, dreißig Jahre nach den geschilderten Ereignissen, endlich möglich schien, hat F. sie selbst nicht mehr gewünscht (vgl. seinen Absagebrief an den Verlag vom 17. September 1894, S. 770). Nach dem Tode F.s waren die Kriegsbücher jahrzehntelang so gut wie vergessen. Auch die Germanisten, überwiegend ästhetisch-literarisch ausgerichtet, berücksichtigten sie nicht. (Ausnahmen wie Hermann Fricke, die von einem mehr regionalen historischen Interesse ausgingen, bestätigen die Regel.) Erst im Gefolge der sogenannten »Fontane-Renaissance«, nicht zuletzt vermittelt durch Hans-Heinrich Reuter, kam es zu einer Änderung. Seit 1971 begannen Nachdrucke zu erscheinen.

Fs. Kriegsbücher umfassen annähernd 4000 Seiten; freilich sind sie in einer sehr aufwendigen Weise gedruckt, unter Einschaltung zahlreicher Illustrationen und buchkünstlerischen Schmucks. Nicht nur durch den Umfang dürfte jedoch die Rezeption der Kriegsbücher erschwert worden sein, sondern auch durch Inhalt und Form sowie durch den Zeitpunkt ihres Erscheinens.

Die Darstellungen der Waffengänge von 1864 und 1866 standen bei ihrer

Publikation im Schatten neuer, an sensationellen Erfolgen und an Verlusten noch eindrucksvollerer Kämpfe: Das Dänemark-Kriegsbuch kam 1866 heraus, der »Deutsche Krieg von 1866« 1870/71. Der Autor befand sich in französischer Kriegsgefangenschaft, in die er, während einer Studienreise für sein neues, drittes Kriegsbuch, geraten war, während man in Berlin noch mit der Fertigstellung des vorhergehenden Buches beschäftigt war, und er bat seinen Verleger – janusköpfiger Sieg der Zivilisation des Jahrhunderts! – ihm Revisionsbogen in die Gefangenschaft nachzusenden. Als zwischen 1873 und 1875 die Darstellung des Krieges gegen Frankreich erschien, herrschte freilich Friede. Das neue Kriegsbuch wurde aber noch weniger beachtet als die vorangegangenen. Das aktuelle Interesse war von anderen Berichterstattern rascher befriedigt worden, das Feld abgegrast. Die Dynamik der »Gründerjahre« beanspruchte ihr Recht, und vielleicht – es würde der Epoche nicht schlecht zu Gesicht stehen – war man auch der Siege und Opfer ein wenig müde geworden. Der Dichter selbst hatte diesem Empfinden Ausdruck verliehen, als er in seinem Gedicht »Einzug (16. Juni 1871)« Friedrich dem Großen – die siegreichen Truppen waren vor dem Reiterdenkmal Unter den Linden aufmarschiert – die doppeldeutigen Worte in den Mund gelegt hatte: »Bon soir, Messieurs, *nun* ist es *genug.*« (HF I, 6, S. 246)

Und wo gab es überhaupt ein Publikum für F.s Kriegsbücher? Die Fachleute hätten nicht Fachleute sein dürfen, um an F.s Auffassungsweise und gelegentlich höchst unkonventioneller Darstellung Gefallen zu finden. (Das Schlachtfeld von Sedan hat F. mit einer Torte verglichen.) Für die Laien waren diese Bücher in ihrer scheinbar ungehemmten Detailfülle und in ihrem Stil wiederum zu speziell. Es ist kaum zu verkennen, daß F. gerade das nicht gelungen ist, was ihm bei Abfassung der Kriegsbücher vor allem am Herzen gelegen hat und was ihm anderswo, z. B. nicht selten in den »Wanderungen«, auch geglückt war. Er wollte zwischen den Allgemeinbedürfnissen und den Fachbedürfnissen vermitteln. Die neue, künstlerisch beispielhafte Darstellungsart, die ihm vorschwebte – es geht letztlich um die Probleme des heutigen Wissenschaftsjournalismus! – mißlang, und er hat es durch seine Behandlung des Stoffes nicht, wie er wünschte, möglichst vielen, sondern im Gegenteil nur sehr wenigen recht gemacht.

Wo lagen die Gründe für dieses Mißlingen? Vermutlich zunächst in der Materie selbst, sodann aber auch in den Rücksichten, die F. zu nehmen gezwungen war und die sich, wie das immer geschieht, künstlerisch rächten. Der Autor der Kriegsbücher war bereits ein erfahrener Schriftsteller, der in mehreren Prosabänden unter Beweis gestellt hatte, daß er sich auf übersichtliche Gliederung eines Stoffes und die lebendige Darstellung von Zusammenhängen verstand. Er verfügte über Wirklichkeitssinn und Humor, Bildung und historisches Interesse, Geschmack und Formulierungsgabe. Auch an Ehrgeiz und an Eifer für seine Ausgabe fehlte es F. nicht. Als problematisch für sein Talent erwies sich die Aufgabe selbst. Bisher hatte F. seinen Stoff wählen können aus der ganzen Fülle des Lebens und der Geschichte. Mochte es sich um London, um Schottland oder um die Mark

Brandenburg gehandelt haben – er griff heraus, was ihm erzählenswert schien, mischte die Elemente, wechselte Farbe und Ton. Ohne den Leser durch pedantische Stoffhäufung zu ermüden, vermittelte er ihm die Illusion einer Totalität. Demgegenüber war F. als Kriegshistoriograph im wesentlichen genötigt, sich mit der Mechanik der militärischen Vorgänge zu befassen, diese aber getreu der ihnen eigenen Folgerichtigkeit zu beschreiben. Dafür war er nicht vorgebildet, so groß sein Interesse für militärische Angelegenheiten damals auch war. Auch fühlte er sich bei der Gestaltung des Stoffes insofern nicht frei, als sein Werk ganz bestimmten Erwartungen zu genügen hatte. Nicht nur die patriotischen Gesinnungen des Publikums wollten befriedigt sein, sondern es war natürlich auch wünschenswert, daß das Werk bei Hof und bei den militärischen Behörden, besonders im Kriegsministerium, gut aufgenommen wurde; sodann war der Einzel- und Gruppenegoismus zahlreicher Kommandeure und Truppenteile nicht außer acht zu lassen, die ihren Anteil an den vollbrachten Leistungen gleichmäßig berücksichtigt sehen wollten. Es ist nur zu verständlich, daß die Summe dieser Erwartungen den Nichtmilitär Fontane in seiner Entscheidungsfreiheit beeinträchtigt haben. Frickes Feststellung (in seinem Aufsatz »Fontanes Historik«, 1954), F.s Werk sei »gemessen z. B. an Moltkes 70er Kriegsbuch, so trocken, ledern und aktenmäßig wie nur etwas«, trifft zu, der Unterschied ist aber nur zu verständlich, wenn man bedenkt, mit welcher Souveränität Moltke sich äußern konnte, in welch abhängiger Stellung dagegen F. sich befand.

F.s Darstellung stößt also vor allem dort an ihre Grenzen, wo es sich um die Wiedergabe ganz unbedeutender Gefechte und Scharmützel handelt, die aber aus den erwähnten Rücksichten dennoch mit großer Ausführlichkeit behandelt werden; F. hat sich darüber selbst in Briefen spöttisch ausgelassen. Handelt es sich dagegen um ein großes historisches Drama wie die Schlacht bei Königgrätz, so ergibt sich bei ruhiger Lektüre ein wesentlich anderer Eindruck. Die Details ordnen sich zu einem wirklichen Gesamtbild, F.s weder sentimentale noch gefühlskalte Diktion, sein ausgewogenes Urteil vermitteln eine sehr genaue Vorstellung von den schrecklichen Vorgängen des 3. Juli 1866 – schrecklich nicht zuletzt deswegen, weil das Verfehlte der österreichischen Taktik so deutlich wird, die zu einer sinnlosen Hinopferung der Armee führte. Wie viele bewußt oder unbewußt glorifizierende Darstellungen erliegen demgegenüber einem falschen Romantizismus. Kein Geringerer als Gordon A. Craig hat F.s Werk gelobt und auch als Quelle benutzt (G. A. C., »Königgrätz«, Wien, Hamburg 1966).

Ein heutiger Leser der Kriegsbücher sieht sich allerdings der Schwierigkeit gegenüber, daß Krieg für ihn etwas anderes bedeutet als für den Autor. Zwar lebt der europäische Leser in einem seit Jahrzehnten währenden Frieden. Die Erfahrungen zweier Weltkriege und zahlreicher Stellvertreterkriege, vor allem die Drohung eines mit Atomwaffen ausgetragenen Konflikts sind aber so verbreitet, daß Krieg als das Lebensfeindliche und Zerstörerische schlechthin erkannt wird. Für den Menschen des 19. Jahrhunderts hatte der Krieg diese Qualität noch nicht, obwohl bzw. weil er für die europäischen Nationen eine verhältnismäßig oft wiederkehrende Erfahrung darstellte. Krieg erschien oder konnte noch erscheinen als ein natürlicher Vorgang, eine gesetzmäßige Notwendigkeit in der Geschichte der Staaten, »Fortsetzung der Politik mit anderen Mitteln«, wie Clausewitz ihn genannt hatte. Er kostete Opfer, diese waren aber nicht notwendig umsonst und zuweilen schienen sie nur zu sehr gerechtfertigt. In diesem Licht erschienen auch der italienische Einigungskrieg und die von Bismarck herbeigeführten Auseinandersetzungen um die Vorherrschaft in Mitteleuropa. F., der als Kind so oft den Erzählungen seines Vaters aus den Jahren »von Marengo bis Waterloo«, also über die Kriege Napoleons, gelauscht hatte, macht hier keine Ausnahme. Gewiß ist er weit davon entfernt, den Krieg zu verherrlichen, und er ist voller Mitgefühl für die Opfer. Die noble, niemals aufdringliche Art, mit der er seine Empfindungen äußert, verfügt über viele Abstufungen des Tons. Zuweilen blitzen sogar für ihn neue Einsichten auf, so wenn er im 64er Kriegsbuch den modernen Krieg die »Wissenschaft vom Töten« nennt. Diese Feststellungen können indes nicht darüber hinwegtäuschen, daß der Krieg von ihm grundsätzlich ebensowenig in Frage gestellt wird wie die soldatische Lebensform. In vielen Versen und Prosazeilen hat er militärische Taten und soldatische Haltung gerühmt. Gewiß: in seinen Liedern auf preußische Feldherrn – patriotische Gassenhauer, gekonnt literarisiert – und Einzugsgedichten dominieren, näher betrachtet, Humor und Anekdote; er ist bestrebt, jenseits der martialischen Klischees die tapferen Einzelgänger und nicht die »Muß-Helden« zu feiern (wie etwa in der Greenley-Erzählung im 38. Kapitel des »Stechlin«); er hat sich im Alter zu einem heftigen Gegner des Militarismus entwickelt, dessen deformierende Wirkung auf das Leben der Gesellschaft er erkannte; aber dabei handelt es sich doch immer um Äußerungen seiner künstlerischen, politischen und menschlichen Beobachtungskraft und Reife, nicht um Änderungen seiner Grundeinstellung, die er nur differenzierte. Sein ausgeprägter Sinn für »Tatsächlichkeiten« hätte ihm ein anderes Verhalten auch gar nicht erlaubt. F. urteilt über den Krieg als Mensch seiner Zeit, von der wir uns inzwischen so weit entfernt haben.

Nicht zuletzt deswegen aber verdienen F.s Kriegsbücher, wie uns scheint, heute ein neues Interesse. Sie sind nicht nur Darstellung einer vergangenen Zeit, sondern auch diese Vergangenheit selbst. Sie sind Dokumente insofern die Perspektive ihres Autors historisch geworden ist. Wir erfahren aus ihnen, was ein in seinem Urteil maßvoller und um Verständnis bemühter Mann über seine Zeit und mit seiner Zeit dachte, welchen Rücksichten er sich widersetzte und welchen er sich unterwarf. Jede extreme Äußerung wäre in ihrer Aussagekraft schwächer. Die Äußerungen des aufgeschwellten Nationalismus, des kriegerischen Chauvinismus sind uns nicht nur widerwärtig geworden, sie sind auch durch die historische Entwicklung so restlos und unzweideutig widerlegt, daß sie sich mehr dazu eignen, der Satire zu dienen als dem differenzierten Verständnis des Gewesenen. Keine nachträgliche Verurteilung zynischen Menschenverschleißes im Kriege kann letztlich beredter sein als F.s sachliche, oftmals nur andeutende, aber niemals gleichgültige Beschreibung. Bereits in den Kriegsbüchern zeichnet sich ab, was dereinst in den Romanen F.s Urteil seine besondere Überzeugungskraft geben wird. Es ist der Verzicht auf die vorwurfsvolle Attitüde, die eher um Schonung bemühte Argumentation, welche die Fakten zuletzt um so lauter sprechen läßt.

Der Feldzug von 1866, der in Böhmen seine Entscheidung fand, führt F. in ein von vielen Deutschen mit überheblichen Augen betrachtetes Land. In ähnlicher Weise, wie er in den »Wanderungen« für das untergegangene und in seinen Resten unterdrückte Wendentum Partei genommen hat – eine Haltung, die vor dem Hintergrund der Zeit gesehen sein will! –, hat er auch das Tschechentum gegen das Vorurteil der Sieger in Schutz genommen. Er hat sich dabei eines Verfahrens bedient, das er auch bei anderer Gelegenheit anwandte, wenn er unliebsame Wahrheiten aussprechen wollte: die Mitteilung erfolgte in Form eines Zitats. Seine Meinung von Land und Leuten in Nordostböhmen gab F. durch »Auszüge aus einem Briefe, der . . . ersichtlich von dem Streben dictirt wurde, parteilos, die Dinge, wie die Menschen zu betrachten«. Der ungenannte Verfasser des Briefes war bezeichnenderweise er selbst; F. hatte aus einem der »Reisebriefe vom Kriegsschauplatz« zitiert, die er von Mitte September bis Anfang Oktober 1866 im Deckerschen Fremdenblatt als Frucht einer Reise durch Böhmen veröffentlicht hatte (vgl. S. 349 und Anm.). Das Büchermachen aus Büchern war seine Sache nicht. Noch wiederholt hat er – in den Anmerkungen ist das jeweils kenntlich gemacht – aus den »Reisebriefen« einzelne Abschnitte übernommen, sehr zum Vorteil des Kriegsbuches, das dadurch kraftvoller und eigenständiger wurde.

»Eine kulturhistorische Fundgrube ersten Ranges« hat Peter Demetz in einer 1980 erschienenen Rezension F.s Werk genannt, »das lebhafteste, ja beste seiner Kriegsbücher«. Er macht auf die zu selbständigen Geschichten geformten Fußnoten aufmerksam (ein Stilmittel, das F. aus den Romanen Walter Scotts übernommen hatte) und auf das beziehungsvolle Verhältnis zwischen Text und Fußnote: »Oben in der Kriegschronik die Biographien der Befehlshaber, wie von Manteuffel und, auf österreichischer Seite, Benedek (außerordentlich fair), und in der Fußnote die Geschichte vom jüdischen Landwehrmann Samuel, der sich die Füße wundmarschiert, aber als echter Berliner nicht aufgeben will.« Dieser Hinweis zeigt, wie das 66er Kriegsbuch heute gelesen zu werden verdient. Seine Bedeutung beruht nur noch zum geringsten Teil auf dem, was darzustellen ursprünglich seine Hauptaufgabe war. Der Lobpreis kriegerischen Kampfesmuts ist anachronistisch geworden. Dagegen hat eine Episode wie die um den angeblich vergifteten Brunnen ihre Aussagekraft bewahrt:

»Auf diesem Marsche kam Folgendes vor. Im Dorfe Samsin umdrängte eine Masse Soldaten den Brunnen und einige wollten eben den Eimer an die Lippen setzen, als eine Stimme rief: ›Trinkt nicht, der Brunnen ist vergiftet.‹ Bestürzt ließen die Durstigen den Eimer los und stellten ihn unter wahren Tantalusqualen auf die Erde. Da trat ein junges Mädchen, eine Deutsch-Böhmin, aus dem verlassen geglaubten Hause und schritt, halb mitleidig, halb entrüstet, durch die Gruppen feindlicher Soldaten auf den Brunnen zu. Schweigend nahm sie einem Infanteristen das Trinkgeschirr aus der Hand, schöpfte aus dem Eimer und trank; der vorwurfsvolle Blick, den sie mit hochgerötheten Wangen auf ihre Umgebung warf, war beredter, als tausend Worte. Wie die Verschmachteten in der Wüste, tranken nun die Leute.« (Der deutsche Krieg von 1866, Bd. 1, S. 190)

Nicht der preußische Waffenruhm rechtfertigt das Wiedererscheinen dieses Buches – wie der anderen Kriegsbücher – so vernehmlich F. auch von diesem spricht. In die Bücherregale, die das modische Interesse an Preußen füllt, sollte man den »Deutschen Krieg von 1866« nicht stellen: dazu ist er in der Analyse nicht kritisch genug, die Möglichkeit eines triumphalistischen Mißverständnisses wäre zuletzt doch gegeben. Dem geduldigen, skeptisch-hellhörigen Leser hingegen erschließt sich eine humane Gesittung und reiche historische Substanz.

Die Einrichtung des Anhangs entspricht der Gliederung der bisher erschienenen Bände unserer Ausgabe. Allerdings ist für die Kriegsbücher auf einen durchgehenden Kommentar verzichtet worden. Die militärgeschichtlichen Details, über die bereits F. selbst sich gelegentlich nicht ohne Skepsis äußerte, haben ihr Interesse für den Leser verloren. Personen, Örtlichkeiten und Vorgänge werden daher überwiegend nur dann erläutert, wenn es sich darum handelt, die Zusammenhänge zwischen den Kriegsbüchern und dem übrigen Werk darzustellen. Solche Zusammenhänge gibt es – wenn auch bei jedem der drei Werke in unterschiedlicher Weise – mannigfach.

So treten das Kriegsbuch von 1864, der Roman »Unwiederbringlich«, einige nordische Balladen, die Reiseberichte und Tagebuchaufzeichnungen aus Dänemark unter solchem Gesichtspunkt zusammen. Die Liste läßt sich sogar noch verlängern, wenn man einzelne Episoden in Romanen und Romanfragmenten heranzieht. Eine bemerkenswerte biographische Kontinuität wird so erkennbar. Am Anfang standen Fontanes starkes Interesse, seine immer wieder geäußerte Sympathie für die skandinavische Welt. Die Zeitgeschichte verstärkte diese persönliche Neigung. Literarisch fand das seinen Niederschlag während eines langen Zeitraums und in ganz verschiedenen Formen.

Der Aufweis der stofflichen Zusammenhänge zwischen dem 64er-Kriegsbuch und den fiktiven Werken enthält aber auch einen ästhetischen Aspekt. Es ist kennzeichnend für F.s Technik als Romancier, daß er seinen fiktiven (Haupt-)Figuren andere zur Seite stellt, die aus der Zeitgeschichte bekannt sind. Ähnlich verfährt er mit Örtlichkeiten und Vorgängen. Diese Integration von Wirklichkeitselementen in die erfundene Welt der Poesie ist dazu bestimmt, den Roman »realistisch« zu machen, ihm in der Sicht des Lesers Glaubwürdigkeit und Naturnähe zu geben. Nicht selten handelt es sich dabei um ein stufenweises Vorgehen: Der Rohstoff wird gefiltert und durch Zusätze verändert, bis er zur Erfüllung seiner Aufgabe geeignet scheint. Eine der Quellen, aus denen F. schöpfte, ist die Stoffwelt, die ihm durch den deutsch-dänischen Konflikt nahe gebracht wurde.

Um den Autor auch persönlich zu Wort kommen zu lassen – und das schien um so mehr wünschenswert, als er bei seiner Darstellung zweifellos vielfachen Rücksichten unterworfen war –, ist nicht nur aus Briefen zitiert worden, die auf Entstehung und Wirkung des Buches Bezug nehmen, sondern auch seine Reisenotizen vom Mai 1864, als F. zum ersten Mal den Kriegsschauplatz besuchte, sind überwiegend zum Abdruck gelangt. Das Tagebuch der Reise vom September 1864 findet der Leser in HF III, 3/II; die in der Presse veröffentlichten Reiseberichte aus Schleswig-Holstein und Dänemark sind zum größeren Teil in HF III, 3/I gesammelt.

Verglichen mit dem 64er Kriegsbuch, das vor allem in »Unwiederbringlich«, aber auch noch im »Stechlin« viele Spuren hinterlassen hat, ist der »Deutsche Krieg« für F.s dichterisches Werk nur von geringer Bedeutung; »Brünn war nicht Kopenhagen, der heilige Wenzel kein Hamlet. Englisch-schottische Reminiszenzen konnten nicht geweckt werden« (Reuter, Bd. 1, S. 402). In Schleswig-Holstein und in Dänemark begegnete F. zugleich mit der Zeitgeschichte einem Wunschland poetischer Sehnsucht. Diese Sehnsucht wies ihn nach Norden. Prag und der böhmisch-mährische Raum, auch Süddeutschland waren F. vergleichsweise fremd. Seine eher nüchterne Beschreibung Prags in den »Reisebriefen vom Kriegsschauplatz« ist aufschlußreich, wenn man berücksichtigt, was derselbe Autor über »nordische Schönheitsstädte« zu berichten weiß. Balladen über tschechische Stoffe hat F. nicht geschrieben. Wenn er sich in Gitschin für die Lokalgeschichte interessiert, so ist dies durch Schillers »Wallenstein«, also durch deutsche Dichtung, vermittelt. In F.s Romane ging von den Erfahrungen des Jahres 1866 kaum etwas ein.

Wiederum anders verhält es sich mit F.s Darstellung des Krieges gegen Frankreich 1870–71 und seiner Beziehung zu dem Land, aus dem seine Vorfahren – wenn auch nur zum geringeren Teil – stammten. F.s ursprünglich eher distanziertes und nur sehr eingeschränkt auf persönlicher Kenntnis beruhendes Urteil über das Frankreich seiner Zeit ist durch die Erfahrungen seiner beiden Reisen 1870 und 1871, besonders auch durch seine Gefangenschaft, nachdrücklich positiv verändert worden. Nach diesen Reisen in Frankreich – und das heißt zugleich: im Berlin der »Gründerjahre«, der Hauptstadt des in Versailles ausgerufenen wilhelminischen Kaiserreichs – beginnt, was vorher in seinem Denken gar keine wesentliche Rolle gespielt hat, die Berufung auf die französische Herkunft seiner Familie und aus der französischen Kolonie in Berlin. Beides gehört zusammen: die Erfahrung, die seinen Blick geweitet hat, und die veränderte Stellung Preußens und Deutschlands in der Welt, die er mit zunehmend kritischen Augen betrachtet. Er ist auch persönlich enttäuscht: Das offizielle Preußen, soviel ist in den siebziger Jahren bereits ganz deutlich, wird ihm die »Kriegsbücher«, an denen er zwölf Jahre gearbeitet hat, so wenig danken wie die »Wanderungen durch die Mark Brandenburg«, es bietet ihm weder die Ehre noch die Sicherheit oder auch nur den Beistand, auf den er Anspruch zu haben glaubt. Bereits 1875 – ein Jahr vor dem entscheidenden Zusammenstoß mit der Bürokratie in der Stellung als Sekretär der Akade-

mie der Künste – schreibt er an seine Frau: »Alle Augenblick (aber ganz im
Ernst) empfind ich meine romanische Abstammung. Und ich bin stolz darauf.« (Auswahl Erler, Bd. 1, S. 412) Sieben Jahre später heißt es in einem
Brief an die Tochter über »Schach von Wuthenow«: »Das Geistreiche (was
ein bischen arrogant klingt) geht mir am leichtesten aus der Feder, ich bin –
auch darin meine französische Abstammung verrathend – im Sprechen wie
im Schreiben, ein Causeur [. . .]« (HF IV, 3, S. 206) In dieser Novelle, der
vielleicht nachdrücklichsten Kritik an Preußen, die F. formuliert hat, unternimmt es Frau von Carayon, das Selbstgefühl ihrer von dem Rittmeister
von Schach verführten und gekränkten Tochter dadurch zu ermutigen, daß
sie diese an ihre Herkunft erinnert. Sie spricht von französischen Schlössern und vom Mut unter der Guillotine, von Kreuzrittern und Minnesän-
gern. »*Unsrer* will er sich schämen? [. . .] Will er es als Schach oder will er
es als Grundherr von Wuthenow? Ah, bah! [. . .] Schach ist ein blauer Rock
mit einem roten Kragen, und Wuthenow ist eine Lehmkate.« (HF I, 1,
S. 655) Die Stimme, mit der Frau von Carayon hier über Preußen spricht –
und das Beispiel ließe sich erweitern – ist die Stimme des Autors. F. lehnt
sich auf gegen Nüchternheit, militärisches Kastendenken, nationale
Selbstüberschätzung und chauvinistische Phrase, die historische Erzählung ist zugleich Kritik der Gegenwart. Man kann an einem unauffälligen
Beispiel zeigen, wie die Dinge zusammenhängen. Nachdem in der Runde
der Gardeoffiziere jener als Schlittenpartie inszenierte Mummenschanz
verabredet worden ist, bei dem unter anderem Katharina von Bora an der
Seite Luthers bei Fackelbeleuchtung durch das nächtliche Berlin rasen soll
(»Schach von Wuthenow«, 10. Kap.), erhebt sich die Frage, was denn mit
dem Salz geschehen soll, das man in Ermangelung von Schnee auszustreu-
en beabsichtigt. »C'est pour les domestiques«, antwortet einer der Offiziere – »>Et pour la canaille<, schloß der jüngste Kornett.« (HF I, 1, S. 626)
So endet der von F. erfundene Dialog, der das Kapitel beschließt – nicht
erfunden aber ist mutmaßlich die Szene in »Aus den Tagen der Okkupation«, Kap. >Mézières – Charleville<: »Um 6 saß ich wieder im Coupé, dessen Insassen auf der kurzen Strecke bis Rethel mehrfach wechselten. Die
erste halbe Stunde waren es junge Fähnriche und Avantageurs vom Mecklenburgischen Dragoner-Regiment, die mir mit ihrem Geplauder die Zeit
vertrieben. Sie faßten ihr Urteil über die französische Nation in den Kern-
spruch zusammen >alles Bande<, der jüngste (kaum 17) mit kavalleristi-
scher Energie hinzufügend: >man muß ihnen den Daumen aufs Auge drük-
ken<. Es schien mir nutzlos, diesen oder jenen Zweifel zu äußern . . .« (HF
III, 4, S. 870 f.) Der nächste Begleiter des Erzählers ist nun ein junger
Offizier, der nur Lobendes über die Franzosen zu sagen weiß – und der von
F. gewarnt wird, mit solchen Berichten in Deutschland vorsichtig zu
sein.

    F. selbst hat dem »Krieg gegen Frankreich«, seinem bei weitem umfang-
reichsten Kriegsbuch, gelegentlich eine besonders wichtige Rolle in seiner
schriftstellerischen Entwicklung zugeschrieben (an Emilie Fontane, 17.
August 1882, vgl. S. 693). Wie es sich auch im einzelnen mit dieser proble-

matischen Selbstäußerung verhalten mag, die Bedeutung des Werkes als Steinbruch von Motiven und Erfahrungen für das spätere Romanwerk ist – wie zuletzt John Osborne betont hat – unübersehbar.

Die schleswig-holsteinische Frage

Die Vorgeschichte des deutsch-dänischen Krieges von 1864 ist langwierig und kompliziert. F. beschreibt sie in seinem Buch in den Abschnitten »Schleswig-Holsteins Geschichte« und »Der Ausbruch des Krieges« aus preußisch-deutscher Perspektive. Überwiegend teilt er dabei, wie die Mehrzahl der bürgerlichen Intelligenz im damaligen Deutschland, die Rechtsauffassung des Deutschen Bundes. Selbstverständlich tritt F. in diesem offiziösen Werk aber niemals in Widerspruch zur Haltung der preußischen Regierung. Über einige Sachverhalte hat er zu anderen Zeiten anders geurteilt und auch mit mehr Offenheit sich ausgesprochen. So übergeht er die von ihm einst erbittert kritisierte Haltung der preußischen Regierung während der schleswig-holsteinischen Erhebung 1848/51 in seinem Buch mit Schweigen. In späteren Jahren gab er gelegentlich zu erkennen, daß an den Rechtsstandpunkten der streitenden Parteien relativ wenig gelegen war, weil es sich um ein fundamentales Problem der Macht gehandelt habe: »Gewisse Dinge [. . .] braucht ein Staat, um weiter leben zu können, und *solche* Dinge müssen auch die rivalisierenden Staaten ihrem Nebenbuhler ruhig gönnen. So brauchtes wir Schleswig-Holstein. Wir mußten es haben und haben es gekriegt.« (An James Morris, 8. Februar 1897; Freundesbriefe. Zweite Sammlung, Bd. 2, S. 426) Im folgenden sei eine Zusammenfassung versucht.

Im dänischen Gesamtstaat vor 1848 nahmen das heutige Schleswig-Holstein und das 1920 zu Dänemark zurückgekehrte Nordschleswig eine besondere Stellung ein. Der König von Dänemark war zugleich Landesherr des Herzogtums Schleswig, das von der Königsau bis zur Eider reichte, des Herzogtums Holstein zwischen Eider und Elbe sowie des kleinen, politisch bedeutungslosen Herzogtums Lauenburg. Zwischen Schleswig und Holstein gab es als Überrest alter staatlicher Gemeinsamkeit noch Verbindungen in der Verwaltung.

Holstein war ursprünglich ein deutsches Lehen, Schleswig ein dänisches; unter den Schauenburgern, die Grafen von Holstein und Herzöge von Schleswig waren, hatte die gemeinsame Geschichte der beiden Länder begonnen; als König Christian I. von Dänemark nach dem Aussterben der Schauenburger das Erbe antreten wollte, verlangte ihm die schleswig-holsteinische Ritterschaft 1460 das Versprechen ab, die Länder sollten »ewich tosamende ungedeelt« bleiben. Nachdem Holstein also bis 1806 zum Römischen Reich deutscher Nation gehört hatte, war es 1815 auf dem Wiener Kongreß Bestandteil des Deutschen Bundes geworden. Der König von Dänemark war als Herzog von Holstein deutscher Bundesfürst, so wie er früher deutscher Reichsfürst gewesen war. Eine solche dem Feudalzeitalter entstammende, komplizierte staatsrechtliche Konstruktion war im aufkommenden Nationalismus des 19. Jahrhunderts von vornherein problematisch. Sie geriet auch bald in Widerspruch zu den Interessen der deutschen Staaten und Parteien. Solange der Deutsche Bund noch nicht wieder über eine starke Zentralgewalt verfügte, mochte Holstein in seiner Doppelstellung verbleiben können. Änderten sich aber die Verhältnisse im Deutschen Bund, gewann von den rivalisierenden Führungsmächten Preußen und Österreich eine die Oberhand (wobei die reale Gefahr für Dänemark von Preußen ausging) oder setzten sich jene Gruppen durch, die ein auf eine Verfassung gegründetes einiges Deutschland wünschten, mußte der dänische Gesamtstaat in den Strudel der Veränderungen hineingezogen werden. Dies galt auch für eventuelle kriegerische Konflikte in Europa, an denen der Deutsche Bund beteiligt war. Einer angestrebten Neutralität Dänemarks stand die Verpflichtung Holsteins zur Stellung von Truppen entgegen.

Ein weiteres Problem war durch das unterschiedliche Erbfolgerecht gegeben. In Dänemark war seit dem 17. Jahrhundert nach dem Erlöschen des Mannesstammes die weibliche Linie erbberechtigt; galt diese Regelung auch für Schleswig-Holstein? Das war zum mindesten umstritten. Starb das Haus Oldenburg in männlicher Linie aus – wie es 1863 tatsächlich geschah –, so drohte die Loslösung beider Herzogtümer aus ihrer Verbindung mit dem dänischen Königreich.

Es gab deutsche Bevölkerungsgruppen in Schleswig und in Holstein, die eben das wollten: die Trennung der Herzogtümer von Dänemark und ihre Hinwendung zum Deutschen Bund in einem gemeinsamen deutschen Bundesstaat unter Führung des einheimischen Hauses Augustenburg. Es gab politische Kräfte in Dänemark, die dieser Möglichkeit vorbeugen wollten, indem sie Schleswig enger an Dänemark zu binden suchten, für Holstein aber weiterhin eine Sonderstellung innerhalb der Monarchie anstrebten oder aber es aufzugeben bereit waren. Aus dieser Situation heraus entwickelte sich im europäischen Revolutionsjahr 1848, in dem in Kopenhagen der letzte Fürst aus dem Hause Oldenburg, Friedrich VII., der vielverlästerte »Matrosenkönig« den Thron bestieg, der Aufstand der Schleswig-Holsteiner, der sich vorgeblich nicht gegen die Monarchie richtete, sondern behauptete, den in seinen Entschlüssen unfreien König unterstützen zu müssen.

Die Schleswig-Holsteiner fanden in ihrem Kampf Unterstützung durch Truppen des Deutschen Bundes und durch ein preußisches Korps. Die Dänen wurden bis Fredericia zurückgedrängt – da schalteten England und Rußland sich ein, für die es bei diesem Konflikt (wie auch später) um die Frage der Ostseeausgänge ging und die dort keine Veränderungen wünschten. Dem Waffenstillstand von Malmö (26. Mai 1848) folgte der Rückzug der preußischen und deutschen Truppen aus den Herzogtümern.

In seiner ersten überlieferten Äußerung über Schleswig-Holstein, in einem Brief an Lepel vom 12. Oktober 1848, äußert F. sich über diesen Sachverhalt mit großer Schärfe – seine revolutionäre politische Gesinnung veranlaßt ihn dazu, für den Rückzug Preußens noch eine andere als die außenpolitische Erklärung zu suchen: »Unsere Hohenzollern sind eben Hohenzollern; ist es Blindheit, ist es unbewußte Zähigkeit, ist es Kraft, ist es Schwäche – eine ganze Reihe von Ereignissen seit den Tagen des März führt mir den unwiderleglichen Beweis, daß man entweder *zurück will* oder doch nicht so weit *vor,* wie man sollte und müßte. [...] Zuerst der dänische Krieg. Lächerlicher Köhlerglauben, sich einzubilden, man hätte diesen Krieg zur Ehre Deutschlands geführt. Die *dänische* so gut wie die *preußische* Krone sollte gegen die Bildung einer nordalbingischen Republik geschützt werden. [...] Es war Hokuspokus zum *Vergnügen,* nicht zur Ehre des Vaterlandes.« (Briefwechsel mit Lepel, Bd. 1, S. 126 f.) Von ähnlicher Schärfe ist ein gleichzeitiger Aufsatz F.s für die Berliner »Zeitungshalle« vom 7. November 1848 (»Einheit oder Freiheit«), der den Majoritätsbeschluß des Frankfurter Parlaments, d. h. die mehrheitliche Zustimmung zu dem Waffenstillstand von Malmö, geißelt: »Das Volk knirschte mit den Zähnen über die Beschlüsse seiner Vertreter; die erste Tat des einigen Deutschlands, dem Auslande gegenüber, war eine Schandtat, – sie schändete die Größe und den Ruhm der Nation.« (HF III, 1, S. 13 f.)

Über die politische Stimmung in Schleswig-Holstein und über die Kriegshandlungen war F. durch Lepel als Augenzeugen unterrichtet; Lepel hatte an der Schlacht bei Schleswig teilgenommen und sandte F. ernüchternde Berichte über das geringe Maß nationaler Begeisterung, das er vorgefunden hatte, sowie über die unzulänglichen militärischen Leistungen der Schleswig-Holsteiner. F. war jedoch der Meinung, Lepels Berichte seien nur ein »bereitwilliges Echo« der Meinung des reaktionären Offizierskorps (Briefwechsel mit Lepel, Bd. 1, S. 103). Als die Lage der Aufständischen sich infolge der Niederlage bei Idstedt (25. Juli 1950) entscheidend verschlechterte, reagierte F. mit einem jener vehementen Ausbrüche, die für seine Jugendjahre charakteristisch sind, und reiste nach Altona – nach späterer Darstellung, um in eines der Freiwilligenbataillone einzutreten, tatsächlich allerdings nur, um selbst Berichte zu liefern (Nürnberger, Der frühe Fontane, S. 155). Die Nachricht von der bevorstehenden Anstellung im Literarischen Kabinett des preußischen Innenministeriums beendete diese Episode. »Ich erinnere mich keines anderen Außenereignisses«, schreibt F. im Alter über die Schlacht bei Idstedt, »das mich so getroffen hätte; ich war wie aus dem Häuschen. In einem richtigen politischen Instinkt hatte ich die Herzogtümerfrage, so lange sie ›Frage‹ war, in ihrer ganz besonderen Wichtigkeit erkannt; all die Katzbalgereien in Deutschland, offen gestanden selbst das Schicksale des Frankfurter Parlaments, hatten mich vergleichsweise kalt gelassen, aber für Schleswig-Holstein war ich vom ersten Augenblick an Feuer und Flamme gewesen und hatte die preußische Politik, die dies alles in einer unglaublichen Verblendung auf den traurigen ›Revolutionsleisten‹ bringen wollte, tief beklagt. Mein ganzes Herz war mit den Freischaren, mit ›von der Tann‹ und Bonin und als dann später General Willisen an die Spitze der schleswig-holsteinschen Armee trat, übertrug ich mein Vertrauen auch auf diesen; die Deutschen

mußten siegen. Und nun Idstedt!« (»Von Zwanzig bis Dreißig«, ›Im Hafen‹, HF III, 4, S. 534)

Nach dem Ende der Kämpfe sah die Regierung in Kopenhagen sich zu
neuen Anstrengungen gezwungen, den Gesamtstaat zu sichern, da die
Zustimmung der Großmächte für eine andere Lösung der dänischen
Staatskrise nicht zu gewinnen war. Zum Jahreswechsel 1851/52 kamen Dänemark, Österreich und Preußen überein, daß Schleswig nicht enger mit
Dänemark verbunden werden dürfe als Holstein – drei selbständige Länder
sollten durch die Monarchie verklammert werden. Im Londoner Protokoll
von 1852 wurde die Erbfolge geregelt. Danach sollte Prinz Christian von
Sonderburg-Glücksburg der Nachfolger des kinderlosen letzten Oldenburger werden. In Verbindung mit dieser Regelung erkannten die Großmächte
den Gesamtstaat an. Der Herzog von Augustenburg erhielt für seine Ansprüche auf Schleswig-Holstein eine Abfindung.

Damit war die dynastische und, wie es schien, die außenpolitische Krise
gelöst – die nationale war es nicht, sie erwies sich vielmehr zu dieser Zeit als
unlösbar und als erwünschter Anlaß für neue Einmischungen von außen.
In Schleswig entschloß sich die dänische Regierung zu einer unglücklichen
Danisierungspolitik. Dabei handelte es sich um Verteidigung, aber auch
um Wiedereroberung: Das Land war vom Süden her partiell deutsch geworden, weniger auf dem Lande als in den Städten und in der Oberschicht.
1853 verließ Theodor Storm als Opfer dieser Politik seine Heimatstadt
Husum und übersiedelte nach Preußen.

In Mittelschleswig wurde in Gebieten, die sprachlich plattdeutsch waren, Dänisch als Schulsprache eingeführt, Dänisch und Deutsch abwechselnd als Kirchensprache. Der Groll über die Mißgriffe der dänischen Verwaltung blieb nicht auf Schleswig-Holstein beschränkt. Vielerorts in
Deutschland bezeugte man Sympathie für die Sache der vermeintlich oder
wirklich Unterdrückten. Die »Sprachreskripte« führten auch zu diplomati-
schen Verwicklungen.

Der langwierige Konflikt wirkte ermüdend, aber er verführte auch zu
ungeduldigen Lösungsversuchen. Als die europäischen Mächte durch den
Krimkrieg von der schleswig-holsteinischen Frage abgelenkt schienen,
kam Dänemark mit dem Gesamt-Staatsverfassungsstatut vom 2. Oktober
1855 heraus, das sich erneut über die Rechte der Herzogtümer hinwegsetz-
te. Bis Ende 1858 dauerten die Verwicklungen, die sich hieraus ergaben, der
Deutsche Bund drohte mit Waffengewalt. Endlich setzte Dänemark das
Statut wieder außer Kraft.

F., dem die Sache der Schleswig-Holsteiner durch die Beziehungen zu
Storm in Potsdam erneut nahegebracht worden war, lebte zu dieser Zeit im
ministeriellen Auftrag als eine Art Presseattaché in London. Damals lernte
er das Problem auch aus britischer Sicht kennen, weil seine Aufgabe die
Beobachtung der englischen Presse, auch Einflußnahme auf dieselbe war.

Anfang der sechziger Jahre gab es neuen Streit zwischen Dänemark, dem
Bund und den Signatarstaaten des Londoner Protokolls. Erneut wurde Dänemark mit der Bundesexekution gedroht; beide Parteien rüsteten. In Ko-

penhagen unterschätzte man jedoch offensichtlich die Gefahr. Die sogenannte Märzdeklaration vom 30. März 1863 verkündete die Absicht der dänischen Regierung, Holstein eine besondere Verfassung und ein selbständiges Heer zuzugestehen, erwähnte jedoch Schleswig, als ob es bereits ein Teil Dänemarks sei, überhaupt nicht. Der Entwurf der neuen gemeinsamen Verfassung für Dänemark und Schleswig vom September verschärfte die Situation und erwies sich, nachträglich betrachtet, als entscheidender Schritt zum Krieg. In Bismarck, der seit 1862 preußischer Ministerpräsident war, hatte Dänemark inzwischen einen überlegenen politischen Gegner gefunden, der diesen Krieg wollte, um die strategisch wichtigen Herzogtümer auf weite Sicht für Preußen zu gewinnen. Unmittelbar nachdem die neue Verfassung am 13. November 1863 vom dänischen Parlament beschlossen worden war, starb Friedrich VII. Als sein Nachfolger, Christian IX., am 18. November die Verfassung unterzeichnete, nahmen die beiden deutschen Großmächte dies als Anlaß für ein Ultimatum, dem sich Dänemark erwartungsgemäß nicht fügte.

Für F., der 1859 nach Beginn der »Neuen Ära« nach Preußen zurückgekehrt und aus dem Regierungsdienst ausgeschieden war, hatten die Auseinandersetzungen mit Dänemark vorübergehend einiges von ihrer Bedeutung verloren. Er war nun hauptsächlich mit den »Wanderungen durch die Mark Brandenburg« beschäftigt, auch mit seinem ersten Roman (in den er in der Gestalt des Dichters Hansen-Grell seine Sympathie für Schleswig-Holstein stark zum Ausdruck brachte). Als der Krieg begann, gewann das alte Interesse freilich sofort wieder die Oberhand. Dieses Interesse ging eben weit über den politischen Konflikt hinaus.

Fontane und der Norden

»Anknüpfend an meinen diesjährigen mecklenburgischen Aufenthalt möchte ich noch sagen dürfen, daß der Zug nach dem Norden, der sich dann oft bis nach Skandinavien hin ausdehnt, immer größer wird«, hat F. im Alter an James Morris geschrieben. (Freundesbriefe. Zweite Sammlung, Bd. 2, S. 426) Als »ausgesprochen *nicht* südlich« hat er in dem Erinnerungsbuch »Von Zwanzig bis Dreißig« sich selbst charakterisiert und eine angebliche Äußerung A. W. Schlegels über Fouqué zur Erklärung beigefügt: »Die Magnetnadel seiner Natur [. . .] zeigt nach Norden.« (HF III, 4, S. 264) Wie er auch sonst zu tun pflegte, hat F. Schlegel sinngetreu, aber frei zitiert, mit einer Tendenz zur Anpassung des Zitats an die eigene Argumentation und Stillage. Offensichtlich zielt er auf eine unbewußte Empfänglichkeit der »Natur«. Die Magnetnadel weist auf das magnetische Zentrum. Wie frei ist die menschliche Natur, deren »Magnetnadel« in eine bestimmte Richtung weist? Ein Element von Vorherbestimmung steckt in dem Bild, wie es der Denkweise des Dichters entspricht. F. ist der Anziehungskraft des Nordens, vor allem als Autor, oft gefolgt (vgl. auch S. 596 und Anm.). Es bedurfte dazu nicht des Magnetismus von Blut und Eisen der Kriege um Schleswig-Holstein. Allerdings war F.s Vorliebe immer stark historisch geprägt. Die Zeitereignisse als Auswirkungen historischer Prozesse besaßen für ihn eine besondere Faszination, und so war ihre Darstellung für ihn kein fernliegender Stoff.

Die biographische Wurzel der Liebe F.s zum Norden ist nicht schwer zu finden. In dem »autobiographischen Roman« »Meine Kinderjahre« wirft sich der Dichter selbst zum Führer auf – prätentionslos, wie es für ihn bezeichnend ist, aber doch geleitet von der Frage nach dem Geheimnis des eigenen Lebens, die in jeder Selbstdarstellung steckt. Dargestellt werden in diesem Buch ganz überwiegend die glücklichen Swinemünder Jahre von 1826 bis 1831. In der kleinen Hafenstadt an der Ostsee, die lange zu Schweden gehört hatte und damals noch überwiegend skandinavisch geprägt war, verbrachte der junge F. zwischen seinem siebenten und seinem zwölften Lebensjahr die unbeschwerteste Zeit seines Lebens. »Damals war ich unschuldigen Herzens und geweckten Geistes [. . .], voll Anlauf und Aufschwung, ein richtiger Junge, guter Leute Kind. Alles war Poesie.«(HF III, 4, S. 176) Gewiß hatte der Knabe noch keinen Begriff davon, was dieses »alles« war. Die Poesie Swinemündes wird in »Meine Kinderjahre« im Gegensatz zur Prosa anderer Lebensstationen betont, vor allem Neuruppins, wo »unregelmäßige Verba [. . .] die einzige Unregelmäßigkeit« bildeten, die dem Gymnasiasten begegnete. »Poetisch« im Sinne von Unregelmäßigkeit der Verhältnisse und Freiheit von schulischem Zwang waren die Swinemünder Jahre gewiß. Es ist jedoch viel mehr gemeint als nur die Abwesenheit von Zwang. Die Spiele am Bollwerk und am Strand, unter den »wundervollen Buchen« in »Störtebekers Kul«, die Bootsfahrten über das untergegangene Vineta sind wirkliche Spiele und Abenteuer, nicht verfrühte Literatur. F.s Bericht macht jedoch den Zug ins Weite bewußt, der diesen Spielen beigemischt ist. Die Poesie ist ein Synonym für diese Weite, für die Freiheit, für das Meer. Es ist die Welt des Nordens, wo dieses Meer sich ausdehnt, wo die Freiheit und das Unbekannte beginnen. F. wird es niemals vergessen.

»Ich bin Nordlandsmensch, und Italien kann, für *mich*, nicht dagegen an«, schreibt er noch zwei Jahre vor seinem Tode, am 11. Februar 1896 an Ernst Gründler (HF IV, 4, S. 531). England, nicht Italien, London, nicht Rom bildeten sein wichtiges Bildungserlebnis. Tatsächlich hat F. Rom nicht »erfahren« – sowenig wie Paris oder Wien, obwohl er auch diese Städte kannte –, wohl aber Edinburgh, Schleswig und andere »nordische Schönheitsstädte«; der Limfjord und die Heide von Culloden, nicht der Lago Maggiore rührten an sein Gefühl. Immer wieder hat er sich – Romane und Romanfragmente, Balladen und Balladenentwürfe bezeugen es – vom Reiz nordischer Landschaft, Sage und Geschichte inspirieren lassen. Dabei ist interessant zu beobachten, wie ein F.scher Roman (gemeint ist »Unwiederbringlich«) durch die aus äußeren Rücksichten bewirkte Transponierung des Stoffes von Strelitz nach Schleswig-Holstein und Dänemark (Kopenhagen) seinen Charakter ändert. Der »Ton des Politisch-Satirischen« (der mit Strelitz verbunden war) entfällt, stattdessen klingt nun »nordisch Romantisches mit durch« (HF I, 2, S. 989). Der nordischen Lokalität ist für F. ein Sehnsuchtsmotiv beigemischt, ein romantischer Zug, natürlicher poetischer Adel. Sogar die Darstellung sozialer Kämpfe bleibt davon nicht unbeeinflußt. Wahrscheinlich beruhte die Faszination, die der Likedeeler-Stoff auf F. ausübte, ebensosehr auf dem Meeres- oder Seeräubermotiv als auf der gesellschaftlichen Problematik.

Charakteristisch sind in diesem Zusammenhang auch die wenigen Entwürfe, die zu »Korfiz Uhlefeld« überliefert sind; es handelt sich nach F.s Aufzeichnungen dabei um einen »wundervolle(n) Romanstoff«, dem eine »gute Szenerie: Seeland, Jütland, Schonen, Malmö, Kopenhagen, Roeskilde, Fredriksborg etc.« eignet und der ein »Tendenz-Roman: Adelsstolz gegen Königtum« werden sollte (HF I, 7, S. 474; in 1. Aufl. Bd. 5, S. 850). In »Effi Briest« absolvieren Effi und Innstetten eine Nordlandtour mit annähernd der gleichen Stationenfolge wie F. auf seiner Dänemarkreise. Der eigentliche Höhepunkt dieser Reise ist die Begegnung mit nordischer Frauenschönheit. Effi kann sich »nicht sattsehen an den großen, blauen Augen und dem flachsblonden Haar« der schönen Thora von Penz und sagt zu Innstetten, wenn sie ein Mann wäre, würde sie sich in Thora verlieben (HF I, 4, S. 212 f.).

Im Kontext solcher Sympathie müssen auch F.s Reiseberichte und Aufzeichnungen über Dänemark und Schleswig-Holstein sowie sein Kriegsbuch gesehen werden.

Minstrel und Amateurstratege

F., seit Juni 1860 Redakteur des englischen Artikels im Büro der »Neuen Preußischen (Kreuz-)Zeitung«, arbeitete an seinem ersten Roman (»Vor dem Sturm«) und an den »Wanderungen durch die Mark Brandenburg«, als er 1864 – wie sich zeigen sollte für länger als ein Jahrzehnt – von diesen überwiegend historisch bestimmten Arbeiten durch die kriegerischen Konflikte der Gegenwart abgelenkt wurde. Im Winter 1863/64 sah er, wie er später in einem Brief berichtet hat, österreichische Truppen auf der Berliner Verbindungsbahn vor seiner Wohnung nach Norden fahren. Er »lief ans Fenster und sah auf das wunderbare Bild: die Lowries, die Kanonen, die Leute hingestreckt auf den Lafetten, und alles von einem trüben Gaslicht überflutet«. Das war die Wahrnehmung einer neuen Realität – die Möglichkeit der Verschiebung großer Truppenmassen mit der Eisenbahn war ja erst seit kurzem gegeben, es ergab sich daraus eine veränderte Kriegsführung. Im Mai 1864 reiste Fontane mit seinem Redaktionskollegen Dr. C. W. Heffter als Berichterstatter nach Schleswig-Holstein ab. (Vgl. F.s Notizen über den Verlauf der Reise S. 783 ff.) Es war die Zeit des Waffenstillstandes vor dem Vormarsch nach Jütland. Die beiden Redakteure besuchten die Schauplätze der Kämpfe, und zwar vor allem jene, wo preußische Truppen eingesetzt gewesen waren; sie kamen bis zu den Düppeler Schanzen. F. erhielt deswegen im Dezember des Jahres ein Erinnerungszeichen, die

»Düppel-Medaille« (übrigens auch die Alsen-Militär-Medaille). Die Aufsätze »Missunde« und »Aus dem Sundewitt« sind der Hauptertrag der Reise. Die Darstellungsart erinnert an gleichzeitige »Wanderungen«-Aufsätze, besonders »Missunde« ist in der Verbindung längst abgeschlossener historischer Vorgänge mit den Zeitereignissen charakteristisch für F.s Stil.

Nach der endgültigen Beendigung der Kämpfe unternahm F. im September 1864 eine zweite Reise, die große Teile Dänemarks einschloß. Zu dieser Zeit war die Niederschrift eines Buches über den siegreich beendeten Krieg bereits geplant. Im August hatten die Verhandlungen mit dem Verlag R. v. Decker begonnen, im Tagebuch notierte F.: »Die Verhandlungen mit Decker wegen meines Schleswig-Holstein-Buches nehmen langsam ihren Fortgang und kommen durch einen Brief von Herrn v. D. am 28. Nov. zu einem vorläufigen Abschluß.« (Chronik, S. 43) F. nutzte auch die Septemberreise zu selbständigen Veröffentlichungen (»Reisebriefe aus Jütland«; »Roeskilde«; »Kopenhagen«); unter dem Titel »Reisen durch Dänemark und Jütland 1864« sammelte er seine und auch Zeitungsaufsätze aus fremder Feder, offensichtlich als Vorstufe einer künftigen Buchveröffentlichung, die allerdings nicht zustande gekommen ist.

Anfang 1865 ging er an die Ausarbeitung des Kriegsbuches, das als eine »populäre, dabei umfangreiche und reich illustrierte Darstellung« geplant war, wie er am 12. Februar an Alexander von Pfuel schrieb (vgl. S. 712). Er ahnte nicht, daß es sich nur um das erste und am wenigsten umfangreiche von drei Kriegswerken, um den Beginn einer jahrelangen Fron handelte. Obwohl er später einmal geäußert hat, die Bücher über die drei Bismarckschen Kriege seien ihm keine Herzensangelegenheit gewesen, hat ihn die Aufgabe zunächst doch und keineswegs nur aus materiellen Rücksichten gereizt. Sein Interesse für das Militär und für Kriegsgeschichte war groß. Nun wurde ihm die Möglichkeit eröffnet, dieses zwar keineswegs ungewöhnliche, aber für einen Poeten doch etwas verkauzte und unpraktische Interesse direkt für die schriftstellerische Arbeit zu nutzen, und zwar zu relativ sehr günstigen Honorarbedingungen. Es schreckte ihn nicht ab, daß er kein Fachmann war; gegenteils, es forderte ihn heraus. Auch als Autor der »Wanderungen« hatte er das Urteil der Historiker vom Fach nicht gefürchtet, obwohl er gelegentlich bitter unter diesem Urteil zu leiden hatte. Für seine Kriegsbücher warb er darum, »den Minstrel und Wanderer auch mal als Amateurstrategen zu respektieren«; und er wählte Ausdrücke, die zeigen, wie lockend diese Verbindung für ihn war. F. hatte eine lebendige, wenngleich nicht leicht zu definierende Vorstellung davon, was an Geschichte aufzeichnungswürdig war. Ein starkes Selbstgefühl erfüllte ihn, historischen Stoff gestalten zu können, ein lebhafter Ehrgeiz, »Allerkleinstes – auch Prosaisches nicht ausgeschlossen – exakt und minutiös zu schildern und durch scheinbar einfachste, aber gerade deshalb schwierigste Mittel: durch Simplizität, Durchsichtigkeit im einzelnen und Übersichtlichkeit im ganzen, auf eine gewisse künstlerische Höhe zu heben, ja es dadurch sogar *interessant* oder doch wenigstens lesensmöglich zu machen« (an Heinrich Jacobi, 5. Januar 1895, HF IV, 4, S. 415).

Bereits bei der Arbeit an den »Wanderungen« hatte F. Quellen sehr verschiedener Art und Glaubwürdigkeit gemischt, weil er der Meinung war, auf diese Weise eine frischere Darstellung der Vergangenheit geben zu können, als die akademischen Geschichtsschreiber es vermochten. Sein eigentliches Interesse galt der poetischen Wahrheit und ihrer lebendigen Behandlung. Dabei blieb der Anspruch, den er an sich selbst als Historiographen stellte, nicht jederzeit derselbe. Im »Oderland«, dem zweiten Band der »Wanderungen«, hatte er sich, gestützt auf eigene Studien, vermehrt um eine gewisse Wissenschaftlichkeit bemüht, diesen Weg für die »Wanderungen« dann aber als einen Irrweg erkannt. Für eine kriegsgeschichtliche Darstellung, wenn auch populärer Art, wie F. sie nun begann, waren Faktentreue und Sachlichkeit geboten, Quellenarbeit unerläßlich. Leider ist F.s Korrespondenz aus der Zeit der Niederschrift des Buches nur zum Teil erhalten. Wir wissen im einzelnen nicht, wer seine Informanten waren und können auch von den schriftlichen Quellen nur vermuten, daß F. für seine Darstellung des Feldzuges gegen Dänemark wie auch für die anderen »Kriegsbücher« Generalstabsberichte, Zeitungen, Erinnerungen und Briefe benutzte. Seine Arbeit ist, wie man geurteilt hat, »vor allem ein Werk der Redaktion, der Disposition« (Jessen, S. 58).

Man wird nicht umhin können, festzustellen, daß ihm gerade die künstlerische Gestaltung des Stoffes, die ihm so am Herzen lag, nicht gelang. Die Häufung der Detailschilderungen nährt das Interesse nicht und wirkt aktenmäßig. Mit Worten, die auch der Selbstkritik noch eine Pointe abzugewinnen bemüht sind, hat F. dies später in einer Äußerung über das 66er-Kriegsbuch selbst zugegeben. »Der unerläßlichen Rücksicht auf die Theile fällt die Rücksicht auf die Abrundung des Ganzen zum Opfer. Daß der Strom nie einfach fortfließen kann, daß es immer wieder nöthig wird, den Gang der Erzählung – meist an der interessantesten Stelle – zu unterbrechen, um sich nach detachirten Compagnien oder abgekommenen Halbzügen umzusehn, das ist es was eine völlige Abrundung fast unmöglich macht. Die Details und die Empfindung mit der sie vorgetragen werden, müssen dann dafür entschädigen.« (An Franz von Zychlinski, 22. November 1867, vgl. S. 727f.)

Man hat darauf aufmerksam gemacht, daß auch die Änderung gegenüber der ursprünglichen Planung sich bei der Abfassung des Buches belastend ausgewirkt hätte (Jessen, S. 58f.). Der Verzicht auf den ursprünglich geplanten Prachtband (vgl. F.s Brief vom 26. Juli 1865, S. 712f.), die Entscheidung für ein volkstümliches Buch habe dem Autor zwar einige Freiheiten gegeben, wie sie der Militärhistoriker sonst nicht hat, habe aber auch Kompositionsprobleme aufgeworfen, deren Lösung nicht gelungen sei. Dem ist freilich die Frage entgegenzuhalten, ob F. für den »Prachtband« eine andere Kompositionsform überhaupt ins Auge gefaßt hatte und ob die notwendigen Reduktionen nicht überwiegend die Ausstattung des Buches betrafen. Die Schwächen des Buches haben ihre Ursache jedenfalls nicht darin, daß F. aus äußeren Gründen nicht verwirklichen konnte, was er ursprünglich plante; es handelt sich vielmehr in diesem Fall wirklich um Eigentümlichkeiten seiner Darstellungsweise, und gerade das macht sie interessant. Sie hängen mit F.s Kunstauffassung und mit den Vorzügen seiner Kunst eng zusammen, bilden sozusagen deren Negativ. Darin, daß F. es ablehnte, Bücher aus Büchern zu machen, daß er Selbständigkeit und Frische des Urteils über alles stellte, daß er bei dem, was er schrieb, an das Interesse des Lesers dachte und jede akademische Pose verabscheute, darin gründet die Kraft seines Werkes. Potentiell sind all diese schriftstellerischen Tugenden auch in den Kriegsbüchern angelegt. Es ist zu bedauern, daß die Ausführung in diesem Falle nicht hielt, was die Intention versprach. (Die paradoxe Erscheinung, daß in einem Werk gerade das nicht realisiert scheint, woran seinem Autor besonders gelegen war und wofür er eine besondere Begabung aufweist, ist nicht auf diesen Einzelfall beschränkt.) Die Kriegsbücher fügen der literarischen Gesamtleistung F.s nichts Wesentliches hinzu. Um seinen literarischen Rang zu erkennen, sind sie unnötig. Für das Verständnis des großen Autors jedoch bleiben sie interessant und eigenartig; sie sind ein Teil seiner schriftstellerischen Entwicklung, den man nicht wegdenken kann.

In »Meine Kinderjahre« hat der im achten Lebensjahrzehnt stehende F. sich bei zufällig passender Gelegenheit – der Schilderung einer Begegnung mit einem jungen Offizier, dem späteren General Gebhard August von Witzleben – noch einmal zusammenhängend über die Problematik seiner Kriegsbücher geäußert. Mit dieser ebenso gerecht abwägenden wie sehr persönlichen Stellungnahme sei die vorstehende Erörterung beschlossen: »Er hieß von Witzleben und war der Sohn des Obersten von Witzleben, der, damals in Dresden wohnend, unter dem Namen A. W. Tromlitz seine im Walter Scott-Stil gehaltenen Romane schrieb. Er (Tromlitz) war als Schriftsteller sehr gefeiert, mehr als wir uns das heute denken können, sein Sohn aber wurde später mein besonderer Gönner, eine Gönnerschaft, der er, in dem von ihm redigierten Militär-Wochenblatt in anerkennenden Worten über meine die Kriege von 1864, 66 und 70 behandelnden Bücher Ausdruck gab. Er ist darin, als Militär, einzig dastehend geblieben, weil die militärischen Fachleute gegen die Schreibereien eines ›Pequin‹ ein für alle Mal eingenommen sind. Ob sie darin recht haben? Ich glaube nicht, wenigstens nicht ganz. Alle diese Dinge liegen mir jetzt weit zurück und der Wert oder Unwert dessen, was ich damals über unsere Kriege geschrieben habe, bedeutet mir nicht viel mehr. Ich darf auch hinzufügen, daß ich, auf jedem Gebiete, für Autoritäten bin, also, was so ziemlich dasselbe sagen will, das Urteil von Fachleuten bevorzuge. Trotzdem können auch Fachleute zu weit gehen, wenn sie Verständnis für ihre Sache für sich ausschließlich in Anspruch nehmen. Es gibt konventikelnde Leineweber, die die Predigt eines Ober-Konsistorialrats sehr wohl beurteilen können und es gab immer Farbenreiber, die sich sehr gut auf Bilder verstanden. In neuerer Zeit sind Auktionskommissarien an ihre Stelle getreten. Es liegt auf militärischem Gebiete nicht viel anders, wenn es überhaupt anders liegt, dessen sind die Revolutionskriege, die seit hundert Jahren geführt werden, ein beredter Zeuge. Heute noch Kellner oder Friseur und nach Jahr und Tag ein Schlachtenlenker. Und was in praxi hundertfältig geleistet wird, das kann doch auf theoretischem Gebiete nicht zu den Unmöglichkeiten zählen. Ich nenne hier, einschaltend, nur den Namen Bernhardi. Gewiß, die Laienschaft hat sich zunächst zu bescheiden, aber sie darf doch gelegentlich mitsprechen, ja selbst Vorzüge für sich in Anspruch nehmen: größere Freiheit und unbefangenes in Rechnung Stellen außermilitärischer Faktoren, vor allem der sogenannten Imponderabilien. Im letzten ist Kriegsgeschichtsschreibung doch nichts anderes als Geschichtsschreibung überhaupt und unterliegt denselben Gesetzen. Wie verläuft es? Ein reiches Material tritt an einen heran und es gilt unter dem Gegebenen eine Wahl zu treffen, ein ›Für oder Wider‹ ein ›Ja oder Nein‹ auszusprechen. Auch die Darstellung des Kriegshistorischen ist, zu sehr wesentlichem Teile, Sache literarischer und nicht bloß militärischer Kritik. Ordnen und aufbauen können, ist wichtiger als ein reicheres Wissens- und Erkenntnismaß und alles in allem kann ich nicht einsehen, warum es leichter sein soll über den Charakter Wallensteins, als über den Gang der Schlacht bei Großbeeren ins klare zu kommen.« (HF IV, 4, S. 114 f.)   Helmuth Nürnberger

Briefliche Zeugnisse
zur Entstehungs- und Wirkungsgeschichte
der »Kriegsbücher«

An den Verlag Rudolf von Decker   Berlin, 31. August 1864
Herr von Decker sagte mir vor ungefähr 14 Tagen, daß er behufs Edierung eines Buches über den schleswig-holsteinischen Krieg noch die Zeichenkräfte einiger Maler zu engagieren wünsche. Camphausen, Kretschmer, Rabe und Burger wurden vorläufig genannt; – darf ich Ihnen Mitteilung davon machen, daß der ausgezeichnete Schlachtenmaler Georg Bleibtreu einige Ölbilder für Österreich gemalt hat (die »Erstürmung des Königsbergs bei Schleswig« und »Gefecht bei Oeversee«) und so weit ich seine Intentionen kenne, gern bereit sein würde, einige der Illustrationen zu übernehmen.   (HF IV, 2, S. 132)

An Wilhelm Hertz   Neuruppin, 7. September 1864
Heute Nacht 4 Uhr breche ich nach Lübeck auf und gedenke von dort aus nach Kopenhagen zu gehn, sobald dies Sturmwetter vorüber ist. Hohe See werden wir ohnehin noch haben.
                              (Briefe an Wilhelm und Hans Hertz, S. 117)

An Theodor Storm   Flensburg, 25. September 1864
Sie haben wohl an der Westküste keine Ahnung davon, daß ich nun schon seit 14 Tagen die cimbrische Halbinsel unsicher mache. Jetzt stehe ich als Gewölk über Husum. Eigentlich wollte ich morgen schon bei Ihnen »der keines Ueberfalls gewärtig« einbrechen, da aber »Diana« morgen früh nach

Sonderburg fährt und Diana speziell meine Göttin ist, so will ich noch
zuvor eine Fahrt nach Alsen machen. In Düppel war ich schon früher (Ende
Mai). [...]

Ich bitte Sie nun herzlichst, mich poste restante Flensburg, in zehn Zeilen wissen zu lassen, was sie über diese meine Husum-Reise denken.

Es wäre doch möglich, daß auch der allerflüchtigste Besuch meinerseits
Ihnen und Ihrem Hause aus irgend einem Grunde nicht paßte, oder daß es
unmöglich wäre, einmal im Husumer Gasthof ein Nachtquartier und andren Tags am Husumer Strand ein Boot zur Ueberfahrt nach Nordstrand zu
finden; in jedem dieser Fälle würde ich die Reise unterlassen und meinen
Besuch bei Ihnen auf andre Zeiten vertagen.

Sie erhalten diese Zeilen hoffentlich morgen Mittag; wenn Sie gleich
antworten, muß Ihre Antwort spätestens Dinstag Mittag hier sein und ich
kann danach, wenn ich von Alsen zurückkomme, meine Dispositionen
treffen.   (HF IV, 2, S. 133 f.)

An Alexander von Pfuel   Berlin, 12. Februar 1865
An die Wiederaufnahme der unterbrochenen Arbeiten, die alle für Band III
der Wanderungen bestimmt waren, ist vorläufig nicht zu denken, da ich
auserlesen worden bin, eine populäre, dabei umfangreiche und reich illustrierte Darstellung des schleswig-holsteinischen Krieges zu schreiben. Es
wird mich diese Arbeit mindestens noch bis in den Herbst beschäftigen und
werde ich bis dahin meine märkischen Arbeiten nicht wieder aufnehmen
können.   (HF IV, 2, S. 137)

An Wilhelm Hertz   Berlin, 21. Mai 1865
Wenn ich nicht krank werde, so gedenke ich Ende August das M. S. abzu-
liefern, bei welcher Gelegenheit ich 375 rtl. erhalten würde und meine
Schulden bei Ihnen bezahlen könnte.   (HF IV, 2, S. 140)

An Rudolf von Decker   Berlin, 26. Juli 1865
Inbetreff der Croquis und gleichsam in Erweiterung der Propositionen, die
ich mir zu machen erlaubte, möchte ich Ihnen heute folgendes zur weiteren
Erwägung bzw. Beschlußfassung anheimgeben.

Das Buch in seiner ursprünglich intendierten Gestalt ist nicht mehr herzustellen; die Mittel werden höhren Orts verweigert oder doch nur in sehr
beschränktem Maße bewilligt, außerdem fehlt es nunmehr an *Zeit*.

Was ich Ihnen nun, hochzuverehrender Herr v. Decker, unter diesen
Umständen ans Herz legen möchte, ist die Frage: »täten wir nicht gut, uns
von der ursprünglichen Idee (die nun doch mal unausführbar geworden ist)
so viel wie möglich zu emanzipieren und etwas relativ Neues an die Stelle
treten zu lassen?« Knapsen wir von dem ursprünglich als Prachtwerk gedachten Buche ⅞ ab, so macht das übrig bleibende Achtel den Eindruck
einer heruntergekommenen Größe oder aber jenes unglücklichen »es ginge wohl, aber es geht nicht«, während wenn wir die Prachtwerk-Idee *ganz*
fallen lassen und einfach ein *Buch* geben, das Feld noch mit Ehren behaup-

tet werden kann. Dies Buch braucht deshalb nicht vollständig ohne alle Illustrationen und dem ähnliche Zutaten zu sein, nur die eigentlichen »Bilder«, die großen Schlacht-Tableaux etc. wären vielleicht besser *ganz* und *gar* über Bord zu werfen. Das Geld, das dadurch erspart wird, ließe sich dann vielleicht für eine reichere Anzahl Porträts und für jene Croquis, Dunby-Pläne etc. verwenden, die keinen anderen Plan verfolgen, als das Verständnis des Textes leichter, die Schilderungen selbst anschaulicher zu machen. (Freundesbriefe. Letzte Auslese, Bd. 1, S. 213 f.)

An Elise Fontane Berlin, 31. Juli 1865
Besten Dank für freundlichen Brief und freundliche Einladung, die anzunehmen allerdings außer aller Möglichkeit liegt. [. . .] ich arbeite an meinem Buche wie mit Dampf und will froh sein, wenn ich bis zum Schluß des Monats damit zu Rande bin. Angesichts einer entzückenden Natur, zweier Schwestern (als Edelsteine darin) der Wartburg und eines vielleicht zurückkehrenden Fritz Reuter, würde das Aufexencirenlassen der 6. und 7. Compagnie vierten brandenburgischen Regiments N° 24 und das Verzeichnis seiner Heldenthaten vor Düppel und später – im Cantonnement – vor Grethe, Fiek' und Suppenschüssel, mir doch allzu schwer ankommen und wahrscheinlich arg ins Stocken gerathen. Die Verhältnisse lassen mir keine Wahl [. . .]. Wenn ich endlich die Feder bei Seite geworfen und den Koffer gepackt haben werde, will ich vergessen, daß es so etwas wie Bücher und Zeitungen giebt. (HF IV, 2, S. 141 f.)

An Friedrich Wilhelm Holtze Berlin, 26. August 1865
Mein Buch ist seit zwei, drei Tagen im M. S. fertig und morgen geh ich in die Schweiz, um mich von den Strapatzen 8monatlicher Arbeit zu erholen. [. . .] schriftlich die Bitte, daß Sie mir das lange Zurückbehalten der Bücher verzeihen mögen. Es wird nun auf vier, fünf Wochen mehr oder weniger hoffentlich auch nicht ankommen; ich brauche nämlich das mir gütigst Anvertraute noch beim Correkturmachen.
(Jahrb. d. Deutschen Schillergesellschaft, 4, 1960, S. 360)

An den Verlag Rudolf von Decker Berlin, 25. September 1865
Eben verläßt mich Herr Burger, mit dem ich – so weit das zwischen uns beiden abgemacht werden kann – über die bildliche Ausstattung des Buches das Nötige besprochen habe. Das, was er vorhat, scheint mir unter den obwaltenden, wenig günstigen Umständen das Beste zu sein.
Diese Zeilen haben aber noch einen andern Zweck als die vorstehende Mitteilung. Burger betrachtet das Ganze als ein verspätetes, seines ursprünglichen Lebensgeistes beraubtes, totgeborenes Unternehmen, und sagte mir, daß er sich bereits in diesem Sinne gegen Sie geäußert habe. Ich knüpfe an diese Burgersche Ansicht an. Vielleicht sieht er um einiges schwärzer als nötig, wenn indessen der Herr Minister – und zwar »nach und nach« – nur eine Abnahme von 1000 Exemplaren in Aussicht gestellt hat, so scheint mir der äußere Erfolg des Buches allerdings keineswegs

gesichert. Gestatten Sie mir in Rücksicht darauf die Mitteilung, daß meinerseits kein Weheschrei laut werden würde, wenn die Herausgabe unterbliebe. *Die Freude an dem Unternehmen ist allerseits längst dahin;* weder der Herr Minister, noch Herr v. Decker, noch Sie, noch Burger, noch ich, hängen wohl irgend länger noch an dem Buch und die Frage: »ob es überhaupt noch erscheinen soll« scheint mir allerdings, wenn nicht die Decker-sche Firma über den Absatz günstiger denkt als der Illustrator und der Schriftsteller, eine wohl aufzuwerfende. Lebte ich nicht von meiner Feder, so würde ich Ihnen durch einen teilweisen Verzicht auf mein Honorar gern entgegenkommen; doch ist mir das leider nicht möglich. Das *eine* Opfer aber würde ich ohne weitere Kümmernisse bringen: ein bestes Lebensjahr (und wer weiß wie viel man deren noch hat) an ein vor der Geburt schon gescheitertes Unternehmen gesetzt zu haben. Ich füge hinzu, daß dem Herrn Minister schwerlich an dem Erscheinen des Buches gelegen sein kann. Ich weiß es nicht, aber ich habe ein Gefühl davon. –

Diese Mitteilungen würden ihr Mißliches haben, wenn ich noch bei der Arbeit wäre; sie würden eine unlustige Arbeitsstimmung verraten und wenig von der Arbeit selbst erwarten lassen. Aber die Arbeit selbst, ein paar Seiten abgerechnet, ist fertig und zwar im Wesentlichen mit Ernst und Eifer vollendet worden. Diese Betrachtungen schaden also nichts mehr. Bitte ziehen Sie sie ernstlich in Erwägung.					(HF IV, 2, S. 145 f.)

An Ludwig Burger					Berlin, 4. Oktober 1865
Eben bin ich mit der Durchsicht des M. S., so weit ich es besitze, durch und eile meine Aufzeichnungen in Ihre Hände gelangen zu lassen.

Bogen I.	Alles bis Düppel.
Bogen II	Düppel.
Bogen III	den Rest.

Von meinen Aufzeichnungen bis zu dem Kapitel »Lagerleben« (was nur ein *Kapitel,* keine Hauptabtheilung ist) werden Sie wenig brauchen können, da mir bis dahin – einige zufällig von Decker eingetroffene Correkturbogen abgerechnet – alles Material fehlte. *Von da ab, ist aber alles in Ordnung,* überall habe ich Versionen notirt, so daß die Mehrzahl der A und D wegfallen, wo sie Ihnen irgendwie störend sind.

Benutzen Sie die Versionen, so bitte ich die einliegenden Bogen aufzuheben, damit ich, – wo es nöthig wird – später die erforderlichen Correkturen, gestützt auf diese meine Varianten, leichter machen kann.

So wie ich das M. S. der ersten Hälfte (wohl nur des ersten Drittel) in Händen habe, vervollständige ich meine heutigen Angaben von Anfang an bis zu dem Kapitel »Lagerleben« hin.

Da Ihnen die Reihenfolge gleichgültig sein wird, so läge nunmehr das Arbeitsfeld, soweit ich es beurtheilen kann, klar vor Ihnen. Der *Inhalt* – mit dem Sie ja ohnehin vollauf vertraut sind – ergiebt sich im Wesentlichen aus den Ueberschriften.

Zum Schluß die Bitte: da Decker nun 'mal *will* (was am Ende doch auch wohl das beßre ist) so auch mit möglichster Rapidität vorwärts, damit wirs am Ende noch bis Weihnachten schaffen. »Wenn schon, denn schon«. Ich hoffe in 8 Tagen mit meiner Arbeit fertig zu sein; freilich auf Ihren Schultern liegt Schwereres. (Dichter über ihre Dichtungen, Bd. 2, S. 14 f.)

An den Verlag Rudolf von Decker (Herrn Schultz)

Berlin, 11. Oktober 1865

An »Alsen« arbeite ich fleißig; es ist doch noch eine ganze Menge. Glücklicherweise bin ich mit frischen Kräften drangegangen. Am Sonntag Abend hoffe ich fertig zu sein. Bis Mitte nächster Woche ist das *ganze* M. S., inclusive des Alsen-Kapitels alles in voller Ordnung in Ihren Händen. Eine Stockung im Druck werde ich sicher nicht verschulden.

(Dichter über ihre Dichtungen, Bd. 2, S. 15 f.)

An den Verlag Rudolf von Decker (Herrn Schultz)

Berlin, 2. November 1865

Herr Faktor Baumann hat die Freundlichkeit gehabt mir mitzuteilen, daß unser Buch, nach neuerdings gefaßtem Beschlusse, nunmehr erst Anfang April komm. J. versandt werden soll. Es ist mir das, aus mehr als einem Grunde, eine schmerzliche Nachricht gewesen, wenn schon ich gerne einräume, daß die Verhältnisse, die sich Juli und August so unvorteilhaft zu gestalten anfingen, kaum einen andern Ausweg gelassen haben mögen.

Für den Absatz des Buches – ich spreche da nach Erfahrungen, die ich bei meinen letzterschienenen Büchern über die Mark gemacht habe – wäre November gewiß besser gewesen als April, doch berührt dies eine Seite der Angelegenheit, von der meine Person – wiewohl einem das Maß des Erfolges nicht gleichgültig sein kann – am wenigsten betroffen wird. Wovon ich betroffen werde, das ist zunächst eine Einbuße an *Zeit*. Ich glaubte, von Mitte November an, mich ungestört einer andern größern Arbeit [»Vor dem Sturm«] widmen zu können und werde nun, weitere fünf Monate lang, Düppel-Alsen im Kopfe tragen und mit Fahnen und Revisions-Bogen mich herumschlagen müssen. Es geht nicht anders; aber es ist doch bedrücklich.

Der andre Punkt ist der Geldpunkt. Ich lebe der Hoffnung, daß mir Ihre schon bewiesene Freundlichkeit hier entgegenkommen und eine Summe, die ich spätestens bis Mitte November zu empfangen hoffte, auch bis zu diesem Termine zustellen wird. Der Wortlaut der Abmachungen ist gegen mich, die Billigkeit ist für mich. Das Ausbleiben dieser Summe, auf die ich glaubte fest rechnen zu dürfen, würde mich in eine Verlegenheit bringen, die Ihre Güte gewiß bereit sein wird mir zu ersparen.

Das M. S. ist jetzt fertig bis aufs tz mit Ueberschriften, Noten, Anmerkungen etc. Nur die kleinen Zeichnungen, soweit *ich* dieselbe machen kann, fehlen noch. Doch hoffe ich bis Montag damit fertig zu sein. Ich werde Ihnen dann, also in spätestens 8 Tagen, das Ganze überbringen oder übersenden und bitte herzlich die Ablieferung des Manuskripts in diesem speziellen Falle als gleichbedeutend mit Schluß des Druckes ansehen zu wollen. (Dichter über ihre Dichtungen, Bd. 2, S. 16 f.)

An den Verlag Rudolf von Decker (Herrn Schultz)

Berlin, 3.[?]November 1865

Es ist mir Bedürfnis, Ihnen für Ihre große Freundlichkeit meinen besondren Dank zu sagen. Wenn das Buch mir anderweitig manche Enttäuschungen gebracht hat, so habe ich mich doch, bei jeder Gelegenheit, Ihres freundlichen Entgegenkommens zu erfreuen gehabt. [. . .]

Das M. S., fix und fertig, schicke ich bis spätestens nächsten Mittwoch.

(Dichter über ihre Dichtungen, Bd. 2, S. 17)

An Friedrich Wilhelm Holtze   Berlin, 6. Dezember 1865

Mein Buch ist [. . .] noch immer nicht fertig (es wird, da die Illustratoren es nicht zwingen konnten, erst zu Ostern erscheinen) [. . .]

(Jahrb. d. Deutschen Schillergesellschaft, 4, 1960, S. 360)

An Wilhelm Hertz   Berlin, 12. Dezember 1865

Weihnachten ist vor der Thür und die rasch verlaufende Fluth der Decker-'schen 750 weicht mehr und mehr einer bedrohlichen Ebbe.

(Briefe an Wilhelm und Hans Hertz, S. 125)

An Ludwig Burger   Berlin, 20. Dezember 1865

Pardon, sehr geehrter Herr *Burger,* daß ich so spät erst antworte. Ich schrieb gleich am 15., aber der Brief war so confus, daß ich ihn nicht abschicken konnte. Ich schreibe nun heute in aller Kürze dahin:

1. Soweit ich vergleichen kann, stimmt alles genau.
2. Abdrücke habe ich noch nicht in Händen gehabt.
3. Es würde mir sehr erwünscht sein, wenn Sie, eh Sie fortfahren, vorher noch mal das Manuscript durchblättern wollten.

Dieser Punkt 3 ist nicht so schlimm, wie es klingt. Im Wesentlichen ist ja alles beim Alten geblieben; selbst das neu geschriebene Alsen-Kapitel, weil es in verschiedene Unterabteilungen zerfällt (die bisher keine Initialen erhielten) wird die getroffenen Arrangements nicht stören; *man kann's aber doch nicht genau wissen* und deshalb wär es mir lieb, Sie sähen sich, sobald die Festtage vorüber sind, die Sache noch 'mal darauf hin an.

Was von Alsen gilt, gilt auch mehr oder weniger von Düppel (18. April).

Der Pastor in der dritten Parallele wird sich sehr gut anbringen lassen. Wenn ich nicht sehr irre, heißt ein Kapitel, das dem Sturm vorausgeht: »Vom 17. auf den 18. April« oder so ähnlich. Dies Sturm-Introduktions-Kapitel schließt mit einer solchen Scene, in der der Geistliche Ansprache hält. Da wäre also der beste Platz.

(Dichter über ihre Dichtungen, Bd. 2, S. 17 f.)

An Ludwig Burger   Berlin, 23. Dezember 1865

Zu den Zeichnungen gratuliere ich Ihnen, dem Buche und mir. Niemand wird Ihnen nachsagen können, »daß das eben nur die alte Geschichte sei«. Freilich – bei einer gewissen Verbrauchtheit des Stoffes – lag hier eine Gefahr; aber um so mehr haben wir alle (Decker, ich und das Publikum) Ursach, uns bei Ihnen zu bedanken, daß Sie die drohende Gefahr so glücklich vermieden haben. Alles ist malerisch, charakteristisch, zum Teil – wo überhaupt angebracht – frappant geistvoll, z. B. die Vignette, wo der dänische Löwe die schleswigsche Wappenhälfte mit seiner Tatze abreißt. Am Dannewerk (sehr hübsch) habe ich den Paukenstock, aus dem der Elefantenrüssel aufwächst, nicht recht verstanden; mir fehlt hier wahrscheinlich die Anschauung von etwas Tatsächlichem.

Das Manuskript kann ich leider nicht schicken; es lagert schon seit länger als sechs Wochen bei Deckers. Ich werde Ihr Söhnlein dorthin dirigieren; vielleicht kann er's dort erhalten. (HF IV, 2, S. 151)

An Ludwig Burger Berlin, 21. Januar 1866
Besten Dank, sehr geehrter Herr Burger, für Ihre freundliche Zuschrift und die genaue Mitteilung der von Ihnen gewählten Initialen. Inzwischen habe ich auch von Decker die ersten 6 Bogen erhalten und freue mich, wie gut sich alles ausnimmt. Auch einige befreundete Maler, denen ich die Illustrationen gezeigt, waren Ihres Lobes voll. Ob alle Ihre Bemühungen schließlich die ganze Sache herausreißen und Herrn von Decker zu seinem Gelde bringen werden, müssen wir abwarten. Vielleicht glückt's besser als wir zu hoffen wagen. – Der Druck wird jetzt rüstig fortgesetzt und in den nächsten Tagen erwarte ich, wie's im Cid heißt: »Fahnen, gute alte Fahnen«.
(Dichter über ihre Dichtungen, Bd. 2, S. 18 f.)

An Friedrich Wilhelm Holtze Berlin, 8. Februar 1866
Bei Gelegenheit von Raven's Tod, habe ich in meinem Buche bemerkt »der erste preußische General, der nach Scharnhorst fiel«. Wie ich auch hin und hersinnen mag, ich kann keinen finden, der, außer dem genannten, in den großen Schlachten der Freiheitskriege geblieben wäre und doch *erscheint es fast unglaubhaft*. Ich rufe, wie so oft, auch in dieser Angelegenheit Ihre Hülfe an. Kennen Sie auch keinen, so nehm ich an, es giebt keinen.
(Jahrb. d. Deutschen Schillergesellschaft, 4, 1960, S. 361)

An Ludwig Burger[?] Berlin, 21. April 1866
Diese ganze Woche über war ich unwohl, zum Theil bettlägrig. Das hat mich verhindert, Ihnen schon eher meine Freude über Ihre trefflichen Illustrationen auszusprechen, die nun schließlich doch noch ein in Erscheinung ansprechendes Buch hergestellt haben. Wünschen wir, daß Herr v. D[ecker] das »Zu spät« und der Zeiten Ungunst nicht allzu theuer zu bezahlen haben möge. (Dichter über ihre Dichtungen, Bd. 2, S. 19)

An den Verlag Rudolf von Decker (Herrn Schultz) Berlin, 1. Juli 1866
Wie geht's mit dem Schleswig-Holstein-Buch? Ist wohl total in den Brunnen gefallen. Der arme Schriftsteller, der sich Ihnen hiermit bestens empfiehlt, ist unschuldig daran [. . .]
(Dichter über ihre Dichtungen, Bd. 2, S. 19)

An den Verlag Rudolf von Decker (Herrn Schultz) Berlin, 1. August 1866
Sehr wahrscheinlich am 18. d. M. werde ich einen vierzehntägigen Urlaub antreten, den ich, falls unser Buch noch erscheinen soll, zu einer Reise nach Böhmen, resp. Thüringen-Franken benutzen möchte. Es wäre mir lieb, darüber Gewisses zu erfahren, auch die Bedingungen in irgend einer Form festgestellt zu sehen. Soll ich Propositionen machen, oder ist es besser, Sie selbst nehmen die Initiative? Mir ist beides recht. Eine Abmachung schon jetzt, wird durch meinen nah bevorstehenden Urlaub unerläßlich, den ich – ohne ihn beschleunigen oder vertagen zu können – nehmen muß wie ich ihn kriegen kann. Nachexerciren ist nicht möglich und schreiben ohne vorgängige Anschauung auch nicht.

(Dichter über ihre Dichtungen, Bd. 2, S. 21)

An den Verlag Rudolf von Decker (Herrn Schultz) Berlin, 2. August 1866
Wir hatten den Geldpunkt noch nicht besprochen und es war nötig diese Sache zur Sprache zu bringen.

Sie proponieren 750 Rthl. wie für das Schleswigholstein-Buch. Dafür kann ich es aber nicht tun. Ich will kein Gewicht darauf legen, daß ich diesmal die Orientirungs-Reise auf eigene Kosten statt auf Kosten des Ministeriums machen muß, ich will ebenso wenig hervorheben, daß der jetzt bereits riesig angewachsene Stoff, eben weil es dabei Massen zu bewältigen gibt, eine künstlerische Darstellung wesentlich erschwert, ich lasse all das, (wiewohl es nichts Nebensächliches ist) fallen und betone einfach den Umstand, daß ich von der Gunst der Umstände ziehn und von einem höchstwahrscheinlich sehr vorteilhaften Unternehmen auch meinerseits einen Vortheil haben möchte. Ein dritter Krieg wird diesem zweiten nicht auf dem Fuße folgen und ein glänzender äußerer Erfolg, da diesmal *alle* Provinzen gefochten haben, ist nach menschlicher Voraussicht diesem Buche fast gewiß. Sie werden es nicht unbillig finden, daß auch *ich* von dieser günstigen Situation profitiren möchte. Ich erbitte ein Honorar von 50 Rthl. pro Bogen.

Mit kleinen Nebenwünschen, deren Erfüllung – nach Feststellung der Hauptsache – ich von Ihrer Güte mit Sicherheit entgegensehe, will ich heute nicht schon kommen. Diese Details werden keine Schwierigkeiten machen, wenn erst das Allgemeine geordnet ist.

(Dichter über ihre Dichtungen, Bd. 2, S. 21 f.)

An Rudolf von Decker Berlin, 3. August 1866
Mit aufrichtiger Freude ersehe ich aus Ihrer heutigen geehrten Zuschrift, daß wir weniger auseinander sind, als ich beinah fürchten zu müssen glaubte. Sie vermeiden es auf meine Hauptmotivirung einzugehen, stellen aber freundlicherweise eine Rechnung an, deren Resultate meinen Wünschen wenigstens sehr nahe kommen. Ich soll 1200 Rthl. empfangen für ein Buch, das dem Schleswigholstein-Buch im Wesentlichen an Umfang gleichkommt. Hiermit bin ich einverstanden; wegen Bagatellen (ein paar Seiten oder ein paar Thaler) werden wir nicht in einen Disput treten.

So weit wäre alles gut. Es bleibt indeß eine Schwierigkeit übrig, die noch der Lösung harrt. Ich hoffe, daß diese Zeilen diese Lösung finden. Die Schwierigkeit liegt in der Frage: wie stark wird das Buch? Es wäre thöricht, wenn ich behaupten wollte, daß sich die Sache nicht wieder in 24 oder 25 Bogen behandeln ließe, aber ich habe doch andrerseits ein sehr starkes Gefühl davon, daß diese Condensirung des Stoffes einmal *schwierig* und zweitens dem Buche *nachteilig* sei. Das Publikum sträubt sich freilich gegen das wirre Durcheinander planlos angehäufter Details, aber so sehr es gegen ein solches »wie« der Sache eingenommen ist, eben so wenig ist es geneigt das »was« sich nehmen zu lassen. Es verlangt Details. Und es hat Recht darin; nur im Detail steckt Leben und Interesse.

Sie haben das selbst gefühlt, als Sie in Ihrem ersten geehrten Schreiben von der Möglichkeit zweier Bände sprachen. Ich halte einen für besser (Sie gewiß mit mir) aber unter 30 Bogen wird er kaum werden. Paßt es Ihnen nun, wenn wir sagen:

24 Bogen (Pauschquantum)	1200 Rthl.
30 Bogen	1500 Rthl.

Was dazwischen liegt, im Verhältnis; was über 30 Bogen ist, bleibt unhonoriert.

Ich würde mich sehr freuen, wenn Ihre nächsten Zeilen eine Zustimmung brächten, um so mehr als es sich treffen kann, daß ich (infolge eines Tausches) schon am Montag meinen Urlaub bez. meine Reise antreten muß. (Dichter über ihre Dichtungen, Bd. 2, S. 22 f.)

An Rudolf von Decker   Berlin, 5. August 1866
So sehe ich denn unsre Unterhandlungen leider scheitern. Es ist nicht möglich, daß ich für etwa 25 Bogen und für etwa 31 Bogen dasselbe Honorar empfangen und mich dadurch befriedigt erklären kann. Eben so wenig kann ich mich einem so reichen Stoff gegenüber *räumlich* binden, um das Exempel dadurch in Ordnung zu bringen. Es thut mir leid, unter diesen Umständen nicht wieder mit Ihnen zusammen gehen zu können; vielleicht daß die Zukunft (dann hoffentlich kein Kriegsbuch) 'mal wieder die Gelegenheit dazu bietet. (Dichter über ihre Dichtungen, Bd. 2, S. 23)

An Wilhelm Hertz   Berlin, 9. August 1866
Vom Alter ego (Schultz) kein Lebenszeichen; wird auch nicht mehr kommen, wenigstens vorläufig nicht. Ich meinerseits habe bisher keine anderweiten Schritte gethan, werde auch nicht, wiewohl ich Ihre Anstands-Bedenken nicht theilen kann. Es werden ja zahlreiche Concurrenz-Unternehmungen in's Leben treten und die Sache ist weder eine neue originale Idee, noch ein anvertrautes Geheimniß. Dennoch werde ich mich ruhig verhalten.

Ob ich meine Reise nach Böhmen antrete, ist noch nicht ganz gewiß.
(Briefe an Wilhelm und Hans Hertz, S. 131 f.)

An Wilhelm Hertz   Berlin, 9. August 1866
Besten Dank für Ihre freundlichen Worte. Ich hoffe morgen noch mit heran
kommen zu können (meine Reise ist bis auf die nächste Woche verschoben)
da es aber, wegen allerhand kleiner Arbeiten unsicher ist, so mache ich mir
wieder das kleine Vergnügen dieser Zeilen. Es spricht sich auch darin meine
weibliche Natur aus.

Mit großer Ruhe sehe ich vom ersten Tage an, der Entwicklung der kleinen Tragikomödie entgegen, die zwischen Wilhelmstraße 75 [Verlag Rudolf von Decker] und Hirschelstraße 14 [F.s. Wohnung] spielt. Der ganze
Hergang amüsirt mich dermaßen, daß ich zu einer rechten Trauer über die
Geld-Einbuße nicht kommen kann. Je mehr ich die Sache betrachte, desto
mehr finde ich, daß die adlige Firma dumm und gegen ihren Vortheil gehandelt hat. Sie *muß* erwarten (mehr als es in Wirklichkeit der Fall ist) daß
ich Himmel und Hölle in Bewegung setzen werde, diesen 2. Theil zu
schreiben, wie ich den 1. geschrieben habe, und sie *muß* erwarten, daß
Mühler, der mir wohl will und durch die Firma v. D[ecker] bis zu einem
gewissen Grade beleidigt ist, auch diesen 2. Theil empfehlen wird, wie er
den ersten empfohlen hat. Wie all diese Thatsachen gegenüber die Firma D.
wegen der Honorirung oder Nicht-Honorirung von ein paar Bogen mehr
oder weniger mit mir rechten konnte, ist mir nahezu unverständlich. Eh
bien, tu l'as voulu.

Wenn ich Sie sehe, bringe ich – ohne dadurch zudringlich und in Erwartungen unbequem werden zu wollen – einen kurzen Entwurf des Buches,
das bereits gegliedert in mir lebt, mit. Ich finde es natürlich, daß Sie »der
Sie nicht gedient haben« sich aus derlei Büchern nicht das Geringste machen; sie sind Ihnen einfach langweilig und von Ihrem Standpunkt aus
haben Sie das schönste Recht dazu. *Das* aber glaube ich ganz bestimmt daß
es sich, rein äußerlich-geschäftlich genommen, wohl verlohnen würde, es
mit dem Minstrel und Wandrer auch mal als Amateur-Strategen zu versuchen. Ich bin ganz sicher, daß das Buch in *seiner* Art gut wird; es steht alles
ganz klar vor mir.   (HF IV, 2, S. 167 f.)

*Aus: Beilage zu No 113 der »Neuen Preußischen (Kreuz-)Zeitung« vom
18. Mai 1866, Spalte: Literatur und Wissenschaft.*
(Fontanes »Schleswig-Holstein«.) Der Cultusminister hat an sämmtliche
Provinzial-Schul-Collegien und Regierungen nachfolgende Bekanntma-
chung erlassen: In dem Verlage der Königlichen Geheimen Ober-Hofbuchdruckerei (*R. v. Decker*) hierselbst ist erschienen: »Der Schleswig-
Holsteinische Krieg im Jahre 1864 von *Th. Fontane*, mit 4 Portraits, 56 in
den Text gedruckten Abbildungen und Plänen in Holzschnitt und 9 Karten
in Steindruck.« Der Preis des Buches in gewöhnlicher Ausgabe ist 2 Thaler
22½ Silbergroschen.

Die Darstellung beruht auf authentischen, durchaus zuverlässigen
Quellen und Nachrichten, die Erzählung ist warm, durch den Stoff selbst
gehoben, ohne Phrase patriotisch gerichtet und anregend; die Ausstattung
ist künstlerisch und typographisch schön. Es ist wünschenswert, daß dieses

Buch der reiferen Jugend zugänglich gemacht und auch der Beachtung der Lehrerwelt empfohlen werde. Besonders wird sich dasselbe zur Anschaffung für Schülerbibliotheken und zu Prämien eignen. Das Königliche Provinzial-Schul-Collegium veranlasse ich, hiernach für die Unterrichtsanstalten seines Ressorts das Geeignete zu verfügen. Berlin, den 21. April 1866. Der Minister der geistlichen etc. Angelegenheiten. v. Mühler.

An Wilhelm Hertz Berlin, 11. August 1866
Ich wünsche das Kriegsbuch zu schreiben, einmal weil ich das Schleswigholstein Buch dadurch erst zu einem rechten Abschluß bringe, zweitens weil ich eine Lust und ein gewisses Talent für solche Arbeiten, drittens weil ich einen erheblichen pekuniären Vortheil davon habe, aber die Sache ist *mir keine Herzenssache.* Wird das Buch geschrieben – gut, wird es nicht geschrieben – auch gut; es geht der Welt dadurch von meinem Eigensten, von meiner Natur (wohl oder übel) nichts verloren; der Roman [»Vor dem Sturm«] aber darf nicht ungeschrieben bleiben. [. . .] So liegt die Sache. Ich möchte das Kriegsbuch schreiben, weil der Roman, wenn Gott mich leben läßt, doch *unter allen Umständen* geschrieben würde.   (HF IV, 2, S. 169)

An den Verlag Rudolf von Decker Berlin, 24. August 1866
Es war eigentlich meine Absicht, heute in der Nachmittagsstunde mit zu Ihnen heran zu kommen, ich bin aber erkältet und möchte mich bis Montag gern auskuriren, wo ich noch nach Langensalza will. Den Kriegsschauplatz der Main-Armee hab ich vor, erst nächsten Mai zu besuchen.

Ich würde mich sehr freuen – woraus ich nie ein Hehl gemacht habe – wenn es noch zwischen uns zu einer Einigung käme. Der zweite Theil gehört dahin, wo der erste erschien; außerdem wird es nicht allzu viel Firmen geben, die, wenn sie auch im Uebrigen meinen Ansprüchen nachkommen, dem Buch eine Ausstattung geben können wie die Deckersche.

Sie werden aus dem allen ersehen, wie lebhaft mein Wunsch ist, die Sache zwischen uns zu einem guten Ende zu bringen. Aber wie? Ich weiß nicht recht wie ich es anfangen, was ich Neues proponiren soll.

Ich bin kein Breit-Schreiber, kein Zeilen- und Bogenmacher, es ist mir lieber, namentlich auch bequemer (denn die letzten Bogen werden einem unverhältnismäßig sauer) wenn das Buch nicht über 24 Bogen stark wird, ich muß aber doch, wenn der immer reicher werdende Stoff sich gegen eine knappere Behandlung sträubt, schließlich eine Garantie haben, daß ich mein Plus an Arbeit nicht umsonst an die Sache gesetzt habe. Ich bitte Sie dies freundlich in Erwägung zu ziehen. Lassen Sie uns nicht wegen einer Summe, die für ein solches Unternehmen und für eine Firma wie die Deckersche, eine Bagatelle ist, verschiedene Wege gehen. Ich würde es aufrichtig beklagen.   (Dichter über ihre Dichtungen, Bd. 2, S. 25)

An den Verlag Rudolf von Decker Berlin, 25. August 1866
Ihre eben empfangenen Zeilen sind mir eine große Freude gewesen, ich danke Ihnen aufrichtig dafür. Es war nicht Eigensinn, was mich vor etwa 14

Tagen an meiner Forderung festhalten ließ, sondern ein Gefühl (Pardon für diesen Ausdruck) von der Billigkeit meiner Wünsche. Es soll nun bald an die Arbeit gehn und wie ich wohl sagen darf, mit Lust und Liebe. Der Gegenstand ist dazu angethan.

Besten Dank auch für Ihre freundlichen Anerbietungen hinsichtlich des Zahlungsmodus. Ich möchte um Folgendes bitten:

1. Zum 1. Oktober 400 Rthl.
2. Von da ab, am 1ten jedes Vierteljahrs 100 Th.
3. Bei Erscheinung des Buchs den Rest (700 Rthl.).

Mit den ersten 400 Rthl. hat es die Bewandniß, daß ich von Herrn Hertz, für den ich ein umfangreiches, dreibändiges Buch [»Vor dem Sturm«] schreibe, seit Anfang dieses Jahres alle Vierteljahr 100 Rthl. als Vorschuß erhalten habe. Diese – da ich ihm ohnehin dafür verpflichtet bin, daß er mich, für den Fall einer Einigung mit Ihnen, auf Jahresfrist aus dem Kontrakt entlassen hat – muß ich ihm wenigstens zurückzahlen. Die vierteljährigen 100 Rthl., die mein Etat erheischt, erbitte ich, wie bisher von Herrn Hertz, so für das Jahr 1867 und zwar am 1. Januar, 1. April, 1. Juli und 1. Oktober genannten Jahres, von Ihnen. Ich bin überzeugt, daß Sie an dieser Abmachung keinen Anstoß nehmen werden. Ihre Güte läßt mir vielleicht noch, wenn auch erst in den nächsten Tagen, ein paar Zeilen zukommen, in denen Sie eigens Ihre Uebereinstimmung aussprechen.

Also nun vorwärts in Freudigkeit! Es ist mir auch lieb, wieder mit Burger zusammen zu sein.   (Dichter über ihre Dichtungen, Bd. 2, S. 26)

An den Verlag Rudolf von Decker   Berlin, 20. Dezember 1866
Seit Wochen hab ich in Betreff unsres neuen Buches (an dem ich bis vor Kurzem rüstig gearbeitet habe) einige Fragen auf dem Herzen. Unwohlsein, wie es meine Arbeit unterbrach, hat mich auch nicht zum fragen kommen lassen, beispielsweise wegen der Karten und ihrer Placirung.
          (Dichter über ihre Dichtungen, Bd. 2, S. 27)

An Ludwig Burger   [1866]
          Der deutsche Krieg von 1866
Dieser einfache Titel wird wohl das Beste sein. Ich glaube das Blankenburg-sche Werk [Heinrich Blankenburg, »Der deutsche Krieg von 1866«, 1867/68] – vielleicht das einzige, das ich nicht gelesen, ja zufällig nicht einmal gesehen habe – betitelt sich ebenso, aber das erscheint mir kein Unglück. Es ist das einfachste, natürlichste, umfassendste, correkteste. Ich halte auch das *von* 1866 besser als *im Jahre* 1866. Das *von* 1866 hat etwas Abschließendes; *im Jahre* 1866 klingt wie: Fortsetzung folgt.
          (Dichter über ihre Dichtungen, Bd. 2, S. 27)

An Rudolf von Decker   Berlin, 16. Januar 1867
Pardon, daß ich heute erst dazu komme, Ihnen für Ihre freundliche Zuschrift sammt dem beigeschlossenen Büchelchen zu danken, auch meine Glückwünsche zum neuen Jahre auszusprechen.

Das Büchelchen ist liebenswürdig seiner Gesinnung nach, aber sehr unbedeutend an manchen Stellen, wenig geschickt im Ausdruck. Zu diesen schwachen Stellen gehört auch die von Ihnen mit Recht befragezeichnete Bemerkung. Sie war mir, als ich das Buch vor etwa 8 Tagen las, (ich hab es in der Kreuz Ztg ziemlich ausführlich besprochen und zufällig gerade den Humbert'schen Bericht daraus citirt) gleich aufgefallen und hatte mir ein Lächeln abgezwungen. Die Sentenz hat ein gewisses psychologisches Interesse, weil man sieht wie Eitelkeit, leiser Unmut und anständige Gesinnung miteinander kämpfen. Die letztre behält schließlich die Oberhand, aber doch erst nachdem sie von den beiden anderen Elementen eine beneidenswerte Teinture erhalten hat. Herr von Humbert hat guten Grund mit der ganzen Darstellung wenig zufrieden zu sein. Es kann nämlich kein Zweifel darüber obwalten, daß *diese* Attacke eigentlich die glänzende That des Regiments ist und *nicht* die Attacke des Major von Hymmen, so daß der pour le mérite des letztern, dem Führer der 1. Escadron einen leisen Augenschmerz verursachen mag. Er hat übrigens mit dem Ritterkreuz des Hohenzollern-Ordens auch gut abgeschnitten und da der pour le mérite eigentlich nur für direkte Tapferkeit im dichtesten pêle mêle und nicht für einen brillanten Coup, er sei so glücklich verlaufen wie er wolle, gegeben wird, so läßt sich am Ende gegen die Verteilung nichts erhebliches sagen. Uebrigens werd' ich in meinem Buch, das natürlich die beiden Wald-Episoden bei Königgrätz (Sadowa und Benatek-Cistowes) ausführlich behandeln wird, auch nicht die Humbertsche Attacke zu erwähnen unterlassen. Was die Arbeit selbst angeht, so sitz' ich unter Bergen von Büchern und Zeitungen begraben; ich wollte die Berge wären viel, viel niedriger, enthielten aber mehr Goldadern. Das würde mir die Arbeit sehr erleichtern.

(Dichter über ihre Dichtungen, Bd. 2, S. 27 f.)

An Mathilde von Rohr　　　　　　　　　Berlin, 22. Februar 1867
Ich habe eine Bitte, die ich eben auch unserem Lepel schriftlich vorgetragen habe.

Ich muß dann und wann in die wöchentlich oder monatlich erscheinende militairischen Zeitschriften (es giebt deren ein halbes Dutzend) einen Einblick thun, sie *alle* anzuschaffen – auf die beste und theuerste hab ich abonnirt – ist aus vielen Gründen unmöglich und so geht denn mein Wunsch dahin, daß ich Gelegenheit finden möchte diese Blätter aus dem Kriegsministerium, oder dem Generalstabe, oder der militairischen Gesellschaft leihweise auf zwei, drei Tage entnehmen oder an den betreffenden Orten die betreffenden Artikel nachlesen zu können.

Auch dies wird natürlich seine Schwierigkeiten haben, hier aber hilft doch vielleicht Empfehlung. Mir ist Oberst v. Garten und seine *Tochter* wieder eingefallen. Wenn sie will, so muß er. Aber im Ernst, Oberst v. Garten, der ja zu Moltke und andern Autoritäten in Beziehung steht, könnte da gewiß aushelfen, wenn er wollte.

Vielleicht wissen Sie auch noch anderweitig Rath zu schaffen. Bitte, gedenken Sie meiner.

[. . .]

Wo haust denn jetzt der junge Graf Haeseler? Der würde mir *sehr* helfen können und hätte gewiß auch den Willen dazu.   (HF IV, 2, S. 172 f.)

An Wilhelm Hertz   Berlin, 27. Februar 1867
Schönsten Dank für die freundliche Besorgung des »Chemnitzer Tageblatts«. Mir lag sehr daran, an diesen und ähnlichen Blättern, da man *unsrerseits*, im Generalstabe, immer kärglicher, immer zugeknöpfter wird und sich selber die »Priorität der Veröffentlichung« (dies ist der Kunstausdruck) wahren will. Major v. Verdy hat mir das neulich gesagt und alle Divisions-Commandeure, mit denen ich mich in Verbindung gesetzt habe, schreiben dasselbe und brauchen dieselbe Phrase. – Es läßt sich nicht viel dagegen sagen, aber mir kommt es einigermaßen unbequem und zwingt mich bei östreichischen und sächsischen Quellen gleichsam zu pumpen.
(Briefe an Wilhelm und Hans Hertz, S. 134)

An den Verlag Rudolf von Decker   Berlin, 13. März 1867
Herr L. Burger erzählte mir vor Kurzem, Hauptm. v. Brandt vom Generalstabe habe gegen Sie seine Verwunderung darüber ausgedrückt, daß ich mich noch nicht hätte sehn lassen, um Rat und Mitteilungen für mein Buch entgegen zu nehmen.

Ist dem wirklich so? Major von Verdy hat mir vor 14 Tagen oder 3 Wochen gesagt: der Generalstab wolle sich in Betreff derartiger Veröffentlichungen »die Priorität wahren«.

Haben Sie eine Ahnung, wie das zu einander klappt und paßt? Könnten Sie vielleicht an Hauptm. v. Brandt eine Anfrage thun? Zugleich die Anfrage ob er mich empfangen will? Natürlich hat dies »Empfangen« nur einen Sinn, wenn man mir auch was geben will, denn des ewigen Schreibens und Hin und Herlaufens bin ich müde.
(Dichter über ihre Dichtungen, Bd. 2, S. 29)

An den Verlag Rudolf von Decker (Herrn Schultz) Berlin, 18. März 1867
Besten Dank für Ihre freundliche Zusage in Betreff des Hauptmanns v. Brandt; ich bin sehr begierig auf den Ausgang. Schlimmstenfalls muß es auch ohne Generalstab gehen, aber freilich besser ist besser.

Nun noch eine Mitteilung mit der ich schon seit zwei oder drei Wochen im Anschlag liege und die endlich, wohl oder übel gemacht werden muß. – Zwei Dinge stellen sich immer bestimmter heraus:
a) das Buch wird viel, viel dicker und
b) *weil* es viel dicker wird, kann das *Ganze* bis zu Weihnachten nicht fertig sein.

Ich habe ein lebhaftes Gefühl davon, daß Ihnen das alles ziemlich unangenehm sein wird, aber ich sehe nicht ab, wie es geändert werden soll. Blicken Sie, rein äußerlich, auf die jetzt erscheinenden Bücher von Hiltl [Johann George Hiltl, »Der böhmische Krieg«, 1867] und dem Daheim-Correspondenten, blicken Sie auf die doch nur einen kümmerlichen Inhalt aufweisende Weber'sche Kriegs-Chronik und Sie werden einräumen müssen: ein so reicher, großer, beständig anwachsender Stoff ist nicht auf 30 Bogen zu erledigen. Am wenigsten, wenn das Buch doch auch nach der militairischen Seite hin genügen soll. Sie werden sich übrigens gewiß erinnern, wie ich in allen meinen früheren Briefen bereits auf die Unmöglichkeit hingewiesen habe, den Umfang eines derartig zu schreibenden Buches vorweg festzustellen.

Ich schlage nunmehr, nachdem ich einen Ueberblick gewonnen habe, *zwei* Bände vor:

Band I (böhmischer Krieg) zu Weihnachten 67;
Band II (Main-Armee) zu Ostern 68.

Die Firma Decker kann die entstehenden Mehrausgaben (wenn sie durch den *Doppelpreis zweier* Bände nicht ausgeglichen werden sollte) am Ende tragen; ich will aber doch auch meinerseits mein Entgegenkommen zeigen, so weit mir die Verhältnisse ein solches irgend wie gestatten. Wir hatten das Honorar auf 50 Thaler pro Bogen normirt; ich proponiere Herabsetzung auf 40.

Fast fürchte ich, daß Ihnen das Erscheinen des Werkes in zwei Hälften und zu zwei Terminen noch unbequemer sein wird, als die Mehrausgabe an Honorar. Aber ich fühle nur zu gut, daß ich das Ganze, bis zum Herbste hin schlechterdings nicht schaffen kann. Gut Ding will Weile. Ich bitte Sie herzlich, mich durch Forderungen, die einfach über meine Kräfte hinaus gehn, nicht muthlos und niedergeschlagen zu machen. Es glückt einem nur das, an das man mit dem Gefühle herantritt: das kannst du, das liegt innerhalb deiner Kraft. Ich bin mir guten Willens, aufrichtigen Pflichteifers und großer Freudigkeit speziell an dieser Arbeit bewußt, aber ultra posse etc.

(Dichter über ihre Dichtungen, Bd. 2, S. 29 ff.)

An den Verlag Rudolf von Decker Berlin, 2. Mai 1867
Ich habe in fast vollen 5 Wochen absolut nicht arbeiten können und will übermorgen auf 8 Tage verreisen, um vielleicht durch Luftwechsel meinen total erschöpften Nerven wieder aufzuhelfen. Vorher aber wollte ich doch wegen meines langen Schweigens um Absolution bei Ihnen nachgesucht haben.

Die *neuen* Kriegswolken, Gott sei Dank scheinen sich ja wieder zu verziehn und bleibt Friede, wie ich von ganzem Herzen wünsche, so wird es Ihnen im Wesentlichen gleichgültig sein, ob unser Buch um 4 Wochen früher oder später in der Welt erscheint. Wenn ich vom Geschäftlichen absehe, so heißt es im Uebrigen unbedingt: *je später, je besser.* Jeder Tag bereichert das Material. – Auf den in meinem letzten Brief berührten Punkt geh ich heute nicht weiter ein; die Sache wird sich später von selber machen; es ist ganz unmöglich, daß Sie sich gegen die Billigkeit des von mir Proponirten verschließen könnten. Meine Seele weiß sich dabei von allem Kleinlichen und Selbstsüchtigen frei. Meine Anerbietungen selbst müssen das beweisen. (Dichter über ihre Dichtungen, Bd. 2, S. 31)

An Emilie Fontane   Berlin, 27.-28. Juni 1867
In den nächsten Tagen will ich die Rezension über »Eleazar« schreiben,
dann mein Kapitel »Nachod«, dann den Aufsatz über Paul. Mit Ausnahme
der Einladungen, werd' ich durch nichts gestört und hoffe ein gut Stück
vorwärts zu kommen.

[. . .]

Wenn Du über den Aufenthalt des Königs in Liegnitz etwas Hübsches
und Mittheilbares erfährst, so schreib es mir. Suche doch auch zu erfahren,
ob nicht zu dieser Festfeier – fast sollte man es vermuthen – eine Art militairische Fest-Brochüre erschienen ist, in der die Thaten des 7. Regiments,
speziell bei Skalitz erzählt werden. Ist so etwas da, oder auch von andern
niederschlesischen Regimenten (Du könntest doch zufällig davon hören)
so schicke mir es gleich; gerade jetzt mit Nachod-Skalitz beschäftigt, würden mir die Sachen, selbst wenn sie schriftstellerisch keinen Sechser werth
sind, sehr erwünscht kommen.   (HF IV, 2, S. 175 f.)

An Emilie Fontane   Berlin, 6. Juli 1867
Die kleinen Züge von unserm König sind wieder sehr reizend; wenn Du in
die Stadt kommst, so vergiß doch nicht (oder Du kannst es auch brieflich
thun) in der besten Buchhandlung anzufragen, ob nicht eine 1866er Geschichte des 7. Regiments erschienen sei. Mir liegt sehr daran.
(HF IV, 2, S. 177)

An Henriette von Merckel   Berlin, 31. Juli 1867
Ich bin so sehr daran gewöhnt, meine Reisen auf Regierungskosten zu
machen (meine Schweizerreise war die einzige Ausnahme), daß ich mich
nicht entschließen kann, 100 Taler aus eigner Tasche dazu herzugeben. Es
wäre zwar für mein Buch gut, wenn ich die Schlachtfelder auch des Main-
feldzuges sähe, aber es muß auch *so* gehn. Die Knickrigkeit Deckers, der,
wie Sie vielleicht wissen, mir für 50 Bogen nicht mehr Honorar zahlen will
als für 30, kommt hinzu, um mich abgeneigt zu weiteren Depensen zu
machen.   (Dichter über ihre Dichtungen, Bd. 2, S. 31 f.)

An Rudolf von Decker   Berlin, 5. August 1867
In meiner Arbeit schreite ich allmählig fort; freilich bin ich immer noch
nicht bis zum Tage von Königgrätz, zum Teil deshalb nicht, weil mir noch
manche Spezial-Berichte fehlen, ohne die ich nicht gern zur Darstellung
schreite.

Ich schreibe heute besonders, um wegen beizugebender Karten und Pläne bei Ihnen anzufragen. Die Karten sind wohl selbstverständlich; nur
über Art und Zahl wäre zu conferiren. Schwieriger stellt sich die Sache mit
den Schlachtplänen, wo außer den Terrain-Andeutungen, auch Truppen-
aufstellungen und Truppen-Bewegungen gegeben werden müssen. Ich
selbst bin kein Zeichner und würde es jedenfalls nicht verstehen, den Dingen die wünschenswerte Appretur, das gute Aussehn zu geben.

Ließe sich wohl eine passende Kraft dafür engagiren? Ein gewöhnlicher

Mensch darf es nicht sein. Er muß das Zeug haben, gestützt auf meine Beschreibung, auf die Generalstabskarten und auf die Hauptlinien, die ich auf einen Bogen blos hinwerfe, nun seinerseits einen Plan zu »*produziren«*. Dies ist nicht leicht. Jedenfalls müßte es ein junger, strebsamer Mensch sein, nicht einer, der die Dinge blos herkömmlich-gedankenlos abwickelt.

Ich berühre zugleich eine andre Frage, von der die Ihnen Herr Schultz schon vielleicht gesprochen hat.

Ich schrieb diesem vor etwa einem Vierteljahr, daß das Buch wahrscheinlich viel umfangreicher werden würde als anfänglich gedacht und daß ich, um meinerseits nicht ganz zu kurz zu kommen, das ergebenste Petitum stellte:

auch die über 30 hinausgehende Bogenzahl honoriren, dafür aber das Honorar des einzelnen Bogens von 50 auf 40 Thaler herab setzen zu wollen.

Wird dies angenommen, so bin ich immer noch in der harten Lage 37 Bogen statt 30 schreiben zu müssen, eh ich überhaupt nur wieder das für mich festgesetzte Honorar (1500) erreiche.

Ich habe dann aber doch wenigstens den Trost, das was über diese 37 Bogen hinausliegt, honorirt zu sehn.

Nicht irgend ein Recht, aber die Billigkeit steht mir zur Seite. Und an diese, hochzuverehrender Herr v. Decker, wollte ich appeliert haben.

[. . .]

Eben erhalte ich einen Brief von L. Burger, zu dem ich vor Kurzem wegen der Pläne gesprochen hatte. Er empfiehlt einen Herrn *v. Reichenbach* früher Maler, jetzt auf der topographischen Plankammer beschäftigt, geschickt, bescheiden etc.   (Dichter über ihre Dichtungen, Bd. 2, S. 32 f.)

An Mathilde von Rohr   [14. Oktober 1867]
Mit meinem Befinden geht es leidlich, auch mein Buch macht Fortschritte; wenn ich Sie wiedersehe, hoffe ich bei Königgrätz zu sein und habe ich erst Königgrätz hinter mir, so bin ich über den Berg, trotzdem der Mainfeldzug auch noch eine hübsche Aufgabe ist.   (Briefe, Bd. 3, S. 71)

An Franz von Zychlinski   Berlin, 22. November 1867
Ergebensten Dank für Ihre gütige Erlaubnis das M. S. vorläufig noch behalten zu dürfen; ich freue mich sehr auf das bevorstehende Erscheinen des *Buchs*. Es wird sich auch gut machen. Jeder verständige Leser wird immer den nächsten Zweck der Publicirung im Auge haben, ein Erinnerungsbuch für die Regiments-Angehörigen zu sein. Auf Kleinigkeiten kommt es ohnehin nicht an. Das Wichtigste und das Schwierigste bleibt immer die übersichtliche Gruppirung des Stoffs. Ist diese gut, so ist alles gut; treten hier umgekehrt einige Compositions-Mängel hervor, so ist es fast unmöglich solche hinterher wegzuschaffen. Sie hängen dann, wohl oder übel, mit dem Leben des Ganzen zusammen. Übrigens sind solche Mängel fast unzertrennlich von der *Gattung*. Der unerläßlichen Rücksicht auf die Theile,

fällt die Rücksicht auf die Abrundung des Ganzen zum Opfer. Daß der Strom nie einfach fortfließen kann, daß es immer wieder nöthig wird den Gang der Erzählung – meist an der interessantesten Stelle – zu unterbrechen, um sich nach detachirten Compagnien und abgekommenen Halbzügen umzusehn, das ist es was eine völlige Abrundung fast unmöglich macht. Die Details und die Empfindung mit der sie vorgetragen werden, müssen dann dafür entschädigen. Und das geschieht. Ihre Darstellung des Kampfes um Rosberitz (um nur eines unter vielen zu nennen) der Moment wie die Hülfe kommt, das alles ist schön, plastisch, ergreifend.

Das Gefecht bei Soor hab' ich *sehr* ausführlich behandelt. Ich lebe der Hoffnung, daß es Ihnen, hochzuverehrender Herr General, im Wesentlichen genügen wird. Zweierlei, so denk ich, tritt mit aller Klarheit hervor: 1. Die Verzwicktheit der Gesammt-Situation eh es losging und 2. das allmälige sich Entwickeln des Erfolges durch das staffelförmige Eingreifen a) der Avantgarde b) der Artillerie und Gardefüsiliere und c) des 2. Garde-Regiments das die Entscheidung bringt. Zwei Briefe mit allerhand Details, die der vorhergegangenen eigentlichen Gefechtsschilderung noch einige Lichter geben, laß ich folgen. In einem dieser Briefe könnte ich, bei Besprechung der Situation, sehr gut sagen: »... aber der Prinz war nicht gewillt mit einem ›Kehrt‹ zu beginnen. Entgegenstehenden Ansichten zum Trotz, drang er durch; – der Angriff wurde beschlossen. Was den Entschluß angeht, so war der Tag von Soor *sein* Werk, *sein* Verdienst.« Oder so ähnlich. Vielleicht deuten Sie mir an, wieweit ich in dieser delikaten Angelegenheit gehen kann. Nach meinem Gefühl könnte man dreist *alles* sagen, weil das was Hiller wollte (gestützt auf freilich falsche Meldungen) ebenfalls eine volle Berechtigung hatte.

Und nun zum Schluß noch eine ergebenste Anfrage. Für Königgrätz gebrauche ich noch die Berichte der 14. und 15., der 3. und 4., der 7. und 8. Division, oder, wenn diese nicht zu beschaffen sind, der betreffenden Regimenter, namentlich des 56., 28., 49., und 31. (Die von der 7. Division hab ich im Wesentlichen.) Hätten Sie wohl abermals die große Güte, da, wo sich's macht, Ihre Empfehlung zu meinen Gunsten eintreten zu lassen? In den Provinzen ist man so ängstlich.   (HF IV, 2, S. 192 ff.)

An den Verlag Rudolf von Decker   Berlin, 13. Dezember 1867
Mit meiner Arbeit stecke ich jetzt bei Königgrätz; eine große Relief-Karte, die ich seit einiger Zeit im Hause habe, erleichtert mir die Orientirung; Berichte von Regimentskommandeuren sind eingegangen, andre sind zugesagt. Etwa Mitte Februar hoff' ich mit Königgrätz und Ende März mit dem böhmischen Kriege fertig zu sein. Dann bliebe mir noch der Sommer für den Main-Feldzug. Das Generalstabswerk, bei allem Respekt davor, ist kaum als eine Konkurrenz zu betrachten.

Damit sind Sie hoffentlich einverstanden, daß ich mich, von Ende März an, mit einem Plan- und Croquiszeichner (Herr v. R[eichenbach]) in Verbindung setze. Bis dahin möchte ich mich bei der Arbeit nicht gern unterbrechen.   (Dichter über ihre Dichtungen, Bd. 2, S. 34)

An Mathilde von Rohr Berlin, 13. Dezember 1867
Sehr schönen Dank für Ihre freundlichen Briefe. Ich freue mich sehr, daß
nun von den 56ern eine gute Arbeit in Aussicht ist und danke Ihnen im
Voraus für Ihre freundliche Vermittlung. (Briefe, Bd. 3, S. 71)

An Ludwig Burger Berlin, 20. Januar 1868
Besten Dank für Ihre Geneigtheit an Pr. Leutnant Probst schreiben zu wollen; hoffentlich gibt es eine gute Ausbeute, trotzdem ich zu wissen glaube,
daß die 65er wenig zur Aktion gekommen sind. Vielleicht kann er einem
aber Direktion und Empfehlung an andere Truppenteile, namentlich 28.
und 68., geben.

Seit drei oder vier Tagen bin ich nun bei der Main-Campagne oder doch
bei den Vorbereitungen dazu; im ersten, freilich sehr rohen Entwurf bin
ich bis zum 27. früh. Ich will das nun fertig machen und dann zur Gefechts-
beschreibung von Langensalza übergehen, *nicht* unsern, sondern den
österreichisch-hannoverschen Bericht zu Grunde legend, der viel besser ist
als der unseres Generalstabswerks, von dem man überhaupt sagen kann:
viele Köche verderben den Brei.

Weshalb ich aber nun vorzugsweise schreibe, ist folgendes. In meinem
Entwurf, der also die Zeit vom 15. bis zum 27. umfaßt und darauf aus ist,
fast ohne alles Detail, die Einschließung in ihren großen Zügen zu geben,
hab' ich aus eben diesem Grunde für die Heldentaten von Harburg, Stade,
Geestemürde [recte: Geestemünde] und wie die Nester alle heißen mögen,
keinen Raum gefunden. Es paßt auch nicht wenn von künstlerischer Darstellung die Rede sein soll. Alles spitzt sich auf die entscheidende Aktion
(Langensalza) zu und ich bringe mich und den Leser um jeden richtigen
Effekt, wenn ich die Matrosen mit ihren Hämmern und Brechstangen
überall aufmarschieren und ihre Wundertaten verrichten lasse. Ich habe
also alle diese Geschichten, die ja doch auch nichts rechts waren und künstlich heraufgepufft worden sind, in zwei längeren *Anmerkungen* behandelt,
wo sie – und deshalb schreibe ich – nicht gut illustriert werden können. Soll
es aber doch geschehen, so würd' ich um ein Vollbild bitten, was als selbständiges Blatt daneben steht. Hoffentlich kommt diese Bitte noch zu rechter Zeit.

Der Brief ist schon so lange geworden, deshalb heute weiter nichts. Für
den Fall aber, daß Sie und v. Decker auf meine Propositionen eingingen,
würd' ich noch mehr in die Details gehen und mir weitere Vorschläge erlauben. Noch manche Hülfen blieben schließlich anzuwenden, wenn das
Ganze erst gutgeheißen ist.

(Dichter über ihre Dichtungen, Bd. 2, S. 35)

An die Redaktion der »Allgemeinen Militair-Zeitung«
Berlin, 23. März 1868
Mit Darstellung der Kriegsereignisse von 1866 beschäftigt, nehm' ich eben
jetzt, wo ich die Mainkampagne behandle, zu meinem Bedauern wahr, daß
alles was mir in zahlreichen Blättern, darunter auch in der bei Ihnen er-

scheinenden Militair-Zeitung, über die Gefechte bei Laufach und Frohnhofen vorliegt, mehr als lückenhaft ist; auch das was der bekannte »Daheim Correspondent« in seinem Buche giebt, ist nicht zu brauchen. In meiner Verlegenheit wende ich mich vertrauensvoll an Sie; muthmaßlich ist in späteren Nummern der Militair-Zeitung (ich besitze 34-37 von Jahrgang 1866 und 2-5 von Jahrgang 1867) oder aber in einer Brochüre, offiziell oder nicht, eine Darstellung der genannten Gefechte erschienen und ich würde Ihnen zu lebhaftem Danke verpflichtet sein, wenn Sie mir Blätter oder Brochüre oder beides *umgehend* und gegen Entnahme von Postvorschuß zugehen lassen wollten. Ist das letztere nicht möglich, so stellen Sie es vielleicht Herrn Buchhändler W. Hertz, Behrenstraße 7 hierselbst, in Rechnung, mit dem ich mich dann (er ist mein Verleger) berechnen würde.

[...]
Umfangreiche Bücher, die etwa die ganze Maincampagne behandeln, wären mir unerwünscht. Es liegt mir nur an dem speziell namhaft gemachten.

(Kehler, S. 40)

An Emilie Fontane (Mutter)   Berlin, 3. April 1868
Mit meiner Gesundheit ging es glücklicherweise leidlich, wiewohl ich eines Abends ohnmächtig umfiel, was natürlich Emilien sehr erschreckte. Arbeiten, ein paar Wochen abgerechnet, hab ich immer gekonnt und das ist bekanntlich die Hauptsache, daß *diese* Maschine nicht still steht. Im Juli oder August hoff ich mit meinem Buche fertig zu sein, was das eigentliche Schreiben angeht; der Druck, der dreimal täglich auftauchende Correkturbogen-Junge, kosten einem dann freilich noch weitere 3 Monate.

(HF IV, 2, S. 196 f.)

An Ludwig Burger   Berlin, 4. Mai 1868
Besten Dank für Ihre gestrige freundliche Sendung, die mir schon a propos kam. Ich bin heute bei Helmstedt (ein sehr complicirtes, schwer darzustellendes Gefecht) und hoffe morgen oder übermorgen bei Uettingen einzutreffen. In etwa 8 Tagen bin ich mit der Mainkampagne fertig und komme dann zu Ihnen, teils um die mir gütigst anvertrauten Briefe wieder in Ihre Hände zu geben, teils um die Initialenfrage zu erledigen.

Mitte Mai will ich auf ein paar Tage fort, um dann mit wieder frischen Kräften an die Bistritz zurückzukehren.

(Dichter über ihre Dichtungen, Bd. 2, S. 36 f.)

An Ludwig Burger   Berlin, 10. Mai 1868
Besten Dank für Ihre freundlichen Zeilen, insonderheit auch für die Correkturen. Wahrscheinlich haben Sie in allen drei Sachen (1 oder 2 Thore, Eljenruf, v. Studnitz) Recht; ich bin aber überall den besten Quellen, beispielsweise in der Studnitz-Frage Falckensteins eignen Aufzeichnungen – die ich handschriftlich habe – gefolgt. Nach gerade weiß ich aber, daß einem das alles nichts hilft; das Goethesche

»Die Welt ist voller Widerspruch
Und sollte sich nicht widersprechen«
scheint in Vorahnung von Regimentsgeschichten geschrieben zu sein. –
Heute hab ich endlich Uettingen, nebst Kissingen das stolzeste Kapitel in
der Main-Campagne, beendet; die 36er werden mich hoffentlich zum Eh-
ren-Unteroffizier dafür ernennen oder mir ein Diner geben, wenn ich nach
Kiel komme. Aber welche Widersprüche auch hier! Die beiden vorzüglichen Berichte von Brandenstein und Rohrscheidt weichen unter einander
ab und mit dem officiellen Bericht im Militair-Wochenblatt haben sie beide
kaum eine Aehnlichkeit.

Die Initialen-Frage (ich weiß ja, daß es sich nicht ändern läßt) wird mir
schließlich, wenn's erst an's Corrigiren geht, noch viel Sorge machen. Alle
meine schönen Uebergänge von Kapitel zu Kapitel – worin nach Lamartine
zu gutem Theile die Kunst des Styls besteht – werden mir flöten gehn.
Indeß was hilfts!

Ich komme, so es Ihnen recht, am Mittwoch Nachmittag und bringe alles
mit, auch mein M. S. der 2. Hälfte der Main-Campagne. Natürlich blos der
Initialen halber.

In Druck geben, kann ich es noch nicht. Die Umarbeitung würde *wenigstens* 14 Tage erfordern und diese 14 Tage kann ich *jetzt* nicht daran setzen;
erst muß alles im Groben fertig sein. Ich begreife Herrn v. D[ecker]'s
Unruhe und wäre ihm gern zu Wunsch und Willen, aber ich fühle nur zu
gut, daß gerade daran die ganze Geschichte scheitern könnte. Die Sache
liegt so, daß auch nicht 8 Tage verloren gehen dürfen und so abgehetzt und
erholungsbedürftig ich bin, ich würde doch meine Urlaubswochen dran
setzen, nur um nicht Herrn v. D. und das Buch im Stich zu lassen. Denn zu
Weihnachten *muß* es fertig sein; sonst ist alles aus. Meine Berechnung ist
die: bis Ende Juni mit Königgrätz fertig, bis Ende Juli Blumenau und Waffenstillstand. Dann beginnt der Druck, der doch am Ende in 3 Monaten
wird zu leisten sein. Dafür ist man eben Decker. Viel mehr Sorgen machen
mir die Croquis. Ohne diese ist die ganze Geschichte nichts und es ist fraglich, ob Herr v. Reichenbach all das wird schaffen können.

(Dichter über ihre Dichtungen, Bd. 2, S. 37 f.)

An den Verlag Rudolf von Decker (Herrn Schultz)   Berlin, 25. Juni 1868
Von dem Boten erfuhr ich, daß Ihre Abreise nahe vor der Thür stehe und
Ihre Rückkehr vor 5 bis 6 Wochen kaum zu erwarten sei. Ich bringe deshalb
heute schon – und zwar frühre kurze Verhandlungen wieder aufnehmend –
eine Angelegenheit zur Sprache, die ich außerordentlich gern vor Ihrer
Abreise noch ausgeglichen, geregelt sehen möchte. Ich bringe den besten
Willen mit; bitte, thun Sie ein Gleiches.

Wir haben auf 30 Bogen à 50 Rthl. kontrahirt; was über 30 Bogen, bleibt
ohne Honorar.

Es liegt auf der Hand, daß ich bei Aufstellung dieser Norm geglaubt
habe, das Buch werde 30, vielleicht 33, alleräußersten Falls 35 Bogen stark
werden und daß ich mir die Rechnung dahin gemacht hatte, schlimmsten-

falls 3 oder 5 Bogen umsonst schreiben zu müssen. Gewiß haben Sie Aehnliches angenommen.

Nun hab ich mich aber einfach verrechnet, indem ich damals von der Kolossalität der Arbeit nicht die geringste Vorstellung hatte. Ich habe nicht 1 Jahr daran gearbeitet, sondern jetzt schon 2 und das auf 30 Bogen berechnete Buch wird 50 bis 60 stark werden. Soll nichtdestoweniger die erste Abmachung unerbittlich in Kraft bleiben?!

Ich proponire Folgendes, dabei über meine Vorschläge vom vorigen Jahr sehr erheblich hinausgehend.

Sie honoriren mir den Bogen nicht mit 50 sondern nur mit 40 Thalern und ziehen von dem Gesamtumfange des Buches außerdem noch so viel Bogen ab, wie ich einerseits ohne die geringste Widerrede ruhig mit in den Kauf gegeben haben würde und wie andrerseits die in den Text eingedruckten Burgerschen Illustrationen ausmachen werden.

Ruhig mit in den Kauf gegeben, hätte ich 5 Bogen, die Burgerschen Illustrationen werden 3 Bogen betragen, etwas mehr oder weniger. Zusammen 8 Bogen. Würde das Buch also 58 Bogen stark, so würde ich nur 50 Bogen honorirt erhalten und würde für jeden dieser 50 Bogen nicht 50 sondern 40 Thaler empfangen. Sie werden aus diesem dreifache Abzüge proponirenden Exempel mindestens erkennen, wie sehr es mir am Herzen liegt, die Sache glatt und schnell zu Ende zu bringen. Daß ich keine Rechtsansprüche habe, weiß ich; aber es wäre hart für mich diese Angelegenheit lediglich nach dem Recht und nicht auch nach der Billigkeit arrangiert zu sehn.

(Dichter über ihre Dichtungen, Bd. 2, S. 38 f.)

An den Verlag Rudolf von Decker (Herrn Schultz)   Berlin, 30. Juni 1868
Donnerstag Abend hab' ich mir erlaubt einen Brief an Sie zu richten, der hoffentlich in Ihre Hände gekommen ist; – wenigstens hab ich ihn selbst zur Post gegeben.

Ich bitte Sie freundlichst, wenn nicht um meiner Person, so doch um der *Sache* willen mir antworten zu wollen. So viel antwortlose Tage, so viel verlorene Tage. Werden ihrer noch mehr, so sind sie nicht mehr einzubringen.

In der Hoffnung, daß es Ihnen gefallen wolle, dies freundlichst in Erwägung zu ziehn [...]   (Dichter über ihre Dichtungen, Bd. 2, S. 39)

An Ludwig Burger   Berlin, 1. Juli 1868
Wenn Sie es angemessen finden, so bitte, lassen Sie fallen, daß ich eine Berechnung nach der Norm des Schleswig-Holstein-Buches als einfachstes Auskunftsmittel erklärt hätte. Dadurch würden allerdings all die künstlichen Subtraktionen in Wegfall kommen; das ganze Exempel würde vereinfacht und es könnte dann von besonders hoher Honorierung nicht länger die Rede sein. Das Schleswig-Holstein-Buch ist 23 Bogen stark, dafür erhielt ich 750 Taler. Nach diesem Ansatz wäre die Rechnung leicht zu machen.

Wenn alles gut abläuft, wenn Herr v. Decker die Billigkeit meiner Forderung zugiebt, dann vermögen Sie ihn vielleicht auch zu einer bestimmten brieflichen Formulierung seiner [. . .] bewilligung zu veranlassen. Halbe Zusagen oder Abknapsungen von dem, was mir absolut als Minimalforderung erscheint, würden mir, wie die Dinge jetzt liegen, nichts nutzen. In solchem Falle würd' ich es vorziehen, es bliebe bei der alten, harten Abmachung, aber ich hätte dann auch meinerseits innerhalb der gezogenen Grenzen freien Spielraum.   (Dichter über ihre Dichtungen, Bd. 2, S. 40)

An Rudolf von Decker   Berlin, 2. Juli 1868
Gestatten Sie mir noch ein letztes Wort in der schwebenden Angelegenheit.

Daß der Bescheid, den Maler Burger die Freundlichkeit hatte mir heute zu überbringen, außer Stande war mich zu beruhigen, oder meine tief daniederliegende Arbeitsfreudigkeit wiederaufzurichten, brauch ich wohl kaum erst zu versichern.

Ich mache eine neue Proposition. Lassen Sie uns das Schleswig-Holstein-Buch, 23 Bogen stark, als Einheit annehmen. Ich erhielt dafür 750 Thaler. Ich würde danach für ein Buch von 46 Bogen immer erst die Summe erhalten (1500 Thaler) die für ein Buch von 30 Bogen zugestanden war.

Weiter kann ich nicht gehn. Ist es unmöglich diese oder meine frühre (25. Juni) gemachte Proposition in *bestimmter schriftlicher Erklärung* acceptiert zu sehn, so bleibt mir nichts andres übrig als unter meine Arbeit, wie sie jetzt da liegt, einen Strich zu machen und den immerhin noch erheblichen Rest in lapidarer Kürze zu behandeln. So sehr ich dies auch aus den verschiedensten Gründen beklagen würde, so bin ich doch nicht in der Lage, an eine Arbeit, an die ich bereits 2 Jahre statt 1 gesetzt habe, noch ein weiteres halbes Jahr ohne ein bestimmt ausgesprochenes Aequivalent setzen zu können. Wie gering die Summe ist, die ich als ein solches Aequivalent ansehn würde, erhellt am besten aus dem Exempel, das meine obige Proposition an die Hand giebt. – Die Sache ist übrigens – Herrn Schultzes Nichtantwort verdanke ich einen Verlust von 8 Tagen – der Zeit nach so brennend, daß jeder Tag schwer ins Gewicht fällt. Nach 8 Tagen schon – und wenn mir goldne Berge versprochen würden – würd' ich erklären müssen: ich kann es bis Weihnachten nicht mehr leisten. – Sollte ich Sonnabend Mittag noch ohne Antwort sein, so nehme ich an, *daß Sie meine Propositionen* ablehnen.   (Dichter über ihre Dichtungen, Bd. 2, S. 40 f.)

An Rudolf von Decker   Berlin, 6. Juli 1868
Die bloße Tathsache, nach dem Schweigesystem das schon vorigen Sommer gegen mich eingeführt wurde, einen Brief von Ihnen erhalten zu haben, hat mich erfreut. Leider aber ist der Inhalt Ihres Briefes ohne allen Trost für mich. Wenn ich in »kränklicher Erregtheit« bin – ich würde meinen Seelenzustand doch noch anders bezeichnen – so sind Ueberarbeit und, ich bitte um Entschuldigung, die nüchtern-harte Art, wie man mich traktirt hat, daran Schuld.

Sie schreiben mir, ich hätte vor 2 Jahren die getroffene Abmachung »mit

Freuden« acceptiert. Was soll ich darauf antworten? 30 Bogen, meinetwegen auch 35 Bogen, für 1500 Rthl. *mit Freuden;* gewiß! auch *heute* noch; 60 Bogen für 1500 Thaler *mit Schmerz.*

Das ist ja eben das Harte, daß Sie sich gegen die Anerkennung dieses einfachen Satzes sträuben; das ist das Harte, daß Sie einen Rechenfehler, den ich gemacht und den ich nach der damaligen Sachlage beinah machen mußte, nun gegen mich gebrauchen und die doppelte Arbeit, den doppelten Aufwand an Zeit als selbstverständlich von mir beanspruchen wollen. Sie schreiben: »von sich erst wieder hineinstudiren müssen.« In diese Sache, wie *mir* erscheinen will, ist kein hineinstudiren nötig. Sie liegt klar da. Ob das Buch gehen wird oder nicht, ändert, so gewiß ich einen Mißerfolg beklagen würde, nichts an der Billigkeit meiner Forderung.

Hochzuverehrender Herr von Decker, ich schreibe Ihnen dies alles nicht mehr, um Sie umzustimmen, sondern nur noch um keinen Zweifel darüber bestehen zu lassen, wie ich über diese Punkte denke. Vertrauen, Liebe zur Sache, Freude und Gelingen – das ist alles sehr schön; wo soll ich es aber hernehmen? Vor einem Jahre hieß es: »arbeiten Sie ruhig fort, es wird sich alles finden;« nun ist ein Jahr um, ich *habe* weiter gearbeitet und wieder heißt es: »arbeiten Sie ruhig fort, es wird sich alles finden.« Und das Trost und innere Freiheit gebende Wort wäre doch so leicht zu finden gewesen! Nun ist es zu spät.

Ich habe jetzt nur den einen Wunsch, diese mir vergällte Arbeit ehmöglichst los zu sein. 45 Bogen sind fertig; ich habe also bereits mein ehrlich Theil gethan; etwa 7 Bogen *muß* ich noch hinzuschreiben, um das Hauptkapitel »Königgrätz«, das halb fertig ist, ebenso zum Abschluß zu bringen, wie ich es begonnen habe. Was dann noch folgt, ursprünglich als eine längere Reihe von Kapiteln intendirt, werde ich in ein einziges Kapitel zusammen bringen. Sollte man sich hier und da, vielleicht selbst höchsten Orts darüber wundern, so werde ich frank und frei meine Erklärung abgeben. – Ich will, aus bloßer Aigrirtheit, weder Sie noch das Buch schädigen, am wenigsten das Buch, dran 2 Jahre hingebendster Arbeit hängen. Ich *kann* nur einfach nicht anders; Sie verlangen mehr von mir als meine Nerven leisten können.   (Dichter über ihre Dichtungen, Bd. 2, S. 41 f.)

An Rudolf von Decker   Berlin, 9. Juli 1868
Als Zeit des Erscheinens erlaub ich mir statt Weihnachten nunmehr den Geburtstag Sr. Majestät zu proponiren. Ich glaube, das ist ein guter Gedanke. Bis dahin wird es auch zu schaffen sein. Am 1. Oktober, so weit ich dabei in Frage komme, kann der Druck beginnen, allenfalls auch früher. Da hätten wir denn gerade 6 Monate.
          (Dichter über ihre Dichtungen, Bd. 2, S. 42)

An Ludwig Burger   Berlin, 22. August 1868
Sehr wahrscheinlich reise ich morgen früh nach Erdmannsdorf, wo ich, wenn mir's gefällt, bleiben werde. Wollen Sie mich zu einem Besuche der Schlachtfelder haben, so bitt' ich freundlichst seinerzeit alles bestimmen zu

wollen; mir ist so ziemlich jeder Tag gleich, nur wenns sein kann nicht später als 5. September. Meine Frau wird Ihnen jederzeit über meinen Aufenthaltsort und meine Pläne, falls darin Aenderungen eintreten sollten, Auskunft geben können.   (Dichter über ihre Dichtungen, Bd. 2, S. 43)

An Emilie Fontane   Erdmannsdorf, 28. August 1868
[...] mein Kriegsbuch wieder vorgenommen. Es glückt auch, soweit Stimmung und Kraft in Betracht kommen; aber man braucht zu solcher Arbeit so entsetzlich viel Material und Beihilfen, daß mir beständig etwas fehlt, namentlich Karten.   (Familienbriefe, Bd. 1, S. 156)

An Emilie Fontane   Erdmannsdorf, 2. September 1868
Hier hast Du mein Leben seit Freitag. Gearbeitet, wie hieraus ersichtlich, hab ich wenig; doch verzeih ichs mir. Ich habe ein einziges Kapitel geschrieben, dabei aber viele Kapitel gelesen, nämlich das ganze »Heart of Midlothian« [von Walter Scott]. An einzelnen Stellen nicht viel 'was andres als ein höhrer Räuber-Roman, ist doch das Ganze von einer so kolossalen Schönheit, daß ich – von meinen leicht fließenden Thränen (ich habe sie glasweise vergossen) gar nicht zu reden – viele Male aufgesprungen bin und in Bewunderungs-Adressen an den Todten mein Zimmer durchmessen habe. Durch das Ganze, hundert andrer Vorzüge zu geschweigen, zieht sich eine Gabe, Menschen das Natürliche, immer Richtige sagen zu lassen, die, wenn wir Shakespeare und Goethe aus dem Spiel lassen, kein andrer hat. Ich finde dies das Größte. Bei Auerbach, den ich wahrlich nicht niedrig stelle, muß man doch alle 2 Seiten mal ausrufen: »dumm, albern, geziert, wie ist es möglich!«
Während des Schreibens hab ich Deinen lieben Brief vom gestrigen Tage erhalten, für den ich herzlich danke. Burger schreibt, er werde erst am 12. oder noch später in Königgrätz sein. Ich mache nun folgenden Vorschlag: willst und kannst Du in der nächsten Woche auf 3 Tage nach Dresden kommen, so gebe ich die Reise auf die Schlachtfelder auf und setze das dadurch ersparte Geld an unser Beisammensein auf Brühlscher Terrasse und Bildergallerie. Ich würde mich *sehr* darüber freun, die wohlbekannten Orte und Plätze in Deiner Gesellschaft wiedersehn zu können. [...]
                                                            (HF IV, 2, S. 211)

An Emilie Fontane   Erdmannsdorf, 5. September 1868
In den letzten Tagen habe ich ziemlich fleißig gearbeitet und zwar an meinem Kriegsbuch, weil mir dasselbe doch schwer in den Gliedern liegt und der Wunsch mich erfüllt: *nur fertig*. Ich habe deshalb auch nicht innerliche Muße genug gehabt, um was andres vorzunehmen. Bis zum 1. Oktober hoff' ich mit dem Gröbsten durch zu sein und während Deiner Abwesenheit im Oktober wenigstens die Hälfte durchcorrigirt und fix und fertig zu haben. Bei Deiner Rückkehr dann will ich mir 8 Tage gönnen und Gatte, Vater und Mensch sein. Im Allgemeinen ist man ja nur Schreibe- und Erwerbs-Maschine, in steter Besorgniß, daß der Kessel platzt.

Das »Programm« – um mit dem Chevalier zu sprechen – ist für die nächsten 4 oder 5 Tage folgendes.

[...]

Von Schmiedeberg fahr ich am *Montag* früh nach Landeshut mit der Bahn, von Landeshut mit der Post oder Wagen nach Trautenau, wo ich etwa um 2 eintreffen werde. Besichtigung des Schlachtfeldes; Fahrt nach Alt-Rognitz und Königinhof. Dort zu Nacht.

Am Dienstag nach Skalitz und Nachod; zurück nach Skalitz und von dort nach Königgrätz. Wenn's sein kann gleich aufs Schlachtfeld nach Chlum. Nachtquartier in Sadowa.

Am Mittwoch Dub, Roskos-Hügel, Swip-Wald, Problus und zurück nach Königgrätz. Sofort weiter zurück bis Trautenau und wenn's sein kann bis Landeshut.

Am Donnerstag von Landeshut bis Schmiedeberg, von Schmiedeberg bis Erdmannsdorf und sofort gepackt um die Rückreise anzutreten. Vielleicht fahr ich auch von Königgrätz am Mittwoch Abend in einem Ruck (über Görlitz) bis Berlin und bin schon am Donnerstag früh bei euch. Dies alles muß ich der historischen Entwicklung überlassen; einen Brief von Dir kann ich nicht mehr erwarten, weil es eben ungewiß ist welchen Weg ich einschlage. (HF IV, 2, S. 212 ff.)

An Emilie Fontane (Mutter)   Berlin, 20. September 1868
Mit meinem Buche bin ich nun bald zu Rande und nach länger als 2jähriger, unausgesetzter Arbeit, empfind' ich dies allerdings wie Befreiung von einem Alpdruck. Ich sehne mich nach einem Wechsel in der Beschäftigung und bange doch auch davor. (Briefe, Bd. 1, S. 71)

An Ludwig Burger   Berlin, 1. Oktober 1868
Ich bin neugierig auf Ihre Reiseausbeute; ich selbst war in Trautenau, Rognitz, Burkersdorf, Nachod und Skalitz. Nachod sehr interessant. Mit dem Buche bin ich nun bald zu Ende. Es fehlen von Kleinigkeiten nur noch Tobitschau, Rokeinitz und Blumenau. In etwa 10 Tagen hoff ich damit fertig zu sein und am 15. Oktober kann meinetwegen der Druck beginnen. Ich habe zwar noch einige Lücken auszufüllen: Stolbergsches Corps, Münchengrätz und die Kavallerie-Gefechte bei Königgrätz; ich bezweifle aber nicht, daß mir während der Correctur, die nun für die nächsten drei, vier Monate, alles ist, Zeit genug bleiben wird, diese Lücken auszufüllen.

(Dichter über ihre Dichtungen, Bd. 2, S. 44 f.)

An Ludwig Burger   Berlin, 23. Oktober 1868
Allerschönsten Dank für Brief und Beilage. Die Kapitel-Anfänge von der zweiten Hälfte von Königgrätz an bis zum Schluß des Buches sende ich in etwa 8 Tagen.

Ich bin nun im Groben so gut wie fertig. Heute habe ich (schon zurückgreifend und Lücken ausfüllend) in Oswiecim gearbeitet. Sontag, Montag, Dienstag Münchengrätz. Dann fehlt direkt nur noch der Cavalleriekampf

bei Stresetitz, wozu ich vielleicht – in aller Muße – die Weihnachtstage
benutzen kann. Ich denke also am Mittwoch oder Donnerstag und jedenfalls nächsten Sonntag (1. Nov.) die Pakete vornehmen und die Correktur
beginnen zu können. Am 8. Nov. werde ich soviel fix und fertig haben, daß
von da ab der Druck mit allen Kräften beginnen kann und zwar Ost- und
Westcampagne zugleich. Es hat dies zwar etwas Verwirrendes; aber es mag
drum sein. (Dichter über ihre Dichtungen, Bd. 2, 45)

An Mathilde von Rohr   Berlin, 28. Oktober 1868
Eine kleine Entschuldigung mag es für mich sein, daß ich seit Sonntag –
meine Stunde spatzierengehn abgerechnet – um und um gearbeitet habe;
selbst »Tante Merckel« [Henriette von Merckel] die heute von Schlesien
kam, habe ich nicht am Bahnhofe empfangen. Meine Arbeit brennt mir auf
den Nägeln; ich will nun endlich wenigstens den *ersten* Druckbogen sehn;
wann den letzten? (Briefe, Bd. 3, S. 80)

An den Verlag Rudolf von Decker   Berlin, 4. November 1868
Die ergebenste Anzeige, daß ich nun, Gott sei Dank, mit dem Kriegsbuche
von 66 fertig bin und daß es nur noch, theils mit Rücksicht auf stylistische
Mängel, theils in Folge neu erschienener Monographieen und Spezial-Ge-
schichten, hier und dort einer strengen Durchsicht und Korrektur bedarf.
Dieselbe soll neben dem Druck hergehn, derart, daß ich mit meinem völlig
fertigen M. S. immer um doch wenigstens 14 Tage voraus bin. Stockungen
sollen nicht eintreten.
Um sicher zu gehn, wäre es vielleicht gut, morgen (Donnerstag) über 8
Tage zu beginnen.
Mit Herrn von Reichenbach, wenn ich nicht Contre-Ordre erhalte,
werd' ich mich wegen der in den Text aufzunehmenden Croquis in Verbindung setzen. (Dichter über ihre Dichtungen, Bd. 2, S. 46)

An Rudolf von Decker   Berlin, 16. November 1868
Es ist mir ganz lieb, daß ich noch keine bestimmte Weisung erhalten habe,
M. S. für den Druck einzuliefern; je weiter ich mit meiner Korrektur vor
bin (die ersten 5 Kapitel sind jetzt ganz fertig) desto lieber ist es mir, da ich
dann nicht zu fürchten brauche, während des Druckes eingeholt zu werden. Ein Beginn nächsten Montag wäre mir aber ganz recht.
Zu gleicher Zeit frage ich ganz ergebenst an, ob ich wohl *jetzt* und wenn
es sein kann auch etwa um *Mitte Februar* noch Extra – 100 Thaler (außer
der Quartal-Rate zu Neujahr) erhalten könnte?! Da das M. S. fertig ist,
nur noch der Feile bedarf und jeden Augenblick Ihnen vorgelegt werden
kann, so hab' ich weiter nicht Anstand genommen, diese Bitte auszusprechen. (Dichter über ihre Dichtungen, Bd. 2, S. 46)

An Ludwig Burger   Berlin, 3. Dezember 1868
Die Liste der gefallenen Stabsoffiziere werd' ich Ihnen sobald wie möglich
in Vollständigkeit zu verschaffen suchen. Heute fallen mir nur noch ein:

Major v. Gilsa vom 26. und Major v. Reuss vom 2. Garde. Rgt., außerdem, an Cholera verstorben, v. Clausewitz, v. Pfuel, v. Petery. Ich glaube in der Tat, daß die Liste hiermit abschließt; die böhmischen Gefechte hab' ich alle durchgenommen und habe, soweit mein Gedächtnis reicht, weiter keinen als die genannten finden können. Einzelne, z. B. Hiller, Wietersheim, Anton v. Hohenzollern, Gaudy, die so zu sagen poetische Lichtpunkte an der Stelle sind, wo sie jetzt im Buche stehn, ließen sich vielleicht auch bildlich an ihrer jetzigen Stelle belassen. Paßt Ihnen das aber nicht, so stört es mich auch keineswegs, wenn ich betreffenden Orts in einer Parenthese hinzuzufügen habe: Portrait siehe S. so und so. Nur eine Verpflanzung des Textes von einer Stelle an die andere, wäre mir unlieb.

Und nun noch eins. Bitte von ganzem Herzen, theuerster Burger, dehnen Sie die Geschichte nicht weiter aus, machen Sie Schicht, ziehen Sie Strich, Grenze, wir kommen sonst aus der Unruhe nicht heraus. Sie sind gesunder als ich, haben bessere Nerven und überwinden all das siegreich; aber ich breche schier zusammen und sehne mich unendlich nach Ende, Luft, Freiheit. (Dichter über ihre Dichtungen, Bd. 2, S. 47)

An Ludwig Burger Berlin, 22. Dezember 1868
Die Listen-Frage ist ja nun durch die beiden Blätter die ich vorfand, erledigt. Ich corrigire jetzt den VI. Abschnitt »Die II. Armee bis an die Ober-Elbe«, wo ich nur *ein* Kapitel (wahrscheinlich früher auch schon namhaft gemacht) eingeschoben habe: »Das 6. Corps; Mutius«.

In diesem Kapitel ist die ganze Affaire Stolberg-Knobelsdorff mit ihren resp. Corps abgemacht. Sie entsinnen sich vielleicht, daß das Einrangiren dieser nebenherlaufenden Ereignisse mir außerordentlich schwierig erschien und in der That war es so. Es ist ein Excurs, der den einfachen, übersichtlichen Verlauf der Dinge unterbricht. Zu umgehen war es aber nicht. Ich hab es nun so eingerichtet, daß ich, nach einem Einleitungskapitel, das VI. Corps mit seinen beiden Detachements in Oberschlesien *zuerst* gebe und dann erst die 3 Kolonnen durch die 3 Thore von Böhmen einziehn lasse.

Die Clausewitz-Geschichte ist immer noch nicht klar. Es erscheint mir doch unwahrscheinlich, daß jemand, der 1863 Oberst war, 1866 Generallieutnant gewesen sein sollte. Während der Festtage schreibe ich an Pape und dann endlich auch an Barner in Angelegenheiten unsres Nowack, wenn Sie mir nicht rathen den letztern Brief noch zu vertagen; denn die Weihnachtsfeiertage, wo sich jeder ausgebeutelt hat, sind wohl die schlechtesten für Zustandebringen einer Collekte.

In den Festtagen will ich auch an Herrn v. Reichenbach schreiben, oder doch noch in der Woche vor Neujahr. Letzten Sonntag hab' ich, so gut es ging, sechs, acht Zeichnungen gemacht; später kann ich es mir vielleicht, bei der Mehrzahl der Croquis ersparen. [...]

Hallbergers Brief schließ ich wieder bei. Sie haben wohl freundlicherweise dabei an mich gedacht, aber ich bin ganz unqualificirt. Bis Ende März wird mich unser Buch noch *ganz und gar* in Anspruch nehmen. Herr

v. Decker hat schwerlich eine Ahnung davon, mit welcher Ausschließlichkeit ich seit 2 ½ Jahr nur ihm und seinem Unternehmen diene.
(Dichter über ihre Dichtungen, Bd. 2, S. 47 f.)

An Ludwig Burger   Berlin, 14. Februar 1869
Heute bin ich nun endlich auch mit dem großen Abschnitt: »Die II. Armee
bis an die Ober-Elbe« (oder so ähnlich) fertig geworden. Es war eine Hun-
dearbeit alles noch mal durchzuackern und doch hätte es noch schlimmer
sein können.

Ich habe nun die Kapitel, wie sie da fertig liegen, noch 'mal mit unsrem
Verzeichniß verglichen und zu meiner Freude gesehn, daß alles unverändert geblieben ist. Ein Kapitel wurde eingeschoben: »Das VI. Corps in
Oberschlesien – Mutius – Oswiecim. –« aber das wissen Sie längst und
haben sich gewiß die Sache notirt. (Es ist das 2. Kapitel des Abschnitts)

Ueber den Modus wie wir bei der neuen Eintheilung des Stoffs (aus *drei*
Abschnitten *einen*) zu verfahren haben, haben wir uns ja früher schon
geeinigt.

Jedes Corps erhält eine *große* Initiale und da, wo es vom Schauplatz
vorläufig abtritt, eine Schlußvignette; nur das eingeschobene weiße Blatt
kommt in Wegfall und alles folgt kapitelweise auf einander.
(Dichter über ihre Dichtungen, Bd. 2, S. 48 f.)

An Ludwig Burger   Berlin, 21. Februar 1869
Es geht mir etwas besser und so hab ich meine Correktur-Arbeiten wieder
aufgenommen.

Darf ich mir folgenden Vorschlag erlauben? – Wir machen aus den Ein-
gangskapiteln des Abschnitts »Königgrätz« noch einen aparten Abschnitt,
immer vorausgesetzt, daß weder Sie noch Herr v. Decker Anstoß daran
nehmen. Der Stoff würde sich dann wie folgt gruppieren:

Der 1. und 2. Juli
1. Die preußische Aufstellung am 1. Juli.
2. Die österreichische Aufstellung am 1. Juli. – Hauptquartier Königgrätz.
3. Auf Vorposten.
4. Der König in Gitschin.
5. Der Tag vor der Schlacht.

Königgrätz.
1. Terrain. Aufstellung. Die Schlacht in ihren großen Zügen.
2. Der Kampf bei Problus und Prim etc.

Durch diese neue Einteilung würden zwei Bilder mehr nötig und zwar
eine Abschnitts- und eine Kapitel-Initiale. (Die schon fertige Abschnitts-
Initiale – König Friedrich II über das Schlachtfeld schwebend – würde
dann den neuen Abschnitt »Königgrätz« einleiten.)

Ich hoffe, daß meine Bitte keine große Störung veranlaßt; falls Sie ac-
ceptieren, würde ich die fünf Kapitel-Anfänge in ihrer jetzigen Gestalt
schicken.   (Dichter über ihre Dichtungen, Bd. 2, S. 49)

An Rudolf von Decker   Berlin, 10. März 1869
Nach längerem Erwägen hin und her halte ich es doch für gut, nachstehende Zeilen an Sie zu richten. Mit kranker Hand, weshalb ich mein wüst aussehendes Schreiben zu entschuldigen bitte!

Unsres wohl allseitig verehrten Burgers (von mir gewiß) Initiale zu Problus [der Entwurf der Initiale ist nicht ausgeführt worden], scheint mir gedanklich ein großer faux pas. Sie haben ihm schon den Helm wegdisputirt und die Krone wieder hergestellt, aber das langt nicht zu. Das mit *Ketten an uns geschmiedete Sachsen* ist eben so schlimm. Ich hab' es verschiedenen Freunden gezeigt, ohne jede Vorausbemerkung, vielmehr mit den Worten: »seht mal, wie famos Burger solche Sachen ins Werk setzt«. Alle aber kamen kaum zu einem Lobe der unzweifelhaft brillanten Ausführung, sondern erschraken einfach über den Gedanken. *So* eklatant ist der politische Fehler, die Beleidigung gegen Sachsen. Ich hab' es für meine Pflicht gehalten, Ihnen dies zu schreiben. Speziell Sachsen gegenüber, das sich bisher musterhaft benommen hat, geziemt sich die höchste Vorsicht. Die Wunde ist ja kaum erst vernarbt und schmerzt noch. Dazu kommt, daß alles, was bei Decker erscheint, immer einen halboffiziellen Charakter an sich trägt.

Wenn irgend möglich, bitt' ich B[urger] kein Wort von diesen Zeilen zu sagen. Deshalb hab ich direkt an Sie geschrieben. Bitte, verbrennen Sie den Brief. All so was wirkt immer halb wie Petzerei, halb wie Ueberhebung. Ist es aber *wünschenswerth*, daß mein Name genannt wird, so mag es geschehen, da ich *nöthigenfalls* gern für meine Ansicht eintreten will. Aber besser ist besser. Es leitet mich weder ein persönliches noch ein direkt sachliches (denn für das *Buch* ist es gleichgültig) sondern nur ein preußisch-patriotisches Interesse. Wir müssen *versöhnen*, Friede haben.

Soll Burger erfahren, wie ich zu der Sache stehe, so ist es am besten, er liest diesen Brief.   (Dichter über ihre Dichtungen, Bd. 2, S. 50f.)

An Rudolf von Decker   Berlin, 16. März 1869
Pardon daß ich Sie in der betr. Angelegenheit nochmal inkommodire.

Ich muß morgen oder uebermorgen wegen allerhand Dinge an Burger schreiben und möchte gern vorher wissen wie die Sache steht mit anderen Worten ob Sie meinen Brief als eine Art Reserve-Artillerie (alle andern Bilder und Vergleiche wie militärische sind mir längst untergegangen) ins Feuer geführt haben oder nicht. Ist dies unterblieben, haben Sie die Sache allerpersönlichst durchgefochten, so werd' ich mich hüten, irgend wie darauf zurückzukommen, weiß er mich aber im Complott, so ist es besser, ich stelle mich ihm einfach als Verschworenen vor, damit ich vom »verruchten Casca« doch am Ende wieder zum »auch Du Brutus« avanciren kann.

Noch ein Wort über den Druck des Buches. Ich weiß nicht wie weit Sie in die Details, in den täglichen kleinen Krieg zwischen Setzer, Drucker, Correktor und Schriftsteller eingeweiht werden; mit all diesen Bagatellen kann man Ihnen unmöglich kommen. Also zur Orientirung so viel, daß ich in der letzten Woche zwei, dreimal um Aushülfe-Stücke, 5 oder 10 oder 15

Zeilen angegangen worden bin, worauf ich zweimal mit einem »es geht nicht« geantwortet habe. So etwas macht immer einen brüsken Eindruck oder erscheint wichtigthuerisch. Es ist mir deshalb Bedürfnis Ihnen zu sagen, daß wenn ich schreibe: »es geht nicht«, es auch *wirklich* nicht geht. Innerhalb weniger Monate sind es nun runde drei Jahre daß ich an dem Buche arbeite, *ausschließlich* arbeite und es liegt auf der Hand, daß mir – der ich ein Auge für derlei Dinge habe – selber daran gelegen sein muß, nun das Ganze auch im tadellosesten Kleide erscheinen zu sehn. Aber wenn die Parthie so steht: kleiner typographischer Mangel oder verpfuschter, confuse gemachter Text, so wird mir niemand verargen können, wenn ich in diesem Conflict auf die Seite *meines* Kindes trete. Ich bin mir bewußt dabei nicht kleinlich und pedantisch zu verfahren, ich weiß, daß es vielfach auf eine Handvoll Noten nicht ankommt und daß es gleichgültig ist, ob ich die Einrichtung eines böhmischen Hostinec in 4 oder 8 oder 12 Zeilen beschreibe, es giebt aber andre Stellen und sie sind in einem so umfangreichen Werke natürlich nicht gering an Zahl, wo es auf ein Wort, ein Komma ankommt und wo 4 oder gar 8 eingeschobene Zeilen, wenn sie auch an und in sich ganz verständig sind, nur die mühevoll eroberte Klarheit und Uebersichtlichkeit des ganzen Aufbaus stören. Lamartine hat einmal gesagt: »Nicht auf die Eleganz und Correktheit der einzelnen Sätze kommt es an, sondern auf die kleinen Wörter und Wendungen, die aus einem Absatz in den andern, aus einem Kapitel in das andre hinüberleiten«. Dies ist sehr richtig. In *diesen* Dingen steckt die Kunst, wodurch man sich vom ersten besten Schmierarius unterscheidet und man ärgert sich natürlich wenn man selbst Hand anlegen soll, um diese Grenz- und Scheidelinie niederzureißen. Entschuldigen Sie diesen kleinen Essay.

(Dichter über ihre Dichtungen, Bd. 2, S. 51 f.)

An Ludwig Burger   Berlin, 24. März 1869
Mit Königgrätz bin ich beinah durch. Wenn ich noch rechtzeitig mit meiner Bitte erscheine, wär es mir lieb, wenn Sie bei Kapitel 17 (Nedeliß und Lonchenitz [recte: Nedelist und Lochenitz] ein W (Wir) statt des J (Ja) setzen wollten.   (Dichter über ihre Dichtungen, Bd. 2, S. 53)

An Ludwig Burger   Berlin, 29. April 1869
Ich bin nun so gut wie fertig. In guten 8 Tagen ist die Sache gethan; nur bei Kissingen hab' ich noch viel zu ändern und nachzutragen.

Wenn es Ihnen möglich wäre, sich mit voller Dampfkraft nun dahinter zu machen, so würde mich das sehr freuen. Denn zu voller Ruhe und Muße für etwas Neues komme ich doch erst, wenn das Alte völlig fertig ist.

Heute Abend will ich alle Ihre Arbeit vornehmen und sie in Häufchen legen, immer alles zusammen: Landschaft, Portrait, Gefechtsscenen, was zu einem Kapitel oder einem Abschnitt gehört. Die armen Kerle auf der Druckerei haben sonst zu viel Mühe damit und schließlich ist dann doch das eine oder andre vergessen.

Die zweite Hälfte des I. Bandes schaff' ich heute oder morgen zu Baumann, so daß also M. S. jeden Augenblick zu Diensten steht.

(Dichter über ihre Dichtungen, Bd. 2, S. 53)

An Ludwig Burger   Berlin, 12. Mai 1869
Heute Mittag erhielt ich einen Brief von Herrn Baumann, der in meinen
Augen nur Schrecklichkeiten enthielt. Alle gefaßten Beschlüsse, die ich
freilich durch mein Votum nicht umstoßen kann, mißbillige ich aufs höchste und aufs entschiedenste. Mir war, als rührte mich der Schlag. Sachlich
und persönlich beklag' ich diesen Verlauf der Dinge; das Werk bringt sich
um jede *bedeutende* Wirkung, wenn es nicht als ein Ganzes erscheint; dabei legt mir der jetzt beliebte Hinschleppe-Modus die größten pekuniären
Opfer auf. Der Firma Decker ist es natürlich gleichgültig, ob ich in den
nächsten anderthalb Jahren einen Roman schreibe kann oder nicht; aber
mir ist es nicht gleichgültig. Und sich bei »alle zwei Stunden einen Druk-
kerjungen« zu einem neuen Werk zu concentriren, ist unmöglich. Ich habe
mich des Weiteren darüber ausgelassen und am Schluß meines Briefes an
B. etwa folgendes gesagt:

»An ›Unmöglichkeiten‹ glaub ich nicht und bloße *Schwierigkeiten* sollten wohl, aus einer Rücksicht die ich glaube beanspruchen zu können,
überwunden werden. Kann Burger es nicht leisten, nun so müssen Aushülfen gefunden werden. Da sind Camphausen, Hünten, Fikentscher,
Beck, Scherenberg, Dietz und a. m. Von zehnen die ich nennen könnte,
machen es 5 weniger gut, 3 beinah ebenso gut und 2 eben so gut« (wobei ich
an Camphausen und Hünten gedacht habe). So der betr. Passus in meinem
Brief an Baumann. Man soll so etwas nicht hinter dem Rücken von jemand
sagen; deshalb schreib' ich Ihnen selbst das, was ich an Baumann geschrieben habe. Wie sehr ich Sie und Ihre Kunst verehre, brauch ich Ihnen hoffentlich nicht erst zu versichern. Ihre glänzende Begabung anerkennt alle
Welt und ich bleibe, wenigstens in dieser Beziehung, nicht hinter der Welt
zurück. Aber andrerseits werden Sie es von meinem Standpunkt aus natürlich finden, daß ich Aushülfe-Kräfte, wohl oder übel, vorgeschlagen habe.
Ich halt es sogar für leichtmöglich, daß Sie selber damit einverstanden sind.
Helfen wird es mir übrigens nicht.

[. . .]

Die Aufzählung der Künstlernamen, von denen vielleicht nicht *einer*
Lust hätte auf die Sache einzugehn, ist natürlich nur erfolgt um ganz allgemein anzudeuten: es *giebt* Kräfte, sie sind da.

(Dichter über ihre Dichtungen, Bd. 2, S. 53 f.)

An Ludwig Burger   Berlin, 14. Mai 1869
Hoffentlich hat Sie mein letzter Schreibebrief nicht verletzt. Ich wählte
von zwei Uebeln das kleinere; es ist immer noch besser, man bekennt
sich offen zu getanen Aeußerungen, als sie transpiriren hinterher und
lassen einen in einem zweifelhaften Licht erscheinen. Außerdem werden
Sie mir darin Recht geben, daß ich von *meinem* Standpunkte aus

ein Recht hatte, außer mir zu sein. Die Benachteiligungen, die ich erfahre, sind zu groß.

Genug davon. Ich habe nun in diesen zwei Tagen die Sache noch hin und her erwogen und zwar in speciellem Hinblick auf *Sie*. Ich mußte mir natürlich sofort sagen: Burger kann und wird keine Lust haben, die Ehren dieses großen Prachtwerks mit einem andern Illustrator zu teilen; ein Ebenbürtiger schnappt ihm einen Teil seines Ruhmes weg und ein Nichtebenbürtiger verhunzt ihm die eigene Arbeit. In Anbetracht dieser Erwägungen hab' ich heute noch einmal an Decker geschrieben und bin, statt zu bloßen Exclamationen, zu Propositionen geschritten. Ich erlaube mir, Ihnen auch diese in nuce mitzuteilen. Es würde mich sehr freuen, wenn ich dabei Ihre Zustimmung hätte.

Ich schrieb also, daß Sie, wenn Herr v. Decker sich entschließen könnte, Ihnen durch äußere Sicherstellung, durch über das Gewöhnliche hinausgehende Honorierung Ihrer Arbeiten, eine Concentrierung Ihrer ganzen Kraft zu ermöglichen, daß Sie, sag ich, unter solchen Umständen vielleicht immer noch im Stande sein würden, es in hundert Tagen, also bis etwa zum 20. August zu leisten. Die letzten Stöcke würden danach – das Engagement von Reserve-Holzschneidern in nötigenfalls unbegrenzter Zahl vorausgesetzt – Ende September fertig sein können und das wäre für den Druck der letzten 8 bis 10 Bogen immer noch Zeit genug. Sie sind, Gott sei Dank, fleißig, rüstig, gesund und es entstände die Frage, ob Sie, was bis jetzt noch fehlt, in 100 Tagen leisten könnten. Ich habe kein rechtes Urteil darüber, aber gestützt auf Ihre eigenen Angaben, möchte ich sagen »Ja«. Die Portraits und die Grabdenkmäler sind ja so gut wie fertig; so entstünde denn die Frage, ob nicht in der angegebenen Zeit 60 Initialen, Vignetten und Gefechtsscenen einerseits und 20 große Gefechtsscenen (als Vollbilder) andererseits gezeichnet werden könnten. Wäre dies möglich, so möcht ich fast vermuten, es sei ausreichend. Für die vielen kurzen Kapitel bei »Königgrätz« würden, meine ich, mit Ausnahme der großen Hauptmomente (8-10) *Initialen* genügen. Dasselbe gilt von den Kämpfen, die zwischen Königgrätz und Blumenau liegen. Bitte überlegen Sie sich's freundlichst und vor allem »nichts für ungut«.

(Dichter über ihre Dichtungen, Bd. 2, S. 54 f.)

An Ludwig Burger Berlin, 16. Mai 1869
Vielen Dank für Ihre freundlichen Zeilen; es ist mir ein Trost, daß Sie Aeußerungen, die ja leicht misdeutet werden können, so genommen haben wie sie gemeint waren. Seien Sie versichert, daß ich Ihnen – und wenn ich 10 mal von allerhand Aushülfen spreche – als Mensch und Künstler aufrichtigst ergeben bin. Ich mache dies Bekenntniß auf die Gefahr hin, mich lächerlich zu machen.

Sie haben gewiß in vielen Stücken Recht, aber *eines* kann ich doch nicht gelten lassen. *Ich* bin an einer Verzögerung *absolut* unschuldig. Nachstehendes kann ich eidlich erhärten:

Bis Gitschin fertig vor 2 Jahren

Bis an die Elbe (II. Armee) fertig vor 1 ½ Jahren
Main-Campagne fertig vor 1 Jahr
Königgrätz fertig vor 8 Monaten
Bis Wien etc. fertig vor 6 Monaten
Ende Oktober v. J. war ich mit dem *ganzen* M. S. fertig und die 6½
Monate die seitdem vergangen sind, hab ich lediglich an die *Correktur* des
M. S. gesetzt. Sie werden daraus ersehn, daß ich jederzeit in der Lage
gewesen wäre ganze Stöße von Manuskript vorzulegen. Ich hätte es Ihnen
auch vielleicht direkt angeboten, wenn ich nicht eine Scheu hätte, Unferti-
ges und Schlecht-aussehendes (was leider auch jetzt noch der Fall ist, da ich
über keine Abschreibekräfte verfüge) irgend jemandem vorzulegen. Aber
da war genug.
Der Geldpunkt, von dem Sie schließlich sprechen, ist es nicht. Natürlich
braucht man immer Geld; aber, da ich nicht hülflos bin, steht mir dies
nicht in erster Reihe. Es liegt mir in der That vorwiegend an zweierlei:
1. 'mal wieder mit etwas vor der Welt zu erscheinen und Namen und
Reputation aufzufrischen und 2. Freiheit, Muße zu haben zu neuem
Schaffen.
Die hab' ich nicht, eh ich das alte nicht völlig los bin.
[. . .]
Wenn Sie v. D. in den nächsten Tagen sprechen, so reden Sie ihm die
»Hefte« aus und dringen Sie auf 3 ordentliche Theile. Mein *Wunsch* wegen
Weihnachten bleibt natürlich nach wie vor derselbe; doch würd' ich ein
energisches Lossteuern auf Erfüllung dieses Wunsches nur dann mit Freu-
de begrüßen, wenn *aufs bestimmteste* erklärt würde: ja, es kann und wird
geschafft werden. Bleibt die Sache *unsicher* so zieh' ich, traurigen Herzens,
doch Vertagung vor, weil ich sonst mich aufs Neue ganz und gar an die
Herausgabe dieses Buches ketten und meinen Wunsch schließlich *doch*
nicht in Erfüllung gehen sehe.
                    (Dichter über ihre Dichtungen, Bd. 2, S. 55 f.)

An Ludwig Burger   Dienstag [Ende Mai 1869]
Herr von D. war heute bei mir. Es ist alles wieder eingeklungen; wenn auch
Sie schließlich noch dabei mitgewirkt haben sollten, so danke ich Ihnen
bestens dafür.
Mir war der ganze Zwischenfall furchtbar fatal, namentlich auch mit
Rücksicht auf Sie, der Sie in die Lage gekommen wären, unschuldig und
unbeteiligt mitleiden zu müssen.
Aber auch jetzt noch bin ich der Ansicht, daß ich nicht anders handeln
konnte, als wie ich gehandelt habe.
Die eben erhaltenen neuen Blätter sind alle sehr hübsch; die bayrischen
Jäger vorzüglich.
[. . .]
Das Buch wird nun wohl erst zu Königsgeburtstag erscheinen, womit ich
schließlich doch sehr einverstanden bin.   (HF IV, 2, S. 232)

An Emilie Fontane (Mutter) Berlin, 29. Mai 1869
Ich bin [. . .] jetzt mit meinem Kriegsbuch fertig und habe, vor ein paar
Tagen, – zu meiner Erholung (der *Wechsel* der Arbeit ist die einzige Erholung die sich unsereins gönnen kann) den dritten Band meiner Wanderungen angefangen. (HF IV, 2, S. 232 f.)

An Rudolf von Decker Berlin, 3. Juni 1869
Sie würden mich Ihnen verbinden, wenn Sie mir von dem Honorar das mir
schließlich noch zufallen wird, schon jetzt weitere 350 Thaler zahlen wollten. Ich habe in diesen Jahren einige hundert Thaler aufnehmen müssen
und möchte dieselben zurückzahlen, oder *muß* es vielmehr. Das M. S. ist
bis aufs tz fertig, so daß, selbst wenn ich sterben sollte, der Druck ohne
Schwierigkeit zu Ende geführt werden kann. Ich bin jeden Augenblick bereit, das ganze M. S. vorzulegen.
  Nach meiner Rechnung habe ich bis jetzt 1650 Thaler erhalten und würde ich, wenn Sie meiner Bitte willfahren, eine Quittung über empfangene
2000 Thaler ausstellen. Die bisherigen Quartal-Vorschußzahlungen würden selbstverständlich aufhören und eine schließliche Abrechnung erst bei
Beendigung des Drucks erfolgen.
(Dichter über ihre Dichtungen, Bd. 2, S. 57)

An Rudolf von Decker Berlin, 15. August 1869
Dunkle Gerüchte kommen an mein Ohr, daß es mal wieder stockt, daß es
mit dem Buche nicht recht vom Flecke will.
  Ich will nicht darüber klagen, oder doch nicht anklagen, da ich ja weiß,
hochzuverehrender Herr von Decker, daß es weder an Ihnen persönlich
noch an der Firma liegt; nur ans Herz legen möcht' ichs Ihnen doch noch
einmal, daß *alles* versucht werde, um bis zum 1. November wenigstens das
Erscheinen der ersten größeren Hälfte zu ermöglichen. Kann das nicht *Teil*
geschehen, können wir *den* Abschnitt des Werkes der recht eigentlich der
Königs-Abschnitt ist (Königgrätz) nicht fertig schaffen, so wird es fast zu
einer Ironie, dem Sieger von Königgrätz nach 3½ Jahr ein Werk-Bruch-
stück zu überreichen, *in dem er persönlich gar nicht vorkommt*. Also nochmals, bitte setzen Sie alles daran, daß es möglich wird. Holzschneider
müssen doch am Ende zu beschaffen sein und schließlich entsteht immer
wieder die Frage, ob man um eines schätzenswerten Plus an Bildern willen,
eine noch wünschenswertere Beschleunigung unterlassen soll.
(Dichter über ihre Dichtungen, Bd. 2, S. 57)

An Emilie Fontane Berlin, 30. September 1869
Gestern Nachmittag war auch einer von den Deckerschen Druckerei-Leu-
ten bei mir. Sie sind nun nach gerade auch ärgerlich auf Burger und bezeichnen sein Benehmen als rücksichtslos gegen Herrn v. Decker und
mich. Das ist es auch ganz einfach. Wenn man solche Dinge rein geschäftlich und von der Erwerbsseite auffassen will, dann darf man nicht zugleich
das »künstlerische point d'honneur« in *der* Art betonen, wie es Burger in

seinem berühmten Briefe gethan hat. Übrigens werden Anfang November 30 Bogen erscheinen, so daß noch die ersten Seiten vom Königgrätz-Kapitel mit hineinkommen. Wollte doch ein guter Stern darüber stehn!
(HF IV, 2, S. 240 f.)

An Emilie Fontane					Berlin, 24. November 1869
Meine Gedanken, während sie bei Euch sind, sind doch nebenher in sehr weltlichen Dingen auch hier engagiert, und mit Bücher empfangen und packen, mit Respektsbriefe-entwerfen und kopiren, hat's kein Ende. Mit den Details will ich Dich nicht aufhalten, nur so viel, daß nur das kronprinzliche Exemplar noch im Kasten liegt; die 7 andre sind abgeliefert oder zur Post gegeben und zwar an: König, Bismarck, Cultusminister v. M., Geh. Cab. R. v. M., Oberst v. Zychlinski, Hesekiel, Hertz. Der letzter hat bereits gedankt, – ich lege Dir seine Zeilen bei; [. . .]
Herr v. Decker war gestern bei S. M. zu Tisch; der König soll sich sehr erfreut über das Buch geäußert haben. Glaubs wohl. Burger ist jetzt sehr fleißig; er will noch im Laufe dieses Winters alles zwingen. Das wäre hocherfreulich.
(HF IV, 2, S. 266 ff.)

An König Wilhelm I. von Preußen					Berlin, 23. November 1869
Allerdurchlauchtigster, Großmächtigster König!
Allergnädigster König und Herr.
Ew. Majestät geruhten huldvollst die Geschichte des 64er Kriegs, die zu schreiben mir der Auftrag geworden war, entgegenzunehmen; heute bitte ich um die Gnade Allerhöchstdenselben eine Darstellung des Feldzuges von 1866 – leider zunächst nur den ersten Halbband: »Bis Königgrätz« – überreichen zu dürfen.
Ew. Majestät ehrten mich damals durch Verleihung der goldenen Medaille für Kunst und Wissenschaft; ich wage es heute mit einem ganz bestimmten Gesuch vor Ew. Majestät zu treten.
Im Jahre 1861 wurde mir auf Antrag des Cultus-Ministeriums eine jährliche Unterstützung von 300 Thalern zur Fortführung meiner ethnographischen und spezial-historischen Arbeiten über die Mark Brandenburg bewilligt. Ich empfing diese Unterstützung bis Ostern 1868, wo meine Bitte um Fortbewilligung dieser Summe abschläglich beschieden wurde.
Die Wiederbewilligung dieser sieben Jahre lang aus der Generalkasse des Cultus-Ministeriums empfangenen Unterstützung von jährlich 300 Thalern ist es, was ich heute von der Gnade Ew. Majestät erbitte. Manche drückende Sorge würde dadurch von mir genommen, ich selbst aber in den Stand gesetzt werden, meinen Arbeiten mit erneuter Frische und Freiheit mich zuwenden zu können.
Im Vertrauen auf Allerhöchstdero Huld und Gnade, verharre ich als Ew. Majestät
allunterthänigster
Th. Fontane
(HF IV, 2, S. 265 f.)

An Emilie Fontane Berlin, 26. November 1869

Tante Merckel, die täglich den kranken Bruder besucht, hat ihm neulich aus meinem Buch vorlesen müssen (die ersten 8 Seiten); es hat ihn interessirt. Morgen wird Geh. R. Wehrmann das Exemplar an S. M. überreichen; also ein wichtiger Tag. (HF IV, 2, S. 271)

An Emilie Fontane Berlin, 29. November 1869

In Deinem heute empfangenen lieben Briefe von gestern haben mich Deine Urtheile über »Buchhandel und Zeitungen«, »Bethanien« und »Th. Fontane's 1866« sehr erfreut. In Deine Anerkennung des ersten Artikels stimme ich ohne Weitres mit ein; »Bethanien« (vom alten Minister v. Westphalen) ist urschwach und bestärkt eigentlich nur das Publikum in seiner Sorge und Abneigung; »Th. Fontanes 1866« ist allerdings *sehr* maßvoll und *sollte* es sein. Als mir Dr. B. heute früh sagte »er fände es fast *zu* objektiv« sagte ich ihm ganz ehrlich: »ich leistete lieber auf Lob Verzicht, als daß ich mir Lob wünschte, das mir durch die Art wie es sich gäbe, unbequem wäre«. Im Uebrigen hat er mir mehrfach die Spalten seiner Zeitung für eine längre und sachgemäße Besprechung angeboten, wenn ich einen guten Berichterstatter in petto hätte. Dies ist nun zwar sehr freundlich, aber beinah komisch ist es zu sehn, wie er sich müht den Gedanken: »*er* oder seine Familie solle das Buch lesen« in mir um Gottes willen nicht aufkommen zu lassen. Mit andern Worten, er stellt mir seine Zeitung zur Verfügung, aber nicht seine Person. Dies wäre an und für sich ganz in der Ordnung (Du weißt ja am besten, daß ich nicht einmal von meiner Frau erwarte, am wenigsten verlange, daß sie meine Bücher liest) und wenn ich doch meine Bemerkungen drüber mache, so liegt es lediglich wieder an der *Art* wie unser guter B. dabei verfährt. Erst in diesem Augenblick wo ich über die Sache schreibe, empfinde ich ganz und klar das unstatthaft Nüchterne seiner Haltung in dieser Angelegenheit. Es ist so von allem schön-Menschlichen entkleidet. Er *muß* wissen, daß ich 3½ beste Lebensjahre, Tag und Nacht, an diese Arbeit gesetzt habe und ich meine, daß er in dem Moment wo er das Buch auf seinem Tische liegen sah, an mich herantreten und mir sagen mußte: »ich freue mich dies Buch in Händen zu halten.« Aber genug davon. Er hat seinen Kopf voll Wunder (gerade jetzt), – aber dennoch!

Am Sonnabend also, wenn nichts dazwischen gekommen ist, hat Geh. R. Wehrmann das Buch dem Könige überreicht. Ist es *wirklich* geschehn, so ist mir das Schweigen darüber bis heute Abend etwas bedenklich. Bekanntlich macht ein König in solchen Angelegenheiten, und wenn er eine Sache will, sehr wenig Worte. Hätte er gesagt: »versteht sich« so würde ich das wahrscheinlich schon wissen; ich fürchte also fast, daß »Berichterstattung« gefordert wird. Von einer solchen kann ich mir aber bei Mühlers »alter Freundschaft« wenig versprechen und ich würde in diesem Falle schon seinen Sturz abwarten müssen. Laß Dich übrigens durch diese Mittheilung nicht verstimmen. Meine alte soupçon-Natur tritt ja auch stark dabei in den Vordergrund. (HF IV, 2, S. 274 f.)

An Henriette von Merckel   Berlin, den 29. November 1869.
Es ist gleich Mitternacht, aber dieser Tag soll doch nicht schließen, ohne
daß ich Ihnen gemeldet hätte
    der König hat sich sehr beifällig über das Buch geäußert;
    ein Geschenk von 80 Friedrichsd'or beigefügt; wegen der 300 Taler Be-
richt gefordert.
    Sie können sich denken, welcher Lichtstrahl damit in meine, nach der
finanziellen Seite hin, novembergraue Wohnung fällt. Es war mir zwar
geglückt, die Maschinerie bis hieher leidlich in Ordnung zu erhalten, aber
doch wirklich nur unter Dransetzung aller Kräfte, was ich auf Dauer und
bei meiner Kränklichkeit, nicht aushalten konnte.   (HF IV, 2, S. 276 f.)

An Emilie Fontane   Berlin, 2. Dezember 1869
Mein Buch wird überall angezeigt (»besprochen« wäre ein zu edler Ausdruck); das heißt der von Decker beigelegte gelbe Zettel, dessen Du Dich
vielleicht noch entsinnst, wird, seinem Hauptinhalte nach, abgedruckt.
Natürlich sind solche »Kritiken« absolut werthlos für mich, wie ich denn
wohl überhaupt darauf werde Verzicht leisten müssen, etwas Lesenswertes
über mich zu lesen zu kriegen. Es liegt ja auf der Hand, daß überhaupt nur
ganz wenig Menschen im *Stande* sind, über den Werth oder Unwerth eines
solchen Buches ein Urteil abzugeben und von den wenigen, die dazu im
Stande sind, thut es vielleicht nicht einer. Selbst was die militair:Fachblät-
ter über ein solches Buch sagen, ist in der Regel bloßes Gesäure. Nicht
einmal auf den *militairischen* Theil gehen sie ernsthaft ein, das Militairische ist ja aber unter allen Umständen nur *eine* Seite des Buches; das Wichtigste daran ist der Aufbau, der Grundriß, die Klarheit der Anlage und es
muß einer schon eine gute Künstler-Ader im Leibe haben, um dies Eigentlichste sofort zu erkennen und sich dran zu erfreun. Viele Leser haben es
instinktiv weg, daß die Dinge so sind wie sie sind, sie freuen sich während
des Lesens an einem gewissen etwas, das ihnen wohlthut, das angenehm
wie Licht auf sie wirkt, aber sie können sich über dies angenehme Gefühl
nicht eigentlich Rechenschaft geben. Wenn ich viele *solche* Leser habe, so
bin ich zufrieden und leiste auf kritisches Geschwätze Verzicht.
                                            (HF IV, 2, S. 280 f.)

An Emilie Fontane   Berlin, 3. Dezember 1869
»Ankündigungen« erscheinen jetzt beinah täglich, doch sind sie, wie ich
Dir schon gestern schrieb, werthlos für mich; sie haben nur einen Werth
für Decker, der natürlich ein paar hundert Exemplare mehr absetzt, wenn
immer tüchtig drauf los gelobt wird. Eine ausführliche Besprechung, die
das »Fremdenblatt« brachte, wollte ich Dir, ihrer Überschwenglichkeiten
halber, heute beilegen; ich habe das Blatt aber verkramt und kann es nicht
finden. So möge denn ein Referat aus der Köln:Ztng. dafür eintreten, das
doch wenigstens auf ein Durchblättert-haben deutet. Mehr ist ja in diesem
Fest- und Bücher-Trouble auch wirklich nicht zu verlangen.
    Du frägst wegen Bismarck. Bismarck und Zychlinski antworteten bei-

nah umgehend, doch schwieg ich absichtlich über ihre Zuschriften. Aus sehr verschiedenen Gründen. Bismarcks Brief besteht blos aus 8 oder 10 verbindlichen Secretair-Zeilen, die der Minister unterschrieben hat. Als *erstes* Anerkennungszeichen für mein Buch waren diese Zeilen etwas mager und ich schrieb Dir nichts davon, um Dich nicht zu verstimmen. Nachdem ich nun aber 8 Tage lang immer Lob und Ehre und – Geld eingeerndtet habe, hat es mit der »Reservirtheit aus Varzin« nicht mehr so viel auf sich. Ich muß nun abwarten, wie sich Excellenz *späterhin* zu dem Buche stellt. Giebt es weiter kein Lebenszeichen, so ist mir das allerdings zu wenig und ich werde mich in diesem Falle auch »reservirt« halten. Doch das muß abgewartet werden.

Zychlinski schrieb sehr freundlich und herzlich; er konnte natürlich, nach kaum 24 Stunden, auf den Inhalt nicht eingehn. [...]

Eine große Freude hat mir Tante Merckel (die die Adresse der betr.: Kräuterfrau leider nicht mehr weiß) gemacht. Sie erzählte mir gestern: das Kriegsbuch wäre ihrem kranken Bruder wie vom Himmel geschickt; an andern literarischen Dingen nehme er kein rechtes Interesse mehr, wohl weil seine Stimmung eine zu ernste sei, das Buch intressire ihn aber aufs höchste, weil es eine Darstellung jener Zeit und jener Erlebnisse sei, *wo sich sein eigenes Leben auf der Höhe befunden habe;* alles trete ihm noch einmal entgegen und erfrische und erheitre ihn. Er habe sein lebhaftes Bedauern ausgesprochen, daß es schon zu Ende ginge, – in weniger als 8 Tagen habe er sich das Ganze vorlesen lassen. Darauf antwortete ich nun natürlich: »da kann geholfen werden; in meinem Nachschlage-Exemplar ist schon ganz Königgrätz mit enthalten; nur die Bilder fehlen.« Dies war ihr eine große Freude; natürlich schickte ich den ganzen Band gleich hinüber. Du kannst Dir denken, welche Freude es mir machen muß mich dem Manne dankbar zu erweisen, der so viel Freundlichkeit und Wohlwollen für mich gehabt hat. (HF IV, 2, S. 282 f.)

An Rudolf von Decker   Berlin, 17. Dezember 1869
Vielen Dank für gef. Uebersendung des Briefes von Herrn Oberst de la Chevalliere, den ich diesen Zeilen wieder beischließe. Die Sache selbst ist vollständig erledigt, mit einer Gründlichkeit, die bis an die äußersten Grenzen geht. Das erste Corps, das bei Trautenau höchst kummervoller Weise unterlegen und bei Königgrätz – unglaublich aber wahr – zu *spät* gekommen war, empfand es dringend nöthig, aus der Affaire bei Tobitschau das Menschenmöglichste zu *machen*. Wohin man Abends blickte, stand »Tobitschau«, so daß die Leute damals spöttisch, aber sehr richtig bemerkten: »Königgrätz ist nichts, Tobitschau ist alles.« Man ließ es aber laufen, weil man den Ostpreußen ihr Rühmchen gönnte und dachte: »Ende gut, alles gut.« Dieselbe Betrachtung hat auch mich bei Bearbeitung des Gefechtes geleitet, und das 44. Regiment *kann* zufrieden sein. Ich habe diese *sehr* ausführlichen Berichte der Brigade Malotki (Regimenter 4 und 44) und des Generals v. Hartmann, – der an dem Tage das Commando an dieser Stelle führte – benutzt. In Wahrheit ist das Gefecht von Tobitschau

eine Affaire von höchst fragwürdiger Gestalt, einige nennen sie – ohne
übrigens dem 44. Regiment zu nah treten zu wollen – eine im Ganzen
ziemlich verpfuschte Geschichte, die nur durch eine glänzende Cavallerie-
attacke (Westpreußische Kürrassiere nahmen 18 Kanonen) ein Lustre erhalten hat.

Auch Oberstleutnant v. Behr kommt vor; ich werde aber noch ein paar
Worte dem Texte hinzufügen.

[...]

Auch ich habe von zwei Seiten her, und zwar durch Geh. Cab [inetsrat]
v. Mühler und seinen Stellvertreter Geh. R. Wehrmann erfahren, wie viel
Anerkennung S. M. für das Buch hat. Natürlich ist mir das eine *große*
Freude, denn S. M. *versteht's*, was man nicht von vielen sagen kann.

(Dichter über ihre Dichtungen, Bd. 2, S. 62)

An Ludwig Burger   [1869?]
Die betr. Bogen hab' ich doch lieber gleich zugepackt, damit Ihnen keine
Verzögerung erwächst. Ich erbitte sie aber baldmöglichst zurück, da es mitunter im Texte heißt: S. S. so und so und wenn man dann die Bogen nicht
hat ist man in Verlegenheit.

Die Druckerei strengt sich jetzt an und der ganze Abschnitt: »Die II.
Armee« wird in guten 8 Tagen im Satz fertig sein.

Ich gebe mich immer noch der Hoffnung hin, daß wir's vielleicht zwingen können. Die eigentliche Schwierigkeit liegt noch in dem großen Abschnitt »Königgrätz«, in zwei Monaten läßt sich doch aber noch was tun.

(Dichter über ihre Dichtungen, Bd. 2, S. 62 f.)

An Ludwig Burger   [1869?]
Es ist nicht eitel Renommage, sondern aufrichtige Ueberzeugung, daß Sie
alles Brauchbare und namentlich auch einigermaßen Darstellbare in den
Correkturbogen finden, die Ihnen Freund Baumann gewiß jeden Augenblick zustellt, wenn Sie sie nicht schon haben. Das Anschaulichste und
Pikanteste ist sowohl mit Rücksicht auf Unter-Lochow wie Oswiescin Zeitungsblättern entnommen, Berichten von sachkundiger Hand; dabei alles
an der Hand der Generalstabswerke, namentlich des österreichischen,
nachträglich korrigiert.

Ich schließe noch ein Büchelchen ein (II. Armeekorps) bloß um meinen
guten Willen zu zeigen. Auch über Oswiescin, oder richtiger über das Stol-
bergsche Corps hab' ich ein Büchelchen von Prem. Ltnt. v. Clausewitz
[vermutlich H. v. Clausewitz, »Aus dem Tagebuch eines preußischen Jäger-
offiziers«]. Er traf aber erst am 1. oder 2. Juli in Oberschlesien ein. Von
Prem. Ltnt. v. Romberg [von Romberg, »Die Theilnahme des königlich 5.
pommerschen Infanterie-Regiments Nr. 42 an dem Feldzuge gegen Österreich und Sachsen 1866«, 1869] hatte ich ein gutes Buch über die 42er bei
Unterlochow. Es ist aber weg, ich hab es eine halbe Stunde lang umsonst
gesucht.   (Dichter über ihre Dichtungen, Bd. 2, S. 63 f.)

An Mathilde von Rohr   Berlin, 22. Dezember 1869
Mein Buch – ich weiß nicht, ob Ihnen meine Frau darüber schon berichtete
– ist durch Geh. R. Wehrmann dem Könige überreicht worden. Er hat sich
(wie mir Herr v. Decker vor einigen Tagen schrieb) mehrfach sehr gnädig
darüber geäußert; mir auch ein ansehnliches Geldgeschenk zustellen lassen. Eingehende Urtheile über meine Arbeit sind mir im Uebrigen noch
nicht zu Gesicht gekommen; auf Zeitungsredensarten geb ich nichts; ich
weiß zu gut wie sie gemacht werden.   (HF IV, 2, S. 288)

An Rudolf von Decker   Berlin, 25. Januar 1870
Die englischen und französischen Zeitungen fangen jetzt an, kurze freundliche Besprechungen über unser Buch zu bringen; das alles hat aber keine
rechte Bedeutung, solange dem Concert der tiefe Bass fehlt. Es wäre wichtig, wenn das Journal des Débats, vor allem wenn die Times sprächen, *nicht*
in 10 Zeilen, sondern wenigstens in zwei Columnen. Das Buch macht es
einem etwaigen Kritiker ja ganz leicht; er blättert über 10 oder 20 Seiten
weg und wird dann immer eine Stelle finden, die – ohne alle weitere Über-
arbeitung oder Kürzung – wie zum Übersetzen und zugleich zur Empfehlung des Buches geschaffen ist.

Daran knüpfe ich nun im Weiteren die Frage: Wie denken Sie überhaupt
in Betreff einer Übersetzung des Werkes? Soweit ich die Verhältnisse zu
kennen vermeine, würde der Erfolg in Frankreich ein respektabler, in der
angelsächsischen Welt (England und Nordamerika) ein *enormer* sein. Handelt es sich darum, gute und sachverständige Übersetzer zu finden, so glaube ich, daß ich solche nachweisen kann. Ich führe diesen Punkt nicht weiter
aus, weil ich nicht weiß, wie Sie über die ganze Sache denken. Wollen Sie
mich im Detail darüber hören, so stehe ich jederzeit zu Befehl.

Heute nur noch eins.

Ganz besondre Verdienste um die Annoncierung des Werkes hat sich Dr.
Metzler erworben. Einen von ihm herrührenden Artikel aus der »Corre-
spondence de Berlin« schließe ich bei; ein ähnlicher wird in den nächsten
Tagen in der North-German-Correspondence erscheinen. Ich halte das
wirklich für wichtig. Und doch ist ihm von Seiten der Firma ein Exemplar
blos *geliehen* worden. Das geht doch nicht.   (HF IV, 2, S. 290 f.)

An Ludwig Burger   Berlin, 28. Januar 1870
Vielen Dank, daß Sie die Platten schicken wollen; Hesekiel wird sich sehr
freuen und ich mit.

Daß Ihnen die Puste dann und wann auszugehen droht, begreife ich vollständig; ich bewundere, daß sie bisher ausgehalten hat. Aber Sie müssen
denken wie die 7. Division im Swien[!]-Wald: »wenn wir so lange ausgehalten haben, wird's auch die letzte halbe Stunde noch gehen.« Ich
bitte und beschwöre Sie packen Sie scharf zu, damit wir die Geschichte
ehmöglichst vom Halse kriegen. Sie sehen ja doch Land! Was schließlich die Main-Campagne angeht, so denk' ich daß die große Hauptsache
bereits fertig in Ihren resp. meinen Kästen liegt. Könnten Sie schlimm-

stenfalls von den Vollbildern zum 1. Bande nicht das eine oder andere fallen lassen? Sie werden diese Worte nicht mißverstehen. Ich schreibe sie nur nieder, um Ihnen einen Ausweg zu zeigen. Natürlich werden Sie sich das selber schon gesagt haben; aber mitunter ist es gut, ein anderer sagt es auch.

Wegen der Liechtenstein-Ulanen haben Sie wieder Recht. Aber ich bin unschuldig. Oberst v. Michaelis erzählte mir die ganze Geschichte, sprach ganz allgemein von Ulanen und so schlug ich denn nach, welches Kavallerie-Regiment beim III. Corps gestanden habe. Ich fand in meinem Büchelchen, das die öster. Ordre de bataille enthält und 1866 in Wien erschienen ist, Liechtenstein-Ulanen Nr. 9 und zwar fünfmal, escadronsweise, bei jeder einzelnen Brigade. Sie haben aber doch Recht. Im öster. Generalstabswerk find ich Mansdorf-Ulanen [recte: Mensdorff] Nr. 9 und werde danach seinerzeit die Correctur machen.

(Dichter über ihre Dichtungen, Bd. 2, S. 64 f.)

An Rudolf von Decker   Berlin, 28. Januar 1870
Ergebensten Dank für Ihre gefällige Zuschrift.

Dr. Metzler werd ich avertiren, auch hervorheben, was seiner Notiz fehlt. Einem Vertagen des Übersetzungs-Planes stimm ich vollständig zu; vielleicht gestaltete sich die Sache aber anders, wenn irgend eine fremde Firma, die Initiative ergriffe. Mir geht dies nur so durch den Kopf und lauert weder ein Plan noch Wunsch dahinter.

In dem dritten Punkte, was ich mir zu Gute zu halten bitte, weiche ich von Ihnen, bez. von Dr. Althaus ab. Eine solche Notiz, wie sie in der Saturday Review erschienen, ist sehr gleichgültig; ein 2 Spalten langer Aufsatz in der Times würde von *größtem* Belange sein. Ich kann mich irren (wer könnte es nicht!), aber ich darf wohl sagen, ich kenne *diese* aus dem Grunde, denn speziell zu ihrer Beobachtung und Ergründung habe ich mich 4 Jahre lang von 1855 bis 59 in England aufgehalten. Ein Uebelstand ist es, daß die Betreibungen aller solcher Angelegenheiten sehr viel Zeit und Mühe kosten, die ich nicht gut daran setzen kann; auch kann ich mit für Sie so theuren Exemplaren nicht so leicht und auf gut Glück hin operiren, als handle es sich um die Verbreitung einer Brochüre. Anheimgeben möchte ich Ihnen, hochzuverehrender Herr v. Decker, aber doch folgendes, vorausgesetzt, daß Sie sich meiner Anschauung von der Wichtigkeit der Times zuneigen. Sollte sich in diesem Falle nicht Zustellung eines Exemplars an Captain Hozier, der, als Times-Berichterstatter, in der Suite des Prinzen Friedrich Karl die Campagne mitmachte, empfehlen? Stimmen Sie dem zu, so würd' ich vorschlagen, dem Capt. Hozier durch die Herren Williams & Norgate das betr. Exemplar zustellen zu lassen, welche Herrn Adresse und Titel des Capitains (er ist jetzt vielleicht Lieutenant-Colonel) aus dem Directory leicht ersehn und die Uebersendung des Buches ohne Mühe mit einigen Zeilen, bez. unsrer Wünsche begleiten könnten.

[. . .]

Ich habe nicht die Absicht, Sie in eine Correspondenz zu verwickeln und erwarte keine Antwort. Sie werden in der Angelegenheit thun, was Sie für angebracht halten.

Eben finde ich im »*Milit. Wochenblatt*« eine Besprechung, die bei scheinbarer Freundlichkeit einfach eine Beleidigung, eine Ungerechtigkeit und auch eine thatsächliche *Unrichtigkeit* ist. Ich finde dies zwar klug, aber nicht sehr edel. Sei's drum. Um so wünschenswerter, ja um so notwendiger ist es, daß die unbefangene Presse des *Auslandes* spricht. Was in deutschen Zeitungen bisher gesagt worden ist, ist Geschwätz und die milit. Fachblätter, so weit sie preußisch sind, wollen neben dem Generalstabswerke nichts aufkommen lassen.   (Dichter über ihre Dichtungen, Bd. 2, S. 65 f.)

An Friedrich Eggers   Berlin, 6. Februar 1870

Du bist kaum in die Hofgunst eingetreten, so verfällst Du auch schon der Qual aller Günstlinge: Petenten drängen sich an Dich. So auch der Gefertigte. Die Sache ist die. Du hast vielleicht von der großen Schlacht bei Seubottenreuth gehört, die 1866 die Mecklenburger geschlagen haben. Burger hat jene Gegenden mit Vorliebe bereist und so viele Illustrationen gemacht, daß ich in die Lage gekommen bin, Seubottenreuth etwa zu behandeln wie Königgrätz, bloß damit die Bilder doch einen gewissen Text-Rahmen bekommen. Nun fehlt mir zu diesem kriegerischen Schluß-Tableau aber eine Spezial-Karte, wo möglich mit eingezeichneten Punkten und Linien, um die Stellung und Bewegung von Freund und Feind, Mecklenburger und Baiern, verfolgen zu können. Schritte, die ich bisher zu diesem Behuf getan (nach Ludwigslust hin, wo die Dragoner stehn) sind trotz meiner Ludwigsluster Militär-Verwandten ohne Erfolg geblieben; ich wollte Dich daher bitten, den Großherzog oder Major von Vietinghoff gelegentlich mit diesem meinem Wunsche bekannt zu machen. Er muß dann Ordre geben, daß man mir von Schwerin aus einen ordentlichen Gefechtsbericht nebst *Plan* (dieser ist die Hauptsache) zustellt.

(HF IV, 2, S. 291)

An Wilhelm Hertz   Berlin, 24. März 1870

Die Gegenwart meiner Frau verhinderte mich gestern Ihnen das mitzuteilen, was Sie muthmaßlich längst wissen, daß ich auf das unselige 300 Thaler-Gesuch wieder mal eine abschlägliche Antwort erhalten habe. Was mich selber angeht, so kann ich, bei Behandlung dieses Kapitels, einigermaßen Contenance halten, meine Frau aber ergeht sich dabei in so leidenschaftlichen Ausdrücken, bezeichnet ein hohes Ministerial-Reskript so ungenirt als einen »nichtsnutzigen Wisch, dessen Inhalt geflissentlich die eigentliche Wahrheit verschweige« daß ich billig Anstand nehme, so hochverrätherische Worte immer wieder heraufzubeschwören. Es wird dadurch nicht anders, daß sie freilich vollständig Recht hat. Ich habe die kümmerliche Genugthuung, daß jeder der davon hört, sein empörtes Urtheil in die Worte zusammenfaßt: »wenn *Sie* diese Unterstützung nicht erhalten, wer überhaupt *soll* sie dann noch erhalten!« – indessen was gilt den Herrn, die alles von Standpunkte eines Seminardirektors ansehn, eine solche oberflächliche *Coterie*-Meinung. Zucht muß geübt werden. Arme Kerle. Die schlimmsten sind doch immer die Parvenus!

Dies große Kriegsbuch, die Tag- und Nacht-Arbeit dreier Jahre, war der letzte Zug; alles wieder umsonst, und so darf ich denn sagen: ich habe diesen Literaturbettel gründlich satt.

Wir sind entschlossen ein ganzes neues Leben anzufangen und zu leben der freudigen Hoffnung, daß die Güte Gottes die Ungüte der Menschen in Segen für uns wandeln wird. Ist es anders beschlossen, so auch gut. Diskretion in Betreff dieser Zeilen ist nicht nöthig; je mehr davon wissen, desto besser.   (HF IV, 2, S. 292)

An Ludwig Burger   Berlin, 18. April 1870
Oberst Veith, den Sie ja auch wohl kennen, hat mir vorgestern drei große Photographien nach Ölbildern von Braun geschickt; Saubottenreuth[!]; Dragoner sprengen durchs Laufer-Thor; das 4. Garde-Regiment defilirt vor dem Großherzog (Marktplatz). Paßt es Ihnen sich die Blätter bei mir anzusehen, oder soll ich sie Ihnen morgen Vormittag schicken? Ich würde dann nur bitten genau eine Stunde anzugeben, damit mein Junge die Mappe gleich wieder mit zurückbringen kann. Vielleicht kennen Sie die Originale, die sich jetzt in Schwerin befinden; in diesem Fall ist die Sache erledigt. –

Am Sonnabend las ich in Decker-Baumanns kleiner Stube Ihre Einleitungs-zeilen zu dem Verzeichnis der Illustrationen. Vorzüglich! Wie von Bismarck gesagt worden ist, wenn er nicht erster Minister geworden wäre, wär' er erster Schriftsteller geworden, so kann man mit entsprechender Aenderung von Ihnen dasselbe sagen. –

Mit Ihrer Erlaubnis hab' ich Cöslin in Cörlin umgewandelt und aus Seybothenreut Saubottenreuth gemacht. Was die letzte Correctur angeht, so ist sie vielleicht à la Johann Ballhorn gewesen und werden Sie in diesem Falle die erste Version wiederherstellen. Auf vielen guten Karten steht Saubottenreuth, das eine der Braun'schen Blätter trägt aber die Unterschrift: Seybothenreuth. Wahrscheinlich kann man schreiben wie und was man will.   (Dichter über ihre Dichtungen, Bd. 2, S. 68)

An Ludwig Burger   [Anfang 1870?]
Nach einigen Grippewochen bin ich jetzt wieder bei der Arbeit und zwar bei Hammelburg, Hansen-Woldaschach [recte: Hausen, Waldaschach] und Kissingen, die ich in dieser Reihenfolge behandeln will. Wegen Woldaschach's bin ich einigermaßen in Verlegenheit; nirgend hab' ich etwas finden können, was über die magerste Notiz hinausginge und ein ganz klein wenig möchte ich doch davon bringen. Nun entsinne ich mich, daß Sie dort waren, vielleicht haben Sie das eine oder andere an Ort und Stelle gehört, gesehn, vielleicht auch Briefe von »Mitdabeigewesenen« erhalten. Ich komme morgen etwa um 3 mit heran und bitte Sie dann vielleicht zurückzulegen, was ich allenfalls auch in Ihrer Abwesenheit in Empfang nehmen kann.   (Dichter über ihre Dichtungen, Bd. 2, S. 68)

An Ludwig Burger Berlin, 1. Juni 1870

Drei Bitten hab ich Ihnen vorzutragen, und zwar

1. die beiliegende Fahne d. h. nur die ersten 20 Zeilen sammt der geschriebenen Anmerkung durchlesen,

2. Ihre Manuskript-Karten von Würzburg-Marienberg, die ich schon mal hatte, mir schicken, und

3. ein Verzeichniß *all* der kleinen Contingentler, die noch untergebracht werden müssen, mir zugehn lassen zu wollen.

Ad. 1. Ich glaube, es kann in dieser Fassung bleiben. Beanstanden Sie es aber, so würde ich sagen »mit nur einem ostwärts gelegenen Thor«, was dann glaub ich, völlig korrekt sein würde.

Ad. 3. Vielleicht ist die Zahl gar nicht so groß, wie mir vorschwebt. Handelte es sich blos um

> Rudolstädter
>
> Waldecker
>
> Hamburger
>
> Lübecker

so würd' ich also die beiden ersten bei *Frankfurt* und *Mainzer Cernirungs-Corps*, die beiden andern aber entweder da anbringen, wo Sie's auf einer heute erhaltenen Fahne angegeben haben, oder aber gegen den Schluß des Abschnittes hin, wo ich dann sagen würde; General v. M. und Prinz Carl v. L. verhandelten; inzwischen waren immer neue Bataillone eingetroffen oder im Anmarsch etc.

Mir ist es gleich und bitte ich sehr, daß Sie den Punkt angeben, der Ihnen der liebre ist.

Nun ist mir aber so, als hätten Sie auch noch einige von *den* Contingentlern, die, uns feindlich, *in* lagen: Kurhessen, Weimaraner, Meininger. Ist dem so, hab ich auch für diese eine Stelle gefunden.

Wenn Sie mir schließlich eine *andre* Stelle als Frankfurt für den Fürsten von Hohenzollern angeben könnten, so würde ich Ihnen sehr dankbar sein, denn es drängt und stopft sich hier. Geht es aber nicht anders, so können Sie mir vielleicht einen Wink geben, *wo* ich ein paar authentische Worte über den Prinzen finde, von dem ich eigentlich nicht recht weiß was er gemacht hat. Ich glaube er hatte eine Art nichtssagendes Ober-Commando über fabelhafte rheinische Reservetruppen und stand vielleicht als ein Chef über dem Mainzer Cernirungs-Corps.

(Dichter über ihre Dichtungen, Bd. 2, S. 69 f.)

An Ludwig Burger Berlin, 15. Juni 1870

Gott sei Dank, die Sache geht nun doch auf die Neige; ein Ende ist abzusehn. Gestern hab ich die letzten Kartenskizzen gemacht und abgeliefert; ich erlaube mir nur noch anzufragen, ob Sie noch glücklicher Besitzer der auf chinesischem Papier in violett und grüner Tusche entworfenen Zeichnung von Osnert, Schlehbergwald etc sind. Ich würde Ihnen für gelegent: Uebersendung sehr dankbar sein.

(Dichter über ihre Dichtungen, Bd. 2, S. 70)

An Ludwig Burger   Berlin, 27. Juni 1870
Erst heute komme ich dazu Ihnen für Ihre letzten Zeilen und die beigeschlossenen Croquis zu danken. Ich hoffe Ihnen alles in kürzester Frist
wieder zustellen zu können, denn Freund Kühn wird nun hoffentlich in
etwa 14 Tagen mit seinen Zeichnungen fertig sein. Was dann noch fehlt,
mag fehlen; die Geschichte muß doch zuletzt ein Ende haben.
                        (Dichter über ihre Dichtungen, Bd. 2, S. 70)

An Karl Zöllner   Warnemünde, 23. Juli 1870
Daß ich statt der patriotischen Erregung (ich kann mir nicht helfen, unendlich viel Blech; nur die Thronrede und die Adresse waren ausgezeichnet)
hier Stille habe, thut mir wohl, *so weit* ich sie habe. Georges Briefe nämlich, der bekanntlich immer nur schreibt, wenn er Geld will und in den
letzten 6 Tagen 7mal (manchmal nämlich doppelt) geschrieben hat, waren
der Stille nicht besonders günstig. Seine Kriegsausrüstung zu bezahlen,
und wenn ich 6 Hemden versetzen sollte, wäre mir eine freudige Pflicht,
aber zugleich auch wieder für die in Hannover gemachten Schulden aufkommen zu sollen, ist mir über den Spaß und verdirbt mir die Stimmung.
Doppelt weil man, mit Rücksicht auf die Zeitlage, in einem gewissen Zwiespalt der Empfindung ist und inmitten alles Aergers sich auch noch wieder
Vorwürfe macht, ärgerlich zu sein.   (HF IV, 2, S. 325)

An Ludwig Burger   [1870?]
Anbei schicke ich Ihnen eine Photographie.
[. . .]
Das Bildchen gehört einem Hauptmann vom 19. Regiment. Es giebt sehr
wahrscheinlich den kritischen Moment, wo die Bayern in der Flanke erscheinen (Division Stephan) und eine Husarenschwadron beschießen, die
sich nun auf die nebenstehende Infanterie (9. Comp. vom 19. Regiment)
wirft und dieselbe in den Dreck reitet. Aber sie erhebt sich schnell wieder,
nimmt Stellung hinter einem Erdwall und der Oberst sprengt heran, um
das Schießen zu untersagen, weil das Geknatter alles Commando, auch für
die andern Compagnien, unmöglich weil unverständlich macht.
Meiner Meinung ist allerdings der Moment wichtiger, wo das Füsilier-
Batl. vom 55. Rgt. (Obrist v. Rex) erscheint und die von den 19ern aufgegebene Position auf eine weitere viertel- oder halbe Stunde behauptet, aber
die 55er rückten genau an eben diese Stelle und so hat das Bild vielleicht
von Lokalität wegen eine Bedeutung. Für diesen Fall steht es Ihnen auf
einige Wochen zur Verfügung, sonst erbitt' ich es zurück, damit ich es
zurückschicken kann. – Die mir gütigst anvertrauten Briefe und Blätter
bringe ich in den nächsten Tagen. Ich schicke gleich das Blatt mit dem
Croquis mit.   (Dichter über ihre Dichtungen, Bd. 2, S. 71)

An Ludwig Burger   [1870?]
Die eben erhaltenen neuen Blätter sind alle sehr hübsch; die bayrischen

Jäger vorzüglich. Das Buch wird nun wohl erst zu Königsgeburtstag erscheinen, womit ich schließlich einverstanden bin.

(Dichter über ihre Dichtungen, Bd. 2, S. 71)

An Rudolf von Decker Berlin, 8. August 1870

Gestern in die flaggende, siegestrunkene Hauptstadt zurückgekehrt, beeile ich mich, Ihre geehrte Zuschrift, für die ich herzlich danke, zu beantworten.

Es erging mir wie Ihnen; ich hatte das Gefühl: nun ist es auf Lebenszeit an Siegen und Siegesbeschreibung genug. Es hat anders kommen sollen. Alles steht ein drittes Mal im Felde, so denn auch wir.

Ich habe den lebhaften Wunsch, daß wir uns über die Bedingungen auch für ein drittes, hoffentlich letztes Kriegsbuch einigen. Ich proponiere folgendes:

1. Illustrationen keine oder bloß saubre, kleine Initialen und Vignetten. Karten und Krokis, Format usw. wie früher.

2. Honorar 50 Taler pro Bogen.

Es ist dies gerade die Summe, die wir schon das vorige Mal, eh der traurige Konflikt ausbrach, vereinbart haben, eine Summe, die ich diesmal um so eher glaube fordern zu können, als das mutmaßliche Wegbleiben der Bilder, deren Raum mir zugute kam, einen ziemlich bedeutenden Ausfall macht.

Ich sage, das *mutmaßliche* Wegbleiben der Bilder! Sollte zuletzt vielleicht doch wieder illustriert werden, so hab ich nicht Erhebliches dagegen einzuwenden, um so weniger, als ich allen möglichen Respekt vor Burgers eminenter Begabung habe. Aber ehrlich gestanden, wenn es sich um Wünsche handelt, so wünsch' ich diese Illustrierung nicht, wenigstens nicht, was über Landschaft und Genre hinausginge. Ich finde dies beständige Auftauchen von drei, vier Kerlen, die mal einen Helm, mal einen Federhut tragen, selbst wenn dies alles aufs gewissenhafteste gemacht ist, doch ein bloßes Amüsement für Kinder. Für erwachsene Menschen ist es einfach langweilig. Indessen sei es drum, wenn es sein *soll*. Eins aber halte ich fest, und der herkömmlichen Maleranschauung: »Die Bilder sind alles, der Text ist nichts«, ordne ich mich zunächst nicht wieder unter. Ich schreibe das Buch ohne Rücksicht auf die Bilder, ohne persönliches Einvernehmen mit der Künstlerwelt und unbekümmert darum, ob sich hinterher eine Illustrierung empfiehlt oder nicht.

Ich bin überzeugt, daß Sie, hochzuverehrender Herr v. Decker, mir dies alles nachempfinden und meine Reservationen in der Ordnung finden werden. (Freundesbriefe. Zweite Sammlung, Bd. 1, S. 270 f.)

An Rudolf von Decker Berlin, 12. August 1870

Ergebensten Dank für Ihre freundlichen Zeilen. Es war meine Absicht, heute Mittag Ihnen meinen Besuch zu machen und noch diese und jene Frage zu stellen; ein Zwischenfall hinderte mich leider daran. Ich komme nun morgen (Sonnabend) und hoffe nicht allzusehr zu stören. Nur wenige

Minuten. Namentlich liegt mir daran, über meine Stellung zu Illustrationen und Kriegsbildern Aufklärung zu geben; ich möchte nicht gern, daß das, was ich gesagt habe, unfreundlicher und uncollegialischer gedeutet würde, als ich es gemeint habe.

(Dichter über ihre Dichtungen, Bd. 2, S. 92)

An Mathilde von Rohr   Berlin, 18. August 1870
Decker ist auf alle meine Bedingungen eingegangen. Also ein *drittes* Kriegsbuch!

(Briefe, Bd. 3, S. 99)

An Hermann Kletke   Berlin, 29. August 1870
Anbei hab ich die Ehre Ihnen den 2. Halbband meiner Darstellung des 66er Krieges zu übersenden. Er ist noch nicht ausgegeben, weshalb auch ein Hinweis in der Zeitung noch zu früh käme. Ueberhaupt (was ich nicht mißzuverstehn bitte) ist es mir um solchen wenig zu thun; Bücher müssen im Stillen erobern, von Haus zu Haus; was die Zeitungen thun, ist flüchtig. Diese nüchterne Erwägung soll aber nicht in Abrede stellen, daß mir ein gelegentliches kurzes Hervorheben des *Prinzips,* nach dem das Buch geordnet und gebaut ist, angenehm wäre. Der eine oder andre merkt doch auf. Selbst meine *Freunde* (ja diese oft am wenigsten) haben keine Ahnung davon, was es mit diesem Buche eigentlich auf sich hat, und daß ich mir, gerade wie in meinen »Wanderungen«, eine Behandlungsart erfunden habe, die vorher einfach nicht da war. Ich fordre jeden auf der kann, mich zu widerlegen. Es soll ihm schwer werden.
Verzeihen Sie diese Zuversicht. Ich bin sonst nicht *so.* Ihre in solchen Dingen gewiß geübte Empfindung wird zwischen Geckenhaftigkeit und ruhiger Überzeugung zu unterscheiden wissen.   (HF IV, 2, S. 331)

An Rudolf von Decker   Berlin, 11. September 1870
Ende dieser Woche, spätestens zu Anfang der nächsten, will ich meine Reise auf den Kriegsschauplatz antreten, um mir, wie 1866 und 67 die böhmischen und westdeutschen, so diesmal die französischen Schlachtfelder anzusehn. Ob ich dabei zunächst bis vor Paris gehe und Sedan-Metz erst auf dem Rückwege abmache, weiß ich noch nicht.
Ich möchte Sie, hochzuverehrender Herr v. Decker, nun freundlichst wie ergebenst gebeten haben, mir wie früher, so auch diesmal, während meiner Arbeit Vorschüsse zahlen zu wollen und zwar derart, daß ich zunächst zweihundert Taler (womit ich die Reise zu bestreiten hoffe) und dann allmonatlich vom 1. Oktober an hundert Taler erhalte. Ich hoffe diesmal Ostern 1872 fertig zu sein, wonach Sie die Höhe des Gesamtvorschusses leicht feststellen können.
Soweit sich die Sache bis jetzt überblicken läßt, wird sich der Stoff in drei Abteilungen gruppieren:
1. Einleitung. Saarbrücken. Weißenburg. Wörth. Spichern.
2. Metz. Sedan.
3. Straßburg. Paris.

Wenn ich nicht fürchten muß, Sie zu stören, so verabschiede ich mich noch vor meiner Abreise persönlich. (HF IV, 2, S. 332)

An Rudolf von Decker Besançon, 26. Oktober 1870
Sie werden bereits in Erfahrung gebracht haben, daß ich heute vor drei Wochen in Domrémy »unter dem Verdachte der Spionage« verhaftet worden bin. Meine Passion »pour la Pucelle« ist mir teuer zu stehn gekommen. Vor drei Tagen hat mich das Kriegsgericht völlig freigesprochen. Gleichzeitig indes hat man sich entschieden, daß es, in Erwägung meiner vielen Beziehungen zu Militärs, geraten sei, mich bis zum Schluß des Krieges als prisonier de guerre im Lande zu behalten. Roche-sur-Yon in der Vendée ist mir als Aufenthaltsort angewiesen worden. Ich werde mutmaßlich morgen oder doch in den nächsten Tagen dorthin geführt werden. Eine weite Reise, die mutmaßlich drei Tage dauert.
Ich bitte nun um folgendes:
1. daß mir die Revisionsbogen des letzten Abschnitts, alles möglichst fix und fertig, nach Roche-sur-Yon, Vendée, geschickt, auch einige Blätter Manuskript, in betreff deren ich gestern meine Frau instruiert habe, und die ich von dieser bitte abholen zu lassen, beigepackt werden. Es ist möglich, daß das einige Taler kostet. Es geht aber nicht anders, und wo so viel dran gesetzt worden ist, kann es zuletzt auf eine solche kleine Depense auch nicht mehr ankommen.
2. Wenn meine Frau um Geld bitten sollte (wahrscheinlich wird sie es *nicht* tun), so bitte ich, ihr hundert Taler zustellen lassen zu wollen.
3. Ich fürchte nicht, daß das *neue* Kriegsbuch in seinem Erscheinen durch meine Verhaftung erheblich hinausgeschoben wird. Ich werde in Roche-sur-Yon fleißig arbeiten; außerdem hab' ich ein Gefühl, hoffentlich kein trügerisches, daß der Frieden nahe sei. (HF IV, 2, S. 345)

An Rudolf von Decker Château, Isle d'Oléron, [8. November 1870?]
Après avoir experience, qu'il est trés difficile de communiquer avec Berlin, je vous prie de m'envoyer seulement le *dernier chapitre* de notre œuvre, imprimé sur du papier chinois (ou »Naglers Verdruß«) et enfermé dans une enveloppe. Tout-à-fait comme une lettre. Il est nécessaire d'ajouter quelques strophes d'Emanuel Geibel, à l'égard de lesquelles j'ai écrit déjà (de Besançon) à vous et à ma femme.
Les autres chapitres, j'espère, sont dans une ordre si bonne, qu'une revision par moi est dispensable. Mr. Kehler fera tout cela avec sa promptitude bien connue.
Dans le chapitre »Rückkehr ou Einzug«, je souviens qu'il me parut disputable, s'il soit mieux d'appeler les noms des »virgines blanches« (der weiß gekleideten Jungfrauen) ou pas. Je le crois préférable à présent de donner une liste complète, parceque une vanité très pardonnable est flattée par cela et toutes les familles en question prendront en conséquences un plus grand intérêt dans notre livre. (Les noms sont cités dans le petit livre *bleu*, que vous avez publié immédiatement après la guerre de 1866.)

Depuis hier je suis ici sur l'isle d'Oléron dans l'Atlantique entre la Rochelle et Bordeaux. Je serai ici très diligent et j'espère que ma captivité aura une bonne influence sur la substance de mon histoire de 1870. Je gagnerai des couleurs fraiches pour ma palette.

(Freundesbriefe. Zweite Sammlung, Bd. 1, S. 277 f.)

An Rudolf von Decker   Berlin, 23. Dezember 1870

In das nächste Jahr – von dem kleinen Extrabuche [»Kriegsgefangen«] abgesehen – gehen wir nun mit einem neuen großen Werke hinein. Ich freue mich erst *jetzt* darauf, es schreiben zu können, und dies Geständnis, wenn es nicht allzu eitel klingt, ist die beste Weihnachtsaufmerksamkeit, die ich Ihnen erweisen kann.

Noch Ende September, als ich meine Reise antrat, blickte ich auf das neue Buch wie auf eine *schwere Arbeit*. Jetzt blicke ich darauf wie auf eine *freudige*, den Schreiber selbst erhebende Aufgabe. Die Dinge haben sich so gestaltet, der Stoff ist so *überreich*, daß wie von selber ein Werk entstehen wird, das mit den beiden vorhergehenden wenig Ähnlichkeit haben wird. Es muß sich lesen wie ein *Roman*. Es muß nicht bloß fleißig und ordentlich werden, nicht bloß Klarheit in einen chaotischen Stoff bringen (*dies* Verdienst nehme ich auch für das 66er Buch in Anspruch), es muß fesseln, Interesse wecken wie eine Räubergeschichte. Etwas davon ist es ja auch leider.   (Freundesbriefe. Zweite Sammlung, Bd. 1, S. 282 f.)

An Mathilde von Rohr   Berlin, 14. März 1871

Der II. Band meines 66er Kriegsbuches ist nun auch da, das Ganze also fertig vor mir. Wie Sie wissen, möchte ich das Werk dem Großherzog [Friedrich Franz von Mecklenburg-Schwerin] überreichen, habe aber doch beschlossen vorher anzufragen, ob die Überreichung auch *erwünscht* sein werde. Der Brief, in dem ich diese Anfrage thue, ist so abgefaßt, daß ich dies kaum bezweifeln darf, dennoch möchte ich vorher Gewißheit haben.

Meine ergebenste Bitte an Sie geht dahin, mich wissen zu lassen, an welchen Hofbeamten (wahrscheinlich *Hofmarschall*) ich meine Anfrage zu richten habe. Ist Hofmarschall richtig, so bitt ich auch um dessen Namen und sonstige Titulaturen.   (Briefe, Bd. 3, S. 104 f.)

An Mathilde von Rohr   Berlin, 19. Dezember 1871

An unsren hochverehrten Cardinal von Besançon [Césaire Matthieu] hab ich heute mein großes 66er Kriegsbuch geschickt, natürlich nur zu dem Zweck, daß er sich die Bilder ansieht; es wäre ein sonderbarer Dank, wenn ich ihm zumuthen wollte, sich mit 84 Jahren eingehender um den Inhalt zu kümmern.   (HF IV, 2, S. 393)

An Otto Baumann   Berlin, 3. September 1872

Besten Dank für die gefällige Übersendung der September-Rate. Der Tag von Sedan konnte für mich nicht besser gefeiert werden.

So angenehm mir nun die 100 Taler waren, so sehr hat mich der Rest des Briefes erschreckt. Ich bitte Sie dringend, Herrn v. D. von dem 10 Bogen-Plane abzubringen. Ich will versuchen, meine Bitte zu motivieren.

Eine Legion von Büchern über diesen Krieg ist bereits da, ganz zuletzt ist nun auch noch das erste Heft des Generalstabswerkes erschienen. Wenn wir nun kommen, die wir doch beiderseits, Firma und Schriftsteller, für unser Renomee aufkommen müssen, so will das Publikum auf den ersten Blick vorausfühlen

wodurch wir uns von allem andern bis dahin erschienenen unterschei-den; denn nur darin liegt unsre Berechtigung, *überhaupt* noch zu kom-men und uns einerseits neben das dem *ersten Bedürfnis*, andererseits neben das der *militärischen Gelehrsamkeit* Dienende zu stellen.

Unser Zweck muß also dahin gehn, durch ein bloßes Aufschlagen des Buches, durch ein bloßes Überfliegen des Inhaltsverzeichnisses den Leser erkennen zu lassen:

ah, da liegt's. Diese Gruppierung des Stoffs im Ganzen wie im Einzel-nen, bei Aufbau des Buches überhaupt wie bei Schilderung jeder einzel-nen Schlacht, hat nur das F'sche Buch; durch Übersicht und Klarheit unterscheidet es sich von allen andern 70er Kriegsbüchern, durch le-bensvolle Darstellung und Fülle der Details von dem großen General-stabswerke.

Um all dies erkennbar zu machen, dazu sind aber Schnitzelchen, und wenn sie auch 10 Bogen umfaßten, vollständig außer Stande . . .

Bitte, machen Sie bei Herrn v. D. den Advokaten meiner Wünsche; ich glaube, daß Sie auch geschäftlich dabei weitaus am besten fahren.

(HF IV, 2, S. 412 f.)

An Mathilde von Rohr   Berlin, 25. September 1872
In den nächsten 4 Wochen werden 2 Bücher von mir erscheinen: der 3. Theil Wanderungen (Havelland) und der erste Halbband meines Krieges von 1870-71; aber meine Phantasie und Hoffnung beschäftigen sich keinen Augenblick damit. Ich weiß nach gerade: all dergleichen kommt und geht, und es ist Thorheit sich etwas andres davon zu versprechen, als die 10zeili-ge Zeitungsnotiz eines Reporters, der das Buch nicht gelesen hat. Kann auch nicht anders sein. Was erscheint nicht alles! Und darunter hundert-und tausendfaches, das weit über das hinausgeht, was man selber leistet.

(Briefe, Bd. 3, S. 133)

An Julius Rodenberg   Berlin, 12. Dezember 1872
Eben hab ich für mein 70er Kriegsbuch ein Kapitel beendet: »Der Überfall bei Beaumont«. Die ganze Affaire erinnert an Roßbach, und so liest sich auch das betr. Kapitel wie eine Sensations-Novelle von der milderen Ob-servanz.

Mir ist dabei eingefallen, ob das nicht vielleicht etwas für die Neue Freie Presse wäre? Sie können sich vorstellen – sonst wäre mir der Gedanke gar nicht gekommen –, daß von Borussismus, Sektion links schwenkt oder

»mit Gott für König und Vaterland« in dem ganzen Kapitel nicht die Rede
ist. Es hat einen Feuilleton-Charakter.

Heißt es Ihre Güte nicht mißbrauchen, wenn ich Sie bitte, in dieser Angelegenheit eine Anfrage-Zeile an Herrn M. Etienne zu richten?

(HF IV, 2, S. 418)

An Julius Rodenberg   Berlin, 23. Dezember 1872
Seien Sie allerschönstens bedankt für Zusendung des »Reskripts«. Es erspart mir einen Refus und der Redaktion der N. Fr. Presse – falls sie so
feinfühlig ist – eine kleine Verlegenheit. Dazu kommt, daß ich immer meine Bedenken hatte, ob ein östreich. Blatt auch der passende Platz zum Abdruck einer solchen Arbeit sei. – Ihr freundliches Anerbieten nehme ich
dankbar an für den Fall, daß Ihnen das betr. Kapitel auch wirklich zusagt
und der etwa nach 4 Monaten erfolgende Wieder-Abdruck in meinem
Kriegsbuch nicht gegen die Geschäfts-Maximen des Herrn Payne streitet.

(Briefe an Rodenberg, S. 11)

An seine Schwester Elise   Berlin, 15. Februar 1873
Durch meine Krankheit bin ich wieder zurückgekommen und sehe nun,
daß ich vor Ende Februar mit meinem großen Sedan-Kapitel nicht fertig
sein werde [. . .]   (Briefe, Bd. 2, S. 319)

An Julius Rodenberg   Berlin, 26. Februar 1873
Wenn ich mit meinem »Beaumont-Artikel« zur Vossin wandre, so sind Sie
mir wohl nicht böse darüber; ich glaube doch, daß er sich in einer politischen Zeitung besser macht als in einem belletristischen Journal. Lassen
Sie mich hoffen, daß Ihnen ein Stein vom Herzen fällt.

(Briefe an Rodenberg, S. 12)

An Hermann Kletke   [Berlin, 5. März 1873?]
Ich gebe eben, nahezu Mitternacht, die Korrektur wieder zur Post [»Die
Schlacht von Beaumont«, V. Z. 9., 16. u. 23. 3. 1873]. Wollen Sie gütigst
entschuldigen, daß ich das »Schluß folgt« in »Fortsetzung folgt« umgewandelt habe, denn einen *Teil* des Gesamt-Manuskripts – etwa noch so viel
wie als Rest noch in Ihren Händen ist – müssen Sie so freundlich sein noch
zu bringen; ich hätte mir sonst meinen schönen, aufs Ganze berechneten
Beaumont-Aufsatz total zerstört. Und das werden Sie nicht wollen.

Es werden nun, wenn Sie auf das *Ganze* verzichten (wozu ich selber
beinah rate) *drei* Stücke etwa von der Länge des für die nächste Beilage
Bestimmten.   (Briefe an Kletke, S. 51)

An Hermann Kletke   Berlin, 25. März 1873
Anbei der 1. Halbband meines 70er Kriegsbuches; ein andres Exemplar
habe ich, samt einigen Zeilen, an Dr. Pflug [der Fontanes Buch in der V. Z.
vom 20. 4. 1873 besprach] zur Post gegeben.   (Briefe an Kletke, S. 51)

An Rudolf von Decker Berlin, 10. April 1873

Die Gnade unsres herrlichen alten Wilhelm [der Kaiser hatte die Widmung des Kriegsbuches von 1870 angenommen] trifft natürlich Sie und nicht mich; ich sonne mich aber gern in diesem Strahle mit und setze mich zu diesem Behuf an den äußersten Rand meiner Diogenestonne. Ich erlaube mir mit der Bitte um gelegentliche Rücksendung einen gestern von Graf Moltke erhaltenen Brief beizuschließen. Er ist wie der ganze Mann: knapp, in jedem Worte von Bedeutung, gütig und wahrhaftig.

(Freundesbriefe. Zweite Sammlung, Bd. 1, S. 305)

An Hermann Kletke Berlin, 31. Mai 1873

Den zugesagten Aufsatz schicke ich nun *sehr* bald, da der Druck nicht nur bis dahin vorgeschritten, sondern bereits zur Hälfte beendet ist. Die Überschrift soll sein:

General Wimpffen
und die Schlacht bei Sedan auf franz. Seite.

1. General Wimpffen.
2. W. während der Schlacht bis 12.
3. W. während der Schlacht bis 6 (Abends).
4. W. nach der Schlacht. (Zusammenkunft mit dem fr. Kaiser und Moltke.)

Es werden etwa 10 Spalten sein, höchstens 12. Vieles ist neu, d. h. franz. Werken entnommen, die bisher wenig oder gar nicht benutzt wurden. Ich schreibe Ihnen dies so genau, damit Sie die Katze nicht im Sack kaufen und noch in 12. Stunde zurückziehen können. Ich bilde mir ein, daß es interessant ist. Natürlich sind die Dinge selbst in den *großen Zügen* bekannt; die Schlacht bei Sedan bleibt eben die Schlacht bei Sedan.

(Briefe an Kletke, S. 52)

An Otto Marquardt Berlin, 13. September 1873

Sie werden diese Zeilen zwar wohl erst am Montag früh erhalten, ich will aber doch diese Woche, der ich möglicherweise zweihundertfünfzig Taler verdanke, dadurch ehren und auszeichnen, daß ich noch an einem *ihr* angehörigen Tage meine Freude über den vorläufigen Abschluß dieser Angelegenheit ausspreche. Herr v. Decker wird seinen Bismarck nicht dementieren, und Leutnant Congdon, wenn er die Sache überhaupt ernsthaft will, wird nicht so töricht sein, sich wegen einer Bagatellsumme – namentlich vom englischen Standpunkt aus angesehn – zurückzuziehn.

Ich bin mit diesen fünfzehnhundert Mark sehr einverstanden, wiewohl ich es eigentlich furchtbar wenig finde, wobei ich auf den Punkt, daß wir über achtzig Bogen wohl ziemlich erheblich hinauswachsen werden, gar kein Gewicht lege. Soll das Buch einiger englischer Militärs wegen übersetzt werden, so ist das ganze Unternehmen ein Unsinn. Soll es, wie ich in der heut erhaltenen sehr guten kleinen Kritik hervorgehoben finde, ein »Volksbuch im besten Sinne« werden, so ist fünf Taler pro Bogen so gut wie nichts.

Dies ist mein Sentiment. Andrerseits möcht ich um alles in der Welt das Zustandekommen dieser Übersetzung nicht durch eine Hochforderung gefährdet sehn, und so stimme ich Ihnen denn aus diesem Grunde von vollem Herzen bei. Partiell auch aus *dem* Grunde, weil ich es hasse, wenn einem eine gebratene Taube ins Maul fliegt, beim Schicksal nun auch noch auf Kompott zu bestehn.

(Freundesbriefe. Zweite Sammlung, Bd. 1, S. 316 f.)

An Friedrich Wilhelm Holtze   Berlin, 2. Oktober 187[3]
Der 2. Halbband meines Kriegsbuches wird hoffentlich noch bis Weihnachten erscheinen; gesetzt ist alles.

(Jahrb. d. Deutschen Schillergesellschaft, 4, 1960, S. 362)

An Otto Marquardt   Berlin, 7. Oktober 1873
Besten Dank für gütige Mitteilung des Congdonschen Briefes, den ich diesen Zeilen wieder beischließe. Ich habe seine Erklärung mit großer Seelenruhe gelesen, da mich wohl die zwischen Ihnen und mir verhandelte Prinzipienfrage, nicht aber der vorliegende Fall interessierte. Vielleicht mit Ausnahme von fünf Minuten hab ich an das Zustandekommen dieser Übersetzung nie geglaubt.

(Freundesbriefe. Zweite Sammlung, Bd. 1, S. 317)

An Friedrich Wilhelm Holtze   Berlin, 23. Dezember 1873
Das Buch ist eben fertig geworden, nur 2 Exemplare konnte ich noch binden lassen, das eine für Moltke, das andere für Sie. Mögen Sie sich versichert halten, daß es mir eine herzliche Freude ist, Ihnen auf diese Weise einigermaßen ausdrücken zu können, welchen Wert ich auf eine Anerkennung wie die Ihrige lege. Nichts erfreut und ermuntert mehr, als das Urteil Urteilsfähiger, und je gleichgültiger, ja ich muß es sagen, widerwärtiger mir alles Zeitungslob ist, dem man in 90 Fällen von 100 das Fabrikmäßige, das Tote abfühlt, desto mehr beglückt mich eine Stelle, wie sie beispielsweise Professor Voß meinen »Wanderungen« oder wie sie Professor Holtze meinen Kriegsbüchern gegenüber einnimmt. Hoffentlich trifft das Buch noch rechtzeitig genug ein, um auf Ihrem Weihnachtstische einen Platz finden zu können.

Der Buchbinder, berühmt durch seine Unpünktlichkeit, hat mich richtig im Stich gelassen, erst um 8 Uhr Abends hat er geschickt. Für den Fall, daß der 1. Halbband *braun* gebunden war, bitte ich diesen roten umtauschen zu dürfen.   (Briefe an die Freunde. Letzte Auslese, Bd. 1, S. 270 f.)

An Franz von Zychlinski   Berlin, 2. Februar 1874
Um vieles langsamer wie die beiden Armeen, bin ich nun, nachhinkend, auch vor Paris angekommen und zerniere drauf los, daß mir der Kopf summt und brummt, als flögen wirklich die »Zuckerhüte« an meinem Ohr vorüber. Wieder – wie schon bei Beaumont und Sedan – mache ich die unangenehme Wahrnehmung, daß die III. Armee sehr viel, die IV. (Maas-)

Armee sehr wenig veröffentlicht hat. Es könnte fast so erscheinen, als wäre alles Literarische beim V. Korps gewesen, was im Hinblick auf die Zusammensetzung gerade dieses Truppenkörpers, etwas überaus Komisches hat. Die gebildeten Sachsen, Königreich wie Provinz, haben sich ausgeschwiegen. Könnten Sie mir, hochzuverehrender Herr General, nun wohl ein Weniges nachhelfen?

Zunächst das Marschtableau von Sedan bis Paris, das sich, aus Blume's Buch, nur vom 15. an (Villers Cotterets) ergibt. Dann aber auch Einiges aus der Belagerung selbst. Viel geschah an dieser Stelle freilich nicht – das Hauptgefecht bestand wohl die 8. Division – aber auch das Wenige was geschah, muß doch am Ende erwähnt und die *genrehafte* Seite dieser Belagerungswochen betont werden.

(HF IV, 2, S. 451)

An Ludwig Pietsch Berlin, 21. Februar 1874

Ihre Bemerkung gestern Abend hat mich doch etwas verwirrt. Ich würde mit Ausdruck meines Bedauerns *darüber*, keine andre Art der Einführung für Ihre Briefe und Berichte gewählt zu haben, *nicht* zurückhalten, wenn ich wirklich das Gefühl hätte, daß das Geschehene ungehörig sei. Ich habe die Frage auf dem Heimwege noch 'mal ernst erwogen, um so ernster als ich gerade jetzt wieder mit dem Vormarsch der beiden Armeen gegen Paris beschäftigt bin und beständig Briefe, die damals von L. Schneider, Hassel, Kayßler, Strodtmann, Rud. Lindau und andern geschrieben wurden, in meinem Buche zu citiren habe. Ich nenne diese Herren nirgends im Text; am Schlusse des Ganzen werden sie und ihre Bücher aufgeführt werden. Dies ist die Regel, von der Sie im ganzen Buche – wenn Sie von *fremdländischer* Literatur absehn – vielleicht nicht dreimal eine Ausnahme finden werden. Vielleicht steht der Frenzel-Fall – übrigens habe ich seinen Namen nicht entdecken können – ganz vereinzelt da. Auerbach, Scherenberg, Geibel, Dohm sind ungenannt geblieben; an andrer Stelle findet sich dann mal Rückert; man folgt darin einem unbestimmten Gefühl, das in einem Falle die Namensnennung anempfiehlt, im andern nicht. Von Classificirung ist dabei keine Rede.

Noch ein paar Worte. Ich darf sagen, ich schmücke mich nirgends mit fremden Federn, ohne jedesmal bestimmt zu erklären: Leser, hier kommen fremde Federn. Ich treibe einen wahren Mißbrauch mit Gänsefüßchen; mehr ist am Ende nicht zu verlangen. Der Stoff ist aus 100 Schriftstücken entlehnt, aus tausend Notizen zusammengetragen. Dies wird nirgends cachirt. Wenn ich nebenher noch kleine Verdienste habe, so brauche ich Ihnen nicht zu sagen, wo sie liegen. Auf dem Titelblatte steht: ›Die Angabe der benutzten Quellen erfolgt am Schlusse des Werkes.‹ Daß dies nicht Redensart ist, beweist der Krieg von 66, der drei Seiten voll Quellenangaben bringt. Am wenigsten kann von Unterschlagung *Ihres* Namens (der sich übrigens S. 484 pflichtschuldigst vorfindet) die Rede sein, denn mit ebenso viel Freude wie Ueberzeugung wiederhole ich Ihnen das oft Gesagte, daß Ihr Buch [Ludwig Pietsch, »Von Berlin bis Paris. Kriegsbilder (1870/71)«, 1871] das beste, frischeste, lesbarste unter allem Erschienenen ist.

Für das historische Genre wird es auch N° 1 bleiben, den *hinterher* ist dergleichen nicht mehr zu machen.

Ich wünsche von Herzen, daß diese Zeilen die kleine Trübung verscheuchen, Sie selber aber geneigt machen mögen, sich ebenso in meine Lage hinein zu denken, wie ich es in die Ihrige thue.   (HF IV, 2, S. 454 f.)

An Rudolf von Decker   Berlin, 10. Juni 1874
Ihnen für Ihre freundlichen Zeilen verbindlichst dankend, bin ich zugleich in der angenehmen Lage, Ihnen mitteilen zu können, daß die Partie etwas besser steht als sie scheint. Eine Manuskript-Menge, die ohngefähr der bisher abgesetzten gleichkommen wird, liegt bei mir bereit und Ende dieses Monats, spätestens Mitte Juli hoffe ich mit dem großen Abschnitt: »*Belagerung von Paris* bis zum 24. Dezember« fertig zu sein. Dann fehlt freilich noch »Orleans«, »Dijon« und »Amiens«, – aber alle diese Abschnitte sind viel kleiner als das Riesen-Kapitel »Paris«.

Ich hätte das bei mir lagernde M. S. schon abgeliefert, wenn ich nicht davon ausginge, daß es wahrscheinlich an Schrift mangelt. Ich habe nämlich noch keine Zeile Korrektur gemacht und kann dies auch nicht (drei, vier Bogen würden wenig helfen) bis vor Mitte Juli. Ebenso steht es mit den Karten. Ich entwerfe sie und mache alle nöthigen Bemerkungen dazu; aber ich kann mich in meiner andauernden Beschäftigung mit vielen 1000 Details, die ich in Verlauf meiner Arbeit beständig gegenwärtig habe, nicht durch ein tagtägliches Recurrieren auf Zurückliegendes vor vier, fünf Monaten Abgemachtes stören lassen. Dies – ich spreche dies kühnlich aus – geht nahezu über die menschliche Kraft. So will ich denn den Schluß des großen Kapitels »Paris«, das natürlich in 20 kleinere Kapitel zerfällt, erst abwarten, bevor ich, von Mitte Juli ab, die Korrektur und die Karten vornehme. 14 Tage lang beschäftige ich mich dann bloß *damit* und gehe, vom August ab, zur Fortsetzung der Arbeit über. Dieser 3. Halbband wird der stärkste; der 4. (Schluß) *höchstens* so stark wie der 1. Halbband.

Neun Wochen Krankheit, in denen ich keine Zeile schreiben konnte, haben mich in allen meinen Arbeiten zurückgebracht; ich hoff' es aber dadurch auszugleichen, daß ich alle Reisepläne vorläufig aufgegeben habe. Vielleicht geh ich Ende September auf 2, 3 Wochen an den Genfer See.
                    (Dichter über ihre Dichtungen, Bd. 2, S. 106 f.)

An Friedrich Wilhelm Holtze   Berlin, 10. Juni 1874
Das einzig leidliche Buch, das die Franzosen über die Le Bourget-Kämpfe geschrieben haben und das den Titel führt »Les trois journées du Bourget« [Auguste Ozou de Verrie, »Les trois journées du Bourget. La mort du Commandant Baroche«, 1871] soll, wie mir Bath versichert, in Paris vergriffen sein. Ich suche es nun *hier*. Daß Sie es, hochgeehrter Herr Professor, haben, wage ich nicht zu hoffen, aber Sie könnten mir vielleicht eine freundliche Direktion geben. In der Königl: und Generalstabs-Bibliothek befindet es sich *nicht*. Die Stabsoffiziere von der 2. Gardedivision müßten es eigentlich

haben, aber auch bei einzelnen dieser hab ich bis jetzt vergeblich ange-
pocht. Bitte, helfen Sie.   (Dichter über ihre Dichtungen, Bd. 2, S. 107)

An Paul Heyse   Berlin, 28. Juni 1874
Vor einem halben Jahre hab ich an meinen leisen Gönner General
v. d. Tann den 2. Halbband meines 70er Kriegsbuches und durch ihn dazu
autorisirt, auch einen stattlichen Vollband desselben Buches an den Mini-
sterialrath A. Eisenhart geschickt, letztren ersuchend, das Buch S. M. dem
Könige überreichen zu wollen. Weder Tann, der mich sonst nie im Stich
gelassen, noch Eisenhart haben auf diese Zusendung geantwortet. Es ist
nur zweierlei möglich: entweder sind die Bücher gar nicht angekommen,
oder *in* den Büchern ist das eine oder andre übel vermerkt worden. Dies
letzte würd' ich als das wahrscheinlichere ansehn, wenn ich nicht das gute
Gewissen hätte, die politische wie militairische Aktion Baierns mit besondrer Vorliebe und Betonung behandelt zu haben. Gerade darauf hin schickte
ich die Bücher. Vielleicht kannst Du über die Motive dieses Ignorirens das
eine oder andre erfahren. Ist Dir der Weg dazu abgeschnitten, so hab' ich
mir vorgenommen, an einen der beiden Herrn direkt zu schreiben. Es ist
ein bißchen peinlich, aber ich will diese Ungewöhnlichkeit des Verfahrens
doch auch nicht wie etwas Selbstverständliches hinnehmen.
                                                    (HF IV, 2, S. 463)

An seine Frau   Berlin, 4. September 1874
Habe sehr schönen Dank für Deine heut früh erhaltenen Zeilen. Ich werde
– Gott sei Dank – in den nächsten dritthalb Wochen nicht übermäßig zu
arbeiten haben, da ich vorläufig entschlossen bin mit dem Kapitel: »Weihnachten vor Paris« diesen Halbband abzuschließen. Vielleicht empfiehlt
sich dies ohnehin mehr, als eine andre Einteilung des Stoffs. Zur Sicherheit
werde ich aber noch drei, vier Karten zeichnen (denn die Kartenherstellung
ist immer das zeitraubende) die sich schon auf den *nächsten* großen Abschnitt »Orleans« beziehen; sind wir dann in der Mitte, oder auch erst in
der zweiten Hälfte des November zurück, so hab' ich immer noch Zeit
zwei, drei Bogen vom Orleans-Kapitel zu schreiben, da ich schon jetzt
übersehen kann, daß Deckers wieder nicht, vor Mitte Dezember, mit der
Geschichte fertig werden. An *mir* liegt es nicht, was ich gestern dem Herrn
Faktor in einer eindringlichen Rede auseinandergesetzt habe. Von den 40
Karten sind meinerseits 35 fertig; den Rest zeichne ich am Dienstag oder
Mittwoch; die Herren Holzschneider, die wieder trödeln, haben erst
drei geliefert, Du siehst also, daß es mit dem Fertigwerden gute Wege hat.
                            (Dichter über ihre Dichtungen, Bd. 2, S. 108)

An Rudolf von Decker   Berlin, 8. Dezember 1874
Von dem 2. Bande des 70er Kriegsbuches werden nun also 21 Bogen erscheinen. Mehr wäre besser gewesen. Aber Zeichner und Holzschneider
haben uns im Stich gelassen. Der Schluß-Halbband wird dadurch etwas

anschwellen, was geschäftlich, wie ich hoffe, von keinen erheblichen Unbequemlichkeiten begleitet ist.

(Dichter über ihre Dichtungen, Bd. 2, S. 109)

An Mathilde von Rohr   Berlin, 23. Dezember 1874
Freund Decker, der seit sechs Wochen nur noch »Amtliches« druckt, hat mich mit dem 3. Halbbande des Kriegsbuches im Stich gelassen und so bleibt mir nichts uebrig als diese Zeilen, zugleich mit meinen herzlichsten wie ergebensten Glückwünschen an Sie gelangen zu lassen. In der Weihnachtswoche schreibe ich noch einmal, erzähle Ihnen vom Aufbau, von den Kindern und allerhand andrem noch. In sehr festlicher Stimmung bin ich leider nicht; ich bin unsagbar menschenmüde und müde des Strebens, das zu nichts führt. Könnt' ich, ich zöge mich morgen zurück. Ich komme mir mit meinen Schreibereien vor wie ein Clown im Circus. Möge Ihre Stimmung rosiger sein!   (Briefe, Bd. 3, S. 136)

An Mathilde von Rohr   Berlin, 20. April 1875
Ich selbst arbeite jetzt fleißig an dem letzten Halbbande meines Kriegsbuches und hoffe damit bis Mitte September zu Ende zu sein.

(Briefe, Bd. 3, S. 160)

An Hermann Kletke   Berlin, [18. Juni] 1875
Heute endlich hoffe ich Ihnen mit einiger Bestimmtheit die Einlieferung von einem beträchtlichen Quantum Stoff für die Sonntags-Beilage, und zwar noch *vor* Ihrer Abreise zusagen zu können. Ich habe zwar noch drei Kapitel vor mir, hoffe aber damit bis etwa zum 27. d. M. fertig zu sein. Deckers tuen mir vielleicht wieder den Gefallen es rasch absetzen zu lassen, so daß ich mich Ihnen am 1. und 2. Juli entweder mit sämtlichen Fahnen oder doch mit einem guten Teile davon präsentieren kann. Dies Vorherabsetzen lassen des M. S. durch Deckers ist mir immer sehr wertvoll, weil sich die gemachten Fehler im Druck leichter erkennen und bei D[ecker]'s Splendidität in dieser Beziehung völlig ungeniert beseitigen lassen.

Die Kapitel-Überschriften leg ich auf einem besondren Zettel bei, damit Sie wenigstens einigermaßen wissen, was zu erwarten steht [am 4. 7. 1875 begann in der Sonntagsbeilage der »Vossischen Zeitung« der Abdruck des Kapitels »Das Werdersche Corps und die Garibaldiner].

(Briefe an Kletke, S. 54 f.)

An Karl Eggers   Berlin, 10. Juli 1875
Besten Dank für Ihre liebenswürdigen und auf dem Felde guten Humors gewachsenen Zeilen vom 6., ebenso für das *zweite* schöngebundene Exemplar der »Tremsen«. Ich werde *gewiß* und mit vielem Vergnügen darüber schreiben [. . .] Nur bitt' ich herzlich, mich mit meinem Kriegsbuche erst ins Klare kommen zu lassen, was freilich bis in den November hinein dauern wird. Dann weg »mit's Milletär« und wieder ein civiler Civilist.

(Dichter über ihre Dichtungen, Bd. 2, S. 111)

An Karl Zöllner   Berlin, 14. Juli 1875
Wenn auf dem Kissinger Kirchhofe noch der alte Todtengräber haust, so
grüß ihn von mir. Er wird sich meiner entsinnen, weil ich ihm seinerzeit 50
Thlr verschafft habe. Wenn Du wieder zurück bist, mußt Du mein Kapitel
lesen: ›Der Kissinger Kirchhof‹. Es ist ziemlich interessant.

(HF IV, 2, S. 503)

An Emilie Fontane   Auf dem Lago Maggiore, 9. August 1875
Also um 5 Uhr früh aus Chur. Ich hatte einen Platz im Cabriolet, neben mir
zwei dänische Damen. Als Verfasser des »Kriegs von 1864« schwieg ich
mich patriotisch aus.

(Dichter über ihre Dichtungen, Bd. 2, S. 19)

An Mathilde von Rohr   Berlin, 1. November 1876
Ueber meinen Besuch bei Herrn v. Bülow hat wohl meine Frau schon geschrieben. Er war sehr gütig und ich nahm einen angenehmen Eindruck
mit fort, was ich von den Berührungen, die ich jetzt mit den Menschen
habe, im Allgemeinen nicht sagen kann. Er versprach mit Wilmowski zu
sprechen [...] Wilmowski hat jetzt gerade meine Akademie-Angelegen-
heit mehrfach unter Händen gehabt, und wiewohl mir ein von ihm abgefaßtes, an Herrn v. Decker gerichtetes Schreiben vorliegt, in dem sich der
Kaiser (d. h. also Herr v. W.) sehr anerkennend über mein Kriegsbuch
ausspricht, so weiß ich doch nicht, ob er Lust haben wird, unter den gegenwärtigen Umständen für meine Person ein gutes Wort einzulegen. Ich werde darüber in den nächsten Tagen Gewißheit haben; Herr v. Bülow wollte
mir das Resultat seiner Unterredung mit v. W. mittheilen.

(HF IV, 2, S. 544 f.)

An Mathilde von Rohr   Berlin, 10. November 1876
Eben war Geh. Leg. Rath v. Bülow bei mir. Er sagte mir, daß er mit Herrn
v. Wilmowski gesprochen und diesen ohne Voreingenommenheit gegen
mich, ihn auch bereit gefunden habe, mein Buch dem Kaiser zu überreichen. Er könne aber dafür kein Gnadengeschenk beantragen; das, was, laut
Akten, sein Vorgänger v. Mühler für mich gethan habe, stünde *einzig* da,
sei übertrieben und nicht zu rechtfertigen.
Er mag Recht haben; wiewohl *das* bestehen bleibt, daß Gnade eben Gnade ist und ebenso gut einen Diamanten wie einen Amethyst gewähren
kann.
Ich habe Herrn v. B. offen gesagt, daß unter diesen Umständen die
Überreichung keinen Sinn habe, da ja das Buch selbst (durch Decker) längst
in Händen des Kaisers ist.

(Briefe, Bd. 3, S. 172)

An Mathilde von Rohr   Berlin, 21. März 1877
In den letzten 8 Tagen hatten wir einen lieben Besuch aus London. Ein Herr
Schweitzer, mit dem wir, während unsrer Londoner Zeit, beinah täglich
zusammen gewesen waren, war in Familienangelegenheiten hier. Er hätte

damals gern meine Schwester Lise geheirathet; es wurde aber nichts daraus. So sehr uns dieser Besuch erfreute, so war er doch auch schmerzlich, denn er rief mir aufs Neue die Thatsache vor Augen, daß aus allen Menschen, auch aus den ärmsten und unbedeutendsten, mit denen ich längre Zeit auf meinem Lebenswege verkehrte, reputirliche Leute geworden sind und daß ich fast als der einzige dastehe, aus dem nichts geworden ist. Sich ewig mit dem Ruhm und Namen trösten zu wollen, ist lächerlich; dazu müßten beide denn doch um einige Ellen höher sein. Ich habe mich redlich angestrengt und bin so fleißig gewesen, wie wenige, aber es hat nicht Glück und Segen auf meiner Arbeit geruht. Ein Buch wie dies 70er Kriegsbuch wäre sonst nicht *spurlos* vorübergegangen. Es hat so sein sollen; gut; ich murre nicht, und nehme die Loose wie sie fallen. (HF IV, 2, S. 556)

An den Verlag Rudolf von Decker Berlin, 17. September 1894
Ich müßte nun wohl eigentlich froh sein, daß Sie das Buch noch 'mal drukken wollen, aber ich bekenne Ihnen offen, daß ich die Wiederherausgabe mit so und so vielen, vielleicht vorgedruckten fürstlichen oder ministeriellen Handschreiben, einfach schrecklich finde. Halten Sie mir dies zu gut, aber ich kann nichts andres sagen.

Und nun eine Vorrede! Ja, wenn ich auch nur den leisesten Schimmer hätte, was da wohl zu sagen wäre. Damals, vor gerade 30 Jahren, habe ich das Buch so gut gemacht wie ich konnte; jetzt seh' ich nur seine Mängel und Fehler. Und das kann ich doch in einer Vorrede nicht sagen.

Seien Sie versichert, daß ich Ihnen gern andres, Entgegenkommenderes geschrieben hätte; wie's aber liegt, ließ es sich nicht tun.

(Freundesbriefe. Letzte Auslese, Bd. 2, S. 542)

Literatur über Fontane als Historiker

a) Allgemeines
Craig, Gordon A.: Vorwort zu: Theodor Fontane. Der Krieg gegen Frankreich 1870-1871. 4 Bde. Zürich 1985
Fricke, Hermann: Fontanes Historik. In: Jahrbuch für brandenburgische Landesgeschichte 5 (1954), S. 13-22
Fricke, Hermann: Theodor Fontanes »Der deutsche Krieg 1866« und seine militärgeschichtlichen Helfer. Mit unbekannten Briefen von und an Theodor Fontane. In: Jahrbuch für die Geschichte Mittel- und Ostdeutschlands 15 (1966), S. 203-224
Jäckel, Günter: Fontane und der Deutsch-Französische Krieg 1870/71. In: Fontane-Blätter 2 (1970), Heft 2, S. 93-115
Michel, Ernst: Theodor Fontane 1866 in Böhmen und Mähren. In: Sudetenland 24 (1982), Heft 4, S. 267-276
Osborne, John: Theodor Fontane und die Mobilmachung der Kultur: Der Krieg gegen Frankreich 1870–1871. In: Fontane-Blätter 5 (1984), Heft 5, S. 421-435

Osborne, John: Meyer or Fontane? German Literature after the Franco-Prussian War 1870/71. Bonn 1983 (= Abhandlungen zur Kunst-, Musik- und Literaturwissenschaft. 341)

Reich, Ernst-Lothar: Theodor Fontane als Historiker. Biographische Grundlagen, Weltanschauung und Geschichtsauffassung, 2 Bde. Innsbruck 1948 (Diss. Masch.)

Reuter, Hans-Heinrich: Fontane. 2 Bde. Berlin 1968

Ribbe, Wolfgang: Zeitverständnis und Geschichtsschreibung bei Theodor Fontane. In: Jahrbuch für brandenburgische Landesgeschichte 20 (1969), S. 58-70

Ritscher, Helga: Fontane. Seine politische Gedankenwelt. Göttingen 1953 (= Göttinger Bausteine zur Geschichtswissenschaft. 8)

Sagave, Pierre Paul: Theodor Fontane et la France de 1870–71. In: Internationales Archiv für die Sozialgeschichte der deutschen Literatur 1 (1976), S. 160-177

Schrader, Ingeborg: Das Geschichtsbild Fontanes und seine Bedeutung für die Maßstäbe der Zeitkritik in den Romanen. Göttingen 1943 (Diss.)

Zopf, Hans: Theodor Fontane als Militärschriftsteller. In: Zeitschrift für Heereskunde 34 (1970), Nr. 227, S. 2-9

b) Rezensionen der »Kriegsbücher« und der »Reisebriefe«

Demetz, Peter: Weißer Sklave Fontane. Kriegsberichterstatter und Selbstinterpret. In: Frankfurter Allgemeine Zeitung. 23. März 1974

Demetz, Peter: Das Kriegsbuch eines Romantikers. Theodor Fontane als Chronist der Feldzüge von 1866. In: Frankfurter Allgemeine Zeitung. 2. August 1980

haj.: Fontanes Reisebriefe vom Böhmischen Kriegsschauplatz 1866. In: Neue Zürcher Zeitung. 24. März 1974

Heftrich, Eckard: Genauer als Treitschke. Fontanes »Der Krieg gegen Frankreich«. In: Frankfurter Allgemeine Zeitung. 7. September 1985

Krolow, Karl: Ich habe alles aufgeklebt. (Theodor Fontane: Reisebriefe vom Kriegsschauplatz Böhmen 1866.) In: Die Tat (Zürich), 23. März 1974

Krueger, Joachim: Theodor Fontane. Der deutsche Krieg von 1866. Mit Ill. von Ludwig Burger. Nachdruck der Erstausgabe 1870/71. Bd. 1. 2. Düsseldorf, Köln: Dieterichs 1979. In: Fontane-Blätter 4 (1980), Heft 7, S. 641-643

Prause, Gerhard: »Und so bleib' es in alle Zeit!« Warum Theodor Fontanes Bücher über die preußischen Kriege den Patrioten nicht gefielen. In: Die Zeit. 11. Oktober 1985

c) Fontane und der Norden

Blessin, Stefan: »Unwiederbringlich« – ein historisch-politischer Roman? Bemerkungen zu Fontanes Symbolkunst. In: Deutsche Vierteljahrsschrift für Literaturwissenschaft und Geistesgeschichte 48 (1974), S. 672-703

Hendriksen, Jørgen: Theodor Fontane og Norden. Et Kapitel af »Det Nordiske« i tysk Opfattelse. Kopenhagen 1935

Jessen, Karsten: Theodor Fontane und Skandinavien. Kiel 1975 (Diss.)

Jessen, Karsten: Theodor Fontane und Dänemark. In: Fontane-Blätter 4 (1978), Heft 4, S. 226-245

Jørgensen, Sven-Aage: Nachwort zu »Unwiederbringlich«. Stuttgart 1971, S. 287-309 (Reclams Universal-Bibliothek. 9320-23)

Jørgensen, Sven-Aage: Dekadenz oder Fortschritt? Zum Dänemarkbild in Fontanes Roman »Unwiederbringlich«. In: Text und Kontext 2 (1974), Heft 2, S. 28-49

Jürgensen, Wilhelm: Theodor Fontane und Schleswig-Holstein. Biographisches, Landschaft. In: Nordelbingen 26 (1958), S. 174-183

Lohmeier, Dieter: Vor dem Niedergang. Dänemark in Fontanes Roman »Unwiederbringlich«. In: Skandinavistik 2 (1972), Heft 1, S. 27-53

Riedler, Hertha: Fontane und der Norden. In: Brandenburgische Jahrbücher 9 (1938), S. 52-55

DER SCHLESWIG-HOLSTEINSCHE KRIEG
IM JAHRE 1864

Textgrundlage: Erstausgabe. Theodor Fontane: Der Schleswig-Holsteinsche Krieg im Jahre 1864. Berlin 1866. Verlag der Königlichen Geheimen Ober-Hofbuchdruckerei (R. v. Decker).

Ausgewählt wurden die folgenden Kapitel, bzw. Abschnitte (die Seitenangaben beziehen sich auf die Druckvorlage):

Einleitung. Schleswig-Holstein. Land und Leute. Schleswig-Holsteins Geschichte, S. 3-26 / *Der Ausbruch des Krieges.* Vom Tode Friedrichs VII. bis zum Ausbruch des Krieges. Der Ausbruch der Feindseligkeiten (gekürzt), S. 27-33 / *Das Dannewerk.* Dannewerk und die dänische Armee, S. 47-54 / Missunde. Eider-Übergang der Östreicher. Der 3. Februar. Ober-Selk, S. 58-73 / *Die Räumung der Dannewerke.* Schleswig. Oeversee. Der Marsch durch Angeln. Besetzung Flensburgs, S. 79-96 / *Düppel.* Das Projekt von Ballegaard. Lagerleben, S. 165-185 / *Der Hundertkanonentag*, S. 260-262 / *Der letzte Akt des Krieges.* Schluß, S. 372-374.

11 *Waldemar... Waldemars-Mauer:* Auf Waldemar I., den Großen (1131–1182), 1157 König von Dänemark, geht die Errichtung der Waldemarsmauer zurück, einer etwa 7 m hohen, etwa 4 km langen Mauer im Dannewerk, dem ältesten weltlichen Ziegelbauwerk Schleswigs. – *Margarethe... Margarethen-Wall:* Margarete, 1353–1412, Tochter Waldemars IV. Atterdag von Dänemark, 1363 mit König Hakon VII. Magnusson von Norwegen und Schweden vermählt, wurde nach dem Tode ihres Gatten und ihres Sohnes Herrscherin über alle drei nordischen Königreiche (1397 Kalmarer Union). Über die Befestigungsanlage, die ihren Namen trug, vgl. S. 40.

12 *Bornhöved:* Durch den Sieg der norddeutschen Fürsten und Städte unter dem Grafen Adolf IV. von Schauenburg am 22. Juli 1227 über König Waldemar II. von Dänemark wurden die Dänen aus Holstein verdrängt und die dänische Ostseemacht gebrochen. – *Lohheide:* In der Loheide am Danewerk besiegte der Schauenburger Graf Gerhard III. von Holstein König Christoph II. von Dänemark (1322). – *Idstedt:* Sieg der Dänen (25. Juli 1850) über die aufständischen Schleswig-Holsteiner, vgl. S. 703.

15 *auf holsteinschem Gebiete:* geographisch und wirtschaftlich betrachtet; staatsrechtlich war Hamburg mit Holstein nicht verbunden.

17 *der »offene Brief« Christians VIII.:* Erklärung des dänischen Königs (1846), daß das dänische Erbfolgerecht (vgl. S. 27 f.) auch für Schleswig Gültigkeit habe.

18 *Ditmarsenkämpfe... Dusend Düvelswarf... Hemmingstedt:* Der Widerstand der Dithmarscher Bauern gegen die durch die Könige von Dänemark und Grafen von Holstein betriebenen Versuche zur Unter-

werfung und Eingliederung in Holstein gipfelte in der von F. in der Ballade »Der Tag von Hemmingstedt« (1851) beschriebenen Schlacht am 17. Februar 1500 (vgl. HF I, 6, S. 195 ff. und Anm.). Schauplatz des Geschehens in der Ballade ist auch der »Tausend-Teufels-Wall«, der in einer von F. genutzten Quelle, Dahlmanns Geschichte Dänemarks, genannt wird. – *Morgarten, Sempach, Granson:* 1315, 1386 und 1476, Schlachtorte, wo eidgenössische Bauern über die Ritterheere Leopolds I. und Leopolds III. von Österreich und Karls des Kühnen siegreich blieben. Vgl. zu *Sempach* auch S. 570.

19 *Non sunt Angli, sunt Angeli* (lat.): Es sind keine Angler (Angliter), es sind Engel. – *wahre di Garde, de Buer kommt:* Eine besonders gefürchtete Söldnertruppe in dem gegen die Dithmarscher aufgebotenen Heer bildete die sogenannte »Sächsische Garde«, vgl. HF I, 6, S. 196 und Anm. – *Hengist und Horsa:* nach der Sage Gründer der angelsächsischen Herrschaft in Großbritannien.

20 *das Jahr 1548:* Irrtum F.s, der offensichtlich 1559 meint, als es König Friedrich II. von Dänemark gelang, im Verein mit den Herzögen Johann d. Ä. und Adolf von Gottorp die Dithmarscher zu unterwerfen.

21 *Wagrien:* nach dem slawischen Stamm der Wagrier benannte Landschaft an der Ostküste Schleswig-Holsteins zwischen der Lübecker Bucht und der Schwentine. – Hans Nicolai Andreas *Jensen:* 1802–1850, Prediger und Heimatforscher.

22 *die »schleswig-holsteinische Frage«:* Vgl. S. 701. – *von deutschen Stämmen bewohnt:* für den angegebenen Zeitraum anachronistisch, da sich von »deutschen« Stämmen noch nicht sprechen läßt. – *Heinrich dem Finkler:* Besonders im 19. Jahrhundert populäre Bezeichnung für Heinrich I. (um 876–936), 919 deutscher König, die an den Beinamen »auceps« (Vogelfänger) des als Gründer des ersten deutschen Reiches gefeierten Herrschers anknüpft.

23 *Waldemar der Siegreiche:* Waldemar II. (1170–1241), 1202 König von Dänemark, vgl. Anm. zu S. 12 *(Bornhöved).* – *Bornhöved ... Wendepunkt in der Geschichte des Landes:* F. folgt hier einer Auffassung, die auch noch Dahlmann vertritt, von der heutigen Geschichtsschreibung aber nicht mehr geteilt wird; vgl. Jessen, S. 71. – *Gerhard der Große:* Gerhard III. von Holstein, der den *Usurpator-König* (Christoph I.) auf der Loheide besiegte, vgl. Anm. zu S. 12. – *Waldemarische Konstitution:* Constitutio Waldemariana, 1326.

27 *Erbfolge ... im Mannesstamme:* diese von F. dargestellte Rechtslage wurde von dänischer Seite gerade bestritten, vgl. die Erklärung Christians VIII. (Anm. zu S. 17).

28 *Mannesstamm:* In der Druckvorlage: »Mannsstamm«.

29 *Nordischen Krieg:* 1720–1721, Niederlage Schwedens im Kampf gegen Dänemark, Sachsen-Polen und Rußland um die Vorherrschaft in der Ostsee. – *Mannesstamm:* In der Druckvorlage »Mannsstamm«.

30 *Christian VIII. ... kinderlos:* König Christian war nicht kinderlos, auf ihn folgte, wie F. selbst im folgenden darstellt, 1848 sein Sohn Fried-

rich VII. Es scheint sich also um eine beim Druck entstandene Text-
verderbnis zu handeln.

31 Carl Christian *Hall:* 1812–1888, Führer der dänischen Liberalen und
der »Eiderdänen«, die Schleswig bis zur Eider Dänemark einzuverlei-
ben wünschten; 1857–1859, erneut von 1860 bis 1863 Regierungs-
chef. Vgl. »Unwiederbringlich«, 6. Kap. (HF I, 2, S. 604 und Anm.).
– *Orla Lehmann:* 1810–1870, dänischer Staatsmann, unter Hall Minister des Innern. – Ditlev Gothard *Monrad:* 1811–1887, dänischer
Staatsmann und Theologe, im Kabinett Hall Kultusminister, danach
während des deutsch-dänischen Krieges Ministerpräsident.

37 *casus belli* (lat.): Kriegsfall, in welchem ein Staat sich veranlaßt sieht,
einem anderen den Krieg zu erklären.

39 Friedrich Heinrich Ernst Graf von *Wrangel:* 1784–1877 preußischer
Generalfeldmarschall, der bereits 1848 bis zum Waffenstillstand von
Malmö (26. August) die gegen Dänemark kämpfenden preußischen
Truppen befehligt hatte, danach zum »Oberbefehlshaber in den Mar-
ken« ernannt worden war und den Armeebefehl vom 17. September
erlassen hatte, in dem er seine Truppen als Stütze der »guten Bürger«
bezeichnete. In diesem Zusammenhang wird er im Briefwechsel F.s
mit Lepel wiederholt erwähnt; vgl. F.s Gedicht »Vom braven Reiters-
mann« (HF I, 6, S. 934 ff. und 1250 f.). – Christian Julius *de Meza:*
1792–1865, dänischer General, entschied, damals bereits im Gene-
ralsrang, die Schlacht bei Idstedt (1850) für Dänemark; 1858 kommandierender General in Schleswig, bei Ausbruch des Krieges 1864
Oberbefehlshaber des dänischen Heeres; vgl. die Lebensbeschreibung
de Mezas unten S. 45 f., ferner »Unwiederbringlich«, 6. und 10. Kap.
(HF I, 2, S. 605 und 654 f.), sowie das Tagebuch aus Dänemark, Eintragung vom 20. Sept. 1864: »de Meza, ein Mann in den 70ern, ist
eine künstlerisch angelegte Natur, ein Stück Genie. Er ist klein, gelb,
schmächtig, mit einer gewissen Eleganz gekleidet, Spitzenmanschet-
ten am Ärmel. Er ist leidenschaftlicher Musiker und Komponist. Seine Nerven sind so fein, daß ihm der Straßenlärm ein Greul ist, und
wenn er durch die Oestergade geht, hält er sich nach Möglichkeit die
Hände vor den Ohren; in der Schlacht stört ihn aber der Kanonendonner keineswegs. So ist es auch mit seiner Empfindlichkeit gegen Zug;
die Kopenhagener sagen scherzweise von ihm, ›er kann es nicht aushalten, daß im Nebenzimmer die Kommode aufsteht‹. In der Kam-
pagne schläft er aber auf bloßer Diele. Das furchtbarste ist ihm frisch-
gescheuerte Stuben. Eine Frau empfing ihn so, er dankte ihr, legte sich
aber in seinem Mantel auf den Flur. Nach dem Rückzug aus dem
Dannevirke und Oeversee setzte er sich in Flensburg gleich ans Klavier und komponierte weiter. Darüber zur Rede gestellt, sagte er: ›Ich
hatte meine Dispositionen gegeben, sie persönlich auszuführen, wird
doch niemand von mir verlangen.‹ Die Kopenhagener haben ihn abgebildet, wie er von Dannevirke zurückreitet, ein Fortepiano über der
Kruppe, worauf er spielt.« (HF III, 3/II).

40 *Dannewerk:* Im 19. Jahrhundert noch verbreitete Schreibung neben der inzwischen üblich gewordenen (Danewerk); dän. Dan(n)evirke. – *Königin Thyra Danebod:* Vgl. F.s Ballade »Gorm Grymme« (HF I, 6, S. 169 ff. und Anm.).

43 *Noer:* Noor, niederdt. für Haff, Lagune.

44 *Verschanzungssystem war ebenso durchdacht:* »war« fehlt in der Druckvorlage; der Satz ist Zitat aus dem preußischen Generalstabswerk »Der Krieg gegen Dänemark im Jahre 1864«. Bearbeitet von G. Gr. W. (d. i. Graf F. I. G. Waldersee), 2. Aufl. Berlin, Alexander Duncker 1865, S. 22; zitiert auch in C. v. Winterfeld »Der Schleswig-Holsteinsche Krieg von 1864«, Potsdam 1865.

45 Frederik R. von *Bülow:* 1791–1858, dänischer General, spielte eine bedeutende Rolle im ersten Schleswig-Holsteinischen Krieg; sein Auftreten in »Unwiederbringlich«, 16. Kap. (HF I, 2, S. 267) ist offensichtlich anachronistisch.

46 *General v. Schleppegrell:* F. erwähnt den General auch in »Unwiederbringlich«, 19. Kap. (HF I, 2, S. 706). – *Enthüllungsfeier des berüchtigten »Flensburger Löwen«:* Vgl. F.s »Reisebriefe aus Jütland«, VII, ›Fridericia‹: »Daß auf dem Flensburger Kirchhof, womit man sich anfänglich begnügen zu wollen schien, ein großer Steinhügel errichtet wurde, in dessen blumendurchrankte Gestein man die Marmor-Grabtafeln der im Schleswig-Holsteinischen Kriege gefallenen dänischen Offiziere stellte, mochte [...] als eine Huldigung gegen das *Individuum* hingehen; aber der immer wachsende Fanatismus fand kein Genüge daran. Ein Weiteres sollte geschehen. So wurde denn am zehnjährigen Jahrestag der Idstedter Schlacht der politisch wie künstlerisch gleich berüchtigte »Idstedter Löwe« auf dem Flensburger Kirchhofe aufgerichtet, aufgerichtet auf den Grabstätten deutscher Schleswiger, deren Familien vergeblich protestierten gegen einen Eingriff, der ebensosehr Entweihung wie Eigentumsverletzung war. Man muß dies gegenwärtig haben, um mit Nachsicht zu beurteilen, was später in exzessiver Weise gegen dieses in Hohn und Spott errichtete Denkmal geschah. – Die Errichtung dieses Idstedter Löwen (General de Meza lehnte vornehmerweise jede Beteiligung daran ab) ging freilich nicht von der dänischen *Regierung* aus, sondern war das Werk fanatischer Dänen, besonders solcher, die in Flensburg selber ihren Sitz hatten. Aber es hieße eine Unterscheidung machen, die tatsächlich nie da war, wenn man bei Herzählung dieser und ähnlicher Herausforderungen zwischen dänischem Volk und dänischer Regierung unterscheiden wollte. Dänische Regierung und dänisches Volk teilten sich in die Rollen, wie man's für gut fand. Das Volk gab der Regierung und die Regierung dem Volk die Parole; das zieht sich – nicht zum Segen des Landes – durch die dänische Geschichte der letzten sechzehn Jahre hindurch. Vieles ging auf Rechnung des Volkes oder privater Unternehmer, wohinter die stützende Hand der Regierung unschwer zu erkennen war.« (HF III, 3/I, S. 627 f.)

47 *Missunde:* Vgl. F.s gleichnamigen Aufsatz, Frucht der Reise von Mai
    1864 (Wiederabdruck N XVIII, S. 271–279). – *Prinz Friedrich Karl:*
    Friedrich Karl, Prinz von Preußen (1828–1885), 1870 preußischer
    Generalfeldmarschall, als Heerführer auch während der folgenden
    Bismarckischen Kriege wiederholt von F. erwähnt (vgl. S. 119); aus-
    führlich berichtet F. über den Prinzen in »Fünf Schlösser«, ›Dreilin-
    den‹ (HF II, 3, S. 316 ff.).

48 *König Erich und Herzog Abel:* Die Geschichte der »feindlichen Brü-
    der« wird von F. in seinem Aufsatz »Missunde« ausführlich erzählt,
    gestützt übrigens auf eine andere Quelle (Dahlmann); im vorliegen-
    den Zusammenhang greift F. auf Holberg zurück (vgl. Jessen, S. 51).
    Die Einbeziehung des historischen Stoffs in die Darstellung des
    Krieges von 1864 ist bezeichnend für F.s Darstellungsweise. Der Stoff
    hat F. aber auch später noch beschäftigt, wie sein Plan einer Novelle
    »Herzog Abel« (in einer Folge von Titeln in einer Gruppe »Chroni-
    ka«, entstanden mutmaßlich zu Beginn der achtziger Jahre) zeigt
    (HF I, 7, S. 816).

51 *v. d. Tann:* Ludwig Frhr. von der Tann-Rathsamhausen (1815-81),
    bayerischer General, kämpfte 1848-50 gegen Dänemark; F. feierte
    ihn 1850 in einem Gedicht »Von der Tann ist da!« (vgl. HF I, 6,
    S. 233 f. und 1043); 1859 hatte F. den General in München persönlich
    kennengelernt; er sah in ihm, für seine damaligen Pläne, eine Anstel-
    lung am bayerischen Königshof zu finden, seinen »leisen Gönner«.
    Vgl. F.s Brief an Paul Heyse vom 28. Juni 1874 (S. 767). – *Willisen:*
    Wilhelm von Willisen (1790-1879), preußischer Offizier, 1849 als
    Generalleutnant verabschiedet, letzter Oberbefehlshaber der schles-
    wig-holsteinischen Armee 1850, bei Idstedt geschlagen.

53 *Rekognoszierungs-Compagnieen:* Aufklärungskompanien.

55 *Glacis* (franz.): Vorgelände einer Festungsanlage. – *Sukkurs:* Hilfe,
    Untersützung.

58 Ludwig Karl Wilhelm Frhr. von *Gablenz:* 1814-1874, österreichischer
    Feldzeugmeister, befehligte 1864 – damals noch Feldmarschalleut-
    nant – das VI. österreichische Armeekorps, das den Namen eines II.
    Korps der verbündeten Armee im Feldzug gegen Dänemark erhalten
    hatte; ein besonders gebildeter und tüchtiger Offizier, vgl. auch die
    hier nicht abgedruckte Vita, wo F. übrigens irrtümlich »Leopold« als
    Vornamen nennt. Gablenz erschoß sich am 28. Januar 1874 wegen
    finanzieller und familiärer Schwierigkeiten. Der Selbstmord des Ge-
    nerals wird in »Graf Petöfy«, 3. Kap., als Neuigkeit mitgeteilt und
    erörtert, nicht ohne leitmotivische Bedeutung für die Handlung des
    Romans, die durch diesen Vorgang auch präzis datiert wird (HF I, 1,
    S. 691 f.).

60 *detachiert:* abkommandiert, losgelöst.

61 *Tête* (franz.): Spitze (einer Heeresabteilung). – *Soutiens* (franz.):
    Verstärkungen.

64 *Czako:* fälschlich für ungar. Csákó (Tschako), militärische Kopfbedek-

kung in Form einer hohen Mütze. – *Niech žyje césarz* (poln.): Hoch lebe der Kaiser.

66 *Infanterie-Regiment Coronini:* Das Regiment, das auch aus dem Feldzug von 1866 bekannt ist, trug seinen Namen nach Johann Baptist Alexius Graf von Coronini-Cronberg (1794-1876), der als Feldzeugmeister 1861 an Benedeks Stelle kommandierender General in Ungarn wurde; F. greift den Namen Coronini in »Graf Petöfy«, 3. Kap. auf: dort erscheint als Adjutant Erzherzog Albrechts ein junger Graf Coronini, zu dem Petöfy sagt: »Ich bin mit ihrem Vater, dem Grafen, jung gewesen . . .« (HF I, 1, S. 692). Mit dem Vater ist offensichtlich der oben genannte General gemeint, der allerdings beträchtlich älter sein müßte als Petöfy (vgl. auch die Anm. zu S. 58, *Gablenz*). – Eine Notiz über ein Zusammentreffen mit Offizieren vom Regiment Coronini enthält das Fragment »Sommers am Meer. Bilder und Erinnerungen« (HF III, 3/II; in 1. Aufl. Bd. 5, S. 814).

70 Peter Heinrich Claude *du Plat:* 1809-64, dänischer General, bei Düppel gefallen; vgl. »Unwiederbringlich«, 16. Kap., wo F. »Oberst du Plat« als Teilnehmer an dem Frühstück bei Pentz einführt (HF I, 2, S. 674). Du Plat kämpfte bereits im ersten Schleswig-Holsteinischen Krieg und war danach Stadtkommandant von Altona; möglicherweise kannte F. seinen Namen in diesem Zusammenhang; in seiner frühen Novelle »Tuch und Locke« tritt ein Offizier dieses Namens auf (HF I, 7, S. 183-203).

71 *Cantonnement* (franz.): Quartier, Stellung. – *Arrièregarde* (franz.): Nachhut.

74 *Queue* (franz.): Schwanz, Nachtrab.

77 *Lisière* (franz.): (Wald-)Saum, (Feld-)Rain; oft in F.s militärgeschichtlichen Darstellungen.

83 *das Zündnadelgewehr:* F. hat sich in »Der Schleswig-Holsteinsche Krieg im Jahre 1864« im Zusammenhang seiner Darstellung des Gefechts bei Lundby über diese neue Waffe geäußert, die im Feldzug von 1866 gegen Österreich kriegsentscheidende Bedeutung gewann: »Der Kampf am Südrande des Dorfes hatte höchstens 20 Minuten gedauert. Seine Resultate – gleichgültig, wie sich von selbst versteht, für den Verlauf des Krieges – waren militair-wissenschaftlich höchst merkwürdig durch den erzielten *Feuererfolg.* Es hat freilich zunächst etwas dem Gefühle Widerstrebendes, in die entsprechenden *Berechnungen* einzutreten. Der Kampf wird seiner poetischen Glorie entkleidet, wenn er in gewissem Sinne zu einem Scheibenschießen wird, bei dem die Treffer nicht nur entscheiden, sondern auch noch mit arithmetischer Nüchternheit berechnet und aufgezeichnet werden. Dennoch ist es Pflicht, dieser ersten Empfindung, die von solchen Berechnungen nichts wissen will, Herr zu werden; im Kriege läuft es nun mal darauf hinaus, dem Gegner, bei kleinem Einsatz und geringstem eignem Verlust, nach Möglichkeit Abbruch zu thun und *die* Truppe, *die* Waffe, die dies am ehsten zu erzielen vermag, gilt mit

Recht als die beste. Der Krieg ist längst zu einer ›*Wissenschaft* des Tödtens‹ geworden und die Erfolge, beispielsweise der verbesserten Schußwaffe, müssen dementsprechend mit nüchtern-wissenschaftlicher Genauigkeit festgestellt werden, wie wenig diese Art von Wissenschaftlichkeit unserer Empfindung entsprechen mag. – Stellen wir nach diesen Vorbemerkungen die Resultate des Gefechtes bei Lundby zusammen. Preußischerseits waren *drei* Verwundete, darunter zwei schwer; der dänische Verlust belief sich auf 22 Todte und 66 Verwundete, darunter drei Officiere. Die Dänen (5. Compagnie vom 1. Regiment) waren nach Aussage der Gefangenen, 180 Mann stark ins Gefecht gegangen, hatten also ziemlich genau die Hälfte (88 Mann) auf dem Platze gelassen. Dabei ist – um den Feuererfolg zu constatiren – nicht zu übersehen, daß mehrere der Gefallenen von 3 und 4, einige sogar von 7 und 8 Kugeln getroffen waren. Mit Recht ist diesem Resultate gegenüber gesagt worden: ›Es liegt hier ein Feuererfolg vor, den die Theorie zwar lange als möglich herausgerechnet, die Praxis aber bis dahin nicht aufzuweisen hatte.‹ Das Zündnadelgewehr und Hauptmann v. Schlutterbach, dessen ruhige Haltung sich seinen Leuten mittheilte, theilen sich in die Ehren dieses Tages.« (A.a.O., S. 348) – Vgl. hierzu auch F.s am 3. Febr. 1867 in der »Neuen Preußischen (Kreuz-)Zeitung« erschienene Rezension »Heinrich von Löbell: Des Zündnadelgewehrs Geschichte und Konkurrenten« (gez. Te), in der es heißt: »Es ist in neuerer Zeit – wir erinnern beispielsweise an den Aufsatz im ›*Daheim*‹ ›Ein Besuch bei Dreyse‹ – viel und mancherlei über das Zündnadelgewehr geschrieben worden; aber zweierlei hat diesen Aufsätzen in der Regel gefehlt: einmal, wenn wir uns so ausdrücken dürfen, die Genesis des Dreyseschen Gewehrs, seine Entstehungsgeschichte, namentlich auch seine Gefahren (die Gefahr nämlich, als ›altes Eisen‹ wieder beseitigt zu werden), zweitens die Parallelisierung der Erfindung Dreyses mit den Hinterladungsgewehren der Franzosen, Engländer und Österreicher, also mit den Gewehren von Chassepot, Snider, Westley Richards, Storm, Wilson, Green und E. Lindner. Wir erfahren aus dem Vortrage des Herrn Obersten, daß etwa zwanzig Jahre vergingen, ehe die ersten, vielfach mit Mißtrauen begleiteten Versuche schließlich in der allgemeinen Einführung der neuen Schußwaffe resultierten. Auch werden die wenigsten unserer Leser wissen, daß schon 1849 in den Straßenkämpfen in Dresden und Iserlohn und später während des badischen Feldzuges das Zündnadelgewehr seine ersten Proben ablegte. Mehrere Füsilierbataillone (beispielsweise vom 20., 24. und vom Alexander-Regiment) waren damit bewaffnet.« (N XXIV, S. 582 f.)

87 *Düppel:* Die Erstürmung der Düppeler Schanzen, das herausragende Ereignis des Krieges von 1864, hat, wie nicht anders zu erwarten, auch im Schaffen F.s am stärksten nachgewirkt. Im Kriegsbuch selbst umfaßt die hier stark gekürzte Darstellung 165 von 374 Seiten. Der Reisebericht »Aus dem Sundewitt« (HF III, 3/I, S. 630-650) hat ebenfalls

Düppel im Mittelpunkt. Insgesamt fünf Gedichte befassen sich mit der vielgefeierten Waffentat: »Der Tag von Düppel« (HF I, 6, S. 234 ff.), »Einzug« (HF I, 6, S. 238 ff.), »Am Jahrestag von Düppel« (HF I, 6, S. 237 f.), »Siegesbotschaft« (HF I, 6, S. 251, das vierte Gedicht der »Märkischen Reime«) und »Die Linden stehen im ersten Grün« (HF I, 6, S. 576). Anspielungen im Romanwerk sind zahlreich, vor allem im »Stechlin« (HF I, 5, S. 167 ff.); F. ließ sich auch nicht entgehen, daß – nachdem ein Artikel in der »Norddeutschen Allgemeinen Zeitung« am 30. Sept. 1864 ein »Düppel im Innern« gefordert hatte – die Wendung »Das innere Düppel« zeitweise zum geflügelten Wort wurde: in »Frau Jenny Treibel«, 10. Kap., dient »das innere Düppel der Ehe« als Gesprächsstoff (HF I, 4, S. 409). »Der Tag von Düppel« ist von F. noch vor dem Besuch des Kampfplatzes, an einem Tage geschrieben worden. Das Geschehen ist personalisiert, wie die gängige Form der Ballade und die patriotische Legende es will (vgl. die wesentlich zurückhaltendere Form der Darstellung des Schicksals von Pionier Klinke im Kriegsbuch). Auch das Gedicht »Einzug« reimt scheinbar bedenkenlos und gibt sich uneingeschränkt patriotisch. – *Tranchéen* (franz.): Schützengräben.

89 »*Rolf Krake*«: Name eines in England gebauten dänischen Panzerschiffs, das im Krieg 1864 zum erstenmal eingesetzt wurde. Die Bedrohung, die von dem neuen Kriegsschifftyp ausging, ist auch im »Stechlin« gestaltet worden; »Fontane hat diesen Komplex in der Rede Kluckhuhns zu einem Symbol der existenziellen Bedrohung des Einzelnen verdichtet und hat es in den Symbolkomplex ›Heldentum‹ mit eingewoben« (Jessen, S. 106). Kluckhuhn erzählt: »Ja, Kinder, wie wir nu da so rüber gondelten, da lag das schwarze Biest immer dicht neben uns und sah aus wie'n Sarg. Und wenn es gewollt hätte, so wäre es auch alle mit uns gewesen und bloß noch plumps in den Alsensund. Und weil wir das wußten, schossen wir immer drauflos, denn wenn einem so zumute ist, dann schießt der Mensch immerzu.« Danach fährt der Erzähler fort: »Ja, Rolf Krake war eine fatale Sache für Kluckhuhn gewesen. Aber dasselbe schwarze Schiff, das ihm damals so viel Furcht und Sorge gemacht hatte, war doch auch wieder ein Segen für ihn geworden, und man durfte sagen, sein Leben stand seitdem im Zeichen von Rolf Krake. Wie Gundermann immer der Sozialdemokratie das ›Wasser abstellen‹ wollte, so verglich Kluckhuhn alles zur Sozialdemokratie Gehörige mit dem schwarzen Ungetüm im Alsensund. ›Ich sag' euch, was sie jetzt die soziale Revolution nennen, das liegt neben uns wie damals Rolf Krake; Bebel wartet bloß, und mit eins fegt er dazwischen.‹« (HF I, 5, S. 167 f.) – Bereits in seinem 1864 verfaßten Reisebericht »Aus dem Sundewitt« hat F. den Monitor erwähnt: »Das nächste Dorf ist *Atzbüll*. Neben der Kirche steht ein hölzerner Flaggenturm, dessen Balken und Bretter eine große Lücke zeigen. ›Was ist das?‹ fragen wir den Kutscher. ›Das ist vom Rolf Krake!‹ antwortet er mit einer Miene, als ob es sich um eine

selbstverständliche Sache handelte. Dieselbe Antwort erhalten wir den ganzen Tag über immer wieder; überall, wo etwas Besonderes geschehen, wo ein besonders dicker Baum zerschmettert, ein besonders großes Loch geschlagen, ein besonders fester Brückenbalken zerrannt oder zerstoßen ist, da ist es auch der Rolf Krake gewesen. ›Er ist ja gekuppelt‹, oder ›er ist ja ein Widderschiff‹, setzt der Erklärende gewichtig hinzu. Man könnte fast behaupten, daß der Rolf Krake – weit über Verdienst und Würdigkeit hinaus – der eigentliche poetische Held dieses Krieges geworden sei. Fabelhaft, wie der Rolf Krake des nordischen Heldenliedes, an den sich ödipusartige Sagen knüpfen, ist auch das Schiff geworden, das seinen Namen führt. Keinen Naturgesetzen, keiner Erwägung von ›möglich oder nicht‹ unterworfen, paßt er so recht zu dem phantastischen Bedürfnis der Menge und wird zu einem heroischen Überall und Nirgends, der wunderbar, wie er selber erscheint, auch alles Wunderbare getan haben muß.« (HF III, 3/I, S. 633) – Der Name des Schiffs war der nordischen Mythologie entnommen: Rolf Krake war der Sohn des Königs Helge, der unwissentlich mit seiner Tochter Isra Inzest begangen hatte; von Gestalt zwergenhaft klein, wurde Krake ein bedeutender König.

94 John *Milton:* 1608–1674, Autor des religiösen Versepos »Paradise Lost« (»Das verlorene Paradies«).

104 Friedrich Wilhelm (seit 1861: Ritter von) *Hackländer:* 1816–1877, Schriftsteller, Herausgeber der Zeitschrift »Über Land und Meer« (1857 ff.; erschien bis 1923), in der auch F. publizierte (Vorabdruck des Romans »Der Stechlin«).

105 *Propst Festesen:* F. erwähnt den Geistlichen auch in seinem Reisebericht »Aus dem Sundewitt«: »Broacker, bis in die neuesten Tage hinein, hatte einen Propst und einen Pfarrer, beide fanatische Dänen, die ihr Dorf zum Mittelpunkt eines Spioniersystems machten (woraus ihnen, als dänischen Patrioten, übrigens kein Vorwurf erwachsen soll), das sich über den ganzen Sundewitt erstreckte und die Belagerten in Düppel und Alsen über jeden Schritt der Belagerer in Kenntnis erhielt. – Der Name des Propstes (*Festesen,* wenn ich nicht irre) ist seltner genannt worden [. . .]« (HF III, 3/I, S. 646). – *Pastor Schleppegrell in Broacker:* Vgl. die Figur des Pastors Schleppegrell in Hilleröd in »Unwiederbringlich«, 19. Kap. (HF I, 2, S. 705), der in F.s Roman ebenfalls ein Bruder des bei Idstedt gefallenen Generals ist (vgl. Anm. zu S. 46), aber mit anderem Werdegang: nicht für militärische Dienste, sondern für Hofdienste als Prinzessinnenerzieher ist er mit der einträglichen Pfarrstelle belohnt worden. – Bereits in seinem Reisebericht »Aus dem Sundewitt« (1864) hatte F. Schleppegrell gegen das landläufige Vorurteil verteidigt: »Die Billigkeit erheischt das Zugeständnis, daß schleswig-holsteinischer Fanatismus – der nicht voll an den dänischen heranreicht, aber doch nicht weit hinter demselben zurückbleibt – diesen Mann ein gut Teil schwärzer gemalt hat als nötig. Gleich was seine Anstellung, seine Dotierung mit einer der besten

Pfründen angeht, so liegt die Sache doch nicht so, daß dänische Rücksichtslosigkeit ohne weiteres einen Artillerie-Offizier zum Pfarrer in
Broacker gemacht hätte. Pastor Schleppegrell hatte vielmehr Theologie studiert, stand aber (so wird erzählt) in wohlbegründeter Besorgnis vor Klippen und Untiefen der letzten Examina, als der Krieg ihn
dieser Sorgen überhob. Daß man, nachdem der Krieg zu Ende war, die
Examensfrage tolerant behandelte, wird niemanden wundern, der da
weiß, welche milde Praxis, nach glücklich überstandener Kriegsge-
fahr, in *allen* Ländern geübt zu werden pflegt. Auch bei uns war es
seiner Zeit so, und es ist ein Glück, daß es so ist. Es sind das Zeiten, in
denen der *Mensch* wieder mehr gilt als das *Examen*, und solche Zeiten
haben auch ihr Gutes. Was speziell unseren Schleppegrell angeht, so
waren nicht alle Preußen in Broacker unbedingt schlecht auf ihn zu
sprechen. Einigen Anteil an dieser milderen Beurteilung mochten seine fünf Töchter haben, schöne Mädchen, von denen jede einzelne immer dann am schönsten war, wenn sie den Preußen triumphierend
versicherte: diese Schanzen werden euch die halbe Armee kosten, und
ihr werdet sie *doch* nicht bezwingen.« (HF III, 3/I, S. 646) Die Anekdote von den Töchtern des Pastors hat F. in das Kriegsbuch übernommen. – *Capitain Carlsen:* Vgl. »Aus dem Sundewitt«: »Der Broacker
Kirchturm, das Observatorium, von dem aus die Preußen die ganze
feindliche Stellung nicht nur überblicken, sondern zum guten Teil
auch in dieselbe *hinein*blicken konnten, ist eine Art historischer Lokalität geworden und unzertrennlich von der Düppel-Belagerung überhaupt. Was vom Turme gilt, gilt fast mehr noch von seinem
kühnen Besteiger, der, von der äußersten Turmspitze aus (auf einer
eisernen Querstange reitend, den Wetterhahn unmittelbar über sich)
halbe Tage lang hier, das Auge am Fernrohr, seine Beobachtungen
machte. Die Prophezeiungen, ›daß er eher fallen würde als die Forts
von Düppel‹, sind glücklicherweise nicht in Erfüllung gegangen. Er
lebt – wie ich höre im besten Wohlsein –, aber wiewohl seine Existenz
keinem Zweifel unterliegt, so zählt er doch, bei Lebzeiten schon, zu
den mythischen Figuren. Er kommt gleich nach dem Rolf Krake. Was
von Wallenstein gilt, gilt auch von ihm, ›sein Charakterbild schwankt
in der Geschichte‹, und ich verließ Broacker wieder, ohne darüber
völlige Gewißheit erlangt zu haben, ob der schwindelfreie Turmspit-
zen-Reiter ein Schiffskapitän, ein Schieferdecker oder (horribile
dictu) ein *Konditor* aus Kiel gewesen sei. Erst auf der Rückreise hat
mich ein preußischer Militär-Arzt, der acht Wochen lang in Broacker
stationiert war, über den ›Reiter unterm Wetterhahn‹ aufgeklärt, und
ich weiß nunmehr, daß die rätselhafte Figur die Schiffskapitän Carlsen war [. . .]« (HF III, 3/I, S. 647 f.)

107 *Premierleutnant v. Gerhardt . . . Lieutenant von Seydlitz:* F. hat die
Gräber besucht; vgl. »Aus dem Sundewitt«, zweiter Abschnitt, »Broacker« (HF III, 3/I, S. 648 ff.)

112 *Die Linden stehen im ersten Grün:* Die Verse sind auch in Sammlun-

gen der Lyrik F.s aufgenommen worden (vgl. HF I, 6, S. 567), die Zuschreibung ist aber, ungeachtet des F.schen Tons besonders der ersten Strophe, nicht vollständig gesichert; neuerdings ist sie bezweifelt worden (vgl. Jessen, S. 112).

113 Christian Albrecht *Bluhme*: 1794–1866, dänischer Staatsmann, 1851–53 und 1864–65 Ministerpräsident. – Johann Bernhard *Graf von Rechberg*: 1806–1899, österreichischer Diplomat, betrieb als Minister des Auswärtigen mit Bismarck die gemeinsame Aktion gegen Dänemark, die zum Wiener Frieden führte.

Aus den Notizen
»Reise nach Schleswig-Holstein und Düppel
vom 19. Mai bis 27. Mai 1864.«

[Dem Abdruck der Reisenotizen wurde zugrunde gelegt: Theodor Fontane. Reisenotizen aus Schleswig-Holstein 1864. Hrsg. und kommentiert von Sonja Wüsten. In: Fontane-Blätter 4 (1979), Heft 5, S. 356-392. – An Schreibweise und Interpunktion wurden keine Veränderungen vorgenommen. Flüchtigkeitsfehler wurden belassen. Zusätze oder Auslassungszeichen in eckigen Klammern stammen von den Herausgebern.]

Donnerstag. 19.

Mal wieder nach Hamburg. Die alten lieben Bilder in ihrem Wechsel immer wieder anziehend. Rehberge, Charlottenburg, Luch, immer saftiger, grüner, immer frischer, feuchter bis in die kleinen Flußwindungen durch Wiesenland mit niedrigen Häusern und hohen Strohdächern kommen. Mecklenburg hatte ein Uebriges gethan zum Empfang seines Großherzogs. Hamburg immer wieder schön und lachend. Die 8.er die mit sichrem Tritt durch die Straßen zogen. Dazu Blaue Reiter, Hamburger Bürgermilitair, Hamburger Contingent, Hannöversche Jäger und Preußen aller Gattungen. – Altona? Palmaille, Bundespalais mit einem Doppeladler und der Umschrift »zu den Bundeskomissairen«, dazu Doppelposten und deutsche und schleswig holsteinische Fahnen. Die Soldat-spielenden Kinder mit Trommel und Trompete und deutschen und schl. holst. Fahnen. Der Geist ist hier ein andrer geworden. – Die Blicke hügelab der Elbe zu, Rainville.

Um 6½ nach Kiel. Bis Pinneberg sehr hübsch; ein Bild fruchtbarer holsteinscher Landschaft, Fruchtfelder, Gehöfte, Knicks, Baumgruppen; als Einfassung vielfach die *Eberesche* statt des *Heckendorns*.

Von Pinneberg bis Elmshorn, wo die große Volksversammlung war [die Proklamation des Prinzen Friedrich VIII. von Augustenburg zum Herzog von Schleswig-Holstein am 27. Dezember 1863], vielleicht noch hübscher weil mannigfacher; alle Stücke holsteinscher Landschaft sind hier zusammen: Fruchtfeld, Haide (mit abgeblühtem Haidekraut) und Torfmoor.

Von Elmshorn an hört eigentlich alle Schönheit und alles Charakteristische [auf], – ein ziemlich unfruchtbarer Höhen [?] oder Landstrich, ein Haidenmoor, aber ohne alle charakteristischen Züge zieht sich bis Neumünster hin. Neumünster ist ein freundliches Städtchen, wohl das bedeutendste auf dieser Linie und mehr *thriving* als die andern (weil es Knotenpunkt ist) die Höfe, *timberyards* und Gärten lagern sich auch malerisch um die Häuser, dennoch wirkt das Ganze nicht recht gefällig. Ich schiebe es auf die *rothen Backsteinhäuser,* die hier ausschließlich vorherrschen. Ein Wort darüber. Unter Umständen liebe ich diese kleinen rothen Städte sehr, einmal dann wenn *viel* Holz an dem Hause selbst, sei es einfach als Fachwerk-Holz oder als Erker, Vorbau etc. auftritt; dann lieb' ich sie auch *massiv* überall da, wo Bäume in mehreren Reihen in den Straßen stehn und theils durch ihr Grün theils durch ihr Leben das *harte, rothe Steinerne* – das für den Kleinbau *nicht gemüthlich, nicht weich, nicht rund* genug wirkt – unterbrechen [. . .]

An Bordesholm vorbei, wo ein schöner See ist und die alten Könige [?] begraben sein sollen. Dann wird das Land hügliger, endlich schiebt sich eine unscheinbare Wasserspitze von rechts bis dicht an die Eisenbahn heran, es ist die äußerste Spitze des *Kieler Hafens.* – Um 9½ in Muhls Hôtel.

Freitag d. 20.

Flanirt in den Straßen Kiels und am Hafen. Das alte Schloß, ein ziemlich unschöner Bau [folgt Skizze] das fensterlose Parterre sehr hoch, fast die halbe Höhe des Ganzen, dann noch 3 Etagen. [Folgt Skizze.]

Bis vor dem Kriege war es von Herzog *Carl von* Schl. Holst.-Sonderburg-*Glücksburg* bewohnt. Jetzt ist es Lazareth. So sieht es auch aus. Oder Zuchthaus oder Landarmenhaus; nur die beiden schmalen Thürme, die sich anlehnen deuten auf etwas Burg oder Schloßartiges. [. . .]

Die Stadt voll von Militair, Leib Regiment und 48er, die alte Brigade Raven, aber auch 60. 64. 35. 53. Königin Augusta, 3. und 4. Garde Regiment, westfälische Kürassiere.

Die ganze Jugend spielt Soldat. Auf allen Plätzen starke Trupps, sie sind erfinderisch und haben eine Phantasie Uniform von allem was ihnen am besten gefallen hat: schwarze Papp-Cylinder aus denen der rothe Husaren-Kolpack hängt, dazu Lanzen von den Ulanen Trommeln von der Infanterie, auf drei Mann immer ein Fahnenträger mit blau weiß roth in den Lüften.

Bald nach 11 Dampfschiff-Fahrt den Kieler Hafen hinunter. Erst: Schloß, dann Bade-Anstalt, dann Düstern-Broock, dann Bellevue, dann Holtenau, dann Friedrichsort, dann rüber nach Laboe auf der Propsteier Seite. *Laboe* ist ein wohlhabendes Schifferdorf und hat sich einen eignen kleinen Hafen angelegt; heut war dort Pfingstfest, eine Art Schützenplatz, wo die Propsteier Mädchen in rothen Röcken und allem Pomp ihrer Nationaltracht erschienen. [. . .]

Auf der Rückfahrt in *Bellevue* abgestiegen. Sehr gutes Diner. Es ist so der Hauptvergnügungsort der Kieler und der Badegäste. Von Bellevue durch den Buchenwald von Düstern-Broock zurück in die Stadt. [. . .]

Die Buch- und Bilderläden sind mit »Bildern vom Kriegsschauplatz«

überdeckt, »Hannemann-Carrikaturen« [Hannemann = Spottname für Dänen] (von einem gewissen Maler Achilles) politische Satyren, Bilderbogen aller Art, Seitenstücke zu den Ruppinern.

Sonnabend d. 21 . . .
[Es folgen Skizzen von Schloß Gottorf und von Schloß Louisenlund.]
Am Sonnabend d. 21. von Kiel nach *Schleswig.* Zuerst nach Neumünster. Dieser hüglige Landstrich namentlich nach Osten zu scheint doch sehr fruchtbar. Bordesholm am gleichnamigen See schien mir ein kleines Dorf mit einer alten Kirche ohne Thurm; – doch war es schwer zu erkennen.

Neumünster hat den früher beschriebenen Charakter vorzüglich im Neutheil an der Eisenbahn. Die alte Stadt ist freundlicher und hat etwa den Charakter guter, großer und reicher Dörfer am Oderbruchrand oder in der Nähe von Berlin. Steinhäuser die mit dem Giebel nach vorn stehn, platzartige Erweiterungen ohne eigentlich Platz zu sein, Palmaille's oder »Freiheiten« im Kleinen. Dann und wann eine Art Teich. Viele Lohgerbereien. Das ganze unbedeutend.

Rendsburg. Bei der Ankunft bemerkt man alte Festungwerke; nach der Nordseite hin scheinen sie zu fehlen, nur ist hier dem Fluß eine künstliche Breite gegeben, die wahrscheinlich deckt; das *Kronwerk,* das man von der Eisenbahn nicht bemerkt, liegt im Westen.

Bis *Klosterkrug,* eine gute halbe Meile von Schleswig begleitete uns der aalfressende Berliner und hielt Vortrag über Düppel, die Schlechtigkeit der Dänen und die Inferiorität der schl. holst. Race.

Von *Klosterkrug* aus (das dicht hinter Jagel liegt) passirt man nun den Kern der *Dannevirke-Linie* [vgl. S. 40 und Anm.], namentlich den alten Margarethen-Wall [vgl. S. 11 und Anm.]. Vorher hat man den dominirenden *Königsberg* zur Rechten, den die Oestreicher erstürmten und dadurch die Sache au fond entschieden [folgt Terrainskizze]. 1848 fand der Hauptkampf am alten Dannevirk, eigentlich wohl erst in dem dahinter liegenden Busdorf statt, während Bonin von der Flanke her kam, Schloß Gottorp attakirte und dadurch die Dänen zu raschestem Rückzug nach Flensburg nöthigte.

1864 nahmen die Oestreicher die mehr nach Süden hin vorgeschobenen Dörfer und Werke vor allem den *Königsberg,* der alles andre beherrschte. Zugleich, wie Bonin damals von der linken Flanke her, gingen die Oestreicher von der rechten Flanke her vor und besetzten *Fahrdorf.* Die Dänen durchstachen zwar den Damm, zwischen Fahrdorf und Haddeby; die östreichisch preußischen Batterien bei Fahrdorf brachten die dänischen Batterien auf der Möwen-Insel zum Schweigen. Die Dänen, als sie von dem intendirten Uebergang bei Kappeln hörten, zogen ab. Ein etwaiger östreichischer Frontal-Angriff hätte sich wahrscheinlich wieder gegen die Schanzen und Wälle zu beiden Seiten von *Busdorf* d. h. also in Front von Friedrichsberg und Haddeby richten müssen. Gegen 1 Uhr Ankunft in Schleswig. Die Lage ist hübsch und ziemlich malerisch; zuerst nach Schloß Gottorp.

Schloß *Gottorp* ist ein sehr stattlicher Bau, aber ohne all und jede Schönheit. Ziemlich schlimme Renaissance, ohne Roccoco zu sein. Seine historischen Erinnerungen das Beste. Es liegt auf einer Insel (wohl zum Theil künstlich) und nach der Front hin fällt das Erdreich in Böschungen ab. Am Wasser standen Oestreicher und angelten; im Rasen, windgeschützt, die Stadt und die Schlei vor sich, lagen Kranke wahrscheinlich von polnischen Regimentern in blauen Mänteln, die blauen östr. Mützen runtergeklappt, so daß sie gespenstisch, hexenhaft aussahen. Offiziere aller Art und aller Grade kamen und gingen. Auf Wache waren 35er, bitterböse auf die 8.er. »Diese Kerle sind nur 2mal im Feuer gewesen; sie kommen, laufen unsinnig vor, werden zurückgeschlagen, nehmen nachher mit 2 Compagnien am Sturm Theil und nun hat das Leib-Regiment alles gemacht, zieht nach Kiel, kriegt gute Quartiere, Blumen und Lorbeerkränze. Als wir in Schleswig einzogen, haben wir kaum ein Glas Bier gekriegt.« Von den Oestreichern sprechen sie wie von tüchtigen Soldaten, aber doch zugleich wie von wilden Thieren. »Tüchtig aufgezählt wird bei ihnen und die Kerle müssen sich selber die Hosen stramm ziehn, aber es sind auch Kerle danach, es geht nicht anders.«

Im Schloß (Gottorp) liegen kranke Oestreicher; aber man sieht auch Gesunde von allen Waffengattungen; ungarische Grenadiere – wunderschöne Leute – vom Regiment Alexander (oder Alexandra), steirische Jäger mit Stutzhut und Federbusch etc. Thüren und Tafeln in der Vorhalle tragen noch zum Theil dänische Inschriften und erinnern an die alten Herrscher.

Um 2 Uhr Gang durch die Stadt. Sehr lang, eigentlich eine Straße an der Schlei hin. Die Häuser zur Linken stehen vielfach an Hügelabhängen, an deren Fuß die Straße hinläuft, so daß man, wenn man aus der Thür der Häuser tritt, noch einen kleinen gepflasterten Abhang passiren muß, eh man in die Straße tritt.

Um 3½ zu Boot (Dampfschiff) um nach Missunde und nach Cappeln zu fahren. Die Ufer schön, aber doch nichts besondres. Der N. W. macht, daß wir die Fahrt aufgeben und uns entschließen ebenfalls in *Louisenlund* an Land zu gehen, wohin fast alle Passagiere wollten, um dem Prinzen *Friedrich Carl* [vgl. S. 47 und Anm.] (der in Louisenlund sein Hauptquartier hat) ihre Huldigungen durch Blumen, weißgekleidete Jungfrauen etc. darzubringen. Diese weißgekleideten Jungfrauen befanden sich mit uns an Bord; einige recht hübsch, alle munter, manierlich und ohne jede dumme Ziererei, meist reiche Bürgerstöchter. Außerdem an Bord der Sprecher des Festzuges, Herr *Burgfeldt* [?], Herr General von Hobe, Graf Spee, mehrere Offiziere etc.

Louisenlund, an einer Schleibucht gelegen, ist nicht übel. Es gilt als Sommeraufenthalt zu Schloß *Gottorp* und hatte früher immer dieselben Besitzer. Die Umgebungen (Buchenwald etc.) sind reizend genug; am Schloß selbst ist eine gewisse Anspruchslosigkeit das Beste. Freundlich, hell, still, geborgen, hübsche Blicke auf Wasser und Wald, sonst aber ausgerüstet mit dem Stempel charakterloser Langeweile.

Alles sammelte sich 1000 Schritt hinter dem Schloß vor einem Försterhause, wo auch solche sich einfanden, die zu Fuß oder zu Wagen von Schleswig gekommen waren: Gewerke, Turner, Sängerverein, Schlewig-Holsteinsche Kampfgenossen [Veteranen der schleswig-holsteinischen Armee von 1848–51], alle mit ihren Fahnen und Enblemen, dazu die Musik der 35er.

Nach der Fahne der »Schleswig-Holsteinschen Kampfgenossen« die von der Gemahlin des Erbprinzen (oder von seiner Mutter) 1849 oder 50 geschenkt wurde, suchten die Dänen ohne sie finden zu können. Man hatte das Fahnentuch aufgerollt und nach Kiel geschafft. Der sie aber dort aufbewahrte, war doch auch ängstlich, daß sie gefunden werden könnte und schnitt die 3 schleswigschen Löwen heraus. Neulich zogen die Schl. Holst. Kampfgenossen mit dieser Fahne vor den Erbprinzen; die 3 Löwen fehlten noch. Er fragte lächelnd wo sie seien? Nun wurde ihm die Geschichte erzählt. Er erwiderte heiter: »nun, die 3 Löwen habe ich; der Kieler hat sie mir seinerzeit geschickt.« Sie prangen nun wieder in der Fahne.

Um 6 setzte sich der Zug in Bewegung. Das Musikcorps voraus. Der Zug war sehr hübsch durch die Fahnen. Man marschirte vor das Schloß. Die Damen in weiß mit blau weiß rothen Schärpen, die sehr schön aussahen, standen der Rampe zunächst; so bildete sich ein weiter Halbkreis. Ein Singrufer intonirte, dann alles still. Kein Prinz. Endlich erschien der Sprecher (Burgfeldt) und sagte: »Die Damen werden gebeten.« Er führte nun die Damen in die obern Zimmer. Hier wurden sie von Moltke [vgl. S. 119 und Anm.] empfangen. Kein Prinz da. Die Damen erschienen wieder. Endlich auch der Sprecher; er sagte: »es sei schmerzlich etc. aber nichts destoweniger ein Hoch.« Er war übrigens sichtlich aigrirt. Dann ging es mit »Schleswig-Holstein« wieder zurück. Der Prinz war in dem Augenblick in den Wagen gestiegen und fortgefahren, wo der Zug sich in Bewegung gesetzt hatte.

Nun Rückmarsch zu Fuß am Schlei-Ufer hin bei heftigem Nordwest gerade ins Gesicht. Ein toller Marsch. Endlich Anschluß an die 6 oder 7 Schleswiger Philister, die Lieder singend auch nach der Stadt zurückmarschirten. Zwischen den Knicks ging es ganz gut. Der Eindruck den die Leute machten und ihre Lieder. *Alte* Cultur und ein damit verknüpftes Bewußtsein, ruhige, selbstbewußte Steifheit, aber die *alte* Cultur ist keine *hohe* Cultur; – vieles ist da was wir uns nicht mit einer Mode geben können aber unendlich vieles ist auch *nicht* da. Das Ganze hat doch einen Anflug von Krähwinkelei, überheblicher Selbstbespiegelung und Ueberschätzung, dazu furchtbare Phrasenherrschaft, weil der geistige Gehalt nicht groß ist. Daß diese Krähwinkelei weniger häßlich auftritt als in manchen mitteldeutschen Gegenden – wo auch übrigens alte Cultur ist – hat darin seinen Grund, daß die Leute in guten Verhältnissen leben. Erst wenn sich zur Krähwinkelei die ängstlich-sächsische Pfennigwirtschaft, das dumme Beriechen etc. gesellt, wird sie absolut unerträglich. – Unter den Liedern die die Leute sangen waren die bloßen *Marschir*-lieder die besten; die schwungvoll-sein wollenden waren alle entsetzlich, ebenso die Spottlieder auf Hannemann. Diese Verspottung der Dänen – wenn zum Theil auch begreiflich – ist doch ein häßlicher Zug. Haß laß ich mir gefallen; aber die Dänen zu verspotten, ich bezweifle daß die Schl. Holst. ein Recht dazu haben.

Bei Fahrdorf der 15jährige allerliebste Junge, dessen Vater als Sergeant bei Fridericia, die Mutter als Marketenderin bei Idstedt fiel.

Er. Nun kommt der Däne nicht wieder.

Ich. Wer weiß.

Er. Er kann ja nicht an gegen die Preußen.

Ich. Aber wenn die Preußen fortgehen?

Er. Ja, dann kann der Däne wohl wiederkommen.

Dies ist das beste was ich in ganz Schleswig-Holstein über die Sachlage gehört habe.

Nach 10 endlich in Esselbachs Hotel. Zu Abend gegessen; todtmüde zu Bett.

Sonntag d. 22.te

Schlechtes Wetter. Im Hotel geblieben. Zu Tisch mit lauter Offizieren: Artillerie, 35er, ein Kaplan, Graf Spee, General v. Hobe, General v. Canstein; alles heiter und Kreuz-Zeitung lesend. Der alte Wrangel [vgl. S. 39 und Anm.] geht vorüber im Reisekostüm und wird von der Esselbach eingefangen; er kommt aber nicht in den Eßsaal.

Einrichtung des Hôtels. Großes Haus von beträchtlicher Tiefe; nach zwei Seiten hin freier Platz, nach der einen Breitseite hin wunderliche Nebengebäude die sich in allen Formen und Farben anlehnen, schräg nach hinten zu ein Garten mit einer schönen Blutbuche. Es besteht aus lauter großen Sälen, namentlich auch in der obern Etage. Hier ist ein großer Tanzsaal mit altmodischer Orchesterloge dicht unter der Decke; im Saale selbst eine beträchtliche Anzahl alter Oelbilder, Könige Prinzen und Prinzessinnen, die das Gespenstische des hellen, fleischfarbenen, großen Saales eher noch erhöhen. Daneben ein großes saalartiges Zimmer mit Cabinet. Im Cabinet ein Himmelbett; im Saalzimmer wunderliche Tapeten; grauer Grund auf der sich die Alhambra und Alhambra-Szenen befinden ein brennend rother Sultan, an den sich irgend eine Zaïre in blau und weiß mit langen Haaren schmiegt. Er nimmt aber wenig Notiz von ihr.

Alte Nußbaum-Möbel, schwere verschossene Gardinen, Rouleaux die nicht mehr ziehn und von dem der Licht haben will, aufgewickelt werden müssen. Hohe Stehspiegel mit eingeschraubten Candelabern, deren große Glasbehänge laut klingeln und tingeln, so oft man über die Stube geht. Dazu weiß lackierte Sophas, Sessel und Spiegel, alle mit himmelblauem Damast überzogen, *die ersichtlich das Grundmobilar* bildeten, ehe knarrende Korbstühle und Berliner Schreibtische und Kommoden hinzukamen. Seitdem ist es nun eben styllos geworden. Lola Montez und ein Kinderbild von Meyer aus Bremen, Oehlenschläger, Rauch, alles hängt bunt zusammen; auf dem Ofen steht eine Büste König Friedrichs VII und ein Kupferstich von ihm hängt an der Wand. Es so schreiben

1) Die Grund-Einrichtung, Tapete, weiße Möbel, Büste Friedrich VII., schwere Gardinen, Stutzuhr.

2) Die Nußbaum-Möbel: große schwere Commode, Tisch, Stehspiegel mit Behang.

3) Korbstühle, Stickereien, Berliner Schreibtisch, Lola Montez etc.

Die untere Lokalität besteht aus einem langen Corridor, an dessen einer Seite drei mächtige Zimmer: ein Lesezimmer, ein Billardzimmer und ein großes Eßzimmer liegen; an der andern Seite liegt die mächtige Küche, nur durch Fenster und Glasthüren von dem Corridor getrennt, so daß jeder Vorübergehende »eine Frage frei hat« an alles was dort beschlossen ist.

Im Lesezimmer liegen die Hamburger und Schl. Holst. Zeitungen, wenigstens einige derselben, ferner 2 Kreuzzeitungs-Exemplare, die wohl nur mit den Preußen gleichzeitig eingerückt und an die Stelle von *Berl. Tidende Dagbladet* und *Faidrelandet* getreten sind. Im Billardzimmer ein Riesen-Billard; – im Eßzimmer: Die Schlacht bei Idstedt und der (zurückgeschlagene) Sturm auf Friedrichsstadt, dänische Bilder zur Verherrlichung dänischer Waffenthaten und allerdings in der Stadt Schleswig da nur möglich, wo die dänischen Offiziere ihren Verkehr hatten.

Im großen Tanz-Saal oben hängen allerhand Fürstlichkeiten und zwischen ihnen Jupiter-Taurus wie er die Europa entführt. Ein ganz dänischer Vorwurf.

Ueberall Reste alten Glanzes, aber ein Trauerflor liegt über dem Ganzen; nur die Preise grünen weiter.

Am Sonntagnachmittag gegen 3 Uhr *Fahrt nach Missunde*. [Dazu Skizze.] (Preis 4 Rhtr. was nicht allzu theuer.) Das schöne Angeln. Kostbares, frisches saftiges Hügel und Heckenland; saubre Bauernhäuser – fast immer Strohdach – die Mädchen *fahren* auf's Feld um zu melken, an dem Wagen, der aus einer Axe und einem Sitzbrett besteht, hängen 6-8 Eimer in dieser Form [folgt Skizze] inwendig roth, auswendig grün. Nicht viel Kirchen. Mitunter ein abgestochner, fast senkrechter Waldhügel, dann wieder Blicke auf die Schlei und deren jenseitige Hügel. Bald nach 5 im *Fährkrug von Missunde*. Der nette Mann, die noch nettere Frau, völlig gebildet, mit einer Sprechweise, wie sie unsre Exzellenzen sehr oft nicht haben. Alles sauber: Stube, Küche. Das Dach-Zimmer wo die Granate einschlug und durchging durch das Bett des Mannes in der darunter befindlichen Stube. – Dorf Missunde ärmlich; neun Häuser niedergebrannt, einige schon fast wieder fertig; keine Kirche. Die (Ornumer) Mühle, (Holländer oder Wassermühle). Die Windmühle heißt »Katherinen«. Wieder dieselbe Sauberkeit. – Die blauen dänischen Patronen. – Die mächtigen Feldsteine inmitten der dänischen Schanze; der tolle Nordwestwind. Die geschickte Anlage; das Hineinschießen in die Schlucht.

Die Geschichte von König Erich [vgl. S. 48 und Anm.] »Erichs-Haus« wohin sie seine Leiche brachten, jetzt durch die Dänen selber niedergerissen, – es war noch ächt und ganz hinfällig. Erschlagen wurde er in der Bucht von Luisenlund. Die Kette, die Mütze im Dom. Wo ruht er selbst? – Gegen 10 nach Schleswig zurück. Beim Thee im Lesezimmer 2 oestreichsche und ein dänischer Offizier (Benzen, verwundet bei Oeversee, Schuß an der Schläfe vorbei am Ohr heraus, also am Schädel *entlang* gegangen.)

Montag d. 23. Mai

Regenwetter. In den Schleswiger Dom. Sehr schön. Der berühmte Schnitzaltar. Die Kette und das rothe Stückchen Mütze nur noch sehr klein bis 1850 war es viel größer, die Dänen haben aber kleine Erinnerungsschnipselchen mitgenommen, – so wird's immer kleiner. – Das Christuskind im weißen Hemdchen.

Neben dem Altar links: die große Grabkammer der Herzöge; vor dem Altar rechts: König Friedrich I ein schönes Monument; rechts vom Altar im Seitenschiff die Grabkammer des Generals von Arenstorff (in dänischen Diensten) Rundum an der Wand der Seitenschiffe laufen, nach außen zu, die Grabkammern alter reicher Familien darunter der Reventlows und andrer.

Um 11 Uhr nach Klosterkrug zurück, von dort nach *Flensburg*. Abgestiegen in Rasch-Hôtel. Zu Tisch mit Zedlitz-Neukirch, Langenbeck, 2 Söhnen vom Grafen Hardenberg (beide vom 18.) verschiedenen andren Aerzten und Offizieren. Gang nach Bellevue ins Johanniter-Lazareth. Das weiße Kreuz im rothen Felde. Hauptmann Ballhorn. Kostbare Aussicht. Norder- und Süder-Stadt. Der Flensburger Kirchhof. Das Dänen-Monument. Gang durch die Stadt. Die Norder-Seite, Rathaus, Kirchen, schöne Häuser, Eisenbahn.

Am Abend im Gasthof; mit Dr. Heffter beim Thee geplaudert.

((Die Erzählungen des Dragoner-Rittmeisters vom »Räuber-Commando«. Graf Scheel-Plessen (früher Ministerpräsident). Die Haltung der Jüten dabei. Der gute Charakter der Jüten, im Verhältniß zu den Schleswigern. Die Holsteiner viel besser. Die Jüten hübsch, namentlich auch die Frauen. Graf Hardenberg giebt eine hübsche Schilderung des Düppeler Sturms und speziell der Erlebnisse einiger Compagnien vom 18. Regiment.))

Dinstag d. 24.

Fahrt nach Düppel und dem Brückenkopf von Sonderburg.

Bald nach 8 in einem offenen Wagen fort. Kostbare Fahrt am Fjord hin. Unterwegs zwei Flensburger Zimmermeister aufgenommen. Rinkenis (Seier's Gedenkstein) Gravenstein, Atzbüll, Nübel, Büffelkoppel, Wielhoi, Freudenthal (hier fangen die Approchen an und das eigentliche Düppel-Terrain). Immer weiter auf der Chaussée bis an die dritte Parallele. Marsch durch dieselbe. Die Ausfallpforten. Das Vorterrain (ein wenig wellig, einzelne niedrige Knicks) ein Rapsfeld, dann Schanze 1, die fast ganz am Abhang liegt dem Wenningbund zu. Dann nördlich hinauf, parallel mit den Parallelen geschritten, bis Schanze 2, 3 und 4. Dann in den Wagen gestiegen; auf der Chaussée weiter an Düppelmühle (die dicht zur Rechten liegt, hinter Schanze 4) vorbei, vorbei am zerschossenen Chausséehaus und an dem dänischen Barackenlager (alles *unmittelbar* rechts vom Wege) bis an den großen offnen Brückenkopf, auf den die Sonderburger Pfahlbrücke (die Laternen hat) mündet. Dicht daneben der Rest einer andern Brücke (Schiffbrücke); rechts und links Laufbrücken, die eine dem Sonderburger Schloß zu. Schöner Blick auf Sonderburg. Die 15.er. Der Verkehr mit drüben. Abfahrendes und kommendes Boot. Scene an der Brücke. Das junge Alsener Bauernpaar und die 15.er. Der dänische Offizier (Schwede, singend) und der Corporal (blond, hübsch, Schleswiger) im Boot. Zur Anmeldung Hornsignale. Der Brückenkopf; exponirt dem Feuer von Alsen; schlimme Lage unsrer Truppen; – wie es kam, daß hier alles zusammenströmte. Alles sehnte sich nach mehr Kampf, mehr Bethätigung, so ging man weiter, fand den Feind (9. und 20. Reg. im Barackenlager) warf ihn, die Verfolger vom linken Flügel her schlossen sich an, so drängte, ohne Disposition, alles nach einem gewissen Naturgesetz und mit Unausbleiblichkeit hier zusammen. Einmal da, wollte man einen so wichtigen Punkt nicht wieder aufgeben und erlitt schwere Verluste, da der Brückenkopf offen war. Die 13.er kamen am Strand-Hügelabhang entlang; 6 Gefreite fielen und haben ihr schwarzes Kreuz am Wege; Hptm. v. Cranach ging weiter »hier sind wir die ersten«. Dann fiel auch er. Desselbigen Weges, *etwas* mehr aus dem Centrum der Stellung kamen 2. Compagnien der 18.er (Graf Hardenberg) und Augusta und Elisabeth, alle von Schanze 8 und 9 her, während die 13er von Schanze 10 kamen, die kapitulirt hatte; zugleich aber kamen Garden (3. und 4. Garde-Reg.) vom äußersten rechten Flügel her, die 35er und vielleicht auch noch Westphalen aus dem Centrum. [Folgt Terrainskizze].

Der Zustand der Approchen und Parallelen. *Was alles drin liegt.* Der Spitzberg. – Schanze *zehn* und das Blockhaus. (In den Parallelen fand ich: Tornister, Patronentasche, Wehrgehenk, Kochkesselreste, Säge, Gerätschaften aller Art, Feuerstellen, kleine Heerde in der Wandung des Grabens mit Schornsteinloch, Kommißbrot, Stiefel, Schuh, Sohlen, Mützen, Helmreste etc. etc. *Granatsplitter* und Kugeln meist in den Schanzen und dem Vorterrain, doch auch nur wenig; eine Tagelöhnerfamlie hat eine Hütte etablirt und sammelt alles als alt-Eisen.)

Die komisch-sagenhafte Figur des *Rolf Krake* [vgl. S. 89 und Anm.] der alles gemacht hat ((z. B. die Zerstörung der Brücke nach Alsen)).

Die Rückfahrt über *Broacker* nach *Ekensund.*

Broacker, reiches schönes Dorf, mehrere Gasthäuser, drei Lazarethe, eins im Gasthaus. Propst Carsten und Pastor Schleppegrell [vgl. S. 105 und Anm.]. Reizende Lage der Propstei. Der Propst wurde flüchtig, Schleppegrell schon vorher. Er hatte Theologie studirt, aber seine Examina nicht gemacht; trat 1848-50 als Artillerie-Offizier ein und erhielt dann die Pfarrstelle in Broacker. Sieben Töchter, schöne Mädchen, couragirte Däninnen. »Und wenn sich 10000 Preußen die Köpfe an den Schanzen einrennen, sie werden sie *doch* nicht kriegen«. Die *Bewohner meist dänisch gesonnen.* Hauptquartier aller Correspondenten: Times, Daily-Telegraph, Illustrated London News, Hamburger Nachrichten. – Broacker, die Halbinsel sowohl wie auch speziell das Dorf waren für die Belagerung von höchster Wichtigkeit: wie einige meinen, war *die Einnahme nur dadurch möglich, daß man von Broacker aus operiren konnte.* Die bloßen Frontal-Angriffe mußten scheitern. (Beiläufig bemerkt, glaube ich dies nicht. Der Ausgang hat schließlich gezeigt, daß wenn man von Anfang an eine *ernstliche Belagerung* eingeleitet hätte, es auch ohne Broacker gegangen wäre. Das Demoliren der Schanzen war auch von den Frontalpositionen aus möglich und verbot sich's am rechten Flügel, so konnte mans vom linken Flügel aus. Das muß man zugeben, daß das Feuer von 2 Seiten die Situation der Dänen schwieriger machte und thatsächlich wie moralisch den Effekt des Angriffs steigerte. Die Hauptschwierigkeit indeß blieb doch der Sturm selbst und eine *vierte,* wenns sein mußte eine *fünfte* Parallele, so daß die Preußen so zu sagen nur zuzuspringen brauchten hätten vielleicht mehr gefruchtet als alle Gammelmark-Batterien. Wären nämlich die Schanzen auch noch besser im Stande gewesen und dadurch widerstandsfähiger, so hätte das völlige *Nah-gerücktsein* der *preußischen Macht* und ihr unmittelbarer Ansprung auf den Feind dies völlig ausgeglichen. Indeß muß es bei dem Ruhme von Broacker und Gammelmark sein Bewenden haben. Viel wichtiger war es wohl – *abgesehn vom Geschützkampf,* den ich nicht so hoch veranschlagen kann, – als Flankenstellung für die Infanterie. Hierdurch wurden alle großen Ausfälle der Dänen für diese sehr mißlich, weil sie wenn sie zuweit vorgingen jedesmal in Gefahr kamen, durch einen Flankenstoß von Broakker abgeschnitten zu werden. Am 17. März geschah etwas ähnliches.) Jedenfalls hat nun Broacker seine Geschichte. Interessant ist sein Propst, sein Schleppegrell, seine Eigenschaft als Correspondentenherd, seine Eigenschaft als Heerlager für die halbe Armee und als Flankenposition, seine Gammelmark-Batterien, seine Kirche, sein Kirchhof, sein Observatorium, seine Lazarethe.

Die Kirche mit zwei hohen Thürmen ist gothisch, alt, einfach, schön, sauber, eher die Kirche einer mittelalterlichen Stadt als eines Dorfs.

Der Kirchhof interessant durch seine Gräber und seine Inschriften [. . .].

Das Observatorium war von höchstem Belang. Von hier aus wurde die feindliche Stellung mit dem Auge beherrscht, der Mann der auf dem Quereisen der einen Wetterfahne stundenlang ritt ist eine historische Person geworden, zugleich mythisch. Die Angaben schwankten. Nach den einen war er gleichbedeutend mit dem Schiffscapitain Bartelsen, der bei Arnis und Cappeln thätig und auch später in der Umgebung des Prinzen war. Nach andern war er ein *Conditor aus Kiel;* in Wahrheit aber war er *Kapitain Karlsen,* [vgl. S. 104] ebenfalls ein Schleswig-Holsteiner, ein sehr stattlicher, muthiger Mann mit einem langen grauweißen Bart.

Das Wirtshaus in Broacker, zugleich eins der Lazarethe. Die Bewohner fast alle dänisch. Die verwundeten Dänen im Lazareth. Das Hinterstübchen, der Todtengräber und die beiden Krankenpfleger (Lazarethgehilfen) die Brüderschaft trinken. Vor und Hinterküche; der Brunnen in der Küche. Mein Diner draußen auf dem Holzwagen.

Rückfahrt über *Ekensund.* Der Artillerist aus dem Mansfeldischen mit dem zerbrochenen Säbel.

Mittwoch d. 25.

Gang durch die Stadt. Ins Ständehaus (jetzt Lazareth) wo der zerstückelte Idstedter Löwe liegt. Viele Soldaten getroffen vom 35. und 60. vom 24. und 64. Regiment; auch einige Dänen, ein jovialer Kerl von der Insel Fünen. Um 11 Rückreise angetreten. Das Dannewerk wieder passirt; um 4 in Rendsburg. *Kronwerk, Altstadt, Neuwerk.* Abgestiegen in Pahls Hôtel, das ein wenig reducirt erscheint. Das Wetter scheußlich. Ruhig zu Hause geblieben; gelesen und geschrieben. Unter den anwesenden österreichischen Offizieren ein Jude. [Folgt Skizze von der Lage der Stadt.]

Donnerstag d. 26.

Früh nach Altona. Kloppstocks Grab in Ottensen. [. . .] Nach Hamburg. Wilkens Keller. Alster-Pavillon. Die Nicolai und St. Catharinen Kirche. – Am Freitag (27.) früh nach Berlin zurück.

[Fragment:]
Stürmer antreten.

Wrangel gloobte nicht dran dat er se kriegen würde und sagte »Karlken, Karlken laß ok, du kriegst se nich«, unser Prinz [Prinz Friedrich Karl, vgl. S. 47] aber sagte (hochdeutsch und mit Pathos) »eh ich meine Soldaten noch länger *vor* den Schanzen liegen sehe, will ich sie lieber in den Schanzen in ihrem Blute liegen sehn.« Und dann schloß er sich in Gravenstein ein und simulirte zwei Stunden und als er fertig war sagte Wrangel noch mal: »Karlken, Karlken laß et sind, du kriegst se nicht.« Unser Prinz sagte aber: i, ick werde se schon kriegen.

Textgrundlage: Erstausgabe. Theodor Fontane: Der deutsche Krieg von 1866. Mit Illustrationen von Ludwig Burger. 1. Band. Der Feldzug in Böhmen und Mähren. (1. Halbband: Bis Königgrätz. 2. Halbband: Königgrätz. Bis vor Wien). Berlin 1870. − 2. Band. Der Feldzug in West- und Mitteldeutschland. Anhang: Die Denkmäler. Berlin 1871. Verlag der Königlichen Geheimen Ober-Hofbuchdruckerei (R. v. Decker).

Ausgewählt wurden die folgenden Kapitel, bzw. Abschnitte (die Seitenangaben beziehen sich auf die Druckvorlage):

Band 1: *Böhmen und das Isergebiet. Die Kriegspläne.* Der preußische Plan. General v. Moltke. Der österreichische Plan, S. 102-111 / *Königgrätz,* S. 467-654. − Band 2: *Schlußabschnitt.* Nicolsburg, S. 287-299 / Die Cholera in Brünn, S. 307-310 / Schluß, S. 333-336.

119 *I. Armee (Kronprinz)* ... *II. Armee (Prinz Friedrich Karl):* ein Versehen F.s oder Druckfehler: die Namen der Oberbefehlshaber (in den Klammern) sind vertauscht. − *Kronprinz:* Prinz Friedrich Wilhelm von Preußen (1831-1888), der spätere Kaiser Friedrich III., im sog. »Dreikaiserjahr« 1888, über dessen Vermählung mit der Prinzeß Royal von England 1858 in London F. als Korrespondent in einer Artikelfolge berichtet hatte (Wiederabdruck N XVIII, S. 131 ff.). Der Prinz wird als Heerführer von F. auch in »Der Krieg gegen Frankreich 1870-71« oft erwähnt. Eine ausführliche Vita des Prinzen gibt F. in dem Kriegsbuch von 1866. Bd. 1, S. 256. Vgl. auch F.s Gedichte auf Friedrich III. (HF I, 6, S. 246 und Anm.). − *Prinz Friedrich Karl:* Vgl. S. 47 und Anm. Die Vita des Prinzen, die F. in »Der Schleswig-Holsteinische Krieg im Jahre 1864« gibt (a.a.O., S. 42), wird im Kriegsbuch von 1866 mit wörtlichen Übereinstimmungen wiederholt (a.a.O., Bd. 1, S. 136 f.). − Helmuth Karl Bernhard (1870: Graf) von *Moltke:* 1800-1891, preußischer Generalfeldmarschall, 1858 Chef des preußischen, 1871-88 Chef des deutschen Generalstabs, in »Der Schleswig-Holsteinische Krieg von 1864« von F. noch eher beiläufig erwähnt, begründete, wie von F. im folgenden dargestellt, im Feldzug von 1866 seinen Ruf als überragender Stratege; der Krieg gegen Frankreich 1870 machte ihn weltberühmt und zu der halb legendären Figur, als die er auch in den Werken und Briefen des alten F. wiederholt erscheint.

121 *»Contorni di Roma«:* contorno (ital.) = Umkreis, Umriß, Gegend. − Vgl. auch den Beitrag »Moltke« in F.s »Vaterländische Reiterbilder«, in denen er auf Moltkes erstmals 1879 erschienene Aufzeichnungen »Wanderungen um Rom« hinweist (N XIX, S. 714).

122 *Wrangel* ... *Gablenz:* Vgl. Anm. zu S. 47 und 58.

123 *Urteil von kompetenterer Seite:* Das folgende Zitat stammt aus einem

Aufsatz, den kein Geringerer als Moltke unter dem Titel »Betrachtungen über Konzentrationen im Kriege 1866« im April 1867 anonym im Militärwochenblatt veröffentlicht hatte; ob F. wußte oder vermutete, wer der Verfasser war, ist nicht bekannt.

125 *Defilé* (franz.): Wegenge, Engpaß.

126 Ludwig August Ritter von *Benedek*: 1804-1881, österreichischer Feldzeugmeister, ein vor allem in Oberitalien sachkundiger und bewährter General, wurde 1866 von Kaiser Franz Joseph aus dynastischen Interessen gegen seinen Wunsch mit dem Kommando der Nordarmee in Böhmen betraut (während Erzherzog Albrecht das Kommando der Südarmee übernahm). F. gibt in seinem Buch eine ausführliche Vita des Generals (Bd. 1, S. 58 ff.) und zeigt sich um eine gerechte Würdigung des nach der Niederlage von Königgrätz vielgeschmähten Generals bemüht (vgl. S. 293: »Die Geschichte wird ihn *noch* milder beurteilen.«) Tatsächlich war Benedek, wie Craig formuliert hat, »ein Opfer der Staatsräson. Man hatte ihn der öffentlichen Schande ausgeliefert, um die Aufmerksamkeit von jenen Aspekten des Regimes abzulenken, die für die Niederlage von Königgrätz in höherem Maße die Verantwortung trugen als er.« (Gordon A. Craig, Königgrätz. Wien, Hamburg 1966, S. 287.) – Eduard Graf von *Clam-Gallas*: 1805-1891, österreichischer General der Kavallerie; über das spätere kriegsgerichtliche Verfahren gegen ihn vgl. »Reisebriefe vom Kriegsschauplatz«, ›Sadowa-Chlum‹ (S. 383 und Anm.). – *degagieren*: befreien, entlasten.

127 *coûte qu'il coûte* (franz.): koste es, was es wolle. – *Zündnadelgewehr*: Vgl. Anm. zu S. 83.

128 *Königgrätz*: Die Schlacht wird, ihrer überragenden historischen Bedeutung entsprechend, oft bei F. erwähnt – gelegentlich auch mit ironischer Persiflierung der patriotischen Begeisterung, die den preußischen Waffenruhm legendär verklärte. Vgl. etwa »Effi Briest«, 14. Kap.: ». . . und am Morgen des 3. Juli stand neben Effis Bett eine Wiege. Doktor Hannemann patschelte der jungen Frau die Hand und sagte: ›Wir haben heute den Tag von Königgrätz; schade, daß es ein Mädchen ist. Aber das andere kann ja nachkommen, und die Preußen haben viele Siegestage.‹« (HF I, 4, S. 115 f.) Vgl. auch F.s Gedicht »Königgrätz«, ein Prolog, gesprochen am 12. Juli 1866 in Berlin zum Wohltätigkeitsfest der Loge Royal York (HF I, 6, S. 567 ff.).

139 *Plänklerlinien*: Schützen in aufgelöster Ordnung. – *Tête*: Vgl. Anm. zu S. 61 – *Lisière*: Vgl. Anm. zu S. 77.

146 *point de vue* (franz.): Gesichtspunkt, Richtpunkt.

149 *debouchierte*: hervorbrach, sich entfaltete.

154 Friedrich Wilhelm *Rüstow*: 1821-1878, bedeutender Militärschriftsteller; ursprünglich preußischer Offizier, 1848 vor ein Kriegsgericht gestellt, trat nach der Flucht aus Preußen in eidgenössische Dienste; 1860 Generalstabschef unter Garibaldi.

155 *Artillerie . . . vergeblich kanonierte*: Vgl. S. 54 ff.

163 *v. Wietersheim:* Vgl. »Von, vor und nach der Reise«, ›Der alte Wilhelm‹ (HF I, 7, S. 107).

168 *Soutiens:* Vgl. Anm. zu S. 61.

171 *Oberst v. Zychlinski:* der spätere General der Infanterie Franz Szeliga Zychlin von Zychlinski (1816-1900), ein Schwager von F.s Freund Hermann Scherz, einer der wichtigsten Informanten F.s bei der Niederschrift des Werkes, vgl. »Briefliche Zeugnisse« (S. 727). – *Gordon:* F. nimmt den Namen auf in »Cécile«, unter Anspielung auf die militärische Tradition der Familie; vgl. HF I, 2, S. 147.

174 *Donjon* (franz.): Schloßturm.

180 *tambour battant* (franz.): unter Trommelschlag. – *Contusion* (franz.): Prellung.

184 *Eljenrufen:* Eljen (ung.): Es lebe hoch! Heil!

185 *Rittmeister v. Humbert:* Vgl. F.s Brief an Rudolf von Decker vom 16. Jan. 1867 (S. 722 f.).

190 *Echec* (franz.): Schlappe, Niederlage. – *Croquis* (franz.): Skizze, Lageplan.

206 *das berühmte Regiment Belgien ... bei Oeversee:* Vgl. S. 76; gemeint ist das 1682 gegründete, 27. Infanterie-Regiment, das den Namen »Albert I., König der Belgier« führte.

208 *Quarré* (franz.): eigentl. frz. carré: Karree, Quadrat, auch Rechteck; Gefechtsaufstellung der Infanterie mit nach vier Seiten geschlossener Front. – *Queue:* Vgl. Anm. zu S. 74. – *Choc* (franz.): Zusammenstoß.

219 *Dechargen* (franz.): Salven, Schüsse.

222 *Major v. Erckert ... Rosberitz:* Vgl. auch »Aus den Tagen der Okkupation«, Bd. 2, ›Das Schlachtfeld vom 18. August‹: »Unter den Opfern, die dieser Kampf kostete, war eins besonders beklagenswert: Victor v. Erckert, Oberst und Kommandeur des Garde-Füsilierregiments, ruhmreichen Andenkens von Rosberitz her.« (HF III, 4, S. 966).

224 *Rencontres* (franz.): Gefechte, Treffen.

231 *Tirailleurs* (franz.): Schützen.

238 *Hakets:* Brückenbootwagen (in der Armee).

240 *supponieren* (lat.): vermuten, unterstellen.

250 *Debouchieren* (franz.): Hervorrücken, -brechen.

251 *Soutenierung* (franz.): Unterstützung.

252 *Brigade Poschacher:* die sogenannte »Eiserne Brigade«, die während des Feldzugs von 1864, damals unter dem Kommando des Generalmajors Graf Gondrecourt, den Königsberg bei Ober-Selk gestürmt und damit den entscheidenden Beitrag zur Einnahme der Dannewerke geleistet hatte, vgl. S. 60 ff.

253 *Carré:* Vgl. Anm. zu S. 208.

256 *decontenancierte* (franz.): brachte (den Feind) aus der Fassung; verwirrte (ihn).

257 *König Wilhelm auf der Höhe von Lipa:* Diese Episode der Schlacht ist auch bildlich oft dargestellt worden und ihrer klischeehaften Züge

wegen auch in F.s Romane mit ironischem Unterton eingegangen, vgl. »Der Stechlin«, 7. Kap., die Beschreibung des Salons von Tante Adelheid (HF I, 5, S. 81).

258 *enveloppiert:* eingeschlossen, umringt.

259 *kupiertes Terrain:* von Gräben usw. durchschnittenes Gelände.

262 *Ralliierung* (franz.): Wieder(ver)sammlung, Zusammenziehung.

264 *Carrière* (franz.): Lauf.

266 *deployierte* (franz.): entfaltete, entwickelte sich, ging aus der Marsch-in die Kampfordnung über.

267 *Cadres* (franz.): Kader, Stamm eines Truppenkörpers. – *1. Garde-Dragoner-Regiment... Attake:* F. kommt noch im »Stechlin« auf die-se Waffentat des Regiments zurück, vgl. die Beschreibung des Kasinos der Gardedragoner im 21. Kapitel des Romans (HF I, 5, S. 208). In diesem vornehmen Regiment, das seit 1889 den Namen »Königin von Großbritannien und Irland« führte, dient Woldemar von Stechlin.

270 *retirierende* (franz.): sich zurückziehende.

275 *Glacis:* s. Anm. zu S. 55.

278 *Hautboisten* (franz.): Oboebläser.

280 *Piefke:* Vgl. auch F.s Gedicht »Die Gardemusik bei Clum« (HF I, 6, S. 240 f. und Anm.); vgl. auch S. 93 f. – *culbutiert:* Über den Haufen geworfen.

281 Karl Friedrich von *Steinmetz:* 1796-1877, preußischer Generalfeld-marschall, erfocht – damals noch General der Infanterie – zwischen dem 27. und 29. Juni 1866 die Siege bei Nachod, Skalitz und Schweinschädel. Vgl. »Der Stechlin«, 5. Kap., über die Gründe für die preußische Überlegenheit 1866: »›Alle Lehrer sind ein Schreck-nis. Wir im Kultusministerium können ein Lied davon singen. Diese Abc-Pauker wissen alles, und seitdem Anno sechsundsechzig der un-sinnige Satz in die Mode kam, ›der preußische Schulmeister habe die Österreicher geschlagen‹ – ich meinerseits würde lieber dem Zündna-delgewehr oder dem alten Steinmetz, der alles nur kein Schulmeister war, den Preis zuerkennen –, seitdem ist es vollends mit diesen Leu-ten nicht mehr auszuhalten.‹« (HF I, 5, S. 54). – Auch in »Aus den Tagen der Okkupation«, Bd. 2, ›Gravelotte‹ kommt F. auf Steinmetz, den ›Sieger von Nachod‹ zu sprechen; der General war wegen ihm vorgeworfener Fehler am 12. Sept. 1870 abberufen worden. Vgl. auch »Der Krieg gegen Frankreich 1870-71«, Bd. 1.

288 *Rüstow:* Vgl. Anm. zu S. 154.

290 *Giacomo Kardinal Antonelli:* 1806-1876, Kardinalstaatssekretär un-ter Papst Pius IX.; der ihm zugeschriebene, vielzitierte Satz ist der vielleicht bündigste Ausdruck für die Erschütterung des europäischen Systems nach Königgrätz.

291 *»aus dem Lager«:* aus Kreisen frontgedienter Offiziere, die die Pro-bleme der Armee aus Erfahrung kannten.

292 *auch der blut'ge Sohn des Unglücks:* Verse Heinrich Heines aus sei-nem Gedicht »Der Mohrenkönig«, Strophe 13 und 14.

294 *Musikcorps... im Walde:* Vgl. F.s Gedichtfragment »Kapellmeister
     Trommsdorf im Sadowa-Wald« (HF I, 6, S. 804).

295 *Pfäffchen:* = Beffchen, Halsbinde am Halsausschnitt von Amtstrach-
     ten, besonders der evangelischen Geistlichen. – *de profundis* (lat.):
     Aus der Tiefe (rufe ich, Herr, zu Dir), Beginn des 130. Psalms. Dieser
     Bußpsalm ist Teil des Toten-Officiums der römischen Liturgie; da-
     nach bezeichnet ein »De profundis« einen Trauergesang.

296 *Stacket:* Pfahlwerk, -zaun, Gestäbe.

298 Robert Friedrich *Wilms:* 1824-80, bedeutender und im damaligen
     Berlin populärer Chirurg, 1847 Assistenzarzt im Diakonissenkran-
     kenhaus Bethanien, 1862 Chefarzt daselbst; in den Kriegen von 1866
     und 1870/71 konsultierender Generalarzt; F., der während seiner Tä-
     tigkeit in Bethanien Wilms persönlich kennenlernte, hat in »Von
     Zwanzig bis Dreißig« über ihn geschrieben (vgl. HF III, 4, S. 518 und
     529 f.). – Zweite Zeile der Fußnote: *am:* In der Druckvorlage: »im«.

300 *du jour* (franz.): den Tagesdienst (haben).

301 »*Marodeurs*«: Nachzügler (Deserteure), Plünderer, Raubgesindel.

307 *Nicolsburg:* Nikolsburg (Mikulov), ursprünglich eine Burg der Liech-
     tensteiner, seit 1575 im Besitz des Hauses Dietrichstein und zu einem
     fünfeckigen Wohnschloß um- und ausgebaut, 1720 nach einem Brand
     prächtig wiederhergestellt, 1945 erneut ausgebrannt; restauriert.
     Nach Angabe Hermann Frickes weilte F. auf seiner Reise zu den
     Kriegsschauplätzen am 28. Aug. 1866 in Nikolsburg (Chronik, S. 45).
     Gegen diesen, aus anderer Quelle nicht bekannten Aufenthalt spricht
     jedoch ein von F. an Rudolf von Decker gerichteter Brief, der »Berlin,
     24. August 1866« datiert ist (HF IV, 2, S. 169 f.); vgl. auch Anm. zu
     S. 319.

308 *Franz* Fürst *von Dietrichstein:* 1570–1636, 1599 Kardinal-Bischof von
     Olmütz, 1620 Gubernator von Mähren,1636 Statthalter in Öster-
     reich; einer der Anführer der Gegenreformation. – *Friedrich von der
     Pfalz:* Friedrich V., Kurfürst von der Pfalz, 1596–1632, 1619 König
     von Böhmen (der »Winterkönig«, da seine Herrschaft mit der
     Schlacht am Weißen Berg bei Prag, 1620, endete). – *arrondieren*
     (franz.): abrunden. – *Fideikommiß:* unveräußerliches und unteilba-
     res Erbgut, Stammgut.

309 Alexander *Graf von Mensdorff-Pouilly:* 1813–1871, 1864–66 öster-
     reichischer Außenminister, Nachfolger Rechbergs; politisch farblo-
     ser Kavalleriegeneral, wiederholt in diplomatischen und administrati-
     ven Funktionen verwendet (1850–52 Bundeskommissar in Holstein).
     Mit der Erbtochter des letzten Fürsten Dietrichstein vermählt, erhielt
     er 1869 den Titel eines Fürsten Dietrichstein zu Nikolsburg.

312 *Magenta:* Schauplatz einer Niederlage der Österreicher in der Lom-
     bardei (4. Juni 1859) im Kampf gegen die Franzosen und Sardinier,
     vgl. »Unwiederbringlich«, 3. Kap. (HF I, 2, S. 583). – *Déroute*
     (franz.): wilde Flucht, Auflösung.

313 *Habitués* (franz.): Stammgäste, regelmäßige Besucher. – ›*Afrikane-*

rin‹: »Die Afrikanerin«, Große Oper von Eugene Scribe, Musik von Giacomo Meyerbeer (1791–1864), 1865 in Paris uraufgeführt. Die deutsche Erstaufführung hatte am 18. Nov. 1865 in Berlin stattgefunden. – *affichieren* (franz.): öffentlich anschlagen. – »*Wiener Kinder« vom Regiment Deutschmeister:* In der österreichischen Armee gab es im Unterschied zu den Armeen der meisten europäischen Staaten keine eigentlichen Gardetruppen. Eines der berühmtesten Regimenter war das 1695 errichtete Infanterieregiment »Hoch- und Deutschmeister« Nr. 4, das Wiener Hausregiment, dessen Inhaber der jeweilige Hochmeister des Deutschen Ordens war.

319 *Brünn:* Eine Beschreibung Brünns in Briefen eines nicht namentlich genannten Verfassers gibt F. im ersten Band seines Kriegsbuches (a.a.O., Bd. 1, S. 675 ff.). Nach Angabe Hermann Frickes weilte er selbst am 29. August 1866 in der mährischen Stadt (Chronik, S. 45). Das Argument, das gegen seinen Aufenthalt in Nikolsburg am Vortage spricht (vgl. Anm. zu S. 307), gilt auch für den angeblichen Aufenthalt in Brünn. – *General v. Clausewitz:* Vgl. F.s Briefe an Ludwig Burger vom 3. und 22. Dezember 1868 (S. 737 f.).

320 *gräflich Kaunitzschen Schlosse Austerlitz:* Das repräsentative Lustschloß, ein bedeutendes Denkmal spätbarocker Baukunst, erhielt seine heutige Gestalt zwischen 1730 und 1790 durch Josef Emanuel Fischer von Erlach unter Wenzel Anton Fürst Kaunitz, dem Kanzler Maria Theresias. Seine Familie, bis dahin gräflichen Standes, besaß Austerlitz (Slavkov) seit 1531. Austerlitz gab der sog. Dreikaiserschlacht den Namen, die am 2. Dez. 1805 zwischen Brünn und Austerlitz bei Pratzen geschlagen wurde (Sieg Napoleons I. über Kaiser Franz von Österreich und Zar Alexander I. von Rußland). In den Feldzugsbriefen eines nicht genannten Verfassers (vgl. Anm. zu S. 319), »die den Leser, in Etappen, vom Königgrätzer Schlachtfelde bis angesichts der Thürme von Wien« führen, wird jene Episode aus der Schlacht erzählt, die F. in »Schach von Wuthenow«, 6. Kap., Bülow in den Mund legt (der Befehl Napoleons, das Eis zu beschießen, auf dem sich die russischen Truppen befanden, HF I, 1, S. 598).

321 *Gitschin:* Dort sah F. selbst Opfer der Epidemie, vgl. S. 371 ff. – *Fl.:* Florin, Gulden.

322 *Das seitdem tausendfach zitierte Wort:* Der Geographiehistoriker Oscar Peschel (1826–1875), der seit 1854 in Leipzig die Zeitschrift »Das Ausland« leitete, hatte am 17. Juli 1866 von einem »Sieg der preußischen Schulmeister über die österreichischen Schulmeister« geschrieben. Vgl. auch »Der Stechlin«, 5. Kap.: »»seitdem Anno sechsundsechzig der unsinnige Satz in die Mode kam...‹« (HF I, 5, S. 54).

REISEBRIEFE VOM KRIEGSSCHAUPLATZ

Textgrundlage: Berliner Fremden- und Anzeigeblatt (sog. Deckersches Fremdenblatt), vgl. Einführung S. 803 f.

Einführung

> Dieses Buch hab' ich geschrieben,
> Seinen Inhalt hab' ich durchgelebt,
> Aber was mir das Liebste geblieben:
> Ich habe auch alles aufgeklebt.
> (HF I, 6, S. 413)

Mit diesen Versen widmete F. ein aus Zeitungsausschnitten zusammengestelltes Exemplar der »Reisebriefe vom Kriegsschauplatz« seiner Frau Emilie zu ihrem zweiundvierzigsten Geburtstag am 14. November 1866.

Über eine Reise F.s zum böhmischen Kriegsschauplatz und die Entstehung der »Reisebriefe« war bis zur Wiederauffindung der hier vorgelegten Texte wenig bekannt. Die Literatur über F. kennt keine Einzelheiten der Reise. Es werden lediglich Jahr und Tagesdaten angegeben. So schreibt Hermann Fricke zu F.s Lebenschronik im Jahr 1866: »August 12. bis 31. Reise nach den böhmischen Schlachtfeldern: Dresden (16), Gallerie (17), Prag (18), Kolin, Münchengrätz (Wallenstein), Warmbrunn, Sobottka, Gitschin (Wallenstein), Horsitz, Josephstadt, Nachod (Wallenstein), Königgrätz, Nikolsburg (28), Brünn (29), Reichenberg, Görlitz.« (Chronik, S. 45.) Hans-Heinrich Reuter nennt in seiner Biographie den 12. August 1866 als Reisebeginn, ohne näher darauf einzugehen (Reuter, Bd. 2., S. 394). Fricke und Reuter zitieren keinerlei Fundorte zu ihren Angaben.

In den Reisebriefen selbst, die sich als beste Quelle anbieten müßten, erwähnt F. zwei Daten zu seiner Reise nur indirekt. Er erzählt, daß er den »Namenstag des Kaisers« in Prag erlebt habe (S. 342 und Anm.): Kaiser Franz Joseph (1830-1916) hatte am 18. August Geburtstag, und offensichtlich ist es dieser Tag, der öffentlich gefeiert wurde, den F. meint (der »Namenstag«, der Kalendertag des Heiligen, dessen Namen jemand bei der Taufe erhält, wird in vielen katholischen Gegenden statt des Geburtstags begangen). F. berichtet ferner, daß er »sieben Wochen« nach der Schlacht bei Königgrätz (3. Juli 1866) – also um den 21. August – Sadowa-Chlum besucht habe (S. 382 und Anm.).

Die wenigen bekanntgewordenen Äußerungen F.s über seinen Aufenthalt in Böhmen erlauben ebenfalls keine genaue Datierung der Reise und der ›Reisebriefe‹. Am 9. August 1866 schreibt F. an Wilhelm Hertz: »Ob ich meine Reise nach Böhmen antrete, ist noch nicht ganz gewiß.« (Briefe an Wilhelm und Hans Hertz, S. 132.) Einen Monat später, am 10. September, teilt er Mathilde von Rohr mit, daß er in Böhmen gewesen sei: »Ich hatte gehofft, meine böhmischen Reise-Erlebnisse in einer Woche auf-

REISEBRIEFE VOM KRIEGSSCHAUPLATZ 801

schreiben zu können; nun bin ich schon dritthalb Wochen dabei und bin erst halb fertig.« (HF IV, 2, S. 170f.)

Eine dem Herausgeber freundlicherweise vom Theodor-Fontane-Archiv in Potsdam zugänglich gemachte, bisher unveröffentlichte Notiz aus F.s Tagebuch rekapituliert stichwortartig den mutmaßlichen Verlauf der Reise: »Mitte August trete ich mit Freund Scherz eine Reise nach Böhmen an. Wir gehen über Dresden nach Prag. In Prag treffen wir Herrn v. Rohr vom Leibregiment. Dieser erhält Urlaub und schließt sich uns an. Wir reisen über Brandeis, Benatek, Jung-Bunzlau bis *Münchengrätz*, besuchen dann die Gefechtsfelder von Podoll, Podkost, Lochow, Gitschin, zuletzt über Horsitz das große Schlachtfeld von Königgrätz. In Pardubitz trennt sich Herr v. Rohr von uns und kehrt nach Prag zu seinem Regiment zurück. Wir reisen anderntags in Gesellschaft von Herrn v. Wechmar (der Kommandeur der Stabswache von General Steinmetz gewesen war) über Görlitz nach Berlin zurück.«

Im Widerspruch zu der Annahme, daß F. sich noch bis Ende August 1866 in Böhmen aufgehalten hat, stehen zwei, in der Ausgabe ›Briefe Theodor Fontanes. Zweite Sammlung‹ (1910) unter den Daten »Berlin, d. 24. August 1866« und »Berlin, d. 25. August 1866« verzeichnete Schreiben Fontanes an seinen Verleger Rudolf von Decker (Freundesbriefe. Zweite Sammlung, Bd. 1, S. 254f.; vgl. auch HF IV, 2, 169f.). Diese Ausgabe ist freilich nur bedingt zuverlässig. So ist ein in ihr enthaltener Brief an Karl Zöllner nicht »Berlin, d. 19. August 1866« geschrieben worden, sondern bereits ein Jahr zuvor (jetzt HF IV, S. 11ff.). Wesentliche Tatsachen sprechen also dafür, daß F. Böhmen in der zweiten Augusthälfte 1866 bereist hat.

F. unternahm diese Fahrt mit zwei Gefährten, wie es seine Bemerkungen in den ›Reisebriefen‹ bestätigen. Ihre Namen, Hermann Scherz und Hans Babo Peter von Rohr, sind nur durch jene Tagebucheintragung belegt. Der Freund und Gönner Hermann Scherz (1818-1888) begleitete F. während der ganzen Zeit. Scherz war auf dem Neuruppin benachbarten Rittergut Kränzlin beheimatet, und F. kannte ihn, wie er in »Von Zwanzig bis Dreißig«, ›Bei Kaiser Franz‹, 1. Kap., berichtet hat, seit frühester Jugend: ». . . es war mein Freund Hermann Scherz, alten Ruppiner Angedenkens, mit dem ich meine frühesten Kinderjahre und dann später meine Gymnasialzeit [in Berlin 1834-1836] verlebt hatte« (HF III, 4, S. 295). Scherz hatte F. immer wieder auch materielle Freundschaftsdienste erwiesen und ihm in Kränzlin stets ein offenes Haus gewährt.

In Prag traf F. den jungen Leutnant Hans von Rohr (1841-1876), einen Vetter der Mathilde von Rohr (1810-1889), der im böhmischen Feldzug mit Auszeichnung gefochten hatte (»Der deutsche Krieg von 1866«, Bd. 1, S. 227).

Zum Ende seiner Reise berichtet F. von einem Offizier, »der hielt uns Vortrag vom Wagenfenster aus« (S. 384 und Anm.). Noch einmal hörte die Reisegesellschaft von den Siegestaten der preußischen Armee. Die Erklärungen gab wohl der als letzter in der Tagebuchnotiz genannte Rudolf Freiherr von Wechmar (1823-1881); er diente als Major im Stab des Generals von Steinmetz (1796-1877) und hatte den Krieg an führender Stelle miterlebt.

F. hätte sich als weiteren Reisebegleiter noch den Freund und Dichter Bernhard von Lepel (1818-1885) gewünscht, wie aus einem Brief an Mathilde von Rohr am 10. August 1866 hervorgeht: »Sie haben möglicherweise durch unsern Freund Lepel schon erfahren, daß sich vielleicht, unter relativ günstigen Verhältnissen, seine Mit-Reise ermöglicht. Der Urlaub ist noch nicht da, doch fürchte ich fast, daß wenn er schließlich gewährt wird, Lepel es für geraten hält, das mühsam Errungene abzulehnen. Ich hatte vorgestern Abend ein Gespräch mit ihm, das mich das beinah fürchten läßt. Ich wollte Sie nun, mein gnädiges Fräulein, bitten, daß Sie ihn, in einem etwaigen Gespräch über diesen Gegenstand, nicht noch abgeneigter, oder schwieriger stimmen, als es ohnehin zu sein scheint. Alles was er mir vorgestern in dieser Angelegenheit sagte, läßt sich durchaus hören, dennoch hab ich ein Gefühl davon, daß er diese Urlaubs-Angelegenheit *peinlicher nimmt, als nötig wäre.*« (Briefe, Bd. 3, S. 60f.) Offensichtlich hielten ihn dienstliche Erwägungen von der Reise ab.

Die Anordnung der elf Kapitel der ›Reisebriefe vom Kriegsschauplatz‹ entspricht der von F. angegebenen Reiseroute. Die ersten sechs Kapitel widmete er überwiegend Land und Leuten, während in den übrigen fünf die kriegerischen Ereignisse im Vordergrund stehen.

Wie in den ›Wanderungen durch die Mark Brandenburg‹ schildert F. zunächst den geographischen Ort, dann folgen historische Reminiszenzen und persönliche Erlebnisse. Die Anregung erhält der Erzähler aus der unmittelbaren Gegenwart, wie sie sich ihm darbietet. Die Örtlichkeit beflügelt seine Phantasie und reizt seinen Forscherdrang. Die Beschreibung des Landes, seiner Bewohner und ihrer Lebensgewohnheiten sind von Liebe zum Detail und zum Anekdotischen getragen. Es gelingt ihm, ein unvoreingenommenes Bild der im Kampf unterlegenen Sachsen und Tschechen zu zeichnen, wozu er Vergleiche aus der märkischen Heimat und anderen von ihm bereisten Ländern heranzieht. Die eigentlichen Verlierer des Krieges, die Österreicher, erwähnt er, ohne sie zu charakterisieren. Die Gerüchte über hinterhältige Anschläge der Bevölkerung gegen die preußischen Truppen betrachtet F. als »Geschichten«, die »Zeichen des Rassenhasses« tragen, und versichert, daß er nichts dergleichen bestätigt gefunden habe. Später übernimmt er einen Abschnitt aus den ›Reisebriefen‹ in das ›Kriegsbuch von 1866‹ und zitiert sich dort selbst als anonymen, aber objektiven Gewährsmann, um der Charakterisierung der Tschechen Authentizität zu verleihen (vgl. S. 349 und 353). F.s Haltung hebt sich deutlich von einer damals weit verbreiteten Überheblichkeit gegenüber nichtpreußischen Völkerschaften ab.

Daß F. mit seiner Einstellung auf Unverständnis stoßen konnte, zeigt ein Brief seines Sohnes George (1851-1887), der zwar erst am 2. Februar 1871 in St. Denis geschrieben wurde und sich auf sein Buch ›Kriegsgefangen‹,

Erlebtes 1870‹ (1871) bezieht, aber dennoch bezeichnend für die herrschende Meinung dieser Jahre des Nationalismus ist: »Ich muß Dir, lieber Vater, und auch im Namen aller unserer Herren [der Offiziere des Regiments] einen kleinen Vorwurf machen, weil Du die Franzosen in Deinen Schicksalen zu sehr herausstreichst.« (Reuter, Bd. 1, S. 450.)

Im zweiten Teil der »Reisebriefe«, in dem F. mehr militärgeschichtlich orientiert ist, wirken die vielen Kampfesschilderungen spröde und trocken. Das erzählerische Moment tritt, seit er Prag verlassen hatte und sich dem Hauptkriegsschauplatz näherte, in den Hintergrund. Von jetzt an steht der Bericht über die Kämpfe zwischen Preußen und Österreichern an erster Stelle.

Wann immer F. sich der Militärschriftstellerei widmete, gehörte die persönliche Kenntnis der Kriegsschauplätze zu den unerläßlichen Vorarbeiten für das Werk. Eben zu solchem Zweck weilte er jetzt in Böhmen. Deshalb hatte er im Mai und September 1864 für die Darstellung des Krieges von 1864 Dänemark bereist und die ›Reisebriefe aus Jütland‹ geschrieben. Später hat er auch von den Schauplätzen des deutsch-französischen Krieges 1870/71 berichtet. In dem späteren General der Infanterie Franz von Zychlinski (1816-1900), dem Schwager seines Freundes Hermann Scherz, besaß F. einen kundigen Helfer, der wesentlich dazu beitrug, die Kriegsbücher auf eine solide Grundlage zu stellen. Ende des Jahres 1865 hatte er den »Schleswig-Holsteinischen Krieg im Jahre 1864« fertiggestellt. Als der Krieg gegen Österreich eben beendet war, begann er über diesen Feldzug zu arbeiten.

Die Kriegsberichte nahmen in jenen Jahren F.s ganze Schaffenskraft in Anspruch. Andere Arbeiten mußten zurückstehen. Die Vollendung seines ersten Romans »Vor dem Sturm«, über den er mit dem Verleger seiner »Wanderungen durch die Mark Brandenburg«, Wilhelm Hertz (1822 bis 1901), bereits einen Vertrag geschlossen hatte, mußte immer wieder verschoben werden.

Trotz allem Engagement, das F. für seine Kriegsschriftstellerei zeigt, ist seine zurückhaltende Ausdrucksweise der Wirklichkeit des Massensterbens im Krieg nicht gewachsen. Jahre später hat F. die Schwächen seiner kriegsgeschichtlichen Arbeiten selbst gesehen. Als der von Deckersche Verlag eine Neuauflage der Kriegsbücher plante, lehnte F. ab: »Damals, vor gerade 30 Jahren, habe ich das Buch so gut gemacht wie ich konnte; jetzt seh' ich nur seine Mängel und Fehler.« (HF IV, 4, S. 385).

Als Druckvorlage der vorliegenden Edition diente eine Sammlung von Ausschnitten aus dem ›Berliner Fremden- und Anzeigeblatt‹, das die »Reisebriefe vom Kriegsschauplatz« im September/Oktober 1866 in mehreren Folgen abgedruckt hatte. Die Ausschnitte sind auf Papier geklebt und in einen alten Pappband gebunden. Er umfaßt außer einem Blatt mit dem Titel zweiundfünfzig Seiten; sein Format beträgt 28 cm Höhe und 17,5 cm Breite. Ein handschriftliches Original F.s existiert nicht; auch eine Buchausgabe hat es nie gegeben.

Die »Reisebriefe« entstanden, bevor F. den »Deutschen Krieg von 1866« zu schreiben begann, und sind dort nicht enthalten. Die wenigen themati-

schen und textlichen Übereinstimmungen beider Werke werden in den Anmerkungen nachgewiesen. Ein in ähnlicher Weise zusammengestelltes
Exemplar mit der Widmung an Emilie Fontane befand sich vor dem Zweiten Weltkrieg im Theodor-Fontane-Archiv der Brandenburgischen Provin-
zial-Verwaltung in Berlin, wie Hermann Fricke in einem ersten Bestands-
verzeichnis des Archivs unter der Signatur ›03‹ mitteilt: »Reisebriefe vom
Kriegsschauplatz. 1866. Ausschnitte aus Deckers ›Fremdenblatt‹ (Sept.
1866). Mit eigh. Widmung an Emilie Fontane. Halblederband. 48 Seiten.
8°.« (Hermann Fricke, Emilie Fontane. Mit unveröffentlichten Gedichten
und Briefen von Theodor und Emilie Fontane. Berlin 1937, S. 129)

Das vorliegende Exemplar enthält auf dem Titelblatt einen handschrift-
lichen Zusatz unbekannter Herkunft: »abgedruckt in ›Deckers Fremdenblatt‹ September 1866.« Aus der Zeitung sind lediglich die Kolumnen mit
dem F.schen Text ausgeschnitten und aufgeklebt worden. Zu Beginn des
Kapitels ›Podoll‹ blieben Titel der Aufsatzfolge, Autor und eine Verweisung
auf einige Nummern der Zeitung erhalten: »Reisebriefe vom Kriegsschauplatz./ Von Th. F./ (Vgl. Nr. 299, 307, 310, 314, 318 und 319.)« Diese Nummern des ›Berliner Fremden- und Anzeigeblattes‹, die wohl auf die bereits
erschienenen ersten sechs Kapitel der ›Reisebriefe‹ verweisen, konnten an
Hand eines einzigen bekannten Exemplars der Zeitung vom 5. August
1866 (Nr. 224) in der Staatsbibliothek Preußischer Kulturbesitz datiert
werden: Sie erschienen am 19. (299), 24. (307), 26. (310), 28. September
(314), 1. (318) und 2. Oktober 1866 (319). Alle anderen Ausgaben des Jahr-
gangs 1866 der Zeitung gelten als verschollen.

Zwei Daten zu Tagesereignissen, von denen F. in den »Reisebriefen«
berichtet, bestätigen, daß sie September/Oktober erschienen sind: Auf Seite 342 (›Prag‹) nennt er den »21. September«, und Seite 383 (›Sadowa-
Chlum‹) berichtet er, daß Graf Clam-Gallas vom Kriegsgericht freigesprochen worden sei; der Freispruch erfolgte am 13. Oktober 1866 (Anm. zu
S. 383). Die Veröffentlichung der »Reisebriefe« muß spätestens am

14. November 1866, dem Tag ihrer Widmung an Emilie abgeschlossen gewesen sein.

Das ›Berliner Fremden- und Anzeigeblatt‹ erschien seit dem 1. Januar 1862 im Verlag Ludwig Rudolf von Decker (1804–1877), der ›Königlichen Geheimen Ober-Hofbuchdruckerei‹; es besaß den Charakter eines Gesellschaftsanzeigers mit konservativer Grundhaltung. Das ›Deckersche Fremdenblatt‹, wie es kurz genannt wurde, kam zweimal täglich außer Sonntag abend und Montag morgen heraus und wurde vom ›Verein Berliner Gasthofbesitzer‹ den Fremden auf das Hotelzimmer gelegt. Das Blatt war aus der ›Preußischen Zeitung‹ hervorgegangen, die ihrerseits die ›Allgemeine Preußische (Stern-) Zeitung‹ zum Vorläufer hatte.

Die Beziehungen F.s zu dieser Zeitung resultierten aus seiner Verbindung mit dem Verleger. Sein »Schleswig-Holsteinscher Krieg im Jahre 1864« war bei Decker erschienen, und ihm lag sehr daran, auch das Buch über den Krieg gegen Österreich im selben Verlag zu veröffentlichen. Die Publikationen des traditionsreichen Deckerschen Hauses genossen amtliche Förderung, wie F. selbst an Rudolf von Decker hervorhebt: »Dazu kommt, daß alles, was bei Decker erscheint, immer einen halboffiziellen Charakter an sich trägt.« (Freundesbriefe. Zweite Sammlung, Bd. 1, S. 259f. [10. März 1869].) Einen Teil des Manuskripts für das Kriegsbuch von 1864 hatte auch der preußische Kultusminister Heinrich von Mühler (1813–1874) gelesen und mit einer Empfehlung versehen. »Sie [die Firma von Decker] muß erwarten (mehr als es in Wirklichkeit der Fall ist) daß ich Himmel und Hölle in Bewegung setzen werde, diesen 2. Teil [den Krieg von 1866] zu schreiben wie ich den 1. [den von 1864] geschrieben habe, und sie muß erwarten, daß Mühler, der mir wohl will und durch die Firma v. D. bis zu einem gewissen Grade beleidigt ist, auch diesen 2. Teil empfehlen wird, wie er den ersten empfohlen hat.« (HF IV, 2, S. 168 [9. August 1866].)

F. erwähnt die Zeitung öfters. So lesen sie in ›Irrungen, Wirrungen‹ die »etwas dalbrige Käthe« und ihr Ehemann Botho (HF I, 2, S. 457 und S. 474); in »Effi Briest« steckt der Portier dem Dienstmädchen Roswitha das ›Fremdenblatt‹ zu (HF I, 4, S. 245); F. suchte an gleicher Stelle den Eindruck zu erwecken, als zitiere er aus dem ›Fremdenblatt‹ die Nachricht vom »Duell zwischen Ministerialrat von I. (Keithstraße) und dem Major von Crampas« (HF I, 4, S. 245). Im ›Fremdenblatt‹ veröffentlichte F. einige Kriegsgedichte: ›Is nich‹ (2. Juli 1866, Nr. 163; Freundesbriefe. Zweite Sammlung, Bd. 1, S. 248; späterer Titel: ›Berliner Landwehr bei Langensalza‹, 27. Juni 1866‹, HF I, 6, S. 238), ›Kaiser Wilhelms Rückkehr‹ (17. März 1871, HF I, 6, S. 571) und ›Einzug‹ (16. Juni 1871, HF I, 6, S. 244–246). Auch in seinen Briefen spricht er gelegentlich vom ›Deckerschen Fremdenblatt‹. Im September 1866 bemühte er sich mit Erfolg um die Aufnahme eines Gedichtes seines Freundes Bernhard von Lepel in das Blatt (Briefe, Bd. 3, S. 62f. [22., 25. September und 2. Oktober 1866 an Mathilde von Rohr]).

Christian Andree

329 »*weiße Binde mit dem roten Kreuz*«: Das in der Genfer Konvention vom 22. August 1864 festgelegte und für kriegführende Mächte verbindliche Neutralitätszeichen zum Schutz von Verwundeten und Kranken sowie deren Pflegepersonal. Die Ausstattung des als Zeitungskorrespondent ins Kriegsgebiet reisenden Autors mit der Binde entsprach der damaligen Gepflogenheit. – *Zuletzt 1849:* Während des Dresdener Aufstandes vom 3. bis 5. Mai 1849 rückten preußische Truppen zur Unterstützung der sächsischen Regierung in Dresden ein. Ein Aufenthalt F.s in Dresden im Mai 1849 ist aus anderen Quellen nicht bekannt. Man weiß lediglich, daß er 1848/49 mit wirtschaftlichen und literarischen Problemen zu kämpfen hatte sowie am politischen Tagesgeschehen regen Anteil nahm. Diese Reise F.s steht möglicherweise mit seiner in einem Brief an Bernhard von Lepel vom 1. März 1849 zugegebenen illegitimen Nachkommenschaft in Zusammenhang. Der Brief wurde erstmals 1960 veröffentlicht (Wiederabdruck HF IV, 1, S. 62 f.). – *Granitstein-Barrikaden Sempers:* Der Sache der Revolution hatte sich auch der Baumeister Gottfried Semper (1803-1879) verschrieben und selbst den Bau und die Verteidigung einer Barrikade geleitet. – *24er Landwehr:* Das Regiment war in Ruppin beheimatet. F. nennt es »Unser Regiment« und beschreibt dessen Kämpfe in Dresden 1849 sowie in Böhmen 1866 im Band ›Die Grafschaft Ruppin‹ seiner ›Wanderungen durch die Mark Brandenburg‹ (HF II, 1, S. 250/51 und S. 258). – *Oberst v. Mertens:* Oberst Friedrich von Mertens (1808-1896) hatte sich bereits im Krieg gegen Dänemark (1864) ausgezeichnet. – *Königs Johanns … Prinzen:* Johann, König von Sachsen (1864-1873), stand in der deutschen Frage auf seiten Österreichs und verließ bei Ausbruch des Krieges 1866 mit seiner Armee das Land. Seine beiden Söhne und Nachfolger auf dem Thron waren Albert (1828-1902) und Georg (1832-1904).

331 *Schweizer:* F. hatte vom 26. Aug. bis 21. Sept. 1865 die Schweiz besucht und einen Aufatz über Land und Leute verfaßt: ›Denkmäler in der Schweiz‹ (HF III, 3/I, S. 728-736).

332 *Herr v. Beust:* Friedrich Ferdinand Freiherr (seit 1868 Graf) von Beust (1809-1886) war seit dem 24. Febr. 1849 sächsischer Außenminister und seit dem 28. Okt. 1858 auch Ministerpräsident. Sein Kabinett wurde am 15. Aug. 1866 gestürzt. Von 1867 bis 1871 war er Ministerpräsident in Österreich (-Ungarn). – *Die 24er:* Vgl. Anm. zu S. 329. – *meines Reisegefährten:* Der Freund Hermann Scherz (1818-1888) begleitete Fontane im August 1866 durch Böhmen (vgl. HF II, 1, S. 479-483; Anm. zu S. 364).

333 *von Podoll … Gitschin:* Bei diesen Orten in Böhmen fochten die Preußen zwischen dem 27. und 29./30. Juni 1866 siegreich gegen die Österreicher und Sachsen; s. S. 355-376).

334 *Hussitenschlacht:* Im Juni 1426 besiegten die Hussiten ein Reichsheer bei Aussig. – *Lowositz:* Am 1. Oktober 1756 besiegte Friedrich II., der Große (1740-1786), die Österreicher bei Lowositz (Lobositz). –

Theresienstädter Festungsrayons: F. bereiste den böhmischen Kriegsschauplatz während des am 26. Juli 1866 in Nikolsburg geschlossenen Präliminarfriedensvertrags (aufgrund des Waffenstillstands vom 21. Juli) und weilte wohl noch nach dem am 23. Aug. 1866 geschlossenen Prager Frieden in Böhmen. Die Bedingungen des Waffenstillstands gaben Preußen ein Durchfahrtsrecht durch das von den Österreichern gehaltene Festungsgebiet von Theresienstadt.

335 *Wallnersche Couplets:* Der Schauspieler und Theaterdirektor Franz Wallner (1810-1876) begründete in seinem Volkstheater die Berliner Lokalposse und führte sie zu allgemeinem Erfolg. Die Couplets in seinen Theaterstücken erfreuten sich großer Beliebtheit. – *empfehlenswerten Firma:* Ludwig Friedrich Niquet (1808-1886) besaß in Berlin ein Kellerlokal in der Jägerstraße und ein Weingeschäft in der Leipziger Straße.

336 *Dienstmann und Gepäckträger:* Der uniformierte Dienstmann verrichtete gegen Entgelt kleine Arbeitsaufträge; während der Gepäckträger – ebenfalls uniformiert – nur als Kofferträger im Dienst der Eisenbahn tätig war.

337 *König Georg von Podiebrad:* Georg von Kunstadt, Linie Podiebrad, 1420–1471, 1458 König von Böhmen, der letzte Herrscher des Landes von tschechischer Abkunft.

338 *flaggenhafter Appendix:* F. spielte auf den sogenannten Mietszettel an, jenes Stückchen Hemd, das kleinen Jungen öfter aus der hinteren Hosenklappe guckte. Der Mietszettel, die Quittung für die bezahlte Miete weist aus, daß »ein Geschäft erledigt« ist.

339 *König Johann von Böhmen:* Johann von Luxemburg, König von Böhmen (1310-1346). – *Wenzeslav, Boleslav, Wratislav:* Namen mehrerer böhmischer Herzöge und Könige.

341 *Zündnadelgewehre:* Im Krieg von 1866 trugen erstmals die taktische Überlegenheit, die bessere Feuerbereitschaft und Feuergeschwindigkeit des Zündnadelgewehrs wesentlich zum Sieg der preußischen Truppen bei. Das erste epochemachende – nicht kriegsentscheidende – Gefecht mit Zündnadelgewehren fand während des Schleswig-Holsteinischen Krieges bei Lundby (3. Juli 1864) statt (Fontane, Der schleswig-holsteinsche Krieg im Jahre 1864, a.a.O., S. 346-350); vgl. auch Anm. zu S. 83. – *Carl Lehmann:* F. berichtet über den Knaben ausführlich in »Der deutsche Krieg von 1866«, Bd. 1, S. 410f. – *Oberst-Lieutnant von Gaudy:* Oberstleutnant Fritz Freiherr von Gaudy (1821-1866) hatte F. schon 1844 während seiner Dienstzeit im Kaiser-Franz-Gardegrenadier-Regiment zu Berlin kennengelernt; vgl. »Der deutsche Krieg von 1866«, Bd. 1, S. 406-408, S. 415 und Bd. 2, Anhang S. 6 und S. 44.

342 *»An Arab of the street«:* Die Engländer bezeichnen einen heimatlosen Gassenjungen als »street Arab«. – *am 21. September:* Demnach sind zumindest die Kapitel ›IV Prag‹ bis ›XI Sadowa-Chlum‹ der »Reisebriefe« nach dem 21. Sept. 1866 verfaßt worden beziehungsweise er-

schienen. – *Namenstag des Kaisers:* F. meint offensichtlich den Geburtstag des Kaisers, vgl. »Einführung«, S. 800. – *»großen Ring«:*
Der Altstädter Ring ist der Mittelpunkt und historisch bedeutsamste
Platz von Prag. – *Kardinal-Erzbischof Fürsten Schwarzenberg:* Friedrich Fürst von Schwarzenberg (1809-1885) war seit 1849 Erzbischof
von Prag. Er leitete mit dem Bürgermeister von Prag am 7. Juli 1866
die Verhandlungen über die Besetzung der Stadt durch die Preußen. F.
erwähnt ihn auch im Roman »Graf Petöfy«, 1. Kap. (HF I, 1, S. 685).
– *Volkshymne ›Gott, erhalte Franz den Kaiser‹:* Die Volkshymne (Nationalhymne) wurde 1797 von Laurenz Leopold Haschka (1749-1827)
gedichtet und von Joseph Haydn (1732-1809) vertont.

343 *General Vogel von Falkenstein:* General der Infanterie Eduard Ernst
Friedrich Vogel von Falkenstein (1797-1885) leitete 1866 die preußischen Operationen gegen die Bundestruppen in West- und Süddeutschland. Am 19. Juli 1866 wurde er vom Oberbefehl der Mainarmee abberufen und zum Generalgouverneur von Böhmen ernannt
(»Der deutsche Krieg von 1866«, Bd. 2, S. 41-48 und S. 186 f.). – *»den
kostbarsten Stein in der Mauerkrone der Erde«:* Das Zitat konnte
nicht verifiziert werden.

346 *Zehn Meilen:* F. gibt die Entfernung in preußischen Meilen an: Eine
preußische Meile betrug 7532,48 Meter.

347 *Kaiser Ferdinand:* Ferdinand I., Kaiser von Österreich (1835-1848;
gest. 1875). – *Karl X.:* Karl X. Philipp, König von Frankreich (1824-
1830; gest. 1836), verlebte einige Jahre seines Exils in Prag (Oktober
1832 bis Mai 1836). – *Herzogin von Berry:* Caroline, Prinzessin von
Sizilien (Bourbon) (1798-1870), Gemahlin Ferdinands, Herzogs von
Berry (1778-1820). – *(Henri V):* Heinrich, Herzog von Bordeaux
(1820–1883), bourbonischer Thronprätendent. – *General Herwarth:*
General der Infanterie Karl Eberhard Herwarth von Bittenfeld (1796-
1884) kommandierte 1866 die preußische Elbarmee (vgl. S. 119). –
Tycho de Brahe: Der dänische Astronom Tycho Brahe (1546-1601)
lebte von 1576 bis 1597 am Hof König Friedrichs II. von Dänemark
und war seit 1599 kaiserlicher Hofastronom in Prag. – *Kaiser Rudolph II.:* Rudolf II., König von Ungarn (1572), von Böhmen (1575)
und römisch-deutscher Kaiser (1576-1612). – *1864:* F. bereiste vom
17. bis 29. Mai und vom 9. bis 29. Sept. 1864 den dänischen Kriegsschauplatz und schrieb u. a. die »Reisebriefe aus Jütland«. – *Manderup Parsberg:* Der dänische Reichsrat und Diplomat Manderup Parsberg (1564-1625) hatte im Jahr 1566 in Rostock studiert und sich dort
mit seinem Kommilitonen Tycho Brahe duelliert. F. erwähnt diese
Episode auch in seinen »Reisebriefen aus Jütland« (HF III, 3/I,
S. 624). – *König Frederick II.:* Friedrich II., König von Dänemark
(1559-1588).

348 *zerrissen:* In der Druckvorlage: »zerrissene«. – *Ritters Dalibor:* Der
böhmische Ritter Dalibor von Kozojed saß wegen seiner aufrührerischen Taten seit 1420 in einem Festungsturm des Hradschins gefan-

gen. Die Sage von seinem Geigenspiel entstand wohl durch die Folter-
werkzeuge »Geige« und »Saite«, mit denen er gepeinigt wurde.

349 *Zunächst ein Wort über das Land:* Die Beschreibung von Land und
Leuten von S. 349-354 hat F. inhaltlich, teils wörtlich, in den »Deutschen Krieg von 1866« übernommen, wo er sich selbst als einen anonymen Briefschreiber zitiert (a.a.O., Bd. 1, S. 97-101).

351 *Stechbahn:* Die Stechbahn, der alte Turnierplatz, lag südwestlich des
Berliner Schlosses an der Brüderstraße. Die sie umgebenden Bogen-
lauben wurden 1865 abgerissen. Auch die Anlagen am Gesundbrun-
nen bei Freienwalde vergleicht F. mit der Stechbahn (HF II, 1, S. 608).
– *der Hostinec, der Gasthof:* 1867 schrieb der vielgereiste F. einen
Aufsatz über Reisekomfort in der ›Kreuz-Zeitung‹: ›Der deutsche
Gasthof, das kosmopolitische Hotel und die Engländer‹ (N XVIII,
S. 371-377).

352 *hängen die schlecht kolorierten Nachbildungen:* Über ein Wirtshaus-
bild ähnlich schlechter Qualität schreibt F. auch in ›Irrungen, Wirrungen‹ (HF I, 2, S. 386). – *Homburg und Baden-Baden:* F. hatte im Jahr
1865 eine Rheinreise unternommen (N XVIIIa, S. 1135–1161). –
Genf und Interlaken. Siehe Anm. zu S. 331. – *Beeskow-Storkow und
Finsterwalde:* F. erinnert sich hier wohl an seine Reisen in den Jahren
1861 und 1862 durch das Oderland (Barnim-Lebus), die ihn auch in
die Gegend von Beeskow-Storkow führten (HF II, 1, S. 696-705 und
S. 955-965). ›Eine Osterfahrt in das Land Beeskow-Storkow‹, die zu
einem gleichnamigen Kapitel in den »Wanderungen« wurde, unternahm F. erst 1881 (HF II, 2, S. 469-503).

353 *persische Pulver:* Ein aus den Blüten der im Kaukasus wildwachsen-
den Chrysanthemum roseum und Chrysanthemum earneum herge-
stelltes Pulver, das damals gegen allerlei Ungeziefer verwendet wurde. – *»Trautenauer Geschichten«:* Nach dem Treffen bei Trautenau
am 27. Juni 1866 soll es zu hinterhältigen Schießereien auf preußische Soldaten gekommen sein (»Der deutsche Krieg von 1866«, Bd. 1,
S. 379-385).

355 *culbutiert:* überrannt.

356 *Fransecky und Horn:* Generalleutnant Eduard Friedrich von Fransecky
(1806-1890) und Generalmajor August Wilhelm von Horn (1800-
1889). – *Podoll, wie die Mehrzahl aller Dörfer:* Die Schilderung des
Gefechtes am 26. Juni 1866 hat F. inhaltlich, teils wörtlich, in den
»Deutschen Krieg von 1866« übernommen (a.a.O., Bd. 1, S. 154-
163). – *Brigade Poschacher:* Über das weitere Schicksal der österreichischen Brigade unter dem Oberbefehl von Generalmajor Ferdinand Posch von Poschacher (1819-1866) berichtet F. in »Der deutsche
Krieg von 1866« (vgl. oben S. 262 f.).

357 *Königshügel ... Eroberung des Dannewerks:* Im schleswig-holsteinischen Krieg hatten die Dänen am 5. Febr. 1864 die Befestigungsanla-
gen zwischen Schlei und Treene, das Dannewerk, kampflos geräumt
(vgl. oben S. 65 ff.).

358 *General-Major von Bose:* Generalmajor Friedrich Julius Wilhelm von
Bose (1809-1894) kämpfte mit seiner Brigade im Gefecht bei Podoll
und in der Schlacht bei Königgrätz (»Der deutsche Krieg von 1866«,
Bd. 1, S. 158-163, S. 513 [in diesem Band S. 167] und S. 718-721). –
Oberst-Lieutenant v. Drygalski: Oberstleutnant Eugen von Dry-
galski.

359 *Rohan:* Camille Philippe Fürst von Rohan-Guémenée (1800-1872).

362 *Grab Drigalskis:* Vgl. Anmerkung zu Seite 358. – *Musky-Berge:* Gefecht am 28. Juni 1866 (»Der deutsche Krieg von 1866«, Bd. 1, S. 176
bis 181). – *Zusammenkunft:* Am 20. September 1833 trafen im Waldsteinschen Schloß zu Münchengrätz Franz II., Kaiser von Österreich
(1792-1835), sein Staatskanzler Fürst Klemens Lothar von Metter-
nich (1773-1859) und Nikolaus I., Zar von Rußland (1825-1855) zusammen, um sich im Sinn des monarchisch konservativen Systems
der Heiligen Allianz von 1815 gegen die liberalen Strömungen im
Westen Europas zu verbünden. König Friedrich Wilhelm III. (1797
bis 1840) war nicht nach Münchengrätz gekommen; er hatte Kaiser
Franz I. bereits Mitte August in Theresienstadt getroffen. – *»mehr
Pioniere als Pommern«:* Die Pommern galten als unbeweglich, wenig
zuvorkommend und starrköpfig. Über den pommerschen Charakter
folgt noch eine Bemerkung im Kapitel ›Nach Gitschin‹ (S. 370). – *Rieger Palaczki (etwa wie Waldeck-Jacobi):* Franz Ladislaus Rieger
(1818-1903) und sein Schwiegervater, der Historiker František Pa-
lacky (1798-1876) waren Vorkämpfer eines böhmischen National-
staates unter der Souveränität der Wenzelskrone. In Analogie zu den
beiden tschechischen Patrioten nennt F. zwei führende preußische
Demokraten und Mitglieder der preußischen Nationalversammlung
von 1848/49: Franz Leo Benedikt Waldeck (1802-1870) und Johann
Jacoby (1805-1877).

363 *residenzlichen […] Droschkenkutschern:* In der Druckvorlage: »resi-
denzliche […] Droschkenkutscher«.

364 *en echelon* (franz.): etwa: einer nach dem anderen. – *»Der Dritte« und
»Troisième«:* Dieses ist der einzige Hinweis in den ›Reisebriefen‹, daß
neben Hermann Scherz ein zweiter Reisegefährte, der Leutnant im
Leibregiment (1. Brandenburgisches) Hans Babo Peter von Rohr
(1841-1876), den Autor durch Böhmen begleitet hat. – *vis-à-vis du
rien* (franz.): dem Nichts gegenüber. – *Ära der englischen Wasserwerke:* Die technisch-zivilisatorischen Einrichtungen in England galten damals als besonders fortschrittlich und vorbildlich.

365 *Kloster:* Das Dorf Kloster lag westlich von Münchengrätz (»Der deutsche Krieg von 1866«, Bd. 1, S. 168-176 und S. 176 bis 181).

366 *»Kongreß«:* Vgl. Anm. zu Seite 362. – *Undanks-Neutralität:* An
dem Verhalten Österreichs und Preußens gegenüber Rußland während des Krimkrieges (1853-1856) zerbrach die Allianz endgültig, um
deren Erhaltung sich besonders Rußland bemüht hatte. – *Erniedrigungstag von Olmütz:* Im Konflikt um die Neuordnung der Bundes-

verfassung des Deutschen Bundes schlossen Österreich und Preußen unter russischem Druck die Punktation von Olmütz (29. Nov. 1850) ab. Sie bedeutete die Aufgabe der preußischen Unionspolitik.

367 *Unser Weg ... Tannenwald, der ...:* Erhebliche Stücke aus diesem Kapitel hat F. inhaltlich, teils wörtlich, in den »Deutschen Krieg von 1866« übernommen (a.a.O., Bd. 1, S. 186-191).

368 *(Brigade Ringelsheim):* Dieser österreichische Truppenteil unter dem Oberbefehl des Brigadegenerals Josef Freiherr von Ringelsheim (1810-1893) nahm an den Gefechten zwischen Podoll und Podkost teil (»Der deutsche Krieg von 1866«, Bd. 1, S. 152, S. 168 und S. 186).

369 *ein Borcke, ein Massow, ein Dewitz:* F. erwähnt den Tod der drei Offiziere auch im ›Kriegsbuch von 1866‹ (a.a.O., Bd. 1, S. 198).

370 *»Vater hilf«:* Die Geschichte wiederholt F. im ›Kriegsbuch von 1866‹ (a.a.O., Bd. 1, S. 198). – *General v. Steinmetz:* Vgl. Anm. zu S. 281.

371 *die Seuche:* Seit Ende Juli 1866 herrschte in Böhmen die Cholera. Am schlimmsten wütete sie in Gitschin, Prag, Brünn und einigen anderen größeren Städten (s. oben S. 349 ff.). – *des Gitschiner Schlachtfeldes:* Das Gefecht um Gitschin am 29./30. Juni 1866 schildert F. in ›Kriegsbuch von 1866‹ (a.a.O., Bd. 1, S. 205-246). – *In der Kartause ... gestiftet:* Schiller, ›Wallensteins Tod‹, letzte Szene (V, 12). – *große Friedländer:* Über die Stätte der letzten Ruhe des kaiserlichen Generalissimus Albrecht Eusebius Wenzel von Wallenstein, Herzog von Friedland und Mecklenburg (1583-1634), berichtet F. auch im ›Kriegsbuch von 1866‹ (a.a.O., S. 165 f.). Wallenstein ruht seit 1785 in der Annen-Kapelle der Waldsteinschen Schloßkirche zu Münchengrätz.

373 *dann die Familie:* In der Druckvorlage: »Denn die Familie«. – *als sie ihren Offizier eintreten sahen, ...:* Hans von Rohr, einer der beiden Reisegefährten F.s war Leutnant im Leibregiment (1. Brandenburgisches), das an den Kämpfen um Gitschin teilgenommen hatte (»Der deutsche Krieg von 1866«, Bd. 1, S. 227). Die Schilderung des Besuches im Lazarett zu Lomnitz hat F. in das ›Kriegsbuch von 1866‹ übernommen (a.a.O., Bd. 1, S. 244). – *Waldsteinschen:* Wallensteinschen (nach dem alten böhmischen Adeligengeschlecht der *Wald(en)stein,* dessen Arnauer Linie Wallenstein angehörte.

376 *[Unser] Besuch galt dem ›großen Schlachtfelde‹:* Hier ist in der Vorlage durch Abriß Textverlust eingetreten, den der Herausgeber ergänzt und in eckige Klammern gesetzt hat. Die Worte »[jüngerer Zeit]« wurden analog zu einer Formulierung des Autors im »Deutschen Krieg von 1866« gewählt, wo es heißt »der größte Reiterkampf der neuren Zeit« (S. 270). Die Zeitangabe »[nun sieben Wochen]« machte F. selbst weiter unten (vgl. S. 382). Der Aufbau des Kapitels entspricht dem der Einleitung (›An der Bistritz. Terrain Aufstellung‹) zum Kapitel ›Königgrätz‹ in »Der deutsche Krieg von 1866« (S. 128 bis 133). – *Benedek:* Vgl. Anm. zu S. 126. – *General Hiller von Gärtringen:* Generalleutnant Wilhelm Freiherr von Gaertringen (1809 bis

1866) (»Der deutsche Krieg von 1866«, Bd. 1, S. 634-636, S. 651 f. [in
diesem Band S. 282-285, S. 302 f.] und Bd. 2, Anhang S. 14). – *Anton
von Hohenzollern:* Prinz Anton von Hohenzollern-Sigmaringen
(1841-1866). – *Kronprinz:* Vgl. Anm. zu S. 119.

379 *Dustre Keller:* Der Name des Lokals geht auf eine alte Flurbezeichnung in den Köllnischen Weinbergen zurück, von der Friedrich Nicolai in seiner ›Beschreibung der königlichen Residenzstädte Berlin und
Postsdam‹ (3. Auflage Berlin 1786, S. 208) zu berichten weiß. – *Hopfsche Brauerei:* Georg Leonhard Hopf (gest. 1844) hatte dort im Jahr
1838 eine Brauerei errichtet. – *Kuhnheimsche Fabrik:* Samuel Heinrich (Hirsch) Kunheim (1781-1848) hatte dort im Jahr 1832 eine chemische Fabrik erbaut.

380 *Pannewitz:* Oberstleutnant Hermann Eduard von Pannewitz (1815
bis 1866) (»Der deutsche Krieg von 1866«, Bd. 1, S. 583, S. 646 [in
diesem Band S. 234, S. 296] und Bd. 2, Anhang S. 18).

381 *Oberst von Zychlinski:* Oberst (später General der Infanterie) Franz
Szeliga Zychlin von Zychlinski (1816-1900) hatte schon an den
Kämpfen um Münchengrätz teilgenommen und in der Schlacht bei
Königgrätz mitgekämpft (»Der deutsche Krieg von 1866«, Bd. 1,
S. 176/177, S. 518 [in diesem Band S. 171] und S. 524 bis 558 [in diesem Band S. 177-211]).

382 *nach sieben Wochen:* Die Schlacht bei Königgrätz fand am 3. Juli 1866
statt. Also hat F. Sadowa-Chlum wohl um den 21. August besucht
(vgl. Einführung, S. 800).

383 *Lieutenant v. Maltzahn:* Leutnant Hans Gustav Freiherr von Maltzahn (1842-1866). – *Graf Clam Gallas:* General der Kavallerie Eduard Graf von Clam-Gallas (1805-1891), Oberbefehlshaber des österreichischen I. Armeekorps, hatte das Gefecht bei Podoll und Gitschin
verloren (a.a.O., Bd. 1, S. 248-251). – *zu Ehren des Siegers von Custozza:* In der Druckvorlage: »des Sieges«. Am 24. Juni 1866 hatten
die Österreicher auf dem italienischen Kriegsschauplatz unter Erzherzog Albrecht bei Custoza (bei Verona) einen glänzenden Sieg erfochten. (Die falsche Schreibung »Custozza« ist mutmaßlich kein
Druckfehler, sondern weit verbreitet.) – *Das Kriegsgericht hat ihn
freigesprochen:* Zu einem ordentlichen Gerichtsverfahren gegen den
Grafen Clam-Gallas ist es nicht gekommen. Aufgrund der Ermittlungen der Voruntersuchungskommission, die am 13. Juli 1866 eingesetzt wurde, erging das Urteil – Freispruch – am 13. Oktober 1866
mittels Allerhöchstem Handschreiben an den Grafen persönlich. Den
Brief des Kaisers zitiert F. im »Deutschen Krieg von 1866« (a.a.O.,
Bd. 1, S. 248 f.). Das letzte Kapitel der »Reisebriefe« kann also erst
nach jenem 13. Oktober verfaßt worden sein.

384 *Ein Offizier:* Major Rudolf Freiherr von Wechmar (1823-1881) vom
Stab des Generals Steinmetz begleitete F. auf der Rückreise nach Berlin. – *Görlitzer Bahnhof.* F. beendete seine Reise in Berlin, Görlitzer
Bahnhof.

Textgrundlage: Erstausgabe. Theodor Fontane: Der Krieg gegen Frankreich 1870-1871. 1. Band. Der Krieg gegen das Kaiserreich. (1. Halbband: Bis Gravelotte, 18. August 1870. 2. Halbband: Von Gravelotte bis zur Capitulation von Metz, 19. August bis 27. October 1870). Berlin 1873. – 2. Band. Der Krieg gegen die Republik (1. Halbband: In und vor Paris bis zum 24. December. 2. Halbband: Orleans bis zum Einzuge in Berlin). Berlin 1875, 1876. Verlag der Königlichen Geheimen Ober-Hofbuchdruckerei (R. v. Decker).

Ausgewählt wurden die folgenden Kapitel, bzw. Abschnitte (die Seitenangaben beziehen sich auf die Druckvorlage):

Band 1: *Einleitung.* Ems, S. 3–5 / Die wirklichen Ursachen des Krieges, S. 20-26 / *Rüstungen. Das französische Heer. Das deutsche Heer.* Die französische Armee, S. 83-88 / *Wilhelmshöhe,* S. 615-633. – Band 2: *Vor der Süd- und West-Front von Paris bis Ende October.* Versailles am 10. und 11. October. Graf Bismarck und William Russell, S. 216-227 / *Orleans bis zum 24. December.* Leon Gambetta, S. 431-434 / *Vor Paris. Vom Beginn des Bombardements gegen die Nordfront (21. Januar) bis zur Ratification der Friedenspräliminarien (2. März).* Von den Versailler Friedenspräliminarien (2. März) bis zum Friedensschluß in Frankfurt a. M. (10. Mai). Rückkehr. Einzug, S. 1014-1023.

387 *Emile Ollivier:* 1825-1913, französischer Politiker, bildete Anfang 1870 das erste parlamentarische Ministerium Kaiser Napoleons III.; die Gründung eines kleindeutschen Reiches in Norddeutschland war er zu tolerieren bereit, verfolgte aber in der Julikrise einen scharf nationalistischen Kurs und übernahm schließlich »leichten Herzens« die Verantwortung für den Kriegsausbruch. – *Großsiegelbewahrer:* im königlichen Frankreich der »Garde des sceaux«, der im Namen des Monarchen alle Erlasse siegelte; später Titel des französischen Justizministers. In England war das Amt des Großsiegelbewahrers mit dem des Lordkanzlers vereinigt. Von F. hier im Hinblick auf die Stellung Olliviers metaphorisch gebraucht. – *Kränchen ... Kesselbrunnen ... »Fürstenbrunnen«:* Emser Heilquellen. – *schottische Dame ... Übersetzerin des Faust:* F., der hier offensichtlich bemüht ist, ein anspielungsreiches Gesellschaftsgemälde zu entwerfen, meint vielleicht Anna Swanwick (1813-1899), eine Engländerin, die Übersetzungen der beiden Teile des »Faust« 1850 und 1879 vorgelegt hat und über bedeutende gesellschaftliche Beziehungen in England und Deutschland verfügte. – *cercle intime* (franz.): Gesellschaftskreis (mit sorgfältiger Begrenzung).

388 *Prinzessin Salm-Salm:* Felix Prinz von Salm-Salm (1828-1870), gefallen bei St. Privat (vgl. »Der Krieg gegen Frankreich«, Bd. 1.,

S. 352), war verheiratet mit Agnes Le Clerqu, einer Frankokanadierin, Tochter eines amerikanischen Obersten, die in ihrer Jugend Tänzerin und Zirkusreiterin gewesen war. Sie begleitete ihren Mann auch als dieser als General Kaiser Maximilians in Mexiko diente und suchte mit ihm zusammen den Kaiser durch Flucht aus der Gefangenschaft vor der Hinrichtung zu retten. Auch Salm wurde in Mexiko zum Tode verurteilt, durfte aber nach Europa zurückkehren. – »*ich hätte ihn gerettet*«: Für die Erzählweise F.s bezeichnende pikante Anspielung auf Vorgänge, die damals mutmaßlich Gesellschaftsklatsch waren. Die Prinzessin Salm – die 1875 auch vielbeachtete Memoiren veröffentlicht hat – soll, um den wachhabenden Oberst Palacios für den Fluchtplan zu gewinnen, sich ihm bei einem Treffen angeboten haben – woraufhin der Oberst aus dem Fenster gesprungen sei. – »*für die Abgebrannten in Pera*«: Pera, eine Vorstadt von Konstantinopel, ehemals Quartier der Gesandtschaften und Konsulate, wurde 1870 durch ein Feuer zur Hälfte zerstört. – Antoine Alfred *Herzog von Gramont* und Fürst von Bidache: 1819-1880, Diplomat, im Ministerium Ollivier Außenminister, ermöglichte durch seine Politik in der Frage der hohenzollerschen Thronkandidatur für Spanien, die auf Demütigung Preußens abzielte, Bismarcks Gegenschlag mit der »Emser Depesche«. – *Corps Legislatif* (franz.): in den französischen Verfassungen seit 1791 wiederholt verwendete Bezeichnung für die gesetzgebende Körperschaft. – *Baissier:* eigentlich Börsianer, der auf den Fall der Kurse (Baisse) spekuliert. – Karl Frhr. von *Werther:* 1809-1894, preußischer Diplomat, damals norddeutscher Botschafter in Paris. Der Herzog von Gramont hatte ihn vor der Abreise nach Ems auf die durch Hohenzollernsche Thronkandidatur entstandene politische Krise hingewiesen. – Vincent Graf *Benedetti:* 1817-1900, seit 1864 französischer Botschafter in Berlin. Er überbrachte König Wilhelm die französischen Forderungen.

389 *Die wirklichen Ursachen des Krieges:* Diesem Kapitel hat F. ein hier ausgelassenes Kapitel »Die vorgeblichen Ursachen des Krieges« vorangestellt, in dem ganz überwiegend aus amtlichen Depeschen und vor allem aus Briefen und Depeschen des Grafen Benedetti zitiert wird (nach Benedettis Buch »Ma Mission en Prusse«, 1871).

392 Hermann von *Thile:* 1812-1889, Staatssekretär im Auswärtigen Amt, hatte sich gegenüber dem französischen Geschäftsträger in Berlin Le Sourd weisungsgemäß geäußert, »daß die Angelegenheit für das preußische Gouvernement nicht existiere«.

393 *Gloire-Bedürfnis:* gloire (franz.): Ruhm.

397 »*Refuges of lies*« ... *Thomas Carlyle:* In einem Brief an die »Times«, der von der Zeitung am 18. Nov. 1870 abgedruckt wurde, nahm C. (1795-1881), Bewunderer Preußens, im Gegensatz zur herrschenden Meinung in der englischen Presse in dem deutsch-französischen Konflikt leidenschaftlich die deutsche Partei und gebrauchte dabei auch die von F. zitierten Worte. Die »Times« distanzierte sich von dem

Brief des berühmten Schriftstellers in einem in der gleichen Nummer erschienen Leitartikel. – *Benefizium:* Wohltat, Begünstigung.

398 Edmond *Leboeuf:* 1809-1888, 1870 Marschall von Frankreich. Seine im Juli 1870 als Kriegsminister abgegebene Erklärung, das französische Heer sei »archiprêt« (erzbereit), ist als eklatantes Beispiel offizieller Fehleinschätzung immer wieder zitiert worden. – *1830 . . . mit der Eroberung Algiers:* F. spricht hier zugleich von seinen frühesten Erfahrungen mit Zeitungslektüre, vgl. dazu »Meine Kinderjahre«, 12. Kap.: »Von Sommer 1830 an aber trat die Zeitung an die Stelle des . . . Kühnschen Bilderbogens . . . Es war aber immer Mittagsstunde . . . Und nun begann die Lektüre, die sich durch den ganzen Sommer hin, fast ausschließlich auf das unter der Überschrift »Frankreich« Stehende beschränkte. Polignacs Ordonnanzen interessierten mich wenig. Als dann aber die französische Flotte unter Admiral Duperré vor Algier erschien und die Beschießung anhob und dann General Berthézène mit seiner Division den Kirchhof in Nähe der Stadt angriff und nahm und der Dey mit seinem Harem um freien Abzug bat, da kannte mein Entzücken keine Grenze, das auch nicht mehr voll erreicht wurde, als ich hörte, daß Karl X. gestürzt und Louis Philipp König geworden sei.« (HF III, 4, S. 110) – *gradatim* (lat.): stufenweise, nach und nach.

399 *die Zuaven:* In einer »Paris, 15. Oktober 1856« datierten Korrespondenz für die »Neue Preußische (Kreuz-)Zeitung«, betitelt »Am Tage von Jena auf der Brücke von Jena«, hat F. diese Truppe bereits während seines ersten Aufenthalts in Paris beschrieben: »Wenn andere Truppen durch ihren Gesamtkörper wirken, so wirkt hier das Individuum. . . . Es sind Charakterköpfe vom ersten bis zum letzten Mann, und die ersichtliche Leichtigkeit, um nicht zu sagen Grazie, mit der sie ihre Waffen tragen und dem Klange der Musik im Geschwindschritt folgen, muß jeden bezaubern, der ein Auge und ein Interesse für militärische Schauspiele hat. – Aber hier schließt meine Bewunderung. . . . Diese Zuaven, was sind sie? Sie sind der Typus, die Quintessenz des französischen Wesens. In ihrem unbestrittenen Mut mischt sich jene glaubens- und herzensleere Frivolität, die sie mit einem Witz oder einem Fluch auf der Lippe sterben läßt, und jene vielgerühmte ›Gutmütigkeit‹, die den einen oder andern antreibt, ein Kind zu wiegen oder ihm die Flasche zu geben, geht Hand in Hand mit der ganzen Selbstsucht und Rücksichtslosigkeit des Verführers.« (HF III, 1, S. 139) F. schließt mit der Warnung: »bewahre uns Gott in Gnaden vor ihnen, wenn die Grenze keine Grenze mehr ist und bei dem Spiel der Schlachten unsere Würfel schlechter fallen als die des Gegners« – die Korrespondenz scheint insgesamt aussagekräftiger in bezug auf ein bestimmtes, von Faszination und Abneigung beherrschtes Interesse des deutschen Publikums als auf F.s noch von wenig persönlicher Kenntnis gespeistes Urteil über Fankreich.

401 *polytechnischen Schule . . . Schule von Saint-Cyr:* die Ecole polytech-

nique zu Paris, Vorschule für Offiziere und technische Beamte, 1794
gegründet, und die Militärfachschule Ecole spéciale militaire de Saint-
Cyr, 1803 in Fontainebleau gegründet (später verlegt), die wichtigsten
Ausbildungsstätten für Heeresoffiziere. – Charles Auguste *Frossard*:
1807-1875, französischer General, 1870 Kommandeur des 2. Armeekorps, wiederholt von F. erwähnt; »Gouverneur des kaiserlichen
Prinzen« war er 1867 geworden.

402 Carl Abel *Douay*: 1809-1870, französischer General, 1869 Inspekteur
der Schule von Saint-Cyr, 1870 Kommandeur des 7. Armeekorps; F.
beschreibt auch das Treffen bei Weißenburg, wo D. fiel. – Louis Jules
Trochu: 1815-1896, französischer General, leitete als Generalgouverneur von Paris die Verteidigung der Stadt während der deutschen Belagerung. In seinem Buch »L'armée française en 1867« (Paris 1867),
das ihm zunächst die Gunst des Hofes gekostet hatte, war das preußische Wehrsystem als vorbildlich empfohlen worden.

403 *victrix causa* (lat.): die siegreiche Sache. – Jean Gilbert Victor Herzog
von *Persigny*: 1808-1872, französischer Staatsmann, von 1855-58
und von 1859-60 Gesandter in London und bereits in dieser Funktion
dem Korrespondenten F. bekannt, der ihn in seinen Aufsätzen über
die Londoner Presse erwähnt (N XIX, S. 191 f.).

404 *vae victis* (lat.): Wehe den Besiegten.

405 *Eclaireurs* (franz.): Spitzen und Patrouilleure im Sicherheitsdienst,
auch Aufklärer; Napoleon I. hatte zu diesem Zweck besondere Einheiten errichtet (Jäger zu Pferd). – *à la Daumont*: franz. Attelage à la
Daumont, Vier- oder Sechsgespann mit Stangenreiter.

406 André Charles Victor Graf *Reille*: 1815-1887, seit 1860 Generaladjutant Kaiser Napoleons III. – *Glanztage König Jeromes*: Jerome Bonaparte (1784-1860), jüngerer Bruder Napoleons I., erhielt 1807 das
neugegründete Königreich Westfalen, das er bis 1813 lebenslustig
und verschwenderisch regierte.

407 *Grafen von Flandern*: den Titel eines Grafen von F. führt jeweils der
zweitälteste Sohn des Königs von Belgien oder der nächste Thronfolger nach dem Kronprinzen.

414 *Kaiserin Eugenie ... Winterreise von Chislehurst*: E. Marie de Guz-
man, Kaiserin der Franzosen (1826-1920) floh nach der Gefangennahme Napoleons III. in Sedan und dem Ausbruch der Revolution in
Paris nach England, wo sie zu Chislehurst, unweit London, ihren Aufenthalt nahm.

415 *Napoleon III. (Versuch einer Charakteristik)*: Der Titel ist dem In-
haltsverzeichnis von F.s Kriegswerk entnommen; er fehlt, wohl durch
ein Versehen, im Text.

416 *Roués* (franz.): Wüstlinge. – *Demimonde* (franz.): Halbwelt. – *Selbst
die Belletristik, die wohlfeilste aller Künste ... ist ... unter dem zweiten Kaiserreich verkommen*: Das groteske Fehlurteil verrät nicht nur
Unkenntnis der damaligen französischen Literatur, die sich glänzend
entfaltete (1857, Flaubert, »Madame Bovary«), sondern auch das

Ressentiment gegen den Roman als Gattung, das in Deutschland verbreitet war – das Romanwerk F.s, das 1878 mit »Vor dem Sturm« zu erscheinen begann, ist auch vor diesem Hintergrund zu sehen. – Alexander William *Kinglake:* 1809-1891, ließ sein achtbändiges Werk »The Invasion of the Crimea« von 1863 bis 1887 erscheinen. – Ludwig *Bamberger:* 1823-1899, Politiker und Publizist, 1848/49 am pfälzischen Aufstand beteiligt, zu Zuchthaus verurteilt, floh ins Ausland und lebte bis 1866 als Bankier in Paris, wo er den Kaiser und die tonangebende Gesellschaft aus eigener Anschauung zu studieren Gelegenheit fand; B. wurde ein Anhänger und Berater Bismacks, nach dem Bruch mit diesem ein Vertrauter des Kronprinzen und späteren Kaisers Friedrich III.

418 *Putsch von Boulogne:* Louis Napoleon, seit dem Tod des Herzogs von Reichstadt (1832) das anerkannte Haupt der napoleonischen Dynastie, unternahm 1840 (nach der Heimholung der Leiche Napoleons I., die einen Höhepunkt des Napoleon-Kultes darstellte) einen Versuch, sich des Thrones zu bemächtigen. Die Landung bei Boulogne endete jedoch, da sich niemand für ihn erklärte, mit seiner Gefangennahme.

419 *Straßburg:* Bereits 1836 hatte Louis Napoleon einen Versuch unternommen, sich zum Staatsoberhaupt ausrufen zu lassen, wurde jedoch in der Finkmattkaserne in Straßburg verhaftet und nach Amerika verbannt. – Marie Anne *Lenormand:* 1772-1843, seinerzeit berühmte Kartenschlägerin, auch von Zar Alexander I. zu Rate gezogen.

420 Daniel Douglas *Home:* 1833-1886, aus Schottland gebürtiger Geisterbeschwörer, der auch bei Hof Zugang fand. – *Achille Fould:* 1800-1867, französischer Politiker, zwischen 1849 und 1867 fünfmal Finanzminister. – Jean François Constant *Mocquard:* 1791-1864, erwarb sich um Napoleon III. besondere Verdienste bei der Durchführung des Staatsstreichs vor 1851.

421 Eugène *Rouher:* 1814-1884, französischer Staatsmann, 1870 Präsident des Senats, später im Ausland Führer der kleinen bonapartistischen Partei. Die Bezeichnung »Vizekaiser« stammt von Ollivier. – *eine militierende Partei:* von franz. »militer«, widerstreiten.

422 Camillo Graf Bensi di *Cavour:* 1810-1881, italienischer Staatsmann, der von Sardinien-Piemont aus die nationale Einigung bewirkte. – *»Lügen-Louis«... »Soulouque der Größere«:* F. nimmt im folgenden, passagenweise wörtlich, bezug auf seine Darstellung in »Aus den Tagen der Okkupation«, Bd. 2, ›Wilhelmshöhe‹, wo er sich in einem ›Schlußwort‹ mit den Urteilen über Napoleon III. und besonders auch mit den zitierten Äußerungen auseinandersetzt, die von Johannes Scherr (1817-1886) in seinem Aufsatz »Tagebuch vom Berge« (erschienen in dem Sammelband »Farrago«, Leipzig 1870) geäußert wurden. Faustin *Soulouque* (1782-1867) war ein vom Sklaven zum General und Präsidenten aufgestiegener Diktator von Haiti, der sich 1849 als Faustin I. zum Kaiser krönen ließ, nach der Revolution 1859 abdanken mußte.

423 *der eiserne Zar Nikolaus:* Nikolaus I. (1796-1855) 1825 Zar von Rußland, oft bei F. erwähnt, der ihn in Windsor auch selbst gesehen hatte;
vgl. etwa »Der Stechlin«, 4. Kap. (HF I, 5, S. 45). – *Après lui le deluge* (franz.): Nach ihm die Sündflut, Abwandlung eines Ausspruchs,
der Madame de Pompadour, der Mätresse Ludwigs XV. von Frankreich, zugeschrieben wird. – *»faute de mieux«* (franz.): in Ermang-
lung eines Besseren. – *das Gambetta-Regiment:* Vgl. S. 439 und
Anm.

424 *»Chevalier d'Industrie«:* Glücksritter, eleganter Betrüger. – *sein
»spanisches Weib«:* Kaiserin Eugenie (vgl. Anm. zu S. 414) war eine
spanische Gräfin.

426 *William* Howard *Russell:* 1820-1907, englischer Journalist, der als
Korrespondent im englischen Hauptquartier an den Schlachten des
Krimkriegs und an der Belagerung von Sewastopol teilnahm und
durch seine schonungslosen Berichte über die Mißstände in der Armee Respekt und Ansehen gewann. Er berichtete auch aus Indien
während des Sepoy-Aufstands, aus Nordamerika während des Bür-
gerkriegs und 1866 aus dem österreichischen Hauptquartier, schließlich 1870/71 aus dem deutschen Hauptquartier. F. wurde bereits während seiner Korrespondententätigkeit auf den »Vater der Kriegsbe-
richterstattung«, wie man R. nannte, aufmerksam. Als F. selbst begann, als Journalist über die Feldzüge seiner Zeit zu schreiben, mußte
sein Interesse an den mit solcher Berichterstattung verbundenen Problemen noch zunehmen. Der hier ausgewählte Abschnitt ist dem Kapitel »Vor der Süd- und West-Front von Paris bis Ende October«, ›Versailles‹ entnommen. – *v. d. Tann:* Vgl. S. 51 und Anm. – *Kronprinz:*
Vgl. S. 119 und Anm.

428 *Prinz Friedrich Karl:* Vgl. S. 119 und Anm.

431 *Mr. Home:* Vgl. S. 420 und Anm.

437 *retraite honorable* (franz.): ehrenvoller Rückzug. – *»by bothering
him«* (engl.): indem er ihn bedrängte.

438 *Rencontre* (franz.): Zusammenstoß, feindliche Begegnung.

439 *Léon Gambetta:* 1838-1882, französischer Staatsmann, proklamierte
am 4. Sept. 1870 in Paris die Republik und organisierte als Innen-,
später auch als Kriegs- und Finanzminister der Regierung der nationalen Verteidigung die Volksheere zum Entsatz von Paris. – In einer
1877 unter dem Pseudonym »Pequin« (ironisch-abfällige Bezeichnung für ›Zivilist‹) in der Zeitschrift »Die Gegenwart« erschienenen
Rezension über das Werk von Colmar v. d. Goltz, »Léon Gambetta
und seine Armeen« hat F. sich ein weiteres Mal mit der Persönlichkeit
Gambettas auseinandergesetzt, die er uneingeschränkt bewunderte
und gegen die Kritik Goltz' in Schutz nahm (Wiederabdruck der Rezension in N XIX, S. 779-788; vgl. dazu auch F.s Brief an Paul Lindau, den Herausgeber der Zeitschrift, vom 25. Juli 1877, HF IV, 2,
S. 558 f.). – *Barreau* (franz.): hier: Antwaltskammer.

440 *Depesche des damaligen Grafen Bismarck:* die von dem – inzwischen

in den Fürstenstand erhobenen – Grafen Bismarck in provokativer Absicht redigierte und der Presse zur Veröffentlichung übergebene Depesche über die Vorgänge in Bad Ems (vgl. S. 389), aus denen sich der Krieg entwickelte. F. gibt den Wortlaut der Depesche in dem Kapitel »Die Vorgänge in Paris« (»Der Krieg gegen Frankreich«, Bd. 1, S. 30) und kommentiert: »Im uebrigen darf gern zugegeben werden, daß Graf Bismarck, als er obiges Telegramm – das man ihm persönlich zuschreibt – nach aus Ems eingetroffenen Mittheilungen redigirte, die Absicht hatte, den Bruch zu fixiren, ein *abermaliges Friedensflickwerk unmöglich* zu machen. Wenigstens würde das Gegentheil ihn uns minder groß erscheinen lassen. Er wußte ganz genau, daß Frankreich den Krieg entweder *wollte* oder ihn wollen *mußte,* was für uns dasselbe bedeutete. Die Unvermeidlichkeit des Krieges war also gewiß, und dieser Gewißheit gegenüber konnte es sich für uns nicht darum handeln, eine mit Einbuße an Ehre und Ansehen zu erkaufende *Frist* zu gewinnen, sondern kam vielmehr Alles darauf an, einen günstigsten Moment zu erfassen. Ein solcher war für uns am 12. und 13. Juli gegeben. Momentan unvorbereitet, wurde doch diese äußerliche Ungunst durch die moralische Gunst der Situation mehr als aufgewogen und deshalb griff Graf Bismarck zu. Sein Telegramm schuf nicht den Krieg, sondern zwängte ihn nur in die richtige Stunde.« Vgl. auch das Gespräch über Bismarck in »Irrungen, Wirrungen«, 7. Kap. (HF I, 2, S. 354). – *levée en masse* (franz.): das allgemeine Aufgebot (der Wehrfähigen).

445   *das Schloß von Ferrières:* Das Schloß gehörte Baron Rothschild; dorthin war am 19. September 1870 das Große Hauptquartier verlegt worden.

446   *Prinzessin Mathilde:* 1820-1904, Tochter Jérôme Bonapartes, nach der Thronbesteigung Napoleons III. zur Prinzessin von Frankreich erklärt; ihr Salon, in dem auch viele Schriftsteller verkehrten, war der bedeutendste von Paris. – *Graf Harry von Arnim:* 1824-1881, preußischer Diplomat, wurde 1872 Botschafter in Paris, erregte, weil er die Unterstützung monarchistischer Bestrebungen in der französischen Republik befürwortete, den Unwillen Bismarcks, der 1874 seine Abberufung veranlaßte. Da sich der Botschafter bei seinem Abgang dienstliche Dokumente angeeignet haben sollte, kam es zum Arnimschen Prozeß, vgl. »Irrungen, Wirrungen«, 7. Kap. (HF I, 2, S. 355 und Anm.).

451   *Friedrich* Hartwig *Eggers:* 1819-1872, Professor an der Königlichen Akademie der Künste, Schriftsteller, mit F. befreundet, vgl. den ihm gewidmeten Abschnitt in »Von Zwanzig bis Dreißig«, ›Der Tunnel über der Spree‹, 3. Kap. (HF III, 4, S. 342-347).

452   *Und siehe da, zum dritten Mal:* Nach den festlichen Einzügen 1864 und 1866 – denen F. ebenfalls Gedichte gewidmet hatte, vgl. HF I, 6, S. 238 und 242 – war es der dritte Triumphzug der siegreichen Truppen. F.s Verse erschienen zuerst im »Berliner Fremden- und Anzei-

genblatt«, dessen Herausgeber am 16. Juni 1871 Rudolf von Decker, der Verleger von F.s Kriegsbüchern, war. Zu den zahlreichen Wortspielen mit den Regimentsnamen – *Elisabether, Alexandriner, Franziskaner, Augustiner* – und den Namen umkämpfter Örtlichkeiten – *Chlum, Privat, Mars la Tour* – vgl. die Anm. zum Abdruck in dem Band »Gedichte« in dieser Ausgabe (HF I, 6, S. 244 ff.). – *das große Portal:* das Brandenburger Tor.

453　*Fritzen-Denkmal:* das Reiterdenkmal Friedrichs des Großen von Rauch (1777-1857), dessen Enthüllung 1851 von F. bereits durch ein Gedicht gefeiert worden war (»Der alte Fritz«, HF I, 6, S. 563). – *Reiterstandbild seines Vaters:* das mit mehreren Sockelfiguren versehene Denkmal Friedrich Wilhelms III. im Lustgarten, geschaffen von August Wolff (1814-1892), einem Bildhauer der Rauchschen Schule.

ZUR KUNST UND KUNSTGESCHICHTE

Einführung

Es gehört viel dazu, aus der Gegenwart heraus unbefangen über die˙ Gegenwart zu urteilen.

Franz Kugler, 1851

Am 13. Dezember 1895 schrieb F. an Maximilian Harden: »Ich habe mein Leben unter Malern verbracht [...], ich darf sagen, daß ich eine große Bilderkenntniß habe, fast wie ein Auktionator« (HF IV, 4, S. 511). Das klingt wie eine Rechtfertigung und trifft in der Tat einen Punkt, der F. bei seiner Auseinandersetzung mit Werken der Malerei seiner Zeit, aber auch früherer Kunstepochen immer wieder beschäftigt hat, die Frage nämlich, wer darf und wie darf man sich zu Kunstformen äußern, bedarf es einer Legitimation oder worauf kommt es an. F. hat weder gemalt, noch war er in irgendeiner Weise zur Kunstbetrachtung vorgebildet. Was ihn dazu trieb, scheint neben der ihn ständig begleitenden Brotsorge ein besonderes Interesse an Malerei überhaupt und die Neigung gewesen zu sein, gerade bildende Kunst als geistig-soziales Phänomen der eigenen Gegenwart zu begreifen.

F.s Schriften zur Kunst beanspruchen im Werkzusammenhang eher eine Randstellung. Sie bestehen im wesentlichen aus Ausstellungskritiken, Lexikonartikeln über bildende Künstler und – in geringem Umfang – Buchrezensionen. Ein Großteil dieser Schriften fand sich in einem mit »Kritiken über Bilder« beschrifteten Konvolut im Nachlaß F.s. Wurden sie aus Ordnungssinn gesammelt oder im Hinblick auf eine spätere schriftstellerische Wiederverwertung? – die autobiographischen Zeugnisse, die seine Kunstschriftstellerei kaum erwähnen, geben insoweit keine Aufschlüsse.

Die hier zusammengestellten Berichte über die alle zwei Jahre stattfindenden Berliner Akademie-Ausstellungen zwischen 1860 und 1874 stellen den größten thematisch zusammenhängenden Komplex der kritischen Schriften F.s zur deutschen Kunst dar. Bis auf die Ausstellungsbesprechung 1860, die in der Wiener Zeitung »Das Vaterland« erschienen ist, wurden alle übrigen Kritiken in der Berliner Tagespresse veröffentlicht: in der Allgemeinen Preußischen (Stern-)Zeitung (1862), der Neuen Preußischen (Kreuz-)Zeitung (1864, 1866) und der Vossischen Zeitung (1872, 1874). Es ist ein Schönheitsfehler in der Reihe dieser Auswahl, daß sie keine Besprechungen der Akademie-Ausstellungen der Jahre 1868 und 1870 enthält. Wir wissen nicht, ob F. über die Ausstellung 1868 berichtet hat oder wegen der Arbeiten an seinem 66er Kriegsbuch, das ihm während der Ausstellungsmonate September/Oktober 1868 »auf den Nägeln brannte« (an Mathilde von Rohr, 28. Okt. 1868, Briefe 3, S. 80), aus Zeitmangel nicht dazu kam. Wir wissen lediglich, daß er die Ausstellung wiederholt besucht hat (vgl. z. B. Brief an Emilie Fontane v. 21. Okt. 1868, HF IV, 2, S. 222). So ist es durchaus möglich, daß er über das dort Gesehene auch etwas geschrieben hat. Aber wo? Die Kreuzzeitung brachte in gewohnter Ausführlichkeit Berichte, die überwiegend unsigniert sind und denen die F.sche Prägung fehlt. Eine Besprechung der Akademie-Ausstellung 1870 durch F. ist dagegen nicht zu vermuten; wenige Wochen nach Ausstellungseröffnung befand er sich bereits auf dem Kriegsschauplatz in Frankreich und anschließend in französischer Kriegsgefangenschaft. Die deutlich geringer werdende Zahl seiner Ausstellungskritiken in den 70er Jahren und schließlich sein völliges Verstummen hängen zusammen mit F.s Ausscheiden aus der Redaktion der Kreuzzeitung 1870 und mit der anschließenden Übernahme der Theaterkritik für die Vossische Zeitung. »Legitimer Beherrscher« (s. o. S. 657) der Kunstkritik der Vossischen war Ludwig Pietsch, für den F. 1872 und 1874 nur vertretungsweise einsprang. Inzwischen waren zudem andere Interessen in den Vordergrund getreten: Das Romanwerk bereitete sich vor. Das bedeutete zwar keinesfalls eine Abkehr vom Kunstbetrieb der Zeit. F. hat nachweislich bis ins hohe Alter lebhaften Anteil am Ausstellungsleben Berlins genommen. Seine schriftstellerischen Intentionen aber hatten sich zunehmend vom Journalisten weg zum Romancier hin verlagert.

F.s Ausstellungskritiken sind nicht in einem Zuge niedergeschrieben, sondern das Resultat mehrerer Ausstellungsbesuche, das Ergebnis eingehender Studien vor den Bildern und Bildwerken selbst. Es sind Plaudereien zur kulturellen Unterhaltung und geistigen Anregung der heterogenen Leserschaft von Tageszeitungen. Aus dem Augenblick entstanden und für den Augenblick geschrieben, liefern sie einen interessanten Spiegel feuilletonistischer Kunstkritik dieser Jahre und bewahren einen – wenn auch lokal begrenzten – Einblick in die Kunstströmungen und den Kunstgeschmack einer Zeit, die zu den von Kunsthistorikern kaum behandelten, da am wenigsten geschätzten, des 19. Jahrhunderts gehört. Insofern stellen Ausstellungskritiken aus dieser Zeit eine willkommene Ergänzung zu den Ausstellungskatalogen dar, da wir durch sie vom Kunstschaffen jener Epoche mehr erfahren und ein getreueres Bild der zeitgenössischen Rezeption von Kunst gewinnen als durch die schmale Werkauswahl, über die unsere Museen heute verfügen.

Für die F.-Forschung sind diese Kunstkritiken in mehrfacher Hinsicht von Interesse: Einmal dokumentiert sich in ihnen eine über das Alltägliche hinausgehende bemerkenswerte und später im Spiegel des Romanwerks nachweisbare Anteilnahme des »mittleren« F. am Kunstschaffen seiner Zeit. Bezeichnenderweise fällt 1865 in dem Bericht über die Reiseeindrücke vom Thorwaldsen-Museum in Kopenhagen das Wort von seinem »der Kunst und Dichtung von Jugend auf zugeneigten Leben« (HF III, 3/I, S. 688). Die Reihenfolge »Kunst und Dichtung« sollte zu diesem Zeitpunkt nicht verwundern. Die Balladenkunst gehörte dem »frühen« F. an, jetzt, in der Lebensmitte, scheint er bestrebt gewesen zu sein, neben der in erster Linie historisch orientierten Reiseschriftstellerei auch auf dem Gebiet der

Kunstschriftstellerei Fuß zu fassen. Ein naheliegender Schritt, geht doch beides oft Hand in Hand. Zum andern zeigt sich in diesen Kritiken F.s Bemühen, vom besonderen Bild oder Bildwerk ausgehend Fragen der Ästhetik zu erörtern, die bildende Kunst und Dichtung miteinander verbinden oder trennen. Das geschieht auf eine sehr subjektive Weise und dient der eigenen Standortbestimmung in beiden Richtungen. Schließlich enthalten diese Kunstberichte reiches Material über F.s in den 60er Jahren intensiv geführte Auseinandersetzung mit Fragen des Realismus und dessen künstlerischer Gestaltung – gleichgültig ob mit Farben oder mit Worten –, die gelegentlich vielleicht schon im Hinblick auf erste Vorstellungen, einen historischen Roman zu schreiben (»Vor dem Sturm«), durchdacht werden (vgl. z. B. die Erörterung des Anekdotischen in der Kunst S. 505 f.). So gewähren diese Kunstkritiken einen wertvollen Einblick in das Realismus-Verständnis des »mittleren« F., das wesentlich mit den Auffassungen der »Tunnel«- und »Rütli«-Freunde Franz Kugler, Wilhelm Lübke, Hugo von Blomberg und Adolph Menzel übereinzustimmen scheint.

F.s Wanderungen durch die Berliner Akademiesäle gehören zwar zu den abseitsgelegenen, jedoch keineswegs zu den zu vernachlässigenden Teilen seines Œuvres. Es ist zu bedauern, daß die F.-Forschung bisher so wenig Notiz davon genommen hat. Gewogen und zu leicht befunden – das war jahrzehntelang das Urteil, das die Literaturkritik für F.s Schriften zur Kunst bereit hatte. Hermann Frickes und Wilhelm Vogts Bemühungen aus den 40er Jahren, F. als »Kunstbetrachter« ins Gespräch zu bringen und die Bedeutung der Kunst im Zusammenhang von Leben und Werk herauszustellen, scheiterten letztlich an der Unzugänglichkeit der kunstkritischen Schriften selbst. Erst in den 60er und 70er Jahren, im Zuge der Wiederentdeckung F.s und der Bemühungen um die Herausgabe seines Gesamtwerks, das auch die Schriften zur Kunst einschloß, war es möglich, einen Überblick über die Aufsätze zur Kunst zu gewinnen und frühe Werturteile zu überprüfen. Seither hat das Bild des Kunstkritikers F. Korrekturen erfahren. Vor allem die in den Fontane-Blättern publizierten Arbeiten von Sonja Wüsten haben dazu beigetragen, das überfällige Thema Fontane und die bildende Kunst in Gang zu setzen. Daß es über dieses In-Gang-Setzen bisher nicht wirklich hinausgekommen ist, hat verschiedene Ursachen, nicht zuletzt wohl auch die, daß die kunstkritischen Schriften eine Zeit behandeln, aus der sich nur wenige Kunstwerke bis auf unsere Tage herübergerettet haben. Bilder und Bildwerke aus den Jahrzehnten unmittelbar vor und nach der Reichsgründung verdanken ihr Überleben überwiegend einer zufälligen privaten oder öffentlichen Wertschätzung. Sie zogen in öffentliche Sammlungen ein, ohne daß sie für sich allein genommen den Anspruch erfüllen könnten, repräsentativ für jene Zeit zu sein. Wo aber wesentliches Anschauungsmaterial im Original fehlt, da fehlt die Grundlage, dem Kunsturteil von einst abwägend gerecht zu werden. Dem Anhang ist eine Anzahl Abb. beigefügt, die zur Einstimmung in das Kunstschaffen der Zeit dienen und eine ungefähre Vorstellung von besprochenen Kunstwerken geben können.

Uns erstaunt heute der breite Raum, den F.s Akademie-Ausstellungskritiken in den Zeitungen eingenommen haben. Mehrere Fortsetzungsfolgen, nicht selten über den gesamten Zeitraum der Ausstellungsdauer verteilt, mitunter noch nach Ausstellungsende fortgeführt – das war keineswegs eine Spezialität F.scher Berichterstattung. Die auch in anderen Zeitungen und Zeitschriften geübte Ausführlichkeit dokumentiert den Stellenwert der Akademie-Ausstellungen im geistigen Leben Berlins und setzt ein Bedürfnis nach eingehender Information bei der Leserschaft voraus.

Über die Bedeutung der in jedem zweiten Herbst für zwei Monate stattfindenden Berliner Akademie-Ausstellungen in den Jahrzehnten um die Jahrhundertmitte ist in Franz Kuglers Aufsatz »Über die gegenwärtigen Verhältnisse der Kunst zum Leben« (1837) nachzulesen: »[...] die Zeit der Ausstellungen [...] wird allgemein als eine freudige Festzeit begrüßt. Alles ist in aufgeregter Spannung, Alles nimmt Partei für und wider die Leistungen der bedeutendsten Schulen. Der Uebelstand, welchen hier [...] das Zusammenhäufen verschiedener Dinge im engen Raum hervorbringt, wird in der allgemeinen Spannung weniger empfunden, auch zieht sich über alle Werke das gemeinsame Band, daß sie eben den Geist der neusten Kunst aussprechen, und diese Zusammenstellung kommt wenigstens dem Begehren nach Vergleichung des Einzelnen untereinander fördersam entgegen und dient zur anmuthigsten Zerstreuung« (Kleine Schriften und Studien zur Kunstgeschichte, Bd. 3, Stuttgart 1854, S. 219f.). Auch wenn die Akademie-Ausstellungen nur einen Bruchteil des Kunstschaffens der Zeit repräsentierten und Werke von monumentaler Bedeutung damals wie in den folgenden Jahrzehnten durchweg ausblieben, so nahm die öffentliche Teilnahme an den Ausstellungen in den folgenden Jahrzehnten noch beträchtlich zu. In Zahlen ausgedrückt: Die Kunstausstellung 1864 beispielsweise erlebte während der ersten vier Wochen einen derartigen Zuspruch, »daß sich für jeden Tag im Durchschnitt 500 Besucher mehr [!] als bei der letzten Ausstellung« 1862 ergaben (vgl. Anm. zu S. 561). Diese breite Teilnahme am Kunstschaffen der Zeit war erwünscht und wurde als »wichtiger Factor im nationalen Kunstleben« bewertet (Wilhelm Lübke: Die heutige Kunst und die Kunstwissenschaft, in: Zeitschrift für bildende Kunst, 1866, Beiblatt I, S. 7). Haftete der Beschäftigung mit Kunst in den ersten Jahrzehnten des Jahrhunderts etwas Exklusives an, das nahezu identisch war mit aristokratisch, so hieß es nun: »Die Zeit ist vorbei, wo die Kunst nur ein Spiel vornehmer Launen, ein Luxus der Hochstehenden war. Sie hat wieder angefangen, Gemeingut Aller zu sein« (Wilhelm Lübke, zit. in: Die Aufgabe der Kunstgeschichte, in: Zeitschrift für bildende Kunst, 1867, Beiblatt II, S. 42). Diese Entwicklung war in erster Linie nicht aus dem Selbsterhaltungstrieb der Künstlerschaft entstanden, sondern war Teil einer positiven national-ideellen Stimulierung und eines national-pädagogischen Konzepts.

»In dem Volke selbst«, schrieb Franz Kugler 1837 (a.a.O., S. 206f.), »muß ein künstlerischer Sinn vorhanden sein, wenn die Kunst in ihm heimisch werden und nicht als ein exotisches Gewächs, als eine Treibhauspflanze dastehen soll. Durch alle Kreise der Gesellschaft muß das Gefühl, die Überzeugung verbreitet sein, daß die Kunst zu den wesentlichen Interessen des Lebens gehöre, daß ohne sie das irdische Dasein nicht seiner Vollendung entgegenzuführen sei. Ohne das allgemeine Bedürfnis nach einer künstlerischen Gestaltung des Lebens ist eine vollendete Blüthe der Kunst nicht denkbar.« Das Bedürfnis nach Kunst als Voraussetzung für das Gedeihen von Kunst – im Sinne dieser positivistischen Wechselwirkung von Kunst und Leben, die nach der Jahrhundertmitte in der publizistischen Kunstkritik oft wiederholt wird, erhält Kunst eine gesellschaftliche Funktion. In den 60er Jahren kommt verstärkt der F. schon aus England vertraute Gedanke hinzu, Kunst als Mittel der Bildung zu fördern. So ließ sich Lübke 1866 vernehmen, daß »eine gediegenere ästhetische Bildung unserem Volke dringend zu wünschen« sei, es komme vor allem darauf an, »der idealen Grundstimmung, mit welcher der deutsche Volksgeist glücklicher Weise gesegnet ist, die gesunde Richtung zu geben und ihm zu seiner Erstarkung die rechte Nahrung zu bieten. Wie tief jener Idealismus in unsrem nationalen Gemüte Wurzeln geschlagen hat, erkennen wir daraus, daß selbst in einer Zeit, wo ein mehr praktischer Sinn erwacht ist, und das Volk die Ziele seiner politischen Einheit, Freiheit und Macht, die Probleme seines socialen Lebens ins Auge gefaßt hat, dennoch für die Freude am Schönen immer der Sinn offen geblieben, der Genuß edler Kunstwerke zu einem tiefen allgemeinen Bedürfnis erstarkt ist [...]. In diesem Sinne betrachten wir die Kunstwerke geradezu als eine nicht zu unterschätzende Hülfe bei der ethischen Durchbildung unsres nationalen Geistes, als Elemente einer umsichtigen Volkspädagogik« (Die heutige Kunst und die Kunstwissenschaft, a.a.O., S. 8).

Noch ein anderer Gesichtspunkt kam hinzu, der auf die einfache Formel gebracht wurde: »Wenn Wissen Macht ist, so ist Kunst Wohlstand« (Wilhelm Lübke, zit. in: Die Aufgabe der Kunstgeschichte, a.a.O., S. 42). Das Bürgertum begann sich nicht nur für Kunst zu interessieren, sondern in bedeutendem Umfang auch Kunstwerke zu erwerben. Speziell die Malerei entwickelte sich in der Publikumsgunst als einflußreichste unter den bildenden Künsten und war neben der Musik »Lieblingstochter des modernen Geistes« (Wilhelm Lübke: Die heutige Kunst und die Kunstwissenschaft, a.a.O., S. 5). Vor allem die Bildnismalerei wurde zur »milchenden Kuh« für die Künstler (Franz Kugler: Berliner Briefe (1848), in: Kleine Schriften und Studien zur Kunstgeschichte, a.a.O., S. 666), dagegen galt die Bildhauerei nach 1850 (Gottfried Schadows Todesjahr) als »Aschenbrödel der bildenden Kunst« und als »Stiefkind in der Gunst des Publikums« (ebd. S. 546). Das machte sich an den abnehmenden Zahlen der in den Akademie-Ausstellungen gezeigten Bildwerke empfindlich bemerkbar. Das Publikum hatte zunehmend an Einfluß gewonnen, so daß Herman Grimm 1874 im Hinblick darauf feststellen mußte: »Das Publikum ist eine selbständige Macht geworden« (Gutachten v. 13. 1. 1874, veröffentlicht v. Ekkehard Mai, in: Kunstschulreform 1900–1933, hrsg. v. Hans M. Wingler, Berlin 1977, S. 23).

An dieser Entwicklung war die Kunstkritik der Zeit nicht unerheblich
beteiligt gewesen. Bereits 1837 hatte Franz Kugler darauf hingewiesen, daß
dem großen allgemeinen Interesse, das den Ausstellungen entgegenge-
bracht werde, »vielleicht ein noch schärferer, noch mehr bestimmender,
ein die Erwartung und die Erinnerung noch länger fesselnder Punkt zu
wünschen« sei (Über die gegenwärtigen Verhältnisse der Kunst zum Leben, a.a.O., S. 220). Hier erwuchs der Kunstschriftstellerei die Aufgabe,
dem Beispiel der französischen Feuilletonisten folgend, die allgemeine Anteilnahme des Publikums an den Werken der Kunst zu wecken. Vor allem
die neuen illustrierten Familienzeitschriften fanden hierin ein reiches Betätigungsfeld. Aber auch die Tageszeitungen standen ihnen in nichts nach.
Wilhelm Lübke meinte 1866 vor einer damit einhergehenden Unsitte war-
nen zu müssen, indem er darauf hinwies, daß »mit wenigen ehrenvollen
Ausnahmen diese sogenannte ›Kunstkritik‹ in unfähigen Händen [ist];
man pflegt sie Literaten zu überantworten, die etwa wie der ›Dichter‹
Bellmaus in Freytag's Journalisten ›für Theater, Musik, bildende Kunst
und Allerlei‹ angestellt sind, und bei denen es noch als Glück betrachtet
werden muß, wenn sie wenigstens ebenso gutmüthig sind wie jener lyrische Dichter. Aber die kunstkritischen Bellmäuse sind nicht immer so
harmlos, und es fehlt nicht an Beispielen, daß sie den producirenden
Künstlern durch bösartige Tücke nachstellen« (Die heutige Kunst und die
Kunstwissenschaft, a.a.O., S. 8). Auch F. war während der 60er Jahre, aus
denen seine Kunstkritiken vorzugsweise stammen, politischer Redakteur,
Kunst- und Literaturkritiker in einer Person. Gleichwohl wird man ihn der
ersteren Kategorie von »Bellmäusen« zurechnen dürfen, auch wenn seine
Kritiken – bei näherem Zusehen – nicht immer so leicht wie die Feder
waren, mit der sie geschrieben wurden.
    Die Überantwortung der Kunstkritik an Literaten läßt sich auf französi-
sche Tradition zurückführen. Erinnert sei an Charles Baudelaires berühmten Aufsatz über den Pariser Salon 1846 »A quoi bon la critique?« (Was
nützt uns die Kritik?), in dem er als die beste Kritik diejenige herausstellte,
die parteiisch, leidenschaftlich, politisch ist und einen exklusiven Standpunkt einnimmt, der die weitesten Ausblicke eröffnet (»[…] la critique
doit être partiale, passionée, politique, c'est-à-dire faite à un point de vue
exclusif, mais au point de vue qui ouvre le plus d'horizons«). Das ist genau
der Standpunkt, den auch F. einnahm. Man kann F.s Schriften zur Kunst
nur im Rahmen dieses Zeitgeistes sehen, d. h. sie sind zunächst an F.s Gegenwart selbst zu messen und nicht, wie oft fast ausschließlich geschehen,
aus der abgeklärten Distanz späterer Übersicht.
    Über die Berechtigung zur Kunstkritik hat sich F. verschiedentlich, vor-
zugsweise in Briefen, verbreitet. Vor allem im Rütli, dem u. a. Kunstschriftsteller wie Friedrich Eggers, Kunsthistoriker wie Franz Kugler und
Hugo von Blomberg, Maler wie Adolph Menzel und August von Heyden
sowie Richard Lucae als Architekt angehörten, scheint es zu heftigen De-
batten über Kunstkritik und Kunstschriftstellerei gekommen zu sein. »Ueber das Schöne darf schließlich jeder sprechen, der dem Dienst des Schönen

ernsthaft nachgegangen ist«, meinte F. 1880, und er fügte einschränkend hinzu, »die Kritik muß klug und bescheiden geübt werden und muß sich bei jedem Wort *ihrer Grenzen bewußt bleiben*. Wer eine Kunst nicht selber übt, hat sein Lob und seinen Tadel an bestimmter Stelle schweigen zu lassen, nämlich da, wo das mangelnde Können auch sein Wissen lahm legt. Daß die Maler *aller* Kritik von Nicht-Malern überhoben sein möchten, ist ein Unsinn und eine Anmaßung. Ueber viele Dinge steht es dem Aesthetiker, dem Schönheitsverständigen allerdings zu, seine Meinung zu sagen« (an Emilie Fontane, 5. April 1880, HF IV, 3, S. 75). Seine Meinung »in aestheticis« öffentlich zu sagen, bedeutete für F. trotz oder gerade wegen seines »Laienauges« und des Eingeständnisses der »Begrenztheit« des eigenen Sachverstandes die willkommene Gelegenheit zur feuilletonistischen Plauderei, bei der die Vermittlung von Information getragen wurde von dem Vergnügen, auf stilistisch wohlgefällige Weise an dem »toujours perdrix« der zeitgenössischen Kunst Kritik zu üben. In lockerer Systematik, die teils durch die Ausstellungssäle vorgegeben war, teils durch die Bildinhalte bestimmt wurde, schilderte er seine sehr persönlichen Eindrücke, die er durch aperçuhafte Einsichten, überraschende Assoziationen, die auch außerästhetische Themen einbezogen, zu verdeutlichen suchte. Daß dies alles ohne die in der Kunstkritik der Zeit so verbreitete Dünkelei geschah, versteht sich bei F. von selbst.

Worin sah F. seine Aufgabe als Kunstkritiker? »Kritik hilft selten«, beklagte er sich 1862 resignierend, und ohne jede Illusion, auch nur irgendwie regulierend in die Produktivität eines Künstlers eingreifen zu können, kennzeichnete er seine Aufgabe als Kritiker so: »Aber wenn wir nicht die Macht haben, das einzelne Schaffen zu regeln, so haben wir doch die Macht und die Pflicht, die Grundsetze, nach denen geschaffen werden soll, vernehmlich und wiederholentlich auszusprechen« (s.o. S. 533). Das klingt so, als verfüge er über ein festes Programm zur Bewertung von Kunstwerken. Nichts wäre irreführender als das. Eine einseitige ästhetische Festlegung lag F. nicht. Er war sich stets bewußt, daß in ästhetischen Dingen Gesetze nur so lange gelten, »bis irgendein Kunstwerk die alten Satzungen glücklich durchbricht und neue Normen oder, innerhalb der alten, wenigstens glänzende Ausnahmen schafft« (s.o. S. 522). Er sah seine Aufgabe darin, Maler und Bildhauer immer wieder neu auf das hinzuweisen, was nach seiner Auffassung von einem realistischen Kunstwerk verlangt werden muß. Diese stets sehr subjektiv vorgetragene Auffassung bestand im wesentlichen darin, daß Kunst ohne ideale Anschauung gegen die Grundgesetze des Realismus verstoße, daß sich die »Bravour modernen Machenkönnens« (s.o. S. 631) nicht im oberflächlichen Erfassen des Stoffes erschöpfen dürfe, sondern mit einer poetischen Intention verbinden müsse, daß Gehalt und Form einander ergänzen müssen. Darin spiegelt sich die Bindung an eine Gehaltsästhetik, die ihre Wurzeln in der frühen Romantik hat, für F. die »gesunde«, die »ehrliche« Romantik, »die allein Poesie ist« (an Wilhelm von Merckel, 25. Okt. 1858).

Feuilletonistische Kunstkritik als »bloßes Annoncenwesen« für die aka-

demischen »Buntleinwand-Messen« – das war F.s Sache nicht. »Zu dieser
Art von Schleppendienst haben wir uns nun allerdings nicht verstehen
können. Wir wünschen den Malern die beste Ernte, aber unsere allerletzte
Pflicht ist die, ihnen diese Ernte machen zu helfen. Wir erkennen keine
andere Pflicht an, als in einer Zeit des bloßen Machen-könnens, andrerseits
der spleenhaftesten Verschrobenheiten, immer wieder auszusprechen,
worauf es ankommt, und mit *dieser* Elle die wirklichen und die sein sollenden Kunstwerke zu messen« (s. o. S. 612 f.). Diese Einstellung bedeutete
eine Abkehr von den »ehrwürdigen Traditionen« der hauptstädtischen
Kunstkritik, die in unkritischem Lokalpatriotismus darum bemüht war,
möglichst viele Berliner Künstler namentlich zu erwähnen. Auch F. war
nicht immer frei von derlei Versuchungen. Er bekannte vor allem freimütig seine Sympathien für märkische Bildthemen, die ihm gerade zu jener
Zeit zweifellos ebenso eine »Herzenssache« waren wie Bilder vaterlän-
disch-historischen und kulturhistorischen Inhalts, durch die er sich mit
Herz und Sinn »fortreißen« ließ, »gleichviel welche Art von künstlerischer
Behandlung« der jeweilige Stoff erfahren hatte (s. o. S. 525). Im übrigen
aber wandte er sich von dem, was er »Alltäglichkeiten« nannte, ab und
vorzugsweise dem »Seitwärtsgelegenen« zu, »das, *eigenartig-abseits,* zur
Linken und Rechten des Herkömmlichen seine Stellung nimmt« (s. o. S.
583). 1864 meinte er – und viele vergleichbare Stellen ließen sich zitieren:
»Das bekannte ›Alles schon dagewesen‹ klingt einem überall entgegen,
zum Teil mit so lauter Stimme, daß man selbst Dinge, die nicht *jenseit* des
Üblichen, sondern nur *abseits* davon liegen, auf die Gefahr hin, ein
Schlechteres einem Besseren vorzuziehen, aufrichtig willkommen heißt«
(ebd.). Das war letztlich ein Affront gegen die in der Routine des Alltagsge-
schäfts erstarrte »popularitätssichere« (s. o. S. 534) Bildproduktion jener
etablierten Künstler, deren allgemeine Beliebtheit mit der Qualität ihrer
eklektizistischen Produkte nicht im Einklang stand. Bei Besprechung der
»Walpurgisnacht« von Gustav Spangenberg heißt es – und der ein oder
andere Maler dürfte Sätze wie diese übel genommen haben: »Der Künstler, der uns hier beschäftigt, *denkt* und die Zahl der Künstler, denen sich
dies nachrühmen läßt, ist eben nicht allzu groß. Einige sind stolz darauf,
daß sie *nicht* denken« (s. o. S. 559).

Auch das Publikum, das das »fabrikmäßige Sichs-bequem-machen«
(s. o. S. 602) der meisten Künstler erst ermöglicht hatte, wurde mit wenig
schmeichelhaften Worten bedacht. Man lese die Publikumsbeschimpfung
von 1860: »Das große Publikum ist kritiklos und wird es ewig bleiben; je
mehr es sich mit Worten gegen alle Autorität auflehnt, desto autoritätsbe-
dürftiger wird es in seinem Herzen. Es läßt andere denken und plappert
nach mit der Miene des Eingeweihtseins« (s. o. S. 460), oder die Auslassungen bei Besprechung der Gentzschen Wüstenbilder, deren Poesiearmut
F. rügt: »Wir sprechen dies hier aus, und wir *betonen* es ausdrücklich, weil
das Publikum, von einem blinden Respekt vor Wüste, Mekka-Karawane,
Weitgereistsein und Selbstgesehenhaben geleitet, auf dem Punkt steht, allen festen Boden unter den Füßen zu verlieren und Dinge schön zu finden,

die treu, fleißig, lehrreich, durchaus apart und durchaus talentvoll, aber ohne jene tiefere innerliche Eigenschaften sind, die eine mehr oder minder brillante Farbenleinwand zu einem Kunstwerk höherer Gattung erheben« (s. o. S. 530). In diesem Stil schreibt er gegen die Konvention des Publikumsgeschmacks und gegen Bilder, die »hübsch«, »fleißig«, »allerliebst«, »besitzenswert«, aber »für den Fortschritt und das Leben der Kunst ohne alle eigentliche Bedeutung sind« (s. o. S. 535). Die selbstbewußte Subjektivität des Feuilletonisten F. wollte Sympathien wecken für das Besondere, Originelle, das Angreifbare, das »die ertötende Monotonie« unterbrechende Moderne, weil man darüber »unter allen Umständen« streiten, Fragen stellen, Anregungen empfangen, Ausblicke gewinnen kann. Die »Begrenztheit eigener Kräfte sehr wohl fühlend«, lag ihm mehr daran, »Denkenden eine *Anregung,* als Nichtdenkenden eine bequeme Sentenz an die Hand zu geben« (s. o. S. 600). So lernen wir den Kunstberichterstatter F. nicht als begnadeten Seher kennen, den die Literaturkritik wohl gern akzeptiert hätte, sondern als aufmüpfigen Kunstinterpreten, der nicht danach fragte, was wird überdauern, sondern was führt weiter, wo sind Ansätze zu einer neuen Richtung in der Kunst. Nach diesem individuellen Maßstab verteilte er Lob und Tadel, weit davon entfernt, für das so gewonnene Urteil Allgemeingültigkeit zu beanspruchen.

Auf eine sehr subtile Weise setzte er sich auch mit den Kunstauffassungen seiner Berufskollegen – ohne Namen zu nennen – auseinander, ja es hat den Anschein, als habe er sich bei Besprechung der Kunstausstellung von 1862 beispielsweise nur solche Werke herausgegriffen, über die er anders dachte als die übrige Kritik. Mißgunst oder Gunst der Allgemeinheit scheinen ihn geradezu herausgefordert zu haben und die Quelle seiner sehr persönlichen Werturteile gewesen zu sein; »der präparirt sich wieder seinen besondern Standpunkt«, war ein F. ohnehin anhängender Charakterzug (an Karl Zöllner, 3. Nov. 1874, HF IV, 2, S. 488). Kunstkritik als Auseinandersetzung mit der Kunstkritik anderer, die – man kann es nur ahnen – zuweilen auch sehr persönliche Hintergründe gehabt haben mag. So trifft beispielsweise auf Eggers zu, was F. 1864 schreibt: »Die Lösung ›höchster Aufgaben‹ spielt überhaupt nur eine Rolle im Phrasen-Programm derjenigen, die persönlich am allerwenigsten in der Lage sind, mit ›höchsten Aufgaben‹ je ins Reine zu kommen. *Wer* sich aber darauf versteht, versteht auch gemeinhin die Kunst, die Kleineren gelten zu lassen« (s. o. S. 573). Hier schimmert etwas vom versteckten Dialog der Kunstkritik der Zeit durch. Daß er sich in seinem Urteil auch zu weit in die entgegengesetzte Richtung bewegen und zu Urteilen finden könnte, die übertrieben waren, war F.s Sorge nicht. »Ihr seht die Dinge *so,* ich sehe sie *so*«. F. bediente sich trotz seines Laientums keiner »Autoritätskrücken«, sondern stellte sich als Kritiker auf eigene Füße und setzte sich gegen die gängige Tageskritik und die Fragwürdigkeit der Publikumsgunst ab. Er nahm sich die Freiheit, jene Künstler und Tendenzen »aus der kleinen Reihe derer, die mit eignen Augen sehen« (s. o. S. 586) zu favorisieren, Künstler, die den Fortschritt in der Kunst oder Möglichkeiten dazu in sich bargen. Er

stellte sich letztlich gegen alle, gegen die etablierte Künstlerschaft, gegen
den Publikumsgeschmack und gegen die Kritik und entzog sich mit seinen
gegenläufigen Kunstkritiken den üblichen Bewertungsmaßstäben. Anlaß
genug, erneut über F.s Schriften zur Kunst nachzudenken und sie unter
diesem Blickwinkel neu zu deuten.

Ein Kapitel besonderer Art sind F.s Buchbesprechungen kunstgeschichtlicher Werke. Sie tragen den Charakter von höflichen Pflichtübungen, von
freundschaftlichen Gefälligkeiten, die wenig Raum für persönliche Freiheiten zuließen. Sie runden das Bild des Kunstkritikers F. ab, weil sie erkennen lassen, wie wenig F. bereit war, sich Werken zu widmen, die – obschon
für den gebildeten Leser konzipiert – mit viel Fachwissen angereichert waren. Wo ihm seine Empirie nicht erlaubte, Stellung zu beziehen, hielt er
sich zurück aus einer keineswegs vorurteilsfreien Ablehnung des Akade-
mismus in der Kunstbetrachtung, der er aber andererseits seine Anerkennung nicht ganz versagen konnte.

Bei den Buchbesprechungen handelt es sich vor allem um Rezensionen
der damals sehr erfolgreichen Publikationen des »Tunnel«-Mitglieds und
Kunsthistorikers Wilhelm Lübke. Dieser gehörte zur ersten Generation
der noch jungen Kunstwissenschaft, die, getragen von dem »Bewußtsein
von der sittenveredelnden und läuternden Mission der Kunst« (Wilhelm
Lübke zit. in: Die Aufgabe der Kunstgeschichte, a.a.O., S. 42) bestrebt
war, durch populäre Darstellungen das bildungsbereite Bürgertum für die
historisch-kritische Kunstbetrachtung zu gewinnen. F.s Rezensionen sind
eindrucksvolle Beispiele dafür, wie seine Plauderbegabung im Anblick dieser populärwissenschaftlichen Werke ihren »Bummelton« verlor, wie er in
seinen Formulierungen sich abhängig machte und, kaum nennenswert
umformuliert, Zitat an Zitat reihte, ohne diese als solche kenntlich zu machen. So gerieten ihm die Besprechungen seitenlang zu pseudowissen-
schaftlichen Aufsätzen, in denen er die tatsächlichen Vorzüge der Lübkeschen Bücher dem kunstinteressierten Laien nicht wirklich zu vermitteln
vermochte. Auch der künstlerische Wert der mit Holzschnitten reich aus-
gestatteten Ausgaben vermochte ihn nicht zu einem eigenen Stil zu inspirieren. Gleichwohl hat sich F. der Aufgabe, die Werke Lübkes zu rezensie-
ren, durch Jahrzehnte gestellt.

Den wahren F. also sehen wir nur dort, wo er frei seinen Überzeugungen
folgen konnte, wo er nicht fürchten mußte, fachwissenschaftlichen Argu-
menten zu unterliegen, die immer schon das leichtere Publikum hatten.
Seine Haltung zur zeitgenössischen Malerei entschied sich an der Souveränität des eigenen und eigenständigen Urteils und an dem Maß der Mei-
nungsfreiheit, das die bürgerlich-aristokratische Gesellschaft, in der er lebte, ertrug. Für ihn waren die an sich selbst empfundenen Grenzen und
Unfreiheiten des Denkens und des Ausdrucks auch ein Kardinalproblem
der bildenden Kunst, und nicht nur dieser. Er hat schreibend dagegen ange-
kämpft, öffentlich und in privaten Briefen. »Die Lügerei der Menschen,
auch derer die etwas von den [Kunst-]Dingen zu verstehen vermeinen oder
auch meinetwegen wirklich verstehn, ekelt mich an. Nichts ist rarer als

innerliche Freiheit den Erscheinungen des Lebens und der Kunst gegenüber, und der Muth eine selbständig gehabt Empfindung auch auszusprechen. Und doch wäre selbst das Dummste immer noch besser als das Unwahre, aus Furcht oder Eitelkeit Nachgepapelte« (an Karl Zöllner, 31. Okt.
1874, HF IV, 2, S. 486). Für F. war die jahrzehntelange und wortreiche
Auseinandersetzung mit bildender Kunst im letzten eine persönliche
Überlebensfrage, nicht nur in dem alltäglich-bitteren Sinn eines ungesi-
cherten Berufsliteraten, sondern ebenso sehr aus der Gewißheit heraus, die
Fesseln einer wirtschaftlich und technisch fortschrittsgläubigen, geistig
aber epigonenhaften Gesellschaft nicht abstreifen zu können. Sein Satz
»Eh wir nicht volle Freiheit haben, haben wir nicht volle Kunst« (an Georg
Friedlaender, 6. Mai 1895, HF IV, 4, S. 451) ist Credo und Resignation
zugleich. Der späte, der »alte« F. fand in seinen Romanen subtilere, gedämpfte Töne; die Frage der Geistesfreiheit, für ihn auch eine soziale und
damit eine Daseinsfrage, blieb bis zum Ende unerledigt.

Heide Streiter-Buscher

Literatur über Fontane als Kunstkritiker

Freund, Washburn Frank E.: Fontane als Feuilletonist und Kunstkritiker,
in: Leipziger Tageblatt, 16. Juli 1907
Fricke, Hermann: Theodor Fontane über Karl Blechen, in: Heimatkalender
für die Niederlausitz 1941, S. 27–36
Fricke, Hermann: Th. Fontane als Kunstbetrachter, in: Zeitschrift des Vereins für die Geschichte Berlins. Neue Folge der »Mitteilungen«, Jg. 59,
1942, S. 82–89
Fricke, Hermann: Nicht auf Kosten des Lebens – Theodor Fontane als pas-
sionierter Kunstschriftsteller, in: Der Bär von Berlin, Folge 25, 1976, S.
53–70
Fürst, Rudolf: Theodor Fontane als Kunstkritiker, in: Vossische Zeitung,
2. Juli 1905 (Sonntagsbeilage)
Vogt, Wilhelm: Theodor Fontane und die bildende Kunst, in: Die Sammlung, Zeitschrift für Kultur und Erziehung, Jg. 4, 1949, S. 154–163
Vogt, Wilhelm: Fontane und bildende Kunst, in: N XXIII/2, S. 185–197
Wüsten, Sonja: Die historischen Denkmale im Schaffen Theodor Fontanes,
in: Fontane-Blätter 2 (1970), Heft 3, S. 187–194
Wüsten, Sonja: Schnitzaltäre in märkischen Kirchen. Zu unveröffentlichten Notizen Theodor Fontanes, in: Fontane-Blätter 2 (1971), Heft 5, S.
308–326
Wüsten, Sonja: Theodor Fontanes Gedanken zur historischen Architektur
und bildenden Kunst und sein Verhältnis zu Franz Kugler, in: Fontane-
Blätter 3 (1975), Heft 5, S. 323–352
Wüsten, Sonja: Zu kunstkritischen Schriften Fontanes, in: Fontane-Blätter 4 (1978), Heft 3, S. 174–200

BERLINER AKADEMIE-AUSSTELLUNGEN

Textgrundlage: Das Vaterland. Zeitung für die österreichische Monarchie, Wien 1860, Jg. 1. Die drei Artikel erschienen in vier Folgen: [I.] Beilage zu Nr. 23 v. 27. Sept. 1860; II. Nr. 26 v. 30. Sept. 1860; III. Nr. 36 v. 12. Okt. 1860 und III. (Schluß) Nr. 37 v. 13. Okt. 1860 (die letzten drei Folgen jeweils auf der Titelseite). Alle drei Artikel sind mit »Th. Fontane« gezeichnet.

Die 42. Kunstausstellung der Königlichen Akademie der Künste fand statt in den im Obergeschoß liegenden Räumen der Akademie, die im ehemaligen Marstallgebäude, Unter den Linden 38, untergebracht war. Sie dauerte vom 2. Sept. bis zum 11. Nov. 1860 (nach Verlängerung). Auf eine Neuerung, »als entschiedene Verbesserung begrüßt«, weist die Neue Preußische (Kreuz-)Zeitung vom 7. Sept. 1860 hin: »... die Bilder sind mit Zetteln versehen, auf denen deutlich und kalligraphisch die Namen der Künstler verzeichnet stehn. Da ist man denn des fatalen Blätterns überhoben, das in der Tat oft sehr störend wird, namentlich zu Anfang, wo des Unbekannten so vieles ist; ganz abgesehen davon, daß man mancher Täuschung entgeht.« Zur Ausstellung erschien ein Katalog: »Verzeichnis der Werke lebender Künstler, welche für die Kunstausstellung in den Sälen des Königl. Akademie-Gebäudes zu Berlin 1860 angemeldet worden«, Berlin 1860. Seine Gliederung vermittelt einen Eindruck von der Überfülle (insgesamt 1569 Nummern) und der Vielfalt der ausgestellten Werke: I. Gemälde und Zeichnungen; II. Bildwerke, darin enthalten: Berliner Medaillon-Münzen, Glasschneidekunst, Architektur; III. Kupfer- und Stahlstiche, Zeichnungen für den Stich, Holzschnitte, Lithographien, Farbendrucke; außerdem zwei Nachträge. Der Katalog ist durchnumeriert und jeder Abschnitt alphabetisch nach Künstlernamen geordnet. In einem Vorspann zum Katalog heißt es (S. XVI): »Die Beschreibungen der Kunstwerke in diesem Verzeichnis sind nach den eigenen Angaben der Einsender abgedruckt.«

459 *es fehlen vielleicht die allergrößten Dinge ... entschieden größer:* Ähnlich Ludwig Pietsch in seiner Besprechung »Die große Kunstausstellung in Berlin«: »An einer wahrhaft bedeutenden künstlerischen Schöpfung von allgemeiner mächtiger Anziehungskraft hat es unter den Gemälden gefehlt; aber eine große Zahl kleinerer, interessanter, durch geistreiche Auffassung oder effektvolle malerische Behandlung höchst fesselnde Bilder gereichte der Ausstellung zu erfreulichem Schmuck« (Illustrierte Zeitung, Leipzig, Nr. 909 v. 1. Dez. 1860, S. 379). – *daß unsere Ausstellung von Jahr zu Jahr lokaler ... wird:* Erklärend dazu die Neue Preußische (Kreuz-)Zeitung v. 7. Sept. 1860

in ihrem Artikel »Die Berliner Kunstausstellung«, in dem sie über das
Ausbleiben französischer und belgischer Künstler meint, daß »deren
Werke uns zum Teil die gleichzeitige große Ausstellung in Brüssel
und vielleicht auch die in Hamburg entzogen haben wird«. – *Breslau,
Stettin, Danzig und Königsberg ... stellen ihr Kontingent:* F.s Formulierung spiegelt die bis in die sechziger Jahre andauernde Situation
der Kunstschulen in den östlichen Provinzen. Sie waren gegründet
worden aufgrund eines Statuts Friedrich Wilhelms II. von 1790, das
die Einrichtung kunstgewerblicher Provinzialschulen vorsah. So entstanden 1790 die Kunst- und Handwerksschule in Königsberg, 1845
von Friedrich Wilhelm IV. in eine Kunstakademie umgewandelt,
1791 das Königliche Zeichnungsinstitut in Breslau, das später in der
Kgl. Kunst-, Bau- und Gewerbeschule aufging, 1803 die Kunstschule
in Danzig sowie andere kleinere Zeichenschulen. Hervorgegangen
aus zumeist schon vorhandenen privaten Zeicheninstituten, standen
sie alle in einem »festen Abhängigkeitsverhältnis zur Berliner Akademie, von der Lehrmittel und Vorlagen geliefert, Lehrer als Akademiebeamte bestellt und Ausstellungen von Schülerarbeiten veranstaltet
wurden« (Wilhelm Waetzoldt: Gedanken zur Kunstschulreform,
Leipzig 1921, S. 62). Das preußische Kultusministerium zeigte diesen
Kunstschulen gegenüber jahrelang kaum Interesse, und sie fanden
nur zögernd Anerkennung. Erst der allgemeine Patriotismus nach
den Kriegsereignissen 1864, 1866 und 1870/71 und der damit einhergehende wachsende Wohlstand bewirkten hier einen Wandel. –
*Rheinland, Dresden, München, Wien verschwinden immer mehr aus
unseren Ausstellungssälen:* Im Gegensatz zu anderen deutschen
Kunstzentren, beispielsweise Dresden, hatte die Berliner Akademie
von früh an Wert auf die Beteiligung auch auswärtiger Künstler an
ihren Ausstellungen gelegt. Längerfristig honorierte sie deren Interesse durch die Verleihung der begehrten Berliner Kunstmedaillen
oder der Ehrenmitgliedschaft. – Johann Wilhelm *Schirmer* (1807-
1863): Landschaftsmaler, Schüler Wilhelm von Schadows an der Düsseldorfer Akademie, an der er seit 1840 selbst als Lehrer wirkte, bis er
1854 Direktor der Kunstschule in Karlsruhe wurde. Er gilt als Vermittler zwischen Romantik (Caspar David Friedrich, Karl Blechen)
und Naturalismus (Einfluß auf Arnold Böcklin, Hans Thoma). Seit
1833 Mitglied der Berliner Akademie, auf deren Ausstellungen er seit
1828 vertreten war. Sein erstes großes Bild »Deutscher Urwald«
(1828) »war ein Treffer, fand einen Käufer und erwarb auf der Berliner
Kunstausstellung großen Beifall« (von Weeck, in: ADB 31, S. 313). –
Carl Friedrich *Lessing* (1808-1880): Historien- und Landschaftsmaler, gleichzeitig mit Schirmer Schüler Wilhelm von Schadows, der
seine Begabung für das historische Genre erkannte und förderte. Ab
1858 Galeriedirektor in Karlsruhe. Seine politischen Historienbilder
machten ihn zum »Bannerträger des liberalen Geistes im Vormärz«
(P. F. Schmidt, in: TB XXIII, S. 129). Mitglied der Berliner Akademie

seit 1832, an deren Ausstellungen er seit 1826 regelmäßig teilnahm. Bereits »sein erstes Bild ›Kirchhof mit Leichensteinen und Ruinen im Schnee‹ erregte auf der Berliner Kunstausstellung des Jahres 1826 solches Aufsehen, daß der Kunstverein das Doppelte des geforderten Peises dafür zahlte« (M. Blanckarts, in ADB 18, S. 450). Über das von ihm 1860 ausgestellte Gemälde s. u. S. 474. – *die beiden Achenbachs:* die Landschaftsmaler Andreas und Oswald Achenbach. Andreas A. (1815-1910), auch er ein Schüler Wilhelm von Schadows, von seinen Zeitgenossen als bedeutendster Vertreter der Düsseldorfer Landschaftsmalerei geschätzt. Er war »der erste Landschafter der Düsseldorfer Schule, der den energischen Bruch mit der romantischen Empfindungsweise, die lange Zeit diese Schule beherrscht hatte, vollzog. Er gab die landschaftliche Erscheinung um ihrer selbst willen und das Natürliche ohne jede Nebenbedeutung« (Board, in: TB I, S. 43). Seit 1832 stellte er in der Berliner Akademie aus und erhielt dort 1850 seine erste Auszeichnung, die große goldene Medaille für Kunst. Er vollzog nach F.s Auffassung die Symbiose der romantisch-idealistischen und der realistischen Darstellung der Natur. In dem etwa gleichzeitig geschriebenen Achenbach-Artikel für »Männer der Zeit. Biographisches Lexikon der Gegenwart« (Leipzig 1862) spiegelt sich F.s Wertschätzung dieses Malers: »Andreas Achenbach ist ein Landschaftsmaler ersten Ranges, am glänzendsten aber zeigt sich sein Talent in Seestücken, in den sogenannten Marinen. Die Großartigkeit des Ozeans in Sturm und Ruhe weiß er wie kein zweiter unter den deutschen Malern wiederzugeben. Das holländisch-belgische Strandleben hat er vielfach in einer Weise darzustellen gewußt, daß wahrscheinlich kein einziger unter den lebenden Marinemalern Hollands mit ihm zu wetteifern vermag. Ist er aber schon in diesen Darstellungen ausgezeichnet, so ist er unübertrefflich, wenn er die felsigen Küsten, wie sie namentlich Norwegen bietet, mit dem Ozean verbindet. In dieser Art von Bildern steht er einzig da, und selbst Gudin und William Turner, die ihn anderweitig an Genialität übertreffen mögen, bleiben auf diesem Gebiet, d. h. innerhalb dieser speziellen Abzweigung ihrer Kunst, hinter ihm zurück. Noch ein andres ist es, was er vor fast allen Marinemalern, namentlich auch vor den beiden ebengenannten voraus hat, – die korrektgehaltene, genrebildartige Staffage, die Fähigkeit, menschliche Figuren zu schaffen und zu gruppieren. Seine Technik ist ersten Ranges und nahezu vollkommen. Das Eigentümliche derselben besteht nicht bloß in einer unendlich detaillierten Ausführung und in der frappanten Wahrheit, welche sie erreicht, sondern noch mehr in der jedem Stoffe angemessenen Art der oft ungemein künstlichen Behandlung der Farbe. Dabei macht diese Technik niemals den Eindruck der mühevollen kleinlichen Nachahmung, sondern ist bei aller Subtilität und äußersten Eleganz doch breit, frei und leicht. Er produziert rasch und verfährt doch sorgfältig und streng zugleich, und weitab davon, in Flüchtigkeit oder Manier zu verfallen, stellt er mit dem wachsenden Können auch immer wachsende Anforderungen an seine Kraft« (2. Serie, Sp. 334; der vollständige Artikel ist wiederabgedruckt in N XXIII/1 S. 476-479). Oswald A. (1827 bis 1905), Schüler seines Bruders Andreas A., 1863 Professor der Landschaftsmalerei an der Düsseldorfer Akademie. Seine »Bravourkunst« kam dem an repräsentativer Bildwirkung interessierten zeitgenössischen Publikum entgegen. »Seine Bedeutung für die Kunst liegt darin, daß er eine völlig neue Auffassung der italienischen Landschaft in sie hineintrug und daß er, entgegen der in der Düsseldorfer Schule seinerzeit üblichen Gepflogenheit, durch die Charakteristik der Details zu wirken, auf die große Bildwirkung, auf die Charakteristik des Ganzen ausging« (Board, in: TB I, S. 44). Er hatte 1848 zum ersten Mal in Berlin ausgestellt. Kritischere Töne mischen sich in F.s Beurteilung dieses Malers ein, wann immer er ihn erwähnt. In »Männer der Zeit« schreibt er über ihn: »Die *realistische* Richtung, in der es Andreas Achenbach zu so hoher Meisterschaft gebracht hat, stimmt nicht zur künstlerischen Naturanlage des jüngeren Bruders, an dessen Arbeiten es bald ersichtlich wurde, daß er die Mittel zur Verkürzung seiner poetischen Anschauungen und Phantasiebilder nur in einer *idealistischen* Auffassung und Benutzung der Natur finden konnte. Mit überraschendem Erfolge schlug er diesen Weg ein und hat sich in verhältnismäßig kurzer Zeit den ausgezeichnetsten Meistern in der Landschaftsmalerei zugesellt. Weder seine Komposition noch seine Zeichnung ist ersten Ranges, aber in Behandlung von Farbe und Licht leistet er Außerordentliches, und der Hauch poetischer Stimmung, worin wir den höchsten Reiz und Vorzug aller Landschaftsbilder erkennen, liegt anmutig über allen seinen Arbeiten. Wie sein Bruder Andreas, so zählt auch Oswald Achenbach zu den allerproduktivsten Künstlern, und seine Bilder, die in weiten Kreisen sehr geschätzt und gesucht werden, folgen mit unglaublicher Schnelligkeit aufeinander. [...] Während sein Bruder Andreas, mit fast immer gleicher Meisterschaft, überall zu Hause ist, verweilt Oswald Achenbach fast ausschließlich auf der Halbinsel des Apennin. Dabei ist bemerkenswert, daß er fast niemals Dinge malt, die durch ihre eigne Bedeutung, sei es durch ihre Schönheit oder ihre Geschichte, interessieren, sondern immer nur solche, die seiner künstlerischen Individualität entsprechen und am ehesten eine Geltendmachung jener speziellen Gaben und Vorzüge gestatten, über die er verfügt. Nichts von berühmten Kirchen, von historischen Ruinen – ein Stück römische Campagna, eine Villa, ein Klostergarten und darüber der Zauber eines südlichen Himmels ausgebreitet, das ist alles, was er gibt. Die technische Behandlung ist von außerordentlicher Sicherheit und Leichtigkeit, doch sind die Mittelgründe seiner Bilder gemeinhin sorglicher, bestimmter, kräftiger gemalt als der Vordergrund. Es kehrt dies so häufig wieder, daß man eine Absicht, ein künstlerisches Prinzip dahinter vermuten muß. Die Figuren seiner Staffage sind oft zu

skizzenhaft gegeben; nach dieser Seite hin hat er die Meisterschaft
seines älteren Bruders nicht erreicht« (2. Serie, Sp. 334-335; der
vollständige Artikel ist wiederabgedruckt in N XXIII/1, S. 479-481).
– Zu F.s Auseinandersetzung über beide Achenbachs vgl. vor allem
»Berliner Kunstausstellung« (1864), S. 588 u. Anm. dazu. – Hans
Fredrik *Gude* (1825-1903): Norwegischer Landschafts- und Marinemaler, Schüler Andreas Achenbachs und Johann Wilhelm Schirmers
in Düsseldorf, dort ab 1854 Nachfolger Schirmers als Professor der
Landschaftsklasse, 1864 Wechsel nach Karlsruhe, ebenfalls als Nachfolger Schirmers, 1880 Leiter des Meisterateliers für Landschaftsmalerei in Berlin. 1852 hatte er die kleine goldene Medaille in Berlin
erhalten. F. über ihn in »Männer der Zeit«: »Hans Gude, unter den
realistischen Landschaftsmalern der Düsseldorfer Schule neben Andreas Achenbach (dem allerdings der erste Preis verbleibt) vielleicht
die hervorragendste künstlerische Kraft, wurde am 13. März 1825 in
Christiania geboren. Alle seine Arbeiten zeichnen sich in gleichem
Maße sowohl durch ihre Ursprünglichkeit wie durch eine seltne
künstlerische Vollendung aus. Im einzelnen hat er Achenbach erreicht, vielleicht übertroffen, er bleibt aber darin allerdings hinter
dem älteren Meister zurück, daß er, im Gegensatz zu demselben, ein-
seitig in der Wahl seiner Stoffe ist. Er entlehnt dieselben fast ausschließlich der Natur seiner norwegischen Heimat, während Achenbach holländische Strandszenen und skandinavische Felspartien mit
gleicher Meisterschaft auf die Leinwand fixiert. Gude entbehrt dieser
Vielseitigkeit, hat aber dafür ein so feines Auge für die Eigentümlichkeiten und pittoresken Reize seines heimatlichen Naturlebens, daß er
auf diesem seinem speziellen Gebiet jede Konkurrenz, auch die
Achenbachsche, siegreich aus dem Felde schlägt. [. . .] – Die anerkannten Vorzüge seiner Bilder bestehen in einer großen Natürlichkeit
und Klarheit der Motive, in wohlstudierter Zeichnung des Details und
zumal in einer durch kräftige Farbe und gewandte Technik unterstützten phantastischen Gesamtwirkung. Eine Art Ossianischer Poesie weht über seine Hochebenen dahin, und die oft nur durch Rentiere
belebte, großartige Einöde spricht unsern Geist wundersam poetisch
an. Gude hat auch lieblich heitere Sachen gemacht, sein volles Talent
aber kommt erst zur Erscheinung, wenn er die wilde, einsame Hoch-
gebirgsnatur zu schildern versucht« (2. Serie, Sp. 311-312; der vollständige Artikel ist wiederabgedruckt in N XXIII/1, S. 465-468.

460 Karl Ferdinand *Sohn* (1805-1867): Historien- und Porträtmaler, trat
1823 in die Berliner Akademie ein, folgte Wilhelm von Schadow 1826
nach Düsseldorf und wurde 1832 Lehrer an der dortigen Akademie.
Er entnahm die Stoffe seiner Bilder vorzugsweise der Mythologie und
der Dichtung und war zu seiner Zeit geschätzt als Maler idealisieren-
der weiblicher Bildnisse. Sein Hauptverdienst liegt auf pädagogi-
schem Gebiet: »[. . .] fast sämtliche Künstler der Düsseldorfer Schule
waren kürzere oder längere Zeit seine Schüler, die ausgebildete Tech-

nik der Düsseldorfer Schule ist wesentlich seiner Lehre zu verdanken« (M. G. Zimmermann, in: ADB 34, S. 546). – Theodor *Hildebrandt* (1804-1874): Historien- und Porträtmaler, begann seine Studien an der Berliner Akademie unter Wilhelm von Schadow, dem er – wie Carl Friedrich Lessing und Karl Ferdinand Sohn – 1826 nach Düsseldorf folgte. Dort entfaltete er in den dreißiger Jahren eine einflußreiche Lehrtätigkeit, in deren Verlauf er die realistische Richtung der Düsseldorfer Historienmalerei maßgebend mitprägte. Von F. als »einer der Hervorragendsten unter den Koryphäen der Düsseldorfer Malerschule und ein Mitbegründer des hohen Rufs, dessen sich dieselbe, zumal in den dreißiger Jahren, erfreute« bezeichnet. »Seine Vorzüge lassen sich dahin zusammenfassen: Er besitzt die Poesie der naturtreuen Anschauung und Darstellung. Die minuziösesten Besonderheiten weiß er bis zur Täuschung wiederzugeben. Aber indem er das Detail bis in die subtilsten Fasern verfolgt, läßt er doch nie den Totaleindruck aus den Augen. Bewundert man bei seinen Gemälden die große Naturtreue, so freut man sich doch auch stets der künstlerischen Bewältigung in der Totalität seiner Werke. Bei der Darstellung eines Möbels, eines Stückes Architektur, eines Gewandes trifft man dieselbe Liebe und Sorgfalt wie in seinen menschlichen Gesichtern und Gestalten. Da es ihm stets um die höchste Wahrheit zu tun ist, so vermeidet er jeden übertriebenen Effekt. Jede Verstärkung und Abdämpfung des Lichtes liegt ihm fern, und dennoch bleibt sein Vortrag stets voll Kraft und Leben. Dabei faßt er seine zumeist einfachen Gegenstände gedrängt und fest zusammen. Sein Wesen besteht fast überall in einer deutschen Gründlichkeit. Was die Gegenstände betrifft, die er am meisten darzustellen liebt, so gibt darüber das oben mitgeteilte Verzeichnis seiner hervorragendsten Arbeiten die beste Auskunft. Seine Gesamttätigkeit unter eine der üblichen Rubriken zu bringen, ist nicht tunlich. Die große Mehrzahl seiner Bilder gehört in das Gebiet des romantisch-lyrischen Genres. Er hat sie teilweis dem Leben, teilweis der Poesie entnommen. Die letztern, namentlich wo er aus Shakespeare schöpfte, haben nicht selten einen historischen Anstrich: in die Geschichte selbst hat er sich aber eigentlich nie gewagt. Von allen seinen Arbeiten darf man sagen, daß sie in der Ausführung höher stehn als in der Komposition, wiewohl auch diese klar, einfach, verständlich zu sein pflegt. Einzelnes ist nicht ganz frei von konventionellem Wesen« (»Männer der Zeit«, 2. Serie, Sp. 317; der vollständige Artikel ist wiederabgedruckt in N XXIII/1, S. 473-476). H. wurde Anfang der fünfziger Jahre »plötzlich von einem Gemütsleiden befallen [. . .], das ihn längere Zeit der Arbeit entzog und auch nach seiner Genesung eine solche Abnahme der künstlerischen Schöpferkraft zurückließ, daß seine letzten Gemälde völlig wertlos erscheinen« (M. Blanckarts, in ADB 12, S. 406). – Caspar *Scheuren* (1810-1887): Landschaftsmaler, bildete sich unter dem Einfluß Carl Friedrich Lessings und Johann Wilhelm Schirmers auf der Düsseldor-

fer Akademie aus, an der er seit 1855 als Lehrer wirkte. »[...] die
Romane Walter Scotts regten in ihm eine eigentümlich romantische
Kunstrichtung an. Er faßte die Natur in phantastischer Weise auf, oft
auf Kosten der Wahrheit, aber alle seine Empfindungen sind von Poesie durchhaucht« (Max Zimmermann, in: ADB 31, S. 144). Von F. als
»einer der genialsten Landschaftsmaler der Düsseldorfer Schule« bezeichnet. »Bis 1835 blieb er auf der Akademie, dann richtete er sich
ein Privatatelier ein und unterbrach seine Arbeiten nur durch die üblichen Kunst- und Studienreisen nach Holland, München, Tirol und
Oberitalien. Aus der Verschmelzung der Eindrücke, welche diese Reisen auf ihn machten, mit den Einwirkungen, die die Vorbilder Lessings und Schirmers und ganz besonders die Lektüre Walter Scotts auf
ihn ausgeübt hatten, erwuchs seine eigentümliche Kunstweise. Diese
ist wesentlich romantisch und in der Regel ungemein phantastisch.
Die träumerische, melancholische Stimmung, die über seinen Landschaften liegt, ist zwar nicht selten auf Kosten der Wahrheit gewonnen, aber niemals fehlt seinen Arbeiten das vornehmste Erfordernis
eines Kunstwerks – ein poetischer Inhalt. Seine Technik ist leicht und
elegant, und die kräftige, auf wirkungsvolle Gegensätze berechnete
Farbe läßt seine Bilder unter der Mehrzahl der Düsseldorfer Arbeiten
als etwas ganz Apartes, mitunter als etwas durchaus Fremdartiges erscheinen. [...] Allen seinen Werken sieht man eine erstaunenswerte
Leichtigkeit des Schaffens an. Zeichnung, Kolorit und Stimmung
streiten um den Vorzug. In seinen kleinsten und flüchtigsten Arbeiten bewundert man die elegante feinfühlende Hand und den spru-
delnden Gedankenschatz eines Geistes, der sich niemals ausgibt. Er
war, eine kurze Epoche abgerechnet, wo er unter dem Einfluß Lessings und Schirmers stand, jederzeit er selbst, gleichsam sein eigner
Lehrer und Schüler, und keinen andern Inspirationen folgend, als denen seiner eignen Seele« (»Männer der Zeit«, 2. Serie, Sp. 315-317;
der vollständige Artikel ist wiederabgedruckt in N XXIII/1, S. 471-
473). – Emanuel *Leutze* (1816-1868): Amerikanischer Historienmaler deutscher Abstammung, Schüler Carl Friedrich Lessings in Düsseldorf. Er war ein Jahr zuvor, 1859, nach Amerika übergesiedelt.
Seine Bilder, deren Sujets er vornehmlich der spanischen, englischen
und amerikanischen Geschichte entnahm, weckten vor allem ihres
stofflichen Inhalts wegen das Interesse der Zeitgenossen. Über sein
von F. mehrfach erwähntes Historienbild »Washington crossing the
Delaware« vgl. Anm. zu S. 481. – Adolf *Tidemand* (1815-1876): Norwegischer Genre- und Historienmaler, seit 1837 in Düsseldorf, wo er
unter Theodor Hildebrandt und Wilhelm von Schadow studierte.
Durch seine persönliche Ausstrahlung zog er eine größere Anzahl
skandinavischer Künstler nach Düsseldorf und machte die dortige
Akademie zum bevorzugten Ausbildungsziel skandinavischer Landschaftsmaler. 1848 war er in Berlin mit der großen goldenen Medaille
ausgezeichnet worden. F. über ihn in »Männer der Zeit«: »Mehr noch

als Gude hat er der deutschen Kunst ein neues Gebiet, den Einblick in ein bis dahin völlig unbekanntes Volksleben, erschlossen. Die Naturschönheiten der nordischen Fjorde waren unseren Landschaftsmalern, mindestens seit dem Auftreten Andreas Achenbachs, kein Geheimnis mehr, aber unsere Anschauung und Kenntnis des Landes ging wenig über das hinaus, was die unwirtbare Küste an pittoresken Felspartien bot. Erst Tidemand führte uns in das Innere des Landes zu bewohnten Stätten und zeigte uns, wie sich das Tun und Treiben dieses freien Bauernvolks gestaltet. [...] Mit bewundernswürdiger Treue und Liebe weiß er den Typus des norwegischen Bauern zu schildern; er hat eine ungemeine Begabung für Auffassung des Charakteristischen im Volk überhaupt sowohl wie in den einzelnen Individuen. Schlicht, natürlich und voll wahrer, tiefer Empfindung, besitzen seine Bilder außerdem noch das Verdienst eines sorgfältigen Studiums und meisterhafter Behandlung. Mit Unrecht hat man ihnen den Vorwurf gemacht, daß sie der Schönheit entbehrten. Die Köpfe seiner norwegischen Bauern sind freilich nicht in gewöhnlichem Sinn schön, aber sie sind schön durch die Wahrheit und Tiefe der Charakteristik« (2. Serie, Sp. 312-314; der vollständige Artikel ist wiederabgedruckt in N XXIII/1, S. 468-470). – *Wer nicht persönlich zugegen ist, kommt immer zu kurz:* Eine der typischen Lebensweisheiten F.s, prägnant formuliert, denen wir in seinen Kunstkritiken häufig begegnen. Der Romancier F. wird dergleichen später durch das Medium seiner Romanfiguren vermitteln. – Bei der *sogenannten »Totenkammer«* handelt es sich um den Mittelsaal der Berliner Akademie, in dem ursprünglich der Nachlaß verstorbener Berliner Künstler sowie Arbeiten lebender Künstler, die nicht der Berliner Akademie angehörten, ausgestellt waren. F. erwähnt die »Totenkammer« häufig, s. u. S. 486, vgl. ferner »Eine Kunstausstellung in Gent« (1852), HF III, 3/I, S. 404 sowie die Tagebucheintragung seiner zweiten englischen Reise vom 22. Apr. 1852 (HF III, 3/II.).

461 *Nr. 215 »Ein weibliches Bildnis«:* So oder ähnlich der Titel mehrerer Gemälde, allerdings nicht der von Nr. 215, unter der Carl Dunckers Farbenskizze »Samuel salbt David zum Könige« verzeichnet ist. Ein Beispiel mehr für F.s bekannten großzügigen Umgang mit Quellenmaterial. Nicht Genauigkeit, sondern beispielgebende Aussagekraft strebt er an. – *Porträt der Gräfin P.:* Der Katalog nennt kein Werk dieses Titels. F. gerät die Beschreibung zur »Causerie«. – Eduard *Magnus* (1799-1872): Porträtmaler, auch als Genre- und Historienmaler tätig, erste künstlerische Ausbildung an der Berliner Akademie, deren Mitglied er 1837 wurde und an der er seit 1844 als Professor wirkte. Sein Porträt Jenny Linds (1836), ein lebensgroßes Kniestück (mit übereinander auf dem Schoß ruhenden Händen, im Haar Rosen), machte auf der Berliner Akademie-Ausstellung 1846 Furore, war im Stich von H. Sagert und als Lithographie von G. Feckert weit verbreitet. Im »Stechlin« wird auf dieses Bild mehrfach angespielt, vgl. 15.

und 29. Kapitel (HF I, 5, S. 150f. und 267f.). M. ist Verfasser der schmalen Schrift »Über Einrichtung und Beleuchtung von Räumen zur Aufstellung von Gemälden und Skulpturen. Ein Vortrag.«, Berlin 1864, aus der über Jahre hinweg immer wieder zitiert wurde, wenn es um die unzureichende Unterbringung der Berliner Akademie-Ausstellungen und um den Neubau des Akademiegebäudes ging. – Johannes Samuel *Otto* (1798-1878): Schüler der Berliner Akademie, von Karl Friedrich Schinkel gefördert, zum Kupferstecher ausgebildet, widmete sich zu dieser Zeit ganz dem Porträtfach. – Oskar *Begas* (1828-1883): Schüler seines Vaters Karl Begas und der Berliner Akademie, 1866 Professor, 1869 Mitglied der Berliner Kunstakademie. Damals (1860) ein beliebter Porträtmaler, der sich ein Jahr zuvor in der monumentalen Malerei versucht hatte mit einer Farbenskizze zur »Hermannschlacht«, die auf der Akademie-Ausstellung 1860 gezeigt wurde, deren größere Ausführung aber unvollendet blieb. – Gustav *Richter* (1823-1884): Ausbildung in Berlin, Paris (unter dem von Jacques Louis David beeinflußten Léon Cogniet) und Rom, seit 1860 Mitglied der Berliner Akademie, an der er als Lehrer wirkte. Auf der akademischen Kunstausstellung 1852 fand sein »Damenporträt« (das Bildnis seiner Schwester) allseitige Anerkennung. Er wurde »mit seiner süßlichen, weichlichen Bildniskunst der ausgesprochene Liebling der Berliner« (Müller-Singer 4, S. 63). Vgl. F.s Anspielungen auf ihn in einem Brief an seine Frau Emilie v. 13. Juni 1884 (HF IV, 3, S. 326); vgl. auch »Berliner Kunstausstellung« (1864), S. 571 f. und »Kunstausstellung« (1874), S. 663. – *Er hat 5 Bilder auf der Ausstellung:* Ausgestellt waren die Porträts der Herzogin von Anhalt-Bernburg, des Prinzen sowie der Prinzessin von Anhalt-Dessau, der Prinzessin Friedrich Karl von Preußen und einer Gräfin K. – *Gainsborough in seinem berühmt gewordenen »blue boy«:* Der englische Landschafts- und Porträtmaler Thomas Gainsborough (1727-1788) hatte 1779 das Ganzfigurenporträt eines Knaben gemalt, das unter dem Titel »The Blue Boy« in die Kunstgeschichte eingegangen ist. Es war als Antwort auf Joshua Reynolds 1778 gehaltene Vorlesung (Discourse VIII) konzipiert, in der dieser behauptet hatte, »daß das Vorherrschen von Blau mit einer guten Farbenwirkung unvereinbar sei. Gainsborough [. . .] nahm den Handschuh auf und versicherte das Gegenteil. Dieser ›Blue Boy‹ ist die blaue Antwort auf Reynolds' Behauptung. Der hübsche, frisch und blühend aussehende Knabe ist, mit Ausnahme von Gesicht und Halskragen, blau von Kopf bis zu Fuß; Seidenwams, Beinkleid, Strümpfe, Schuhschleifen – alles *blau*. [. . .] Das Bild ist ein so glänzender Sieg, daß einem der Gedanke fern bleibt, es habe sich dabei um nichts als eine geniale Marotte gehandelt; man bewundert einfach und findet alles natürlich« (»Aus Manchester« ›Sechster Brief‹, HF III, 3/I, S. 465 f.). F., dem sich dieses Bild »für alle Zeit« eingeprägt hat (ebd. S. 460), erwähnt es auch in »Die diesjährige Kunstausstellung« (1862) S. 504; vgl. auch seinen Auf-

satz über Herman Grimms »Goethe«, HF III, 1, S. 490. – *Zauber:* Ein
Lieblingswort F.s vor allem in seinen mittleren Lebensjahren und ein
autobiographisches Schlüsselwort von besonderem emotionalen Stellenwert, von ihm im Sinne des französischen Wortes »charme« be-
nutzt (vgl. dazu seine »Romeo und Julia«-Kritik vom 8. Okt. 1872,
HF III, 2, S. 91). Er gebraucht es immer dann, wenn er unmittelbare
Betroffenheit ausdrücken will, so wenn er sich in London beim Anblick der Türme des Tower »vom Zauber ihrer Geschichte« durchfrö-
stelt fühlt (»Ein Besuch im Zellengefängnis bei Berlin« (1853),
N XVIII, S. 411), wenn er dem »Zauber der Monotonie« der Mark
Brandenburg erliegt (»Wanderungen«, ›Am Wannensee‹ (1861),
HF II, 3, S. 497), wenn er vom »Zauber des Natürlichen und Lebendigen« im Umgang mit den einfachen Menschen der Mark spricht (Vorwort zur 2. Auflage der »Wanderungen«, HF II, 1, S. 14) oder wenn
der »tiefe Friede« eines Landschaftsbildes von Louis Spangenberg ihn
»in seine Zauber« einspinnt (»Die diesjährige Kunstausstellung«
(1862), S. 538) und schließlich, wenn ihm der Zauber »immer im Detail« steckt (Briefe an Friedländer, 30. Mai 1893, S. 221).

462 *Stimmung:* Entsprechend der vom Ideal-Realismus geprägten Auffassung F.s in dieser Zeit, daß der »Zauber« eines Bildes von der Symbiose der Stimmung (das Reale) und des poetischen Empfindens (das
Ideale) lebt, anders formuliert in seinem neunten Brief: »Aus Manchester«: »Ich glaube, daß das Geheimnis der echten Landschaftsmalerei in dem Zusammenklang der Stimmung der Natur mit der Stimmung des Malers liegt« (HF III, 3/I, S. 494). Hansen-Grell in »Vor
dem Sturm«, dessen Konzeption auf die frühen 60er Jahre zurück-
geht, legt F. die Worte in den Mund: »Es ist jetzt Mode, von Stimmung zu sprechen und von In-Stimmung-Kommen. Aber das In-
Stimmung-*Kommen* bedeutet noch nicht viel. Erst der, der die ihm
gekommene Stimmung: das rätselvoll Unbestimmte, das wie Wolken
Ziehende scharf und genau festzuhalten und diesem Festgehaltenen
doch zugleich auch wieder seinen zauberischen, im Helldunkel sich
bewegenden Schwankezustand zu lassen weiß, erst *der* ist der Meister« (HF I, 3, S. 486). – Andreas *Achenbach:* Vgl. Anm. zu S. 459. –
Johann Wilhelm *Schirmer:* Vgl. Anm. zu S. 459. – *das poetische
Empfinden:* Ein Schlüsselwort in F.s Ästhetik, das seine Wurzeln in
F.s Bejahung des Idealismus in der Kunst des Realismus hat. Den
»nackte[n], prosaische[n] Realismus, dem noch durchaus die poetische Verklärung fehlt«, hat F. von Anfang an abgelehnt (vgl. »Unsere
lyrische und epische Poesie seit 1848«, HF III, 1, S. 237). – *Die Landschaftsmaler sind die Lyriker in ihrer Kunst:* Der Hinweis auf Ge-
meinsamkeiten zwischen bildender Kunst und dem F. vertrauteren
Bereich der Dichtkunst, wie sie sich häufig in seinen Kunstkritiken
finden, sind weniger eine »Spezialität« F.s, als vielmehr Niederschlag
einer Betrachtungsweise, die für die von der Ästhetik Friedrich Theodor Vischers (1807-1887) beeinflußten kunsttheoretischen Auseinan-

dersetzungen der Zeit typisch sind. Auch Vischer bezeichnet in § 698
seiner »Ästhetik oder Wissenschaft des Schönen« (1846-1857) den
allgemeinen Charakter der Landschaftsmalerei als lyrisch. F. greift
diese »Blutsverwandtschaft« der Künste untereinander (Friedrich Eggers in: Argo. Album für Kunst und Dichtung, Breslau 1857, S. 40) –
wie es scheint – sehr bereitwillig auf, weil sich ihm durch deren Vergleich die Möglichkeit bietet, seine ästhetischen Ansichten zu ordnen
und zu festigen. – *wie jeder fehlgreifen würde, der uns den westöstlichen Divan Goethes an Stelle seiner Jugendlieder empfehlen wollte:*
Vgl. dazu die Äußerung über »die wunderbar-schönen, im Volkstone
gehaltenen Lieder der Goetheschen Jugendperiode«, die F. bevorzugte
(»Unsere lyrische und epische Poesie seit 1848, HF III, 1, S. 239).
Dazu gehören die Sesenheimer Lieder, die großen Hymnen, die Balladen und die frühe Lili-Lyrik. Goethes »Westöstlicher Divan« entstand
zwischen 1814 und 1819 unter dem Titel »Versammlung deutscher
Gedichte mit stetem Bezug auf den ›Divan‹ des persischen Sängers
Mahomed Schemseddin Hafis«. – Eduard *Hildebrandt* (1818-1868):
Landschaftsmaler, bildete sich in Berlin bei dem Marinemaler Wilhelm Krause und in Paris bei Jean Baptiste Isabey, einem Schüler
Jacques Louis Davids, aus, war seit 1854 Lehrer an der Berliner Akademie und unternahm von dort aus, teils in königlichem Auftrag,
ausgedehnte transatlantische Reisen, von denen er mit einer Fülle
kulturgeschichtlich auch heute noch wertvoller Aquarelle zurückkehrte, die, als Farblithographie vervielfältigt, bei seinen Zeitgenossen begehrt waren und ihm den Beinamen »Maler des Kosmos« ein-
trugen. F. sah in ihm einen »der glänzendsten Landschaftsmaler der
Gegenwart« und würdigte ihn in einem biographischen Artikel für
»Männer der Zeit«: »Hildebrandt arbeitet in seinem Atelier stets
ganz allein und nimmt niemals Schüler, wie denn seine Vorliebe für
praktische, ausführende Tätigkeit ihn allzeit davon zurückgehalten
hat, ein Lehr- oder anderes öffentliches Amt zu übernehmen. Die
Stilisten der Landschaftsmalerei machen es ihm zum Vorwurf, daß er
die Zeichnung dem Kolorit und der Wirkung zum Opfer bringe. Hildebrandt erkennt die Berechtigung dieses Vorwurfs an, ohne sich
deshalb geneigt zu zeigen, seine Eigenart aufzugeben. Es ist ihm
wichtiger, in seinen Arbeiten durch den Himmel, durch eine schöne
Stimmung in der Luft auf das Gemüt des Schauenden zu wirken als
durch mehr korrekte Zeichnung in den Details. Die Luft, das Licht
sind sein eigentlichstes Studium; sie bilden für ihn die Hauptaufgabe,
die er immer neu sich stellt und immer neu zu bemeistern strebt.«
(2. Serie, Sp. 365; der vollständige Artikel ist wiederabgedruckt in
N XXIII/1, S. 486-489). Eine kritischere Auseinandersetzung findet
sich in F.s Nekrolog auf Hildebrandt 1868: »Eduard Hildebrandt war
unzweifelhaft ein hervorragender Künstler, innerhalb seiner Sphäre
ein Genie. Die Luft und das Licht waren sein Studium; er brachte es
dahin, daß man von ihm sagen kann: er war ein Virtuose in Sonnen-

untergängen, gleichviel, ob am Nordkap oder am Äquator. Ja, Virtuose. Wie Paganini, wenn er wollte, nur auf der G-Saite spielte, so spielte Hildebrandt auf Chromgelb, oder Zinnober oder Ultramarin.* Er
hat Unglaubliches, wenn man will, Wunderbares geleistet, er hat die
Grenzpfähle hinausgerückt, er hat neue Gebiete aufgeschlossen und
ist mit einer an Tollkühnheit grenzenden künstlerischen Bravour vor
keiner farblichen Aufgabe zurückgeschreckt. Er ritt die wildesten
Pferde; Viele schüttelten den Kopf, Alles staunte. – Es mag hieraus
ersehen werden, daß wir nicht geneigt sind, an ihm zu mäkeln, am
wenigsten ihn zu unterschätzen: dennoch wagen wir den Ausspruch:
künstlerisch genommen, war es Zeit für ihn, daß er starb. Er befand
sich, nach unserer aufrichtigsten Meinung (die wir schon vor etwa
drei Jahren an eben dieser Stelle aussprachen) in der Decadence.
Wenn er skizzierte, aquarellierte, war er noch immer der große
Künstler, war er vielleicht größer denn je; aber in seinen großen Ölbildern, in denen er die brillantesten jener Skizzen reproduzierte,
überschlug er sich, geriet er auf Abwege. Dies zu beweisen ist sehr
schwer; zu einem wesentlichen Teile werden speziell *diese* Dinge, die
vorzugsweise an das Urteil der Sinne appellieren, immer Gefühls-
bzw. Geschmacksache bleiben. Die Majorität der Augen wird schließlich den Ausschlag geben. – Einige Punkte indes möchten wir wenigstens andeutungsweise berühren. Es ist eine bekannte Tatsache, daß
für die Darstellung sehr vieler Dinge in der Kunst die *Farbe* etwas zu
Schweres, zu Stoffliches hat, und daß zahllose Arbeiten, vorzugsweise solche, in denen das Romantische, das Dämonische, das Spukhafte
zum Ausdruck gebracht werden soll, in der Zeichnung, im Karton, in
der Photographie besser wirken, als in der farblichen Ausführung.
Was hier von Schwarz und Bunt, von Crayon und Farbe gilt, gilt auch,
in sehr ähnlicher Weise wieder innerhalb der Welt der Farbe selbst. Es
gibt schwere und leichte, es gibt flüchtige und substantielle, es gibt
ätherische und körperliche und es will uns erscheinen, daß Eduard
Hildebrandt mehr und mehr begann, diese Unterschiede zu ignorie-
ren, und das gröbere Element da walten ließ, wo das leichtere am
Platze gewesen wäre. Der Sonnenuntergang in Siam oder Bangkok,

---

* Es wird erzählt, daß er eine ganze Garderobe von roten, gelben, blauen
Arbeitsjacken besaß, alle in den lebhaftesten Farbentönen. Während der Arbeit
benutzte er diese Jacken, indem er den rechten Arm auf nahe Distanz an das Bild
führte, als *Gradmesser* für die Farbe. – Noch eine andere Anekdote finde hier
Platz, die, wenn wahr (und sie ist gut verbürgt), charakteristisch für seine Stellung zu der *Formenwelt* sein dürfte. Einer seiner Freunde, aufgefordert zu urteilen, bezeichnete die Beine einer grasenden Kuh als zu dick geraten. Hildebrandt trat drei Schritt zurück und sagte dann: »Ja, Sie haben recht; aber wissen
Sie, die Kuhbeine in der Natur sind eigentlich zu dünn.«

der einen Elefanten und hinter dem Elefanten, ihn gleichsam umglü-
hend, die Sonnenscheibe zeigte, war in Wasserfarben eine wirkungsvolle, fast möchten wir sagen eine erschütternde Skizze, die Ausführung desselben Gegenstandes in Öl war eigentlich langweilig. Man
begann diesen sorglich ausgeführten Bildern die Absicht abzufühlen:
›ich werde euch jetzt einmal zeigen etc.‹ – Das ist Eines. Aber daran
schließt sich ein Anderes, noch Gewichtigeres. Wie es nicht gut tut,
sich im Leben lediglich zur Bantinck-Kur zu bekennen, oder umgekehrt von Milch und Semmeln zu leben, wie sich jede Einseitigkeit am
letzten Ende rächt, so auch in der Kunst. Mit andern Worten: *auf die
Dauer* mußte es auf Irrwege führen, nur Luft und Licht malen zu
wollen. Die bildenden Künste führen ihren Namen nicht umsonst;
die Malerei soll sich nicht von aller Form trennen, soll nicht in bloße,
noch dazu oftmals mehr wunderliche als wohltuende Farben-Accorde
verklingen wollen, und wenn sie's *doch* tut, so gebiert sich daraus
zuletzt (unser Künstler wurde noch gerade davor bewahrt) eine Art
Farben-Wahnsinn, eine Hasardier-Lust, ein halb bewußtes, halb un-
bewußtes Nachtwandlertum, das zuletzt nicht ohne Einfluß bleibt auf
den Menschen selbst. Jeder, der in London war und die Turner-Gale-
rie studiert hat, wird uns zustimmen. William Turner, der, im ersten
Drittel dieses Jahrhunderts, die ›Luft- und Lichtschule‹, die Schule der
Aivasofskis und Hildebrandts *einleitete* und an Kühnheit seinen
Nachfolgern nichts nachgab, an Originalität und Gedankenreichtum
sie weit übertraf, verfiel schließlich doch den Konsequenzen jenes
Farbenrätsel-lösen-wollens und wurde – zuletzt selber rätselhaft. Seine Bilder waren nur noch Farben-Rebus. Ein »Dampfer im Schnee-
sturm« genügte ihm schließlich nicht mehr und er schloß ab mit den
›Drei Männern im feurigen Ofen‹, die er selbstverständlich rein als
farbliche Aufgabe faßte. Er war damals 70 Jahr. – Unser Künstler ist
mit fünfzig heimgegangen, immer noch auf der Höhe seines Schaffens, aber freilich bereits auf schwindelnder Höhe. An seinen letzten
Arbeiten – und wir meinen nicht bloß die der diesjährigen Ausstellung – glauben wir die Anzeichen wahr genommen zu haben, die ihm,
innerhalb einer späteren Epoche, die Konsequenzen seiner Schule
nicht erspart haben würden« (Neue Preußische (Kreuz-)Zeitung, 1.
Beilage zu Nr. 263 v. 8. Nov. 1868, gez. Te; der vollständige Artikel
ist wiederabgedruckt in N XXIII/1, S. 492-497). – Stanislaus Graf von
Kalckreuth (1821-1894) – im Erstdruck: Kalkreuth –: Landschaftsmaler, der seine Ausbildung in Berlin (Wilhelm Krause) und vor allem in Düsseldorf (Johann Wilhelm Schirmer) erhielt und der romantischen Richtung der Düsseldorfer Schule verpflichtet blieb, als er die
Kunstschule in Weimar gründete, die er von 1860 bis 1876 leitete.
»Als Bewunderer der Gebirgswelt malte er namentlich Alpenszene-
rien mit meisterhaft durchgeführter Linear- und Luftperspektive, unter Bevorzugung von Alpenglühen-Stimmungen. In kunstpolitischer
Hinsicht hat sich von Kalckreuth durch die Berufung von Böcklin,

Lenbach, Reinhold Begas, Gussow, Ramberg u. a. an die Weimarer Kunstschule außerordentlich verdient gemacht« (TB XIX, S. 462). – Hans Fredrik *Gude*, s. o. Anm. zu S. 460. – »*Wassermühle*«, vgl. dazu F.s Bemerkung in seinem Artikel über Andreas Achenbach für »Männer der Zeit«: »[. . .] namentlich die Wassermühle sehr schön, 1860 auf der Berliner Ausstellung« (2. Serie, Sp. 333). S. Abb. 1.

463   *Oswald Achenbach »Der Molo von Neapel«*: 1860 mit der kleinen goldenen Medaille für Kunst der Berliner Akademie ausgezeichnet. – *idealer Realismus:* Die Formulierung verrät F.s Vertrautsein mit der Idealismus-Realismus-Diskussion der Jahrhundertmitte, wie sie sich in den Kunst- und Literaturblättern der Zeit niedergeschlagen hat. Hatte Friedrich Theodor Vischer mit seiner »Ästhetik« den Denkanstoß zur Realidealismus-Debatte der fünfziger Jahre gegeben, so zeichnet sich gegen Ende des Jahrzehnts eine Akzentverschiebung zugunsten des zweiten Teils des Begriffes ab. Proklamiert wird jetzt, als »das Ziel, das den besten vorschwebt« (S. 468), der Ideal-Realismus. F. schließt sich dieser Auffassung an in konsequenter Fortführung seines Realismuskonzepts, das er 1853 in seinem Aufsatz »Unsere lyrische und epische Poesie seit 1848« niedergeschrieben hat (vgl. HF III, 1, S. 236ff.). – *Lac de Gaube in den Hochpyrenäen:* 1858 entstanden, damals im Besitz des Stadtmuseums Königsberg. – *aber doch eigentlich nur Doubletten:* Wiederholter Ausspruch F.s, vgl. Anm. zu S. 613. – »*Morgen im norwegischen Hochgebirge*«: Gudes Bild wurde 1860 mit der großen goldenen Medaille der Berliner Akademie ausgezeichnet. – »*Alles schon dagewesen*«: Zum geflügelten Wort gewordener Ausspruch Ben Akibas in Karl Gutzkows »Uriel Acosta« (1846), von F. häufig – vor allem zeitkritisch – zitiert als »Schlüssel, der zur Gegenwart paßt«, vgl. »Allerlei Glück«-Fragment, HF I, 7, S. 290 (1. Aufl. Bd. 5, S. 664). – Ferdinand *Bellermann* (1814-1889): Landschaftsmaler, Ausbildung an der Berliner Akademie bei Karl Blechen und Johann Wilhelm Schirmer, seit 1836 auf den Berliner Kunstausstellungen mit virtuos wiedergegebenen, vor allem tropischen und – wie 1860 auch – italienischen Landschaften vertreten. – Carl *Graeb* (1816-1884): Landschafts- und Architekturmaler (vor allem Darstellung von Innenansichten mittelalterlicher Kirchen), Schüler der Berliner Akademie, an die er 1855 als Lehrer berufen wurde. Nach Ausführung eines Teils der landschaftlichen Ausschmückung des Berliner Neuen Museums erhielt er 1851 den Titel eines Hofmalers. – Louis *Gurlitt* (1812-1897): Landschaftsmaler aus Altona, Ausbildung in Hamburg, München und Kopenhagen. 1860 folgte er einem Ruf Herzog Ernsts von Sachsen-Koburg-Gotha nach Gotha. – Wilhelm *Krause* (1803-1864): Marine- und Landschaftsmaler aus Dresden, im wesentlichen Autodidakt, von Wilhelm Wach beeinflußt, Professor und Mitglied der Berliner Akademie seit 1833, beschickte deren Ausstellungen regelmäßig seit 1826. »Entwicklungsgeschichtlich ist K. dadurch von Bedeutung, daß er der Berliner

Abb. 1 Andreas Achenbach: Westfälische Wassermühle (1860)

Seine Bilder sind »uns eine Art von künstlerischem Bedürfnis geworden ... so fühlen wir, wenn die Ausstellungssäle sich öffnen, ein stilles Verlangen, mit Andreas Achenbach in die Stille einer Wassermühle einzuziehen« (S. 537).

Landschaftsmalerei mit seinen Seestücken ein ganz neues Gebiet erschloß, auch daß er eine einflußreiche Lehrtätigkeit entfaltete« (A. Paul-Pescatore, in: TB XXI, S. 469). – *Heinrich Gaetke auf Helgoland* (1814-1897): Verwandter F.s, dem er in »Von Zwanzig bis Dreißig«, ›Mein Leipzig lob' ich mir‹ ein ähnliches Denkmal setzte, vgl. HF III, 4, S. 277 f. In seinem Karl Blechen-Fragment aus den sechziger Jahren findet sich die Notiz, daß F. Gaetke als Schüler Blechens besonders charakterisieren wollte, vgl. N. XXIII/1, S. 529. Ob Gaetke ein Schüler Blechens war, wird allerdings bezweifelt. Im Sommer 1891 wollte F. Gaetke von Wyk auf Föhr aus in Begleitung Georg Friedlaenders besuchen, vgl. F.s Brief an seine Tochter Mete vom 25. Juni 1891, HF IV, 4, S. 138: »In Helgoland will ich meinen Vetter Heinrich Gaetke, den ›Inselkönig‹ besuchen, den ich seit beinah 60 Jahren nicht gesehn habe; damals war er Malerbengel, jetzt erste Obrigkeit und berühmter Ornithologe, dabei etwas Brigham Young.« Aus dem geplanten Abstecher wurde jedoch nichts, vgl. F.s Brief an seine Frau Emilie vom 21./22. Aug. 1891, Gesammelte Werke (JA), Bd. 5, S. 314.

464 *La bourse ou la vie* (franz.): Geld oder Leben. – *Von Zeit zu Zeit schickt er uns noch ein Bild:* Gaetke hatte vier Zeichnungen eingesandt: »Westküste von Helgoland«, »Wrack«, »Bewegtes Wasser, Mondbeleuchtung« und »Sturm, Sonnenuntergang«. – *Circe…* *Odysseus:* Nach Homers »Odyssee (10. Gesang, 210 ff.) hielt Circe, die »flechtenschöne furchtbare« Göttin und Zauberin auf der Insel Aia, Odysseus ein Jahr lang gefangen. – *Ludwig Hermann* (1812 bis 1881): Marine- und Architekturmaler aus Greifswald, Schüler der Berliner Akademie und Jean Baptiste Isabeys in Paris, möglicherweise identisch mit jenem Maler Hermann, den F. in einem Brief aus London an seine Frau Emilie vom 18. März 1857 erwähnt (vgl. HF IV, 1, S. 569 f.). Hermann stellte zwischen 1862 und 1873 mehrmals in London aus und hielt sich dort auch gelegentlich länger auf. – *Eduard Schleich d. Ä.* (1812-1874): Landschaftsmaler aus München, Schüler der dortigen Akademie, fand unter dem Eindruck eines Pariser Aufenthalts seinen persönlichen Stil. »Erlangte durch seine lichterfüllten, meist der Umgebung Münchens und dem oberbayerischen Seengebiet entnommenen Landschaften bestimmenden Einfluß auf die Entwicklung der Münchener Landschaftsmalerei« (TB XXX, S. 100). S. erhielt für sein ausgestelltes Bild die kleine goldene Medaille der Berliner Akademie. – *Giovanni Antonio Canal*, genannt *Canaletto* (1697-1768): Venezianischer Maler, der seine topographisch genauen Städteansichten meist mit Genreszenen belebte und ihnen einen eigenen atmosphärischen Reiz zu geben verstand. – *Es ist mit einer Wahrheit, mit einem Auge für die Natur gemalt:* Die hier ausgesprochene Unterscheidung von (Kunst-)Wahrheit und Natur(-Stimmung) klärt F.s Verwendung des Wortes Wahrheit als den ideellen, Stimmung als den realen Teil seines Realismusbegriffs. »Wahrheit und *Stimmung*«

sind die »Ansprüche, die unsre Zeit« an die Kunst stellt, heißt es bereits im Neunten Brief »Aus Manchester« (HF III, 3/I, S. 493). Zu
»Stimmung« vgl. auch Anm. zu S. 462. Vgl. dazu auch Max Schas-
lers Definition in einem 1858 in den »Dioskuren« veröffentlichten
Aufsatz, die – wie wir wissen – auch von F. gelesen wurden: »Die
Kunst ist entweder viel mehr oder viel weniger als die Natur. Betrachtet sie die Naturwahrheit als das Höchste, was sie erreichen kann, so
degradiert sie sich selber, denn die Wahrheit ist eben für sie unerreich-
bar. Will sie aber – unter der Hülle der Naturdarstellung – etwas Anderes, Geistigeres, Ideelles zur Erscheinung bringen, dann stellt sie
sich über die Natur, weil sie diese nur als formales Mittel zu einem
höheren Zwecke verwendet. Darum ist die Kunstwahrheit eine andere als die Naturwahrheit, eine höhere nämlich, und zwar nur durch
den Gedankeninhalt, welcher der Natur als solcher fremd ist« (»Über
Idealismus und Realismus in der Historienmalerei. Eine Parallele
zwischen M. v. Schwind's ›Kaiser Rudolph, der gen Speyer zum Sterben reitet‹ und Ad. Menzel's ›Friedrich's II. und Joseph's II. Zusammenkunft zu Neiße‹«, in: Die Dioskuren 3, 1858, S. 146).

465 *Unsere diesjährige Ausstellung bringt deren so viele ... aus dieser
     genommen werden müßten:* Dazu ironischer der Rezensent in der
     Neuen Preußischen (Kreuz-)Zeitung, Nr. 210, vom 7. Sept. 1860:
     »Besonders die Pflanzenfresser und Wiederkäuer sind hier in allen
     Gattungen auf das Trefflichste vertreten, Schafe und Rinder, daß dem
     Landwirt das Herz im Leibe lachen muß. Und wir wünschen auch dem
     Künstler erhöhte Wollpreise! Für Pferde, Hunde, Wild und Alles, was
     zum Sport gehört, ist gleichfalls reichlich gesorgt.« – Edwin *Landseer*
     (1802-1873): Englischer Maler, Bildhauer und Radierer, traf mit sei-
     ner anthropomorphen Gestaltung der Tierwelt den Geschmack seiner
     Zeitgenossen. Seine Bilder waren im Stich auch auf dem Kontinent
     verbreitet. Vgl. F.s Bewunderung für ihn in »Die Kunstausstellung«,
     London 1856 (HF III, 3/I, S. 415 f.) sowie seine ausführliche Würdi-
     gung im achten Brief »Aus Manchester« (HF III, 3/I, S. 489 ff.). In
     seiner Kurzbiographie für »Männer der Zeit« nennt er ihn »Den be-
     rühmtesten Tiermaler der Gegenwart« (2. Serie, Sp. 225). – *Rosa
     Bohnheur*, eigentlich Rosalie B. (1822-1899): Damals bekannte fran-
     zösische Tiermalerin, die zu jener Zeit auf dem Höhepunkt ihres
     künstlerischen Ruhms stand. Ihre Tierfiguren, durch gründliches
     Studium bis ins Detail realistisch durchgebildet, waren vor allem in
     England geschätzt. F. benutzt ihren Namen zu einem Wortspiel in
     »Cécile«, 6. Kap. (HF I, 2, S. 160 ff.). – *Teutwart Schmitson* (1830 bis
     1863): Tiermaler, als Maler Autodidakt, lebte von 1858 bis 1860 in
     Berlin, wo er durch seine »wirkliche Originalität« aufgefallen war. F.
     spricht in seinem biographischen Artikel über Schmitson für »Män-
     ner der Zeit« diese Originalität an: »Alle Schmitsonschen Arbeiten
     tragen durchaus den Stempel der Originalität: da ist nichts, was an
     Rubens oder Snyders, an Edwin Landseer oder Rosa Bonheur erinner-

Abb. 2   Teutwart Schmitson: Durchgehendes Ochsengespann (1860)

*»Die brillanten vier Ochsen Teutwart Schmitsons, die sich verfahren ha-
ben und feststecken, gelten in vieler Augen als das Sinnbild unsres gesamten Realismus, der sich verfahren hat, oder wenigstens auf dem
Punkt steht es zu tun« (S. 465).*

te, er ist ganz er selbst. Alle wirkliche Originalität hat eine unwiderstehlich erobernde Kraft und reizt zur Nachahmung. Unter den jungen Malern Berlins fängt sich bereits eine Schmitsonsche Schule
(mindestens eine Schmitsonsche Manier), besonders in Behandlung
landschaftlicher Hintergründe, zu bilden an. Schmitson ist Realist,
doch nicht ein solcher, der die Natur in jeder zufälligen Erscheinung
als für die künstlerische Darstellung geeignet ansieht; ebenso wenig
erkennt er die bloße Korrektheit, die sogenannte Naturwahrheit als
Ziel seines Strebens. Die äußerliche Wahrheit ist ihm nur Bedingung:
Konzentrierung eines Natureindrucks und Darstellung desselben mit
Hinweglassung zufälliger Nebendinge, das ist der Realismus, den er
vertritt. Realismus, nicht Naturalismus: eine ideale Wirklichkeit,
aber nichts Idealisiertes weder in Form noch Farbe« (2. Serie, Sp. 311;
der vollständige Artikel ist wiederabgedruckt in N XXIII/1, S. 462-
465). Mit den brillanten vier Ochsen ist Schmitsons Gemälde »Viererzug-Ochsen, durchgegangen« gemeint, das heute allgemein als
»Durchgehendes Ochsengespann« zitiert wird (s. Abb. 2). Das
1,73 × 1,35 m große Gemälde ist eines der Hauptwerke Schmitsons.
Dazu Cornelius Gurlitt: »Mit Staunen sah ich Schmitsons Ochsen-
fuhrwerk in der Hamburger Kunsthalle: Wer hatte zu jenen Tagen,
als es gemalt wurde, gleiche Kraft der Farbe, wer selbst unter den
Franzosen?« (»Die deutsche Kunst des Neunzehnten Jahrhunderts.
Ihre Ziele und Taten, Berlin ²1900, S. 657). – *Eine Ahnung beschleicht
wieder die Gemüter, daß dieser Realismus, der sich selbst ein Höchstes dachte und so gedacht wurde, doch nicht das Höchste war:* Bereits 1853 formulierte F. in »Unsere lyrische und epische Poesie seit
1848«: »Aber es ist noch nicht allzu lange her, daß man (namentlich
in der Malerei) *Misere* mit Realismus verwechselte und bei der Darstellung eines sterbenden Proletariers, den hungernde Kinder umste-
hen, oder gar bei Produktionen jener sogenannten Tendenzbilder
(schlesische Weber, das Jagdrecht u. dgl. m.) sich einbildete, der
Kunst eine glänzende Richtung vorgezeichnet zu haben. Diese Richtung verhält sich zum echten Realismus wie das rohe Erz zum Metall:
die Läuterung fehlt« (HF III, 1, S. 240 f.).

466 Albert *Brendel* (1827-1895): Der »Schafmaler par excellence«, wie F.
ihn nennt (s. u. S. 511), Schüler der Berliner Akademie (Wilhelm
Krause, Karl Steffeck) sowie Thomas Coutures, einem Schüler Paul
Delaroches und des Tiermalers G. Palizzi in Paris, lebte damals fast
ausschließlich in Paris, wo er im Pariser Salon mit seinen stimmungs-
erfüllten Tierbildern erste Erfolge errang. Als Brendel 1870 Frank-
reich verlassen mußte, kehrte er zunächst nach Berlin zurück, später
wirkte er als Professor und Direktor an der Kunstschule in Weimar.
Seine Tierbilder, anfangs überwiegend Bilder von Pferden, später von
Schafen, waren wegen der sorgfältigen Wiedergabe der animalischen
Individualität zu seiner Zeit besonders geschätzt. Er hatte 1860 drei
Bilder ausgestellt: »Pferde Schiffe ziehend, Mondbeleuchtung«,

»Heimkehrende Schafherde« und »Eine Gruppe Schafe im Stall«, für die er mit der kleinen goldenen Medaille für Kunst ausgezeichnet wurde. – Otto *Weber* (1832-1888): Tiermaler, auch als Landschafts- und Genremaler tätig, Schüler der Berliner Akademie und Thomas Coutures in Paris. Wie Brendel hielt auch er sich damals überwiegend in Paris auf, bis er bei Ausbruch des deutsch-französischen Krieges 1870 Frankreich verließ und nach einem zweijährigen Rom-Aufenthalt 1872 in London ansässig wurde. Er stand damals am Anfang seiner künstlerischen Laufbahn mit ersten Erfolgen im Pariser Salon, wo seine Bilder sehr bewundert wurden. Die drei von ihm ausgestellten Bilder sind sämtlich Tierstücke. – Carl *Steffeck* (1818-1890): Auch als Historien- und Porträtmaler tätig, Schüler der Berliner Akademie (Franz Krüger, Karl Begas), weitergebildet in Paris bei Paul Delaroche, seit 1859 beliebter Lehrer an der Berliner Akademie, machte vor allem durch seine meist kleinformatigen realistischen Pferde- und Hunde-bilder, an denen man die »geradezu verwegene Meisterschaft« (Franz Theodor Kugler) lobte, von sich reden. Von den vierzehn ausgestell-ten Gemälden sind zehn Tierstücke. – Oskar *Graf Krockow* von Wickerode (1826-1871): Hatte sich nach seiner künstlerischen Aus-bildung in Berlin (Wilhelm Krause), München (Albert Zimmermann) und Paris erst ein Jahr zuvor in Berlin niedergelassen. Der Katalog verzeichnet von ihm acht Tierstücke. Seine Tierbilder waren zwischen 1848 und 1873 häufig auf deutschen Kunstausstellungen, besonders denen der Berliner Akademie, zu sehen. – Peter Paul *Rubens* (1577 bis 1640): Bedeutendster Vertreter des flämischen Frühbarock, dessen Tierdarstellungen, vor allem Pferde – z. B. »Die Amazonenschlacht« (1619) – F. hier anspricht. – Frans *Snyders* (1579-1657): Mitarbeiter von Rubens, der nach dessen Vorgabe oftmals die Tiere in Rubens' Gemälde malte. – Eugène *Verboeckhoven* (1798-1881): Belgischer Tiermaler, mit seinen sorgfältig behandelten Tierstücken (vor allem Schafe) einer der international beliebtesten Künstler seines Faches. Werke dieses sehr produktiven, wenn auch einseitigen und wenig ent-wicklungsfähigen Malers befanden sich damals in öffentlichen und privaten Sammlungen. – *jedes Kunstwerk darf verlangen, mit seiner eigenen Elle gemessen zu werden:* Die Frage nach dem richtigen Maß, die F. oft beschäftigt hat, ist hier im Zusammenhang mit der heftig geführten Diskussion zu verstehen, die Schmitsons Bilder auf der Berliner Ausstellung ausgelöst hatten. Schmitson, als Maler Autodi-dakt, galt lange Zeit für minderwertig, außer bei denen, die ihn nicht – wie F. – durch die akademische Brille sahen. Dazu Ludwig Pietschs Äußerung in der Illustrierten Zeitung, Leipzig: »Unter den Tierma-lern ist es besonders einer, der neben unbestreitbar großem Erfolg auch gleichzeitig die lebhafteste Anfeindung seiner Leistung durch größere Parteien erfahren muß. Schmitson in Berlin, ein Künstler, dessen erstaunenswertes Talent keinem Zweifel unterliegt, wenn auch seine seltsam realistische Tendenz, welche ihn mit besonderer

Vorliebe das Häßliche in den Naturerscheinungen als Gegenstand seiner Kunst wählen läßt, ihm notwendig zahlreiche Gegner erweckt. In
Hinsicht auf natürliche Wahrheit wie auf große und kraftvolle malerische Behandlung finden seine Arbeiten in Deutschland kaum ihres
Gleichen« (Nr. 909 vom 1. Dez. 1860, S. 379). – »*Pferde einfangende
Czikos*«: Der Katalog gibt den Titel unter Nr. 849 mit »Czikos, ungarische Roßhirten, Pferde treibend« an.

467 *in effigie* (lat.): hier: als Bild. – *Wilhelm Gentz* (1822–1890): Historien- und Genremaler, Schüler der Berliner Akademie, weitere Ausbildung u. a. in Antwerpen und zwischen 1846 und 1852 in Paris bei
dem von Paul Delaroche beeinflußten Charles Gleyre und Thomas
Couture. Unter dem Eindruck der französischen Orientmalerei von
Alexandre-Gabriel Decamps und Eugène Delacroix ausgedehnte Studienreisen, zunächst (1847) nach Spanien und Marokko, dann nach
Ägypten, Nubien und Kleinasien. Allein Ägypten, wo er sich 1849 ein
ganzes Jahr aufhielt, besuchte er sechsmal. Diese Reisen boten ihm
den Stoff zu seinen orientalischen Genrebildern, die ihm den Beinamen »Maler des Orient« einbrachten (so Ludwig Pietschs Titel seines
Buches über Gentz, Berlin ²1895). »In Gentz treffen wir die seltenste
und glücklichste Vereinigung eines tiefen, ernsten, gedankenvollen
Künstlers und eines echten Koloristen par excellence. In dieser ganz
eigentümlichen Verschmelzung beruht die Neuheit und Fremdartigkeit des Eindrucks seiner Schöpfungen, in ihr aber auch die Garantie
seiner eigenartigen künstlerischen Zukunft« (Ludwig Pietsch, in: Illustrierte Zeitung, Nr. 924 vom 16. März 1861, S. 190). Gentz hat
seine frühen Reiseeindrücke in dem Buch »Briefe aus Ägypten und
Nubien« (1853) beschrieben. F. lernte Gentz durch den Maler Georg
Bleibtreu 1875 kennen und pflegte die »gesellschaftliche Verbindung«
zu ihm, vgl. F.s Brief an seine Schwester Lise vom 22. Apr. 1875
(Briefe, Bd. 2, S. 328). Später, 1889/90, schrieb F. eine ausführliche
Skizze, »Wilhelm Gentz« betitelt, die als 11. Kapitel in die fünfte Auflage (1892) der »Wanderungen«, ›Die Grafschaft Ruppin‹, eingegangen ist (vgl. HF II, 1, S. 143-189). Zu seinem Bild »*Ein Transport von
Sklaven durch die Wüste*« (s. Abb. 3) vgl. Ludwig Pietschs Besprechung: »Wenn weich geschaffene Seelen auch durch die Herbigkeit
des darin behandelten Stoffs und durch die furchtbare Wahrheit seiner Gestaltung zurückgeschreckt wurden, so eroberte der tiefe, gehaltvolle Ernst seines Wesens, der große geschichtliche Sinn seiner
Konzeption doch in immer steigendem Maße die hochschätzende Anerkennung auch derer, welchen die eminente wie *malerische* Bedeutung des Werkes nicht ebenso offenbar geworden war, wie dem in der
Schätzung dieser Seite seiner Trefflichkeit fast einstimmigem *künstlerischen* Publikum« (a.a.O., S. 190). – *Tragödie*: »Der Revolution
und der Erhebung der Gemüter folgten Reaktion und Erschlaffung [...], die wieder Ruhe und Gemütlichkeit haben wollte[n]«, F.
in: »Unsere lyrische und epische Poesie seit 1848« (HF III, 1, S. 244).

Abb. 3   Wilhelm Gentz: Ein Transport von Sklaven durch die Wüste (1860). Holzschnitt von Adolf Burger. Illustrierte Zeitung (Leipzig) Nr. 924, 16. März 1861, S. 188/189.

Dem »Bilde von großen Dimensionen und voll wilden, naturwüchsigen Lebens, hat man vorgeworfen, daß es häßlich sei, aber selbst seine Angreifer geben zu, daß es (die Zulässigkeit der Richtung vorweggenommen) in seiner Art zu den glänzendsten Leistungen zähle« (S. 467).

Diese Grundströmung der Zeit war der Tragödie nicht günstig. Friedrich Hebbel, einer der wenigen, der das Drama pflegte, war bei seinen
Zeitgenossen wenig geschätzt. – *daß das Kleinere dem eigenen Können mehr entspricht:* Diesen typischen Grundzug des Idealrealis-
mus hat F. auch im Hinblick auf sein eigenes Schaffen oft wiederholt.
– *historisches Bild ... »historisches Genre«:* Die föderalistische Situation Deutschlands zwischen 1848 und 1871, das Fehlen eines »öffentlichen Leben[s]«, das »allein eine höhere historische Kunst zu erzeugen imstande« gewesen wäre (Jacob Burckhardt), ließen die Künstler
der Zeit keine historischen Themen finden, die geeignet gewesen wären, ein allgemeines nationales Interesse wachzurufen. Die Diskussion darüber und über den Rückzug der Künstler in das »historische
Genre«, mit dem sie dem biedermeierlichen Publikumsgeschmack
entgegenkamen, nahmen in den zeitgenössischen Kunstblättern breiten Raum ein. – *In England ... kann man dies alles trefflich verfolgen:* Vgl. F.s Erörterung der englischen Historienmalerei in seinem
siebten Brief »Aus Manchester« (HF III, 3/I, S. 468 ff.), die in dem
Urteil gipfelt: »Der Fluch der englischen Historienmalerei ist ihre
Mittelmäßigkeit« (S. 469). Im achten Brief kennzeichnet er die englische Genremalerei als »das jüngste und geliebteste Kind der englischen Kunst« (S. 483). – *Ausschmückung der Parlamentshäuser
hat ... Ausnahmefälle geschaffen:* Die Ausschmückung des von Sir
Charles Barry zwischen 1840 und 1860 erbauten Parlamentsgebäudes
(New Palace of Westminster) hat F. während seines dritten England-
aufenthaltes teilweise miterleben können. Die »Ausnahmefälle« sind
der englische Historienmaler Edward Matthew Ward (1816-1879),
dem 1852 die Ausführung von acht Wandgemälden aus der englischen Geschichte in den »lobbies« des Parlamentsgebäudes zufiel;
ferner Daniel Maclise (1811-1870), der besonders durch die beiden
Wandgemälde in der Royal Gallery des Parlamentsgebäudes bekannt
wurde: »Nelsons Tod in der Schlacht bei Trafalgar« und »Blüchers
und Wellingtons Zusammentreffen nach der Schlacht bei Waterloo«;
außerdem Charles Cope (1811-1890), der mehrere Fresken im Parlamentsgebäude ausführte, u. a. im Haus der Lords »Eduard II. verleiht
seinem Sohn, dem ›schwarzen Prinzen‹, den Hosenbandorden« und
im Korridor der Peers »Die Bestattung Karls I.«; und schließlich John
Callcott Horsley (1817-1903), der bereits 1845 im Haus der Lords das
Fresko »Der Geist der Religion« und 1847 in der Dichterhalle des Parlamentsgebäudes ein Wandgemälde nach Milton »Satan wird durch
Ithuriels Lanze verwundet« ausgeführt hatte. Vgl. »Aus Manchester«, siebter Brief, S. 478 ff. Direkt oder indirekt spielt F. auf diese
Fresken gelegentlich an. – *Karl Becker* (1820-1900): Genre- und Historienmaler, Schüler der Berliner und Münchner Akademie, erlernte
in Paris die koloristische Technik, lebte drei Jahre in Rom, bevor er
sich in Berlin niederließ. – Theodor *Hosemann* (1807-1875): Nach
seinem Studium in Düsseldorf bei Peter von Cornelius und Wilhelm

von Schadow seit 1828 in Berlin tätig, seit 1857 als Professor an der dortigen Akademie. Bis 1855 war er Mitglied des »Tunnel über der Spree«. Seine mitunter derb-humorvollen Genrebilder, die das biedermeierliche Volksleben Berlins einfangen, machten ihn zum bevorzugten Maler des Berliner Bürgertums der Jahrhundertmitte. Die sechs von ihm ausgestellten Genrebilder befanden sich bereits alle in namentlich genanntem Privatbesitz. – August Ferdinand *Hopfgarten* (1807-1896): Genre- und Historienmaler, Besuch der Berliner Akademie und der Atelierschule Karl Wilhelm Wachs, Professor und Mitglied der Berliner Akademie seit 1854. – Rudolf *Jordan* (1810-1887): Produktiver Genremaler, der seine Bildmotive vorzugsweise aus dem Fischer- und Lotsenleben nahm, Besuch der Düsseldorfer Akademie als Schüler Wilhelm von Schadows und Karl Sohns, Professor an der Akademie zu Düsseldorf.

468 Wilhelm *Riefstahl* (1827-1887): Landschafts-, Genre- und Architekturmaler, erhielt seine künstlerische Ausbildung an der Berliner Akademie (Johann Wilhelm Schirmer), lieferte die architektonischen Zeichnungen für den Atlas zu Franz Theodor Kuglers Kunstgeschichte (seit 1847), malte Landschaftsbilder mit stimmungsvoller Staffage. Er war F. »Jahre lang, neben Andreas Achenbach, der liebste unter den Landschaftern« (s. u. S. 607). – August *von Rentzell* (1810-1891): Schüler von Karl Begas in Berlin und Wilhelm von Schadow in Düsseldorf. Er pflegte vor allem das humoristische Genre, malte aber auch Porträts, Pferdestücke, Interieurs. – Wilhelm *Amberg* (1822-1899): Schüler von Karl Begas in Berlin und Léon Cogniets an der Ecole des Beaux Arts in Paris. Er gehörte mit seinen Liebesmotiven, die er in die Rokoko- und Wertherzeit verlegte, zu den beliebtesten Berliner Genremalern. – Karl *Arnold* (1829-1916): Tier- und Genremaler aus Berlin, Atelierschüler Adolph von Menzels, Hofmaler. Seine Bilder waren sehr populär und durch illustrierte Zeitschriften wie »Die Gartenlaube« und »Über Land und Meer« verbreitet. Sein Hauptwerk, »Eine Eberjagd«, war auf der Ausstellung 1860 zu sehen. – Johann Georg Meyer, genannt *Meyer von Bremen* (1813-1886): Produktiver Genremaler, der nach seinem Studium bei Karl Sohn und Wilhelm von Schadow in Düsseldorf 1852 nach Berlin übersiedelte, wo er 1863 Professor an der Akademie wurde. Auch er war zu jener Zeit ein Liebling des Berliner Ausstellungspublikums; seine Bilder mit Motiven vorzugsweise aus der Kinderwelt fanden durch Stich und Lithographie Verbreitung. – *die Meyerheims:* Der Genremaler *Eduard M.* (1808-1879), der nach Ausbildungsjahren auf der Danziger Kunstschule noch Schüler Wilhelm von Schadows in Berlin war und den seine Darstellungen aus dem Volks- und Kinderleben, mit liebevoller Behandlung des Details, zu einem bevorzugten Maler des biedermeierlichen Bürgertums gemacht hatten. Sein Bruder *Wilhelm M.* (1815-1882) hatte sich außer als Genremaler auch als Pferdemaler und Lithograph hervorgetan. Eduard M.s Söhne *Franz M.* (1838-

1880) und *Paul M.* (1842-1915), beide Schüler der Berliner Akademie, standen damals noch am Beginn ihrer künstlerischen Laufbahn,
arbeiteten mit ihrem Vater im gemeinsamen Atelier am Schöneberger
Ufer 23 und hatten noch nicht jene Popularität erreicht, die vor allem
Paul M., der zu jener Zeit durch Tierpersiflagen auf sich aufmerksam
machte, später die Ausmalung von Berliner Villen der Gründerzeit
besorgte. – *en famille* (franz.): hier: als Familie. – *Otto Wichmann*
(1828-1858): Schüler Fleurys in Paris, war erst 29jährig in Rom gestorben. Sein Grab in Rom suchte F. während seines ersten Italienauf-
enthalts vergebens, vgl. Aufzeichnungen aus dem Tagebuch Emilie
F.s, in: N XXIII/2, S. 56. – *da außer Jakob Becker und zwei Düsseldorfern noch drei hiesige Beckers existieren:* Jakob B. (1810-1872), Genremaler, Schüler der Düsseldorfer Akademie, damals Professor am
Städelschen Institut in Frankfurt/Main, seit 1845 Mitglied der Berliner Akademie; die beiden anderen Düsseldorfer Maler dieses Namens
sind der Landschaftsmaler August B. (1822-1887) und der Genre-
und Landschaftsmaler Hugo B. (1833-1868); die drei Becker in Berlin
sind außer dem schon genannten Karl B. (S. 467) der mit einer Por-
trätzeichnung in schwarzer Kreide auf der Ausstellung vertretene
Graphiker Alexander B. (1828-1877) sowie der Genre-, Landschafts-
und Tiermaler (vor allem Rinder) Albert B. (1830-1896), von seinen
Kunstgenossen Kuh-Becker genannt, weshalb er seine Bilder mit einem Q zu bezeichnen pflegte (vgl. dazu u. S. 639). – *»Ein Gnadengesuch beim Dogen«:* Becker erhielt für dieses Bild 1860 die große goldene Medaille der Berliner Akademie. Die koloristische Behandlung
seiner Bilder führte eine neue Entwicklung in der Berliner Malerei
ein. »Der Reiz eines warmen und glänzenden Kolorits und eine bei
uns fast ohne Gleichen stehende vollendete malerische Technik sind
auch den diesmal ausgestellten vier Bildern von Karl Becker in hohem
Grade eigen und machen ihn zum Liebling des Publikums, ohne daß
die Künstler dagegen protestieren könnten« (Ludwig Pietsch, in: Illustrierte Zeitung, Leipzig, Nr. 909 v. 1. 12. 1860, S. 379). F. beurteilte
Becker später weniger positiv als zu dieser Zeit; in seinem Brief an
Karl Zöllner vom 19. Jan. 1889 stellt er fest, »daß Becker aus dem
›Sammet‹ nie recht ›raus gekommen ist‹« (Briefe, Bd. 4, S. 104). Vgl.
auch Otto von Leixner: Die moderne Kunst und die Ausstellungen
der Berliner Akademie, Bd. 1: Die Ausstellung von 1877, Berlin 1878,
S. 29: »Die Kritik Berlins hat Becker so lange als vollendeten Stoffma-
ler gepriesen, bis es im Publikum zum Glaubensartikel geworden ist.«
Und er fügt hinzu: »Der Maler ist nichts mehr, als ein gewandter
Routinier.« – *die beiden Richtungen, die sich jetzt innerhalb der
Kunst befehden:* Nämlich der (Real-)Idealismus und der (Ideal-)Rea-
lismus, jene Kunstrichtungen der Jahrhundertmitte, die beide die
notwendige Ergänzung von Ideal und Natur proklamierten, mit dem
graduellen Unterschied, daß bei der ersteren das ideelle, bei der letzteren das naturwahre Moment die Hauptrolle spielte. – *ideale Realität:*

vgl. Anm. zu S. 463. – *Ludwig Wilhelm Wichmann* (1788-1859): Professor und Mitglied des Senats der Berliner Akademie. Der Katalog bringt in »Zur Chronik der Akademie« einen Nachruf, in dem es von W. heißt, daß er in seinen Porträtbüsten »die größte Lebendigkeit und Wahrheit der Persönlichkeit mit künstlerischem Schönheitssinn meisterhaft zu verbinden wußte« (S. IV).

469 *hat ein ungewöhnliches Aufsehen gemacht:* Vgl. dazu die Kritik in der Neuen Preußischen (Kreuz-)Zeitung vom 15. Sept. 1860: »Gleichen Schritt mit der Komposition, welche unsere vollste Anerkennung davonträgt, hält nun auch die Ausführung; beinahe in allen Teilen können wir sie loben. Leicht, frei und natürlich stehen die Figuren da, trefflich gruppiert; mit sicherer Hand ist ihnen Ausdruck und Leben verliehen; die Behandlung ist einfach und höchst geschmackvoll, treffliche Harmonie, treffliches Helldunkel. Nur die Figur des Paul Veronese selbst steht nicht auf ganz gleicher Stufe mit den übrigen, und zu unserem großen Bedauern fehlt hier ein Weniges, um das Bild als ein ganz tadelfreies erscheinen zu lassen.« – *Urania-Theater:* Ältestes Berliner Privattheater (gegründet 1792), neben Thalia- und Concordia-Theater eines der drei führenden Gesellschaftstheater, die durch Experimentierfreudigkeit das Interesse des Publikums an ihren Aufführungen wachzuhalten verstanden. Am Urania-Theater sammelten später berühmt gewordene Schauspieler wie Theodor Döring (1803-1883), Karl Gustav Berndal (1830-1885), Georg Hiltl (1826-1878) und Auguste Crelinger (1795-1865) erste Theatererfahrungen. – *ponceaufarben:* hochrot. – *Korrekturen:* Sie wurden im vorliegenden Text bereits korrigiert.

470 *die sich befehdenden Richtungen:* Vgl. Anm. zu S. 468. – *Adolph Menzel* (1815-1905): als Maler weitgehend Autodidakt, von F. als wichtigster Vertreter des Realismus in der Kunst seiner Zeit geschätzt. Vgl. dazu F.s etwa gleichzeitig geschriebene Menzel-Biographie für »Männer der Zeit«: »Adolf Menzel, ›der preußische Horace Vernet‹, wie er in einseitiger Auffassung seines Schaffens und zumal in Verkennung seiner völligen Originalität oft genannt worden ist, wurde am 8. Dezember 1815 zu Breslau geboren. Früh schon zeigte sich's, wozu ihn die Natur bestimmt hatte; sein Vater aber, der einen Gelehrten aus ihm machen wollte und mehr auf gutes Latein als auf richtiges Handzeichnen hielt, willigte erst nach langem Zögern in die künstlerische Laufbahn seines Sohnes. Dieser verließ nun Breslau und ging nach Berlin (1830). Hier wäre sein Eintritt in die Akademie der einfachste und natürlichste Schritt gewesen; dieser Eintritt aber unterblieb nichtsdestoweniger, und Menzel zog es vor, aus Gründen, die unbekannt geblieben sind, seine Studien auf eigene Hand zu betreiben. Er verharrte in dieser Entfremdung, die ihn die Akademie übrigens nicht entgelten ließ, indem sie ihn 1853 zu ihrem Mitgliede ernannte. Schon 1833, kaum achtzehn Jahre alt, erschien er mit einer Reihe von Kompositionen vor dem Publikum, die den Gesamttitel ›Künstlers

Erdenwallen‹ führten und als unverkennbare Proben großen Talents damals viel von sich reden machten. Erst sieben Jahre später jedoch trat er mit seinem Friedrichs-Buche (1840-42) in die Reihe gefeierter deutscher Künstlernamen ein. Dies Buch, das seinen Ruhm begründete, war die Frucht dreijähriger Arbeit und Mühen. Es besteht aus Text von Franz Kugler herrührend und Menzelschen Illustrationen, teils Initialen, teils selbständige kleine Bilder. Diese Kompositionen (Holzschnitte) fesseln durch einen unendlichen Reichtum an Originalität, Witz und gutem Humor, und der Beschauer schwankt, was er mehr bewundern soll, das dramatische Kompositionstalent, das in den Gestalten lebt, oder die historische Treue, die aus der gewissenhaftesten Beobachtung der Kostüme spricht. Alle Fürsten und Helden, alle Staatsmänner und merkwürdigen Personen, der ganze Apparat von Krieg und Frieden, die Schaubühne jener Zeit: Schlösser, Straßen, Schlachtfelder – alles ist entweder nach der Natur gezeichnet, oder mit sorgfältigem Fleiße nach gleichzeitigen Gemälden, Büsten und Medaillen kopiert. Besonders interessant ist es, den Helden des Buchs, den Großen König selbst, von Seite zu Seite durch alle Stadien des Alters und der Erscheinung zu verfolgen, vom vierten Lebensjahre an bis zu den letzten Greisentagen. Es schien geraten, bei diesem Werke Adolf Menzels länger zu verweilen, weil es unbestreitbar das Fundament bildet, auf dem er achtzehn Jahre lang weiter gebaut hat. Als er mit ›Künstlers Erdenwallen‹ und im weiteren Verlauf der dreißiger Jahre mit einer Reihe teils ähnlicher, teils andere Richtungen einschlagender Kompositionen (Zeichnungen und Ölbilder) vor das Publikum trat, *suchte* er noch nach dem Rechten, d. h. nach dem, was seiner künstlerischen Individualität entsprach, als aber im Jahre 1842 das Friedrichsbuch vor der Welt und vor ihm selber dalag, hatte er das Terrain gefunden, nach dem er von Anfang an in dunklem Drange gesucht hatte. Alle seine seitdem entstandenen Arbeiten sind entweder sachliche Erweiterungen oder künstlerische Ausführungen dessen, was als Studie oder Skizze oder Impromptu in jenem nicht genug zu schätzenden Buche enthalten ist. Diejenigen seiner Arbeiten, die andere Wege einschlagen und nicht anklingen an ›*Fridericus Rex* unser König und Herr‹, sind etwas Fremdes und erscheinen fast wie Hindernisse oder Unterbrechungen in seinem Entwicklungsgange, wie groß das Talent und namentlich auch die originelle Auffassung sein mag, die diesen Arbeiten zugrunde liegt. Unter diesen Bildern nehmen neben dem großen Karton ›Einzug Heinrichs des Kindes und seiner Mutter in Marburg‹ (im Landesmuseum zu Kassel aufgestellt) jene drei Kompositionen den ersten Rang ein, die Menzel als Transparentbilder für die alljährlich stattfindenden Weihnachtsausstellungen im Berliner Akademiegebäude malte. Die Namen dieser vielgefeierten und vielgetadelten Bilder sind folgende: ›Christus unter den Lehrern‹ (1851), ›Christus, wie er die Wechsler austreibt‹ (1853) und ›Adam und Eva‹ (1857). Das erstere existiert als Lithographie, von

Menzel selbst in sogenannter Schabemanier auf Stein gezeichnet. – Alle diese Bilder aber schufen nur eine Abwechslung, eine kurze Unterbrechung in dem eigentlichen Gange seiner Tätigkeit. Sein Terrain, seine Domäne war und blieb die friderizianische Zeit. Sie war und blieb der Schauplatz seiner Studien und seines Schaffens. Wir wiederholen ›seiner *Studien* und seines Schaffens‹, denn es ist ein charakteristischer und leider ziemlich vereinsamt dastehender Zug der Menzelschen Kunstübung, daß er's mit dem bloßen rastlosen Produzieren nicht getan glaubt, sondern vor allem die Zeit auch *kennen* will, die er zu *malen* gedenkt. In dieser Kenntnis tut er sich nie genug; immer Neues erschließt sich ihm, und jede weitere Stufe, die er erklimmt, bezeichnet für ihn nur den Weg zu einer höheren. Was wir jetzt bereits gewöhnt sind als selbstverständlich hinzunehmen, oder als Allgemeingut unserer Kenntnis anzusehen, das ist eine Wissenschaft, eine Anschauungsfülle, die Adolf Menzel zum guten Teil erst erobert hat. Man kannte nach der *malerischen* Seite hin die Glanzzeit preußischer Geschichte herzlich schlecht; die bildenden Künste des vorigen Jahrhunderts waren andere Wege gegangen und hatten, mit alleiniger Ausnahme *Chodowieckis*, sich mehr um den Faltenwurf der Toga als um die Litzen und Schnüre eines Husaren-Dolmans gekümmert. So kam es (was jetzt zwanzig Jahre *nach* dem Auftreten Menzels fast unglaublich scheint), daß man die Großtaten der Garde du Corps bei Zorndorf, oder den Siegessturm des Dragonerregiments Ansbach und Bayreuth bei Hohenfriedberg sehr wohl kannte, ohne genau zu wissen, wie jene Garde du Corps oder diese Dragoner eigentlich ausgesehen hatten. Das wissen wir jetzt aufs bestimmteste; aber *daß* wir es wissen, daß die Kostümfrage jener Epoche ein für allemal erledigt ist, daß wir ein malerisches Gesetzbuch haben, das alle Streitfragen in Zukunft schlichten wird, das ist das alleinige Verdienst Adolf Menzels und jener unermüdlichen Studien, deren Resultate er in dem großen Bildwerk ›Die Armee Friedrichs des Großen in ihrer Uniformierung‹ niedergelegt hat. Das Werk ist das Produkt fünfzehnjähriger, fast unausgesetzter Arbeit (von 1842-57) und wird, zusammen mit dem Friedrichs-Buch und einem dritten Bildwerk, das den Titel ›Die Soldaten Friedrichs des Großen‹ führt, ein unentbehrlicher Ratgeber für alle diejenigen Künstler werden, die vorhaben, der friderizianischen Epoche mit Ernst und Eifer sich zuzuwenden. Das genannte große Werk ›Die Armee Friedrichs des Großen etc.‹ besteht aus 600 kolorierten Lithographien, die zusammen drei starke Bände füllen. Nur *dreißig* Exemplare sind überhaupt abgezogen worden. Unter allen existierenden Bilderwerken der Art ist es so ziemlich das teuerste: jedes Exemplar (3 Bände) kostet 530 Taler. Auch der Illustrationen zu der großen Prachtausgabe der ›Oeuvres de Frédéric le Grand‹ wäre hier noch zu erwähnen. Sie bestehen aus 200 nach Menzelschen Zeichnungen gefertigten Holzschnitten. – Neben allen diesen Arbeiten, die vorwiegend den Charakter von *Studien* tragen, haben wir schließlich der eigentlichen Kunstleistungen A. Menzels auf demselben Gebiet, d. h. also seiner großen historischen Bilder oder doch seiner historischen Genrestücke aus der Zeit und dem Leben des Großen Königs zu gedenken. Diese Bilder sind die folgenden: ›Diner in Sanssouci‹ (1850, Besitz des Preußischen Kunstvereins); ›Abendkonzert in Sanssouci‹ (1852, Eigentum der Jacobsschen Galerie in Potsdam); ›Friedrich der Große auf der Reise‹ (1854, Ravenésche Galerie); ›Die Huldigung der schlesischen Stände‹ (1855, Besitz des Schlesischen Kunstvereins); ›Friedrich der Große und die Seinen bei Hochkirch‹ (von 1850-56, Besitz des Königs von Preußen; im Schloß zu Berlin); ›Begegnung in Neiße zwischen Friedrich dem Großen und Joseph II.‹ (1857, Besitz des Vereins für historische Kunst); ›Friedrich überrascht die Österreicher im Schloß zu Lissa, am Abend der Schlacht bei Leuthen‹ (noch nicht völlig beendet). Diese Aufzählungen geben nur die Hauptwerke und besonders auch, mit Rücksicht auf Zeit und Stoffwahl, das spezifisch Menzelsche. Das außerhalb dieses Kreises Liegende bleibe unerwähnt. – Adolf Menzel zählt mit zu den glänzendsten Vertretern des *Realismus* in der Kunst, wenn er nicht überhaupt, wenigstens in Deutschland, als ihr glänzendster Vertreter anzusehen ist. Die Entschiedenheit, ja man darf sagen die Rücksichtslosigkeit, mit der er sein künstlerisches Prinzip vertritt, hat ihm Feinde in Hülle und Fülle geschaffen. Als Mensch hat er keine Gegner; eine edle und liebenswürdige Künstlernatur hat ihm den seltenen Triumph bereitet, daß alle diese Gegnerschaften rein prinzipieller Natur geblieben sind. Der Geschmack des gebildeten Publikums, wenigstens des altpreußischen, steht ihm im allgemeinen zur Seite; man *will* diesen Realismus, den, wie die ganze Rauchsche Schule innerhalb der Skulptur, so Menzel innerhalb der Malerei vertritt; man will den Realismus als Prinzip, aber man will ihn nicht immer *so*, wie Menzel für gut befindet ihn zu geben. Daher kommt es, daß seine verschiedenen Bilder so verschieden beurteilt werden. Dieselben Personen, die für das ›Diner in Sanssouci‹ oder für das ›Abendkonzert‹ schwärmen, wenden sich mehr oder weniger unbefriedigt ab von der ›Begegnung zwischen Friedrich und Kaiser Joseph‹. Einen allgemeinen Erfolg gewann er mit seinem Hochkirch-Bilde; selbst die Gegner der ganzen Richtung waren erschüttert im Gemüt und als Folge davon erschüttert in ihren Ansichten. Eine große Aufgabe war groß gelöst. Lebenswahrheit, poetische Konzeption, dramatische Gewalt, alles vereinigte sich zu einer mächtigen Gesamtwirkung. Daß auf der großen Münchener Ausstellung (1858) diese Vorzüge vielfach bestritten wurden, konnte nicht überraschen. Die Kunstanschauungen dort stehen unter anderen Einflüssen und Vorbildern. Erst eine spätere Zeit wird entscheiden, wo das Rechte war. Wie aber das Verdikt auch ausfallen möge, Menzels Verdienste um die Ergründung und malerische Ausbeutung der friderizianischen Zeit werden bleiben und wachsen von Geschlecht zu Geschlecht.« (2. Serie, Sp. 133-136). F. zählte Menzel

neben Turgenjew zu seinen »Meistern und Vorbildern«, vgl. seinen
Brief an Ludwig Pietsch vom 23. Dez. 1885 (HF IV, 3, S. 441).
Gleichwohl fühlte er sich ihm trotz der gemeinsamen Mitgliedschaft
im »Tunnel über der Spree« und im »Rütli« nur »par distance« verbunden. Ein Gefühl des Zurückgesetztseins schwingt immer mit,
wenn er über den erfolgreichen M. raisonniert. Vgl. ferner F.s Gedicht »Auf der Treppe von Sanssouci« zu Menzels 70. Geburtstag
(HF I, 6, S. 262 u. Anm.), den Zweizeiler »Unter ein Bildnis Adolf
Menzels« (HF I, 6, S. 387) sowie F.s Aufsatz zu Menzels 80. Geburtstag (HF III, 1, S. 807-810 und Anm. dazu) und den Entwurf einer
Novelle, in der Eigenschaften Menzels in die Gestalt des »Célèbre«
einfließen sollten (HF I, 7, S. 473). Von besonderem Interesse in diesem Zusammenhang ist auch sein Brief an Friedlaender vom 21. Dez.
1884 (HF IV, 3, S. 369). – »Friedrich II. in Sanssouci«: Genauer Titel
»Friedrichs Tafelrunde in Sanssouci 1750« (1850), das auf der Berliner
Akademie-Ausstellung 1850 und auf der Pariser Weltausstellung
1855 zu sehen war (s. Abb. 4). Durch den Mezzotintostich des Berliner Kupferstechers Fritz Werner fand es weite Verbreitung. Das Bild
war vor 1945 im Besitz der Nationalgalerie Berlin und gehört zu den
seit dem 2. Weltkrieg verschollenen Werken der Malerei. – »Überfall
bei Hochkirch«: Vor allem dieses große Bild (2,95 × 3,78), dessen
Titel korrekt lautet »König Friedrich und die Seinen in der Frühe des
14. Oktober 1758 (Hochkirch)« (s. Abb. 5), hat F. zeit seines Lebens
rühmend erwähnt. Nachdem er es auf der Berliner Akademie-Ausstellung 1856 gesehen hatte, schrieb er seiner Frau aus Paris am
21. Okt. 1856: »Sehr freu' ich mich, daß Menzels Bild Furore macht.
Hab' ich mich doch also nicht geirrt. Ich sagte ihm gleich: lieber Menzel, ich gratuliere! Daß es übrigens dem Publikum gefallen würde,
war mir doch durchaus nicht sicher. Laß ihn doch direkt oder indirekt
wissen, daß mir erst in Versailles klar geworden wäre, wie gut und wie
bedeutend sein Bild sei. Es gibt nur zwei Arten, diese Dinge zu trak-
tieren, *entweder ganz im großen historischen Stil, oder aber mit Humor*. Das erstere tut *Gros*, das andere tut *Menzel*« (HF IV, 1, S. 540).
Vgl. dazu auch »Von Zwanzig bis Dreißig«, ›Der Tunnel über der
Spree‹, 8. Kap., mit Lepels Gedicht »Menzels Überfall bei Hochkirch«
(HF III, 4, S. 442) und seine Würdigung zum 80. Geburtstag Menzels
mit einer Beschreibung des Bildes (HF III, 1, S. 807 f.). Der Überfall
von Hochkirch als Bildmotiv findet in »Die Poggenpuhls«, 2. Kap.,
Erwähnung (HF I, 4, S. 486 f.). Das Bild war damals im Besitz des
preußischen Königshauses, ging später in den Besitz der Nationalgalerie über und ist seit dem Ende des 2. Weltkrieges verschollen. – »es
führen mehrere Wege nach Rom«: Formulierung nach dem geflügelten Wort »Alle (oder: viele) Wege führen nach Rom«, das Büchmann
(Leipzig ⁴1985, S. 87) als sinngemäße Übertragung einer Redewen-
dung des spätrömischen Kaisers Julian Apostata versteht. – »Zopf und
Schwert« (1844): Lustspiel des Berliners Karl Gutzkow (1811-1878),

*Abb. 4   Adolph Menzel: Friedrichs Tafelrunde in Sanssouci 1750 (1850;
seit dem 2. Weltkrieg verschollen)*

»*Menzel begann als Zeichner auf Stein und Holz und erst auf der 1850er
Ausstellung... erschien er mit seinem jetzt der National-Galerie zugehö-
rigen Sanssouci-Bilde (›Tafelrunde‹), das den bis dahin nur in engerem
Kreise Gewürdigten auf einen Schlag unter die Größen einreihte*« (aus
*Fontanes Aufsatz über Adolph Menzel zu dessen 80. Geburtstag, vgl. HF.
III, 1, S. 807).*

Abb. 5   Adolph Menzel: *König Friedrich und die Seinen in der Frühe des 14. Okt. 1758 (Hochkirch)* (1856; seit dem 2 Weltkrieg verschollen). Aus: *Adolph von Menzel: Abbildungen seiner Gemälde und Studien*, hg. v. Hugo von Tschudi, München 1906, Abb. 106.

»Einen allgemeinen Erfolg gewann er mit seinem Hochkirch-Bilde; selbst die Gegner der ganzen Richtung waren erschüttert im Gemüt und als Folge davon erschüttert in ihren Ansichten. Eine große Aufgabe war groß gelöst. Lebenswahrheit, poetische Konzeption, dramatische Gewalt, alles vereinigte sich zu einer mächtigen Gesamtwirkung« (S. 860).

in dem dieser die Zustände am preußischen Hof König Friedrich Wilhelm I. auf humoristische Weise darzustellen versucht, uraufgeführt in Dresden am 1. 1. 1844 und dort ein Jahrzehnt lang sehr beliebt, in Preußen jedoch verboten; erst fünfzig Jahre nach seiner Entstehung durfte es in Berlin aufgeführt werden. F. schätzte es von allen Gutzkowschen Stücken am meisten; an Wilhelm Hertz am 4. Febr. 1879: Gutzkows »Name wird bleiben, aber von seinen Werken nichts; vielleicht daß sich eins seiner Stücke (›Zopf und Schwert‹) noch ein Menschenalter hält« (HF IV, 3, S. 11). – »Des Königs Befehl« (1823): Frühes historisches Lustspiel des aus Berlin stammenden Karl Töpfer (1792-1871), mit dem er Beifall fand. Vgl. auch F.s Besprechung von Töpfers »Hermann und Dorothea«-Aufführung vom 16. März 1876 (N XXII, 1, S. 501 f.). – »Das Testament des großen Kurfürsten« (1858): Schauspiel von Gustav Heinrich Gans Edler zu Putlitz (1821-1890), das »oft« gegeben wurde, vgl. F.s Besprechung der Aufführung vom 30. Sept. 1884 (HF III, 2, S. 644 ff. u. Anm. dazu). Harte Kritik an Putlitz übte F. in seiner Tagebucheintragung vom 8. Nov. 1881 (vgl. Schriften zur Lit., Berlin 1960, S. 273). – Kaulbachsche »Hunnenschlacht«: Wilhelm von Kaulbach (1805-1874), Schüler von Peter von Cornelius, wurde mit seinem Karton zur »Hunnenschlacht« (1834/37), eine Auftragsarbeit für Graf Raczynski in Berlin, und der Ausführung als Wandgemälde im Treppenhaus des Neuen Museums in Berlin mit einem Schlage berühmt. Das effektvoll-theatralische Gemälde stellt die Sage vom Kampf der Geister gefallener Hunnen und Römer vor den Toren Roms dar. »Es ist bezeichnend für die Art des Kunstgeschmacks um die Mitte des 19. Jahrhunderts, daß K. der (materiell) erfolgreichste deutsche Künstler werden konnte. Man begeisterte sich an dem reichen begrifflich-histor. Inhalt seiner Kompositionen (Hegel!) u. erkannte gar nicht, daß eigentlich künstlerische Probleme überhaupt nicht gestellt waren. Graf Raczynski, M. Carrière u. E. Förster waren die Wortführer seiner Lobredner. Um so bedeutsamer ist die früh einsetzende Kritik. Künstler wie Cornelius, Schwind, Genelli, Rietschel, J. Schnorr, Kunsthistoriker wie Ad. Helfferich (1853), Jul. Meyer (1863), Moritz Thausing (1866), E. Dobbert (1869), W. Lübke (1874), E. Braun, A. Rosenberg (1879), Woltmann (1877) u. Jak. Burckhardt waren Gegner seiner Kunst. Die heutige Kunstwissenschaft verhält sich einheitlich ablehnend gegen K.s späteres Schaffen u. läßt nur die frühen Wandgemälde, die Porträts u. satir. Zeichnungen gelten« (Hans Kiener, in: TB XX, S. 24). F., der in dieser frühen Zeit noch ganz unter dem Eindruck des historischen Inhalts der Kaulbachschen Monumentalmalerei steht, erwähnt das Bild verschiedentlich, oft in einem Atemzug mit Cornelius' »Apokalyptischen Reitern« (s. S. 574; vgl. auch »Kopenhagen«, ›Die dänische Malerschule‹, HF III, 3/I, S. 708). Kritischere Töne mischen sich ein, wenn er 1874 (s. u. S. 660) von K.s »Mängel[n] und Affektiertheiten« spricht.

471 Peter von *Cornelius* (1783-1867): F. schrieb einen Nachruf in der
Neuen Preußischen (Kreuz-)Zeitung (Nr. 56 vom 7. März 1867, gez.
Te).: »*Peter von Cornelius †.* – Wir haben einen großen Verlust an-
zuzeigen: Heute (Mittwoch, 6. März) Vormittag 10 Uhr starb *Peter
v. Cornelius.* – Wir geben (Weiteres uns vorbehaltend) in Kürze die
Daten seines Lebens. – Peter Cornelius wurde am 23. September 1783
zu Düsseldorf geboren. Schon früh zeigte sich seine hohe Begabung.
Bereits in seinem 19. Jahre führte er an der Kuppel der alten Kirche zu
Neuß eine Wandmalerei aus; bedeutender waren (1810) seine Zeich-
nungen zum ›Faust‹ und zum Nibelungenliede. 1811 ging er nach
Rom. Hier erschloß sich ihm, in Gemeinschaft mit gleichstrebenden
Künstlern, namentlich mit Overbeck, die hohe Bedeutung der großen
Meister. Er arbeitete viel (u. a. für die Villa des Preuß. General-Kon-
suls Bartholdy), und seine Kompositionen begannen Bewunderung
zu erregen. Er erhielt beinahe gleichzeitig (1819) einen Ruf nach
München und als Direktor an die Düsseldorfer Akademie. Zwischen
beiden Orten blieb bis 1825 seine Tätigkeit geteilt. In letztgenanntem
Jahre berief ihn König Ludwig zum Direktor der Akademie nach
München. Hier fertigte er nun, besonders in der Glyptothek und der
Ludwigskirche, jene großartigen Arbeiten, welche seinen Namen der
Zukunft überliefern werden, in erster Reihe die Darstellung aus dem
Trojanerkriege. – Ostern 1841 erhielt er den Ruf nach *Berlin.* Sein
erstes hier gemaltes Bild: ›Christus in der Vorhölle‹ (Raczynskische
Galerie), drang nicht recht durch; einen desto gewaltigeren Erfolg
hatten seine, seitdem so berühmt gewordenen Kartons für das Campo
Santo. Wem ständen die ›apokalyptischen Reiter‹ nicht vor Augen?
Wessen Herz hätten sie nicht erschüttert? Über spätere Arbeiten des
bis zuletzt Schaffenslustigen gehen wir hinweg. 1853 zog es ihn noch
einmal auf längere Zeit nach Rom; von 1859 gehörte er unserer Stadt
fast mit Ausschließlichkeit an. Nun auch im Tode. – Sein Hinscheiden
ist ein Ereignis. Der Altmeister moderner Kunst, der Repräsentant
des großen Stils ist in ihm heimgegangen. Alle verlieren in ihm, besonders auch unsere Stadt, der sein Name ein Glanz und eine Zierde
war.« – Dazu vergleichend die Bedeutung C.s aus heutiger Sicht: »C.
besaß in hohem Maße konstruktive bildnerische Phantasie. Aber ihr
entsprach (wie seit dem Ausgang des 18. Jh. häufig) keine gleichwer-
tig starke Formkraft. Dazu kamen durch widrige Jugendschicksale
und frühe Selbstherrlichkeit bedingte Mängel künstlerischer Ausbildung. Die ersten Entwürfe in kleinem Format zeigen (als letztes Erbe
des Barock) bewundernswerte Sicherheit des Ornamentalen. Bei ihrer Übertragung ins Große beginnt die Unsicherheit, die für die neuere Monumentalkunst allgemein bezeichnend ist. Trotzdem gehören
seine Kartons in der geistigen Durchdringung des Stoffes und der
ausdrucksvollen Liniensprache zu den bedeutendsten Leistungen der
deutschen Kunst des 19. Jh. Für Farbe und Kolorit dagegen fehlte C.
natürliche Begabung. Die Ausführung an der Wand überließ er aus

diesem Grunde häufig untergeordneten Kräften, die nur unzureichend geschult waren (auch als Lehrer und Akademiedirektor machte
sich hier die Schwäche seiner malerischen Begabung verhängnisvoll
bemerkbar). Zwischen der Größe seiner bildnerischen Konzeptionen
und ihrer endgültigen Ausführung klafft ein nur selten überbrückter
Zwiespalt. Zeichnerische Entwürfe und Kartons repräsentieren C.s
Bedeutung besser als seine Fresken« (Herbert von Einem, in: NDB 1,
S. 364 f.). – *Leipziger Schlacht:* Entscheidungsschlacht des Herbstfeldzuges 1813 der Befreiungskriege, die sog. Völkerschlacht bei Leipzig vom 16. bis 19. Okt. 1813, in der die Verbündeten über Napoleon
siegten. – Hermann *Stilke* (1803-1860): Historienmaler der Düsseldorfer Schule, über den F. in seinem biographischen Artikel für
»Männer der Zeit« meint: »Was man der Mehrzahl seiner historischen Bilder, besonders dem ›Sieg der Goten über die Hunnen‹ vorwirft, ist das, daß sie zu sehr das unzulängliche Gepräge der älteren
Düsseldorfer Schule verraten, daß sie etwas Gemachtes, Äußerliches,
Arrangiertes zur Schau tragen und jener innerlichen Wahrheit und
Energie entbehren, die allein zu überzeugen vermag. Man tadelt die
Färbung als konventionell, als leblos, und wirft selbst der Zeichnung
allerhand Mängel vor. Diese härteren Urteile erklären sich zum Teil
daraus, daß Stilke einer Schule und Kunstrichtung angehört, die mit
jedem Tage mehr an Terrain verliert, und daß er in Einzelfällen, z. B.
bei Gelegenheit des mehrgenannten ›Sieges der Goten usw.‹ die
Konkurrenz mit Schöpfungen allerersten Ranges, z. B. mit der Kaulbachschen ›Hunnenschlacht‹ zu bestehen hatte. Dem war er nicht gewachsen« (2. Serie, Sp. 140 f.; der vollständige Artikel ist wiederabgedruckt in N XXIII/1, S. 438-439). – Elisabeth *Baumann-Jerichau*
(meist: Jerichau-Baumann; 1819-1881): Produktive Genremalerin,
die ihre künstlerische Ausbildung an der Düsseldorfer Akademie
durch Karl Sohn und Carl Friedrich Lessing, Eduard Hildebrandt und
Wilhelm von Schadow erhielt, verheiratet mit dem dänischen Bildhauer Jens Jerichau. Ihre Genrebilder großen Formats zeigen meist
lebensgroße Figuren, denen sie jedoch keine tiefere Charakteristik zu
geben vermochte. Das ausgestellte Gemälde war eine Auftragsarbeit
für König Friedrich Wilhelm IV. von Preußen. – Maksymiljan *Piotrowski* (im Erstdruck immer: Piotrowsky; 1813-1875): polnischer
Historienmaler, hervorgegangen aus der Schule Wilhelm Hensels in
Berlin, war damals Professor an der Kunstakademie in Königsberg.
Zum ausgestellten Gemälde »Wanda« vermerkt der Katalog: »Wanda,
Königin von Polen, Tochter des Krakus, opfert sich nach Besiegung
des eingedrungenen Feindes Ritogar ihrem Gelübde gemäß den Göttern durch den Tod in der Weichsel, im achten Jahrhundert.« Die im
12. Jahrhundert aufgezeichnete Sage ist wiederholt dramatisch bearbeitet worden, u. a. von Zacharias Werner: »Wanda, Königin der Sarmaten. Eine romantische Tragödie mit Gesang in fünf Akten« (1809).
– Johannes *Heydeck* (im Erstdruck: Heideck; 1835-1910): Historien-

maler aus Königsberg, Schüler der dortigen Akademie, an der er später als Professor wirkte, war damals für die Berliner »ein neuer Name« (vgl. Neue Preußische (Kreuz-)Zeitung, Nr. 233 vom 4. Okt. 1860). Der genaue Titel des Bildes heißt »Siegfrieds Abschied von Chrimhilden«. – Friedrich *Kaiser* (1815-1890): Historien- und Schlachtenmaler, auch als Lithograph tätig, hatte sich, nach Ausbildungsjahren in Paris und München, 1850 in Berlin niedergelassen. Sein Bild ist bekannt als »Überfall Konradins bei Tagliacozzo 1268«; dazu der Zusatz im Katalog: »Die Deutschen unter Konradin, welcher mit Karl von Anjou um die Krone von Neapel stritt, hatten die Franzosen in der Schlacht von Tagliacozzo durch ihr Lager getrieben und sahen hier in den geöffneten Zelten Herrlichkeiten aller Art nebst mit Speisen und Getränken gedeckte Tafeln. Die Begierde darnach verleitete sie, trotz der Ermahnung ihrer Führer, sich in den Zelten zu zerstreuen um zu plündern und zu schmausen. Diesen Augenblick erwartete Karl von Anjou. Er überfiel sie und die Deutschen mußten mit Konradin und seinen Freunden fliehen. Auf der Flucht wurde er ergriffen und mit Friedrich von Baden-Österreich enthauptet.« – *Julius Schrader* (1815-1900): Berliner Historien- und Bildnismaler, beeinflußt von dem belgischen Koloristen Edouard de Bièfve, einflußreicher Lehrer an der Berliner Akademie seit 1856; der genaue Titel im Katalog »Lady Macbeth, schlafwandelnd« nach Shakespeares »Macbeth«, Nachtwandelszene V, 1. – »*Ein Mönch am Sarge Heinrichs IV*«: Dazu erklärend Malerwerke: »Ein betender Mönch am Sarge Kaiser Heinrichs IV. in der Vorhalle eines zerstörten Klosters auf einer Rheininsel«. Das Gemälde, 1859 in Karlsruhe gemalt, befand sich damals im Besitz des Stadtmuseums zu Königsberg. 1855 war Hartwig Flotos zweibändiges Werk »Kaiser Heinrich der Vierte und sein Zeitalter« erschienen, dem der Stoff zu diesem Bilde entnommen sein könnte (S. 419 f.). – *Ritogar:* im Erstdruck: Stitogar. – *Mein Herz war ohne Wall und Wacht . . .:* 12. u. 13. Strophe der Ballade »Wanda« von Paul Heyse, die im »Tunnel« zum Vortrag kam (vgl. Auszug aus dem Sitzungsprotokoll in Anm. zu »Stine«, HF I, 2, S. 961).

472 »*Die Gemahlin König Eduards III. von England bittet um Gnade für die verurteilten Bürger von Calais*«: genauer Titel: »Übergabe von Calais an Eduard II. von England im Jahre 1347«; dazu Malerwerke 2,2 S. 645: »Der König befiehlt die Hinrichtung der sechs Bürger, welche sich zu Opfern für die Mitbürger dargeboten, und die nur durch die Fürbitte der Königin und des Prinzen Eduard gerettet werden.« Das überlebensgroße Figurenbild, während eines mehrjährigen Stipendiats in Rom entstanden (datiert 1847) und dort 1847 auch erstmals ausgestellt, wurde noch im Jahr seiner Entstehung vom Berliner Verein der Kunstfreunde angekauft und brachte Schrader die Mitgliedschaft der Berliner Akademie ein. – *Die Gestalt des blinden Milton auf einem seiner späteren Bilder:* John Miltons (1608-1674) poe-

tisches Hauptwerk »Paradise Lost« war 1855 in neuer deutscher
Übersetzung erstmals unter dem Titel »Das verlorene Paradies« erschienen und hatte Schrader noch im selben Jahr zu dem auf der Pariser Weltausstellung 1855 und auf der Berliner Akademie-Ausstellung
1856 viel bewunderten Gemälde angeregt »Milton diktiert seinen
Töchtern das verlorene Paradies«; vgl. dazu F.s Bericht »Die Londoner Kunstausstellung« (1857), in dem er dieses Bild in einem Atemzug nennt mit Emanuel Leutzes »Übergang Washingtons über den
Delaware«, Adolph Menzels »Friedrich der Große und die Seinen in
der Frühe des 14. Okt. 1758 bei Hochkirch« und Karl Friedrich Lessings »Huß vor dem Konzil«.

473 »*Welche Fleischtöne!*«...: Vgl. dazu die Kritik in der Neuen Preußischen (Kreuz-)Zeitung, Nr. 227 vom 27. Sept. 1860: »Meisterhaft nämlich ist Schrader's Lady Macbeth in Allem, was Pinsel und Palette anlangt. Wir kennen ihn längst als einen höchst gewandten Maler, der alle Schwierigkeiten mit Sicherheit und Bravour besiegt, aber
er hat nie besser gemalt als diesmal: hier ist Kraft, Schmelz der Farbe, der eleganteste und zugleich markvollste Vortrag, und mit den
Spielen des Lichts wagt sich die Virtuosität bis an das Verwegen-
ste. Auch Zeichnung und Bewegung der Figur dürfte kaum irgend einem Tadel unterliegen [. . .] die Malerei dieses Bildes ist meisterhaft
und großartig; aber was die Auffassung und Stellung der lebensgroßen Hauptfigur anlangt, so können wir sie nicht anders als vergriffen nennen.« Negativ kritischer Ludwig Pietsch in der Illustrierten
Zeitung, Leipzig, Nr. 909 vom 1. Dez. 1860, S. 379: »Ein mit großen Ansprüchen auftretendes geschichtliches Bild: ›Lady Macbeth
schlafwandelnd‹, von Prof. Schrader in Berlin, mußte trotz der technischen Meisterschaft und der Virtuosität der malerischen Behandlung, durch seine ebenso unschöne Darstellung der berühmten
Szene, wie durch die falsche Auffassung Shakespeare's die beabsichtigte Wirkung vollständig verfehlen.« – *Dunsinan-Castle:* Schau-
platz der Nachtwandelszene in Shakespeares »Macbeth«, V, 1. –
Moritz *Rott* (1797-1867): Schauspieler am Theater an der Wien
(1821-1829), am Stadttheater Leipzig (1829-1832) und am Berliner
Hoftheater (1832-1855); vgl. über ihn Anm. HF III, 2, S. 1108 f. –
Oberst Koller im »Struensee«: 1829 verfaßtes Trauerspiel des aus
Berlin stammenden Michael Beer (1800-1833), dessen dramatische
Tätigkeit (»Der Paria«) auch Goethes Beifall fand. Zu Beer vgl. F.s
»Struensee«-Kritik aus dem Jahre 1883: »Die gelegentliche Wieder-
vorführung des Stücks erscheint mir stets als eine Pflicht gegen den
jugendlichen, einst unserer Hauptstadt angehörigen Dichter, der,
schöne Hoffnungen mit in sein frühes Grab nehmend, nicht Zeit hatte, wie Heine von *Meyer*-Beer sagte, ›berühmt zu werden durch seinen Ruhm‹. Eine seiner beißendsten Bemerkungen und doch zugleich
unbeabsichtigt die schmeichelhafteste der Huldigungen« (HF III, 2,
S. 601).

474 *Es ist hervorgehoben worden, daß diese schöne Erzählung mehr ein*
Stoff für eine Ballade als für eine bildliche Darstellung sei: Vgl. dazu
die Kritik in der Neuen Preußischen (Kreuz-)Zeitung, Nr. 214 vom
12. Sept. 1860, mit der sich F. an dieser Stelle vielleicht auseinandersetzt: »Zuerst schon halten wir den Gegenstand für nicht so günstig,
als er auf den ersten Blick erscheint; er ist mehr poetisch als malerisch
[. . .], die einzige menschliche Figur spielt hier nur eine Nebenrolle,
was wahrlich nicht im wahren Interesse der Kunst sein kann [. . .], die
Figur [. . .] wird dadurch demjenigen untergeordnet, was vielmehr
Beiwerk sein müßte [. . .]. Das Gemälde steht nicht eben glücklich
[. . .] einmal zwischen Historie und Genre und dann zwischen Figu-
ren- und Landschaftsbild.« Die Kritik endet mit der Meinung, »daß
das Bild sichtbar gewinnt, wenn man rund umher von seiner Leinewand abschnitte«! – *wie durch einen Zauber gehemmt zu fühlen:* hier
der Zauber des balladesken Stoffes, von dem sich F. angesprochen
fühlt. Vgl. auch Anm. zu S. 461. – *Man hat gesagt: der Vorgang sei*
nicht recht zu verstehen: Vgl. »Die Dioskuren«, 7, 1862, S. 323: »Es
ist schlimm für ein Kunstwerk, wenn es auf eine so unbekannte historische Episode begründet ist, daß man zu seinem Verständnis oder zu
seiner Rechtfertigung erst Geschichtsschreiber und Chroniken nach-
schlagen muß.«

475 Joseph *van Severdonck* (1819-1905): Belgischer Historien- und
Genremaler, Professor an der Akademie in Brüssel. – Otto *Heyden*
(1820-1897): Historien- und Porträtmaler, Ehrendoktor der philoso-
phischen Fakultät zu Greifswald, Professor und Hofmaler, war ein
Schüler von Wilhelm Wach und Friedrich August Kloeber in Berlin.
Der Titel des Bildes heißt genau: »Herzog Bogislav X. (im Erstdruck:
Herzog Ladislav) von Pommern auf seiner Wallfahrt im Kampfe gegen die Türken bei Candia im Jahre 1497«. Dazu bringt der Katalog
einen längeren Zusatz: »Von einer türkischen Flotte von neun Schif-
fen angegriffen, verteidigte sich Herzog Bogislav mit seinen wenigen
kampffähigen Edelleuten sechs Stunden lang gegen eine zehnfache
Übermacht in verzweifeltem Kampf. Die Türken umgaben mit ihren
kleineren Fahrzeugen das venezianische Schiff und stürmten mit Feuer und Schwert und Wurfgeschossen aller Art. Schon brannten die
Rahen und Segel und die fast entmutigte Pilgerschar wäre dem
schrecklichsten Untergang nicht entronnen, wenn nicht die heldenmütige Tapferkeit des Herzogs, der im Kampf fast alle seine Waffen
zerschlagen, den Ungläubigen so imponierte, daß sie, nachdem er ihnen sechzig Janitscharen erschlagen, vom Kampf abließen. Nicht nur
die Republik Venedig feierte diese Tat des Herzogs bei seiner Rückkehr, sondern auch der Papst Alexander VI., der sein Wohlgefallen an
der Person des Pommernherzogs durch den Ausspruch bekundete:
›pulchra esset bestia, si sciret loqui!‹ beschenkte ihn als Ersatz für sein
im Kampf gegen die Ungläubigen zerschlagenes Schwert, mit einem
prächtigen Schwerte, welches noch jetzt in der Kunstkammer des

Abb. 6   Wilhelm von Camphausen: Rheinübergang der schlesischen Armee bei Kaub, am Neujahrsmorgen 1814 (1860)

»Unser Interesse, viel mehr noch als auf die Feldherren-Gruppe oder auf den landschaftlichen Reiz des Bildes, konzentriert sich auf die 12 oder 20 Landwehrmänner im Vordergrunde, unter die sich die ländliche Bevölkerung der Nachbarschaft, Männer und Frauen allergemütlichst gedrängt haben... Diese selbst sind die Hauptsache« (S. 477).

Berliner Museums als Andenken aufbewahrt wird.« – »*Rheinübergang*...«: im Erstdruck: Scheinübergang. – Wilhelm *von Camphausen* (1818-1885): Historienmaler, hervorgegangen aus der Düsseldorfer Malerschule, Schüler Alfred Rethels und Karl Sohns, beeinflußt von Carl Friedrich Lessing, seit 1859 Professor an der Akademie zu Düsseldorf. Er hatte Ende der fünfziger Jahre in Darstellungen zur preußischen Geschichte sein eigentliches Betätigungsfeld gefunden. Hierzu ist das 1860 ausgestellte Gemälde ein frühes Zeugnis (s. Abb. 6). Es brachte ihm die große goldene Berliner Medaille ein und war seinerzeit sehr populär; es wurde beispielsweise anläßlich der »Festvorstellung für die Veteranen im Victoria-Theater« 1863 als lebendes Bild dargestellt, vgl. F.s Zeitungsbericht, wiederabgedruckt in: N XVIII, S. 522. Die größte Popularität sicherten C. später die im Format mächtigen Reiterporträts des »Alten Fritz«, Kaiser Wilhelms, des großen Kurfürsten usw. Vgl. auch F.s Porträt über ihn in »Männer der Zeit«: »Er ist vornehmlich Schlachtenmaler und als solcher auch ein Meister in der Darstellung des Pferdes. An eine bestimmte Geschichtsperiode pflegte er sich bei der Wahl seiner Stoffe zwar nicht zu binden, doch hat er mit entschiedener Vorliebe die Kampf- und Schlachtszenen des 17. und 18. Jahrhunderts dargestellt, Gefechte aus der Zeit Cromwells, des Dreißigjährigen Krieges und der drei Schlesischen Kriege. Besonders glücklich ist er in Darstellung der Szenen und Konflikte zwischen englischem Puritaner- und Königtum. Aus der Zeit des Dreißigjährigen Krieges bewahren seine Mappen eine Menge vortrefflicher Kompositionen, die indes größtenteils einen Maßstab der Ausführung bedingen, der zu der Kunstliebhaberei des heutigen Publikums außer allem Verhältnis stehen würde. Eine vereinzelte und fast fremdartige Erscheinung in der Reihe seiner Werke ist zugleich sein größtes Bild, ›Die Schlacht bei Askalon‹ (1845. Im Besitze des Herrn Böcker in New York). Der Entwurf war in München entstanden, unter dem Einflusse des dort Geschauten. Die idealistische Richtung in der Kunst indes, ebenso wie der schwärmerische Geist, welcher die Kreuzzüge gebar, liegt dem Genius Wilhelm Camphausens so fern, daß es nicht zu verwundern ist, wenn die Lösung der schon an sich selbst sehr schwierigen Aufgabe, trotz aller aufgewandten Anstrengung und Beharrlichkeit, demselben nicht ganz gelungen ist. Er hat diese Erfahrung auch weise benutzt und sich nicht wieder in eine Region gewagt, die außer dem Bereiche seines Talentes liegt. Dieses, weit davon entfernt, abstrakte Gedanken in tiefsinnigen Gebilden versinnlichen zu wollen, erfaßt vielmehr in echt realistischer Weise die Erscheinungen der Wirklichkeit und gestaltet dieselben zu lebens- und wirkungsvollen Kunstwerken. Dies führt uns auf Wilhelm Camphausens neueste Arbeiten, die den Realismus (zu dessen entschiedensten Vertretern dieser Künstler gehört) fast noch deutlicher zur Schau stellen als seine früheren Werke; wir meinen natürlich seine Bilder aus der Friedrichs-Zeit. Dieselben bekunden jedenfalls einen sehr wesentlichen Fortschritt. Wenn seinen früheren Arbeiten – und zwar nicht ganz ohne Grund – vorgeworfen worden ist, daß es ihnen an scharfer Charakterzeichnung und Individualisierung gebräche, so trifft seine neueren Bilder aus der vaterländischen Geschichte dieser Vorwurf nicht mehr. Dabei haben sich dieselben die Vorzüge bewahrt, die von Anfang an allen seinen Arbeiten eigen waren: große Frische, Leichtigkeit der Darstellung, Richtigkeit der Zeichnung wie des Kostüms und eine kräftige, harmonische Farbe. Alle seine neueren Arbeiten führen wie von selbst zu einer Parallele zwischen ihm und Adolf Menzel. Wenn der letztere an Originalität, Tiefe, Studium und kühn erfinderischer Kraft seinem Rivalen freilich überlegen ist, so hat dieser eine Natürlichkeit und Ungesuchtheit voraus, die seine Arbeiten verständlicher, zugänglicher, volkstümlicher macht, als dies bei Menzel, dessen Bilder man eigensinnig nennen könnte, gelegentlich der Fall ist« (2. Serie, Sp. 335-337; der vollständige Artikel ist wiederabgedruckt in N XXIII/1, S. 481-483). – »*Die Schlacht an der Katzbach*«: s. Abb. 7. – Georg *Bleibtreu* (1828-1892): Schlachtenmaler, hervorgegangen aus der Düsseldorfer Schule Theodor Hildebrandts, seit 1858 in Berlin, war »einer der Lieblinge« des dortigen Publikums (s. u. S. 556) und im Bewußtsein seiner Zeitgenossen der »Herold des preußischen Waffenruhms« (Cornelius Gurlitt: Die deutsche Kunst des Neunzehnten Jahrhunderts, Berlin ²1900, S. 347). Seine Sammlung »Deutschlands Kampf- und Freiheitslieder« (Leipzig 1862-1863) hatte er mit zahlreichen Holzschnittillustrationen patriotischen Inhalts ausgestattet. Seit 1872 hatte F. persönlichen Kontakt zu Bleibtreu (vgl. seinen Brief vom 18. Dez. 1872 an Mathilde von Rohr, HF IV, 2, S. 420: »Bleibtreu (eine neue Bekanntschaft)«), er gehörte von da ab zu F.s »Künstler-Gesellschafts«-Kreis (vgl. F.s Brief an seine Schwester Lise vom 22. Apr. 1875, Briefe, Bd. 2, S. 328). Die Freundschaft währte bis zu Bleibtreus Tod 1892 (vgl. F.s Brief an Bleibtreus Witwe vom 18. Dez. 1892, HF IV, 4, S. 225). Anders als die zeitgenössischen Kritiken, die an Bleibtreu die anschauliche Schilderung eines »Schlachtgetümmels« bei gleichzeitiger Berücksichtigung der Details lobend hervorheben, sieht F. Bleibtreus Werk sehr kritisch, s. u. S. 476 und Anm. dazu sowie seine weiteren Stellungnahmen über ihn in den übrigen Berliner Akademie-Ausstellungsberichten. Seine brieflichen Äußerungen an Bleibtreu selbst sind wohl eher als eine freundliche Geste gegenüber dem Adressaten zu verstehen, so der Brief vom 24. Dez. 1875: »Neben dem Lebensvollen, was alle Ihre Arbeiten haben, scheint es mir namentlich in der Composition, in der Vertheilung der Massen, auch in glücklicher Benutzung des Lokalen überaus gelungen« (HF IV, 2, S. 516). – Konstantin *Cretius* (1814-1901): Historien-, Genre- und Porträtmaler, kam 1835 auf die Berliner Akademie, wo er Schüler von Wilhelm Wach wurde. Nach Studienjahren im Ausland (1839-1842 Brüssel, Paris, Rom) ließ er sich 1842 in Berlin nieder. »An seinen

Abb. 7   Georg Bleibtreu: Die Schlacht an der Katzbach (1860)

Bleibtreus »Katzbach-Bild hat ein großes Verdienst – der Siegessturm,
der Kehraus, die unwiderstehliche Vorwärts-Bewegung ist in überaus
glücklicher Weise wiedergegeben. Man sieht das Heer der Sieger wie eine
anschwellende Woge hereinbrechen, vor der kein Widerstand mehr möglich ist. Diese Lokalität des Moments ist vortrefflich zur Anschauung gekommen. Wir fühlen uns von dem Siegeswahn angenehm berührt, fast
wie mit fortgerissen, aber hieran müssen wir uns genug sein lassen; wir
dürfen nicht weiter forschen; im Einzelnen bietet das Bild wenig oder gar
nichts, keine Köpfe, keine Gruppen, die irgend im Stande wären, unser
Interesse in Anspruch zu nehmen. Die Figuren sind wie Töne, die auf eine
gewisse Distanz sinnvoll und harmonisch zusammenklingen, – die Nähe
aber bringt Enttäuschungen« (S. 476 f.).

Bildern wird klare Komposition, lebensvolle Darstellung und unmittelbar verständlicher Vortrag gelobt, sie fallen aber neben den koloristisch vollendeten Werken anderer Zeitgenossen durch matte, konventionelle Färbung ab« (Friedr. Noack, in: TB VIII, S. 103). – Laut Katalog heißt der Titel seines ausgestellten Gemäldes genau: »Kurprinz Friedrich Wilhelm (nachm. Großer Kurfürst) entgeht im Haag durch seine Energie einem angelegten Verführungsplan.« Dazu ein längerer Zusatz: »Der Kurprinz ward in die sogenannte Mitternacht-Gesellschaft eingeführt. Diese Zirkel waren um so gefährlicher, da die Unsittlichkeit hier in Gestalt des fröhlichen Mutwillens und die Sünde unter der Form der Schönheit erschien. Auch der Prinz gefiel sich hier, bis er den angelegten Verführungsplan durchschaute. Tief verletzt und mit jugendlicher Übertreibung der Gefahr, glaubte er sich im Haag nicht mehr sicher, und floh in das Lager des Stadthalters von Breda. Der Fürst, als er die Veranlassung seiner Flucht erfahren, wandte sich bewundernd zu ihm und sagte: Vetter, Eure Flucht beweist mehr Heldenmut, als wenn ich Breda eroberte; wer schon so früh sich selbst zu beherrschen weiß, dem wird das Große stets gelingen! – Geschichte Friedrich Wilhelms, des Großen Kurfürsten von Brandenburg, von Franz Horn.« Cretius' Gemälde wurde 1860 mit der kleinen goldenen Medaille für Kunst ausgezeichnet und Cretius selbst im Jahr der Ausstellung zum Mitglied der Berliner Akademie ernannt. – *Fritz Schulz* (um 1823-1875): Schlachtenmaler, Schüler der Berliner Akademie, vorübergehend auch von Horace Vernet in Paris. Nach Berlin zurückgekehrt nahm er als Kriegszeichner an den Feldzügen 1864, 1866 und 1870/71 teil. – *Torgau:* im Erstdruck: Troppau. Die genauen Titel und die der übrigen von S. ausgestellten Gemälde laut Katalog: »Friedrich II. bei Torgau führt das erste und zweite Treffen gegen die Stellung Dauns bei Septitz (3. November 1760)«, »Friedrich II. bei Hohenfriedberg (4. Juni 1745)«, »Bivouak aus dem 17. Jahrhundert« und »Peter der Große nach der Schlacht bei Pultawa (8. Juli 1709)«. – *Jahrhundert zwischen Maria Tudor und Cromwell:* Maria I. (1516-1558); Oliver Cromwell (1599-1658). – *Ich kann darin nicht einstimmen:* Vgl. auch die negative Beurteilung durch Ludwig Pietsch in der Illustrierten Zeitung, Nr. 909 vom 1. Dez. 1860, S. 379: »[...] es ist eine so seltsam verwirrte und zusammengehäufte Komposition, daß der Genuß der großen Bravour, mit der sie gemalt ist, dadurch vollständig zerstört wird.« – *sympathetisch:* veraltet für: auf Sympathie beruhend, mitfühlend. – Jacques Louis *David* (1748 bis 1825): Französischer Historienmaler, der infolge der Beschäftigung mit antiker Kunst während eines sechsjährigen Rom-Aufenthalts erstmals die formale und inhaltliche Verwirklichung des Klassizismus in der Malerei durchführte. D. war für die Entwicklung der klassizistischen Malerei in Frankreich von großer Bedeutung. Angeregt durch seine aktive Teilnahme an der französischen Revolution, entstanden zahlreiche Revolutionsbilder. Später schuf er als Hofmaler

Napoleons I. mehrere Porträts des Kaisers. Im siebten Brief »Aus Manchester« spielt F. auf eines dieser Gemälde, »Napoleon auf dem Großen St. Bernhard« (1800), an (HF III, 3/I, S. 468). Nach Napoleons Sturz ging D. nach Brüssel ins Exil. Eine Einladung des Königs von Preußen nach Berlin, wo man ihm die Direktion sämtlicher Kunstanstalten übertragen wollte, schlug er aus. – Charles *Steuben* (im Erstdruck: Steuber; 1788-1856): Französischer Historienmaler deutscher Abstammung, der sich in Paris unter dem Einfluß von Jacques Louis David und Antoine-Jean Gros zum Künstler ausbildete. Zu der großen Zahl seiner theatralisch komponierten Geschichtsbilder gehört auch sein 1835 entstandenes, damals sehr bekanntes Gemälde im Museum zu Versailles »Napoleon in der Schlacht bei Waterloo«, an das F. wohl immer denkt, wenn er über Bilder zu diesem Thema spricht, so in: »Die diesjährige Kunstausstellung« (1862), S. 491. – Horace *Vernet* (1789-1863): Historienmaler und Graphiker. Besonders als Schlachtenmaler und Orientmaler von Einfluß auf die deutschen Maler des 19. Jahrhunderts. Der »frühe« F. war zunächst ein Bewunderer Vernets. In seinem Aufsatz »Unsere lyrische und epische Poesie seit 1848« (1853) spricht er von »den bewunderungswürdigen Gemälden Horace Vernets, welche den Krieg in Afrika feiern und ihrerseits für die bildende Kunst das neue Fach einer echt historischen Malerei in entschiedener Selbstberechtigung hingestellt haben« (HF III, 1, S. 250). In einem F.-Gedicht »An Menzel« heißt es noch 1855 »Vernet und sein [Menzels] eigner Name/ Stoßen an auf du und du« (HF I, 6, S. 454 f.). Nach der Besichtigung der Gemälde Vernets in Versailles schreibt F. dagegen aus Paris an seine Frau Emilie am 21. Okt. 1856: »Vernet ist doch eigentlich nur eine genialere Ausgabe unsres Professor *Krüger*. Die Mehrzahl seiner Sachen sind geradezu langweilig und beweisen wieder, daß es die bloße Virtuosität nicht tut und daß alle fabrikmäßige Schmiererei sich rächt, sie geschehe nun mit der Feder oder mit dem Pinsel« (HF IV, 1, S. 540). – »*Brückensturm von Arcole*«: Häufig von F. erwähntes Gemälde (s. u. S. 532, 570 f.). Die zu seiner Zeit bekanntesten waren Antoine-Jean Gros' »Nach der Schlacht bei Arcole« (1796) mit Bonaparte an der Spitze der Grenadiere auf der berühmt gewordenen Brücke sowie »Die Brücke von Arcole« (1827), eines der Hauptbilder Horace Vernets. – »*Die letzte Stunde von Waterloo*«: s. o. Anm. zu Charles Steuben.

476 Adolph Menzels »*Überfall bei Hochkirch*«: s. o. Anm. zu S. 470. – *Es fehlt eben alle Poesie, all und jedes geistige Element:* Notwendige ideelle Ergänzung des Realismus nach F.s Verständnis. – *im* »*Räuspern und Spucken*«: Sprichwörtliche Redensart nach Molières (1622-1673) »Les femmes savantes«; Armande zu Henriette im Eröffnungsdialog: »Wer sich nach andern bilden will und achten, / Hat ihren guten Sitten nachzutrachten. / Das heißt gewiß sein Vorbild nicht erreichen, / Im Räuspern nur und Spucken ihm zu gleichen.« – *die bekannten Bilderbogen, die mit der Unterschrift* »*bei Gustav Kühn in*

Neu-Ruppin« ihren Weg über die Welt nehmen: Das Zitat »Bei Gustav Kühn in Neu-Ruppin« setzte F. als Motto über das Gustav Kühn (1794-1868) gewidmete 9. Kapitel seiner »Wanderungen«, ›Grafschaft Ruppin‹. Vgl. die betr. Anm. dazu mit Hinweisen auf die Erwähnungen der Bilderbogen im dichterischen Werk F.s (HF II, 3, S. 844). Zum Einfluß, den die Bilderbogen auf F. selbst gehabt haben, vgl. »Meine Kinderjahre«, 12. Kap. (HF III, 4, S. 109). – *wiewohl eine unserer kritischen Autoritäten dem Bleibtreu neulich die Ehre erwiesen hat, in einer umfangreichen Broschüre eine Parallele zwischen ihm und Scherenberg zu ziehen:* Der Schweizer Kunsthistoriker und Ästhetiker Heinrich von Orelli (1815-1880), Mitglied des »Tunnel über der Spree« (Name: Zschocke), hatte 1860 in Berlin die schmale Schrift (63 S.) herausgebracht »Charakteristiken zur Kulturgeschichte der Gegenwart. Erstes Heft. Die vaterländische Richtung in der Kunst und schönen Literatur unserer Zeit, mit Bezug auf Scherenberg und Bleibtreu«. Sie wirft ein Schlaglicht auf die Ursachen für die Wertschätzung Bleibtreus in dieser Zeit. Orelli zeichnet Bleibtreu als einen Maler, der, »von dem Glauben an die innere Würde der Menschheit ergriffen, die Weihemomente« schildert, »welche die Siege des Vaterlandes über seine Anfechter und Unterdrücker verkünden«, und er fährt fort: »[. . .] bei der allgemeinen Anerkennung der Gesetze [tut] die Erweckung des Selbstgefühls der Völker Not, damit sie, auf immer eingedenk ihrer erhabenen Bestimmung, ihre Kräfte nach allen Seiten entwickeln lernen« (S. 15). »Wenn der Gedanke einer Erhebung zur nationalen Größe den gegenwärtigen Mittelpunkt der deutschen Bestrebungen bildet, [. . .] so wird die Geschichte des deutschen Volkes den Namen eines Malers nicht verlöschen lassen, dessen einziges Ziel von Anfang an gewesen ist, die denkwürdigen Taten seiner Nation zu ehren und in dem Geschlechte seiner Zeit eine hohe Freude an solchen Taten zu erwecken« (S. 29). Zu Christian Friedrich *Scherenberg* (1798-1881) vgl. F.s Aufsatz »Christian Friedrich Scherenberg und das literarische Berlin von 1840 bis 1860«, in HF III, 1, S. 581 ff. (Darin enthalten auch die Orelli gewidmeten Kapitel.) Über Orelli vgl. auch F.s Brief an Karl Bleibtreu vom 25. Febr. 1884 (HF IV, 3, S. 299 f.). – *Die Figuren sind wie Töne:* »fast mehr ein Tonkünstler als ein plastischer Bildner« nennt F. Bleibtreu 1862, s. u. S. 487.

477 *Blücher . . . Gneisenau . . . York:* Gebhardt Leberecht Fürst Blücher von Wahlstatt (1742-1819), preußischer Generalfeldmarschall, der volkstümliche »Marschall Vorwärts«; er besiegte Napoleon bei Rothière mit August Wilhelm Anton Graf Neidhardt von Gneisenau (1760-1831) als Generalstabschef der schlesischen Armee und Johann Ludwig Graf Yorck von Wartenburg – F. schreibt, wie im 19. Jahrhundert üblich: York – (1759-1830) als General der Infanterie nach Überquerung des Rheins bei Kaub. – *perorieren:* veraltet für: laut und mit Nachdruck sprechen. – *11er Rotwein:* von F. mehrmals erwähnter

Jahrgang, z. B. in »L'Adultera«, 5. Kapitel: »elfer Rheinwein« (HF I, 2, S. 30). Zum autobiographischen Bezug vgl. Brief an Paul Heyse vom 28. Juni 1860 (HF IV, 1, S. 708).

478 *Scherenberg ... in den zwei Zeilen ... Und all die Stimmen ... :* Das Zitat steht am Ende von Christian Friedrich Scherenbergs Gedicht »Waterloo« (1849) und heißt genau: »Und all' die Völkerschaften, / Der ganze Orient verbrüdern sich / Mit Leib und Seel' zum Kreuzzug in den Abend; / All' ihre Stämme *eine* Keule, all' / Die glauben *ein* Gebet: ›Erlös' uns, Herr, / Von diesem Übel!‹« Auszugsweise nahm F. dieses Gedicht auf in sein »Deutsches Dichter-Album«, Berlin 1852, unter der Überschrift »Der Kreuzzug in den Abend« (3. Buch, S. 435 ff.). – *cache nez:* (franz.): Halstuch. – *Aßmannshäuser:* Von F. oft genannter Rotwein aus der Gemeinde Aßmannshausen im Rheingaukreis; vgl. seine Auslassungen darüber im Tagebuch der »Rheinreise« (1865), N XVIII a, S. 1144 f. – *sixtinische Madonna:* Die »Krone« Raffaelischer Madonnenbilder, um 1513 für die dem Heiligen Sixtus geweihte Kirche San Sisto in Piacenza gemalt, 1753 für 60 000 Taler vom sächsischen Hof angekauft und damals wie heute das Juwel der Dresdner Gemäldegalerie. – *die Corneliussche »Hekuba«:* Hekuba (bzw. Hekabe), die Gemahlin des Priamos, des Königs von Troja, im Trojanersaal der von Peter von Cornelius ausgemalten Glyptothek in München. »Der Fall Trojas« (entstanden zwischen 1826 und 1830) zeigt die trauernde Hekuba in der Bildmitte, umgeben von ihren Kindern, vor ihr rechts der erschlagene Priamos, hinter ihr aufragend Kassandra, die geraubt wird. Cornelius' Kartons waren 1859 in der Berliner Akademie der Künste ausgestellt gewesen. – *die Kaulbachsche Hunnenschlacht:* Vgl. Anm. zu S. 470.

DIE DIESJÄHRIGE KUNSTAUSSTELLUNG (1862)

Textgrundlage: Allgemeine Preußische Zeitung (»Stern«-Zeitung), Berlin 1862. Die Artikelserie erschien in acht Folgen: I. Nr. 482 vom 16. Okt. 1862; II. Nr. 486 vom 18. Okt. 1862; III. Nr. 494 vom 23. Okt. 1862; IV. Nr. 504 vom 29. Okt. 1862; V. Nr. 508 vom 31. Okt. 1862; VI. Nr. 516 vom 5. Nov. 1862; VII. Nr. 524 vom 9. Nov. 1862; VIII. Nr. 536 vom 16. Nov. 1862; alle Artikel sind mit † gezeichnet.

Zur Entstehung: Erwähnung in F.s Geburtstagsgedicht an seine Frau »Zum 14. November 1862«: »Es wartet die Stern- und preußische Zeitung / Auf kürz're oder läng're Verbreitung / All dessen, was ich seit Tag und Nacht / Über Kunst gedacht und – nicht gedacht« (HF I, 6, S. 412). Im Brief vom 29. Dez. 1862 an Gustav Graef spielt F. auf seine Kritik über Anselm Feuerbachs »Iphigenie« und den Satz »Diese Nike ist eine Berlinerin« (vgl.

S. 554) an: »Es hat mich gefreut, daß wir auch über Feuerbachs Bild ziemlich dasselbe denken; meine kleine eingestreute Bemerkung über die ›Berlinerin‹ hat hoffentlich auch Ihre Zustimmung« (HF IV, 2, S. 91). Weitere Hinweise zur Verfasserschaft F.s in N XXIII/2, S. 266, u. a. den von Charlotte Jolles, daß in F.s Honorarliste im November 1862 »100 Rthl. von der Sternzeitung« verzeichnet sind.

Die 43. Kunstausstellung der Königlichen Akademie der Künste fand statt vom 7. Sept. bis zum 2. Nov. 1862. Der Ausstellungskatalog erschien unter dem gegenüber früheren Katalogen etwas veränderten Titel »Verzeichnis der Werke lebender Künstler, welche in den Sälen des Königlichen Akademie-Gebäudes zu Berlin 1862 ausgestellt sind«. Diese Formulierung wurde bei den folgenden Katalogen, die bis 1874 herangezogen werden konnten, beibehalten. Die innere Aufteilung entspricht derjenigen von 1860. Insgesamt verzeichnet der Katalog 955 Ausstellungsstücke. Nachträglich eingesandte Kunstgegenstände wurden ab 1862 nicht mehr – wie bisher üblich – angenommen. Die Neue Preußische (Kreuz-)Zeitung vom 10. Sept. 1862 begrüßt diese Maßnahme und macht die Schwierigkeiten deutlich, mit denen das Ausstellungskomitee in den vergangenen Jahrzehnten zu kämpfen hatte. Es heißt in dem »Die Kunst-Ausstellung in der Akademie« überschriebenen Artikel (gez. -e.), daß »die diesjährige Kunst-Ausstellung sich vor früheren in einem Punkte sehr vorteilhaft auszeichnen [werde], durch die Abstellung eines mit den Jahren je mehr und mehr angewachsenen Übelstandes. Die Werke pflegten, trotz aller Mahnung, nicht rechtzeitig einzutreffen; es gab stets eine große Zahl von Nachzüglern; der Katalog war keine Wahrheit; die Ausstellung hatte häufig bei ihrem Schluß eine ganz andere Physiognomie, als bei ihrem Beginn. Vieles, was im Katalog angezeigt war, erschien spät, oder auch gar nicht; die Herren Künstler erlaubten sich, alle in Arbeit begriffenen Werke als erscheinend anzukündigen, und es dann ihrem Genius und den Umständen zu überlassen, was sich wirklich stellte. – Bei Künstlern von Bedeutung, namentlich bei auswärtigen, hatte man geglaubt, Ausnahmen gestatten zu müssen; indessen die Ausnahme war bereits zur Regel geworden, und es blieb nur noch übrig, sich damit zu trösten, daß auch durch die Spätlinge der Ausstellung immer noch ein neuer Reiz erwachse. Allein ganz unverkennbar wurde durch die jedesmalige Unvollständigkeit bei der Eröffnung, insbesondere dem größeren Publikum gegenüber, der Eindruck erheblich abgeschwächt; denn wen nicht ein besonderes Interesse zog, wollte abwarten, bis Alles beisammen sei. Noch mehr hatte die Akademie selbst zu leiden dadurch, daß die Anordnung der Bilder in steter Bewegung blieb; daß eine Völkerwanderung der Bilder von einem Saal in den andern stattfand, nicht minder auch von den Sälen in die Corridore; daß man Anfangs beim Überfluß des Raumes oft die besten Plätze an nicht Vollwiegendes ausgeben mußte, während später wiederum Wertvolles von seinem guten Raum und Licht zu weichen gezwungen war. Die Künstler klagten; nicht minder das Publikum, das häufig seine Lieblinge so leicht nicht wieder auffand. Alles das nun fällt fort bei der einmaligen Aufstellung; es kann

gleich von vorn herein bei der Übersicht über den gesammten Vorrat der
Raum um so sorgfältiger gewählt, um so gerechter zugeteilt werden. – Es
ist dies gelungen durch dieselbe Strenge, welche schon längst bei den großen Ausstellungen anderer Hauptstädte herrscht; es kam nur an auf den
Entschluß und die Energie des Anfanges. Zu befürchten stand allerdings,
daß für das erste Mal sich ein gewisser Ausfall zeigen werde; der Erfolg
indes hat auch hier das Günstigste ergeben. Gleich bei dem Beginn der
Ausstellung sind die sämtlichen Säle geöffnet worden und alle sind gefüllt,
ohne daß man sagen könnte, es habe deshalb eine größere Nachsicht in der
Annahme gewaltet. – So dürfen wir denn mit Genugtuung verkünden, daß
die Ausstellung von 1862 denen früherer Jahre nicht nachsteht, und daß sie
auf verschiedenen Feldern recht Eigentümliches darbietet.«

479 *unangefochten von den ernsteren Fragen, die seither unser öffentli-*
   ches Leben beschäftigen: F. spielt hier auf die konfliktreiche Zeit zu
   Beginn der »Neuen Ära« Wilhelms I. an, die von der Auseinandersetzung über die Heeresreform überschattet wurde. In jenen Oktoberta-
   gen hatte sich der Konflikt der Regierung mit dem Abgeordnetenhaus
   zugespitzt, nachdem das Herrenhaus durch den Beschluß vom
   11. Okt. 1862 das vom Abgeordnetenhaus verkürzte Budget verwor-
   fen und das von der Regierung aufgestellte unverkürzt in seiner
   ursprünglichen Form angenommen hatte. Das Abgeordnetenhaus
   antwortete darauf am 13. Okt. 1862 mit einer Resolution, daß der
   Beschluß des Herrenhauses gegen die Verfassung verstoße und somit
   widerrechtlich sei. Am selben Tag wurde der Landtag aufgelöst. Die
   Mehrheit der Bevölkerung zeigte sich mit dem Verhalten der Abgeordneten einverstanden und wählte die meisten derselben wieder. Als
   ein Versuch der Verständigung auch danach nicht gelang, zog Bismarck, kurz zuvor erst zum Ministerpräsidenten ernannt, die Folge-
   rungen, führte die Regierung ohne Staatshaushaltsgesetz, sonst aber
   mit Berücksichtigung der in der Kammer und in der Bevölkerung
   kundgegebenen Wünsche kompromißlos weiter, was ihn zum Gegenstand grimmigen politischen Hasses in Preußen machte. – *Durch-*
   schnittswert: Dazu der Rezensent (-e.) in der Neuen Preußischen
   (Kreuz-)Zeitung, Nr. 259 vom 5. Nov. 1862: »[. . .] es fehlt an bedeutend Hervorragendem und die Zahl des Gleichberechtigten ist außerordentlich groß [. . .] Die Ausstellung von 1862 macht eben den Eindruck, daß die *mittlere Ebene der Leistung* sich merklich gehoben
   habe, eben so wohl in Gedanken, als in allem Technischen.« Entsprechend Ludwig Pietsch in der Illustrierten Zeitung, Nr. 1010 vom
   8. Nov. 1862, S. 331: »Ein gewisses mittleres Maß der künstlerischen
   Bedeutsamkeit gibt der Ausstellung ihr besonderes Gepräge. Wir
   haben selten auf früheren Ausstellungen so viel *Gutes,* selten so
   verhältnismäßig wenig des *ganz* Verwerflichen beisammen gesehen.
   Dabei fehlen viele von den ersten und gefeiertsten Namen diesmal gänzlich; das Ausland ist aufs spärlichste vertreten.« – *Es verhält sich mit*

dem »historischen Genre« innerhalb der bildenden Kunst, wie es sich mit der Romanze innerhalb der Dichtkunst verhält . . . : Zur gedanklichen Verknüpfung von bildender Kunst und Dichtkunst, bei der das eine zur Erhellung des anderen beitragen soll, vgl. Anm. zu S. 462.

480 *Hermann Kretzschmer* (1811-1890): Historien-, Genre- und Porträtmaler, Schüler von Karl Wilhelm Wach in Berlin und Wilhelm von Schadow in Düsseldorf, gehörte zu den ersten deutschen Malern, der nach einer Ägyptenreise (1840/42) den von französischen Künstlern schon lange zuvor entdeckten Orient in teils genrehaften, teils dramatischen Orientbildern schilderte. Daneben entstanden Gemälde aus der brandenburgischen Geschichte, wie das 1862 ausgestellte, das mit der kleinen goldenen Medaille für Kunst ausgezeichnet wurde und im Stich von F. A. Andorff Verbreitung fand. Erklärend zum Bild der Zusatz im Katalog: »Am 10. September 1667 ging der Kurfürst mit allen seinen Truppen auf 350 Fahrzeugen von Peenemünde nach Rügen unter Segel. Unter ihm führte der Feldmarschall Derfflinger den Oberbefehl über die Truppen, über die Flotte führte der holländische Admiral Tromp den Befehl. Unter dem Feuer der Geschütze stiegen am 13. September die Brandenburger bei Puttbus an das Land.« (S. Abb. 8). – *des alten Derfflinger:* Georg Freiherr von Derfflinger (1606-1695), brandenburgischer Generalfeldmarschall. F. machte ihn zum Gegenstand seines patriotischen Gedichts »Der alte Derffling« (1846), vgl. HF I, 6. S. 205 u. Anm. dazu. Siehe auch »Wanderungen«, ›Das Oderland‹, Kap. ›Gusow‹, ›Der alte Derfflinger‹ (HF II, 1, S. 732 ff.). – Adolf *Eybel* (1808-1882): Berliner Historien-, Genre- und Porträtmaler, Schüler der Berliner Akademie und (1834-1839) Paul Delaroches in Paris, seit 1849 Lehrer an der Berliner Akademie. Sein Gemälde »Der Große Kurfürst in der Schlacht bei Fehrbellin, 18. Juni 1676« war im Jahr seiner Vollendung eine Attraktion der Berliner Akademie-Ausstellung gewesen und wurde von Friedrich Wilhelm IV. für das Berliner Schloß angekauft. Es war als Schabkunstblatt von P. S. Habelmann sehr verbreitet. F. schätzte dieses Blatt als Wandschmuck: »In der Tat haben wir (von einzelnen veralteten Blättern abgesehen) außer dem *Eybelschen* ›Großen Kurfürsten‹ und dem *Menzelschen* ›Sanssouci-Diner‹ herzlich wenig Hervorragendes aufzuweisen« (»Düppel. Den Johannitern«, in: N XXIII/2, S. 162). Auch in Möhrings »elegant möbliertem Zimmer« hängt der »Große Kurfürst bei Fehrbellin«, vgl. »Mathilde Möhring«, 2. Kap., HF I, 4, S. 581. Vgl. ferner »Von der Weltstadt Straßen«, HF III, 3/I, S. 547. – *Die Tage dürften nicht allzu fern sein, wo diese »Landung . . .«* . . . *seinen Ehrenplatz einnehmen wird:* Diese Bemerkung muß vor dem tagespolitischen Hintergrund gesehen werden, auf den die Neue Preußische (Kreuz-)Zeitung in ihrem Artikel »Die Kunst-Ausstellung in der Akademie« (gez.: -e.) in ihrer Ausgabe vom 5. Okt. 1862 zu sprechen kommt: »Zur Zeit, da Preußen mit Ernst seinen Blick auf die Bildung einer Seemacht richtet

Abb. 8   Hermann Kretzschmer: Landung des Großen Kurfürsten auf Rügen (1862). Holzschnitt von H. Scherenberg. Aus: Illustrierte Zeitung (Leipzig) Nr. 1020, 17. Januar 1863, S. 48.

»Das Bild hat etwas Frisches und diese Frische sowohl, wie die wohlbekannte Gestalt des großen Kurfürsten, die uns immer wohltut, wo immer wir ihr begegnen mögen, werden dem Bilde (und mit Recht) seine Erfolge sichern... andererseits können wir leider mit gewissen Bedenken nicht zurückhalten... Der Gegenstand, wenigstens wie ihn der Maler vorgeführt hat, ist ohne eigentliches Interesse und die Komposition entbehrt der Originalität... das Ganze ist überwiegend Tableau. Es geschieht nichts, was unsere Teilnahme wachrufen könnte und die Geschichte, die aus den Dingen spricht, spricht ebenso wenig aus den Köpfen« (S. 480 f.).

und darin von den Sympathien Deutschlands begleitet wird, sind Erinnerungen an ehemalige Seetaten erwünscht und populär. Sie liegen, wie bekannt, hauptsächlich in der Regierungszeit des großen Kurfürsten.« Kretzschmers Bild selbst wurde von dem Rezensenten negativ beurteilt: »... dennoch mögen wir nicht verschweigen, daß bei wiederholtem Schauen, hier doch ein Mangel an Gehalt und Feinheit zum Vorschein kommt, und zwar eben so wohl im Gedanken, als in der Ausführung« (ebd.). – *ohne eigentliches Interesse ... entbehrt der Originalität:* Interesse erwecken, Originalität besitzen – Maßstäbe setzende ästhetische Kriterien F.s. – *Benjamin West* (1738-1820): Englischer Historien- und Porträtmaler amerikanischer Abstammung, ab 1763 in London ansässig, Hofmaler, Präsident der Königlichen Akademie von London. Das genannte Gemälde aus dem Jahre 1778 war seinerzeit ausgestellt auf der Manchester-Ausstellung 1857, vgl. »Aus Manchester«, Siebter Brief, HF III, 3/I, S. 475 ff., bes. S. 478.

481 *Leutzes »Washington crossing the Delaware«:* Das von F. besonders geschätzte Gemälde »Washingtons Übergang über den Delaware am 25. Dez. 1776« von Emanuel Leutze (vgl. Anm. zu S. 460) wurde auf der Berliner Akademie-Ausstellung 1852 sehr bewundert und mit der großen goldenen Medaille ausgezeichnet. L. hatte es 1849 begonnen und 1851 eine etwas veränderte Wiederholung gemalt. Beide Bilder wurden von dem Franzosen Paul Giradet (1821-1893) in Mezzotinto gestochen und fanden weite Verbreitung. F. erwähnt das Gemälde öfter, so in »Die Londoner Kunstausstellung« (1857), vgl. HF III, 3/I, S. 418; beim Anblick des Limfjord erinnert er sich an »das schöne Leutzesche Bild« (»Reisebriefe aus Jütland« (1864), HF III, 3/I, S. 619). Vgl. auch »Irrungen, Wirrungen« 12. Kap. (HF I, 2, S. 386). – »*Ein Reiterstück des General von Seydlitz«:* »der mit einem ›Gut'n Morgen, Herr Pfarrer!‹ über dessen Wäglein hinwegsetzt« (Malerwerke). Das Bild war sehr populär, im Stich vervielfältigt von E. Milster. Es ging nach der Ausstellung in den Besitz des Königs über und fand seinen Platz im Marmorpalais zu Potsdam. – *Varnhagenschen Biographie des berühmten Reitergenerals:* Quelle des Zitats: »Leben des Generals Freiherrn von Seydlitz, von Karl August Varnhagen von Ense, Berlin 1834, S. 183 f.

482 *der Pferde-Krüger:* Franz Krüger (1798-1857), geschätzter Berliner Porträt- und Tiermaler (vor allem Pferde), überwiegend Autodidakt, in Kunstkreisen »Pferde-Krüger« genannt, dessen wirklichkeitsgetreue Porträts historischer Persönlichkeiten auf seinen Paradebildern von seinen Zeitgenossen besonders gerühmt wurden; vgl. »Wanderungen«, ›Die Grafschaft Ruppin‹: »Genies wie Franz Krüger (›der Paraden- oder Pferde-Krüger‹)«, HF II, 1, S. 148; vgl. auch »Fünf Schlösser«, ›Liebenberg‹, HF II, 3, S. 289. – Richard *Ansdell* (1815-1885): bekannter englischer Tiermaler, im wesentlichen Autodidakt, malte hauptsächlich Jagdszenen; nach Edwin Landseer der bekannte-

ste Tiermaler Englands. Vgl. »Aus Manchester«, 8. Brief, HF III, 3/I,
S. 492. – *Rosa Bonheur:* Vgl. Anm. zu S. 465. – *Karl Seffeck:* Vgl.
Anm. zu S. 446. – »*Empfang der Salzburger Protestanten*«: Der vollständige Titel des Bildes von Konstantin Cretius (vgl. Anm. zu S. 475)
heißt laut Katalog: »Empfang der Salzb. Protestanten durch König
Friedr. Wilh. I. in Berlin am Leipziger Tore, 30. Apr. 1732«. Der Titel
des Bildes von Oskar Begas (über ihn vgl. Anm. zu S. 461): »Friedrich
Wilhelm I. empfängt zu Potsdam im Beisein des Kronprinzen Friedrich den ersten Zug der einwandernden Salzburger Protestanten,
29. April 1732«; dazu der folgende Katalogtext: »Der König gab
20000 ihres Glaubens wegen vertriebenen Salzburgern Wohnsitze in
seinen Staaten. s. Carlyle, Gesch. Fr. d. Gr. Am 29. April kamen sie
nach Potsdam, wo sich damals Ihre Majestät der König von Preußen
aufhielt etc. Als sie vor das Schloß kamen, wurde ihnen befohlen, in
dem Garten stille zu stehn. Der König nahm sie selber in hohen Augenschein. Hierauf mußte der Commissarius vor ihn kommen, und
Bericht abstatten, wie sich die Emigranten auf der Reise aufgeführt
etc. Der König versicherte sie seiner Gnade mit diesen Worten, die er
oftmals gegen sie wiederholte: Ihr sollt es gut haben, Kinder, Ihr sollt
es gut bei mir haben. (Aus einer gleichzeitigen Chronik, Leipzig
1732).«

483 *den wohlbekannten Potsdamer Garnisonkirchenturm ... noch in sein*
    hohes Baugerüst gekleidet: Garnisonkirche, zwischen 1730 und 1736
    nach Plänen von Philipp Gerlach (1670-1748) erbaut, mit einem 88 m
    hohen Turm ausgestattet; Friedrich Wilhelm I und Friedrich II. sind
    dort beigesetzt. – *Vergegenwärtige man sich alles, was wir über Sin-*
    nesart und Beschäftigung des damals zwanzigjährigen Kronprinzen
    wissen: Zwei Jahre nach der »Katte-Tragödie« war es jetzt die »Zeit
    der Wiederversöhnung« zwischen Vater und Sohn, vgl. »Wanderun-
    gen«, ›Das Oderland‹, ›Jenseits der Oder‹, HF II, 1, S. 831 ff. und
    »Wanderungen«, ›Die Grafschaft Ruppin‹, HF II, 1. S. 81 ff.

484 *Jupiter tonans:* der Donnerer (eine Wendung nach Ovid). – Jakob Paul
    Freiherr von *Gundling* (1673-1731): Oberzeremonienmeister Fried-
    rich Wilhelms I., Mitglied des Tabakkollegiums. Seine charakterli-
    chen Schwächen »untergruben seine gesellschaftliche Stellung am
    Hofe und machten ihn zur Zielscheibe des Spottes der Hofgesell-
    schaft«. Vgl. F. über Gundling, »der Witz und Wüstheit, Wein- und
    Wissensdurst, niedere Gesinnung und stupende Gelehrsamkeit in
    sich vereinigte, und der, in seiner Doppeleigenschaft als Trinker und
    Hofnarr, in einem *Weinfaß* begraben wurde«, in »Wanderungen«,
    ›Havelland‹, Kap. ›Bornstädt‹, HF II, 2, S. 245 ff. – *mal à propos*
    (franz.): ungelegen, zur Unzeit.

485 *Accise:* Vom Großen Kurfürsten in Brandenburg-Preußen eingeführ-
    te direkte Steuer, die beim Betreten eines bewohnten Ortes erhoben
    wurde (Torgeld). – *Fritz Schulz:* Vgl. Anm. zu S. 475. – »*Prinz Hein-*
    rich präsentiert ...«: Zusatz im Katalog »Episode des ersten schlesi-

schen Krieges«, nämlich des Winterfeldzugs 1740/41, der die Reihe
der Schlesischen Kriege eröffnete. – Kurt Christoph Graf von *Schwe-*
rin (1684-1757): Generalfeldmarschall Friedrichs des Großen, entschied im 1. Schlesischen Krieg durch den Sieg bei Mollwitz (1741)
das Schicksal Schlesiens. – *dem jetzigen Grafen Schwerin (dem ehe-*
maligen Minister des Innern): Maximilian Graf von Schwerin Putzar
(1804-1872), von 1859-1862 Innenminister der liberalen »Neuen
Ära«; er hatte am 17. März 1862 sein Entlassungsgesuch eingereicht.
Vgl. F.s frühes Gedicht »An den Märzminister, Graf Schwerin-Put-
zar« (1849), HF I, 6, S. 229 f. und Anm. dazu.

486 Carl Friedrich *Schulz* (1796-1866): Genre-, Jagd- und Historienmaler,
Schüler der Berliner Akademie, wegen seiner zahlreichen Jagdgemäl-
de auch »Jagd-Schulz« genannt. Er war kurze Zeit Akademielehrer;
von seiner Hand stammen zahlreiche Kostümblätter friderizianischer
und russischer Soldaten. – Jean Baptiste de Boyer *Marquis d'Argens*
(1704-1771): Französischer Schriftsteller der Aufklärung, von Mon-
tesquieu beeinflußt, von Friedrich II. nach Potsdam berufen und zum
Direktor der Klasse für Literatur der Berliner Akademie ernannt. – *in*
dem bekannten gefürchteten Saal mit dem ominösen Namen: Die
sog. »Totenkammer«, vgl. Anm. zu S. 460. – »*Epigramme auf Herrn*
Wahls große Nase«: Anspielung auf das in der ersten Hälfte des
19. Jahrhunderts verbreitete Buch »Hundert Hyperbeln, auf Herrn
Wahl's ungeheure Nase in erbaul. hochdeutsche Reime gebracht, von
Friedrich Hophthalmos (d. i. Joh. Christoph Friedrich Haug (1761-
1829), ein Studienfreund Schillers), Stuttgart 1804. Eine zweite Auflage erschien 1822 in Brünn unter dem Titel »200 Hyperbeln auf
Herrn Wahl's ungeheure Nase . . .«, die in dritter wohlfeiler Ausgabe
1850 in St. Gallen herauskam. – *Otto Heyden:* Vgl. Anm. zu S. 475.
– *das längst Dagewesene:* Wiederholte Klage über die Malerei der
Berliner Schule; auch mit »alles schon dagewesen« charakterisiert,
vgl. S. 463 und Anm. dazu.

487 Feodor *Dietz* (1813-1870): Historienmaler aus München, der seit
1862 als Professor für Historienmalerei an der Kunstschule in Karlsruhe wirkte. Der Katalog gibt als Eigentümer des von D. ausgestellten
Gemäldes Generalfeldmarschall von Wrangel an. – *Friedrich Kaiser:*
Vgl. Anm. zu S. 471. – »*Das erste Garde-Regiment in der Schlacht*
von Paris«: Zusatz im Katalog: »Der am Fuß Verwundete ist Kapitän
von Zieten, der Kommandierende der Oberst von Block und dessen
Adjutant Lieutenant von Massow (später Hausminister).« – *Bleib-*
treu »*Schlacht bei Großbeeren«:* Dargestellt ist »Oberst Zastrow mit
dem Kolberger Regiment im Sturm auf den Kirchhof« (Malerwerke)
am 23. Aug. 1813. Georg Bleibtreu (über ihn vgl. Anm. zu S. 475)
erhielt für dieses Bild die kleine goldene Medaille der Berliner
Akademie.

488 *Kaulbach . . . etwas* »*Hunnenschlacht«-artiges:* Vgl. Anm. zu S. 470.
– *Wir kommen . . . ausführlicher zurück:* Vgl. u. S. 556.

489 *Moritz Blanckarts* (1839-1883): Schlachtenmaler, Schüler der Stutt-
garter Kunstschule, als Maler nicht erfolgreich, auch schriftstellerisch
tätig, so beispielsweise Verfasser einiger Dramen, einer Sammlung
von Gedichten (1870), von Kriegs- und Siegesliedern (1871) und der
Schrift »Düsseldorfer Künstler. Nekrologe aus den letzten zehn Jahren«, Stuttgart 1877. Sein Bild »Schlacht bei Möckern« (16. Okt.
1813), gemalt 1861, hat im Katalog den Zusatz: »General von York
führt das litauische Dragoner- und Brandenburgische Husarenregi-
ment mit dem Ausruf: da blüht Euer Weizen! zur Attake auf das
letzte noch Stand haltende Quarré der französischen Marinegarde.
York zur Seite reiten Prinz Friedrich von Preußen, damals Hauptmann im 1. Garderegiment, und der Commandeur der Litauer,
Oberstlieutenant von Below.« – *Montmirail:* Im französischen
Departement Marne gelegen, wo Napoleon am 11. Febr. 1814 die
Preußen unter Blücher und die Russen unter Sacken schlug. – *in seinem Katzbach-Bilde:* Vgl. »Die Berliner Kunstausstellung« (1860),
S. 475 ff. u. Anm. dazu. – *jenes berühmten Schlachtenbildes (Hoch-
kirch) eines unserer Meister gedenken, dem seinerzeit der Vorwurf
gemacht worden war, daß kein Feind auf ihm entdeckt werden könne:*
Vgl. »Die Berliner Kunstausstellung« (1860), S. 470. Ähnlich äußert
sich F. – fast zwanzig Jahre später, am 22. Febr. 1881 – in einer Theaterkritik über Heinrich Laubes »Die Karlsschüler« (HF III, 2,
S. 498 f.): »[...] dieser Mangel ist eine Tugend. Er erinnert an Menzels berühmtes ›Hochkirch‹-Bild, auf dem (*auch* beanstandet) die
Feinde fehlen. In nichts zeigt sich das Genie so sicher, als im kühnen
Weglassen anscheinend unerläßlicher Dinge.« – Emil *Hünten* (1827-
1902): Historienmaler, besonders Schlachtenmaler unter Bevorzugung der friderizianischen Zeit, künstlerische Ausbildung bei Wappers in Antwerpen und Wilhelm von Camphausen in Düsseldorf.
Sein Gemälde schildert eine Szene aus der Schlacht bei Zorndorf, nahe Küstrin, in der Friedrich der Große am 25. Aug. 1758 in einem
verlustreichen Kampf die Russen unter Fermor besiegte. Zu Hünten
vgl. auch F.s Kritik über dessen Gemälde »Erstürmung von Schanze IV durch die westfälischen Regimenter«, das er »sehr sehenswert«
nennt und als »das beste, was aus dem Atelier dieses Künstlers bisher
hervorgegangen ist«, vgl. »Sachsens permanente Gemäldeausstel-
lung« (1865), in Neue Preußische (Kreuz-)Zeitung, Nr. 18 vom
21. Jan. 1865, wiederabgedruckt in N XXIII/1, S. 323 ff.

490 Christian *Sell* (im Erstdruck irrtümlich: A. Seel; 1831-1883): Historienmaler, besonders Soldaten- und Schlachtenszenen, Ausbildung
an der Düsseldorfer Akademie unter Theodor Hildebrandt und Wilhelm von Schadow. Die Titel der beiden von ihm ausgestellten Bilder
sind: »Schleswig-holsteinische Dragoner-Patrouille, aus dem Feldzuge
1850« und »Feldwache vom ersten schleswig-holsteinschen Jägercorps«, ebenfalls eine Szene aus dem Feldzug von 1850. – *Camphausens... »Die Begegnung Blüchers und Wellingtons am Abend der*

Schlacht bei Belle-Alliance (am 18. Juni 1815): Das Gemälde, das nicht im Katalog aufgeführt ist, ging damals in den Besitz des Stadtmuseums Königsberg über. Über Wilhelm von Camphausen vgl. Anm. zu S. 475. – *eine Zierde der vorigen Ausstellung:* Vgl. »Die Berliner Kunstausstellung« (1860), S. 475 ff. – *drei Zauberworte: Blücher, Wellington und Belle-Alliance:* Vgl. Anm. zu S. 461, Stichwort »Zauber«. – *Derselbe Gegenstand ist verschiedentlich von englischen Malern behandelt worden:* F. denkt hier vermutlich u. a. an den englischen Historienmaler Daniel Maclise (1811-1870) und dessen Freskogemälde im Sitzungssaal der Lords im Parlamentsgebäude »Die Begegnung Blüchers und Wellingtons am Abend von Belle-Alliance«, das er in seinem siebten Brief »Aus Manchester« lobend erwähnt: »Die Komposition ist ebenso klar wie lebendig und gibt den Moment vortrefflich wieder« (HF III, 3/I, S. 481 f.). Vgl. auch seinen biographischen Artikel über Daniel Maclise in »Männer der Zeit«, 2. Serie, Sp. 138-139, wiederabgedruckt in: N XXIII/1, S. 433-435. Auch an die von ihm in seinem Edwin Landseer-Artikel erwähnte »Unterhaltung bei Waterloo« könnte er gedacht haben, mit dem vermutlich Edwin Landseers auch im Stich verbreitetes Gemälde »Wellington bei Waterloo« (1850) gemeint ist (vgl. »Männer der Zeit«, 2. Serie, Sp. 225-227, wiederabgedruckt in: N XXIII/1, S. 443-446).

491 *auf dem bekannten Bilde »Napoleon bei Waterloo«:* Vermutlich »Napoleon in der Schlacht bei Waterloo« von Charles Steuben, das im Mezzotinto-Stich von Jazet sehr verbreitet war; vgl. »Die Berliner Kunstausstellung« (1860), S. 477 und Anm. dazu. – *Grampians:* Schottische Gebirgslandschaft im südlichen Teil der Highlands, »das Land der alten schottischen Könige, zumal König Macbeths«, F. in: »Jenseit des Tweed«, Kap. XVIII, ›Inverness‹, HF III, 3/I, S. 323, vgl. auch Kap. XVII, ›Von Perth bis Inverness‹, ebd. S. 308 ff.

492 Gustav *Graef* (1821-1895): Historien- und Porträtmaler, hervorgegangen aus der Düsseldorfer Schule Theodor Hildebrandts und Wilhelm von Schadows, seit 1852 in Berlin. Mit seinen historischen Genrebildern aus der Zeit der Befreiungskriege fand G. zu Beginn der sechziger Jahre in Berlin großen Beifall. Das genannte Gemälde hatte im Katalog einen längeren Zusatz, aus dem F. im folgenden zitiert, die Quelle nach seiner Gewohnheit leicht umformulierend: »Unter der Überschrift ›Vaterlandsliebe‹ bringen die Preußischen Zeitungen im Jahre 1813 Monate hindurch lange Listen von freiwilligen Gaben zur Ausrüstung der Vaterlandsverteidiger. Viele gaben ihre goldnen Trauringe, welche sie gegen eiserne (mit der Aufschrift ›Gold gab ich für Eisen 1813‹) eintauschten, andere Schmuck oder wertvolles Gerät, auch Waffen oder Tuch zu Uniformen und dergl. – Ein Mädchen, *welches nichts anderes besaß, das sie dem Vaterlande geben konnte, opferte ihr schönes reiches Haar,* welches man früher ihr öfters vergebens hatte abkaufen wollen. – *Anmerkung.* Es wurden aus diesem Haar Ringe, Ketten und dergl. angefertigt, aus deren Verkauf nach

Abb. 9   Gustav Graef: Vaterlandsliebe im Jahre 1813 (1862). Holz-
schnitt nach dem eigenen Gemälde. Aus: Illustrierte Zeitung (Leipzig)
Nr. 1028, 14. März 1863, S. 176.

»Wir gratulieren dem Maler, der Ausstellung und uns selbst zu diesem
Bilde. Es ist ein Triumph innerlichen, echten Künstlertums über das Ma-
chenkönnen, das jetzt so hoch im Preise steht« (S. 494).

wenigen Wochen vier Freiwillige ausgerüstet und überhaupt 1200 Thlr. gelöst wurden.« G. bedankte sich bei F. für dessen positive Würdigung, F. reagierte darauf mit: »Möge Ihr schönes Bild auf der Wanderschaft die es nun angetreten hat, den Beifall finden, den es so reichlich verdient [...]« (Brief vom 29. Dez. 1862, HF IV, 2, S. 91), s. Abb. 9. – *Wir würden uns sehr wundern, wenn es ... noch keinen Käufer gefunden hätte:* Vgl. aus F.s Brief an Gustav Graef vom 29. Dez. 1862: »Möge Ihr schönes Bild [...] dazu bestimmt sein, in Zukunft das Schloß eines Dohna oder Dönhof, oder wenn das nicht sein kann, das alte Giebelhaus eines Danziger Kaufmanns zu schmücken. Es gab eine Zeit, wo sich der ostpreußische Adel ein solches Bild nicht hätte entgehen lassen (HF IV, 2, S. 91). – *ein Fräulein v. Schmettau* (im Erstdruck: Scheliha): Ferdinande von Schmettaus (1798-1875) Tat war 1813 »in aller Munde; die Erzählung derselben trug dazu bei, die Opferfreudigkeit Vieler zu erhöhen« (B. Poten, in: ADB 31). – *Hermann Schweder:* Damals in Berlin ansässiger Genre- und Historienmaler, der zwischen 1860 und 1866 auf den Berliner Akademie-Ausstellungen ausstellte. Lebensdaten nicht bekannt. – *Friedrich Wilhelm III. und der Königin Luise:* König Friedrich Wilhelm III. von Preußen (1770-1840) und seine Gemahlin Luise (1776 bis 1810).

494 *Das Beste kann eben nur eines sein und verträgt kein Duplikat:* Wiederholte Mahnung F.s an die Adresse der bildenden Künstler, vgl. Anm. zu S. 613.

495 *Wilhelm Amberg:* Vgl. Anm. zu S. 468. – *Philipp Arons* (1821 bis 1902): In Berlin lebender Porträt- und Genremaler, Schüler der Berliner Akademie und Léon Cogniets in Paris. Seine Genrebilder und Porträts waren damals sehr geschätzt. – *»Musterung der Toilette«:* Laut Katalog »Im Besitz des Herrn Banquiers Bramson«. Das ebenfalls ausgestellte Pendant »Eine Dame vor dem Spiegel« erwähnt F. nicht.

496 *»Leidtragende«:* Zusatz im Katalog: »Junge Mädchen aus der Kirche kommend.« – *Teutwart Schmitson:* Vgl. Anm. zu S. 465. – *Albert Brendel:* Vgl. Anm. zu S. 466.

497 *»Lieblinge der Grazien«:* Mit »der ungezogene Liebling der Grazien« bezeichnet Goethe den griechischen Komödiendichter Aristophanes im Epilog zu seiner Übersetzung der Komödie »Die Vögel« (1787), eine Formulierung, die später vorzugsweise auf Heinrich Heine Anwendung fand. – *»Nimrod«, der Neufundländer, als unverfänglicher Chapeau – nur Stütze und keine Gefahr:* Nimrod, Gestalt des AT, 1. Mos. 10, 8-2, ein sagenhafter Machthaber und leidenschaftlicher Jäger; die Verwendung des Namens in diesem Zusammenhang läßt eher eine zeitbezogene Anspielung vermuten. Chapeau: Begleiter einer Dame; in diesem Sinne findet sich der Neufundländer beispielsweise in »Cécile«, Boncœur, der unverfängliche Begleiter der schönen Cécile (HF I, 2, 6. Kapitel, S. 163 und 12. Kapitel, S. 205). Als treuer

Begleiter und Beschützer begegnet der Neufundländer aber auch in
anderen Romanen F.s, so in »Vor dem Sturm« (HF I, 3, S. 14 u. ö.),
»Quitt« (HF I, 1, S. 353), »Effi Briest« (HF I, 4, S. 47 u. ö.). – *Jenes
Kultivieren des Schmerzes, das so viele Zauber hat, aber freilich vor
allem den Zauber des Kränklichen, der kranke Naturen am sympathischsten berührt:* F. denkt hier möglicherweise an seine eigene Neigung, mit seiner labilen Gesundheit zu kokettieren.

498 *morose:* Veraltet für: mürrisch, verdrießlich. – *Wir mußten beim Anblick dieses Ambergschen Bildes an das Bild Robert Leslies denken:
»Die französische Witwe« . . . :* Das Bild von Robert Leslie (erwähnt
1843-1867) war 1857 auf der großen Kunstausstellung in Manchester
ausgestellt gewesen. Vgl. dazu F.s Äußerung in seinem achten Brief
»Aus Manchester«: »Robert Leslies Bild ›Onkel Toby und die französische Witwe‹ (gemeinhin in der Vernon-Galerie zu sehen) ist eine
künstlerische Leistung, die sich selbst neben den Arbeiten Wilkies als
ebenbürtig behauptet« (HF III 3/I, S. 492). Etwas später bezeichnet er
es als »ein unübertroffenes Genrebild« (ebd. ›Nachschrift‹, S. 527),
das »unter den englischen Genrebildern der letzten 30 Jahre . . . uner-
reicht geblieben« ist (»Männer der Zeit«, Daniel Maclise 2. Serie,
Sp. 138 f., wiederabgedruckt in N XXIII/1, S. 434). – *Ein humoristisches Romankapitel tritt in aller Klarheit vor uns hin:* Ein gedanklicher Sprung von der Malerei zur Literatur, wie häufig bei F.; das Gemälde beflügelt die Phantasie zur romanhaften Ausgestaltung und
zeigt, wie weit der spätere Romancier F. bereits zu dieser Zeit bereit
war hervorzutreten. – Auf die Bedeutung der Witwengestalten in F.s
Romanen weisen die Anmerkungen zu den Bänden der ersten Abteilung dieser Ausgabe mehrfach hin; vgl. beispielsweise »L'Adultera«,
2. Kap.: »Das Beste, was einer jungen Frau wie dir passieren kann, ist
doch immer die Witwenschaft (HF I, 2, S. 11 und Anm. dazu).

499 *»Jetzt oder nie«:* Rudenz in Schillers »Wilhelm Tell«, III. 2: »Jetzt
oder nie! ich muß den teuren Augenblick ergreifen.«

500 *die Wiederholung eines schon früher von Amberg behandelten Stoffes:* Nach v. Boetticher, Malerwerke, handelt es sich dabei um
Ambergs Gemälde »Dame, die Reliquien ihrer verlorenen Liebe im
Kamin verbrennend« (o. J.). – *Schwermutsvoll und dumpfig hallt
Geläute«:* Eingangsvers der »Elegie auf den Tod eines Landmäd-
chens« von Ludwig Hölty (1748-1776), entstanden 1775, ein Jahr vor
Höltys Tod. – *schlimmerer Beispiele, z. B. aus der Tiedge-Zeit:* Christoph August Tiedge (1752-1841), klassizistischer Lyriker, dessen triviales Lehrgedicht »Urania« (1800; 18. Aufl. 1862) seinerzeit begeisterte Aufnahme fand.

501 *Paul Bürde* (1819-1874): Berliner Historien- und Genremaler, auch
als Lithograph tätig; er beschickte seit 1842 regelmäßig die Berliner
Akademieausstellungen.

502 *Libertin:* Wüstling. – *ad latus:* Hier: als Beistand. – *Karl Becker:* Vgl.
Anm. zu S. 467.

503 *der vorigen Ausstellung:* Vgl. »Die Berliner Kunst-Ausstellung«
(1860), S. 468.

504 *Wie einst Gainsborough in dem berühmten Bilde »The blue boy«:*
Vgl. S. 461 und Anm. dazu. – »*Der Besuch«:* Das Gemälde war da-
mals als Schwarzkunststich des Berliner Kupferstechers Alexander
Becker (vgl. Anm. zu S. 468) sehr beliebt.

505 *Friedrich Kraus* (1826-1894): Genre- und Porträtmaler, Schüler der
Königsberger Akademie, weitergebildet in Paris unter Thomas Couture, lebte ab 1855 in Berlin und nahm von da ab regelmäßig bis zu
seinem Tode an den Akademie-Ausstellungen teil. Seine Zeitgenossen schätzten ihn vor allem wegen seiner Salonbilder, »zu welchem
ihn sein feines, harmonisches Kolorit, seine delikate Pinselführung,
seine zarte Modellierung besonders befähigt. [. . . er] behandelt mit
feinem Humor Szenen aus der vornehmen Gesellschaft, in welchen er
namentlich ein liebevolles Verständnis für weibliche Toilette bekundet. Großen Beifall bei der zeitgenössischen Kritik fanden auch seine
historischen Genreszenen« (Adolf Rosenberg: Die Berliner Malerschule, Berlin 1878, S. 318 f.). Das ausgestellte Gemälde war auch als
Stich des Berliner Kupferstechers Gustav Eilers (1834-1911) verbreitet. – *Die Behandlung des Anekdotischen . . .:* Eine frühe theoretische
Erörterung der Verwertbarkeit des F. seit Kindertagen vertrauten
Stoffes der Anekdote. Sie gehört in den großen Zusammenhang seiner wiederholten Aussprüche und Bekenntnisse zum »göttlichen
Durcheinanderschmeißen von Groß und Klein« (Brief an F. Witte
vom 3. Jan. 1851, HF IV, 1, S. 141) und findet in F.s Romanwerk Verwendung im Sinne dessen, was er in »Frau Jenny Treibel« Professor
Schmidt in den Mund legt: »Das Nebensächliche, soviel ist richtig,
gilt nichts, wenn es bloß nebensächlich ist, wenn nichts drinsteckt.
Steckt aber was drin, dann ist es die Hauptsache, denn es gibt einem
dann immer das eigentlich Menschliche« (HF I, 4, S. 360).

507 Giovanni *Boccaccio* (1313-1375): Italienischer Dichter, auf dessen
Hauptwerk »Decamerone« (1348) F. hier anspielt. – Paul (Paolo) *Ve-
ronese* (eigentlich: Caliari; 1528-1588): Italienischer Maler, der in
seinem Werk der Hochrenaissance verpflichtet blieb. Zu seinen be-
vorzugten Motiven gehören Gastmähler, oft mit religiösem Inhalt. –
Menzels berühmtes »Friedrich II. bei Tisch in Sanssouci«: Vgl. »Die
Berliner Kunstausstellung« (1860), S. 470 u. Anm. dazu. – August
Borckmann (1827-1890): Maler des historischen Genres, Schüler der
Berliner Akademie, beschickte seit 1856 fast regelmäßig die Berliner
Akademie-Ausstellungen.

508 *Lendemain:* Der Tag nach der Hochzeit.

509 Henri Joseph *Duwée* (erwähnt 1830-1870): Belgischer Genremaler, in
Brüssel tätig, stellte außer auf belgischen Ausstellungen in Berlin und
Wien aus.

510 *vier Meyerheims:* Vgl. Anm. zu S. 468. – *Wer das Bild kennt:* Vgl.
dazu die Neue Preußische (Kreuz-)Zeitung, Nr. 254 vom 30. Okt.

1862: »[. . .] ein trauliches Untersich der possierlichen Tiere, wobei es höchst ungeniert hergeht; eine Affenmutter säubert sorgsam ihren erwachsenen Sprößling, ihrer Zwei kratzen sich ins Angesicht, ein Affenjüngling liegt behaglich gelagert und streckt die eigentümliche Verlängerung des Rückgrats dem Beschauer entgegen. Alles ist hier äffisch, aber die Kunst steht heiter über dem Ganzen.« Vgl. Abb. 10.

511 »*Landschaft mit Schafen*«: Im Katalog mit dem Zusatz versehen: »Motiv am Harz«, vgl. Abb. 11. – Albert *Brendel*: Vgl. Anm. zu S. 466. – »*Leben im Dorfe*«: Der Katalog gibt den Titel mit: »Abend im Dorfe« an. – *der van Eyckschen Art und Farbe*: F. denkt hier vermutlich an Jan van Eyck (um 1390-1441), den bedeutenderen der niederländischen Malerbrüder Eyck, der als erster Öltempera für seine Gemälde verwandte und in dessen naturgetreuer Wirklichkeitsauffassung die Realisten des 19. Jahrhunderts einen frühen Vorläufer sahen.

512 *einen echten, alten Meyerheim*: Auf der Berliner Akademie-Ausstellung 1852 war bereits ein Bild ähnlicher Thematik unter dem Titel »Heimgang aus der Schule« ausgestellt gewesen.

513 »*Schönheit quand même*«: Sinngemäß: Schönheit am falschen Platz. – Benjamin *Vautier* (1829-1898): Genremaler, ausgebildet durch Rudolf Jordan in Düsseldorf. Für sein Gemälde »Nach der Schule« erhielt Vautier 1862 die kleine goldene Medaille der Berliner Akademie; das Bild war als Lithographie des Berliner Ernst Milster verbreitet.

515 Adolf *Schroedter* (1805-1875): Genremaler und Radierer, Schüler der Berliner und der Düsseldorfer Akademie (unter Wilhelm von Schadow), ab 1859 als Professor der Ornamentik am Polytechnikum in Karlsruhe. Humor und Satire kennzeichnen die Behandlung seiner Stoffe. – *Sir Andreas Aguecheek*: Junker Christoph von Bleichenwang in der deutschen Übersetzung. – *den alten Meister der Don-Quixote-Bilder*: Adolf Schroedter schuf eine Reihe von Gemälden nach Szenen aus Cervantes' »Don Quichote«, die zu seiner Zeit durch Vervielfältigungen verschiedener Art in weiten Bevölkerungskreisen wegen ihrer humoristischen Auffassung beliebt waren, allen voran »Don Quixote, im Lehnstuhl sitzend, studiert den Amadis von Gallien« (1834), eine Auftragsarbeit für den Berliner Buchhändler Reimer, der es von J. Gille lithographieren ließ. Das Gemälde erregte Aufsehen auf der Berliner Akademie-Ausstellung 1834, machte den Maler rasch bekannt; es ging später mit der Wagenerschen Sammlung in den Besitz der Berliner Nationalgalerie über. – *Malvolio ist für jegliche Darstellung (auf der Bühne wie in der bildenden Kunst) eine sehr schwierige Aufgabe*: Vgl. dazu F.s Theaterkritiken über »Was ihr wollt« vom 11. Jan. 1874 (HF III, 2, S. 162) und vor allem vom 15. Apr. 1887 mit Hinweisen auf seinen »Was ihr wollt«-Theaterbesuch in Haymarket in London (HF III, 2, S. 722). – *Otto Brausewetter* (1835-1904): Genre- und Historienmaler, Schüler der

Abb. 10   Paul Meyerheim: Affenfamilie (1862)

»... ein wohlgelungenes Bild; scharf beobachtet, mit humoristischem Auge gesehen und mit entsprechendem Behagen (sauber in den Köpfen, aber sonst sorglos) wiedergegeben« (S. 510).

Abb. 11   Paul Meyerheim: Landschaft mit Schafen. Motiv am Harz (1862). Aus: Der Cicerone. Halbmonatsschrift für die Interessen des Kunstforschers und Sammlers, Jg. VII, 1915, S. 93.

»... frisch, kräftig, voll gesunden Realismus und dabei ein ersichtliches Zuhausesein in den verschiedensten Sätteln« (S. 511).

Akademie in Königsberg, siedelte in den achtziger Jahren nach Berlin über, wo er als Lehrer an der Akademie wirkte.

516 Karl *Lasch* (1822-1888): Genremaler, in späteren Jahren auch als Porträtmaler tätig, hervorgegangen aus der Dresdner (Eduard Bendemann) und der Münchner (Wilhelm von Kaulbach, Julius Schnorr von Carolsfeld) Akademie, hatte sich 1860 nach Aufenthalten in Moskau und Paris in Düsseldorf niedergelassen. Über die Wirkung seiner Bilder vgl. F.s Besprechungen der Berliner Akademie-Ausstellungen von 1864 (s. 601 f.) und 1866 (s. 653). – Zu F.s Ausführlichkeit bei der Beurteilung des Bildes »*Bei der jungen Witwe*« und die Bedeutung von Witwengestalten in seinem Romanwerk vgl. Anm. zu S. 498. – Hermann *Plathner* (1831-1902): Genremaler, Schüler der Düsseldorfer Akademie und des Ateliers Adolf Tidemands und Rudolf Jordans in Düsseldorf. – *Münchener Bilderbogen:* Die seit 1848 vom Verlag Braun & Schneider in München herausgegebenen »Münchner Bilderbogen« führten mit ihrer pädagogisch-didaktischen Ausrichtung eine neue, zukunftweisende Entwicklung in der Geschichte des Bilderbogens ein. – *Bengt Nordenberg* (im Erstdruck wie im Katalog: Bergt-Nordenberg; 1822-1902): Schwedischer Genremaler aus Bleking, von Adolf Tidemand und der Düsseldorfer Malerschule (Ausbildung unter Theodor Hildebrandt) beeinflußt; er hatte sich 1860 in Düsseldorf niedergelassen. Die Motive seiner Darstellungen entnahm er vor allem seiner skandinavischen Heimat.

517 *die vereinten Anstrengungen Gudes... und Tidemands:* Vgl. dazu auch F.s Bericht über die Berliner Akademie-Ausstellung 1864, S. 607. Entsprechende Zusammenarbeit Gudes auch mit August Leu, vgl. Berliner Akademie-Ausstellung 1872, S. 659. Über Hans Gude und Adolf Tidemand vgl. Anm. zu S. 459 u. 460. – *Adolf Burger* (1833-1876): Jüngerer Bruder Ludwig Burgers, Genremaler, Ausbildung an der Berliner Akademie und im Atelier Karl Steffecks; er entnahm seine Bildmotive zumeist dem Leben der Wenden im Spreewald. Das Gemälde »Die Tauffahrt der Wenden im Spreewalde« wurde noch während der Ausstellung vom preußischen König angekauft. Das Gegenstück »Abschied des Rekruten im Spreewalde«, 1866 auf der Berliner Akademie-Ausstellung gezeigt (vgl. S. 640), war »im Allerhöchsten Auftrage gemalt« und ebenfalls »im Besitz Sr. Majestät des Königs«. – *das Heimische so verhältnismäßig wenig gepflegt:* Vgl. dazu F.s Vorwort zur 1. Aufl. seiner »Wanderungen« (HF II, 1, S. 9 ff.).

518 *Lübbenau:* »die Spreewald-Hauptstadt«, vgl. »Wanderungen«, ›Spreeland‹ (HF II, 2, S. 456 ff.). – *Dorf-Venedig:* Vgl. F.s Aufsatzfolge »In den Spreewald« (1859), in der er erklärt, daß die »Dorf-Venedigs keine Mythe« sind (HF II, 3, S. 494). – *Cyclorama:* Illusionistisches, plastisch wirkendes Rundbild (Panorama), das Flüsse und deren Ufer von der Quelle bis zur Mündung unter verschiedener tageszeitlicher Beleuchtung zeigt. Von England ausgehend, fanden die von J. A.

Breysig (1766-1831) und R. Barker erfundenen Panoramen im
19. Jahrhundert auch in die kontinentale bildende Kunst Eingang.

519 *Rudolf Jordan:* Vgl. Anm. zu S. 467. – *Meyer von Bremen:* Vgl.
Anm. zu S. 468. – *und wir haben doch manchen Morgen am Strande
erlebt:* Von seinem achten bis zu seinem dreizehnten Lebensjahre lebte F. in Swinemünde. »Meine Kinderjahre« (1893) enthalten im wesentlichen die Schilderung dieser Swinemünder Jahre: »Es war ein
wunderbar schönes Leben in dieser kleinen Stadt, dessen ich noch
jetzt, wie meiner ganzen buntbewegten Kinderzeit, unter lebhafter
Herzensbewegung gedenke« (HF III, 4, S. 33).

520 *Leopold Güterbock* (um 1820-1881): Landschaftsmaler aus Berlin,
Schüler der dortigen Akademie und Thomas Coutures in Paris. Sein
»Römisches Genrebild« hat im Katalog noch den Zusatz: »chi vuole la
pecorella«.

521 *August Siegert* (1820-1883): Genremaler, Schüler Theodor Hildebrandts und Wilhelm von Schadows auf der Düsseldorfer Akademie;
nach Studienaufenthalten in Antwerpen und Paris ließ er sich 1851 in
Düsseldorf nieder und wurde Lehrer an der dortigen Akademie. –
Louis (Ludwig) *von Hagn* (1819-1898): Genremaler, Ausbildung an
der Münchner Akademie, ab 1847 in Antwerpen, 1850 bis 1853 in
Berlin, 1853-1855 in Paris, ab 1855 ständig in München. Er entnahm
seine Bildmotive mit Vorliebe der Zeit des Rokoko. – *Wilhelm Cordes*
(1824-1869): Landschaftsmaler, erhielt seine künstlerische Ausbildung in Prag und seit 1842 in Düsseldorf, wo er sich Carl Friedrich
Lessing und Hans Gude anschloß. Zu jener Zeit war er als Professor
an der Kunstschule in Weimar tätig. C. erhielt die kleine goldene Medaille für Kunst für sein Bild »Letzte Ehre«, das die angeschwemmte
Leiche eines Seeoffiziers zeigt, bei dem ein Matrose Ehrenwache hält.
Das in Weimar gemalte Bild wurde 1862 vom König von Preußen
erworben und 1863 in der Illustrierten Zeitung (Leipzig) im Holzschnitt publiziert. Vgl. Abb. 12.

523 Gustav *Spangenberg* (1828-1891): Historien- und Genremaler, war
nach einem über sechsjährigen Aufenthalt in Paris und einem Jahr
Italien 1858 nach Berlin übergesiedelt. Er stand damals noch am Beginn seiner künstlerischen Laufbahn. Nachdem er sich zunächst dem
reinen Genre gewidmet hatte, steht die »Walpurgisnach« am Beginn
einer Reihe von der deutschen Volkssage entnommener Kompositionen. Es wurde damals von der Kunsthalle seiner Geburtsstadt Hamburg erworben. Vgl. Abb. bei Anm. zu S. 557. – *bongré malgré*
(franz.): wohl oder übel. – Christian Eduard *Boettcher* (1818-1889):
Maler des landschaftlichen Genres, vorzugsweise Rheinlandschaf-
ten, die z. T. auch im Kupferstich vervielfältigt sind, erhielt seine
Ausbildung an der Kunstschule in Stuttgart und an der Düsseldorfer
Akademie (Wilhelm von Schadow). Das Gemälde »Sommernacht am
Rhein« wurde seinerzeit vom Wallraf-Richartz-Museum in Köln erworben (vgl. Abb. 13); es enthält Porträts der Rheinromantiker Fer-

Abb. 12 Wilhelm Cordes: Letzte Ehre (1862). Holzschnitt nach dem Original. Aus: Illustrierte Zeitung (Leipzig) Nr. 1039, 30. Mai 1863, S. 369.

»... eines jener Bilder, die den oft ausgesprochenen Satz neu bewahrheiten: in ästhetischen Dingen gelten Gesetze nur so lange, bis irgend ein Kunstwerk die alten Satzungen glücklich durchbricht und neue Normen, oder innerhalb der alten, wenigstens glänzende Ausnahmen schafft« (S. 521 f.).

Abb. 13   Christian Eduard Boettcher: Sommernacht am Rhein (1862)

»*Unvermittelt stehen Mondscheinlandschaft und Spießbürgertum, Mainacht und Unschlitt-Licht, Titania (eine übrigens reizende blonde Hebe an der Maibowle) und ›Kölnische Zeitung‹ nebeneinander.* Es wirkt nicht wie Humor, sondern einfach wie Disharmonie« *(S. 525).*

dinand Freiligrath (dem Beschauer zugewandt), Emanuel Geibel (am Baum lehnend) und Maler Müller (rechts, sitzend).

524 *Kroll:* Ein von F. oft erwähntes, nach einem Brand von 1851 neuer-richtetes, prächtiges Berliner Lokal, in dem jeden Abend gut besetzte Konzerte und Theateraufführungen stattfanden. »Wer Alles durch-machen will, hört zuerst das Konzert, dann Theater, dann zu Nacht speisen, und nun hinab in den Bier-Tunnel, wo auch geraucht wird, was oben verboten ist« (Baedeker: Deutschland und das österreichi-sche Ober-Italien, Handbuch für Reisende, 2. Teil, Koblenz [7]1857). – *Rembrandt* Harmensz van Rijn (1606-1669): Holländischer Maler und Radierer, der den bildlichen Inhalt durch scharfe Helldunkel-Ge-gensätze hervorhob. – »*Schlacht bei Hochkirch*«: Vgl. Berliner Kunstausstellung 1860, S. 470 und Anm. dazu. – *Kölnische Zeitung:* 1763 als Kayserliche Reichs Ober Post-Amts Zeitung gegründet, 1801 umbenannt, national-liberales Blatt, das F. nachweislich als Quellen-material für seine Romane benutzt hat; erwähnt auch im Erzählwerk, vgl. das Fragment »Sommers am Meer« (HF III, 3/II; in 1. Aufl. Bd. 5, S. 811).

525 *Unschlitt-Licht:* Kerzenlicht. – *Titania:* Feenkönigin, Gemahlin Oberons. – *Hebe:* In der griechischen Mythologie die Göttin der Ju-gend, Tochter des Zeus und der Hera, Gemahlin des Herakles nach dessen Aufnahme in den Olymp. Sie schenkt beim Göttermahl den Nektar ein. – »*Liebling der Grazien*«: Von F. gern benutztes Zitat, vgl. S. 497 und Anm. dazu. – Der Danziger Wilhelm *Stryowski* (1834-1917) war ein Schüler Wilhelm von Schadows in Düsseldorf; »längere und wiederholte Aufenthalte in Polen und Galizien, wo er Land und Volk, namentlich auch den Charakter der dortigen jüdi-schen Bevölkerung genau kennenlernte« (Malerwerke 2, 2, S. 857). Er war Lehrer an der Kunstschule in Danzig, später auch Kustos des Stadt-Museums in Danzig. F. spricht von ihm als »einem unserer besonderen Lieblinge« (vgl. Berliner Akademie-Ausstellung 1864, S. 602), dessen »Geschmacksbildung« er 1866 allerdings in Frage stellt (S. 624). – Wilhelm *Gentz:* Vgl. Anm. zu S. 467. G. wurde 1862 mit der kleinen goldenen Medaille für Kunst ausgezeichnet.

526 »*Polnische Juden in der Synagoge*«: s. Abb. 14. – *es gab noch keine Eklektiker, die ... ihr Haus zu bereiten verstehen:* Anspielung auf die damals noch im Bau befindliche Neue Synagoge in Berlin und deren Architekten Eduard Knoblauch (1801-1865); vgl. dazu den unge-zeichneten Artikel in der Neuen preußischen (Kreuz-)Zeitung vom 14. März 1865 »Die Berliner Synagoge«, den Hermann Fricke F. zu-geschrieben hat, wiederabgedruckt in: N XXIII/2, S. 153 f. F. hat ver-schiedentlich von seiner Zeit als von »einem eklektischen Zeitalter« gesprochen (S. 559). Er sah die Folgen des Eklektizismus vor allem in der bildenden Kunst seiner Zeit, die wegen mangelnder Originalität und Kreativität auf Stilmittel früherer Epochen oder Künstler zurück-zugreifen gezwungen war.

*Abb. 14   Wilhelm Stryowski: Polnische Juden in der Synagoge (1862).
Holzschnitt nach dem Original. Aus: Illustrierte Zeitung (Leipzig) Nr.
1033, 18. April 1863, S. 269.*

»... der Rabbiner oder Vorbeter eine wahre Prachtfigur... Die ganze Erscheinung ein Stück uralte Vornehmheit; ein Repräsentant jener ältesten
aller Aristokratien; in dieser Figur noch echt, noch wirklich, in nichts,
weder äußerlich noch innerlich, durch den Schmutz des Daseins gezogen... Ein vorzügliches Bild: originell, interessant, scharf in der Charakteristik, vortrefflich in der Ausführung.« (S. 526 f.).

527 *Roßkamm:* Pferdehändler. – *Sanskrit:* Altindisch. – Baruch de *Spino-za* (1632-1677): Niederländischer Philosoph spanisch-portugiesischer Abstammung, dessen Pantheismus von großem Einfluß auf Idea-lismus und Romantik in Deutschland waren. – *Flissen:* Flößer. – Bar-tolomé Estéban *Murillo* (1617-1682): Einer der bedeutendsten Ba-rockmaler Spaniens; gestaltete hauptsächlich religiöse Themen und Genreszenen.

528 Nikolaus *Lenau* (Edler von Niembsch und Strehlenau; 1802-1850): Sein Gedicht »Die drei Zigeuner«, erschienen in der Ausgabe seiner Sammlung »Neuer Gedichte«, Stuttgart 1838, wurde schon bald nach Erscheinen als »die Perle« der Anthologie gepriesen, wurde mehrfach vertont, u. a. von Franz Liszt, und auf diese Weise sehr populär. F. nahm das Gedicht in sein »Deutsches Dichter-Album«, Berlin 1852, S. 245 auf. Hier zitiert er die zweite, fünfte und sechste Strophe des siebenstrophigen Gedichts. – *um mit Freiligrathischerem Vollklang zu sprechen, das Land zwischen dem Sinai und der Babelmandeb-Enge:* Vgl. Ferdinand Freiligraths (1810-1876) Gedicht »Gesicht des Reisenden«, enthalten in »Vermischte Gedichte«; dort heißt es in der achten Strophe: »Von dem grünen Vorgebirge nach der Babelmandeb-Enge/ saus'ten sie, eh' noch mein Reitpferd lösen konnte seine Strän-ge.« F. nahm Freiligraths »Gesicht des Reisenden« in sein »Deutsches Dichter-Album« auf (a.a.O., S. 298 f.).

529 *»Mitten in der Wüste war es, wo wir nachts am Boden ruhten«:* Ein-gangsvers aus Freiligraths »Gesicht des Reisenden«; s. o. – *unseren speziellen Landsmann:* Wilhelm Gentz stammte – wie F. – aus Neu-ruppin. – *Als er noch in Elberfeld und Barmen . . . am Comtoirpulte saß:* So schrieb Freiligrath an August Schnelzer am 26. Mai 1837: ». . . ich bin wieder Kontorist hier im pietistischen Wuppertale, ver-diene jährlich 500 Thaler, und bin betrübt bis in den Tod! Ich hätte große Lust, mich totzuschießen.« Seine pathetische »Wüsten- und Löwenpoesie« ist ein Beispiel für die träumerische Fernsehnsucht der Spätromantik. – *Wär' ich im Bann von Mekkas Toren:* 1836 entstan-den, 1838 im Kapitel ›Tagebuchblätter‹ der »Gedichte« publiziert. – *Ismael:* Sohn Abrahams und Hagars, der nach der Geburt Isaaks zusammen mit seiner Mutter in die Wüste vertrieben wurde, vgl. AT, 1. Mos. 16. – *Tableaux:* Bilder.

530 *nach dem Lande Biledulgerid:* Vgl. Freiligraths Gedicht »Mirage«: »[. . .] der dunkelhaar'ge Scheik des Landes Biledulgerid«; altes Kul-turland südlich von Tunis. – *unter der bekannten »Wüstenkönigs-Sycomore« hätten rasten können, deren Laub einst »zitternd über dem Gewaltigen« rauschte:* Vgl. aus Balladen und Romanzen Freili-graths »Löwenritt«, das F. ebenfalls in sein »Deutsches Dichter-Al-bum« (S. 347 ff.) aufnahm. Die erste Strophe des zehnstrophigen Gedichts lautet: »Wüstenkönig ist der Löwe; will er sein Gebiet durchfliegen, / Wandelt er nach der Lagune, / in dem hohen Schilf zu liegen. / Wo Gazellen und Giraffen trinken, kauert er im Rohre; / Zit-

ternd über dem Gewalt'gen rauscht das Laub der Sycomore.« Vgl. dazu
auch F.s Tagebuch seiner ersten englischen Reise 1844 (N XVII,
S. 484). Sykomore: Maulbeerfeigenbaum. – *die Gude-Tidemand-*
schen Bilder: Vgl. Anm. zu S. 459 u. 460. – *die Bleibtreuschen Bil-*
der ... reißen uns mitten in die Schlacht hinein: Vgl. »Die Berliner
Kunstausstellung« (1860), S. 476. – *daguerrotypenhafte Zustandsbil-*
der: Lichtbilder in der Art des von dem französischen Maler Jacques
Daguerre (1787-1851) entwickelten photographischen Verfahrens.

531 *apart:* Das Wort hat in F.s Ästhetik eine ausschließlich positive Bedeutung und beinhaltet das Interessante, Besondere, Reizvolle und Au-
ßergewöhnliche. – *Aut, aut* (lat.): entweder – oder.

532 *Sie kann uns eine Feldwacht, einen Brückensturm (Arcole), eine Feu-*
erlinie (Hochkirch) geben: Feldwacht – möglicherweise Anspielung
auf das auf der Ausstellung gezeigte Gemälde Christian Sells aus Düsseldorf »Feldwache vom ersten schleswig-holsteinischen Jägercorps«,
vgl. S. 490; Brückensturm (Arcole) – vgl. Anm. zu S. 475; Feuerlinie
(Hochkirch) – vgl. Anm. zu S. 470. – *William Turner* (1775-1851):
Mit dem »Genie«, dem englischen Landschafts- und Marinemaler,
hat sich F. während seines Englandaufenthalts eingehend beschäftigt,
vgl. »Aus Manchester«, ›Neunter Brief‹, HF III, 3/I, S. 502 ff. – *es*
liegt eine tiefe poetische Wahrheit in der Geschichte vom Löwen und
dem Krokodil, die sich gegenseitig auffraßen: Anspielung auf
Münchhausens erstes Seeabenteuer, vgl. Gottfried August Bürger:
Wunderbare Reisen zu Wasser und zu Lande, Feldzüge und lustige
Abenteuer des Freiherrn von Münchhausen, wie er dieselben bei der
Flasche im Zirkel seiner Freunde selbst zu erzählen pflegt (1786).

533 *Vordergrunds-Gestalten und -gruppen:* Es ist interessant zu beobachten, daß sich gerade in den sechziger Jahren, als F. die Konzeption
seines ersten Romans zu beschäftigen begann, seine roman-techni-
schen Überlegungen eng an die in der bildenden Kunst gewonnenen
Einsichten anlehen und die aus der Malerei vertrauten Regeln
raumperspektivischen Sehens übernommen werden: »Man muß
Vordergrunds-, Mittelgrunds- und Hintergrundsfiguren haben, und
es ist ein Fehler, wenn man alles in das volle Licht des Vordergrunds
rückt«, schreibt er am 17. Apr. 1866 an Wilhelm Hertz (Freundesbriefe I, S. 246). Dieses durch die Auseinandersetzung mit der Malerei
gewonnene Aufbauprinzip der verschiedenen Rangordnungen seiner
Romanfiguren hat F. zeitlebens beibehalten. Denn: »Es gelten für die
erzählende Kunst dieselben Gesetze wie für die bildende Kunst und
zwischen der Darstellung in Worten und in Farben ist kein Unterschied« (Novellen-Entwurf »Hans und Grete« (1884?) in: HF I, 7,
S. 442; 1. Aufl. Bd. 5, S. 819). – *cum grano salis* (lat.): Mit einem
Körnchen Salz, Zitat aus der »Naturalis historia« Plinius' d. Ä., findet
Verwendung bei Vergleichen, die nur mit Einschränkung und unter
bestimmten Voraussetzungen zulässig sind. – Stanislaus Graf von
Kalckreuth: Vgl. S. 462 und Anm. dazu.

534 *untoward event* (engl.): Unerwartetes Ereignis. – *sonst ... nicht übli-*
     chen Pünktlichkeits-Rigorismus: Vgl. Anm. zu S. 479. – *Habeat sibi*
     (lat.): Meinetwegen, geflügeltes Wort, nach Büchmann AT, 1. Mos.
     38, 23 entlehnt. – *popularitätssichere norwegische Landschaft:* An-
     spielung auf die skandinavische Malerkolonie der Düsseldorfer Ma-
     lerschule, deren nordische Landschaftsbilder sich im Publikum größ-
     ter Beliebtheit erfreuten.

535 August *Leu* (1818-1897): Landschaftsmaler, Schüler Johann Wilhelm
     Schirmers in Düsseldorf, wiederholte Studienreisen in die Schweiz,
     nach Österreich, Italien und Norwegen, von denen er die Anregungen
     zu seinen Bildthemen (vor allem Gebirgslandschaften) nahm. Seit
     1860 war L. Ehrenmitglied der Berliner Akademie.

536 *circehaft:* Vgl. Anm. zu S. 464. – »*nur das Häßliche ist wahr*«: Der
     Ausspruch Victor Hugos (1802-1885) »Le laid c'est le beau« (Das
     Häßliche ist das Schöne), den F. im zehnten Brief »Aus Manchester«
     zitiert (vgl. HF III, 3/I, S. 509), den er später in »Schach von Wuthe-
     now« wiederholt (vgl. HF I, 1, S. 608 f. und Anm. dazu), und der
     Anfang von Nicolas Boileau-Desperéaux' (1639-1711) neunter »Epi-
     stel«: »Rien n'est beau que le vrai« (Nur das Wahre ist schön) sind in
     dieser Formulierung zusammengeflossen. Damit ist das angespro-
     chen, was F. dieser Bewegung innerhalb des Realismus vorwirft.
     Auch an anderen Stellen im Text spricht sich F. entschieden gegen das
     Häßliche in der Kunst aus, dem er den poetischen Realismus, den
     Ideal-Realismus gegenüberstellt.

537 Auguste *Crelinger* (1795-1865): Galt seinerzeit als geradezu vollen-
     dete Schauspielerin hochtragischer Rollen; sie hatte als Iphigenie und
     als Lady Macbeth größte Triumphe erlebt und 1862 ihr 50jähriges
     Jubiläum an der Berliner Hofbühne gefeiert, nachdem sie durch fünf
     Theaterleitungen hindurch sich »in der Kunst wie in der Gunst« ge-
     halten hatte. »In ihr lebte ein Hauch Schinkelschen Geistes«, schrieb
     Karl Frenzel, der sie lange als Theaterkritiker begleitet hatte. F.
     kommt in seinen Theaterkritiken gelegentlich auf sie zu sprechen,
     wenn er spätere Schauspielerinnen an ihrem Maßstab mißt (z. B.
     HF III, 2, S. 65). Noch 1875 schreibt er, daß sie als Lady Macbeth in
     »deren Nachtwandelszene bis diesen Tag in volkstümlichem An-
     denken fortlebt« (16. 11. 1875, HF III, 2, S. 137). – *mit Andreas*
     Achenbach... in die Stille einer Wassermühle einzuziehen: Vgl.
     »Die Berliner Kunstausstellung« (1860), S. 462 und Anm. dazu. Die
     Formulierung »in die Stille« verrät das Grundbedürfnis der F.schen
     Natur nach Ruhe und Frieden, das er später als Motiv auch in seine
     Romane einfließen läßt, vgl. beispielsweise »Effi Briest«, 10. Kap.
     (HF I, 4, S. 87 und Anm. dazu). – »*Hörbar rauscht die Zeit vorüber /*
     An des Mädchens Einsamkeit«: Aus Nikolaus Lenaus Gedicht ›Die
     Sinne‹ in »Lieder der Sehnsucht«, ›Nach Süden‹ (1832), seit der
     2. Aufl. 1834 die Sammlung der Gedichte eröffnend. Unter der Über-
     schrift »Nach Süden« nahm F. das Gedicht in sein »Deutsches Dich-

ter-Album« auf. Er zitiert hier die beiden letzten Zeilen des siebenstrophigen Gedichts. Emilie Reinbeck (1794-1846), eine Landschaftsmalerin und Freundin Lenaus, hatte zu diesem Gedicht ein von Lenau
»Lilla« benanntes Bild gemalt. – Edmond de *Schampheleer* (im Erstdruck wie im Katalog: Champhelier; 1824-1899): Belgischer Landschaftsmaler, der nach Ausbildung an der Brüsseler Akademie mehrere Jahre in München tätig war. 1877 wurde er ordentliches Mitglied
der Berliner Akademie. Er malte fast ausschließlich holländische und
belgische Landschaften.

538 *Eduard Schleich:* Vgl. Anm. zu S. 464. – *Louis Spangenberg* (1824-
     1893): Älterer Bruder Gustav Spangenbergs, Studium u. a. in Mün-
     chen, Brüssel, Paris, seit 1858 in Berlin ansässig. »In das Gebiet seiner
     Darstellung zog er sowohl die griechische und italienische Landschaft,
     als auch, besonders seit seiner Niederlassung in Berlin, die norddeut-
     schen Heiden und Küsten, den Harz und die Alpen ein« (Malerwerke
     2,2, S. 777). – *Der tiefe Friede dieses Bildes spinnt den Beschauer in
     seine Zauber ein:* Dieses Harmoniebedürfnis ist typisch für F.; er
     wird es später als Thema in den Mund ihm besonders nahestehender
     Romanfiguren legen. – *Oswald Achenbach:* vgl. Anm. zu S. 459;
     vgl. ferner S. 581 und 588 f. – Charles *Blondin* (1824-1897): Von F.
     öfter erwähnter französischer Artist, der damals sehr bekannt war
     wegen seines wiederholten Überschreitens des Niagara auf einem
     50 m über dem Wasserfall angebrachten Seil, 1860 sogar auf Stelzen.
     F. erwähnt ihn später auch in seinem Romanwerk, z. B. in »Irrungen,
     Wirrungen«, 21. Kap. (HF I, 2, S. 450).

539 *wir waren jahrelang abwesend:* England-Aufenthalt F.s vom 7. Sept.
     1856 bis zum 17. Jan. 1859 als Presseagent der Preußischen Regie-
     rung in London. – *Stimmung:* Vgl. Anm. zu S. 462. – Karl *Bennewitz
     von Loefen* d. Ä. (1826-1895): Landschaftsmaler, Schüler Johann
     Wilhelm Schirmers in Berlin und Albert Zimmermanns in München,
     seit 1854 in Berlin. Er nahm seit 1852 – mit zumeist fünf Bildern – an
     den Berliner Akademie-Ausstellungen teil. Bis 1860 wählte Benne-
     witz von Loefen seine Motive vorwiegend aus der Gebirgswelt. »Das
     Beispiel der modernen französischen Landschafter führte ihn aber
     später zu ganz entgegengesetzten Richtungen. Mehr und mehr er-
     kannte er seine angemessenste Aufgabe in der malerischen Darstel-
     lung der schlichtesten und anscheinend reizlosen Natur, wie die, für
     welche ihm die Mark und die nächste Umgebung von Berlin die Vor-
     würfe boten. Das Fernhalten von allem in der Landschaft, was etwa an
     die sogenannte ›schöne Gegend‹, an großartige oder pittoreske Szene-
     rie erinnern könnte, erscheint sogar bei ihm zuweilen gesucht«
     (TB III, S. 334). Zum Vergleich eine zeitgenössische Kritik aus der
     Neuen Preußischen (Kreuz-)Zeitung (sign. -e.): »[...] seine Bilder
     werden sogleich durch eine seltsame Behandlung und Pinselführung
     erkannt, die eben nicht gewinnend ist, vielmehr zwischen Einförmig-
     keit, Manie und Lahmheit schwebend, nur abstoßend wirken kann.

Und doch haben diese Bilder bei eingehenderem Beschauen eben so
viel Anziehendes, denn es zeigt sich in ihnen ein tieferes Naturgefühl
und eine originale Auffassung. So sehen wir uns denn auch hier, insbesondere durch die Behandlung des Buchenlaubes, welches zugleich
langweilig ist und aller Perspektive Hohn spricht, zurückgestoßen,
allein hinter der unschmackhaften Schale ist ein Kern. Die Behandlung des Terrains im Schatten, so wie die gesamte Lichtwirkung bietet
viel Wahrheit und Feinheit dar; nicht minder sind die Motive in dem
staffierenden Vieh sehr anzuerkennen« (Nr. 243 vom 17. Okt. 1862).
– »*Wald und Meer; Motiv an der Ostsee*«: Dazu ergänzend der
Katalog: »Staffage: Kühe werden vom Strande durch den Wald
getrieben.« – *apart*: Vgl. Anm. zu S. 531.

540 *der sogenannten englischen Präraffaeliten:* Eine Künstlervereini-
gung, von William Holman Hunt, Johan Everett Millais und Dante
Gabriel Rossetti 1848 als präraffaelitische Bruderschaft (Pre-Rapha-
elite Brotherhood, abgekürzt PRB genannt) gegründet; sie wandten
sich – wie die Nazarener – gegen die illusionistische Entwicklung der
Kunst seit der Renaissance und machten es sich zur Aufgabe, ihre
Kunstwerke bis ins kleinste Detail absolut kompromißlos der Natur
nachzubilden. Vgl. dazu F.s zehnten Brief »Aus Manchester« (HF III,
3/I, S. 507 ff.), in dem er in Anlehnung an John Ruskins »Lectures on
Architectures and Painting« (1854) die Grundideen der englischen
Präraffaeliten formuliert: »Was sie der hergebrachten Art zu malen
vorwerfen, ist zweierlei: *Unwahrheit* und *Ungenauigkeit*. Sie sagen:
›eure Menschen sind *unwahr* und eure Staffage ist *ungenau*; eure
Unwahrheit wurzelt in einem falschen Prinzip und eure Ungenauigkeit in mangelhafter Beobachtung. Daß ihr die Köpfe lügnerisch malt
– so fahren sie fort – das wißt ihr selbst, und eure ganze Entschuldigung läuft darauf hinaus, daß ihr so malen *wollt*. Ihr bildet euch ein,
in dieser Lüge, die ihr Idealität nennt, stecke die Kunst; dem ist aber
nicht so. Wir wollen euch zeigen, daß man die Dinge geben kann, wie
sie sind, ohne an Wirkung auf das Gemüt hinter euren Ideal-Schöp-
fungen zurück zu bleiben. Wir wollen euch ferner zeigen, daß ihr
ungenau malt. Jene Unwahrheit gebt ihr, unter andrem Namen, selber zu, diese Ungenauigkeit aber müssen wir euch erst beweisen. Laßt
uns in den Wald gehen. Wie würdet ihr jene Bäume im Vordergrund,
jene Hecke, jene Blumen, jene Grashalme malen? so und so; ich weiß
vollkommen wie; ich bin in eurer Schule groß gezogen. Nun aber seht
euch mal den Baum, die Hecke, die Halme mit Wahrheit an; findet ihr
wirklich, daß sie eine verschwommene, unbestimmte Masse bilden?
glaubt ihr wirklich, daß man dieselben durch ein bloßes *Getupfe* von
Braun oder Grün in aller Naturwahrheit wiedergeben kann? seht ihr
nicht vielmehr die ganz bestimmten Umrisse dieser Blätter und Blüten? und wenn ihr sie seht, warum malt ihr sie nicht?‹«

541 Karl *Scherres* (1833-1923): Königsberger Landschaftsmaler, der dort
auch seine Ausbildung erhielt. Zwischen 1858 und 1866 lebte er in

Danzig, siedelte 1867 nach Berlin über und übernahm 1868 die Leitung der Landschaftsklasse an der neu gegründeten Zeichenschule des Vereins der Künstlerinnen in Berlin. Die Motive seiner landschaftlichen Stimmungsbilder entnahm er später meist der Mark Brandenburg. Durch seine persönlichen Kontakte zum Verein der Künstlerinnen lernte F. Scherres später persönlich kennen; vgl. seine ironische Beschreibung der Abendgesellschaft bei der Berliner Porträt- und Genremalerin Antonie Eichler in einem Brief an seine Frau Emilie vom 29. Nov. 1869 (HF IV, 2, S. 275 f.). – Valentin *Ruths* (1825-1905): Sehr produktiver Landschaftsmaler und Lithograph aus Hamburg, der sich bei Johann Wilhelm Schirmer in Düsseldorf künstlerisch ausgebildet hatte. Er war Mitglied der Berliner Akademie. Mit Vorliebe malte er Elbe-Landschaften sowie italienische und schweizerische Motive. – Wilhelm *Streckfuß* (1817-1896): In Berlin ansässiger Landschaftsmaler mit den Ausbildungsstationen Berlin (Herbig), Düsseldorf (Karl Sohn), Paris (Paul Delaroche) und Rom (1843-1844). 1858 erschien in Breslau sein »Lehrbuch der Perspective für den Schulunterricht bearbeitet, mit 34 lith. Abb.«, 1868 wurde er Lehrer der Perspektive an der Berliner Zeichenschule des Vereins der Künstlerinnen, 1877 folgte die Ernennung zum Professor der Perspektive an der Berliner Akademie. – Charles *Hoguet* (1821-1870): Marine-, Landschafts- und Stillebenmaler, Schüler des Marinemalers Wilhelm Krause in Berlin, hielt sich mehrere Jahre in Paris auf und ließ sich 1848 in Berlin nieder, wo er eine produktive Tätigkeit entfaltete. 1869 wurde er zum Mitglied der Berliner Akademie ernannt. – Adolf *Dreßler* (1833-1881): Landschaftsmaler aus Breslau, der seine künstlerische Ausbildung am Städelschen Kunstinstitut in Frankfurt am Main erhielt, 1862 nach Breslau zurückkehrte, wo er später das dem Provinzialmuseum angeschlossene Meisteratelier für Landschaftsmalerei leitete. »Der bedeutendste schlesische Landschaftsmaler seiner Zeit. Er pflegte besonders das Waldbild in idyllischer Auffassung und mit liebevollem Versenken in das Detail« (E. Hintze, in: TB IX, S. 555). – Richard *Zimmermann* (1820–1875): Münchner Landschaftsmaler, Schüler seines Bruders Albert Z. (s. S. 587) sowie Ludwig Richters in Dresden. Er wurde 1862 mit der kleinen goldenen Medaille der Berliner Akademie ausgezeichnet. – Wilhelm *Riefstahl:* Vgl. Anm. zu S. 468. – Eduard *Pape* (1817-1905): Landschaftsmaler, Schüler der Berliner Akademie, war anfangs als Dekorationsmaler tätig (Neues Museum, Berlin), hatte sich zu jener Zeit ganz der Ölmalerei zugewandt und bevorzugte Landschaftsmotive aus der Schweiz und Oberitalien. Nachdem er 1850 die kleine goldene Medaille für Kunst erhalten hatte, wurde er 1853 Professor und Mitglied der Berliner Akademie. Sein auf der Ausstellung gezeigtes Gemälde »Am Wallenstädter See« wurde von König Wilhelm I. angekauft. – Hermann *Eschke* (1823-1900): Landschafts- und Marinemaler aus Berlin, Schüler des Marinemalers Wilhelm Krause in Berlin und Le

Poittevins in Paris, bereiste die nördlichen Gegenden Europas und entnahm ihnen die Stoffe für seine Gemälde. Er gehörte zu den eifrigsten Beschickern der Berliner Akademie-Ausstellungen; weniger als acht Bilder stellte er selten aus. F. kannte ihn persönlich; vgl. seinen Brief an seine Frau vom 29. Nov. 1869 (HF IV, 2, S. 275 f.). – Wilhelm *Amberg:* Vgl. Anm. zu S. 468.

542 *Merlin:* Die Gestalt des Zauberers und Ratgebers des Königs Artus geht zurück auf den angelsächsischen Kleriker Geoffrey of Monmouth und dessen »Libellus Merlini«. Der Merlin-Stoff, der in zahlreiche mittelalterliche Epen Eingang fand, wurde von den deutschen Romantikern wiederentdeckt, nachdem Christoph Martin Wieland durch seinen »Merlin der Zauberer« (1777) den ersten Anstoß dazu gegeben hatte.

543 *einen Zug Tieckscher Romantik:* Ludwig Tieck (1773-1853) prägte das Wort »Waldeinsamkeit«, das Dreßler seinem Bild als Titel gab.

544 *Phantasus:* Eine Sammlung von Märchen, Erzählungen, Schauspielen und Novellen von Ludwig Tieck, erschienen 1812-1816. – »*Landschaft, staffiert mit badenden Kindern«:* Richard Zimmermann wurde für dieses Bild, das auch als »Landschaft mit badenden Knaben« bekannt ist, die kleine goldene Medaille der Berliner Akademie verliehen. – *Hindin der Genoveva:* Die Hirschkuh, die nach der Sage Genoveva und ihren Sohn Schmerzensreich nährte, als sie in der Wildnis ihrem Schicksal überlassen waren. – *Hertha-See:* Ein kleiner Waldsee auf der Halbinsel Jasmund auf Rügen, vom Volksglauben mit den in der Nähe gefundenen sog. *Opfersteinen,* einer heidnischen Opferstätte, in Verbindung gebracht. Ob es sich dabei um den von Tacitus in seiner »Germania«, Kap. 40, erwähnten geheimnisvollen Kult zu Ehren der Erdgöttin Hertha oder Nerthus handelt, hat im vergangenen Jahrhundert zu einer ausführlich ausgetragenen Diskussion geführt. Der Hertha-See mit seinen Opfersteinen hat auch in F.s Romanwerk Eingang gefunden, vor allem in »Effi Briest« als Motiv dunkler Vorausdeutung (vgl. 24. Kap., HF I, 4, S. 210ff. und 34. Kap., ebd. S. 280; s. auch Anm. dazu mit Notiz F.s über die Opfersteine anläßlich seines Besuches auf Rügen im September 1884). Erwähnung auch in dem 1884 noch unter dem Reiseeindruck entstandenen Fragment »Sommers am Meer« (HF III, 3/II, in 1. Aufl. Bd. 5, S. 810). – »*Hochtal am Säntis«:* Gemälde von Riefstahl, zeigt den Maler auf dem Übergang von der Landschafts- zur Genremalerei.

545 *Tussilago:* Huflattich. – *Herbststimmung:* Der Herbst als Jahreszeit stand F. besonders nahe. Man hat dies wohl mit Recht mit dem »resignativen Grundzug seiner eigenen Natur« in Zusammenhang gebracht; vgl. seine Gedichte »Herbstmorgen« (1842?), HF I, 6, S. 306 u. Anm. dazu, »Herbstlied« (1851), ebd. S. 320 u. Anm., »Herbstgefühl« (1877), ebd. S. 320 und Anm., »Spätherbst« (1888?), ebd. S. 321.

546 *Haspen:* Türangel. – *Skulpturen (dem jedesmaligen Stiefkind in der*

Gunst des Publikums): Entsprechend auch die Neue Preußische (Kreuz-)Zeitung, Nr. 259 vom 5. Nov. 1862: »[. . .] nur den der Plastik gewidmeten Räumen wäre mehr Teilnahme zu wünschen gewesen.« – Johann Peter *Molin* (1814-1873): Bildhauer aus Göteborg, erhielt seine Ausbildung u. a. in Stockholm, Kopenhagen, Paris und Rom. Seit 1853 Mitglied der Stockholmer Akademie und seit 1855 schwedischer Hofbildhauer; er war damals Professor an der Akademie in Stockholm. Zu seiner ausgestellten Fechtergruppe findet sich im Katalog folgender Zusatz: »Kolossale Gruppe mit Postament 10½ Fuß hoch. Zweikampf nach altschwedischem Brauche, wobei die mit Messern bewaffneten Kämpfer durch einen Riemen mit ihren Leibern zusammengeschnallt sind. Die 4 Reliefs des mit Runenschrift versehenen Postamentes stellen die Veranlassung und den Verlauf des Zweikampfes dar. Gruppe und Postament sind in galvanisiertem Zinkguß von M. Geiß in Berlin ausgeführt.« Molin wurde für diese Arbeit mit der großen goldenen Berliner Medaille für Kunst ausgezeichnet.

547 *Basrelief:* Flachrelief. – Bertel *Thorwaldsen* (1768-1844): F.s Wertschätzung des dänischen Bildhauers setzte mit seinem Besuch des Thorwaldsen-Museums in Kopenhagen im September 1864 ein, der »einem völligen Rausche glich«. »Hier fiel es mir wie Schuppen von den Augen. Eine Art nüchternes Verhältnis, in dem ich – etwa die Venus von Milo abgerechnet – bis dahin überhaupt zum Marmor gestanden hatte, *hier* fiel es, wie auf einen Schlag, und machte einer Empfindung Platz, wie sie [. . .] in meinem Herzen noch nicht lebendig gewesen war« (»Das Thorwaldsen-Museum«, HF III, 3/I, S. 688). Thorwaldsen, dessen Werken F. auf seinen »Wanderungen« verschiedentlich begegnet war (vgl. Register HF II, 3, S. 1294) und die er würdigte (so in »Havelland«, ›Tegel‹, HF II, 2, S. 162), erwähnt F. auch in seinem Romanwerk, z. B. im Gespräch in »Unwiederbringlich«, 3. Kap. (HF I, 2, S. 582) oder das Thorwaldsen-Museum als Reiseziel in »Effi Briest«, 24. Kap. (HF I, 4, S. 212). – *äginetisch:* Die als Ägineten bezeichneten Giebelfiguren des Aphaiatempels auf Ägina, die aus der Zeit kurz nach 500 v. Chr. stammen, zeichnen sich durch herbe Formen und scharfe Zeichnung aus.

548 *»Niemand ist verpflichtet, ein großer Mann zu sein«:* Der Ausspruch Dahlmanns hat F. durch sein Leben begleitet. Er erwähnt ihn bereits 1856 in seinem Artikel für die Vossische Zeitung »Chelsea-Hospital und die Krim-Kommission« (vgl. N XVIIIa, S. 665), zitiert ihn 1871 in seiner Theaterkritik »Zum Gastspiel Adelaide Ristori« (vgl. HF III, 2, S. 62), um 1882 in seinem Aufsatz über Alexander Kielland (HF III, 1, S. 527) und schließlich auch im 22. Kapitel des »Stechlin« (HF I, 5, S. 220). Der Historiker und Politiker Friedrich Christoph Dahlmann (1785-1860) war liberales Mitglied der Frankfurter Nationalversammlung und Führer der »Göttinger Sieben«. – *Karl Cauer* (1828-1885): Bildhauer aus Kreuznach, ein Schüler von Daniel Christian

Rauch und Albert Wolff in Berlin. Nach einem einjährigen Aufenthalt in Rom hielt er sich 1851-1854 in London auf, um die Skulpturen
des Parthenon zu studieren. Unter seiner und seines jüngeren Bruders Robert Leitung wurden später im Auftrag des preußischen Un-
terrichtsministeriums Gipsabgüsse nach den wichtigsten Skulpturen
der Antike hergestellt. Von ihm stammt das Mannheimer Schiller-
denkmal (1862). – *Robert Cauer d. Ä.* (1831-1893): Jüngerer Bruder
Karl Cauers, hatte sich nach mehrjährigen Studienaufenthalten in
Rom (1856-1861) in Kreuznach niedergelassen, wohin ihm später
sein Bruder Karl folgte; er hatte sich zunächst der Malerei zugewandt,
die er aber wieder aufgab; als Bildhauer machte er sich vor allem
durch seine Porträtarbeiten einen Namen. – *Rudolf Pohle* (geb.
1837): Berliner Bildhauer, Schüler Friedrich Drakes, stand damals
noch am Anfang seiner künstlerischen Laufbahn. Die von ihm ausgestellte Marmorgruppe in zweidrittel Lebensgröße war als Spring-
brunnen konzipiert. – *Moritz Schulz* (1825-1904): Auch er ein Schüler Friedrich Drakes in Berlin, hielt sich zwischen 1854 und 1870 in
Rom auf. – *Alexander Gilli* (gest. 1880): Bildhauer italienischer Herkunft, war ein Schüler Christian Daniel Rauchs in Berlin; von 1850-
1855 lebte er in Rom, anschließend ließ er sich in Berlin nieder. Die
drei anderen von ihm ausgestellten Werke sind »Entwurf zu einem in
kolossaler Dimension für Se. Majestät den König von Preußen, Wilhelm I., ausgeführten Marmordenkmale Friedrich des Großen, in
Metall«, »Büste des Herrn Baron von Puttkammer, pers. Adjut. Sr.
Königl. Hoheit des Prinzen Carl von Preußen mit Marmorsäule von
Rosso di Levante« und »Weibliche Marmorstatuette (Badende)«. –
Carl Wolgast (erwähnt 1844-1874): Damals als Bildhauer in Charlottenburg tätig, Schüler Christian Daniel Rauchs an der Berliner
Akademie, an deren Ausstellungen er zwischen 1844 und 1874 teil-
nahm.

549   *Adolf Rosenthal* (1838-1866): Bildhauer aus Osnabrück, ebenfalls ein
Schüler Christian Daniel Rauchs in Berlin. – *Wilhelm Wolff* (1816-
1887): Berliner Bildhauer, der wegen der Bevorzugung des Tieres in
seinen Skulpturen »Tier-Wolff« genannt wurde, war als Künstler Autodidakt. Er war Mitglied der Berliner Akademie und führte mehrere
künstlerische Aufgaben für öffentliche Gebäude Berlins aus, außerdem Porträtbüsten, u. a. von Paul Heyse, Bernhard von Lepel und
Wilhelm von Merckel. Zu Wolffs Gruppe »Eine Sauhetze« vgl. den
»Hubertustag« überschriebenen ungezeichneten Artikel in der Neu-
en Preußischen (Kreuz-)Zeitung, Nr. 259 vom 5. Nov. 1862, in dem
es gegen Ende heißt: »Im Schloßhofe war unterdessen [am 3. Nov.]
ein sehr gelungenes Bronzebildwerk in natürlicher Größe, ein Keiler
von drei Hunden gedeckt, aufgestellt worden, welches Se. Maj. der
König nach der Rückkehr vom Halali besichtigte und Allerhöchstsei-
ne Zufriedenheit damit aussprach. Dieses gelungene Bildwerk ist von
dem Bildhauer Wilhelm Wolff (genannt Tier-Wolff) und wurde auf

der eben geschlossenen Kunst-Ausstellung von Sr. M. dem Könige für das Jagdschloß Grunewald angekauft.« – Teutwart *Schmitson* war 1861 nach Wien übergesiedelt, wo er 1863, erst 33jährig, starb. Über ihn vgl. Anm. zu S. 465. – Carl *Steffeck:* S. Anm. zu S. 466. – *Steeple-chase:* Hindernisrennen. – Oskar Graf *Krockow* von Wickerode: Vgl. Anm. zu S. 466. Das dritte von ihm ausgestellte Bild ist »Eine Hetzjagd auf wilde Sauen«.

550 *Friedrich Voltz* (1817–1886): Maler des idyllischen Genre- und Tierstücks, Ausbildung an der Münchner Akademie, im wesentlichen aber Autodidakt. Seine meist kleinformatigen Bilder »wurden lebhaft begehrt und gingen nach den Hauptsitzen der Kunstvereine« (Hyac. Holland, in: ADB 40, S. 281). Dem von Friedrich Eggers herausgegebenen »Deutschen Kunstblatt« galt Friedrich Voltz als der »trefflichste Bukoliker«, der »den ganzen Zauber des Hirtenlebens mit poetischer Hand zu schildern wußte« (1856, S. 390). Bereits in den fünfziger Jahren waren Voltz' Bilder sehr gefragt: »Alle Welt wollte jetzt Bilder von ihm, er konnte den Anfragen und Bestellungen kaum genügen, obwohl sie kistenweise nach Amerika gingen, so daß Wilhelm Kaulbach sich nicht enthalten mochte, in seiner sarkastischen Weise nach dem Stande des ›Viehhandels‹ zu fragen, worauf der immer schlagfertige V. mit adäquater Bonhommie geantwortet haben soll« (Hyac. Holland, a.a.O., S. 279). F. zählte V. zu den Malern, die »guter Durchschnitt und noch ein wenig darüber« sind, »aber nichts eigentlich Hervorragendes« (vgl. »Berliner Kunstausstellung«, 1864, S. 583). V.' auf der Ausstellung gezeigtes Gemälde trug den Titel »Idylle, in einer reichen Baumlandschaft hält die Hirtenfamilie mit ihren Tieren Mittagsruhe«. – Otto *Weber:* Vgl. Anm. zu S. 466. Titel seines ausgestellten Gemäldes: »Landschaft mit Vieh«. – *Eduard Okkel* (1834–1910): Tier- und Landschaftsmaler aus Berlin, wie Otto Weber ein Schüler Karl Steffecks an der dortigen Akademie und Thomas Coutures in Paris. Er gilt, wie Bennewitz von Loefen, als »Entdecker der Schönheit der märkischen Landschaft«, was ihm zweifellos F.s Sympathie eingebracht hat. F. scheint den Weg dieses Künstlers mit Interesse verfolgt zu haben, vgl. seinen Akademie-Ausstellungsbericht von 1866, in dem es über O. heißt, daß es eine Freude sei, sich eine junge Kraft von Stufe zu Stufe entwickeln zu sehen (S. 627). O. hatte allein zehn Arbeiten ausgestellt, vor allem Landschaftsdarstellungen aus der Normandie mit Tierstaffagen, u. a. aber auch einen »Hirtenknaben in der Mark«. – Eugène *Verboeckhoven:* Vgl. Anm. zu S. 466. – *Albert Brendel:* Vgl. Anm. zu S. 466. B. hatte fünf Bilder ausgestellt: »Heimkehr«, »Schafstall«, »Motiv aus dem Walde bei Fontainebleau«, »Kühe an der Tränke« und »Le berger et la mer (Aus der Fabel von Lafontaine)«. – *Karl Rundt* (1802–1868): Landschafts- und Architekturmaler aus Königsberg, im wesentlichen Autodidakt, hielt sich 1829–1858 überwiegend in Rom auf, anschließend bis 1861 in Paris und seit 1861 in Berlin, wo er als preußischer Hofmaler (seit 1846)

eine Professur an der Akademie innehatte. Er schrieb den »Entwurf zu einer Denkschrift über die Frage: Wie kann die bildende Kunst zeitgemäß und auf eine ihrer würdige Weise in allen Kunstfächern gefördert und fruchtbar für die Nation und die Künstler gemacht werden?«, Berlin 1859. Der vollständige Titel des ausgestellten Bildes laut Katalog: »Die Beisetzung der Überreste Ludwigs des Heiligen im Jahre 1271 in der Kathedrale zu Monreale bei Palermo«. – *Johann Karl Schultz* (1801-1873): Architekturmaler, hervorgegangen aus der Berliner Akademie, weitere Studien in München, Mailand und Rom, Professor und ordentliches Mitglied der Berliner Akademie, Direktor der Königl. Kunst- und Gewerbeschule in Danzig, Verfasser der Schrift »Über altertümliche Gegenstände der Kunst in Danzig«, Danzig 1841, Gründer des Danziger Kunstvereins (1855) und des Vereins zur Erhaltung der Danziger Altertümer (1856). – *Gustav Richter:* Vgl. Anm. zu S. 461. Den Titel seines Bildnisses einer »jungen Dame« gibt der Katalog mit »Weibliches Bildnis, Kniestück« an.

551 *Oskar Begas:* Vgl. Anm. zu S. 461. Sein Bildnis des Peter von Cornelius hatte er im Auftrag der Stadt Antwerpen für das dortige Musée des Académiciens gemalt. Es erschien 1862 und 1867 als Holzschnitt in der Illustrierten Zeitung (Leipzig), vgl. Abb. 15. – *Wilhelm Gentz:* Vgl. Anm. zu S. 467. Es handelt sich dabei vermutlich um das »Porträt der Frau Prof. Ida Gentz. Lebensgr. Kniestück, 1862 in Berlin gem.« (Malerwerke 1, 1, S. 397). – Richard *Lauchert* (1823-1869): Porträtmaler, studierte in München (Peter von Cornelius), seit 1845 langer Aufenthalt in Paris, ließ sich 1858 in Berlin nieder und galt dort als »Maler für die höchsten Kreise der Gesellschaft« (Neue Preußische (Kreuz-)Zeitung, Nr. 259 vom 5. Nov. 1862). F. lernte L. im Hause Wangenheim kennen, vgl. »Das Wangenheimkapitel« (HF III, 4, S. 1058 und Anm. dazu mit dem Hinweis, daß L.s Ehe mit Amalie Prinzessin Hohenlohe-Schillingsfürst möglicherweise das motivliche Vorbild für die Ehe des Oberförsters Katzler und der Prinzessin Ippe-Büchsenstein im »Stechlin« war). – »*Ende gut, alles gut*«: Deutscher Titel von William Shakespeares Komödie »All's Well That Ends Well«. – *das ist der Mangel dieser Ausstellung:* Vgl. dazu Ludwig Pietsch in Illustrierte Zeitung (Leipzig), Nr. 1010 vom 8. Nov. 1862, S. 331: »Der fast gänzliche Mangel an Werken der großen Geschichtsmalerei erklärt sich sehr natürlich, weniger aus dem der Produktionsfähigkeit unserer Künstler als aus dem gänzlich teilnahmslosen Verhalten jener, deren Gunst und Förderung für diese Gattung der Malerei die erste wichtigste Lebensbedingung ist, des Staats und der Kommunen. Ohne von diesen ausgehende große Aufträge zu öffentlichen Zwecken ist die gesunde kraftvolle Entwickelung der Geschichtsmalerei ein Unding. Desto frischeres lebendiges Schaffen im Genre und der Landschaft, den beiden Gattungen der Kunst, welche der Liebe und tätigen Pflege unseres Publikums gewiß

Abb. 15   Oskar Begas: Peter von Cornelius (1862). Holzschnitt nach dem Gemälde im Antwerpener Museum. Aus: Illustrierte Zeitung (Leipzig) Nr. 1239, 30. März 1867, S. 219.

sind.« – Theodor *Fischer-Poisson* (auch: Poiston, wie im Erstdruck;
1817-1873): Maler in Schwerin, seit 1839 Schüler Eduard Bendemanns an der Akademie in Dresden, unter dessen Leitung sein erstes
größeres Werk »Die schöne Melusine« entstand. »Den größten Raum
in seinem Schaffen nehmen zahlreiche Altarbilder in Mecklenburgischen Kirchen ein, meist Christus am Kreuz darstellend, allein oder
mit Maria, Johannes und Magdalena« (TB XII, S. 41). – C. F. G. *Lo-
eillot de Mars* (erwähnt 1832-1862): Historien- und Porträtmaler
und Lithograph in Berlin, wo er zwischen 1832 und 1862 die Akademie-Ausstellungen beschickte, im Katalog der Zusatz: »nach Ev. Joh.
20, 10-17«. – August Graf von *Platen* (1796-1835): Zitiert ist das
dritte seiner »Epigramme«, betitelt »Schonung und Nichtschonung«:
»Gut sei jeglicher Mensch, nicht jeder ein Künstler, und deshalb / Sei
man im Kunsturteil streng und im sittlichen mild. / Menschliche
Schwäche verdient Nachsicht in der Sphäre des Handelns: / Wer im
Gesang schwach ist, schlage die Leier entzwei!« – *Emil Löwenthal*
(1835-1896): Porträt-, Genre- und Historienmaler, Schüler Karl Steffecks in Berlin, hielt sich damals studienhalber in Rom auf, das er
später zum ständigen Aufenthaltsort wählte. – Athanasius *Graf
Raczynski* (1788-1874): Kgl. preußischer Kammerherr, preußischer
Gesandter 1830 in Kopenhagen, 1841 in Lissabon, 1848-1852 in Ma-
drid, Verfasser der dreibändigen Kunstgeschichte des 19. Jahrhunderts »Geschichte der neueren Deutschen Kunst«, Berlin 1836-1841,
und bedeutender Sammler vor allem zeitgenössischer Malerei.

552   *Ludwig Paul* (erwähnt 1860-1876): Historien- und Genremaler, beschickte zwischen 1860 und 1876 die Berliner Akademie-Ausstellungen. – August *Kaselowsky* (1810-1891): Historienmaler, Ausbildung
in Berlin, Paris und Rom, kehrte 1850 nach Berlin zurück, wo Wilhelm von Kaulbach Einfluß auf ihn gewann. Ende 1859 wurde er Professor und darauf Lehrer an der Berliner Akademie. Das Thema der
Himmelfahrt Mariä als Gegenstand in der bildenden Kunst ist Ge-
sprächsthema in »L'Adultera«, 5. Kap. (HF I, 2, S. 30). – *Die Kritik ist
ziemlich streng mit diesem Bilde zu Gericht gegangen:* Vgl. dazu die
Kritik in der Neuen Preußischen (Kreuz-)Zeitung, Nr. 219 vom
19. Sept. 1862: K. »selbst ist mit seinen früheren Leistungen die Ursache, daß wir keine anderen als strenge Maßstäbe an ihn legen dürfen«. – Ludwig *Rosenfelder* (1813-1881): Historienmaler, Schüler
Wilhelm Hensels an der Berliner Kunstakademie, ab 1845 Direktor
der neugegründeten Kunstakademie in Königsberg. Laut Katalog war
das ausgestellte Gemälde eine Auftragsarbeit: »Altarbild f. die evangelische Kirche zu Rastenburg (Regierungsbezirk Königsberg)«.

553   Emil Hermann *Karlowa* (1835-1889): Seit 1855 Schauspieler am
Berliner Hoftheater, spielte vorzugsweise Liebhaber- und Helden-
rollen. – *Anna Schleh* (1833-1879): Berliner Porträt- und Historienmalerin, Schülerin Julius Schraders. – *August von Heckel* (1824-1883):
Historien- und Genremaler, Ausbildung an der Kunstschule in Augs-

burg und anschließend in München unter Karl Schorn und Philipp von Foltz. – *tambour battant:* Vgl. Anm. zu S. 180. – *Wann wird die »letzte Judith« in die Säle deutscher Ausstellungen eingezogen sein:* Die Gestalt der Judith ist jahrhundertelang beliebter alttestamentarischer Stoff in Literatur und Kunst gewesen. Das »Buch Judith«, eine apokryphe Schrift des AT.s, erzählt die Geschichte der schönen Witwe Judith, die ihre Vaterstadt Bethula von der assyrischen Belagerung befreit, indem sie Holofernes, den Feldherrn Nebukadnezars, durch ihre Schönheit umgarnt und, als er berauscht auf seinem Lager ruht, mit seinem eigenen Schwert enthauptet. Die heroische Tat der Judith gewann in der deutschen Malerei des 19. Jahrhunderts neue Beliebtheit, nachdem Hebbel in seinem Drama »Judith« (1840) die Akzente neu gesetzt hatte. Angeregt durch ein Gemälde Giulio Romanos in der Münchner Pinakothek ließ er seine Heldin, im Konflikt von Haß und Liebe stehend, den assyrischen Feldherrn Holofernes aus Rache für die beleidigte Frauenwürde töten. Johann Nepomuk Nestroys 1849 erschienene Parodie »Judith und Holofernes« trug zur weiteren Auseinandersetzung mit diesem Stoff bei. F.s Stoßseufzer ist als Ausdruck seiner Abneigung diesem Stoff gegenüber zu verstehen; er bringt dies auch im 5. Kapitel von »Stine« zum Ausdruck mit der doppelbödigen Bemerkung »alles habe doch seine Grenze« (HF I, 2, S. 500 ff.). Vgl. auch »Ellernklipp«, 4. Kap. (HF I, 1, S. 126) sowie die Namengebung an die verwitwete fromme Schwester des Grafen Petöfy (HF I, 1, S. 685). – *Anselm Feuerbach* (1829–1880): Historienmaler, Schüler der Düsseldorfer Akademie unter Wilhelm von Schadow, hielt sich 1856–1873 in Rom auf. Feuerbach führt mit diesem in Rom entstandenen Bild der Iphigenie, dem mehrere Zeichnungen und Studien vorangegangen waren, zum ersten Mal den antiken, in der Literatur oft behandelten Stoff in die Malerei ein. Dieser ersten großen Iphigenie-Darstellung (vgl. Abb. 16), die mit der kleinen goldenen Medaille der Berliner Akademie ausgezeichnet wurde, ließ er später weitere Iphigenien-Bilder folgen. Die Meinungen über das ausgestellte Bild waren kontrovers. Die großherzogliche Gemäldegalerie in Karlsruhe verzichtete aus finanziellen und künstlerischen Gründen auf den Ankauf des Gemäldes. Negativ äußert sich auch Manasse Unger in den von F. rezensierten (vgl. S. 667 ff.) »Kritischen Forschungen im Gebiet der Malerei«, 1865: »Bei aller Großartigkeit der Auffassung dieser großen Gestalt wird die geistige Wirkung derselben dadurch nicht wenig beeinträchtigt, daß die Färbung dieses überlebensgroßen Bildes mit seinen violettschwarzen Schattenpartien mehr das Produkt einer nüchternen Spekulation, als das eines Stils ist, der die gesamten Lebensbedingungen der Farbe, wenn auch summarisch, doch gefühlvoll in sich zu fassen hat. Die Ungeduld des Künstlers, welche sich in der Erfindung der Draperie zu erkennen gibt, da sie nur selten zu einem sinnvollen erforderlichen Motive gelangt, weist deutlich auf die Ursache des stumpfen Kolorites hin, mit welchem selbst das Bei-

Abb. 16   Anselm Feuerbach: Iphigenie (1862)

Diese Iphigenie »hat Ernst und Würde: aber es fehlt Grazie und ein höchster Adel der Erscheinung. In ihrem Antlitz spiegelt sich Empfindung, aber sie entbehrt jener Tiefe und Innerlichkeit, die nötig war, unsere eigene Empfindung tiefer zu berühren. Viele Gefahren sind glücklich vermieden, aber das letzte Ziel ist kaum erreicht« (S. 555).

werkliche dieses Bildes schwer belastet ist« (S. 340). – »*Und an dem Ufer sitz' ich lange Tage...*«: Einleitungsmonolog der Iphigenie in Goethes »Iphigenie auf Tauris« (1787), Vers 11 u. 12; statt »sitz' ich« bei Goethe »steh' ich«.

554 »*Kolossal-Bild*«: Maße 2,94 × 1,74 m. – *unter den acht Gruppen der Schloßbrücke die Professor Wichmannsche... diese Nike ist eine Berlinerin:* Eine der Marmorgruppen für Schinkels Schloßbrücke ist »Nike [die Siegesgöttin] richtet einen verwundeten Krieger auf« von Ludwig Wilhelm Wichmann (1784-1859), einem Schüler Gottfried Schadows in Berlin, Davids und Boscos in Paris und Thorwaldsens in Rom, der ab 1813 in Berlin lebte. Seine umfangreichste Arbeit ist das 1859 vollendete Winckelmann-Denkmal für Stendal. Zu der Bemerkung »diese Nike ist eine Berlinerin« vgl. Anm. zu S. 479 »Zur Entstehung«.

555 August *Chauvin* (1810-1884): Belgischer Historienmaler, Studium an der Düsseldorfer Akademie bei Wilhelm von Schadow, später Direktor der Lütticher Akademie. Sein Gemälde war eine Auftragsarbeit für das Stadtmuseum zu Lüttich. Die »lange Erklärung« des Katalogs im Wortlaut: »Eines Tages als Pipin mit seinem Hofe zu Inpill war, wurde Lambert dahin berufen, wie dies öfter geschah, denn der Herzog hörte gern seinen Rat in wichtigen Angelegenheiten. Lambert begab sich also nach dem Palast und traf hier eine Gesellschaft zu einem bedeutenden Feste versammelt. – Pipin empfing ihn mit offnem Gesicht und Alpaïde (Mutter des Karl Martel) zwang sich heiter zu sein. Die Gesellschaft war in den Banket-Saal eingeführt. Pipin empfing sie, mit dem Pokal in der Hand, ehe er ihn indessen mit den Lippen berührte, wünschte er, daß der Bischof den Segen darüber spreche, und Lambert gehorchte. Der ganze Hof beeilte sich, dem Beispiel des Prinzen folgend, dem Bischof die Becher zu reichen, aber als dieser eben die Hand hebt um sie zu segnen, bemerkt er, daß Alpaïde den ihrigen heimlicher Weise zu den andern hinschiebt. So groß war die Ehrfurcht, welche der Charakter des frommen Bischofs einflößte, daß Alpaïde einen Triumph in den Augen des Hofes zu erlangen glaubte, wenn sie eine Handlung von dem erlangen könnte, den sie bis jetzt noch nicht hatte beugen können, selbst auf diese hinterlistige Weise. Aber Lambert, dieses Manöver bemerkend, wandte sich zum Prinzen, indem er sprach: ›Sehen sie doch die Unvorsichtigkeit dieser Frau, deren Anwesenheit hier ein öffentlicher Skandal ist und die mich zu ihrem Mitschuldigen machen möchte.‹ Sogleich erhob er sich und verließ das Palais, die noch eben so heitere Gesellschaft ganz bestürzt zurück lassend. Pipin gereizt durch diesen Auftritt und doch zurück gehalten durch die Achtung vor Lambert, verbarg seinen Zorn in Gegenwart seines Hofes. Er sandte zu Lambert und ließ ihm sagen: Er habe den Prinzen öffentlich in der Person seiner Gefährtin beleidigt, dafür müsse er auch augenblicklich öffentlich Abbitte tun. Lambert antwortete: ›Ich beklage lebhaft diesen Vorfall, aber da ich nicht

die Ursache davon bin, schulde ich auch Niemandem eine Genugtung, denn ich habe nur meine Pflicht als Bischof getan.‹ Hierauf zog er sich mit seinem Gefolge zurück. – Den Tag darauf wurde Lambert durch Dodon, Grafen von Arroye, Bruder den Alpaïde, ermordet.« – Louis *Gallait* (1810-1887): Belgischer Historienmaler, seit 1843 Mitglied der Berliner Akademie. Seine großen Tableaux hatten Einfluß auf die deutsche Historienmalerei. F. war von seinem 1848 entstandenen Gemälde »Des Grafen Egmont letzte Stunde« beindruckt. Es zeigt Egmont am Fenster des Kerkers, durch welches der Morgen hereindämmert, neben ihm im Lehnstuhl der Bischof von Ypern. Es kam mit der Wagenerschen Sammlung in den Besitz der Berliner Nationalgalerie und fand im Stich von A. Martinet Verbreitung. Vgl. F.s »Toast auf Kugler« (1855), HF I,6, S. 450f. und Anm. dazu sowie seine Theaterkritik über die Egmont-Aufführung vom 14. Sept. 1870: »in der Egmont-Frage wird Gallait stärker sein als Goethe«, HF III, 2, S. 16 und Anm. – »*Schlacht bei Gravelingen*«: Gemälde von Joseph van Severdonck, vgl. S. 475 und Anm. dazu. – *man hat es als theatralisch... bezeichnet:* Vgl. Neue Preußische (Kreuz-)Zeitung, Nr. 221 vom 21. Sept. 1862: »Es gewährt Interesse zu sehen, wie sich die deutsche Schule in eigentümlicher Weise hier mit der flamländischen und französischen verbunden hat; von letzterer hat das Werk zugleich etwas Theatralisches angenommen, namentlich in der Hauptfigur.« – *Ludwig Tieck habe sich mal geäußert...:* F. erwähnt diesen Ausspruch, leicht abgewandelt, an verschiedenen Stellen, so in »Wanderungen«, ›Spreeland‹, ›Saalow‹ (HF II, 2, S. 772), in Briefen an Julius Rodenberg vom 31. Dez. 1878 (Freundesbriefe, Bd. 1, S. 402) und Georg Friedlaender vom 26. Juli 1894 (Briefe an Friedlaender, S. 262), ferner in »Von Zwanzig bis Dreißig«, ›Der Tunnel über der Spree‹, ›George Hesekiel‹ (HF III, 4, S. 415). – *Die Kritik... hervorzuheben:* Fast zwei Jahrzehnte später formuliert F. diese Gedanken präziser in einem Brief an seine Frau Emilie vom 5. Apr. 1880: »[...] die Kritik muß klug und bescheiden geübt werden und muß sich bei jedem Wort *ihrer Grenzen bewußt bleiben*. Wer eine Kunst nicht selber übt, hat sein Lob und seinen Tadel an bestimmter Stelle schweigen zu lassen, nämlich da, wo das mangelnde Können auch sein Wissen lahm legt« (HF IV, 3, S. 75).

556 *car tel est notre plaisir:* Denn das ist unser Wille; zum geflügelten Wort gewordener Befehl Karls VIII. von Frankreich (1407-1498). – Georg *Bleibtreu:* Vgl. Anm. zu S. 476. – *was ist ihm Chauvin-Hekuba?:* Formulierung in Anlehnung an Hamlets Ausspruch »Was ist ihm Hekuba« aus seinem großen Monolog am Ende von II, 2, hier zur Kennzeichnung der Interessenlosigkeit des Berliner Ausstellungspublikums gegenüber dem Nicht-Berliner Maler Chauvin. – *Bei dem Lokalpatriotismus unserer Stadt spielen diese Dinge eine große Rolle:* Vgl. die vier Verse aus F.s »Sir Walter Raleighs letzte Nacht« (1851): »Selbst du, des Weltgewimmels / Gepriesenste, o Kunst, / Es

*Abb. 17   Georg Bleibtreu: Sturz der Irminsäule durch Karl den Großen
(1862). Holzschnitt nach dem eigenen Gemälde von Georg Bleibtreu.
Aus: Illustrierte Zeitung (Leipzig) Nr. 1034, 25. April 1863, S. 280.*

»*Die bedeutendste Seite an dem Bilde... ist das Bestreben nach* nationaler Charakteristik... *aber die Charakteristik der Individuen ist schwach.
Ein rechtes Interesse wird nicht wach« (S. 556 f.).*

zeugt dich statt des Himmels / Die Mode und die Gunst« (HF I, 6,
S. 145). – *auf einem neuen·Felde:* Das Gemälde ist eines der wenigen
historischen Bilder Georg Bleibtreus; vgl. Abb. 17.

557 *Theobald von Oer* (1807-1885): Historien- und Genremaler aus
Münster, Ausbildungsjahre in Dresden und Düsseldorf (Wilhelm von
Schadow), ließ sich 1839 in Dresden nieder. – *Carl Thiel* (1835-1900):
Lithograph und Genremaler in Düsseldorf. – Emil *Teschendorff*
(1835-1894): Genre-, Historien- und Landschaftsmaler, Ausbildung
zunächst auf der Berliner Akademie, dann Schüler Karl von Pilotys in
München, ließ sich später in Berlin nieder, wurde 1877 Sekretariats-
assistent an der Berliner Akademie, 1888 Professor. Das ausgestellte
Gemälde ist eine der frühesten Arbeiten T.s. Er versah es im Katalog
mit dem längeren Zusatz: »Melanchthon war auf der Reise schwer
erkrankt. Luther, herbeigeholt, wandte sich von dem Krankenbette
sofort zum Fenster und betete auf das Inbrünstigste. Getröstet und
der Erhörung gewiß, trat er dann zu dem kranken Freunde, rührte ihn
an und sprach: ›Seid getrost, Philippe; Ihr werdet nicht sterben.‹ Melanchthon genas.« – *Clara Oenicke* (1818-1899): Historienmalerin,
Schülerin der Berliner Akademie und Mitbegründerin des Berliner
»Vereins der Künstlerinnen und Kunstfreundinnen« mit der 1868 an-
gegliederten Zeichenschule. Das ausgestellte Bild wurde als Galvano-
graphie von L. Schöninger vervielfältigt. – *Katharina* von Bora
(1499-1552): Luthers Frau. – *Gustav Spangenberg:* Vgl. Anm. zu
S. 523. Zur »Walpurgisnacht« (vgl. Abb. 18) s. Goethes »Faust«,
1. Teil, V. 3835 ff.

558 *Crayon* (franz.): Bleistift. – Der Ausführung der *Kaulbachschen*
»Hunnenschlacht« (vgl. Anm. zu S. 470) ging eine Bleistiftzeich-
nung aus dem Jahre 1834 voran. Der Karton in Ölfarben für Graf
Raczynski entstand zwischen 1835 und 1837. »Kaulbach verzweifelte
an der farbigen Ausführung, weshalb der Graf Raczynski 1837 sich
mit der Untertuschung begnügte« (Hans Kiener, in: TB XX, S. 25). –
Buonarottis »Jüngstes Gericht«: Riesenfresko an der Westwand der
Sixtinischen Kapelle im Vatikan in Rom, von Michelangelo Buonarotti (1475-1564), zwischen 1535 und 1541 ausgeführt. F. besichtigte es
auf seiner ersten italienischen Reise am 28., 29. und 30. Okt. 1874,
vgl. Tagebucheintragungen Emilie Fontanes, in N XXIII/2, S. 58; vgl.
auch F.s Bemerkung während seiner zweiten italienischen Reise:
»[...] der Maler des ›Weltgerichts-Bildes‹ war einfach ein Genie«
(ebd., S. 109). – *eine Breughelsche Hölle:* Anspielung auf Pieter
Brueghel d. J. (1564-1638), genannt »Höllenbreughel«, weil er mit
Vorliebe spukhafte Szenen und Höllenbilder malte.

559 *Der Erfolg seines vorigen Ausstellungsbildes:* »Der Rattenfänger von
Hameln«; F. erwähnt das Bild in seiner Besprechung der Ausstellung
von 1860 nicht. – *Vettel:* Alte, liederliche Frau von hexenhaftem Aussehen und Wesen. – *Kofen:* Hütte. – *in einem eklektischen Zeitalter:*
Vgl. Anm. zu S. 526.

Abb. 18   Gustav Spangenberg: Walpurgisnacht (1862)

»Wir können die Vorstellung nicht unterdrücken, daß wir es bei dieser
›Walpurgisnacht‹ ausschließlich mit einem Werk des Nachdenkens, mit
einem mühsam Erstrebten und Erdachten, statt mit einem Empfangenen
zu tun hatten« (S. 559 f.).

560 *»Es irrt der Mensch, solang' er strebt«*: Zitat aus Goethes »Faust«,
1. Teil, ›Prolog im Himmel‹, V. 317.

BERLINER KUNSTAUSSTELLUNG (1864)

Textgrundlage: Neue Preußische (Kreuz-)Zeitung, Berlin 1864. Die Artikelserie umfaßte sieben Folgen. Die beiden ersten, nicht von F. stammenden Berichte waren in Nr. 213 vom 11. Sept. und in der Beilage zu Nr. 219
vom 18. Sept. 1864 unter der Sigle -en abgedruckt. F.s fünf Beiträge sind in
den folgenden Ausgaben erschienen: III. Beilage zu Nr. 237 vom 9. Okt.
1864; IV. Beilage zu Nr. 243 vom 16. Okt. 1864; V. Beilage zu Nr. 249 vom
23. Okt. 1864; VI. Beilage zu Nr. 261 vom 6. Nov. 1864. Seine Artikel sind
alle mit -lg- gezeichnet.

Die 44. Kunstausstellung im Akademiegebäude dauerte vom 4. Sept. bis
zum 6. Nov. 1864. Sie fand lebhaften Zuspruch bei der Bevölkerung; vgl.
die Notiz im »Berliner Zuschauer« der Neuen Preußischen (Kreuz-)Zei-
tung vom 12. Okt. 1864 (gez.: -n): »Die diesjährige *Kunstausstellung* erfreut sich eines so zahlreichen Besuchs, daß er den früherer Jahre erheblich
übersteigt. In den ersten vier Wochen, die jetzt hinter uns liegen, zeigte
sich ein so starker Zulauf, daß sich für jeden Tag im Durchschnitt 500
Besucher mehr als bei der letzten Ausstellung ergaben.« Zwei weitere
kleinere Notizen in derselben Zeitung, Ergänzungen zu den Ausstellungsberichten, machen die Verfasserschaft F.s aus inhaltlichen Gründen
wahrscheinlich. So erschien in Nr. 248 vom 22. Okt. 1864 in der Spalte
»Berliner Zuschauer« die Notiz (gez.: -n): »Unter den *Landschaften,* die
sich durch Farbe und liebevollste künstlerische Behandlung auf der diesjährigen *Ausstellung* auszeichnen, machen wir auch auf ein Bild des so früh
verstorbenen Landschaftsmalers *George Jabin* aufmerksam: ›Der obere
Murchseefall in der östlichen Schweiz‹. Die Alpennatur, besonders der
Sturzbach, der bis weit über den Punkt seines Falles hinaus, die dunkle
Wasserfläche weiß färbt von Gischt und Schaum, ist dem Künstler vorzüglich gelungen. Das Bild hängt in dem Oberlicht-Saal.« Als Nachtrag zu den
Ausstellungsberichten erschien ferner in Nr. 269 vom 16. Nov. 1864 der
unsignierte Artikel: »Mark, Havel und Spreewald auf der Kunst-Ausstellung. – Der Zug, der durch unsere moderne Literatur geht, sich *mit Vorliebe dem Heimischen zuzuwenden* und, statt von französischen Marschäl-
len, englischen Admiralen und amerikanischen Freibeutern, lieber von den
eigenen Landeskindern, von ihren Tugenden, bez. auch von ihren Torhei-
ten zu erzählen, – derselbe Zug fängt auch an, innerhalb der bildenden
Kunst sich geltend zu machen. Die eben geschlossene Ausstellung gab einen rechten Beweis dafür. Unter den zahlreich vorhandenen Landschaften
befanden sich viele mit dem Zusatz: ›aus der Mark‹, ›Gegend an der Havel‹
u.s.w. Fünfzehn Landschafter, darunter freilich nur einer von Bedeutung

(Bennewitz v. Loefen) hatten, mehr oder minder ausschließlich, der heimatlichen Mark ihre Motive entnommen. Der Lieblingspunkt scheint der ›Grunewald‹, sein Jagdschloß, seine Seen, Pichelsberg, Pichelswerder und Schildhorn. Wir teilen ganz diesen Geschmack und nehmen keinen Anstoß an Kontrasten, wie Grunewald und Grindelwald, – heitere Gegensätze, die sich in der Stoffwahl einzelner Landschafter zeigen. – Einer der besten (Adolf *Burger*) hat sich der Lausitz zugewandt, insonderheit dem *Spreewald*, dessen Eigenart, was wir nur billigen können, er gewillt scheint zu seiner Spezialität zu machen. Auf der vorigen Ausstellung sahen wir von ihm einen Tauf- oder Hochzeitszug der Wenden, diesmal brachte er ein ›Wendisches Begräbnis‹ und eine ›Wendische Spinnstube‹. Alle diejenigen, die sich für jene Reste des Wendentums, für ihre Sitten und Trachten interessieren, machen wir auch nachträglich noch auf diese A. Burgerschen Bilder aufmerksam.«

561 *Fußnote:* Zum Verfasser der beiden ersten Artikel äußert sich Hermann Fricke: Th. Fontane als Kunstbetrachter, in: Zeitschrift des Vereins für die Geschichte Berlins, Neue Folge der ›Mitteilungen‹, Jg. 59, H. 2, 1942, S. 84. – *in einem Kriegsjahre:* Krieg Österreichs und Preußens gegen Dänemark; er fand am 1. Aug. 1864 mit einem Vorfrieden und am 30. Okt. 1864 mit dem Friedensvertrag von Wien sein Ende; vgl. »Der Schleswig-Holsteinische Krieg im Jahre 1864«, S. 372 ff. – *Adolf Menzel:* Vgl. Anm. zu S. 470 – die wechselnde Schreibweise des Vornamens Adolph/Adolf wurde im Text nicht vereinheitlicht. M. war damals mit der Ausführung des Krönungsbildes beschäftigt, das seine Schaffenskraft vier Jahre lang in Anspruch nahm (vgl. »Berliner Kunstausstellung«, 1866, S. 654). Am 25. Febr. 1863 hatte F. in der Neuen Preußischen (Kreuz-)Zeitung über die Menzel-Ausstellung in der Kunstakademie berichtet (gez. Te): »*Die Menzelsche Ausstellung in der Kunst-Akademie. –* Die Hubertusburger Friedensfeier, die in preußischen Landen begangen wurde, gab unserem Adolf Menzel den glücklichen Gedanken ein, eine Ausstellung seiner Bilder und Zeichnungen, so weit sie sich auf die Friderizianische Zeit beziehen, im Saale der Akademie zu veranstalten. Diese Ausstellung, deren nächster Zweck darin besteht, zweien noch lebenden Veteranen aus der Zeit des Großen Königs, dem 113jährigen Lorenz Halacz (früher brauner Husar) und dem 95jährigen Friedrich Falke (früher Kürassier im Leibregiment), eine Unterstützung zuzuwenden, wird die gesamte künstlerische Welt Berlins vor Allem dadurch interessieren, daß sie zum ersten Male Gelegenheit gibt, in leidlicher Vollständigkeit alles das zu überblicken, was *Adolf Menzel* auf diesem Gebiet geleistet hat. *Er selbst* hat sich hier zum erstenmal in seiner Totalität vor sich. Wenn uns eine kleinere Menzel-Ausstellung (vor etwa einem Jahr) den Genremaler *pur et simple* gab, so haben wir ihn hier speziell auf *dem* Gebiete vor uns, auf dem er

bahnbrechend und epochemachend gewesen ist. An Ölgemälden sind
folgende ausgestellt: 1) Hochkirch. 2) Erste Begegnung Friedrichs
und Josephs in Neiße. 3) Konzert auf Sanssouci. 4) König Friedrich
auf der Reise im Lande. 5) König Friedrich mit seinen Freunden und
Gesellschaftern in Sanssouci. Es genügt, die Namen dieser Bilder zu
nennen; Jeder kennt sie, entweder im Original oder Stich, Jeder verdankt ihnen Erhebung, Belehrung, Erheiterung und wird sich freuen,
alte Eindrücke neu beleben oder aber, unter dem Einfluß der Gesamtheit, sie steigern zu können. Zu den fünf genannten Ölbildern
gesellen sich noch zwei weniger bekannte: ›Ein Spazierritt König
Friedrichs‹ und ›König Friedrich und die Tänzerin Barberina‹, das letztere Herrn Kuhtz, das erstere (sehr sehenswert) der Frau Baronin
v. Wilken in *Dresden* gehörig, also nicht jederzeit zugänglich. Wir
verweilen noch einen Augenblick bei den Blättern in Gouache, Kohle,
Kreide etc. Diese Blätter sind weniger bekannt geworden; selbst wir,
die wir doch glaubten, so ziemlich alle Menzels zu kennen, fanden
hier mannichfach Neues. Es sind zum Teil Blätter, die nie zur Ausstellung kamen, sondern gleich aus dem Atelier des Künstlers in die Salons und Galerieen seiner Verehrer übergingen. Hierzu rechnen wir
zunächst vier reizende Gouache-Bilder im Besitze der Frau *Kahl-
baum*, die schon durch ihren Gegenstand interessieren werden, der
sich bei allen vier auf den Rheinsberger Aufenthalt bezieht. Es sind
dies: ›Der Vorsaal im Schloß zu Rheinsberg‹, ›Das Malergerüst im
Ballsaal‹ (auf dem Gerüst der Hofmaler Pesne, der Geiger Benda und
im Hintergrunde der Kronprinz mit Knobelsdorff), ›Ball im Saale zu
Rheinsberg‹ und ›Fahrt auf dem Grienerick-See‹. Namentlich haben
uns das zweite und vierte interessiert, jenes durch ein selbst bei Menzel überraschendes Maß von Originalität, dieses durch einen gewissen poetischen Zauber und eigentümliche Farbenwirkung. Auch eine
große Kohlenzeichnung: ›Friedrich Wilhelm I. in einer Volksschule‹,
ein Blatt voll Charakteristik und prächtigsten Humors, sahen wir hier
zum ersten Male. Auf die ›Probedrucke‹ aus den verschiedensten Bilderwerken Menzels (in 15 Rahmen ausgestellt) machen wir nur eben
aufmerksam und heben nur schließlich noch ein im Besitz Sr. K. Hoh.
des Kronprinzen befindliches Blatt hervor: ›König Friedrich, das
Schlachtfeld von Lützen durchgehend; November 1756.‹ Das Königliche, das poetisch Gehobene, dazu jene geistige Frische und Mannes-
kraft, die Jahre später in Leid und Kampf gebrochen waren – Alles tritt
hier in meisterhaften Zügen hervor. Wir fordern speziell unsere Leser, um des Zweckes wie um des Gegenstandes willen, zu einem zahlreichen Besuche auf.« – *Georg Bleibtreu:* Vgl. Anm. zu S. 476. B.
hatte damals gerade seine Holzschnittillustrationen zu der von ihm
herausgegebenen Sammlung »Deutschlands Kampf- und Freiheitslieder« (Leipzig 1863/64) abgeschlossen und widmete sich anschließend
vor allem Darstellungen aus dem deutsch-dänischen Kriege. – Wilhelm von *Camphausen:* Zu seinem Bild »*Blüchers Übergang bei*

Kaub« vgl. S. 475 und Anm. dazu. Titel der beiden Reiterporträts, die
F. auch in seinem Camphausen-Artikel in »Männer der Zeit« erwähnt
(vgl. N XXIII/1, S. 483): »Seydlitz bei Roßbach 1757« und »Zieten
›aus dem Busch‹ heraussprengend«; beide Bilder waren als Lithographie von A. Bournye verbreitet. Zieten und Seydlitz waren preußische Lieblingshelden F.s, deren Gestalten ihm auch Stoff für Balladen
boten, vgl. »Der alte Zieten« (HF I, 6, S. 208 f.) und »Seydlitz« (ebd.,
S. 210 f.). Die Popularität der Camphausenschen *Charakter-Porträts
der friderizianischen Generale* führte Ende 1879 (mit Erscheinungs-
datum 1880) zu der Prachtausgabe »Vaterländische Reiterbilder aus
drei Jahrhunderten« von W. Camphausen mit Texten von F. und Illustrationen des Textes von L. Burger. Vgl. N XIX, S. 617-738 und
Anm. dazu. – »*Prinz Eugen und Kronprinz Friedrich*«: Der Titel des
Bildes laut Katalog »Kronprinz Friedrich und sein erster Mentor in
der Kriegskunst, Prinz Eugenio von Savoyen«. – »*Nach der Schlacht
bei Leuthen*«: Titel laut Katalog: »›Nun danket alle Gott‹. Choral der
Preußen nach der Schlacht bei Leuthen (5. Dez. 1757).« Das Bild ist
ein Pendant zu dem unter 2) genannten Gemälde; es entstand als
Auftragsarbeit für König Wilhelm I. Auch das unter 5) genannte Gemälde wurde noch während der Ausstellung vom König angekauft.

562 *Diese Begegnung der beiden Feldherren (mehrfach gemalt):* Vgl.
S. 490 und Anm. dazu. Außer den dort genannten englischen Malern
vgl. auch das Gemälde »Begegnung zwischen Blücher und Wellington« von Fritz Schulz, das 1864 ausgestellt war (S. 567); vgl. ferner
Menzels Wandgemälde in der Gedenkhalle des vormals kronprinzlichen Palais »Die Begegnung Blüchers und Wellingtons am Vorabend
der Schlacht von Waterloo« (1855). – *Alle seine Statuen sind bekanntlich Musterstücke schlechtesten Geschmacks:* Vgl. F.s Artikel
»Wellington-Monumente in Westminster-Hall«, 1857, in: N XXIII/
1, S. 36-38; ebenso »Die Ausstellung der Modelle zum Wellington-
Grabmal«, 1857, in: HF III, 3/1, S. 529-535 und die Bemerkung
(S. 535): »Der alte Siegesherzog war groß, aber kalt; ein frostiger
Held, der ein glänzendes Blatt in der Geschichte füllen, aber in den
Augen der Kunst, die das Bedürfnis der Begeisterung hat, niemals
dastehen wird neben Maria Stuart und der Jungfrau von Orleans,
neben Pappenheim und Gustav Adolph, hundert anderer Lieblinge zu
geschweigen.« F. kannte auch das Kolossalstandbild Wellingtons in
Manchester von Matthew Noble (1818-1876), das 1856 enthüllt wurde (vgl. HF III, 3/I, S. 425 f.). – *Wir entsinnen uns ... eines englischen
Blattes »Wellington im Sommer 1815* [im Erstdruck: Sommer 1816]
auf dem Schlachtfeld von Waterloo‹: F. denkt hier vermutlich an Edwin Landseers »Die Unterhaltung von Waterloo«, vgl. N XXIII/1,
S. 444.

563 *Revuebilder des Engländers Cunningham:* Edward Francis Cunningham, der sich auch Francesco Calza (oder Calze) nannte (1741 oder
1742 - 1793), schottischer Porträt- und Historienmaler, dessen künst-

lerische Ausbildung an der Akademie in Parma begann; er tauchte 1784 in Berlin auf, wo er als Porträtist des königlichen Hofes viel Erfolg hatte. Sein Oeuvre besteht überwiegend aus Porträts in Pastell und Öl. Eines seiner bekanntesten Revuebilder ist »Friedrich II. auf der Revue, von seinen Generalen umgeben«, das auch als Stich Verbreitung fand. – *Prinz Heinrich* (1726-1802): Bruder Friedrichs d. Gr., preußischer General und Diplomat, der sich im Siebenjährigen Krieg durch seine brillante Heeresführung auszeichnete.

564 *Hic Rhodos, hic salta:* Hier ist Rhodos, hier springe! Oft zitierte Wendung nach Aesops Fabel »Der Prahler«, der sich unter Berufung auf Zeugen rühmt, in Rhodos einst sehr weit gesprungen zu sein. Einer der Umstehenden antwortet ihm darauf: »Freund, wenn's wahr ist, brauchst du keine Zeugen. Hier ist Rhodos, hier springe!« – *das bekannte* »Hochkirch-Bild« *Adolph Menzels:* Vgl. Anm. zu S. 470.

565 Friedrich Heinrich Graf von *Wrangel* (1784-1877): Preußischer Feldmarschall, wegen seiner Schlagfertigkeit und seines mitunter recht derben Humors eine der volkstümlichsten Persönlichkeiten Berlins; mit ihm hat sich F. mehrfach beschäftigt, vgl. sein Gedicht »Einzug«, 1864 (HF I, 6, S. 238 u. Anm. dazu), ferner »Fünf Schlösser«, ›Liebenberg‹, Kap. 5 (HF II, 3, S. 298 f.) sowie »Stechlin« (HF I, 5, S. 213); vgl. auch »Der Schleswig-Holsteinsche Krieg im Jahre 1864«, S. 39. – *der Kronprinz und Prinz Karl:* Prinz Friedrich Wilhelm, der spätere Kaiser Friedrich (1831-1888) und Prinz Friedrich Karl von Preußen (1828-1885), Neffe Wilhelm I. – *Wenningbund:* Bucht in der Nähe der Insel Alsen, südlich Düppel, vgl. »Der Schleswig-Holsteinsche Krieg im Jahre 1864«, Karte S. 85. – *Alsen-Sund:* ebd., S. 87. – *Sonderburg:* ebd., S. 93. – *wenn Macbeth (hinter der Szene) über König Duncan her ist:* Vgl. Shakespeares »Macbeth«, II, 1; ähnliche Wendung in F.s Macbeth-Theaterkritik vom 16. Nov. 1875: ». . . als Macbeth drüber her ist« (HF III, 2, S. 230). Diese Szene hat F. immer wieder gefesselt, vgl. seine Macbeth-Kritik vom 23. Nov. 1879: »Wie der ganze Macbeth die Höhe dramatischer Kunst bezeichnet, so der 2. Akt den höchsten Punkt dieser Höhe.« – *Hermann Kretschmer:* Vgl. Anm. zu S. 480.

566 *Hauptmann v. Kameke:* Vgl. »Der Schleswig-Holsteinsche Krieg«, S. 107. – *Fritz Schulz:* Vgl. Anm. zu S. 485.

567 *»König Friedrich in Sanssouci«:* Im Katalog noch der Zusatz: »Ein Gnadengesuch«. – *»Begegnung zwischen Blücher und Wellington«:* Zusatz im Katalog: »Nach der Schlacht bei Belle-Alliance (18. Juni 1815), Farbenskizze.« – *»Blücher gibt dem russischen General Langeron den Befehl, den Montmartre zu stürmen«:* Dazu die Ergänzung im Katalog: »(Schlacht bei Paris 30. März 1814)«. – *ein kleines skizzenhaftes Bild:* »Prinz Heinrich präsentiert als erster Werber in Schlesien ein junges Brautpaar . . . dem Könige und dem Grafen Schwerin«, nach einer Episode aus dem 1. Schlesischen Krieg, vgl. »Die diesjährige Kunstausstellung 1862«, S. 485. – *vindizieren:* zu-

schreiben. – *das bekannte Smalah-Bild Horace Vernets:*»Prise de la smala d'Abd-el-Kader«, 1845 entstanden; Smalah ist die gesamte Gefolgschaft eines arabischen Nomadenhäuptlings auf Kriegszügen; zur Smalah des Abd-el-Kader beispielsweise gehörten 300 Zelte (Duars) und 5000 Krieger.

568 *»Hirsch und Jäger«:* Verfolgungsspiel, vgl. »Graf Petöfy«, 22. Kap. (HF I, 1, S. 809).

569 *»der Wahn ist kurz, die Reu ist lang«:* Aus Friedrich Schillers »Das Lied von der Glocke« (1800), Vers 93. – *Kolpaks:* Lammfellmütze der Tartaren. – *Casquets:* Kopfbedeckung der preußischen Infanterie zur Zeit Friedrich Wilhelms II. – *Wenn denn nun aber einmal Schlachtenmalerei durchaus existieren soll (und wir wollen nicht dagegen eifern):* In dieser distanzierenden Äußerung spiegelt sich F.s Abneigung gegen das Schlachtenbild überhaupt; vgl. auch Effi Briests »ich kann so was Kriegerisches nicht leiden« (24. Kap., HF I, 4, S. 218).

570 *Jeder indes ... weiß ... daß nichts so rar ist als wie ein guter dramatischer Stoff:* Vgl. F.s eigene Erfahrung mit seinem dramatischen Fragment »Karl Stuart« (1848), vgl. HF I, 6, S. 831-850. – *Cannae* (Apulien): Hier vernichtete Hannibal das römische Heer 216 v. Chr. fast völlig. –*Solferino* (Lombardei): Hier besiegten die Franzosen und Sardinier die Österreicher am 24. Juni 1859. – *Sempach* (Kanton Luzern): Hier siegten die Eidgenossen am 9. Juli 1386 über Herzog Leopold III. von Österreich; vgl. die Erwähnung in »Schach von Wuthenow«, 7. Kap. (HF I, 2, S. 608); vgl. auch S. 18. – *Crécy* (Somme): Hier besiegten während des Hundertjährigen Krieges 1346 die Engländer unter Eduard III. das überlegene Ritterheer der Franzosen unter König Philipp VI. – *Fehrbellin* (Landkreis Neuruppin): Hier fand der entscheidende Sieg Kurfürst Friedrich Wilhelms von Brandenburg über die Schweden unter Feldmarschall Waldemar Wrangel statt, der »den Grund zu der Selbständigkeit und Größe« Preußens legte (vgl. »Wanderungen«, ›Fehrbellin‹, HF II, 3, S. 407); vgl. auch HF I, 6, S. 250 und Anm. dazu. Erwähnung von Fehrbellin im Romanwerk häufig, besonders im Gespräch der Romanfiguren, vgl. Zusammenstellung in der Anm. zu »Wanderungen«, HF II, 1, S. 412; dazu noch »Effi Briest«, HF I, 4, S. 64; vgl. auch Anm. zu S. 480 dieses Bandes. – *Prag:* Sieg Friedrich d. Gr. bei Prag 1757 über die Österreicher. – *Arcole* (nahe Verona): Hier siegte 1796 Napoleon Bonaparte über die Österreicher im Kampf um die Festung Mantua. – *Pavia:* In der Schlacht bei Pavia besiegte das Heer Kaiser Karls V. im Jahre 1525 König Franz I. von Frankreich. – *Marengo* (Oberitalien): Hier errang Napoleon Bonaparte am 14. Juni 1800 den Entscheidungssieg über die Österreicher. – *Möckern* (Bezirk Magdeburg): Hier besiegten die Preußen unter Yorck die Franzosen am 5. April 1813. Vgl. dazu das 1861 entstandene Gemälde Moritz Blanckarts' »Schlacht bei Möckern« auf der Kunstausstellung 1862, S. 489. – *Waterloo:* Die Entscheidungsschlacht der Befreiungskriege am 18. Juni

1815, die Wellington nach seinem Hauptquartier benannte, während Blücher die Bezeichnung Belle-Alliance nach dem südlich von Brüssel gelegenen Gehöft, in dessen Nähe die Schlacht stattfand, vorzog. F. verwendet beide Bezeichnungen, vorzugsweise aber die erstere. Vgl. seinen siebten Brief »Aus Manchester«: »[. . .] Waterloo [. . .] sie alle haben den Stoff hergeben müssen für ein historisches Bild« (HF III, 3/I, S. 470). Zu diesem im 19. Jahrhundert in Literatur und bildender Kunst oft behandelten Stoff, vgl. Anm. zu S. 475, 562 u. 567. Bekannt waren damals auch die Waterloo-Schlachtenbilder Adolf Northens (1828-1876), einem Maler der Düsseldorfer Schule. – *Zorndorf* (nahe Küstrin): Hier errang Friedrich d. Gr. am 25. Aug. 1758 einen verlustreichen Sieg über die Russen unter Fermor. Vgl. dazu das Gemälde von Emil Hünten auf der Kunstausstellung 1862, S. 489. Auf die Schlacht von Zorndorf geht F. ausführlich ein in seinen »Wanderungen«, ›Das Oderland‹, ›Das Oderbruch und seine Umgebungen‹ (HF II, 1, S. 559) und ›Jenseits der Oder‹ (ebd., S. 827), vor allem in dem darin enthaltenen Kapitel ›Zorndorf‹ mit der Beschreibung des Schlachtfeldes (ebd. S. 922 ff.). Zorndorf spielt auch in den Biographien der Romangestalten F.s (z. B. »Vor dem Sturm«, HF I, 3, S. 28) oder in deren Dialogen eine Rolle, z. B. verschlüsselt in »Schach von Wuthenow«, 3. Kap. (HF I, 1, S. 572) oder direkt in »Die Poggenpuhls«, 1. Kap. (HF I, 4, S. 485 u. Anm. dazu). – *Kunersdorf:* Von F. auch »Schlachten-Kunersdorf« genannt (vgl. »Wanderungen«, ›Das Oderbruch und seine Umgebungen‹, ›Das Oderland‹, HF II, 1, S. 706 u. 721); hier mußte Friedrich d. Gr. eine schwere Niederlage durch die verbündeten russischen und österreichischen Truppen hinnehmen. Vgl. dazu »Wanderungen«, ›Das Oderland‹ (HF II, 1, S. 558 u. 679). – *Großbeeren* (nahe Potsdam): Hier besiegten die preußischen Truppen am 23. Aug. 1813 die französische Armee unter Marschall Oudinot. Vgl. dazu F.s Besprechung des Gemäldes »Die Schlacht bei Großbeeren« von Georg Bleibtreu auf der Berliner Kunstausstellung 1862, S. 487. Eine »kurze Beschreibung der ›Bataille‹« gibt F. in seinen »Wanderungen«, ›Groß-Beeren‹, HF II, 2, S. 725 ff. – *Arnold von Winkelried:* Sagenhafter eidgenössischer Nationalheld, der in der Schlacht bei Sempach 1386 durch seinen Opfertod den Sieg der Schweizer über die österreichischen Truppen Herzog Leopolds III. ermöglicht haben soll. F. verwendete den Sagenstoff satirisch in seinem 1849 entstandenen Gedicht »Bienen-Winkelried« (HF I, 6, S. 290 ff., bes. V. 41 ff.) – *der schwarze Prinz:* Eduard Prinz von Wales (1330-1376), seiner schwarzen Rüstung wegen so genannt, ältester Sohn König Eduards III. von England, bewährte sich bereits als Sechzehnjähriger in der Schlacht bei Crécy; ein in der englischen Historienmalerei beliebter Stoff, vgl. F.s siebten Brief »Aus Manchester«, HF III, 3/I, S. 469 u. 482 f. – *Johann der Blinde* (1296-1346): König von Böhmen (seit 1310), Sohn Kaiser Heinrichs VII., fiel in der Schlacht bei Crécy; vgl. dazu F.s Gedicht »Dem Freischärler Franz

Kugler«, HF I, 6, S. 445 ff. – Emanuel *Froben* (1640-1675): Stallmeister des Großen Kurfürsten, fiel in der Schlacht bei Fehrbellin; vgl. dazu F.s Darstellung in »Fehrbellin in Sage, Kunst und Dichtung«, HF II, 3, S. 414 ff. Erwähnung auch in »Effi Briest«, 8. Kap. (HF I, 4, S. 64 u. Anm. dazu). – Kurt Christoph Graf von *Schwerin:* Vgl. Anm. zu S. 485; fiel in der Schlacht bei Prag am 6. Mai 1757; vgl. F.s »Schwerin«-Ballade: »Es lebt in eins verschlungen/ ›Schwerin‹ und ›Schlacht bei Prag‹« (HF I, 6, S. 214 f.); vgl. auch »Die Fahne Schwerins« (HF I, 6, S. 223 f.).

571 *den jugendlichen Napoleon, voranschreitend über die halb zerschossene Brücke, der malt Arcole:* Vgl. F.s in der Berliner Zeitungshalle veröffentlichten Artikel vom 13. Sept. 1848: »Das Preußische Volk und seine Vertreter«: »Kennt Ihr die Brücke von Arcole? Drüben die Stillstandsmänner und ihre Kanonen, hier der Fortschritt und seine Begeisterung. Gleich jenem volksentstammten Korsen ergreift das *Volk* die Fahne der neuen Zeit, und über Leichen und Trümmer hin stürmt es unaufhaltsam zum Siege« (HF III, 1, S. 11). Die Äußerung setzt die Kenntnis der in Anm. zu S. 475 genannten Bilder voraus. – *Dame in blauem Atlas:* Möglicherweise eine Formulierung F.s; der Katalog verzeichnet das Gemälde nur mit »Weibliches Bildnis«. Gustav Richter erhielt hierfür die große goldene Medaille für Kunst 1864.

572 Karl *Becker . . . »der reine Kolorist«:* In der ersten Hälfte des 19. Jahrhunderts, als in Deutschland die zeichnerische Kunstrichtung vorherrschte, war die Bezeichnung »Kolorist« fast ein Schimpfwort. Erst Karl von Piloty (1826-1886) verschaffte diesem Begriff wieder Wohlklang, als er unter dem Eindruck der französischen koloristischen Technik deren Farbigkeit an der Münchner Kunstakademie einführte; vgl. Anm. zu S. 467.

573 *Es handelt sich für Dichter und Maler nur darum, klar zu erkennen, wo . . . die Grenzen gezogen sind:* »Daß in Sachen der Kunst das Maß der Dinge entscheidet«, dieses Thema des Maßhaltens hat F. häufig beschäftigt (vgl. »Unsere lyrische und epische Poesie seit 1848«, ›Christian Friedrich Scherenberg‹, HF III, 1, S. 250); vgl. auch S. 594: »Das Maß aber, wie männiglich bekannt, ist das Wesen aller Kunst«. – *Die Kunst, die Kleineren gelten zu lassen:* Bevorzugter und oft ausgesprochener Gedanke F.s. – *drei Bilder:* Außer den genannten noch ein »Weibliches Brustbild«. – *Alhambra:* Die rote maurische Königsburg aus dem 13. und 14. Jahrhundert oberhalb Granadas. F. denkt hier vermutlich an das 1856 in neuer Ausgabe in London erschienene Prachtwerk von James Murphy »The Arabian Antiquities of Spain« oder auch an Owen Jones »Details and Ornaments from the Alhambra«, London 1845. – Gottfried August *Bürger* (1747-1794): F. hat B.s Balladen besonders geschätzt, vgl. seinen Brief an August von Heyden vom 10. März 1894 (HF IV, 4, S. 337); vgl. auch »Die alten englischen und schottischen Balladen« (HF III, 1, S. 341 ff.).

574 Charles *Hoguet:* vgl. Anm. zu S. 541. – *die apokalyptischen Reiter:*
Gemälde von Peter von Cornelius, 1845-1846 entworfen für die
Nordwand der in Verbindung mit dem neuen Berliner Dom geplanten
Friedhofshalle; von F. oft erwähnt, z. B. auch im »Stechlin«, 21. Kap.
(HF I, 5, S. 205). – *die Hunnenschlacht:* Vgl. Anm. zu S. 470. – Jo-
seph Aloys *Tichatscheck* (1807-1886): Berühmter Operntenor am
Dresdner Hoftheater, der mit seiner phänomenalen Stimme die Wag-
nerschen Heldenpartien (bes. Rienzi, Tannhäuser und Lohengrin) mit
Bravour absolvierte. Auf Gastspielreisen war er u. a. auch in Berlin
1850 aufgetreten, vgl. F.s Artikel vom 6. Apr. 1850 in der Dresdener
Zeitung (HF III, 1, S. 69). – *die Lerche … die an ihren Liedern in die
Luft klettert:* aus Nikolaus Lenaus Gedicht »Im Frühling«: »An ihren
bunten Liedern klettert / Die Lerche selig in die Luft« (in: »Vermischte
Gedichte«, 1832). F. nahm Lenaus Gedicht in sein »Deutsches Dichter-Album« auf unter dem Titel »Liebesfeier«, unter dem es auch in
den späteren Gedichtsammlungen Lenaus erschienen ist. – *acht Bilder:* Von den acht Bildern Hoguets wurde ein von F. nicht erwähntes
»Seestück« noch während der Ausstellung von König Wilhelm I. angekauft.

575 Friedrich *Kraus:* Vgl. S. 505 und das dort besprochene Gemälde »Tizians Gastmahl«. – *Gerson:* Modewaren- und Kostüm-Hoflieferant
am Werderschen Markt in Berlin, mehrmals von F. erwähnt als exklu-
sive Adresse für die modebewußte Damenwelt der Gründerjahre, vgl.
»Allerlei Glück« (HF I, 7, S. 257; 1. Aufl. I, 5, S. 631), »Die Poggenpuhls«, 12. Kap. (HF I, 4, S. 551), »Der Stechlin«, 1. Kap. (HF I, 5,
S. 12); vgl. auch F.s Brief an seinen Sohn Theodor vom 9. Mai 1888
(HF IV, 3, S. 601). – *Tournure:* Weltmännische Gewandtheit.

576 Louis *von Hagn:* Vgl. Anm. zu S. 521. – *Louis-Quinze-Zeit:* Regierungszeit (1715-1774) Ludwigs XV. (geb. 1710) von Frankreich, gekennzeichnet durch eine dem deutschen Rokoko entsprechende französische Stilrichtung. – August *Borckmann:* Vgl. S. 507 f. – August
von Heyden (1827-1897): Historienmaler, der auf Umwegen erst
1859 zur Malerei fand und sich zunächst bei Karl Steffeck in Berlin
und anschließend bei den Historienmalern Charles Gleyre und Thomas Couture ausbilden ließ. Nach Berlin zurückgekehrt, wurde er
Mitglied des »Rütli« (zahlreiche Briefe an ihn und Erwähnungen gesellschaftlicher Kontakte in F.s Briefen, vgl. HF IV, 4, Register),
nahm 1866 am Feldzug nach Böhmen teil, wurde später Professor der
Kostümkunde an der Berliner Akademie. – *haben wir schon … erwähnt:* In der Neuen Preußischen (Kreuz-)Zeitung, Nr. 19 vom
23. Jan. 1864 in dem Artikel »Im Lokale des Kunstvereins. Spangenberg: ›Jungfrauen von Köln‹, A. v. Heyden: ›Heilige Barbara‹«:
»Heydens Bild, die ›Heilige Barbara‹, ist eine *erste* Arbeit, die der
Künstler hier ausstellt, ein erstes Bild, dem wir nichtsdestoweniger
mit einer gewissen Erwartung, um nicht zu sagen mit einem gewissen
Anspruch gegenübertreten, da wir wußten, daß ihm auf der letzten

Pariser Ausstellung eine Goldene Preismedaille zugefallen war. Unsere gute Erwartung wurde erfüllt. Und doch war die Aufgabe, die sich
der Künstler stellte, eine schwere. Das Bild (etwas überlebensgroße
Figuren) zeigt uns einen dunklen, nur von oben her erhellten Berg-
werksschacht, an dessen Boden, unter Geröll und Gerüststücken, ein
sterbender Bergmann liegt. Die Sage geht: Wenn ein sterbender
Bergmann in seiner letzten Stunde sich nach dem Heiligen Abendmahl sehnt, so erscheint ihm, und läge er im tiefsten Schacht, die
heilige Barbara und reicht ihm die Sterbesakramente. So steigt denn
auch hier, hoch, mächtig, siegreich, unbekümmert und ungehindert
durch Stein und Erdreich, mit in der Linken hoch erhobenem Kelch,
die heilige Barbara zu dem Sterbenden herab, um seinem Anruf Gehör zu geben. Der Vorwurf ist gewiß poetisch wie die Sage selbst. Was
das Bild angeht, so hat es ganz vorzügliche Qualitäten. Es ist *nichts
Triviales, nichts Herkömmliches darin:* der Künstler steht auf eigenen Füßen, und das ist wichtiger als alles andere. A. v. Heyden und
sein Bild verschmähen die *Einschmeichelkünste;* der dunkle Schacht,
die Blöcke von Stein und Holz, endlich die Gestalt des sterbenden am
Boden liegenden Bergmannes sind nicht das, was man *gefällig* nennen
kann; der *realistische* Hang des Künstlers hätte hier vielleicht um
einen Grad milder auftreten können. Doch dies ist verhältnismäßig
nebensächlich. Die Hauptfigur ist natürlich die heilige Barbara selbst,
die flatternden Haars, in weiß und blauer Gewandung, hernieder-
steigt. Das Hohe, Heilige und zugleich still Teilnahmvolle der Erscheinung ist vortrefflich zum Ausdruck gekommen und bekundet
den Beruf Heydens. Über anderes, verhältnismäßig Untergeordnetes
ließe sich rechten. So wünschten wir, nicht die ganze Gestalt, aber den
auftretenden Fuß um eine Nuance leichter, schwebender, und statt der
geöffneten rechten Hand, die fast zu sagen scheint: ›Ja, da liegt er
nun‹, ein ruhig einfaches Anschließen von Arm und Hand an den
Körper. Doch dies steht in zweiter Linie. Wir gratulieren dem jungen
Künstler zu diesem Debüt.«

577   »*Verlorene Liebesmüh*«: Nach Shakespeares gleichnamigem Lust-
      spiel.

578   *ein zweites Genre-Bild:* »Laute und Dolch sind böse Geschwister. Ita-
      lienisches Sprüchwort.« – Wilhelm *Gentz:* Vgl. Anm. zu S. 467, fer-
      ner S. 525 f. und 528 ff. – *das vorjährige, vielgefeierte Bild:* »Lager
      der großen Mekka-Karawane in der Wüste«. – Wilhelm *Riefstahl:*
      vgl. Anm. zu S. 468. – »*Feldandacht von Passeier Hirten*«: Im Kata-
      log der Zusatz: »Gegend von Meran, am Fuß der Hochwilde«. Das
      Gemälde, mit der kleinen goldenen Medaille Berlin 1864 ausgezeich-
      net, wurde noch im Jahr der Ausstellung von der Nationalgalerie in
      Berlin erworben.

579   *in diesen Tagen der gelösten Rätsel:* Nachdem Charles Robert Darwin
      1859 seine berühmt gewordene Abhandlung »On the origin of species
      by means of natural selection, or preservation of favoured races in the

struggle of life« veröffentlicht hatte, die 1863 bereits in zweiter Auflage in deutscher Sprache erschienen war, erregte 1863 Thomas Henry Huxley großes Aufsehen mit seinem Bestseller »Evidence as to
man's place in nature«, das noch im selben Jahr von J. Victor Carus
aus dem Englischen ins Deutsche übertragen wurde unter dem Titel
»Zeugnisse für die Stellung des Menschen in der Natur« (Braun-
schweig 1863) und in dem die enge anatomische Verwandtschaft des
Menschen mit den anthropomorphen Affen nachgewiesen wurde.
Vgl. dazu Onkel Eberhards Ausspruch in »Die Poggenpuhls«,
12. Kap.: »'s war freilich vor dreißig Jahren auch nicht viel besser. Ich
hab's noch erlebt, wie das mit den Affen aufkam und daß irgendein
Orang-Utan unser Großvater sein sollte. Da hättest du sehen sollen,
wie sie sich alle freuten. Als wir noch von Gott abstammten, da war
eigentlich gar nichts los mit uns, aber als das mit dem Affen Mode
wurde, da tanzten sie wie vor der Bundeslade« (HF I, 4, S. 557 und
Anm. dazu). Vgl. auch F.s spätes Gedicht »Umsonst« mit dem
Schlußvers »Und das Lebensrätsel bleibt« (HF I, 6, S. 391).

580 William *Hogarth* (1697-1764): Englischer Maler und Kupferstecher
und Wegbereiter der englischen Karikatur; F. hat sich mit ihm eingehend im fünften Brief »Aus Manchester« auseinandergesetzt
(vgl. HF III, 3/I, S. 451 ff.). Wiederholt weist F. auch auf die Hogarth-
Sammlung in der Vernon-Galerie hin, u. a. in »Ein Sommer in London« (ebd., S. 141). – Adolph von *Menzel:* Vgl. Anm. zu S. 470. –
Carl Friedrich *Lessing:* Vgl. Anm. zu S. 459. – *Andreas Achenbach:*
Vgl. Anm. zu S. 459. – *Stimmung:* Vgl. Anm. zu S. 462. – *Franz
Liszt* (1811-1886): Ungarisch-deutscher Komponist, der als Pianist
das gesamte Gebiet der Klaviertechnik virtuos beherrschte. F. erwähnt ihn mehrmals und bewunderte ihn offenbar, vgl. seinen Brief
an seine Mutter vom 3. Apr. 1868: »Nicht jeder ist ein Liszt und beschließt seine Carrière als Abbate und Monsignor« (HF IV, 2, S. 197).
– *Eduard Hildebrandt:* Vgl. Anm. zu S. 462.

581 *Sonder-Ausstellung:* Vgl. F.s Bericht in der Neuen Preußischen
(Kreuz-)Zeitung, Nr. 270 vom 17. Nov. 1864 (wiederabgedruckt in N
XXIII/1, 320-322): »Zu sagen, was unter all diesem das *Beste* sei, ist
schwer. Interessant dem Gegenstande und genialisch der Behandlung
nach ist eben *Alles.* Darin reicht das kleinste Blättchen, das einen Sia-
mesen auf seinem Boote darstellt, an die großen Bilder von Peking
und Kanton, an den Tempel des Himmels und an den heiligen Fusi
Yamu heran. Es wird dadurch schließlich zur bloßen Geschmacksache, ob man sich für Miramar oder Benares, für eine Moschee in Kairo
oder einen Buddha-Tempel auf Ceylon entscheiden will. Wir wollen
indes, ohne Präjudiz, einige unserer Lieblinge nennen. Dahin rechnen wir die verschiedenen Straßen-Perspektiven in Hongkong.
Shanghai, Canton, namentlich die Physic-Street und Silk-Street (also
Apothekerstraße und Seidenstraße) an letztgenanntem Ort. Ferner
den Brandungsstrudel an der Küste von Madras, die Sonnenunter-

gänge in Rangoon und Bangkok, namentlich der am Chow-Phya-Fluß (Siam), wo man nichts sieht als Wasser und Ufer, im Hintergrund den Sonnenball und im Vordergrund einen Elefanten. Dies Stück Natur, großartig und einsam, wirkt wie ein Gedicht. Vielleicht noch höher steht ein ›Typhoon an der japanesischen Küste‹. Das Wasser spielt in allen Tinten, graugelb, blau und schwarz; der Regen stürzt wie ein Wolkenbruch vom Himmel und steht da wie eine gelbgraue Wandfläche; darüber ein dickes, gelb durchschimmerndes Gewölk, an dem entlang zwei Sturmvögel ziehn, schwarz, mit *weißer* Brust, als einzige Lichtpunkte in dem Bilde.« Noch 1889 erinnert sich F. an diese Ausstellung; in »Auf der Suche. Spaziergang am Berliner Kanal«, heißt es (HF I, 7, S. 84-85; in 1. Aufl. Bd. 5, S. 466 f.): »Ich erinnerte mich vielmehr (und sog mir Trost daraus) einer nun wohl schon um dreißig Jahre zurückliegenden Ausstellung, wo der von seiner Weltreise heimkehrende Maler Eduard Hildebrandt eine große Zahl seiner in Wasserfarben ausgeführten und seitdem berühmt gewordenen Skizzen ausgestellt hatte; – beispielsweise der Siamelefant, mit der blutrot neben ihm untergehenden Sonne, stand mir ganz deutlich wieder vor der Seele. Was mir aber zur Zeit jener Ausstellung am meisten gefallen hatte, waren einige farbenblasse, halb hingehauchte Bildchen, langgestreckte Inselprofile, die mit ihrem phantastischen Felsengezack in umschleierter Morgenbeleuchtung vom Bord des Schiffes her, als in ziemlich beträchtlichem Abstand aufgenommen worden waren. Nur vorübergefahren war der Künstler an diesen Inseln, ohne den Boden derselben auch nur einen Augenblick zu berühren, und doch hatten wir in seinen Skizzen das Wesentliche von der Sache, die Gesamtphysiognomie. Das sollte mir jetzt Beispiel, Vorbild sein, und in ganz ähnlicher Weise wie Hildebrandt an den Seschellen und Komoren wollt' ich an den Gesandtschaften vorüberfahren und ihr Wesentliches aus ehrfurchtsvoller und bequemer Entfernung studieren.« – *Oswald Achenbach:* Vgl. Anm. zu S. 459. – August *Leu:* Vgl. Anm. zu S. 535.

582 *das vierte Achenbachsche Bild der Art, das uns zu Gesicht kommt:* 1860: »Molo von Neapel. Mondschein.« (vgl. S. 463); 1862: »Neapel«, »Eine Nacht auf Resina bei Neapel« und »Palast der Königin Johanna bei Neapel« (vgl. S. 538 f.). – *Unica:* Hier im Sinne von: Einzelfälle. – Stanislaus Graf von *Kalckreuth:* Vgl. Anm. zu S. 463. – *Morten Müller* (im Erstdruck: Morton; 1828-1911): Norwegischer Landschaftsmaler der Düsseldorfer Malerschule (Johann Wilhelm Schirmer und Hans Gude), damals in Düsseldorf ansässig, malte vorzugsweise Gebirgslandschaften. – Eduard *Pape:* Vgl. Anm. zu S. 541. – Hugo *Knorr* (1834-1904): Schüler der Königsberger Akademie, 1861 Studienreise nach Norwegen, die ihn zu den drei auf der Ausstellung gezeigten Bildern anregte, darunter »Norwegische Hochebene«, das König Wilhelm I. noch während der Ausstellung erwarb, und »In den Skjören«, das damals in den Besitz des Kronprin-

zen, des späteren Kaisers Friedrich, überging. – Friedrich *Voltz:* Vgl.
Anm. zu S. 550.

583 *»Alles schon dagewesen«:* Vgl. Anm. zu S. 463. – *die Kalckreuth-schen Bilder:* Nur eines davon, eine »Gebirgslandschaft aus den Pyre-näen«, war verkäuflich und wurde noch während der Ausstellung von
König Wilhelm I. erworben.

584 Hermann *Eschke:* Vgl. Anm. zu S. 541. – Karl *Bennewitz von Loefen*
d. Ä.: Vgl. Anm. zu S. 539. – Theodor *Weber* (1838-1907): Land-schafts- und Marinemaler, Ausbildung durch den Marinemaler
Wilhelm Krause in Berlin, Studienaufenthalt in Paris. – Eduard *Ok-kel:* Vgl. Anm. zu S. 550. – Louis *Spangenberg:* Vgl. Anm. zu
S. 538. – Hermann Julius *Schlösser* (1832-1894): Historienmaler,
Schüler der Akademie in Düsseldorf unter Karl Sohn, 1861 Reise nach
Rom, wo er sich auf Dauer niederließ; die Stoffe seiner Bilder sind der
griechischen Antike entnommen. – *Bennewitz von Loefen ... die
Landschaft mit eignen Augen ansieht:* Vgl. dazu F.s Besprechung der
Bilder Bennewitz von Loefens auf der Kunstausstellung 1862,
S. 540f.

585 *Dünenlandschaft mit Windmühle:* Vermutlich das im Katalog unter
»Ostseeküste« verzeichnete Gemälde. – *Meeranwohner, der wir viele
Jahre gewesen:* Vgl. Anm. zu S. 519. – *Schon frühere Bilder hatten
uns dies gezeigt:* Vgl. S. 550.

586 *der jüngere Bruder (der Landschafter):* Irrtum F.s; älterer der bei-den Spangenbergs ist Louis, der Landschafter, geb. 1824; Gustav
Spangenberg, der Genremaler, geb. 1828. – *die niedersächsischen
Landschaften der vorigen Ausstellung:* Vgl. S. 538.

587 Hermann Julius *Schlösser:* Vgl. Anm. zu S. 584. – *Andreas Achen-bach:* Vgl. Anm. zu S. 462. – *Valentin Ruths:* Vgl. Anm. zu S. 541. –
Albert Zimmermann (1808-1888): Älterer Bruder Richard Zimmer-manns und vorübergehend dessen Lehrer, war selbst Schüler der Aka-demien zu Dresden und München, wirkte 1857-1859 als Professor an
der Akademie zu Mailand und von 1860-1871 an der Akademie der
bildenden Künste in Wien. – *»Winterlandschaft«:* Im Katalog:
»Mondnacht, Winterlandschaft«. – *»Der verunglückte Hirt; ein Un-wetter im Berner Oberland«:* Möglicherweise identisch mit dem Bild
»Gewittersturm im Hochgebirge« (Maße: 2,08 x 3,58 m).

588 *Oswald Achenbach:* Vgl. Anm. zu S. 459. – *Es ist doch ein eigen Ding
um die Kunst ... Oswald, das ist unser Mann«:* Vgl. dazu Botho von
Rienäckers Gedanken in »Irrungen, Wirrungen«, 7. Kap.: »Bei Lepke
standen ein paar Oswald Achenbachs im Schaufenster, darunter eine
palermitanische Straße, schmutzig und sonnig, und von einer gerade-zu frappierenden Wahrheit des Lebens und Kolorits. ›Es gibt doch
Dinge, worüber man nie ins reine kommt. So mit den Achenbachs.
Bis vor kurzem hab' ich auf Andreas geschworen; aber wenn ich so
was sehe, wie das hier, so weiß ich nicht, ob ihm der Oswald nicht
gleichkommt oder ihn überholt. Jedenfalls ist er bunter und mannig-

facher. All dergleichen aber ist mir bloß zu denken erlaubt; vor den
Leuten es aussprechen, hieße meinen ›Seesturm‹ ohne Not auf den
halben Preis herabsetzen.‹ Unter solchen Betrachtungen stand er eine
Zeitlang vor dem Lepkeschen Schaufenster [. . .]«(HF I, 2, S. 351).

589 *Auch diesmal wieder ist ein »Schelde-Ausfluß« und eine »Herbstlandschaft« da:* Der Katalog gibt die Bildtitel mit »Ausfluß der Schel-
de bei Vlissingen« und »Landschaft, Herbststurm« an. – *die Ruysdaels:* Holländische Malerfamilie, darunter Jacob Isaack Ruisdael (um
1628-1682) als der bedeutendste Landschaftsmaler der Niederlande. –
die Hobbemas: Meindert Hobbema (1638-1709): Niederländischer
Landschaftsmaler, Schüler Jacob Isaack Ruisdaels; er stellte mit Vorliebe Wassermühlen dar. – *die zwölf biblischen Landschaften J. W.
Schirmers:* Über Johann Wilhelm Schirmer vgl. Anm. zu S. 463. Die
zwölf Ölgemälde waren paarweise in einem Rahmen zu sechs Doppel-
bildern zusammengefaßt und bildeten einen Zyklus biblischer Landschaften mit Staffage aus dem Leben Abrahams. Es war die letzte
große Arbeit Schirmers, entstanden zwischen 1859 und 1862. Der
Katalog nennt die einzelnen Titel: »Abrahams Einzug in das gelobte
Land *und* die Verheißung im Haine Mamre«; »Abrahams Bitte für
Sodom und Gomorrha *und* die Flucht Loths«; »Die Vertreibung der
Hagar *und* Hagar in der Wüste«; »Rettung und Verheißung. Der
Gang zum Opfer«; »Das Opfer Isaaks. Abrahams und Isaaks Klage
um den Tod der Sarah.« »Elieser und Rebecca am Brunnen. Das Be-
gräbnis Abrahams.« – *Huß-Bilde Lessings:* »Huß vor dem Scheiter-
haufen«, Zusatz im Katalog: »angekauft für die Nationalgalerie«.
Das Gemälde war 1850 nach Amerika verkauft worden, gelangte aber
1864 wegen der – wie es hieß – »Bedrängnisse des transatlantischen
Landes« nach Deutschland zurück. Zu Lessing vgl. Anm. zu S. 459. –
cum grano salis: Vgl. Anm. zu S. 533.

590 *Gaspard Poussin* (eigentlich Gaspard Dughet; um 1615-1675): Französischer Maler, Schüler und Schwager Nicolas Poussins, nahm in
seinen Landschaftsbildern bereits die Prinzipien des 19. Jahrhunderts
vorweg. – *Alexander Teschner* (1816-1878): Berliner Historienmaler,
Schüler der dortigen Akademie; wandte sich der religiösen Malerei zu
und spezialisierte sich vor allem auf Kartonzeichnungen für Glasge-
mälde. Die ausgestellten Kartons der »*vier Evangelisten*« waren ein
Geschenk König Wilhelms I. an die in den fünfziger Jahren erbaute
evangelische Kirche zu Teplitz in Böhmen. – Julius *Hübner* (1806-
1882): Historienmaler, Ausbildung in Berlin durch Wilhelm von
Schadow, ließ sich 1839 in Dresden nieder und wurde Professor an der
dortigen Akademie; vgl. F.s Brief an Bernhard von Lepel vom 8. Sept.
1851: »Heut war ich mit Eggers im Schadow'schen Hause, wo Prof
Hübner aus Dresden eine kleine Ausstellung seiner neusten Sachen
veranstaltet hatte. Der Mann selbst gefiel mir sehr, seine Sachen nur
sehr theilweis. Es ist unglaublich, was alles gemalt wird« (HF IV, 1,
S. 192). – Bernhard *Plockhorst* (1825-1907): Historien- und Porträt-

maler, zunächst als Lithograph tätig, dann Ausbildung zum Maler
unter Karl von Piloty in München und Thomas Couture in Paris.
Lebte seit 1858 als Porträtist und Maler religiöser Themen in Berlin. –
Ernst *Hancke* (1834-1904): Historien- und Porträtmaler in Dresden,
Lehrer an der dortigen Kunstakademie. – Hugo Freiherr *von Blom-
berg* (1820-1871): Aus der Berliner Akademie hervorgegangener
Historienmaler, Dichter und Kunsthistoriker (Bearbeiter der dritten
Auflage von Franz Kuglers »Handbuch der Geschichte der Malerei«,
Leipzig 1867), seit 1852 Mitglied des »Tunnel über der Spree« und des
»Rütli«, von F. in der Kunst der Ballade als sein »allerspeziellster Ne-
benbuhler« bezeichnet (vgl. »Von Zwanzig bis Dreißig«, ›Der Tunnel
über der Spree‹, ›Hugo von Blomberg‹, HF III, 4, S. 387-391). Seinem
Skizzenbuch verdanken wir ein frühes Fontane-Porträt aus dem Jahre
1857, vgl. Abb. in Hans-Heinrich Reuter: Fontane, München 1968,
Bd. 1, nach S. 272. – *Christus und die Jünger von Emmaus:* Titel des
Bildes von Ernst Hancke; Hugo von Blomberg gab seinem Bilde den
Titel »Christus auf dem Weg nach Emmaus«. Zum Thema der beiden
Bilder vgl. NT, Luk. 24, 13 ff. – *»Bleibe bei uns, denn es will Abend
werden«:* Vgl. NT, Luk. 24, 29.

591 *das bekannte »blaue Atlaskleid«:* Gustav Richters »Weibliches Bildnis«, vgl. S. 571 und Anm. dazu. – *memento mori* (lat.): Gedenke des
(deines) Sterbens; Wendung nach dem Titel eines alemannischen Gedichts um 1090, das ein Dichter Noker verfaßt hat; vgl. auch F.s Gedicht »Memento« (HF I, 6, S. 311).

592 Hermann *Plüddemann* (1809-1868): Historienmaler, Ausbildung in
Berlin und Düsseldorf, seit 1848 in Dresden ansässig. Der Titel des
von ihm ausgestellten *»Konradin«* lautet vollständig: »Konradin der
letzte Hohenstaufe auf dem Blutgerüst zu Neapel« (1268). – Maksymiljan *Piotrowski:* Vgl. Anm. zu S. 471. – *Zuerst der »Konradin«. Ein
bedenklicher Vorwurf:* Vgl. dazu F.s Brief vom 7. Aug. 1875 an seine
Frau Emilie: »Die einzige Kunst, die unsre Historienmaler in nur allzu vielen Fällen üben, besteht darin, daß sie die Tat gleichsam zu ent-
nerven und das natürliche Gegebene in seinem Zauber zu entzaubern
verstehen. Gibt es etwas Ergreifenderes als ›Konradin's Tod‹? Gibt
es etwas Langweiligeres als die Bilder, die ihn darstellen? Wahrscheinlich existieren Ausnahmen, aber ich kenne keine« (HF IV, 2,
S. 509). – *Arminius, Karl der Große ... begegnen:* Eine für F. typische gedankliche Verknüpfung von Literatur und Malerei, deren gemeinsame Grenzen und Möglichkeiten er theoretisch auszuloten versucht. – *Möglich, daß die Raben bereits Miene machen, ihren Flug
um den Kyffhäuser einzustellen ... der bekannte Bart wächst weiter
durch den Tisch:* Anspielung auf die Volkssage um Kaiser Friedrich
Barbarossa, der im Kyffhäuser, einem Bergrücken in Thüringen mit
der sagenumwobenen Burg Kyffhausen, schlafend auf die Wiederherstellung der Einheit und die Erneuerung Deutschlands wartet, um
dann wiederkehren zu können. Der Rückgriff auf den Barbarossa-

Stoff mit dieser Akzentsetzung spiegelt die politische Atmosphäre der sechziger Jahre, die von dem Gedanken an die Erneuerung der Reichsidee durchdrungen ist.

593 *die Worte der Ballade . . . »Er war erst sechzehn Jahre . . .«:* Hier zitiert F. sich selbst durch Umwandlung eines Zweizeilers aus seiner Ballade »Marie Duchatel« (1854), Strophe 20: »Sie war erst sechzehn Jahre, / Es konnte sie retten nicht« (HF I, 6, S. 98). – Zum *Bild Piotrowskis* nennt der Katalog noch die Jahreszahl: 1793 und die »Personen des Bildes: Marie Antoinette, Maria Theresia und Ludwig, ihre Kinder; Elisabeth, ihre Schwägerin; Schuster Simon, links mit der Laterne, und Commissaire«. Der Stoff ist verschiedentlich Bildgegenstand gewesen; vgl. dazu auch F.s siebten Brief »Aus Manchester«, in dem er auf das Bild »Der letzte Abschied Marie Antoinettens von ihrem Sohne« des Engländers Edward M. Ward eingeht (HF III, 3/I, S. 479 f.).

594 *»Exekutoren«:* Hier: Gerichtsvollzieher. – *outriert:* übertrieben. – *ein »zu viel«:* Vgl. Lewin in »Vor dem Sturm«, ›Bei Hansen Grell‹: »Sie sprachen schon selbst das Wort aus, auf das es mir anzukommen scheint, ›solange der Zauber anhält‹. Da liegt es. Auch in der Kunst gilt das ›Toujours perdrix‹, und jedes Zuviel weckt das Verlangen nach einem Gegenteil« (HF I, 3, S. 484). – *Achenbachs »Schelde-Ausfluß«:* Vgl. S. 589. – *Paul Meyerheims »Tierbude«:* Gemeint ist das Gemälde »Eine Menagerie«, das auf der Ausstellung zu sehen war.

595 *»Mann mit der großen Schlange«:* Anspielung auf die Laokoon-Gruppe und deren Hauptfigur, den von Schlangen angefallenen Priester Laokoon, eine um 50 v. Chr. geschaffene Gruppenplastik der rhodischen Bildhauer Athanadoros, Hagesandros und Polydoros, ein berühmtes Meisterwerk des antiken Klassizismus. – Rudolf *Lehmann* (1819–1905): Genre- und Porträtmaler aus Hamburg, Schüler seines Vaters, des Hamburger Porträtmalers Leo Lehmann, und seines älteren Bruders, des Historien- und Porträtmalers Heinrich Lehmann. Zu jener Zeit lebte er in Rom. Nach einem sechzehnjährigen Aufenthalt in Italien ließ er sich 1866 in London nieder. Sein Gemälde »Graziella« war bereits auf der Pariser Weltausstellung 1855 ausgestellt gewesen. Die im Katalog zitierte Stelle aus den »Confidences« von Alphonse de Lamartine (1790–1869) lautet wörtlich: »Eines Abends versuchte ich, ihnen Paul und Virginia vorzulesen. Kaum hatte ich begonnen, als die Physiognomien meines kleinen Zuhörerkreises wechselten und den Ausdruck von Aufmerksamkeit und Sammlung annahmen, die ein sicheres Zeichen von Bewegtheit des Herzens sind. Noch hatte ich erst wenige Seiten gelesen, als Alle, Greise, Jungfrau, Kind, ihre Stellung geändert hatten. Der *alte Fischer* vergaß, das Ohr nach meiner Seite geneigt, seine Netze zu flicken. Die *Großmutter* hatte sich mir gegenüber gesetzt in der Stellung der armen Frauen, die in der Kirche auf Gottes Wort horchen. *Beschio* war von der Mauer der Terrasse herabgestiegen und hatte lautlos die Mandoline auf den Estrich gelegt. Seine Hand ruhte flach auf den Saiten, als fürchtete er,

der Wind möchte sie tönen machen. *Graziella*, die sich gewöhnlich in einiger Entfernung hielt, näherte sich mir unmerklich, als gehorchte sie einer im Buche versteckten Anziehungskraft. Auf die linke Hand gestützt, in der Stellung des sterbenden Fechters, betrachtete sie mit großen offenen Augen bald das Buch, bald meine Lippen, bald den leeren Raum zwischen meinen Lippen und dem Buche, als ob sie den unsichtbaren Geist zu entdecken hoffte, der es mir erklärte. Noch ehe ich in der Mitte der Geschichte angelangt war, hatte das arme Kind seine etwas scheue Zurückhaltung gegen mich vergessen. Ich fühlte die Wärme ihres Atems auf meinen Händen, ihre Haare berührten meine Stirne, zwei oder drei brennende Tränen, die von ihren Augen rollten, befleckten die Seiten ganz nahe bei meinen Fingern. Außer meiner langsamen und eintönigen Stimme, die dieser armen Fischerfamilie wörtlich dies Gedicht des Herzens übersetzte, hörte man keinen Laut, ausgenommen das dumpfe, ferne Brechen der Wellen am Gestade tief unter unseren Füßen.«

596 *Nordlandsnüchternheit:* »Ich bin Nordlandsmensch, und Italien kann, für *mich*, nicht dagegen an« ist F.s Grundhaltung, die er zu verschiedenen Zeiten durch entsprechende Aussagen bekräftigt hat. Das Zitat stammt aus einem Brief an Ernst Gründler vom 11. Febr. 1896 (HF IV, 4, S. 531). – *Sieh und stirb:* Formulierung in Anlehnung an die Wendung »Stirb und werde!« aus Goethes Gedicht »Selige Sehnsucht« (1814), »Westöstlicher Divan«, ›Buch des Sängers‹. – Gustav *Graef:* Vgl. Anm. zu S. 492. Sein Gemälde »Abschied vor dem Auszug ins Feld« (s. Abb. 19, auch unter dem Titel »Abschied des litauischen Landwehrmannes von seiner Geliebten«, Malerwerke 1, 1, S. 423) wurde noch während der Ausstellung von König Wilhelm I. erworben. Sein patriotischer Inhalt und seine malerische Ausführung haben auf die Zeitgenossen eine besondere Wirkung ausgeübt; vgl. dazu beispielsweise Ludwig Pietsch in: Illustrierte Zeitung, Leipzig, Nr. 1135 vom 1. Apr. 1865, S. 215 f.: Graef, der es »so wohl verstanden hat, schon mit der Wahl seiner Bildstoffe die innige Sympathie des vaterländischen Publikums zu erwecken, wenn die Gestaltung und künstlerische Durchführung dieser Gegenstände (in ihrer realistischen Wahrheit und malerischen Wirkung um so mehr überraschend [. . .]), ihm nicht schon einen höchst ehrenvollen Rang unter den tüchtigsten deutschen Meistern des geschichtlichen Genres zuwiesen [. . .] Es ist nichts Gemachtes, Künstliches, nichts Empfindsames und Weichmütiges in dieser Abschiedsszene. Gerade in ihrer Schlichtheit und in ihrem ehrlichen Ernst beruht die Kraft ihrer Wirkung [. . .] Als Malerei ist dem Urheber des Bildes kaum zuvor ein anderes glücklicher gelungen.« – »Auszug der Freiwilligen« auf der *vorvorigen* und das *schöne Bild* »Opferfreudigkeit 1813« auf der *letzten Ausstellung:* Vgl. S. 492 ff., s. Abb. 20.

597 *die Beschauer – denen der Mehrzahl nach nichts an* »Fragen« *liegt:* Vgl. F.s Gedicht »Publikum« (1888), HF I, 6, S. 380. – Ferdinand *Pau-*

Abb. 19   Gustav Graef: Abschied vor dem Auszug ins Feld (1864). Holz-schnitt nach dem Original. Aus: Illustrierte Zeitung (Leipzig) Nr. 1135, 1. April 1865, S. 216.

»Der Grundton, der aus diesem schönen Bilde klingt...: Schlichtheit, Treue, Innigkeit, Vaterlandsgefühl« (S. 597).

wels (1830-1904): Belgischer Historienmaler, 1842-1850 Schüler der Antwerpener Akademie, 1852-1856 Studienaufenthalt in Rom mit Hinwendung zu biblischen Stoffen, anschließend Rückkehr nach Antwerpen, wo er sich der Darstellung historischer Stoffe zuwandte. »Es begann eine Reihe von Werken, die durch den Gegenstand wie durch das Kolorit wachsende Teilnahme nicht nur in Belgien, sondern auch im Auslande erregten und 1862 die Berufung Pauwels' an die Kunstschule zu Weimar veranlaßten. Während seiner zehnjährigen Lehrtätigkeit daselbst entstanden mehrere seiner bedeutendsten historischen Gemälde« (Malerwerke 2, 1, S. 229). Sein Gemälde »Die Rückkehr des Verbannten des Herzogs Alba«, das 1864 mit der kleinen goldenen Medaille der Berliner Akademie ausgezeichnet wurde, hat im Katalog den erklärenden Zusatz: »Denez sagt in seiner Geschichte Belgiens: ›Im Jahre 1569 waren alle Gemüter von Entsetzen erfüllt; ganz Belgien war ein wahrer Schauplatz des Schreckens geworden, der nur Flucht, Verbannung, Konfiskationen, Einkerkerungen und Hinrichtungen aufzuweisen hatte. Die Auswanderung war eine ungeheure, sie erreichte vor Ablauf der ersten zwei Monate, während welcher Herzog Alba das Gouvernement führte, mehr als 30 000 Personen, von denen die Einen nach England, die Andern nach Deutschland flüchteten. Die Rückkehr der Verbannten erfolgte 1573 nach einer fünfjährigen Abwesenheit.‹«

598 *Witwe in Trauer ... Solchem Appell ans Herz widerstehen die Wenigsten:* Zur literarischen Bedeutung von Witwengestalten für F. vgl. Anm. zu S. 498.

599 Julius *Schrader* (1815-1900): Berliner Historien- und Porträtmaler, Schüler Wilhelm von Schadows in Düsseldorf, ließ sich 1847 in seiner Heimatstadt nieder und wirkte dort als Professor der Malklasse an der Akademie. In dieser Funktion hatte er große Bedeutung für den künstlerischen Nachwuchs an der Berliner Akademie, dem er als erster die Einflüsse der belgischen koloristischen Schule eines Louis Gallait und Edouard de Bièfve vermittelte. Das ausgestellte Bild zeigt S. noch auf der Höhe seiner koloristischen Kunst. – *Die entsprechende Geschichte dürfen wir als bekannt voraussetzen:* Im Katalog dazu ein längerer Zusatz: »Philippine Welser, in der Geschichte unter dem Namen die schöne Welserin bekannt, Tochter eines reichen Augsburger Kaufmanns, war mit dem Erzherzog Ferdinand von Tirol gegen den Willen seines Vaters, Kaiser Ferdinand I., heimlich vermählt. Nach achtjähriger Ehe reiste sie im unscheinbaren Anzuge, mit ihren beiden Söhnen, in Begleitung eines alten Dieners nach Wien und überreichte im Schlosse zu Schönbrunn dem Kaiser eine Bittschrift, in welcher sie sich über ihren Schwiegervater beklagte und die Bitte aussprach, der Kaiser möchte sich bei demselben für die Anerkennung ihrer Rechte verwenden. Der Kaiser, von der Anmuth und Schönheit dieser Frau innig bewegt, sagte ihr die erbetene Hülfe zu und ertheilte das Versprechen, ein gutes Wort bei ihrem Schwiegervater, nach des-

*Abb. 20   Gustav Graef: Auszug preußischer Landwehr im Jahre 1813
nach Einsegnung in der Kirche (1860)*

Das Gemälde wurde 1863 im Berliner Victoria-Theater als lebendes Bild
dargestellt (vgl. S. 596 u. Anm. dazu).

sen Namen sie gefragt wurde, einzulegen. Philippine, beglückt mit
dieser Zusage, gab sich nunmehr als seine eigene Schwiegertochter
dem Kaiser zu erkennen, der sie auch unter Zustimmung seines als
Minister fungirenden Beichtvaters, trotz Widerspruch des spanischen
Gesandten, in Gnaden aufnahm, und sie als rechtmäßige Ehegattin
seines Sohnes Erzherzog Ferdinand, Statthalters von Tirol, anerkannte, im Jahre 1558.« Vgl. F.s Theaterkritik über »Philippine Welser«
(1858), historisches Schauspiel von Oskar von Redwitz, 8. 6. 1878
(HF III, 2, S. 352 ff.).

600 Ludwig *Knaus* (1829-1910): Genre- und Porträtmaler, Schüler von
Karl Sohn und Wilhelm von Schadow an der Düsseldorfer Akademie,
1852-1860 in Paris (mit einjährigem Zwischenaufenthalt in Italien),
1861-1866 in Berlin, übernahm nach einem mehrjährigen Aufenthalt
in Düsseldorf 1874 eines der neubegründeten Meisterateliers an der
Berliner Akademie. – »*Passeier Raufer vor ihrem Seelsorger*«: Auch
unter dem Titel »Geistliche Ermahnung« (drei Passeier Bauernburschen, die sich gerauft haben, vor dem Pfarrer, der ihnen in Gegenwart eines Mönchs den Text liest); Knaus hat den Gegenstand zweimal, allerdings in abweichender Komposition, behandelt; s. Abb. 21.
– »*Die Taufe*«: Gemälde von Ludwig Knaus aus dem Jahre 1859, für
den Kunsthändler Adolphe Goupil in Paris gemalt, bez. L. Knaus
1860, gestochen von J. Ballin.

601 *Vautier:* Vgl. Anm. zu S. 513. – *K. Lasch:* Vgl. Anm. zu S. 516. Beide
Künstler wurden 1864 mit den begehrten Medaillen der Berliner Akademie ausgezeichnet, Vautier erhielt für seine Leistungen die große
goldene Medaille für Kunst, Lasch die kleine goldene Medaille. Laschs
»Heimkehr von der Kirmes« war seinerzeit im Stich von W. Witthöft
und C. Becker verbreitet, Vautiers »Die Mutter kommt« im Schwarzkunststich von Wilhelm Metzing.

602 Wilhelm A. *Stryowski:* Vgl. Anm. zu S. 525; er erhielt 1864 die kleine goldene Medaille für Kunst der Berliner Akademie. – *Flissaken:*
(Weichsel-)Flößer. – *wie auf der vorigen:* Vgl. S. 525 f.

603 *Theodor Weber:* Vgl. S. 584. – *Bennewitz von Loefen:* Vgl. S. 584 f.

604 *Wenn A. W. v. Schlegel zu Fouqué sagen durfte:* »*Die Nadel in Dir
zeigt nach Norden*«: Mehrmals von F. auf sich selbst bezogenes Zitat;
vgl. auch Anm. zu S. 596, Nordlandsnüchternheit. – *Victor Müller*
(1829-1871): Historien- und Genremaler aus Frankfurt am Main, ein
Freund Anselm Feuerbachs, mit dem zusammen er in Paris bei Thomas Couture studiert hatte. Zu jener Zeit lebte er in seiner Vaterstadt
Frankfurt, siedelte aber schon ein Jahr später, 1865, nach München
über, wo er sich dem Malerkreis um Wilhelm Leibl und Hans Thoma
anschloß und dort bis zu seinem Tode als geschätzter Kolorist tätig
war. Seine »Waldnymphe«, in Lebensgröße auf moosigem Grund dargestellt, war bereits 1863 auf der Münchner internationalen Kunstausstellung gezeigt worden. – »*Adonis*«: Nach dem Gedicht ›Früh-
lingsfeier‹ aus Heinrich Heines »Romanzenzyklus«: »Das ist des

Abb. 21   Ludwig Knaus: Passeier Raufer vor ihrem Seelsorger (1864).
Aus: Ludwig Pietsch: Knaus, Bielefeld/Leipzig 1896 (Künstler-Monogra-
phien, hg. v. H. Knackfuß, Bd. XI), Abb. 11, S. 19.

»Wer so zu individualisieren, auch das Kleine mit solcher historischen
Treue wiederzugeben versteht, der verwendet seine brillanten Gaben
nicht voll am rechten Fleck, wenn er sich an die Wiedergabe dreier ›Passeier Raufer‹ macht. Die Historienmalerei liegt darnieder. Was soll daraus werden, wenn solche Kräfte feiern?« (S. 602).

Frühlings traurige Lust! / Die blühenden Mädchen, die wilde Schar, / Sie stürmen dahin, mit flatterndem Haar / Und Jammergeheul und entblößter Brust: –/ Adonis! Adonis! // Es sinkt die Nacht. Bei Fackelschein, / Sie suchen hin und her im Wald, / Der angstverwirret widerhallt / Von Weinen und Lachen und Schluchzen und Schrei'n: / Adonis! Adonis! // Das wunderschöne Jünglingsbild, / Es liegt am Boden blaß und tot, / Das Blut färbt alle Blumen rot, / Und Klagelaut die Luft erfüllt: –/ Adonis! Adonis!« F.s Beschreibung des Bildes läßt erkennen, daß er das Gedicht nicht kannte.

605 *Adonis-Sage:* Versinnbildlicht in der griechischen Mythologie die alljährliche Wiederkehr vom Werden und Vergehen der Natur am Beispiel des schönen Jünglings Adonis, des Geliebten der Aphrodite und des Schützlings der Persephone, deren Streit um den Jüngling von Zeus derart geschlichtet wird, daß Adonis einen Teil des Jahres bei Persephone im Hades, den übrigen Teil bei Aphrodite auf der Erde verbringt. Als Adonis auf der Jagd von einem Eber zerrissen wird, färben seine Blutstropfen die sog. Adonisröschen.

606 *perhorreszieren:* entschieden abweisen. – *Wilhelm Riefstahl:* Vgl. Anm. zu S. 468.

607 *Andreas Achenbach:* Vgl. Anm. zu S. 459. – *»Feldandacht von Passeier Hirten...«:* Das Gemälde wurde noch während der Ausstellung von der Berliner Nationalgalerie angekauft. Riefstahl erhielt hierfür die kleine goldene Medaille für Kunst 1864. – *Knaus... »Passeier Raufer«:* Vgl. S. 600ff. – *von Gude und Tidemand gemeinschaftlich gemaltes norwegisches Genre-Landschafts-Stück:* Es könnte sich um das im Katalog unter Tidemands Namen aufgeführte Gemälde »Der Fischer und seine Tochter. Motiv von der norwegischen Küste« handeln. Unter Gudes Namen nennt der Katalog das Bild »Sturm. Norwegische Küste«. Biographische Angaben über beide s. Anm. zu S. 459 und 460.

608 *Ernst Ewald* (1836–1904): Berliner Historienmaler, Schüler Karl Steffecks; von 1856 bis 1863 hielt er sich in Paris auf, wo er ein Jahr lang Schüler von Thomas Couture war, 1864 bereiste er Italien, studierte dort vorzugsweise die Malerei des 15. Jahrhunderts und trat in demselben Jahr auf der Berliner Akademie-Ausstellung mit dem 3 × 1 m großen Bild »Sieben Todsünden« auf, das noch in Paris entstanden war und die personifizierten Todsünden im Kostüm des 17. Jahrhunderts »in aktionsmäßiger Gruppierung« darstellt. 1865 ließ sich E. in Berlin nieder, wurde 1868 Lehrer am dortigen Kunstgewerbemuseum, 1874 Direktor desselben und 1880 Leiter der Berliner Kunstgewerbeschule. F. gewann später über August von Heyden persönlichen Kontakt zu ihm (vgl. seinen Brief an seine Mutter vom 3. Apr. 1868, HF IV, 2, S. 196, und an Ismael Gentz vom 23. Jan. 1891, HF IV, 4, S. 92); vgl. auch die Begegnung in Italien am 19. und 20. Okt. 1874 (aus Emilie Fontanes Tagebuch, N XXIII/2, S. 48f.).

609 *embarras de richesse* (eigentlich: embarras des richesses): Verlegen-

heit infolge von zu reicher Auswahl; Titel einer 1726 erschienenen
Komödie des Abbé Léonor Jean Christoph Soulas d'Allainval (1700–
1753).

610 Gustav *Spangenberg:* Vgl. Anm. zu S. 523. – »*Perchta und die Heimchen*«: Nach einer altdeutschen Sage aus dem Saaltal; dazu der Katalog: »Im Saaltal hatte Perchta, die Königin der Heimchen, ihren Sitz; sie verunreinigte sich aber mit den Bewohnern und verließ das Land. Ein Fährmann wurde spät Abends herausgerufen, und als er zum Saalufer kam, erblickte er eine hehre Frau, umgeben von kleinen Kindern, die die Überfahrt forderte. Am andern Ufer hieß Perchta den Schiffer, die zurückgebliebenen Heimchen holen, was notgedrungen geschah. Zum Lohne gab sie ihm drei Holzspäne, die sie aus dem Rohre schnitt. Mürrisch steckte er sie ein. Am andern Morgen lagen drei Goldstücke da, wo er die Späne hingelegt hatte.« Perchta ist ein mythisches Einzelwesen, teils Schreckgestalt, teils Gabenbringerin, Hüterin der Seelen aller ungeborenen bzw. ungetauft verstorbenen Kinder, in Thüringen Heimchen genannt. – »*Zwar kann ich viel, doch möcht ich Alles können*«: Formulierung in Anlehnung an Wagners Ausspruch »Zwar weiß ich viel, doch möcht' ich alles wissen!« (vgl. Goethe: »Faust I«, ›Nacht‹, V. 601). – »*Rattenfänger von Hameln*«: 1860 entstanden und auf der Berliner Akademie-Ausstellung 1860 ausgestellt, damals von F. jedoch nicht erwähnt. – »*Jungfrauen von Köln*«: F. äußerte »ein besonderes Interesse« an Spangenbergs Gemälde »Kölnische Jungfrauen streuen am Johannisabend Blumen in den Rhein« (die alles Unheil des nächsten Jahres wegschwemmen sollen), das zu Beginn des Jahres 1864 im Lokal des Berliner Kunstvereins ausgestellt war; vgl. seine Besprechung dieser Ausstellung in der Neuen Preußischen (Kreuz-)Zeitung, Nr. 19 vom 23. Jan. 1864 (gez.: Te): »Er bewährt sich in diesem Bilde wieder als glänzender Darsteller poetisch-mittelalterlichen, halb sagenhaften, halb *träumerischen* Lebens. Besonders ist es dieser letzte Zug, der wie ein Zauber (und zugleich als Spangenbergsche *Spezialität*) durch alle seine Bilder geht. Die früheren Düsseldorfer hatten diesen Zug auch; aber einerseits mangelte ihnen noch vieles nach der technischen Seite hin, andererseits hatte auch ihre Romantik weniger Tiefe. Was man damit nur *wollte*, das *kann* man jetzt, wenigstens kann es Spangenberg.« – Vgl. auch seinen 25 Jahre später, am 13. Mai 1889, geschriebenen Brief an seine Tochter Mete: »Ein Sonntag am Rhein! Ich sehe dann immer das schöne Bild von Gustav Spangenberg vor mir, das den Titel führt: ›Jungfrauen von Köln, dem Rhein Blumen streuend‹. Es ist vielleicht im Kölner Museum und jedenfalls sehenswert. Es war seine erste Arbeit, noch vor dem Rattenfänger von Hameln, und nach der Seite der poetischen Stimmung hin, hat er nichts Schöneres mehr geschaffen. Er bleibt übrigens auch sonst noch eine der interessantesten modernen Kunsterscheinungen und zwar dadurch, daß sein Renommée nicht, wie das gewöhnlich geschieht, durch Fachgenossen und Kenner,

sondern im Gegensatz zu diesen, recht eigentlich durch die gebildeten Laien gemacht worden ist« (HF IV, 3, S. 690). – »*Blocksberg-Szene« der vorigen Ausstellung:* Anspielung auf das Gemälde »Walpurgisnacht«, vgl. S. 557 ff.

613 *Maler … ihre unglaublich bevorzugte Stellung:* Mehrfach angeschnittenes Thema F.s, das ihn im Hinblick auf seine eigene Situation beschäftigte; vgl. z. B.: »Am besten dran, wie in so vielem, sind immer noch die bildenden Künstler, weil sie wirklich noch in ihrem turmhohen, abgetrennten Atelier eine Art ›study‹ haben. Vergleiche zu Hause mein Zimmer damit: Entree, Durchgang, Empfangszimmer usw.« (an seine Frau Emilie am 20. Mai 1868, HF IV, 2, S. 202 f.). – *Friedrich Hebbel … Die Duplikate helfen nichts in der Kunst:* Von F. wiederholt zitiert; eine frühe Äußerung erklärt, welche Bedeutung dieser Ausspruch für F. selbst gehabt hat: »Ich fühle mehr und mehr wie viel mir fehlt, und namentlich will mir der Hebbelsche Ausspruch gar nicht aus dem Kopf: ›mit Duplikaten ist unsrer Literatur nicht geholfen‹« (Brief an Bernhard von Lepel vom 8. Sept. 1851, HF IV, 1, S. 192). In leicht variierender Wiederholung begleitete ihn dieser Ausspruch durch die Jahrzehnte, so 1857 bei Besprechung der »Ausstellung der Modelle zum Wellington-Grabmal«: »Hebbel ruft einmal aus: ›mit Duplikaten ist der Kunst nicht geholfen!‹« (HF III, 3/I, S. 530) oder 1883 in der Theaterkritik über Beers »Struensee«: »Hebbel sagte: ›Doubletten bedeuten nichts in der Kunst.‹« (HF III, 2, S. 598 u. Anm. dazu) und am 19. Aug. 1889 in einem Brief an Tochter Mete: »Und wenn schon Hebbel von den Produktionen eines ganz leidlichen Dichters sagen durfte: ›Doubletten haben keinen Wert in der Kunst.‹« (Briefe II, S. 146) oder schließlich am 21. Aug. 1894 an Karl Zöllner: »›Doubletten gelten nicht in der Kunst‹ ist ein wundervoller Satz von Hebbel« (HF IV, 4, S. 379).

BERLINER KUNSTAUSSTELLUNG (1866)

Textgrundlage: Neue Preußische (Kreuz-)Zeitung, Berlin 1866. Die Artikelserie erschien in fünf Folgen: I. Nr. 216 vom 16. Sept. 1866; II. Beilage zu Nr. 234 vom 7. Okt. 1866; III. Beilage zu Nr. 240 vom 14. Okt. 1866; IV. Beilage zu Nr. 246 vom 21. Okt. 1866; V. Beilage zu Nr. 252 vom 28. Okt. 1866. Jeder Artikel ist mit F.s Sigle -lg- gezeichnet.

Zur Entstehung: Vgl. F.s Brief an Mathilde von Rohr am 10. Sept. 1866: »Ich hatte gehofft, meine böhmischen Reise-Erlebnisse in einer Woche aufschreiben zu können; nun bin ich schon dritthalb Wochen dabei und bin erst halb fertig. Sie sehen also, daß ich mich heran halten muß. Und dazu die Kunstausstellung!« (HF IV, 2, S. 170 f.; s. o. S. 800 f.).

Die 45. Kunstausstellung der Akademie der Künste dauerte vom 2. Sept. bis zum 4. Nov. 1866. Die Einnahme war »für die im Kriege Verwundeten und für die Hinterbliebenen der gefallenen Krieger bestimmt« (Neue Preußische (Kreuz-)Zeitung, Nr. 203 vom 1. Sept. 1866). Zwei die Ausstellungsberichte ergänzende Notizen in der Neuen Preußischen (Kreuz-) Zeitung machen aus thematischen Gründen die Verfasserschaft F.s wahrscheinlich. In Nr. 225 vom 27. Sept. erschien der ungezeichnete Artikel: »*Die diesjährige Kunstausstellung* weckt ein Interesse durch die große Anzahl von Bildnissen bekannter Berliner Persönlichkeiten. Einzelne dieser Porträts sind auch von künstlerischer Bedeutung. Gleich beim Eintritt in den Uhr-Saal begegnen wir, in brillanter Ausführung, dem Bildnis der Frau Fürstin zu *Putbus* (von Lauchert). Wir nennen demnächst die Porträts des Generals *v. Barner*, des bei Düppel gefallenen Generals *v. Raven*, des Premier-Lieutenants *v. Notz* und des jungen Grafen *Gröben* vom Zietenschen Husaren-Regiment, jener bei Königgrätz, dieser bei Missunde (1864) gefallen. Trefflich ist das Bild David Hansemanns von Plockhorst. Außerdem werden die Porträts vieler in Kunst und Wissenschaft hervorragender Namen ein besonderes Interesse wecken. Wir nennen Frau Lucca und Frau v. Bärndorf, Ludwig Rellstab, Geh. Rat Hahn, Professor Lübke (zur Zeit in Stuttgart), Professor Herrmann Weiß, Hofrat Hesekiel und den durch seine Oper »Vinceslao« in Italien bekannt gewordenen, zu früh verstorbenen Komponisten Alfred Bicking (Sohn des Geh. Rats Dr. Bicking). Die beiden letztgenannten Bilder – das erstere vom Porträtmaler *W. Kray*, das letztere von *Fritz Hummel* herrührend – sind durch Porträt-Ähnlichkeit ausgezeichnet.« – In Nr. 253 vom 30. Okt. 1866 erschien einen Tag nach der letzten Fortsetzung in der Spalte »Berliner Zuschauer« der mit -n gezeichnete Artikel: »Unter den in der Akademie ausgestellten Gegenständen (Bilder, Skulpturen, Kupferstiche) befinden sich auch *Siegel*. Das Wappenstechen ist eine alte ebenbürtige Kunst. Wir machen unsere Leser auf die vom Graveur und Wappenstecher *C. Voigt* (Friedrichstraße 158) ausgestellten Siegel aufmerksam. Sie befinden sich in einer der Fensternischen des Uhrsaals. Wir bemerkten unter denselben das Siegel des Bischofs von Trier, das gräflich *Nostitz*sche und gräflich *Loga*usche Wappen, die Wappen der Freiherrn v. Locquenghien, v. Lettow, v. Gerold, v. d. Heydt, das Barfussche Wappen u. a. m., – alle durch Korrektheit und scharfen Schnitt ausgezeichnet.«

614 *Die Zeitverhältnisse:* Gemeint ist der preußisch-österreichische Krieg von 1866. – *Menzels Krönungsbild:* Vgl. S. 654f. und Anm. dazu. – *Der Katalog zählt über 900 Nummern:* Alles in allem 931 Nummern, eine infolge der Kriegsereignisse des Jahres 1866 um ein Drittel niedrigere Zahl als sonst in jenen Jahren. – Ludwig *Knaus:* Vgl. Anm. zu S. 600. – *Porträts von Richter:* Vgl. u. S. 638 u. 652. – Oskar *Begas:* Vgl. Anm. zu S. 461. – *pièces de résistance* (franz.): Hauptstücke. – *Die norddeutsche bez. die märkische Landschaft kommt zu Ehren:*

Vgl. dazu Treibels Ausspruch: »Es ist kein Zweifel, daß dieser Fleck Erde mit zu dem Schönsten zählt, was die norddeutsche Tiefebene besitzt, durchaus angetan, durch Sang und Bild verherrlicht zu werden, wenn es nicht schon geschehen ist, denn wir haben jetzt eine märkische Schule, vor der nichts sicher ist, Beleuchtungskünstler ersten Ranges, wobei Wort oder Farbe keinen Unterschied macht« (»Frau Jenny Treibel«, 10. Kap., HF I, 4, S. 406).

615 *»Kolumbus, der...«* oder *»Richard Löwenherz, der...«*: Der Katalog verzeichnet keine Bilder zu diesen Themen. – *Fischerhütte:* Gemälde von Antonie Biel, vgl. S. 636. – *Wasserfall:* Gemälde von Georg Engelhardt (1823-1883), thüringischer Landschaftsmaler, der nach Ausbildungsjahren in Berlin dort auch ansässig wurde. – *Entenjagd:* Gemälde von Hermann Freese (1819-1871), Tiermaler (vor allem Jagdszenen) aus Pommern, Berliner Akademieschüler, lebte damals in Berlin. – *»Bange machen gilt nicht«:* Genrebild von Theodor Hosemann; über ihn vgl. Anm. zu S. 467. – *»Der verweigerte Kuß«:* Gemälde des Genre-, Historien- und Porträtmalers Ernst Hancke (1834-1914) in Berlin.

616 *Canal grande:* Gemälde des Landschaftsmalers Julius Helfft (1818-1894), der sich als Architekturzeichner hervortat und als Professor in Berlin wirkte. Der Katalog gibt den Titel mit »Der große Kanal in Venedig« an. – *Nemi-See:* »Motiv am Nemi-See« ist der Titel eines Gemäldes von Gottlieb Biermann (1824-1908), der als Genre-, Historien- und Porträtmaler in Berlin lebte. – *Capri:* »Motiv auf Capri«, ebenfalls von Gottlieb Biermann. – *Vesuv:* Gemälde von Wilhelm Brücke mit dem vollständigen Titel »Ansicht auf den Vesuv«; über B. vgl. Anm. zu S. 635. – *Shakespeares »Julia«:* Gemälde von Emil Teschendorff; über T. vgl. Anm. zu S. 557. – *»König Lear verstößt seine Tochter Cordelia«:* Gemälde von August von Heckel; über H. vgl. Anm. zu S. 553. – *Konjektural-Novellen:* Unbedeutende Verbesserungsversuche an alten Sujets. – die *»Zerbrochene Pfeife«:* Gemälde des schwedischen Genremalers August Jernberg (1826-1896) aus Stockholm, das damals vom Nationalmuseum in Stockholm erworben wurde; J. war Schüler der Akademie zu Stockholm, setzte seine Studien 1851 in Düsseldorf fort und ließ sich dort auch nieder. – *»Briefschreiberin«:* Gemälde von Max Michael, eigentl. Isaac Mayer (1823-1891), Genremaler aus Hamburg, Ausbildung an der Dresdner Akademie und in Paris (Thomas Couture), von 1851 bis 1860 überwiegend in Rom, sonst in Berlin, seit 1875 Professor an der Berliner Akademie. – *Karl Graeb:* Der Titel seines Bildes laut Katalog: »Der hohe Chor der St. Georgskirche zu Tübingen«; v. Boetticher, Malerwerke, gibt den Titel mit: »Die Gräber der Grafen und Herzöge von Württemberg im Chor der St. Georgskapelle zu Tübingen« an; über G. vgl. Anm. zu S. 463.

617 *Karl Becker: Besuch Karls V. beim alten Fugger:* Genauer Titel: »Besuch Karls V. bei Fugger in Augsburg, bei welcher Gelegenheit der

Letztere die Schuldverschreibungen des Kaisers verbrennt«; das Bild wurde noch im selben Jahr von der Berliner Nationalgalerie angekauft; oft ausgestellt und auch im Stich von Fr. W. Zimmermann verbreitet. Über B. vgl. Anm. zu S. 467.

618 Benjamin *Vautier* d. Ä.: Vgl. Anm. zu S. 513.

619 Wilhelm *Riefstahl:* Titel laut Katalog: »Rückkehr von der Taufe. Appenzell«; über R. vgl. Anm. zu S. 468. – *während der letzten Ausstellung:* Vgl. S. 607 f.

620 Wilhelm *Gentz:* Vgl. Anm. zu S. 467. – *bei früheren Gelegenheiten prinzipielle Bedenken äußern mußten:* Vgl. S. 528 ff., 578 f. – »*Karawanenlager in der Wüste*«: Das auf der Akademie-Ausstellung 1862 gezeigte Gemälde hieß »Lager der großen Mekka-Karawane«, vgl. S. 528.

621 Gustav *Spangenberg:* Vgl. Anm. zu S. 523. – »*Der Rattenfänger von Hameln*«: 1860 auf der Berliner Akademie-Ausstellung, in F.s Bericht 1860 jedoch nicht erwähnt. – »*Die Walpurgisnacht*«: 1862 auf der Berliner Akademie-Ausstellung, vgl. F.s Besprechung S. 557 ff. – »*Die Jungfrauen von Köln*«: 1864 im Berliner Kunstverein ausgestellt, vgl. Anm. zu S. 610. – »*Im Försterhause*«: 1865 gemalt, 1866 von König Wilhelm I. angekauft.

622 Maksymilian *Piotrowski:* F.s Kritik des Bildes »Die Wegführung des Dauphin aus dem Temple« s. S. 593 f.; über ihn vgl. Anm. zu S. 471. – »*Litauische Getreideschiffer nach der Arbeit*«: Im Katalog der Zusatz »(Wyciniarze litewscy.) Aus dem Gubernium Grodno.«

623 *oft von uns gerühmten Arbeiten Stryowskis:* Vgl. S. 525 ff. und S. 602 ff.

624 *das »Norddeutsche Volksfest«:* Titel im Katalog: »Norddeutsches Volksfest durch Gewitter unterbrochen«. – *Karl Scherres:* Vgl. Anm. zu S. 541. – *Beide Bilder... führen denselben Titel:* Im Katalog Nr. 624 »Die Wachtfeuer der Flissen auf der Weichsel bei Danzig«, Nr. 626 »Die Wachtfeuer der Flissen an der Weichsel bei Danzig«. – *Oswald Achenbach:* Vgl. dazu F.s Bemerkungen zu den Achenbachschen Nachtstücken, S. 582.

625 *Paul Meyerheim:* Laut Katalog »gegenwärtig in Paris«; vgl. Anm. zu S. 468. Das Affengemälde »Eine Gerichtsszene« führt bei v. Boetticher den Titel »Affentribunal«.

626 Wilhelm *Sohn* (1829-1899): Historien- und Genremaler, Neffe Karl Ferdinand Sohns, der ihn auch unterrichtete, seit 1864 Lehrer an der Düsseldorfer Akademie; sein Bild »*Eine Konsultation beim Advokaten*« erhielt die kleine goldene Medaille der Berliner Akademie, wurde vom Städtischen Museum in Leipzig angekauft und war im Stich von Ernst Forberg verbreitet. Es wurde damals gelobt als meisterhaft in der Charakteristik, in der Zeichnung und in der koloristischen Wiedergabe. – *gemeint:* Vermutlich Druckfehler im Erstdruck für »geneigt«.

627 Eduard *Ockel:* Vgl. Anm. zu S. 550. – *ein Altes, längst Dagewesenes:*

Variation des oft zitierten »alles schon dagewesen«, vgl. S. 463 und
Anm. dazu. – August *Leu:* Vgl. Anm. zu S. 535; sein Gemälde »Auf
der Engstlee-Alm« wurde während der Ausstellung von König Wilhelm I. angekauft. – Eduard *Pape:* Von ihm waren Landschaften ausgestellt, u. a. das Gemälde »Der Rhein. Profilansicht des Falles nahe
den Eisengießereien von Neuhaus bei Schaffhausen«, das 1867 auch
auf der Pariser Weltausstellung zu sehen war und 1868 von der Berliner Nationalgalerie erworben wurde; über P. vgl. Anm. zu S. 541. –
Friedrich *Voltz:* Von ihm war das Bild »Im Schatten von Bäumen und
Felsen hütet ein Mädchen Kühe« ausgestellt; über V. vgl. Anm. zu
S. 550. – Rudolf *Jordan:* Das Gemälde wurde damals von der Berliner
Nationalgalerie erworben; über J. vgl. Anm. zu S. 467. – *was wir auf
früheren Ausstellungen... gesehen und... hervorgehoben haben:*
Zu Leu vgl. S. 535 f. und S. 581 ff.; zu Pape vgl. S. 541 und S. 582 f.;
zu Voltz vgl. S. 550 und S. 582 f.; zu Jordan vgl. S. 467 und S. 519 ff.

628 Karl *Triebel* (1823-1885): Landschaftsmaler aus Dessau, Ausbildung
an der Berliner Akademie, an deren Ausstellungen er seit 1844 regelmäßig teilnahm, ließ sich in Berlin nieder, wo er Professor und
Hofmaler wurde; er hatte fünf Gemälde, überwiegend Gebirgslandschaften, und vier Zeichnungen ausgestellt. – Olof *Winkler* (1843-
1895): Besuchte damals noch die Kunstschule zu Weimar, ließ sich
später in Dresden nieder; er beschickte zum ersten Mal die Berliner
Ausstellung mit dem Bild »Von der oberbayrischen Hochebene«. –
Gustav *Meißner* (geb. 1830): Schüler der Kunstakademie zu Königsberg und München, ließ sich in der Nähe von Berlin nieder, hatte nach
1864 zum zweiten Male die Berliner Akademie-Ausstellung beschickt, auf der er mit der kleinen goldenen Medaille für Kunst ausgezeichnet wurde. Die von ihm ausgestellten Werke: »Das Bodetal mit
der Roßtrappe. Vom Hexentanzplatz gesehen«, »Der Kochel-See im
Bayrischen Gebirge« und »Märkische Landschaft«. – Wilhelm *Kühling* (1823-1886): Berliner Landschafts- und Porträtmaler, der bereits
1844 auf der Berliner Akademie-Ausstellung ausgestellt hatte. 1866
hatte er ein Bildnis und zwei nicht näher bezeichnete Landschaften
gezeigt. F. kannte K. persönlich; vgl. seinen Brief vom 2. Juni 1881 an
Hermann Wichmann: »Von Kühling höre und sehe ich nichts; das
Portrait, das er vor Jahr und Tag von Anna Zoellner gemacht hat, ist
recht hübsch. Ich hätte ihm auf diesem Gebiete soviel gar nicht zuge-
traut« (HF IV, 3, S. 134). – Georg *Engelhardt* (1823-1883): Landschaftsmaler aus Thüringen, der in Berlin studiert hatte und sich dort
auch niederließ; die vier von ihm ausgestellten Bilder behandeln Tiroler Landschaften. – Karl *Scherres:* Von ihm waren drei »Landschaften
im Charakter von Ost-Preußen« ausgestellt; über S. vgl. Anm. zu
S. 541. – Philipp *Röth* (1841-1921): Landschaftsmaler aus Darmstadt,
Schüler Johann Wilhelm Schirmers in Karlsruhe, weitere Ausbildung
in Darmstadt, Düsseldorf und München; sein Bild »Aus dem Dachau-
er Moos« ist das erste, das er in Berlin ausgestellt und mit dem er sich

der Öffentlichkeit bekannt gemacht hatte. – Axel *Nordgren* (1828-1888): Schwedischer Landschaftsmaler, seit 1851 in Düsseldorf ansässig, wo er Schüler Hans Gudes gewesen war; er hatte 1862 zum ersten Mal, 1866 zum zweiten Mal an der Berliner Akademie-Ausstellung teilgenommen. Der Titel seines Landschaftsbildes ist »Trollhettan in Schweden«. – Hermann *Eschke*: Vgl. Anm. zu S. 541. Von E. waren acht Landschaften ausgestellt, u. a. »Dovercliffs bei stürmischer See«, »Bergen auf Rügen«, »Nach dem Sturme. Strandung in den Klippen«. – Eduard *Pape*: Vgl. Anm. zu S. 627. – Max *Schmidt* (1818-1901): Berliner Landschaftsmaler, Ausbildung an der Berliner Akademie (Karl Begas, Franz Krüger, Johann Wilhelm Schirmer); er hatte anfangs südliche Landschaften bevorzugt, sich zu jener Zeit aber bereits Themen der Nord- und Ostseeküsten zugewandt. Von den fünf ausgestellten Gemälden wurde »High Cliff. An der Südküste der Insel Wight« von König Wilhelm I. angekauft. – *Oswald Achenbach*: Vgl. Anm. zu S. 459. Von A. war eine »Landschaft« und ein »Architekturbild« ausgestellt. – Louis *Gurlitt*: Vgl. Anm. zu S. 463. Von ihm stammten drei Bilder auf der Ausstellung, eine italienische Landschaft und zwei griechische Landschaften. – Ferdinand *Graf von Harrach* (1832-1915): Landschafts- und Historienmaler, der damals noch die Kunstschule in Weimar besuchte und sich nach dem Krieg 1870/71, an dem er teilnahm, in Berlin niederließ; seine ausgestellte »Schottische Fischerfamilie« wurde später von Kaiser Friedrich erworben. – *Theodor Hagen* (1842-1919): Zu jener Zeit Schüler Oswald Achenbachs in Düsseldorf, 1871 Professor der Landschaftsmalerei an der Kunstschule zu Weimar, 1877 deren Direktor; seine ersten Bilder mit Motiven aus der Eifel und aus Westfalen hatten wegen ihrer ernsten, aber doch farbenreichen Stimmung viel Beifall gefunden. Mit der in Berlin ausgestellten »Westfälischen Landschaft mit Staffage« hatte er sich zum ersten Mal an einer Berliner Akademie-Ausstellung beteiligt und sich zum ersten Mal überhaupt einer größeren Öffentlichkeit vorgestellt. – Carl Friedrich *Harveng* (1832-1874): Landschafts- und Genremaler aus Frankfurt am Main, Schüler des Städelschen Instituts in Frankfurt und Johann Wilhelm Schirmers in Karlsruhe. – *Bennewitz von Loefen*: Vgl. Anm. zu S. 539. – *Ludwig* (Louis) *Spangenberg*: Vgl. Anm. zu S. 538. – Wilhelm *Riefstahl*: Vgl. S. 619 f.; über ihn vgl. Anm. zu S. 468.

629   *die sogenannten »Mieten«*: Niederdeutsche Verwendung des Wortes im Sinne eines im Freien kegelförmig aufgeschichteten Haufens Getreide (oder Heu). – *»Schwarzwälder Landleute zur Kirchweih ziehend«*: Titel im Katalog: »Schwarzwälder Landleute, zum Kirchweihtanz ziehend«.

630   *»Fischerhütte an der Ostsee«*: Titel im Katalog: »Fischerhütten an der Ostsee«. – Karl *Becker*: Vgl. Anm. zu S. 467. – Konstantin *Cretius*: Vgl. Anm. zu S. 475. – August Friedrich *Siegert*: Vgl. Anm. zu S. 521; von ihm waren »Willkommene Pause« und »Genrebild:

Sonntag früh« ausgestellt. – Bengt *Nordenberg:* Vgl. Anm. zu
S. 516; von ihm war »In der Mühle« ausgestellt. – Friedrich *Boser*
(1813-1881): Genre- und Bildnismaler, Schüler der Akademien von
Dresden, Berlin und vor allem Düsseldorf, wo er seßhaft wurde; kul-
turhistorischen Wert besitzen seine Porträts von 25 Düsseldorfer
Künstlern aus den vierziger und fünfziger Jahren. Er hatte u. a. das
Bild »Wendische Mädchen in der Kirche« ausgestellt. – Theobald
Rheinhold *von Oer:* Vgl. Anm. zu S. 557. – Otto *Erdmann* (1834-
1905): Genremaler aus Leipzig, Ausbildung an den Akademien zu
Leipzig, Dresden und München, seit 1858 in Düsseldorf; er behandel-
te vorzugsweise Themen aus der Rokokozeit. – Wilhelm *Amberg:*
Vgl. Anm. zu S. 468; er hatte acht Bilder ausgestellt, u. a. »Die
Abendglocke« (im Kostüm des 17. Jahrhunderts), als Schwarzkunst-
stich von P. S. Habelmann verbreitet. – Friedrich *Kraus:* Vgl. Anm.
zu S. 505.

631 *Auf Cretius kommen wir an anderer Stelle . . . zurück:* Vgl. S. 653. –
Adolph *Burger:* Vgl. S. 640; vgl. Anm. zu S. 517. – *Lieblingsvorwurf
unserer Genremaler:* Gemeint sind Ambergs Genrebild »Wichtige
Neuigkeiten« und Friedrich Kraus' »Stadtneuigkeiten«. – *ancien régime:* Zeit im absolutistischen Frankreich von der Mitte des 17. Jahrhunderts bis zur französischen Revolution (1789). – *auf dem Erdmannschen Bilde:* Titel: »Brautschau«.

632 *Eduard Magnus:* Vgl. Anm. zu S. 461; seit 1837 Mitglied der Berliner
Akademie, hatte er in den sechziger Jahren an deren Kunstausstellungen nicht teilgenommen. Nachdem er 1866 in den Senat der Berliner
Akademie gewählt worden war, beschickte er im selben Jahr die Ausstellung mit sieben Bildern, davon sechs Porträts. – *Wir wußten vor
25 Jahren auch nicht, wie »Editha mit dem Schwanenhals« ausgesehen habe:* Vgl. dazu »Die Londoner Kunstausstellung« (1857): »Es
ist jetzt länger als ein Dutzend Jahre, daß ich die Edith Schwanenhals
des Horace Vernet sah, und bis auf diesen Augenblick hab' ich in
furchtbarer Klarheit das ganze Bild vor Augen. Ich sehe das Pallisa-
denwerk, die Erschlagenen drüber hin, den Leichnam Harolds mit der
tiefen Eiterwunde, die vorschreitenden Mönchsgestalten und vor allem Editha selbst, mit dem im Winde flatternden roten Haar und dem
Auge voll versteinerndem Entsetzen« (HF III, 3/I, S. 421). Vgl. auch
Waltham-Abbey« (1857): »[. . .] der Maler weiß, daß Horace Vernet
diesen Moment des Findens zum Vorwurf eines seiner historischen
Bilder machte, eines Bildes, fehlerhafter vielleicht und auch angriffs-
fähiger als andere Werke des Meisters, aber an Großartigkeit von keinem übertroffen« (HF III, 3/I, S. 555). Vgl. auch »Ein Sommer in
London«, ›Hastingsfeld‹ (HF III, 3/I, S. 172). – *Wir haben seitdem
viele Edithas gesehen:* Vermutlich vor allem in England, wo dies ein
beliebter Stoff der Historienmalerei war; vgl. F.s Bemerkungen über
Daniel Maclises Karton zu diesem Thema in »Die Londoner Kunstausstellung« (1857), HF III, 3/I, S. 421, und die Anspielung darauf im

siebten Brief »Aus Manchester«, HF III, 3/I, S. 469. F. hat der Stoff auch literarisch interessiert: er nahm in die vierte vermehrte Auflage seines »Deutschen Dichter-Albums«, Berlin 1858, Heines Ballade »Schlachtfeld bei Hastings« neu auf (S. 399-402), vgl. die 7. Strophe daraus: »Man hieß sie Edith Schwanenhals, / Weil wie der Hals der Schwäne / Ihr Nacken war, der König Harold / Er liebte die junge Schöne.«

633 Emil *Teschendorff:* Vgl. Anm. zu S. 557; Titel seines Bildes: »Julia« (mit dem Schlaftrunk). – *August von Heckel:* Vgl. Anm. zu S. 553; Titel des Bildes: »König Lear verstößt seine Tochter Cordelia«; eine kleinere Ausführung dieses großen Gemäldes stellte v. H. auf der Berliner Akademie-Ausstellung 1872 aus. – *Wie verfehlt war (vor vier Jahren, wenn wir nicht irren), des trefflichen Schraders »Lady Macbeth«:* Vgl. S. 472 f. – *es gehört bekanntlich auch viel dazu, einen neunbändigen Roman zu schreiben, selbst wenn er schlecht ist:* Abwandlung des von F. verschiedentlich zitierten Ausspruchs Ludwig Tiecks, vgl. S. 555 und Anm. dazu. – *Dies Heckelsche Bild mit allem seinem Können wirkt doch nur wie eine Coulisse:* Hinter dieser Äußerung verbirgt sich F.s Kritik an der zeitgenössischen Münchner Malerschule, die er sechs Jahre später in seiner Besprechung von Grillparzers »Medea« am 18. Mai 1872 deutlicher formuliert: »Ist dies die Stätte [München], wo nach einem noch erst zu findenden Entwicklungsgesetz eine blendende aber in die Irre gehende Kunst geboren werden mußte, jene Kunst, die das Auseinanderfallen von Schönheit und Wahrheit bedeutet? Der Mensch soll nicht arabeskenhaft verbraucht werden, bloß mit Rücksicht darauf, ob die Form an sich gefällig wirkt« (HF III, 2, S. 78); vgl. auch die Theaterkritik über Halms »Der Fechter von Ravenna« vom 6. Juni 1879 (HF III, 2, S. 426 f.). – Julius *Roeting* (1822-1896): Historien- und Porträtmaler aus Dresden, begann seine Studien auf der Dresdner Akademie unter Eduard Bendemann, führte sie in Düsseldorf fort und wurde zu einem der gesuchtesten Bildnismaler seiner Zeit. Seine »Grablegung Christi« wurde mit der großen goldenen Medaille der Berliner Akademie ausgezeichnet. Das Gemälde wurde »bei der übereilten Flucht aus dem brennenden Düsseldorfer Akademiegebäude in der Nacht vom 19. zum 20. März 1872 zum Teil beschädigt, später aber vom Künstler wiederhergestellt und 1875 vollendet« (Malerwerke 2, 1, S. 475).

634 *Elisabeth Jerichau-Baumann:* Vgl. Anm. zu S. 471. Ihr Bild »Rule Britannia« hat bei v. Boetticher, Malerwerke, den Zusatz: »Weibliche Idealgestalt am Steuer stehend«. – »Gestrandete an der Nordsee« bei v. Boetticher, Malerwerke, unter dem Titel »Schiffbrüchige an der Westküste Jütlands«. – Johannes *Niessen* (1821-1910): Kölner Historienmaler, Akademie-Ausbildung in Düsseldorf, 1859-1866 Lehrtätigkeit an der Kunstschule zu Weimar, ab 1866 Konservator des Wallraf-Richartz-Museums in Köln. Zum ausgestellten Bild »Johannes der Täufer vor Herodes« vgl. Bernhard von Lepels Brief an F. vom

30. Dez. 1866: »Ich muß Dir auch noch zu einigen Triumphen aus der
Ausstellungszeit gratulieren! Triumphen, die Du Niessen u. sogar
Rund verschafft hast. Von Niessen will ich nichts sagen. Er nennt das
in Berlin Ausgestellte selbst ›dunkle Bilder‹. Ich hab' ihn kennen gelernt u. auch bessere Sachen von ihm« (Briefwechsel mit Lepel, Bd. 2,
S. 322). – »*es ist nicht Recht, daß Du Deines Bruders Weib habest*«:
vgl. Matth. 14, 4.

635 *Byzantinischen Schule:* Dieser pauschale Hinweis läßt eine genaue
Deutung des kunstgeschichtlichen Zusammenhangs nicht zu. – *aller
jener modernen Schulen und Richtungen ..., die Neigung zeigten,
auf die präraffaelische Zeit zurückzugehen:* F. denkt hierbei vermutlich an die Nazarener in Rom und an die Präraffaeliten in England,
denen die Vorläufer Raffaels als Vorbilder dienten. – *Imbecile*
(franz.): Einfaltspinsel.

636 *die sogenannte* »*Totenkammer*«: Vgl. Anm. zu S. 460. – *Hugo Becker*
(1833-1868): Landschafts- und Genremaler aus Wesel, Ausbildung
an der Düsseldorfer Akademie bei Johann Wilhelm Schirmer und
Hans Gude, lebte in Düsseldorf; er hatte eine »Christnacht« ausgestellt. – Sophus *Jacobsen* (1833-1912): Norwegischer Landschaftsmaler, Schüler Hans Gudes in Düsseldorf, wo er auch lebte; gelegentliche Zusammenarbeit mit Adolf Tidemand. Er hatte eine
»Mondscheinlandschaft« ausgestellt, eines seiner häufig wiederkehrenden Bildmotive. – Hermann *Brücke* (erwähnt 1856-1884): Gen-
re-, Historien- und Landschaftsmaler in Berlin, nahm zwischen 1856
und 1884 an den Berliner Akademie-Ausstellungen teil. – Gustav
Wegener (1812-1887): Landschaftsmaler aus Potsdam, Schüler der
Berliner Akademie, königlicher Hofmaler; sein Bild »Mondnacht im
Golf von Neapel« wurde damals von König Wilhelm I. angekauft. –
Hans *Hartmann* (geb. 1845): Berliner Landschafts- und Architekturmaler, Schüler von Hermann Eschke, stellte zwischen 1864 und 1892
in der Berliner Akademie aus, 1866 eine »Mondscheinlandschaft«. –
Heinrich *Deiters* (1840-1916): Landschaftsmaler, Schüler der Düsseldorfer Akademie, Motive vor allem vom Niederrhein und aus Westfalen. – Wilhelm *Streckfuß:* Vgl. Anm. zu S. 541. – Gottlieb *Biermann*
(1824-1908): Berliner Genre-, Historien- und Porträtmaler, Schüler
der Berliner Akademie, 1878 Professor, Lieblingsmaler der Berliner in
der sog. Gründerzeit; s. auch Anm. zu S. 615. – Dedo *Carmiencke* (F.
schreibt, wie der Katalog, Carmienke; um 1840-1907): Berliner
Landschaftsmaler, Motive vorzugsweise aus Tirol und der Steier-
mark. – Carl *Krüger* (1834-1880): Genannt Spreewald-Krüger wegen
seiner zahlreichen Spreewaldlandschaften; die Nationalgalerie in
Berlin erwarb damals von ihm eine »Weimar 1866« datierte Spree-
waldlandschaft, von denen er vier ausgestellt hatte. – Carl *Schweich*
(1832-1898): Landschaftsmaler aus Darmstadt, hatte seine Studien in
Düsseldorf begonnen und dann auf dem Städelschen Institut in
Frankfurt am Main und in Antwerpen fortgesetzt; seit 1853 in Düs-

seldorf tätig. – Ludwig *Hermann:* Vgl. Anm. zu S. 464. – Karl *Breitbach* (1833-1904): Landschafts-, Genre- und Porträtmaler in Berlin,
Schüler der Berliner Akademie und Thomas Coutures in Paris; trat
auf den Berliner Akademie-Ausstellungen auch mit Aquarell-Land-
schaften hervor, die ihm Anerkennung brachten. Von ihm stammt
das Porträt Fontanes aus dem Jahre 1883, das Hans-Heinrich Reuter
im zweiten Band seines »Fontane«, München 1968, abdrucken ließ
(nach S. 604). – Otto Werner Henning *von Kameke* (F. schreibt, wie
der Katalog, Kamecke; 1826-1899): Landschaftsmaler aus Pommern,
zur damaligen Zeit noch Schüler Kalckreuths in Weimar, siedelte später nach Berlin über, wo er 1886 Mitglied der Berliner Akademie wurde und 1888 den Professorentitel erhielt; nach 1864 trat er 1866 zum
zweiten Mal auf der Berliner Akademie-Ausstellung auf. – *Antonie
Biel* (1830-1880): Landschaftsmalerin aus Stralsund, Schülerin Johann Wilhelm Schirmers in Berlin, setzte in Düsseldorf und in Karlsruhe unter Carl Friedrich Lessings Einfluß ihre Studien fort, hatte
sich 1866 studienhalber in Paris aufgehalten und sich anschließend in
Berlin niedergelassen. – Louis *Douzette* (1834-1924): Landschaftsmaler aus Pommern, seit 1864 Atelierschüler Hermann Eschkes in
Berlin; 1865 hatte er eine Studienreise nach Schweden unternommen, die er bis nach Torneå ausdehnte, um dort die Mitternachtssonne zu beobachten, die er in dem ausgestellten Gemälde
»Mitternachtssonne. Gegend bei Torneå im nördlichen Schweden am
Torneå-Elf« dargestellt hatte; auch seine anderen ausgestellten Bilder
haben Motive aus Schweden. – F. *Pinkert* (erwähnt 1860-1874): Marinemaler in Berlin, 1862 vorübergehend in Rom nachweisbar. – Albert *Flamm* (1823-1906): Landschaftsmaler aus Köln, Schüler Andreas Achenbachs, beeinflußt auch von Oswald Achenbach, in dessen
Begleitung er Studienreisen nach Italien unternahm; seine beiden
ausgestellten Bilder behandeln italienische Landschaftsmotive. – Richard *Fischer* (geb. 1826): Landschaftsmaler aus Danzig, Schüler der
Düsseldorfer Akademie (Johann Wilhelm Schirmer), seit 1862 in seiner Vaterstadt Danzig nachweisbar. – Karl Ludwig *Rundt* (1802-
1868): Architektur-, Landschafts- und Genremaler aus Königsberg,
Schüler der Berliner Akademie, 1846 zum preußischen Hofmaler ernannt, ließ sich nach mehreren Auslandsaufenthalten (Rom, London,
Paris) in Berlin nieder; eines seiner fünf ausgestellten Gemälde,
»Brunnen-Hof im Dogenpalast zu Venedig (Börsenstunde)«, wurde
von König Wilhelm I. auf der Ausstellung erworben.

637 Karl *Scherres:* Hatte fünf Landschaften seiner ostpreußischen Heimat
ausgestellt; vgl. auch S. 624 und S. 541. – *Hermann Brückes »Abendandacht vor dem Muttergottesbilde in der Vorhalle eines Klosters«:*
Hat im Katalog noch den Zusatz »Mondschein«. – Ludwig *Hermann*
(im Erstdruck: Herrmann): Vgl. Anm. zu S. 464. Der Titel des Bildes
von H. ist »Hafenansicht. Motiv Dortrecht«. – *Karl Rundt:* Die Titel
der Bilder, auf die F. hier anspielt, sind »Piazetta di St. Marco zu Vene-

dig« und »Brunnen-Hof im Dogenpalast zu Venedig (Börsenstunde)«; vgl. dazu Bernhard von Lepels Brief an F. vom 30. Dez. 1866, in
dem er von den »Triumphen aus der Ausstellungszeit« spricht, die F.
Johannes Niessen (vgl. Anm. zu S. 634) und »sogar« Rundt verschafft habe. Rundt »ist zwar ein alter Freund unserer Familie und
ging in Rom viel bei meinem Onkel aus und ein. Aber er ist der jäm-
merlichste Pinsler der je dagewesen ist. Und doch soll er das Verdienst
haben, uns die Piazetta erst deutlich zu machen. O wo bleibst Du,
alter Canaletto, wo bleibt Nesly« (Briefwechsel mit Lepel, Bd. 2,
S. 322).

638 Karl *Bennewitz von Loefen* d. Ä.: Vgl. Anm. zu S. 539. – Valentin
Ruths: Vgl. Anm. zu S. 541. – Andreas *Achenbach:* Vgl. Anm. zu
S. 459; bei Erwähnung des Namens Achenbach meint F. immer den
von ihm so geschätzten Andreas A., in allen anderen Fällen nennt er
den Vornamen Oswald zum Nachnamen. – *»Park in Trianon«:* Korrekter Titel: »Park von Trianon«. – *Gustav Richter«:* Vgl. Anm. zu
S. 461; Titel des ausgestellten Porträts: »Ein weibliches Bildnis«. –
Willem Karel Frederik *Travers* (geb. 1826): Genre-, Historien- und
Porträtmaler aus Amsterdam, der damals in Rotterdam lebte; Titel
des genannten Bildes »Historisches Porträt des gewesenen Präsidenten A. Lincoln der Vereinigten Staaten von Amerika«. – *Kupferstich
von Leutzes »Übergang über den Delaware«:* Vgl. Anm. zu S. 481.

639 Charles *Hoguet:* Vgl. Anm. zu S. 541. – Karl *Becker:* Vgl. Anm. zu
S. 467. – Q. *Becker* (d. i. Ernst Albert Becker): Vgl. Anm. zu S. 468;
das genannte Bild erscheint im Katalog unter dem Titel: »An einem
Sommertag im kleinen Städtchen«. Als Landschafter gehört B. zu
jener Berliner Malergruppe, die die Themen ihrer Darstellungen vor-
zugsweise der märkischen Landschaft entnahmen; insoweit hatte er,
wie alle anderen Maler der märkischen Landschaft, F.s besonderes
Wohlwollen. – Hermann *Kretzschmer* (im Erstdruck: Kretschmer):
Vgl. Anm. zu S. 480. – August *Borckmann:* Vgl. Anm. zu S. 507. –
Seinen früheren Arbeiten . . . : Vgl. F.s Besprechung des Bildes »Be-
such am Tage nach der Hochzeit«, S. 508 f. – Wilhelm *Amberg:* Vgl.
Anm. zu S. 468. – *August v. Heyden:* Vgl. Anm. zu S. 576.

640 *Adolph Burger:* Das Gemälde »Abschied des Rekruten im Spreewalde« war eine Auftragsarbeit König Wilhelms I. und ein Gegenstück
zu dem auf der Akademie-Ausstellung 1862 ausgestellten Gemälde
»Die Tauffahrt der Wenden im Spreewalde«, vgl. S. 517 und Anm.
dazu.

641 Wilhelm *Cordes:* Vgl. Anm. zu S. 521. – *ein größeres Bild . . . vor vier
Jahren:* Vgl. »Letzte Ehre«, S. 522. – Jean *Lulvès* (F. schreibt, wie der
Katalog, Lülvès; 1833–1889): Aus dem Elsaß stammender Historien-
und Genremaler, Ausbildung in Paris und Berlin (Karl Steffeck), beschickte seit 1862 die Berliner Kunstausstellungen.

642 Carl Gottfried *Pfannschmidt* (1819–1887): Historien-, Bildnis- und
Landschaftsmaler, auch als Bildhauer, Illustrator und Kunstschrift-

steller tätig, Schüler der Berliner Akademie, beeinflußt von Peter von
Cornelius, lehnte die Kunstrichtungen seiner Zeit ab, gilt als »der
letzte Vertreter« der strengen religiösen Kunst des 19. Jahrhunderts;
seit 1865 Professor an der Berliner Akademie für Komposition und
Gewandzeichnen. F. lernte P. im Hause Wangenheim kennen, »ein
guter ehrlicher Mann, auch ein guter Maler, aber von dem Vorwurf
der Ledernheit und Langeweile wird er nicht freizusprechen sein«
(»Das Wangenheimkapitel«, HF III, 4, S. 1060). P. gilt als Vorbild für
Professor Cujacius im »Stechlin« und wird auch als Vorbild für den
»alten Malerprofessor« in Effi Briest in Anspruch genommen (vgl.
32. Kap., HF I, 4, S. 267 u. Anm. dazu). – *Franz Schubert* (1806-
1893): Dessauer Historienmaler und Radierer, nach Studienjahren
auf der Dresdner und Münchner Akademie (Peter von Cornelius und
Julius Schnorr von Carolsfeld) seit 1850 in Berlin ansässig; er schuf
mehrere biblische Kompositionen, von denen er drei ausgestellt hatte; »Abschied Davids von Jonathan« hat im Katalog den Titel: »Jonathan und David«. Die beiden Bilder »Moses« und »Johannes der Täufer« waren Seitenbilder des Altargemäldes für die Garnisonskirche in
Münster. – Johannes *Niessen*: Vgl. Anm. zu S. 634. – »*Johannes vor
dem Herodes« ... (wahrscheinlich früher gemalt):* Nach v. Boetticher ist das Gemälde »Johannes der Täufer vor Herodes. Er hält dem
röm. Vierfürsten Ehebruch mit der Frau seines Bruders, des Herodes
Philippus, vor« bereits 1848 entstanden und mehrmals vorher ausgestellt gewesen, und zwar 1858 auf der Münchner deutschen allgemeinen Kunstausstellung und 1865 auf der Dresdner akademischen
Kunstausstellung (vgl. Malerwerke 2,1, S. 151). – *auf seinem zuerst
von uns besprochenen Bilde:* Vgl. S. 634.

643 *das vielgefeierte hübsche Mädchen auf dem Sohnschen Bilde:* Vgl.
»Eine Konsultation beim Advokaten«, S. 626 f. – *Roland Risse* (geb.
1835): Genre- und Porträtmaler aus Köln, besuchte ab 1853 die
Düsseldorfer Akademie (Karl Sohn, Wilhelm von Schadow, Eduard
Bendemann); »Johanna Sebus« (Zusatz im Katalog: »Johanna Sebus,
beim Durchbruch des Clever Dammes, 1809, nach Goethes gleichnamigem Gedicht«) ist sein bedeutendstes Werk; vgl. Goethes 1809
entstandene Ballade »Johanna Sebus«, die wesentlichen Anteil an der
Volkstümlichkeit der Gestalt der Johanna Sebus im 19. Jahrhundert
hatte. – *Paul Kießling* (1836-1919): Historien- und Porträtmaler aus
Breslau, Ausbildung in Dresden, Studienaufenthalte in Italien, Antwerpen und Paris, hielt sich nur vorübergehend in Berlin auf, seit
1870 Professor an der Kunstakademie in Dresden. »Er gehörte zu jener Generation deutscher Maler, die von dem überlieferten Kartonstil
der Nazarener zu einem neuen Kolorismus zu gelangen strebten und
besonders aus der damals hochentwickelten Antwerpener Historienmalerei sich Anregungen holten [...] Er errang sich sofort mit seiner
an den Meisterwerken alter Malerei geschulten und auf einer durch-
gebildeten Malkultur fußenden Kunst eine geachtete Stellung, die er

sich lange zu bewahren wußte« (Zoege von Manteuffel, in: Kunst-chronik XXXII, S. 350, zit. nach TB XX, S. 280). – Hermann Julius *Schlösser:* Vgl. Anm. zu S. 584. – *mit Ausnahme eines:* Der Katalog verzeichnet unter Paul Kießling: »Venus erscheint einem Pärchen«.

644 *Birnam-Wald:* Bei Dunkeld in Schottland, bekannt aus Shakespeares »Macbeth«, IV, 5. – *sal volatile:* Riechsalz.

645 *man erinnere sich der Schloßbrücken-Gruppen:* Die Berliner Schloß-Brücke, 1822-1824 nach den Entwürfen von Karl Friedrich Schinkel erbaut, erhielt unter Friedrich Wilhelm IV. acht überlebensgroße Marmorgruppen, welche das Leben eines Kriegers durch antike Figuren zur Anschauung brachten; F. spielt hier an auf Friedrich Drakes (1805-1882) Gruppe mit der Siegesgöttin Nike (Viktoria), die einem Krieger den Kranz reicht, ferner auf Ludwig Wilhelm Wichmanns (1784-1859) »Nike richtet einen verwundeten Krieger auf« (vgl. auch S. 554 und Anm. dazu) und auf »Nike, den Jüngling in der Geschichte unterweisend« (1846) von Emil Wolff (1802-1879). – *Gonfaloniere:* Oberster städtischer Verwaltungsbeamte zur Zeit des Mittelalters in Italien.

646 *Bonjour-Rock:* Gehrock. – *Pamela-Hut:* Bezeichnung nach der Kopf-bedeckung der Heldin in Samuel Richardsons gleichnamigem Brief-roman »Pamela oder die belohnte Tugend« (1740). – *Es sind die Schlechtesten nicht:* Formulierung in Anlehnung an Gottfried August Bürgers »Die schlechtesten Früchte sind es nicht« aus dem Gedicht »Trost« (1786). – Johannes *Janda* (1827-1875): Bildhauer in Berlin, künstlerische Ausbildung in Breslau und bei Christian Daniel Rauch in Berlin, erfolgreich in der Kleintierplastik. – Alexander *Calandrelli* (1834-1903): Bildhauer in Berlin, einer der wenigen Schüler Friedrich Drakes. Er hatte sich 1864 selbständig gemacht und war in der Folgezeit als Vertreter der klassizistischen Richtung Rauchs in Berlin besonders geschätzt und mit monumentalen Aufgaben betraut, jedoch für die Kunst des 19. Jahrhunderts entwicklungsge-schichtlich ohne Bedeutung. – *Julius Moser* (1832-1916): Bildhauer in Berlin, auch er ein Schüler Friedrich Drakes; die Marmorbüste des 1865 verstorbenen Baurat Eduard Knoblauch (geb. 1801), Erbauer der Neuen Synagoge in Berlin (vgl. Anm. zu S. 526), war eine Auftragsar-beit des Berliner Architektenvereins. – Friedrich *Drake* (1805-1882): Einer der bedeutendsten Schüler Christian Daniel Rauchs in Berlin, Professor und Mitglied der Akademie der Künste in Berlin, zu seinen Lebzeiten sehr geschätzt und mit zahlreichen öffentlichen Aufträgen klassizistischer Denkmäler und Statuen betraut, u. a. die »Viktoria« auf der Berliner Siegessäule (1873); seine ausgestellte Büste Leopold von Rankes (1795-1886) gehört ebenfalls zu seinen bekanntesten Werken. – Antonio *Tantardini* (im Erstdruck: Tandardini; 1829-1879): Italienischer Bildhauer, Ausbildung an der Accademia di Brera in Mailand, an der er zu jener Zeit als Professor tätig war. »La Leggitrice« (die Lesende), eine Marmorstatue in halber Lebensgröße; »La

Modestia« (die Bescheidenheit), Marmorbüste; »La Baigneuse« (die Badende), Marmorstatue in Lebensgröße.

647 *Pierre-Jean de Béranger* (1780-1857): Einer der bekanntesten französischen Liederdichter des 19. Jahrhunderts, dessen Chansons, die direkt oder indirekt die Zeitereignisse verspotteten, den Volksnerv trafen und die Popularität von Gassenhauern erlangten. Der Zweizeiler (nicht im Katalog!) könnte aus den »Chansons choisies pour les dames et les élèves«, Berlin 1840, stammen: Bevor ich ins Bad steige, will ich sehen, ob er kommt. – *Reinhold Begas* (1831-1911): Einer jener Bildhauer Berlins, der dem Bild dieser Stadt monumentale Akzente gesetzt hat, Schüler der Berliner Akademie, bildhauerischer Unterricht durch Ludwig Wichmann, vorübergehend auch durch Gottfried Schadow und Christian Daniel Rauch. Die Berliner, seit 1858 mit den antiklassizistischen Bildwerken Reinhold Begas' konfrontiert, befanden sich zu jener Zeit noch in dem heftig geführten Streit zwischen den Anhängern der Rauchschen Schule, die die Idealität des Klassizismus in der plastischen Kunst befürworteten, und denjenigen, die die naturalistische Sinnlichkeit und die bewegte Haltung der Plastiken Begas' als zukunftweisend begrüßten. Seine »Badende«, im Katalog aufgeführt als »Lebensgroße weibliche Figur in Gips«, ist auch bekannt unter dem Titel »Nach dem Bade«; s. Abb. 22. »Eine solche Wirklichkeit des Fleisches galt zu jener Zeit als unerhörte Überschreitung der Gesetze der Plastik« (P. Kühn, in: TB III, S. 186). »Heute sehen wir in dem kolossalischen, innerlich hohlen Neubarock Begas' nichts als die letzte Übersteigerung eines dekadenten Romantizismus« (Eberhard Ruhmer in: NDB 1, S. 746). F. lernte B. durch Paul Lindau kennen, vgl. seinen Brief an Theodor Storm vom 2. Nov. 1878 (Theodor Storm–Theodor Fontane. Briefwechsel, Krit. Ausg., hrsg. von Jacob Steiner, Berlin 1981, S. 136). In einem Novellenentwurf kann B. teilweise zum Vorbild einer Künstlerfigur geplant, vgl. HF I, 7, S. 473. – *Vincenzo Bellini* (1802-1835): Lyrisch-dramatischer Opernkomponist der italienischen Romantik, von Einfluß auf Guiseppe Verdi und Richard Wagner. – *sybaritisch:* verweichlicht.

648 *Edwin Dahm:* Nichts Näheres zu ermitteln. – *Melchior zur Straßen* (1832-1896): Bildhauer aus Münster, Schüler Christian Daniel Rauchs in Berlin, 1870 Professor an der Kunstschule zu Nürnberg, ab 1875 in Leipzig.

649 Ferdinand *Pauwels:* Vgl. Anm. zu S. 595. – *ein langes Zitat:* »Ungeachtet der langen Kriege zwischen Frankreich und England hatte Flandern unter den weisen Maßregeln eines Jakob von Artevelde nicht aufgehört zu blühen und seine Grundmacht zu befestigen. – Der König von England begriff sehr wohl alle Vorteile einer Allianz mit den flämischen Gemeinden und veröffentlichte in Gent ein Manifest vom 8. Februar 1339, durch welches er sich verpflichtete, die Freiheiten und Gebräuche der Gemeinden wieder herzustellen und zu unterstützen. – Während der König in London sein Parlament mit diesem Ver-

Abb. 22   Reinhold Begas: Nach dem Bade (1866)

»Dieser Naturalismus erniedrigt die Kunst, entkleidet sie ihrer Reinheit;
an die Stelle der Keuschheit tritt die Sinnlichkeit, und an die Stelle des
hohen Nackten, das erhebt, tritt das niedere Nackte, das verdirbt«
(S. 648).

trage unterhielt und die Großen seines Königreichs den Eid leisten ließ, um ihn zu unterstützen, war die Königin in Gent in der Abtei von St. Peter geblieben, von wo aus sie oft am frühen Morgen Ausflüge in diejenigen Stadtteile machte, deren Wohlstand durch die vorhergehenden Kriege zerstört worden war, und fand sie daselbst Gelegenheit, das Elend der Witwen und Waisen zu lindern.« – *Baron Lettenhovens* (im Erstdruck: Lettenhowens) *Geschichte von Flandern:* Joseph Maria Bruno Konstantin Kervyn de Lettenhove (1817-1891), belgischer Geschichtsschreiber, Herausgeber verschiedener Quellenschriften; seine »Histoire de Flandre« war 1847-1850 in sechs Bänden erschienen. – *nach dem, was wir von ihm kennen:* »Rückkehr der Verbannten«, vgl. S. 597 ff.

650 *mais c'est tout* (franz.): aber das ist alles. – *Heinrich Jenny* (1824-1891): Schweizer Historien- und Porträtmaler sowie Illustrator; Autodidakt, betätigte sich seit 1843 als Wanderporträtist, kam 1865 nach Berlin, nahm am Feldzug 1866 als Schlachtenmaler teil und wurde 1878 Zeichenlehrer an der Kantonsschule in Solothurn. – *auf die Schulter des Deutschen Kaisers:* Kaiser Karl V. (1500-1558).

651 Martin *Luther* (1483-1546), Johann *Calvin* (1509-1564), Ulrich *Zwingli* (1484-1531), John *Knox* (1505-1572): Die herausragenden Persönlichkeiten des Reformationsjahrhunderts. – *Gustav Adolf* (1594-1632): Als Gustav II. Adolf König von Schweden (1611-1632); vgl. F.s im selben Jahr 1866 entstandene Ballade »Der 6. November«, die Gustav Adolfs Tod in der Schlacht bei Lützen behandelt (HF I, 6, S. 200 f. und Anm. dazu). – Marie *Wiegmann* (1826-1893): Genre- und Porträtmalerin, Schülerin Hermann Stilkes und Wilhelm Sohns in Düsseldorf. – *examen rigorosum:* eingehende mündliche Prüfung. – *wie bei dem Sohnschen Bilde:* Vgl. S. 626 f.

652 *Porträt des Sultans:* Nach v. Boetticher das Bildnis des Sultans Abdul Aziz Khan. – *Gustav Richter:* Vgl. Anm. zu S. 461. – August *Behrendsen* (1819-1886): Landschaftsmaler aus Magdeburg, Schüler der Berliner Akademie unter Johann Wilhelm Schirmer, zu jener Zeit Professor an der Kunstakademie in Königsberg; er hatte einen »See in den Hochalpen« ausgestellt. – Erik *Bodom* (1829-1879): Norwegischer Landschaftsmaler, Schüler Hans Gudes in Düsseldorf, wo er auch seinen dauernden Wohnsitz hatte. – Karl *Jungheim* (1830-1886): Landschaftsmaler aus Düsseldorf, Ausbildung 1846-1852 in Düsseldorf unter Wilhelm von Schadow und Johann Wilhelm Schirmer; das von ihm ausgestellte Gemälde »Am Brienzer See« wurde von König Wilhelm I. angekauft. – Karl *von Schlicht* (1833-1912): Landschaftsmaler, seit 1856 Ausbildung in Düsseldorf unter Graf Kalckreuth, Andreas Achenbach und Hans Gude, seit 1859 in Weimar; er hatte einen »Gebirgsbach« ausgestellt. – Hermann *Eschke:* Vgl. Anm. zu S. 541; über die von ihm ausgestellten Bilder vgl. S. 633. – Valentin *Ruths:* Vgl. Anm. zu S. 541. – *Oswald und Andreas Achenbach:* Vgl. Anm. zu S. 459. – *Eine holsteinische Heide,*

*ein Torfmoor, ein Dünenstrand – das sind die Dinge, für deren eigen-
artige Poesie Ruths ein tiefes Verständnis hat:* F. bezieht sich hier auf
früher ausgestellte Bilder Valentin Ruths, »Eine holsteinische Landschaft« (1862), »Nordische Heide« (1864) und »Holsteinische Landschaft bei schlechtem Wetter« (1864), die er als »ganz vorzüglich«,
»Ganz ausgezeichnet« lobt (vgl. »Die diesjährige Kunstausstellung«
(1862), S. 542 und »Berliner Kunstausstellung« (1864), S. 587 f.). –
Merlin: Vgl. Anm. zu S. 542. – »*Ostende*«: Wiederkehrendes Sujet
Andreas Achenbachs: ein Gemälde »Ostende« befand sich auf der
Wiener allgemeinen deutschen Kunstausstellung 1868; ein »Ostende« (Privatbesitz) auf der Wiener Weltausstellung 1873; ein »Strand-
bild von Ostende, Mondschein« 1881 im Salon Honrath & van Baerle
in Berlin; ein »Ostende« gehörte zu der Ad. von Liebermannschen
Sammlung, die im Dez. 1876 in Berlin versteigert wurde (weitere
Angaben in: Malerwerke 1,1 S. 2 ff.); vgl. dazu F.s Brief an seine Frau
Emilie vom 18. Juli 1880 aus Emden: »Beständig treten mir die Andreas Achenbachs Ostendebilder vor die Seele« (HF IV, 3, S. 89).

653 *die alten Achenbachschen Wassermühlen und Seestürme«:* Vgl.
S. 463 f. – *Karl Lasch:* Vgl. Anm. zu S. 516. – »*Dorfarzt in Verlegenheit*«: Motiv: Ein alter Schäfer am Krankenbette seines Knaben (Malerwerke); ein zweites Bild Laschs, »Des alten Lehrers Geburtstag«,
wurde von der Nationalgalerie in Berlin erworben. – Konstantin *Cretius:* Vgl. Anm. zu S. 475; ergänzend zum »Johanniterbild« der Katalog: »Drei Johanniterbilder in einem Rahmen: *Mittelbild:* Ritterschlag des Prinzen Albrecht (Sohn), Königl. Hoheit, in der Kirche zu
Sonnenburg. – Der Johanniter Pflege verwundeter Soldaten in
Schleswig. – Ankunft der nach Syrien entsendeten Ordensritter bei
dem verfolgten Christenstamme«, eine Auftragsarbeit »mehrerer
Johanniter-Ritter für das Ordensschloß zu Sonnenburg«, als
Schwarzkunststich von M. Schwindt vervielfältigt. Vgl. dazu den unter der Sigle -n veröffentlichten Artikel im »Berliner Zuschauer« der
Neuen Preußischen (Kreuz-)Zeitung, Nr. 141 vom 21. Juni 1866:
»Zur bleibenden Erinnerung an die Leistungen des *Johanniter-Or-
dens* in jüngster Zeit hat eine große Zahl von Johanniter-Rittern
durch den rühmlichst bekannten Professor Cretius hierselbst ein großes Ölbild fertigen lassen und dasselbe dem Kanzler des Ordens, dem
Wirkl. Geh. Rat Grafen Eberhard zu Stolberg Wernigerode überge-
ben, welcher schon in den Schleswigschen Kriegen an der Spitze der
freiwilligen Pflege unserer verwundeten Soldaten stand. Graf Stolberg hat den Wunsch ausgesprochen, das Bild in dem Ordensschlosse
zu Sonnenburg aufgestellt zu sehen und gleichzeitig genehmigt, daß
es vor seinem Abgange dorthin, um auch in weitern Kreisen bekannt
zu werden, hier ausgestellt und daß der durch das Entrée zu erzielende
Erlös dem Berliner Haupt-Unterstützungs-Vereine für die Familien
der zur Fahne Einberufenen überwiesen werde. Nachdem das *K. Akademie-Gebäude* zu diesem Zweck auf das Bereitwilligste geöffnet

worden, wird das Bild gegenwärtig in dem großen Uhrsaale daselbst aufgestellt und soll dort vier Wochen lang und zwar, vom nächsten Freitag, den 22. d., täglich in den Stunden von 10 bis 6 Uhr dem Publikum zur Besichtigung ausgestellt bleiben. Das schöne Werk ist ein dreiteiliges Bild. Das Mittelstück stellt die Wiedererstehung des Ordens oder den Ritterschlag in der Kirche zu Sonnenburg dar; das eine Seitenbild die Tätigkeit des Ordens in der Pflege verwundeter Soldaten in Schleswig; das zweite: die Ankunft der nach Syrien entsendeten Ordensritter bei dem unglücklichen Christenstamme. Das ganze Bild enthält mehr als 40 leicht erkennbare Porträts; es ist von einem in gotischen Formen geschnitzten Rahmen umfaßt, welcher eine Breite von 12 Fuß und eine Höhe von 13 Fuß einnimmt. Das Ganze ist ein wohlgelungenes Kunstwerk. Um den Zutritt zu diesem Werke auch den Unbemittelten zu erleichtern, ist das Entrée auf 2½ Sgr. festgesetzt, ohne Denen, welche die Zwecke des obengenannten Vereins fördern wollen, irgend welche Schranken zu setzen. In einem Augenblicke, wo das ganze Preußische Volk einmütig sich beeifert, die Söhne des Landes, welche auf den Ruf ihres Königs freudig unter die Waffen treten, mit seiner werktätigen Liebe zu begleiten, und wo die Gründung eines Vereins edler Frauen zur Fürsorge für die zurückbleibenden Familien unserer Krieger mit regster Teilnahme begrüßt wird, werden sich gewiß alle Patrioten gern beeilen, auch für diesen Zweck ein Scherflein beizutragen, wobei ihnen zugleich ein schöner Kunstgenuß geboten wird.« Vgl. auch »Düppel, Den Johannitern«, N XXIII/2, S. 162 f. – *Julius Scholtz* (1825-1893): Historien-, Porträt- und Genremaler aus Breslau, Schüler der Dresdner Akademie, an der er seit 1874 als Professor wirkte. Sein Gemälde »Die Freiwilligen vor ihrem Könige zu Breslau 1813« war eine Auftragsarbeit für den schlesischen Kunstverein in Breslau und nahm einen Ehrenplatz auf der Berliner Akademie-Ausstellung 1866 ein (s. Abb. 23). Eine größere, freiere Wiederholung dieses Gemäldes entstand 1872, damals von der Nationalgalerie in Berlin angekauft und schon des patriotischen Gegenstandes wegen mit allgemeinem Beifall aufgenommen. Scholtz' 1862 entstandenes erstes größeres historisches Gemälde »Das letzte Gastmahl der Generale Wallensteins am 12. Januar 1634 auf dem Rathause zu Pilsen«, von F. kurz »Das Gastmahl zu Eger« genannt, war Ende 1865 in der »Verbindung für historische Kunst« in Berlin ausgestellt gewesen und von F. in »Historische Bilder« (Neue Preußische (Kreuz-)Zeitung, Nr. 287 vom 7. Dez. 1865 – wiederabgedruckt in N XXIII/2, S. 157-159) besprochen worden.

654 Ottavio *Piccolomini* (1599-1656), Fürst, Herzog von Amalfi, Christian Freiherr von *Illo* (1585-1634), Adam Erdmann Graf *Terzky* (um 1599-1634), Wilhelm Graf von *Kinsky* (ermordet 1634), Johann *Gordon* (gest. 1649), Walter *Butler* (ermordet 1634), *Dieffenbach* (Tiefenbach), Johann Ludwig *Isolano* (1586-1640): Heerführer in der Armee Wallensteins während des Dreißigjährigen Krieges; vgl. Fried-

Bild 23   Julius Scholtz: Die Freiwilligen vor ihrem Könige zu Breslau 1813 (1866). Holzschnitt nach dem Original. Aus: Illustrierte Zeitung (Leipzig) Nr. 1268, 19. Oktober 1867, S. 260/261.

»Das ist der Frühling von Anno 13« (S. 654).

rich Schillers Wallenstein-Drama. – *der König mit seinen Prinzen:* König Friedrich Wilhelm III. (1770-1840) und seine Söhne Friedrich Wilhelm IV. (1795-1861) und Wilhelm I. (1797-1888). – Gebhard Leberecht Fürst *Blücher* von Wahlstatt (1742-1819): Preußischer Generalfeldmarschall. – August Wilhelm Anton Graf Neidhardt von *Gneisenau* (1760-1831): Preußischer Generalfeldmarschall. – Ludwig Adolf Wilhelm Freiherr von *Lützow* (1782-1834): Im Februar 1813 hatte Lützow in Breslau das Lützowsche Freikorps gebildet, eine ungefähr 3000 Mann starke »Schwarze Schar« nichtpreußischer Freiwilliger, zu denen u. a. auch Theodor *Körner* (1791-1813) gehörte, dessen Gedicht »Lützows wilde, verwegene Jagd« (1813) in der Vertonung (1814) von Carl Maria von Weber die Erinnerung an diese nationalistisch-patriotische Zeit im 19. Jahrhundert bewahrt hat. Auf Scholtz' Bild ist Oberst Lützow mit Theodor Körner vorne rechts Hand in Hand dargestellt, »schon in der Tracht des von jenem gestifteten, von diesem mit der poetischen Glorie umwobenen Freicorps« (Ludwig Pietsch, in: Illustrierte Zeitung (Leipzig), Nr. 1268 vom 19. Okt. 1867, S. 262). – *Die Siege von 1866 haben sich bis zu einem gewissen Grade zwischen uns und jene große Zeit geschoben:* Möglicherweise auch eine Erklärung dafür, daß F. an seinem 1863/64 begonnenen ersten Roman »Vor dem Sturm. Roman aus dem Winter 1812 auf 13« zunächst nicht weiterarbeitete. – *Sadowa regiert den Tag:* Die Schlacht bei Königgrätz, 3. Juli 1866, auch Schlacht bei Sadowa genannt, vgl. »Der deutsche Krieg von 1866«, S. 128 ff. – *Menzels Krönungsbild:* Vollständiger Titel: »Krönung Sr. Maj. König Wilhelm I. zu Königsberg am 18. Oktober 1861«; s. Abb. 24. Adolph Menzel (über ihn vgl. Anm. zu S. 469) hat vier Jahre entsagungsvoller Arbeit bis zur Vollendung des 3,45 × 4,45 m großen Bildes am 16. Dez. 1865 gebraucht. Für die 132 Porträts fertigte er – soweit bekannt – 268 Zeichnungen an. Vierzehn Jahre später, am 1. Juli 1879, schreibt er im Rückblick auf diese Zeit an den Kunstschriftsteller Friedrich Pecht: »Das Bild, und allerdings in der Fassung, zu der ich mich begeistert fühlte, war mir freilich eine große Anstrengung; aber vom ersten bis letzten Strich keine Marter! Im Gegenteil ein Feld fortwährend interessanter lehrreicher Aufgaben und Übungen. So vergingen freilich vier Jahre. Ich hätte es billiger haben können, auch wohl mehr Dank geerntet (zunächst). Ferner: hat keinerlei Dreinreden oder Intrigieren und was dahin gehört stattgefunden. Keinerlei Trachten nach Bevorzugung hat mir Störung bereitet. Man hat mich völlig souverän walten lassen« (zit. nach Gustav Kirstein: Das Leben Adolf Menzels, Leipzig 1919). F. hatte sich in der Neuen Preußischen (Kreuz-)Zeitung über Menzels Bild geäußert (N XXIII/1, S. 260 ff.): »*Das Krönungsbild von Adolf Menzel.* – Wir hatten unlängst die Freude, in den Garde-du-Corps-Saal (im Königlichen Schloß) eintreten zu dürfen, in dem Professor *Adolf Menzel* sein großes *Krönungsbild* malt. Wir hoffen dem verehrten Künstler nicht Anstoß dadurch zu geben, wenn wir

Abb. 24 Adolph Menzel: Krönung Sr. Maj. König Wilhelm I. zu Königsberg am 18. Oktober 1861 (1861–1865)

»*Die Schwächen des Bildes sind leicht kennbar; aber vergessen wir um dieser Schwächen willen nicht, daß es dennoch eine Leistung ersten Ranges bleibt*« *(S. 967).*

– noch ehe das Bild fertig ist – ein paar Worte über dasselbe an dieser Stelle sagen und unsere lebhafte Freude darüber aussprechen, daß ihm die Lösung der gestellten Aufgabe in einer Weise geglückt ist, die selbst einen alten Menzel-Verehrer überrascht. Denn verhehlen wir uns nicht: aus solchen feierlichen Staatsaktionen und Zeremonien – poetisch-großartig wie sie sein mögen – ein *Bild* zu machen, zählt zu den schwersten künstlerischen Aufgaben, die gestellt werden können. Die Ansprüche, die nach der Seite des Architektonischen und besonders des *Porträts* hin zu erfüllen sind, bieten Mühen und Klippen aller Art; die Hauptschwierigkeit aber bleibt immer die: etwas ganz bestimmt Gegebenes in realistischer Treue und zugleich in künstlerischer Verklärung darzustellen. Erst wo diese Verschmelzung glückt, da wird aus dem bloßen Tableau ein *historisches* Bild. *Ein solches haben wir hier.* – Der dargestellte Moment ist der, wo Se. M. der *König Wilhelm*, die Krone auf dem Haupte, Schwert und Zepter in erhobenen Händen, auf den Stufen des von Kerzen reich erleuchteten Altars steht, der *Kronprinz*, den Reichsapfel in beiden Händen haltend, neben ihm kniet, und der Feldprobst Thielen, zum Könige aufblickend, die Worte spricht: ›Dem Könige Heil.‹ Diese Gruppe nimmt die linke Seite des Bildes ein; zur Rechten gegenüber stehen, in dunklem Scharlach, die beiden Thronhimmel; unter dem einen, etwas zurückgelegeneren erhebt sich die Gestalt der *Königin*. Die Krone, die für ihr Haupt bestimmt ist, ruht noch auf dem Seidenkissen, das Graf Gröben in Händen hält. – Um die schlanken Pfeiler herum, die vielgeribbt in das Deckengewölbe münden, stehen dichtgedrängt die Festgeladenen und füllen den Raum des Kirchenschiffs bis tief in den Hintergrund hinein, den zwei gotische Fenster abschließen. Überall, auf Treppen und Emporen, ein Gedränge bunter, festlich gekleideter Gestalten; immer aber wird das Auge wieder auf die schon beschriebenen Gruppen des Vordergrundes hingelenkt, die in einem nach vorn hin wenig geöffneten Kreise von den Prinzen und Würdenträgern des Königlichen Hauses, von Ministern und Generalen umstanden werden. Hier beginnt das bekannte *Porträt- und Wiedererkennungs*-Interesse – für die Mehrzahl der Beschauer immer die Hauptsache. Prinz *Karl*, Prinz *Adalbert*, Prinz *Friedrich Karl*, Prinz *Albrecht*, die Minister v. Auerswald und v. d. Heydt stehen rechts im Vordergrunde, hinter ihnen Feldmarschall v. Wrangel, Minister v. Bethmann-Hollweg, Graf Redern, Graf Pückler, Hausminister v. Schleinitz, Graf Stillfried. Nach der Mitte des Bildes zu setzt sich diese Reihe in hohen Frauengestalten fort, – hier stehen die Prinzessinnen; zunächst die *Kronprinzessin*; dann die Prinzessinnen *Karl* (Gräfin Hacke unmittelbar hinter ihr), *Friedrich Karl* und *Alexandrine*. Die Gestalten links im Vordergrunde sind erst angedeutet und noch nicht mit Bestimmtheit zu erkennen. – Ein Jahr weiterer angestrengter Arbeit liegt noch zwischen heut' und der Vollendung des Bildes. Es wird dermaleinst unter den Menzelschen Arbeiten mit zu denen zählen, die in *erster*

Linie stehen. Das, was die Größe Menzels ausmacht: die Verquickung
von Genius und peinlicher Gewissenhaftigkeit, von Angeborenem
und Angeeignetem, von Flug des Geistes und Fleiß der Hand – zeigt
sich auch auf diesem Bilde wieder aufs glänzendste. Man kann hier
lernen, was Kunst ist, wie man Kunst (auf jedem Gebiete) zu üben
hat, – Kunst, die nichts Nebensächliches kennt und in Kleinem und
Großem nur eines anstrebt – die Vollkommenheit. – Wir schreiben
dies, weil wir glauben, daß es unsere Leser und zwar ganz speziell
unsere Leser interessieren wird zu vernehmen, daß die Arbeit rüstig
fortschreitet und ein Krönungsbild zu werden verspricht, wie – wir
wissen genau, was wir schreiben – wohl noch kein zweites gemalt
worden ist. Wir bitten aber zugleich, sich's vorläufig an dieser Notiz
genug sein zu lassen, da alle Kunst ihre Weile, ihre Muße, ihre Unge-
störtheit verlangt und neugieriges Einblicken während der Arbeit
wahrscheinlich dasjenige sein dürfte, wodurch unserem trefflichen
Künstler am wenigsten ein Dienst geschähe.« – Nach Fertigstellung
des Gemäldes am 16. Dez. 1865 war es in der Akademie zur Besichtigung ausgestellt. F. erwähnt seinen beabsichtigten Besuch in zwei
Briefen an Wilhelm Hertz: am 29. Dez. 1865 schreibt er ihm, daß er
»spätestens am Montag, 1. Januar 1866 Menzel's Bild sehen muß«
(Briefe an Wilhelm und Hans Hertz, S. 125) und am 31. Dez. 1865
heißt es, »meinen Gang zu Menzels Bild will ich heute schon machen«
(HF IV, 2, S. 151). In ihrer Ausgabe vom 3. Januar 1866 druckte die
Neue Preußische (Kreuz-)Zeitung unter dem Titel »Das Krönungsbild« einen Bericht des Königlich Preußischen Staatsanzeigers ab, der
nicht von F. stammt (N XXIII/1, S. 336-339 ist also kein F.-Text!), dem
aber eine ungezeichnete Nachschrift angefügt war, als deren Verfasser
F. angesehen werden muß. Denn am 11. Jan. 1866 erschien in der
Neuen Preußischen (Kreuz-)Zeitung eine Notiz »Zur Aufklärung«,
die auf diese Nachschrift Bezug nimmt und in der auf »eine Parallele,
die unser -lg-Berichterstatter bei Besprechung des ›Krönungsbildes‹
zwischen Cornelius und Menzel gezogen haben soll« hingewiesen
wird: »*Das Krönungsbild* [...] Wir unsererseits haben dieser sach-
gemäßen, von einer eigentlichen ›Kritik‹ wie billig Abstand nehmenden Darstellung nur wenige Worte hinzuzufügen. – Wenn wir in einer uns zufällig vorliegenden Besprechung der für das *campo santo*
bestimmten Corneliusschen Kartons dem gewiß gerechtfertigten
Ausspruch begegnen, daß unsere Hauptstadt in eben diesen Kartons
einen Schatz besitze, der ›in alter und neuer Kunst nicht seines Gleichen habe‹, so dürfen wir uns, Angesichts dieses Menzelschen Krönungsbildes, vielleicht ebenso zu der Tatsache beglückwünschen, daß
wir, wie dort auf dem Gebiete *idealsten* und gedanklichsten Schaffens,
so hier auf dem Gebiete *realistischer* Kunst – und zwar auf dem eng
abgegrenzten Gebiete der Hof- und Staatsfeierlichkeiten – einem bis
dahin Unübertroffenen begegnen. Dieser Vergleich soll nicht abwägen zwischen zwei Richtungen und eben so wenig zwischen zwei

Männern, die diese Richtungen tragen, – er soll nur einfach auf die Tatsache hinweisen, daß wir das Glück haben, innerhalb *jeder* Richtung ein bis dahin – wohlverstanden in seiner *Totalität* – Unerreichtes zu besitzen. Im *Einzelnen* haben andere Länder und andere Schulen auch auf diesem Gebiete Glänzenderes geschaffen als das Menzelsche Bild; an koloristischer Kraft mögen die einen, an äußerlicher Porträttreue und einschmeichelnder Wiedergabe schöner Frauenköpfe mögen die andern unserm Deutschen Meister sich überlegen erwiesen haben; in der *Hauptsache* aber, darin nämlich, einem zeitgenössischen Hergang den *Stempel und das Interesse eines historischen Bildes zu leihen*, darin hat er sie übertroffen. – Die Ausstellung – im sogenannten Oberlichtsaal der Akademie – währt nur noch kurze Zeit, weshalb wir unsere Leser auffordern, den Besuch nicht allzu lange hinauszuschieben. Der Ertrag der Ausstellung (5 Sgr. Entrée) ist zum Besten des Künstler-Unterstützungsfonds und des Pensionsfonds für die Berliner Feuerwehr bestimmt.« – »*Zur Aufklärung.* – Es gehen uns ein paar Zuschriften zu, in denen Verwahrung eingelegt wird gegen eine *Parallele*, die unser – lg – Berichterstatter bei Besprechung des ›Krönungsbildes‹ zwischen *Cornelius* und *Menzel* gezogen haben soll. Unser Berichterstatter, dem wir davon Mitteilung gemacht, schreibt uns mit Bezug darauf: – ›Ich muß zugeben, daß es immer etwas Mißliches hat, in solcher Weise, wie ich es getan habe, zwei berühmte Namen nebeneinanderzustellen. Es *wirkt* dies wie eine Parallele, während es doch nicht notwendig eine solche ist. Hier war sie bestimmt *nicht* beabsichtigt, auch nicht ausgesprochen. Wenn ich, gestatten Sie mir diesen Vergleich, von einem alten Schlosse sage, daß es gleich ausgezeichnet sei durch seine Sanskrit-Blätter, wie durch seine Gobelin-Tapeten, so habe ich *sachlich* keine Parallele zwischen jenen Blättern und diesen Tapeten gezogen – von denen, je nach dem Geschmack des Einzelnen, das eine hoch, das andere niedrig taxiert werden mag –, sondern ich habe lediglich auf ein gleiches Maß von Vortrefflichkeit des einen, wie des anderen, eines jeden auf *seinem* Gebiete (dies Gebiet sei, wie es wolle) hingewiesen. Ich hob in meiner Besprechung eigens hervor, daß ich weder die Männer und ihre Richtungen, noch den Wert ihrer Richtungen in Parallele zu stellen gedächte, sondern lediglich auf die Tatsache hinweisen wollte, ›daß wir das Glück hätten, innerhalb *jeder* Richtung ein bis dahin in seiner *Totalität* Unerreichtes zu besitzen‹. Diesen Satz halte ich aufrecht. Das sei aber noch hinzuzufügen erlaubt: Die Schwächen des Bildes sind leicht kennbar; aber vergessen wir um dieser Schwächen willen nicht, daß es dennoch eine Leistung ersten Ranges bleibt. Die volle Anerkennung seiner Vorzüge wird erst dann laut werden, wenn es, im Lauf der Jahrzehnte, ganz ein *historisches* Bild geworden sein wird.‹« – F. scheinen beim Anblick des auf Repräsentation bedachten Riesenbildes Zweifel an dessen künstlerischem Wert überhaupt gekommen zu sein. Nur so wird der »gequälte« Inhalt seiner Nach-

schrift verständlich und die Tatsache, daß er sich der Beschreibung des
Bildes selbst entzog, indem er einen Artikel aus dem Preußischen
Staatsanzeiger abdrucken ließ. – Vgl. die Erwähnung einer »Skizze
zum Krönungsbild« in »Die Poggenpuhls«, 11. Kap. (HF I, 4, S. 548).

655 *des Achenbachschen »Ostende«*: Vgl. S. 652 und Anm. dazu.

BERLINER KUNSTAUSSTELLUNG (1872)

Textgrundlage: Vossische Zeitung, 2. Beilage zu Nr. 205 vom 3. Sept.
1872; gezeichnet: Th. F.
Die 48. Kunstausstellung der Königlichen Akademie der Künste in Berlin dauerte vom 1. Sept. bis zum 3. Nov. 1872.

656 *des »Tages von Sedan«*: 1. Sept. 1870, Schlacht bei Sedan, vgl. »Der
Krieg gegen Frankreich 1870-1871«, N XIX, S. 483 ff. – *»Was Ihre
Alba leisten ...«*: Vgl. Schillers »Don Carlos«, II, 1: »Was Ihre Alba
leisten, das kann Karl auch, und Karl kann mehr!« – *Victoria Aberg*
(eigentlich: Åberg; 1824-1892): Finnische Landschaftsmalerin,
Schülerin Hans Gudes in Düsseldorf, Ausbildung in Dresden
und Weimar; sie hatte ein »Mondschein« betiteltes Bild ausgestellt. –
Andreas Achenbach: Vgl. Anm. zu S. 459; über seine »Ostende«-
Motive vgl. S. 652 und Anm. dazu. – *»Strand bei Scheveningen«*:
Titel im Katalog: »Marine. Scheveningen«. – *Jene fünf Milliarden ...
zu überrieseln anfangen*: Anspielung auf den Geldsegen in Form der
Kriegsreparationen, die Frankreich nach dem verlorenen Krieg von
1870/71 an Deutschland zu zahlen hatte. – Eduard *Bendemann* (1811-
1889): Historienmaler, Schüler Wilhelm von Schadows in Berlin und
Düsseldorf, 1838 Berufung an die Kunstakademie in Dresden, 1859
Nachfolger Schadows als Direktor der Düsseldorfer Akademie; nach
längerer Pause nahm er seit 1870 wieder an den Ausstellungen der
Berliner Akademie teil, 1872 mit dem über 4×5 m großen Gemälde
»Die Wegführung der Juden in die Babylonische Gefangenschaft«,
das Eigentum der Nationalgalerie in Berlin wurde und als Stich von E.
Vorberg Verbreitung fand; es sorgte zur Zeit der Ausstellung für Ge-
sprächsstoff. F. erwähnt es in seiner »Romeo und Julia«-Kritik vom
8. Okt. 1872 (HF III, 2, S. 91). – *Adolf Menzel*: Vgl. Anm. zu S. 469.
– *Gustav Richters großes Bild*: »Der Bau der ägyptischen Pyrami-
den«, ein 1859 bestelltes, 1872 vollendetes Gemälde, das zu seinen
bedeutendsten Bildern zählt; über R. vgl. Anm. zu S. 461. – Ludwig
Knaus: Vgl. Anm. zu S. 600.

657 Albert *Brendel*: Vgl. Anm. zu S. 466; er hatte das Gemälde »Die Fut-
terstunde« (Schafe) ausgestellt. – *der Paul Meyerheimsche Hammel*:

Anspielung auf das Gemälde »Schafschur«, das die große goldene
Medaille der Berliner Akademie 1872 erhielt; über M. vgl. Anm. zu
S. 468. – Rudolf *Henneberg* (1825-1876): Genremaler aus Braun-
schweig, Ausbildung an den Akademien zu Antwerpen (Gustaaf
Wappers) und zusammen mit Gustav Spangenberg zu Paris (Thomas
Couture), seit 1865 in Berlin, 1869 Mitglied der Berliner Akademie;
er hatte u. a. das Gemälde »Die erlöste Germania« ausgestellt, auf das
F. hier anspielt; dazu ergänzend Malerwerke: »Germania mit Sieges-
fahne und Ölzweig auf einem Rosse, das Bismarck als Ritter Georg am
Zügel führt, nachdem er den Drachen getötet«. – *»Reiter nach dem
Glück«:* Formulierung in Anlehnung an »Die Jagd nach dem Glück«,
Titel eines im großen Maßstab ausgeführten Gemäldes Rudolf Hennebergs, 1868 auf der Berliner Akademie-Ausstellung, mit der kleinen goldenen Medaille der Berliner Akademie 1868 ausgezeichnet,
von der Nationalgalerie erworben und damals als eine der geistreich-
sten Kompositionen der zeitgenössischen Malerei bewertet. Die Formulierung greift F. später in dem Gedicht »Jung-Bismarck« (1885)
wieder auf: »In Lockenfülle das blonde Haar, / Allzeit im Sattel und
neunzehn Jahr, / Im Fluge weltein und nie zurück – / Wer ist der Reiter
nach dem Glück? / Jung-Bismarck« (HF I, 6, S. 248). Vgl. auch die
Formulierung »Reiter nach dem Ziel« in: »Kunstausstellung« (1874),
S. 659. Vgl. ferner »Mathilde Möhring«: »Unterm Minister tun's die
guten Kleinstädter nicht, die bei der bekannten Glücksjagd, zu der wir
uns alle geladen glauben, bloß den Kirchturm mit dem goldnen Hahn
sehn und nicht wissen, wie weit es ist und wieviel Gräben unterwegs,
um reinzufallen« (HF I, 4, S. 592). Vgl. auch die direkte Anspielung
auf Hennebergs Gemälde in F.s Brief an Karl Zöllner vom 13. Aug.
1892: »[. . .] die Jagd nach dem Glück und die Brücke, die bricht«
(HF IV, 4, S. 205). – *»Mann der Zukunft«:* Gemeint ist Ludwig
Pietsch (1824-1911), Kunstkritiker der Vossischen Zeitung und »legitimer Beherrscher dieser Spalten«; er hatte sich zunächst als Maler an
der Berliner Akademie ausbilden lassen, ging aber schon bald dazu
über, Zeichnungen für illustrierte Zeitungen und Bücher anzuferti-
gen und Kunst- und Gesellschaftsberichte über Berlin zu schreiben,
zunächst ab 1858 für die Spenersche Zeitung, später auch für die
Schlesische Zeitung. Sein flüssig plaudernder Stil war sehr beliebt;
auch F. schätzte dessen »beneidenswertes [Schreib-]Talent« (vgl. F.s
Brief an L. Pietsch vom 6. Okt. 1880, HF IV, 3, S. 106); er spricht ihm
in seinen Briefen offen »Bewunderung« für seine »deskriptive Begabung« aus (vgl. F.s Brief an L. Pietsch vom 16. Febr. 1874, HF IV, 2,
S. 453, und ferner vom 12. Juni 1876, HF IV, 2, S. 526) und sieht in
dem Journalistenkollegen »eine ganz exzeptionelle Erscheinung«,
»etwas noch nie Dagewesenes« (vgl. F.s Brief an L. Pietsch vom
10. Nov. 1878, HF IV, 2, S. 632); »er hat ganz andre Lobebacken wie
ich«, meint er am 11. Okt. 1886 an Georg Friedlaender (Briefe an
Friedlaender, S. 57; vgl. auch seinen Brief an Friedlaender vom

4. Okt. 1891, HF IV, 4, S. 158); F.s Wertschätzung spricht sich auch
in den beiden Rezensionen aus, die er über L. Pietschs Bücher veröffentlicht hat, vgl. »Marokko« (1878), in: N XVIII, S. 576-579, und
»Nach Olympia«, ebd. S. 580-591. Zur Formulierung »Mann der Zukunft« vgl. die folgende Anm. – *den Erwarteten, vor dem mit Platen
zu sprechen, »unser Gesang herumwandelt«:* Vgl. August von Platens Ode »Der künftige Held« (1832), zweite Strophe: »Den Mann
der Zukunft preisend, wandelt / Vor dem Erwarteten mein Gesang
her.« – *vinkulieren:* fesseln. – Louis Charles César le Tellier, Herzog
d'Estrées (1695-1771): Marschall von Frankreich, von Ludwig XV.
im Siebenjährigen Krieg zum Oberbefehlshaber des Heeres in
Deutschland ernannt, siegte 1757 bei Hastenbeck und nahm das Kur-
fürstentum Hannover ein. – *ein Maß »gehäufter Untat«:* Ebenfalls
aus Platens Ode »Der künftige Held«, dritte Strophe: »Er komme bald
uns, welchem des Ewigen / Ratschluß verliehn ruhmwürdiges Rächer-
amt / Gehäufter Untat, aus den Zähnen / Reiß' er dem Wolfe das
Lamm«. – *Newsky-Prospekt:* Fast 5 km lange Prachtstraße von Pe-
tersburg. – »*Nilschlamm und den arabischen Sand«:* Vermutlich Anspielung auf Wilhelm Gentz' »Schlangenbeschwörer in Ober-Ägyp-
ten« und Eduard Bendemanns »Die Wegführung der Juden in die Babylonische Gefangenschaft« (s. Anm. zu S. 656). – »*Mann im kleinen
Hütchen« und den »blutigen alten Schwadronen:* Hinweis auf die
beiden in der Gründerzeit besonders beliebten Gebiete der Malerei,
die Porträtkunst, die dem erhöhten Bedarf an gesellschaftlicher Repräsentation genügte, und die Schlachtenmalerei, die die Vorliebe für
die bombastische Verherrlichung nationaler Ereignisse befriedigte.
Zur letzteren vgl. F.s distanzierende Bemerkung in »Cécile«, 14.
Kap.: »Ach, das ewig siegreiche Militär, siegreich auf *jedem* Gebiete.
In neuester Zeit auch (leider) auf dem der Malerei. Doch das sind
trübe Betrachtungen, *zu* trübe für diese heitere Stunde« (HF I, 2,
S. 232). – *Pyramidalkontroverse zwischen Wilhelm Gentz und Gustav Richter:* Anspielung auf Wilhelm Gentz' »El-Id-es-saghir. To-
tenfest bei Kairo« und Gustav Richters »Der Bau der ägyptischen Py-
ramiden«. – *Sedan-Brief-Frage, die, zwischen Bleibtreu und Graf
Harrach schwebend:* Anspielung auf Georg Bleibtreus Gemälde
»Sedan«, auch als »Die Übergabe von Sedan« bekannt (General Reille
überbringt den König am Abend der Schlacht von Sedan den Brief
Napoleons), und Ferdinand Graf von Harrachs gleichnamiges Gemälde »Sedan«; Bleibtreus Gemälde wurde von dem damaligen Kron-
prinzen erworben, gehört zu den seit 1945 verschollenen Werken der
Malerei. Über Georg Bleibtreu vgl. Anm. zu S. 475; über Ferdinand
Graf von Harrach vgl. Anm. zu S. 628; vgl. im übrigen »Aus den
Tagen der Okkupation«, Bd. 2, ›Sedan‹ (HF III, 4, S. 910).

658 *Er komme bald uns...:* Formulierung in Anlehnung an die dritte
Strophe von Platens Ode »Der künftige Held«, s. o.

KUNSTAUSSTELLUNG (1874)

Textgrundlage: Vossische Zeitung vom 9. Sept. 1874; gezeichnet: Th. F.

Zur Entstehung: F. hatte – wie 1872 – stellvertretend für Ludwig Pietsch drei Tage nach Eröffnung der Akademie-Ausstellung 1874 einen ersten zusammenfassenden Bericht darüber geschrieben. Im Nachhinein rechtfertigt er seine darin geäußerte Kritik an dem niederländischen Genremaler Laurens Alma-Tadema, die offenbar von Ludwig Pietsch nicht geteilt wurde und diesen zu einer »Richtigstellung« in der Vossischen Zeitung veranlaßte. Am 13. Sept. 1874 schreibt F. an Ludwig Pietsch: »Sie haben es wieder nicht nur sehr reizend, sondern auch sehr gnädig gemacht. Ich kann es mir denken, welchen Schreck Sie gekriegt haben, einen *N° I* Mann so mit Bummelwitzen abgefertigt zu sehn. – Nur Eines möchte ich doch, um nicht in immerhin ernsten Sachen bummliger zu erscheinen als gestattet ist, zu meiner relativen Rechtfertigung hervorheben. Die Bilder wirken *fremdartig.* – Wie in allem, so sind wir auch in unsern Bildern unter der Macht des Herkömmlichen, die abzuschütteln oder zu durchbrechen, in meinen Augen (ich gehe darin sicherlich zu weit) immer ein Verdienst ist. Alles Aparte, Courageuse, die Tradition lachend bei Seite Schiebende, reizt mich und so hab' ich beispielsweise die Tademaschen Sachen früher bewundert. Wenn man aber an die Stelle der Allgemeinen Tradition eine persönliche Spezial-Tradition setzt und *alles,* Altes und Neues, in einer ganz bestimmten, immer wiederkehrenden Weise sieht, so ist mit diesem Verfahren nichts gebessert. Ja, es ist bei Aufgaben wie der, die sich Tadema hier gestellt, ein entschiedner Nachtheil. – Natürlich klemm ich mich nicht auf Krokodil und Ramses, aber die ganze Modernität, die uns hier geboten wird, ist nicht Modernität wie wir sie zu sehen gewohnt sind, ist auch keine eigenartige, mit *neuem* Auge gesehene, sondern eine alt-vertademasirte Modernität. Man wird sofort, man stehe nun 3 oder 13 Schritt vor diesen Bildern, fast an eine ganze Collection früherer Arbeiten desselben Meisters erinnert, die, ihrem Gegenstande nach, vor 2 oder 2000 Jahren *irgendwo* in Scene gingen. Ob Ägypten, Griechenland, Rom – darauf leg ich nicht das geringste Gewicht; nur so viel bleibt für mich bestehn: es ist etwas ganz Neues, das nach etwas ganz Altem schmeckt, oder doch irgend einem ganz Alten, wie wir es aus Tadema bei dieser oder jener Gelegenheit kennen lernten, in *störender* Weise ähnlich sieht. – Ich schreibe Ihnen dies, theuerster Pietsch, nicht um brieflich mit Ihnen anzubinden, nicht in dem irgendwo versteckten dickköpfigem Glauben, daß ich doch eigentlich Recht hätte, sondern nur, um in Bezug auf meine gedruckten scherzhaften Wendungen über T., nicht in einem schlechteren Lichte vor Ihnen zu erscheinen als nöthig. Ich halte, auch bei meinen Theaterkritiken, die scherzhafte Behandlung nicht blos für erlaubt, sondern geradezu für einen Vorzug, aber sie hat eine zu Grunde liegende *ernste* und *ehrliche Meinung* zur Voraussetzung. Sonst ist sie unerlaubt. Diese Zeilen sollten nur aussprechen, daß ich bei der Behandlung T.'s wenn auch irrthümlich, so doch im Letzten ganz überzeugungsvoll verfuhr« (HF IV, 2, S. 472 f.).

659 *Kunstausstellung:* Die 49. Kunstausstellung der Akademie der Künste war die letzte, die im alten Akademie-Gebäude Unter den Linden 38 stattfand. Sie dauerte vom 6. Sept. bis zum 1. Nov. 1874. – »*der sie rief, und alle, alle kamen*«: Formulierung in Anlehnung an das seinerzeit volkstümliche Lied »Der König rief, und alle, alle kamen«, das H. Clauren (Pseudonym für Carl Heun, 1771-1854) 1813 veröffentlicht hatte. – *Adolf Menzel:* Vgl. Anm. zu S. 470. – *Wilhelm Gentz:* Vgl. Anm. zu S. 467. – *Gustav Spangenberg:* Vgl. Anm. zu S. 523. – *darauf hingewiesen wird, sich zur Reichshauptstadt zu entwickeln:* In der »Chronik der Königl. Akademie der Künste« 1874 heißt es im Rückblick auf die Kunstausstellung des Jahres 1872 (S. IX): »Dieselbe erfreute sich außer den Werken hiesiger Künstler einer reichen Beisteuer von Künstlern aus allen Teilen Deutschlands, von Ausländern besonders aus Belgien und Italien.« – *in diesem unserem traurigen Akademiegebäude:* Die wachsende Kritik an der Unzulänglichkeit der Ausstellungsräume des königlichen Akademie-Gebäudes war ein Thema, das besonders seit Eduard Magnus' Vortrag (1864) »Über die Einrichtung und Beleuchtung von Räumen zur Ausstellung von Gemälden und Skulpturen« immer wieder Anlaß zu Diskussionen und Appellen an die Verantwortlichen geführt hatte. Es war die letzte Ausstellung im alten Akademie-Gebäude. Die nächste Kunstausstellung, die 50., fand im provisorischen Ausstellungsgebäude auf der Museums-Insel statt. – *so viele »Reiter nach dem Ziel«:* Formulierung in Anlehnung an »Reiter nach dem Glück«, vgl. Anm. zu S. 657. – *die Bleibtreu-Husaren ... in die Kürassierbrigade Michel:* Anspielung auf Georg Bleibtreus Gemälde »Das 13. Husaren-Regiment unter Oberst v. Heiduck zersprengt in der Schlacht bei Wörth die französische Reiter-Brigade Michel«, eine Darstellung der Schlußepisode aus der Schlacht bei Wörth am 6. Aug. 1870. Das Bild war ein Geschenk Kaiser Wilhelms I. an den Kronprinzen. – *die Achenbachsche Landungsbrücke:* Andreas Achenbach hatte außer einer »Niederrheinischen Landschaft« ein Bild von »Vlissingen« ausgestellt, auf das F. hier anspielt; über A. vgl. Anm. zu S. 459. – *die Jordanschen Schiffer:* Rudolf Jordan hatte ein »Genrebild betiteltes Gemälde ausgestellt; über ihn vgl. Anm. zu S. 467. – *die Gude-Leuschen Fjorde:* Von Hans Gude (vgl. Anm. zu S. 517) stammte u. a. »›Nordischer Sommerabend‹. Motiv von Christianiafjord. Norwegen«, von August Leu (vgl. Anm. zu S. 535) eine »Norwegische Landschaft (Sagne-Fjord)«. – *die Scherressche Kiefer:* Karl Scherres (vgl. Anm. zu S. 541) hatte »Gewitter über den Dünen. Komposition im Charakter der Ostseeküste bei Danzig« ausgestellt. – *das Bennewitz v. Loefensche Reh:* Gemeint ist vermutlich Karl Bennewitz von Loefen d. Ä.

(vgl. Anm. zu S. 539) Bild »Auf der Wiese vor Sonnenuntergang«; er hatte außerdem noch ein Bild »Buchenwald auf den Dünen an der Ostsee« ausgestellt.

660 *der Graebsche Dom:* Paul Graeb (1842-1892), Berliner Architekturmaler, Schüler der Berliner Akademie und seines Vaters Carl Graeb (vgl. Anm. zu S. 463) nahm bereits seit 1862 an den Akademie-Ausstellungen in Berlin teil; seine dort gezeigten Architekturbilder waren meist Aquarelle, so 1870 »Aus dem Dom zu Chur«, 1872 »Aus dem Dom zu Paderborn« und 1874 »Aus dem Dom zu Ulm«. – *das Riefstahlsche Refektorium:* Wilhelm Riefstahl (vgl. Anm. zu S. 468) hatte »Im Refektorium eines schwäbischen Klosters« ausgestellt; dazu ergänzend Malerwerke 2,1, S. 431: »Das Sommerrefektorium im Kloster Maulbronn. Die Klosterbrüder an der Tafel. Vorn rechts drei alte Mönche bei Bereitung einer Bowle«. – *die Brendelsche Hammelherde:* Anspielung auf Albert Brendels (vgl. Anm. zu S. 466) Bild »Gemütlicher Heimgang«. – *die Voltzschen Wiederkäuer:* Gemeint ist das Bild »Vieh auf der Weide bei Regenstimmung« von Friedrich Voltz (vgl. Anm. zu S. 550). – *A. v. Werners »Luther-Bild«:* Anton von Werner (1843-1915), Berliner Historien- und Genremaler, der entscheidende künstlerische Anregungen durch Carl Friedrich Lessing und Adolf Schroedter an der Karlsruher Kunstschule empfing, war 1874 Mitglied der Akademie der Künste in Berlin geworden, 1875 wurde er zum Direktor der Akademie ernannt. F. lernte ihn durch Paul Lindau, den Herausgeber der Wochenschrift »Die Gegenwart« und der Monatsschrift »Nord und Süd«, kennen (vgl. Brief an Theodor Storm vom 2. Nov. 1878, HF IV, 2, S. 627). Als F. 1876 Sekretär der Akademie wurde, hatte er darüber hinaus beruflichen Kontakt zu von Werner. Die allgemeine Beliebtheit des Malers von Werner hat F. nicht geteilt; vgl. seinen Brief an Karl Zöllner vom 19. Jan. 1889, in dem es heißt, »daß Werner viel mäßige Bilder gemalt« habe (Autobiographische Werke / Briefe (JA), II, 5, S. 215). Das 1874 ausgestellte Bild »Dr. Luther auf einem Familienfeste« war eine Auftragsarbeit des Bankiers Wollner in Berlin mit »Porträts in Patriziertracht aus der Familie des Bestellers« (Malerwerke 2,2, S. 1000). – *Ferdinand Keller* (1842-1922): Historien-, Genre- und Landschaftsmaler aus Karlsruhe, wo er sich unter Johann Wilhelm Schirmers Leitung in der Landschaftsmalerei ausbildete, später selbst dort als Lehrer wirkte und 1880 Direktor der Karlsruher Kunstschule wurde; sein Gemälde »Nero« war unter dem Eindruck einer seiner wiederholt gemachten Italienreisen entstanden; dazu Malerwerke 1,2, S. 700: »Nero. Vom Hofstaat umgeben, betrachtet er den Brand Roms«. – *August von Heyden:* Vgl. Anm. zu S. 576. Sein Ölgemälde »*Walküren*«, das auch unter dem Titel »Walkürenritt« zitiert wird, war nach einer Skizze von 1870 entstanden und wurde als Radierung von Alexander Becker bekannt. – *Gustav Seyfferth* (erwähnt 1868-1876): Genremaler, ab 1868 als Schüler der Kunstschule in Weimar nachweisbar, 1875-1876

in Rom. – Franz von *Defregger* (1835-1921): Historienmaler aus Tirol, Ausbildung in München und Paris, Lehrer an der Akademie in
München, Mitglied der Berliner Akademie seit 1874. Das Gemälde
»Letztes Aufgebot im Jahre 1809 in Tirol« (s. Abb. 25) gehört in die
Reihe seiner Historienbilder, die die Tiroler Freiheitskämpfe von 1809
zum Bildgegenstand haben und wegen ihres deutsch-nationalen Elements den Geschmack der Zeitgenossen trafen. Es erhielt die kleine
goldene Medaille der Berliner Akademie und wurde im Stich von A.
Wagenmann sehr populär. Das Gegenstück, »Heimkehrender Tiroler
Landsturm im Kriege von 1809«, 1876 in Berlin ausgestellt, erhielt
die große goldene Medaille für Kunst 1876 und wurde von der Nationalgalerie in Berlin angekauft; auch dieses Bild fand Verbreitung
durch den Stich von F. Zimmermann. Auf F. hat das 1874 ausgestellte
Bild einen nachhaltigen Eindruck hinterlassen. Einen Monat später
schreibt er von seiner Fahrt durch Tirol nach Italien an Karl und Emilie Zöllner am 7. Okt. 1874: »Das Inntal hinauf, das Etschtal hinunter. Passeier, Sterzing, Iselberg – die ganze Hofer-Speckbacherei zog
noch einmal an uns vorüber; im Ganzen viel prosaischer als auf dem
Defreggerschen Bilde.« – *Tademas beide zur Kollektion des Palazzo-
Palmierie gehörige Bilder:* Laurens Alma-Tadema (1836-1912),
niederländischer Genremaler, Ausbildung an der Antwerpener Akademie unter Gustaaf Wappers, lebte seit 1871 in London, malte Genrebilder vorzugsweise aus der ägyptischen, griechischen, römischen
und fränkischen Geschichte, dabei großen Wert auf die Genauigkeit
archäologischer Details und die historische Treue seiner Bildinhalte
legend. Er wird als einer der »eigentümlichsten« (Müller-Singer 1,
S. 19) Maler seiner Zeit geschildert. Die beiden ausgestellten Bilder
»Das Maleratelier« und »Das Bildhaueratelier« sind im Katalog verzeichnet mit: »Cabinet eines Kunstliebhabers (Porträt des Eigentü-
mers)« und »Magazin von Bildhauerarbeit (Porträt des Malers und
seiner Familie)«; ferner der Zusatz: »Beide Bilder gehören zur Collection des Palazzo Palmierie zu Nizza«. Alma-Tadema wurde 1874 mit
der großen goldenen Medaille für Kunst der Berliner Akademie ausgezeichnet. – *Eduard von Gebhardt* (1838-1925): Historienmaler aus
Estland, der 1855-1858 die Petersburger Akademie besuchte, sich anschließend an der Kunstschule zu Karlsruhe ausbildete und 1860
Schüler Wilhelm Sohns in Düsseldorf wurde; im März 1874 wurde er
Nachfolger Theodor Hildebrandts an der Düsseldorfer Akademie und
im selben Jahr Mitglied der Berliner Akademie. Seine 1873 entstandene »Kreuzigung« wurde von der Kunsthalle Hamburg erworben. –
Albert *Hertel* (1843-1912): Berliner Landschaftsmaler, Schüler von
Eduard Magnus und Eduard Meyerheim in Berlin. Ein längerer Rom-
aufenthalt brachte ihn in Kontakt zu dem dort lebenden Anselm Feuerbach. Nach seiner Rückkehr nach Berlin 1870 entwickelte sich eine
enge Freundschaft zu Adolph Menzel, die nicht ohne Einfluß auf den
vor allem wegen seiner Naturbeobachtungsgabe geschätzten Maler

Abb. 25   Franz von Defregger: Das letzte Aufgebot (1872)

»Der furchtbare Ernst eines Volkskrieges tritt einem hier echter entgegen
als in allem, was der ›guerre à outrance‹ in allen seinen Phasen geleistet
hat. Wir konnten uns von diesem Defreggerschen Bilde nicht trennen.
Das ist Leben und Kunst!« (S. 661).

blieb. Außer einem »Sommerabend vor dem Brandenburger Tor« hatte er sechs Dekorationsbilder ausgestellt, die alle italienische Landschaften mit religiöser Staffage zeigten. Vgl. die Erwähnung eines Hertelschen Stillebens in »Irrungen, Wirrungen«, 6. Kap. (HF I, 2, S. 346). – *Gustav Richters Porträts:* Vgl. Anm. zu S. 663. – *Kaulbach . . . brennenden Jerusalem:* Wilhelm von Kaulbachs (vgl. Anm. zu S. 470) »Die Zerstörung Jerusalems«, zunächst 1837 als Karton in Ölfarben, 1838 als Farbenskizze, zwischen 1842 und 1847 als Ölgemälde und schließlich zwischen 1847 und 1863 als Wandgemälde im Berliner Neuen Museum.

661 *guerre à outrance* (franz.): Krieg bis aufs Messer.

662 *Khedive:* Offizieller Titel des Vizekönigs von Ägypten im türkischen Reich. – *dem berühmt gewordenen Abendmahlsbilde v. Gebhardts:* Das 1870 entstandene, auf der Berliner Akademie-Ausstellung 1872 ausgestellte große Gemälde (1,94×3,05) Eduard von Gebhardts ist selbständiger in Stil und Auffassung und harmonischer im Malerischen als die 1874 gezeigte »Kreuzigung«; es erhielt 1872 die kleine goldene Medaille der Berliner Akademie (s. Abb. 26).

663 *sans phrase* (franz.): ohne Umschweife. – *»Evviva!«:* Im Katalog der Zusatz: »Genrebild«; dazu Malerwerke 2,1, S. 407: »(Vaterfreude) Selbstbildnis des Künstlers mit seinem einen Pokal erhebenden Knaben im Bogen eines geöffneten Fensters (Eviva!).« – *Porträtgruppe:* So auch im Katalog verzeichnet; dazu Malerwerke »Mutterglück«. Frau Prof. Richter ein mit jüngern Söhnchen auf dem Arm«. Die beiden Familienporträts waren als Pendants entworfen. – *den beiden Bleibtreuschen Bildern »Wörth« und »Sedan«:* Zu »Wörth« vgl. Anm. zu S. 659; zu »Sedan«, das bereits auf der Berliner Akademie-Ausstellung 1872 gezeigt worden war, vgl. »Berliner Kunstausstellung« (1872), S. 657 und Anm. dazu. – Emil *Hüntens* Gemälde hat im Katalog den Titel: »Die 53er bei Colombey am 14. August 1870«; über ihn vgl. Anm. zu S. 489. – *Franz Adam* (1815-1886): Schlachtenmaler aus der Malerfamilie Adam in München, Ausbildung durch seinen Vater Albrecht A. (1786—1862) und Zusammenarbeit mit ihm bis zu dessen Tod, 1872 Reise nach Sedan und anschließend Entwurf einer ersten Skizze zu dem genannten Gemälde, das er für Herzog Georg von Sachsen-Meiningen ausführte. Als Kriegsmaler stellte er auch die Schattenseiten des Krieges und seiner Folgen dar; F. spielt darauf mit an mit der Aufzählung »Zitronenvogel, Pfauenauge, Trauermantel«. Das Gemälde, das 1874 mit der großen goldenen Medaille für Kunst ausgezeichnet wurde, wiederholte Adam 1879 etwas verändert für die Berliner Nationalgalerie; es gehört zu den seit 1945 verschollenen Werken der Malerei. – Konstantin *Cretius:* Vgl. Anm. zu S. 475. – *Woldemar Graf Reichenbach* (1846-1914): Genre- und Historienmaler, Schüler der Weimarer Kunstschule (Karl Gussow, Albert Brendel), tätig überwiegend in Dresden.

664 *Pasquill:* Schmähschrift. – *L. P.:* d. i. L. Pietsch, vgl. Anm. zu S. 657.

Abb. 26   Eduard von Gebhardt: Das letzte Abendmahl (1872)

»Gestalten, die sich durch die ganze Kunst des 15. Jahrhunderts hinziehen, mehr oder weniger typisch waren und damals als realistisch gelten
konnten, können heute nicht mehr dafür angesehen werden, einfach deshalb nicht, weil jedes Jahrhundert seine besonderen Menschen schafft...
Auf dem berühmt gewordenen Abendmahlsbilde v. Gebhardts lagen die
Dinge sehr anders« (S. 662).

BUCHBESPRECHUNGEN

DIE MALEREI UND DIE KUNSTKRITIK (1865)

Textgrundlage: Neue Preußische (Kreuz-)Zeitung, Beilage zu Nr. 184 v. 9. Aug. 1865; gezeichnet: Te.

Manasse Unger (1802-1868), Berliner Maler und Restaurator, ein origineller und geistreicher Mann, der seinerzeit auf viele junge Berliner Künstler anregend gewirkt hat; spezialisiert auf die Restaurierung von Werken alter Meister, war er wegen seines maltechnischen Wissens bei ungewissen Bildzuschreibungen auch von offizieller Seite gefragt. Er war »ein strenger, scharfblickender Kritiker«, sagt Wilhelm Lübke von ihm, »in Deutschland einer der ersten, welcher sich auf eindringende Prüfung der technischen Eigenschaften der Kunstwerke einließ« (Lebenserinnerungen, Berlin 1891, S. 195 u. 196). Vgl. auch F.s Charakterisierung U.s in »Von Zwanzig bis Dreißig«, 3. Kapitel, ›Richard Lucae‹: ». . . ein Bildersammler und guter Kunsthistoriker, den seine Kunstwissenschaft jedoch nicht hinderte, seine für minimale Preise gekauften ›Niederländer‹ unter sehr maximalen Namen auszustellen. Dieser Onkel Unger hatte seinem Neffen – der übrigens nur sein Adoptivneffe war – von Jugend an die größte Zuneigung bewiesen, ja ihn halb erzogen, war aber doch nebenher von so heftiger und exzentrischer Eigenart, daß er, als Lucae mal einen Zweifel hinsichtlich der vielen ›Teniers‹ geäußert hatte, seinen geliebten Richard ohne weiteres auf krumme Säbel fordern ließ. Es kostete viel Mühe, den alten Berserker, der schon zwischen fünfzig und sechzig war, davon abzubringen« (HF III, 4, S. 348). Aus U.s Zitatenschatz zitiert F. in seiner Besprechung von Henry Fieldings »The History of Tom Jones, a Foundling«, vgl. N XXI, 2, S. 318. U.s »Hauptbedeutung liegt indessen auf dem Gebiete der Kunstphilosophie« (Albert Pick, in: ADB 39, S. 299). Dazu gehört als wichtigste Publikation sein in Leipzig 1851 erschienenes Buch »Das Wesen der Malerei«, das damals auf ästhetischem Gebiet als »bahnbrechend« galt. Als Suplement dazu folgten 1865 in Leipzig seine »Kritischen Forschungen im Gebiete der Malerei alter und neuester Kunst« mit dem Untertitel »Ein Beitrag zur gründlichen Kenntnis der Meister«, gewidmet »dem Meister Peter von Cornelius, seinem sehr verehrten Gönner, in aufrichtiger Verehrung«. Die Schrift ist in drei Abschnitte gegliedert: 1. Abschnitt: Venezianische Meister, 2. Abschnitt: Spanische Meister, Niederländische Meister, 3. Abschnitt: Künstler der Jetztzeit.

667 *Künstler der Jetztzeit:* außer den von F. genannten enthält der Abschnitt über die Künstler der Jetztzeit Aufsätze über Anselm Feuerbach, Eduard Magnus, Louis von Hagn und Wilhelm Gentz. Zu *Adolf*

Menzel vgl. Anm. zu S. 470, *Peter von Cornelius,* vgl. Anm. zu S. 478, *Karl Becker,* vgl. Anm. zu S. 467, *Gustav Richter,* vgl. Anm. zu S. 461, *Eduard Hildebrandt,* vgl. Anm. zu S. 462. – *daß weniger die Kunsthistorie als die Kunstkritik im argen liege:* Unger beginnt sein Vorwort mit dem Rückgriff auf eine Äußerung des Dresdener Kunsthistorikers Carl Friedrich von Rumohr (1785-1843): »Mit dem aufrichtigen Bekenntnis des Herrn *von Rumohr,* der im Rufe eines großen Kunstkenners steht, daß er nicht wisse, was der *Stil* sei, ist ohngefähr der Stand der Kunstwissenschaft seiner Zeit ausgesprochen und somit auch der der Kritik in der bildenden Kunst. Hiermit soll der Wert der Ansichten des Herrn *von Rumohr,* die sich auf ein erfahrenes Kunstgefühl gründen, welches er zugleich praktisch geübt, durchaus nicht unterschätzt werden, wenn auch zugleich gesagt werden muß, daß Ansichten, lediglich als solche, in der Kunstkritik, ohne welche eine Kennerschaft nicht wohl bestehen kann, nicht genügend sind.« – Ludwig *Knaus:* Vgl. Anm. zu S. 600. – Friedrich *Kraus:* Vgl. Anm. zu S. 505. – *er zielt mit seinen Auslassungen auf Kunstkritiker von Fach:* Gemeint ist damit vor allem Gustav Friedrich Waagen (1794-1868), Direktor der Bildergalerie des Königlichen Museums in Berlin, den Unger in seinem 1861 geschriebenen Aufsatz »Über die neuen Erwerbungen für die Bildergalerie des Königlichen Museums zu Berlin« (§ 27, S. 285-312) heftig angreift: »Mit der Kenntnis einer beschränkten Anzahl äußerer Merkmale glaubt man, einen Meister [...] erkannt zu haben, und liefert dadurch nur den Beweis, daß man keine Ahnung davon hat, was man in der Kunst zu wissen habe, um zu einer bestimmten Überzeugung gelangen zu können« (S. 288). F. vermeidet es, Waagen namentlich zu nennen, und das wohl nicht nur aus persönlicher Rücksichtnahme gegenüber dem ihm persönlich bekannten und wegen seines kunstgeschichtlichen Wissens und kritischen Scharfblicks geschätzten Waagen, sondern weil er Ungers Ansicht nicht uneingeschränkt teilt, was er am Ende der Rezension durch den vergleichenden Rückgriff auf die Dichtkunst zum Ausdruck bringt. – *Abbé Richard:* damals bekannter Wünschelrutengänger aus Montlieu; vgl. Anm. zu S. 553 in N XXIII/1. – *Raffael:* Ungers Aufsatz »Über Rafaels Bilder in der Farnesina zu Rom und einige ihm fälschlich zugeschriebene Werke« (§ 14, S. 108-135) ist eine Auseinandersetzung mit Johann David Passavants (1787-1861) Raffael-Biographie »Raffael von Urbino und sein Vater Giovanni Santi« (3 Bde; Leipzig 1839-1858), dessen Wert Unger »lediglich in der Angabe geschichtlicher Quellen« sieht, »da es aller kunstwissenschaftlichen Kritik entbehrt, um ein Urteil zu begründen, das so nur allzuoft die Gestalt eines absprechenden Machtanspruches annimmt« (S. 121). Auffallend ist, daß F., dem das Nebensächliche selbst so wichtig war, nicht Ungers These aufgreift, daß sich am Beiwerk der Meister erkennen lasse; vgl. z. B.: »Das Beiwerkliche eines Meisterwerkes ist nichts anderes als der künstlerische Ausklang einer

Hauptweise, der um so bedeutsamer ist, als er einer freien Willkür
anheimfällt, in der sich das individuelle Kunstgefühl selbständig befriedigt, gegen dessen Beeinträchtigung ein Meister erster Größe sehr
empfindlich ist« (S. 125). – Die Erwähnung der Namen des venezianischen Malers der Hochrenaissance *Giorgione,* eigentlich Giorgio da
Castelfranco (1478-1510), und des niederländischen Landschaftsmalers und Ruisdael-Schülers Meindert *Hobbema* (1638-1709) fallen im
Zusammenhang mit dem oben erwähnten Aufsatz »Über die neuen
Erwerbungen für die Bildergalerie des Königlichen Museums zu Berlin«. – *Ruysdael:* Vgl. Anm. zu S. 589. – Jan *Wijnants* (F. benutzt die
im 19. Jahrhundert übliche Schreibweise Wynants; um 1625/1630-
1684): niederländischer Landschaftsmaler.

668 »*Stil ist die künstlerische Handhabe...*«: Das Zitat ist dem Aufsatz
über Adolph Menzel entnommen, in dem sich Unger mit Menzels
1851 entstandenem Bild »Christus als Knabe im Tempel« auseinandersetzt; Unger vertritt hier eine Position, die sich mit Theodor
Vischers Stilauffassung deckt und innerhalb der »Stil«-Diskussion
gesehen werden muß, die bei den Junghegelianern breiten Raum
einnahm; vgl. dazu auch F.s Überlegungen in »Realismus und Romantizismus« (1889): »Der *Stil* ist ein Kunstprodukt, Sache der Erkenntnis, ein Etwas, dem der Künstler bewußt nachstrebt« (N XXIII/
2, S. 172). Das Zitat im originalen Wortlaut: »Ohne Erkenntnis der
Naturidee, die sich nur erst offenbart, wenn der Künstler das Wesentliche von dem Zufälligen zu unterscheiden weiß, wird in der Kunst nie
etwas Bedeutendes geleistet werden können, also auch nicht ohne
Stil; denn dieser ist die künstlerische Handhabe, mit der die in der
wirklichen Erscheinung versteckte Naturidee gefaßt und zur Anschauung gebracht wird« (S. 318).

669 *(wie übrigens der Herr Verfasser in Einzelfällen auch seinerseits einräumt):* Z. B. auf S. 289: »Zum Glück gibt es aber im Publikum Männer genug, die das Wahre vom Falschen bei einem Erweise zu unterscheiden wissen, wenn er auch in der Kunst kein mathematischer sein
kann. Denn die Physiognomie der Wahrheit ist in allen Fächern des
geistigen Vermögens dieselbe, und der wissenschaftliche Gebildete
weiß schon, in wieweit ihr zu trauen ist.«

DIE DEUTSCHE RENAISSANCE (1873)

Textgrundlage: Vossische Zeitung, Sonntagsbeilage Nr. 13 v. 30. März
1873; gezeichnet: Th. F.

Lübkes fast 1000 Seiten starkes Buch war mit Holzschnittillustrationen
von Franz Heinrich Baldinger (1827-1887) reich ausgestattet. – Über F.s
großzügige Art im Umgang mit Zitaten in diesem Zusammenhang vgl.

Helmuth Nürnberger: »Kaum eines der zahlreichen Zitate in F.s Rezensionen ist wortgetreu. Dabei handelt es sich [...] durchaus nicht einfach um Ungenauigkeit. Vielmehr verändert F. das Zitat bewußt im Interesse seiner Darstellung und gemäß seiner Auffassung. Er hat wiederholt Auslassungen und Umstellungen vorgenommen, ohne diese kenntlich zu machen, er hat aber auch gelegentlich anstelle einiger Sätze Lübkes einen Satz eingefügt, der deren Inhalt zusammenfaßte. Da er andererseits Lübkes Text gelegentlich benutzt, ohne ausdrücklich zu zitieren, wird die Grenze zwischen Zitat und Nicht-Zitat fließend [...] Es ging eben F. nicht darum, mittels der Zitate Lübkes Position scharf zu markieren, sondern um zusammengefaßte Hinweise auf den Inhalt und auf das Wesentliche, wobei er in seinem Urteil durchgehend von Lübke abhängig blieb« (Briefe an Kletke, S. 149 f.). – Vgl. F.s übrige Besprechungen der Bücher Lübkes in N XXIII/1, S. 551, 555–559, 595–603, 613–616; vgl. auch die Rezension über Lübkes »Geschichte der italienischen Malerei« (1880), S. 677 ff.

670 *Der Grundgedanke des Mittelalters... geraten:* Fast wörtlich entnommen dem 1. Kapitel des Allgemeinen Teils »Die Renaissance des deutschen Geistes«, S. 4. – *Als in der abendländischen Welt... Zeit* und *Alles Ringen und Regen... Allgewalt der Kirche:* dito, S. 7 f. – *»O Jahrhundert, die Geister erwachen... zu leben!«:* Lübke beginnt mit diesem Ausruf das 1. Kapitel seines Buches und fährt fort: »Mit diesem Jubelruf begrüßt Ulrich von Hutten das Zeitalter der Renaissance in Deutschland« (S. 3). Das Zitat stammt aus Huttens Brief an Wilibald Pirckheimer v. 25. Okt. 1518: »O seculum! O literae! Iuvat vivere, etsi quiescere nondum iuvat, Bilibalde. Vigent studia, florent ingenia« (Ulrich von Huttens Schriften, hg. v. Eduard Böcking, Leipzig 1859, Bd. 1, S. 217). – *Auf keinem Gebiete wurde es klarer... ist bekannt:* Vgl. Allgemeiner Teil, 2. Kapitel »Anfänge der Renaissance bei Malern und Bildhauern«, S. 46.

671 *Paläste Pitti, Riccardi, Strozzi, die Domkuppel in Florenz, die Peterskirche in Rom, die Loggien des Vatikans:* Eineinhalb Jahre später wird F. diese Bauwerke auf seiner ersten italienischen Reise besichtigen; dabei mag ihm das bei Lübke Gelesene von Nutzen gewesen sein. Vgl. die Eintragung in sein italienisches Tagebuch vom 12. Okt. 1874 über die Wirkung der Florentiner Renaissance-Paläste auf ihn: »Diese Paläste sehen sich untereinander sehr ähnlich. Es sind in braunem oder grauem Kalkstein (so vermute ich) aufgeführte Kubusbauten, meist an der Ecke einer Straße oder ein ganzes Stadtviertel bildend bis zum ersten, immer sehr hochgelegenen Stock hin eine mächtige Rustica, die vergitterte Parterrefenster und ein Entresol enthält; dann folgen erster und zweiter Stock meist mit großen Rundbogenfenstern. Das Dach weit vorspringend. Die Wirkung ist außerordentlich. Solidität, Vornehmheit, Schönheit der Verhältnisse; vor allem fehlt alles Kleine. Noble Einfachheit, die den Putz verschmäht. Diese Wirkung

bleibt auch; aber man gibt seine Bewunderung den vielen Nachahmungen gegenüber doch insoweit auf, daß einen das Gefühl beschleicht: Die Imitierung, um die es sich schließlich doch blos handelte, konnte nicht allzuschwer sein. In der Tat wird auch jetzt vielfach
noch in demselben Stile weitergebaut« (N XXIII/2, S. 26 f.). – F. hielt
sich 1874 vom 10.-14. Okt. in Florenz auf (vgl. seine Tagebucheintragungen und Notizen in N XXIII/2, S. 22-35), vom 16. Okt.-1. Nov. in
Rom (vgl. sein Tagebuch v. 30. Okt.-1. Nov., ebd., S. 70-77 sowie die
Aufzeichnungen Emilie F.s v. 15. Okt.-1. Nov., ebd., S. 47-61) und
auf der Rückreise für einen Tag erneut in Florenz (vgl. »Ein letzter Tag
in Italien«, HF III, 3/I, S. 752-760). – Wilhelm *Lübke* (1826-1893):
Kunsthistoriker, zwischen 1845 und 1848 ausgebildet in Bonn und
Berlin, zu einer Zeit, als Gottfried Kinkel (1815-1882) in Bonn und
Gustav Friedrich Waagen (vgl. Anm. zu S. 667) in Berlin die einzigen
Professoren der Kunstgeschichte in Deutschland waren. Die wichtigsten Stationen seines beruflichen Werdegangs sind: 1857-1861 Lehrer für Architekturgeschichte an der Bauakademie in Berlin, 1861-
1866 Professor am Polytechnikum in Zürich, ab 1866 Professor für
Kunstgeschichte am Polytechnikum in Stuttgart; Verfasser mehrerer
populärer kunstgeschichtlicher Werke (vgl. Anm. zu S. 684), die von
nicht unwesentlichem Einfluß auf die Sensibilisierung breiterer Be-
völkerungsschichten für das Thema der Kunstgeschichte in Deutschland waren; vgl. dazu sein Vorwort in »Die deutsche Renaissance« (S.
VIII), geschrieben in einer Zeit hoher nationaler Begeisterung: »Die
deutsche Nation, die neuerdings so hohe Ehren errungen und sich die
lange schmerzlich entbehrte Einheit und geschlossene Macht nach
außen endlich erkämpft hat, möge dieses künstlerische Spiegelbild
aus einer Zeit, die ebenfalls durch große Kämpfe um Erneuerung des
gesamten Lebens bewegt ward, freundlich hinnehmen. Vielleicht daß
sie, wie ein verständnisvoller Freund sich äußert, dabei inne wird, was
für ein bedeutendes Kapital vergangenen Ruhmes sie bis jetzt fast
gänzlich übersehen hat.« L. war Mitglied des »Tunnel über der
Spree«; seine Einführung in den Kreis schildert F. in »Von Zwanzig
bis Dreißig«, ›Der Tunnel über der Spree‹, 3. Kapitel (HF III, 4,
S. 339). Außerdem gehörte er dem geselligen Kreis »Ellora« an. Zwischen L. und F. bestand eine von gegenseitiger Achtung getragene
Freundschaft, die sich auch darin ausdrückte, daß nicht nur F. die Lübkeschen Bücher besprach, sondern auch L. diejenigen F.s; vgl. Wilhelm Lübke: Altes und Neues. Studien und Kritiken, Breslau 1891,
mit den Aufsätzen »Theodor Fontane als Erzähler«, »Gedichte von
Theodor Fontane« und »Zur deutschen Romanliteratur« (über »Stine«). Über die Bedeutung, die F. dem Lübkeschen Gesamtwerk bei-
mißt, vgl. seine König Lear-Kritik v. 26. Febr. 1871: »Die letzten 30
Jahre haben nach der *kunsthistorischen* Seite hin unsere Anschauungen so weit gefördert, daß man sich ein Durcheinanderwerfen von
korinthischen Säulen, Gotik, Tudorstil, Heckenwänden und Holzbal-

konen nicht mehr gefallen läßt. Solange das allgemeine Kunstver-
ständnis an diesen Dingen keinen Anstoß nimmt, solange sich das
Publikum in einem gewissen Wilhelm-Lübke-losen Zustand archi-
tektonischer Unschuld befindet, ist dies alles absolut gleichgiltig, von
dem Moment aber, wo man das Unwahre und Unmögliche dieser Vor-
führungen empfindet, *stört es sehr erheblich«* (HF III, 2, S. 25). –
(Geschichte der französischen Renaissance): »Geschichte der Renaissance Frankreichs« (= Bd. 4 der von Franz Kugler hg. »Geschichte der
Baukunst«), Stuttgart 1868. – *der deutschen Renaissance:* »Geschichte der deutschen Renaissance« (= Bd. 5 der von Franz Kugler
hg. »Geschichte der Baukunst«), Stuttgart 1872/73 in vier Lieferungen erschienen, gewidmet »Ihren Majestäten dem Könige Karl und
der Königin Olga von Württemberg«, mit zahlreichen Holzschnitten
versehen von Franz Heinrich Baldinger (1827-1887), einem Architekten aus Zurzael in der Schweiz, der 1866 nach Stuttgart übergesiedelt
war und seit 1869 an der Baugewerbeschule eine Lehrstelle für Bau-
zeichnen innehatte.

672 *trotz der großen Kämpfe, die Ludwig XII. und namentlich Franz I.
nach außen hin führten:* Ludwig XII. von Frankreich (König 1498-
1515) war fast während seiner ganzen Regierungszeit in kriegerische
Auseinandersetzungen auf italienischem Boden (Neapel, Venedig,
Mailand) verwickelt. Franz I. von Frankreich (König 1515-1547) setzte gleich zu Beginn seiner Regierungszeit die Reihe europäischer
Kriege mit Kämpfen um Mailand fort und verstrickte sich ab 1521 für
mehr als zwanzig Jahre in ein fast ununterbrochenes Ringen mit Spanien (Karl V.), vorwiegend in Italien. – *jene prächtigen Loire-Schlösser:* Vgl. Anm. zu S. 674. – *Bauern-Aufstand:* 1524/1525 kriegerische Erhebung der Bauern in Süd- und Mitteldeutschland aus Protest
gegen die bestehende Herrschafts- und Gesellschaftsordnung. –
schmalkaldischem Krieg: 1546/1547 Religionskrieg der seit 1531 im
Schmalkaldischen Bund zusammengeschlossenen protestantischen
Reichsstände gegen Kaiser Karl V. – *Akanthus:* In der griechischen
und römischen Kunst häufig verwendetes Blattornament, das der
Akanthuspflanze nachgebildet ist und beispielsweise in der Architektur seit dem 4. Jahrhundert v. Chr. als Schmuck am korinthischen
Kapitell Verwendung fand. – *Obelisk:* Hoher, auf quadratischer
Grundfläche sich nach oben verjüngender, beschrifteter Pfeiler, der in
einer pyramidenförmigen, meist mit Goldblech verkleideten Spitze
endet; er wurde im 3. Jahrtausend v. Chr. in Ägypten entwickelt und
in der Renaissance in kleineren Dimensionen nachgeahmt und als architektonische Verzierung verwendet.

673 *(so schreibt Lübke, S. 178):* Zitat leicht verändert und geringfügig gekürzt; Hervorhebungen von F.

674 *des Heidelberger Schlosses:* Bedeutendes Zeugnis deutscher Renais-
sancebaukunst mit dem Anregungen italienischer Renaissancebauten
verarbeitenden Otto-Heinrichs-Bau (1556-1559) und dem im Spätre-

naissancestil ausgeführten Friedrichsbau (1601-1607). – *was neben den Loire- und Seine-Schlössern, was neben Blois, Chambord, Chenonceaux und dem Louvre:* Schloß Blois, südwestlich von Orléans gelegen, eines der schönsten Loire-Schlösser, mit dem gen Nordwesten liegenden Flügeltrakt Franz I., erbaut 1515-1524 – ein Meisterwerk französischer Frührenaissance und ein Beispiel für den oberitalienischen Einfluß auf die französische Architektur jener Zeit. Das Loire-Schloß Chambord, unweit Blois, 1519-1537 erbaut, bedeutendes Zeugnis der französischen Frührenaissance, in dem ebenfalls italienische Renaissanceformen verarbeitet sind. Schloß Chenonceaux, östlich von Tours, als Privatschloß im Stil der Loire-Renaissance von dem königlichen Schatzkämmerer Thomas Bohier 1513-1521 errichtet. Louvre, unter Franz I. 1528 zur königlichen Residenz in Paris ausgebautes Seine-Schloß, dessen Süd-West-Teil, seit 1546 unter dem Baumeister Pierre Lescot errichtet, ein an italienische Vorbilder sich anlehnendes Beispiel französischer Frührenaissance an der Seine ist. – *Otto-Heinrichs-Bau zu Heidelberg:* »Der Ottoheinrichsbau gehört der seit Mitte 16. Jh. aufkommenden Stilrichtung an, die eine Verschmelzung von italienischen, niederländischen und deutschen Formtypen anstrebt. Die Komposition im Großen, die Lagerung der Stockwerke nach beherrschenden Horizontalen und die Eingliederung der Ordnungen, überhaupt die Auffassung der Verhältnisse sind italienisch. Dagegen gehen die Schmuckformen weit weniger unmittelbar auf italienische Vorbilder zurück als manche der ersten Renaissanceversuche in Deutschland« (Dehio: Handbuch der deutschen Kunstdenkmäler, NF, Baden-Württemberg, bearbeitet v. Friedrich Piel, München, Berlin 1964). – *Schloßhof zu Dresden:* Das königliche Schloß in Dresden, eine vierflügelige Anlage mit zwei Höfen, Haupthof und kleiner Schloßhof, in seinen ältesten Teilen von Herzog Georg 1534 erbaut, als Renaissancebauwerk infolge seiner Entstehung in verschiedenen Epochen nicht einheitlich. – *Hof des alten Schlosses zu Stuttgart:* Renaissance-Binnenhoftrakt gegen NW, entstanden im Zuge des Um- und Ausbaus (1533-1578) unter den Herzögen Christoph und Ludwig von Württemberg. – *Bogenhalle am Rathause zu Köln:* 1569-1573 von Wilhelm Vernucken erbaute Vorhalle, »ein feingliedriges Zierstück, dessen zarte Einzelbehandlung und freiräumige Anlage oberitalienischen Renaissance-Architekturen zwar recht nahekommt, das bei allem Reichtum aber doch eine gewisse Einförmigkeit durch die Teilung in zwei nahezu gleich hohe Geschosse und die häufige Wiederholung derselben Motive verspüren läßt« (Georg Dehio/Ernst Gall: Handbuch der Deutschen Kunstdenkmäler, Bd. 2, Die Rheinlande, Berlin ²1949, S. 206). – *Stil Ludwigs XIV.:* Auch Louis-quatorze-Stil genannt, Bezeichnung für den Stil der französischen Klassik zur Zeit Ludwig XIV. (1643-1715). – *in der Vorrede:* Vgl. Vorwort, S. VI; Zitat leicht abgewandelt, Hervorhebung von F.

675 *in den zwei folgenden Heften:* 1873 folgte noch ein Heft, das mit der

4. Abteilung das Werk abschloß; es enthielt die folgenden Kapitel: »Die nordöstlichen Binnenländer« (Kap. XIII), »Die norddeutschen Küstengebiete« (Kap. XIV), »Obersachsen« (Kap. XV), »Niedersachsen« (Kap. XVI) und »Die nordwestlichen Binnenländer« (Kap. XVII). – *Wohl durfte W. Lübke mit Rücksicht hierauf schreiben:* Vgl. »Allgemeiner Teil«, 5. Kapitel, ›Gesamtbild der deutschen Renaissance‹, S. 224.

WILHELM LÜBKES »GESCHICHTE DER ITALIENISCHEN MALEREI«
(1880)

Textgrundlage: »Die Gegenwart«, Bd. 17, Nr. 22 v. 29. Mai 1880, S. 342-344; gezeichnet: Theodor Fontane.

Zur Entstehung: Die Besprechung erwähnt F. in einem Brief an seine Frau vom 5. April 1880: »Kritik über Lübke's Buch« (HF IV, 3, S. 75). Es ist die überarbeitete Fassung seiner 1878/1879 in der Vossischen Zeitung erschienenen drei Teil-Besprechungen des zweibändigen Werkes, das in mehreren Lieferungen zwischen 1878 und 1879 erschienen war; vgl. dazu Briefe an Kletke, S. 106-112 und Anm. dazu bzw. N XXIII/1, S. 595-604.
Der Titel des zweibändigen Werkes heißt vollständig »Geschichte der italienischen Malerei vom 4. bis ins 16. Jahrhundert«; es ist ausgestattet mit zahlreichen eingedruckten Holzschnitten und Holzschnitt-Tafeln, die »meistens nach photographischen Aufnahmen ausgeführt« sind (Vorwort S. VII), u. a. von Heinrich Bruno Kettlitz (geb. 1842), einem Holzschneider aus Dresden, der in Stuttgart als Lehrer an der Zentralstelle für Gewerbe und Handel tätig war, ferner von Ludwig Traub (geb. 1844), Maler und Illustrator aus Göppingen, und Richard von Brend'amour (1831-1915), Holzschneider aus Aachen, Gründer der bekannten xylographischen Kunstanstalt in Düsseldorf. Über *Wilhelm Lübke* vgl. Anm. zu S. 670.

677 *»Handbooks«, »Guides« und »Cicerones«:* Reise- und Kunstführer.
678 *mit selbständigem Auge sehenden Kritiker:* Eine Forderung, die F. auch an sich selbst stellte. – *daß es ganz unerläßlich ist, über die Vor- und Hülfsarbeiten anderer hinweg, zu den Quellen selbst zurückzugehen:* Autobiographische Erfahrung F.s aus seiner Beschäftigung mit den »Wanderungen« und den Kriegsbüchern. – *Ich habe«,* so schreibt er *»... beruht«:* Eine F. verwandte Arbeitsweise, frei zitiert nach Lübkes Vorwort, S. VI. – *»Wie weit es mir gelungen ist ... herangetreten sind.«:* Dieses Zitat formulierte F. um, wohl an sich selbst denkend (Hervorhebungen von ihm); der entsprechende Text im Original: »Wie weit es mir nun gelungen ist, den gewaltigen Stoff zu

bemeistern und in knappe, dabei lebensvolle Form zu bannen, mögen diejenigen beurteilen, welche die Schwierigkeiten einer solchen Aufgabe zu ermessen im Stande sind« (ebd.). Vgl. dazu F.s schließlich aufgegebene Bemühungen um eine Niederschrift seiner italienischen Reiseeindrücke (HF III, 3/II). – *wer selber auf italienischen Kreuz- und Querzügen ... was unphotographiert geblieben ist:* Anspielung auf F.s eigenen Versuch, die in den Tage- und Notizbüchern seiner beiden italienischen Reisen 1874 und 1875 festgehaltenen Eindrücke nachträglich zu »Erinnerungen« schriftstellerisch zu verwerten. Bis auf »Ein letzter Tag in Italien«, am 3. Jan. 1875 in der Sonntagsbeilage der Vossischen Zeitung zum ersten Mal im Druck erschienen (vgl. HF III, 3/I, S. 752-760), ist dieses Vorhaben über ein Rohmanuskript nicht hinausgekommen. Dabei hat weniger »die Masse der empfangenen Eindrücke« diesen Versuch scheitern lassen, als vielmehr die Erkenntnis, das gesammelte Material mit den ihm zu Gebote stehenden schriftstellerischen Möglichkeiten literarisch nicht angemessen verwerten zu können. Insoweit ist eine Briefstelle aus Rom vom 31. Okt. 1874 an Karl Zöllner interessant: »All diese Betrachtungen, wenn ich sie überfliege, sehen mich etwas pappstofflich an; es ist nicht der Ton, in dem ich sonst wohl Briefe zu schreiben pflege; aber es will nicht ·anders gehn. Alles was man sieht, gleichviel ob es einem gefällt oder überhaupt nur *verständlich* wird, flößt einem einen solchen kolossalen Respekt ein, daß sich der Bummelwitz ängstlich verkriecht [...] Hier ist ein Fall gegeben, daß selbst die humoristische Behandlung der Dinge, die ich sonst so hoch stelle, zum Fehler werden kann. All Ding hat seine Weise« (HF IV, 2, S. 485). – *»Das Verhältnis der ersten Christen ... vorhanden war.«:* Leicht abgewandeltes Zitat (vgl. Bd. 1, S. 9 f.), Spezielles oder allzu Fachspezifisches auslassend und interessanterweise Lübkes Formulierung »die epochemachenden Forschungen de Rossis« in »die epochemachenden Arbeiten de Rossis« umformulierend – ein aufschlußreicher Beleg für die akademischem Wissen abgeneigte Natur F.s. Hervorhebungen im Zitat von F. – *die epochemachenden Arbeiten de Rossis:* Anspielung auf das zwischen 1872 und 1899 erschienene Prachtwerk des italienischen Archäologen Giovanni Battista de Rossi (1822-1894): »Musaici cristiani e saggi dei pavimenti delle chiese di Roma anteriori al secolo XV«. – *Daniel unter den Löwen:* Vgl. AT Daniel 6, 1 ff. – *Jonas vom Walfisch ausgespien:* Vgl. AT Jona 2, 1 ff. – *Die drei Männer im feurigen Ofen:* Vgl. AT Daniel 3, 1 ff.

680 *»Bei Betrachtung der florentinischen Kunst ... den Sienesen versagt.«:* Vgl. Bd. 1, S. 377 f. – eines der wenigen Zitate, an denen F. keine Änderung vornahm. – *»In einer gewissen Vorliebe für das Senile ...«:* Diese Bemerkung fällt (vgl. Bd. 1, S. 382) bei Erwähnung des bedeutendsten sienesischen Malers des Quattrocento, Lorenzo di Pietro, wegen der Bevorzugung greisenhafter Gestalten auf seinen Bildern Il Vecchietta genannt (um 1412-1480); man nimmt an, daß er als

junger Künstler mit der florentinischen Kunst in Florenz selbst Berührung hatte. – *»Ihr Stil ist gebunden... Feierlichkeit.«:* Vgl. Bd. 1,
S. 387 f. – *Cinque Cento:* Bezeichnung für die italienische Kunst des
16. Jahrhunderts.

681 *»Geschichte der französischen Renaissance«:* Vgl. Anm. zu S. 671. –
»Geschichte der deutschen Renaissance«: Vgl. S. 670-676. – Jacob
Burckhardt (1818-1897): Der Baseler Kunsthistoriker hatte 1860
»Die Kultur der Renaissance in Italien« und 1867 »Die Geschichte der
Renaissance in Italien« herausgebracht. – *Lübke beginnt mit der Tatsache...:* Vgl. Bd. 2, S. 3 f. – *les extrêmes se touchent:* Gegensätze
ziehen sich an, eine sprichwörtliche Wendung nach Louis Sébastien
Mercier (1740-1814) in »Tableau de Paris« (1782-1788). – *der platonischen Lehre »von einer höchsten Idee des Schönen«:* Vgl. Platons
»Symposion«, XXVIII. – *Erfaßt doch noch jeden von uns... Renaissance:* Das ist nicht etwa ein selbständiger Gedankengang F.s, geboren aus der Erinnerung an seine beiden Italien-Aufenthalte, sondern
eine Formulierung in enger Anlehnung an den Text Lübkes, F. offenbar aus der Seele geschrieben (vgl. Bd. 2, S. 22). Die betreffende Stelle
im originalen Wortlaut: »Noch uns Spätlebende erfaßt ein neues Daseinsgefühl, wenn wir den Boden Roms betreten, wenn die ernste
Größe seiner aus Ruinen und Tausenden von Kunstwerken zu uns
redenden Vergangenheit das Gemüt ergreift. Wie fällt da alles Kleinliche einer drückenden, beengenden Wirklichkeit von uns ab; wie erquickt sich die Seele im Verjüngungsbade antiker Herrlichkeit; wie
fallen die Nebelschleier von dem befangenen Auge, das nun erst gewohnt wird den Sonnenglanz höchster Schönheit in sich aufzunehmen! [...] Noch viel stärker wirkte auf die Menschen der Renaissance
diese große Vergangenheit.«

682 *der Christus Michelangelos in Santa Maria sopra Minerva:* Vgl. dazu
die von F.s Hand in das Tagebuch seiner Frau geschriebenen Bemerkungen über den Besuch der Kirche Santa Maria sopra Minerva in
Rom: »Der Michel Angelosche *Christus* unmittelbar links neben dem
Altar ist sehr schön, aber doch an Macht und Bedeutung mit dem
Moses gar nicht zu vergleichen. Seiner [Michelangelos] ganzen Natur
lag es eben näher einen hochpotenzierten Gewaltmenschen, als einen
nur in der Liebe und Ergebung Starken darzustellen« (vgl. N XXIII/2,
S. 53). – *die rätselhaft verschlossene Gestalt Leonardos, dieses Grüblers auf allen Gebieten des Forschens, dieses Entdeckers auf allen Gebieten des Schönen:* Vgl. Lübkes Formulierung Bd. 2, S. 25; auch hier
entfällt im Vergleich zu Lübkes Text eine Wendung, die F.s Reserve
gegenüber allem Wissenschaftlichen belegt; Wortlaut bei Lübke:
»Den Reigen eröffnet die ernste, rätselhaft verschlossene Gestalt Lio-
nardos; ein Grübler und wissenschaftlicher Spürer auf allen Gebieten
des Forschens, ein Entdecker wie wenige im Bereiche des Schönen.«

683 *»Florenz war Ausgangspunkt... zu einer neuen Entwicklung führen
sollte: Leonardo da Vinci.«:* Vgl. Bd. 2, S. 33 ff.; Hervorhebungen

von F. – *gegen 300 Bilder:* Vgl. Anm. zu S. 677. – *aus dem 5. Jahrhundert stammenden Wandbildern in Ravenna:* Vgl. F.s Tagebuch und Notizen vom 22. Aug. 1875 und sein wiederholtes Urteil über die Mosaiken: »alles merkwürdig gut« (N XXIII/2, S. 114 f.). »Sie sind noch nicht byzantinisch versteinert, noch nicht starr und leblos, haben noch Bewegung und selbst Grazie. Es klingt noch etwas von *antiker Kunst* darin nach, eh dieselbe durch die nahezu künstlichen byzantinischen Formen verdrängt wurde« (ebd. S. 117). Über die Mosaiken in San Vitale schreibt F.: »Sie sind merkwürdig gut erhalten, ganz frisch, ganz unverbraucht, ganz lebhafteste Farbe; das Arabeskenwesen an der Decke bleibt nicht erheblich hinter dem Baptisterium zurück; aber die Köpfe werden schon starr, todt, langweilig, handwerksmäßig; der Spiritus ist fort« (ebd. S. 116). – *Camposanto in Pisa,* dessen Wandgemälde (im wesentlichen von Benozzo Gozzoli) Lübke als »eine der gewaltigsten monumentalen Bilderreihen der mittelalterlichen Kunst« ausführlich würdigt (Bd. 1, S. 181-197). Den Abschnitt über das Camposanto zählt F. in seiner Besprechung von 1878 zu den besonders ansprechenden Teilen des Buches: »Hier sind auch die beigegebenen Illustrationen: aus der ›Hölle‹, La Morte, und die beiden Gruppen aus dem ›Triumph des Todes‹ sehr wirksam« (vgl. Briefe an Kletke, S. 107 f. bzw. N XXIII/1, S. 597). Vgl. dazu F.s Tagebucheintragung vom 20. Aug. 1875: »Das Campo Santo bietet den Stoff für wochenlanges Studium; einzelne seiner Fresken sind durch innerlichen Gehalt ersten Ranges« (N XXIII/2, S. 109). Über die bei Lübke abgebildeten Fresken aus dem »Triumph des Todes« notiert F. am selben Tag in sein Notizbuch: »Wunderbare großartige Leistung« (ebd. S. 107) und über das ebenfalls abgebildete »Jüngste Gricht« heißt es etwas später: »Der Hölln-Salat ist nicht nach meinem Geschmack; der ganze Breughel steckt hier drin; aber wunderbar ist alles andre [...] der Maler des ›Weltgericht-Bildes‹ war einfach ein Genie« (ebd. S. 108 f.). – *Giotto* di Bondone (1266-1337): Florentiner Maler und Baumeister, von Lübke eingehend dargestellt als der »große, bahnbrechende Genius, von welchem die Neugestaltung der italienischen Malerei ausgehen sollte« (Bd. 1, S. 113); die Abb. stammen überwiegend aus Madonna dell'Arena (d. i. Cappella degli Scrovegni) zu Padua, San Francesco zu Assisi und Santa Croce zu Florenz. »Die Abschnitte Giotto und seine Schule sind besonders ansprechend«, heißt es in F.s Besprechung von 1878 (vgl. Briefe an Kletke, S. 107 bzw. N XXIII/1, S. 597). Gleichwohl fand F. keinen rechten Zugang zu dem Werk dieses Wegbereiters der neuzeitlichen Malerei. Über Giottos Freskenzyklus in der Kapelle Madonna dell'Arena notierte er am 23. Aug. 1875 in sein Tagebuch: »Die Masse dieser Fresken ist von sehr zweifelhaftem Werth und kann nur kunsthistorisch interessieren [...] ›Das jüngste Gericht [...] konnte mich nicht interessieren« (N XXIII/2, S. 120). – *Fra Angelico,* als Mönch Fra Giovanni da *Fiesole* (eigentlich Guido di Pietro; um 1400-1455): Gehörte zur ersten Generation der Florentiner Malerschule; er wurde von den Realisten des 19. Jahrhunderts besonders geschätzt, vgl. dazu das Zitat aus Lübke (Bd. 1, S. 264), das F. auch in seiner Rezension von 1878 wörtlich wiedergibt (Briefe an Kletke, S. 108 bzw. N XXIII/1, S. 598): »Mit Bewußtsein hält er sich außerhalb des einseitigen Naturalismus der Zeit, deren Vorzüge und Errungenschaften er sich anzueignen weiß, ohne darum die ideale Schönheit und die religiöse Stimmung des Mittelalters aufzugeben.« Zu den Abb. gehört auch die »Krönung der Madonna«, die F. bei Besichtigung der Uffizien in Florenz als bedeutend herausstellt (N XXIII/2, S. 25). – *Masaccio* (eigentlich Tommaso di Giovanni di Simone Guidi; 1401-1428): Begründer der Florentiner Renaissancemalerei, dessen Hauptwerk die Fresken in der Cappella Brancacci in Santa Maria del Carmine zu Florenz sind. Vgl. dazu F.s Zitat in der Rezension des Lübkeschen Werkes von 1878 (Briefe an Kletke, S. 109 bzw. N XXIII/1, S. 599). – *Luca Signorelli* von Cortona (genannt Luca da Cortona; zwischen 1440 u. 1450-1523): Er führte die Monumentalisierung des menschlichen Körpers in die Malerei der Renaissance ein. – Andrea *Mantegna* (1431-1506): Einer der bedeutendsten Maler der oberitalienischen Frührenaissance. Zu den Lübke-Illustrationen gehören Fresken der Christophskapelle der Eremitani zu Padua und des Palazzo Ducale zu Mantua. Vgl. dazu F.s italienisches Notizbuch III. mit den Bemerkungen über die Mantegna-Fresken in Padua: »Im Ganzen kann ich nicht sagen, daß diese Sachen irgend einen bedeutenden Eindruck auf mich gemacht haben. Wenn man es weiß, so findet man schließlich einzelnes Bedeutendes und selbst Großes [...] heraus; naiv angeguckt aber, wird man schwerlich durch diese Sachen auf der Stelle erobert werden und das Gefühl der Größe aus ihnen gewinnen« (N XXIII/2, S. 122, vgl. auch ebd. zu Mantua S. 93 f.) – Giovanni *Bellini* (um 1430-1516): Neben Mantegna der bedeutendste Maler der oberitalienischen Frührenaissance, von großem Einfluß auf die Entwicklung der venezianischen Malerei; Lübkes Buch bringt von ihm mehrere Madonnendarstellungen. F. apostrophiert Bellini auf seiner ersten italienischen Reise wiederholt als »sehr interessant« (vgl. N XXIII/2, S. 21 u. 68). – *Giorgione* (eigentlich Giorgio da Castelfranco oder Giorgio Barbarelli; 1478-1510): Wegbereiter der venezianischen Hochrenaissance. – *Sodoma* (eigentlich Giovanni Antonio Bazzi; 1477-1549): Zur sienesischen Schule gehörender Maler, beeinflußt von Leonardo und Raffael. Vgl. F.s Notiz vom 19. Aug. 1875 in Pisa: »Eine wahre Zierde des Domes (des Chors) sind die Sachen von Sodoma [...]« (N XXIII/2, S. 104). – *Tizian* (eigentlich Tiziano Vecelli(o); 1476/77 oder 1489/90-1576): Schüler Giovanni Bellinis, bedeutendster Meister der italienischen Hochrenaissance. Lübkes Buch bringt u. a. einen Holzschnitt des berühmten Altarbildes der »Assunta« von Tizian in Santa Maria Gloriosa dei Frari in Venedig, über die F. am 6. Okt. 1874 in seinem Tagebuch festhält: »Ich kann mich nicht entsinnen durch irgend eine

Gestalt je so berührt worden zu sein, selbst die sixtinische Madonna kaum ausgenommen« (ebd., S. 14); sinngemäß auch F.s Brief an Karl und Emilie Zöllner v. 10. Okt. 1874 (HF IV, 2, S. 479); vgl. auch »L'Adultera«, 5. Kap. (HF I, 2, S. 31).

684 *Leonardo* da Vinci (im Erstdruck immer die im 19. Jahrhundert auch gebräuchliche Schreibweise: Lionardo: 1452-1519): Maler, Bildhauer, Baumeister, Naturforscher der Hochrenaissance. Lübkes Werk enthält u. a. mehrere Madonnenkompositionen Leonardos sowie eine Abbildung des Abendmahlfreskos im Refektorium von Santa Maria delle Grazie in Mailand. Über letzteres trug F. am 10. Aug. 1875 in Mailand in sein Notizbuch ein: »Was nun das Bild selbst angeht, so ist die Komposition großartig, ebenso der Reichthum und die Lebendigkeit der Charakteristik. Nichts kehrt wieder. Auf jeden haben die Worte eigenartig, seinem Charakter entsprechend gewirkt. Dennoch kann ich beim besten Willen nicht sagen, daß mir alles gefiele: (N XXIII/2, S. 85). – *Michelangelo* Buonarotti (1475-1564): Bildhauer, Maler, Baumeister und Dichter, ein höchst eigenständiger Künstler, von großem Einfluß auf die abendländische Kunst. Abgebildet sind u. a. die »Heilige Familie« aus den Uffizien in Florenz und die Michelangelo-Fresken der Sixtinischen Kapelle im Vatikan. F.s Urteil über M. schwankt zwischen Gleichgültigkeit (»Michel Angelo und theilweis auch Corregio ließen mich kalt«, nach dem Besuch der Uffizien in Florenz am 11. Okt. 1874, ebd., S. 24) und Bewunderung (ebd., S. 77). – *Raffael* (eigentlich Raffaelo Santi; 1483-1520): Maler und Baumeister, Vollender der italienischen Hochrenaissance. Lübke widmet ihm allein 3 Kapitel: »Rafaels Jugend«, »Rafael unter Julius II.« und »Rafael unter Leo X.«. Auch Raffael gegenüber fand F. keinen einheitlichen Standpunkt; vgl. sein Tagebuch v. 13. Okt. 1874 (ebd., S. 31f.) und seine Notizen v. 11. Nov. 1874 (ebd., S. 68). – *an den Mann von Fach wenden sie sich nicht:* Vgl. Lübkes Vorwort: »Das Buch wendet sich nicht an den kleinen Kreis von Kunstgelehrten, sondern an die Gemeinde der kunstsinnigen Laien, die sichtlich von Tag zu Tag wächst« (S. V). – *die Sixtinische Kapelle:* 1473-1481 auf Veranlassung des Papstes Sixtus IV. als päpstliche Hauskapelle im vatikanischen Palast erbaut; im Jahre 1481 ließ Sixtus die damals bedeutendsten Florentiner Maler der Frührenaissance nach Rom kommen: Cosimo Rosselli (1439-1507), Domenico Ghirlandajo (1449-1494), Sandro Botticelli (1444/45-1510), Luca Signorelli (1441-1523) und Pietro Perugino (kurz nach 1450-1523). Ihnen übertrug er am 27. Okt. 1481 die Ausschmückung der Längswände mit Szenen aus dem AT und dem NT. Die Deckenfresken mit Darstellungen aus der Schöpfungsgeschichte sowie den Sibyllen und Propheten malte Michelangelo in der kurzen Zeitspanne von 1508 bis 1512 und die Altarwand mit dem Jüngsten Gericht zwischen 1534 und 1541. – Die unter dem Namen der »*Stanzen des Raffael*« weltberühmten Wohnräume im Vatikan bestehen aus einer Reihe von Gemächern, die von Raffael

und seinen Schülern zwischen 1509 und 1517 mit Wandmalereien biblischen und historisch-allegorischen Inhalts ausgeschmückt wurden. In dem von Raffael zuerst ausgemalten Gemach, der Stanza della Segnatura, hat er die Mächte zur Darstellung gebracht, die das geistige Leben seiner Zeit beherrschten: Theologie (Disputá), Philosophie (Schule von Athen), Poesie (Parnaß) und Jurisprudenz. Die Stanza d'Eliodoro mit den Darstellungen historisch-sagenhafter Stoffe (Heliodors Vertreibung aus dem Tempel, Die Messe von Bolsena und Attila vor Rom) ist zum Teil schon von Schülerhand ausgemalt. Gleiches gilt für die Stanza dell'Incendio mit geschichtlichen Darstellungen (Brand im Borgo), die den Bezug zum regierenden Papst betonen.

685 *Und nicht bloß in Deutschland:* Die Auflagen, die Lübkes Bücher allein in den siebziger Jahren im Ausland erzielten, sind beeindruckend: »Vorschule zur Geschichte der Kirchenbaukunst des Mittelalters« erschien in England zwischen 1870 und 1877 in vier Auflagen, »Grundriß der Kunstgeschichte«, in London zwischen 1868 und 1874 in drei Auflagen und in New York zwischen 1877 und 1881 in sechs Auflagen, »Geschichte der Plastik« in London zwischen 1872 und 1878 in zwei Auflagen. 1871 war in Amsterdam eine niederländische und 1872 in Kopenhagen eine dänische Ausgabe des »Grundriß der Kunstgeschichte« herausgekommen. – *die zahlreichen Auflagen seiner Bücher:* Bis zu jenem Zeitpunkt (1880) waren in Deutschland Lübkes »Vorschule zur Geschichte der Kirchenbaukunst des Mittelalters« (1852) in 6. Auflage, »Geschichte der Architektur« (1855) in 4. Auflage, »Grundriß der Kunstgeschichte« (1860) in 8. Auflage, »Abriß der Geschichte der Baukunst« (1861) in 4. Auflage und »Geschichte der Plastik« (1863) in 3. Auflage erschienen. Alle Bücher erlebten in der Folge noch weitere Auflagen.

PERSONENREGISTER GESCHICHTE

Dieses Register erschließt die Seiten 7 bis 454 dieses Bandes. Adelstitel, Vornamen und Rangbezeichnungen wurden nach Möglichkeit ergänzt; wegen der Vielzahl heute vergessener Namen war eine sachliche Überprüfung jedoch nicht in allen Fällen möglich. Die Zugehörigkeit zur preußischen Armee wurde nicht eigens vermerkt. Namen in Verbindung mit Truppenformationen sind nur dann verzeichnet, wenn es sich dabei um die Kommandeure selbst, nicht jedoch, wenn es sich um die von ihnen geführten oder nach ihnen benannten Einheiten handelt.

PERSONENREGISTER KUNST UND KUNSTGESCHICHTE

Dieses Register erschließt die Seiten 455 bis 685 dieses Bandes.

SCHLUSSNOTIZ

Der vorliegende fünfte Band der dritten Abteilung umfaßt eine Auswahl aus Fontanes Schriften zur Geschichte, Kunst und Kunstgeschichte. Textauswahl und Kommentierung der Auszüge aus den »Kriegsbüchern« Fontanes (S. 9–328; 385–454) stammen von Helmuth Nürnberger, der dabei auf die von ihm besorgte vollständige Ausgabe der Bücher »Der Schleswig-Holsteinsche Krieg im Jahre 1864« und »Der deutsche Krieg von 1866« im Ullstein-Taschenbuchverlag zurückgreifen konnte (vgl. Bibliographie, S. 689 f.).

Der Abdruck der »Reisebriefe vom Kriegsschauplatz« (S. 329–384), einer jahrzehntelang verschollen gewesenen journalistischen Arbeit Fontanes, die von Christian Andree wiederaufgefunden wurde, geht auf dessen Edition der »Reisebriefe« im Propyläen-Verlag, Berlin 1971, zurück.

Textauswahl und Kommentierung der Schriften Fontanes zur Kunst und Kunstgeschichte (S. 455–685) stammen von Heide Streiter-Buscher.

Bedeutung und Eigenart der genannten Werke und Werkbereiche suchen die Einführungstexte zu würdigen (vgl. S. 693 ff., 800 ff., 821 ff.), wobei in bezug auf die »Kriegsbücher« und die »Reisebriefe« einige Überschneidungen nicht zu vermeiden waren, eine Folge des auch entstehungsgeschichtlich engen Zusammenhangs dieser Arbeiten Fontanes.

Satzvorlagen sind, soweit nicht anders angegeben, die Erstdrucke; soweit Fontane die Arbeiten in Buchform erscheinen ließ, die Erstdrucke der Buchausgaben.

Die Orthographie wurde behutsam modernisiert, unter Wahrung des originalen Lautstands und der für Fontane charakteristischen (Sprech-)Interpunktion. Sperrungen wurden durch Kursivsatz wiedergegeben, ebenso die früher durch lateinische Schrift von der Frakturschrift abgesetzten Fremdwörter. Offensichtliche Druckfehler wurden stillschweigend korrigiert, abweichende Schreibungen jedoch nicht vereinheitlicht. Auslassungen und Ergänzungen der Herausgeber im Text wurden durch eckige Klammern gekennzeichnet. Konjekturen sind im Kommentar vermerkt.

Die in den Kriegsbüchern enthaltenen Illustrationen wurden grundsätzlich *nicht*, die Skizzen und Karten nur in Einzelfällen (sofern sich der Text explizit auf diese bezieht) wiedergegeben.

Das Register zu den Kunstschriften haben Heide Streiter-Buscher und Dorothee Mosch, das Register zu den Kriegsbüchern hat Rolf Förster erstellt; für Beratung und Schützenhilfe dabei danken wir Walter Mogk vom Historischen Seminar der Universität München.

Für Korrekturlesen danken wir Kerstin Schimmel und Wolfgang Stitz.

Für Auskünfte und Unterstützung in mannigfacher Form, für die Erteilung von Nachdruckgenehmigungen und die Überlassung von Bildmaterial danken wir den Herren Otfried Keiler, Potsdam; Hans-Werner Klünner, Berlin; Joachim Krueger, Berlin; dem Ullstein-Taschenbuch-Verlag,

Frankfurt/Main–Berlin und dem Ullstein-Archiv; dem Propyläen-Verlag, Berlin; der Universitätsbibliothek Bonn; der Universitätsbibliothek Wien; der Staatsbibliothek Berlin; dem Theodor-Fontane-Archiv der Deutschen Staatsbibliothek, Potsdam; dem Bildarchiv Foto Marburg (S. 862, 873, 892, 958, 964, 977; dem Bundesamt für Wehrtechnik, Koblenz (Foto Gauls; S. 870); der Hamburger Kunsthalle (Foto Kleinhempel; S. 846, 849, 919); dem Hessischen Landesmuseum, Darmstadt (S. 914); der Neuen Pinakothek, München (S. 975; © VG Bild-Kunst, Bonn, 1986); der Ostdeutschen Galerie, Regensburg (Foto Schmidt; S. 939); dem Rheinischen Bildarchiv, Köln (S. 897).

Juli 1986   Die Herausgeber
Carl Hanser Verlag

INHALT

ZUR KUNST UND KUNSTGESCHICHTE

ANHANG